Die Vormundschafts-, Familienrechts- und Fürsorgeerziehungssachen in der gerichtlichen Praxis

Brand / Hense

Die Vormundschafts-, Familienrechts- und Fürsorgeerziehungssachen in der gerichtlichen Praxis

Zweite völlig neubearbeitete Auflage

von

Dr. Ferdinand Hensel
Oberlandesgerichtsvizepräsident a. D.

unter Mitwirkung von

Dr. Hans Jonas und **Helmut Linden**
Oberlandesgerichtsrat Köln
Oberregierungsrat im Justizministerium Nordrhein-Westfalen

Springer-Verlag
Berlin / Göttingen / Heidelberg
1963

ISBN-13: 978-3-642-47399-9 e-ISBN-13: 978-3-642-47397-5
DOI: 10.1007/978-3-642-47397-5

Softcover reprint of the hardcover 2nd edition **1963**
Library of Congress Catalog Card Number 63 – 18470

Vorwort zur zweiten Auflage

Seit dem Erscheinen der ersten Auflage dieses Buches im Jahre 1931 und des Nachtrags im Jahre 1932 hat das Vormundschafts-, Familien- und Fürsorgeerziehungsrecht durch zahlreiche Änderungen und Ergänzungen der Gesetzgebung des Reichs, des Bundes, der Länder und der Besatzungsmächte eine so umfassende Neugestaltung erfahren, daß eine gründliche Überarbeitung nicht mehr entbehrlich war. Das Schrifttum und die Rechtsprechung sind in ihrer Fülle fast unübersehbar geworden; eine völlig erschöpfende Erfassung des Stoffes würde zu einer erheblichen Überschreitung des dem Buche gesetzten Rahmens geführt haben. Es ist aber auch nicht der Zweck der Neubearbeitung, den großen Erläuterungsbüchern und systematischen Darstellungen ebenbürtig an die Seite zu treten. Vielmehr ist das Buch bestimmt, den mit Vormundschafts-, Familienrechts- und Fürsorgeerziehungssachen befaßten Personen, Gerichten, Jugendämtern und sonstigen öffentlichen und privaten Stellen eine schnelle Übersicht und Unterrichtung über die grundsätzlichen Fragen zu ermöglichen und dabei, soweit angängig, auch Hinweise auf das einschlägige Schrifttum und die Rechtsprechung zu geben. Während der Drucklegung bekannt gewordene neuere Rechtsprechung wurde nach Möglichkeit berücksichtigt.

Die Bearbeiter dürfen den Wunsch aussprechen, daß das Buch diesem Zweck entsprechen und eine ebenso freundliche Aufnahme finden möge wie die erste Auflage.

Köln, im Frühjahr 1963.

Dr. *F. Hensel* Dr. *H. Jonas* *H. Linden*

Inhaltsverzeichnis

Einleitung

Erster Teil

Verfassung und Verfahren des Vormundschaftsgerichts

Erster Abschnitt

Allgemeines

Zweiter Abschnitt

Das Verfahren

Dritter Abschnitt

Das Urkundswesen

Vierter Abschnitt

Die Rechtsmittel

Zweiter Teil

Die Aufgaben des Vormundschaftsgerichts

Erster Abschnitt

Die Tätigkeit des Vormundschaftsgerichts gegenüber der elterlichen Gewalt

A. Allgemeines

B. Die elterliche Gewalt

Zweiter Abschnitt

Die Legitimation unehelicher Kinder

Dritter Abschnitt

Die Annahme an Kindes Statt

Vierter Abschnitt

Vormundschaft und Pflegschaft

A. Die Vormundschaft über Minderjährige

Achter Abschnitt

Sonstige Verrichtungen des Vormundschaftsgerichtes

Anhang

Abkürzungen

a A = anderer Ansicht.
a a O = am angegebenen Ort.
ABl = Amtsblatt.
Abs = Absatz.
abw = abweichend.
ACHILLES-GREIFF = ACHILLES-GREIFF, Bürgerliches Gesetzbuch mit Nebengesetzen, Kommentar, 21. Auflage, Berlin 1958.
a E = am Ende.
a F = alte Fassung.
AfJ = Archiv für Jugendrecht.
AG = Ausführungsgesetz.
AHK = Alliierte Hohe Kommission.
AllgVfg (auch AV) = Allgemeine Verfügung.
Amtsvormund (auch DAVorm) = der Amtsvormund.
Anh = Anhang.
Anm = Anmerkung.
ARNOLD = ARNOLD, Verschollenheitsrecht, Athenäum-Verlag, Bonn 1951.
ARNOLD, Antragsrecht = ARNOLD, Das Antragsrecht in „Der Deutsche Rechtspfleger" 1952 S. 21 ff.
Art = Artikel.
Aufl. = Auflage.
AusfVO (AVO) = Ausführungsverordnung.
AVAVG = Gesetz für Arbeitsvermittlung und Arbeitsversorgung.
AVO = Ausführungsverordnung.
BadVVO = Badische Vollzugsverordnung zu den reichs- und landesgesetzlichen Bestimmungen über Jugendwohlfahrt.
BAnz = Bundesanzeiger.
BayGVBl = Bayerisches Gesetz- und Verordnungsblatt.
BayJMBl = Bayerisches Justizministerialblatt.
BayObLG = Bayerisches Oberstes Landesgericht.
BayObLGZ = Bayerisches Oberstes Landesgericht, Entscheidungen in Zivilsachen.
BayVerfGH = Bayerischer Verfassungsgerichtshof.
Bek = Bekanntmachung.
Bem = Bemerkung.
BerlGVBl = Berliner Gesetz- und Verordnungsblatt.
betr = betreffend.
bezw = beziehungsweise.
BGB = Bürgerliches Gesetzbuch.
BGBl = Bundesgesetzblatt.
BGH = Bundesgerichtshof.
BGHSt = Entscheidungen des Bundesgerichtshofes in Strafsachen.
BGHZ = Entscheidungen des Bundesgerichshofes in Zivilsachen.
BNotO = Bundesnotarordnung v. 24. 2. 1961, BGBl I S. 98, Neubekanntmachung der Reichsnotarordnung v. 13. 2. 1937, RGBl I S. 191.
BOCHALLI = BOCHALLI, Landesbeamtengesetz NRW.

BremGBl = Bremisches Gesetzblatt.
BrZ = britische Zone.
BSHG = Bundessozialhilfegesetz.
BSozG = Bundessozialgericht.
BVerfG = Bundesverfassungsgericht.
BVerfGG = Bundesverfassungsgerichtsgesetz v. 12. 3. 1951.
BVerwG = Bundesverwaltungsgericht.
BVG = Bundesversorgungsgesetz.
DDR = Deutsche Demokratische Republik.
DFG = Deutsche Freiwillige Gerichtsbarkeit.
DJ = Deutsche Justiz.
DJZ = Deutsche Juristenzeitung.
DNZ = Deutsche Notarzeitschrift.
DRechtspr (DRsp) = Deutsche Rechtsprechung.
DRiZ = Deutsche Richterzeitung.
DVO = Durchführungsverordnung.
EGBGB = Einführungsgesetz zum Bürgerlichen Gesetzbuch v. 18. 8. 1896.
EGFGG = Einführungsgesetz zum Reichsgesetz über die freiwillige Gerichtsbarkeit.
EGGVG = Einführungsgesetz zum Gerichtsverfassungsgesetz.
EGJWG = Einführungsgesetz zum Reichsgesetz über die Jugendwohlfahrt.
EheG (Ges) = 1. Ehegesetz (Gesetz Nr. 16 des Kontrollrats) v. 21. 2. 1946. 2. Reichsgesetz v. 6. 7. 1938, RGBl I S. 807.
Einf = Einführung.
Eing = Eingang.
EJF = Entscheidungen aus dem Jugend- und Familienrecht.
Einl = Einleitung.
ENGELMANN = ENGELMANN, Das Reichsgesetz über die religiöse Kindererziehung v. 15. 7. 1921, München, Berlin, Leipzig, 1922.
ERMAN (— ARNDT, — HEFERMEHL, — MARQUORDT) = ERMAN, Handkommentar zum Bürgerlichen Gesetzbuch 2. Aufl. Aschendorffsche Verlagsbuchhandlung, Münster, 1958, Nb = Nebenband zum Gleichberechtigungsgesetz.
FamRÄndG = Gesetz zur Vereinheitlichung und Änderung familienrechtlicher Vorschriften (Familienrechtsänderungsgesetz) v. 11. 8. 1961, BGBl I S. 1221.
FamRZ = Ehe und Familie im privaten und öffentlichen Recht, Zeitschrift für das gesamte Familienrecht.
FGG = Reichsgesetz über die freiwillige Gerichtsbarkeit v. 17. 5. 1898.
fr = früher.
FRIEDEBERG-POLLIGKEIT = FRIEDEBERG-POLLIGKEIT, Das Reichsgesetz für Jugendwohlfahrt, Kommentar, 2. Aufl., Berlin 1930 mit Nachtrag 1933, Neudruck 1955.
GBl = Gesetzblatt.
GemBl = Gemeinsames Ministerialblatt.
GG = Grundgesetz für die Bundesrepublik Deutschland.
Gleichb(Gleichber)G(Ges) = Gesetz über die Gleichberechtigung von Mann und Frau auf dem Gebiete des bürgerlichen Rechts v. 18. 6. 1957.
GRÄBER = GRÄBER, Jugendwohlfahrtsgesetz, Kommentar, Münster/Westf., 1954.
Grdzge = Grundzüge.
GRUCHOT = Beiträge zur Erläuterung des deutschen Rechts begründet von GRUCHOT.
GSNW = Sammlung des bereinigten Landesrechts Nordrhein-Westfalen.
GVBl = Gesetz- und Verordnungsblatt.
GVG = Gerichtsverfassungsgesetz v. 27. 1. 1877 (12. 9. 1950).
GVNW = Gesetz- und Verordnungsblatt für das Land Nordrhein-Westfalen.
HGB = Handelsgesetzbuch v. 10. 5. 1897.

HRR = Höchstrichterliche Rechtsprechung.
HambGVBl = Hamburgisches Gesetz- und Verordnungsblatt.
JANS-MÜLLER = JANS-MÜLLER, Jugendwohlfahrtsrecht, Sammlung von Gesetzen, Verordnungen und Erlassen auf dem Gebiete des Jugenwohlfahrtsrechts, herausgegeben vom Landschaftsverband Rheinland, Landesjugendamt, 8. Aufl., Düsseldorf 1958.
i.d.F. = in der Fassung.
JFG = Jahrbuch für Entscheidungen in Angelegenheiten der freiwilligen Gerichtsbarkeit, herausgegeben von RING.
JGG = Jugendgerichtsgesetz v. 4. 8. 1953 i. d. F. d. Ges. v. 11. 8. 1961, BGBl S. 1203.
JMBl = Justizministerialblatt.
JMBlNRW = Justizministerialblatt Nordrhein-Westfalen.
i. S. = im Sinne.
IP = internationales Privatrecht.
JurRdsch(JR) = Juristische Rundschau.
JW = Juristische Wochenschrift.
JWG = Gesetz für Jugendwohlfahrt v. 11. 8. 1961, BGBl I S. 1206 ff., 1221 ff.
JZ = Juristenzeitung.
KEIDEL = KEIDEL, Gesetz über Angelegenheiten der freiwilligen Gerichtsbarkeit, Kommentar, 7. Aufl. München und Berlin 1959.
KG = Kammergericht.
KGAG = Kindergeldanpassungsgesetz v. 7. 1. 1955 (BGBl I S. 17 ff.).
KGEG = Kindergeldergänzungsgesetz v. 23. 12. 1955 (BGBl I S. 841 ff.).
KGJ = Jahrbuch für Entscheidungen des Kammergerichts in Sachen der freiwilligen Gerichtsbarkeit.
KindGG(KGG) = Gesetz über die Gewährung von Kindergeld und die Errichtung von Familienausgleichskassen (Kindergeldgesetz) v. 13. 11. 1954 (BGBl I S. 333 ff.).
KGKG = Kindergeldkassengesetz v. 18. 7. 1961, BGBl I S. 1001 ff.
KostO = Kostenordnung.
KRABl = Kontrollrats-Amtsblatt.
LAG = Lastenausgleichsgesetz.
LAUTERBACH-WICKENHAGEN = LAUTERBACH-WICKENHAGEN, Die Kingergeldgesetzgebung, Kommentar, 2. Aufl. Carl Heymanns Verlag KG, Köln-Berlin, 1958.
LG = Landgericht.
LeipZ (LZ) = Leipziger Zeitschrift.
LM = Nachschlagewerk des Bundesgerichshofs in Zivilsachen, herausgegeben von Lindenmaier und Möhring.
MASZFELLER = MASZFELLER, Deutsches Staatsangehörigkeitsrecht 2. Aufl., Alfred Matzner Verlag, Frankfurt a. M. und Berlin, 1955.
MASZFELLER, Ergänzungsband = MASZFELLER, Deutsches Staatsangehörigkeitsrecht, Ergänzungsband (Gesetz zur Regelung von deutsch-österreichischen Staatsangehörigkeitsfragen zugleich Nachtrag zur 2. Aufl.), Alfred Matzner Verlag, Frankfurt a. M. und Berlin, 1957.
MBliV = Ministerialblatt für die preußische innere Verwaltung bzw. des Reichs- und preußischen Ministers des Innern.
MBlNW = Ministerialblatt für das Land Nordrhein-Westfalen.
MDR = Monatsschrift für deutsches Recht.
MUTHESIUS = MUTHESIUS, Reichsjugendwohlfahrtsgesetz, Stuttgart und Köln, 1950.
NdsRpfl = Niedersächsische Rechtspflege.
n F = neue Fassung.
NJW = Neue Juristische Wochenschrift.

OLG = 1. Oberlandesgericht. 2. Rechtsprechung der Oberlandesgerichte auf dem Gebiete des Zivilrechts.
OVG = Oberverwaltungsgericht.
PALANDT (— DANCKELMANN, — LAUTERBACH, — KEIDEL) = PALANDT, Bürgerliches Gesetzbuch mit Nebengesetzen, Kommentar, 21. Aufl., München und Berlin, 1961, C. H. Beck'sche Verlagsbuchhandlung.
POTRYKUS = POTRYKUS, Jugendwohlfahrtsgesetz, Kommentar, München und Berlin, 1953, C. H. Beck'sche Verlagsbuchhandlung und = POTRYKUS, Kommentar zu den Bundesgesetzen zum Schutze der Jugend in der Öffentlichkeit und über die Verbreitung jugendgefährdender Schriften, München und Berlin 1954.
PrAG = Preußisches Ausführungsgesetz.
PrFGG = Preußisches Gesetz über die freiwillige Gerichtsbarkeit.
PrGS = Preußische Gesetzsammlung.
PrJM = Preußischer Justizminister.
PStG = Personenstandsgesetz i. d. F. v. 8. 8. 1957, BGBl I S. 1125.
RAG = Reichsarbeitsgericht.
RdErl = Runderlaß.
Recht = Das Recht.
Rechtspr = Rechtsprechung.
RegBl = Regierungsblatt.
RFV = Fürsorgepflichtverordnung.
RG = Reichsgericht.
RGBl = Reichsgesetzblatt.
RGr = Reichsgrundsätze über Voraussetzung, Art und Maß der öffentlichen Fürsorge.
RGR (RGRK) = Kommentar von Reichsgerichtsräten und Bundesrichtern zum Bürgerlichen Gesetzbuch, 9. Aufl. 1940, teilweise 10. 11. Aufl. 1960, Berlin, Walter de Gruyter.
RGSt = Entscheidungen des Reichsgerichts in Strafsachen.
RGZ = Entscheidungen des Reichsgerichts in Zivilsachen.
RhldPfGVBl = Gesetz- und Verordnungsblatt für das Land Rheinland-Pfalz.
RJA = Entscheidungen in Angelegenheiten der freiwilligen Gerichtsbarkeit und des Grundbuchrechts, zusammengestellt im Reichsjustizamt.
RIEDEL (K) = RIEDEL, Jugendwohlfahrtsgesetz, Kommentar, 1952, J. Schweitzer Verlag, 2. Aufl., die die Literatur und Rechtsprechung seit der 1. Aufl. in einem Anhang enthält, 1955.
RIEDEL (T) = Jugendwohlfahrtsrecht, 5. Aufl., Verlag C. H. Beck, München und Berlin, 1962.
RJWG = Reichsgesetz für Jugendwohlfahrt v. 9. 7. 1922, s. jetzt JWG.
RJM = Reichsjustizminister.
RKEG = Reichsgesetz über die religiöse Kindererziehung v. 15. 7. 1921.
Rpfl (Rechtspfleger) = Der Deutsche Rechtspfleger.
RpflG = Rechtspflegergesetz v. 6. 2. 1957.
Rundbriefe = Rundbriefe des Archivs deutscher Berufsvormünder, Herausgeber Dr. Webler.
RuStAG = Reichs- und Staatsangehörigkeitsgesetz v. 22. 7. 1913.
RVO = Reichsversicherungsordnung.
Sammelblatt (SaBl) = Sammelblatt für Rechtsvorschriften des Bundes und der Länder.
SCHLEGELBERGER = SCHLEGELBERGER, Gesetz über die Angelegenheiten der freiwilligen Gerichtsbarkeit, Kommentar, 7. Aufl., Köln, Berlin 1957, Carl Heymanns Verlag KG.
SchlHA = Schleswig-Holsteinische Anzeigen, Justizministerialblatt für Schleswig-Holstein.

SchlHGVBl = Schleswig-Holsteinisches Gesetz- und Verordnungsblatt.
SCHMEISZER = Die Gerichtspraxis v. Pape, VII Vormundschaftswesen 2. Aufl. 1929 Berlin, Verlag Franz Vahlen.
SeuffA = Seufferts Archiv für Entscheidungen oberster Gerichte.
SCHÖNFELDER = SCHÖNFELDER, Deutsche Gesetze, Textsammlung, Stand v. 15. 10. 1961, 14.—34. Aufl.
SOERGEL (— SIEBERT, — BAUER, — KEGEL) = SOERGEL, Bürgerliches Gesetzbuch nebst Einführungsgesetz, Kommentar, 8. Aufl. 1952—1955, teilweise 9. Aufl. ab 1959, Einführungsgesetz 1961, W. Kohlhammer Verlag, Stuttgart und Köln.
SozG = Sozialgericht.
STAUDINGER (— BEITZKE usw.) = J. v. STAUDINGERS Kommentar zum Bürgerlichen Gesetzbuch und dem Einführungsgesetze 9. Aufl. ab 1926, teilweise 10. 11. Aufl. ab 1957 (Internationales Privatrecht, Allgemeiner Teil, Familienrecht 1. Teil), München, Leipzig, Berlin, J. Schweitzers Verlag.
StAZ = Das Standesamt (früher Zeitschrift für das Standesamtswesen).
StGB = Strafgesetzbuch.
str = streitig.
u U = unter Umständen.
VG = Vormundschaftsgericht.
vgl = vergleiche.
VerschG = Verschollenheitsgesetz v. 4. 7. 1939, RGBl I S, 1186, i. d. F. d. Bek. v. 15. 1. 1951, BGBl I S. 63, u. d. G. v. 26. 7. 1957, BGBl. I S. 861.
VerschÄndG = Gesetz zur Änderung von Vorschriften des Verschollenheitsrechts v. 15. 1. 1951, BGBl I S. 59.
VO = Verordnung.
VOBl = Verordnungsblatt.
Vorb = Vorbemerkung.
Z, Zff = Ziffer.
z B = zum Beispiel.
ZBl (ZBlJugR, Zentralblatt) = Zentralblatt für Jugendrecht und Jugendwohlfahrt, Herausgeber Dr. Webler, Heidelberg.
ZBlDDR = Zentralblatt der Deutschen Demokratischen Republik.
ZJA = Zentraljustizamt für die britische Zone.
ZPO = Zivilprozeßordnung.

Einleitung

§ 1. Verhältnis des vormundschaftsgerichtlichen Verfahrens zum Zivil- und Strafprozeß. Quellen. Ausländer

1. Die Tätigkeit des Vormundschaftsgerichts gehört dem Gebiet der *freiwilligen Gerichtsbarkeit* an, die abgesehen von den Sondergerichtsbarkeiten neben der Zivil- und Strafrechtspflege den dritten großen Zweig der Rechtspflege überhaupt bildet.

Das Vormundschaftsgericht erfüllt seine Aufgaben vorwiegend im allgemeinen, also öffentlichen Interesse. Dieser Umstand unterscheidet die vormundschaftsgerichtliche Tätigkeit von der *Zivilgerichtsbarkeit*, die im wesentlichen nur mit der Regelung der Rechtsbeziehungen der streitenden Parteien befaßt ist. Aus diesem Unterschied erklärt es sich, daß die Entscheidungen der Zivilprozeßgerichte grundsätzlich für das Vormundschaftsgericht nicht in dem Sinne verbindlich sind, daß das Vormundschaftsgericht, wenn es dies für erforderlich hält, nicht inhaltlich abweichende Anordnungen treffen könnte. So hindert z. B. die durch das Ehescheidungsgericht im Wege der einstweiligen Anordnung gemäß § 627 ZPO erfolgte Regelung der Sorge für die Person eines Kindes des Vormundschaftsgericht nicht, Maßnahmen gemäß § 1666 BGB zu treffen, wenn es dies zum Schutze des Kindes für geboten hält. Eine Ausnahme von diesem Grundsatz gilt jedoch für diejenigen Entscheidungen der Prozeßgerichte, die mit Wirkung für und gegen alle ausgestattet sind (Familienstandsprozesse: §§ 640ff. ZPO, geändert durch das Familienrechtsänderungsgesetz vom 11. 8. 1961 Art 3, BGBl I S. 1227).

Erkenntnisse der *Strafgerichte* sind ebenfalls für das Vormundschaftsgericht grundsätzlich nicht bindend. Dieses ist nicht gehindert, einen Tatbestand anders zu werten, als es in einem strafgerichtlichen Urteil geschehen ist. Freilich werden die Feststellungen einer solchen Entscheidung bei den Entschließungen des Vormundschaftsgerichts stets gebührend zu berücksichtigen sein. Sind auf Grund des Jugendgerichtsgesetzes (§ 34) vormundschaftsgerichtliche Maßnahmen angeordnet, so ist das Vormundschaftsgericht an diese Anordnungen gebunden.

2. Die Aufgaben des Vormundschaftsgerichts sind hauptsächlich im zweiten und dritten Abschnitt des vierten Buches des Bürgerlichen Gesetzbuches bezeichnet. Aber auch abgesehen von den Vorschriften, die namentlich die Tätigkeit des Vormundschaftsgerichts neben der elterlichen Gewalt und auf dem Gebiete der Vormundschaft und Pfleg-

schaft regeln, sind vornehmlich im Bürgerlichen Gesetzbuch, aber auch in anderen gesetzlichen Bestimmungen zahlreiche Vorschriften enthalten, die dem Vormundschaftsgericht weitere Aufgaben zuweisen. Angeführt seien insbesondere die §§ 3 bis 5 BGB (§ 4 i.d.F. des *Gesetzes über die Gleichberechtigung von Mann und Frau* auf dem Gebiet des bürgerlichen Rechts — Gleichberechtigungsgesetz — vom 18. 6. 1957, BGBl I 609 ff) über die Volljährigkeitserklärung Minderjähriger, die §§ 112, 113 BGB über die Geschäftsfähigkeit, die §§ 1308, 1314, 1357 n. F., 1365 n. F., 1369 n. F., 1382 n. F., 1383 n. F., 1411 n. F., 1426 n. F., 1430 n. F., 1452 n. F., 1484, 1487 n. F., 1491, 1492, 1493 (Eherecht und eheliches Güterrecht), 2275, 2282, 2290, 2291, 2347, 2351, 2352 (Erbvertrag und Erbverzichtsvertrag). Von besonderer Bedeutung ist schließlich das *Familienrechtsänderungsgesetz* vom 11. 8. 1961 (FamRÄndG 1961), veröffentlicht im BGBl I S. 1221 ff., vgl. hierzu die Aufsätze von Böhmer in FamRZ 61 375 ff. und Meyer-Stolte in Rpfl 61.387 ff. Außerdem sind auch andere gesetzliche Bestimmungen z. B. über die *Namensänderung*, die *Todeserklärung*, die *Staatsangehörigkeit* und das *Auswanderungswesen*, namentlich aber die *Kindergeldgesetzgebung* und die Mitwirkung des Vormundschaftsgerichts in *Unterbringungssachen* mit *Freiheitsentziehung* zu beachten. Verwiesen sei endlich auf das Reichsgesetz vom 15. 7. 1921 über die *religiöse Kindererziehung* (RGBl 1921 939, 1263).

Von ganz besonderer Bedeutung für die vormundschaftsgerichtliche Tätigkeit sind ferner die Vorschriften des *Reichsgesetzes für Jugenwohlfahrt* vom 9. 7. 1922 (RGBl 1922 I 633) nebst Änderungen vom 1. 2. 1939 (RGBl 109) und vom 28. 8. 1953 (BGBl 1053) sowie vom 11. 8. 1961 und die *Neufassung* des „*Gesetzes für Jugendwohlfahrt* (*JWG*)“, veröffentlicht im BGBl I 1193 ff., 1205 ff., die namentlich die fr. Schutzaufsicht (jetzt „*Erziehungsbeistandschaft*“ und „*freiwillige Erziehungshilfe*“) und die *Fürsorgeerziehung* regeln, und die zu diesem Gesetz erlassenen Ausführungs- und Ergänzungsbestimmungen.

3. Für die Verfassung und das Verfahren des Vormundschaftsgerichts sind in erster Linie die Vorschriften des *Reichsgesetzes über die freiwillige Gerichtsbarkeit* (FGG) vom 17. 5. 1898 (RGBl 1898 189 ff., 771 ff.) nebst den hierzu ergangenen ergänzenden, ändernden und ausführenden Bestimmungen, namentlich des bereits erwähnten „Gleichberechtigungsgesetzes“ und des ebenfalls erwähnten „Familienrechtsänderungsgesetzes 1961“ maßgebend. Freilich betreffen die Vorschriften des FGG nur die Angelegenheiten, die den Vormundschaftsgerichten durch Reichsgesetz (Bundesgesetz) übertragen sind. Auch das Jugendwohlfahrtsgesetz enthält verfahrensrechtliche Vorschriften über die Tätigkeit des Vormundschaftsgerichts.

4. Die Vorschriften des *früheren Reichsrechts* sind nach Maßgabe der Art 123 ff. des Grundgesetzes für die Bundesrepublik Deutschland inner-

halb seines Geltungsbereichs *Bundesrecht* geworden; für West-Berlin gelten sie vorläufig als Landesrecht mit eigenen landesrechtlichen Änderungen weiter (Art 4, 48 des Berliner Gesetzes vom 9. 1. 1951, VOBl I 99); daneben sind auch viele neuere Vorschriften durch die Bundesgesetzgebung unmittelbar als *Bundesrecht* für Berlin in Kraft gesetzt. Auch in der sowjetisch besetzten Zone (DDR) ist das Reichsgesetz über die freiwillige Gerichtsbarkeit weiter geltendes Recht. Neben dem früheren Reichsrecht und dem Bundesrecht sind die Vorschriften der *Landesgesetzgebung* zu beachten, und zwar der früheren Bundesstaaten und der neuen Länder, insbesondere auch der nach Auflösung des früheren Staates Preußen (Kontrollratsgesetz Nr 46) zu Ländern gewordenen ehemaligen preußischen Provinzen z. B. Schleswig-Holstein, auch der aus verschiedenen alten Bundesstaaten oder Teilen solcher Staaten gebildeten neuen Länder z. B. Hessen, Württemberg-Baden, Rheinland-Pfalz, in denen verschiedene Rechte nach den Grundsätzen des interlokalen Privatrechts zu berücksichtigen sind. Die Darstellung dieses Rechtes, das durch die politische Entwicklung sehr mannigfaltig geworden ist, muß, soweit erforderlich, der Einzelerörterung vorbehalten bleiben.

5. Wenn auch die Fürsorge des Vormundschaftsgerichtes zunächst den deutschen Staatsangehörigen gilt, so sind doch auch *Ausländer* von dieser Fürsorge nicht ausgeschlossen. Maßgebend für die Betreuung von Ausländern durch das Vormundschaftsgericht sind neben den Vorschriften des *innerstaatlichen internationalen Privatrechtes* (vgl. insbesondere die Artikel 7, 13 bis 23, 27, 28 des Einführungsgesetzes zum Bürgerlichen Gesetzbuch) die von dem Deutschen Reiche und der Bundesrepublik Deutschland mit fremden Staaten getroffenen *völkerrechtlichen Vereinbarungen*. Hierzu ist auf die Einzelbehandlung der einschlägigen Vorschriften zu verweisen (vgl. §§ 41, 68, 73, 82, 123 und 127 des Buches).

Erster Teil

Verfassung und Verfahren des Vormundschaftsgerichts

Erster Abschnitt

Allgemeines

1. Die sachliche Zuständigkeit des Vormundschaftsgerichts

§ 2. a) Allgemeines

Die Obliegenheiten des Vormundschaftsgerichts sind durch § 35 FGG den *Amtsgerichten* übertragen. Gemäß § 34 Abs II S. 2 JGG vom 4. 8. 1953 (BGBl 1953 I S. 751) sollen aber dem *Jugendrichter* auch die vormundschaftsgerichtlichen Erziehungsaufgaben (Abs III a. a. O.) übertragen werden[1 2].

Durch Art 147 EGBGB ist bestimmt, daß die landesgesetzlichen Vorschriften, nach denen für die dem Vormundschaftsgericht obliegenden Verrichtungen *andere als gerichtliche Behörden* zuständig sind, unberührt bleiben. Demnach sind nicht nur die hierauf bezüglichen früheren landesgesetzlichen Bestimmungen aufrechterhalten, sondern es ist der Gesetzgebung der Länder auch für die Zukunft gestattet, entsprechende Vorschriften zu erlassen.

Hiernach haben nach der Aufhebung der VO vom 10.6.1936 (RGBl 1936 S. 488) durch Art 8 I Zff 8 des FamRÄndG vom 11. 8. 1961 (BGBl I S. 1221 ff.) noch Bedeutung württembergisch-badische Bestimmungen (vgl. PALANDT-KEIDEL S. 1801 Anm 1 zu § 147 EGBGB). Verwiesen wird ferner auf KEIDEL S. 483 Einl zum 2. bis 5. Abschnitt des FGG Bemerkung 2, wonach die auf Grund des Art 147 EGBGB begrün-

---

[1] Entscheidungen der Vormundschaftsbehörden der Sowjetzone oder des Ostsektors von Berlin sind nicht anzuerkennen, wenn die Anerkennung gegen die guten Sitten oder gegen den Zweck eines deutschen Gesetzes verstoßen würde (KG v. 8. 12. 1960, FamRZ **61** 126 Nr. 44).

[2] Die Prüfung der sachlichen und der örtlichen Zuständigkeit des angerufenen deutschen Vormundschaftsgerichts geht der Prüfung der *internationalen Zuständigkeit* voraus, weil die Entscheidung über die internationale Zuständigkeit nur von einem örtlich und sachlich zuständigen Gericht getroffen werden kann (KG in FamRZ **61** 383 Nr. 194 u. Anm von BOSCH S. 385 a. a. O.).

deten Zuständigkeiten anderer als gerichtlicher Behörden bestehengeblieben sind und der Vorbehalt des Art 147 EGBGB fortbesteht.

Schließlich sei darauf hingewiesen, daß in den Fällen, in denen ein *Familienrat* (§§ 1858ff. BGB) gebildet ist, diesem die Rechte und Pflichten des Vormundschaftsgerichts obliegen (§ 1872 Abs I S. 1 BGB).

Für die sachliche Zuständigkeit gegenüber *Ausländern* gelten nächst den zwischenstaatlichen Vereinbarungen (vgl KEIDEL S. 502 Anm 5 zu § 35 FGG) die Vorschriften des Art 23 EGBGB, besonders auch Abs II bezüglich vorläufiger Maßnahmen, wenn eine Vormundschaft oder Pflegschaft nicht angeordnet ist.

§ 3. b) Der Rechtspfleger

1. Durch Artikel VI § 2 des *Reichsgesetzes zur Entlastung der Gerichte* vom 11. 3. 1921 (RGBl 1921 S. 229) geändert durch Gesetz vom 9.7.1927 und VO vom 30. 11. 1927, RGBl 1927, I S. 175, 334, waren die Landesjustizverwaltungen ermächtigt worden, auf dem Gebiete der freiwilligen Gerichtsbarkeit Beamte des mittleren (jetzt gehobenen) Dienstes mit der selbständigen Erledigung von Geschäften zu beauftragen, die nach reichs(jetzt bundes)gerichtlichen Vorschriften durch den Richter wahrzunehmen sind. Vorgeschrieben war jedoch, daß dies nur bezüglich solcher Geschäfte geschehen solle, die einfacherer Art sind und zu deren Erledigung die Beamten des mittleren (jetzt gehobenen) Dienstes mit Rücksicht auf ihre Berufsausbildung und die durch die praktische Betätigung gewonnene Erfahrung geeignet sind.

2. Auf Grund dieser reichsgesetzlichen Ermächtigung haben die Länder besondere Vorschriften erlassen. Für die Gebiete des ehemaligen *preußischen* Staates hat das Justizministerium die sogenannte *Entlastungsverfügung*, die seit dem 1. 4. 1928 i.d.F. der Allgemeinen Verfügung vom 1. 3. 1928 (JMBl 1928 S. 140ff.) galt, erlassen.

Demnächst folgte die *Reichs-Entlastungsverfügung des Reichsjustizministers* vom 3. 7. 1943 (DJ S. 339) Abs VI i.d.F. der Allg. Verfügungen vom 5. 6. u. 19. 9. 1944 (DJ S. 185 u. S. 249).

4. Diese Bestimmungen sind nach Maßgabe des § 35 Abs I Zff 1 des *Rechtspflegergesetzes* vom 8. 2. 1957 (BGBl I S. 12, ber. S. 44) aufgehoben worden. Das Rechtspflegergesetz ist seit dem 1. 7. 1957 in Kraft (§ 37 RpflG), es gilt auch im Lande Berlin (§ 36 RpflG) und ist mehrfach geändert worden (vgl SCHÖNFELDER Nr. 95a S. 1).

5. Mit den Aufgaben eines Rechtspflegers[1] kann ein Beamter des Justizdienstes betraut werden, der einen Vorbereitungsdienst von mindestens drei Jahren Dauer abgeleistet und die Prüfung für den gehobenen

---

[1] Der Rechtspfleger hat im Schriftverkehr und bei der Aufnahme von Urkunden in übertragenen Angelegenheiten seiner Unterschrift das Wort „Rechtspfleger“ beizufügen (§ 11 RpflG).

Justizdienst abgeleistet hat. Wenigstens neun Monate des Vorbereitungsdienstes müssen auf einen fachwissenschaftlichen Lehrgang entfallen (S. 2 Abs I RpflG). Auch wer die zweite juristische Staatsprüfung bestanden hat, kann auf seinen Antrag mit den Aufgaben eines Rechtspflegers betraut werden; wer die erste juristische Staatsprüfung bestanden hat, kann von der Ableistung des Vorbereitungsdienstes teilweise befreit werden (Abs II, III a. a. O.).

Mit der *zeitweisen* Wahrnehmung der Geschäfte eines Rechtspflegers können Referendare, die mindestens sechs Monate im juristischen Vorbereitungsdienst tätig gewesen sind, betraut werden (Abs IV a. a. O).

Die Länder erlassen die näheren Vorschriften. Sie können die Betreuung des Rechtspflegers mit Geschäften, die ihm nach dem Rechtspflegergesetz zur selbständigen Wahrnehmung übertragen werden, von der Erreichung eines Mindestlebensalters oder von der Ableistung eines Probedienstes abhängig machen (Abs V a. a. O.).

6. Die Übertragung richterlicher Geschäfte auf die Rechtspfleger verfolgt zwar den *Zweck*, im Interesse der Vereinfachung der Rechtspflege den Richter von einfacheren und minder wichtigen Geschäften zu entlasten; sie darf aber nicht zu einer Verminderung der Rechtssicherheit führen. Deswegen ist der Kreis der Geschäfte, die für eine Übertragung in Betracht kommen, begrenzt.

Die *selbständige Wahrnehmung* von Geschäften ist durch § 3 Abs I Zff 2a RpflG für Vormundschaftssachen i. S. des Zweiten Abschnitts des FGG[1] dem Rechtspfleger übertragen mit Ausnahme der gemäß § 12 RpflG i.d.F. des Art 6 des Gleichberechtigungsgesetzes vom 18. 6. 1957 (BGBl I S. 609) und des Art. 8 des FamRÄndG vom 11. 8. 1961 (BGBl I S. 1221) *dem Richter vorbehaltenen Geschäfte,* zu denen insbesondere die Maßnahmen betr die religiöse Kindererziehung und die Fürsorgeerziehungssachen[2] gehören. Auf die Vorschriften des § 12 RpflG wird verwiesen[3]. Die Landesjustizverwaltungen und die von ihnen bestimmten Stellen können auch die Rechtspfleger mit der Mitwirkung bei Geschäften beauftragen, insbesondere soweit es sich um die Vorbereitung richterlicher Amtshandlungen, darunter die Anfertigung von Entwürfen, handelt (§ 24 RpflG).

---

[1] Vgl die Aufzählung bei KEIDEL S. 486ff. Anm 1 Vorb zu § 35 FGG, bes. auch d) Fürsorgeerziehungssachen (aber § 12 Zff 23 RpflG, Vorbehalt für den Richter), f) religiöse Kindererziehung (Vorbehalt für den Richter Zff 21 a. a. O.), k) Kindergeldsachen. Für Württemberg-Baden vgl KEIDEL S. 491 Anm 3 Vorb.

[2] Das Jugendwohlfahrtsgesetz ist auf Grund des Änderungs- u. Ergänzungsgesetzes vom 11. 8. 1961 (BGBl I S. 1193) Art XIV i. d. gemäß Art XVI ab 1. 7. 1962 geltenden Form im BGBl I S. 1206 neu bekanntgemacht.

[3] Die *Bestellung* zum Pfleger ist auch dann wirksam, wenn die Auswahl des Pflegers nicht durch den Richter erfolgt und daher unwirksam ist (DRiZ **62** B 104 Nr. 1344 = FamRZ **62**. 397 Nr. 162.

7. Der Rechtspfleger trifft *alle* Maßnahmen, die zur Erledigung der ihm übertragenen Geschäfte erforderlich sind (§ 4 Abs I RpflG). Er ist bei seinen Entscheidungen *nur dem Gesetz unterworfen* und entscheidet, soweit sich nicht aus dem RpflG (vgl auch Abs II, III a. a. O.) ein anderes ergibt, *selbständig* (§ 8 RpflG). Der Rechtspfleger ist hiernach namentlich *nicht* befugt, eine Beeidigung anzuordnen und einen Eid abzunehmen, Haftstrafen anzudrohen und zu verhängen oder Haftbefehle zu erlassen. Hält der Rechtspfleger die Beeidigung von Zeugen, Sachverständigen oder Dolmetschern für geboten, so legt er die Sache dem Richter zur Entscheidung vor (Abs III a. a. O.).

Der Rechtspfleger *soll* ihm übertragene Geschäfte dem Richter *vorlegen*, wenn er von einer Stellungnahme des Richters abweichen will oder sich bei der Bearbeitung rechtliche Schwierigkeiten ergeben, z. B. wegen der Anwendung von nicht im Geltungsbereich des Rechtspflegergesetzes geltendem Recht oder wenn ein enger Zusammenhang zwischen dem übertragenen und einem vom Richter wahrzunehmenden Geschäft (§ 5 Abs I RpflG) besteht. Die vorgelegten Sachen bearbeitet der Richter, solange er es für erforderlich hält; er kann die Sache dem Rechtspfleger zurückgeben; in diesem Fall ist der Rechtspfleger an eine von dem Richter mitgeteilte Rechtsauffassung gebunden (§ 5 Abs II RpflG). Der Richter *soll* die gesamte Angelegenheit erledigen, wenn ein übertragenes Geschäft in einem so engen Zusammenhang mit einem vom Richter wahrgenommenen Geschäft steht, daß eine getrennte Behandlung nicht sachdienlich wäre (§ 6 RpflG). Wenn der Rechtspfleger ein Geschäft wahrgenommen hat, das ihm nicht übertragen ist, so ist das Geschäft *unwirksam*; hat ihm aber der Richter im Rahmen des RpflG ein Geschäft übertragen, obwohl hierfür die Voraussetzungen im Einzelfall nicht gegeben waren, so ist das Geschäft nicht aus diesem Grunde unwirksam (§ 7 Abs II RpflG). Die Wirksamkeit eines an sich übertragenen Geschäfts wird nicht dadurch berührt, daß der Richter es wahrgenommen hat (§ 7 Abs I RpflG).

8. Für die *Ausschließung* und *Ablehnung* des Rechtspflegers gelten die für den Richter anzuwendenden Vorschriften, also die §§ 6, 170, 171 FGG, entsprechend; über die Ablehnung entscheidet der Richter (§ 9 RpflG).

9. Gegen die Entscheidungen des Rechtspflegers ist die *Erinnerung* gegeben, und zwar, wenn bei richterlicher Entscheidung die sofortige Beschwerde gegeben wäre, innerhalb der für diese geltenden Frist (§ 10 Abs I RpflG). Über die Erinnerung entscheidet der Richter, wenn der Rechtspfleger nicht abhilft (Abs II a.a . O.). Gegen die Entscheidung des Richters ist das Rechtsmittel gegeben, das nach den allgemeinen verfahrensrechtlichen Vorschriften zulässig ist (Abs III a. a. O.). Bei entsprechendem Antrag bei Einlegung des Rechtsbehelfs hat der Richter die

Erinnerung, wenn er ihr nicht stattgeben will, dem Rechtsmittelgericht vorzulegen; die Erinnerung gilt in diesem Falle als Beschwerde gegen die Entscheidung des Rechtspflegers (Abs IV a. a. O.). Auf die Erinnerung sind im übrigen die Vorschriften über die Beschwerde sinngemäß anzuwenden (Abs V a. a. O.). Gerichtliche Verfügungen die nach den Vorschriften des FGG (u. a.) wirksam geworden sind und nicht mehr geändert werden können (vgl hierzu § 18 FGG), sind mit der Erinnerung nicht anfechtbar (Abs VI S. 1 a. a. O.). Das Erinnerungsverfahren ist gebührenfrei (Abs VII a. a. O.).

2. Die örtliche Zuständigkeit des Vormundschaftsgerichts

§ 4. a) Die einzelnen Fälle der örtlichen Zuständigkeit

1. Für die Bestimmung der *örtlichen* Zuständigkeit in Vormundschaftssachen sind grundsätzlich die Vorschriften der §§ 36 bis 47 FGG maßgebend; auch für Fürsorgeerziehungssachen gelten diese Vorschriften. Die Zuständigkeitsvorschrift des § 11 JWG i.d.F. d. Ges. vom 11. 8. 1961 (BGBl I S. 1206) berührt die gerichtliche Zuständigkeit nicht. Eine Vereinbarung der Beteiligten über die örtliche Zuständigkeit ist nicht zulässig; das Vormundschaftsgericht übt seine Tätigkeit von Amts wegen aus.

2a. Regelmäßig ist für die *Vormundschaft* das Gericht zuständig, in dessen Bezirk der Mündel zu der Zeit, zu welcher die Anordnung der Vormundschaft erforderlich wird, seinen *Wohnsitz* oder in Ermangelung eines inländischen Wohnsitzes (vgl hierzu und zur Frage der sogenannten *interlokalen* Zuständigkeit (BRD und DDR) KEIDEL S. 506 Anm 1a zu § 36 FGG und BGHZ 21 301, 306 = NJW 1956 1439; ferner BayObLG 1957 311 = NJW 1958 308 = FamRZ 1958 426 Nr. 169; MDR 1958 110; FamRZ 1957 272 Nr. 138 = EJF B II Nr. 10 = NJW 1957 1198; FamRZ 1957 383 Nr. 188; FamRZ 1958 426 Nr. 170; 429 Nr. 173 = BayObLGZ 1957 118) seinen Aufenthalt hat (§ 36 Abs I S. 1 FGG)[1]. Zur Frage der Begründung und Aufhebung des Wohnsitzes vgl die §§ 7 bis 11 BGB i.d.F. d.GleichberGes vom 18. 6. 1957 (BGBl I S. 609), ferner für eheliche Kinder unten § 43 Zff 2 a β. Die Zuständigkeitsregelung des § 36 Abs I S. 1 FGG gilt auch für die Fälle des § 1906 BGB (Anordnung der *vorläufigen* Vormundschaft); für die gesetzliche Amtsvormundschaft ist für etwa erforderliche einstweilige Maßnahmen § 40 Abs II JWG zu beachten, für exterritoriale Deutsche § 3 FGG.

Wenn der Wohnsitz im Inland nicht mit Sicherheit zu ermitteln ist (vgl die Hinweise bei KEIDEL S. 510 Anm 2b zu § 36 FGG), ist der *Aufenthalt* des Mündels *im Inland* maßgebend.

---

[1] Für am 8. 5. 1945 anhängige Pflegschaften vgl § 8 d. Zuständigkeitsergänzungsgesetzes vom 7. 8. 1952 (BGBl I S. 407).

b) Ist der *Mündel Deutscher* und hat er *im Inland weder Wohnsitz noch Aufenthalt*, so ist das Amtsgericht Schöneberg in Berlin-Schöneberg zuständig (§ 36 Abs II S. 1 FGG i.d.F. d. FamRÄndG vom 11. 8. 1961, BGBl I S. 1221). Dieses kann die Sache aus wichtigen Gründen an ein anderes Gericht abgeben; die Abgabeverfügung ist für dieses Gericht bindend (S. 2 a. a. O.).

Die sowjetisch besetzte Zone gilt zwar nicht als Inland, dort wohnende Kinder sind aber nicht aus diesem Grunde als Ausländer zu behandeln (DRiZ 63 B 12 Nr 229 = Nds Rpfl 62 279), vgl auch FamRZ 63 312 Nr 155.

c) Wird die Anordnung einer Vormundschaft über *Geschwister* (auch halbbürtige, KGJ 47 A 10) erforderlich, die in den Bezirken verschiedener Vormundschaftsgerichte ihren Wohnsitz oder ihren Aufenthalt haben, so ist, wenn für einen der Mündel schon eine Vormundschaft anhängig ist, das für diese zuständige Gericht, anderenfalls dasjenige Gericht, in dessen Bezirke der jüngste Mündel seinen Wohnsitz oder seinen Aufenthalt, für alle Geschwister maßgebend (§ 36 Abs I S. 2 FGG). Diese Vorschrift gilt nicht, wenn nur der jüngste Mündel im westdeutschen Rechtsgebiet seinen gewöhnlichen Aufenthalt hat (BayObLGZ 1957 311).

d) Für die Vormundschaft über einen *Minderjährigen*, dessen Familienstand nicht zu ermitteln ist (besonders sogenannte Findelkinder), ist das Gericht zuständig, in dessen Bezirke der Minderjährige aufgefunden wurde (§ 36 Abs III FGG). Die Vorschrift findet keine Anwendung, wenn der Familienstand nur streitig ist (Keidel S. 513 Anm 5 zu § 36 FGG; Palandt-Lauterbach S. 1338 Anm 2c zu § 1773 BGB). Der Standesbeamte hat von der Auffindung dem Vormundschaftsgericht Anzeige zu machen (§ 48 FGG i.d.F. des GleichberGes vom 18. 6. 1957, BGBl I S. 609).

3. Die örtliche Zuständigkeit des Vormundschaftsgerichts für die Anordnung von *Pflegschaften* ist in den §§ 37 bis 42 FGG geregelt.

a) Soll jemand nach § 1909 *BGB* einen Pfleger erhalten, so ist, wenn bei einem inländischen Gericht eine Vormundschaft über ihn anhängig ist, für die Pflegschaft dieses Gericht zuständig. Im übrigen finden die Vorschriften des § 36 FGG Anwendung (§ 37 Abs I FGG). Es handelt sich also um Pflegschaften für Personen, die unter elterlicher Gewalt oder unter Vormundschaft stehen, bei Verhinderung des Gewalthabers oder Vormunds an der Besorgung einzelner Angelegenheiten und über Personen, für die eine Vormundschaft anzuordnen ist, *vor* Bestellung des Vormunds. § 37 Abs I S. 2 FGG i. V. in § 36 Abs I S. 2 FGG findet aber keine Anwendung, wenn nur *Pflegschaften* für verschiedene Geschwister eingeleitet werden (streitig, s. Keidel S. 511 Anm 3 zu § 36 FGG, besonders für den Fall gleichartiger Pflegschaften). Vormundschaften sind ihrem Wesen nach immer gleichartig; hätte der Gesetzgeber auch für den Fall gleichartiger Pflegschaften die Geschwisterpflegschaft anordnen wollen, so wäre dies klar zum Ausdruck gekommen. Erweist es sich im Einzelfalle gleichwohl als zweckmäßig, mehrere (sogar ungleichartige) Pflegschaften über Geschwister bei einem Vormundschaftsgericht zu führen, so kann dem durch Abgabe gemäß § 46 Abs III FGG Rechnung getragen werden.

Für die *Pflegschaft über einen Ausländer*, für den bei einem inländischen Gericht eine Vormundschaft nicht anhängig ist und der im Inlande weder Wohnsitz noch Aufenthalt hat, ist das Gericht zuständig, in dessen Bezirk das Bedürfnis der Fürsorge hervortritt (§ 37 Abs II FGG). Ein Fürsorgebedürfnis kann besonders dann gegeben sein, wenn eine bestehende ausländische Vormundschaft im Inlande, d. h. im westdeutschen Rechtsgebiet befindliches Vermögen, z. B. ein Grundstück nicht umfaßt.

b) Auf die Zuständigkeit für die Pflegschaft über einen deutschen *Gebrechlichen*, die gemäß § 1910 BGB Gesamtpflegschaft oder Einzelpflegschaft sein kann, finden die Vorschriften der §§ 36 Abs I, II und 37 Abs II entsprechende Anwendung (§ 38 *FGG*). Dies gilt auch für einen Ausländer, der im Inland weder Wohnsitz noch Aufenthalt hat, wenn für ihn eine Pflegschaft nach § 1909 BGB einzuleiten wäre (KEIDEL S. 515 Anm 1 zu § 38 FGG). Wegen der Fälle der Versetzung eines *Beamten* in den Ruhestand und der Wahrnehmung der Rechte eines Beamten im Disziplinarverfahren vgl KEIDEL a. a. O. S. 516 Anm 2.

c) Für die Pflegschaft über einen *Abwesenden* ist das Gericht zuständig, in dessen Bezirke der Abwesende seinen Wohnsitz hat; in Ermangelung eines solchen im Inlande finden die Vorschriften des § 36 Abs II und des § 37 Abs II entsprechende Anwendung (§ 39 *FGG*).

d) Für die Pflegschaft über eine *Leibesfrucht* ist das Gericht zuständig, welches für die Vormundschaft zuständig sein würde, falls das Kind zu der Zeit, zu welcher das Bedürfnis der Fürsorge hervortritt, geboren wäre (§ *40 FGG*). Gemäß § 1912 S. 1 BGB i.d.F. d. Ges. vom 18. 6. 1957 (BGBl I S. 609) dient die Pflegschaft zur Wahrnehmung der künftigen Rechte der Leibesfrucht, soweit diese der Fürsorge bedürfen; diese steht aber den Eltern zu, wenn das Kind, falls es bereits geboren wäre, unter elterlicher Gewalt stünde (S. 2 a. a. O.). Auf Antrag des Jugendamts oder einer unverehelichten Mutter kann für eine Leibesfrucht ein Pfleger auch bestellt werden, wenn die Voraussetzung des § 1912 S. 1 BGB nicht gegeben ist. Der Pfleger wird mit der Geburt des Kindes im Einverständnis mit dem Jugendamt Vormund; die Vormundschaft wird bei dem Vormundschaftsgericht geführt, bei dem die Pflegschaft anhängig war (§ 43 S. 1, 2, 4 JWG i.d.F. d. Ges. vom 11. 8. 1961, BGBl I S. 1206). Sind schon lebende Geschwister vorhanden, so ist auch § 36 Abs I S. 2 FGG anwendbar (KEIDEL S. 520 Anm 2 zu § 40 FGG).

e) Für eine gemäß § 1913 BGB anzuordnende Pflegschaft für einen *unbekannten Beteiligten* ist das Gericht zuständig, in dessen Bezirk das Bedürfnis der Fürsorge hervortritt (§ *41 FGG*). Insbesondere kann einem Nacherben, der noch nicht erzeugt ist oder dessen Persönlichkeit erst durch ein künftiges Ereignis bestimmt wird, für die Zeit bis zum Eintritt der Nacherbfolge ein Pfleger bestellt werden (§ 1913 S. 2 BGB).

f) Endlich ist für eine Pflegschaft zum Zwecke der *Verwaltung und Verwendung eines durch öffentliche Sammlung zusammengebrachten Vermögens* (§ 1914 BGB) das Gericht des Ortes zuständig, an dem bisher die Verwaltung geführt worden ist (§ *42 FGG*).

4. Die örtliche Zuständigkeit des Vormundschaftsgerichts für *Verrichtungen*, die *nicht* eine Vormundschaft oder Pflegschaft betreffen[1], richtet sich, soweit sich nicht aus dem Gesetz ein anderes ergibt, nach den Vorschriften des § 36 Abs I, II FGG; maßgebend ist für jede einzelne Angelegenheit der Zeitpunkt, in welchem das Gericht mit ihr befaßt wird (§ *43 Abs. I FGG*). Die Bestimmungen der §§ 43 Abs I, 36 FGG sind auch anwendbar, wenn das Kind eine *ausländische* Staatsangehörigkeit besitzt; sie bilden in Personensorgesachen auch einen Anknüpfungspunkt für die deutsche internationale Zuständigkeit (FamRZ 62 481 Nr. 199, II 1 a, b). Die Zuständigkeit richtet sich also zunächst nach dem Wohnsitz, hilfsweise nach dem Aufenthaltsort der Person, in deren Interesse die Verrichtung stattfindet, bei Geschwistern nach einer bereits anhängigen Vormundschaft oder Pflegschaft, wenn diese sämtliche Geschwister betrifft und die Angelegenheit nach § 43 FGG eines oder mehrere von ihnen betrifft; betrifft die Angelegenheit nach § 43 FGG Geschwister, für die eine Vormundschaft oder Pflegschaft nicht besteht, gemeinschaftlich, so ist der Wohnsitz oder Aufenthalt des jüngsten von ihnen maßgebend; betrifft die Angelegenheit Geschwister, für welche eine Vormundschaft oder Pflegschaft teils besteht, teils nicht besteht, so ist das Gericht zuständig, bei dem die Vormundschaft oder Pflegschaft besteht. Besteht eine Vormundschaft über eines von mehreren Geschwistern, betrifft die Angelegenheit nach § 43 FGG aber andere Geschwister, so findet § 36 Abs I S. 2 FGG, außer wenn lediglich eine Pflegschaft über eines der Geschwister anhängig ist (Keidel S. 527 Anm 4 zu § 43 FGG, streitig), Anwendung. Wegen der örtlichen Zuständigkeit in *Kindergeldsachen* vgl unter § 136 Zff 5, für eilige Maßnahmen in *Fürsorgeerziehungssachen* § 77 JWG i.d.F. d. Ges. vom 11. 8. 1961 (BGBl I S. 1206).

Das Gericht, bei dem eine Einzelverrichtung anhängig ist, ist nicht auch für andere Einzelverrichtungen zuständig (JFG 21 146). Eine Einzelverrichtung ist auch die Beistandschaft; diese ist eine Gegenvor-

[1] Eine Aufzählung von solchen Verrichtungen findet sich bei Keidel S. 522ff. Anm 1 zu § 43 FGG.

mundschaft ohne Vormundschaft (Palandt-Lauterbach S. 1296 Anm 1 zu § 1685 BGB), für die Zuständigkeit gelten die §§ 43 Abs II, 36 FGG (Palandt-Lauterbach a. a. O. Anm 2, Keidel S. 524 Anm 1 zu § 43 FGG).

Steht die Person deretwegen das Vormundschaftsgericht tätig werden muß, unter Vormundschaft oder Pflegschaft oder ist dem Vater oder der Mutter dieser Person ein Beistand bestellt, so ist das Gericht zuständig, bei dem die Vormundschaft, Pflegschaft oder Beistandschaft anhängig ist (§ *43 Abs II FGG* i.d.F d. GleichberGes vom 18. 6. 1957, BGBl I S. 609).

5. Für die in den §§ 1693 (Verhinderung der Eltern an der Ausübung der elterlichen Gewalt), 1846 BGB (einstweilige Maßregeln, wenn ein Vormund noch nicht bestellt oder der Vormund an der Erfüllung seiner Pflichten verhindert ist) und im Art 23 Abs II EGBGB bezeichneten Maßregeln ist *auch* das Gericht zuständig, in dessen Bezirk das Bedürfnis der Fürsorge hervortritt; das Gericht soll, wenn eine Vormundschaft, Pflegschaft oder Beistandschaft anhängig ist, von den angeordneten Maßregeln dem nach § 43 Abs II FGG zuständigen Gericht Mitteilung machen (§ *44 FGG* i.d.F. d. GleichberGes vom 18. 6. 1957, BGBl I S. 609). Diese im Interesse möglichst schleuniger behördlicher Fürsorge für die Beteiligten erlassene Vorschrift stellt ein Eingreifen nicht in das Belieben des hiernach zuständigen Gerichts, sondern verpflichtet es dazu, wenn das Eingreifen nach seinem pflichtmäßigen Ermessen geboten ist; andererseits ermächtigt sie auch das Gericht nicht, sich in die Führung der Angelegenheit durch das zuständige ordentliche Gericht einzumischen und insbesondere deshalb besondere Anordnungen zu treffen, weil nach der Ansicht des ausnahmsweise zuständigen Gerichts Maßnahmen von dem ordentlichen Gericht zweckmäßig hätten getroffen oder unterlassen werden sollen (KGJ 36 A 3). Durch sein Eingreifen wird das ausnahmsweise tätig gewordene Gericht auch nicht für eine einzuleitende Vormundschaft zuständig (KGJ 53 A 59). Sobald sich das ordentliche Gericht der Sache angenommen hat, ist für eine weitere Tätigkeit des gemäß § 44 FGG zuständigen Gerichts kein Raum mehr; sie begründet auch nicht die Zuständigkeit des ausnahmsweise zuständigen Gerichts für das weitere Verfahren gemäß § 4 FGG durch die erste Bearbeitung der Sache.

6. Durch das Familienrechtsänderungsgesetz vom 11. 8. 1961 Art 4 Zff 3 (BGBl I S. 1221, 1228) sind die *§§ 44a* und *44b FGG* dem FGG eingefügt worden; sie betreffen die *Eheverbote* wegen Schwägerschaft und Geschlechtsgemeinschaft sowie wegen Ehebruchs und regeln die *Befreiung* von diesen Verboten und die örtliche Zuständigkeit in diesen Geschäften. Hierzu darf auf die Ausführungen zu § 130 Zff 2c und Zff 3b unten verwiesen werden.

7. Besonders geregelt ist ferner die örtliche Zuständigkeit des Vormundschaftsgerichts für Angelegenheiten, die die *persönlichen Rechtsbeziehungen der Ehegatten* oder der geschiedenen Ehegatten oder das *eheliche Güterrecht* betreffen durch *§ 45 FGG* i.d.F. d. GleichberGes vom 18. 6. 1957 Art 4 Zff 3, BGBl I S. 609).

Zu den persönlichen Angelegenheiten gehören nicht diejenigen in denen das Vormundschaftsgericht in Fürsorge für das Kind tätig wird, vgl hierzu die §§ 3, 9, 30 Abs III EheG, unten §§ 129 A Zff 4, B Zff 2, 130 Zff 1, ferner die §§ 1683, 1740, 1761 BGB, unten §§ 49 Zff 6, 71 Zff 2 d. Dagegen kommen in Betracht die §§ 1357 Abs II BGB (Aufhebung des Ausschlusses oder der Beschränkung der Schlüsselgewalt der Frau, s. unten § 131 Zff 2 b) 57 EheG (Untersagung der Namensführung s. unten § 134 Zff 4), ferner auf dem Gebiet des ehelichen Güterrechts 1365 BGB (Zustimmungsersetzung bei Verfügung eines Ehegatten über sein Vermögen im ganzen, s. unten § 132 Zff 1), § 1369 Abs II BGB (Verfügung über Haushaltsgegenstände, § 132 Zff II), 1382 Abs I BGB (Ausgleichsforderungsstundung, § 132 Ziff III), 1383 Abs I BGB (Anrechnung bei Übernahme auf die Ausgleichsforderung, § 132 Ziff III), 1426, 1430 BGB (Zustimmung zu einem Rechtsgeschäft des das Gesamtgut verwaltenden Ehegatten, § 133 Zff I 1 a), 1452 Abs I BGB (Zustimmungsersetzung bei gemeinschaftlicher Verwaltung des Gesamtguts, § 133 Zff I 2), dagegen *nicht* die Fälle der §§ 1411, 1484, 1491 bis 1493 BGB (Keidel S. 534 Anm 4 zu § 45 FGG).

In den Fällen des § 45 FGG ist das Gericht zuständig, in dessen Bezirk die Ehegatten ihren gemeinsamen gewöhnlichen Aufenthalt haben oder zuletzt gehabt haben (Abs I). Hat keiner der Ehegatten im Bezirk dieses Gerichts seinen gewöhnlichen Aufenthalt oder haben sie einen gemeinsamen gewöhnlichen Aufenthalt im Inland nicht gehabt, so ist das Gericht zuständig, in dessen Bezirk der Ehegatte seinen gewöhnlichen Aufenthalt hat, dessen Recht durch die beantragte Verfügung beeinträchtigt würde. Hat dieser seinen gewöhnlichen Aufenthalt nicht im Inland oder läßt sich sein gewöhnlicher Aufenthalt im Inland nicht feststellen, so ist das Gericht zuständig, in dessen Bezirk der Antragsteller seinen gewöhnlichen Aufenthalt hat (Abs II). Ist ein Ehegatte verstorben, so ist das Gericht zuständig, in dessen Bezirk der überlebende Ehegatte seinen gewöhnlichen Aufenthalt hat oder gehabt hat (Abs III). Ist die Zuständigkeit eines Gerichts nach den vorstehenden Vorschriften nicht begründet, so ist das Amtgericht in Berlin-Schöneberg zuständig (IV). Für die Zuständigkeit ist in jeder einzelnen Angelegenheit der Zeitpunkt maßgebend, in dem das Gericht mit ihr befaßt wird (V).

§ 5. b) Sonderzuständigkeiten. Streit oder Ungewißheit über die örtliche Zuständigkeit. Verhinderung des zuständigen Gerichts. Handlungen eines örtlich unzuständigen Gerichts

1. Für diejenigen Fälle, in denen für die örtliche Zuständigkeit des Vormundschaftsgerichts der Wohnsitz eines Beteiligten maßgebend ist (§§ 36 bis 39, 43, 45, 47, FGG), bestimmt sich für Deutsche, die das Recht der *Exterritorialität* genießen, sowie für Beamte des Bundes oder der Länder, die im Ausland angestellt sind, gemäß § 3 Abs I FGG nach § 15 ZPO d. h. sie behalten hinsichtlich des Gerichtsstandes den Wohnsitz, den sie im Inland hatten, gegebenenfalls gilt der Wohnsitz der Bundesregierung als ihr Wohnsitz. Diese Bestimmungen sind auf Wahlkonsuln nicht anwendbar. Welche Personen das Recht der Exterritorialität genießen, geht aus den im Ausland geltenden Gesetzen, im Inland aus den §§ 18 bis 21 GVG hervor (vgl KEIDEL S. 129 Anm 1 zu § 3 FGG) Für die nach Landesrecht an Stelle der Gerichte zugelassenen Behörden vgl § 194 FGG und Art 1 PrFGG (für die Gebiete des ehemals preußischen Staates).

Für den Wohnsitz von *Berufssoldaten* und Soldaten auf Zeit vgl § 9 BGB i.d.F. d. Soldatengesetzes vom 19. 3. 1956; er schließt einen gewählten Wohnsitz neben dem gesetzlichen nicht aus (PALANDT-DANCKELMANN S. 15 Anm 2 zu § 9 BGB).

2. Sind *mehrere* Gerichte *örtlich* zuständig, so gebührt demjenigen von ihnen der Vorzug, das zuerst in der Sache tätig geworden ist (§ 4 FGG, Art 1 PrFGG). Es genügt also nicht, daß ein Gericht mit der Sache befaßt worden ist, sondern es muß bereits in die Bearbeitung der Sache durch eine diese betreffende durch den Richter oder den Rechtspfleger (in dem ihm übertragenen Wirkungskreis) betreffende Verfügung eingetreten sein. In diesem Falle scheiden andere, an sich ebenfalls zuständige Gerichte aus; die Möglichkeit der Abgabe an ein anderes Gericht nach Maßgabe des § 46 FGG bleibt jedoch bestehen. Hat ein an sich ebenfalls örtlich zuständiges Gericht in derselben Sache eine Tätigkeit entfaltet, ohne davon Kenntnis zu haben, daß es durch den Vorgriff eines anderen Gerichts seine Zuständigkeit verloren hat, so sind die bei dem unzuständigen Gericht entstandenen Vorgänge dem zuerst tätig gewordenen Gericht abzugeben. Die Maßnahmen des abgebenden Gerichts treten jedoch durch die Abgabe nicht außer Kraft; sie gelten vielmehr hinfort als Maßnahmen des übernehmenden Gerichts; über Beschwerden gegen solche Maßnahmen wird daher auch, sobald die Abgabe erfolgt ist, nur noch von dem Landgericht entschieden, das dem übernehmenden Gericht übergeordnet ist.

3 a) Besteht *Streit* (positiver oder negativer Kompetenzkonflikt) *der Ungewißheit* d. h. trotz Nachprüfung des zuerst mit der Sache befaßten Gerichts objektive Unsicherheit der für die Zuständigkeit und das Er-

fordernis einer gerichtlichen Tätigkeit maßgebenden *tatsächlichen* Verhältnisse (KEIDEL S. 136 Anm 2d zu § 5 FGG) darüber, welches Gericht *örtlich* zuständig ist, so wird das zuständige Gericht durch das gemeinschaftliche obere Gericht (bei mehreren bayerischen Gerichten verschiedener Oberlandesgerichtsbezirke das Bayerische Oberste Landesgericht in München, bei mehreren rheinland-pfälzischen Gerichten verschiedener Oberlandesgerichtsbezirke das Oberlandesgericht in Neustadt), wenn dieses aber der Bundesgerichtshof ist, durch dasjenige Oberlandesgericht bestimmt, zu dessen Bezirk das zuerst mit der Sache befaßte Gericht gehört (§ 5 Abs I S. 1 FGG). Ein Streit darüber, welches von mehreren Gerichten örtlich zuständig ist (§ 5 FGG), liegt vor, wenn jedes von mehreren Gerichten entweder die örtliche Zuständigkeit für die Erledigung der Angelegenheit für sich in Anspruch nimmt und die des anderen verneint oder nicht sich, sondern das andere Gericht für zuständig erachtet und wenigstens eines der Gerichte seine Entscheidung in Kenntnis der Entscheidung des anderen und im bewußten Gegensatz dazu erlassen hat (BayObLG in Rpfl 62 345 Nr 153). Dies gilt auch, wenn der Streit oder die Ungewißheit zwischen zwei *Land*gerichten besteht (KGJ 50 A 20). Die Entscheidung erfolgt nicht nur auf Vorlage eines der streitenden Gerichte, sondern auch auf Anrufen eines Beteiligten d. h. eines jeden, der an der Entscheidung ein rechtliches Interesse hat, auch einer Behörde, schließlich auch schlechthin von Amts wegen, wenn sich ein Bedürfnis hierfür zeigt (KGJ 32 A 3, A 6). Die Entscheidung des gemeinschaftlichen oberen Gerichts ist unanfechtbar (§ 5 Abs II FGG).

Die Interessen der Beteiligten dürfen nicht unter dem Zuständigkeitsstreit der Gerichte leiden. Deshalb soll in schleunigen Fällen das mit der Sache befaßte Gericht einen Vormund zum Schutze des Mündels bestellen; durch diese Maßnahme wird das Gericht nicht ohne weiteres zuständig, vielmehr gilt die Bestellung, wenn demnächst das gemeinschaftliche obere Gericht das andere der streitenden Gerichte als zuständig bestimmt, als Maßnahme dieses Gerichts; nur durch Abgabe gemäß § 46 FGG kann das aushilfsweise tätig gewordene Gericht alsdann örtlich zuständig werden (KGJ 42 A 32).

Die Entscheidung des gemeinschaftlichen oberen Gerichts kann auch herbeigeführt werden, ehe die Beteiligten die Rechtsmittel gegen einander widerstreitende Entscheidungen der unteren Gerichte über die örtliche Zuständigkeit erschöpft haben (KGJ 32 A 5). Durch die Entscheidung des oberen Gerichts wird im übrigen die Einlegung der Beschwerde gegen die Entscheidung des für zuständig erklärten Gerichts nicht ausgeschlossen, sie ist jedoch, weil die Zuständigkeitsentscheidung unanfechtbar ist und nur gemäß § 18 Abs I FGG von dem oberen Gericht selbst wieder geändert werden kann, jedenfalls insoweit unbegründet, als das Rechtsmittel auf die angebliche örtliche Unzuständigkeit des Gerichts gestützt wird.

Die Entscheidung des gemeinschaftlichen oberen Gerichts erfolgt nach *rechtlichen* Gesichtspunkten, im Falle der Ungewißheit aber nach *Zweckmäßigkeitsrücksichten*; sie kann auch dahin lauten, daß keines der streitenden Gerichte, sondern ein drittes im Bezirk des entscheidenden Gerichts liegendes Gericht zuständig ist (Keidel S. 138 Anm. 2 e, 139 Anm. 2f zu § 5 FGG); in diesem Falle ist das betreffende Gericht jedoch vorher zu hören.

Geht zufolge der Bestimmung des zuständigen Gerichts eine Sache auf ein anderes Gericht über, so bilden die Maßnahmen des vorher mit der Sache befaßten Gerichts einen Teil des Verfahrens des für zuständig erklärten Gerichts; diese Maßnahmen bleiben im übrigen gemäß § 7 FGG wirksam und werden so behandelt, als wären sie von dem für zuständig erklärten Gericht getroffen. Dieses ist auch für die Änderungen von Verfügungen des alten Gerichts gemäß § 18 FGG zuständig; für die Entscheidung von Beschwerden gegen die Verfügungen des früher mit der Sache befaßten Gerichts ist nur das dem neuen Gericht übergeordnete Landgericht zuständig, so bald die Zuständigkeitsbestimmung mit der Bekanntmachung an die streitenden Gerichte wirksam geworden ist (KGJ 50 A 20).

b) Ein Streit über die *sachliche* Zuständigkeit des Vormundschaftsgerichts ist durch Einlegung von Rechtsmitteln im Instanzenzuge auszutragen; ein Streit zwischen mehreren Abteilungen desselben Gerichts oder zwischen Zivilkammer und Kammer für Handelssachen wird als Streit über die Geschäftsverteilung im Verwaltungswege ausgetragen (KGJ 38 A 3). Streiten sich die Rechtspfleger mehrerer Gerichte innerhalb ihrer Zuständigkeit, so müssen zunächst die Gerichte selbst versuchen, über die Frage der örtlichen Zuständigkeit einig zu werden; notfalls ist auch in diesem Falle die Entscheidung des gemeinsamen oberen Gerichts maßgebend.

c) Ist das zunächst örtlich zuständige Gericht in einem einzelnen Falle an der Ausübung des Richteramtes *rechtlich oder tatsächlich verhindert*, so erfolgt die Bestimmung des zuständigen Gerichts durch das dem verhinderten Gericht im Instanzenzuge vorgeordnete Gericht (§ 5 Abs I S. 2 FGG), dessen Entscheidung nicht anfechtbar ist. Im Instanzenzuge vorgeordnet ist den bayerischen Oberlandesgerichten das Bayerische Oberste Landesgericht in München, den rheinland-pfälzischen Oberlandesgerichten das Oberlandesgericht Neustadt. Ein Fall rechtlicher Verhinderung ist erst gegeben, wenn auch die geschäftsplanmäßigen Vertreter (vgl §§ 63, 66 bis 68, 70, 117 GVG, für die ehemals preußischen Gebiete auch § 24 PrAGGVG (für die Rechtspfleger gilt Entsprechendes) verhindert sind. Ein Fall rechtlicher Verhinderung ist z. B. gegeben, wenn der Vormundschaftsrichter von der Ausübung seiner Tätigkeit gemäß § 6 FGG ausgeschlossen ist, ein Fall tatsächlicher Verhinderung, wenn der Richter erkrankt ist.

4. Von allgemeiner Bedeutung für die Frage der örtlichen Zuständigkeit ist endlich die Bestimmung, daß *gerichtliche Handlungen nicht aus dem Grunde unwirksam sind, weil sie von einem örtlich unzuständigen Gericht vorgenommen sind* (§ 7 FGG, Art 1 PrFGG). Gerichtliche Handlungen können tatsächlicher und rechtlicher Art sein; in Betracht kommen insbesondere Verfügungen, Anordnungen, Maßregeln, Beschlüsse, dagegen nicht die Fälle, in denen das Gericht lediglich die Erklärungen Beteiligter entgegennimmt wie (streitig, vgl Keidel S. 158 Anm 1 zu § 7 FGG).

§ 7 FGG findet gemäß § 1 FGG keine Anwendung, „soweit ein anderes bestimmt ist". Der Mangel der örtlichen Zuständigkeit ist also von Bedeutung, soweit nach materiellem Recht die Wirksamkeit eines Vorganges von der Tätigkeit eines bestimmten Gerichts abhängig ist. Die Verfügung eines örtlich unzuständigen Gerichts bleibt im übrigen zwar wirksam, jedoch können die Beteiligten ihre *Aufhebung* wegen der Unzuständigkeit beantragen (KGJ 35 A 345 = RJA 9 73) und auch die Aufhebung im *Beschwerde*wege betreiben (KGJ 30 A 289 = RJA 6 1), soweit es sich um eine nicht mit einer Vormundschaft oder Pflegschaft zusammenhängende Einzelverrichtung handelt (Keidel S. 159 Anm 4b zu § 7 FGG mit Rechtsprechung). Dagegen wurde die Beschwerde gegen die Einleitung einer *Vormundschaft* oder *Pflegschaft* mit dem Ziele der Aufhebung des ganzen bisherigen Verfahrens des örtlich unzuständigen Gerichts früher nicht für zulässig erachtet und nur insoweit zugelassen, daß das unzuständige Gericht seine Tätigkeit für die Zukunft einstellen und dem zuständigen Gericht überlassen mußte; diese Ansicht ist aufgegeben worden (vgl hierzu Keidel a. a. O. mit zahlreichen Nachweisen aus dem Schrifttum und der Rechtsprechung).

Für *Notare* vgl. § 11 BNotO.

§ 6. c) Die Abgabe von Sachen an ein anderes Gericht

1. Ist die örtliche Zuständigkeit des Vormundschaftsgerichts einmal begründet, so bleibt sie grundsätzlich durch spätere Ereignisse und Umstände unberührt. Wenn einmal eine Sache bei einem bestimmten Gericht anhängig geworden ist, so darf kein anderes Gericht in die ordnungsmäßig begründete Zuständigkeit eingreifen, es sei denn, daß es die Sache gemäß § 46 FGG übernommen hätte (KGJ 51 A 1 = RJA 16 157). Häufig werden indessen die Umstände die *Zweckmäßigkeit* der Fortführung der Sache durch das zunächst zuständige Vormundschaftsgericht in Frage stellen, z. B. wenn ein Mündel mit seiner Familie den Wohnsitz verlegt und die Beziehungen zum bisherigen Aufenthaltsort aufgibt.

2. Um Mißständen, die durch die starre Regelung der Zuständigkeit auftreten können, durch eine Vereinbarung der beteiligten Gerichte oder eine Ermessensentscheidung des oberen Gerichts abzuhelfen (BayObLG in Rpfl 62 345 Nr. 153), bestimmt § *46 FGG*, daß das Vormundschaftsgericht die *Vormundschaft* (für die *Pflegschaften* und die im § *43 FGG* bezeichneten Angelegenheiten gilt Entsprechendes, § 46 Abs III JGG) aus wichtigen Gründen an ein anderes Vormundschaftsgericht *abgeben* kann, wenn sich dieses zur Übernahme der Vormundschaft bereit erklärt; nach der Bestellung des Vormundes ist jedoch dessen Zustimmung erforderlich (§ 46 Abs I S. 1 FGG). Wird eine Vormundschaft oder Pflegschaft über mehrere Geschwister geführt, so kann die Abgabe auf diejenigen Mündel oder Pflegebefohlenen beschränkt werden, bezüglich derer die Abgabe zweckmäßig erscheint; im allgemeinen wird eine solche Abtrennung aber zu vermeiden sein (Keidel S. 543 Anm 3b am Ende S. 546 Anm 6 zu § 46 FGG).

a) *Voraussetzung* der Abgabe ist die Anhängigkeit der Sache d. h. das Gericht muß sich mit ihr *befaßt* haben (nach Keidel S. 541 Anm 3a zu § 46 FGG muß die Vormundschaft bereits *angeordnet* sein), jedenfalls aber seine Zuständigkeit geprüft und für gegeben gehalten haben. Eine Abgabe *im voraus* ist unstatthaft (KGJ 25 A 190).

b) *Weitere Voraussetzung* ist, daß sie durch einen *wichtigen Grund* gerechtfertigt erscheint. Ob ein solcher vorliegt, ist von dem Vormundschaftsgericht nach pflichtmäßigem Ermessen zu entscheiden, wobei die Interessen und das Wohl des Mündels oder Pfleglings in erster Linie zu berücksichtigen sind. In Betracht kommt namentlich die Verlegung des Wohnsitzes oder auch ein Aufenthaltswechsel des Mündels, der Eltern oder der unehelichen Mutter, wenn dadurch die Führung der Geschäfte wesentlich erschwert wird oder die Aufsicht über die Fürsorge für den Mündel leiden könnte; insoweit ist auch das Interesse des Vormundes gebührend zu berücksichtigen. Einzelfälle vgl im übrigen bei Keidel S. 541 ff. Anm 3b zu § 46 FGG). Als ein wichtiger Grund ist es in der Regel anzusehen, wenn ein unter Vormundschaft stehender Minderjähriger wegen einer strafbaren Handlung vor einem anderen Gericht angeklagt ist (§ 46 Abs I S. 2 FGG i.d.F d. Ges vom 16. 2. 1923).

Ist die Abgabe aus wichtigen Gründen geboten, so kommt es nicht darauf an, daß die Verhältnisse sich später wieder ändern können; für diesen Fall bleibt es dem Übernahmegericht vorbehalten, die Sache an das Abgabegericht oder ein anderes Gericht zurückzugeben oder erneut abzugeben.

c) Die Abgabe kann nur erfolgen, wenn das um Übernahme ersuchte Gericht sich *zur Übernahme bereit erklärt* (§ 46 Abs I S. 2 FGG); diese Erklärung darf nicht von der Willkür, sondern nur von dem pflichtmäßigen Ermessen über das Vorliegen eines wichtigen Grundes abhängig gemacht werden, im übrigen nicht von der Feststellung, daß die Voraussetzungen des zu übernehmenden Verfahrens überhaupt gegeben seien und ein zuständiges Gericht um die Übernahme ersucht habe (KGJ 47 A 14). Die Erklärung kann nicht widerrufen werden (DJZ 1931 503). Die Ablehnung kann nicht damit begründet werden, daß das Verfahren des übergebenden Gerichts mangelhaft gewesen sei und dieses zunächst das Versäumte nachholen müsse (DJZ 1932 233).

d) Die Abgabe ist außerdem, nachdem ein *Vormund* oder Pfleger einmal bestellt ist, an dessen *Zustimmung* gebunden (§ 46 Abs I S. 1 Halbs. 2 FGG). Ist das Amt des Vormundes oder Pflegers zur Zeit der Abgabe nicht besetzt, so braucht eine Neubesetzung vor der Abgabe nicht zu erfolgen; überhaupt ist die vorherige Bestellung eines Vormundes nicht erforderlich (vgl KEIDEL S. 544 Anm 3d zu § 46 FGG, aber streitig). Bei mehreren Vormündern ist die Zustimmung aller erforderlich, der Zustimmung eines Gegenvormundes bedarf es nicht, der Zustimmung des Beistandes nur im Falle des § 1690 Abs II BGB i.d.F. d. FamRÄndG vom 11. 8. 1961 (BGBl I S. 1221). Handelt es sich um die Abgabe einer im § 43 FGG bezeichneten Angelegenheit, so ist ggf. die Zustimmung der elterlichen Gewalthaber erforderlich (KGJ 38 A 79). Die Zustimmung ist an eine Form nicht gebunden; sie kann auch stillschweigend erfolgen, muß aber auf jeden Fall erkennbar sein und sich auf eine bestimmte Sache beziehen (s. KEIDEL S. 543 Anm. 3d zu § 46 FGG).

3a) Verweigert das Gericht, dem die Sache übertragen werden soll, die Übernahme oder weigert sich das Vormundschaftsgericht, die Sache abzugeben, einigen sich also die Gerichte über die Abgabe nicht oder verweigert der Vormund oder einer von mehreren Mitvormündern seine Zustimmung, so entscheidet das gemeinsame obere Gericht und, falls dieses der Bundesgerichtshof ist, dasjenige Oberlandesgericht, zu dessen Bezirk das Gericht gehört, an das die Vormundschaft abgegeben werden soll. Eine Anfechtung der Entscheidung findet nicht statt (§ 46 Abs II FGG). Wegen des gemeinschaftlichen oberen Gerichts vgl oben § 5 Zff 3a. Bei der Entscheidung kommt es lediglich auf die nach dem Einzelfall zu beurteilende Zweckmäßigkeit an (KGJ 47 A 14).

b) Der Vormund hat das Recht der *Beschwerde* im eigenen Namen oder im Namen des Mündels, wenn er übergangen worden ist (KEIDEL S. 543 Anm 3d zu § 46 FGG, RJA 14 112) oder wenn seiner Anregung, die Sache abzugeben, nicht entsprochen worden ist oder wenn die beteiligten Gerichte sich entgegen seiner Ablehnung über die Abgabe geeinigt haben (KGJ 43 A 277, 278). Aber auch jedem, der ein berechtigtes Interesse hat, die Angelegenheit wahrzunehmen, steht die Beschwerdebefugnis zu; die Beschwerde kann sowohl gegen die Verfügung des abgebenden als auch gegen die Verfügung des übernehmenden

Gerichts eingelegt werden (RJA 11 166 = KGJ 43 A 277; vgl auch RJA 14 112; KGJ 47 A 21).

Beispiel:

Der Vormund eines bisher in Köln wohnhaften Mündels teilt dem Amtsgericht in Köln, bei dem die Vormundschaft geführt wird, mit, daß der Mündel, der nach dem Tode seiner Eltern bei seinem Onkel in Köln lebt, (der aber aus persönlichen Gründen nicht zum Vormund bestellt ist), mit diesem nach Hannover verzogen sei, und bittet um Abgabe der Vormundschaft an das dortige Amtsgericht und um demnächstige Entlassung aus dem Amte als Vormund. Das Amtsgericht in Köln übersendet nach Anhörung des Jugendamts in Köln die Akten dem Amtsgericht in Hannover mit der Bitte um Übernahme der Sache. Das Amtsgericht in Hannover lehnt jedoch die Übernahme ab, da nach den von ihm angestellten Ermittelungen die Beteiligten nur so lange in Hannover zu bleiben gedächten, bis sich in Köln eine neue Erwerbsmöglichkeit für den Onkel finde. Das Amtsgericht in Köln besteht auf der Übernahme, da es noch ganz ungewiß sei, ob und wann der Mündel nach Köln zurückkehren werde, die Fortführung der Vormundschaft in Köln sei aber mit Rücksicht auf die große Entfernung und den dadurch erschwerten persönlichen Verkehr mit dem Mündel sehr behindert und daher unzweckmäßig. Da eine Einigung nicht zu erzielen ist, wird die Sache dem Oberlandesgericht in Celle zur Entscheidung vorgelegt.

Der Vormund kann dagegen gegen die Übernahmeverweigerung des Amtsgerichts Hannover Beschwerde nicht einlegen, weil das Verfahren gemäß § 46 Abs II FGG gegeben ist (RJA 14 112 = KGJ 47 A 21).

c) *Mit der Abgabe geht die Sache in vollem Umfange an das neue Gericht über*, namentlich auch hinsichtlich der Abänderungsbefugnis gemäß § 18 FGG und des Rechtsmittelzuges (vgl KGJ 43 A 30 = RJA 12 174; KGJ 50 A 20; JFG 3 94); die Einlegung des Rechtsmittels kann aber auch bei dem früher mit der Sache befaßten Gericht erfolgen (JFG 3 94). Die Abgabe einer Vormundschaft zieht aber nicht notwendig die Abgabe eines von dem früheren Gericht wegen Gefährdung eines Kindes eingeleiteten Verfahrens nach sich; ob auch dieses Verfahren als abgegeben anzusehen ist, richtet sich nach den Umständen des Falles (JFG 6 40). Auch wenn die Abgabe ohne wichtigen Grund oder ohne Zustimmung des Vormundes erfolgt ist, so wird sie dadurch nicht ohne weiteres unwirksam, ein übergangener Vormund hat jedoch das Recht der Beschwerde, s. oben zu b).

d) Eine Vormundschaft oder eine Pflegschaft oder eine Beistandschaft, bei der der Beistand die rechtliche Stellung eines Pflegers hat, kann mit Zustimmung des Vormundes oder Pflegers an eine *ausländische Behörde* abgegeben werden, wenn der Mündel oder Pflegebefohlene im Auslande seinen Wohnsitz oder Aufenthalt hat und die Abgabe in seinem Interesse liegt, außerdem der ausländische Staat sich zur Übernahme bereit erklärt (§ 47 Abs II S. 1, III FGG). Verweigert der Vormund oder einer von mehreren Mitvormündern oder der Pfleger seine Zustimmung, so entscheidet an Stelle des Gerichts, bei welchem die Vormundschaft oder die Pflegschaft anhängig ist, das im Instanzenzuge übergeordnete Gericht (§ 47 Abs II S. 2, III FGG); eine Anfechtung dieser Entscheidung findet nicht statt (§ 47 Abs II, S. 3, III FGG).

Ist über einen Deutschen, der im Ausland seinen Wohnsitz oder Aufenthalt hat, eine nach den Vorschriften des deutschen Rechtes (BGB) erforderliche Vormundschaft oder Pflegschaft im Ausland angeordnet, so kann die Anordnung der Vormundschaft oder Pflegschaft im Inland unterbleiben, wenn dies im Interesse des Mündels liegt (§ 47 Abs I, III FGG). Einem *Übernahmeersuchen der ausländischen Vormundschaftsbehörde* ist aber stets zu entsprechen, damit nicht im Falle einer Aufhebung der ausländischen Vormundschaft der deutsche Mündel im Auslande ohne Schutz bleibt. *Will eine ausländische Behörde* eine im Inland geführte Vormundschaft gegen den Wunsch des inländischen Gerichts *übernehmen*, so ist § 46 Abs II FGG zwar nicht anwendbar, der ausländischen Behörde steht aber die Beschwerde gegen die Ablehnung ihres Antrags zu (vgl Keidel S. 547 Anm 7 zu § 46 FGG, S. 552 Anm 3c a. E. zu § 47 FGG, ebenso für den Fall der Verweigerung der Übernahme durch ein deutsches Gericht. Hinweis auf JFG 15 298).

Bezüglich der *internationalen Abkommen* zur Regelung des Vormundschaftswesens wird auf Keidel S. 502 ff. Anm 5 zu § 35 FGG u. S. 550 Anm 1 zu § 47 FGG verwiesen. Im übrigen vgl für das *deutsche internationale Privatrecht* Art. 23 EGBGB. Soweit nach dieser Vorschrift Vormundschaften über Ausländer angeordnet werden können, ist ihre Abgabe an die zuständige ausländische Behörde jederzeit zulässig. Gegen die Verweigerung der Abgabe hat die ausländische Behörde ein Beschwerderecht (s. oben Keidel a. a. O.).

§ 7. 3. Die Ausschließung des Vormundschaftsgerichts von der vormundschaftsgerichtlichen Tätigkeit

1. Gemäß § 6 FGG, Art 1 PrFGG ist der Vormundschaftsrichter von der Ausübung seiner amtlichen Tätigkeit *ausgeschlossen*

a) in den Sachen, in denen er *selbst beteiligt* ist oder in denen er zu einem Beteiligten in dem Verhältnis eines Mitbeteiligten oder Mitberechtigten steht,

b) in Sachen seines *Ehegatten*, auch wenn die Ehe nicht mehr besteht; eine wegen Formmangels nichtige Ehe, ist keine Ehe und begründet keinen Ausschließungsgrund; wird die Ehe aus einem anderen Grunde für nichtig erklärt, so hat sie doch tatsächlich bestanden, der scheinbare Bestand in der Zeit vor dem Urteil begründet aber auch schon für diese Zeit einen Ausschließungsgrund; dies gilt auch für eine der Aufhebung unterliegende Ehe,

c) in Sachen einer Person, mit der er in gerader Linie oder im zweiten Grade der Seitenlinie verwandt oder verschwägert ist,

d) in Sachen, in denen er als Vertreter eines Beteiligten bestellt oder als gesetzlicher Vertreter eines solchen aufzutreten berechtigt ist.

2. Amtshandlungen eines ausgeschlossenen Richters sind nicht kraft Gesetzes unwirksam (§ 7 FGG), aber nach Maßgabe der §§ 19, 20 FGG mit der *Beschwerde* anfechtbar.

3. Wegen der Ausschließung des Vormundschaftsrichters als *Urkundsperson* vgl unten § 22. Für den *Rechtspfleger* sind gemäß § 9 S. 1 RpflG die für den Richter geltenden Vorschriften entsprechend anzuwenden.

4. Ein Richter *kann* sich der Ausübung seines Amtes wegen *Befangenheit* (nicht wegen Besorgnis der Befangenheit streitig: vgl hierzu KEIDEL S. 151 Anm 4 zu § 6 FGG) enthalten. Ob der Vormundschaftsrichter von dieser Befugnis Gebrauch macht, hat er nach seinem pflichtmäßigen Ermessen zu prüfen; er hat dabei zu erwägen, ob *er nach eigener Überzeugung* der Sache unparteiisch gegenübersteht; die Anschauung Beteiligter, daß der Richter befangen sei, bildet keinen selbständigen Beschwerdegrund, sie kann auch nicht durch Erinnerung bei behaupteter Befangenheit eines Rechtspflegers geltendgemacht werden (KEIDEL S. 152 a. a. O).

5. Die *Ablehnung* eines Richters ist ausgeschlossen (§ 6 Abs II 2 FGG) für die Ablehnung des Rechtspflegers gilt Entsprechendes (§ 9 S. 1 RpflG); über die Ablehnung (Selbstablehnung) des Rechtspflegers entscheidet der Richter (S. 2 a. a. O.).

6. Bezüglich des *Urkundsbeamten der Geschäftsstelle* kommt § 6 FGG bundesrechtlich nicht in Betracht, landesrechtlich ist durch Art 2 PrFGG die Vorschrift in Bezug genommen (für andere Länder als die ehemals preußischen Gebiete vgl KEIDEL S. 144 Anm 1 zu § 6 FGG), für die Mitwirkung in Urkundssachen (§§ 170 bis 172 FGG) s. unten § 22.

§ 8. 4. Gerichtssprache. Dolmetscher

1. Die Verhandlungen vor dem Vormundschaftsgericht werden in *deutscher Sprache* geführt (§ 8 FGG, § 184 GVG). Personen, die der deutschen Sprache nicht mächtig sind, leisten jedoch den Eid in der ihnen geläufigen Sprache (§ 188 GVG), notfalls unter Zuziehung eines Dolmetschers. Die Vorschriften der §§ 185 Abs II, 187 GVG finden wegen der Verschiedenheit des Verfahrens im Zivilprozeß und in der freiwilligen Gerichtsbarkeit keine Anwendung (KEIDEL S. 179 Anm 1 zu § 9 FGG). Ist ein Beteiligter der deutschen Sprache nicht mächtig, so bedarf es der Zuziehung eines *Dolmetschers* (§ 185 Abs I GVG), es sei denn, daß der Vormundschaftsrichter oder der Rechtspfleger der fremden Sprache mächtig ist, deren sich die Beteiligten bedienen (§ 9 S. 1 FGG). Die *Beeidigung* des Dolmetschers ist nicht erforderlich, wenn die Beteiligten darauf verzichten, anderenfalls hat er einen Eid in der durch § 189 GVG bestimmten Form zu leisten, es sei denn, daß er allgemein beeidigt ist. Der Eid ist vom Richter abzunehmen, dem der Rechts-

pfleger gegebenenfalls die Sache vorzulegen hat (§ 4 Abs III RpflG). Der Dienst des Dolmetschers kann von dem Urkundsbeamten der Geschäftsstelle wahrgenommen werden; einer besonderen Beeidigung bedarf es in diesem Falle nicht (§ 190 GVG). Auf den Dolmetscher sind die Vorschriften des § *191 GVG* über die *Ausschließung* und *Ablehnung* der Sachverständigen *nicht entsprechend* anzuwenden; vielmehr finden gemäß § 9 S. 2 FGG die Bestimmungen des § 6 FGG Anwendung.

2. Zur Verhandlung mit *tauben* (auch sehr schwerhörigen) oder *stummen* Personen ist, sofern nicht eine schriftliche Verständigung erfolgt (durch Niederschreiben von Fragen und Antworten), eine Person als Dolmetscher zuzuziehen, mit deren Hilfe die Verständigung in anderer Weise erfolgen kann (§ 186 GVG).

§ 9. **5. Öffentlichkeit. Sitzungspolizei**

1. Die Verhandlungen vor dem Vormundschaftsgericht waren nach früherer Auffassung *nicht öffentlich.* Nicht einmal den unmittelbar Beteiligten wurde ein Recht auf Anwesenheit eingeräumt. Es war vielmehr dem pflichtmäßigen Ermessen des Vormundschaftsgerichts überlassen, ob z. B. bei der Vernehmung von Zeugen den Beteiligten die Anwesenheit zu gestatten sei (KGJ 26 A 175 = RJA 4 1; neuerdings auch bezüglich der Beweisaufnahme OLG Frankfurt FamRZ 62 173 Nr. 73 mit im Hinblick auf Art 103 Abs I GG sehr kritischer Anmerkung der Redaktion). Diese Auffassung ist wenigstens hinsichtlich der Beweisaufnahme vom KG (FamRZ 62 537 Nr. 225 = NIW 62 2114) abgelehnt worden, wobei auf die Vorschriften der §§ 15 Abs I FGG, 373ff., 397 ZPO hingewiesen und geltendgemacht worden ist, daß es auch im Amtsermittelungsverfahren der Wahrheitsfindung nur dienlich sein könne, wenn die Beteiligten in den Beweisterminen anwesend seien und Gelegenheit hätten, den Zeugen Vorhaltungen zu machen (S. 538 a. a. O.). Dieser Ansicht wird mit Rücksicht auf Art 103 Abs I GG grundsätzlich zugestimmt werden müssen (vgl auch unten § 14 Zff 1 e).

2a) Die Vorschriften des GVG i.d.F. vom 12. 9. 1950 (BGBl 513) über die *Sitzungspolizei* (§§ 176 bis 183) finden auch für die Verhandlungen des Vormundschaftsgerichts Anwendung (§ *8 FGG*). Die Aufrechterhaltung der Ordnung liegt demnach dem Vormundschaftsrichter ob (§ 176 GVG). Er kann die Beteiligten und die übrigen zu den Verhandlungen zugelassenen Personen, die den zur Aufrechterhaltung erlassenen Anordnungen nicht Folge leisten, aus dem Sitzungszimmer *entfernen,* auch zur *Haft* abführen und während einer in dem Beschluß zu bestimmenden Zeit, die vierundzwanzig Stunden nicht übersteigen darf, *festhalten* lassen (§ 177 GVG). Der Beschluß und die Veranlassung der Anordnung sind in das Sitzungsprotokoll aufzunehmen (§ 182 GVG). Gegen

Personen, die sich bei der Verhandlung einer *Ungebühr* schuldig machen, kann der Richter ferner vorbehaltlich der strafgerichtlichen Verfolgung eine *Ordnungsstrafe* in *Geld* (mindestens eine und höchstens eintausend Deutsche Mark, vgl VO über Vermögensstrafen und Bußen vom 6. 2. 1924 RGBl I S. 44) oder bis zu 3 Tagen *Haft* festsetzen und sofort vollstrecken lassen (§ 178 GVG). Der *Rechtspfleger* kann zwar die Entfernung aus dem Sitzungszimmer, nicht aber die Abführung zur Haft verfügen (§ 4 Abs II Zff 2 RpflG). Im übrigen kann der Richter die Haft auch hilfsweise für den Fall der Nichtbeitreibbarkeit der Geldstrafe festsetzen (KEIDEL S. 172 Anm 2 zu § 8 FGG). Gegen *Rechtsanwälte* sind Maßnahmen aus den §§ 177, 178 GVG nicht zulässig (KEIDEL S. 172 Anm 2 zu § 8 FGG).

Die sitzungspolizeilichen Befugnisse stehen dem Richter auch außerhalb der Sitzung bei der Vornahme von Amtshandlungen — z. B. auf *Gerichtstagen* oder bei *Ortsterminen* — zu (§ 180 GVG).

b) Die Vollstreckung der Ordnungsstrafen (auch der Maßnahmen aus § 177 GVG) hat der Vorsitzende unmittelbar zu veranlassen (§ 179 GVG), also auch der Rechtspfleger, soweit ihm die Ordnungsstrafgewalt zusteht.

c) Gegen die Festsetzung einer Ordnungsstrafe wegen Ungebühr und außerhalb der Sitzung kann binnen einer Woche nach ihrer Bekanntmachung *Beschwerde* eingelegt werden, sofern sie nicht von dem Bundesgerichtshof oder einen Oberlandesgericht getroffen ist. Die Beschwerde hat im Falle des § 178 GVG keine aufschiebende Wirkung im Falle des § 180 GVG aufschiebende Wirkung (§ 181 Abs I, II GVG); die Entscheidung trifft das Oberlandesgericht (§ 181 Abs III GVG). Hat der Rechtspfleger eine Ordnungsstrafe gemäß § 178 GVG (Geldstrafe) festgesetzt, so findet hiergegen binnen einer Woche seit der Bekanntmachung die Erinnerung statt, über die der Richter entscheidet (§§ 10 Abs I, 27 RpflG), gegen den Beschluß des Gerichts ist binnen einer Frist von einer Woche die Beschwerde nach § 181 GVG zulässig.

3. Wird eine *strafbare Handlung* in der Sitzung (nicht außerhalb der Sitzung) begangen, so hat das Gericht den Tatbestand festzustellen und der zuständigen Behörde das darüber aufgenommene Protokoll mitzuteilen; in geeigneten Fällen ist die *vorläufige Festnahme* zu verfügen (§ 183 GVG); diese ist kein Haftbefehl und steht auch dem Rechtspfleger zu.

§ 10. 6. Gerichtsferien

Auf das gerichtliche Verfahren sind die Gerichtsferien in Angelegenheiten der freiwilligen Gerichtsbarkeit grundsätzlich ohne Einfluß (§ 10 S. 1 FGG). Die Bearbeitung der Vormundschaftssachen *kann* während der Ferien *unterbleiben*, soweit das Bedürfnis einer Beschleunigung nicht vorhanden ist (S. 2 a. a. O.); diese wird in der Regel erforderlich sein, wenn im materiellen Recht vorläufige Maßnahmen zugelassen sind z. B. wenn eine schleunige Regelung des persönlichen Verkehrs des nichtsorgeberechtigten Elternteils mit dem Kinde sich als notwendig erweist[1]. Entscheidend für die Frage, ob die Bearbeitung einer Sache während der Gerichtsferien unterbleiben kann, ist das pflichtmäßige Ermessen des Gerichts. Eine förmliche Entscheidung ist nicht erforderlich. Alle während der Ferien eingehenden Eingänge müssen dem Richter (Rechtspfleger) vorgelegt werden, damit Entscheidung darüber getroffen werden kann, ob ein Bedürfnis zur Beschleunigung der Angelegenheit besteht. Im Rechtshilfeverkehr hat der ersuchende Richter diese Frage zu entscheiden. Gegen die Unterlassung der Bearbeitung sind die Beteiligten erinnerungs- und beschwerdeberechtigt (KEIDEL S. 184 Anm 3 zu § 10 FGG).

§ 11. 7. Das Aktenwesen

1. Über die Verwaltung das bei den Justizbehörden anfallenden Schriftguts verhalten sich insbesondere folgende Bestimmungen:

a) Die Anweisung für die Verwaltung des Schriftguts bei den Geschäftsstellen der Gerichte und Staatsanwaltschaften vom 28. 11. 1934 (*Aktenordnung, AktO*)[2],

b) Die Zusatzbestimmungen für die ehemals preußischen Gebiete vom 28. 11. 1934,

c) die Anweisung für die Verwaltung des Schriftguts in Justizverwaltungsangelegenheiten vom 18. 12. 1935 (*Generalaktenverfügung*).

d) Ergänzungsbestimmungen der Länder.

Zu allen diesen Vorschriften wird verwiesen auf das Werk von LANGES-IMGENBERG „Aktenordnung für die Gerichte und Staatsanwaltschaften" 2. Aufl. 1956, erschienen in R. v. Decker's Verlag, G. Schenck, Hamburg, Berlin, Bonn.

2. Aus den Schriftstücken, die dieselbe Rechtsangelegenheit betreffen, werden *Akten* oder *Blattsammlungen* gebildet; die Akten werden bei den Vormundschaftsgericht erster Instanz (Amtsgericht) gebildet und verbleiben bei diesem Gericht. Gelangt die Angelegenheit zur Entscheidung über ein Rechtsmittel in die höheren Instanzen, so werden diesen die Akten vorgelegt, demnächst aber nach getroffener Entscheidung dem Amtsgericht zurückgesandt. Von der Entscheidung wird eine Ausfertigung zu den Akten genommen; die Urschriften der Entscheidungen werden bei dem Beschwerdegericht bezw. dem Gericht der weiteren Be-

[1] Fürsorgeerziehungssachen sind für die ehemals preußischen Gebiete nach der AllgVfg vom 8. 3. 1926, JMBl 1926 84 zu E 1 als Feriensachen zu behandeln.

[2] Bundeseinheitlich geregelt aus Anlaß des Inkrafttretens des Gesetzes zur Änderung und Ergänzung des RIWG vom 11. 8. 1961 (BGBl. I S. 1193); vgl. A. W. d. IMNRW vom 12. 2. 1963, IMBlNRW S. 65.

schwerde in sogenannten *Sammelakten* aufbewahrt, zu denen auch die in der Sache gefertigten Gutachten der Mitglieder dieser Gerichte genommen werden (vgl §§ 3, 29, 39 AktO.

3. Jedes Aktenstück und jede Blattsammlung erhält ein *Aktenzeichen*, § 4 a. a. O. Das Kernstück des Aktenzeichens bildet die römische Zahl des *Aktenregisters*, unter der die Angelegenheit eingetragen ist. Das Aktenzeichen für familienrechtliche Angelegenheiten (Familienrechtsregister) wird nach folgendem Muster entweder ungetrennt oder nach Gemeindebezirken getrennt oder wörterbuchartig in Abteilungen geführt (wird das Register nicht in Abteilungen geführt, so ist für sämtliche Gemeindebezirke ein *alphabetisches Namensverzeichnis* zu halten):

VII: Vormundschaften,
VIII: Pflegschaften,
IX: Beistandschaften,
X: sonstige (außer XI, XII, XIV) familienrechtliche Angelegenheiten (s. hierzu auch § 29 Abs I bis III AktO),
XI: Erziehungsbeistandschaft, freiwillige Erziehungshilfe,
XII: Fürsorgeerziehungssachen,
XIV: Unterbringungssachen.

Bei größerem Umfang der Geschäfte kann für einzelne an sich unter X fallende Angelegenheiten z. B. die Einreichung der Vermögensverzeichnisse gemäß §§ 1682, 1683 BGB ein besonderes Register Xa jahrgangsweise und ungetrennt eingerichtet werden. Die laufenden Nummern werden, auch wenn das Register jahrgangsweise ungetrennt ist (Xa), fortlaufend geführt; sind jedoch mehrere Abteilungen des Registers entsprechend den Buchstaben des Alphabets eingerichtet, so findet die Zählung für jede Abteilung besonders statt. Bei der Beendigung einer Vormundschaft, Pflegschaft oder Beistandschaft wird der Name des Mündels oder Pflegebefohlenen rot unterstrichen.

Außer der römischen Ziffer und der fortlaufenden arabischen Nummer des Aktenregisters wird das Aktenzeichen der einzelnen Sache, wenn das Register wörterbuchartig in Abteilungen geführt wird, durch Hinzufügung des die Abteilung bezeichnenden Buchstabens des Alphabets, wenn das Register jahrgangsweise getrennt ist, der Jahrgangszahl gebildet.

Schließlich wird, wenn die Bearbeitung der Vormundschaftssachen unter mehreren Abteilungen der Geschäftsstelle geteilt ist, dem ganzen Aktenzeichen die arabische Ziffer der betreffenden Vormundschaftsabteilung vorangesetzt. Ebenso wird, wenn das Register nach Gemeindebezirken getrennt geführt wird, auch der Name der Gemeinde dem übrigen Teil des Aktenzeichens vorangesetzt. Hiernach lautet das Aktenzeichen z. B.

a) VIII 1340 = Pflegschaftssache, eingetragen unter laufender Nummer 1340 des nicht in Abteilungen zerlegten Familienrechtsregisters eines Amtsgerichts mit nur einer Vormundschaftsabteilung,

b) M VII 650 = Vormundschaftssache, eingetragen unter laufender Nummer 650 der Abteilung M des Registers eines Amtsgerichts mit nur einer Vormundschaftsabteilung,

c) 8 X a 500/61 = familienrechtliche Angelegenheit besonderer Art, eingetragen im Jahre 1961 unter laufender Nummer 500 des besonderen X a = Registers eines Amtsgerichts mit mehreren Abteilungen der Geschäftsstelle, von denen die Abteilung 8 mit der Bearbeitung der Sache befaßt ist.

Bei dem *Beschwerdegericht* wird das Aktenzeichen gebildet durch den Buchstaben T, dem die laufende Nummer des jahrgangsweise geführten Registers und die Jahreszahl angefügt, die arabische Ziffer der Beschwerdekammer vorangesetzt ist, z. B.: 5 T 80/61.

Im Falle des Bedürfnisses kann auch ein besonderer *Kalender für die Rechnungslegungen*, *Vermögensübersichten* und *Erziehungsberichte* angelegt werden, bezüglich deren sonst das Erforderliche in der Spalte „Bemerkungen" des Registers vermerkt wird.

Bei vielen Amtsgerichten sind auch *Namensverzeichnisse in Karteiform* angelegt worden. Die Karten werden in einzelnen Kästen in alphabetischer Reihenfolge geordnet aufbewahrt. Die Karten enthalten Angaben über die Namen der Beteiligten (Kinder, Mündel, Pflegebefohlene usw.), deren persönliche Verhältnisse (Geburtsdatum, religiöses Bekenntnis) und das oder die Aktenzeichen der Sachen, die sich auf den betreffenden Beteiligten beziehen; auch ist ein Raum für besondere Bemerkungen vorgesehen.

4. Die *Akten* werden geheftet und mit fortlaufenden Blattzahlen versehen; sie erhalten Aktendeckel aus starkem Papier. Die *Blattsammlungen* werden nur ausnahmsweise geheftet z. B. wenn sie versandt werden müssen oder einen gewissen Umfang erreichen. Blattzahlen und starke Hüllen erhalten die Blattsammlungen nur unter besonderen Umständen z. B. wenn es mit Rücksicht auf die Zahl oder den Umfang der Anlagen geboten erscheint; s. im übrigen § 3 AktO.

Weggelegte Akten werden eine Zeitlang nach der Nummernfolge des Registers aufbewahrt; manche Schriftstücke z. B. über die Anerkennung der Vaterschaft, Ehelichkeitserklärungen u. dgl. bleiben von der Vernichtung überhaupt ausgeschlossen (vgl §§ 3 Abs VI, 7 Abs II, VII AktO, A. V. vom 21. 5. 1935, Sonderveröffentlichung der DJ).

Alle Schriftstücke, die zu derselben Akte gehören, z. B. Protokolle Vfgen, Eingaben usw. erhalten in *Grundbuchsachen* unter fortlaufender Folge eine *Ordnungsnummer*; Zustellungs- und Behändigungsurkunden nur, wenn auf ihnen eine richterliche Verfügung oder Verfügung des

Rechtspflegers niedergeschrieben ist. Die Ordnungsnummer läuft auch fort, wenn ein neuer Aktenband angelegt wird oder wenn die Akten unter einem anderen Aktenzeichen fortgeführt werden. Anlagen erhalten keine Nummer, werden jedoch bei besonderer Wichtigkeit als zu der betreffenden Nummer gehörig bezeichnet. Die Nummern werden in ein besonderes Verzeichnis eingetragen, das jedem Aktenstück vorangeheftet wird, bei Blattsammlungen aber sich auf der Hülle der Sammlung befindet. Nach der Reihenfolge der Ordnungsnummer werden die Schriftstücke den Akten eingefügt. Nach der Eintragung in das Verzeichnis wird das Aktenzeichen auf das neu eingegangene Schriftstück gesetzt, darunter die Ordnungsnummer, so entsteht die *Geschäftsnummer*, die regelmäßig unten links auf die erste Seite des Schriftstücks gesetzt wird.

Die Akten werden nach der Ordnung der Register und des Aktenplans in *Fächern* niedergelegt, die mit deutlichen Überschriften zu versehen sind. Außerhalb der Fächer und Behältnisse dürfen Akten und Schriftstücke nur für vorliegende Arbeit verbleiben (§ 4 Abs IX AktO).

5. *Rechtshilfeersuchen* werden in ein besonderes sogenanntes Allgemeines Register (= AR) eingetragen. Nach der Erledigung werden die Akten und die etwa angelegte Blattsammlung der ersuchenden Behörde übersandt, soweit nicht aus besonderen Gründen einzelne Schriftstücke von dem ersuchten Gericht zurückbehalten werden müssen (§ 8 Abs III, V, VI AktO).

6. Schließlich ist für die Vormundschafts- und Familienrechtssachen noch das *Beurkundungsregister* von Bedeutung. In dieses Register werden die Beurkundungen und die sonstigen Handlungen und Entscheidungen in Angelegenheiten der freiwilligen Gerichtsbarkeit mit gewissen Ausnahmen (§ 25 Abs V AktO) eingetragen. Unter I des Registers werden alle gerichtlichen Beurkundungen von Rechtsgeschäften unter Lebenden und von tatsächlichen Vorgängen einschließlich der Beglaubigungen von Unterschriften und Handzeichen eingetragen, gleichviel ob sie selbständig oder aus Anlaß der Bearbeitung einer anderen Rechtsangelegenheit z. B. Vormundschaftssache erfolgt sind. Die Beurkundung der Anerkennung der Schlußrechnung des Vormundes (§ 1892 Abs II BGB) wird nicht in das Beurkundungsregister eingetragen. Unter II werden die sonstigen Handlungen und Entscheidungen in Sachen der freiwilligen Gerichtsbarkeit eingetragen, die *außerhalb* eines *anhängigen* Verfahrens vorgenommen oder beantragt werden und für die weder ein besonderes Register noch ein besonderes Sammelaktenstück bestimmt, ist z. B. Armenrechtsgesuche, Ausstellung gerichtlicher Zeugnisse (nicht Erbscheine); Anträge auf Todeserklärungen, soweit sie nicht zu bereits vorhandenen Akten zu nehmen oder unter I einzutragen sind (§ 25 Abs II, III AktO). Gerichtliche Beurkundungen eines Rechtsgeschäfts z. B. in Kindesannahmesachen sind *auch* in das Urkundenregister einzutragen

(§ 29 Abs IV AktO). Die Urschrift beurkundeter Verhandlungen ist bei dem beurkundenden Gericht aufzubewahren; ist die Beurkundung auf Ersuchen eines anderen Gerichts erfolgt, so wird diesem eine Ausfertigung der Verhandlung übersandt.

§ 12. Anhang. Die Jugendwohlfahrtsbehörden, ihre Aufgaben und ihre Stellung zum Vormundschaftsgericht

1. Die Organisation und die Aufgaben der Jugendwohlfahrtsbehörden sind grundsätzlich geregelt in dem Reichsgesetz für Jugendwohlfahrt i.d.F. d. Gesetzes zur Änderung und Ergänzung dieses Gesetzes vom 11. 8. 1961 (BGBl I S. 1193ff.), jetzt „*Gesetz für die Jugendwohlfahrt*" genannt und in der neuen Fassung mit geänderter Paragraphenfolge bekanntgemacht mit Wirkung vom 1. 7. 1962, §§ 43 und 43a vom 1. 1. 1962 (BGBl I S. 1205, 1206ff.). Das Gesetz nebst den auf Grund des Reichsgesetzes für Jugendwohlfahrt und des Änderungsgesetzes vom 11. 8. 1961 erlassenen Rechtsverordnungen gilt auch im Lande Berlin (Art XV). Nach Art II, EGJWG bleiben auch Vorschriften der Landesgesetze, die die Jugendwohlfahrt betreffen, insoweit unberührt, *als sie mit den Bestimmungen des früheren RJWG, jetzigen JWG vereinbar sind.* Hierzu ist besonders zu verweisen für die ehemals preußischen Gebiete auf das *Preußische Ausführungsgesetz* vom 29. 3. 1934 (PrG S. 1924 S. 180ff., abgeändert 1926 S. 370 und 1929 S. 161); die fr preußische VO vom 12. 10. 1926 (PrG S. 1926 S. 265) ist durch § 21 Zff 1 AG RJWG aufgehoben worden.

2. *Organe* der öffentlichen Jugendhilfe, die alle behördlichen Maßnahmen zur Förderung der Jugendwohlfahrt (Jugendpflege und Jugendfürsorge) umfaßt (JWG § 2 Abs II) und besonders dazu bestimmt ist, die in der Familie des Kindes begonnene Erziehung zu unterstützen und zu ergänzen (Näheres s. § 3 JWG), sind die *Jugendwohlfahrtsbehörden* (Jugendämter, Landesjugendämter, oberste Landesbehörden), soweit nicht gesetzlich die Zuständigkeit anderer öffentlicher Körperschaften oder Einrichtungen, insbesondere der Schule, gegeben ist. Die öffentliche Jugendhilfe gemäß §§ 4 und 5 JWG[1] ist Selbstverwaltungsangelegenheit der Gemeinden und Gemeindeverbände (§ 12 Abs I JWG).

a) Demgemäß errichten jede kreisfreie Stadt und jeder Landeskreis ein *Jugendamt* (§ 12 Abs II JWG). Die oberste Landesbehörde (§ 22 JWG) kann die Errichtung eines gemeinsamen Jugendamts durch benachbarte Stadt- und Landkreise sowie eines Jugendamts durch kreisangehörige Gemeindeverbände oder Gemeinden zulassen; im Bedarfs-

---

[1] Zur Entstehungsgeschichte und zur verstärkten Bedeutung der Träger der freien Jugendhilfe vgl Frey in FamRZ 61 196ff., Ziff. II bis V, zum Pflegekinderrecht Zff VIII (§§ 5 Abs III, 7, 8, 9 Abs III JWG).

falle können in einer Gemeinde mehrere Jugendämter errichtet werden (§ 12 Abs III JWG).

Die Zusammensetzung des Jugendamts, seine Verfassung und das Verfahren werden durch landesrechtliche Vorschriften geregelt (§ 13 Abs I JWG).

a) Das *Jugendamt* besteht aus dem *Jugendwohlfahrtsausschuß* und der *Verwaltung des Jugendamts* (§ 13 Abs II JWG). Die Zusammensetzung des Jugendwohlfahrtsausschusses ist durch § 14 JWG geregelt; auch der Vormundschaftsrichter oder ein Jugendrichter müssen dem Ausschuß angehören, haben aber nur beratende Stimme. Zur Erledigung der laufenden Geschäfte des Jugendamts ist seine Verwaltung berufen, deren Zusammensetzung und Arbeitsweise im Rahmen der Satzung und der Beschlüsse der zuständigen Vertretungskörperschaft und des Jugendwohlfahrtsausschusses im § 16 JWG geregelt sind. Das Jugendamt und das Gesundheitsamt müssen ihre Maßnahmen aufeinander abstimmen (§ 17 JWG). Im Rahmen der Beschlüsse des Jugendwohlfahrtsausschusses können von dem Leiter der Verwaltung besondere Ausschüsse gebildet und auch freie Vereinigungen der Jugendwohlfahrt, Jugendverbände oder erfahrene und geeignete Einzelpersonen zur Mitarbeit herangezogen werden (§ 18 JWG).

b) Das Jugendamt ist *örtlich zuständig* für alle Minderjährigen, die in seinem Bezirk ihren gewöhnlichen Aufenthalt haben, gegebenenfalls und für vorläufige Maßnahmen das Jugendamt, in dessen Bezirk das Bedürfnis der öffentlichen Fürsorge auftritt (§ 11 JWG). Wird die vorläufige Fürsorgeerziehung angeordnet, so erlischt die Zuständigkeit für vorläufige Maßnahmen; gegen die Aufhebung der vorläufigen Fürsorgeerziehung hat nur das Jugendamt des gewöhnlichen Aufenthaltsorts das Beschwerderecht (Zentralblatt XXI 294). Die *sachlichen Zuständigkeiten* des Jugendamts (Aufgaben) ergeben sich aus den §§ 4, 5, 6 JWG; hervorzuheben sind hier besonders der Schutz der Pflegekinder (§§ 27 bis 36 JWG)[1], vgl auch die Hinweise in FamRZ 62 422 auf SCHIEFER, der Pflegekinderschutz nach dem neuen JWG in Unf. Jugend 62 40 und TRAUB die Differenzierung des Pflegekinderwesens in Bl. f. Wohlfahrtspflege 62 248 ff., ferner die Mitwirkung im Vormundschaftswesen[2], namentlich die Tätigkeit des *Gemeindewaisenrats* als gesetzlicher und bestellter *Amtsvormund*[2] nach Maßgabe der §§ 37 bis 46 JWG, 47 JWG, sodann die *Vormundschaftsgerichtshilfe* (§ 48 JWG), die Ermächtigung zu *Beurkundun-*

[1] Aus der Berechtigung des Jugendamts, die Erlaubnis zum Halten von Pflegekindern zu erteilen und zu widerrufen, ergibt sich nicht eine Einschränkung der Rechte des Vormundes und des Vormundschaftsgerichts; insbesondere hat das Jugendamt (abgesehen von der vorläufigen Unterbringung gemäß § 33 JWG) nicht das Recht, den Aufenthalt eines Pflegekindes zu bestimmen (JFG 6 50).

[2] Vgl auch den Hinweis in FamRZ 62 421 auf HAARMANN, die Bedeutung des neuen JWG für das Vormundschaftswesen im Zentralblatt 62 185 ff.

gen und Beglaubigungen (§ 49 JWG) und weitere Aufgaben auf dem Gebiete des Vormundschaftswesens (§§ 50 bis 53 JWG). Zu beachten ist ferner die *Mitwirkung bei der Erziehungsbeistandschaft*, der *Freiwilligen Erziehungshilfe* und der *Fürsorgeerziehung* gemäß §§ 55 bis 77 JWG. Das Jugendamt hat ferner die freiwillige Tätigkeit zur Förderung der Jugendwohlfahrt zu fördern und mit ihr zusammenzuwirken (§ 7 JWG), hierbei sind die landesrechtlich erlassenen Durchführungsmaßnahmen zu beachten (§ 8 JWG).

c) Die Behörden des Bundes der Länder, der Selbstverwaltungskörper, die Organe der Versicherungsträger und die Jugendämter haben sich gegenseitig und die Jugendämter untereinander zur Erfüllung der Aufgaben der Jugendwohlfahrt *Beistand* zu leisten (§ 10 S. 1 JWG), wegen der Auskunftspflicht der Versicherungsträger vgl S. 2 a. a. O. Insbesondere können die Jugendämter auch die Amtsgerichte im Rahmen ihrer Zuständigkeit um Beistandsleistung ersuchen; vgl hierzu unten § 18 Ziff 5.

d) Die *Landesjugendämter* sollen der Sicherung einer gleichmäßigen Erfüllung der den Jugendämtern obliegenden Aufgaben dienen und ihre Arbeit unterstützen; für kleinere Länder kann ein gemeinsames Landesjugendamt errichtet werden; größere Länder können mehrere Landesjugendämter errichten. Die Jugendämter eines Landes können dem Landesjugendamt eines anderen Landes angeschlossen werden. Auch kann für Jugendämter verschiedener Länder oder Landesteile ein Landesjugendamt errichtet werden (§ 19 JWG). Die *Aufgaben* des Landesjugendamts sind im § 20 JWG aufgeführt; es kommen namentlich in Betracht die Mitwirkung bei der Unterbringung Minderjähriger, die Ausführung der Freiwilligen Erziehungshilfe und der Fürsorgeerziehung, soweit nicht gemäß § 74 Abs II JWG andere Behörden für zuständig erklärt sind, die Heimaufsicht und der Schutz von Minderjährigen unter 16 Jahren in Heimen (§§ 78, 79 JWG). Weitere Aufgaben können dem Landesjugendamt durch die oberste Landesbehörde übertragen werden (§ 20 Abs II JWG). Zur Wahrnehmung aller dieser Aufgaben im Rahmen der Satzung und der dem Landesjugendamt zur Verfügung gestellten Mittel werden ein *Landesjugendwohlfahrtsausschuß* und die *Verwaltung des Landesjugendamts* eingerichtet (§ 21 Abs I JWG); zur Zusammensetzung des Ausschusses vgl § 21 Abs III JWG. Die laufenden Geschäfte werden von dem Leiter der Verwaltung des Landesjugendamts im Rahmen der Satzung und der Beschlüsse des Ausschusses geführt (§ 21 Abs II JWG), wobei die Bestimmungen für das Jugendamt zu § 16 Abs II und III JWG entsprechend gelten.

e) Die *oberste Landesbehörde* hat Aufgaben allgemeiner Art, die über den Rahmen des Einzelfalles hinaus die Bestrebungen auf dem Gebiet der Jugendhilfe unterstützen und für die Auswertung der gesammelten

Erfahrungen sorgen sowie für die Weiterentwicklung der Jugendhilfe oder zur Behebung von besonderen Notständen die Voraussetzungen anregen und fördern sollen (§ 22 JWG).

f) *Alle Jugendwohlfahrtsbehörden* sollen die Öffentlichkeit über die Lage der Jugend und über die Maßnahmen der Jugendhilfe unterrichten, bei denjenigen Maßnahmen, die einer Ergänzung durch andere gesetzliche Träger der Jugendhilfe bedürfen, ein planvolles Zusammenwirken anstreben und die Fortbildung der Fachkräfte der Jugendhilfe anregen, fördern und gegebenenfalls durchführen (§ 23 JWG).

3. Die *Bundesregierung* kann mit Zustimmung des Bundesrates Ausführungsvorschriften zur Sicherung einer tunlichst gleichmäßigen Erfüllung der Aufgaben der Jugendämter erlassen. Sie kann auch die Bestrebungen auf dem Gebiete der Jugendhilfe anregen und fördern, soweit sie über die Verpflichtungen der Jugendwohlfahrtsbehörden hinaus zur Verwirklichung der Aufgaben der Jugendhilfe von Bedeutung sind. Alle vier Jahre, erstmalig zum 1. Juli 1963, legt die Bundesregierung dem Bundestag und dem Bundesrat einen Bericht über die Lage der Jugend und über die Bestrebungen auf dem Gebiete der Jugendhilfe vor (§ 25 JWG).

Gemäß § 26 JWG wird zur Beratung der Bundesregierung in grundsätzlichen Fragen der Jugendhilfe ein *Bundeskuratorium* errichtet. Das Nähere regelt die Bundesregierung durch Verwaltungsvorschriften.

4. Das *Verhältnis des Jugendamts zum Vormundschaftsgericht und zur Einzelvormundschaft* ist in den §§ 47 bis 51 JWG geregelt.

a) Das Jugendamt ist *Gemeindewaisenrat* (§ 47 Abs I S. 1 JWG). Da aber gemäß S. 2 die Vorschrift des § 18 JWG entsprechend gilt, kann indessen von dem Leiter der Verwaltung des Jugendamts im Rahmen der Beschlüsse des Jugendwohlfahrtsausschusses die Erledigung einzelner Geschäfte oder Gruppen von Geschäften besonderen Ausschüssen sowie freien Vereinigungen der Jugendwohlfahrt, Jugendverbänden oder einzelnen in der Jugendwohlfahrt erfahrenen und bewährten Männern und Frauen widerruflich übertragen werden. Das Nähere regelt die oberste Landesbehörde, soweit nicht der Bund von seinem Recht, Ausführungsvorschriften zu erlassen, Gebrauch macht. Die Verpflichtung des Jugendamts, für die sachgemäße Erledigung des ihm obliegenden Aufgaben Sorge zu tragen, wird aber durch die Übertragung nicht berührt; das Jugendamt trägt also in diesen Fällen die Verantwortung für die sachgemäße Erledigung der Geschäfte des Gemeindewaisenrats.

Hiervon abgesehen kann auch die Landesgesetzgebung örtliche Einrichtungen zur Unterstützung des Jugendamts in den Geschäften des Gemeindewaisenrats treffen (§ 47 Abs II JWG).

b) Von ganz besonderer Bedeutung ist die Vorschrift des *§ 48 Abs I JWG* über die *Unterstützungspflicht* des Jugendamts gegenüber dem Vormundschaftsgericht. Diese betrifft über die Bestimmung des § 1694 BGB hinaus alle Maßnahmen, welche die *Sorge für die Person Minderjähriger* angehen. Um die unterstützende Mitwirkung des Jugendamts sicherzustellen, ist für bestimmte Fälle dem Vormundschaftsgericht die *Anhörung* des Jugendamts zur Pflicht gemacht[1]. Es sind dies die Fälle der §§ 1597 Abs I bis III BGB (Genehmigung des Vormundschaftsgerichts bei der Anfechtung der Ehelichkeit eines Kindes), 1721 BGB (Feststellung der Ehelichkeit eines Kindes durch nachfolgende Eheschließung der Eltern), 1735a (Anfechtung der Ehelichkeit eines Kindes im Falle der Ehelichkeitserklärung), ferner der §§ 3 (Volljährigkeitserklärung) 1634 (Verkehrsregelung), 1666 (Maßnahmen zur Abwendung einer Gefährdung der Person des Kindes), 1671 (Regelung der elterlichen Gewalt nach Scheidung oder Nichtigkeitserklärung der Ehe der Eltern), 1672 (Regelung des Gewaltverhältnisses bei Getrenntleben der Eltern), 1707 Abs II (Übertragung der elterlichen Gewalt auf die volljährige uneheliche Mutter), 1727 (Ersetzung der Zustimmung der leiblichen Mutter zur Kindesannahme), 1728 Abs II (Genehmigung der Einwilligung des gesetzlichen Vertreters zur Kindesannahme), 1729 Abs II (Genehmigung der Einwilligung des beschränkt geschäftsfähigen Kindes zur Kindesannahme), 1751 (Genehmigung des Abschlusses des Kindesannahmevertrages durch das Kind oder seinen gesetzlichen Vertreter), 1770a (Aufhebung des Kindesannahmevertrages zum Wohle des Kindes), 1770b (Aufhebung des Kindesannahmevertrages bei Adoption ohne Einwilligung) des BGB, schließlich auch der §§ 1 Abs II (Befreiung von dem Erfordernis der Ehemündigkeit), 3 Abs III (Ersetzung der Einwilligung des gesetzlichen Vertreters oder des Sorgeberechtigten zur Eingehung einer Ehe) des Ehegesetzes. In den Fällen des § 1751 BGB hat das Vormundschaftsgericht außerdem das zuständige Landesjugendamt zu hören, wenn das Kind von einem fremden Staatsangehörigen an Kindes Statt angenommen werden soll oder wenn der Annahmende seinen Wohnsitz oder gewöhnlichen Aufenthalt im Auslande hat.

Schon vor *der Anhörung* können, wenn *Gefahr im Verzuge* ist, von dem Vormundschaftsgericht *einstweilige Anordnungen* getroffen werden (Abs II S. 1 a. a. O.).

Die Anhörung ist im übrigen, obwohl sie zwingend vorgeschrieben ist, doch *weder ein rechtliches Erfordernis der Kindesannahme noch eine Voraussetzung des vormundschaftsgerichtlichen Genehmigungsverfahrens*, sondern lediglich eine verfahrensrechtliche Weisung für das Vormundschaftsgericht; die vormundschaftsgerichtliche Genehmigung ist daher auch wirksam, wenn das Jugendamt nicht gehört ist (JFG 6 112 =

[1] Der Katalog der Anhörungsfälle ist gegenüber dem § 43 RJWG erweitert worden.

JurRdsch 1929 Rechtspr. Nr 1051 = DJZ 1929 450 = DRiZ 1929 Rechtspr. Nr 129 = Rundbriefe V 30). Der vorgeschriebenen Anhörung wird hiervon abgesehen nur dadurch genügt, daß das Jugendamt sich *als Behörde* äußert, da die Obliegenheiten aus § 48 JWG den Charakter einer hoheitlichen Aufgabe haben und solche Aufgaben nicht gemäß § 18 JWG übertragen werden können (JFG 8 62 = Zentralblatt XXIII 77, 80 = Rundbriefe VII, 31 = DJZ 1931 839). Die Auslassung des Jugendamts muß sachdienlich und erschöpfend sein; notfalls muß das Vormundschaftsgericht auf eine Ergänzung hinwirken (JFG 8 65 = JurRdsch 1931 Rechtspr. Nr 671 = Rundbriefe VII 34 = DRiZ 1931 Rechtspr. Nr 81).

Das Vormundschaftsgericht kann endlich das Jugendamt mit der *Ausführung der Anordnungen* aus § 1631 Abs II BGB (Unterstützung der Eltern bei der Erziehung des Kindes) und § 1634 Abs II S. 1 BGB (Verkehrsregelung) und mit seiner Zustimmung auch mit der Ausführung sonstiger Anordnungen betreuen (§ 48 Abs II JWG).

Wirkt das Vormundschaftsgericht bei der Sicherung des Unterhalts eines Minderjährigen mit, so hat sich das Jugendamt auf Verlangen über die Höhe des Unterhalts gutachtlich zu äußern (§ 48 Abs IV JWG).

c) Das Landesjugendamt kann auf Antrag des Jugendamts *Beamte und Angestellte* des Jugendamts *ermächtigen*, Verpflichtungserklärungen nach den §§ 1708 (Unterhaltspflicht des außerehelichen Erzeugers), 1715 BGB (Entbindungs- und Unterhaltskosten der unehelichen Mutter) und Erklärungen nach den §§ 1718 und 1720 Abs II BGB (Vaterschaftsanerkennungen) zu *beurkunden* und die in § 1706 Abs II BGB (Namenserteilung) bezeichneten Erklärungen zu *beglaubigen* (§ 49 JWG). Aus Urkunden, welche die Erfüllung von Ansprüchen nach den §§ 1708, 1715 BGB zum Gegenstand haben und die von einem Beamten oder Angestellten des Jugendamts innerhalb der Grenzen seiner Amtsbefugnisse in der vorgeschriebenen Form aufgenommen sind, findet die *Zwangsvollstreckung* statt, wenn die Erklärung die Zahlung einer bestimmten Geldsumme betrifft und der Schuldner sich in der Urkunde der sofortigen Zwangsvollstreckung unterworfen hat. Auf die Zwangsvollstreckung sind die Vorschriften, welche für die Zwangsvollstreckung aus gerichtlichen Urkunden nach § 794 Abs I Nr 5 der Zivilprozeßordnung gelten, mit folgenden Maßgaben entsprechend anzuwenden.

1. Die *vollstreckbare Ausfertigung* wird von den Beamten oder Angestellten des Jugendamts erteilt, der für die Beurkundung der Verpflichtungserklärung zuständig ist.

2. Über *Einwendungen*, welche die Zulässigkeit der Vollstreckungsklausel betreffen, und über die Erteilung einer weiteren vollstreckbaren Ausfertigung entscheidet das für das Jugendamt zuständige Amtsgericht (§ 49 Abs II JWG).

Auf die Beurkundung sind die §§ 168 bis 180 FGG entsprechend anzuwenden; sie ist gebührenfrei (§ 49 Abs III JWG).

d) Das Jugendamt soll die *Bestellung einer Einzelperson als Vormund beantragen*, wenn dies dem Interesse des Mündels förderlich erscheint; es kann auch die Bestellung eines *Mitvormundes* für einen bestimmten Wirkungskreis beantragen (§ 50 Abs I JWG). Gemäß § 45 JWG hat übrigens das Vormundschaftsgericht das Jugendamt auf seinen Antrag *als Amtsvormund zu entlassen* und einen Einzelvormund zu bestellen, soweit dies dem Wohl des Mündels nicht entgegensteht.

Die Bestellung kann von einem jeden, der ein berechtigtes Interesse des Mündels geltend macht, und von diesem selbst, wenn es das 14. Lebenjahr vollendet hat, beantragt werden; sie kann auch von Amts wegen erfolgen. Vor der Entscheidung soll das Vormundschaftsgericht das Jugendamt und tunlichst die Mutter des Mündels hören (§ 50 Abs II JWG).

e) Das Jugendamt hat die Vormünder, Beistände und Pfleger seines Bezirks planmäßig zu *beraten* und bei der Ausübung ihres Amtes zu *unterstützen*. Die näheren Bestimmungen hierüber werden vom Landesjugendamt gemäß § 20 Abs I Zff 1 u. 2 JWG getroffen; § 18 JWG (Übertragung von Aufgaben) findet entsprechende Anwendung (§ 51 Abs II JWG).

Zweiter Abschnitt

Das Verfahren

§ 13. 1. Amtsbetrieb. Beistände. Bevollmächtigte. Anträge und Erklärungen

1a. Auf dem Gebiete der freiwilligen Gerichtsbarkeit, zu dem die Vormundschaftssachen und Familienrechtssachen gehören, gilt grundsätzlich der sogenannte *Amtsbetrieb*[1]. Dieser Grundsatz findet seine Rechtfertigung in dem öffentlichen Interesse das die Allgemeinheit an der Ordnung gewisser Rechtsverhältnisse aus Zweckmäßigkeitsgründen auch dann hat, wenn die Beteiligten die Ordnung dieser Rechtsverhältnisse nicht selbst betreiben.

Aus diesem Grunde sind die Beteiligten regelmäßig auch nicht in der Lage, die Einleitung und Durchführung des vormundschaftsgerichtlichen Verfahrens zu verhindern. Stoffsammlung, Einleitung und

---

[1] Auf dem Gebiet der freiwilligen Gerichtsbarkeit kommt ein „Rechtsstreit" nur ausnahmsweise bei den sog. „echten Streitsachen" in Frage; zu diesen gehört das Fürsorgeerziehungsverfahren, in dem das Gericht nur rechtsfürsorgerisch tätig wird, nicht (BayObLG in FamRZ 62 479, 480 Nr 198).

Gang des Verfahrens, Ermittelungsumfang und Beweisaufnahme bestimmt das Gericht; die Beteiligten können das Gericht durch Angabe von Tatsachen und Beweismitteln unterstützen; es gibt aber grundsätzlich keine Beweislast (KEIDEL S. 191 Anm 1 zu § 12 FGG).

b) Der Grundsatz des Amtsbetriebs ist indessen in vielen Fällen, in denen das öffentliche Interesse hinter dem Privatinteresse der Beteiligten zurücktritt, zugunsten des *Antragsverfahrens* durchbrochen. In diesen Fällen, die das Gesetz bestimmt, z. B. §§ 113 Abs III, 1357 Abs II, 1382, 1426, 1560, 1612 Abs II, 1631 Abs II, 1678 Abs II, 1685 Abs I, 1741, 1889 BGB (nicht § 56 FGG, „Soll"vorschrift), §§ 16, 39, 40 VerschG, Art 2 §§ 1,2 VerschÄndG, *darf* das Gericht nur *auf Antrag* (zu unterscheiden vom Sachantrag) tätig werden. Der Antrag ist regelmäßig nicht an eine Form gebunden, wird er *zurückgenommen*, so beendet dies in der Regel das Verfahren in der Hauptsache. Zuweilen ergibt sich die Antragsberechtigung aus dem Gesetz z. B. §§ 1631 Abs II, 1685 Abs II BGB, § 16 VerschG, in den anderen Fällen ist jeder antragsberechtigt, der an der Angelegenheit unmittelbar beteiligt ist (KEIDEL S. 193 Anm 2b cc zu § 12 FGG, wegen der Notwendigkeit des Rechtsschutzbedürfnisses vgl FamRZ 58 141 Nr 58 Zff II 1). Das Gericht prüft, ob der Antragsteller zur Antragstellung legitimiert und befähigt ist und ob etwaige gesetzliche Erfordernisse erfüllt, und gibt ihm, soweit erforderlich, Gelegenheit, etwaige Mängel zu beseitigen (KEIDEL S 194 Anm 3 zu § 12 FGG).

c) Von den Fällen, in denen das Vormundschaftsgericht nur auf Antrag tätig werden darf, sind diejenigen zu unterscheiden, in denen es auf die *Anregung* eines Beteiligten oder einer Behörde oder auch einer unbeteiligten Privatperson ein Verfahren einleitet. In diesen Fällen handelt es sich um solche, die nach dem Grundsatze des Amtsbetriebes von dem Vormundschaftsgericht darauf zu prüfen sind, ob ein Anlaß zum Einschreiten gegeben ist, bei denen aber die Kenntnis des Sachverhalts dem Gericht von dritter Seite vermittelt wird. In den meisten Fällen werden alle im Amtsbetrieb zu bearbeitenden Verfahren auf eine solche Anregung zurückzuführen sein, es sei denn, daß das Gericht aus seiner eigenen Tätigkeit den Anlaß zur Einleitung eines neuen Verfahrens entnimmt.

d) Aus dem Grundsatz des Amtsbetriebes in der freiwilligen Gerichtsbarkeit ergibt sich, daß die Vorschriften der *Zivilprozeßordnung*, die im wesentlichen ein von den Parteien betriebenes und durch ihre Anträge bestimmtes Verfahren zum Gegenstande haben, auf das Verfahren in der freiwilligen Gerichtsbarkeit nur insoweit Anwendung finden können, als sie entweder unmittelbar oder entsprechend für anwendbar erklärt sind, vgl die §§ 3, 14, 15, 16, 27 FGG. Demgemäß gibt es in dem Verfahren der freiwilligen Gerichtsbarkeit, auch *keine Parteien*, sondern nur *Beteiligte*. Das gilt auch im Antragsverfahren.

e) Die wesentlichen *Vorschriften für das Verfahren* in *Vormundschaftssachen* und *Familienrechtssachen* sind im 1. und 2. Abschnitt des FGG enthalten. Soweit diese Angelegenheiten den Gerichten durch *Reichs-(Bundes)recht* übertragen sind, gelten die Bestimmungen des ersten Abschnitts nur, soweit nicht ein anderes bestimmt ist. Eine ausführliche Aufzählung der durch Gesetz den Gerichten übertragenen Angelegenheiten s. bei KEIDEL S. 95ff. Anm 4 zu § 1 FGG; in Betracht kommen hier außer den Vorschriften des BGB insbesondere die Angelegenheiten nach dem JWG (Erziehungshilfe, Fürsorgeerziehung), nach dem Gesetz über die religiöse Kindererziehung, dem Jugendgerichtsgesetz und dem Ehegesetz. Durch *landesgesetzliche* Vorschriften (vgl §§ 189, 200 FGG) ist vielfach die Anwendung von allgemeinen Bestimmungen des FGG für die durch Landesgesetz den Gerichten übertragenen Angelegenheiten angeordnet werden, vgl hierzu KEIDEL S. 108 Anm 7 zu § 1 FGG, z. B. für die ehemals preußischen Gebiete Art 1 PrFGG.

2. Die Beteiligten können vor dem Vormundschaftsgericht mit *Beiständen* erscheinen (§ 13 S 1 FGG). Sie können sich auch, soweit nicht das Gericht das persönliche Erscheinen anordnet oder die betreffende Handlung ihrer Natur nach von den Beteiligten selbst vorgenommen werden muß, wie z. B. die Mitwirkung bei der Verpflichtung als Vormund, durch *Bevollmächtigte* vertreten lassen (§ 13 S. 2 FGG)[1]. Das Gericht kann das persönliche Erscheinen der Beteiligten notfalls durch Ordnungsstrafen erzwingen, denn vielfach bildet die persönliche Anhörung der Beteiligten ein sehr wesentliches, wenn nicht gar das einzige Mittel zur Feststellung des Tatbestandes (KGJ 32 A 41). Die Bevollmächtigten haben auf Anordnung des Gerichts oder auf Verlangen eines Beteiligten die Bevollmächtigung durch eine öffentlich beglaubigte Vollmacht nachzuweisen (§ 13 S. 3 FGG).

Ein Bevollmächtigter kann nicht deshalb zurückgewiesen werden, weil er das mündliche Verhandeln vor Gericht geschäftsmäßig betreibt oder zum geeigneten Vortrage unfähig ist (vgl § 157 ZPO), s. KEIDEL S. 225 Anm 4 zu § 13 FGG; jedoch kann der Schwierigkeit praktisch dadurch aus dem Wege gegangen werden, daß das persönliche Erscheinen des Beteiligten angeordnet wird (KEIDEL a. a. O. S. 226). Der Bevollmächtigte braucht (abgesehen von dem Falle des § 29 FGG) nicht Rechtsanwalt zu sein; absolut Geschäftsunfähige können natürlich nicht Bevollmächtigte sein; bei Bevollmächtigten, die der deutschen Sprache nicht mächtig sind, ist ein Dolmetscher zuzuziehen (§§ 8, 9 FGG, § 185

[1] Vgl jedoch die §§ 1 und 4 des preußischen Gesetzes über den Austritt aus einer Religionsgemeinschaft vom 30. 11. 1920 (PrG S. 1921 S. 119, 120), wonach bei der Austrittserklärung eine Vertretung kraft Vollmacht nicht stattfindet (s. unten § 46).

GVG), bei Tauben und Stummen finden die §§ 186, 187 GVG entsprechende Anwendung.

Die *Vollmacht* des Vertreters eines Beteiligten ist, wie sich aus § 12 FGG ergibt, von amtswegen zu *prüfen*. Es ist aber nicht erforderlich, daß die Bevollmächtigung stets durch eine schriftliche Vollmacht nachgewiesen wird. Gelangt das Gericht vielmehr nach den Umständen zu der Überzeugung, daß die Vollmacht erteilt ist, so kann es davon absehen, den Nachweis der Bevollmächtigung zu verlangen. Namentlich die Kenntnis des Sachverhalts, der Besitz von Urkunden, die für die Sache von Bedeutung sind, mitunter auch die Versicherung einer als zuverlässig bekannten Person wird häufig genügen, um die Überzeugung des Gerichts zu begründen, daß die Vollmacht erteilt sei (KGJ **33** A 65ff., 71, 72). Hat das Gericht jedoch Zweifel, ob eine Bevollmächtigung erfolgt ist, so kann es die Vorlage einer einfachen schriftlichen (KGJ **24** A 150, **33** A 71) oder einer öffentlich beglaubigten Vollmacht verlangen. Auch die Beteiligten können die Vorlage einer solchen Vollmacht verlangen (s. oben). Wird die Vorlage einer öffentlich beglaubigten Vollmacht verlangt, so darf das Gericht den Bevollmächtigten bis zur Vorlage nicht mehr zulassen, es sei denn, daß das Verlangen offenbar schikanös ist (Keidel S. 224 Anm 3 β zu § 13 FGG). In jedem Falle aber muß das Gericht, bevor es wegen des Mangels der Bevollmächtigung Anträge und Beschwerden zurückweist, zunächst von dem Bevollmächtigten den Nachweis der Vollmacht verlangen; erst wenn dem Verlangen nicht entsprochen wird, ist die Zurückweisung zulässig (KGJ **24** A 148; vgl auch für das Beschwerdeverfahren KGJ **27** A 3).

Auch der *Notar* gilt, abgesehen von den im Gesetze besonders vorgesehenen Fällen (vgl § 29 Abs I FGG) nicht ohne weiteres als bevollmächtigt, für seinen Auftraggeber Anträge zu stellen; auch er muß daher regelmäßig auf Verlangen des Gerichts seine Ermächtigung zur Antragstellung durch Vorlage einer Vollmacht nachweisen (RJA **4** 105, KJG **33** A 70, 71).

3. *Anträge und Erklärungen* können im übrigen zum Protokoll der Geschäftsstelle des zuständigen Gerichts oder eines Amtsgerichts erfolgen (§ 11 FGG). Soweit es sich um die Einlegung von Rechtsmitteln handelt, sind nur die Geschäftsstellen der Gerichte des Instanzenzuges zuständig (§§ 21 Abs II, 29 Abs IV FGG); ist der Antrag oder die Erklärung zu Protokoll des Urkundsbeamten eines nicht zuständigen Gerichts erfolgt, so hat dieser das Protokoll dem zuständigen Gericht zu übersenden, bei dem es, wenn Fristen einzuhalten sind, innerhalb dieser eingehen muß; das Protokoll gilt in diesem Fall, wenn es vom Beschwerdeführer unterzeichnet ist (bei der weiteren Beschwerde ist Unterzeichnung durch einen Rechtsanwalt erforderlich, § 29 Abs I FGG), als Beschwerdeschrift; schleunige Übersendung ist in den genannten Fällen zur Ver-

meidung von Fristversäumnis geboten. Der protokollierende Urkundsbeamte hat darauf hinzuwirken, daß die Anträge und Erklärungen einen zweckentsprechenden Inhalt haben. Der Urkundsbeamte darf sich auch nicht darauf beschränken, einer von dem Erklärenden überreichten privatschriftlichen Erklärung durch Hinzufügung von Eingangs- und Schlußworten die äußere Form eines Protokolls zu geben; vgl für den Fall der Einlegung der weiteren Beschwerde unten § 33.

Beispiele:

Stellung von Anträgen zu Protokoll des Urkundsbeamten der Geschäftstelle

Amtsgericht *I.* *Köln, den 20. Oktober 1962.*

Gegenwärtig:
Justizinspektor Krause
als Urkundbeamter der Geschäftsstelle.

Es erscheint die geschiedene Ehefrau des Arbeiters Josef Schäfer Maria geb. Schlosser in Köln, Hohe Straße 100 und erklärt:

Meine Ehe mit dem Arbeiter Josef Schäfer in Köln, Karlstraße 20 ist durch rechtskräftiges Urteil des Landgerichts in Köln vom 20. April 1962 geschieden; wir sind beide für schuldig erklärt. Aus der Ehe ist ein Kind, Karl Schäfer, geboren am 15. Januar 1954, hervorgegangen, das sich bei dem Vater befindet. Bei diesem ist das Kind nicht gut aufgehoben; er mißhandelt das Kind aus geringfügigem Anlaß unmäßig, trinkt und gibt ihm durch ein anstößiges und unregelmäßiges Leben ein schlechtes Beispiel. Ich bitte daher, die elterliche Gewalt über das Kind mir gemäß § 1671 BGB zu übertragen. Ich habe eine eigene Wohnung von zwei Räumen (Schlafzimmer und Küche) und verdiene durch Näharbeiten so viel, daß ich für mich und das Kind zu sorgen vermag. Dieses hängt sehr an mir und möchte gern bei mir sein.

Ich bitte, zu meinem Antrage das Jugendamt, den zuständigen Fürsorgeverein und die Lehrer des Kindes zu hören. Auch beziehe ich mich für meine Angaben auf das Zeugnis

1. des Werkmeisters Anton Schulz in Köln,
2. der Witwe Elisabeth Lehmann in Köln,

die mit meinem geschiedenen Ehemann in einem Hause wohnen, und

3. des Arbeiters Johann Schlosser in Köln, Hohestraße 100,
4. der Eheleute Max Hoffmann, ebenda,

die meine persönlichen Verhältnisse genau kennen.

v. g. u.
Maria Schäfer geb. Schlosser

Krause.

Amtsgericht. *II.* *Köln, den 20. Oktober 1962*

Gegenwärtig:
Justizinspektor Krause
als Urkundsbeamter der Geschäftsstelle.

Es erscheint die geschiedene Ehefrau des Arbeiters Josef Schäfer Maria geb. Schlosser in Köln, Hohe Straße 100 und erklärt:

Meine Ehe mit dem Arbeiter Josef Schäfer in Köln, Karlstraße 20, ist rechtskräftig geschieden. Unser aus der geschiedenen Ehe hervorgegangener Sohn Karl, geboren am

15. Januar 1954 in Köln, lebt bei dem Vater, dem die elterliche Gewalt von dem Vormundschaftsgericht übertragen worden ist. Da ich mit meinem geschiedenen Mann nicht zu einer Einigung über die Ausübung des mir zustehenden Rechts zum persönlichen Verkehr mit dem Kinde gelangen kann, bitte ich das Vormundschaftsgericht, den Verkehr gemäß § 1634 Abs II BGB näher zu regeln. Mein geschiedener Ehemann will mir das Kind nur einmal monatlich und nur für eine Stunde überlassen; auch verlangt er, daß ich das Kind in der Wohnung des Vaters besuche. Ich möchte aber das Kind wöchentlich einmal, und zwar wenigstens für drei Stunden für mich haben; auch sollten die Zusammenkünfte in meiner Wohnung (Schlafzimmer und Küche), die durchaus für diesen Zweck geeignet ist (Auskunft des Jugendamts) stattfinden, damit Hemmungen von seiten des Kindes vermieden werden; notfalls bitte ich anzuordnen, daß die Zusammenkunft an einem geeigneten dritten Ort, den das Jugendamt gegebenenfalls gewiß gern vorschlagen wird, stattfinden.

v. g. u.
Maria Schäfer geb. Schlosser
Krause.

4. Die Vorschrift des § 11 FGG schließt nicht aus, daß Anträge und Erklärungen *auf andere Weise* gestellt oder abgegeben werden. Insbesondere kommen in Betracht schriftliche und telegrafische Eingaben. Die Unterschrift ist nur notwendig für rechtsgeschäftliche nach besonderer Vorschrift der Schriftform bedürftige Erklärungen (§ 126 BGB); vgl hierzu auch KEIDEL S. 186, 187 Anm 5a zu § 11 FGG, bezüglich der telegrafischen Einlegung von Rechtsmitteln unten § 30 Zff 4, § 33 Zff 6 b.

§ 14. 2. Ermittlungen. Beweisaufnahme. Glaubhaftmachung

1. a) Die zur Feststellung der Tatsachen erforderlichen *Ermittlungen* hat das Gericht von Amts wegen zu veranstalten; ebenso ist es verpflichtet, die geeignet erscheinenden Beweise aufzunehmen (§ 12 FGG)[1]. Der *Grundsatz der amtlichen Erforschung des Sachverhalts*[2] gilt in gleicher Weise für alle Angelegenheiten des Vormundschaftsgerichts, auch für die nur auf Antrag eines Beteiligten zu bearbeitenden Geschäfte. Die Ermittlungspflicht entfällt nur insoweit, als einem Beteiligten die Glaubhaftmachung einer Behauptung obliegt (JurRdsch **1931** Rechtspr 667).

Aus dem Grundsatz der Amtsprüfung ergibt sich, daß das Vormundschaftsgericht durch die Stellung, welche die Beteiligten in dem Verfahren einnehmen, nicht gebunden ist. Erklärungen, *Anerkenntnisse* und *Verzichtleistungen* und dergleichen besitzen daher lediglich die Bedeutung einer Erkenntnisquelle, deren Verwertung dem pflichtmäßigen Ermessen des Vormundschaftsgerichts überlassen ist.

b) Die Ermittlungspflicht umfaßt die *Erforschung des gesamten für die Entscheidung wesentlichen Sachverhaltes*, einschließlich der Prüfung

---

[1] Für die landesrechtlich geregelten Angelegenheiten ist § 12 in den ehemals preußischen Gebieten nicht für anwendbar erklärt (vgl Art 1 PrFGG).

[2] Vgl den Hinweis in FamRZ **62** 422 auf HABSCHEID, Zur Beweislast in der freiwilligen Gerichtsbarkeit, und OLG Neustadt in FamRZ **61** 541.

der *Zuständigkeit*; diese ist Aufgabe desjenigen Amtsgerichts, das zuerst mit der Sache befaßt wird (KGJ **42** A 42); das Vormundschaftsgericht hat auch zu prüfen, ob seine Zuständigkeit nach internationalem Privatrecht beschränkt ist (KGJ **32** A 23)[1]. Auch *Vorfragen des öffentlichen Rechtes* z. B. der Staatsangehörigkeit eines Beteiligten (KGJ **41** A 25; **42** A 11) sind zu prüfen; hat die zuständige *Verwaltungsbehörde* hierüber entschieden, so ist das Vormundschaftsgericht an die Entscheidung gebunden (Keidel S. 198 Anm 7a Abs I zu § 12 FGG). Ist zweifelhaft, ob ein Bundes- oder Landesgesetz rechtswirksam ist, so sind die Akten dem *Bundesverfassungsgericht* mit begründetem Beschluß vorzulegen (§ 80 BVerfGG); bis zur Entscheidung des Bundesverfassungsgerichts ist das Verfahren auszusetzen. Andererseits ist das Vormundschaftsgericht innerhalb seiner sachlichen Zuständigkeit grundsätzlich frei und auch nicht an die Entscheidungen anderer Gerichte gebunden. Das gilt namentlich für die Beurteilung von Rechtsverhältnissen aus dem Bereich der *streitigen Gerichtsbarkeit*, soweit es sich nicht um Gestaltungsurteile oder um Urteile handelt, deren Rechtskraftwirkung sich auf alle erstreckt, die an dem Verfahren der freiwilligen Gerichtsbarkeit beteiligt sind (Keidel S. 198 Anm 7a Abs II zu § 12 FGG). An ein rechtskräftiges *Zivilurteil* ist der Vormundschaftsrichter auch dann nicht gebunden, wenn an dem seiner Entscheidung unterliegenden Verfahren Personen beteiligt sind, denen gegenüber nach den Vorschriften der §§ 325ff. ZPO die Wirkung der Rechtskraft nicht eintritt (KGJ **51** A 4). Auch sonst ist die Entscheidung des Prozeßgerichts nur insoweit für das Vormundschaftsgericht maßgebend, als die Entscheidung eines Streitverhältnisses dem Prozeßgericht ausschließlich übertragen ist. Im *Scheidungsprozeß* ergangene Entscheidungen des Prozeßgerichts zur *Schuldfrage* sind für das Vormundschaftsgericht bindend (s. unten § 52 Zff 1d Anm). Dagegen kann der Vormundschaftsrichter entgegen einer von dem Ehescheidungsgericht gemäß § 627 ZPO getroffenen einstweiligen Verfügung Maßnahmen über das Sorgerecht aus § 1666 BGB treffen, wenn er auf Grund seiner Ermittlungen hierzu begründeten Anlaß hat. Ebenso ist der Fürsorgeerziehungsrichter nicht gehindert, eine Straftat des Minderjährigen für die Annahme der sittlichen Verwahrlosung des Minderjährigen festzustellen, auch wenn der *Strafrichter* bereits den Minderjährigen von der sich auf dieselbe Tat beziehenden Anklage mangels Beweises freigesprochen hat (KGJ **42** A 61). An den Ausspruch des *Jugendgerichts*, daß Erziehungsmaßnahmen erforderlich seien, ist der Vormundschaftsrichter, dem die Auswahl und Anordnung überlassen ist (§ 53 S. 1 JGG) grundsätzlich gebunden, doch ist er befugt, nachzuprüfen, ob die Umstände, die für das Urteil maßgebend waren, sich ver-

[1] Die örtliche Zuständigkeit ist vor der Frage der interlokalen Zuständigkeit zu prüfen (FamRZ **63** 302 Nr 135).

ändert haben; ist hierin eine Änderung eingetreten, so kann der Vormundschaftsrichter von der Anordnung einer Erziehungsmaßnahme absehen (S. 2 a. a. O., vgl auch JFG 2 80). Im übrigen ist im Interesse zweckentsprechender Zusammenarbeit durch §§ 34 Abs II JGG vorgeschrieben, daß der Jugendrichter nach Möglichkeit zugleich auch Vormundschaftsrichter sein soll.

Der Vormundschaftsrichter ist allerdings stets nicht nur befugt, sondern auch verpflichtet, die Entscheidungen des Prozeßrichters und des Strafrichters bei seiner Entschließung in angemessener Weise zu berücksichtigen. Er darf aber nicht die Entscheidung aussetzen, weil für die Erledigung des Verfahrens die Beurteilung eines streitigen Rechtsverhältnisses von Bedeutung ist; er muß vielmehr zu diesem Streit selbständig Stellung nehmen. Dagegen kann eine *Aussetzung* des Verfahrens aus Gründen der *sachlichen Zweckmäßigkeit* stattfinden z. B. in den Fällen des § 1666 BGB; mitunter ist auch die Aussetzung des Verfahrens im Gesetz selbst vorgesehen (vgl z. B. § 62 Abs I JGG).

c) Die *Kenntnis ausländischen Rechts* muß das Vormundschaftsgericht sich gegebenenfalls selbst verschaffen (KGJ 21 A 5; 32 A 23; vgl im übrigen Keidel S. 207 Anm 9l zu § 12 FGG).

d) Bei der *Auswahl der Ermittlungsmaßnahmen* ist das Vormundschaftsgericht grundsätzlich völlig frei. Es ist abweichend von der förmlichen Beweisaufnahme bei der Benutzung der Erkenntnisquellen an keine Form gebunden. Das Gericht ist in Ermangelung einschränkender Bestimmungen, sowohl was die Beschaffenheit der zu benutzenden Erkenntnismittel als auch die Art ihrer Benutzung anbetrifft vollkommen freigestellt; für das Verfahren bei der Anordnung der Fürsorgeerziehung ist § 66 JWG i.d.F. d. Ges vom 11. 8. 1961 (BGBl 1961 I S. 1206) zu beachten; vgl auch Keidel S. 205 Anm 9c zu § 12 FGG. Maßgebend ist, daß das von dem Gericht gefundene Ergebnis der Ermittlungen bei freier Beweiswürdigung für geeignet befunden wird, den für die Entscheidung wesentlichen Sachverhalt festzustellen. Für diesen Zweck kommen nicht nur die in der Zivilprozeßordnung und in der Strafprozeßordnung besonders bezeichneten Beweismittel und die dort geregelte Form ihrer Benutzung in Betracht; ob der Eid eines Beteiligten zulässig ist, ist streitig (vgl hierzu Keidel S. 212 Anm 11 zu § 12 FGG, S. 278 Anm 10a zu § 15 FGG), aber wohl zu bejahen, da ein ausdrücklicher Ausschluß im § 12 FGG nicht erforderlich ist; wegen der eidesstattlichen Versicherung s. § 15 Abs II FGG. Zur Erforschung des Sachverhalts kommt besonders auch die *Anhörung* von *Beteiligten* (s. unten zu e) und *Auskunftspersonen*[1], die nicht so sehr Tatsachen bekunden als ihre subjektive Meinung angeben und begründen sollen, sowie von *Behörden* (s. unten zu f)

[1] Zur Verwendung der Aussagen von einem Sachverständigen zur Vorbereitung seines Gutachtens gehörter Auskunftspersonen vgl FamRZ 62 538 Nr 226.

in Betracht. Auch die *Einsichtnahmen von Akten* ist zulässig, ohne daß es sich um bestimmte Schriftstücke zu handeln braucht (JFG 4 43); Beobachtungen in bezug auf Personen und Sachen, die nicht den Charakter einer Augenscheinseinnahme zu tragen brauchen, sind möglich. Vernehmungen durch die Urkundsbeamten der Geschäftsstelle können genügen, ebenso auch mündliche Befragung ohne besondere Protokollierung. Bei der Benutzung von *Urkunden* wird sich das Gericht nach seinem freien Ermessen mit der Einsicht einer Abschrift oder eines Auszugs begnügen können.

Bei aller Freiheit in der Auswahl und Benutzung der Erkenntnisquellen *ist aber doch im Auge zu behalten, daß das Gericht die erforderlichen Ermittelungen selbst zu veranstalten hat* (KGJ 32 A 12).

e) Grundsätzlich ist es dem pflichtgemäßen Ermessen des Vormundschaftsgerichts überlassen, ob es die *Beteiligten* hören oder von ihrer Anhörung Abstand nehmen will (KGJ 30 A 288 = RJA 6 50; KGJ 34 A 60); vgl jedoch die jedenfalls hinsichtlich der Befugnis der Beteiligten auf *Anwesenheit* bei der Beweisaufnahme abweichende Ansicht des KGs (oben § 9 Zff 1). In manchen Fällen ist jedoch die Anhörung von Beteiligten durch das Gesetz ausdrücklich vorgeschrieben, z. B. in den §§ 1687 Abs III, 1695, 1826, 1827 Abs. I, II, 1836 Abs II, 1847 BGB, §§ 65 Abs II, 75 Abs V JWG, §§ 2 Abs III, 3 Abs II RKEG. Zuweilen ist die Anhörung nur für den Fall vorgeschrieben, daß sie „tunlich" ist (§§ 1687 Abs III, 1826, 1827 Abs II BGB); in vielen Fällen handelt es sich nur um eine sogenannte „Sollvorschrift", §§ 1687 Abs III, 1826, 1827 Abs I, II BGB, § 65 Abs II S. 2 JWG, deren Verletzung das Recht der Beschwerde begründet; die Anhörung von Verwandten und Verschwägerten des Mündels ist im Falle des § 1847 Abs I S. 2 BGB unter der Voraussetzung angeordnet, daß sie ohne erhebliche Verzögerung und ohne unverhältnismäßige Kosten erfolgen kann. Unter dieser Voraussetzung ist „erforderlichenfalls" auch die Anhörung von Verwandten und Verschwägerten sowie der Lehrer des Kindes in den Fällen der §§ 2 Abs III und 3 Abs II RKEG vorgeschrieben; die Anhörung der Ehegatten (§ 2 Abs III) bezw der Eltern (§ 3 Abs II) ist zwingend angeordnet; dies gilt auch für die Anhörung der Antragsberechtigten (Jugendamt, Landesjugendamt, Personensorgeberechtigte) und des Minderjährigen (§ 65 Abs II, S. 1 JWG) im Verfahren zwecks Anordnung der Fürsorgeerziehung und des Jugendamts und des Landesjugendamts vor der Aufhebung der Fürsorgeerziehung (§ 75 Abs V JWG).

Erklärt sich ein Beteiligter zu einem Vorbringen nicht, so kann hieraus auf dessen Richtigkeit nur geschlossen werden, wenn keine Zweifel daran bestehen, daß der Schweigende nicht bestreiten will; bei Zweifeln ist der Schweigende hierüber zu hören (BayObLG vom 20. 12. 1960 in FamRZ 62 474 Nr 194).

Ordnet das Gericht die Anhörung eines Beteiligten an, so kann es auch für den Fall schuldhaften Ausbleibens eine Ordnungsstrafe androhen (KGJ 32 A 41)[1].

Ob die Beteiligten Anspruch darauf haben, zu einer Anhörung oder Vernehmung zugezogen zu werden, kann zweifelhaft sein (vgl oben § 9 Zff 1). Das öffentliche Interesse erfordert häufig, die Erkenntnisquellen, die das Gericht benutzt hat, vertraulich zu behandeln. Zum mindesten müssen indessen die Beteiligten in diesen Fällen über das Ergebnis der Ermittlungen in geeigneter Weise unterrichtet werden, damit der Anspruch auf rechtliches Gehör (Art 103 Abs I GG) nicht verletzt wird; vgl hierzu FamRZ **60** 72 Nr 28, **62** 173 Nr 73.

f) Das Vormundschaftsgericht kann sich zur Erfüllung seiner Aufgaben auch der Mitwirkung von *Behörden* bedienen, z. B. Auskünfte von Polizei-, Schul- und kirchlichen Behörden erbitten, soweit ihre Amtspflichten die Erteilung solcher Auskünfte zulassen. Ganz besonders aber wird zur Aufklärung des Sachverhalts eine zweckdienliche Zusammenarbeit mit dem *Jugendamt* beitragen. Gemäß § 48 Abs I JWG ist dieses verpflichtet, über den Rahmen des § 1694 BGB hinaus das Vormundschaftsgericht bei allen Maßnahmen zu unterstützen, welche die Sorge für die Person Minderjähriger betreffen. In den Fällen des § 1597 Abs I bis III und in den entsprechenden Fällen der §§ 1721, 1735a sowie in den Fällen der §§ 3, 1634, 1666, 1671, 1672, des § 1707 Abs II, des § 1727, des § 1728 Abs II, des § 1729 Abs II, der §§ 1751, 1770a, 1770b BGB und des § 1 Abs II, des § 3 Abs III des Ehegesetzes hat das Vormundschaftsgericht vor der Entscheidung das Jugendamt zu hören (§ 48 Abs I S. 2 JWG i.d.F. vom 11. 8. 1961, BGBl I S. 1206). In den Fällen des § 1751 BGB ist außerdem das zuständige *Landesjugendamt* zu hören, wenn das Kind von einem fremden Staatsangehörigen an Kindes Statt angenommen werden soll oder wenn der Annehmende seinen Wohnsitz oder gewöhnlichen Aufenthalt im Ausland hat (S. 3 a. a. O.). Bei Gefahr im Verzug kann das Vormundschaftsgericht einstweilige Anordnungen auch schon vor Anhörung des Jugendamts treffen (§ 48 Abs II S. 1 JWG); dieses hat sich auch auf Verlangen gutachtlich über die Höhe des Unterhalts zu äußern, wenn das Vormundschaftsgericht bei der Sicherung desselben für einen Minderjährigen mitwirkt (Abs III a. a. O.). Wegen der Anhörung der Jugendwohlfahrtsbehörden im Fürsorgeerziehungsverfahren s. oben zu e).

g) *Private Organisationen* der Jugendwohlfahrtspflege können um Auskünfte und um Stellungnahme gebeten werden, deren Verwendbar-

---

[1] Ein Aussagezwang gegen die uneheliche Mutter zur Erzwingung der Angabe des Namens des Erzeugers kann nicht ausgeübt werden (vgl unten § 37 Zff 5 a β und RGZ **169** 48).

keit für die Feststellung des Sachverhalts zwar mit Zurückhaltung und unter dem Gesichtspunkt zu prüfen sind, daß private Stellen an und für sich nicht zu den im § 12 FGG zugelassenen Erkenntnisquellen gerechnet werden können (so KGJ **32** A 12). Andererseits werden aber die Gerichte nicht darauf verzichten können, sich der Unterstützung und der Erfahrung sowie der häufig besonders genauen Kenntnis der Verhältnisse von Organisationen zu bedienen, die als uneigennützig und zuverlässig bekannt sind.

h) Das Vormundschaftsgericht ist nicht verpflichtet, alle ihm zur Verfügung stehenden Erkenntnisquellen zu benutzen. Es kann von weiteren Ermittelungen absehen, wenn von diesen eine Änderung das für die Entscheidung wesentlichen Ergebnisses nicht zu erwarten ist und der Sachverhalt im übrigen hinreichend klargestellt erscheint.

Beispiel:

Bei dem Vormundschaftsgericht ist von der Mutter eines unter elterlicher Gewalt stehenden Kindes beantragt worden, dem Vater das Recht der Sorge für die Person des Kindes zu entziehen, da er diesem durch einen ungeordneten Lebenswandel, wüstes Benehmen und Arbeitsscheu ein schlechtes Beispiel gebe, auch das Kind in unmenschlicher und roher Weise mißhandle. Nachdem das Vormundschaftsgericht den Vater zu dem Antrage der Mutter gehört und der Vater ihre Beschuldigungen als unzutreffend und lediglich auf ihrer persönlichen Abneigung gegen ihn beruhend bestritten hat, wird das Gericht zur weiteren Aufklärung des Sachverhalts etwa folgende Verfügung erlassen:

Vfg. *Eilt!*

1. Schreiben an das Jugendamt in Köln:

Die Ehefrau des Arbeiters Josef Schäfer in Köln, Hohe Straße 103, hat beantragt, ihrem Ehemann das Recht der Sorge für die Person des gemeinsamen Kindes Karl der Eheleute Schäfer, geboren am 15. Januar 1954 in Köln, zu entziehen, weil der Vater dem Kinde durch einen ungeordneten Lebenswandel, wüstes Benehmen und Arbeitsscheu ein schlechtes Beispiel gebe, auch das Kind in unmenschlicher und roher Weise mißhandle. Es wird um gef. Stellungnahme zu dem Antrage und um nähere Mitteilung über die persönlichen und häuslichen Verhältnisse des Kindes und seiner Eltern gebeten. Auch dem zuständigen Fürsorgeverein und dem Geistlichen möchte Gelegenheit zur Äußerung zu geben sein. Können einige vertrauenswürdige Personen als Zeugen benannt werden? Die Mutter des Kindes hat sich auf das Zeugnis der Eheleute Max Schulze, die Nachbarn der Familie Schäfer sind, berufen. Sind diese Zeugen glaubwürdig?

Um tunlichst beschleunigte Erledigung dieses Ersuchens darf mit Rücksicht auf die Eilbedürftigkeit der Angelegenheit gebeten werden.

2. Strafakten gegen Schäfer, Josef wegen gef. Körperverletzung aus 1961 von dem Herrn Leit. Oberstaatsanwalt in Köln zur Einsichtnahme einfordern.

3. Zu laden sind die Eheleute Max Schulze in Köln, Hohe Straße 100 auf den 25. Oktober 1962, 10 Uhr, Z. 150.

4. Zum Termin.

K., d. 19. 10. 1962.

Schmitz

Ergeben die Ermittlungen neue Tatsachen, zu denen der Vater noch nicht hat Stellung nehmen können, so wird ihm hierzu vor Entscheidung noch Gelegenheit zu geben sein.

2. Für bestimmte Fälle einer *förmlichen Beweisaufnahme*, nämlich für den Augenschein, den Beweis durch Zeugen und Sachverständige und über das Verfahren bei der Abnahme von Eiden ist die entsprechende Anwendung der Vorschriften der Zivilprozeßordnung angeordnet (§ 15 Abs I S. 1 FGG). Es sind dies die §§ 371—414, 478—484 ZPO. Über die Beeidigung eines Zeugen oder Sachverständigen entscheidet jedoch, unbeschadet der §§ 393, 402 ZPO, das Ermessen des Gerichts. Obwohl die allgemeinen Vorschriften der Zivilprozeßordnung über die Beweisaufnahme nicht für entsprechend anwendbar erklärt sind, wird den Beteiligten die Anwesenheit bei der Beweisaufnahme (vgl § 357 ZPO) im Hinblick auf ihren Anspruch auf rechtliches Gehör im allgemeinen zu gestatten sein (vgl hierzu KEIDEL S. 270 Anm 4 zu § 15 FGG). Eines förmlichen Beweisbeschlusses bedarf es nicht; die Formvorschriften der Zivilprozeßordnung über die Feststellung des Beweisergebnisses sind nicht anwendbar, der Zuziehung eines Protokollführers bedarf es nicht. Beteiligte können zwar als solche angehört, nicht aber als Zeugen oder Sachverständige vernommen werden; die Frage, ob ein als solcher vernommener Beteiligter *eidlich* gehört werden kann, ist nach KEIDEL S. 278 Anm 10a zu bejahen. Erfolgt eine Zeugnisverweigerung, so entscheidet über diese das Vormundschaftsgericht, gegen dessen Entscheidung, die nur im Falle der Ablehnung eines förmlichen Beschlusses bedarf, die sofortige Beschwerde in entsprechender Anwendung des § 387 Abs III ZPO stattfindet, wobei sich das Beschwerdeverfahren nach den Bestimmungen des FGG richtet (KGJ 50 A 9). Die *Anordnung der zwangsweisen* Unterbringung eines Beteiligten in einer Heilanstalt zum Zwecke der Vorbereitung eines Gutachtens über seinen Gesundheitszustand ist nicht zulässig, da die Vorschriften der Zivilprozeßordnung über den Sachverständigenbeweis eine dem § 81 StPO entsprechende Bestimmung nicht enthalten und die Beteiligten im vormundschaftsgerichtlichen Verfahren nicht schlechter gestellt sein dürfen als die Parteien im Zivilprozeß (KGJ 51 A 8); anderes gilt jedoch im Verfahren zwecks Anordnung der Fürsorgeerziehung gemäß § 66 JWG i. d. F. d. Ges vom 11. 8. 1961 BGBl I S. 1206ff., wenn es zur Beurteilung der Persönlichkeit des Minderjährigen durch einen Sachverständigen erforderlich ist. Die Vorschriften über die Abnahme von Eiden (§§ 478 bis 484 ZPO) gelten außer für den Zeugen- und Sachverständigeneid auch für den Offenbarungseid im Zwangsverfahren, s. unten § 17 Zff 3g, und für den Eid des Beteiligten (KEIDEL S. 279 Anm 12 zu § 15 FGG).

3. In einzelnen Fällen verlangt das Gesetz von den Beteiligten die *Glaubhaftmachung* (vgl z.B. die §§ 22 Abs II, 34 FGG, §§ 386, 404 ZPO

i. V. m. § 15 FGG); auch in anderen Fällen kann das Vormundschaftsgericht nach pflichtmäßigem Ermessen die Glaubhaftmachung verlangen, jedoch darf das Gericht sich durch die Auflage der Glaubhaftmachung nicht der Amtspflicht zur Erforschung des Sachverhalts entziehen. Wenn ein rechtliches oder berechtigtes Interesse glaubhaft zu machen ist, so sind die zur Begründung des Interesses geeigneten Tatsachen glaubhaft zu machen. Die Mittel zur Glaubhaftmachung sind gesetzlich nicht beschränkt; in der Regel wird sie durch eidesstattliche Versicherung erfolgen. Soweit einem Beteiligten die Glaubhaftmachung durch gesetzliche Vorschrift obliegt, entfällt die Ermittlungspflicht des Vormundschaftsgerichts (JurRdsch **1931** Rechtspr Nr **667**).

§ 15. 3. Gerichtliche Bekanntmachungen. Fristen. Armenrecht. Akteneinsicht

1. Die Verfügungen des Vormundschaftsgerichts sind den Beteiligten bekanntzumachen. Zu den Verfügungen gehören nicht nur die ausdrücklich als solche bezeichneten Anordnungen, sondern auch Beschlüsse und sonstige Maßnahmen, soweit sie eine sachliche Entscheidung enthalten und nicht lediglich geschäftsleitender Natur sind (KEIDEL S. 282 Anm 1 zu § 16 FGG).

2. Gerichtliche Verfügungen werden mit der *Bekanntmachung* an denjenigen, für *den sie ihrem Inhalte nach bestimmt* sind, wirksam (§ 16 Abs I FGG). Zuweilen ist im Gesetz selbst vorgeschrieben, an wen die Bekanntmachung zu erfolgen hat (vgl die §§ 51 Abs I und II, 52, 53 Abs II, 67 Abs I und II FGG). Sind *mehrere* Personen beteiligt, so tritt für jede von ihnen die Verfügung mit der an sie erfolgten Bekanntmachung in Wirksamkeit, jedoch mit der Bekanntmachung an den letzten, wenn die Verfügung ihrem Inhalt nach untrennbar ist.

a) Die Bekanntmachung erfolgt, *wenn mit ihr der Lauf einer Frist beginnt*, durch *Zustellung* nach den für die Zustellung von Amts wegen geltenden Vorschriften der Zivilprozeßordnung; durch die Landesjustizverwaltung kann jedoch für Zustellungen im Ausland eine einfachere Art der Zustellung angeordnet werden (§ 16 Abs II S. 1 FGG). Diese Vorschrift gilt für gesetzliche und richterliche Fristen (KEIDEL S. 289 Anm 8 zu § 16 FGG). Fälle gesetzlicher Fristen s. in den §§ 53, 56, 60 JGG, 65, 66, 71, 75 JWG. Maßgebend für die Form der Zustimmung sind die §§ 208 bis 213 ZPO; soweit sich nicht aus diesen Abweichungen ergeben, finden auf die Zustellung von Amts wegen die Vorschriften über die Zustellung der Parteien entsprechende Anwendung (§ 208 ZPO), das sind die Vorschriften der §§ 166ff. ZPO. Abweichend von § 171 ZPO hat die Zustellung an *Minderjährige*, die das 14. Lebensjahr vollendet haben, in den Fällen der §§ 65 Abs III, 75 Abs IV—VI JWG persönlich zu erfolgen. Abweichend von § 176 ZPO kann sie grundsätzlich auch an die Beteiligten selbst erfolgen (KEIDEL S. 290 a. a. O.). Wegen der *Ersatzzustellung* gemäß § 181 Abs II ZPO an Zöglinge und in *Anstalten untergebrachte Personen* s. KEIDEL a. a. O., gemäß § 185 ZPO an den Gegner des Zustellungsempfängers (Verbot) vgl z. B. KGJ **46** A 94, ferner wegen der Anwendbarkeit des § 187 S. 2 ZPO (Notfristen) S. 291 a. a. O., schließlich für Zustellungen im *Ausland* (§ 16 Abs II S. 1 FGG, § 199ff. ZPO) KEIDEL S. 292 Anm 8 zu § 16 FGG, S. 125 Anm 6 zu § 2 FGG und insbesondere den Hinweis daselbst auf die Rechtshilfeordnung für Zivilsachen (ZRHO) vom 19. 10. 1956.

b) In denjenigen Fällen, in denen *mit der Bekanntmachung nicht der Lauf einer Frist beginnt*, soll in den Akten vermerkt werden, in welcher Weise, an welchem Ort und an welchem Tage die Bekanntmachung zur Ausführung gebracht worden ist; durch die Landesjustizverwaltung kann näher bestimmt werden, in welcher Weise in diesen Fällen die Bekanntmachung zur Ausführung gebracht werden soll (§ 16 Abs II S. 2 FGG). Im Gebiete des ehemaligen preußischen Staates sind die hierzu erlassenen Vorschriften in der Allgemeinen Verfügung vom 15. 12. 1930 (JMBl S. 359) neugefaßt worden. In der Regel werden hiernach die Bekanntmachungen, soweit sie nicht zu Protokoll erfolgen (§ 16 Abs III S. 1 FGG), durch einfachen Brief oder durch Behändigung ohne Beurkundung zur Ausführung gebracht. Sind wichtige Urkunden z. B. Hypothekenbriefe beigegeben oder liegen sonstige besondere Gründe vor, so ist bei der Übersendung mit der Post der Brief mit der Bezeichnung „Einschreiben“, geeignetenfalls „gegen Rückschein“ zu versehen, bei Behändigung durch einen Justizwachtmeister ist Empfangsbescheinigung zu fordern; außerdem kann in wichtigen Fällen das Gericht Bekanntmachung durch Zustellung anordnen. In jedem Falle, in dem die Bekanntmachung nicht durch Zustellung erfolgt, ist zu den Akten zu vermerken, in welcher Weise, an welchem Orte und an welchem Tage die Bekanntmachung erfolgt ist; die Vermerke sind von dem Urkundsbeamten der Geschäftsstelle mit seinem Namenszeichen zu versehen. Für Bayern vgl KEIDEL S. 293 Anm 9 zu § 16 FGG.

c) Einem Anwesenden kann die Verfügung zu *Protokoll* bekanntgemacht werden; auf Verlangen ist ihm eine Abschrift der Verfügung zu erteilen (§ 16 Abs III FGG). Diese Art der Bekanntmachung ist zulässig ohne Rücksicht darauf, ob mit der Bekanntmachung der Lauf einer Frist beginnt oder nicht, es sei denn, daß die Zustellung ausdrücklich vorgeschrieben ist (KEIDEL S. 288 Anm 7 zu § 16 FGG).

d) Die *Wirksamkeit* der Bekanntmachung einer Verfügung äußert sich darin, daß die Wirkungen eintreten, welche die Verfügungen herbeizuführen nach ihrem Inhalt geeignet und bestimmt sind (KEIDEL S. 283 Anm 2 zu § 16 FGG unter Hinweis auf BGHZ **16** 159). Die Wirksamkeit tritt in vielen Fällen unmittelbar ein, so z. B. bei der vormundschaftsgerichtlichen Genehmigung. Zuweilen bedürfen aber die Verfügungen noch des Vollzugs z. B. in den meisten Fällen von Anordnungen aus § 1631 Abs II, 1634 Abs II, 1666 BGB; vgl hierzu § 48 JWG wegen der Mitwirkung des Jugendamts. Der Eintritt der Wirksamkeit ist in der Regel davon unabhängig, ob die Verfügung anfechtbar ist oder nicht (vgl zu den Fragen aufschiebender Wirkung, der Aussetzung der Vollziehung und einstweiliger Anordnungen § 24 FGG). Die Wirksamkeit der Verfügung ist an die *Rechtskraft* gebunden in den Fällen, in denen die sofortige weitere Beschwerde zulässig ist (§ 26 FGG), das Beschwerdegericht kann jedoch die sofortige Wirksamkeit der Entscheidung anordnen (S. 2 a. a. O. ferner der §§ 53 Abs I, 53a Abs II, 56 Abs II FGG.

In den Fällen des § 53 kann das Vormundschaftsgericht die sofortige Wirksamkeit der Verfügung anordnen, diese tritt im übrigen mit der Bekanntmachung an den Antragsteller ein (§ 53 Abs II FGG). In den Fällen des § 53a FGG kann das Gericht einstweilige Anordnungen treffen, wenn hierfür ein Bedürfnis besteht (Abs III S. 1 a. a. O.). In den Fällen des § 65 Abs IV und des § 66 Abs III JWG steht den Beschwerdeberechtigten die sofortige Beschwerde mit aufschiebender Wirkung zu, in den Fällen des § 71 Abs IV JWG gegen den ablehnenden Beschluß nur dem Landesjugendamt, während gegen die Anordnung der Nichtmitteilung des Unterbringungsorts des Minderjährigen den Personensorgeberechtigten und den Eltern die (mit der Bekanntmachung wirksam werdende) einfache Beschwerde zusteht. In den Fällen des § 75 Abs. V JWG steht dem Landesjugendamt die sofortige Beschwerde gegen den die Fürsorgeerziehung aufhebenden Beschluß mit aufschiebender Wirkung zu; wird die Aufhebung abgelehnt, so steht jedem Antragsberechtigten die (mit der Bekanntmachung wirksam werdende) einfache Beschwerde zu.

3. Für die Berechnung von *Fristen* sind die Bestimmungen der §§ 187 bis 192 BGB maßgebend; fällt das Ende der Frist auf einen Sonntag oder allgemeinen Feiertag, so endet die Frist mit dem Ablauf des nächstfolgenden Werktags (§ 17 FGG). Dies gilt für die ehemals preußischen Gebiete für die durch Landesgesetz den ordentlichen Gerichten übertragenen Angelegenheiten der freiwilligen Gerichtsbarkeit insoweit, als nicht entgegenstehende Vorschriften gegeben sind (Art 1 PrFGG).

Ist eine Erklärung innerhalb einer Frist bei einem bestimmten Gericht abzugeben z. B. die Einlegung der sofortigen und der sofortigen weiteren Beschwerde (§§ 21, 22 ,29 FGG), so gilt sie, wenn sie von dem Urkundsbeamten der Geschäftsstelle eines anderen Gerichts zu Protokoll genommen ist, nur dann als rechtzeitig erfolgt, wenn das Protokoll innerhalb der Frist bei dem zuständigen Gericht eingegangen ist.

4. Auf das *Armenrecht* in Vormundschaftssachen finden die Vorschriften der Zivilprozeßordnung über das Armenrecht (§§ 114 bis 127 ZPO) entsprechende Anwendung (§ 14 FGG). Das Armutszeugnis kann Personen die unter Vormundschaft oder Pflegschaft stehen, auch von dem Vormundschaftsgericht erteilt werden (§ 118 Abs II S. 2 ZPO). Durch die Bewilligung des Armenrechts erlangt der Gesuchsteller die einstweilige Befreiung von der Berichtigung der rückständigen und der künftig anwachsenden Gerichtskosten, der baren Auslagen und der durch die etwa erforderliche Beiordnung eines Rechtsanwalts. Die Bewilligung des Armenrechts kann auch noch nach der Beendigung der Instanz erfolgen, wenn der Antrag schon vorher gestellt war (RGZ 152 221), dagegen nicht mit Rückwirkung auf die Zeit vor Eingang des Armenrechtsgesuches (FamRZ 62 474 Nr 194).

Ein *Notar* hat gemäß § 17 Abs II BNotO einem unbemittelten Beteiligten, dem nach den Vorschriften der Zivilprozeßordnung das Armenrecht zu bewilligen wäre, seine Urkundstätigkeit vorläufig gebührenfrei zu gewähren.

Gegen den Beschluß, durch den die Bewilligung des Armenrechts verweigert oder wieder entzogen wird, oder die Nachzahlung der Kosten angeordnet oder die Beiordnung eines Rechtsanwalts verweigert wird sowie gegen die Auswahl des Anwalts findet die *Beschwerde* statt. Das Beschwerdeverfahren richtet sich nach den Vorschriften für das Verfahren der freiwilligen Gerichtsbarkeit (KGJ 21 A 184, Keidel Anm 18 zu § 14 FGG S. 268).

5. a) Die *Einsicht der Akten* des Vormundschaftsgerichts *kann* einem jeden insoweit gestattet werden, als er ein *berechtigtes Interesse* glaubhaft macht. Das gleiche gilt von der Erteilung einer *Abschrift*; die Abschrift ist auf Verlangen zu beglaubigen (§ 34 FGG). Dasselbe gilt für die durch Landesrecht den Gerichten übertragenen Angelegenheiten der freiwilligen Gerichtsbarkeit, soweit nicht ein anderes bestimmt ist (Keidel S. 482 Anm 12 zu § 34 FGG; für die ehemals preußischen Gebiete vgl Art 1 PrFGG). Ein berechtigtes Interesse ist jedes Interesse, das nach der Sachlage bei vernünftiger Erwägung gerechtfertigt erscheint; es kann auch tatsächlicher Art sein (Keidel S. 477 Anm 4a a. a. O.); vgl auch RJA 16 6, RGZ 151 63). Zur *Glaubhaftmachung* vgl oben § 14 Zff 3. Glaubhaft zu machen sind die Umstände, aus denen sich nach dem gewöhnlichen Verlauf der Dinge ein berechtigtes Interesse ergibt (Keidel S. 478 Anm 4b a. a. O.). Ob diese Voraussetzung gegeben ist, kann nur von Fall zu Fall entschieden werden. Die am Verfahren Beteiligten werden regelmäßig ein berechtigtes Interesse an der Akteneinsicht oder der Erteilung von Abschriften haben; bei anderen Antragstellern wird das Interesse eingehender geprüft werden müssen. Möglich ist auch, daß der Antragsteller nur ein Interesse an der Einsicht bestimmter Teile der

Akten hat; in diesem Falle darf ihm auch nur in begrenztem Umfange Einsicht gewährt oder eine Abschrift aus den Akten gewährt werden (KGJ 46 A 8). Bei Versagung der vormundschaftsgerichtlichen Genehmigung kann der Vertragsgegner des Mündels nicht die Erteilung von Abschriften von Briefen verlangen, die für die Entscheidung des Gerichts von Bedeutung gewesen sind, auch nicht mit der Behauptung, daß die Erteilung der Genehmigung arglistig hintertrieben worden sei (RJA 16 6).

b) Im übrigen gewährt aber auch das berechtigte Interesse dem Antragsteller *kein unbedingtes Recht auf die Akteneinsicht.* Vielmehr steht es im pflichtmäßig auszuübenden Ermessen des Vormundschaftsgerichts, ob die Einsicht oder die Abschrift zu gewähren ist. Es kann vorkommen, daß trotz vorliegenden berechtigten Interesses an der Akteneinsicht diese verweigert werden muß, weil andere gleich oder höher zu bewertende Interessen für die Geheimhaltung sprechen. Namentlich in Fürsorgeerziehungssachen wird erfahrungsgemäß die Akteneinsicht häufig lediglich oder doch vornehmlich zu dem Zwecke begehrt, um diejenigen Zeugen zu ermitteln, die für den Antragsteller ungünstig ausgesagt haben, und nun gegen diese Zeugen eine Strafanzeige zu erstatten oder ein Privatklageverfahren einzuleiten. Würde solchen Anträgen unbeschränkt stattgegeben, so würden die Ermittlungen in sehr erheblichem Maße erschwert werden, da jedermann nach Möglichkeit die Vernehmung als Zeuge zu vermeiden suchen würde, um der Gefahr von Belästigungen und Beleidigungsklagen zu entgehen. Es liegt aber im öffentlichen Interesse, daß eine möglichst restlose Aufklärung des Sachverhalts besonders in den Fürsorgeerziehungssachen erfolgt. Die Verweigerung der Akteneinsicht kann sich aus diesen Erwägungen durchaus rechtfertigen; andererseits darf die Geheimhaltung nicht soweit gehen, daß den Beteiligten die Möglichkeit zweckmäßiger Rechtsverfolgung oder Rechtsverteidigung genommen wird (JFG 1 28, 4 90). Meist wird sich ein Ausgleich in der Weise finden lassen, daß den Beteiligten die Aktenteile, an denen sie ein Interesse haben, unter Fortlassung von Namen bekanntgegeben werden; auch können die Beteiligten aufgefordert werden, sich darüber zu äußern, ob sie bestimmte Personen für nicht glaubwürdig halten.

c) Gegenüber *Behörden* findet § 34 FGG keine Anwendung (KGJ 52 A 14); die Befugnis von Behörden und Beamten zur Einsicht von Akten anderer Behörden zu regeln, steht der Landesgesetzgebung offen (Keidel S. 480 Anm 6 zu § 34 FGG).

d) Die *Art der Akteneinsicht* wird durch Art 24 FGG nicht geregelt. Die Bestimmungen hierüber werden im Verwaltungswege getroffen; sie bezwecken die Wahrung der Ordnung bei den Gerichten, die Erhaltung der Akten und dergleichen. Auch die Gestattung der Akteneinsicht außerhalb der Gerichtsstelle und die Versendung der Akten unterliegen der Regelung durch die Justizverwaltung. Es findet daher, wenn die

Versendung der Akten aus Verwaltungsgründen verweigert wird, hiergegen die Aufsichtsbeschwerde statt (KGJ 33 A 6), ebenso bei Ablehnung der Verabfolgung der Akten in die Wohnung (OLG 33 1).

§ 16. 4. Die Befugnis des Vormundschaftsgerichts zur Abänderung seiner Verfügungen

1. Gemäß § 18 Abs I 1. Halbsatz FGG ist das Gericht befugt, eine von ihm erlassene Verfügung zu ändern, *wenn es sie nachträglich für ungerechtfertigt hält*. Wegen *veränderter Umstände* kann eine Abänderung in der Regel nicht stattfinden, vielmehr bedarf es des Ersatzes durch eine neue Verfügung. Indessen ist eine Abänderung wegen veränderter Umstände im Gesetz in zahlreichen Fällen ausdrücklich zugelassen oder sogar angeordnet z. B. in den §§ 1696, 1836 Abs. I S. 4, 1844 Abs I S. 3, 1908 Abs III, 1919 BGB. § 18 Abs I FGG betrifft Verfügungen, die den Beteiligten schon bekanntgegeben worden sind; solange eine Verfügung noch im ausschließlichen Besitz des Gerichts ist, ist sie noch nicht „erlassen“ und kann jederzeit abgeändert werden. Ebenso ist die *Berichtigung offenbarer Unrichtigkeiten* in entsprechender Anwendung des § 319 ZPO jederzeit zulässig; darunter fallen Schreibfehler, Rechenfehler und dergleichen. Auch *Tatbestandsberichtigungen* sind in entsprechender Anwendung des § 320 ZPO für zulässig zu erachten. Schließlich ist auch eine entsprechende *Ergänzung* gemäß § 321 ZPO bei Übergehung von Sachanträgen oder der etwa notwendigen Kostenentscheidung möglich (vgl Keidel S. 395, 396 Anm 11 bis 13 zu § 18 FGG).

2. Das Abänderungsrecht steht nur dem Gericht erster Instanz zu, also nicht auch den Rechtsmittelgerichten, soweit sie als solche tätig werden; bei Änderung der *tatsächlichen* Verhältnisse wird dem Beschwerdegericht aber bezüglich *seiner* Entscheidung die Änderungsbefugnis zuerkannt, nicht dagegen bei einer Änderung der rechtlichen Beurteilung; auch für den Fall einer rein *verfahrensrechtlichen* Entscheidung des Beschwerdegerichts oder des Gerichts der weiteren Beschwerde wird die Änderung zugelassen. (Keidel S. 298, 299 Anm. 4 a. a. O.).

Die Einlegung eines Rechtsmittels steht der Abänderung nicht entgegen, so lange das Beschwerdegericht *in der Sache* noch nicht entschieden hat, also auch nicht bei Verwerfung der Beschwerde wegen Unzulässigkeit. Auch nicht anfechtbare Entscheidungen (§§ 5 Abs II, 46 Abs II, 47 Abs II FGG) können abgeändert werden.

3. a) Eine Entscheidung, die der *sofortigen Beschwerde* unterliegt, abzuändern, ist das erstinstanzliche Gericht *nicht* befugt (§ 18 Abs II BGB). Es handelt sich dabei um die Fälle der §§ 15 FGG i. V. m. 387, 406 ZPO, 22 Abs II, 53 Abs I, 53 Abs II, 56 Abs II, 60, 68 S. 1 FGG, 65 Abs IV, 66 Abs II, 68 Abs II, 75 Abs V JWG, dagegen *nicht* § 67 Abs II

JWG, weil dies dem Wesen und Zweck der vorläufigen Fürsorgeerziehung, die völlige Freiheit der Entschließung des Vormundschaftsgerichts je nach der Sachlage erfordern, widersprechen würde. Der *weiteren Beschwerde* dürfen die Instanzgerichte nicht abhelfen (§ 29 Abs III FGG).

b) Für *unzulässig* wird die Änderung von Verfügungen erachtet, *die der formellen Rechtskraft fähig und rechtskräftig geworden* sind; indessen können formell rechtskräftige Verfügungen, die nicht in *materielle* Rechtskraft erwachsen, vom Amtsgericht, wenn sie sich als ungerechtfertigt erweisen, in einem *neuen* Verfahren geändert werden (Keidel S. 300, 301 Anm 6b zu § 18 FGG). Ob einer Entscheidung die materielle Rechtskraft fehlt, kann nicht einheitlich, sondern nur von Fall zu Fall unter Berücksichtigung des besonderen Charakters der einzelnen Verfahrensarten entschieden werden (vgl hierzu FamRZ 56 118 Nr 200 = NJW 55 1075 Nr 12, auch Rpfl 54 316 m. Anm von Keidel = DRiZ 54 Rechtspr S. 100 Nr 991). Die rechtskräftig angeordnete Erziehungshilfe oder Fürsorgeerziehung darf nur aufgehoben werden, wenn ihr Zweck erreicht ist (§ 75 Abs II JWG).

c) Eine Verfügung, durch welche die *Zustimmung zu einer Ehelichkeitserklärung* ersetzt wird, kann nicht mehr geändert werden, wenn die Ehelichkeitserklärung erfolgt ist (§ 55 Abs II FGG).

d) Der Beschluß, durch den ein Vertrag über die *Annahme an Kindes Statt* oder über die *Aufhebung* der Kindesannahme *bestätigt* wird, darf von dem Gericht nicht geändert werden (§ 67 Abs III FGG).

e) Soweit eine Verfügung *nur auf Antrag* erlassen werden kann und der Antrag zurückgewiesen worden ist, darf die Änderung nur auf Antrag erfolgen (§ 18 Abs I Halbf. 2 FGG). Die Erteilung der vormundschaftsgerichtlichen Genehmigung erfolgt zwar regelmäßig auf Antrag, setzt aber einen solchen nach dem Gesetz nicht voraus und kann also, wenn sie nicht zu einem Rechtsgeschäft erteilt oder verweigert und die Erteilung oder Verweigerung dem Dritten gegenüber wirksam geworden ist (§ 55 Abs I FGG), auch ohne Antrag geändert werden.

4. Die Änderung vormundschaftsgerichtlicher Verfügungen läßt grundsätzlich die bereits eingetretenen *Rechtswirkungen* unberührt, wirkt also nur ex nunc. Für den *Rechtsverkehr mit Dritten* ist § 32 FGG von Bedeutung, der den Fall betrifft, daß eine Verfügung, durch die jemand die Fähigkeit oder die Befugnis zur Vornahme eines Rechtsgeschäfts oder zur Entgegennahme einer Willenserklärung erlangt, ungerechtfertigt ist; in diesem Fall hat, sofern nicht die Verfügung wegen Mangels der sachlichen Zuständigkeit unwirksam ist, die Aufhebung der Verfügung auf die Wirksamkeit der inzwischen von ihm oder ihm gegenüber vorgenommenen Rechtsgeschäfte keinen Einfluß. Dagegen wirkt die Aufhebung einer Verfügung, durch die einer Person die Vertretungsmacht, die sie innegehabt hat, entzogen worden ist, ex tunc; es bleiben also die

von ihr oder ihr gegenüber vorgenommenen Rechtshandlungen wirksam (KEIDEL S. 461 Anm 6 zu § 32 FGG). Wegen der Anwendbarkeit des § 32 FGG in landesrechtlichen Angelegenheiten vgl KEIDEL S. 461 Anm 8 zu § 32 FGG.

Wird eine ursprünglich getroffene Anordnung z. B. einer Vormundschaft, demnächst wieder aufgehoben, später jedoch erneut getroffen, so muß sie abermals zur Durchführung gelangen, der Vormund also erneut bestellt werden. Hat aber das Vormundschaftsgericht den alten Vormund entlassen und einen neuen bestellt, der alte Vormund aber erfolgreich Beschwerde erhoben, so tritt mit dem Erlaß der Beschwerdeentscheidung der alte Vormund ohne weiteres, insbesondere also ohne erneute Bestellung, in seine früheren Rechte und Pflichten wieder ein, während der neue Vormund gleichzeitig auch ohne besondere Entlassung aus seinem Amt wieder ausscheidet.

Beispiel:

Das Vormundschaftsgericht hat vor längerer Zeit dem Vater als Mitinhaber der elterlichen Gewalt das Recht der Sorge für die Person des Kindes gemäß § 1666 BGB entzogen und dem Kinde insoweit gemäß § 1908 BGB einen Pfleger bestellt, der das entzogene Recht an Stelle des Vaters nunmehr mit der Mutter gemeinsam ausübt. Der Vater bittet, diese Maßnahmen jetzt wieder aufzuheben, da sich seine persönlichen und häuslichen Verhältnisse gebessert hätten. Das Gericht prüft die Angelegenheit, namentlich auch durch Anhörung der Mutter und des Jugendamts und des Pflegers, findet die Angaben des Vaters bestätigt und erläßt hierauf folgenden Beschluß:

In der Familienrechtssache betr. den am 15. Januar 1954 geborenen Karl Schäfer, Sohn der Eheleute Josef Schäfer und Maria geborenen Schlosser in Köln, Hohe Straße 100, unter Pflegschaft des Werkmeisters Johann Schlosser in Köln, Karlstraße 20, wird der Beschluß vom 1. Juli 1960, durch den dem Vater des Kindes das Recht der Personensorge entzogen und dem Kinde ein Pfleger zur Ausübung dieses Rechts bestellt ist, gemäß § 1696 BGB aufgehoben, da die Ermittlungen ergeben haben, daß der Lebenswandel des Vaters seit längerer Zeit zu Beanstandungen keinen Anlaß gegeben hat, der Vater vielmehr regelmäßig seiner Arbeit nachgeht und in geordneten Verhältnissen lebt und ihm die Miterziehung des Kindes daher wieder anvertraut werden kann.

Die Pflegschaft wird aufgehoben.

Köln, den 20. Oktober 1962. *Schmitz.*

V.

1. Beschluß zustellen
a) dem Vater,
b) der Mutter,
c) dem Pfleger.
2. Abschrift dem Jugendamt in Köln m. d. B. um Kenntnisnahme.

Köln, den 20. Oktober 1962. *Schmitz.*

§ 17. 5. Die Erzwingung vormundschaftsgerichtlicher Anordnungen

1. Die Anordnungen des Vormundschaftsgerichts können, soweit sie nicht ihrem Wesen nach des Vollzuges nicht fähig sind oder nicht be-

dürfen, wie z. B. Entscheidungen aus den §§ 1612, 1674 BGB, auch im Wege des Zwanges durchgeführt werden. Indessen gilt dies nur in den Grenzen der hierzu erlassenen besonderen gesetzlichen Vorschriften.

2. a) Die *Ordnungsstrafe* (§ 33 Abs I FGG) ist ein Beugemittel, das ausschließlich zur Erzwingung der Befolgung gerichtlicher Anordnungen dient; sie ist keine Strafe für begangenes Unrecht (KEIDEL S. 463 Anm 2 zu § 33 FGG). Ist jemandem durch eine Verfügung des Gerichts die Verpflichtung auferlegt, eine Handlung vorzunehmen, die ausschließlich von seinem Willen abhängt, oder eine Handlung zu unterlassen oder die Vornahme einer Handlung zu dulden, so kann ihn das *Gericht*, soweit sich nicht aus dem Gesetz ein anderes ergibt, zur Befolgung seiner Anordnung anhalten. In reinen Zweckmäßigkeitsfragen darf aber das Vormundschaftsgericht dem Vormund keine Anweisungen erteilen (vgl unten § 96). Gegen das Jugendamt kann eine Ordnungsstrafe nicht festgesetzt werden. Bei Festsetzung der Ordnungsstrafe ist der Beteiligte zugleich in die Kosten des Verfahrens zu verurteilen (§ 33 Abs I FGG). Die Bestimmung ist nicht anwendbar auf Ordnungsstrafen, die in Ausübung der Sitzungspolizei verhängt sind (s. oben § 9), und auf Strafen gegen Zeugen und Sachverständige, auch nicht, wenn der Vollzug der Entscheidung des Vormundschaftsgerichts nach den Vorschriften der Zivilprozeßordnung zu erfolgen hat (vgl z. B. § 53a Abs 4 FGG). Fälle von durch Ordnungsstrafen erzwingbaren Handlungen enthalten z. B. die §§ 1634 Abs II, 1682, 1788 (Einschränkung vgl Abs II), 1837 Abs II, 1893 Abs II, 1915 BGB, von erzwingbaren Unterlassungen Verbote durch Maßnahmen zum Schutze von Kindern gemäß §§ 1665, 1666 BGB.

b) Die Ordnungsstrafe muß vor ihrer Festsetzung *angedroht* werden. Die einzelne Strafe darf den Betrag von eintausend Deutsche Mark nicht übersteigen (§ 33 Abs III S. 1 FGG); die Umwandlung in eine Haftstrafe ist nicht zulässig. Die Androhung gilt regelmäßig für den einzelnen Fall der Zuwiderhandlung. Ein einzelner Fall liegt z. B. auch vor, wenn einer Anordnung des Vormundschaftsgerichts aus § 1634 Abs II BGB durch eine einmalige Verhinderung des Verkehrs des berechtigten Elternteils mit dem Kinde überhaupt widerstrebt wird (RJA 16 162). Die Festsetzung der Ordnungsstrafe ist im übrigen nach erneuter Androhung auch bei wiederholter Zuwiderhandlung zulässig.

c) Da die Verhängung der Ordnungsstrafe nur zum Zwecke der Beugung des widerstrebenden Verhaltens des Beteiligten erfolgt, so ist für die Festsetzung kein Raum, wenn die Zuwiderhandlung nicht auf einem *Verschulden* des Beteiligten beruht, vielmehr nach Lage des Falles anzunehmen ist, daß der Betroffene durch Umstände, die außerhalb seines Willens liegen, an der Befolgung der gerichtlichen Anordnung gehindert ist (KGJ 32 A 41). Ebenso darf regelmäßig die Festsetzung nicht mehr erfolgen, wenn der auf Beugung gerichtete Zweck der Ordnungsstrafe erreicht ist (JFG 1 26). Demgemäß ist auch die bereits erfolgte Straffestsetzung wieder aufzuheben, wenn der Beteiligte inzwischen der Anordnung des Vormundschaftsgerichts Genüge geleistet hat (KGJ 41 A 34). Dies gilt auch dann, wenn der Beteiligte erst nach Ablauf einer ihm gesetzten Frist seine widerstrebende Haltung aufgegeben hat. Dagegen darf eine Ordnungsstrafe als Antrieb künftiger Pflichterfüllung festgesetzt werden, wenn frühere Verfehlungen als Zeichen von Widerspenstigkeit aufzufassen sind und mit künftigen Zuwiderhandlungen zu rechnen ist (JFG 7 45).

d) Gegen die Androhung einer Ordnungsstrafe ist die *Beschwerde* zulässig, die allerdings keine aufschiebende Wirkung hat (KEIDEL S. 469 Anm 12a zu § 33 FGG). Auch gegen die Straffestsetzung findet die Beschwerde statt; diese führt, wenn der Anordnung seit der angefochtenen Entscheidung Folge geleistet ist, selbst dann zu deren Aufhebung, wenn die festgesetzte Strafe schon bezahlt ist (KEIDEL a. a. O. Anm 12b).

e) Die *Vollstreckung* der Straffestsetzung erfolgt nach der bundeseinheitlich in Kraft gesetzten Anordnung über die Anforderung und Beitreibung von Vermögensstrafen und Verfahrenskosten vom 15. 2. 1956/30. 9. 1957 (vgl KEIDEL S. 470 Anm 14 zu § 33 FGG).

3. Soll eine Sache oder eine Person herausgegeben oder eine Sache vorgelegt werden oder ist eine Anordnung ohne *Gewalt* nicht durchzuführen, so kann auf Grund einer *besonderen Verfügung* des Gerichts auch Gewalt gebraucht werden (§ 33 Abs II S. 1 FGG). Ein Hauptanwendungsfall dieser Bestimmung ergibt sich aus § 1671 BGB; vgl hierzu KEIDEL S. 471 Anm 15b zu § 33 FGG und unten § 52 Zff 10. Hiernach ist zur Durchführung der Herausgabe des Kindes ausschließlich das *Vormundschaftsgericht* berufen; allerdings bleibt die Zuständigkeit des Prozeßgerichts aus § 627 ZPO zum Erlaß einstweiliger Anordnungen über den Aufenthalt der Kinder unberührt; ob das Prozeßgericht auch eine Herausgabeanordnung zu treffen befugt und ob diese nach den Vorschriften der ZPO zu vollstrecken ist, ist streitig (vgl KEIDEL a. a. O.), nach diesseitiger Auffassung aber zu verneinen, weil die Maßnahmen aus § 627 ZPO zunächst der Regelung des Streitverhältnisses der Eltern dienen, soweit aber die Kinder von der einstweiligen Anordnung des Prozeßgerichts betroffen werden, das öffentliche Interesse an der Wahrung des Wohles der Kinder den Vorrang bei der Durchführung der Anordnung haben muß.

Die Erzwingung der Herausgabe von Kindern gegen *Dritte* ist nur im Wege der Klage nach § 1632 Abs I BGB möglich (KEIDEL a. a. O. S. 472). Gegenüber dem *Kinde* selbst können die Eltern mit Hilfe des Vormundschaftsgerichts die Rückkehr erzwingen (§ 1631 Abs II BGB).

Im Falle des § 33 Abs II S. 1 FGG ist der *Vollstreckungsbeamte* befugt, erforderlichenfalls die Unterstützung der polizeilichen Vollzugsorgane nachzusuchen; die Kosten fallen dem Verpflichteten zur Last.

Wird die Sache oder die Person nicht vorgefunden, so kann das Gericht den Verpflichteten zur Leistung des Offenbarungseides anhalten. Die §§ 883 Abs II und III, 900 Abs I, 901, 902, 904 bis 910, 913 ZPO sind entsprechend anzuwenden (§ 33 Abs II S. 2, 3, 5 FGG).

Die besondere Verfügung gemäß § 33 Abs II S. 1 FGG *soll* in der Regel, bevor sie erlassen wird, *angedroht* werden (§ 33 Abs III S. 3 FGG); ob die Androhung zu erfolgen hat, bestimmt der Vormundschaftsrichter nach pflichtmäßigem Ermessen. Häufig wird die Androhung untunlich sein, weil sie den Zweck der vormundschaftsgerichtlichen Anordnung, die im Zwangswege durchgesetzt werden soll, voraussichtlich vereiteln würde.

Die Anwendung unmittelbaren Zwanges ist auch dann zulässig, wenn an sich auch Ordnungsstrafen verhängt werden können; ebenso kann das Vormundschaftsgericht aber andererseits zunächst auch den Versuch machen, mit Ordnungsstrafen seinen Anordnungen Geltung zu verschaffen, wenn es sich davon Erfolg verspricht.

Der *Rechtspfleger* ist zur Androhung und Anordnung von Gewaltanwendung nicht befugt; gegebenenfalls muß er die Angelegenheit dem Richter zur Entscheidung vorlegen.

§ 18. **6. Rechtshilfe**

1. Die Gerichte haben sich Rechtshilfe zu leisten; dabei finden die §§ 157 bis 168 GVG i.d.F. des Ges vom 12. 9. 1950 (BGBl 513) Anwendung (§ 2 FGG). Die *Rechtshilfepflicht* erstreckt sich auf die Angelegenheiten, die durch Reichs(Bundes)gesetz den Gerichten übertragen sind (s. § 1 FGG), insoweit aber auch auf Amtshandlungen, die auf Grund landesrechtlicher Ausführungs- und Ergänzungsvorschriften (§ 200 FGG) vorzunehmen sind (KEIDEL S. 113 Anm. 1 zu § 2 FGG). Das Rechtshilfeersuchen muß jedoch abgelehnt werden, wenn die vorzunehmende Handlung nach dem Rechte des ersuchten Gerichts verboten ist; eine Ausnahme gilt insoweit hinsichtlich eines im Instanzenzug vorgesetzten Gerichts (§ 158 Abs II S. 1 GVG). Die Rechtshilfe ist besonders auch bei Beurkundungen der Anerkennung der Vaterschaft in den Fällen der §§ 1718, 1720 Abs II BGB zulässig (§ 167 Abs II FGG). Für die Angelegenheiten, die durch Landesgesetz den Gerichten übertragen sind, vgl KEIDEL S. 108 Anm 6 zu § 1 FGG, für die ehemals preußischen Gebiete (§ 87 Abs I AGGVG. Im Verkehr der Gerichte der einzelnen Länder untereinander wird Rechtshilfe und Beistand auch in den Angelegenheiten, die nicht durch Reichs(Bundes)Gesetz den Gerichten übertragen sind, regelmäßig gewährt. Rechtshilfe wird auch zwischen den Gerichten der Bundesrepublik, West-Berlin und der DDR und Ost-Berlin geleistet (KEIDEL S. 113 Anm 1 zu § 2 FGG).

2. Die Rechtshilfe findet statt, wenn eine Antshandlung an sich auch von dem ersuchenden Gericht vorgenommen werden könnte, dies aber durch die *territoriale Abgrenzung der Gerichtsbezirke* unmöglich gemacht oder doch wenigstens wesentlich erschwert ist. Dabei ist zu beachten, daß das Vormundschaftsgericht seine Tätigkeit nicht nach Gesichtspunkten des formalen Rechts in möglichst engen Grenzen zu halten, sondern zum Wohl der Mündel und sonstigen Schutzbefohlenen auch von seiner Seite beizutragen hat (KGJ **43** A 33). Das Vormundschaftsgericht ist hiernach z. B. befugt, die Unterlagen für eine im Interesse des Mündels liegende Eintragung in das Grundbuch dadurch zu beschaffen, daß es die Hilfe eines auswärtigen Gerichts durch die Vernehmung eines Beteiligten über die Abgabe einer zu der Eintragung erforderlichen Erklärung in Anspruch nimmt (KGJ **43** A 33). Ebenso kann das Vormundschaftsgericht den Erzeuger eines unehelichen Kindes im Wege der Rechtshilfe über die Anerkennung der Vaterschaft; die Übernahme der Verpflichtung zur Zahlung bestimmter Unterhaltsbeträge und die Unterwerfung unter die sofortige Zwangsvollstreckung wegen der übernommenen Verpflichtung vernehmen lassen (RGZ **67** 416). Ist der Erzeuger noch minderjährig und hat sein gesetzlicher Vertreter seine Einwilligung zur Abgabe jener Erklärungen noch nicht erteilt, so kann nur die Beurkundung eines einfachen Versprechens der Unterhaltszahlung und der Angabe von Tatsachen über die Abstammung des Kindes verlangt werden; das Versprechen des Erzeugers kann alsdann später mit der Annahmeerklärung des Vormundes zu einem genehmigungsfähigen (§ 108 BGB) Vertrage zusammengeschlossen werden (RGZ **84** 317). Schließlich ist das Vormundschaftsgericht auch befugt, die Hilfe eines auswärtigen Gerichts dafür in Anspruch zu nehmen, daß dieses den volljährig gewordenen Mündel über Verzicht auf Schlußrechnung und Entlastung des Vormundes vernimmt (RGZ **115** 368ff.). Andererseits kann das Vormundschaftsgericht nicht von einem auswärtigen Amtsgericht verlangen, daß es eine Erklärung über den Austritt aus der Kirche aufnehme, denn diese Erklärung kann nur vor dem Amtsgericht des Wohnorts abgegeben werden (vgl unten § 46 Zff 4; KGJ **43** A 16). Gegenstand des Rechtshilfeersuchens können im übrigen nur Handlungen sein, die zum Geschäftskreis des Richters oder des Rechtspflegers des ersuchenden Gerichts gehören (Keidel S. 115 Anm 2d zu § 2 FGG).

3. Das *Rechtshilfeersuchen* ist an das Amtsgericht zu richten, in dessen Bezirk die Amtshandlung vorgenommen werden soll (§ 157 GVG). Es muß ein förmliches sein und klar erkennen lassen, welche Handlungen das ersuchende Gericht erbittet; es ist daher empfehlenswert, etwaige Ermittlungsfragen unter Hinweis auf bestimmte Stellen der Akten genau zu bezeichnen. Das Ersuchen eines nicht im Instanzenzuge über-

geordneten Gerichts darf nur abgelehnt werden, wenn dem ersuchten Gericht die örtliche Zuständigkeit fehlt (in diesem Fall ist aber das Ersuchen an das zuständige Gericht abzugeben, § 158 Abs II GVG) oder wenn die vorzunehmende Handlung nach dem Rechte des ersuchten Gerichts verboten ist (s. oben Zff 1). Namentlich ist es also unstatthaft, das Ersuchen mit der Begründung abzulehnen, daß es auf rechtlich anzutreffenden Erwägungen beruhe oder unzweckmäßig oder nicht erforderlich sei, da das ersuchende Gericht die Handlung selbst vornehmen könne. Rechtshilfeersuchen eines im Instanzenzuge übergeordneten Gerichts dürfen überhaupt nicht abgelehnt werden. Deshalb ist gegen eine solche Ablehnung der Dienstaufsichtsweg zu beschreiten.

Wenn das Ersuchen abgelehnt oder wenn den Vorschriften des § 158 Abs II GVG zuwider dem Ersuchen stattgegeben wird, so entscheidet auf Antrag der Beteiligten oder des ersuchenden Gerichts das Oberlandesgericht, zu dessen Bezirk das ersuchte Gericht gehört. Die Entscheidung ist nur anfechtbar, wenn sie die Rechtshilfe für unzulässig erklärt und das ersuchende und das ersuchte Gericht den Bezirken verschiedener Oberlandesgerichte angehören; über die Beschwerde entscheidet der Bundesgerichtshof. Die Entscheidungen ergehen ohne mündliche Verhandlung (§ 159 GVG).

4. Über den *Rechtshilfeverkehr mit dem Auslande* vgl das *Haager Abkommen* über den Zivilprozeß vom 17. 7. 1905 (RGBl 1909 410) mit Ausführungsgesetz vom 5. 4. 1909 (RGBl 1909 430) und KEIDEL S. 125 Anm 6 zu § 2 FGG). Für die praktische Rechtsanwendung vgl die Rechtshilfeordnung für Zivilsachen (ZRHO) vom 19. 10. 1956, die bundeseinheitlich im Bund und in den Ländern in Kraft gesetzt worden ist (Näheres s. bei KEIDEL S. 126, 127 a. a. O. dort auch Hinweise auf Textfundstellen). Die bisher geltenden Rechtshilfeordnungen sind außer Kraft getreten.

5. Von der Rechtshilfepflicht der Gerichte untereinander ist zu unterscheiden die grundsetzliche Verpflichtung *aller Behörden* des Bundes und der Länder, sich gegenseitig *Rechts- und Amtshilfe* zu leisten (GG Art 35). Für das Vormundschaftsgericht ist insbesondere von Bedeutung die Bestimmung des § 10 JWG i.d.F.d. Ges vom 11. 8. 1961 (BGBl I S. 1206), die diese Verpflichtung zur Erfüllung der Aufgaben der Jugendwohlfahrt namentlich auch für das Verhältnis der Jugendämter untereinander festlegt (S. 1 a. a. O.); vgl hierzu KEIDEL S. 125 Anm 5 zu § 2 FGG. Wichtig für die Zusammenarbeit von Gericht und Jugendamt und die sich hieraus ergebenden beiderseitigen Verpflichtungen sind die Bestimmungen des § 48 JWG, auf die verwiesen wird. Hinzuweisen ist in diesem Zusammenhang auch auf die Befugnis des zuständigen Landesjugendamts, Beamte und Angestellte der Jugendämter zu ermächtigen, Verpflichtungserklärungen nach den §§ 1708, 1715 BGB und Erklärungen

nach den §§ 1718, 1720 Abs II BGB zu beurkunden und die im § 1706 Abs II BGB bezeichneten Erklärungen zu beglaubigen (§ 49 JWG). Die Jugendämter können auch, wenn sie sich über die gegen den Kindesvater zu treffenden Maßnahmen schlüssig werden wollen, die Einsichtnahme in die Gerichtsakten z. B. Zwangsvollstreckungsakten und Grundakten (vgl für diese Rundbriefe VII 78) verlangen, damit sie die Aussichten von Klage und Zwangsvollstreckung gegen den Kindesvater prüfen können; zur Gestattung der Einsicht ist das Gericht, nicht der Vorstand des Gerichts befugt. Die Jugendämter können ferner die Vernehmung von Zeugen verlangen, wenn sie von dem Ergebnis der Vernehmung die Entschließung abhängig machen wollen, ob Unterhaltsklage zu erheben oder Waisenrente zu beantragen ist; die Entscheidung über die Beeidigung der Zeugen liegt aber gemäß § 15 FGG im Ermessen des Gerichts (Rundbriefe VI 12).

Bei *Ablehnung* des Beistandsersuchens einer Verwaltungsbehörde durch ein Gericht kann im Gebiet des ehemals preußischen Staates die Entscheidung des Oberlandesgerichts angerufen werden (§ 87 Abs II AGGVG), wenn die Ablehnung aus rechtlichen oder der Sachbeurteilung entnommenen Gründen erfolgt; dagegen ist die Dienstaufsichtsbeschwerde zulässig, wenn die Ablehnung auf Verwaltungserwägungen beruht z. B. wenn das Gericht die Akteneinsicht nur an Gerichtsstelle gewähren will oder die Aktenübersendung mit der Begründung ablehnt, daß die Akten für andere Zwecke benötigt würden oder wenn es die Erteilung einer umfangreicheren Auskunft unter Hinweis auf die dadurch verursachte Störung anderer wichtiger Geschäfte ablehnt (KGJ 54 A 14). Über Beschwerden des Gerichts wegen Verweigerung der Beistandsleistung durch ein anderes Gericht oder eine Verwaltungsbehörde wird im Aufsichtswege entschieden (vgl JOSEF in DRiZ 1927 435; über das Beschwerdeverfahren überhaupt KEIDEL S. 125 Anm 5 zu § 2 FGG mit Nachweisen).

5. *Kosten und Auslagen* der Rechtshilfe werden von der ersuchenden Behörde nicht erstattet; Gebühren oder andere öffentliche Abgaben, denen die von der ersuchenden Behörde übersandten Schriftstücke (Urkunden, Protokolle) nach dem Recht der ersuchten Behörde unterliegen, bleiben außer Ansatz (§ 164 GVG). Dagegen bleibt die Erhebung von Gebühren und Auslagen von den Beteiligten unberührt; sie werden bei dem ersuchenden Gericht angesetzt (KEIDEL S. 122, 123 Anm 4f zu § 2 FGG, § 14 Abs I KostO).

§ 19. Anhang. Die Haftung des Vormundschaftsrichters für Amtspflichtverletzungen

1. Gemäß Art 34 S. 1 GG trifft die Verantwortlichkeit für Amtspflichtverletzungen des Vormundschaftsrichters (und sinngemäß auch

das mit der Wahrnehmung richterlicher Geschäfte beauftragten Rechtspflegers vgl Palandt-Lauterbach S. 1386 Anm 2 zu § 1848 BGB) das *Land*, in dessen Dienst der Richter steht, dem Lande steht jedoch bei Vorsatz und grober Fahrlässigkeit der Rückgriff gegen den Richter (Rechtspfleger) offen (S. 2 a.a. O.), und zwar auch dann, wenn das Land seine Verbindlichkeit dem Geschädigten gegenüber ohne Klage und Urteil erfüllt; dabei bleibt es dem Richter (Rechtspfleger) überlassen, den Nachweis seiner Schuldlosigkeit zu erbringen (RGZ 96 496). Für den Anspruch auf Schadenersatz und für den Rückgriff darf der Rechtsweg nicht ausgeschlossen werden (S. 3 a. a. O.).

2. Die hiernach in erster Linie das Land treffende *Haftpflicht des Vormundschaftsrichters* ist in den §§ 1697, 1848 BGB näher geregelt. Gemäß § 1697 BGB haftet der Vormundschaftsrichter dem *unter elterlicher Gewalt stehenden Kinde*, gemäß § 1848 BGB dem *Mündel*, gemäß § 1915 BGB i. V. m. dieser Vorschrift dem *Pflegling* für den durch eine vorsätzliche oder fahrlässige Verletzung der Amtspflichten entstandenen Schaden nach Maßgabe der Bestimmungen des § 839 Abs I und III. Demgemäß tritt die Haftung im Falle fahrlässiger Amtspflichtsverletzung nur ein, wenn das Kind, der Mündel oder der Pflegling auf andere Weise Ersatz nicht zu erlangen vermag und wenn die Geschädigten es nicht vorsätzlich oder fahrlässig unterlassen haben, den Schaden durch Gebrauch eines Rechtsmittels abzuwenden. Hat z. B. der Vormund dem Mündel durch eine Pflichtverletzung Schaden zugefügt und der Vormundschaftsrichter dies durch ungenügende Beaufsichtigung mitverschuldet, so haftet der Richter nur, wenn von dem Vormund Ersatz nicht zu erlangen ist. Dem Vormundschaftsrichter steht allerdings das Rückgriffsrecht gegen den Vormund zu (§ 841 BGB); dieses wird aber bei der angenommenen Sachlage praktisch meist bedeutungslos sein. Verschulden des Vormundes bei der Abwendung des Schadens muß sich der Mündel anrechnen lassen, wenn der Vormund als sein gesetzlicher Vertreter gehandelt hat; dies ist bei Veruntreuung des Vormundes zu verneinen, BGH in NJW 61 20.

3. Als *fahrlässige Amtspflichtverletzung* des Vormundschaftsrichters kann namentlich die *unzureichende Überwachung* des Vormundes (vgl § 1837 BGB) und die mangelnde Fürsorge für die Interessen des Mündels im Falle des § 1846 BGB in Betracht kommen. Es kann eine Pflichtverletzung des Vormundschaftsrichters sein, wenn er einem 71 jährigen Rentner so viel Vormundschaften und Pflegschaften gleichzeitig überträgt, daß dieser zur sachgemäßen Betreuung aller Mündel nicht in der Lage ist (DRiZ 62 B 104 Nr 1347). Auch bei Unterbringung eines Pfleglings als gemeingefährlichen Geisteskranken ist das Vormundschaftsgericht nicht von seiner Pflicht befreit, Eingaben durchzusehen und darauf zu prüfen, ob etwas zu veranlassen ist (BGB in FamRZ 62 426

Nr 169. Der Vormundschaftsrichter hat ferner darüber zu wachen, daß *Mündelgeld* nach Maßgabe der gesetzlichen Vorschriften angelegt und *Wertpapiere* ordnungsgemäß hinterlegt werden (vgl PALANDT-LAUTERBACH S. 1386 Anm 4 zu § 1848 BGB). Bei der *Erteilung der Genehmigung* zur Abhebung von Mündelgeld (§ 1809 BGB) kann der Richter sich dadurch schützen, daß er die Genehmigung an bestimmte, den Zweck der Abhebung sicherstellende Bedingungen knüpft (RGZ 85 416). Der Vormundschaftsrichter hat bei seinen Verfügungen den einfachsten und gangbarsten Weg einzuschlagen und dafür Sorge zu tragen, daß ein *Rechtsgeschäft des Mündels*, bei dem er mitzuwirken hat, sei es auch nur in der Weise, daß er die Vornahme des Rechtsgeschäfts durch eine Verfügung ermöglicht, in rechtswirksamer Weise vorgenommen wird. Die Genehmigung wird er erst dann erteilen, wenn er nach sorgfältiger Prüfung überzeugt ist, daß es sich günstiger für den Mündel nicht gestalten läßt (PALANDT-LAUTERBACH a. a. O.). Bei der Beurteilung der Frage, ob die Genehmigung eines Unterhaltsvergleichs gegen die Amtspflicht des Vormundschaftsrichters verstoßen habe, darf demgemäß der Gesichtspunkt nicht außer acht gelassen werden, ob der Richter nicht den Abschluß nach Lage der Verhältnisse für die am günstigste Lösung halten durfte (Recht 1930 Nr 567 = Rundbriefe VI 46). Der Vormundschaftsrichter haftet auch für eine fahrlässig erteilte *unrichtige Auskunft*, und zwar auch dann, wenn die Vormundschaft oder Pflegschaft demnächst von dem Beschwerdegericht aufgehoben wird; denn bis zu dem Erlasse der Beschwerdeentscheidung bleiben die Pflichten des Vormundschaftsrichters und die sich aus der Verletzung dieser Pflichten ergebende Haftung unberührt (RGZ 84 92). Läßt sich der Richter auf die Erteilung eines Rats oder einer Auskunft ein, so muß er diese richtig erteilen, selbst wenn an sich eine Verpflichtung zur Auskunftserteilung nicht besteht (RGZ 146 40, PALANDT-GRAMM S. 735 Anm 4 zu § 839 BGB.). Die *Aufdeckung von Verfehlungen* und gegebenenfalls die Entlassung des als ungetreu verdächtigen Vormundes ist eine wichtige Aufgabe des Vormundschaftsrichters; es würde eine grobe Fahrlässigkeit sein, wenn der Richter bei einem solchen Verdacht nicht alle zur Aufklärung dienlichen Ermittlungen, namentlich durch eingehende Durchsicht und Prüfung schriftlicher Unterlagen, mit der gebotenen Beschleunigung anstellen würde. *Geschäftsüberlastung* kann unter Umständen ein Entschuldigungsgrund sein, wenn rechtzeitig um Abhilfe gebeten worden ist (RGZ 126 364, 365), PALANDT-GRAMM S. 739 Anm 6 zu § 839 BGB). Der mit der *Bestätigung eines Kindesannahmevertrages befaßte Richter* darf sich nicht darauf verlassen, daß bei der Erteilung der vormundschaftsgerichtlichen Genehmigung die Erfordernisse der Gültigkeit des Annahmevertrages hinreichend geprüft worden seien (RGZ 121 114; s. unten § 70 Zff 1 b).

4. Da die Amtspflichtverletzung des Vormundschaftsrichters sich als unerlaubte Handlung darstellt, finden auf die Haftpflicht die Bestimmungen des § 852 BGB über die Verjährung und des § 32 ZPO über den Gerichtsstand Anwendung.

Dritter Abschnitt

Das Urkundswesen

§ 20. 1. Die Zuständigkeit im Urkundswesen

1. Die Vorschriften über die *Beurkundung von Rechtsgeschäften*, also nicht sonstiger Rechtshandlungen (KEIDEL S. 888 Anm 1 Vorb S. 914, Anm 2a zu § 168 FGG), sind im 10. Abschnitt des FGG enthalten; außerdem sind zahlreiche auf Grund von Vorbehalten im FGG und EGBGB erlassene landesrechtliche Bestimmungen zu berücksichtigen (vgl die Übersicht bei KEIDEL S. 22ff. Einleitung Abschnitt V vor § 1 FGG). Auch die gerichtliche Beglaubigung eines *Handzeichens* und die *öffentliche Beglaubigung von Unterschriften* sind im 10. Abschnitt des FGG geregelt. Ergänzend kommen in Betracht die Vorschriften der *Bundesnotarordnung* (früher Reichsnotarordnung vom 13. 2. 1937, RGBl I S. 191) i.d.F. der Bek. vom 24. 2. 1961 (BGBl I S. 98) auf Grund von Art 2 des Ges. vom 16. 2. 1961 (BGBl I S. 77); vgl hierzu aber die Einschränkungen bei KEIDEL S. 889 Anm 2b Vorb zu § 167 FGG.

2. a) *Sachlich zuständig* für die gerichtliche Beurkundung von Rechtsgeschäften, die öffentliche Beglaubigung von Unterschriften und die gerichtliche Beglaubigung von Handzeichen sind die Amtsgerichte (§ 167 Abs I, II S. 1 FGG). Diese sind auch zuständig für die Aufnahme der in den §§ 1718 und 1720 Abs II BGB vorgesehenen öffentlichen Urkunden über die Anerkennung der Vaterschaft (§ 167 Abs. II S. 2 FGG)[1].

b) Gemäß Art *141 EGBGB* kann durch die *Landesgesetzgebung* bestimmt werden, daß für die Beurkundung von Rechtsgeschäften, die nach den Vorschriften des BGB gerichtlicher oder notarieller Beurkundung (§ 128 BGB) bedürfen, entweder nur die Gerichte oder nur die Notare[2] zuständig sind. Durch Landesgesetz kann ferner die Zuständigkeit der Amtsgerichte für die öffentliche Beglaubigung von Unterschriften (§ 129 BGB) oder eines Handzeichens ausgeschlossen werden (§ *191 Abs II S. 1 FGG*); dieser Vorbehalt gilt nicht, soweit im

---

[1] Wegen der Zuständigkeit der *Standesbeamten* vgl die §§ 29, 29a PStG, wegen der Zuständigkeit des *Jugendamts* § 49 Abs I JWG i.d.F. vom 11. 8. 1961 (BGBl I S. 1206).

[2] Vgl auch Hinweis in DRiZ **1962** B 98 Rechtspr 1208 auf SAAGE DNZ **62** 232, Zur Urkundstätigkeit des einem Gemeinde- oder Kreisorgan angehörigen Notars.

Gesetz ausdrücklich gerichtliche oder notarielle Beurkundung vorgesehen ist, KGJ 25 A 11, Keidel S. 977 Anm 2 zu § 191 FGG). Wegen der auf Grund der Vorbehalte in Betracht kommenden landesgesetzlichen Vorschriften s. Keidel S. 907 Anm 1a zu § 167 FGG und S. 977 Anm 2, 3 zu § 191 FGG, Palandt-Danckelmann S. 1799, 1800 Anm 1 u. 2 zu Art 141 EGBGB, insbesondere auch den Hinweis, daß der Vorbehalt des Art 141 EGBGB durch § 20 BNotO außer Kraft getreten ist, soweit er den Ländern die Möglichkeit gab, die ausschließliche Zuständigkeit der Gerichte für Beurkundungen anzuordnen (mit Ausnahme gewisser Sonderbestimmungen).

3. Dem *Rechtspfleger* sind, soweit die Gerichte auf Grund *bundesrechtlicher* Vorschriften zuständig sind, die im § *23 RpflG* bezeichneten Geschäfte übertragen, auf dem Gebiete des Familienrechts die *öffentliche Beglaubigung einer Unterschrift oder eines Handzeichens* (§ 167 Abs II FGG, § 23 Zff 1 RpflG; vgl hierzu Keidel S. 893 Anm 2 l Nr 1 Vorb zu § 167 FGG; Zuständigkeit *neben* den sonst zuständigen Behörden, s. z. B. Art 36 PrFGG), ferner besonders die Beurkundung der *Anerkennung der Vaterschaft* (§§ 1718, 1720 Abs II BGB, § 23 Zff 3 RpflG; vgl hierzu Keidel S. 893, 910, 911 Anm 2 l Nr 3 Vorb § 167 FGG, Anm 4 zu § 167 FGG; Zuständigkeit *neben* den sonst zuständigen Behörden), des Antrags des Vaters auf *Ehelichkeitserklärung* und der zugehörigen Einwilligungen der Mutter des Kindes und der Frau des Antragstellers (§§ 1730, 1723, 1725, 1726, 1728 BGB, § 23 Zff 4 RpflG, *nur mit Einschränkungen*, vgl Keidel S. 894 Anm 2 l Nr 4), der Einwilligung des Ehegatten, des Annehmenden sowie der Eltern des Angenommenen bei der *Annahme an Kindes Statt* (§§ 1748 mit § 1746 Abs I, 1747 Abs I BGB, § 23 Zff 5 RpflG, *nur mit Einschränkungen*, vgl Keidel S. 894 Anm 2 l Nr 5).

Die Zuständigkeit des *Urkundsbeamten der Geschäftsstelle* zur Beurkundung in Handelsregister-, Vereins- und sonstigen Registersachen ist unberührt geblieben (§ 25 Abs I RpflG).

4. Wegen der *Urkunden der Behörden in eigenen Angelegenheiten* vgl Keidel S. 895, 896 Anm 2 q Vorb § 167 FGG).

5. Bundesrechtliche Vorschriften für die *örtliche Zuständigkeit* im Beurkundungs- und Beglaubigungswesen sind, soweit die Beurkundungen und Beglaubigungen durch die Gerichte (auch Rechtspfleger) und Notare erfolgen, nicht erlassen; wegen der Amtsbezirke der Notare vgl §§ 11, 12 BNotO.

6. In der sowjetisch besetzten Zone (DDR) ist das gesamte Beurkundungs- und Beglaubigungswesen den Staatlichen Notariaten übertragen (Näheres s. bei Keidel S. 905 Anm 7 Vorb § 167 FGG).

7. Gemäß § 200 Abs I FGG können zwar durch Landesgesetz *Ergänzungs- und Ausführungsvorschriften* zum FGG auch insoweit

erlassen werden, als dieses Gesetz Vorbehalte für die Landesgesetzgebung nicht enthält. Bestehende landesgesetzliche Vorschriften sind in Kraft geblieben, für das Beurkundungswesen vgl für das frühere Preußen Art 31 ff. PrFGG, KEIDEL S. 991, 992 Anm 1 u. 4 zu § 200 FGG, bei Anm 2 auch Angaben für die übrigen Länder.

Soweit durch Landesgesetze allgemeine Vorschriften über die Errichtung gerichtlicher oder notarieller Urkunden erlassen werden, ist ein Verstoß gegen eine solche Vorschrift, unbeschadet der Vorschriften über die *sachliche* Zuständigkeit, ohne Einfluß auf die Gültigkeit der Beurkundung (§ 200 Abs II FGG).

§ 21. 2. Allgemeines über das Verfahren bei der Errichtung von Urkunden

1. Für das Verfahren bei der gerichtlichen oder notariellen Beurkundung sind bundesrechtlich die besonderen Vorschriften der §§ 168 bis 182 FGG maßgebend. Diese Bestimmungen gelten nicht für die von anderen Behörden oder Beamten als den Gerichten oder Notaren vorgenommenen Beurkundungen sowie für solche Beurkundungen, die sich ausschließlich auf andere Angelegenheiten als Rechtsgeschäfte beziehen, auch nicht auf die Beurkundung tatsächlicher Vorgänge; wegen der Beurkundung eidesstattlicher Versicherungen durch die Notare vgl § 24 Abs II BNotO; wegen der Zuständigkeit der Amtsgerichte hierzu vgl KEIDEL S. 915 Anm 2 a zu § 168 FGG. Die Vorschriften gelten nur für die Beurkundung in der freiwilligen Gerichtsbarkeit (KEIDEL S. 916 Anm 4 d zu § 168 FGG); sie sind nicht erschöpfend, insbesondere sind landesgesetzliche Bestimmungen zur Ergänzung und Ausführung zulässig (§ 200 FGG). Für die notarielle Beurkundung vgl die §§ 15 bis 17, 22 BNotO. und die §§ 24 bis 35 der Dienstordnung für Notare zu beachten (KEIDEL S. 6 Zff 8 der Einleitung III B, S. 914 Anm 1 zu § 168 FGG).

Für das Verfahren bei der gerichtlichen oder notariellen Beglaubigung vgl § 183 FGG und unten § 25.

2. Wegen der landesrechtlichen Vorschriften vgl die ausführliche Aufzählung bei KEIDEL S. 23 ff., für das ehemalige preußische Staatsgebiet insbesondere das preußische Gesetz über die freiwillige Gerichtsbarkeit vom 21. 9. 1899 (G S. 1899 S. 249) mit mehrfachen Änderungen, Art 40 bis 65, abgedruckt bei KEIDEL S. 1129 ff., 1137 ff., für die übrigen Länder vgl die S. 1172 bis 1260 abgedruckten Bestimmungen. Soweit hierbei auch die Beurkundung anderer Gegenstände als Rechtsgeschäfte in Betracht kommt, finden die bundesrechtlichen Vorschriften (§§ 169 ff. FGG) nur insoweit Anwendung, als in den landesrechtlichen Bestimmungen auf sie verwiesen wird.

§ 22. 3. Die Ausschließung von Urkundspersonen

1. Bei der Errichtung gerichtlicher oder notarieller Urkunden über Rechtsgeschäfte *können* als Richter (auch Rechtspfleger, s. § 9 RpflG), Notar oder als Hilfsperson zugezogener zweiter Notar (§ 169 FGG), Urkundsbeamter der Geschäftsstelle oder Zeuge (Hilfsperson) *nicht mitwirken,*

a) wer selbst Beteiligter ist sowie derjenige, für den ein Beteiligter als Vertreter handelt (§ 170 Zff 1 FGG); als Beteiligter ist derjenige anzusehen, dessen Erklärung beurkundet werden soll (§ 168 S. 2 FGG); Vertreter i. S. d. § 170 Zff 1 FGG ist nur derjenige, der den Beteiligten im privatrechtlichen Sinne vertritt, mag die Vertretung im übrigen auf Gesetz oder Vollmacht beruhen (vgl RGZ 113, 273), auch der Geschäftsführer ohne Auftrag und der Vertreter ohne Vertretungsmacht (Keidel S. 923 Anm 4 a zu § 170 FGG);

b) der Ehegatte eines Beteiligten, auch wenn die Ehe nicht mehr besteht (§ 170 Zff 2 FGG);

c) wer mit einem Beteiligten in gerader Linie oder im zweiten Grade der Seitenlinie verwandt oder verschwägert ist (§ 170 Zff 3 FGG);

d) wer zu demjenigen, für welchen ein Beteiligter als Vertreter handelt, in einem Verhältnis der unter b) und c) bezeichneten Art steht (§ 170 Zff 4 FGG); bei begründeten Zweifeln. u. U. auch bei Namensgleichklang, muß die Urkundsperson um Aufklärung bemüht sein (RGZ 154 281);

e) derjenige, zu dessen Gunsten in der Urkunde eine Verfügung getroffen wird (§ 171 Abs I Zff 1 FGG); die Erteilung einer Vollmacht ist nicht eine Verfügung zu seinen Gunsten (RGZ 121 34);

f) wer zu demjenigen, zu dessen Gunsten in der Urkunde eine Verfügung getroffen wird, in einem Verhältnis der zu b) und c) bezeichneten Art steht (§ 171 Abs I Zff 2 FGG).

Für Testamente und Erbverträge sind ferner die besonderen Bestimmungen der §§ 2234, 2235, 2276 BGB zu beachten.

Für *Notare* gilt in erster Linie § 16 Abs I BNotO, der über die Tatbestände der §§ 170, 171 FGG noch hinausgeht; ein Verstoß gegen § 16 Abs I BNotO berührt die Gültigkeit der Amtshandlung aber nur insoweit, als sich dies aus den §§ 170, 171 FGG, 2234, 2235, 2276 BGB ergibt (§ 16 Abs II BNotO). Der Notar kann sich der Ausübung des Amtes wegen *Befangenheit* enthalten (BNotO § 16 Abs III), Unter Umständen hat der Notar eine Belehrungspflicht § 16 Abs IV, V BNotO).

Für *Urkundsbeamte der Geschäftsstelle,* den *zweiten Notar* und die *Zeugen* ist im § 172 FGG zusätzlich bestimmt, daß bei der Beurkundung nicht mitwirken kann, wer zu dem beurkundenden Richter (Rechtspfleger) in einem der im § 170 Zff 2, 3 FGG (s. oben zu b und c) bezeichneten Art steht.

2. Wenn entgegen den Bestimmungen des § 170 FGG (s. oben Zff 1 a bis d) eine Person bei der Beurkundung mitgewirkt hat, so gilt diese nicht als solche, sie kann aber u. U. als privatschriftliche Urkunde wirksam sein. Nichtigkeit liegt vor, wenn die gerichtliche oder notarielle Beurkundung gesetzlich vorgeschrieben ist. Die Mitwirkung einer gemäß § 171 Abs I FGG (s. oben Zff 1 e und f) ausgeschlossenen Person hat zur Folge, daß die Beurkundung insoweit nichtig ist, als sie eine Verfügung zugunsten einer der a. a. O. bezeichneten Personen zum Gegenstande hat (§ 171 Abs II FGG).

Zu § 16 BNotO s. oben zu Zff 1.

3. Die Nichtbeachtung der zwingenden Vorschriften der §§ 170 bis 172 FGG macht den Urkundsbeamten schadensersatzpflichtig (KEIDEL S. 921 Anm 1 zu § 170 FGG); dies gilt auch für die Außerachtlassung der §§ 2234, 2235, 2276 BGB.

4. Als *Zeuge soll* bei der Beurkundung nicht mitwirken,

a) wer minderjährig ist (§ 173 Zff 1 FGG)[1],

b) wer der bürgerlichen Ehrenrechte für verlustig erklärt ist, während der Zeit, für die die Aberkennung der Ehrenrechte erfolgt ist (§ 173 Zff 2 FGG),

c) wer nach den Vorschriften der Strafgesetze unfähig ist, als Zeuge eidlich vernommen zu werden (§ 173 Zff 3 FGG),

d) wer als Gesinde oder Gehilfe im Dienst des Richters oder beurkundenden Notars steht (§ 173 Zff 4 FGG); Urkundsbeamte und Referendare sind keine Gehilfen des Richters.

Die Vorschrift des § 173 FGG ist eine *Ordnungsvorschrift*, deren Verletzung die Nichtigkeit der Beurkundung nicht zur Folge hat.

5. Auf den *Dolmetscher* finden die nach den §§ 170 bis 173 FGG für einen Zeugen geltenden Vorschriften entsprechende Anwendung (§ 180 FGG).

6. Die Vorschrift des *§ 6 FGG* gilt neben den Bestimmungen der §§ 170, 171 FGG, hat aber nur auf den Richter (Rechtspfleger, § 9 RpflG) Bezug; sie gilt ferner für die lediglich nach *Landes*recht zu beurteilenden Beurkundungen vgl z. B. für die ehemals preußischen Gebiete Art 1 PrFGG. Für das Verfahren der gerichtlichen oder notariellen *Beglaubigung* einer Unterschrift oder eines Handzeichens finden nach Bundesrecht die Vorschriften der §§ 169 bis 182 FGG keine Anwendung; Verstoß gegen diese Vorschriften ist daher unschädlich (KEIDEL Anm 4 zu § 183 FGG).

[1] Für Angehörige der sowjetisch besetzten Zone (DDR) tritt die Volljährigkeit mit Vollendung des 18. Lebensjahres ein.

§ 23. 4. Die Beteiligten

1. Beteiligte bei der Errichtung von gerichtlichen oder notariellen Urkunden über Rechtsgeschäfte sind gemäß § 168 S. 2 FGG diejenigen Personen, deren Erklärungen beurkundet werden sollen. Gibt also jemand eine Erklärung als Vertreter oder Bevollmächtigter eines anderen ab, so ist nicht der Vertretene oder der Machtgeber, sondern der Erklärende Beteiligter im Sinne des Urkundenrechts; juristische Personen oder die eine solche bildenden physischen Personen können daher nicht Beteiligte sein; § 168 S. 2 bezieht sich nicht auf die materielle, sondern nur auf die formelle Beteiligung (Keidel S. 917 Anm 4 zu § 168 FGG).

Der Richter oder Notar hat sich über die Persönlichkeit der Beteiligten Gewißheit zu verschaffen (vgl unten § 24 Zff 4d zu § 176 Abs. III FGG und für den Notar § 27 BNotO); er braucht aber vom Standpunkt des Urkundenrechts[1] die Vertretungsbefugnis oder die Vollmacht der auftretenden Person nicht zu prüfen; jedoch wird es regelmäßig im Interesse der Beteiligten zweckmäßig sein, die in dieser Beziehung etwa getroffenen Feststellungen und die Vorlage von Legitimations- oder Vollmachtsurkunden in der zu errichtenden Urkunde zu vermerken; vgl auch oben § 22 Zff 1 a, f.

2. Die Errichtung gerichtlicher oder notarieller Urkunden erfordert gewisse Eigenschaften oder geistige Fähigkeiten. Wenn diese fehlen, bedarf es der Einhaltung besonderer Formvorschriften.

a) Ist ein Beteiligter nach der Überzeugung des Richters (Rechtspflegers) oder des Notars *taub, blind, stumm* oder *sonst am Sprechen verhindert,* so muß der Richter (Rechtspfleger) einen Urkundsbeamten der Geschäftsstelle oder zwei Zeugen, der Notar einen zweiten Notar oder zwei Zeugen zuziehen (§ 169 FGG). Wenn mehrere Beteiligte gebrechlich sind, genügt die Zuziehung *eines* Urkundsbeamten oder zweier Zeugen bezw *eines* Notars oder zweier Zeugen. Durch Landesrecht kann an Stelle des Urkundsbeamten oder der zwei Zeugen eine besonders dazu bestellte Urkundsperson zugezogen werden (§ 198 FGG).

Erhebliche Schwerhörigkeit steht der Taubheit, starke Kurzsichtigkeit der Blindheit nicht gleich; es kommt darauf an, ob eine Verständigung von Mund zu Ohr möglich ist und der Beteiligte Geschriebenes lesen kann. Auf welche Weise sich der Richter oder Notar von der Gebrechlichkeit oder Nichtgebrechlichkeit der Beteiligten Gewißheit verschafft, ist seinem pflichtmäßigen Ermessen überlassen; nicht erforderlich, aber zweckmäßig ist die Feststellung im Verhandlungsprotokoll.

---

[1] Für die Prüfung der sachlichen Vertretungsbefugnis vgl § 29 BNotO.

Die Verständigung mit gebrechlichen Beteiligten erfolgt im allgemeinen nach dem Ermessen des Richters oder Notars. Es ist jedoch zu beachten, daß nicht nur die Urkundsperson (Richter oder Notar) und der Gebrechliche sich gegenseitig verstehen müssen, sondern daß auch die Kontrollpersonen (Urkundsbeamter, zweiter Notar, Zeugen) in der Lage sein müssen, sich darüber Gewißheit zu verschaffen, ob der Beteiligte die Bedeutung des Vorgangs versteht, und den Gebrechlichen zu verstehen. Landesgesetzlich sind bei der Beteiligung gebrechlicher Personen besondere Förmlichkeiten vorgeschrieben; vgl hierzu KEIDEL S. 920 Anm 4 zu § 169 FGG, für die ehemals preußischen Gebiete Art 41 Abs I und II PrFGG. Ist nach der Überzeugung des Richters oder Notars ein Beteiligter stumm oder sonst am Sprechen verhindert und eine schriftliche Verständigung mit ihm nicht möglich, so muß bei der Beurkundung ein vereidigter Dolmetscher zugezogen werden (§ 178 Abs I FGG). Im Protokoll *muß* (bei Vermeidung der Nichtigkeit der Beurkundung) festgestellt werden, daß der Richter oder der Notar die Überzeugung gewonnen hat, daß der Beteiligte am Sprechen verhindert und eine schriftliche Verständigung mit ihm nicht möglich ist (Abs II a. a. O.); wegen des Dolmetschereides vgl § 189 GVG, wegen der Feststellung der Belehrung des Dolmetschers § 42a DOfN, wegen der Anwendung der Vorschriften der §§ 170 bis 173 FGG auf den Dolmetscher oben § 22 Zff 5. Die Verhandlungsniederschrift muß von dem Dolmetscher genehmigt und unterschrieben werden (§ 178 Abs II S. 2 FGG). Wird ein Dolmetscher zugezogen, so bedarf es der Zuziehung eines Zeugen, eines Urkundsbeamten der Geschäftsstelle oder eines zweiten Notars nicht (Abs III a. a. O.). Dies gilt auch dann, wenn der sprechensunfähige Beteiligte außerdem noch taub oder blind ist (KEIDEL S. 958 Anm 7 zu § 178 FGG) oder wenn die Voraussetzungen des § 169 FGG in der Person eines anderen Beteiligten vorliegen.

b) Ein vereidigter Dolmetscher muß auch zugezogen werden, wenn ein Beteiligter erklärt, daß er *der deutschen Sprache nicht mächtig* sei (§ 179 Abs I S. 1 FGG). Die Zuziehung eines Dolmetschers ist aber nicht erforderlich, wenn der Richter oder Notar der Sprache, in der sich der Beteiligte erklärt, mächtig ist (§ 179 Abs I S. 2 FGG); die Beeidigung ist nicht erforderlich, wenn der Beteiligte darauf verzichtet (a. a. O.). Andere bei der Beurkundung mitwirkende Personen, insbesondere Schreibzeugen (s. unten zu § 24) können als Dolmetscher nicht zugezogen werden; geschieht dies dennoch, so ist die Beurkundung nichtig (KGJ 43 A 26 = RJA 12 141). Das *Verhandlungsprotokoll* muß dem der deutschen Sprache nicht mächtigen Beteiligten durch den Dolmetscher oder, wenn ein solcher nicht zugezogen ist, durch den Richter oder den Notar in der *fremden* Sprache vorgetragen werden und die Feststellung enthalten, daß dies geschehen ist (§ 179 Abs II FGG). Bei Zuziehung eines Dolmetschers muß außerdem diesem das Protokoll in deutscher Sprache vorgelesen werden (KGJ **22** A 19). Ebenso muß natürlich die Verlesung *auch* in deutscher Sprache erfolgen, wenn außer dem dieser Sprache nicht mächtigen Beteiligten noch andere Beteiligte oder Kontrollpersonen bei der Urkundenerrichtung mitwirken, die der fremden Sprache nicht mächtig sind. In dem Protokoll muß festgestellt werden, daß der Beteiligte der deutschen Sprache nicht mächtig ist (§ 179 Abs III FGG) d. h. sinngemäß, daß er die Erklärung abgegeben hat, daß er der deutschen Sprache nicht mächtig sei (vgl § 179 Abs I FGG). Das Protokoll muß bei Vermeidung der Nichtigkeit von dem Dolmetscher unterschrieben werden (§ 179 Abs IV FGG). Gemäß § 179 Abs V FGG ist im übrigen die Beurkundung nicht aus dem Grunde unwirksam, weil den Vorschriften des Abs I zuwider die Zuziehung eines Dolmetschers unterblieben ist. Die Vorschriften der Abs II bis IV sind dagegen zwingender Natur (vgl für Abs II RGZ **134** 276, 277; KGJ **21** A 12).

c) Für die ehemals preußischen Gebiete gilt noch die Bestimmung des Art 40 PrFGG. Nach dieser Vorschrift sollen, wenn bei der Beurkundung eines Rechtsgeschäfts von dem Richter oder Notar Wahrnehmungen gemacht werden, die *Zweifel* darüber begründen, ob ein Beteiligter die zu dem Rechtsgeschäft erforderliche *Geschäftsfähigkeit* oder Einsicht besitzt, oder sonstige Zweifel an der *Gültigkeit des Geschäfts* bestehen, die Zweifel den Beteiligten mitgeteilt und der Inhalt der Mitteilung sowie die von den Beteiligten darauf abgegebenen Erklärungen in dem Protokoll festgestellt werden. Ist das Geschäft offenbar ungültig, oder verstößt es gegen ein Strafgesetz, so ist die Beurkundung abzulehnen (Abs II a. a. O.). Enthält das Protokoll Feststellungen nicht, so ist dennoch die Geschäftsfähigkeit oder Einsicht eines Beteiligten selbständig zu prüfen, und zwar auch vom Prozeßrichter (KGJ **35** A 199).

§ 24. 5. Die Errichtung von Urkunden

1. Die Urkundenerrichtung vollzieht sich in der Weise, daß die Urkundsperson zunächst die zu beurkundende Erklärung, die auch in einer zur Übergabe gelangenden offenen Schrift enthalten sein kann, entgegennimmt, daß sodann das Protokoll darüber aufgenommen wird und schließlich die Vorlesung, Genehmigung und Unterzeichnung des Protokolls stattfindet; wegen der Behandlung von Zweifeln an der Gültigkeit des Geschäfts vgl oben § 23 Zff 2c, es bestehen keine Bedenken, die Ordnungsvorschrift des Art 40 Abs I PrFGG auch auf die Errichtung anderer als rechtsgeschäftlicher Urkunden anzuwenden.

2. Bei der Vorlesung, Genehmigung und Unterzeichnung der Urkunde müssen die bei der Beurkundung mitwirkenden Personen *zugegen* sein (§ 174 FGG). Als mitwirkende Personen kommen in Betracht der Richter, der Notar, der zweite Notar, der Urkundsbeamte der Geschäftsstelle und die Zeugen, nicht der Dolmetscher (KGJ 43 A 30 = RJA 12 141, KEIDEL S. 931 Anm 1 zu § 174 FGG), auch nicht die Beteiligten, von denen sich jeder entfernen kann, sobald er unterzeichnet hat (KEIDEL a. a. O.).

3. Über die Verhandlung muß ein *Protokoll* in deutscher Sprache aufgenommen werden (§ 175 FGG), die Verwendung einzelner Fremdwörter ist zulässig. Die Feststellung des Inhalts des Protokolls hat durch den Richter oder Notar unter ausschließlicher Verantwortung der Urkundsperson zu erfolgen, der sich jedoch eines von einer anderen Person vor der Verhandlung hergestellten Entwurfs und bei der Niederschrift einer Hilfsperson bedienen kann. Die Vorschrift des § 175 FGG gilt nur für die Beurkundung von Rechtsgeschäften; sie enthält zwingendes Recht, nicht aber die Vorschriften der §§ 21 bis 41 DOfN, die zwar allgemein verbindliches Recht, aber jedenfalls hinsichtlich der äußeren Form der Urkunde und der Berichtigung von Urkunden ebenso wie die von anderen Ländern erlassenen Ausführungsvorschriften nur Ordnungsvorschriften sind (vgl KEIDEL S. 934 Anm 3, 4 zu § 175 FGG).

4. Das Protokoll muß enthalten (§ 176 Abs I FGG):

a) *Ort und Tag der Verhandlung* (vgl hierzu RGZ 136 127);

b) die *Bezeichnung der Beteiligten und der* bei der Verhandlung *mitwirkenden Personen*; die Bezeichnung wird regelmäßig nach Familiennamen, Vornamen und Stand sowie nach der Wohnung (zur Unterscheidung von anderen gleichnamigen Personen) zu erfolgen haben und erkennen lassen müssen, in welcher Eigenschaft der Beteiligte oder Mitwirkende an der Errichtung der Urkunde teilgenommen hat; auch der Dolmetscher wird, wenn er auch nicht zu den „mitwirkenden" Personen zu rechnen ist, zweckmäßigerweise genau bezeichnet; zur Bezeichnung genügt nicht die Unterschrift der Beteiligten und Mitwirkenden, vielmehr ist Aufnahme in den Text erforderlich (KGJ 23 A 168), jedoch ist es zulässig, daß im Text, wenigstens soweit die Mitwirkenden in Frage kommen, auf die Unterschrift verwiesen wird (KGJ 41 A 81);

c) die *Erklärung der Beteiligten*; wird in der Erklärung auf eine Schrift, die den rechtsgeschäftlichen Inhalt der Beurkundung zum Gegenstand hat (KEIDEL S. 938 Anm 5 zu § 176 FGG), also nicht Stenogramme, Muster, Karten und Zeichnungen, ferner Erbscheine, Vollmachten (KEIDEL S. 939, KGJ 22 A 209, 45 12) Bezug genommen und diese dem Protokoll als *Anlage* beigefügt, so bildet sie einen Teil des Protokolls (§ 176 Abs II FGG), ausgenommen bei der Aufnahme einer eidesstattlichen Versicherung (KGJ 25 A 60); zur Kenntlichmachung der Beifügung wird die Anlageschrift zweckmäßig mit dem Vermerk „Anlage zum Protokoll vom ....“ versehen; der Unterschrift der Anlage durch die Beteiligten und Mitwirkenden bedarf es nicht (RGZ **107** 294); die Anlage muß mit dem Protokoll vorgelesen werden (RGZ **102**, 276, **137** 347);

d) das Protokoll *soll* ferner eine Angabe darüber enthalten, *ob* der Richter oder der Notar *die Beteiligten kennt* oder, falls dies nicht der Fall ist, in welcher Weise er sich *Gewißheit über ihre Persönlichkeit* verschafft hat; kann er sich diese Gewißheit nicht verschaffen, wird aber gleichwohl die Aufnahme der Verhandlung verlangt, so sollen der Sachverhalt und dasjenige, was zur Feststellung der Persönlichkeit beigebracht ist, in das Protokoll aufgenommen werden (§ 176 Abs III FGG); an gesetzliche Beweisregeln ist der Richter (Rechtspfleger) oder Notar nicht gebunden; wie er sich seine Überzeugung verschafft, ist seinem pflichtmäßigen Ermessen überlassen, doch ist er zur äußersten Sorgfalt verpflichtet, die verlangt, daß er sich mit der Anerkennung eines ihm unbekannten Dritten nur dann begnügt, wenn er diesen als zuverlässig kennt; auch dessen Glaubwürdigkeit muß er prüfen, soweit sie ihm nicht bereits bekannt ist (RGZ **124** 162); der Dritte braucht das Protokoll nicht zu unterzeichnen (KGJ 21 A 188 = RJA 2 33), ist aber im Protokoll namhaft zu machen, ebenso sind auch andere Erkenntnisquellen, z. B. Urkunden, unverdächtige Legitimationspapiere, ja sogar eine im Gespräch erwiesene genaue Sachkenntnis (s. KEIDEL S. 942 Anm 6b zu § 176 FGG), in der Urkunde zu bezeichnen (KGJ 31 A 245); das RG hat in RGZ **156** 87, 88 mit Rückisicht auf die große Bedeutung notarieller Urkunden und Beglaubigungen gefordert, daß der Notar in der Regel die Persönlichkeit eines seine amtliche Beurkundungstätigkeit in Anspruch nehmenden Unbekannten nur auf Grund eines mit einem Lichtbild versehenen amtlichen Ausweises feststelle, und ausgeführt, daß, wenn er sich mit anderen Erkenntnisquellen begnüge, er dies in der Regel auf seine Gefahr tue, da, falls nicht besondere Umstände eine andere Beurteilung rechtfertigten, nicht angenommen werden könne, daß er die äußerste Sorgfalt angewendet habe;

5a) das Protokoll muß *vorgelesen, von den Beteiligten genehmigt und eigenhändig* unterschrieben werden (§ 177 Abs I S. 1 FGG). Die Vorlesung kann in mehrere Abschnitte, die zusammen das Protokoll mit allen seinen wesentlichen Bestandteilen umfassen, gegliedert werden (RGZ **108** 402, 403 zu § 2242 BGB); sie muß sich auch auf die Anlagen i. S. d. § 176 Abs II FGG erstrecken (KGJ 22 A 209). Unterzeichnung mittels Handzeichens oder mechanische Unterfertigung genügt nicht (KEIDEL S. 948 Anm 4a, b zu § 177 FGG. Ehefrauen unterzeichnen mit dem Familiennamen des Mannes, Beifügung des Geburtsnamens ist nicht erforderlich (KGJ 41 A 150). Im Protokoll muß festgestellt werden, daß es vorgelesen, von den Beteiligten genehmigt und von ihnen eigenhändig unterschrieben worden ist (§ 177 Abs I S. 2 FGG); daß auch die Anlagen vorgelesen und genehmigt worden sind, braucht nicht besonders vermerkt zu werden, jedoch ist dies zu empfehlen. Zweckmäßig ist folgende Fassung des Feststellungsvermerks:

„Das Protokoll ist den Erschienenen vorgelesen, von den Beteiligten genehmigt und von ihnen, wie folgt, eigenhändig unterschrieben worden."

Es genügt aber auch die Fassung „vorgelesen, genehmigt und unterschrieben", ja sogar „v. g. u." (KGJ 25 A 53).

b) Das Protokoll soll den Beteiligten auf Verlangen zur *Durchsicht vorgelegt* werden (§ 177 Abs II S. 3 FGG).

c) Erklärt ein Beteiligter, daß er nicht schreiben könne (was auch dann anzunehmen ist, wenn nicht in deutschen oder lateinischen Schriftzeichen unterschrieben werden kann, abw. KEIDEL S. 949 Anm 5d zu § 177 FGG), so muß diese Erklärung im Protokoll festgestellt werden; bei der Verlesung und der Genehmigung muß der Richter (Rechtspfleger) oder der Notar einen Zeugen zuziehen; in den Fällen des § 169 FGG bedarf es dieser Zuziehung nicht; das gleiche gilt, wenn in anderen Fällen ein Urkundsbeamter der Geschäftsstelle oder ein zweiter Notar zugezogen wird (§ 177 Abs II S. 2 u. 3 FGG). Der Schreibunfähige muß selbst angeben, daß er nicht schreiben könne; es muß aber jede Feststellung genügen, aus der hervorgeht, daß sie durch eine Erklärung des Beteiligten veranlaßt ist (vgl KEIDEL S. 952 Anm 7bα zu § 177 FGG). Es genügt auch, wenn der Beteiligte eine in das Protokoll aufgenommene Feststellung des Richters (Rechtspflegers) oder Notars über die Schreibunfähigkeit genehmigt (RGZ **65** 372, **69** 79; KGJ **37** A 124). Hinsichtlich des Falles, daß ein Beteiligter *nach* Verlesung und Genehmigung des Protokolls erklärt, daß er nicht schreiben könne, vgl. JFG **5** 98.

d) Das Protokoll muß von den mitwirkenden Personen unterschrieben werden (§ 177 Abs III FGG); auch ein zugezogener Urkundsbeamter (dieser nicht, wenn er nur als bloße Schreibkraft verwendet ist) ist für die Richtigkeit des Protokollinhalts verantwortlich, wenn auch in erster Linie dem Richter die Aufgabe zufällt, die Wortfassung der protokollarischen Beurkundung zu bestimmen (KGJ **46** A 8). Zu den mitwirkenden Personen gehören außer dem Urkundsbeamten (Richter, Notar, Rechtspfleger) die auf Grund des § 169 oder des § 177 Abs II FGG zugezogenen Hilfspersonen. Eine bestimmte Reihenfolge der Unterschriften der mitwirkenden Personen ist nicht vorgeschrieben, die Unterschriften erfolgen aber am Schlusse des Protokolls, also zeitlich und räumlich nach den Unterschriften der Beteiligten (KEIDEL S. 953 Anm 8 zu § 177 FGG).

6. Für die *Regelung der Beurkundung von anderen Rechtsvorgängen als Rechtsgeschäften* ist die Landesgesetzgebung zuständig; für die Gebiete des ehemaligen preußischen Staates vgl die Art 53ff. PrFGG (s. im

übrigen KEIDEL S. 915 Anm 2a zu § 168 FGG). Für die Notare vgl auch die §§ 22 bis 24 BNotO und die §§ 24 bis 41 DOfN.

§ 25. 6. Die Beglaubigung

1. Die gerichtliche oder notarielle Beglaubigung einer *Unterschrift* darf nur erfolgen, wenn die Unterschrift in Gegenwart des Richters oder des Notars vollzogen oder anerkannt wird (§ 183 Abs I FGG).

a) Dies gilt für die Unterschriften *ohne Rücksicht auf* den über der Unterschrift befindlichen *Text* oder darauf, ob über der Unterschrift sich überhaupt ein Text befindet z. B. bei der Beglaubigung von Zeichnungen oder einer Blankounterschrift (KEIDEL S. 967, 968 Anm 1, 2 zu § 183 FGG).

b) Beglaubigt werden kann nur die Unterschrift einer *natürlichen* Person, aber auch mit einem Künstlernamen oder Decknamen sowie mit dem Firmennamen einer Einzelfirma; geschieht diese zum Zwecke der Einreichung zum Handesregister, so muß die persönliche Herstellung als solche vom Notar bezeugt sein (KEIDEL a. a. O. S. 969 Anm 2b); für Blankounterschriften vgl KEIDEL a. a. O. S. 968 Anm 2a[1].

c) α) Für das *Verfahren* finden die §§ 169 bis 182 FGG keine Anwendung, vielmehr § 6, 8, 9 FGG, § 16 BNotO. Auch §§ 176 Abs III FGG ist nicht anwendbar, jedoch muß sich der Richter (Rechtspfleger) über die Persönlichkeit des Unterzeichnenden vergewissern, da er mit der Beglaubigung bescheinigt, daß die Unterschrift von der Person herrührt, als die sie sich mit der Unterschrift ausgibt (KEIDEL S. 971 Anm 4a zu § 183 FGG); bei Notaren sind die §§ 27, 32 BNotO u. § 31 DOfN zu beachten.

β) Der Richter oder der Notar ist verpflichtet, die *Geschäftsfähigkeit* des Unterzeichnenden zu *prüfen*. Die Beglaubigung ist abzulehnen, wenn der Aussteller der Unterschrift *geschäftsunfähig* ist. Werden Wahrnehmungen gemacht, die geeignet sind, *Zweifel* an der unbeschränkten Geschäftsfähigkeit zu begründen, so *soll* dies nach ehemals preußischem Landesrecht (Art 60 Abs III PrFGG) in dem Beglaubigungsvermerk festgestellt werden; für die übrigen Länder vgl. KEIDEL S. 972 Anm 4c zu § 183 FGG. Ist der Aussteller in der *Geschäftsfähigkeit beschränkt*, so darf die Beglaubigung nur abgelehnt werden, wenn dem Beglaubigungsbeamten von dem Inhalt der Erklärung Kenntnis zu nehmen gestattet

---

[1] Bestehen Zweifel, ob eine solche beglaubigte Unterschrift mit dem Willen des Ausstellers durch Ausfüllung des Blanketts ergänzt ist, so sind bei Benutzung oder Vorlage des Schriftstücks in einem familienrechtlichen Verfahren geeignete Ermittlungen gemäß § 12 FGG anzustellen. Das gleiche wird gelten müssen, wenn die über der Unterschrift stehende Erklärung nachträglich abgeändert oder ergänzt wird; vgl aber hierzu KGI **29** A 116; **35** A 227.

ist (vgl hierzu Art 60 Abs I PrFGG) und die Beschränkung der Geschäftsfähigkeit die Erklärung zweifelsfrei ungültig macht (vgl Keidel S. 971 a. a. O. Anm 4b); etwaige Zweifel sind, auch wenn die Beglaubigung erfolgt, in dem Beglaubigungsvermerk festzustellen. Hat der Richter (Rechtspfleger) oder der Notar mit Zustimmung der Beteiligten von dem Inhalt der Erklärungen Kenntnis genommen und hat sich hierbei ergeben, daß der Inhalt *strafbar* oder *offenbar ungültig* ist, so ist die Beglaubigung abzulehnen; vgl für Notare §§ 32 Abs II, 14 Abs II BNotO.

γ) Die *Vollziehung* oder *Anerkennung* der Unterschrift muß in Gegenwart des Beglaubigungsbeamten eigenhändig erfolgen. Eine mechanisch hergestellte Unterschrift kann nicht anerkannt werden. Auf Grund der Anerkennung eines Dritten kann eine Beglaubigung nicht erfolgen; jedoch kann die Unterschrift des Vertreters mit dem Namen des Vertretenen Gegenstand der Beglaubigung sein; auch ist die Beglaubigung der Anerkannung einer fremden Unterschrift z. B. eines Verschollenen möglich (Keidel S. 968 Anm 2a zu § 183 FGG).

δ) Bei Beglaubigung der Unterschrift *sprachfremder*, *tauber* oder *stummer* Personen finden die Vorschriften der §§ 8, 9 FGG Anwendung; die Beglaubigung der Unterschrift *blinder* Personen ist zulässig (Keidel S. 971 Anm 4 zu § 183 FGG).

ε) Die Beglaubigung geschieht durch einen unter die Unterschrift zu setzenden *Vermerk* (§ 183 Abs II S. 1 FGG). Der Vermerk muß die Bezeichnung desjenigen, der die Unterschrift vollzogen oder anerkannt hat, angeben und Ort und den Tag der Ausstellung angeben und mit Unterschrift des beglaubigenden Beamten sowie mit Siegel oder Stempel versehen sein (S. 2 a. a. O.). Die Angabe, daß die Unterschrift in Gegenwart des beglaubigenden Beamten vollzogen oder anerkannt sei, ist nicht erforderlich (KGJ 20 A 133). Siegel sind Abdrucke des Siegelzeichens in einen mit der Urkunde verbundenen weichen selbständigen Stoff (Lack, Oblatenklebestoff u. dgl.), Stempel mittels Farbstoffs oder unmittelbar mittels Presse auf oder in das Urkundenpapier erfolgte Abdrucke des Siegels (KGJ 20 A 14; vgl auch KGJ 43 A 23).

η) Wegen der Zurückbehaltung einer beglaubigten Abschrift der Urkunde in den ehemals preußischen Gebiete vgl Art 60 Abs II PrFGG).

2. Für die *gerichtliche oder notarielle Beglaubigung eines Handzeichens* finden die Vorschriften über die Beglaubigung von Unterschriften entsprechende Anwendung (§ 183 Abs III FGG). Handzeichen ist jedes beliebige Zeichen, dessen sich eine des Schreibens unkundige oder sonst am Schreiben verhinderte Person an Stelle der Namensunterschrift bedient (Keidel S. 972 Anm 5 zu § 183 FGG).

3. *Landesgesetzliche Vorschriften* zur Ergänzung und Ausführung des § 183 FGG s. bei Keidel a. a. O. Anm 6. Landesrechtlich zuständig sind

auf Grund von § 191 Abs I FGG neben Richter und Notar z. B. in den ehemals preußischen Gebieten gemäß Art 36 PrFGG die Urkundsbeamten der Geschäftsstelle bei den Amtsgerichten für die öffentliche Beglaubigung einer Unterschrift (für andere Länder s. KEIDEL S. 893 Anm 2 l Vorb zu § 167 FGG). Wegen der Übertragung der richterlichen Zuständigkeit im Beglaubigungswesen auf den *Rechtspfleger* vgl § 23 Zff 1 RpflG, wegen der Zuständigkeit anderer Behörden vgl KEIDEL S. 890ff. Anm 2 Vorb zu § 167 FGG (z. B. Standesämter, Jugendämter), wegen der Beglaubigung von Abschriften die Art 57, 59 PrFGG.

§ 26. 7. Äußere Form, Aufbewahrung und Vernichtung von Urkunden. Erteilung von Ausfertigungen und Abschriften; Einsichtnahme von Urkunden

1. Zur *Behandlung der Urschriften notarieller Urkunden* bestimmt § 25 Abs I BNotO, daß diese, soweit sie in der Form einer Niederschrift verfaßt ist, in der *Verwahrung* des Notars verbleibt. Nach Landesrecht für die ehemals preußischen Gebiete (PrFGG) verbleibt die Urschrift des gerichtlichen oder notariellen Protokolls über die Beurkundung eines Rechtsgeschäfts in der Verwahrung des Gerichts oder des Notars (Art 42 PrFGG); dies gilt auch für notarielle und gerichtliche Urkunden über andere Gegenstände als Rechtsgeschäfte (für gerichtliche Urkunden nur insoweit, als die Beurkundung nicht den Teil eines anderen Verfahrens bildet), Art 53, 61 Abs I S. 1 PrFGG. Auch die Anlagen i. S. d. § 176 Abs II FGG sind aufzubewahren; die Aufbewahrung anderer Anlagen ist zweckmäßig.

Die Aufbewahrung erfolgt bei demjenigen Gericht oder Notar, vor dem die Urkunde errichtet ist. Der Notar darf die Urkunde nur aushändigen, wenn glaubhaft gemacht wird, daß sie im *Ausland* verwendet werden soll, und sämtliche Personen zustimmen, die auf eine Ausfertigung Anspruch haben; der Notar soll in diesem Fall eine Ausfertigung zurückbehalten und auf ihr vermerken, an wen und weshalb die Urschrift ausgehändigt worden ist; die zurückbehaltene Ausfertigung tritt an die Stelle der Urschrift (§ 25 Abs II BNotO). Hat ein ersuchtes Gericht im Wege der Rechtshilfe eine Urkunde aufgenommen, so behält es die Urschrift der Verhandlung zurück und übersendet dem ersuchenden Gericht nur eine Ausfertigung der Urkunde.

Die *äußere Form* der *notariellen* Urkunde (fortlaufende Bogenzahlen und Unterschrift der einzelnen Bogen oder Verbindung durch Schnur und Siegel) bestimmt sich landesrechtlich nach Art 63 Abs I PrFGG.

2. Landesrechtlich bestimmte Art 65 PrFGG, daß gerichtliche und notarielle Urkunden nach Maßgabe der Anordnungen des Pr. Justizministers *vernichtet* werden konnten. Jetzt sind maßgebend die bundes-

einheitlichen Bestimmungen über die Aufbewahrungsfristen für Akten, Register und Urkunden bei den Justizbehörden vom 15./16. 5. 1952 (vgl Keidel S. 1143 Fußnote, Hinweis auf Piller-Hermann, Justizverwaltungsvorschriften). Die in der Verwahrung von Notaren befindlichen Urkunden dürfen mangels besonderer Vorschriften nicht vernichtet werden (vgl hierzu § 51 Abs V S. 1 BNotO); auch nach der Übergabe an die Gerichte bleiben diese Akten mit Ausnahme der Wechselprotestregister von der Vernichtung ausgeschlossen (Allg Vfg d. fr. pr. Justizministers vom 31. 12. 1927, JMBl 1928 S. 2, § 16 Zff 2).

3. Zum Zwecke der Benutzung durch die Beteiligten werden *Ausfertigungen* der von dem Gericht oder einem Notar errichteten Urkunden erteilt. Die Erteilung ist unzulässig, wenn das beurkundete Geschäft offenbar ungültig ist oder sein Inhalt gegen ein Strafgesetz verstößt, nicht aber, wenn bloße Zweifel z. B. über die Geschäftsfähigkeit bestehen, die in der Urkunde hätten Ausdruck finden sollen; Urkunden verbotenen Inhalts sollen nicht in den Verkehr gelangen (KGJ 38 A 8).

Zuständig zur Erteilung der Ausfertigungen ist ausschließlich der Urkundsbeamte der Geschäftstelle des Gerichts, bei dem die Urkunde verwahrt ist (s. für die ehemals preußischen Gebiete Art 43 PrFGG). Die *Voraussetzungen der Erteilung, den Gegenstand und den Inhalt* der Ausfertigung bestimmt die Landesgesetzgebung (vgl die Angaben bei Keidel S. 965 Anm 3 zu § 182 FGG); die Ausfertigung besteht in einer wörtlichen Abschrift, die mit einem Ausfertigungsvermerk versehen wird; für die *Form* ist im § 182 FGG vorgeschrieben, daß die Ausfertigung des Protokolls über die *gerichtliche* Beurkundung *eines Rechtsgeschäfts* von dem Urkundsbeamten zu unterschreiben und mit dem Gerichtssiegel (s. oben § 25 Zff 1 c ε) zu versehen ist. Auf Antrag können die Protokolle auch auszugsweise ausgefertigt werden (§ 182 Abs II FGG); in diesem Falle sind stets die Angaben aufzunehmen, durch welche die Einhaltung der erforderlichen Förmlichkeiten nachgewiesen wird. Den Umfang der Auszüge bestimmt der Richter (Rechtspfleger), nicht der Urkundsbeamte der Geschäftsstelle (Keidel S. 965, 966 Anm 4 zu § 182 FGG). Für die Erteilung von Ausfertigungen *notarieller* Urkunden vgl § 45 Abs IV BNotO (bei Abwesenheit oder Verhinderung des Notars); im übrigen ist für die Erteilung *einfacher* Ausfertigungen das Landesrecht maßgebend, für die ehemals preußischen Gebiete also Art 45ff., insbesondere auch 49 PrFGG (RGZ 129 170), ferner Art 61 Abs II PrFGG für die Erteilung *vollstreckbarer* Ausfertigungen vgl Keidel S. 966 Anm 6 zu § 182 FGG.

Wird die Erteilung einer Ausfertigung einer gerichtlichen rechtsgeschäftlichen oder nicht rechtsgeschäftlichen Urkunde *abgelehnt*, so findet gegen die Entscheidung des Richters die Beschwerde statt (Art 3ff. Pr FGG, 20ff. FGG), gegen die Entscheidung des Rechtspflegers die

Erinnerung (§ 10 RpflG); gegen die Entscheidung des Urkundsbeamten der Geschäftsstelle kann der Richter angerufen werden (§ 25 Abs III RpflG) vgl Keidel S. 965 Anm 3 zu § 182 FGG. Verweigert der Notar die Erteilung einer Ausfertigung einer rechtsgeschäftlichen Urkunde, so entscheidet auf Antrag eines Beteiligten eine Zivilkammer des Landgerichts, in dessen Bezirk der Notar seinen Sitz hat (Art 51 Abs II PrFGG); gegen die Entscheidung steht dem Beteiligten, jedoch nicht dem Notar die Beschwerde an das OLG zu. Art 51 Abs II PrFGG findet auch Anwendung, wenn die Erteilung einer vollstreckbaren Ausfertigung verweigert wird (KGJ 33 A 3, 42 A 4, 44 A 13). Soweit nicht rechtsgeschäftliche Urkunden in Betracht kommen, findet nur die Aufsichtsbeschwerde statt.

4. Einfache und beglaubigte *Abschriften* gerichtlicher oder notarieller Urkunden über Rechtsgeschäfte oder andere Gegenstände können von dem Gericht oder dem Notar diejenigen Personen verlangen, die Ausfertigungen verlangen können (Art 49 Abs II, 61 Abs II S. 2 PrFGG). Hiernach können Abschriften von *notariellen* Urkunden über Rechtsgeschäfte nur diejenigen Personen verlangen, in deren Interesse die Urkunde errichtet ist, und ihre Rechtsnachfolger (Art 50 FGG), bei anderen Gegenständen diejenigen, auf deren Antrag die Urkunde aufgenommen ist (Art 61 Abs II S. 1, 2 FGG). Daneben kommt für die Erteilung von Abschriften aus *gerichtlichen Akten* § 34 FGG in Betracht. Hiernach ist Voraussetzung die Glaubhaftmachung eines berechtigten (nicht notwendig rechtlichen) Interesses, liegt ein solches vor, so *können*, insoweit (KGJ 46 A 8) die gewünschten Abschriften erteilt werden, und zwar vom Urkundsbeamten der Geschäftsstelle auf Anordnung des Richters oder Rechtspflegers (im Rahmen seiner Zuständigkeit, § 4 Abs I RpflG). Die Erteilung der Abschrift ist zu verweigern, wenn ausnahmsweise ein gleiches oder höher zu bewertendes Interesse der Öffentlichkeit oder einer anderen Person an der Geheimhaltung besteht; dabei sind nicht allgemeine Erwägungen, sondern bestimmte Tatsachen maßgebend; in solchen Fällen ist dem Antragsteller, soweit die Kenntnis des Akteninhalts zur zweckentsprechenden Rechtsverfolgung erforderlich ist, auf andere geeignete Weise (mündlich oder durch auszugsweise Wiedergabe Kenntnis von dem ihn berührenden Akteninhalt zu geben (vgl hierzu Keidel S. 478, 479 Anm 4b zu § 34 FGG). Gegen die Verweigerung der Abschrift steht dem Antragsteller das Recht der Beschwerde mit der Begründung zu, daß das Gericht nicht nach pflichtmäßigem Ermessen verfahren sei, gegen die Erteilung dem an der Geheimhaltung Interessierten, solange die Abschrift noch zurückzuerlangen ist (Keidel S. 481 Anm 9 zu § 34 FGG).

5. Hinsichtlich des Rechtes zur *Einsichtnahme* gerichtlicher oder notarieller Urkunden gelten die Ausführungen zu Zff 4 entsprechend.

Vierter Abschnitt

Die Rechtsmittel

§ 27. 1. Allgemeines

1. Das einzige Rechtsmittel in Vormundschafts- und Familienrechtssachen wie in den Angelegenheiten der freiwilligen Gerichtsbarkeit überhaupt ist die *Beschwerde*[1 2].

Diese ist, je nachdem sich das Rechtsmittel gegen die Verfügungen des Gerichts erster oder zweiter Instanz richtet, entweder die einfache oder die sofortige (befristete) Beschwerde einerseits oder die weitere oder sofortige weitere Beschwerde andererseits.

2. Die *gesetzlichen Vorschriften über die Beschwerde* finden sich, soweit es sich um Angelegenheiten handelt, die durch Reichsgesetz oder Bundesgesetz (vgl § 1 Zff 2) den Gerichten übertragen sind, in den §§ 19 bis 30 FGG[3]; wegen der Vorschriften, die durch Landesrecht den Gerichten übertragen sind, in den §§ 19 bis 30 FGG[3], wegen der Vorschriften, die durch Landesrecht den Gerichten übertragen sind, sowie der auf Grund des § 200 FGG erlassenen landesgesetzlichen Ausführungs- und Ergänzungsvorschriften vgl unten § 35.

Die Vorschriften der §§ 19 bis 30 FGG finden in den reichs- oder bundesrechtlich den Gerichten übertragenen Angelegenheiten auch dann Anwendung, wenn im übrigen die Vorschriften der *Zivilprozeßordnung* für entsprechend anwendbar erklärt sind, z. B. in den Fällen der §§ 14, 15 FGG (KGJ 21 A 184; 34 A 3; RJA 9 1; KGJ 50 A 6).

Dagegen sind die Vorschriften über das Beschwerdeverfahren nicht anwendbar in den Fällen der *Dienstaufsichtsbeschwerde*, die kein Rechtsmittel ist, sondern die Herbeiführung von Maßnahmen der Justizverwaltungsbehörden bezweckt. Die Aufsichtsbeschwerde findet statt, wenn der Geschäftsbetrieb des Gerichtes zu Beanstandungen Anlaß gibt (so

---

[1] Wegen der *Verfassungsbeschwerde* vgl das Gesetz über das Bundesverfassungsgericht vom 12. 3. 1951, BGBl I 243, und SCHLEGELBERGER I S. 240 Anm 6. Soweit dort von dem Gleichrechtsgrundsatz die Rede ist, müssen die Vorschriften des Bundesgesetzes über die Gleichberechtigung von Mann und Frau auf dem Gebiet des bürgerlichen Rechts vom 18. 6. 1957, BGBl I 609 ff. berücksichtigt werden.

[2] Die *Wiedereinsetzung in den vorigen Stand* (22 Abs II FGG) ist kein Rechtsmittel.

[3] Das Reichsgesetz über die freiwillige Gerichtsbarkeit galt in der Fassung vom 7. 4. 1945 auch im *Saarland*, und zwar vorläufig als Landesrecht weiter (s. KEIDEL S. 13 Einleitung III D); vgl jetzt Gesetz über die Eingliederung des Saarlandes vom 23. 12. 1956, (BGBl 56 I 1011 ff.) §§ 3 bis 6, 8, 16 und das saarländische Rechtsangleichungsgesetz vom 22. 12. 1956 (ABl 1667; Ber. 57 92, 151) sowie KEIDEL a. a. O. III D c 4, S. 14. Auch in *Berlin-West* gilt das FGG als Landesrecht weiter; vgl auch Art 4 des Berliner Rechtseinheitsgesetzes vom 9. 1. 1951 (VOBl 51 I 99, 100).

für das frühere preußische Recht § 85 PrAGGVG), die Sachbeschwerde dagegen, wenn die anzufechtende Verfügung auf Grund einer materiellrechtlichen oder das Verfahren betreffenden gesetzlichen Vorschrift erlassen ist[1]. Zuweilen kann die Aufsichtsbeschwerde neben der Sachbeschwerde gegeben sein.

§ 27. 2. Die Beschwerde

§ 28. a) Die Zulässigkeit der Beschwerde

In den reichsgesetzlich oder bundesgesetzlich den Gerichten überwiesenen Angelegenheiten findet gegen die Verfügungen des Gerichts erster Instanz[2] die *Beschwerde* statt (§ 19 Abs I FGG). Diese ist in einzelnen, besonders bestimmten Fällen an eine Frist geknüpft; sie wird alsdann als sofortige Beschwerde bezeichnet; über diese, die eine Unterart der einfachen Beschwerde ist, vgl im besonderen unten § 32.

Aber auch die an sich unbefristete einfache Beschwerde kann unter bestimmten Voraussetzungen als *verwirkt* zu betrachten sein, wenn nämlich der Beschwerdeführer dadurch, daß er die ergangene gerichtliche Entscheidung längere Zeit hindurch unangefochten gelassen hat, bei den Verfahrensbeteiligten den Eindruck hervorgerufen hat, es werde bei dem gegebenen rechtlichen Zustand verbleiben, wenn weiterhin die Beteiligten ihr Verhalten nach der Erfahrung des Lebens hierauf einstellen durften und wenn sie sich auch entsprechend eingerichtet haben und unter solchen Umständen die späte Rechtsmitteleinlegung durch den Berechtigten als unbillig und mißbräuchlich erscheint; die Frage muß im Einzelfall mit großer Sorgfalt und Zurückhaltung geprüft werden; es darf jedenfalls nicht auf diesem Wege eine Rechtsmittelfrist eingeführt werden, die der Gesetzgeber selbst nicht vorgesehen hat (vgl Keidel in Rpfl **60** 240ff. mit zahlreichen Nachweisen aus Schrifttum und Rechtsprechung, z. B. OLG Frankfurt in Rpfl **60** 255).

Eine *Anschlußbeschwerde* ist nicht zulässig (BGHZ 19 196 = DRiZ 56 67 Nr 23).

1 a) „*Verfügungen*" „sind alle nicht auf den inneren Dienst beschränkten gerichtlichen Handlungen tatsächlicher oder rechtlicher Art, welche den Erfolg, auf den sie abzielen, nicht unmittelbar herbeiführen" (Schlegelberger I 242 Anm 1, nach Keidel S. 313 Anm 2 „die sach-

---

[1] Wird z. B. die Akteneinsicht (§ 34 FGG) versagt, weil ein berechtigtes Interesse nicht glaubhaft gemacht sei, so ist die Sachbeschwerde gegeben; wird die Einsicht dagegen abgelehnt, weil zu diesem Zwecke eine Aktenversendung erforderlich wäre, so findet die Aufsichtsbeschwerde statt.

[2] Gericht erster Instanz in diesem Sinne kann auch das Landgericht sein, wenn es im Beschwerdeverfahren eine Verfügung trifft, die erstinstanzlicher Art ist und keine Entscheidung der Beschwerde darstellt (MDR 55 429 = DRiZ 55 Rechtsp S. 100 Nr. 100 Nr 1007; s. auch Keidel in Rpfl **60** 358).

lichen Entschließungen des Richters"). Demnach sind weder gerichtliche Maßnahmen, die lediglich den inneren Dienst betreffen z. B. Anweisungen geschäftstechnischer Art an die Geschäftsstelle, noch solche gerichtliche Handlungen „Verfügungen" im Sinne des § 19 FGG, die den beabsichtigten Erfolg selbst unmittelbar herbeiführen z. B. die Vernehmung von Zeugen und die Erteilung von Ausfertigungen. Dagegen führen alle gerichtlichen Handlungen, die zu ihrer Wirksamkeit der Bekanntmachung an die Beteiligten bedürfen (vgl oben § 15 Zff 1 e), den bezweckten Erfolg nicht unmittelbar herbei, sind also insoweit beschwerdefähig. Die Versagung der Akteneinsicht durch das Landgericht, dem die Akten als Beschwerdegericht vorliegen, ist nicht selbständig anfechtbar (NJW 60 1625 = DRiZ 60 B 129 Nr 1426 = Rpfl 60 374 Nr 192). Gegen die Verfügung, durch die das Vormundschaftsgericht eine Vormundschaftssache aus Zweckmäßigkeitsgründen übernommen hat, ist Beschwerde zulässig. Hat diese Erfolg, hat aber das übernehmende Gericht nach der Übernahme schon eine Sachentscheidung erlassen, so ist für die Entscheidung über eine hiergegen gerichtete Beschwerde das dem abgebenden Vormundschaftsgericht übergeordnete Landgericht zuständig (BayObLG vom 14.10.1956 in FamRZ 59 121 Nr 57 = NJW 59 294 = MDR 59 48 = DRiZ 59 Rechtspr B 48 Nr 650). *Bloße Mitteilungen* des Gerichts über in Aussicht genommene Maßnahmen sind ebensowenig „Verfügungen" wie die Darlegung einer bestimmten Rechtsauffassung, es sei denn, daß an diese Darlegung die Eröffnung geknüpft ist, das Gericht werde einen bestimmten auf abweichender Rechtsauffassung beruhenden Antrag zurückweisen. Teilt das Vormundschaftsgericht einer Bank mit, daß der Entmündigte und Bevormundete zur Verfügung über sein bei der Bank bestehendes Bankguthaben nicht berechtigt sei, so handelt es sich hierbei wenigstens im Zweifel nicht um eine beschwerdefähige Verfügung, sondern nur um eine der Beschwerde nicht ausgesetzte Feststellung einer mit der Wirksamkeit der Entmündigung eingetretenen Rechtsfolge; zum Begriff einer Verfügung im Sinne des § 19 FGG gehört aber die Äußerung eines Willensentschlusses, die auf einen bestimmten Erfolg abzielt. Anders läge die Sache, wenn die Mitteilung des Vormundschaftsgerichtes eine rechtsbedeutsame Anordnung darstellen sollte, daß der Mündel in der Verfügung über sein Vermögen oder über bestimmte Gegenstände des Vermögens beschränkt sei oder werde. Eine Anordnung dieser Art würde übrigens einen unzulässigen Eingriff in die selbständige Führung der Vormundschaft durch den Vormund enthalten (JFG 7 91 = Recht 1930 Nr 1353). Macht ferner der Vormundschaftsrichter auf Grund seiner *Aufsichtsbefugnisse* (§ 1837 BGB) dem Vormund *Eröffnungen* darüber, in welcher Weise er eine bestimmte Angelegenheit in tatsächlicher oder rechtlicher Beziehung beurteilt, so geht dies unter Umständen über eine unverbindliche Mitteilung hinaus, enthält vielmehr die Weisung an den Vormund, sich nach Maßgabe der Eröffnung zu verhalten, und ist deshalb auch mit der Beschwerde anfechtbar. Dabei ist jedoch zu berücksichtigen, daß das Vormundschaftsgericht nicht befugt ist, in reinen Zweckmäßigkeitsfragen dem Vormund bindende Anweisungen zu erteilen und daß es sich daher, soweit solche Fragen in Betracht kommen, in der Regel lediglich um eine beratende Tätigkeit handeln wird, wenn der Vormundschaftsrichter dem Vormund seine Ansicht mitteilt. Geschieht dies freilich dennoch in der Form einer verpflichtenden Anweisung, so liegt eine beschwerdefähige Verfügung im Sinne des § 19 Abs I FGG vor. Eine solche ist auch gegeben, wenn das Vormundschaftsgericht bei einer Meinungsverschiedenheit mehrerer Vormünder oder zwischen den Inhabern der elterlichen Gewalt und einem Pfleger gemäß §§ 1630 n. F., 1797, 1798, 1915 BGB eine Anordnung oder Entscheidung trifft.

b) Auf den *Inhalt* der anzufechtenden Verfügung kommt es nicht an. Insbesondere sind auch gerichtliche Anordnungen, die das Verfahren vorzubereiten oder zu leiten bestimmt sind oder zwar eine sachliche, jedoch nur *vorläufige*, der Endentscheidung voraufgehende Entscheidung enthalten, grundsätzlich beschwerdefähig. Eröffnet z. B. das Vormundschaftsgericht (unzulässigerweise) dem Vormund, daß es ihn zu entlassen beabsichtige, ihm aber zunächst Gelegenheit gebe, die der Entlassung zugrunde liegende Auffassung in der Beschwerdeinstanz zu bekämpfen, so liegt eine Verfügung im Sinne des § 19 FGG vor, weil die Beschwerde gegen jede gerichtliche Verfügung zugelassen ist, es sei denn, daß im gegebenen Fall ein gesetzliches Verbot, die besondere Natur der Anordnung oder die Ordnung des Rechtsmittelwesens entgegenständen (so KGJ 51 A 36 u. RJA 16 163 in Abweichung von KGJ 44 A 34). Gegen die Aussetzung des Verfahrens ist die Beschwerde zulässig (JFG 15 65 = DRiZ 53 Rechtspr S. 10 Nr 169 = NdsRpfl 52 173; Keidel S. 315 Anm 2b); dies gilt auch für die Aussetzung durch das Beschwerdegericht für den Fall, daß die Aussetzung im Ergebnis einer sachlichen Endentscheidung gleichkommt, nicht dagegen, wenn die Aussetzung als verfahrensleitende Zwischenverfügung anzusehen ist, Keidel S. 410 Anm 1a aa mit Nachweisen. Die Beschwerde ist auch zulässig gegen *Zwischenverfügungen*, durch die dem Antragsteller eine Auflage gemacht wird (KGJ 44 A 1). Gegen anfechtbare Zwischenverfügungen ist die einfache Beschwerde gegeben, auch wenn gegen die Endentscheidung die sofortige Beschwerde stattfindet (BGHZ 25 163, 165, 166, FamRZ 57 185 = DRiZ 57 Rechtspr S. 77 Nr 856); gegen die abschließende Entscheidung des Landgerichtes über diese Beschwerde ist die weitere Beschwerde gegeben (Keidel S. 317 Anm 2d). Ebenso sind die *vor der Endentscheidung getroffenen Anordnungen*, die diese vorzubereiten bestimmt sind, falls sie ein Recht im Sinne des § 20 FGG verletzen, beschwerdefähig (KGJ 51 A 8 = RJA 16 170, KEIDEL S. 317 Anm 2f mit weiteren Nachweisen). Auch *einstweilige Anordnungen* des Vormundschaftsgerichtes auf Grund der §§ 1666 n. F., 1671 n. F. BGB sind beschwerdefähig (KGJ 45 A 29; JFG 20 247). Dagegen findet die Beschwerde gegen die Anordnung und Veranstaltung von *Ermittlungen* als solche nicht statt (SCHLEGELBERGER I S. 246 Anm 8, KEIDEL S. 313 Anm 2a).

c) Wird gegen die Entscheidung in der Hauptsache ein Rechtsmittel nicht eingelegt, so ist die Anfechtung der Entscheidung über den *Kostenpunkt* nicht zulässig. Ist zur Hauptsache eine Entscheidung nicht ergangen, so findet gegen die auf Grund des bisherigen Sachstandes zu treffende (DRiZ 58 B 98 Nr 1178) Entscheidung über den Kostenpunkt die sofortige Beschwerde statt, wenn der Wert des Beschwerdegegenstandes fünfzig Deutsche Mark[1] übersteigt (§ 20a FGG i.d.F. des Bundesgesetzes zur Wiederherstellung der Rechtseinheit vom 12. 9. 1950, BGBl I 455ff. 501, Art 5 I Zff 2, gültig auch in Berlin-West gemäß Art 4 des Rechtseinheitsgesetzes vom 9. 1. 1951, VOBl 51 99). Eine Kostenentscheidung ist auch zulässig, wenn ein Rechtsmittel zurückgenommen worden ist; sie erfolgt in diesem Falle nach billigem Ermessen, wobei auch die im Zeitpunkt der Zurücknahme ohne weiteres zu beurteilenden Erfolgsaussichten berücksichtigt werden können (BGH vom 11. 7. 1958, Rpfl 58 262 = DRiZ 58 B 98 Nr 1180). Auch eine ablehnende Kostenentscheidung fällt unter § 20a FGG; wenn zuerst über die Hauptsache und dann getrennt über die Kosten entschieden wird, kann die letztere Entscheidung nur zusammen mit der Hauptentscheidung angefochten werden (DNZ 55 437 = DRiZ 55 Rechtspr S. 101 Nr 1010). Wegen der Anfechtbarkeit einer ergänzenden nachträglichen Kostenentscheidung vgl Rpfl 63 120 Nr 56.

Für das *Gebiet des früheren preußischen Staates* sind auf Grund des § 200 Abs I FGG in den Artikeln 9 bis 14 PrFGG besondere Kostenvorschriften für den Fall erlassen, daß an einer Angelegenheit der Freiwilligen Gerichtsbarkeit mehrere Personen beteiligt sind. In diesem Fall kann das Gericht bei der Entscheidung auf Antrag einen Beteiligten verurteilen, diejenigen Kosten des Verfahrens ganz oder teilweise zu tragen, die er durch ein unbegründetes Gesuch, einen unbegründeten Widerspruch oder eine unbegründete Beschwerde, durch vorzeitiges Anrufen des Gerichts, durch Versäumung oder durch grobes Verschulden

[1] Die Auffassung des OLG Hamm (JMBlNRW 53 248), daß die Beschwerde gegen die Festsetzung der Vergütung des Vormundes von einer Wertgrenze von 50 DM abhängig sei, wird vom BGH und von KEIDEL (S. 310 Anm 3) mit Recht abgelehnt. Die Festsetzung einer Vergütung für den Vormund ist vielmehr überhaupt keine Entscheidung über den Kostenpunkt im Sinn des § 20 a FGG, die Beschwerde ist daher auch zulässig, wenn ihr Wert 50 DM nicht übersteigt (BGH in Rpfl 54 207 = DRiZ 55 Rechtspr S. 14 Nr 193).

verursacht hat (Art 9 PrFGG). Der Antrag muß an sich oder aus seiner Begründung klar erkennbar und mehr als ein formularmäßiger Antrag auf Auferlegung der Gerichtskosten sein. Die Anfechtung der Kostenentscheidung gemäß Art 9 PrFGG regeln die Art 4, 11 PrFGG. Art 11 Abs I findet keine Anwendung, wenn der Beschwerdeführer in der Hauptsache obgesiegt, dagegen mit seinem Antrag auf Auferlegung der Kosten keinen Erfolg gehabt hat (JFG 18 339). Eine derartige Kostenentscheidung ist im übrigen eine Entscheidung über den Kostenpunkt i. S. d. § 20a FGG und daher nicht mehr selbständig anfechtbar; die Entscheidung über die Kosten*festsetzung* (Art 10 PrFGG) ist dagegen keine Entscheidung über den Kostenpunkt; deshalb ist nach Art 11 PrFGG eine selbständige Anfechtung der Festsetzung zulässig (DNZ55 437 = DRiZ 55 Rechtspr S. 101 Nr 1010). Als *Grundlage* einer *selbständigen Kostenentscheidung* nach Erledigung der Hauptsache können weder § 20a FGG noch Art 9 PrFGG dienen (JMBlNRW 56 21).

Wegen ähnlicher Vorschriften in *anderen Ländern* vgl SCHLEGELBERGER I S. 363 Anm 16.

d) Auch die *Form* der Verfügungen ist für die Frage der Beschwerdefähigkeit ohne Belang. Insbesondere sind auch *mündliche Verfügungen* mit der Beschwerde anfechtbar, und zwar selbst dann, wenn sie nicht aktenkundig gemacht sind. Stets aber muß das Gericht unzweifelhaft auf Grund seiner amtlichen Befugnis in bestimmter Weise eine Anweisung erteilt, eine Anordnung oder sonstige Maßnahme getroffen haben. Es ist also nicht angängig, aus dem Verhalten des Gerichts den Schluß zu ziehen, daß dieses eine bestimmte Verfügung erlassen habe. Ist eine unzweideutige sachliche Entscheidung von dem Gericht nicht zu erlangen, so ist notfalls im Aufsichtswege Abhilfe zu suchen.

e) Überhaupt ist das *Vorhandensein einer Verfügung* Voraussetzung der Beschwerde. Vorhanden ist die Verfügung aber erst, wenn sie *nach außen* kundgetan ist, ohne daß allerdings die Wirksamkeit der Verfügung Voraussetzung der Beschwerdefähigkeit wäre. Solange daher eine Verfügung des Vormundschaftsgerichts noch im ausschließlichen Besitz des Gerichts ist, kann sie mit der Beschwerde nicht angefochten werden, auch wenn sie bereits unterzeichnet und zu den Akten gebracht ist. Ebenso ist es unzulässig, die Beschwerde *für den Fall* einzulegen, daß das Gericht eine bestimmte Entscheidung treffen werde. Dagegen ist es statthaft, mit der Bitte um Abänderung einer Verfügung die Beschwerde für den Fall zu verbinden, daß dem Antrage nicht stattgegeben werde (KGJ 34 A 51).

2. Zu *Entscheidungen von rein theoretischer Bedeutung* sind die Gerichte *nicht* verpflichtet; Voraussetzung der Beschwerde ist daher stets, daß im bestimmten Einzelfall ein praktischer Erfolg erstrebt wird und

nach der Sachlage auch denkbar ist[1]. Die *Beendigung der Vormundschaft* macht die Beschwerde insoweit nicht unzulässig, als die Wirkungen der Vormundschaft noch fortdauern. So kann die Festsetzung der Vergütung für den Vormund durch das Vormundschaftsgericht auch noch nach der Beendigung der Vormundschaft erfolgen und also auch noch angefochten werden (KGJ 21 A 199 = RJA 2 5; KGJ 24 A 26 = RJA 3 64; KGJ 30 A 88 = RJA 6 33). Das gleiche gilt hinsichtlich einer wegen angeblicher Pflichtverletzung gegen den Vormund ergangenen Verfügung, weil der Vormund die Möglichkeit haben muß, sich gegen den Vorwurf der Pflichtverletzung zu verteidigen (KGJ 30 A 24). Unzulässig ist die Beschwerde gegen Verfügungen, durch die die *Genehmigung zu einem Rechtsgeschäft* erteilt oder verweigert wird, wenn und soweit die Genehmigung oder Verweigerung einem Dritten gegenüber wirksam geworden ist[2 3 4], und gegen Verfügungen, durch die die *Zustimmung zu einer Ehelichkeitserklärung* ersetzt wird, wenn diese erfolgt ist (vgl §§ 52, 62 FGG; KGJ 23 A 173; 24 A 11; 25 A 17; 27 A 174; 34 A 40; 38 A 56 u. 62); im Falle der *Vorgenehmigung* kann die Entscheidung des Vormundschaftsgerichts gemäß § 18 FGG geändert und auch im Beschwerdewege angefochten werden, solange der Vertrag noch nicht abgeschlossen ist (RJA 15 264).

Kraft *besonderer gesetzlicher Vorschrift* ist die Beschwerde unzulässig gegen Entscheidungen gemäß §§ 5, 46 Abs II, 47 Abs II, 68 Abs I, S. 2

---

[1] Vgl hierzu KGJ 27 A 22 (Anordnung der vorläufigen Fürsorgeerziehung nach rechtskräftiger Überweisung zur endgültigen Fürsorgeerziehung) und KGJ 41 A 8 = RJA 11 174 (Ablehnung einer Maßnahme aus § 1666 BGB).

Hat in einer Angelegenheit der freiwilligen Gerichtsbarkeit das Beschwerdegericht die abweisende Entscheidung des Amtsgerichts aufgehoben und das Amtsgericht angewiesen, von dem Bedenken, das Anlaß zur Abweisung gegeben hat, abzusehen, so kann, wenn die Sachlage in der Zwischenzeit sich nicht geändert hat, die gegen die erneute Entscheidung des Amtsgerichts eingelegte Beschwerde nicht mit Erfolg auf die von dem Landgericht bereits zurückgewiesenen Bedenken gestützt werden; vielmehr hat das Landgericht ein erneutes Eingehen auf diese Bedenken abzulehnen (KGJ 53 A 11).

[2] Der Vertragsgegner kann auch nicht die Beschwerde gegen die Genehmigungsverfügung darauf stützen, daß der im § 1829 Abs. II BGB vorgesehenen Aufforderung nicht rechtzeitig Genüge geschehen und die Genehmigung daher als verweigert anzusehen sei; dies muß vielmehr notfalls im Prozeßwege geltend gemacht werden (KGJ 53 A 39).

[3] Das gleiche gilt auch für eine Verfügung, durch die die *Genehmigung des Gegenvormundes zu einem Rechtsgeschäft ersetzt worden ist*, wenn die Verfügung einem Dritten gegenüber wirksam geworden ist (KGJ 38 A 44 = RJA 10 167).

[4] Bestehen über den Eintritt der Wirksamkeit Zweifel, ist aber die angefochtene Verfügung sachlich nicht gerechtfertigt, so empfiehlt es sich, in eiligen Fällen zunächst ohne weitere Aufklärung die erforderliche Änderung der angefochtenen Verfügung vorzunehmen und gegebenenfalls diese Entscheidung, falls sich demnächst ihre Nichtigkeit herausstellt, durch förmlichen Beschluß wieder aufzuheben (so für das Beschwerdeverfahren SCHLEGELBERGER I S. 500 Anm 1).

FGG sowie gegen die Bewilligung des Armenrechtes gemäß § 14 FGG i. V. m. § 127 ZPO.

3. Wegen der Zulässigkeit eines *Verzichtes* auf das Rechtsmittel und der *Verwirkung* des Beschwerderechtes vgl oben § 28 vor Zff 1 und unten § 30 Zff 8.

4. *Nichtige Verfügungen* können im Beschwerdewege angefochten werden, da sie allein durch ihr Vorhandensein geeignet sind, die Rechtsstellung des Betroffenen zu beeinträchtigen (SCHLEGELBERGER I S. 125 Anm 14 zu § 7). Auch ist die Beschwerde zulässig, wenn das Vormundschaftsgericht eine Entscheidung in einer Angelegenheit getroffen hat, die dem Prozeßgericht vorbehalten war (KGJ **43** A 1).

5. Ebenso sind Entscheidungen eines *örtlich unzuständigen Gerichts*, obwohl sie gemäß § 7 FGG nicht unwirksam sind, mit der Beschwerde anfechtbar; mit dieser kann, soweit es sich um die Anordnung oder Führung einer Vormundschaft, vorläufigen Vormundschaft oder Pflegschaft handelt, nicht nur die Abgabe an das zuständige Gericht verfolgt werden, sondern auch die Aufhebung der bereits getroffenen Maßnahmen (KG in JFG **14** 204 unter Aufgabe der früheren Rechtsprechung in KGJ **30** A 4 u. JFG **1** 38). Für andere vormundschaftsgerichtliche Verrichtungen im Sinne des § 43 FGG ist bereits in KGJ **35** A 345 = RJA **9** 73 und in KGJ **53** A 27 die Beschwerde mit dem Ziel der Aufhebung der Maßnahmen zugelassen. In Fürsorgeerziehungssachen kann die Aufhebung des von einem örtlich unzuständigen Gericht erlassenen Beschlusses im Beschwerdewege erstrebt werden (vgl KGJ **53** A 62; JFG **2** 92; **3** 94).

6. Anfechtbar mit der Beschwerde sind nur die *Entscheidungen des Gerichts erster Instanz*. Vormundschaftsgericht erster Instanz ist das Amtsgericht (§ 35 FGG)[1] [2]. Die Verfügungen des *Landgerichts in der*

---

[1] Ausnahmsweise ist das *Land*gericht Gericht erster Instanz im Falle des § 1878 Abs II BGB. Die Zurückweisung eines für die Beschwerdeinstanz gestellten Armenrechtsgesuches durch das Beschwerdegericht ist eine erstinstanzliche Entscheidung, gegen die nicht die weitere, sondern die erste Beschwerde stattfindet; hierüber entscheidet allerdings das übergeordnete Gericht (JFG **14** 211). S. auch KEIDEL in Rpfl **60** 358.

Hat die Zivilkammer des Landgerichts gemäß Art 51 Abs II PrFGG auf Antrag des Gläubigers die Weigerung des Notars, vollstreckbare Ausfertigung einer von ihm aufgenommenen Urkunde zu erteilen, ganz oder teilweise für ungerechtfertigt erklärt, so steht dagegen dem Schuldner die Beschwerde der freiwilligen Gerichtsbarkeit nicht zu. Er kann seine Einwendungen gegen die Zulässigkeit der Vollstreckungsklausel nur nach § 797 Abs III ZPO geltend machen (JFG **1** 34). Bei Zurückweisung des Antrages des Gläubigers findet dagegen die Beschwerde der freiwilligen Gerichtsbarkeit statt (KGJ **44** A 15; JFG **1** 35).

[2] An die Stelle des Gerichts erster Instanz tritt in den Fällen der §§ 1858, 1859 BGB der *Familienrat* (§ 1872 Abs I S. 1 BGB). Verfügungen des Familienrats gemäß den §§ 1875, 1876 BGB gelten als solche des Gerichts erster Instanz (SCHLEGELBERGER I S. 251 Anm 23 zu § 19), sind also mit der Beschwerde anfechtbar.

Beschwerdeinstanz sind grundsätzlich auch dann nicht als Entscheidungen des Gerichts erster Instanz anzusehen, wenn sie nicht unmittelbar die Nachprüfung der angefochtenen Entscheidung zum Gegenstande haben, sondern auf Grund neuer Anträge der Beteiligten oder aus anderem Anlaß von Amts wegen im Beschwerdeverfahren erlassen sind; so sind z. B. *einstweilige Anordnungen des Beschwerdegerichts* auf Grund des § 24 Abs III FGG weder mit der einfachen noch mit der weiteren Beschwerde anfechtbar (vgl RJA **4** 190; KGJ **23** A 3, KEIDEL S. 401 Anm 6). Ausnahmsweise ist die Beschwerde zugelassen gegen die Entscheidung des Landgerichts über die *Entlassung eines Mitgliedes des Familienrates* (§ 64 FGG).

Dagegen werden die Entscheidungen über *Armenrechtsgesuche*, die *Rechtmäßigkeit der Zeugnisverweigerung*, *Bestechung von Zeugen*, *Ablehnung von Sachverständigen* (vgl §§ 14, 15 FGG) von dem Kammergericht als erstinstanzliche Entscheidungen angesehen und demgemäß als mit der einfachen Beschwerde anfechtbar betrachtet (KGJ **34** A 3 = RJA **9** 1; ebenso BayObLG in KGJ **43** A 274 = RJA **11** 81, wo indessen im übrigen ausgeführt wird, daß gegen einen Beschluß des Beschwerdegerichts, durch den ein erst bei diesem gestellter *Zwischenantrag* zurückgewiesen wird, von den gesetzlich geregelten Ausnahmefällen der §§ 14, 15, 64 FGG abgesehen, ein Rechtsmittel nicht gegeben sei. Abweichender Ansicht ist SCHLEGELBERGER (I S. 252 Anm 24 mit weiteren Nachweisen für und wider). Zur *Verweigerung der Akteneinsicht* durch das Beschwerdegericht vgl KG in Rpfl **60** 375 Nr 192 und die Abhandlung von KEIDEL in Rpfl **60** 358, 359, 360.

§ 29. b) Die Beschwerdebefugnis

Zu unterscheiden von der Frage der Zulässigkeit des Rechtsmittels ist die Frage der Berechtigung des Beschwerdeführers zur Einlegung des Rechtsmittels[1].

Verfügungen des Urkundsbeamten der *Geschäftsstelle* des Vormundschaftsgerichts unterliegen zunächst der Nachprüfung durch den Richter; erst gegen die richterliche Entscheidung ist die Beschwerde gegeben.

Wegen der Rechtsbehelfe gegen die Verfügungen der *Rechtspfleger* vgl RechtspflG § 10.

Gegen die Verweigerung des *Rechtskraftzeugnisses* durch die Geschäftsstelle des Gerichts erster Instanz findet die Erinnerung an das Gericht und demnächst die einfache und die weitere Beschwerde statt (KGJ **34** A 65). Dagegen ist gegen die Versagung eines *Zeugnisses über die Nichteinlegung von Rechtsmitteln* (den Begriff der Notfrist kennt das FGG allerdings nicht) durch die Geschäftsstelle des Beschwerdegerichts nur die Aufsichtsbeschwerde, nicht die Beschwerde im Rechtswege gegeben (KGJ **30** A 3).

Entscheidungen des Vormundschaftsgerichts gemäß § 39 Abs II JWG sind mit der Beschwerde anfechtbar (JFG **3** 70).

[1] Bleibt die *Geschäftsfähigkeit des Beschwerdeführers* zweifelhaft, so steht das der Zulässigkeit der Beschwerde nicht entgegen. Die Geschäftsunfähigkeit kann sich auf

I. Die Beschwerde steht grundsätzlich demjenigen zu, *dessen Recht durch eine Verfügung des Vormundschaftsgerichts beeinträchtigt ist* (§ 20 Abs I FGG).

1. Hiernach ist zunächst Voraussetzung der Beschwerdebefugnis, daß ein *Recht* des Beschwerdeführers durch die anzufechtende Verfügung beeinträchtigt ist. Wer ohne sachliches Recht in einem Verfahren der freiwilligen Gerichtsbarkeit die Anregung einer bestimmten Maßnahme gibt, hat im Rahmen des § 20 Abs I FGG keine Befugnis, seine Anregung im Wege der Beschwerde zu verfolgen (JFG **17** 174). Das Recht muß auf dem Gesetze beruhen; es kann im übrigen formeller oder materieller, privat-rechtlicher oder öffentlich-rechtlicher Art sein (KGJ **21** A 181 = RJA **2** 10; KGJ **48** 16; RGZ **102** 118 = JFG **1** 1, KEIDEL S. 338, 339 Anm 3). Dagegen begründen *weder ein bloßes rechtliches*[1] *noch gar ein rein wirtschaftliches oder lediglich auf sittlicher Grundlage beruhendes Interesse* ein Beschwerderecht (KGJ **20** A 10 = RJA **1** 137; **25** A 5; **27** A 172; vgl ferner RGZ **56** 124); es genügt nicht, daß die anzufechtende Verfügung auf die rechtlichen Beziehungen des Beschwerdeführers von Einfluß ist oder daß schutzwürdige Interessen verletzt sind, vielmehr muß ein *Recht* beeinträchtigt sein (RGZ **132** 311, 313, 316). Das Beschwerderecht besteht nur dann, wenn das beeinträchtigte Recht zur Zeit des Erlasses der anzufechtenden Entscheidung *bereits bestanden* hat (KGJ **23** A 3 = RJA **3** 111), jedoch genügt es, wenn es erst nach der Beeinträchtigung auf den Beschwerdeführer *übergegangen* ist (KGJ **45** A 145 für den Fall der Erbfolge).

Demgemäß hat z. B. der *Vater*, dem die Verwaltung über das dem Kinde von Todes wegen angefallene Vermögen durch letztwillige Verfügung entzogen ist, kein Beschwerderecht gegen die seinem Antrag auf Entlassung des Pflegers ablehnende Entscheidung des Vormundschaftsgerichts, weil der Vater kein Recht an diesem Vermögen hat (RJA **11** 162; vgl auch JOSEF im Recht **1927** 709). Ebenso hat der Vater, dessen Kind ein Pfleger zur Wahrnehmung seiner Unterhaltsansprüche gegen den Vater bestellt ist, kein Beschwerderecht aus § 20 FGG gegen die Auswahl des Pflegers oder die Ablehnung der Entlassung eines ihm nicht genehmen Pflegers (JFG **16** 314). Ist ein uneheliches Kind durch die Eheschließung seiner Eltern *ehelich geworden*, so regelt sich die Be-Beschwerdebefugnis hinsichtlich der entsprechenden Feststellung des Vormundschaftsgerichts nach § 31 Abs II PStG i.d.F. des Bundesgesetzes vom 18. 5. 1957, BGBl I 521; die Erben der dort bezeichneten

---

ein bestimmtes Lebensgebiet, so auf den Gegenstand der Beschwerde, beschränken (Bay OLG vom 10. 1. 1958 in MDR **58** 346 = DRiZ **58** Rechtspr B 68 Nr 833 = Rechtspfl **58** 315 Nr 136).

[1] Über die Fälle, in denen ausnahmsweise ein „rechtliches“ oder „berechtigtes“ Interesse die Beschwerdebefugnis begründet, vgl unten zu II.

Personen sind nicht beschwerdeberechtigt (vgl für das ältere Recht JFG 20 167). Ein *geschäftsunfähiger Volljähriger* kann gegen die *Anordnung einer Pflegschaft nach § 1910 Abs II BGB* in gewissem Rahmen (Art 1 Abs I, 103 Abs I GG) selbständig Beschwerde einlegen (BGH vom 22. 3. 1961 — IV ZB 308/60 in FamRZ 61 310, 367ff. Nr 100, 124 = BGHZ 35 1 = NJW 61 1397 = MDR 61 688 unter Aufgabe der früheren Auffassung in BGHZ 15 262ff. = FamRZ 55 43 Nr 22). Ebenso kann ein *volljähriger geschäftsunfähiger Mündel oder Pflegebefohlener* gegen die gerichtliche Anordnung einer *Anstaltsunterbringung* selbständig Beschwerde einlegen (KG in FamRZ 61 494 Nr 183, vgl auch unten § 32 Zff 1f. § 140 Zff 3b). Dem *Erzeuger* eines unehelichen Kindes steht kein Beschwerderecht zu gegen die Verweigerung der Genehmigung eines mit dem Kinde geschlossenen Unterhaltsvergleichs; denn der Erzeuger hat kein Recht auf Regelung seiner Unterhaltspflicht durch einen Vergleich (KGJ 20 A 136 = RJA 1 43)[1]. Ebenso hat der uneheliche Vater kein Beschwerderecht gegen die Versagung der vormundschaftsgerichtlichen Genehmigung zur Einwilligung des gesetzlichen Vertreters in die Ehelichkeitserklärung des Kindes (DRiZ 58 B 88 Nr 1002 = SchlHA 58 176). Dem *Ehemann* steht ohne Rücksicht auf den Güterstand das Beschwerderecht gegen die Ablehnung seines Antrags auf Aufhebung einer gemäß § 1910 BGB für die Frau eingeleiteten Vermögenspflegschaft nicht zu (so für das frühere Recht JFG 4 129, ferner hinsichtlich des Falles der Gütertrennung RJA 13 69 = Recht 1914 Nr 2109). Die *Verwandten* eines für volljährig erklärten Mündels haben gegen die *Volljährigkeitserklärung* kein Beschwerderecht (RJA 13 74), weil weder ein Recht der Verwandten durch die Volljährigkeitserklärung beeinträchtigt ist (§ 20 Abs I FGG) noch § 57 Abs I Zff 9 FGG zur Anwendung kommen kann, da es sich um einen Fall der sofortigen Beschwerde handelt (vgl §§ 56 Abs II, 60 Abs I Zff 6, 57 Abs II FGG). Auch der *beschränkt geschäftsfähige Vater* hat kein Beschwerderecht gegen die Volljährigkeitserklärung; erlangt er die Geschäftsfähigkeit wieder, so kann er das Rechtsmittel einlegen, jedoch nur, solange die Volljährigkeit des Kindes noch nicht rechtskräftig geworden ist (JFG 19 152). Dem *Jugendamt* steht gegen die Volljährigkeitserklärung die Beschwerde nicht zu (Amtsvormund XXIV 57; s. aber auch unten zu II 9). Der *Gegenvormund* kann sich beschweren, wenn seine nach dem Gesetze erforderliche Anhörung unterblieben ist; er kann aber nicht darüber Beschwerde führen, daß das Vormundschaftsgericht seiner Ansicht nicht gefolgt ist (KGJ 27 A 11 = RJA 4 73; KGJ 38 A 44 = RJA 10 167). Ist eine vom Amtsgericht angeordnete Pflegschaft vom Landgericht

---

[1] Auch aus § 57 Abs I Zff 9 FGG hat der Erzeuger kein Beschwerderecht, vgl hierzu unten zu II.

aufgehoben worden, so hat der frühere *Pfleger* gegen den Beschluß des Landgerichts kein Beschwerderecht (RJA **15** A 101, vgl auch JMBlNRW 55 288 = NJA 55 1666). Die Unterlassung der Anhörung eines *gemäß § 1847 BGB Geladenen* gibt diesem kein Beschwerderecht, da ihm ein Recht auf Anhörung nicht zusteht (RJA **15** A 265). Ein Recht des *Antragstellers* auf sachgemäße Behandlung seines Antrags ist verletzt, wenn dem Antrag ein leicht zu beseitigendes Hindernis entgegensteht und das Gericht es unterläßt, dem Antragsteller Gelegenheit zur Beseitigung des Hindernisses zu geben (KGJ **50** A 1). Wird das zum Pfleger bestellte Jugendamt (vgl § 52 JWG) mit seiner Zustimmung aus dem Amt als Pfleger entlassen, so steht hiergegen *dritten Personen* ein Beschwerderecht nicht zu (JurRdsch **1930** Rechtspr Nr 877 = DJZ **1930** 705).

2. Erforderlich ist ferner, daß eine *Beeinträchtigung* des Rechtes des Beschwerdeführers vorliegt. Es muß sich dabei um einen unmittelbaren, tatsächlich störenden Eingriff in ein Recht, eine ungünstige Beeinflussung, Verminderung oder wirkliche Schmälerung dieses Rechtes handeln (Keidel S. 340 Anm 4 m. Nachweisen). Maßnahmen, die nur eine mittelbare Wirkung auf das Recht des Beschwerdeführers ausüben, genügen nicht. Die Beeinträchtigung kann nicht nur in der Vernichtung, sondern auch in der Einschränkung oder Erschwerung der Ausübung des Rechts bestehen; sie kann in einer Verletzung des materiellen wie des Verfahrensrechts, zwingender oder bloßer Soll- oder Ordnungsvorschriften gefunden werden. Auch der Umstand, daß dem Antrag des Beschwerdeführers stattgegeben ist, schließt das Beschwerderecht nicht aus, wenn er seine Auffassung ändert oder nach dem Ergebnis der Ermittlungen die Angelegenheit in einem dem Beschwerdeführer günstigeren Sinne hätte geregelt werden müssen (Schlegelberger I S. 257 Anm 7; vgl auch IFG **4** 51). Im übrigen ist die Beschwerdebefugnis nicht davon abhängig, daß das Rechtsmittel sachlich begründet ist; vielmehr ist zur Beschwerde ein jeder berechtigt, dessen Recht verletzt sein würde, wenn die angefochtene Entscheidung ungerechtfertigt wäre (RJA **5** 9).

Ob eine Beeinträchtigung des Rechts des Beschwerdeführers vorliegt, kann im Einzelfall sehr zweifelhaft sein. Die *Eltern* eines Kindes sind z. B. beschwerdeberechtigt gegen die Bestellung eines Unterhaltspflegers für das Kind, weil durch die Pflegschaft die Ausübung der elterlichen Gewalt beeinträchtigt wird (so für das frühere Recht JFG **1** 51); dagegen ist die Beschwerdebefugnis gegen die *Auswahl* des Pflegers oder gegen die Ablehnung der Entlassung eines dem Beschwerdeführer nicht genehmen Pflegers nicht gegeben (JFG **16** 314ff.). In RJA **11** 83 ist dem Vater, dem die Sorge für die Person und das Vermögen des Kindes entzogen und dessen Einwilligung zur Volljährigkeitserklärung des Kindes daher nicht erforderlich ist, das Beschwerderecht gleichwohl eingeräumt, weil er erst durch die angefochtene Verfügung die elterliche Gewalt, die weiter sei als die Personensorge und die Vermögenssorge, verliere (abw. SCHLEGELBERGER I S. 259 Anm 10; vgl zu dieser Frage auch JZ 57 350). Die Möglichkeit einer Beeinträchtigung des Vermögens eines Kindes, dessen Mutter gestorben und von dem Vater allein beerbt ist, und dem zur Wahrnehmung seiner Rechte in dieser Nachlaßsache ein mit dem Kinde nicht verwandter oder verschwägerter Rechtsanwalt oder Pfleger bestellt ist, und damit auch der väterlichen Rechte an dem Pfleglingsvermögen im Hinblick auf die gemäß § 1836 BGB mögliche Vergütung genügt, um das Beschwerderecht des Vaters zu begründen (JFG 5 124 = JW 1928 68, 69 = Recht 1928 Nr. 297). In einem Verfahren aus den §§ 1666 und 1671 n. F. BGB steht den betroffenen *Eltern* ein Beschwerderecht gegen die Bestellung eines Pflegers aus eigenem Recht zu, denn die Pflegschaft schränkt die elterliche Gewalt ein, beeinträchtigt also das Recht der sorgeberechtigten Eltern auf Ausübung der elterlichen Gewalt. Im Falle des § 1671 BGB ist die Regelung der elterlichen Gewalt über jedes einzelne Kind ein selbständiger Verfahrensgegenstand (FamRZ 61 127 Nr 46). Auch eine Anordnung aus § 1634 n. F. BGB unterliegt der Beschwerde sowohl des verkehrsberechtigten wie des verkehrspflichtigen Elternteils, soweit sie das Recht zum persönlichen Verkehr oder zur Beschränkung dieses Rechts auf das erforderliche Maß beeinträchtigt (für das frühere Recht aus § 1636 BGB vgl KGJ 29 A 251 = RJA 5 224). Die Anordnung einer Pflegschaft für die als Nacherben berufenen noch nicht erzeugten Kinder beeinträchtigt das Recht des Vaters nicht und verleiht diesem kein Beschwerderecht (KGJ 24 4 = RJA 3 6). Der *Mutter* steht als Mitinhaberin der elterlichen Gewalt (§ 1627 n. F. BGB) in demselben Umfang ein Beschwerderecht zu wie dem Vater, so z. B. gegen die Bestellung eines Pflegers, der über den Verkauf eines kindeseigenen Grundstückes Entschließungen fassen und das Kind bei seiner Durchführung vertreten soll (NJW 56 672 = DRiZ 56 Rechtspr S. 75 Nr 794). Bei *Meinungsverschiedenheiten der Eltern über die Einlegung der Beschwerde* steht dem Elternteil, der es bei der ergangenen Entscheidung nicht bewenden lassen will, in *entsprechender* Anwendung des § 58 FGG ausnahmsweise die alleinige Befugnis zur Einlegung der Beschwerde zu (FamRZ 56 113 Nr 123 = NJW 55 1721 Nr 12; vgl auch FIRSCHING in FamRZ 56 137 Zff 7). Die Entziehung der elterlichen Gewalt des Vaters enthält keinen Eingriff in das Recht der Mutter, deren elterliche Gewalt unberührt bleibt (JFG 4 39; die Mutter kann jedoch im Interesse des Kindes gemäß § 57 Abs I Zff 9 FGG beschwerdeberechtigt sein). Einem *Elternteil,* dem die elterliche Gewalt *entzogen* ist, steht eine Beschwerdebefugnis gegen die vormundschaftsgerichtliche Genehmigung zu einer mit Freiheitsentziehung verbundenen Unterbringung des Kindes durch den nach § 1671 Abs V BGB bestellten Vormund nicht zu; auch in den Fällen des § 55a Abs II FGG ist die einfache Beschwerde nicht eröffnet (FamRZ 62 478 Nr 197 = DRiZ 63 B 7 Nr 119). Das Recht eines *Kindes,* das nach der Eintragung in das Geburtenbuch als ehelich erscheint, dessen Ehelichkeit aber von dem Ehemann der Mutter mit Erfolg angefochten ist, und dem der Ehemann seinen Namen erteilt hat, ist nicht beeinträchtigt, wenn die Eintragung der Hinfälligkeit des Randvermerkes über die Namenserteilung angeordnet wird, weil das Kind kein Interesse an dem Fortbestande des zu löschenden Randvermerkes hat (JFG 2 135). Ein *Vormund* kann sich auch noch nach seiner Entlassung über ein wegen vermeintlicher Pflichtwidrigkeit gegen ihn erlassenes Gebot des Vormundschaftsgerichts beschweren (KGJ 30 A 24 = RJA 6 15), ebenso (vor der Entlassung) über Eingriffe in sein Bestimmungsrecht, namentlich gegen Anweisungen in Zweckmäßigkeitsfragen (KGJ 29 A 18 = RJA 5 136), ferner gegen die Androhung einer Ordnungsstrafe (OLG 18 298) sowie der Entlassung aus dem Amte (KGJ 51 A 36). Das gleiche gilt für den *Pfleger.* Der *generalbevollmächtigte Sohn* einer Gebrechlichen ist berechtigt, gegen die Anordnung der Gebrechlichkeitspflegschaft und gegen die Nichtbestellung seiner Person zum Pfleger Beschwerde einzulegen (DRiZ 59 B 17 Nr 292 = FamRZ 58 387 Nr 156). Der Unterhaltspfleger hat ein Beschwerderecht zwar nicht aus § 20 FGG, aber aus § 57 Abs I Zff 9 FGG (JFG 17 61). Ebenso ist ein *Beistand* beschwerdeberechtigt, wenn er zur Unterstützung eines Elternteils bei der Vermögensverwaltung bestellt ist (vgl § 1685 n. F. BGB), diese aber dem Elternteil wegen einer angeblich gemeinsam mit dem Beistand begangenen Pflichtwidrigkeit entzogen und dadurch das Amt als Beistand schon erloschen ist (für das frühere Recht KGJ 38 A 23). Ein *Zeuge* kann gegen seine Vernehmung keine Beschwerde erheben; er ist jedoch nach Maßgabe der Vorschriften über die Verweigerung des Zeugnisses berechtigt, Einwendungen zu erheben und Rechtsmittel einzulegen (KGJ 22 A 205).

Bei der Prüfung der Beschwerdebefugnis im Falle der *Verweigerung der vormundschaftsgerichtlichen Genehmigung* zur Vornahme des Rechtsgeschäfts eines Mündels oder Kindes ist davon auszugehen, daß die Fürsorge des Vormundschaftsgerichts lediglich den Interessen des Mündels oder Kindes gilt und daß die Erteilung oder Verweigerung der Genehmigung daher eine innere Angelegenheit des Vormundschaftsgerichts und des Vormunds oder der elterlichen Gewalthaber ist, dagegen den Vertragsgegner nicht berührt (vgl RGZ 56 124 = RJA 5 14; KGJ 38 A 59; 52 A 47; KEIDEL S. 346 Anm 5 Ai mit weiteren Nachweisen). Demgemäß steht zwar dem Vormunde oder den elterlichen Gewalthabern in Vertretung des Mündels oder Kindes das Recht der Beschwerde gegen die Verweigerung der Genehmigung zu (vgl KGJ 22 D 4 = RJA 2 108; 27 A 173; 32 A 50), dagegen grundsätzlich nicht dem Vertragsgegner (RGZ 56 124 = RJA 5 14; KGJ 27 A 172; 38 A 56); in KGJ 24

A 14 und 34 A 11 = RJA 8 170 (vgl auch RJA 17 3) ist wenigstens für den Fall, daß dem anderen Teil ein Anspruch auf Abschluß des zu genehmigenden Vertrages nicht zusteht, das Beschwerderecht versagt; aber auch wenn eine Verpflichtung des Mündels oder Kindes zur Vornahme des Rechtsgeschäfts besteht, verweigern SCHLEGELBERGER I S. 262 Anm 14, KEIDEL S. 346 Anm 5 Ai und die dort bezeichneten Entscheidungen des BayObLG mit Recht die Beschwerdebefugnis; ebenso sind andere dritte Personen nicht beschwerdeberechtigt (KGJ 38 A 61)[1]. Das Kammergericht hat allerdings in JFG 13 23 = DJ 35 1528 dem Vertragsgegner das Beschwerderecht zugesprochen, wenn dieser geltend macht, die Genehmigung sei ihm gegenüber bereits wirksam geworden und sich mit dieser Begründung gegen die *Aufhebung* der Genehmigung wendet. Wenn aber der Vertragsgegner die Aufhebung der Genehmigung erstrebt, weil diese ihm gegenüber wegen Fristablaufs gemäß § 1829 Abs II BGB als verweigert gelte, so hat er kein Beschwerderecht (JFG 16 195).

In KGJ 23 A 4 = RJA 2 107 ist von dem Oberlandesgericht Braunschweig dem unehelichen Kinde eines minderjährigen Vaters das Beschwerderecht gegen eine Verfügung des Vormundschaftsgerichts zugestanden, durch die dem Vormund des Vaters die Genehmigung zum Abschlusse eines *Unterhaltsabkommens* verweigert war. Vormund und elterliche Gewalthaber sind im übrigen in Vertretung des Mündels oder Kindes auch beschwerdeberechtigt, wenn der mit dem Genehmigungsvermerk versehene Vertrag dem Dritten ausgehändigt wird, als ob der Vertrag wirksam geworden sei (KGJ 34 A 49). Auch wenn der Genehmigungsvermerk auf die Vertragsurkunde gesetzt wird, ohne daß feststeht, daß die Genehmigung gemäß § 1829 Abs I S. 2 BGB wirksam geworden ist, ist das Beschwerderecht des Mündels oder Kindes gegeben (KGJ 52 A 46).

Erteilt das Vormundschaftsgericht dem zur Personenfürsorge bestellten Pfleger die *Genehmigung* zu einem das Vermögen des Pflegebefohlenen betreffenden Rechtsgeschäft, so ist hiergegen der Pflegebefohlene und in seinem Namen auch der Pfleger beschwerdeberechtigt (JFG 17 328).

Der angebliche *Erzeuger* hat kein subjektives Recht, die Blutentnahme bei dem Kinde zur Nachprüfung seiner Vaterschaft zu verlangen und folglich auch kein Beschwerderecht gegen die Verweigerung einer entsprechenden Anordnung durch das Vormundschaftsgericht (RGZ 159 300 = JFG 19 247; vgl auch JFG 13 256, wo allerdings ein Beschwerderecht aus § 57 Abs I Zff 9 FGG zugestanden wird, 13 326 und RGZ 153 93 = JFG 14 404).

[1] Wegen des etwaigen Beschwerderechtes des Annehmenden aus § 57 Abs I Zff 9 FGG bei einem Kindesannahmevertrag vgl unten zu II.

Auch das *Prozeßgericht*, das mit der Entscheidung über die Klage eines unehelichen Kindes auf Feststellung der Vaterschaft und auf Unterhaltungsleistung befaßt ist, hat kein Beschwerderecht, wenn das Vormundschaftsgericht es ablehnt, den Vormund anzuweisen, die Blutprobe beim Kinde zu gestatten (JFG **16** 169); einer solchen Anweisung bedarf es im Falle des § 372a ZPO übrigens nicht.

Der *Prozeßgegner* eines minderjährigen Beklagten ist durch die Bestellung eines Pflegers für diesen nicht in seinem Rechte beeinträchtigt (KGJ **24** A 152).

3. Soweit eine Verfügung *nur auf Antrag* erlassen werden kann und der Antrag zurückgewiesen worden ist, steht die Beschwerde nur dem Antragsteller zu (§ 20 Abs II FGG)[1]. Auch teilweise Zurückweisung berechtigt den Antragsteller zur Anfechtung. Die Aussetzung des Verfahrens steht der Zurückweisung des Antrags gleich. Im übrigen hat aber auch der Antragsteller das Beschwerderecht nur, wenn die Voraussetzungen des § 20 Abs I FGG gegeben sind. Die Bedeutung der Vorschrift des § 20 Abs II FGG besteht darin, daß in den Fällen, in denen das Vormundschaftsgericht nur auf Antrag tätig wird und den Antrag zurückgewiesen hat, *abgesehen von den Voraussetzungen des § 20 Abs I FGG* die Beschwerdebefugnis nur dem Antragsteller zuerkannt ist. Auch ein Antragsberechtigter, der aber den Antrag nicht selbst gestellt hat, besitzt kein Beschwerderecht, und zwar selbst dann nicht, wenn sein Recht durch die anzufechtende Entscheidung beeinträchtigt ist; es bleibt dem Antragsberechtigten in diesem Falle nichts anderes übrig, alsden Antrag von sich aus bei dem Amtsgericht erneut zu stellen und alsdann im Falle der Zurückweisung des Antrags die Beschwerde zu erheben.

II. In einzelnen Fällen ist *über die Vorschriften des § 20 FGG hinaus der Kreis der Beschwerdeberechtigten* in Vormundschafts- und Familienrechtssachen *erweitert*. Die Beschwerde steht nämlich, unbeschadet der Vorschriften des § 20 FGG gemäß § 57 FGG i.d.F. des Gleichberechtigungsgesetzes vom 18. 6. 1957 Art 4 Zff 8 (BGBl I 637) zu[2]:

1. gegen eine Verfügung, durch welche die *Anordnung* einer *Vormundschaft abgelehnt* oder eine *Vormundschaft aufgehoben* wird, jedem, der ein *rechtliches Interesse*[3] an der Änderung der Verfügung hat, sowie

---

[1] Fälle, in denen das Vormundschaftsgericht nur auf Antrag tätig ist, ergeben sich z. B. aus den §§ 1612 Abs II S. 2, 1631 Abs II n.F., 1727, 1745, 1859 Abs I, 1889 BGB. Festsetzungsanträge gemäß §§ 1847 Abs II, 1877 BGB fallen *nicht* unter § 20 Abs II FGG.

[2] In den Fällen des § 57 FGG ist jedoch die Beeinträchtigung eines Rechtes gemäß § 20 FGG nicht Voraussetzung des Beschwerderechts (KGJ **30** A 12).

[3] „Rechtliches Interesse" im Sinne dieser Vorschrift ist nur dasjenige, das auf einem durch eine Rechtsnorm geregelten Verhältnis zu einer anderen Person oder zu einer Sache beruht (KGJ **25** A 5; vgl ferner KGJ **33** A 65; RJA **16** 155 u. 17 1; RGZ **151** 63; **153** 99 sowie Keidel S. 585 Anm 2a).

dem Ehegatten, den Verwandten[1] und Verschwägerten des Mündels, es sei denn, daß die Verfügung eine vorläufige Vormundschaft betrifft.

2. gegen eine Verfügung, durch welche die *Anordnung* einer *vorläufigen Vormundschaft abgelehnt oder* eine solche Vormundschaft *aufgehoben* wird, denjenigen, welche den Antrag auf Entmündigung zu stellen berechtigt sind[2]; wenn die Entmündigung wegen Geisteskrankheit oder Geistesschwäche beantragt ist, auch der Staatsanwalt (KEIDEL S. 586 Anm 3b), wenn die Entmündigung wegen Verschwendung oder Trunksucht beantragt ist, auch die landesgesetzlich zum Entmündigungsantrag berechtigten Verbände (vgl KEIDEL a. a. O. Anm 3c),

3. gegen eine Verfügung, durch welche die *Anordnung einer Pflegschaft abgelehnt* oder eine *Pflegschaft aufgehoben* wird, jedem, der ein *rechtliches Interesse*[3] an der Änderung der Verfügung hat, in den Fällen der §§ 1909, 1910 BGB auch dem Ehegatten[4], sowie den Verwandten und Verschwägerten des Pflegebefohlenen; diese Vorschrift gilt jedoch im Falle des § 1910 BGB nur dann, wenn eine Verständigung mit dem Pflegebefohlenen nicht möglich ist (diese Beschränkung gilt für alle im ersten Halbsatz genannten Personen, die die Anordnung einer Gebrechlichkeitspflegschaft wünschen oder ihre Aufhebung bemängeln); ist die Pflegschaft auf Antrag des Pfleglings aufgehoben, so besteht das Beschwerderecht nur dann, wenn der Pflegling geschäftsunfähig ist oder im Zustande der Bewußtlosigkeit oder vorübergehender Störung der Geistestätigkeit gehandelt hat (JFG 18 298). Der Pfleger selbst ist nach Aufhebung der Pflegschaft nicht mehr beschwerdeberechtigt (JMBlNRW 53 288 = NJW 53 1666 = DRiZ 54 Rechtspr S. 5 Nr 62). Neben dem Beschwerderecht aus § 57 Abs I Zff 3 FGG kann auch die Beschwerdebefugnis aus Zff 9 a. a. O. in Betracht kommen (JFG 14 242);

---

[1] Die Verwandeten eines für volljährig erklärten Mündels haben gegen die Volljährigkeitserklärung kein Beschwerderecht (RJA 13 74).

[2] Nach der Bekanntmachung des die vorläufige Vormundschaft aufhebenden Beschlusses an den Mündel hat sein bisheriger Vormund als solcher kein Beschwerderecht mehr (KGJ 25 A 188 = RJA 3 172).

[3] Der *Schuldner*, der eine im Grundbuch eingetragene Schuld tilgen will, deren Gläubiger ungewiß ist, hat ein rechtliches Interesse an der Bestellung eines Abwesenheitspflegers (KGJ 28 A 9), ebenso ein *Grundstückseigentümer*, der wegen Verhinderung des gesetzlichen Vertreters seines minderjährigen Gläubigers verhindert ist, über eine Teilentpfändung zu verhandeln, an der Bestellung eines Pflegers für den Minderjährigen (KGJ 33 A 65). Kein rechtliches Interesse haben die *Miterben* an der Bestellung eines Abwesenheitspflegers für einen der Miterben, jedenfalls wenn es sich um die Verwaltung des Nachlasses und die prozeßgerichtliche Auseinandersetzung der Miterben handelt RJA 16 155); das *Nachlaßgericht* ist nicht beschwerdeberechtigt, wenn das Vormundschaftsgericht der Anregung auf Bestellung eines Deszendenzpflegers nicht entspricht (KGJ 48 A 20). *Tatsächliches Interesse* gibt kein Beschwerderecht (JW 1928 2149).

[4] Aber nur während der Dauer der Ehe (JW 1928 2149).

4. gegen eine Verfügung, durch welche die Einsetzung eines *Familienrats abgelehnt* oder der Familienrat *aufgehoben* wird, dem Ehegatten sowie den Verwandten und Verschwägerten des Mündels,

5. weggefallen gemäß Gleichberechtigungsgesetz vom 18. 6. 1957 Art 4 Zff 8 (BGBl I 637),

6. gegen eine Verfügung, durch die ein *Antrag des Gegenvormundes* oder *des Beistandes zurückgewiesen* wird, gegen den gesetzlichen Vertreter *wegen pflichtwidrigen Verhaltens einzuschreiten* oder den *Vormund oder den Pfleger* aus einem der im § 1886 BGB bezeichneten Gründe zu *entlassen*, dem Antragsteller; eine Ausdehnung auf weitere Fälle ist nicht statthaft (RJA 4 75),

7. gegen eine Verfügung, durch die dem Vormunde oder Pfleger eine *Vergütung bewilligt* wird, dem Gegenvormunde[1],

8. gegen eine Verfügung, durch welche die Anordnung einer der in den §§ 1666, 1667, 1693 n. F. BGB vorgesehenen *Maßregeln abgelehnt oder* eine solche Maßregel *aufgehoben* wird, den Verwandten und Verschwägerten des Kindes[2]; dies gilt aber nur, wenn das Rechtsmittel geeignet sein kann, die Belange des Kindes zu fördern, denn nur in seinem Interesse ist die Beschwerdebefugnis den Verwandten und Verschwägerten verliehen (JFG 21 181),

9. gegen eine Verfügung, die eine *Entscheidung über eine die Sorge für die Person des Kindes oder des Mündels betreffende Angelegenheit* enthält, jedem, der ein *berechtigtes Interesse* hat, diese Angelegenheit wahrzunehmen. Der Begriff des „berechtigten Interesses" ist weiter als der des „rechtlichen Interesses"; er umfaßt alle Interessen allgemeiner Art, die ihre Stütze nicht unmittelbar in einer Rechtsnorm finden, aber staatlicherseits anerkennenswert erscheinen; seine Voraussetzungen sind im allgemeinen erfüllt, wenn ein vernünftiger Anlaß für den Beschwerdeführer gegeben ist, sich des Kindes oder Mündels anzunehmen (vgl KGJ 43 A 41 = RJA 12 183; RGZ 151 63; KEIDEL S. 592 Anm 10b). Die Erweiterung des Kreises der Beschwerdeberechtigten in § 57 Abs I Zff 9 FGG gilt auch, wenn die Angelegenheit einen *volljährigen* geschäftsunfähigen Pflegebefohlenen betrifft (FamRZ 62 482 Nr 200).

In den Fällen zu Zff 9 *verbleibt es jedoch bei den Vorschriften des § 20 FGG, wenn* gegen die betreffende Entscheidung des Vormundschaftsgerichts nur die sofortige Beschwerde gegeben ist (§ 57 Abs II FGG), wie

---

[1] Ist die Vormundschaft beendet, so ist der frühere Mündel beschwerdeberechtigt (vgl hierzu KGJ 30 A 88). Die Beschwerde ist auch noch nach Beendigung einer Pflegschaft zulässig (vgl RGZ 127 107).

[2] § 57 Abs I Zff 8 FGG schließt die Anwendung von Zff 9 bei Maßnahmen aus den §§ 1666, 1667, 1693 n. F. BGB nicht aus (so für die frühere Fassung der Vorschrift KGJ 30 A 12). Andererseits steht in Zff 8 bezeichneten Beschwerdeberechtigten die Beschwerdebefugnis auf Grund dieser Bestimmung grundsätzlich auch dann zu, wenn sie aus Ziffer 9 ein Beschwerderecht nicht besitzen (KGJ 34 A 28).

Abs II, 60 Abs I Zff 6 FGG); die Verwandten haben in diesem Fall kein Beschwerderecht (RJA 13 74). Auch das Jugendamt ist nicht befugt, sofortige Beschwerde gegen die Volljährigkeitserklärung einzulegen (JMBlNRW 50 127, DRiZ 58 B 98 Nr 1184 = MDR 58 435 = FamRZ 58 471 Nr 203); ausnahmsweise gesteht LG Lübeck dem Jugendamt als Gemeindewaisenrat das Beschwerderecht für den Fall zu, daß der gesetzliche Vertreter durch seine Zustimmung zur Volljährigkeitserklärung sein Sorgerecht mißbraucht (Amtsvormund VI 177). Auch kann dem Jugendamt als bisherigem Vormund und als Gemeindewaisenrat die einfache Beschwerde gegen die Aufhebung der Vormundschaft gemäß § 57 Abs I Zff 9 FGG zustehen (Amtsvormund XXVII 18 = JMBlNRW 53 272 = DRiZ 53 Rechtspr S. 44 Nr 478), anders für den Fall, daß das Landgericht die Entlassung eines Vormunds durch das Amtsgericht aufgehoben hat (keine sofortige weitere Beschwerde, JFG 15 283).

Die Rechtsprechung zu § 57 Abs I Zff 9 FGG ist außerordentlich umfangreich. Im einzelnen sei folgendes bemerkt:

a) Die Anwendung des § 57 Abs I Zff 9 FGG erfordert, daß es sich um eine Angelegenheit handelt, die die *Sorge für die Person* des Kindes oder Mündels betrifft. Diese Voraussetzung ist auch erfüllt, wenn die Regelung der Angelegenheit nur von *mittelbarer* Bedeutung für die Person des Kindes ist (KGJ 33 A 32; 38 A 65). Dies kann zwar auch bei der *Blutentnahme* bei dem Kinde zwecks *Nachprüfung der Vaterschaft* eines angeblichen Erzeugers der Fall sein; dieser hat aber gleichwohl kein Beschwerderecht, weil er ein berechtigtes Interesse, die Angelegenheit wahrzunehmen, nicht hat (RGZ 159 300 = JFG 19 247; vgl auch JFG 13 326, 14 404 = RGZ 153 93; abw. 13 256). In KGJ 20 A 136 = RJA 1 43 hatte das Kammergericht dem Erzeuger eines unehelichen Kindes das Beschwerderecht gegen die Verweigerung der vormundschaftsgerichtlichen Genehmigung eines von dem Erzeuger mit dem Kinde geschlossenen *Abfindungsvergleichs* u. a. auch deshalb verweigert, weil die Entscheidung lediglich eine das Vermögen des Kindes betreffende Angelegenheit sei. In KGJ 38 A 65 ist dagegen anerkannt, daß der *Unterhaltsanspruch* des unehelichen Kindes gegen den Erzeuger eine auch die Sorge für die Person des Kindes betreffende Angelegenheit sei, und deshalb jedenfalls der Mutter das Beschwerderecht für den Fall zugestanden, daß das Vormundschaftsgericht einen Abfindungsvergleich genehmigt, der nach der Ansicht der Mutter das Interesse des Kindes verletzt. Abweichend hiervon hatte das BayObLG in KGJ 30 A 293 = RJA 6 28 die Bestellung eines Pflegers zur Geltendmachung von Unterhaltsansprüchen des Kindes gegen dessen Vater nicht als ein die Person des Kindes betreffende Angelegenheit angesehen. Hat die Mutter eines unehelich geborenen, für ehelich erklärten Kindes, das sich bei ihr, nicht bei dem Vater befindet, beantragt, im Wege der einstweiligen Anordnung dem Vater das Recht zur Bestimmung des Aufenthalts des Kindes zu entziehen und den Schulbesuch des Kindes zu regeln, so steht ihr gegen den den Antrag zurückweisenden Beschluß ein Beschwerderecht aus § 57 Abs I Zff 9 (nicht aus § 20) FGG zu (DRiZ 62 B 77 Nr 1030a).

Die *Auswahl des Vormundes* oder Pflegers, der nicht rein vermögensrechtliche Aufgaben hat, ist eine auch die Person des Kindes betreffende Angelegenheit (KGJ 43 A 41 = RJA 12 193, BayObLG vom 16. 12. 1958 in FamRZ 59 125 Nr 59), ebenso die Anordnung der Vormundschaft (JFG 6 45; für den Fall der Auswahl eines Vermögenspflegers vgl JFG 19 93). In RGZ 64 288 = RJA 8 3 wird die Frage offengelassen, ob die *Bestellung eines Vormundes* eine die Person des Mündels betreffende Angelegenheit sei. Dagegen hat das Kammergericht in KGJ 50 A 32 = RJA 16 9 dem Ehegatten eines volljährigen Mündels die Beschwerdebefugnis zugestanden, wenn das Rechtsmittel darauf gestützt wird, daß bei der Auswahl des Vormundes im Interesse des Mündels hätte geprüft werden müssen, ob die Bestellung der Beschwerdeführerin dem Wohl des Mündels vorteilhaft sei (vgl auch KGJ 43 A 41 = RJA 12 183), ebenso in KGJ 22 A 213 = RJA 2 113 den Verwandten des Mündels gegen die Bestellung des Vormundes, selbst wenn diesem nur die Sorge für das Vermögen des Mündels übertragen ist. Dieser Auffassung wird zuzustimmen sein, weil die Bestellung des Vormundes in jedem Fall wenigstens mittelbar auf die persönlichen Angelegenheiten des Mündels von Einfluß ist. Verfügungen des Vormundschaftsgerichts, durch die unter *Verstoß gegen § 1779 BGB* ein Vormund bestellt wird, sind mit der Beschwerde anfechtbar (JFG 14 42). Die *uneheliche Mutter* hat ein Beschwerderecht gegen die Ablehnung ihres Antrags auf *Entlassung des Vormundes*, wenn der Antrag auf eine die Sorge für die Person des Kindes betreffende Pflichtverletzung des Vormundes gestützt wird (RJA 11 164). Gegen die Bewilligung einer *Vergütung für den Vormund* hat die Kindesmutter (abgesehen von einem etwaigen Beschwerderecht aus § 20 FGG) eine Beschwerdebefugnis nur, wenn die Vergütung die zukünftige Lebensgestaltung des Kindes schmälern kann (JFG 23 93).

b) Voraussetzung des Beschwerderechts aus § 57 Abs I Zff 9 FGG ist ferner, daß das Rechtsmittel *im Interesse des Kindes oder Mündels* eingelegt wird (KGJ 36 A 34; 43 A 41; JFG 6 45). Schließlich muß sich das berechtigte Interesse (s. oben Zff 9 am Anfang) des Beschwerdeführers nicht nur allgemein auf die Sorge für die Person des Kindes oder Mündels erstrecken, sondern auch sich gerade auf die *besondere* Angelegenheit beziehen, die Gegenstand der anzufechtenden Verfügung ist (KGJ 47 A 25 = RJA 14 105). In KGJ 34 A 26 hat das Kammergericht zunächst den Standpunkt vertreten, daß der Vater durch die

Entziehung des Personensorgerechts das Beschwerderecht aus § 57 Abs I Zff 9 FGG verliere, weil er nach der Entziehung kein „berechtigtes“ Interesse an der Wahrnehmung der die Person des Kindes betreffenden Angelegenheiten besitze, und daß er daher nur noch in der Lage sei, dem Vormundschaftsgericht Anregungen zu geben. Diese Auffassung ist jedoch in ihrer Allgemeinheit als zu weitgehend bezeichnet worden (KGJ 47 A 30); dabei ist für die Beschwerdebefugnis der Eltern auf die Lage des Einzelfalls abgestellt worden und insbesondere auf die Frage, ob die Beschwerde im Interesse des Kindes eingelegt wird; insoweit ist ausgeführt, daß die Tatsache der Sorgerechtsentziehung immerhin ein gewisses Mißtrauen rechtfertige, ob nicht vielmehr dem Kinde abträgliche Interessen verfolgt würden. In RJA 16 17 endlich hat das Kammergericht dargelegt, daß die Sorgerechtsentziehung den Vater wegen der bestehenbleibenden verwandtschaftlichen Beziehungen nicht hindere, im Interesse des Kindes gemäß § 57 Abs I Zff 9 FGG Beschwerde zu erheben. Der BGH hat entschieden, daß Eltern, denen gemäß § 1666 BGB das Sorgerecht entzogen ist, zumindest in den Angelegenheiten der Personensorge insoweit kein Beschwerderecht hätten, als es sich nicht um Angelegenheiten von besonderer Tragweite handele (FamRZ 56 379 = NJW 56 1755 = DRiZ 57 Rechtspr S. 13 Nr 207).

Auch den *Verwandten und Verschwägerten* des Kindes oder Mündels steht unter den gleichen Voraussetzungen wie jedem Dritten das Beschwerderecht zu; es wird nicht etwa durch Zff 8 ausgeschlossen (KGJ 30 A 12). Vgl z. B. hinsichtlich des Beschwerderechts der *Tochter* eines unter vorläufige Vormundschaft gestellten Volljährigen JurRdsch 1928 Rechtspr Nr 958, des *Ehegatten* eines volljährigen Mündels KGJ 50 A 32 = RJA 16 9 und RJA 15 1, des *Stiefvaters* RJA 9 4. Dagegen hat der *uneheliche Vater* kein Beschwerderecht gegen die Versagung der vormundschaftsgerichtlichen Genehmigung zur Einwilligung des gesetzlichen Vertreters in die Ehelichkeitserklärung des Kindes (DRiZ 58 B 88 Nr 1002 = SchlHA 58 176).

Von *dritten Personen* hat insbesondere der *Vormund*, auch soweit ihm die Sorge für die Person des Mündels nicht obliegt, ein Beschwerderecht aus § 57 Abs I Zff 9 FGG, z. B. hinsichtlich der ihm nicht übertragenen religiösen Erziehung des Kindes (RJA 12 173). Dagegen kann der zum Vormund Ausgewählte die Wahl nicht mit der Behauptung anfechten, daß er seiner persönlichen Verhältnisse wegen zur Führung der Vormundschaft nicht geeignet sei; er kann vielmehr die Weigerung zur Übernahme des Amtes nur aus § 20 FGG darauf stützen, daß ein gesetzlicher Ablehnungsgrund vorliege (KGJ 45 A 38 = RJA 13 188). Der *Gegenvormund*, der vor der Erteilung der vormundschaftsgerichtlichen Genehmigung von dem Vormundschaftsgericht gehört ist, hat kein Beschwerderecht, wenn das Gericht entgegen seiner Meinung die

Genehmigung erteilt (KGJ 27 A 11 = RJA 4 73). Das gleiche gilt, wenn die Genehmigung zu einem Rechtsgeschäft von dem Vormundschaftsgericht nach Anhörung des Gegenvormunds an dessen Stelle erteilt ist (KGJ 38 A 44 = RJA 10 167). Ein *Pfleger*, der mehrere Male längere Zeit die Pflegschaft einwandfrei und sorgfältig geführt hat, ist auch noch nach Beendigung der Pflegschaft aus § 57 Abs I Zff 9 FGG beschwerdeberechtigt (RJA 13 73). Der *Unterhaltspfleger* ist aus § 57 Abs I Zff 9 FGG beschwerdeberechtigt (JFG 17 61). Ein *Dritter*, der das Kind lange Zeit mit Zustimmung des Vaters *erzogen* und verpflegt hat, hat ebenfalls ein berechtigtes Interesse an der Wahrnehmung der persönlichen Angelegenheiten des Kindes (KGJ 44 A 320 = RJA 12 86). Dagegen hat ein *Dienstherr* kein Beschwerderecht aus § 57 Abs I Zff 9 FGG (KGJ 20 D 10 = RJA 1 137). Dem *Annehmenden* steht gegen die Verweigerung der Genehmigung des Vormundschaftsgerichts zum Abschluß eines Kindesannahmevertrags ein Beschwerderecht aus § 57 Abs I Zff 9 FGG nicht zu, wenn der Annehmende bei der Herbeiführung der vormundschaftsgerichtlichen Genehmigung das eigene, nicht aber das Interesse des Kindes wahrnehmen will; im übrigen kommt es auf die Lage des einzelnen Falles an (KGJ 43 A 61).[1]

Dem *Jugendamt* steht das Beschwerderecht in den die Personensorge betreffenden Angelegenheiten zu (Zentralblatt XLI (54, 236), dagegen nicht in reinen Vermögensangelegenheiten (Zentralblatt XXIV 305 = Rundbriefe VIII 189). Auch der *Gemeindewaisenrat* ist grundsätzlich befugt, die persönlichen Angelegenheiten des Kindes oder Mündels mit der Beschwerde wahrzunehmen (RGZ 102 285; KGJ 20 A 139; s. auch oben zu Zff 9 Abs 2); vgl auch RJA 1 87 (religiöse Kindererziehung) und hinsichtlich der Auswahl des Vormundes KGJ 36 A 32; 53 A 46. Ebenso sind der zuständige *Geistliche* und das zuständige *Pfarramt* beschwerdeberechtigt (vgl KGJ 28 A 12 und JFG 6 66 u. 12 150 hinsichtlich der religiösen Erziehung, ferner JFG 8 79). Auch *gemeinnützige Vereine* haben das Beschwerderecht, wenn der Vereinszweck auf Förderung des leiblichen oder geistigen Wohles der Jugend in einer dem Gesetze, der allgemeinen Kulturanschauung und der sozialen Ordnung nicht widersprechenden Weise gerichtet ist, ein die Erreichung des Vereinszweckes in gewissem Umfang gewährleistende Organisation innerhalb des Vereins besteht und es sich um eine persönliche Angelegenheit des Kindes handelt, die zu dem Arbeitsfelde des Vereins gehört (KGJ 43 A 41 = RJA 17 183). Die *Schulbehörde* ist für beschwerdeberechtigt erklärt

---

[1] Ist die Verweigerung der Genehmigung durch Mitteilung des anderen Vertragsteils an den Annehmenden wirksam geworden, so kann die Beschwerde nicht mehr erhoben werden (§§ 52, 62 FGG; vgl KGJ 34 A 40; für den Fall der *Aufhebung* einer angeblich bereits wirksam gewordenen Genehmigung vgl oben § 29 I 2 Abs 3 a. Ende.

worden, wenn der Vater die Unterbringung eines blinden Kindes verweigert und das Vormundschaftsgericht die Unterbringung ablehnt (KGJ 30 A 12). Dagegen ist dem *Regierungspräsidenten* in Einbürgerungsangelegenheiten gegen Entscheidungen des Vormundschaftsgerichts das Beschwerderecht nicht zuerkannt worden (KGJ 51 A 61 = RJA 16 175). Die Beschwerdebefugnis steht aber in diesen Fällen unter Umständen der *Staatsanwaltschaft* zu (§§ 19 Abs I S. 2, 35 des Gesetzes vom 22. 7. 1913, RGBl 1913 583). Über das Beschwerderecht des *Bezirksfürsorgeverbandes* in *Kindergeldsachen* vgl FamRZ 56 290 = DRiZ 56 Rechtspr S. 104 Nr 1084).

Gegen die Verfügung, durch die im Falle des *§ 1758a BGB*, die Zustimmung des verstorbenen Ehemannes ersetzt wird, steht die Beschwerde den Eltern des Verstorbenen zu (Gleichberechtigungsgesetz vom 18. 6. 1957, Übergangs- u. Schlußvorschriften, Art 8 Zff 10 Abs 4 S. 1, BGBl I 609ff.).

III. Für *Fürsorgeerziehungssachen* enthält das Jugendwohlfahrtsgesetz besondere Vorschriften über die Beschwerdebefugnis. Diese ist zuerkannt:

1. im *§ 65 Abs IV* JWG i.d.F. d. Gesetzes zur Änderung und Ergänzung des Reichsjugendwohlfahrtgesetzes vom 11. 8. 1961 (BGBl I S. 1205), jetzt *JWG*, für die sofortige Beschwerde mit aufschiebender Wirkung gegen die Entscheidung des Vormundschaftsgerichts über die *Anordnung der Fürsorgeerziehung* den zur Stellung des Antrages auf Anordnung der Fürsorgeerziehung Berechtigten, also gemäß Abs I, III a. a. O. dem bei Einleitung des Verfahrens örtlich zuständigen (§ 12 JWG, vgl hierzu für das ältere Recht JFG 17 337) Jugendamt, dem Landesjugendamt und jedem Personensorgeberechtigten sowie dem Minderjährigen, wenn er das 14. Lebensjahr vollendet hat[1 2 3], den Personensorgeberechtigten aus eigenem Recht im Interesse des Minderjährigen, nicht aus dem Rechte des Minderjährigen, vgl KGJ 27 A 22; 46 A 88, ferner *ohne* Darlegung der Voraussetzungen des § 20 FGG, vgl KGJ 47 A 66, den sorgeberechtigten Eltern auch für den Fall des Ruhens der elterlichen Gewalt gemäß § 1673 Abs II n. F., früher § 1676

---

[1] Auch im Falle der *Einstellung* des Verfahrens. Dies ergibt sich ohne weiteres aus dem Wortlaut des § 65 Abs IV JWG, für das ältere preußische Recht vgl KGJ 34 A 55. Auch gegen die *Gewährung der Akteneinsicht* steht der Fürsorgeerziehungsbehörde (Landesjugendamt; vgl §§ 69, 70 n. F. JWG) das Recht der *einfachen* Beschwerde so lange zu, als das Verfahren noch nicht durch eine Hauptentscheidung rechtskräftig zum Abschlusse gebracht ist, allerdings nicht aus § 65 Abs IV JWG, sondern aus § 20 JGG (vgl KGJ 53 A 64).

[2] Auch mit der Begründung, daß der angefochtene Beschluß von einem unzuständigen Amtsgericht erlassen sei (JFG 12 159).

[3] Gegen die Anordnung der Fürsorgeerziehung durch *Urteil* des Jugendgerichts hat die Fürsorgeerziehungsbehörde (Landesjugendamt) kein Beschwerderecht (JFG 1 63).

Abs II BGB, vgl für das frühere Recht JFG 16 253, ebenso für den Fall beschränkter Geschäftsfähigkeit der Eltern, der Geschäftsunfähigkeit Zentralblatt XXIV 347; anderen Verwandten und Verschwägerten, z. B. dem Stiefvater steht das Beschwerderecht nicht zu, da der Kreis der beschwerdeberechtigten Personen gegenüber § 57 Abs I Zff 9 FGG enger gezogen und genau bestimmt ist (JFG 4 8, 9; JFG 6 81); dem Vater steht die sofortige weitere Beschwerde nicht zu, wenn nur die Mutter den Beschluß des Amtsgerichts angefochten hatte (JFG 15 270), s. im übrigen für die Fälle des § 66 Abs I und II n. F. JWG (ärztliche Untersuchung und Beobachtung des Minderjährigen) § 66 Abs III n. F. JWG (Beschwerdebefugnis der nach § 65 Abs I S. 2 und 3 n. F. JWG Antragsberechtigten für die sofortige Beschwerde mit aufschiebender Wirkung).

2. im *§ 68 Abs II n. F. JWG* gegen die *Aussetzung* des Fürsorgeerziehungsverfahrens den nach § 65 Abs I S. 2 und 3 n. F. JWG Antragsberechtigten (Jugendamt, Landesjugendamt, Personensorgeberechtigten und etwaigen durch Landesrecht bestimmten weiteren Antragsberechtigten) die für sofortige Beschwerde;

3. im *§ 67 JWG* hinsichtlich der *vorläufigen Fürsorgeerziehung* den im § 65 Abs I S. 2 und 3 Antragsberechtigten (vgl oben zu Zff 2), ferner dem 14 Jahre alten Minderjährigen; die sofortige Beschwerde hat in diesem Falle keine aufschiebende Wirkung;

4. im *§ 71 Abs IV n. F. JWG* den Personensorgeberechtigten und den Eltern für die (einfache) Beschwerde gegen die Anordnung der *Verweigerung der Mitteilung des Unterbringungsortes* des Minderjährigen, dem Landesjugendamt für die Beschwerde mit aufschiebender Wirkung gegen die Ablehnung seines Antrages auf Verweigerung der Mitteilung;

5. im *§ 75 Abs V n. F. JWG* jedem Antragsberechtigten (Abs IV a. a. O. i. V. m. § 65 Abs I S. 2 und 3 JWG) für die einfache Beschwerde gegen die gerichtliche *Ablehnung des Antrages auf Aufhebung der Fürsorgeerziehung*, dem Landesjugendamt jedoch umgekehrt für die sofortige Beschwerde mit aufschiebender Wirkung gegen die Aufhebung der Fürsorgeerziehung durch das Vormundschaftsgericht[1]; dagegen hat das Landesjugendamt kein Beschwerderecht gegen den die Volljährigkeitserklärung anordnenden Beschluß des Vormundschaftsgerichts; es ist aber zweifelhaft, ob durch die Volljährigkeitserklärung die Fürsorgeerziehung endet (wo das Gesetz auf die Vollendung des 21. Lebensjahres abstellt,

---

[1] Durch Landesrecht kann die Zuständigkeit des Landesjugendamts an Stelle des Vormundschaftsgerichts für die Entscheidung über die Aufhebung der Fürsorgeerziehung bestimmt werden; in diesem Fall kann gegen die ablehnende Entscheidung des Landesjugendamts befristet das Vormundschaftsgericht angerufen werden, gegen dessen Entscheidung die sofortige Beschwerde stattfindet (§ 75 Abs VI n. F. StrG).

steht der für volljährig Erklärte dem 21jährigen nicht gleich, PALANDT-DANCKELMANN S. 12 Anm 4), vgl auch § 75 Abs I n. F. JWG.

IV. Auch ein unter elterlicher Gewalt stehendes Kind oder ein unter Vormundschaft stehender Mündel kann in allen seine Person betreffenden Angelegenheiten und ferner in den Angelegenheiten, in denen es oder er vor einer Entscheidung des Vormundschaftsgerichts gehört werden soll (vgl § 1827 BGB), ohne Mitwirkung seines gesetzlichen Vertreters das Beschwerderecht ausüben; Geschäftsunfähige sowie Personen, die das 14. Lebensjahr noch nicht vollendet haben, besitzen allerdings kein selbständiges Beschwerderecht (§ 59 FGG, vgl hierzu RGZ **145** 284; anders in Verfahren, die den Verlust der persönlichen Freiheit des Kindes oder Mündels zum Gegenstand haben, FamRZ **61** 130 Nr 54, abw. FamRZ **61** 322 Nr 115, s. unten § 140 Zff 3c). Dies gilt auch dann, wenn eine Bevollmächtigung zur Einlegung des Rechtsmittels schon vor Eintritt der Geschäftsunfähigkeit erteilt war (JFG **18** 13). Ein unter *vorläufige* Vormundschaft gestellter, aber nicht geisteskranker Mündel kann dagegen das Beschwerderecht selbständig ohne Zuziehung seines gesetzlichen Vertreters ausüben und auch zu diesem Zweck einen Rechtsanwalt bevollmächtigen (JFG **13** 271). Im Verfahren nach § 1671 n. F. BGB muß dem geschiedenen Ehegatten, der geschäftsunfähig ist, ein Pfleger bestellt werden (so für das frühere Recht, § 74 EheG, JMBlNRW **56** 159 = DRiZ **56** Rechtspr S. 95 Nr 936). Auch der wegen Trunksucht Entmündigte hat ein selbständiges Beschwerderecht in den seine Person betreffenden vormundschaftsgerichtlichen Angelegenheiten (KGJ **31** A 29 = RJA **6** 168), ferner die wegen Geistesschwäche entmündigte verwitwete Mutter in Angelegenheiten der Erziehung ihrer minderjährigen Kinder, weil die Erziehung der Kinder auch eine die Person der sorgeberechtigten Mutter betreffende Angelegenheit ist (KGJ **24** A 148)[1], sodann auch ein unter elterlicher Gewalt stehendes Kind in den Angelegenheiten, in denen es wegen tatsächlicher oder rechtlicher Behinderung der Gewalthaber einen Pfleger hat oder bekommen muß und in denen es vor der Entscheidung des Vormundschaftsgerichts über die Erteilung der erforderlichen Genehmigung gehört werden soll (KGJ **34** A 11 = RJA **8** 170), endlich auch ein Minderjähriger, der gemäß §§ 112, 113 BGB ermächtigt ist, ein Erwerbsgeschäft selbständig zu betreiben oder in Dienst oder Arbeit zu treten, im Umfang dieser Angelegenheiten (KGJ **37** A 39). Dagegen hat der Mündel kein Beschwerderecht gegen die Entlassung des Vormundes aus *lediglich* vermögensrechtlichem Anlaß, wenn nicht wenigstens die Wiederaufhebung der Entlassung als eine

[1] Vgl hierzu auch KGJ **30** A 9 = RJA **6** 7; abw. für die uneheliche Mutter KGJ **25** A 184 = RJA **3** 171, bedenklich jedenfalls insoweit, als die Beschwerde die Beeinträchtigung des Sorgerechts der Mutter anstrebt, dessen Ausübung auch eine die Person der Mutter betreffende Angelegenheit der Mutter ist.

die Person des Mündels betreffende Angelegenheit angesehen werden kann (KGJ **30** A 9 = RJA **6** 7). Ein wegen Geistesschwäche Entmündigter hat gegen die *Ablehnung der Bestellung eines Pflegers für einen gegen den Vormund anzustrengenden Rechtsstreit* kein Beschwerderecht (JW **1931** 2511 Nr 2).

Auch in *Fürsorgeerziehungssachen* hat der 14 Jahre alte Minderjährige gegen den die endgültige oder die vorläufige Fürsorgeerziehung anordnenden Beschluß des Vormundschaftsgerichts das Recht der sofortigen Beschwerde (§§ 65 Abs IV, 67 Abs II n. F. JWG, oben III 1, 3). Dem gesetzlichen Vertreter des Minderjährigen steht im Fürsorgeerziehungsverfahren ein Beschwerderecht nur kraft eigenen Rechts, nicht aber aus dem Recht des Minderjährigen zu; der gesetzliche Vertreter kann daher, wenn der Minderjährige sofortige Beschwerde eingelegt und hierauf das Beschwerdegericht entschieden hat, nicht sofortige weitere Beschwerde einlegen, es sei denn in Vollmacht des Minderjährigen (KGJ **27** A 22; **46** A 88).

V. Auch *Behörden* können das Recht der Beschwerde haben (wegen der Fälle des § 57 Abs I Zff 9 FGG vgl oben zu II, wegen der Fürsorgeerziehungssachen oben zu III). Behörden sind aber nur dann beschwerdeberechtigt, wenn sie zur Wahrnehmung der betreffenden Angelegenheit durch das Gesetz berufen sind (KGJ **34** A 133). Demgemäß hat das Amtsgericht als *Vormundschaftsgericht* nicht das Recht der weiteren Beschwerde gegen den die erstrichterliche Entscheidung abändernden Beschluß des Landgerichts, denn das Amtsgericht ist an die Entscheidung des höheren Gerichts gebunden (vgl SCHLEGELBERGER I S. 268 Anm 32). Dagegen ist das Vormundschaftsgericht befugt, gegen die Ablehnung eines Ersuchens gemäß § 54 FGG auf Eintragung einer Sicherungshypothek oder eines Schiffspfandrechts an dem Grundstück oder dem Schiffe eines Vormundes, Pflegers oder Beistandes Beschwerde zu erheben (vgl SCHLEGELBERGER I S. 269 Anm 32). Das *Jugendamt* hat bei Ablehnung seiner Anträge aus § 5 JWG auf gerichtliche Beihilfe wenigstens in Bayern das Beschwerderecht (vgl JFG **5** 43 = JurRdsch **1929** Rechtspr Nr 138), wegen weiterer Fälle vgl KEIDEL S. 358 Anm H; fehlen in solchen Fällen besondere landesrechtliche Vorschriften über den Rechtsgang, so ist das Beschwerdeverfahren nach den §§ 19ff. FGG eröffnet (JFG **23** 315). Die *Staatsanwaltschaft* ist beschwerdeberechtigt im Falle des § 292 Abs II STPO (Einleitung einer Abwesenheitspflegschaft wegen Vermögensbeschlagnahme) gegen die Auswahl des Pflegers (KGJ **44** A 60), wegen weiterer Fälle vgl SCHLEGELBERGER I S. 271. Die den Behörden vorgesetzten *Aufsichtsinstanzen* haben grundsätzlich ein Beschwerderecht nur dann, wenn die Ausübung des Aufsichtsrechts beeinträchtigt ist (KGJ **20** A 10; **28** A 63; **31** A 33; **40** A 18 = RJA **11** 9; **42** A 184). Die Anordnung der Pflegschaft für einen Beamten zur Vertretung seiner vorgesetzten Dienstbehörde gegenüber begründet ein Beschwerderecht dieser Behörde (KGJ 47 A 43). Dem zur *öffentlichen Armenunterstützung verpflichteten Verbande* steht gegen die Anordnung, daß ein Kind von seinen Eltern getrennt zu erziehen sei, die Beschwerde zu (KGJ 24 D 6 = KGJ 3 55; 26 A 183; bestritten, vgl KEIDEL S. 361 Anm H).

Auch *ausländische Behörden* sind unter den oben angegebenen Voraussetzungen beschwerdeberechtigt (RJA 2 55).

VI. Sind *mehrere Beschwerdeberechtigte* vorhanden, so ist jeder von ihnen selbständig zur Einlegung der Beschwerde befugt, soweit nicht nach materiellem Recht die Mitwirkung mehrerer Personen notwendig ist. Grundsätzlich hat die Einlegung eines Rechtsmittels durch einen Beschwerdeberechtigten auf die Rechtsstellung der übrigen keinen Einfluß (vgl SCHLEGELBERGER I S. 273 Anm 36). Indessen kommt der Erfolg der Beschwerde auch denjenigen Beschwerdeberechtigten gegenüber zur Geltung, die das Rechtsmittel nicht eingelegt haben, sofern nur eine einheitliche Entscheidung gegenüber allen Beteiligten möglich ist, wie z. B. in Fürsorgeerziehungssachen (vgl KGJ 26 A 31).

Führen *mehrere Vormünder oder Pfleger* die Vormundschaft oder Pflegschaft gemeinschaftlich, so kann jeder von ihnen für den Mündel oder Pflegebefohlenen das Beschwerderecht selbständig ausüben (§ 58 FGG). Ebenso ist, wenn gemäß § 1798 BGB dem einen Vormund die Personensorge, dem anderen aber die Vermögenssorge zusteht oder wenn gemäß § 1630 n. F. BGB die Sorge für die Person oder die Sorge für das Vermögen eines unter elterlicher Gewalt stehenden Kindes einem Pfleger übertragen ist, in den Angelegenheiten, die den Wirkungskreis beider Vormünder oder der elterlichen Gewalthaber und des Pflegers betreffen, jeder dieser Beteiligten für den Mündel oder das Kind ohne Mitwirkung des anderen beschwerdeberechtigt; auch eine Entscheidung des Vormundschaftsgerichts über die Ausübung des Beschwerderechts kommt abweichend von dem Grundsatz der §§ 1630 n. F., 1798 BGB nicht in Betracht (SCHLEGELBERGER I S. 490, 491).

§ 30. c) Die Einlegung der Beschwerde

1. Die Einlegung der Beschwerde kann, gleichviel, ob der anzufechtende Beschluß bereits zugestellt ist oder nicht (KGJ 22 A 198 = RJA 2 210) gemäß § 21 Abs I FGG bei *dem Gericht, dessen Verfügung angefochten wird, oder bei dem Beschwerdegericht* erfolgen.

Ist die Sache von dem Gericht, dessen Verfügung angefochten wird, inzwischen an ein anderes Gericht abgegeben, so ist die Beschwerde bei diesem Gericht einzulegen (KEIDEL S. 376 Anm 4).

2. Die Einlegung erfolgt entweder durch Einreichung einer *Beschwerdeschrift* oder durch *Erklärung zu Protokoll der Geschäftsstelle* des-

jenigen Gerichts, dessen Verfügung angefochten wird, oder der Geschäftsstelle des Beschwerdegerichts (§ 21 Abs III FGG; vgl auch oben Zff 1 Abs II). Die Erklärung der Beschwerde zu Protokoll der Geschäftsstelle eines anderen Gerichts enthält daher noch nicht die Einlegung des Rechtsmittels[1]; jedoch tritt die Wirkung der Einlegung regelmäßig mit dem Eingang jener Erklärung bei einem zuständigen Gericht ein, wenn die Erklärung als Beschwerde*schrift* aufzufassen ist; dies wird namentlich der Fall sein, wenn die Erklärung von dem Beschwerdeführer unterzeichnet ist.

3. Die Beschwerde muß, gleichviel ob sie durch Einreichung einer Beschwerdeschrift oder durch Erklärung zu Protokoll der Geschäftsstelle eines zuständigen Gerichts eingelegt wird, die Verfügung bezeichnen, die angefochten werden soll, und erkennen lassen, daß und von wem oder für wen die Beschwerde eingelegt und die Abänderung der Verfügung erstrebt wird; dies muß unmittelbar oder wenigstens durch Auslegung erkennbar sein; im Fall der sofortigen weiteren Beschwerde muß der Beschwerdeführer innerhalb der Beschwerdefrist namhaft gemacht werden (BGHZ 8 299). Dagegen ist die genaue Bezeichnung des Rechtsmittels ebensowenig erforderlich wie ein bestimmter Antrag. Im Zweifel wird davon auszugehen sein, daß die Verfügung in ganzem Umfang angefochten werde. Im übrigen wird es sich in zweifelhaften Fällen schon mit Rücksicht auf etwaige Kostenfolgen empfehlen, durch Anfrage bei dem Beschwerdeführer festzustellen, ob die Einlegung eines Rechtsmittels oder nur eine Anregung an das erstinstanzliche Gericht zur Abänderung der beanstandeten Verfügung gemäß § 18 FGG beabsichtigt ist und in welchem Umfang die Verfügung angefochten wird; soweit eine Verfügung nur auf Antrag erlassen werden kann und der Antrag zurückgewiesen worden ist, darf die Änderung übrigens nur auf Antrag erfolgen (§ 18 Abs I FGG); zu der Änderung einer Verfügung, die der sofortigen Beschwerde unterliegt, ist das Gericht nicht befugt (§ 18 Abs II FGG). Behält sich der Beschwerdeführer eine Beschwerdebegründung vor, so kann das Beschwerdegericht, ohne eine Frist zu setzen oder den Eingang der Beschwerdebegründung abzuwarten, nach angemessener Frist entscheiden (Rpfl **60** 167 Nr 84 = DRiZ **60** B 54 Nr 690, s. auch unten Zff 5 am Ende vor dem Beispiel).

4. Erfolgt die Einlegung der Beschwerde durch Einreichung einer *Beschwerdeschrift*, so wird diese regelmäßig von dem Beschwerdeführer oder seinem Bevollmächtigten[2] eigenhändig durch Namensunterschrift oder mittels gerichtlich oder notariell beglaubigten Handzeichens unterzeichnet sein. Indessen ist die Unterzeichnung nicht unbedingt erforder-

---

[1] Vgl für den Fall der weiteren Beschwerde (§ 29 FGG) die Entscheidung in KGJ **20** A 3 = RJA 1 1.

[2] Wegen der Bevollmächtigung vgl oben § 13.

lich, sofern nur aus der Beschwerdeschrift zweifelsfrei erkennbar ist, von wem das Rechtsmittel eingelegt wird (JFG 19 139, SCHLEGELBERGER I S. 275 Anm 2 zu § 21, BGH vom 9. 7. 1959 in Rpfl 60 399 Nr 200 mit weiteren Nachweisen; abw. KGJ 26 A 172; RJA 11 1). Die Beschwerdeschrift einer *Behörde* bedarf ebenfalls zu ihrer Wirksamkeit nicht der Unterschrift eines berufenen Vertreters (JFG 19 139; KEIDEL S. 375 Anm 3; BGH a. a. O.). Ist aber die Urschrift der Beschwerdeschrift von dem Vertreter der Behörde unterzeichnet, so genügt jedenfalls ein Ausfertigungs- oder Beglaubigungsvermerk des Bürobeamten auf der dem Gericht eingereichten Reinschrift zur Wahrung der Schriftform (KGJ 50 A 9).

Die Beschwerde kann auch *telegraphisch* eingelegt werden (KGJ 35 A 3, 41 A 34, 50 A 9). In diesem Falle sollte zwecks Ausschließung von Zweifeln die Urschrift des Telegrammes die Unterschrift des Beschwerdeführers oder seines bevollmächtigten Vertreters tragen, und zwar einen Namen, der sich als Unterschrift des Unterzeichners darstellt. Indessen ist nach einigem Schwanken sogar die durch Fernsprecher aufgegebene telegraphische Beschwerde vom Reichsgericht zugelassen worden; dies entspricht den Bedürfnissen der Rechtspflege (vgl RGZ 151 86, SCHLEGELBERGER I S. 145 Anm 26 und i. S. 275, 276 Anm 2). In RJA 12 77 wird aber für den Fall der Beschwerdeeinlegung durch eine Behörde die Angabe des Namens des für diese handelnden zuständigen Beamten verlangt. Notwendig ist jedenfalls, daß die *Anordnung* der Einlegung des Rechtsmittels durch einen solchen Beamten erfolgt; dies könnte durch einen Aktenvermerk der Behörde bei der Aufgabe des Telegrammes festgestellt und auf diese Weise vom Beschwerdegericht nachgeprüft werden. Die Gefahr einer Verstümmelung des Telegrammes trägt im übrigen der Absender (KGJ 35 A 3).

5. Soll die Beschwerde durch *Erklärung zu Protokoll der Geschäftsstelle* eines zuständigen Gerichts eingelegt werden, so ist das persönliche Erscheinen des Beschwerdeführers oder seines Bevollmächtigten erforderlich. Ort und Zeit der Erklärung sowie das Gericht, vor dessen Geschäftsstelle die Erklärung abgegeben wird, sind im Protokoll zu vermerken, auch ist erkenntlich zu machen, daß das Protokoll in amtlicher Eigenschaft aufgenommen worden ist; außerdem soll die Geschäftsstelle auf eine möglichst klare, zweckmäßige und vollständige Willenserklärung hinwirken. Eine „Erklärung zu Protokoll der Geschäftsstelle" im Sinne des § 21 FGG liegt *nicht* vor, wenn eine von dem Beschwerdeführer vorgelegte *privatschriftliche Eingabe* durch *Hinzufügung von Eingangs- und Schlußworten* lediglich den *äußeren Schein* einer protokollarischen Erklärung erhält (RJA 2 209; RGZ 101 426)[1, 2]. Es ist auch nicht zu-

[1] Die angeführten Entscheidungen betreffen zwar in erster Linie den Fall der weiteren Beschwerde (§ 29 FGG). bei der die Verletzung der Formvorschrift be-

lässig, daß auf privatschriftliche Anlagen, die erkennbar einen wesentlichen Teil der Begründung der Beschwerde enthalten, Bezug genommen wird (KGJ 22 A 202) oder daß in das Protokoll der Inhalt einer der Geschäftsstelle vorliegenden Beschwerdeschrift wörtlich übernommen wird (KGJ 53 A 1). Ob die Aufnahme der Erklärungen des Beschwerdeführers dem Gesetz genügt, bleibt zweifelhaft, wenn die Erklärungen nach dem Diktat des Beschwerdeführers niedergeschrieben worden sind. In diesem Fall muß jedenfalls geprüft und festgestellt werden, ob die nach der gesetzlichen Vorschrift erforderliche Einwirkung der Geschäftsstelle stattgefunden hat. Dienstliche Äußerungen, die das bestätigen, sind unbeachtlich, wenn aus dem Protokoll hervorgeht, daß die Geschäftsstelle die Verantwortlichkeit ablehnen wollte; auch das Beharren des Beschwerdeführers auf der von ihm gewählten Fassung macht das Rechtsmittel nicht zulässig (RGZ **150** 15 = JFG **13** 222). In allen diesen Fällen würde der Zweck des § 21 Abs II FGG vereitelt, der, soweit die Einlegung der Beschwerde zu Protokoll der Geschäftsstelle zugelassen ist, gemäß RGZ **101** 426 darin besteht, daß einerseits zwar dem Beschwerdeführer eine Erleichterung gewährt werden, andererseits aber das Beschwerdegericht vor unnötig weitläufigen, mutwilligen oder ungehörigen Ausführungen verschont bleiben soll. Immerhin bleibt bei den erwähnten formwidrigen protokollarischen Erklärungen zu prüfen, ob sie nicht als Beschwerde*schrift* genügen, was regelmäßig, namentlich bei Unterzeichnung des Protokolls durch den Beschwerdeführer, der Fall sein wird (anders bei der weiteren Beschwerde; vgl unten § **33** Zff 6).

Ein formwirksames Protokoll liegt ferner nicht vor, wenn die Geschäftsstelle lediglich das von einem *Richter* entworfene Protokoll unterzeichnet hat (KGJ **53** A 3)[1]. Die Beschwerde kann auch *nicht zur Niederschrift des Amtsrichters* eingelegt werden (BGH in FamRZ **57** 257 Nr 122, ebenso RGZ **110** 311). Allerdings wird auch in diesem Fall geprüft werden müssen, ob das Protokoll, zumal wenn es von dem Beschwerdeführer unterschrieben ist, als Einreichung einer Beschwerde*schrift* angesehen und daher als formgerecht erachtet werden kann (KGJ **43** A 1).

---

sonders bedeutsam ist, haben aber auch für die Einlegung der einfachen Beschwerde Geltung.

[2] In RJA **13** 65 ist für den Fall der weiteren Beschwerde diese Form dann zugelassen, wenn die Geschäftsstelle dem privatschriftlichen Schriftsatz noch den Satz zugefügt hat, daß Verletzung des Gesetzes gerügt werde; es ist jedoch auch für diesen Fall die Berücksichtigung des übrigen Inhalts der privaten Schrift für unzulässig erklärt worden.

[1] Die Entscheidung betrifft zunächst den Fall der weiteren Beschwerde, hat aber auch für die Formgültigkeit der einfachen Beschwerde Geltung.

Einlegung der einfachen Beschwerde zu Protokoll der Geschäftsstelle

Landgericht, 5. Zivilkammer *Köln, den 20. Oktober*

Gegenwärtig:

Justizinspektor Krause als Urkundsbeamter der Geschäftsstelle.

Es erscheint, durch Vorlage eines Personalausweises ausgewiesen, der Arbeiter Josef Schäfer aus Köln, Hohe Straße 100, und erklärt:

Gegen den Beschluß des Amtsgerichts in Köln vom 10. Okt. 1962, durch den mir das Recht der Sorge für die Person meines am 15. Jan. 1948 in Köln geborenen Sohnes Karl entzogen und die Einleitung einer Pflegschaft angeordnet ist, lege ich das Rechtsmittel der Beschwerde ein mit der Bitte, den Beschluß aufzuheben. Es ist nicht richtig, daß ich, wie der angefochtene Beschluß ausführt, die Erziehung des Kindes vernachlässige, es nicht zum Schulbesuch anhalte und seiner Neigung zum Herumtreiben nicht genügend entgegentrete. Das Amtsgericht hat sich, indem es dies festgestellt hat, lediglich auf die Angaben des Jugendamtes verlassen, die auf den Zuträgereien einiger mir feindlich gesinnter Nachbarn beruhen, ohne jedoch selbst Ermittlungen über die gegen mich erhobenen Vorwürfe anzustellen. Ich selbst bin allerdings gehört worden; jedoch ist nicht einmal meine Ehefrau, die Mutter des Kindes gehört worden. Auch die Lehrer meines Sohnes und der zuständige Geistliche sind nicht gebeten worden, sich zu dem Antrage des Jugendamtes auf Sorgerechtsentziehung zu äußern.

Zum Nachweise dafür, daß ich meiner Erziehungspflicht stets genügt und insbesondere meinen Sohn zum regelmäßigen Schulbesuch angehalten und das Kind auch in angemessener Weise ermahnt und bestraft habe, wenn es einmal der Schule ferngeblieben und nicht rechtzeitig nach Hause gekommen ist, beziehe ich mich auf eine Auskunft der Schule und des zuständigen Pfarramtes. Ich bitte ferner als Zeugen zu hören:

1. *meine Ehefrau,*
2. *den Metzgermeister Schön in Köln, Hohe Straße,*
3. *dessen Ehefrau,*
4. *den Bürogehilfen Fritz Fleißig in Köln, Hohe Str. 100.*

Diese Zeugen sind meine Hausgenossen und kennen die Verhältnisse in meiner Familie genau.

v. g. u.
Josef Schäfer
Krause

Behält ein Beschwerdeführer sich ausdrücklich eine weitere Begründung der Beschwerde vor, so muß das Gericht im Hinblick auf Art 101 Abs 1 GG jedenfalls, wenn es für die weitere Begründung keine Frist gesetzt hat, angemessene Zeit warten, ehe es die Beschwerde zurückweist (Rpfl 58 261 Nr 106, BVerfG vom 22. 7. 1958).

6. Der Beschwerdeberechtigte kann sich bei der Ausübung des Beschwerderechts *vertreten* lassen, und zwar auch durch das Willensorgan einer Behörde, wenn das Wesen der Behörde und die dienstliche Stellung ihres Willensorganes die Bevollmächtigung durch eine Privatperson vertragen (KGJ 46 A 51).

7. Wird die Beschwerde bei dem Gericht eingelegt, dessen Verfügung angefochten wird, so hat dieses Gericht, wenn es nicht der Beschwerde gemäß § 18 FGG abhilft, diese an das Beschwerdegericht *weiterzuleiten*. Auch eine teilweise Abhilfe ist zulässig und gegebenenfalls bei der Weiter-

leitung dem Beschwerdegericht mitzuteilen. Dieses kann die Beschwerde zunächst dem ersten Richter zur *Vorprüfung* hinsichtlich einer etwaigen Abänderung der angefochtenen Verfügung gemäß § 18 FGG übersenden; eine Verpflichtung hierzu besteht jedoch nicht.

8. Die Beschwerde kann *zurückgenommen* werden, solange die Entscheidung des Beschwerdegerichts den Beteiligten noch nicht bekanntgegeben ist (KEIDEL S. 329 Anm 13a). Hat das Landgericht bereits entschieden und ist gegen diese Entscheidung weitere Beschwerde eingelegt, so kann das Rechtsmittel nicht mehr zurückgenommen werden (SchlHA 57 77 = DRiZ 57 Rechtspr S. 76 Nr 854). Darüber hinaus aber erscheint eine Zurücknahme nicht mehr zulässig, sobald das Beschwerdeverfahren durch Bekanntmachung der Entscheidung an die Beteiligten beendet ist (vgl KEIDEL S. 329 Anm 13a). Ist die Zurücknahme statthaft, so beendet sie das Beschwerdeverfahren; Doch ist eine *Kostenentscheidung* nach Zurücknahme eines Rechtsmittels zulässig; die Entscheidung erfolgt nach billigem Ermessen, in dessen Rahmen auch die im Zeitpunkt der Zurücknahme ohne weiteres zu beurteilenden Erfolgsaussichten berücksichtigt werden können (BGH vom 11. 7. 1958 in Rpfl 58 262 Nr 107). Die durch eine zurückgenommene Beschwerde veranlaßten Kosten sind grundsätzlich dem Beschwerdeführer aufzuerlegen (BayObLG vom 4. 2. 1958 in DRpfleger 58 120; MDR 58 350; DRiZ 58 Rechtspr B 68 Nr 836). Ein *Widerruf der Zurücknahme* ist nicht möglich (KEIDEL a. a. O.). Die Zurücknahme schließt jedoch die erneute Einlegung des Rechtsmittels nicht aus, wenn nicht nach der Sachlage die Vermutung dafür spricht, daß auf das Rechtsmittel *verzichtet* werden sollte, was im Zweifel der Fall ist. Die Erklärung, sich nicht zu beschweren, enthält aber regelmäßig keinen endgültigen Verzicht auf die Beschwerde (MDR 61 608 = DRiZ 61 B 81 Nr 1036). Ein vereinbarter oder einseitiger Verzicht ist zulässig und zieht den Verlust des Beschwerderechts nach sich; der einseitige Verzicht ist gegenüber dem Gericht zu erklären (vgl. zur Frage des Verzichts SCHLEGELBERGER I S. 254 Anm 44 und S. 278 Anm 7, KEIDEL S. 330 Anm 13b, DJ 35 1103). Auf die Zurücknahme der Beschwerde finden die Vorschriften des Bürgerlichen Gesetzbuchs über die Anfechtung privatrechtlicher Willenserklärungen wegen eines Willensmangels keine Anwendung (JW 1930 1007 Nr 1).

Zur *Verwirkung* des Beschwerderechtes vgl KEIDEL in Rpfl 60 240 (oben § 28 vor Zff 1).

§ 31. d) Das Beschwerdeverfahren

Für das Beschwerdeverfahren gelten im allgemeinen dieselben Grundsätze wie für das Verfahren erster Instanz. Zu erwähnen sind jedoch folgende Besonderheiten:

1. Über die Beschwerde *entscheidet* das dem erstinstanzlichen Amtsgericht im Instanzenzuge übergeordnete Landgericht (§ 19 Abs II FGG)[1], und zwar durch eine Zivilkammer[2]. Streiten zwei Landgerichte über die Zuständigkeit, so finden die Vorschriften der §§ 5, 44 FGG Anwendung (JFG 20 118). Ist ausnahmsweise das Landgericht als Gericht erster Instanz tätig geworden (vgl oben § 28 Zff 6 Fußnote), so gelten die Vorschriften der §§ 28 Abs II, 30 Abs I FGG entsprechend; es entscheiden also die Oberlandesgerichte (in Bayern das Oberste Landesgericht, in Rheinland-Pfalz das Oberlandesgericht Neustadt, vgl unten § 33 Zff 9) durch einen Zivilsenat; eine weitere Beschwerde findet nicht statt. Für das Gebiet des früheren preußischen Rechtes vgl ferner unten § 35.

Hinsichtlich der *Beratung und Abstimmung* finden die Vorschriften des Gerichtsverfassungsgesetzes (§§ 192ff. GVG) entsprechende Anwendung (§ 8 FGG). Die Beratung und Abstimmung muß mündlich sein (JurRdsch **1950** Rechtspr Nr 1742, KEIDEL S. 177).

2. *Gegenstand der Nachprüfung* des Beschwerdegerichts ist die angefochtene Verfügung des Erstrichters. Das Beschwerdegericht darf nicht

---

[1] Ausnahmen gelten bei *Rechtshilfeersuchen* (vgl § 2 FGG i. V. m. § 159 GVG) und bei *Ungebührstrafen* (vgl § 8 FGG i. V. m. § 181 GVG).

Im Falle der *Abgabe einer Vormundschaft an ein anderes Gericht* findet sowohl gegen die Verfügung des abgebenden wie die des übernehmenden Gerichts die Beschwerde nach allgemeinen Grundsätzen statt. Erklärt das Beschwerdegericht das Übernahmeersuchen für nicht berechtigt, so entscheidet bei Anrufen des abgebenden Gerichts das gemeinschaftliche obere Gericht gemäß § 46 Abs II FGG (KGJ **43** A 277 = RJA **11** 166). Hat ein Vormundschaftsgericht aus wichtigen Gründen die Vormundschaft an ein anderes Gericht abgegeben und dieses sich zur Übernahme der Vormundschaft bereit erklärt, so ist zur Entscheidung über Beschwerden gegen die von dem alten Vormundschaftsgericht vor der Abgabe erlassenen Verfügungen nach der Abgabe nur das dem neuen Vormundschaftsgericht übergeordnete Landgericht zuständig (KGJ **43** A 30 = RJA **12** 174). Dasselbe gilt im Falle des Erlasses einer *schleunigen* Maßregel gemäß § 44 FGG (KGJ **50** A 25). Für die Entscheidung über die sofortige Beschwerde gegen den Erlaß einer schleunigen Maßregel gemäß § 67 JWG ist nur das dem ordentlichen Vormundschaftsgericht übergeordnete Landgericht zuständig; hat das dem außerordentlichen Vormundschaftsgericht erster Instanz übergeordnete Landgericht über das Rechtsmittel entschieden, so ist diese Entscheidung nicht unwirksam, kann aber von den Beteiligten wegen örtlicher Unzuständigkeit angefochten werden (vgl JFG **3** 94). Vgl auch JFG **20** 118 für den Instanzenzug des eiligen Gerichtsstandes.

In der *DDR* sind die Gerichte in Vormundschafts- und Familienrechtssachen grundsätzlich nicht mehr zuständig (vgl SCHLEGELBERGER I S. 79 Anm 34, KEIDEL S. 19 Einl III Dd 4 b).

[2] Die in den §§ 59 ff., insbesondere auch im § 64 GVG enthaltenen *allgemeinen Vorschriften über die Landgerichte*, die Verteilung der Geschäfte sowie die Bestimmung der Mitglieder der Kammern und der Vertreter finden auch auf die Angelegenheiten der freiwilligen Gerichtsbarkeit Anwendung (KGJ **47** A 1 = RJA **14** 89). *Ferienkammern* sind zuständig (BGH Z **9** 30; die abw. Auffassung von BGH Z **6** 193 ist aufgegeben).

über den Antrag des Beschwerdeführers hinaus Anordnungen treffen, die vielmehr Sache des Gerichts erster Instanz sind[1], wenn allerdings auch das Beschwerdegericht nicht streng formal an den Rahmen des Beschwerdeantrages gebunden ist, namentlich wenn es sich um ein *von Amts wegen* durchzuführendes Verfahren handelt (KGJ 44 A 4; DRiZ 55 Rechtspr S. 45 Nr 463 = NJW 55 229; vgl hierzu im einzelnen SCHLEGELBERGER I S. 295 Anm 11, ferner KEIDEL S. 395 Anm 1 und S. 403 Anm 1). Im Amtsverfahren gilt nach der Auffassung des Kammergerichts sogar das Verbot der reformatio in peius nicht (vgl NJW 55 229 = DRiZ 55 Rechtspr S. 45 Nr 463). Grundsätzlich muß aber eine *Änderung der angefochtenen Verfügung zum Nachteil des Beschwerdeführers* als unzulässig angesehen werden (SCHLEGELBERGER I S. 296 Anm 12; vgl auch KGJ 31 A 3 = RJA 7 3); dies gilt jedenfalls für Angelegenheiten, in denen es sich überwiegend um private Interessen der Beteiligten handelt und die Entscheidung ein bestimmtes Begehren des Antragstellers voraussetzt, über das befunden werden muß (KEIDEL S. 332 Anm 17). Die Nachprüfung kann im übrigen naturgemäß nur erfolgen, soweit eine Verfügung des Vorderrichters überhaupt ergangen ist; anderenfalls würde den Beteiligten eine Instanz genommen. Ist eine sachliche Entscheidung erster Instanz nicht zu erlangen, so muß auf dem Dienstwege Abhilfe gesucht werden.

3. Der Prüfung des Beschwerdegerichts unterliegt zunächst die Frage seiner *Zuständigkeit;* nach Klärung dieser Frage, notfalls durch die erforderlichen Ermittlungen (vgl KEIDEL S. 198 Anm 7)[2], folgt die Prüfung der *Zulässigkeit der Beschwerde.* Diese Prüfung erstreckt sich auf die Frage, ob die Beschwerde an sich statthaft, ob also die angefochtene Verfügung überhaupt nach dem Gesetze anfechtbar ist und ob die Beschwerde in der gesetzlichen Form und (bei der sofortigen Beschwerde) innerhalb der vorgeschriebenen Frist eingelegt ist. Die Prüfung der Beschwerdebefugnis des Beschwerdeführers (vgl oben § 29) gehört nicht zu der Zulässigkeitsprüfung; sie bildet vielmehr den ersten Abschnitt der Sachprüfung. Unzulässig ist das Rechtsmittel nur, wenn ihm der Erfolg aus Gründen, die das Verfahren betreffen, versagt werden muß (RJA 16 167); demgemäß ist in dem oben zu § 29 aufgeführten Fällen die Beschwerde gegebenenfalls nicht als unzulässig zu verwerfen, sondern

---

[1] Z. B. kann das Landgericht nicht unter Aufhebung der von dem Amtsgericht angeordneten Fürsorgeerziehung auf Maßnahmen aus § 1666 BGB erkennen (KGJ 42 A 57).

[2] Im Falle der Unzuständigkeit erfolgt Abgabe an das zuständige Gericht; wegen der Möglichkeit eines nach § 5 FGG zu entscheidenden Streites zwischen zwei Landgerichten als Beschwerdegerichten vgl KEIDEL S. 135 Anm 2aε und oben § 5 Zff 3a. Aus Zweckmäßigkeitsgründen kann eine in der Beschwerdeinstanz anhängige Sache gemäß § 46 FGG abgegeben werden (DRiZ 59 B 17 Nr 293 = FamRZ 58 387 Nr 157).

als unbegründet zurückzuweisen. Die Prüfung der Zulässigkeit der Beschwerde erfolgt von Amts wegen nach Maßgabe des § 12 FGG; *Zweifel sind von Amts wegen zu klären;* jedoch gilt für die hierfür erheblichen *Tatsachen* nicht der Amtsermittlungsgrundsatz (NJW 61 1028 = Rpfl 61 159). Ermangelt die Beschwerde der gesetzlichen Form, so ist durch eine Zwischenverfügung auf die Behebung des Mangels hinzuwirken; es sei denn, daß die Beschwerde aus sachlichen Gründen sich als unbegründet erweist, denn in diesem Falle ist es zwecklos, die Beseitigung des Formmangels zu veranlassen (KGJ 20 A 6 = RJA 1 1; KGJ 29 A 147).

Maßgebend für die Entscheidung über die Zulässigkeit der Beschwerde ist der *Zeitpunkt der Beschwerdeentscheidung.*

Führt die Prüfung der Zulässigkeit der Beschwerde zu einem dem Beschwerdeführer ungünstigen Ergebnis, so ist die Beschwerde *als unzulässig zu verwerfen;* eine sachliche Prüfung des Rechtsmittels findet nicht statt (KGJ 51 A 17).

4. Ist dagegen die Beschwerde für zulässig zu erachten, so ist das Rechtsmittel auf seine *sachliche Berechtigung* zu prüfen. Diese Prüfung erstreckt sich zunächst auf die Prüfung der Befugnis des Beschwerdeführers zur Einlegung der Beschwerde (vgl oben § 29). Das Verfahren wird im übrigen in tatsächlicher und rechtlicher Beziehung vollkommen erneuert (vgl RJA 7 22)[1], insbesondere gilt der Grundsatz des § 12 FGG über die *Ermittlungspflicht* auch für das Beschwerdeverfahren. Die Vornahme einer Beweisaufnahme kann nicht von der Zahlung oder Sicherstellung eines Kostenvorschusses abhängig gemacht werden (JFG 21 189). Das Beschwerdegericht muß auch, zumal wenn auf die Beweisanträge des Beschwerdeführers nicht eingegangen wird, diesem Gelegenheit zur persönlichen oder schriftlichen Äußerung über neue tatsächliche Feststellungen geben, die als maßgeblich für die Entscheidung erachtet werden (JFG 2 61), wenn auch an sich die wiederholte Anhörung der Eltern nicht erforderlich ist (so für das Fürsorgeerziehungsverfahren des älteren preußischen Rechts KGJ 25 A 29)[2]. Der Beschwerdeführer kann *neue Tatsachen und Beweise* zur Begründung des Rechtsmittels auch noch nach der Einlegung der Beschwerde und formfrei bis zum Abschlusse des Beschwerdeverfahrens beibringen (§ 23 FGG).

---

[1] Wird die Beschwerde im Verlauf des Rechtsmittelverfahrens sachlich gegenstandslos, so wird es sich empfehlen, dem Beschwerdeführer anheimzugeben, das Rechtsmittel zurückzunehmen oder auf die Kostenentscheidung zu beschränken; in dem letzteren Fall muß geprüft werden, ob die angefochtene Entscheidung zur Zeit ihres Erlasses sachlich begründet war.

[2] Im Fürsorgeerziehungsverfahren ist die nochmalige Anhörung des Jugendamts in der Beschwerdeinstanz nicht erforderlich, es sei denn, daß das Beschwerdegericht seine Entscheidung auf neue, im ersten Rechtszuge nicht erörterte Tatsachen stützt (JFG 15 248); vgl auch BGH im Zentralblatt XLI (54) 236 zu § 43 Abs I S. 2 RJWG.

Die *Aussetzung des Verfahrens* ist zulässig, wenn die Entscheidung von der in einem anderen Verfahren zu treffenden Entscheidung abhängt und dem Beschwerdeführer die Verzögerung der Entscheidung zugemutet werden kann (NJW **53** 708 = DRiZ **53** Rechtspr S. 64 Nr 635).

Das Beschwerdegericht muß auch in aller Regel, wenn es der Beschwerde stattgeben will, einen etwaigen *Beschwerdegegner hören* (MDR **54** 305 = JZ **54** 299 = DRiZ **54** Rechtspr S. 73 Nr 737).

Die *Beschwerdeinstanz* ist erst *beendet,* wenn die Beschwerdeentscheidung nicht mehr im ausschließlichen Besitz des Beschwerdegerichts sich befindet, besonders also, wenn die Geschäftsstelle des Beschwerdegerichts die Entscheidung bereits zur Zustellung gegeben hat (KGJ **46** A 1).

5a) *Maßgebend* für die Beurteilung des Rechtsmittels ist auch hinsichtlich der *sachlichen Berechtigung* der *Zeitpunkt der Beschwerdeentscheidung.* Der Beschwerde ist daher namentlich auch dann stattzugeben, wenn bei der Einlegung des Rechtsmittels (oder im Laufe des Beschwerdeverfahrens) der Abweisungsgrund der angefochtenen Entscheidung beseitigt wird und die Beseitigung an sich noch möglich ist (RJA **11** 22). Erweist sich die Beschwerde als sachlich nicht gerechtfertigt, so ist sie *als unbegründet zurückzuweisen.* Dies gilt namentlich auch dann, wenn die Prüfung der Beschwerdebefugnis des Beschwerdeführers ein unbefriedigendes Ergebnis hat.

Die Beschwerdeentscheidung muß die erforderlichen tatsächlichen Feststellungen enthalten, die dem Gericht der weiteren Beschwerde die Prüfung ermöglichen, ob das Gesetz auf einen bestimmten Sachverhalt richtig angewendet worden ist (JMBlNRW **59** S. 113 Nr 1). Zur Frage der reformatio in peius vgl ZIMMERMANN in Rpfl **59** 251, 258, 259.

b) Bei der Sachentscheidung ist, abgesehen von gesetzlich besonders vorgesehenen Fällen, nicht auch über den Anfall von *Gerichtsgebühren* zu befinden; die Entscheidung hierüber steht zunächst dem Kostenbeamten zu (Rpfl **59** 384 Nr 175a). Das Vormundschaftsgericht (Amtsgericht und Landgericht) kann jedoch den für die Gerichtskosten zahlungspflichtigen Elternteil nach § 94 Abs III S. 2 KostO auch in der Weise nach billigem Ermessen bestimmen, daß es dem Vater und der Mutter die Kosten je zu einem Bruchteil auferlegt (BayObLG in DRiZ **60** B 53 Nr 668 = NJW **60** 579 = MDR **60** 411 = DRiZ **60** B 94 Nr 1053). Bei einer Erledigung der Hauptsache reicht es für die Anordnung der *Kostenerstattung* in der Regel nicht aus, daß der Beteiligte voraussichtlich unterlegen wäre (Rpfl **59** 385 Nr 175b = DRiZ **60** B 52 Nr 667). Die Entscheidung über die *außergerichtlichen Kosten* unbegründeter Beschwerden, die von in entgegengesetztem Sinne Beteiligten eingelegt wurden, bemißt sich nach § 13a Abs I *S. 1* FGG (BayObLG vom 30. 1. 1959 in Rpfl **60** 166 Nr 83 unter Aufgabe der abw. Auffassung vom 4. 2. 1958 in BayObLGZ **58** 22; vgl. zum Umfang der Prüfungspflicht des Gerichts auch DRiZ 62 B 7 Nr 119). Hat im übrigen ein Beteiligter Kosten durch ein unbegründetes *oder unzulässiges* Rechtsmittel oder durch grobes Verschulden veranlaßt, so sind ihm die Kosten aufzuerlegen (§ 13a Abs I *S. 2* FGG). Beteiligter kann auch eine nicht rechtsfähige Behörde sein (BGH vom 23. 10. 1959 in BGHZ 31 92 = NJW 60 148 = Rpfl 60 48 Nr 22 = MDR 60 123 = DRiZ 60 B 52 Nr 666). Mehrere Schuldner der außergerichtlichen Kosten nach § 13a Abs I S. 2 *FGG* haften als *Teil*schuldner (Rpfl 60 167, 168 Nr 84 = DRiZ 60 B 54 Nr 690 = NJW 60 43 = MDR 60 147). *Anspruch auf Kostenerstattung* hat nur der Beteiligte, der in dem Verfahren hervorgetreten ist (BGHZ 31 92 = NJW 60 148 = Rpfl 60 48 Nr 22 = MDR 60 123 = DRiZ 60 B 52 Nr 666). Bei der *Kostenfestsetzung* gemäß § 13a Abs II FGG gibt es gegen den auf eine sofortige Beschwerde ergangenen Beschluß des Landgerichts keine weitere sofortige Beschwerde (BGHZ 33 205 = Rpfl 60 399 Nr 201; vgl auch DRiZ 61 B 117 Nr 1440; DRiZ 62 B 108 Nr 1408 = Rpfl 62 222 Nr 114).

5c) Im allgemeinen wird durch die Einlegung der Beschwerde der *Vollzug der angefochtenen Verfügung nicht gehemmt;* diese Wirkung tritt vielmehr nur bei Verfügungen ein, durch die eine Strafe festgesetzt wird (§ 24 Abs I FGG)[1], ferner in den Fällen des § 65 Abs IV JWG (sofortige Beschwerde gegen die Anordnung der endgültigen Fürsorgeerziehung, die indessen gemäß § 69 Abs II JWG ohnehin vor der Rechtskraft des Anordnungsbeschlusses nicht ausgeführt werden darf), des § 66 Abs III (sofortige Beschwerde gegen die Anordnung der Unterbringung des Minderjährigen zur Vorbereitung eines Sachverständigengutachtens) und des § 75 Abs V JWG (sofortige Beschwerde des Landesjugendamts gegen die Aufhebung der Fürsorgeerziehung).

Indessen ist das *Gericht erster Instanz* in denjenigen Fällen, in denen die angefochtene Verfügung nicht ohne weiteres mit ihrer Wirksamkeit die bestimmungsmäßigen Rechtsfolgen zeitigt, in denen es also zur Herbeiführung der erwähnten Folgen eines besonderen Vollzuges bedarf, befugt, die Vollziehung der angefochtenen Entscheidung auszusetzen (§ 24 Abs II FGG). Die Aussetzung ist auch zulässig, wenn das Gericht zu einer Abänderung der angefochtenen Verfügung gemäß § 18 Abs II FGG nicht befugt ist. Das Instanzgericht wird von der Aussetzungsbefugnis Gebrauch machen, wenn es sich um Anordnungen handelt, deren Folgen schwer rückgängig zu machen sind, während andererseits nicht zu besorgen ist, daß die Vollziehung später nicht werde durchgeführt werden können (SCHLEGELBERGER I S. 289 Anm 6). Sowohl gegen die Anordnung der Aussetzung als auch gegen die Ablehnung

---

[1] Vgl §§ 1788, 1837 Abs II, 1875 Abs II BGB; § 15 FGG i. V. m. §§ 390 Abs I, 409 ZPO. Für sitzungspolizeiliche Strafen vgl § 8 FGG i. V. m. § 181 Abs II GVG (oben § 9 Zff 2).

eines Aussetzungsantrags findet die Beschwerde statt (SCHLEGELBERGER a. a. O., KEIDEL S. 401 Anm 6).

Beispiel:

Beschluß

In der Familienrechtssache betr. den am 15. Januar 1948 in Köln geborenen Karl Schäfer, Kind des Arbeiters Josef Schäfer und seiner Ehefrau Maria geborenen Schlosser, in Köln, Hohe Straße 100, wird die Vollziehung des Beschlusses vom 10. Oktober 1962, durch den die Unterbringung des Kindes im Katholischen Waisenhause in Köln angeordnet und die Ausführung der Unterbringung dem städtischen Jugendamt in Köln übertragen ist, gemäß § 24 Abs II FGG mit Rücksicht auf die von dem Vater des Kindes eingelegte Beschwerde bis zur Entscheidung des Beschwerdegerichts einstweilen ausgesetzt.

Köln, den 23. Oktober 1962.

Das Amtsgericht.
Schmitz

Vfg.

1. Beschluß zustellen
a dem Beschwerdeführer,
b dem städtischen Jugendamt in Köln.
2. Mit Akten
dem Landgericht
in Köln
zur Entscheidung über die von dem Vater des Kindes gemäß Bl. 30 gegen den Beschluß vom 10. Oktober eingelegte Beschwerde, der nicht abgeholfen wird, übersandt.

Köln, den 20. Oktober 1958.

Das Amtsgericht.
Schmitz.

5d) Noch weitergehende Befugnisse hat aber das *Beschwerdegericht* selbst. Es kann gemäß § 24 Abs III FGG[1] nicht nur die Vollziehung der angefochtenen Verfügung aussetzen[2], sondern *einstweilige Anordnungen* jeder Art schon vor der Endentscheidung treffen. Solche Anordnungen verfolgen regelmäßig den Zweck, für die Dauer des Beschwerdeverfahrens einen einstweiligen gesicherten Zustand zu schaffen; sie sind deshalb zwar der Abänderung durch das Beschwerdegericht selbst unterworfen, aber nicht mit Rechtsmitteln anfechtbar (vgl KGJ 23 A 3 = RJA 3 1; KGJ 28 A 273 = RJA 4 189; JFG 19 36; MDR 60 683 = DRiZ 60 B 129 Nr 1428); auch Beschlüsse, die einen Antrag auf Aussetzung der Vollziehung ablehnen, sind weder mit der Beschwerde noch mit der

---

[1] Wegen der Nichtanwendbarkeit dieser Bestimmung in den Fällen des § 68 FGG (betr die Bestätigung und die Versagung der Bestätigung von Kindesannahmeverträgen) vgl unten § 70 Ziff 4.

[2] Z. B. den Vollzug der vorläufigen Fürsorgeerziehung, die an sich gemäß § 69 Abs II n. F. JWG mit dem Erlaß des Anordnungsbeschlusses durchführbar ist.

weiteren Beschwerde anfechtbar (JFG 15 13, MDR 60 683 = DRiZ 60 B 129 Nr 1428). Die sofortige Wirksamkeit einer Verfügung, die erst mit der Rechtskraft Wirksamkeit erlangt, kann allerdings auch im Wege einstweiliger Anordnung nur in besonderen Fällen auf Grund besonderer Ermächtigung (vgl § 53 Abs II n. F. FGG) herbeigeführt werden. Das Beschwerdegericht kann indessen nicht durch eine Anordnung nach § 24 Abs III FGG die Zwangsvollstreckung auf Herausgabe eines Kindes aus einem zivilgerichtlichen Urteil einstweilen einstellen. Es kann aber durch rechtsgestaltende Anordnung (§ 1666 BGB, § 24 Abs III FGG) den Aufenthalt des Kindes so bestimmen, daß die Grundlage für eine Vollstreckungsgegenklage gegen das Herausgabeurteil geschaffen wird = NJW 61 1582 = FamRZ 61 382 Nr 133 (DRiZ 61 B 117 Nr 1442). Mit dem Erlaß der Beschwerdeentscheidung tritt die einstweilige Anordnung von selbst außer Kraft; vielfach wird sich jedoch zur Vermeidung von Zweifeln die ausdrückliche Aufhebung empfehlen.

Beispiel:

In der Fürsorgeerziehungssache betr. den am 15. Januar 1948 in Köln geborenen Karl Schäfer, Kind des Arbeiters Josef Schäfer und seiner Ehefrau Maria geb. Schlosser in Köln, Hohe Straße 100, katholischen Bekenntnisses, wird die Durchführung der durch Beschluß des Amtsgerichts in Köln vom 10. Oktober 1962 angeordneten vorläufigen Fürsorgeerziehung gemäß § 24 Abs III FGG einstweilen ausgesetzt, da der Minderjährige inzwischen außerhalb des Elternhauses in geeigneter Weise untergebracht ist.

Köln, den 20. Oktober 1962.

Landgericht, 5. Zivilkammer.
Müller Schulze Lehmann.

Dieser Beschluß ist dem Beschwerdeführer, dem Jugendamt und der Fürsorgeerziehungsbehörde zuzustellen.

6. Das Beschwerdegericht *entscheidet*, wenn es nicht zur Verwerfung oder Zurückweisung des Rechtsmittels gelangt, *grundsätzlich in der Sache selbst*. Dabei ist das Beschwerdegericht nicht unbedingt an die Anträge des Beschwerdeführers gebunden, sondern es kann unter Umständen über diese hinausgehen (vgl oben Zff 2). Wird aber eine Aussetzungsverfügung des Amtsgerichts aufgehoben, so darf das Beschwerdegericht sich nicht mit der Hauptsache befassen; hat das Landgericht dies dennoch getan, so ist das Amtsgericht nach Aufhebung der Entscheidung des Landgerichts auf weitere Beschwerde nicht an die tatsächlichen Feststellungen und an die rechtliche Würdigung des Landgerichts gebunden (DRiZ 53 Rechtspr S. 10 Nr 169 = NdsRpfl 52 173). In gewissen Fällen, wenn nämlich das Amtsgericht in der Sache selbst überhaupt noch nicht oder nicht in hinreichendem Maße in eine Erörterung eingetreten ist (vgl JMBlNRW 61 82, DRiZ 61 B 83 Nr 1057) oder

wenn schwerwiegende Mängel des Verfahrens vorliegen, kann und muß das Beschwerdegericht auch unter Aufhebung der angefochtenen Entscheidung die Sache an das Amtsgericht *zurückverweisen*, weil sonst die Beteiligten einer Instanz verlustig gingen (vgl RJA 8 247, SCHLEGELBERGER I S. 296 Anm 13, Recht 1930 Nr 433; JFG 17 286, 23 193). Ist die Beschwerde begründet und fehlen die Voraussetzungen für eine Zurückverweisung an das Amtsgericht, so trifft das Landgericht selbst die Entscheidung, die das Amtsgericht hätte treffen sollen. Nur *Ausführungshandlungen*, für die funktionell das Amtsgericht zuständig ist, kann und muß das Landgericht dem Amtsgericht überlassen (DRiZ 62 B 77 Nr 1031). Das Landgericht darf aber nicht, wenn das Amtsgericht aus *sachlichem* Grunde einen Antrag zurückgewiesen hat, die Sache lediglich deshalb, weil es diesen Grund nicht billigt, zur anderweitigen Entscheidung „unter Abstandnahme von den bisherigen Bedenken" an das Amtsgericht zurückverweisen; es muß vielmehr als zweites Tatsachengericht nach erschöpfender Prüfung des gesamten Stoffes und notfalls nach Anstellung der erforderlichen Ermittlungen selbst eine endgültige Entscheidung erlassen (KGJ 31 A 6, 13; OLG 4 97; RJA 7 22; KEIDEL S. 402 Anm 1 zu § 25 FGG). Das Beschwerdegericht tritt im Rahmen des dem ersten Richter unterbreiteten Sachverhalts an die Stelle des Erstrichters und ist in der Würdigung des Tatbestandes unbeschadet des Grundsatzes der Unzulässigkeit einer Änderung zum Nachteil des Beschwerdeführers (s. oben Zff 2) an das Ergebnis des erstrichterlichen Verfahrens nicht gebunden (JFG 8 93). Deshalb ist auch eine Zurückverweisung mit der Anweisung, „von den bisherigen Bedenken Abstand zu nehmen und dem Antrage stattzugeben, soweit nicht anderweitige Bedenken entgegenstehen", nicht zulässig. Erfolgt die Zurückverweisung, (s. oben Zff 5), so geschieht dies zweckmäßig „zur anderweiten Erörterung und Entscheidung nach Maßgabe der folgenden Gründe" (SCHLEGELBERGER I S. 297 Anm 14).

Das *Amtsgericht* ist im Falle der Zurückverweisung an die tatsächliche und rechtliche Beurteilung der Angelegenheit durch das Beschwerdegericht *gebunden, soweit die Entscheidung dieses Gerichts auf der Beurteilung der Sach- und Rechtslage beruht;* die Bindung gilt freilich nur für den Einzelfall (KGJ 28 A 153; 53 A 16). Hat das Landgericht auf die Beschwerde eines Beteiligten eine Entscheidung des Amtsgerichts aufgehoben und die Sache zur erneuten Entscheidung an das Amtsgericht zurückverwiesen, ohne daß gegen den zurückverweisenden Beschluß Beschwerde eingelegt worden wäre, so sind nach der Auffassung des BGH in dem weiteren Verfahren nicht nur das Amtsgericht und das Landgericht, sondern auch das Oberlandesgericht an die Rechtsauffassung gebunden, auf der der zurückverweisende Beschluß beruht (BGHZ 15 122 = NJW 55 21, abl. Anm von BETTERMANN in NJW

55 262 = JZ 55 50 = DRiZ 55 Rechtspr S. 45 Nr 465). Gegen diese Entscheidung wendet sich mit ausführlicher Begründung, der beizutreten ist, SCHLEGELBERGER I S. 297, 298 Anm 14a. Das Amtsgericht muß allerdings bei der ihm obliegenden Ausführung des landgerichtlichen Beschlusses eine inzwischen eingetretene Änderung der Sachlage berücksichtigen. Demgemäß ist auch die auf Grund der Beschwerdeentscheidung getroffene Entscheidung des Amtsgerichts abermals mit der Beschwerde anfechtbar (KGJ 36 A 149), die indessen bei unveränderter Sachlage nicht auf die von dem Beschwerdegericht schon gewürdigten Umstände gestützt werden kann (KGJ 53 A 11).

Da gemäß § 27 FGG die weitere Beschwerde nur auf Verletzung des Gesetzes gestützt werden kann und eine Prüfung, ob diese Voraussetzung erfüllt ist, nur möglich ist, wenn die Erwägungen, auf die das Beschwerdegericht seine Entscheidung gestützt hat, erkennbar gemacht werden, so ist die Beschwerdeentscheidung *mit Gründen zu versehen* (§ 15 FGG). Diesem Erfordernis ist nicht genügt, wenn statt einer erschöpfenden tatsächlichen und rechtlichen Würdigung des gesamten Stoffes, insbesondere auch des Vorbringens des Beschwerdeführers, nur allgemeine Wendungen angeführt werden (KGJ 22 A 249; OLG 4 352).

Es genügt also nicht, lediglich ohne Anführung bestimmter Tatsachen etwa auszuführen:

„Die angestellten Ermittlungen haben ergeben, daß der Beschwerdeführer das geistige Wohl seines Kindes dadurch gefährdet hat, daß er das Kind vernachlässigt und sich eines ehrlosen Lebenswandels schuldig gemacht hat."

Eine solche Darlegung, die lediglich den Wortlaut der gesetzlichen Bestimmungen wiedergibt, ohne die Verhältnisse des Einzelfalles in tatsächlicher Beziehung erschöpfend darzulegen und rechtlich zu würdigen, ist keine Begründung im Sinne des § 25 FGG.

Dagegen ist die Bezugnahme auf solche eigene Entscheidungen des Beschwerdegerichts, die den Beteiligten bekannt sind, oder auf die Entscheidung des Amtsgerichts (JFG 1 423) statthaft. Auch eine *Darstellung des Sachverhalts* ist, trotzdem es an einer ausdrücklichen Gesetzesvorschrift fehlt, nicht zu entbehren, weil das Gericht der weiteren Beschwerde an die tatsächlichen Feststellungen des Landgerichts gebunden ist (§ 27 FGG i. V. m. § 561 ZPO; KGJ 48 A 1; RJA 14 291). Deshalb ist auch eine allgemeine Bezugnahme auf den Akteninhalt nicht zulässig, wenn auch zur näheren Darlegung einzelner für erwiesen erachteter Tatsachen auf die Akten verwiesen werden darf (KGJ 30 A 27, SCHLEGELBERGER I S. 299 Anm 17, KEIDEL S. 405 Anm 3).

Die Entscheidung des Beschwerdegerichts wird von diesem selbst oder durch das Amtsgericht dem Beschwerdeführer und denjenigen anderen Beteiligten *bekanntgemacht*, deren Recht durch die Entscheidung beeinträchtigt sein kann. Eine beglaubigte Abschrift der Entscheidung ist mit den amtsgerichtlichen Akten dem Erstrichter zu übersenden (vgl die entsprechend anwendbare Vorschrift des § 544 Abs II ZPO und § 39 Abs IV Aktenordnung).

7. Die Entscheidung des Beschwerdegerichts wird in den Fällen, in denen die sofortige weitere Beschwerde stattfindet, erst mit der Rechtskraft *wirksam*[1]. Das Beschwerdegericht kann jedoch die sofortige Wirksamkeit der Entscheidung anordnen (§ 26 S. 2 FGG)[2]. Die Rechtskraft tritt in den Fällen, in denen die sofortige weitere Beschwerde stattfindet, zwei Wochen nach der Bekanntmachung der Beschwerdeentscheidung ein (§§ 29 Abs II, 22 Abs I FGG); die Frist läuft für jeden Beteiligten besonders. Sind daher mehrere Beteiligte vorhanden, so tritt die Wirksamkeit erst mit dem Ablauf der letzten Frist ein, wenn auch gegenüber einzelnen Beteiligten die formelle Rechtskraft schon vorher eingetreten sein mag; sonst würde der auf Schaffung gesicherter Zustände gerichtete Zweck des Gesetzes geradezu vereitelt (SCHLEGELBERGER I S. 301 Anm 2, vgl auch KEIDEL S. 407, 408 Anm 1b).

Wird eine Verfügung, durch die ein Volljähriger unter *vorläufige Vormundschaft* gestellt ist, von dem Beschwerdegericht aufgehoben, so kann die Wirksamkeit der von oder gegenüber dem Volljährigen vorgenommenen Rechtsgeschäfte nicht auf Grund der aufgehobenen Verfügung in Zweifel gezogen werden (§ 61 FGG). Ebenso behalten aber auch gemäß § 32 FGG die von oder gegenüber dem vorläufigen Vormund vorgenommenen Rechtsgeschäfte Gültigkeit, sofern nicht die Verfügung mangels der sachlichen Zuständigkeit des Gerichts unwirksam ist (unbeschadet der Vorschriften der §§ 55, 62 FGG), Voraussetzung ist ferner, daß die aufgehobene Verfügung schon wirksam geworden ist (vgl KEIDEL S. 459 Anm 1). Haben der Volljährige und der Vormund über denselben Gegenstand in verschiedener Weise verfügt, so gilt das gleiche, wie wenn ein Vollmachtgeber und ein Bevollmächtigter in bezug auf denselben Gegenstand abweichende Verfügungen getroffen haben (vgl SCHLEGELBERGER I S. 337, 338 Anm 6).

8. Zu einer *Abänderung* der von ihm erlassenen Entscheidung ist das Beschwerdegericht, wenn es die Entscheidung nachträglich für ungerechtfertigt erachtet, selbst dann nicht befugt, wenn die weitere Beschwerde nicht eingelegt ist. Denn das Beschwerderecht des Beschwerdeführers

[1] Vgl unten § 32 Zff 2c. Die Vorschrift des § 26 S. 1 FGG findet auch Anwendung für den Fall der Entscheidung über den Antrag auf Wiedereinsetzung in den vorigen Stand (§ 22 Abs II S. 3 FGG). Eine Ausnahme gilt in den Fällen des § 52 FGG (Anordnung und Aufhebung der vorläufigen Vormundschaft) trotz der Bestimmung der §§ 60 Abs I S. 5 und 29 Abs II FGG; vgl KGJ 25 A 188 = RJA 3 172.

[2] Ausnahmen: §§ 24 Abs I, 68 S. 3, 56 Abs II FGG; vgl ferner den besonderen Fall des § 53 Abs II n. F. FGG.

ist mit der einmaligen Entscheidung verbraucht; auch würde die im Interesse der Rechtssicherheit gebotene endgültige Erledigung einer Rechtssache durch das Gericht erster Instanz in empfindlicher Weise gestört werden, wenn das Beschwerdegericht befugt wäre, nachträglich eine Entscheidung zu ändern (KGJ 46 A 3, a. A. LG Bonn in FamRZ 56 116 Nr 169 = MDR 56 45 Nr 51 für den Fall, daß gegen die Beschwerdenentscheidung keine weitere Beschwerde eingelegt ist). *Offenbare Unrichtigkeiten* können jedoch jederzeit von dem Beschwerdegericht berichtigt werden.

Das Gericht erster Instanz ist dagegen, da die Anordnungen des Vormundschaftsgerichts grundsätzlich eine endgültige materielle Rechtskraft nicht erlangen, in der Lage, auf Grund veränderter Umstände eine von der Beschwerdeentscheidung abweichende Entscheidung zu treffen (vgl auch für den Fall der Zurückverweisung oben Zff 6).

§ 32. e) Die sofortige Beschwerde

Die sofortige Beschwerde ist eine *Unterart der einfachen Beschwerde.* Die Vorschriften der §§ 19 bis 21 FGG finden daher auch auf die sofortige Beschwerde Anwendung.

1. Die sofortige Beschwerde ist zugelassen für solche Angelegenheiten, die *im Interesse der Beteiligten möglichst zu einem das Rechtsverhältnis der Beteiligten klarstellenden festen Abschlusse* geführt werden sollen. Demgemäß findet für das Gebiet des Vormundschafts- und Familienrechts die sofortige Beschwerde statt[1]:

a) gegen eine Verfügung, durch die ein als *Vormund, Pfleger oder Mitglied eines Familienrats Berufener übergangen wird* (*§ 60 Abs I Zff 1 FGG* i.d.F. des GleichberG vom 18. 6. 1957 Art 4 Nr 11, BGBl I 637)[2],

b) gegen eine Verfügung, durch welche die *Weigerung, eine Vormundschaft, Pflegschaft, Gegenvormundschaft oder Beistandschaft zu übernehmen,* zurückgewiesen wird *(§ 60 Abs I Zff 2 FGG),*

---

[1] Aus § 60 FGG läßt sich die Beschwerde*befugnis* nicht herleiten; diese richtet sich vielmehr nach den Vorschriften der §§ 20, 57 bis 59 FGG und für Fürsorgeerziehungssachen nach den §§ 64 ff. n. F. JWG (vgl oben § 29).

[2] Für den zum Vormund berufenen, aber übergangenen Verwandten beginnt die Frist zur Einlegung der sofortigen Beschwerde mit der Kenntnis von der Bestellung eines anderen Vormundes; Kenntnis des Gerichts, das den Beschluß erlassen hat, ist nicht erforderlich; gelingt es dem Beschwerdeberechtigten trotz pflichtmäßigen Bemühens nicht, innerhalb der Beschwerdefrist das Gericht ausfindig zu machen, so bietet die Wiedereinsetzung in den vorigen Stand genügend Schutz (RJA 12 177, SCHLEGELBERGER I S. 499 Anm 8 zu § 60 FGG).

Einem als Vormund oder Pfleger Berufenen, an dessen Stelle eine andere Person bestellt ist, steht nur die sofortige Beschwerde gegen die Bestellung, nicht aber das Recht zu, noch nach dem Ablauf der Beschwerdefrist wegen der Übergehung die Entlassung des Bestellten aus dem Amte zu verlangen. Dabei ist es unerheblich, ob

c) gegen eine Verfügung, durch die ein *Vormund, Pfleger, Gegenvormund oder Beistand gegen seinen Willen* entlassen wird *(§ 60 Abs I Zff 3 FGG)*[1],

d) gegen eine Verfügung, durch die der *Familienrat* aufgehoben oder ein Mitglied des Familienrats gegen seinen Willen entlassen wird *(§ 60 Abs I Zff 4 FGG)*[2],

e) gegen eine Verfügung, durch die ein Volljähriger unter *vorläufige Vormundschaft* gestellt wird *(§ 60 Abs I Zff 5 FGG)*,

f) gegen *Verfügungen, die erst mit der Rechtskraft wirksam werden (§ 60 Abs I Zff 6 FGG)*; vgl hierzu die Fälle des § 53 Abs I n. F. FGG, GleichberG vom 18. 6. 1957, Art 4 Nr 6, BGBl I S. 636, betr die Ermächtigung oder Ersetzung der Zustimmung eines anderen zu einem Rechtsgeschäft und die Aufhebung der Beschränkung oder Ausschließung der Schlüsselgewalt gemäß § 1357 n. F. BGB und die Ersetzung der Zustimmung der Mutter zur Ehelichkeitserklärung des Kindes; vgl ferner § 53a FGG, GleichberG a. a. O. Art 4 Nr 7, betr das Verfahren nach den §§ 1382, 1383 n. F. BGB über die Ausgleichsforderung eines Ehegatten und § 56 FGG betr. die Volljährigkeitserklärung eines Minderjährigen[3], sodann § 55a FGG, eingefügt durch das FamRÄndG vom

das Vormundschaftsgericht den Berufenen absichtlich oder aus Unkenntnis seiner Existenz oder des Berufungsgrundes übergangen hat (KGJ **39** A 5).

Im übrigen ist die Verfügung, durch die der Antrag eines als Vormund Berufenen, ihn als solchen zu bestellen, zurückgewiesen wird, auch ohne daß gleichzeitig eine andere Person bestellt wird, eine den Berufenen übergehende Verfügung und deshalb mit der sofortigen Beschwerde anfechtbar (KGJ **29** A 7 = RJA **5** 130).

[1] Bei *Anweisung des Landgerichts* an das Vormundschaftsgericht, einen Vormund zu entlassen, kann dieser nur gegen die Entscheidung des Landgerichts die sofortige weitere Beschwerde einlegen, nicht aber gegen die tatsächliche Entlassung Beschwerde führen (KGJ **29** A 11). Bei *Aufhebung der Entlassung aus der Vormundschaft über ein uneheliches Kind* durch das Landgericht hat nur der Mündel, nicht aber die außereheliche Kindesmutter das Recht der sofortigen weiteren Beschwerde (bedenklich, vgl § 57 Abs I Zff 9 FGG); das Vormundschaftsgericht muß übrigens in diesem Fall ohne Rücksicht auf eine sofortige Beschwerde des Vormundes alsbald einen neuen Vormund bestellen, damit der Mündel nicht ohne gesetzlichen Vertreter ist (JFG **12** 122). Bestellt das Landgericht selbst einen neuen Vormund, so ist *hiergegen* die *einfache* weitere Beschwerde gegeben (JFG **12** 126 Ausnahme § 60 Abs I Zff 1 FGG). Hat das Beschwerdegericht die Entlassung des Vormundes durch das Amtsgericht *aufgehoben*, so steht dem *Jugendamt* hiergegen eine Beschwerdebefugnis nicht zu (JMBlNRW **51** 175). Wenn das Vormundschaftsgericht einen Vormund gegen seinen Willen entlassen und das Jugendamt zum Vormund bestellt hat, steht diesem gegen die Anweisung des Beschwerdegerichts, das Jugendamt als Vormund zu entlassen und den früheren Vormund wiedereinzusetzen, ein Recht zur weiteren Beschwerde nicht zu (DRiZ **62** B 108 Nr 1410 = NdsRpfl **62** 152).

[2] Zuständig für die Entscheidung über das Rechtsmittel ist im Gebiet des früheren Preußischen Staates grundsätzlich das Oberlandesgericht; vgl §§ 1878 Abs II BGB, 64, 199 Abs II FGG, unten § 33 Zff 9.

[3] Auch die Entscheidung von Meinungsverschiedenheiten mehrerer Vormünder oder Pfleger durch das Vormundschaftsgericht tritt in entsprechender Anwendung

11. 8. 1961, Art 4 Nr 4, BGBl I S. 1228, betr die Genehmigung zur Unterbringung eines Mündels, die mit Freiheitsentziehung verbunden ist, § 56b FGG (eingefügt wie vorst. Art 4 Nr 5) betr Entscheidung über die Anfechtung der Ehelichkeit eines Kindes, § 56c FGG (eingefügt wie vorst. Art 4 Nr 5) betr Aufhebung des durch die Annahme an Kindes Statt begründeten Rechtsverhältnisses,

g) gegen den Beschluß, durch den die *Bestätigung des Kindesannahmevertrages oder des Aufhebungsvertrages versagt* wird *(§ 68 Abs II n. F. FGG)*[1], hinsichtlich des *Bestätigungsbeschlusses selbst* vgl § 68 Abs I S. 1 FGG u. BGH in NJW 57 673 = FamRZ 57 126 = DRiZ 57 Nr 59 Rechtspr S. 77 Nr 858),

h) gegen die *Anordnung der vorläufigen Fürsorgeerziehung (§ 67 Abs II n. F. JWG)* und gegen die *Anordnung oder Ablehnung der endgültigen Fürsorgeerziehung (§ 65 Abs IV n. F. JWG)* sowie gegen die *Aussetzung des Fürsorgeerziehungsverfahrens (§ 68 Abs II n. F. JWG)*, sodann gegen die *Aufhebung der Fürsorgeerziehung (§ 75 Abs V S. 2 n. F. JWG)*[2].

Gegen anfechtbare *Zwischenverfügungen* ist die *einfache* (unbefristete) Beschwerde auch dann gegeben, wenn gegen die Endentscheidung die sofortige Beschwerde stattfindet (FamRZ 57 185 = DRiZ 57 Rechtspr S. 77 Nr 856).

2. Der oben angegebene Zweck der sofortigen Beschwerde hat gewisse *Besonderheiten* zur Folge.

a) Zunächst ist im allgemeinen der erste Richter *nicht* befugt, der sofortigen Beschwerde *abzuhelfen* (§ 18 Abs II FGG); hiervon ist jedoch für den Fall der Anordnung der vorläufigen Fürsorgeerziehung eine Ausnahme gemacht (§ 67 Abs II S. 3 JWG).

b) Ferner ist die Einlegung der sofortigen Beschwerde an eine *Frist*[3] gebunden, die gemäß § 22 Abs I FGG zwei Wochen beträgt und mit dem Zeitpunkt beginnt, in dem die anzufechtende Verfügung dem Beschwerdeführer bekanntgemacht worden ist[4]. Für die Berechnung der

---

des § 53 FGG erst mit der Rechtskraft in Wirksamkeit (SCHLEGELBERGER I S. 453 Anm 2h abw. von KGJ 38 A 44 = RJA 10 171).

[1] Wird die Bestätigung aus *verfahrensrechtlichen* Gründen versagt, so findet die unbefristete Beschwerde statt (DRiZ 60 B 44 Nr 503).

[2] Gegen den die Aufhebung der Fürsorgeerziehung ablehnenden Beschluß des Vormundschaftsgerichts steht jedem Antragsberechtigten die *einfache* Beschwerde zu (§ 75 Abs V S. 3 n. F. JWG).

Für den Fall der landesrechtlichen Entscheidung des Landesjugendamtes an Stelle des Vormundschaftsgerichts vgl § 75 Abs VI n. F. JWG.

[3] Auch eine unbefristete Beschwerde muß innerhalb einer angemessenen Frist erhoben werden (Zentralblatt XLIV (1957) 276).

[4] Über die *Bekanntmachung* verhält sich § 16 FGG; vgl oben § 15, insbesondere auch zu der Frage, ob an den Beschwerdeführer selbst oder an seinen Bevollmächtigten zuzustellen ist, sowie für den Fall, daß *mehrere Beteiligte* in Betracht kommen. Die Beschwerdefrist beginnt für jeden Beschwerdeberechtigten mit der Zustellung

Frist sind gemäß § 17 FGG die Bestimmungen des Bürgerlichen Gesetzbuches (§§ 187 bis 193) maßgebend. § 187 S. 2 ZPO ist entsprechend anwendbar; die Fristen des FGG sind Notfristen (DRiZ 53 Rechtspr S. 87 Nr 860 = MDR 53 561), abw. SCHLEGELBERGER I 230 Anm 3 zu § 17 FGG. Eine Verlängerung der Frist kann weder von dem Gericht angeordnet noch von den Beteiligten vereinbart werden (vgl SCHLEGELBERGER I S. 280 Anm 5 zu § 22 FGG). Die Gerichtsferien sind auf den Lauf der Frist ohne Einfluß (§ 10 FGG).

Zur Wahrung der Frist ist erforderlich, daß die sofortige Beschwerde innerhalb des vorgeschriebenen Zeitraumes von zwei Wochen von dem Gericht in Empfang genommen wird. Niederlegung der Beschwerdeschrift in einen Gerichtsbriefkasten genügt daher allein nicht; deshalb empfiehlt es sich, bei Benutzung des *Gerichtsbriefkastens* auf die Bekanntmachung der Leerungszeiten zu achten (RGZ 76 128; vgl auch JZ 53 122 = DRiZ 53 Rechtspr S. 36 Nr 404). Die Einlegung des Rechtsmittels durch *Telegramm* ist auch dann rechtzeitig, wenn fernmündliche Durchsage durch das Postamt innerhalb der Frist an eine zur Entgegennahme der Mitteilung befugte Person erfolgt und diese eine Niederschrift über die Durchsage fertigt (so OLG Freiburg Rpfl 51 623 und für den Fall der Rechtsbeschwerde auch der BGH in JZ 53 179 m. zust. Anm von SCHÖNKE, a. A. OLG München in BayJMBl 52 93 = DRiZ 52 Rechtspr S. 74 Nr 704).

c) Die Entscheidung des Beschwerdegerichts ist in den Fällen der sofortigen Beschwerde nur mit der *sofortigen weiteren Beschwerde*[1] *anfechtbar* (§ 29 Abs II FGG).

Die *Wirksamkeit* der Beschwerdeentscheidung tritt daher gemäß § 26 S. 1 FGG regelmäßig erst mit der Rechtskraft[2] ein, jedoch kann das Beschwerdegericht die sofortige Wirksamkeit der Entscheidung anordnen (§ 26

---

an diesen besonders (KGJ 27 A 22); ist jedoch an einen Beteiligten *und* an seinen Bevollmächtigten zugestellt, so ist für den Lauf der Frist die erste Zustellung maßgebend (JFG 22 319). Die *Zustellung* ist im übrigen *nicht Voraussetzung der Einlegung des Rechtsmittels* (KGJ 22 A 198 = RJA 2 210; RJA 14 98). Hinsichtlich der *Volljährigkeitserklärung* im Falle des *Ruhens der elterlichen Gewalt* des Vaters und der Ausübung der elterlichen Gewalt nur durch die Mutter vgl KGJ 37 A 48. Wegen einiger gesetzlich geregelter *Sonderfälle* vgl §§ 51 Abs I u. II, 53 Abs II n. F., 67 Abs I u. II FGG.

Ausnahmsweise beginnt die Frist gemäß § 60 Abs II FGG im Falle des § 60 Abs I Zff 1 FGG mit dem Zeitpunkt, in dem der Beschwerdeführer von der Übergehung *Kenntnis erlangt*, z. B. wenn er von der Bestellung eines anderen Vormunds usw. erfährt (RJA 12 177) und im Fall der Aufhebung des Familienrats (§ 60 Abs I Zff 4 erste Hälfte FGG) mit dem Zeitpunkt, in dem das Vormundschaftsgericht die Mitglieder von der Aufhebung in Kenntnis setzt; die Frist beginnt erst mit der Bekanntmachung an *sämtliche* Mitglieder des Familienrates (KEIDEL S. 608 Anm 5).

[1] Vgl unten § 33 Zff 7.

[2] Ausnahme: § 52 FGG.

Abs II FGG)[1]. Die Rechtskraft der Beschwerdeentscheidung tritt gemäß § 29 Abs IV, 22 Abs I S. 1 FGG mit dem Ablauf der Frist von zwei Wochen zur Einlegung der sofortigen weiteren Beschwerde ein; die Frist beginnt mit der Bekanntmachung an den Beschwerdeführer (§ 16 FGG; vgl oben § 15). Bei mehreren Beteiligten tritt die Wirksamkeit erst mit dem Ablauf der letzten Beschwerdefrist ein, wenn auch die formelle Rechtskraft, d. h. die Unzulässigkeit der Anfechtung für einzelne Beteiligte schon früher eingetreten ist (SCHLEGELBERGER I S. 212 Anm 7).

Beispiel:

Einlegung einer sofortigen Beschwerde durch Einreichung einer Beschwerdeschrift.

Köln, den 20. Oktober 1962.

An das Amtsgericht in Köln

Betrifft: Vormundschaftssache Schäfer (7 Sch VII 1500).

Gegen den Beschluß des Amtsgerichts vom 10. Oktober 1962, der mir am 15. Oktober 1961 zugestellt ist und durch den ich als Vormund des am 15. Januar 1948 geborenen Karl Schäfer in Köln, Hohe Straße 100, entlassen bin, lege ich das Rechtsmittel der

sofortigen Beschwerde

ein.

Es ist nicht zutreffend, daß ich mich um das persönliche Wohlergehen meines Mündels nicht gekümmert und seine Vermögensangelegenheiten vernachlässigt hätte. Ich berufe mich zum Nachweise dafür, daß ich mein Mündel häufig, etwa alle zwei Wochen persönlich aufgesucht, mit ihm eingehend Rücksprache genommen und seine persönlichen Verhältnisse regelmäßig mit seiner Tante, der Ehefrau Martha Hoffmann geb. Schäfer in Köln, Hohe Straße 100, bei der das Kind seit dem Tode der Eltern untergebracht ist, besprochen habe, auf das Zeugnis der genannten Frau Hoffmann und ihres Ehemannes.

Hinsichtlich der dem Kinde zustehenden Waisenrente habe ich mich schon seit längerer Zeit mit dem Versorgungsamt in Köln in Verbindung gesetzt und wiederholt an die Erledigung meiner Eingaben erinnert. Daß die Zubilligung der Rente auf Schwierigkeiten gestoßen ist, beruht nicht auf meinem Verschulden, wie das Versorgungsamt gewiß bestätigen wird.

Ich bitte daher, den angefochtenen Beschluß aufzuheben.

Gerhard Schulze.

§ 33. f) Die weitere und die sofortige weitere Beschwerde

1. Gegen die Entscheidung des Beschwerdegerichts[2] findet die weitere Beschwerde statt, wenn die Entscheidung *auf einer Verletzung des Ge-*

---

[1] Ausnahmen: § 68 S. 3 FGG §§ 53 Abs II (Anordnung nur bei Gefahr im Verzuge, Wirkung mit Bekanntmachung an den Antragsteller), 56 FGG.

[2] Gegen eine Verfügung, durch die über die *Entlassung eines Mitgliedes des Familienrats* von dem Gerichte, das dem Vormundschaftsgericht im Instanzenzuge übergeordnet ist, entschieden wird, findet die sofortige Beschwerde an das zuständige Oberlandesgericht, das Bayerische Oberste Landesgericht und das Oberlandesgericht

setzes beruht; die Vorschriften der §§ 550, 551, 561, 563 der Zivilprozeßordnung über die Revision finden entsprechende Anwendung (§ 27 FGG)[1].

Die weitere Beschwerde in Vormundschafts- und Familienrechtssachen ist demnach der Revision des Zivilprozesses nachgebildet. Daraus ergeben sich gegenüber der ersten Beschwerde gewisse Besonderheiten. Abgesehen von diesen Abweichungen finden jedoch die Vorschriften über die erste Beschwerde entsprechende Anwendung (§§ 29 Abs IV, 63 FGG).

2. Die *Zulässigkeit* der weiteren Beschwerde setzt voraus, daß eine Entscheidung des Beschwerdegerichts vorliegt; das Rechtsmittel findet also nicht statt, wenn das Landgericht als Gericht erster Instanz entschieden hat (vgl hierzu oben § 28 Zff 6). Die weitere Beschwerde ist weiter nicht zulässig, gegen Anordnungen oder Mitteilungen des Beschwerdegerichts, die einer sachlichen Entscheidung vorangehen und lediglich bestimmt sind, das Verfahren vorzubereiten oder zu leiten, zur Sache selbst aber noch nicht Stellung nehmen (RJA **15** 109). Die vom Beschwerdegericht getroffene Anordnung, daß Zeugen vernommen und Beteiligte angehört werden sollen, kann nicht selbständig angefochten werden (JMBlNRW **56** 185 = DRiZ **56** Rechtspr S. 102 Nr 1060). Als eine lediglich das Verfahren leitende Anordnung hat das Reichsgericht auch einen Beschluß angesehen, durch den das Beschwerdegericht die Entscheidung zur Sache aussetzt (RJA **14** 85). Das Kammergericht ist dieser Auffassung gefolgt (DRiZ **1929** Rechtspr Nr 184), hat indessen früher die weitere Beschwerde gegen einen Aussetzungsbeschluß jedenfalls dann zugelassen, wenn dieser das Beschwerdeverfahren abschließt (RJA **15** 89). Ebenso ist die weitere Beschwerde zugelassen worden, wenn die Aussetzung im Ergebnis einer sachlichen Entscheidung gleichkommt (JFG **13** 197, vgl auch JFG **23** 101). Das OLG Freiburg ist sogar der Auffassung, daß der Aussetzungsbeschluß des Beschwerdegerichts in jedem Falle der weiteren Beschwerde unterliegt (NJW **53** 708 = DRiZ **53** Rechtspr S. 64 Nr 635). Auch wenn das Landgericht das Verfahren nicht endgültig abschließt, sondern die Sache an das Amtsgericht zurückverweist, ist die weitere Beschwerde statthaft (JFG **15** 134). Ferner ist in KGJ **51** A 8 = RJA **16** 170 die Beschwerde zugelassen gegen die von dem Landgericht in der Beschwerdeinstanz getroffenen Verfügungen, die zwar nicht Entscheidungen über das Rechtsmittel ent-

---

Neustadt statt; die weitere Beschwerde ist ausgeschlossen (§§ 60 Abs I Zff 4, 64, 199 FGG und unten Zff 9).

[1] Dagegen ist § 568 Abs II ZPO im *Kostenfestsetzungsverfahren* der freiwilligen Gerichtsbarkeit weder unmittelbar noch entsprechend anwendbar (BayOLG vom 11. 2. 58 in DRpfleger **58** 120 = MDR **58** 350 = DRiZ **58** Rechtspr B 68 Nr 835 = B 98 Nr 1177 = NJW **58** 908). Vgl zur Frage der Zulässigkeit der weiteren Beschwerde im Kostenfestsetzungsverfahren auch DRiZ **63** B 12 Nr 226.

halten, aber das Recht eines Beteiligten im Sinne des § 20 FGG zu beeinträchtigen geeignet sind, z. B. die Unterbringung eines Beteiligten in einer Heilanstalt zum Zwecke der Untersuchung und Beobachtung auf den Geisteszustand. Auch wenn über die örtliche Zuständigkeit von dem Beschwerdegericht vorab entschieden ist, unterliegt diese Entscheidung der weiteren Beschwerde (KGJ **53** A 6). Soweit Zwischenverfügungen des Landgerichts anfechtbar sind, findet gegen sie die einfache, nicht die sofortige weitere Beschwerde statt, selbst wenn gegen die Endentscheidung des Beschwerdegerichts nur dieses Rechtsmittel gegeben wäre (FamRZ **57** 185 = DRiZ **57** Rechtspr S. 77 Nr 856). S. auch unten § 70 Zff 5 Abs II. Zur Frage der Zulässigkeit der weiteren Beschwerde gegen eine vor langer Zeit ergangene Entscheidung vgl SchlHA **57** 101. Im Kostenfestsetzungsverfahren der freiwilligen Gerichtsbarkeit ist die weitere Beschwerde unzulässig (MDR **60** 412). Auch bei der Kostenfestsetzung gem. § 13a Abs II FGG gibt es gegen den auf eine sofortige Beschwerde ergangenen Beschluß des Landgerichts keine weitere sofortige Beschwerde (BGH vom 6. 10. 1960, NJW **61** 29, MDR **61** 49).

3. Die weitere Beschwerde kann nur auf eine *Verletzung des Gesetzes* gestützt werden; diese muß in der Beschwerdeentscheidung enthalten sein; sie muß auf der Gesetzesverletzung beruhen und sich auf den verfügenden Teil der Entscheidung auswirken; es genügt nicht die Gesetzesverletzung in der Begründung (DRiZ **59** B 98 Nr 1155 = FamRZ **59** 296 Nr 160). Die Verletzung des Gesetzes durch den *ersten* Richter ist nur von Bedeutung, wenn das Beschwerdegericht sich die Auffassung des Amtsgerichts zu eigen gemacht hat.

Eine Gesetzesverletzung liegt gemäß § 550 ZPO vor, wenn eine Rechtsnorm nicht oder nicht richtig angewendet ist. Als Rechtsnormen in diesem Sinne sind auch *allgemeine Rechtsgrundsätze* anzuerkennen, und zwar selbst dann, wenn sie weder eine äußere noch eine innere Verbindung mit einem bestimmten Gesetz haben (BGHZ **6** 76). Dagegen sind für den einzelnen Fall bestimmte *Verwaltungsanordnungen* nicht als Rechtsnormen im Sinne des § 27 FGG anzusehen (KGJ **50** A 64, 65). *Rechtsverordnungen* aber, die auf Grund gesetzlicher Ermächtigung von staatlichen Organen innerhalb der Grenzen dieser Ermächtigung erlassen sind, sind als Rechtsnormen zu betrachten (JFG **2** 234). Unerheblich ist es, ob materielles oder Verfahrensrecht[1], zwingende oder

---

[1] Hat z. B. das Vormundschaftsgericht dem Vormund, der um die Genehmigung eines von ihm namens des minderjährigen Mündels abgeschlossenen Kindesannahmevertrags nachgesucht hat, diese Genehmigung versagt und das Landgericht die Beschwerde des Vormundes zurückgewiesen mit der Maßgabe, daß dem Annehmenden die Befreiung von dem Erfordernis der Kinderlosigkeit verweigert werde, obwohl es die Verweigerung der Genehmigung für unbegründet hält, so liegt darin eine

sogenannte *Sollvorschriften* verletzt sind. Bei Verletzung der Regeln über die örtliche Zuständigkeit sind zwar die Maßnahmen des örtlich unzuständigen Gerichts nicht unwirksam (§ 7 FGG); sie beruhen aber gleichwohl auf einer Gesetzesverletzung und sind daher auch mit der Beschwerde und weiteren Beschwerde anfechtbar (KGJ **35** A 345 = RJA **9** 73; KGJ **53** A 27). Zulässig ist die weitere Beschwerde z. B., wenn Verwandte oder Verschwägerte des Kindes entgegen der Vorschrift des § 1847 BGB nicht gehört sind (KGJ **23** D 7 = RJA **2** 152).

Auch auf die Verletzung *ausländischen Rechts* kann die weitere Beschwerde gestützt werden (vgl Schlegelberger I S. 307 Anm 6 mit Nachweisen, Keidel S. 412 Anm 1b, abw. KGJ **49** A 244 = RJA **15** 1 = OLG **31** 274 und OLG **42** 182). Ebenso enthält die Unterlassung der Prüfung, ob inländisches oder ausländisches Recht anzuwenden ist, eine Gesetzesverletzung (KGJ **32** A 23).

Unrichtige Schlußfolgerungen aus dem Inhalt des Gesetzes begründen die weitere Beschwerde; auf ein Verschulden des Beschwerdegerichts kommt es nicht an (KGJ **32** A 23). Dagegen enthält es niemals eine Gesetzesverletzung, wenn das Beschwerdegericht von dem *freien richterlichen Ermessen* ordnungsmäßigen Gebrauch gemacht hat; insbesondere kann die weitere Beschwerde nicht darauf gestützt werden, daß die Anordnungen des Beschwerdegerichts unzweckmäßig seien (vgl die Beispiele bei Schlegelberger I S. 309 Anm 8). Freilich wird hierdurch die Rüge nicht ausgeschlossen, daß das Beschwerdegericht seiner Verpflichtung zur tatsächlichen Aufklärung des Sachverhalts (§ 12 FGG) nicht hinreichend genügt habe (KGJ **33** A 51; **45** A 88) oder daß es von seinem Ermessen überhaupt keinen oder einen das Gesetz verletzenden Gebrauch gemacht habe (vgl Schlegelberger I S. 309, 310 Anm 8, ferner hinsichtlich der Gewährung der Akteneinsicht und der Erteilung von Abschriften aus den Akten KGJ **20** A 7).

Gesetze und andere Rechtsnormen, die *erst nach der Bekanntmachung des landgerichtlichen Beschlusses in Kraft getreten* sind, haben bei der Prüfung der Frage, ob die Entscheidung des Beschwerdegerichts auf einer Verletzung des Gesetzes beruht, regelmäßig außer Betracht zu bleiben (KGJ **53** A 8); sie können nur Berücksichtigung finden, wenn sie sich ausnahmsweise rückwirkende Kraft beilegen oder wenn der öffentlich-rechtliche Charakter der neuen Rechtsnormen es erfordert (RGZ **101** 141, 148; **108** 139, 143; **111** 320; **112** 169, 172; **115** 208; **154** 139).

4. Die weitere Beschwerde setzt endlich voraus, daß die angefochtene Entscheidung des Beschwerdegerichts auf der Gesetzesverletzung *beruht*.

Gesetzesverletzung im Sinne des § 27 FGG. Dem Annehmenden, über dessen Antrag auf Befreiung vom Erfordernis der Kinderlosigkeit das Vormundschaftsgericht nicht befunden hat, steht in diesem Falle die sofortige weitere Beschwerde gegen die Entscheidung des Landgerichts zu (Amtsvormund XXVII 12).

Es rechtfertigt also die weitere Beschwerde nicht, wenn sich zwar in den Gründen der Beschwerdeentscheidung rechtsirrige Ausführungen finden, diese aber nicht die Grundlage der Entscheidung bilden (s. oben Zff 3 Abs I). In einigen Fällen ist jedoch gemäß § 27 S. 2 FGG i. V. m. § 551 ZPO die Entscheidung stets als auf einer Verletzung des Gesetzes beruhend anzusehen:

a) wenn das Beschwerdegericht nicht vorschriftsmäßig besetzt war,

b) wenn bei der Entscheidung ein Richter mitgewirkt hat, der von der Ausübung des Richteramtes kraft Gesetzes ausgeschlossen war,

c) wenn das Gericht seine Zuständigkeit oder Unzuständigkeit mit Unrecht angenommen hat,

d) wenn ein Beteiligter nicht nach Vorschrift der Gesetze vertreten war, d. h. wenn eine Person als gesetzlicher Vertreter eines Beteiligten aufgetreten ist, obwohl sie nicht gesetzlicher Vertreter war, oder wenn ein Bevollmächtigter ohne Auftrag für einen Beteiligten aufgetreten ist, es sei denn, daß dieser ausdrücklich oder stillschweigend die Vertretungshandlungen genehmigt; die Vorschrift umfaßt also sowohl den Fall der gesetzlichen als auch den Fall der rechtsgeschäftlichen Vertretung,

e) wenn die Beschwerdeentscheidung nicht mit Gründen versehen ist, z. B. wenn zwar äußerlich sich als Gründe darstellende Ausführungen gemacht sind, diese aber die tatsächlichen und rechtlichen Erwägungen nicht erkennen lassen, aus welchen das Gericht zu seiner Entscheidung gelangt ist, oder die Sach- und Rechtslage nicht erschöpfend würdigen (Keidel S. 420 Anm 4e mit Nachweisen, s. auch oben § 31 Zff 4 a.E. und Zff 6).

5. Die *Befugnis zur Erhebung der weiteren Beschwerde* ist ebenso wie das Recht der ersten Beschwerde davon abhängig, daß ein Recht des Beschwerdeführers durch die Entscheidung über die erste Beschwerde beeinträchtigt ist oder die Beschwerdebefugnis entsprechend den für die erste Beschwerde geltenden Vorschriften aus besonderen Gründen gegeben ist (§§ 29 Abs IV, 63 FGG und oben § 29). Das Jugendamt kann auch über eine von ihm selbst angeregte Maßnahme des Vormundschaftsgerichts Beschwerde führen (JFG 4 51).

Auch wenn ein Beteiligter die erste Beschwerde nicht eingelegt hat, kann er jedenfalls dann die Beschwerdeentscheidung mit der weiteren Beschwerde anfechten, wenn er durch die Beschwerdeentscheidung ungünstiger gestellt wird, als dies nach der Entscheidung des Amtsgerichts der Fall war (vgl hierzu für den Fall der Verweigerung der vormundschaftsgerichtlichen Genehmigung durch das Beschwerdegericht RJA 17 3). Ferner sind die im § 57 FGG Bezeichneten auch dann befugt, die weitere Beschwerde zu erheben, wenn die Beschwerdeentscheidung nicht von ihnen herbeigeführt worden ist; das gleiche gilt im Falle des *§ 59 FGG* hinsichtlich der Beschwerdebefugnis des Kindes oder Mündels

(Schlegelberger I S. 501 zu § 63 FGG). Hat dagegen in *Fürsorgeerziehungssachen* ein Beschwerdeberechtigter von dem Rechte der ersten Beschwerde keinen Gebrauch gemacht, so kann er gegen die Entscheidung des Beschwerdegerichts, durch welche die sofortige Beschwerde eines anderen als unbegründet zurückgewiesen wird, die sofortige weitere Beschwerde nicht mehr einlegen, es sei denn, daß die Entscheidung des Beschwerdegerichts einen den Beteiligten beeinträchtigenden neuen selbständigen Beschwerdegrund enthält (JFG 5 83). Eine Ausnahme gilt nur insofern, als ein Minderjähriger, der erst nach dem Erlaß des amtsgerichtlichen Beschlusses vierzehn Jahre alt und damit beschwerdeberechtigt geworden ist, die auf Betreiben eines anderen Berechtigten ergangene Beschwerdeentscheidung des Landgerichts mit der sofortigen weiteren Beschwerde anfechten kann (KGJ 47 A 70). Ist durch *Landesrecht* bestimmt worden, daß für die Entscheidung über die Aufhebung der Fürsorgeerziehung an Stelle des Vormundschaftsgerichts das Landesjugendamt zuständig ist, so kann der Antragsteller gegen die Ablehnung des Antrags innerhalb von zwei Wochen seit Zustellung des ablehnenden Bescheides die Entscheidung des Vormundschaftsgerichts anrufen; gegen den Beschluß des Gerichts findet die sofortige (erste) Beschwerde statt (§ 75 Abs VI n. F. JWG).

Hat das Landgericht die erste Beschwerde als unzulässig verworfen und also eine sachliche Nachprüfung verweigert, so begründet dies die Befugnis zur Erhebung der weiteren Beschwerde (BGHZ 31 95, FamRZ 62 531 Nr 221).

6. Die *Einlegung der weiteren Beschwerde* kann nur bei dem Gericht erster Instanz, bei dem Landgericht oder bei dem Gericht der weiteren Beschwerde (§ 29 Abs I S. 1 FGG) erfolgen und ist an erschwerte Formen gebunden, um die Erhebung unzulässiger, leichtfertiger und gänzlich unbegründeter Beschwerden zu verhindern (Schlegelberger I S. 323 Anm 2).

a) Die Einlegung kann erfolgen entweder *zu Protokoll der Geschäftsstelle* des Amtsgerichts (anders bei Unterbringung des Beschwerdeführers in einer geschlossenen Anstalt in Sachen, die seine Unterbringung zum Gegenstand haben und in denen er sich gegen diese wendet, FamRZ 61 130, 131 Nr 54) oder des Gerichts der weiteren Beschwerde oder durch Einreichung einer *Beschwerdeschrift*, die von einem *Rechtsanwalt* unterzeichnet ist; der Zuziehung eines solchen bedarf es jedoch nicht, wenn die Beschwerde von einer *Behörde* (s. jedoch unten zu b Abs 2) oder von einem *Notar* eingelegt wird, der in der Angelegenheit einen Antrag bei dem Gericht erster Instanz gestellt hat (§ 29 Abs I S. 2 FGG). Dagegen kann die weitere Beschwerde wirksam weder zu Protokoll der Geschäftsstelle eines *anderen* als der genannten Gerichte (vgl KGJ 20 A 3 = RJA 1 1) noch zu Protokoll des *Richters* erster Instanz (KGJ 20

A 145 = RJA 1 41; RGZ 110 311; BGH in FamRZ 57 257 Nr 122, abw. BayObLG in JFG 1 25) eingelegt werden, und zwar selbst dann nicht, wenn die Geschäftsstelle des anderen Gerichts von einem zuständigen Gericht um Entgegennahme der weiteren Beschwerde ersucht worden ist (JFG 22 365 gegen BayObLGZ 22 181 und JFG 16 138, 140). Nach KEIDEL (S. 441 mit Nachweisen) ist die bei einem nicht zuständigen Gericht eingelegte weitere Beschwerde unverzüglich an das zuständige Gericht weiterzuleiten und wird mit dem Einlauf bei diesem Gericht wirksam, im Falle der sofortigen weiteren Beschwerde aber nur, wenn die Beschwerdeschrift innerhalb der vorgeschriebenen Frist an das zuständige Gericht gelangt (bedenklich im Hinblick auf den eindeutigen Wortlaut des Gesetzes). Es genügt auch nicht, daß der Urkundsbeamte lediglich das von dem Richter entworfene Protokoll unterschrieben hat (KGJ 53 A 8). Bei der weiteren Beschwerde kann auch im Gegensatz zu der ersten Beschwerde ein zu Protokoll des Richters erklärtes Rechtsmittel selbst dann nicht als formgerecht eingelegt angesehen werden, wenn das Protokoll von dem Beschwerdeführer unterzeichnet ist; denn die einfache Schriftform reicht zur Einlegung der weiteren Beschwerde nicht aus. Die weitere Beschwerde ist ferner nicht wirksam zu Protokoll der Geschäftsstelle eingelegt, wenn der Urkundsbeamte zwar die Einlegung der weiteren Beschwerde beurkundet, im übrigen aber in das Protokoll nur den Inhalt einer ihm vorliegenden Beschwerdeschrift wörtlich übernommen hat (KGJ 53 A 1). Das gleiche gilt, wenn der Urkundsbeamte eine privatschriftliche Eingabe des Beschwerdeführers lediglich mit Eingangs- und Schlußvermerk versehen hat (RJA 2 209; KGJ 22 A 202; RGZ 101 426 JMBl 1921 333) und auch dann, wenn der Urkundsbeamte die Erklärungen des Beschwerdeführers nach dessen Diktat ohne eigenverantwortliche Prüfung niedergeschrieben hat oder wenn aus der Niederschrift hervorgeht, daß der Urkundsbeamte die Verantwortung ablehnen wollte (vgl RGZ 150 15 = JFG 13 222). In allen diesen Fällen würde der Zweck der Formvorschrift, die die sachkundige Überprüfung des Beschwerdevorbringens auf Vollständigkeit, Zweckmäßigkeit und Vermeidung überflüssiger und ungehöriger Ausführungen gewährleisten soll, vereitelt. Deshalb ist sogar grundsätzlich auch die Bezugnahme auf privatschriftliche Anlagen unstatthaft, wenn diese erkennbar einen wesentlichen Teil der Begründung der weiteren Beschwerde enthalten (KGJ 22 A 202); zum mindesten muß dieser privatschriftliche Teil der weiteren Beschwerde unberücksichtigt bleiben[1]

[1] In JFG 5 60, OLG Dresden, ist ausgeführt, daß es zwar dem Gesetze widerspreche, wenn der Urkundsbeamte eine ihm von dem Beschwerdeführer überreichte Beschwerdeschrift ohne nähere Prüfung dem Protokoll einverleibe, daß aber dieses Verfahren dennoch „nicht völlig unzulässig" sei.

(RJA **13** 65). Vgl ferner auch oben die Ausführungen zu § 30 Zff 5.

b) Wird die weitere Beschwerde mittels einer *Beschwerdeschrift* eingelegt, so muß diese grundsätzlich von einem bei einem deutschen Gericht zugelassenen *Rechtsanwalt* unterzeichnet sein. Nicht erforderlich ist, daß der Rechtsanwalt bei einem der drei mit der Angelegenheit befaßten Gerichte zugelassen ist[1]. Auch braucht der Anwalt die Beschwerdeschrift nicht selbst verfaßt zu haben; es genügt, daß er durch die Unterzeichnung die Verantwortung für den Inhalt der Schrift übernimmt. Andererseits ist aber die bloße Unterstempelung der Schrift nicht ausreichend (RGZ **151** 82). Die Bezugnahme auf privatschriftliche Anlagen, die von dem Beschwerdeführer selbst unterzeichnet sind, ist unzulässig, weil sie den Zweck der vorgeschriebenen Form vereiteln würde; solche Anlagen müssen bei der Würdigung des Rechtsmittels außer Betracht bleiben (SCHLEGELBERGER I S. 324 Anm 3).

Die Zuziehung eines Rechtsanwaltes ist entbehrlich, wenn die Beschwerdeschrift von dem verfassungsmäßig berufenen Vertreter einer *Behörde*[2] oder von dessen Stellvertreter oder auch einem ordnungsgemäß bestellten Beauftragten (vgl SCHLEGELBERGER I S. 325 Anm 4, KEIDEL S. 444, Anm 4bα) eigenhändig, S. 445 a. a. O. (abw. JFG **21** 1ff.) unterzeichnet ist (§ 29 Abs I S. 3 FGG; Zentralblatt **40** 262, JMBlNRW **56** 40). Behörden sind die Organe der Bundes-, Landes- oder Kommunalverwaltung, die berufen sind, für die Zwecke des Bundes, Landes oder der Gemeinden als dem Lande untergeordneter und nicht nur eigene, sondern gleichzeitig auch Zwecke des Landes fördernder Körperschaften nach pflichtmäßigem Ermessen mit öffentlicher Autorität selbständig tätig zu sein (vgl RJA **11** 161; KGJ **26** A 87; **29** A 112; **40** A 217; **49** A 171), insbesondere das *Jugendamt* (FamRZ **57** 185 Nr 94), auch wenn es als *Amtsvormund* (vgl hierzu für die frühere Gemeindevormundschaft KGJ **42** A 35, ferner FamRZ **57** 185 Nr 94 = DRiZ **57** Rechtspr S. 77 Nr 856) und als *Gemeindewaisenrat* (§ 42 JWG, vgl KGJ **34** A 31) tätig wird, ferner die *Kirchen-* (KGJ **33** A 190; JFG **8** 79) und *Schulbehörden* (KGJ **43** A 179). Der Generalkonsul eines ausländischen Staates ist nicht Behörde i. S. d. § 29 Abs I S. 3 FGG (JFG **20** 133). Die Behörde kann das Rechtsmittel im übrigen nur in eigener Sache, nicht für andere einlegen (MDR **53** 689 = DRiZ **54** Rechtspr S. 12 Nr. 201); wird die weitere Beschwerde nicht in eigener Angelegenheit der Behörde, sondern im Namen einer dritten Person erhoben, so bedarf es der Unterzeichnung

[1] Die Unterzeichnung durch einen in der sowjetisch besetzten Zone oder in Ostberlin zugelassenen Rechtsanwalt genügt nicht.

[2] Vgl ZIMMERMANN, Das Behördenprivileg bei Einlegung der weiteren Beschwerde in der freiwilligen Gerichtsbarkeit, Rpfl **60** 141.

der Beschwerdeschrift durch einen Rechtsanwalt (BGH IV ZB 46/58 vom 23. 4. 1958, BGHZ 27, 146 = FamRZ 58 280 Nr 108) = JMBl NRW 58 192 Nr 45 = NJW 58 1092 = DRiZ 58 B 98 Nr 1181 = Rechtspfl 59 14 Nr 3).

Die Beschwerdeschrift braucht endlich auch dann nicht von einem Rechtsanwalt unterzeichnet zu sein, wenn das Rechtsmittel von einem *Notar* eingelegt wird, der in der Angelegenheit für den Beschwerdeführer einen Antrag bei dem Gericht erster Instanz gestellt hat (§ 29 Abs I S. 3 FGG). Die Einreichung der Beschwerde gegen den amtsgerichtlichen Beschluß ist kein solcher Antrag, denn die Angelegenheit ist in diesem Zeitpunkt in der ersten Instanz schon erledigt (KGJ 22 D 3 = RJA 2 107). Der Notar kann auch in *eigener* Sache weitere Beschwerde formgültig durch eine von ihm selbst unterzeichnete Schrift einlegen (KGJ 23 = RJA 2 151).

Die weitere Beschwerde kann auch *telegrafisch* formgerecht eingelegt werden, die Urschrift der Beschwerde muß aber in diesem Falle von einem Rechtsanwalt oder einem dazu befugten Behördenvertreter oder einem Notar nach Maßgabe des Vorstehenden unterzeichnet sein. Es ist auch zulässig, daß das Rechtsmittel mittels eines durch den hierzu beauftragten Bürovorsteher dem Aufgabepostamt fernmündlich zugesprochenen Telegrammes eingelegt wird (MDR 52 113 = DRiZ 52 Rechtspr S. 43 Nr 457 = Rpfl 51 621). Im übrigen gilt für die telegrafische Einlegung der weiteren Beschwerde das gleiche wie bei der Einlegung der ersten Beschwerde (vgl JFG 12 77 und oben § 30 Zff 4).

c) Geht eine weitere Beschwerde bei einem nicht zuständigen Gericht ein, so ist sie an eines der drei mit der Angelegenheit befaßten Gerichte weiterzuleiten, und zwar regelmäßig an das Gericht der weiteren Beschwerde; ist jedoch eine Frist zu wahren, so kann sich die Weiterleitung an eines der unteren Gerichte empfehlen, wenn diese schneller zu erreichen sind. Wenn eine sofortige weitere Beschwerde, die der gesetzlichen Form nicht entspricht, bei dem Landgericht eingelegt wird, so empfiehlt es sich nicht, zunächst die Akten von dem Amtsgericht einzufordern und erst dann die Weiterleitung an das Gericht der weiteren Beschwerde zu bewirken. Dagegen kann die schleunige Belehrung des Beschwerdeführers über die gesetzliche Form des Rechtsmittels durch das Landgericht angezeigt sein, wenn bei Eingang der formwidrigen sofortigen weiteren Beschwerde bei dem Landgericht die Frist zur Einlegung des Rechtsmittels schon fast verstrichen ist, so daß für eine Belehrung des Beschwerdeführers durch das Gericht der weiteren Beschwerde keine Zeit mehr wäre. Aber auch in diesem Fall ist die formwidrige sofortige weitere Beschwerde unverzüglich dem Gericht der weiteren Beschwerde unter Mitteilung von der Belehrung zuzuleiten.

Beispiel:

Einlegung einer sofortigen weiteren Beschwerde zu Protokoll der Geschäftsstelle.

Landgericht, 5. Zivilkammer *Köln, den 25. Oktober 1962.*

Gegenwärtig:
Justizinspektor Krause als Urkundsbeamter der Geschäftsstelle.

Es erschien und wies sich durch Vorlage der Ausfertigung des Beschlusses des Landgerichts in Köln vom 20. Oktober 1962 — 5T200/62 — aus der Arbeiter Josef Schäfer aus Köln, Hohe Str. 100.

Der Erschienene erklärte:

Durch Beschluß des Landgerichts in Köln vom 20. Oktober 1962 — 5T200/62 — ist meine sofortige Beschwerde gegen den Beschluß des Amtsgerichts in Köln vom 10. Juli 1962 — 9XII300/62 —, durch den mein Sohn Karl Schäfer, geboren am 15. Januar 1948 in Köln, der Fürsorgeerziehung überwiesen ist, als unbegründet zurückgewiesen worden. Hiergegen lege ich das Rechtsmittel der

sofortigen weiteren Beschwerde

ein. Ich bitte, die Entscheidung des Landgerichts aufzuheben und die Sache zur anderweiten Erörterung und Entscheidung an das Beschwerdegericht zurückzuverweisen.

Das Landgericht hat zu Unrecht angenommen, daß mein Sohn der Verwahrlosung anheimgefallen sei und daß zur Beseitigung der Verwahrlosung die Fürsorgeerziehung notwendig sei. Zunächst hat das Landgericht den Begriff der Verwahrlosung verkannt, indem es diese deshalb als vorliegend erachtet hat, weil mein Sohn gelegentlich den Schulunterricht versäumt habe, nicht zur rechten Zeit nach Hause gekommen sei und den Lehrern und Erziehern gegenüber ein unbotmäßiges Benehmen zur Schau getragen habe. Derartige Vorkommnisse vermögen die Feststellung der Verwahrlosung nicht zu stützen. Überdies aber hat das Landgericht seine tatsächlichen Feststellungen ohne hinreichende Ermittlungen getroffen. Das Landgericht ist lediglich dem mir und meinem Sohn ungünstigen Bericht des städtischen Jugendamts in Köln und den Angaben eines mit mir verfeindeten Nachbarn gefolgt, während mehrere von mir benannte unparteiische und glaubwürdige Zeugen nicht vernommen worden sind. Meine eigenen Angaben, die ich bei meiner persönlichen Anhörung gemacht habe, sind ohne ersichtlichen Grund bei der Würdigung des Ermittlungsergebnisses unberücksichtigt geblieben. Dadurch ist das Beschwerdegericht zu einer durchaus unzutreffenden Beurteilung der tatsächlichen Verhältnisse gelangt. Da somit eine erschöpfende Aufklärung des Sachverhalts noch nicht stattgefunden hat, bitte ich, meinem Antrage auf Aufhebung des angefochtenen Beschlusses und Zurückverweisung der Sache an das Landgericht zu entsprechen.

v. g. u.
Josef Schäfer.
Krause.

Das Landgericht fordert hierauf die bereits an das Amtsgericht zurückgesandten Akten wieder ein und legt sie mit der sofortigen weiteren Beschwerde dem Oberlandesgericht in Köln zur Entscheidung vor.

7. Soweit eine Verfügung der sofortigen Beschwerde unterliegt, findet gegen die Beschwerdeentscheidung die *sofortige weitere Beschwerde* statt (§ 29 Abs II FGG); dies gilt insbesondere in den Fällen des § 60 FGG (vgl § 63 FGG); vgl jedoch oben Zff 2 am Ende). Wenn die Entscheidung des Amtsgerichts nur mit der sofortigen Beschwerde anfechtbar ist, so ist stets gegen die Entscheidung des Landgerichts die sofortige

weitere Beschwerde gegeben, auch wenn die Entscheidung des Landgerichts als erstinstanzliche der einfachen Beschwerde unterläge, also z. B. im Falle der Aufhebung von Entscheidungen der im § 60 Abs I Zff 1 bis 5 aufgeführten Art (KGJ 21 A 3 = RJA 2 1). Ebenso ist die sofortige weitere Beschwerde auch dann ausschließlich gegeben, wenn zwar die Entscheidung des Amtsgerichts der einfachen Beschwerde unterliegt, die des Beschwerdegerichts aber, als erstinstanzliche betrachtet, nur mit der sofortigen Beschwerde anfechtbar wäre (BGHZ 30 132, KGJ 29 A 11; JFG 14 42). Die weitere Beschwerde des Mündels gegen einen Beschluß des Landgerichts, durch den das Amtsgericht angewiesen wird, den Vormund gegen seinen Willen zu entlassen und einen anderen, namentlich bezeichneten, nicht durch Gesetz Berufenen zum Vormunde zu bestellen, ist, soweit sie die Entlassung des Vormundes betrifft, die sofortige, im übrigen die einfache weitere Beschwerde (JFG 14 42).

Die sofortige weitere Beschwerde ist *binnen zwei Wochen* seit der Bekanntmachung der Beschwerdeentscheidung einzulegen; wegen der Fristwahrung bei telegrafischer Einlegung vgl oben § 32 Zff 2b. Gegen die Versäumung der Frist findet die Wiedereinsetzung in den vorigen Stand nach Maßgabe des § 22 Abs II FGG statt (vgl unten § 34). Im Verfahren bei *Todeserklärungen* beträgt die Frist für die sofortige weitere Beschwerde *einen Monat* (BGHZ 30 56).

8. Ebensowenig wie bei der ersten Beschwerde bedarf es bei der Einlegung der weiteren Beschwerde eines *bestimmten Antrages* oder einer *bestimmten Begründung*. Es genügt die frist- und formgerecht abgegebene Erklärung des Willens, die Entscheidung des Landgerichts anzufechten (JFG 15 248); empfehlen wird sich allerdings, stets hinzuzufügen, daß die Anfechtung wegen Verletzung des Gesetzes erfolge.

9. *Gericht der weiteren Beschwerde und der sofortigen weiteren Beschwerde* ist gemäß § 28 Abs I FGG das *Oberlandesgericht*. § 199 Abs I FGG erlaubt jedoch der Gesetzgebung der deutschen Länder, in denen mehrere Oberlandesgerichte errichtet sind, die Entscheidung über das Rechtsmittel einem dieser Gerichte oder an Stelle eines solchen dem obersten Landesgerichte zuzuweisen. Demgemäß war für *Preußen* durch Art 7, 8 PrFGG die Zuständigkeit des Kammergerichts begründet worden. Diese Vorschrift ist jedoch durch die Auflösung des Preußischen Staates (Kontrollratsgesetz Nr 46) gegenstandslos geworden. Auch die Zuständigkeitsverordnung vom 23. 6. 1936 (RGBl 1251) i.d.F. d. VO vom 11. 7. 1938 (RGBl I 903) ist nach dem Wegfall der Reichsjustiz nicht mehr anwendbar[1]. In den Gebieten, die früher zum Preußischen

[1] *Berlin* hat sich in Art 7 Zff 40 des Gesetzes zur Wiederherstellung der Rechtseinheit vom 9. 1. 1951 (VOBl 51 I 99, 104) für den Fall des Bedürfnisses einer einheitlichen Rechtsprechung vorbehalten, für das Kammergericht (West) die Zuständigkeiten nach der Zuständigkeitsverordnung zu beanspruchen.

Staat gehörten, sind daher für die Entscheidung über die weitere und die sofortige weitere Beschwerde jetzt grundsätzlich die Oberlandesgerichte zuständig, soweit nicht gemäß § 28 Abs II FGG i. V. m. Art 8 III Zff 88 des Bundesgesetzes zur Wiederherstellung der Rechtseinheit vom 12. 9. 1950 (BGBl I 455ff.)[1] Vorlage beim Bundesgerichtshof zu erfolgen hat. Von dem Vorbehalt des § 199 Abs I FGG haben *Bayern* (*Oberstes Landesgericht*, Ges Nr 124 i.d.F. vom 23. 11. 1953, GVBl 1953, 191 § 5 Zff 1) und *Rheinland-Pfalz* (*Oberlandesgericht Neustadt*, Ges vom 15. 6. 1949, GVBl I 225, § 1) Gebrauch gemacht.

Die Oberlandesgerichte entscheiden über das Rechtsmittel durch einen *Zivilsenat* (auch Feriensenate sind zuständig: BGHZ **9** 30 unter Aufgabe der abw. Auffassung in BGHZ **6** 193), ebenso gegebenenfalls der Bundesgerichtshof (§ 30 Abs I FGG); für diesen finden die Vorschriften des § 197 GVG entsprechende Anwendung (§ 30 Abs II FGG).

Die Zuständigkeit der Oberlandesgerichte und der gemäß § 199 Abs I FGG bestimmten Gerichte ist auch in den Fällen begründet, in denen durch das FGG die Vorschriften der *Zivilprozeßordnung für entsprechend anwendbar erklärt* sind (vgl §§ 14, 15 FGG); maßgebend für das Beschwerdeverfahren sind die Vorschriften des FGG (vgl für den früheren Rechtszustand KGJ **21** A 185; **34** A 3; **50** A 9, ferner Keidel S. 264 Anm 15).

10. Will das Oberlandesgericht oder das gemäß § 199 Abs I FGG bestimmte Gericht bei der Auslegung einer reichsgesetzlichen oder bundesgesetzlichen, sei es das Verfahren oder das materielle Recht betreffenden Vorschrift (vgl RJA **5** 10, 127; **6** 76 = RGZ **63** 275; RJA **7** 160; **8** 1, 77; **10** 87) in den Angelegenheiten, die durch Reichsgesetz oder Bundesgesetz den Gerichten übertragen sind, von der auf weitere Beschwerde ergangenen Entscheidung (bei Wechsel der Ansicht der jeweils jüngsten Entscheidung) eines anderen Oberlandesgerichts oder des Bayerischen Obersten Landesgerichts[2] oder des Bundesgerichtshofes[3] *abweichen*[4] [5], so hat es die weitere Beschwerde unter Begründung seiner

---

[1] Für Berlin vgl Art 7 Zff 41, 42 des Berliner Gesetzes zur Wiederherstellung der Rechtseinheit vom 9. 1. 1951 (VOBl 51 I 99, 104).

[2] Vgl BGH Z **5** 344 = NJW **52** 744 = MDR **52** 418 = DNZ **52** 368 = JMBl NRW **52** 184.

[3] Die Senate des Bundesgerichtshofes gelten, solange noch keine Entscheidung der Vereinigten Senate vorliegt, als gesonderte Gerichte, so daß auch dann Vorlage beim BGH erfolgen muß, wenn das an sich zuständige Oberlandesgericht oder das gemäß § 199 Abs I FGG bestimmte Gericht von der jeweilig letzten Entscheidung eines Senats des Bundesgerichtshofes abweichen, der jüngeren Entscheidung eines anderen Senats aber beitreten will (Schlegelberger I S. 320 Anm 10).

[4] Eigene abweichende Ansichten können die zur Vorlage verpflichteten Gerichte jederzeit aufgeben (vgl Schlegelberger I S. 319 Anm 8 mit Nachweisen). Auch von den Entscheidungen des früheren Oberlandesgerichts Colmar darf abgewichen werden (RGZ **122** 273 = JW **1929** 110 Nr 17 = Recht **1929** Nr 127).

Rechtsauffassung dem Bundesgerichtshof *vorzulegen* (§ 28 Abs II S. 1 FGG i. V. m. Art 8 III Zff 8 d. Ges vom 12. 9. 1950, BGBl I 455ff.; für die Vorlagepflicht des Kammergerichts beim Bundesgerichtshof vgl Berliner Rechtseinheitsgesetz vom 9. 1. 1951 Art 7 Zff 41, 42, VOBl 51 I 99, 104), wenn nach *dieser* Auffassung (nicht der des BGH) von der Auslegung die Entscheidung ganz oder zum Teil abhängt (vgl RGZ **108** 358 = JFG 2 3; JW **1930** 2701 Nr 31; RGZ **127** 77, 80; **136** 405; **138** 102; **155** 213; **169** 199; BGH in MDR **53** 31). Dasselbe gilt, wenn von einer Entscheidung des *Obersten Gerichtshofes für die Britische Zone* abgewichen werden soll (BGHZ **8** 23 = NJW **53** 182 = DRiZ **53** S. 14 Nr 5 und Rechtspr S. 36 Nr 405), ferner auch, wenn ein Oberlandesgericht der Bundesrepublik von der Entscheidung eines *Oberlandesgerichts der sowjetischen Besatzungszone* abweichen will, die *vor* der Trennung der Besatzungszonen ergangen ist (MDR **52** 756 = DRiZ **53** Rechtspr S. 11 Nr 171). Dies gilt auch gegenüber dem *OLG Saarbrücken*, und zwar auch für Entscheidungen aus der Zeit vor der Eingliederung (Keidel S. 433 Anm 3 zu dα; BGH vom 30. 1. 1959 in BGHZ **29** 244; Rpfl **59** 123 u. vom 29. 4. 1959, Rpfl **59** 315). Das Vorlegeverfahren ist auch anwendbar, wenn die Beschwerde (sofortige Beschwerde) nach Erledigung der Hauptsache nur wegen der Kosten erhoben ist RGZ **134** 304 = JurRdsch **1932** Rechtspr Nr 647), dagegen nicht, wenn die Abweichung nur gelegentliche Meinungsäußerungen in den Entscheidungsgründen des früher tätig gewordenen Gerichts betreffen (FamRZ **57** 185 Nr 94 = DRiZ **57** Rechtspr S. 77 Nr 856) oder wenn die abweichende Begründung zu einem im Ergebnis übereinstimmenden Standpunkt führt (NJW **57** 677 = DRiZ **57** Rechtspr S. 65 Nr 653). *Landesrechtliche Ausführungsbestimmungen* zum Reichsrecht oder Bundesrecht begründen bei verschiedener Auslegung die Vorlagepflicht nicht (Schlegelberger I S. 317 Anm 3). Wegen der *Zonengesetzgebung der früheren Besatzungsmächte* vgl BGHZ **1** 9.

Die Pflicht zur Vorlegung besteht auch, wenn von einem *bereits aufgehobenen Gesetz* abgewichen werden soll, sofern die gleiche Norm ihrem wesentlichen Inhalt nach Bestandteil eines geltenden Gesetzes ist; dies gilt jedenfalls dann, wenn das spätere Gesetz sich an das außer Kraft gesetzte anschließt oder auf diesem aufbaut (BGHZ **19** 355). Auslegung eines Reichsgesetzes i. S. d. § 28 Abs II FGG ist auch die Stellung-

[5] Ob die Entscheidung des Reichsgerichts oder des Bundesgerichtshofes in einer Angelegenheit der freiwilligen oder der streitigen oder der Strafgerichtsbarkeit ergangen ist, macht grundsätzlich keinen Unterschied (vgl RGZ **65** 179 zu der entsprechenden Vorschrift des § 79 Abs II GBO und MDR **53** 613 = DRiZ **54** Rechtspr S. 12 Nr 200); nur wenn die Auslegung ersichtlich auf das Gebiet der streitigen (oder der strafgerichtlichen) Gerichtsbarkeit beschränkt sein sollte, ist die Vorlage nicht erforderlich (RJA **8** 114).

nahme zu der Frage, ob das Gesetz eine der im § 1 FGG bezeichneten Angelegenheiten betrifft (BGHZ 1 9).

Hervorzuheben ist, daß das Oberlandesgericht oder das gemäß § 199 Abs I FGG bestimmte Gericht *nur bei gegensätzlicher Rechtsauffassung* zur Vorlegung verpflichtet ist (JFG **16** 36). Will das genannte Gericht die Entscheidung des Beschwerdegerichts aufheben, so ist es daran durch die abweichende Ansicht des BGH (oder des RGs usw.) nur dann gehindert und zur Vorlegung verpflichtet, wenn der beabsichtigte Aufhebungsbeschluß auf der abweichenden Auffassung beruht; das ist nicht der Fall, wenn die abweichende Ansicht das Beschwerdegericht nicht bindet (NJW **54** 1933 = DRiZ **55** Rechtspr S. 45 Nr 466; vgl hierzu BGHST **3** 234 = NJW **53** 56 zu § 121 GVG). Ist ein Oberlandesgericht unter *Verletzung der Vorlegepflicht* von der Entscheidung eines anderen Oberlandesgerichts abgewichen, so hat stets die Vorlegung an den BGH zu erfolgen, wenn dieselbe Rechtsfrage abermals zur Entscheidung durch ein Oberlandesgericht gelangt (BGHZ **7** 389 = DRiZ **53** 33 Nr 14). Hat der BGH eine Rechtsfrage entschieden und will danach ein Oberlandesgericht dieselbe Rechtsfrage ebenso entscheiden, so ist es hieran nicht dadurch gehindert, daß ein anderes Oberlandesgericht zeitlich nach der Entscheidung des BGH unter Verletzung seiner Vorlagepflicht eine abweichende Rechtsansicht vertreten hat; eine Vorlegung ist sogar in diesem Fall nicht zulässig (BGHZ **15** 151 = DRiZ **55** Rechtspr S. 45 Nr 467). Hat der BGH *nach* Vorlegung die streitige Frage im Sinne des vorlegenden Oberlandesgerichts bereits entschieden, so wird die Sache an das vorlegende Gericht zurückgegeben (BGHZ**5** 356 = DRiZ **52** Rechtspr S. 108 Nr. 199).

Der *Beschluß über die Vorlegung* ist dem Beschwerdeführer *bekanntzumachen* (§ 28 Abs II S. 2 FGG).

Der *Bundesgerichtshof prüft* zunächst, ob die Voraussetzungen des § 28 Abs II FGG für seine Entscheidung gegeben sind; ist dies nicht der Fall, so lehnt er die Entscheidung ab und gibt die Sache dem vorlegenden Gericht zur Entscheidung zurück (RJA **5** 9; **6** 40; RGZ **68** 297). Anderenfalls entscheidet der Bundesgerichtshof in der Sache selbst (§ 28 Abs III FGG i. V. m. Art 8 III Zff 88 d. Ges vom 12. 9. 1950, BGBl I 455ff.) gemäß § 30 Abs I S. 1 FGG durch einen Zivilsenat. Gemäß § 30 Abs II FGG i. V. m. § 137 GVG erfolgt jedoch die Entscheidung in Fragen von grundsätzlicher Bedeutung durch den Großen Senat für Zivilsachen, wenn der erkennende Senat dessen Entscheidung herbeiführt, weil nach seiner Auffassung die Fortbildung des Rechts oder die Sicherung einer einheitlichen Rechtsprechung es erfordert.

Der *Vorlagebeschluß* des Oberlandesgerichts oder des gemäß § 199 Abs I FGG zuständigen Gerichts ist *nicht anfechtbar*, auch gibt es kein weiteres Rechtsmittel, wenn dieses Gericht in der Sache selbst entschieden hat, obwohl es die Angelegenheit gemäß § 28 Abs II FGG dem Bundesgerichtshof hätte vorlegen sollen (so für das RG JFG **13** 191 u. 192).

Hinsichtlich des Rechtszustandes der sowjetisch besetzten Zone (DDR) vgl oben § 31 Zff 1 Fußnote 1 am Ende.

11. Das bei der ersten Beschwerde dem Amtsgericht gemäß § 18 FGG zustehende *Abänderungsrecht* (vgl oben § 16) ist bei der Einlegung der weiteren Beschwerde den unteren Gerichten versagt; weder das Gericht erster Instanz noch das Landgericht ist befugt, der weiteren Beschwerde abzuhelfen (§ 29 Abs III FGG)[1]. Das Verbot verfolgt den Zweck, die gleichmäßige Rechtsprechung zu sichern (SCHLEGELBERGER I S. 328 Anm 10).

12. Bei der *Entscheidung über die weitere Beschwerde* sind gemäß § 27 S. 2 FGG die Vorschriften der §§ 550, 551, 561, 563 der Zivilprozeßordnung entsprechend anzuwenden. Wegen der Verweisung auf die §§ 550, 551 ZPO s. oben Ziffer 3 und Ziffer 4. Hinsichtlich des § 561 ZPO gilt folgendes:

a) Es dürfen nur diejenigen *Tatsachen* berücksichtigt werden, die aus der Beschwerdeentscheidung ersichtlich sind; auf neue Tatsachen darf die weitere Beschwerde auch dann nicht gestützt werden, wenn sie an sich erheblich sind und bei früherem Vorbringen (vor dem Amtsgericht oder dem Landgericht) eine andere Entscheidung des Beschwerdegerichts herbeigeführt haben würden[2]. Außer dem Inhalt der Beschwerdeentscheidung dürfen nur diejenigen neuen tatsächlichen Umstände (auch wenn sie nicht behauptet worden, aber erkennbar sind) berücksichtigt werden, die sich mit der *Gesetzmäßigkeit des Verfahrens des Beschwerdegerichts* befassen (§ 27 S. 2 FGG i. V. m. § 561 Abs I S. 2 und § 554 Abs III Zff 2b ZPO). Hinsichtlich dieser Behauptungen ist daher auch eine *Beweisaufnahme* durch das Gericht der weiteren Beschwerde statthaft (vgl MDR **54** 47 = NdsRechtspfl **54** 7 = DRiZ **54** Rechtspr S. 45 Nr 480, KEIDEL S. 421 Anm 5a). Auch Ermittlungen darüber, ob die angefochtene Entscheidung etwa auf Grund der §§ 55, 62 FGG unabänderlich ist, sind zulässig (KEIDEL S. 424 Anm 5f). Die Feststellung negativer Tatsachen und ihre tatsächliche Würdigung (zu § 5 BGB) ist

---

[1] Das Beschwerdegericht ist übrigens auch dann zur Abänderung seiner von ihm nachträglich für ungerechtfertigt erachteten Entscheidung, abgesehen von der Berichtigung offenbarer Unrichtigkeiten, nicht befugt, wenn eine weitere Beschwerde nicht eingelegt ist (KGJ **46** A 3; s. oben § 31 Zff 8). Vgl auch MDR **62** 997 = DRiZ **63** B 12 Nr 228.

[2] Solche neue neuen Tatsachen können aber dazu dienen, um in einem *neuen Verfahren vor dem Amtsgericht* Verwendung zu finden, es sei denn, daß durch die Entscheidung über die weitere Beschwerde ein unabänderlicher Rechtszustand geschaffen ist (SCHLEGELBERGER I S. 312 Anm 16).

Aufgabe des Tatrichters, die er nach seinem freien pflichtmäßigen Ermessen zu erfüllen hat. Das Rechtsbeschwerdegericht kann regelmäßig nur prüfen, ob er von seinem Ermessen keinen oder einen rechtlich fehlerhaften Gebrauch gemacht hat (FamRZ **60** 405 Nr 187). Endlich müssen aber auch nach dem Erlasse der angefochtenen Entscheidung eingetretene Tatsachen berücksichtigt werden, wenn die Entscheidung durch die Veränderung der tatsächlichen Verhältnisse gegenstandslos geworden ist; in einem solchen Falle ist die weitere Beschwerde ohne weitere sachliche Prüfung als unzulässig zu verwerfen, wenn das Rechtsmittel aufrechterhalten wird (streitig, vgl KEIDEL S. 423 Anm 5e aa mit Nachweisen für und gegen Verwerfung oder Zurückweisung). Wegen weiterer Fälle zulässiger Berücksichtigung neuer Tatsachen s. unten zu c.

b) Hat das *Beschwerdegericht festgestellt*, daß eine Behauptung wahr oder nicht wahr sei, so ist diese Feststellung für das Gericht der weiteren Beschwerde *bindend*, es sei denn, daß in bezug auf die Feststellung ein zulässiger und begründeter Angriff mit der weiteren Beschwerde erhoben ist (§ 27 S. 2 FGG). Soweit es sich daher um eine rein tatsächliche Würdigung des Ergebnisses von Ermittlungen oder einer Beweisaufnahme oder Glaubhaftmachung oder um die lediglich tatsächliche Auslegung einer Willenserklärung handelt, ist eine Nachprüfung durch das Gericht der weiteren Beschwerde grundsätzlich ausgeschlossen. Wenn jedoch die Feststellung des Landgerichts den Denkgesetzen widerspricht, z. B. in unvereinbarem Widerspruch mit dem Inhalt der Akten oder dem klaren Wortlaut der Willenserklärung steht, ist sie für das Gericht der weiteren Beschwerde nicht verbindlich. Das gleiche gilt, wenn das der Feststellung zugrunde liegende Verfahren den gesetzlichen Anforderungen (vgl § 12 FGG) nicht entspricht. Vgl RJA **16** 15, SCHLEGELBERGER I S. 313 Anm 17, KEIDEL S. 420 Anm 5a).

Dagegen unterliegen die auf Grund *rechtlicher Würdigung* getroffenen Ausführungen des Beschwerdegerichts, z. B. die Feststellung, daß auf Grund bestimmter Tatsachen der Nachweis eines Mißbrauchs des Personensorgerechts im Sinne des § 1666 BGB (vgl RJA **11** 253) oder einer Verwahrlosung im Sinne des § 63 Abs I Zff 2 JWG erbracht sei, der Nachprüfung durch das Gericht der weiteren Beschwerde. Ebenso ist bei der Auslegung einer Willenserklärung zu untersuchen, ob die Auslegung auf einer Verletzung gesetzlicher Vorschriften, z. B. des § 133 BGB beruht (KGJ **32** A 197; RJA **16** 15).

c) Die Entscheidung des Gerichts der weiteren Beschwerde lautet auf *Verwerfung* des Rechtsmittels, wenn dieses unzulässig ist, auf *Zurückweisung*, wenn die weitere Beschwerde sachlich unbegründet ist. Sind nach Erlaß der Entscheidung des Beschwerdegerichts Tatsachen eingetreten, die die weitere Beschwerde zweck- und gegenstandslos machen, so ist diese wegen Fehlens des Rechtsschutzbedürfnisses unzulässig (FamRZ 62 197 Nr 87 = DRiZ 62 B 71 Nr 1032). Zurückweisung hat auch zu erfolgen, wenn die Gründe der Beschwerdeentscheidung zwar eine Gesetzesverletzung ergeben, die Entscheidung selbst aber sich aus anderen Gründen als richtig erweist (§ 27 S. 2 FGG i. V. m. § 563 ZPO). Ferner kann das Gericht der weiteren Beschwerde, wenn es das Rechtsmittel für begründet erachtet, die Beschwerdeentscheidung *aufheben* und die Sache an das Amtsgericht oder das Landgericht *zurückverweisen*, wenn gesetzliche Vorschriften über das Verfahren verletzt sind oder die erste Beschwerde unzutreffend als unzulässig verworfen ist oder wenn wegen unrichtiger rechtlicher Beurteilung der Angelegenheit durch das Beschwerdegericht weitere tatsächliche Aufklärungen erforderlich sind. Die Zurückverweisung erübrigt sich, wenn neue Tatsachen in Betracht kommen, Aufhebung aber aus *anderen* Gründen geboten ist und die neuen Tatsachen ohne Ermittlungen feststehen; in diesem Falle kann das Beschwerdegericht unter Berücksichtigung der neuen Tatsachen selbst entscheiden (vgl KEIDEL S. 424 Anm 5g mit Nachweisen). Die Zurückverweisung wird in der Regel an das Landgericht erfolgen, wenn dieses in der Sache selbst noch nicht entschieden, also die erste Beschwerde als unzulässig verworfen oder wegen mangelnder Beschwerdebefugnis als unbegründet zurückgewiesen hatte. Dagegen wird die Zurückverweisung an das Amtsgericht erfolgen, wenn die Angelegenheit nach der Auffassung des Gerichts der weiteren Beschwerde einer nochmaligen tatsächlichen Erörterung nicht bedarf, demgemäß nur die Entscheidung auszuführen ist, die sich aus den Gründen des Gerichts der weiteren Beschwerde ergibt (SCHLEGELBERGER I S. 329 Anm 11). Hat das Oberlandesgericht einen Beschluß des Landgerichts aufgehoben und die Sache zur anderweiten Erörterung und Entscheidung an eine der Vorinstanzen zurückverwiesen, so ist es, wenn es in wiederholtem Rechtsmittelzug nochmals mit derselben Sache befaßt wird, bei der Entscheidung an die frühere rechtliche Beurteilung so lange gebunden, als dies für die Vorinstanzen gilt, d. h. solange eine dem Rechtsmittelverfahren zugrunde liegende und durch die Entscheidung des Gerichts der weiteren Beschwerde beeinflußte Verfügung einer Vorinstanz in Frage steht (RGZ 124 322 = JurRdsch 1929 Rechtspr Nr 1857 = JW 1929 2527 Nr 22 = DRiZ 1929 Rechtspr Nr 725 = Recht 1929 Rechtspr Nr 1334; JFG 20 203; NJW 54 1445). Wird die Beschwerdeentscheidung aufgehoben, so kommt der Entscheidung des Gerichts der weiteren Beschwerde rückwirkende Kraft nicht zu; die landgerichtliche Entscheidung bleibt also regelmäßig bis zur Bekanntmachung der aufhebenden Entscheidung des Gerichts der weiteren Beschwerde in Kraft (vgl SCHLEGELBERGER I S. 329 Anm 11, der die Wirksamkeit der ersten landgerichtlichen Entscheidung sogar bis zur Bekanntmachung der abweichenden, auf Zurückverweisung ergangenen zweiten Entscheidung des Landgerichts erstrecken will). Endlich kann das Gericht der weiteren Beschwerde die *angefochtene Entscheidung* auch *selbst sachlich abändern*. In diesem Falle müssen aber auch etwaige neue Tatsachen berücksichtigt werden, wenn sie einen der im § 580 ZPO angeführten Restitutionsgründe enthalten, soweit sie auf einer strafbaren Handlung beruhen (Nr 1 bis 5), falls deswegen eine rechtskräftige Verurteilung stattgefunden hat, oder soweit es sich um die Frage der Zulässigkeit der ersten (sofortigen) Beschwerde, die Gewährung oder die Ablehnung der Wiedereinsetzung in den vorigen Stand gegen den Ablauf der Beschwerdefrist handelt (SCHLEGELBERGER I S. 328 Anm 10 und S. 313, 314 Anm 19).

13. Die *auf weitere Beschwerde erlassene Entscheidung kann* im übrigen *nicht mehr abgeändert* werden, wenn das Gericht sie nachträglich für ungerechtfertigt hält (KGJ **31** A 352 = RJA **6** 167; KGJ **46** A 3); das Gericht der weiteren Beschwerde darf vielmehr in der Sache nur wieder tätig werden, wenn es mit dieser im Instanzenzug erneut befaßt wird, bleibt aber dann an die dem Zurückweisungsbeschluß zugrunde liegende Rechtsauffassung gebunden (SCHLEGELBERGER I S. 330 Anm 11 a. E. und S. 233 Anm 7).

§ 34. 3. Die Wiedereinsetzung in den vorigen Stand

1. War ein Beschwerdeführer ohne sein Verschulden gehindert, die die Frist für die Einlegung der sofortigen Beschwerde[1] einzuhalten, so ist ihm auf seinen Antrag die Wiedereinsetzung in den vorigen Stand zu erteilen, wenn er die Beschwerde *binnen zwei Wochen* nach der Beseitigung des Hindernisses einlegt und die Tatsachen, welche die Wiedereinsetzung begründen, glaubhaft macht (§ 22 Abs II S. 1 FGG). Nach dem Ablauf eines Jahres, von dem Ende der versäumten Frist an gerechnet, kann die Wiedereinsetzung nicht mehr beantragt werden (§ 22 Abs II S. 4 FGG)[2].

2a) Zur *Begründung des Wiedereinsetzungsantrages* genügt hiernach *jede unverschuldete Verhinderung*, nicht nur eine solche zufolge von „Naturereignissen oder anderen unabwendbaren Zufällen". Insbesondere vermögen je nach Lage des Falles Erkrankung, Krieg, Verkehrsschwierigkeiten, aber auch unverschuldete verspätete Kenntnis der Verfügung sowie unverschuldete Rechtsunkenntnis und Rechtsirrtum (vgl KEIDEL

[1] Bei Versäumung der Frist des § 75 Abs VI n. F. JWG zur *Anrufung des Vormundschaftsgerichts* findet die Wiedereinsetzung in den vorigen Stand nicht statt (so für das frühere preußische Recht KGJ **34** A 68).

[2] Die Vorschriften des § 22 Abs II FGG finden keine Anwendung im Falle des § 68 FGG (Versagung der Bestätigung des Kindesannahmevertrags); vgl § 68 S. 3 FGG.

S. 385, 386 Anm 3aβ) den Antrag auf Wiedereinsetzung in den vorigen Stand zu begründen. Zu prüfen ist allerdings in jedem Falle, ob das Hindernis nicht von dem Beschwerdeführer *verschuldet* ist. Verschulden ist anzunehmen, wenn der Beschwerdeführer die nach Lage des Falles verständigerweise zu verlangende Sorgfalt nicht beachtet hat (vgl RGZ 159 110; BGHZ 8 54; Nachweise für eine abw. mildere Auffassung — „im Verkehr erforderliche Sorgfalt" — vgl bei SCHLEGELBERGER I S. 282 Anm 10). Die Anwendung des größtmöglichen Maßes von Vorsicht und Sorgfalt kann jedoch nicht gefordert werden (JFG 3 28). Den besonderen Umständen des Falles muß stets Rechnung getragen werden; z. B. liegt kein Verschulden darin, wenn ein Mann von einfacher Bildung im Lande umherzieht, ohne einen Zustellungsbevollmächtigten zurückzulassen oder auf andere Weise dafür zu sorgen, daß Zustellungen ihn erreichen, selbst wenn das Verfahren schon im Gang ist; denn für die Regel ist nicht damit zu rechnen, daß einfache Leute aus dem Volke von dem Verlauf und der Dauer eines solchen Verfahrens eine klare Vorstellung haben (JFG 4 11). Dagegen wird der Beschwerdeführer auch solche Hindernisse in Rechnung stellen müssen, die erfahrungsgemäß häufiger Verzögerungen der Beförderung verursachen. Andererseits liegt an und für sich noch kein Verschulden darin, daß die Frist zur Einlegung der sofortigen Beschwerde bis zum letzten Tage ausgenutzt wird, wenn nur dafür Sorge getragen ist, daß die Beschwerdeschrift rechtzeitig eingeht (JW 1926 1559). Ein Anspruch auf Wiedereinsetzung ist gegeben, wenn ein *Armenrechtsgesuch* bis zum Ablauf der Beschwerdefrist eingereicht ist (BGHZ 16 1). Einem erwachsenen und sonst nicht behinderten Menschen muß es regelmäßig als Verschulden angerechnet werden, wenn er aus Rechtsunkenntnis die Frist zur Einlegung der sofortigen Beschwerde versäumt, weil er sich unschwer z. B. durch einen Gang zum Amtsgericht darüber Gewißheit verschaffen kann, wie er sich hinsichtlich der Rechtsmittel zu verhalten hat (KGJ 25 A 8). Zur Frage des Verschuldens bei Auslandsaufenthalt des Beschwerdeführers vgl NJW 53 350 = DRiZ 53 Rechtspr S. 36 Nr 403.

Auch das *Verschulden eines Vertreters* schließt die Wiedereinsetzung aus (§ 22 Abs II S. 2 FGG). Der Urkundsbeamte, der die Weiterleitung einer von ihm aufgenommenen Beschwerde schuldhaft verzögert, ist *nicht* Vertreter des Beschwerdeführers; eine solche Verzögerung wird also regelmäßig den Antrag auf Wiedereinsetzung in den vorigen Stand rechtfertigen. Ein *Rechtsanwalt* ist zur *persönlichen* Überwachung der Ausführung eines Auftrags zur Rechtsmitteleinlegung *nicht* verpflichtet (JurRdsch 1930 Rechtspr Nr 1743). Die Säumigkeit einer Kanzleikraft hat der Rechtsanwalt nicht wie eigenes Verschulden zu vertreten (MDR 54 305 = JZ 54 299 = DRiZ 54 Rechtspr S. 73 Nr 737); allerdings wird man verlangen müssen, daß die Arbeit der Anwaltskanzlei organisatorisch so eingerichtet ist, daß eine Kontrolle der ordnungsmäßigen Erledigung der Geschäfte gewährleistet ist.

b) Der Antrag auf Wiedereinsetzung in den vorigen Stand muß (wenn auch nicht ausdrücklich, so doch erkennbar gewollt) binnen einer *Frist* von zwei Wochen seit der Beseitigung des Hindernisses bei den in den §§ 21 Abs II, 29 Abs I FGG bezeichneten Gerichten (JFG 22 86) gestellt werden. Diese Frist gilt aber nicht für die Angabe der die Wiedereinsetzung begründenden Tatsachen sowie die Angabe und Beibringung der Mittel für ihre Glaubhaftmachung (BGH vom 9. 10. 1961 (DRiZ 62 B 11 Nr 206 = MDR 62 50 zu § 22 Abs II S. 1 FGG, (vgl auch KEIDEL S. 390 Anm 3bC mit Nachweisen). Nach dem Ablauf eines Jahres, von dem Ende der versäumten Rechtsmittelfrist an gerechnet, kann die Wiedereinsetzung nicht mehr beantragt werden (§ 22 Abs II S. 4 FGG).

c) Der Antrag auf Wiedereinsetzung und die Einlegung des Rechtsmittels werden in der Regel miteinander verbunden werden; erforderlich ist dies jedoch nicht. Ebenso bedarf der Antrag auf Wiedereinsetzung nicht der *Form* der sofortigen Beschwerde; er kann also zu Protokoll der Geschäftsstelle jedes beliebigen Amtsgerichts gestellt werden, wird aber in diesem Fall erst mit dem Eingang bei dem Beschwerdegericht wirksam; ja, er braucht nicht einmal ausdrücklich und förmlich gestellt zu werden, sofern sich nur aus der Eingabe des Beschwerdeführers die Absicht ergibt, den Antrag auf Wiedereinsetzung zu stellen. Der Antrag hemmt im übrigen die Rechtskraft der anzufechtenden Entscheidung nicht (BGHZ 1 203).

Beispiel:

Wiedereinsetzungsgesuch und Einlegung der sofortigen Beschwerde

Köln, den 10. November 1962.

An das Landgericht in Köln

Betrifft: Fürsorgeerziehungssache 9XII 300/30 des Amtsgerichts in Köln.

Durch Beschluß des Amtsgerichts in Köln vom 20. Oktober 1962 — 9XII 300/62 — ist mein Sohn Karl Schäfer, geboren am 15. Januar 1948 in Köln, der vorläufigen Fürsorgeerziehung überwiesen worden. Der Beschluß ist mir zu Händen meiner Ehefrau am 22. Oktober 1962 zugestellt worden. Ich selbst befand mich bis heute auf Geschäftsreisen mit wechselndem Aufenthalt und wußte nichts davon, daß das Jugendamt in Köln die Einleitung eines Fürsorgeerziehungsverfahrens gegen meinen Sohn und die Anordnung der vorläufigen Fürsorgeerziehung zu beantragen beabsichtigte; von dem Beschlusse vom 20. Oktober 1962 habe ich erst heute Kenntnis erhalten. Diese Angaben versichere ich zum Zweck der Glaubhaftmachung an Eides Statt. Ich bitte, mir gegen die Versäumung der Frist zur Einlegung der sofortigen Beschwerde

die Wiedereinsetzung in den vorigen Stand

zu erteilen.

Gleichzeitig lege ich gegen den genannten Beschluß vom 20. Oktober 1962 das Rechtsmittel der

sofortigen Beschwerde

ein mit dem Antrage, den Beschluß aufzuheben und den Antrag des Jugendamts in Köln auf Anordnung der vorläufigen Fürsorgeerziehung zurückzuweisen. Die gesetzlichen Voraussetzungen der vorläufigen Fürsorgeerziehung sind nicht hinreichend glaubhaft gemacht, besonders kann keine Rede davon sein, daß Gefahr im Verzuge sei. Ich bitte, mich und meine Ehefrau persönlich über die Führung und Erziehung meines Sohnes zu hören. Auch die Zeugen, die ich zum Termin mitbringen werde, können hierüber zuverlässige Auskunft geben.

Josef Schäfer.

3. Die *Entscheidung* über den Antrag auf Wiedereinsetzung in den vorigen Stand erfolgt durch das Beschwerdegericht (§ 22 Abs II S. 1 FGG); sie kann mit der Entscheidung über das Rechtsmittel verbunden werden, ja sie bedarf nicht einmal eines besonderen Ausspruchs, sofern sich nur aus den Gründen der Beschwerdeentscheidung ersehen läßt, daß und in welcher Weise über den Antrag entschieden werden sollte. Für die Entscheidung über den Wiedereinsetzungsantrag ist es ohne Bedeutung, ob das nachgeholte Rechtsmittel Aussicht auf Erfolg hat. Dieses ist, wenn der Antrag abgelehnt wird, als unzulässig zu verwerfen, im anderen Falle ist sachlich zu entscheiden. Ermittlungen werden von Amts wegen zu dem Wiedereinsetzungsantrag nicht angestellt; jedoch ist der Beschwerdeführer notfalls im Wege der Zwischenverfügung auf eine Ergänzung der Glaubhaftmachung hinzuweisen (KGJ 51 A 17); reicht die Glaubhaftmachung nicht aus, so wird das Gesuch zurückgewiesen.

4. Gegen die Entscheidung über den Antrag findet die *sofortige weitere Beschwerde* statt (§ 22 Abs II S. 3 FGG) und zwar, wenn das Gesuch zurückgewiesen wird, durch den Antragsteller, sonst durch jeden, dessen Recht im Sinne des § 20 FGG durch die Entscheidung beeinträchtigt ist. Das Rechtsbeschwerdegericht hat auf die sofortige weitere Beschwerde gegen einen die Wiedereinsetzung in den vorigen Stand versagenden Beschluß des Landgerichts den Sachverhalt in tatsächlicher und rechtlicher Hinsicht selbständig zu würdigen. Es hat hierbei auch neue Tatsachen und Glaubhaftmachungsmittel zu berücksichtigen (BayObLG in DRiZ 59 B 112 Nr 1376). Hat das Landgericht die Wiedereinsetzung versagt, so ist die sofortige weitere Beschwerde jedoch nicht gegeben, wenn gegen die Entscheidung des Landgerichts zur Sache selbst kein Rechtsmittel zugelassen wäre (JFG 16, 60).

5. Eine *Wiedereinsetzung gegen die Versäumung der Frist zur Antragstellung* auf Wiedereinsetzung findet nicht statt (vgl KEIDEL S. 389 Anm 3bA mit Nachweisen).

§ 35. 4. Die Vorschriften des früheren preußischen Rechts über die Einlegung von Rechtsmitteln

1. Für diejenigen Angelegenheiten, die *durch Landesrecht den Gerichten übertragen* sind, ist das Rechtsmittelwesen für die Gebiete des aufgelösten preußischen Staates gemäß Art 3 S. 1 PrFGG in den Art 4 bis 7 des PrFGG geragelt[1].

2a) Anfechtbar sind alle Verfügungen erster Instanz, soweit die Beschwerde nicht ausdrücklich durch besondere gesetzliche Vorschrift ausgeschlossen ist. Hinsichtlich der *Zulässigkeit* der Beschwerde gegen Verfügungen, die das Beschwerdegericht innerhalb eines vor ihm schwebenden Beschwerdeverfahrens erstmalig trifft, z. B. über einen Antrag auf Gewährung des Armenrechts, gilt das oben zu § 28 Zff 6 Abs 2 Ausgeführte entsprechend. Die Frage, ob die subjektive *Beschwerdebefugnis* gegeben ist, ist zufolge der Verweisung im Art 6 Abs I PrFGG in der Regel nach den Grundsätzen des früheren Reichs- und jetzigen Bundesrechts zu beurteilen (vgl oben § 29). *Gericht erster Instanz* ist regelmäßig das Amtsgericht, ausnahmsweise das Landgericht (vgl z. B. Art 51 Abs II PrFGG) oder das Oberlandesgericht. Zum *Schutze von Rechten Dritter*, die auf Grund der angefochtenen Verfügung erworben sind, ist im Art 4 S. 3 PrFGG bestimmt, daß diese Rechte durch die Abänderung der Verfügung nicht beeinträchtigt werden. Diese Bestimmung gehört dem materiellen Rechte an; sie kann gegenüber den Vorschriften des Bürgerlichen Gesetzbuches nur insoweit durchgreifen, als es sich um Angelegenheiten handelt, deren Regelung der Landesgesetzgebung vorbehalten ist (SCHLEGELBERGER I S. 333 Anm 3).

b) Auch das frühere preußische Recht kennt als Unterart der einfachen Beschwerde die *sofortige Beschwerde.* Diese findet gemäß Art 5 PrFGG in den Fällen statt, in denen die Einlegung des Rechtsmittels gegen die Entscheidung erster Instanz nach besonderen gesetzlichen Vorschriften an eine Frist gebunden ist, z. B. in dem Falle des Art 11 PrFGG.

c) Das *Beschwerdeverfahren*, die *Form der Einlegung der Beschwerde und weiteren Beschwerde*, die *Wiedereinsetzung in den vorigen Stand*, die Zulässigkeit einer *Aussetzung der angefochtenen Verfügung* und *einstweiliger Anordnungen*, die *aufschiebende Wirkung* der Beschwerdeentscheidung bestimmen sich gemäß Art 6 Abs I PrFGG nach dem *Reichs-* (jetzt *Bundes*)*recht*, dessen Vorschriften (§§ 20 bis 27, 29 FGG) für *entsprechend anwendbar* erklärt sind.

d) Die *Entscheidung* über die Beschwerde steht dem Landgerichte zu, wenn eine Verfügung des Amtsgerichts, dem Oberlandesgerichte,

[1] Wegen der Ausführungs- und Ergänzungsbestimmungen der Länder vgl SCHLEGELBERGER II S. 1016 Anm 6 zu § 200 FGG und KEIDEL S. 22 Einl V, hinsichtlich des sowjetischen Besetzungsgebiets 1. Fußnote 1 a. E. zu § 31 Zff 1.

wenn eine Verfügung des Landgerichts, dem Justizminister, wenn eine Verfügung des Oberlandesgerichts angefochten wird (Art 6 Abs II PrFGG). Die Entscheidung erfolgt bei den Landgerichten durch eine Zivilkammer, bei den Oberlandesgerichten durch einen Zivilsenat (Art 6 Abs III PrFGG).

e) Eine *weitere Beschwerde* findet nur statt, wenn das Amtsgericht die erste Instanz bildet (Art 6 Abs IV PrFGG). Über die weitere Beschwerde entschied gemäß Art 7 PrFGG früher das Kammergericht, jetzt entscheidet das Oberlandesgericht, vgl oben § 33 Zff 9; die dortigen Ausführungen müssen für die durch Landesrecht den Gerichten übertragenen Angelegenheiten entsprechend gelten. Eine Zuständigkeit des Bundesgerichtshofes findet nicht statt; ein gemeinschaftliches oberstes Landesgericht besteht für die Gebiete des früheren preußischen Staates nur insoweit, als sie dem Lande Rheinland-Pfalz angehören; dort ist das Oberlandesgericht in Neustadt (Weinstraße) zuständig.

Zweiter Teil

Die Aufgaben des Vormundschaftsgerichts

Vorbemerkung

Die das Familienrecht und damit die Tätigkeit des Vormundschaftsgerichts betreffenden gesetzlichen Vorschriften haben eine weitreichende Änderung erfahren durch das Bundesgesetz zur Vereinheitlichung und Änderung familienrechtlicher Vorschriften (Familienrechtsänderungsgesetz) vom 11. 8. 1961 (BGBl I S. 1221ff.). Nicht nur das Recht des Bürgerlichen Gesetzbuchs, sondern auch eherechtliche Bestimmungen, die Zivilprozeßordnung, das Gesetz über die Angelegenheiten der freiwilligen Gerichtsbarkeit, die Kostenordnung und das Rechtspflegergesetz sind, soweit die Bearbeitung dieses Buches in Betracht kommt, betroffen worden. Von den vielen Übersichten, Darstellungen und Abhandlungen zu der umfangreichen Gesetzesänderung sei insbesondere hingewiesen auf die Arbeiten von MASSFELLER in der Zeitschrift für das Standesamtswesen „Das Standesamt“ 1961 241ff., 273ff., SCHWARZHAUPT in FamRZ 61 329ff., 62 49ff. und MEYER-STOLTE im Deutschen Rechtspfleger 61 387ff., 467ff.

Erster Abschnitt

Die Tätigkeit des Vormundschaftsgerichts gegenüber der elterlichen Gewalt

A. Allgemeines

1. Begriffsbestimmungen

§ 36. a) Eheliche Kinder

Für die Frage, ob ein Kind unter elterlicher Gewalt steht, ist seine eheliche oder uneheliche Abstammung von wesentlicher Bedeutung.

1. Ein Kind, das nach der Eheschließung geboren wird, ist *ehelich*, wenn die Frau es vor oder während der Ehe empfangen und der Mann

innerhalb der Empfängniszeit der Frau beigewohnt hat; dies gilt auch, wenn die Ehe für nichtig erklärt wird (§ 1591 Abs I S. 1 BGB i.d.F. des FamRÄndG vom 11. 8. 1961 Art 1 Nr 1, BGBl I S. 1222). Hiernach kann ein Kind auch ehelich sein, wenn es erst nach Auflösung der Ehe z. B. durch rechtskräftige Scheidung oder Tod des Mannes geboren wird, sofern nur die genannten Voraussetzungen erfüllt sind.

a) Erforderlich ist also zunächst, daß die Frau das Kind *vor oder während* der Ehe empfangen hat. Fällt die *Empfängniszeit* ganz in die Zeit nach der Auflösung der Ehe, so ist das Kind nicht ehelich. Als Empfängniszeit gilt die Zeit von dem einhunderteinundachtzigsten bis zu dem dreihundertundzweiten Tage vor dem Tage der Geburt des Kindes mit Einschluß sowohl des einhunderteinundachtzigsten als des dreihundertzweiten Tages (§ 1591 Abs I BGB). Als Tag der Geburt für die Berechnung der Empfängniszeit gilt regelmäßig der Tag, an dem sich die Trennung des Kindes vom Mutterleibe vollendet; verzögert sich die Trennung aber zufolge ungewöhnlicher Umstände, so ist der Tag maßgebend, an dem sich bei regelmäßigem Verlauf des Geburtsvorganges die Trennung vollendet haben würde, worüber gegebenenfalls der ärztliche Sachverständige unter Berücksichtigung aller Umstände zu entscheiden hat (JW 1929 2291 Nr 7. Rundbriefe IV 178). Abweichend von der regelmäßigen Dauer der Empfängniszeit ist aber zugunsten der Ehelichkeit des Kindes der Nachweis zulässig, daß das Kind innerhalb eines Zeitraums empfangen ist (nicht bloß empfangen sein kann), der weiter als dreihundertundzwei Tage vor dem Tage der Geburt zurückliegt (§ 1592 Abs II BGB).

b) Weitere Voraussetzung ist, daß der Mann innerhalb der Empfängniszeit der Frau *beigewohnt* hat. Daß dies der Fall ist, wird vermutet (§ 1591 Abs II S. 1 BGB), und zwar ohne Rücksicht darauf, ob die Eheleute in häuslicher Gemeinschaft gelebt haben oder nicht, ja selbst dann, wenn sie in Scheidung leben. Die Vermutung gilt nicht hinsichtlich der Zeit nach der Auflösung der Ehe; sie gilt gemäß § 1591 Abs II S. 2 BGB nur bedingt, soweit die Empfängniszeit in die Zeit vor der Eheschließung fällt, nämlich nur dann, wenn der Mann, gleichviel ob er von der Geburt Kenntnis hatte oder nicht, gestorben ist, ohne die Ehelichkeit des Kindes angefochten zu haben. Hinsichtlich der Frage, ob der Mann innerhalb der Empfängniszeit beigewohnt habe, findet § 1592 Abs II BGB Anwendung; wenn also feststeht, daß das Kind innerhalb eines Zeitraums erzeugt ist, der weiter als dreihundertundzwei Tage vor dem Tage der Geburt zurückliegt, so erstreckt sich die Beiwohnungsvermutung auf den weiteren Zeitraum. Die Vermutung ist im übrigen widerlegbar, wie sich aus § 292 ZPO ergibt.

c) aber auch abgesehen hiervon ist trotz Vorliegens der unter a) und b) erörterten Voraussetzungen das Kind nicht ehelich, wenn es *den Um-*

ständen nach offenbar unmöglich ist (vgl zu dieser Frage DRiZ **53** Rechtspr S. 3 Nr 41 = NJW **52** 1171 = MDR **52** 676 = BGHZ **7** 116; DRiZ **57** Rechtspr S. 32 Nr 321 = MDR **57** 37; DRiZ **60** B 40 Nr 443 = MDR **60** 227), daß die Frau das Kind von dem Manne empfangen hat (§ 1591 Abs I S. 2 BGB). Bei der Prüfung dieser Frage ist ein strenger Maßstab anzulegen und die Unehelichkeit des Kindes erst dann als bewiesen anzunehmen, wenn auch die entfernteste Möglichkeit der Erzeugung durch den Ehemann ausgeschlossen ist (STAUDINGER IV 2 S. 858). Der Nachweis der offenbaren Unmöglichkeit kann z. B. dadurch geführt werden, daß die *Zeugungsunfähigkeit* des Mannes während der ganzen Dauer der Empfängniszeit dargetan wird oder daß der *Reifegrad* des Kindes die Erzeugung durch den Ehemann der Mutter als ausgeschlossen erscheinen läßt (vgl zu dieser Frage auch Rundbriefe VII 111, 225 und 285; ein Sonderfall zu § 1591 Abs I S. 2 BGB ist in JurRdsch **1932** Rechtspr Nr 7 behandelt). Der Nachweis der offenbaren Unmöglichkeit kann im übrigen unter Umständen allein durch ein erbbiologisches Gutachten geführt werden (RGZ **160** 161; s. auch unten zu e); vgl auch FamRZ **63** 299 Nr 128.

d) Zur Entscheidung der *Vaterschaftsfrage* wird häufig auch auf die *Blutuntersuchung* der beteiligten Personen zurückgegriffen. Die Frage, ob dieses Mittel als zuverlässig anzusehen ist, war früher sehr umstritten; sogar das Reichsgericht war anfangs sehr zurückhaltend und vertrat noch 1930 die Ansicht, daß das Beweismittel der Blutuntersuchung „noch in der Mehrzahl der Fälle versage“ (JurRdsch **1930** Rechtspr Nr 1619, Recht **1930** Nr 1726. = JurRdsch **1930** Nr 1618). Inzwischen wird aber die Eignung der Blutgruppenuntersuchung als Beweismittel in Abstammungsfragen nicht mehr in Zweifel gezogen, vgl hierzu u. a. DRiZ **57** Rechtspr 4 Nr 48 = FamRZ **56** 344 = NJW **56** 1716; Zentralblatt XLVII (1960) 24, DRiZ **62** B 7 Nr 114, ferner die vom Präsidenten des Bundesgesundheitsamts herausgegebenen Richtlinien für die Ausführung gerichtlicher Blutgruppenuntersuchungen vom 30. 5. 1960 (Bundesanzeiger Nr 106 vom 3. 6. 1960) und AV des JMNRW vom 5. 7. 1960 in JMBlNRW **60** 170, schließlich zum Beweiswert der Untersuchung nach dem Haptoglobin-System Zentralblatt XLVIII (1961) 185; NJW **62** 680; FamRZ **63** 97, 98 Zff II.

Soweit es zur Feststellung der Abstammung erforderlich ist, hat jede Person Untersuchungen, insbesondere die Entnahme von Blutproben zum Zwecke der Blutgruppenuntersuchung, zu dulden, soweit die Untersuchung nach den anerkannten Grundsätzen der Wissenschaft eine Aufklärung des Sachverhalts verspricht und dem zu Untersuchenden nach der Art der Untersuchung, nach den Folgen ihres Ergebnisses für ihn oder einen der im § 383 Abs I Nr 1 bis 3 ZPO bezeichneten Angehörigen und ohne Nachteil für seine Gesundheit zugemutet werden kann *(§ 372a Abs I ZPO)*. Die Vorschriften der §§ 386 bis 390 ZPO (Weigerungsgründe, Zwischenurteil, grundlose Weigerung) sind entsprechend anzuwenden. Bei wiederholter unberechtigter Verweigerung der Untersuchung kann auch unmittelbarer Zwang angewendet, insbesondere die zwangsweise Vorführung zum Zwecke der Untersuchung angeordnet werden (Abs II a. a. O.). Wenn im Prozesse des Vaters gegen das Kind diesem ein Prozeßpfleger bestellt ist, so hat dieser, nicht aber der oder die Inhaber der elterlichen Gewalt die Zustimmung zur Blutentnahme zu erteilen (JurRdsch **1930** Nr 1619 = DJZ **1930** 1202 = Recht **1930** Nr 1725 = Rundbriefe VI 110).

e) Zur Frage des Beweiswerts *erbbiologischer* Gutachten hat der BGH in dem Urteil vom 5. 4. 1961 (IV ZR 216/61) eingehende Ausführungen gemacht, in denen u. a. dargelegt ist, daß sich aus der Natur des urkundlichen Beweises wie aus der Eigenart des mit ihm zu beweisenden Sachverhalts eine grundsätzliche Begrenztheit ergebe, daß aber eine solche Begutachtung gleichwohl für sich allein ausreichen *könne* und sich auch gegenüber entgegenstehenden Zeugenaussagen durchzusetzen vermöge (FamRZ **61** 306ff. Nr 98 = MDR **61** 583)[1]. § 372a ZPO findet auch auf die erbbiologische Untersuchung Anwendung.

2a) Ist ein Kind während der Ehe oder innerhalb von dreihundertundzwei Tagen nach der Auflösung oder Nichtigerklärung der Ehe geboren, so kann seine Unehelichkeit nur geltend gemacht werden, wenn die *Ehelichkeit angefochten und die Unehelichkeit rechtskräftig festgestellt* ist (*§ 1593 BGB* i.d.F. des FamRÄndG vom 11. 8. 1961 Art 1 Nr 2 BGBl I S. 1222)[2]. Die durch die *Todeserklärung* begründete Vermutung des Todes des Verschollenen und damit der Auflösung seiner Ehe entscheidet auch über den Familienrechtsstand von Kindern aus dieser Ehe. Liegt der festgestellte Zeitpunkt des Todes mehr als dreihundertundzwei Tage vor der Geburt des Kindes, so ist das Kind als unehelich anzusehen, seine Unehelichkeit kann von jedermann geltend gemacht werden, ohne daß eine Anfechtung (§§ 1594, 1595a BGB) erforderlich wäre. Andererseits ist ein Kind, dessen Ehelichkeit nicht angefochten ist, als ehelich zu behandeln, wenn es nicht später als dreihundertundzwei Tage nach dem in der gerichtlichen Todeserklärung festgestellten Todeszeitpunkt geboren ist (BSozG großer Senat vom 11. 5. 1960 in FamRZ **60** 440

---

[1] Vgl auch für sog. Einmannfälle die frühere Entscheidung des BGH im Zentralblatt XLI (1954) 270 ff. mit Verweisungen auf die vorangegangene höchstrichterliche Rechtsprechung, ferner unten § 37 Zff 5aα.

[2] Vgl BEITZKE, Neuregelung der Ehelichkeitsanfechtung in JR **62** 85, ferner LANGE, Kritisches zur Anfechtung der Ehelichkeit in NJW **62** 1697 (Hinweis in DRiZ **62** B 103 Nr 1327) und BRÜHL, Die Anfechtung der Ehelichkeit ab 1. 1. 1962 (FamRZ **62** 8); ferner BAUR in Zivilprozessuale Fragen zum Gleichberechtigungs- und zum Familienrechtsänderungsgesetz 1961 (FamRZ **62** 508, 511 Zff V), schließlich GAUL, Das *künftige* Verfahren zur Feststellung der unehelichen Vaterschaft und seine Wiederaufnahme (FamRZ **63** 208 ff).

441 Nr 204); die *vor* dem Inkrafttreten des FamRÄndG ergangene Entscheidung behält auch nach dem neuen Recht ihre Bedeutung.

b) Zur *Anfechtung* berechtigt ist der *Mann* binnen zwei Jahren seit Kenntnis der für die Unehelichkeit sprechenden Umstände[1]; die Frist beginnt frühestens mit der Geburt des Kindes; auf ihren Lauf finden die Vorschriften der §§ 203, 206 BGB Anwendung[2]; die Anfechtung ist nicht mehr zulässig, wenn seit der Geburt des Kindes *zehn Jahre verstrichen* sind (*§ 1594* Abs IV BGB i.d.F. d. FamRÄndG vom 11. 8. 1961 Art 1 Nr 3, BGBl I S. 1222). Dies gilt auch, wenn die Klage vor dem Inkrafttreten der Vorschrift erhoben ist (DRiZ **62** B 103 Nr 1329 = NJW **62** 1399). Zu beachten ist aber auch die Übergangsvorschrift des Art 9 Abschnitt II 1 a. a. O.). Zum Beginn der Anfechtungsfrist vgl im übrigen DRiZ **61** B 6 Nr 104.

Die Anfechtung der Ehelichkeit kann *nicht durch einen Vertreter* erfolgen. Jedoch kann für einen *geschäftsunfähigen* Mann sein gesetzlicher Vertreter (bei *beschränkter* Geschäftsunfähigkeit bedarf der Mann nicht der Zustimmung seines gesetzlichen Vertreters) die Ehelichkeit mit *Genehmigung des Vormundschaftsgerichts* anfechten. Hat der gesetzliche Vertreter nicht rechtzeitig angefochten, so kann nach dem Wegfall der Geschäftsunfähigkeit der Mann selbst in gleicher Weise anfechten, wie wenn er ohne gesetzlichen Vertreter gewesen wäre (*§ 1595* BGB). Gegen eine pflichtwidrige Unterlassung der Anfechtung durch den gesetzlichen Vertreter hat das Vormundschaftsgericht nach Maßgabe der §§ 1837, 1886 BGB einzuschreiten.

Auch die *Eltern des Mannes* und das *Kind* selbst und sein gesetzlicher Vertreter sind unter Umständen zur Anfechtung berechtigt (§ 1595a bis § 1598 BGB i.d.F. wie vorst. Art 1 Art 4, 5). Vgl FamRZ **63**, 98 Nr 36 (Widerklage des Mannes zur Abwendung der Kostenlast).

Der Mann und die Eltern des Mannes fechten die Ehelichkeit durch *Klage* gegen das Kind[3], dieses ficht die Ehelichkeit durch Klage gegen den Mann an. Im Falle des Todes des Kindes oder des Mannes wird die

---

[1] Vgl hierzu JMBlNRW **57** 282 = MDR **58** 165 (Beginn des Laufs der Frist, wenn sich einem objektiven Betrachter Zweifel an der Ehelichkeit des Kindes aufdrängen mögen auch dem Ehemann der Kindesmutter solche Zweifel nicht gekommen sein); s. auch RGZ **163** 68 u. BGHZ **9** 336; DRiZ **53** Rechtspr S. 3 Nr 42 = JR **52** 439.

[2] Der Lauf der Frist ist aber nicht bis zur Ermöglichung einer Blutgruppenuntersuchung gehemmt (RGZ **152** 393); Rechtsunkenntnis schließt den Beginn der Frist nicht aus (RGZ **160** 92). Ist die Frist versäumt, so ist auch kein Raum für eine Feststellungsklage mehr, daß das Kind blutmäßig nicht von dem Manne abstamme (DRiZ **55** Rechtspr S. 65 Nr 598 = FamRZ **55** 112 = Zentralblatt XLII (1955) 140 = NDSRpfl **55** 156).

[3] Wegen der Verpflichtung des Personensorgeberechtigten zur Leistung eines *Prozeßkostenvorschusses* für das beklagte Kind vgl DRiZ **56** Rechtspr S. 4 Nr 41 = NJW **55** 1722.

Ehelichkeit durch *Antrag beim Vormundschaftsgericht* angefochten[1]. Wird die Klage oder der Antrag *zurückgenommen*, so ist die Anfechtung als nicht erfolgt anzusehen (*§ 1599* BGB i.d.F. wie vorst. Nr 5). Im übrigen finden auf das Verfahren die §§ 641, 641a ZPO i.d.F. wie vorst. Art 3 Nr 2 und 3 Anwendung. Es verstößt gegen die Gewährleistung des rechtlichen Gehörs (Art 103 Abs I GG), wenn im Anfechtungsverfahren dem beklagten Kind im Hinblick auf die das Verfahren beherrschende Offizialmaxime das Armenrecht wegen Mutwilligkeit versagt wird (BVerfG in Rpfl 57 295 = NJW 57 9228 = MDR 57 535 = JMBlNRW 57 228).

c) Von einem *Dritten* kann die Unehelichkeit des während oder innerhalb von dreihundertundzwei Tagen nach der Auflösung der Ehe geborenen Kindes nur unter den Voraussetzungen des § 1593 BGB i.d.F. wie vorst. Art 1 Nr 2 geltend gemacht werden. Erfolgt die Geltendmachung in einem *Feststellungsverfahren* zur Frage des Bestehens oder Nichtbestehens eines Eltern- oder Kindesverhältnisses zwischen den Parteien oder der elterlichen Gewalt der einen Partei über die andere, so sind die Vorschriften der §§ 613, 617, 618, 619, 622 Abs I, 625, 626, 628, 635 ZPO entsprechend anzuwenden (§ 640 Abs I ZPO i.d.F. wie vorst. Art 3 Nr 2). Mit einer solchen Feststellungsklage kann eine Klage anderer Art nicht verbunden werden, auch kann eine Widerklage nicht erhoben werden (§ 640 Abs II ZPO i.d.F. wie vorst.). Das rechtliche Interesse des angeblichen Erzeugers eines unehelichen Kindes an der Erhebung der *negativen Abstammungsklage* ist nunmehr in Abweichung von der bisherigen Rechtsprechung des BGH mit Rücksicht auf § 644 Abs I ZPO i.d.F. wie oben Art 3 Nr 4 zu bejahen (FamRZ 62 162 Nr 67). Wird in einem Feststellungsverfahren nach § 640 ZPO i.d.F. wie vorst. festgestellt, daß ein uneheliches Kind von einem bestimmten Mann nicht abstammt, so *verliert* ein *Urteil*, durch das der Mann *zur Zahlung von Unterhalt* an das Kind verurteilt ist, *vom Zeitpunkt der Rechtskraft des Feststellungsurteils* an seine Wirkung; dies gilt für andere Schuldtitel entsprechend (§ 644 Abs I ZPO i.d.F. wie oben Art 3 Nr 4). Eine *einstweilige Einstellung* der Zwangsvollstreckung aus dem Unterhaltsurteil nach Erhebung der Statusklage kommt nicht in Betracht (FamRZ 62 162 Nr 68). Dagegen kann das Kind, wenn in einem Verfahren nach § 640 ZPO i.d.F. wie oben Nr 2 festgestellt ist, daß das Kind von einem bestimmten Manne abstammt, gegen diesen von der Zeit der Rechtshängigkeit des Statusprozesses an Unterhaltsansprüche geltend machen, wenn eine Unterhaltsklage rechtskräftig abgewiesen ist. Ist ein anderer Mann zur Unterhaltszahlung verurteilt, so verliert dieses Urteil seine

---

[1] Zur Mitteilungspflicht gegenüber den Standesämtern vgl RV d. JMNRW vom 22. 11. 1962 (1454 — IB 68).

Wirkung vom Zeitpunkt des Statusurteils an; dies gilt für andere Schuldtitel entsprechend (§ 644 Abs II ZPO i.d.F. wie oben Art 3 Nr 4).

In den Fällen des § 640 ZPO i.d.F. wie oben (Feststellungsverfahren) und des § 641 ZPO i.d.F. wie oben (Anfechtungsverfahren) wirkt das Urteil, sofern es bei Lebzeiten der Parteien rechtskräftig wird, *für und gegen alle*. Ein Urteil, welches das Bestehen eines Eltern- und Kindesverhältnisses oder der elterlichen Gewalt feststellt, wirkt jedoch gegenüber einem Dritten, der das elterliche Verhältnis oder die elterliche Gewalt für sich in Anspruch nimmt, nur dann, wenn er an dem Rechtsstreit teilgenommen hat (§ 643 ZPO). Demgemäß erlangt auch ein während oder innerhalb von dreihundertundzwei Tagen nach Auflösung der Ehe geborenes Kind, das im Ehebruch erzeugt ist, durch ein solches Feststellungsurteil und die Verheiratung der Mutter mit dem Erzeuger (zweiten Ehemann) nur dann die rechtliche Stellung eines Kindes dieser Ehegatten, wenn der Erzeuger (zweite Ehemann) an dem Rechtsstreit auf Feststellung teilgenommen hat oder die Unehelichkeit seiner Geburt auf Anfechtung durch rechtskräftige Entscheidung mit Wirkung für und gegen alle festgestellt ist (vgl hierzu RGZ 123 257 = JW 1929 1879 Nr 9, 2707 Nr 3, Zentralblatt XXI 284). Auch das Vormundschaftsgericht kann nicht im Wege von Ermittlungen gemäß § 12 FGG die Ehelichkeit eines minderjährigen Kindes nachprüfen und gegebenenfalls diesem einen Vormund bestellen.

d) Wird von einer Frau, die eine *zweite Ehe* geschlossen hat, ein Kind geboren, das nach den §§ 1591, 1592 ein eheliches Kind *sowohl des ersten als auch des zweiten Mannes* wäre, so gilt es als eheliches Kind des zweiten Mannes (§ 1600 Abs I BGB i.d.F. wie oben Art 1 Nr 6). Wird die Ehelichkeit des Kindes angefochten und wird rechtskräftig festgestellt, daß das Kind kein eheliches Kind des zweiten Mannes ist, so gilt es als eheliches Kind des ersten Mannes (Abs II a. a. O.). Soll geltend gemacht werden, daß auch der erste Mann nicht der Vater des Kindes ist, so beginnt die Anfechtungsfrist frühestens mit der Rechtskraft der in Abs II a. a. O. bezeichneten Entscheidung (Abs III a. a. O.). Die Vorschrift des § 1600 BGB kann freilich nur in Betracht kommen, wenn beide Ehen gültig sind. In beiden Fällen ist die Vermutung des § 1591 Abs II BGB widerlegbar. Ist eine Ehe nichtig, so ist das Kind eheliches Kind aus der anderen Ehe.

4. Im *Familienbuch* des *Standesregisters* (vgl § 15 PStG) ist gemäß § 30 Abs I PStG ein *Randvermerk* einzutragen, wenn die *Abstammung* eines Kindes *mit allgemein bindender Wirkung festgestellt* wird. Dem Standesbeamten, der die *Geburt* des Kindes *beurkundet* hat (vgl § 21 PStG) ist eine beglaubigte Abschrift der Urkunde zu übersenden, aus der sich der Vorgang ergibt (§ 30 Abs II PStG). Zur Mitteilungspflicht

der Geschäftsstellen an die Standesämter vgl die RV d. JMNRW vom 22. 11. 1962 (1454 — I B 68).

§ 37. b) Uneheliche Kinder[1]

1. Das Recht des unehelichen Kindes ist durch das Gleichberechtigungsgesetz vom 18. 6. 1957 (BGBl I S. 609) unberührt geblieben (BVerfG vom 6. 10. 1951 in NJW 59 2107 = Zentralblatt XLVII (1960) 98ff.; vgl hierzu bes. die Anm von Bosch in FamRZ 60 19 Nr 1. Dagegen sind die Bestimmungen der §§ 1707, 1708, 1710 BGB durch das FamRÄndG vom 11. 8. 1961, BGBl I S. 1221ff. geändert worden; vgl unten Zff 2 und 4b.

2. Uneheliche Kinder sind

a) Kinder, die von einer ledigen Frau geboren werden,

b) Kinder, die von einer verheirateten Frau vor der Eheschließung oder mehr als dreihundertundzwei Tage nach Auflösung der Ehe geboren werden (vgl jedoch § 1592 Abs II BGB),

c) die Kinder, deren Unehelichkeit von dem Ehemann der Mutter mit Erfolg geltend gemacht ist (wegen der Eintragung im Standesregister vgl oben § 36 Zff 4).

3. Das uneheliche Kind hat ein *Verhältnis zu der Mutter* und zu den Verwandten der Mutter die rechtliche Stellung eines ehelichen Kindes (§ 1705 BGB)[2]. Indessen steht der Mutter die elterliche Gewalt über das uneheliche Kind nicht zu (§ 1707 Abs I S. 1 BGB)[3]. Dieses erhält vielmehr einen Vormund. Die Vormundschaft wird regelmäßig von dem zuständigen Jugendamt geführt (vgl die §§ 40ff. JWG i.d.F. vom 11. 8. 1961, BGBl I S. 1206, ferner FamRZ 62 437 Nr 186, auch § 45 JWG und hierzu für das frühere Recht BayObLG in DRiZ 60 B 54 Nr 693 = Zentralblatt XLVIII (1961) 128, ferner XLVIII (1961) 183; für die Vertretungsbefugnis vgl § 37 Abs I, für die Ermächtigung zu Beurkundungen und Beglaubigungen § 49 JWG i.d.F. wie vorst., ferner Zentralblatt XLVIII (1961) 125). Einer *volljährigen* Mutter *kann* das Vormundschaftsgericht *auf Antrag* die elterliche Gewalt über das Kind übertragen[4]; das Gericht kann dabei aber einzelne Angelegenheiten oder

---

[1] Zur bevorstehenden *Reform* des Rechtes der unehelichen Kinder vgl Conrad in FamRZ 62 322 ff., sowie die Beschlüsse des 44. Deutschen Juristentages in FamRZ 62 401, 402 und in DRiZ 62 362 ff., endlich auch die Hinweise in FamRZ 62 421 und Schlosser, Neue Veröffentlichungen zum Recht des unehelichen Kindes in FamRZ 63 221 ff.

Zum Unehelichenrecht im *Ausland* vgl die Aufsätze in FamRZ 62 S. 329 ff. (Frankreich), S. 336 ff. (Belgien), S. 342 ff., 346, 347 (Italien).

[2] Vgl auch Webler, Zur personalen Rolle des Vaters im Leben des unehelichen Kindes im Zentralblatt XLVIII (1961) 195.

[3] Vgl hierzu Art 6 Abs V GG und den Aufsatz von Bosch „Fehlender Reformeifer im Bereich des Unehelichenrechts?" in FamRZ 62 292 ff.

[4] Voraussetzung ist, daß die Übertragung mit dem Kindeswohl vereinbar ist (FamRZ 63 302 Nr 136; 303 Nr 137; 306 Nr 139).

einen bestimmten Kreis von Angelegenheiten von der Übertragung ausnehmen (§ 1707 Abs II BGB i.d.F. d. FamRÄndG vom 11. 8. 1961 Art 1 Nr 8, BGBl I S. 1223; vgl hierzu GÖPPINGER in FamRZ 61 516). Siedelt die Mutter aus der sowjetisch besetzten Zone (DDR) in die Bundesrepublik über, so verliert sie die elterliche Gewalt; es tritt Amtsvormundschaft ein (StAZ 59 294 = JMBlNRW 59 18 = Zentralblatt XLV (1958) 329ff.). Dagegen behält die uneheliche Mutter mit gewöhnlichem Aufenthalt in der sowjetisch besetzten Zone die elterliche Gewalt auch dann, wenn das Kind seinen gewöhnlichen Aufenthalt im westlichen Rechtspflegegebiet hat, die Amtsvormundschaft des Jugendamts tritt nicht ein; das westliche Jugendamt kann jedoch der Mutter auf ihren Antrag als Beistand zur Wahrnehmung der Unterhaltsansprüche des Kindes gegen den Vater bestellt werden (FamRZ 57 383 Nr 188; s. auch Anm von MEYER 57 429).

4. Wenn die Mutter nicht zum Vormund bestellt ist, so verbleibt ihr nur das *Recht und die Pflicht, für die Person des Kindes zu sorgen*, jedoch *ausschließlich des Vertretungsrechts;* soweit der Mutter das Sorgerecht zusteht, hat der Vormund die rechtliche Stellung eines Beistandes (§ 1707 S. 2 und 3 BGB).

a) Aus dem Personensorgerecht der Mutter ergibt sich insbesondere die Befugnis zur *Erziehung* und *Beaufsichtigung* des Kindes (vgl aber wegen des Aufsichtsrechts des Jugendamts die §§ 31, 32 JWG i.d.F. wie oben) sowie zur Bestimmung seines Aufenthalts, ferner das Recht, die *Herausgabe* des Kindes von jedem zu verlangen (§ 1632 BGB i.d.F. des GleichberG vom 18. 6. 1957 BGBl I S. 609), der es der Mutter widerrechtlich vorenthält. Auch wenn das Kind für ehelich erklärt ist, kann die uneheliche Mutter von dem Vater die Herausgabe des Kindes mit der Behauptung verlangen, daß die Ehelichkeitserklärung wegen Fehlens wesentlicher Voraussetzungen unwirksam sei, und zwar ohne daß zuvor gemäß § 640 ZPO i.d.F. wie oben der Familienstand des Kindes festgestellt werden müßte. Durch ein dem Herausgabeanspruch stattgebendes Urteil wird aber die Rechtsstellung des Kindes nicht geändert; ein solches Urteil verleiht, wenn es in Rechtskraft erwächst, der obsiegenden Mutter kein endgültiges Recht auf den Besitz des Kindes. Wird vielmehr in einem von dem Vater oder dem Kinde anhängig zu machenden Familienstandsprozeß die (im Herausgabeprozeß verneinte) Gültigkeit der Ehelichkeitserklärung festgestellt, so kann der Vater die Herausgabe des Kindes von der Mutter verlangen; die Rechtskraft des in dem Herausgabeprozeß gegen ihn ergangenen Urteils kann ihm nicht entgegengehalten werden; denn das im Familienstandsprozeß ergangene Urteil wirkt gemäß § 643 ZPO für und gegen alle und damit auch für und gegen die Parteien des Herausgabeprozesses (RGZ 122 24 = JW 1929 105 Nr 12).

Das gesetzliche Personensorgerecht verleiht der unehelichen Mutter ferner gemäß § 57 Abs I Zff 9 FGG ein *Beschwerderecht* in den die Person des Kindes betreffenden Angelegenheiten, insbesondere auch gegen die Ablehnung des Antrags auf Entlassung des Vormundes, wenigstens wenn der Antrag auf eine Pflichtverletzung in einer die Person des Kindes betreffenden Angelegenheit gestützt wird (RJA **11** 164). Übrigens kann auch dem Vormund eines unehelichen Kindes, der gemäß § 1701 Abs I S. 3 BGB i.d.F. d. FamÄndG vom 11. 8. 1961 Art 1 Nr 8 BGBl I S. 1223, die Stellung eines Beistandes und das Kind mit Zustimmung der Mutter in seine Pflege genommen hat, im Bedürfnisfall zur Überwachung der Betreuung ein Pfleger bestellt werden, wenn Bedenken gegen die Durchführung dieser Verpflichtung bestehen (KGJ **36** A 43).

Verletzt die uneheliche Mutter die sich aus ihrem Sorgerecht ergebenden Pflichten, so kann gegen sie wie gegen einen Inhaber der elterlichen Gewalt eingeschritten werden. Ein Mißbrauch des Sorgerechts liegt nicht unbedingt darin, daß die Mutter ohne Zustimmung des Vormundes oder, wenn ihr gemäß § 1707 Abs II S. 1 BGB die volle elterliche Gewalt übertragen ist, den *Austritt* des religionsunmündigen Kindes *aus einer Religionsgemeinschaft* und dessen Übertritt in eine andere erklärt hat (vgl unten § 46); über die Gültigkeit einer von der unehelichen Mutter erklärten Kirchenaustrittserklärung für das Kind hat das Vormundschaftsgericht nicht zu entscheiden (JFG **5** 48). Verweigerung der Zustimmung der unehelichen Mutter zu einer *Operation* des Kindes ohne triftigen Grund rechtfertigt ein Einschreiten gemäß § 1666 BGB (JFG **16** 205). Wird der Mutter das Personensorgerecht entzogen, so geht dieses ohne weiteres auf den Vormund über; die Bestellung eines Pflegers kommt nicht in Betracht (JFG **9** 48ff.).

b) Aus dem Verwandtschaftsverhältnis des unehelichen Kindes zu seiner Mutter folgt ferner, daß das Kind den *Familiennamen der Mutter* erhält (§ 1706 Abs I BGB). Führt die Mutter infolge ihrer Verheiratung einen anderen Namen, so erhält das Kind den Familiennamen, den die Mutter vor ihrer Verheiratung geführt hat (§ 1706 Abs II S. 1 BGB). War die Mutter mehrmals verheiratet, so erhält das Kind den Namen, den die Mutter vor der ersten Verheiratung geführt hat. Der Ehemann der Mutter, der nicht Erzeuger des Kindes ist (im anderen Fall tritt Legitimation durch nachfolgende Ehe ein, § 1719ff. BGB, s. unten § 65), kann aber *nach* der Eheschließung (vgl StAZ **54** 182ff.) gegenüber der zuständigen Behörde, gemäß § 31a Abs II PStG auch gegenüber dem Standesbeamten, der die Geburt des Kindes beurkundet hat, dem Kinde mit seiner Einwilligung[1] und der Einwilligung der Mutter *seinen*

[1] Im Falle der Geschäftsunfähigkeit des Kindes seines gesetzlichen Vertreters, im Falle der Geschäftsbeschränktheit entweder des Kindes selbst unter Zustimmung des gesetzlichen Vertreters oder durch diesen im Namen des Kindes (JFG **23** 247 ff.).

Namen erteilen (§ 1706 Abs II BGB). Der Standesbeamte trägt auf Grund der Erklärungen einen Randvermerk in das *Geburtenbuch* ein. Ist die Geburt des Kindes nicht im Geltungsbereich des PStG beurkundet, so ist auch der Standesbeamte des Standesamts I in Berlin (West) zuständig (§ 31a Abs II PStG)[1]. Der Randvermerk ist auch zulässig, wenn im Standesregister bereits vermerkt ist, daß der Ehemann der Mutter das Kind als das seinige anerkannt habe (KGJ 42 A 81 = RJA 12 201). Die Erklärung des Ehemannes sowie die Einwilligungserklärungen des Kindes und der Mutter sind in öffentlich beglaubigter Form abzugeben (§ 1706 Abs II S. 2 BGB). Bei späterer Erteilung der Einwilligungserklärungen ist die Namenserteilung schwebend unwirksam (StAZ 61 47ff.).

Auch Beamte oder Angestellte der Jugendämter können durch das Landesjugendamt ermächtigt werden, die im § 1706 Abs II BGB bezeichneten Erklärungen zu beglaubigen (§ 49 Abs I JWG vom 11. 8. 1961, BGBl I S. 1206ff.).

Ist der Ehemann der Mutter zugleich Vormund des Kindes, so kann er, wenn er dem Kind seinen Namen erteilt, für dieses als sein gesetzlicher Vertreter seine Einwilligung erklären (KGJ 30 A 291 = RJA 6 90); liegt allerdings ein Interessengegensatz vor, so kann das Vormundschaftsgericht dem gesetzlichen Vertreter gemäß § 1796 BGB die Vertretungsbefugnis entziehen.

Der Ehemann der Mutter eines unehelichen Kindes kann diesem auch dann seinen Namen erteilen, wenn die Mutter sich vor der Heirat als „Frau“ bezeichnet hat und Mutter und Kind den Namen des (außerehelichen) Erzeugers geführt haben (JFG 1 129). Hat der erste Ehemann der Mutter dem Kinde seinen Namen erteilt, so kann eine Namenserteilung durch den zweiten Ehemann nicht mehr erfolgen (JFG 1 129).

Wird die Ehe des Namenserteilers mit der Kindesmutter für nichtig erklärt, so verliert die Namenserteilung ihre Wirksamkeit (JFG 12 190ff.)[2].

c) Aus der Verwandtschaft der unehelichen Mutter mit dem Kinde ergibt sich endlich auch das Recht der Mutter *auf persönlichen Verkehr mit dem Kinde*. Das Recht zum persönlichen Verkehr ist nach der Auffassung des Reichsgerichts ein Teil des Personensorgerechts; ist dieses der Mutter entzogen, so hat der Sorgeberechtigte auf das in der Blutsverbundenheit begründete Verhältnis des Kindes zu seiner unehelichen Mutter diejenige Rücksicht zu nehmen, die das Sittengesetz erfordert; macht er von seinem Ermessen einen ungehörigen Gebrauch, so ist das

[1] Zur Mitteilungspflicht der Gerichte gegenüber dem Standesamt vgl RV d JMNRW vom 22. 11. 1962 (1454 — I B 68).

[2] Zur Mitteilungspflicht der Geschäftsstellen an die Standesämter in solchen Fällen vgl die RV d. JMNRW vom 22. 11. 1962 (1454 — I B 68).

Vormundschaftsgericht berufen, die notwendigen Anordnungen zu treffen (RGZ **153** 238, 243). Das Recht bleibt also zwar grundsätzlich nicht bestehen, wenn der Mutter das Personensorgerecht entzogen ist (a. A. STAUDINGER IV 2 S. 1213 Anm 2f., vgl auch unten § 53 Zff 2a); jedenfalls wird aber das Vormundschaftsgericht, wenn es im Interesse des Kindeswohles notwendig ist, die erforderlichen Maßnahmen treffen und auch den persönlichen Verkehr wenigstens zeitweise zulassen oder auch untersagen können. Ist das Kind von Dritten an Kindes Statt angenommen worden, so dürfen die Wahleltern nicht ohne triftigen Grund den persönlichen Verkehr der unehelichen Mutter mit dem Kinde verhindern (vgl. unten § 71 Zff 3 mit Nachweisen). Entsprechendes muß im Falle der Ehelichkeitserklärung eines unehelichen Kindes gelten.

5. Mit dem Erzeuger ist das uneheliche Kind im Rechtssinne nicht verwandt *(§ 1589 Abs II BGB)*, es wird aber das Rechtsverhältnis (Statusverhältnis i. S. d. §§ 640ff. ZPO) der unehelichen Vaterschaft begründet (BGHZ **5** 385 = NJW **52** 780 = MDR **52** 484). Es bestehen auch gewisse *familienrechtliche Beziehungen* zwischen dem Erzeuger und dem unehelichen Kinde. Diese äußern sich außer in dem Eheverbot des § 4 Abs I EheG vom 20. 2. 1946 (Kontrollratsgesetz Nr 16) und der Möglichkeit der Legitimation (§§ 1719 ff., 1723ff. BGB, vgl. unten §§ 65 ff.) in der *Verpflichtung des außerehelichen Erzeugers zur Unterhaltsgewährung (§§ 1708ff. BGB)*[1]. Das verfassungsmäßig verbürgte Elternrecht steht dem natürlichen Vater nicht zu (FamRZ **63** 147 Nr 53 = Rpfl **63** 112ff. Nr 51).

aα) Als *Vater* des unehelichen Kindes hinsichtlich der Unterhaltsverpflichtung *gilt*, wer der Mutter innerhalb der Empfängniszeit — als solche gilt die Zeit von dem einhunderteinundachtzigsten bis zu dem dreihundertundzweiten Tage vor dem Tage der Geburt (vgl oben § 36 Zff 1 a) des Kindes mit Einschluß sowohl des einhunderteinundachtzigsten als auch des dreihundertundzweiten Tages vor der Geburt — beigewohnt hat, es sei denn, daß auch ein anderer der Mutter innerhalb dieser Zeit beigewohnt hat. Eine Beiwohnung bleibt jedoch außer Betracht, wenn es den Umständen nach offenbar unmöglich ist (vgl oben § 36 Zff 1 c), daß die Mutter das Kind aus dieser Beiwohnung empfangen hat (§ 1717 BGB)[2]. Zur Beweislast für die „offenbare Unmöglichkeit"

---

[1] Zum Schrifttum und zur Rechtsprechung zu den §§ 1708 ff. BGB vgl auch außer den im Text angeführten Fundstellen die Hinweise in DRiZ **62** B 72 Nr 935 bis 947 und B 104 Nr 1337, ferner FamRZ **62** 421.

[2] Der Erzeuger eines unehelichen Kindes ist auch dann unterhaltspflichtig, wenn es vor dem Beginn der Empfängniszeit *empfangen* ist; die *Beweiserleichterungen* des § 1717 BGB gelten *für diesen Fall nicht* (RG Großer Senat in Zivilsachen RGZ **169** 328). Vgl. zu § 1717 BGB auch SCHWOERER in NJW **63** 11 Ehrenrettung der exceptio plurium (Hinweis in DRiZ **63** B 8 No 136).

der Erzeugung vgl FamRZ 62 77 Nr 30 m. Anmerkung der Schriftleitung, zur Bedeutung der sog. Einmanngutachten in Abstammungs- und Unterhaltsprozessen NJW 62 679.

Der auf Unterhaltsgewährung in Anspruch genommene Beihälter kann also sowohl einwenden, es sei den Umständen nach unmöglich, daß das Kind aus der Beiwohnung stamme, als auch, daß die Mutter des Kindes während der Empfängniszeit auch noch mit anderen Männern geschlechtlichen Umgang gehabt habe. Die Vernehmung der Kindesmutter über Mehrverkehr ist aber prozeßrechtlich unzulässig, wenn der Beklagte bestimmte Tatsachen, die für einen anderweiten Geschlechtsverkehr sprechen, nicht vorbringen kann (Zentralblatt XXII 282 = Rundbriefe VI 162; vgl auch zum Begriff des „offensichtlich unzulässigen Ausforschungsbeweises" FamRZ 60 291 Nr 152 = Zentralblatt XLVII (1960) 159 und hierzu BGH vom 20. 6. 1960 in FamRZ 60 399 Nr 181, ferner Zentralblatt XLVII (1960) 9ff. mit vielen Nachweisen aus Rechtsprechung und Schrifttum, schließlich Zentralblatt XLVIII (1961) 63ff. und die ausführliche Abhandlung von LANG „Der Ausforschungsbeweis im Unterhaltsprozeß des unehelichen Kindes" in DRiZ 62 229ff. Der Einwendung, daß die Mutter auch noch mit anderen Männern geschechtlichen Umgang gehabt habe, kann von dem Kinde entgegengehalten werden, daß es den Umständen nach unmöglich sei, daß die Mutter das Kind aus der behaupteten anderweiten Beiwohnung empfangen habe.

Diese Streitigkeiten sind im übrigen im *Prozeßwege* auszutragen[1]. Das Vormundschaftsgericht ist unbeschadet seiner sich aus § 12 FGG ergebenden Ermittlungspflicht nicht befugt, Zeugen darüber eidlich zu hören, ob sie der Mutter des unehelichen Kindes beigewohnt haben. Insbesondere darf nicht der vermutliche außereheliche Erzeuger des Kindes unter Zeugniszwang über seine Beziehungen zu der Kindesmutter gehört werden. Die Verschweigung des Namens des Kindesvaters durch die Kindesmutter kann, obwohl an sich eine Verpflichtung der Kindesmutter zur Nennung des Namens gegenüber dem Kinde nicht besteht (DRiZ 61 B 72 Nr 863 = MDR 61 505) unter Umständen ein schuldhaftes Verhalten im Sinne des § 1666 BGB darstellen, namentlich wenn die Kindesmutter das Kind aus eigenem Vermögen nicht zu ernähren vermag, krank und mit ihrem baldigen Ableben zu rechnen ist, auch der Vater keine Unterstützung gewährt (Rundbriefe V 228). Auch ist, wenn die Kindesmutter es als Zeugin abgelehnt hat, den Erzeuger zu benennen, und sich auf die Aussage beschränkt hat, sie habe mit dem Beklagten keinen Geschlechtsverkehr gehabt, die *Blutentnahme*

[1] Das Armenrecht ist dem unehelichen Kinde für eine Unterhaltsklage zu versagen, wenn diese sich gegen einen Ausländer richtet und die Aussichten der Durchsetzung des Urteils im Auslande äußerst gering erscheinen (FamRZ 62 486 Nr 203.

gemäß § 372a ZPO zumutbar (DRiZ 57 Rechtspr S. 106 Nr 1106 = NJW 57 1405); zum *Untersuchungsverweigerungsrecht bei § 372a ZPO* (Rechtsbehelfe gegen zwangsweise Vorführung; kein Verweigerungsrecht wegen vermögensrechtlicher Nachteile) vgl FamRZ 62 395 Nr 161 m. Anm d. Redaktion. Dagegen kann gegen die Mutter ein unmittelbarer *Zeugniszwang* zur Erzwingung der Angabe des Namens des Erzeugers *nicht* ausgeübt werden; die Ermittlung des Erzeugers ist Sache des Vormundes (JFG 22 37ff.). Wenn Anhaltspunkte für einen Mehrverkehr der Kindesmutter vorliegen, darf die erbbiologische Begutachtung nicht von vornherein als aussichtslos bezeichnet werden (RGZ 170 255).

β) Wer seine *Vaterschaft* nach der Geburt *in einer öffentlichen Urkunde anerkennt*, kann sich nicht darauf berufen, daß ein anderer der Mutter innerhalb der Empfängniszeit beigewohnt habe *(§ 1718 BGB)*[1 2 3]. Wird die Anerkennung in einer nicht öffentlichen Urkunde (vgl § 415 Abs I ZPO) ausgesprochen, so treten die Rechtsfolgen des § 1718 BGB nicht ein; jedoch hat eine solche Erklärung die Bedeutung eines Beweismittels. Im übrigen bleiben auch bei Anerkennung in öffentlicher Urkunde dem Erzeuger abgesehen von der Einrede der mehreren Beihälter *alle* Einwendungen und selbst der Beweis offen, daß er der Kindesmutter in der Empfängniszeit nicht beigewohnt habe. Auch wenn ein Vaterschaftsanerkenntnis vorliegt, kann übrigens das uneheliche Kind Unterhaltsansprüche gegen einen anderen Mann als seinen angeblichen Erzeuger geltend machen (Zentralblatt XLII (1955) AfJ 15).

Die Vaterschaftsanerkennung ist ein *einseitiges Rechtsgeschäft*, das nicht einem anderen gegenüber vorgenommen zu werden braucht; sie enthält den Verzicht auf die Einrede des Mehrverkehrs und kann wegen arglistiger Täuschung angefochten werden (vgl hierzu u. a. RGZ 107 175; Rundbriefe VI 49 u. VII 113). Dagegen berechtigt die irrige Annahme des Anerkennenden, daß die Kindesmutter nur mit ihm verkehrt habe, noch nicht zur Irrtumsanfechtung; immerhin steht dem Anerkennenden der Beweis offen, daß es den Umständen nach unmöglich sei, daß die Mutter das Kind aus der Beiwohnung mit ihm, dem Anerkennenden, empfangen habe (JurRdsch 1930 Rechtspr Nr 787) oder daß er, der Anerkennende, der Kindesmutter in der Empfängniszeit überhaupt nicht beigewohnt habe (s. oben); des weiteren Nachweises,

---

[1] Auch die Rechtsnachfolger des Erzeugers können die Vaterschaft des Erzeugers anerkennen (RJA 17 43, vgl jedoch FFG 22 228).

[2] Vgl auch die Hinweise in FamRZ 62 422 auf Beitzke, Vaterschafts- und Mutterschaftsanerkenntnisse sowie Legitimationen nach ausländischem Recht in RAZ 62 237 ff. und Beitzke, Vaterschaftsanerkenntnisse von Ausländern vor dem Jugendamt im Zentralblatt 62 177 ff.

[3] Wegen der Frage der Abänderungsmöglichkeit vgl FamRZ 63 313 Nr 159 m. krit. Anm. d. Redaktion.

daß das Anerkenntnis in dieser Hinsicht irrtümlich abgegeben worden sei, bedarf es in diesem Falle nicht (RGZ **135** 221).

Die Anerkennung ist von einem minderjährigen Erzeuger ohne Einwilligung des elterlichen Gewalthabers oder des sonstigen gesetzlichen Vertreters (bei Trennung der Vertretungsbefugnis des in persönlichen Angelegenheiten *und* des in Vermögensangelegenheiten zuständigen Vertreters, abw. STAUDINGER IV 2 S. 1261 Anm 4b, der nur die Zustimmung des Vertreters in persönlichen Angelegenheiten, und RGR IV 453 Anm 2, die die Zustimmung des in Vermögensangelegenheiten zuständigen Vertreters für erforderlich halten) abgegeben wird, schlechthin nichtig[1]. Der vormundschaftsgerichtlichen Genehmigung bedarf die Anerkennung nicht; sie ist also durchaus verschieden von einem Unterhaltsversprechen (KGJ **46** A 51). Ob in der Vaterschaftsanerkennung auch eine Anerkennung des Unterhaltsanspruchs des Kindes zu erblicken ist, muß von Fall zu Fall durch Auslegung ermittelt werden.

Wird die Vaterschaft[2] in einer öffentlichen Urkunde anerkannt, so ist das Anerkenntnis auf Antrag eines Beteiligten *am Rande des Geburtseintrages* zu vermerken (§ 29 Abs I PStG vom 8. 8. 1957, BGBl I S. 1125). Das Anerkenntnis und die etwa erforderliche Zustimmung des gesetzlichen Vertreters des Anerkennenden können auch von den Standesbeamten beurkundet werden (§ 29 Abs II S. 1 PStG). Wird das Anerkenntnis nicht vor dem Standesbeamten abgegeben, der die Geburt des Kindes beurkundet hat, so ist diesem Standesbeamten eine beglaubigte Abschrift des Anerkenntnisses zu übersenden (S. 2 a. a. O.)[3 4]. Der Standesbeamte ist verpflichtet, die Erklärung zu beurkunden, durch die ein in der Geschäftsfähigkeit Beschränkter bei der Anzeige der Geburt eines unehelichen Kindes seine Vaterschaft anerkennt (RJA 2 158 = KGJ **23** A 12). Die Beischreibung des Vaterschaftsanerkenntnisses eines italienischen Erzeugers bei dem Geburtseintrag des deutschen unehelichen Kindes ist zulässig, auch wenn das Anerkenntnis nach italienischem Recht unwirksam ist (StAZ **53** 253ff.).

Die im Standesregister bewirkte Eintragung der Anerkennung der Vaterschaft betreffs eines unehelichen Kindes kann, wenn die Anerkennung der Wahrheit zuwider erfolgt ist, nicht wegen Unwahrheit

[1] Vgl SCHNITZERLING im Zentralblatt XLVIII (1961) 235.

[2] Wegen der Anerkennung der *Mutterschaft* vgl § 29a PStG, wegen der *Mitteilungspflicht* der Gerichte gegenüber dem Standesamt RV d. JMNRW vom 22. 11. 1962 (1454 — IB 68).

[3] Über die Beurkundung durch Amtsgerichte und Notare vgl AV vom 19. 8. 1952 (JMBlNRW **52** 199). Zur Anerkennung der Vaterschaft vor einem anderen Standesbeamten als dem der Geburt vgl MASSFALLER in StAZ **61** 125 ff. (Anerkennung in „geheimer Urkunde"), s. auch JMBlNRW **61** 1646; vgl auch zum früheren Recht SCHWARZE im Zentralblatt XLI (1954) 230.

[4] Zur Mitteilungspflicht der Gerichte gegenüber dem Standesamt vgl RV d. JMNRW vom 22. 11. 1962 (1454 — IB 68).

der Tatsache der Vaterschaft berichtigt werden (JFG 13 385ff.); auch die Eintragung eines nachträglichen Vermerks dahin, daß die Anerkennung widerrufen sei, ist unzulässig (JFG 1 132).

b)α) Die *Unterhaltsverpflichtung* des außerehelichen Erzeugers erstreckt sich auf die Gewährung des gesamten Lebensbedarfs[1] sowie die Kosten der Erziehung und der Vorbildung zu einem Berufe (Zentralblatt XLIII (1956) AfJ 10), gegebenenfalls auch einer notwendigen Anstaltsunterbringung, allerdings im Rahmen und entsprechend der Lebensstellung der Mutter (Zentralblatt XLII (1955) AfJ 12) für die Zeit bis zur Vollendung des achtzehnten Lebensjahres des Kindes *(§ 1708 Abs I S. 1 u. 2 BGB* i.d.F. d. FamRÄndG vom 11. 8. 1961 Art 1 Nr 9, BGBl I S. 1223); vgl. hierzu auch SCHRÄDER in FamRZ 62 238, ferner DRiZ 62 B 104 Nr 1336. Hat das Kind das sechzehnte Lebensjahr vollendet, so ist *auf Verlangen des Vaters* eigenes Einkommen des Kindes zu berücksichtigen, soweit dies der Billigkeit entspricht *(§ 1708 Abs 1 S. 3 BGB)*, s. hierzu auch DRiZ 62 B 104 Nr 1338 und Fam RZ 63 52 Nr 17. Zu der sich im Zusammenhang hiermit ergebenden Frage, ob die Voraussetzungen für die Klage eines noch sehr kleinen unehelichen Kindes auf Zuerkennung auch der Unterhaltsbeträge für sein 17. und 18. Lebensjahr im Hinblick auf § 258 ZPO gegeben sind oder fehlen, vgl. FamRZ 62 162 Nr 66 (ablehnend), MFamRZDR 62 904 und 988 (zustimmend) 62 313 Nr 136 und 313 Nr 137 (zustimmend, m. Anm von BOSCH), 393 Nr 160 m. Anm d. Red. und weiteren Hinweisen, ferner 62 468 Nr 204 (zustimmend) 487 Nr 205, 488 Nr 206 (ablehnend), 528 Nr 219 (zustimmend) mit neuen Hinweisen, 63 307 Nr 142 u. 143 (zustimmend), auch NJW 62 1965 = DRiZ 63 B 8 Nr 129 (ablehnend) sodann auch BOSCH in FamRZ 62 137 u. 186 und KOHLER S. 185, ferner BAUR S. 512. Bei der Billigkeitsentscheidung gemäß § 1708 Abs I S. 3 BGB sind die *gesamten* Umstände zu berücksichtigen, also auch das Einkommen und die Familienverhältnisse des unehelichen Erzeugers (FamRZ 62 489 Nr 207) und der Ehefrau des Erzeugers (FamRZ 63 52 Nr 17), ferner die Lehrlingsvergütung des Kindes (NJW 62 1966 = DRiZ 63 B 8 Nr 133).

Die Höhe der Unterhaltsrente wird nach den örtlichen und zeitlichen Verhältnissen verschieden zu bemessen sein. Im allgemeinen wird die Rente in ländlichen Bezirken von geringerer Höhe sein als in Gegenden mit starker Industrie und namentlich in den Großstädten[2]. Der Erzeuger muß auch *zusätzlich* die notwendigen *Mehrausgaben* tragen, die durch längere Krankheit und dadurch bedingte Heimunterbringung des Kindes verursacht werden. *Anrechnungen* von Leistungen Dritter an

---

[1] Vgl zur Frage der Ost-West-Unterhaltsschuld u. a. BEITZKE im Zentralblatt XLIII (1956) 324 ff.

[2] Zur Anwendung des Devisenrechts der sowjetischen Zone (DDR) durch westdeutsche Gerichte vgl DROBNIG in NJW 60 1088.

das Kind oder für das Kind (Kindergeld, Fürsorge, Krankenkasse) auf den Unterhaltsanspruch findet *nicht* statt (FamRZ **61** 35 Nr 7; MDR **62** 904 = DRiZ **63** B 8 Nr 127).

Ist das Kind zurzeit der Vollendung des achtzehnten Lebensjahres infolge körperlicher oder geistiger Gebrechen außerstande, sich selbst zu unterhalten, so hat ihm der Vater auch über diese Zeit hinaus Unterhalt zu gewähren, soweit er nicht bei Berücksichtigung seiner sonstigen Verpflichtungen außerstande ist, ohne Gefährdung seines angemessenen Unterhalts den Unterhalt zu gewähren (*§ 1708 Abs II* i. V. m. § 1603 Abs I BGB i.d.F. wie oben Art 1 Nr 41, BGBl I S. 1226). Der Unterhaltsanspruch des unehelichen Kindes gegen den Erzeuger ist eine nicht lediglich die Sorge für das Vermögen, sondern auch die Sorge für die Person betreffende Angelegenheit (KGJ **38** A 65).

Auch *für die Vergangenheit* kann der Unterhalt verlangt werden *(§ 1711 BGB)*.

β) Die Unterhaltspflicht des außerehelichen *Erzeugers geht* der Unterhaltspflicht der unehelichen Mutter und der mütterlichen Verwandten des Kindes *vor* *(§ 1709* Abs. I BGB). Durch Art 3 GG und durch das Gleichberechtigungsgesetz vom 18. 6. 1957 ist nichts daran geändert worden, daß der Erzeuger *vor* der Mutter den *vollen* Unterhalt für das Kind bis zum vollendeten 16. (jetzt 18.) Lebensjahr zu gewähren hat (BGH in FamRZ **60** 26 Nr 14). § 1709 Abs I BGB widerspricht nicht dem Grundgesetz (BVerfG vom 21. 7. 1960 in FamRZ **60** 391 ff. Nr 176 = NJW **60** 1711; s. auch Zentralblatt XLVII (1960) 301. Zur Frage, inwieweit die Kosten der Heimunterbringung vom Erzeuger vor der Mutter zu tragen sind, vgl. Hinweis in DRiZ **61** B 72 Nr 866 = MDR **61** 414. Soweit die Mutter oder ein unterhaltspflichtiger mütterlicher Verwandter dem Kinde den Unterhalt gewährt, geht der Unterhaltsanspruch des Kindes gegen den Vater auf die Mutter oder den Verwandten über; jedoch kann der Übergang nicht zum Nachteil des Kindes geltend gemacht werden (§ 1709 Abs II BGB)[1]; vgl. auch NICLAS im Zentralblatt XLVII (1960) 267 ff. *Nach der Annahme an Kindes Statt* tritt die Unterhaltspflicht des außerehelichen Erzeugers hinter die Verpflichtung der Adoptiveltern zurück (§ 1766 Abs I S. 2 BGB i.d.F. d. FamRÄndG vom 11. 8. 1961, BGBl I S. 1225, Art 1 Nr 27 unten § 71 Z 3 c). Ein *Abfindungsvertrag* des Erzeugers mit dem Kinde (§ 1714 Abs I BGB) bedarf der vormundschaftsgerichtlichen Genehmigung. Für die Inanspruchnahme eines nach bürgerlichem Recht Unterhaltsverpflichteten für von Organen der öffentlichen Jugendhilfe gewährte Lei-

[1] Auch der Ehemann der Mutter erwirbt in analoger Anwendung der § 1709 Abs II BGB den Anspruch gegen den Erzeuger, wenn er einem während der Ehe geborenen Kinde bis zur rechtskräftigen Feststellung der Unehelichkeit wie ein ehelicher Vater Unterhalt gewährt hat (BGH in FamRZ **57** 167 Nr 75 = NJW **57** 870 = DRiZ **57** Rechtsch **64** Nr 647.

stungen vgl § 82 JWG i.d.F. vom 11. 8. 1961, BGBl I S. 1206, und die §§ 90, 91 des Bundessozialhilfegesetzes vom 30. 6. 1961, BGBl I S. 815.

γ) Der Unterhalt ist durch Entrichtung einer monatlich im voraus zu zahlenden *Geldrente* zu gewähren; durch eine Vorauszahlung von mehr als drei Monaten wird der Vater nicht befreit. Der Vater schuldet den vollen Monatsbetrag auch dann, wenn das Kind im Laufe des Monats stirbt (§ 1710 BGB i.d.F. d. FamRÄndG vom 11. 8. 1961 Art 1 Nr 10, BGBl I S. 1224).

δ) Der *Tod des Erzeugers* hat auf das Fortbestehen des Unterhaltsanspruchs keinen Einfluß; selbst wenn der Vater vor der Geburt des Kindes gestorben ist, kann dieses den Unterhaltsanspruch gegen die Erben des Vaters[1] geltend machen; diese können allerdings das Kind mit dem Betrage abfinden, der dem Kinde als Pflichtteil gebühren würde, wenn es ehelich wäre; sind mehrere uneheliche Kinder vorhanden, so wird die Abfindung so berechnet, wie wenn sie alle ehelich wären (§ 1712 BGB). Der Unterhaltsanspruch gegen die Erben des Erzeugers erlischt, soweit Waisenrente aus der Angestelltenversicherung an das Kind geleistet wird (FamRZ 61 83; MDR 62 133; abw. LG Stuttgart nach DRiZ 63 B 8 Nr 135).

Mit dem *Tode des Kindes* erlischt der Unterhaltsanspruch, soweit er nicht auf Erfüllung oder Schadensersatz wegen Nichterfüllung für die Vergangenheit oder auf solche im voraus zu bewirkende Leistungen gerichtet ist, die zurzeit des Todes des Kindes fällig sind (§ 1713 Abs I BGB). Auch die *Kosten der Beerdigung* des Kindes hat der Vater zu tragen, soweit ihre Bezahlung nicht von den Erben des Kindes zu erlangen ist (§ 1713 Abs II BGB).

ε) Um den Unterhalt des Kindes unmittelbar nach der Geburt sicherzustellen, ist, obwohl der Unterhaltsanspruch erst mit der Geburt entsteht, durch § 1716 Abs I S. 1 BGB schon *vor* der Geburt der Erlaß einer *einstweiligen Verfügung* auf Antrag der Mutter dahin zugelassen, daß der Vater für die ersten drei Monate den dem Kinde zu gewährenden Unterhalt alsbald nach der Geburt an die Mutter oder an den Vormund zu zahlen und den erforderlichen Betrag angemessene Zeit vor der Geburt zu hinterlegen hat; hierbei ist die Glaubhaftmachung einer Gefährdung des Anspruchs nicht erforderlich *(§ 1716 Abs II BGB)*. Die einstweilige Verfügung wird von dem Prozeßrichter erlassen; für das Verfahren gelten die Vorschriften der §§ 935 ff. ZPO; vgl zur Frage der Anwendbarkeit der §§ 926, 936 ZPO SCHMIDT in MDR 62 97.

Bei *nachträglicher Änderung der Verhältnisse* kann gemäß *§ 323 ZPO* auf Abänderung des gegen den Erzeuger ergangenen Urteils geklagt

[1] Ein uneheliches Kind kann aber nach dem Tode des Mannes, der als sein Erzeuger in Betracht kommt, *nicht gegen den Staatsanwalt* auf Feststellung der Vaterschaft des Verstorbenen klagen (FamRZ 58 20 Nr 5 = NJW 58 61).

werden[1]. Aus der umfangreichen *Rechtsprechung* und dem *Schrifttum* zur Abänderungsklage, insbesondere zu den Fragen der Abgrenzung zur sogenannten *Zusatzforderungsklage* und der *Erhöhung des Lebensstandards* sowie der *Verteuerung der gesamten Lebenshaltung* als Voraussetzungen der Abänderungsklage wird verwiesen auf BROX in FamRZ **54** 237, **55** 66, 320, BEREITER-HAHN das. **55** 94, WEBER **55**, 232, MEYER **55** 67, PENTZ **56** 271, GRASMEHRER **61** 241, KÜNKEL **61** 245, ferner auf die Rechtsprechung in FamRZ **54** 55 Nr 33; **55** 328 u. 331 = DRiZ **56** Rechtspr 10 Nr 149; DRiZ **56** Rechtspr 70 Nr 718; **57** Rechtspr 32 Nr 325 = NdsRpfl **56** 205; DRiZ **57** Rechtspr 58 Nr 532 = MDR **57** 365; DRiZ **57** Rechtspr 64 Nr 646 = MDR **57** 300; DRiZ **57** Rechtspr 72 Nr 777 = FamRZ **57** 141 Nr 72 = NJW **57** 679; DRiZ **57** Rechtspr 73 Nr 790; DRiZ **58** B 11 Nr 143; FamRZ **58** 336 Nr 135; BayVGH in FamRZ **60** 74 Nr 29; **60** 446 Nr 209 = Zentralblatt XLVII (1960) 275ff. = EJF B I Nr 21; FamRZ **61** 263 Nr 86; 278ff. Nr 92ff.; 279 Nr 94; **62** 269 Nr 117, 118; DRiZ **61** B 11 Nr 199 = MDR **60** 929; Nr 200 = NJW **61** 82; B 77 Nr 965, **63** B 46 Nr 683 (Hinweis auf SCHMIDT MDR **63**, 187, Erhöhung der Unterhaltsrenten u. e. Kinder). Auch ein *Wechsel des Aufenthaltsortes* des Kindes kann, sofern der Wechsel der Lebensstellung der Mutter entspricht, eine wesentliche Änderung der maßgebenden Verhältnisse im Sinne des § 323 ZPO begründen (Rundbriefe IV 318).

Zur Frage der *Rückwirkung der Abänderungsklage* (vgl § 323 Abs III ZPO), besonders bei rückwirkender Erhöhung von Gehalts- oder Rentenbezügen vgl AHLERS und BEHR in FamRZ **62** 186ff.

Zur *Vollstreckung von Ostmarkforderungen* aus sowjetzonalen Schuldtiteln nur noch Anrechnung in DM-West zum Wechselstubenkurs vgl die eingehenden Ausführungen in Rpfl **62** 142ff. Nr 72 (LG Aachen) und **62** 172ff. Nr 85a (KG) abw. **62** 173 Nr 85b (OLG Bremen), beide mit ausf. Anm von BERNER, ferner **62** 408ff. Nr 183 (OLG Hamm), ebenfalls mit Anm von BERNER S. 409.

Verlegt der in der sowjetisch besetzten Zone zur Unterhaltszahlung in DM-Ost verurteilte Beklagte seinen *Wohnsitz* in die BRD, so ist darin eine wesentliche Änderung der Verhältnisse i. S. d. § 323 ZPO zu erblicken (DRiZ **55** Rechtspr S. 65 Nr 602 = MDR **55** 230; Zentralblatt XLII (1955) AfJ 46).

c) Neben der Klage auf Unterhalts*gewährung*[2] (wegen der Prozeßvertretung der unter Amtsvormundschaft stehenden unehelichen Kinder

---

[1] Ist die Unterhaltspflicht des Kindesvaters durch rechtskräftiges Urteil festgestellt, so ist in einem späteren Abänderungsprozeß die Frage der Vaterschaft nicht mehr nachprüfbar (Zentralblatt XLII (1955) AfJ 46). Ein *gerichtlicher Vergleich* kann gemäß § 393 ZPO nicht für die zurückliegende Zeit abgeändert werden (MDR **63** 140 = DRiZ **63** B 47 Nr 684).

[2] Ein bereits gegen einen Zahlvater vorliegendes Leistungsurteil hindert das Kind nicht, auch noch einen anderen Mann in Anspruch zu nehmen (FamRZ **63** 145 Nr 52).

vgl § 37 JWG i.d.F. vom 11. 8. 1961, BGBl I S. 1206, wegen der Entbehrlichkeit des Armenzeugnisses vgl § 118 Abs II S. 2 Halbs. 2 ZPO) kann auch auf *Feststellung der unehelichen Vaterschaft (Abstammung)* geklagt werden, wenn die Voraussetzungen der Feststellungsklage (§ 256 ZPO) gegeben sind; des *Nachweises eines besonderen in den Verhältnissen des Einzelfalles begründeten Interesses* bedarf es jedoch *nicht*, wenn gegen den Beklagten noch kein Unterhaltsurteil vorliegt (FamRZ **63** 145 Nr 52 mit kritischer Anmerkung der Redaktion). Dies gilt namentlich auch dann, wenn der angebliche außereheliche Erzeuger sich zwar zur Zahlung einer Unterhaltsrente verpflichtet hat, die Anerkennung der Vaterschaft aber ablehnt (Rundbriefe IV 317); es kann dem Kinde nicht zugemutet werden, die Zahlungen gewissermaßen als Geschenk anzunehmen; auch könnte der Beklagte jederzeit die Vollstreckungsgegenklage mit der Begründung erheben, daß er nicht der Erzeuger des Kindes sei. Daß es im übrigen Fälle geben kann, in denen der Unterhaltsprozeß erfolgreich ist, obwohl der Statusprozeß mit einem „Unentschieden" endet, ist von Bosch in FamRZ **62** 164 (Anm 3 zu Nr 68) und von Meyer in FamRZ **62** 294 dargelegt.

Das rechtliche Interesse des angeblichen *Erzeugers* an der Erhebung der *negativen Feststellungsklage* ist mit Rücksicht auf § 644 Abs I ZPO i.d.F. d. FamRÄndG vom 11. 8. 1961 Art 3 Nr 4, BGBl I S. 1227, in Abweichung von der bisherigen Rechtsprechung des BGH (vgl u. a. DRiZ **56** Rechtspr S. 69 Nr 711 = NJW **56** 668 = JR **56** 267 = NdsRpfl **56** 129; vgl auch BGHZ **5** 385, aufgegeben durch BGHZ **17** 252) als gegeben anzusehen (FamRZ **62** 162 Nr 67; 202 Nr 96; **63** 308 Nr 144; zu Nr 97 Anm von Bosch, besonders auch zur Frage der Zulässigkeit der Zwangsvollstreckungsabwehrklage im Hinblick auf die Möglichkeit der negativen Abstammungsklage gemäß §§ 640, 644 ZPO n. F.); s. auch FamRZ **62** 270 Nr 199 und MDR **63** 141 = DRiZ **63** B 47 Nr 693.

d) Die Unterhaltsverpflichtung des Erzeugers kann auch im Wege *gütlicher Vereinbarung* zwischen ihm und dem Kinde geregelt werden. Soweit eine solche Vereinbarung *für die Zukunft* getroffen wird oder die Ablösung der Unterhaltsverpflichtung durch Gewährung einer *Abfindung* zum Gegenstand hat, bedarf sie der *Genehmigung des Vormundschaftsgerichts* (§ 1714 Abs I BGB). Dies gilt auch, wenn das Kind von einem Dritten an Kindes Statt angenommen worden ist und dieser namens des Kindes mit dem Erzeuger einen Abfindungsvertrag schließt (Zentralblatt XXIII 296, 297).

Ein *unentgeltlicher Verzicht* auf den Unterhalt *für die Zukunft* ist *nichtig* (§ 1714 Abs II BGB). Ein entgeltlicher Verzicht für die Zukunft fällt unter § 1714 Abs I BGB und ist deshalb genehmigungspflichtig; ein unentgeltlicher Verzicht für die Vergangenheit kann unter § 1804 BGB fallen. Ob die Vereinbarung die Höhe oder nur die Art oder die

Umstände der Zahlung der Unterhaltsrente betrifft, ist ohne Bedeutung. Die Vereinbarung ist nicht an eine besondere Form gebunden; jedoch hat das Vormundschaftsgericht, wenn die Beurkundung unterblieben ist, zu prüfen, ob eine solche im Interesse des Kindes erforderlich ist, und gegebenenfalls darauf hinzuwirken (RJA 15 97). Auch *vor dem Prozeßgericht* kann die Unterhaltspflicht zwischen dem durch seinen Vormund vertretenen Minderjährigen und dem Erzeuger vergleichsweise geregelt werden; ein solcher Vergleich bedarf ebenfalls der vormundschaftsgerichtlichen Genehmigung (RGZ 56 333). Die zu gerichtlichem Protokoll abgegebene Erklärung des außerehelichen Vaters, daß er seine Vaterschaft anerkenne und sich zur Zahlung einer Geldrente in bestimmter Höhe verpflichte, hat in der Regel die Bedeutung einer abschließenden Regelung der Unterhaltspflicht in einer für beide Teile bindenden Weise (JFG 4 51); wird eine solche Erklärung angenommen, so liegt eine gemäß § 1714 BGB genehmigungspflichtige Vereinbarung vor (vgl KGJ 46 A 51). Die Annahme liegt allerdings nicht schon ohne weiteres darin, daß der Vormund des Kindes eine vollstreckbare Ausfertigung der Verpflichtungsurkunde verlangt; wird indessen die Ausfertigung benutzt, so kann darin die Annahme der Verpflichtungserklärung liegen (KGJ 52 A 30). Hatte der bereits erfüllte Abfindungsvertrag den Zweck, die Rechtsbeziehung zwischen beiden Teilen *endgültig* zu lösen, so ist eine Abänderung oder Aufhebung des Vertrages wegen veränderter Umstände, z. B. wegen Währungsverschlechterung ausgeschlossen (RGZ 106 396).

Auf die *Erteilung der vormundschaftsgerichtlichen Genehmigung* finden die §§ 1828 bis 1830 BGB Anwendung (vgl. unten § 91). Wegen der Anhörung des Gegenvormundes vgl § 1826 BGB, der Verwandten oder Verschwägerten des Mündels § 1847 BGB i.d.F. d. FamRÄndG vom 11. 8. 1961 Art 1 Nr 34 BGBl I S. 1226.

Wenn der Mündel großjährig geworden ist und nicht unter Vormundschaft oder Pflegschaft steht, bedarf eine nach § 1714 Abs I BGB getroffene Vereinbarung der vormundschaftsgerichtlichen Genehmigung nicht mehr, da der Mündel in diesem Falle gemäß § 1829 Abs III BGB die Genehmigung selbst erteilen kann (KGJ 53 A 43; a. A. STAUDINGER IV 2 S. 1236 Anm 2).

Gegen die Erteilung oder Verweigerung der vormundschaftsgerichtlichen Genehmigung steht dem Erzeuger weder aus § 20 FGG noch aus § 57 Abs I Z 9 FGG ein *Beschwerderecht* zu (vgl oben § 29 I Z 1). Dagegen ist die uneheliche Mutter beschwerdeberechtigt, weil es sich um eine sowohl die Sorge für das Vermögen als auch für die Person des Kindes betreffende Angelegenheit handelt (KGJ 38 A 65 = OLG 21 276).

Abänderungen von Vereinbarungen gemäß § 323 Abs IV ZPO sind möglich, wenn die Vereinbarung in Form eines gerichtlichen Vergleichs oder einer notariellen Urkunde getroffen ist, aber auch nur dann, wenn es sich um Vereinbarungen über *fortlaufende Unterhaltszahlungen* (RGZ **106** 235), nicht aber, wenn es sich um Abfindungsverträge handelt (RGZ **106** 396, OLG 42 126, auch Anm 2 daselbst, JW **1925** 350).

§ 38. c) Legitimierte und an Kindes Statt angenommene Kinder

1. Hinsichtlich der durch nachfolgende Eheschließung oder Ehelichkeitserklärung *legitimierten* Kinder vgl unten §§ 65 und 67.

2. Ebenso ist hinsichtlich der Rechtsstellung der *an Kindes Statt angenommenen Kinder* auf die Ausführungen zu § 71 zu verweisen.

§ 39. 2. Die Bestimmung des Vormundschaftsgerichts über die Art der Unterhaltsgewährung

1. Gemäß *§ 1601 BGB* sind Verwandte in gerader Linie verpflichtet, einander Unterhalt zu gewähren nach näherer Maßgabe der §§ 1602ff; vgl besonders auch § 1606 Abs III i.d.F. d. GleichberG vom 18. 6. 1957 mit Verweisung auf § 1360 BGB, ferner § 1613 BGB (für uneheliche Kinder vgl § 1709 BGB). Der Unterhalt ist zwar grundsätzlich durch Entrichtung einer monatlich im voraus zu zahlenden Geldrente zu gewähren *(§ 1612 Abs I S. 1, Abs III BGB* i.d.F. d. GleichberG vom 18. 6. 1957, BGBl I S. 609); der Verpflichtete kann aber verlangen, daß ihm die Gewährung des Unterhalts in anderer Art gestattet wird, wenn besondere Gründe dies rechtfertigen (§ 1612 Abs I S. 2 BGB)[1].

2. a) Haben Eltern einem *unverheirateten* Kinde (Witwen und geschiedene Frauen kommen nicht in Betracht, Staudinger IV 2 S. 102 Anm 2c) Unterhalt zu gewähren, so können sie bestimmen, in welcher Art und für welche Zeit im voraus der Unterhalt gewährt werden soll (§ 1612 Abs II S. 1 BGB)[2]. Ob das Kind minderjährig ist oder nicht, ob es unter elterlicher Gewalt steht, ob das Personensorgerecht den unterhaltspflichtigen Eltern zusteht, ist im übrigen in diesem Zusammenhang ohne Belang. Jedoch findet die Befugnis der Eltern aus § 1612 Abs II S. 1 BGB ihre Begrenzung darin, daß der Unterhalt dem Kinde in der dargebotenen Art erreichbar sein muß[3]. Naturalverpflegung kann

---

[1] Zur Frage, in welcher *Reihenfolge* die Eltern zum Unterhalt heranzuziehen sind vgl Schrade in FamRZ **57** 347 Zff 3, zur Frage der *Gesamtschuldnerschaft* der Eltern a.a.O. S. 348 Zff 4, z.T. abw. Beitzke in FamRZ 58 11 Abschnitt V Zff 1 und Anm 35, 684 = FamRZ **63** 313 Nr 157.

[2] Vgl hierzu Schrade in FamRZ **57** 348 Zff 5 und Abschnitt IV; für unter elterlicher Gewalt stehende Kinder kommt nach der Entscheidung des BVerfG vom 29. 7. 1959, BGBl I S. 633, ein Stichentscheid des Vaters nicht in Betracht (vgl unten § 42 Zff 2).

[3] Die Eltern können z. B. zwar ihr Grundeigentum einem anderen Kinde gegen die Verpflichtung überlassen, das unterhaltsberechtigte Kind auf dem Grundstück zu unterhalten; diese Bestimmung kann das Vormundschaftsgericht aber ändern, wenn dem unterhaltsberechtigten Kinde nicht zuzumuten ist, auf dem Grundstück zu verbleiben (KGJ **53** A 24). S. auch BayObLG in FamRZ **58** 141 Nr 58.

z. B. nicht angeboten werden, wenn das Kind schuldlos nicht in der Lage ist, von dem Angebot Gebrauch zu machen (RGZ **57** 69; KGJ **46** A 23; Rundbriefe VI 38), oder wenn das Kind sich weigert, zu den Eltern zu ziehen, ohne daß ihm dies zum Vorwurf gemacht werden kann (Zentralblatt XLI (1954) 140). Ebenso muß das Bestimmungsrecht des unterhaltspflichtigen Vaters vor dem auf § 1671 BGB beruhenden Sorgerecht der Mutter zurücktreten; der Vater könnte sonst die Ausübung dieses Rechtes vollständig vereiteln. Ein mit § 1671 BGB nicht zu vereinbarendes Verlangen braucht die Mutter nicht gegen sich gelten zu lassen.

Die *Bestimmung* der Art und der Zeitabschnitte des Unterhalts durch die unterhaltspflichtigen Eltern erfolgt durch *rechtsgeschäftliche Willenserklärung* gegenüber dem Kinde oder dem gesetzlichen Vertreter des Kindes; sie kann jederzeit geändert werden.

b) Die Bestimmung der Eltern kann aus besonderen Gründen *auf Antrag des Kindes durch das Vormundschaftsgericht geändert* werden (§ 1612 Abs II S. 2 BGB), es sei denn, daß die Eltern sich für die Gewährung des Unterhalts in Form einer Geldrente entschieden haben (KGJ **45** A 300 = RJA **12** 192). Eine solche Änderung setzt aber voraus, daß eine Bestimmung der Eltern bereits erfolgt ist (RJA **12** 181). Das Vormundschaftsgericht hat sich ferner nur mit der Frage zu befassen, ob die von dem unterhaltspflichtigen Elternteil getroffene Bestimmung zweckmäßig ist. Ein Streit der Beteiligten darüber, ob die gewählte Unterhaltsart nach Lage der Umstände überhaupt zulässig ist, ob z. B. Naturalverpflegung wegen schuldloser Verhinderung des Kindes an der Empfangnahme nicht angeboten werden darf, ob also eine wirksame Bestimmung überhaupt vorliegt, ist nicht von dem Vormundschaftsgericht, sondern von dem Prozeßrichter zu entscheiden. Das Kind kann deshalb auch, wenn es der Ansicht ist, daß der unterhaltspflichtige Elternteil eine unannehmbare Bestimmung getroffen habe, sofort und ohne vorherige Anrufung des Vormundschaftsgerichts auf Zahlung einer Geldrente Klage erheben, weil eine solche unzulässige Bestimmung der Unterhaltsverweigerung gleichkommt (RGZ **57** 77; KGJ **46** A 23; OLG **33** 349, **42** 89, 90).

Die *Bestimmung des Vormundschaftsgerichts* hat sich auf die Art und Zeit zu beschränken, für die der Unterhalt zu gewähren ist; über die Unterhalts*pflicht* nach Grund und Betrag sowie über die kalendermäßigen Termine der zu leistenden Zahlungen entscheidet das Prozeßgericht (KGJ **53** A 24); dieses ist aber an eine etwa bereits ergangene Bestimmung des Vormundschaftsgerichts über Art und Zeitabschnitte der Unterhaltsgewährung gebunden. Daß ein Rechtsstreit über die Unterhaltspflicht vor dem Prozeßgericht schwebt, steht im übrigen einer Bestimmung des Vormundschaftsgerichts *in den Grenzen* des § 1612 Abs II S. 2 BGB nicht entgegen.

Beispiel:

Beschluß.

Auf Antrag des am 15. Januar 1945 geborenen Karl Schäfer in Köln, Hohe Straße 100, wird gemäß § 1612 Abs II S. 2 BGB angeordnet, daß der Vater des Antragstellers, der Rentner Josef Schäfer in Köln, dem Antragsteller den Unterhalt in Form einer monatlich im voraus zahlbaren Geldrente zu gewähren hat.

Gründe.

Der Antragsteller ist lungenleidend und arbeitsunfähig. Der Vater will ihm zwar Unterhalt gewähren, aber lediglich durch Gewährung von Verpflegung, Bekleidung und Unterkunft in seinem eigenen Haushalt. Der Antragsteller, der in einer Gegend mit gesünderem Klima Aufenthalt zu nehmen wünscht, ist hierzu außerstande, da der Vater sich weigert, den Unterhalt in Form einer Geldrente zu gewähren. Da das Verlangen des Antragstellers nach Zahlung einer Geldrente mit Rücksicht auf den durch seinen Gesundheitszustand gebotenen Aufenthaltswechsel gerechtfertigt ist, war dem Antrage stattzugeben.

Köln, den 20. Oktober 1962.

Das Amtsgericht.
Schmitz.

Dieser Beschluß ermöglicht es nun dem Antragsteller, gegen den Vater Klage auf Zahlung einer Rente zu erheben.

§ 40. 3. Das Rechtsverhältnis zwischen den Eltern und ehelichen Kindern im allgemeinen

Abgesehen von der unter Verwandten in gerader Linie bestehenden *Unterhaltspflicht* (§§ 1601 ff. BGB)[1 2 3 4] ergeben sich für das Rechtsverhältnis zwischen den Eltern und einem ehelichen Kinde auch einige

[1] Hinsichtlich der Pfändbarkeit von Arbeitseinkommen vgl § 850 d ZPO.

[2] Der dem Kinde bestellte Unterhaltspfleger hat lediglich die Einziehung des Geldes und dessen Ablieferung an die mit der Pflege befaßte Person oder Stelle zu besorgen; die Verwendung im einzelnen hat er nicht zu beaufsichtigen (JFG **7** 103: Zentralblatt XXII 135).

[3] Zur Frage, ob die Unterhaltspflicht das Einstehen für die Prozeßkosten eines von dem Unterhaltsberechtigten geführten Rechtsstreits umfaßt, vgl DRiZ **53** Rechtspr S. 56 Nr 511 = JMBlNRW **53** 39, OLG Düsseldorf verneinend, ebenso FamRZ 49 Nr 15, abw. für lebenswichtige Prozesse des Kindes OLG Schleswig in SchlHA **53** 54). Zur Frage der Studienfinanzierung vgl FamRZ **62** 198 Nr **91** m. Anm zur Frage der weiteren Berufsausbildung eines nach sowjetzonalen Gesetzen volljährigen ehelichen Kindes vgl DRiZ **62** B 71 Nr 928 = NJW **62** 808.

[4] Zum Rangverhältnis der Unterhaltsansprüche ehelicher und unehelicher Kinder vgl FamRZ **63** 149 Nr 54 m. Anmerkung d. Redaktion S. 51.

besondere Rechtsfolgen aus der zwischen den Beteiligten bestehenden Verwandtschaft.

Das Kind erhält den *Familiennamen* des Vaters (§ 1616 BGB). Es ist, solange es dem elterlichen Haushalt angehört und von den Eltern erzogen oder unterhalten wird, in einer seinen Kräften und seiner Lebensstellung entsprechenden Weise zur *Dienstleistung* im Hauswesen und Geschäft der Eltern[1] verpflichtet (§ 1617 BGB); auch sogenannte höhere Dienste können in den Rahmen des Hauswesens oder des Geschäfts fallen (RGZ 162 116). Die Dienstleistungspflicht beschränkt sich nicht auf minderjährige Kinder; die Mitarbeit eines Sohnes im landwirtschaftlichen Betrieb des Vaters kann auch nach Eintritt seiner Volljährigkeit und nach seiner Verheiratung weiter auf der familienrechtlichen Grundlage des § 1671 BGB beruhen (BGH in FamRZ 58 173 Nr 66 mit Nachweisen in der Anmerkung = NJW 58 706 = MDR 58 328; vgl ferner die Entscheidungen desselben Senats des BGH in 60 101 Nr 37; 60 359 Nr 163), sodann auch FamRZ 60 119 Nr 48 (OLG Nürnberg, betr. Dienstleistungen im Hauswesen des Stiefvaters). Die Dienstleistungspflicht beschränkt sich ferner nicht auf Fälle, in denen die Eltern dem Kinde noch unterhaltspflichtig sind; sie besteht auch, wenn das Kind nur tatsächlich im Hausstand der Eltern sich befindet und dort seinen Unterhalt empfängt (Recht 1929 Rechtspr Nr 2388, 2553). Für *Aufwendungen* eines *volljährigen* Kindes wird im Zweifel Ersatz nicht gewährt.

Wird dem Kinde mit Rücksicht auf seine Verheiratung oder auf die Erlangung einer selbständigen Lebensstellung zur Begründung oder zur Erhaltung der Wirtschaft oder der Lebensstellung von dem Vater oder der Mutter eine *Ausstattung* gewährt, so gilt diese, auch wenn eine Verpflichtung nicht besteht, nur insoweit als Schenkung, als die Ausstattung des den Umständen, insbesondere den Vermögensverhältnissen des Vaters oder der Mutter entsprechende Maß übersteigt (§ 1624 Abs I BGB). Die Gewährleistungspflicht des Ausstattenden bestimmt sich in jedem Falle nach den für die Gewährleistungspflicht des Schenkers geltenden Vorschriften (§ 1624 Abs II BGB). Eine Ausstattung gilt im Zweifel als aus dem der elterlichen oder von dem Vater oder der Mutter als Vormund geführten Verwaltung unterliegenden Kindesvermögen gewährt (§ 1625 BGB). Die Ausstattungsabsicht wird nicht schon dadurch widerlegt, daß der Vater oder die Mutter mit der Zuwendung noch andere Zwecke verfolgt; eine Ausstattung kann auch dann in Frage kommen, wenn das Kind schon verheiratet ist und eine eigene Wirtschaft bereits besitzt (JurRdsch 1929 Rechtspr Nr 608). Eine Ausstattung kann auch mit einer Auflage belastet werden, es sei denn, daß

---

[1] WEIMAR, Die Dienstleistungspflicht der Kinder im elterlichen Haushalt und Betrieb (§ 1617 BGB) in FamRZ 55 158.

durch die Belastung der Ausstattung mit der Auflage der eigentliche Zweck der Ausstattung unmöglich gemacht würde; bei Nichterfüllung der Auflage stehen dem Geber, soweit die Ausstattung als Schenkung gilt, die Rechte aus § 527 BGB zu, unter Umständen auch gegen den Ehegatten des Empfängers (JW 1929 2594 Nr 9 = Recht 1929 Rechtspr Nr 1490). Wer die Belastung einer Ausstattung behauptet, ist für diese Behauptung beweispflichtig (JurRdsch 1929 Rechtspr Nr 16 45).

§ 41. 4. Internationales Privatrecht

1. Die *eheliche Abstammung* eines Kindes wird nach den deutschen Gesetzen beurteilt, wenn der Ehemann der Mutter zurzeit der Geburt des Kindes Deutscher ist oder, falls er vor der Geburt des Kindes gestorben ist, zuletzt Deutscher war (Art 18 EGBGB).

Diese an sich unvollkommene Kollisionsnorm ist dahin zu ergänzen, daß entsprechend für die eheliche Abstammung von Kindern der Ehefrau oder Witwe eines Ausländers das Heimatrecht des Ehemannes der Mutter zurzeit der Geburt des Kindes bestimmend ist (KG-West in FamRZ 61 483, 484 Nr 174, Palandt-Lauterbach S. 1752 Anm 2 zu Art 18 EGBGB). Hängt die Ehelichkeit davon ab, ob die Mutter in einer gültigen Ehe lebte, so beurteilt sich die Gültigkeit der Ehe nicht nach dem Heimatrecht des Ehemannes der Mutter, sondern nach dem Eheschließungsstatut (Art 13 EGBGB). Vgl KG-West a. a. O. S. 484, Palandt-Lauterbach a. a. O. Anm 3 (str).

Wenn der Ehemann der Mutter zurzeit der Geburt des Kindes oder falls er vor der Geburt des Kindes gestorben ist, zuletzt keinem Staat angehört hat, so ist maßgebend die Staatsangehörigkeit, die der Ehemann der Mutter zuletzt besessen hat. Mangels einer solchen Staatsangehörigkeit (sogenannte „Staatenlose“) sind die Gesetze des Staates anzuwenden, in dem der Ehemann der Mutter zuletzt seinen gewöhnlichen Aufenthalt oder mangels eines solchen seinen Aufenthalt hat oder zu der maßgebenden Zeit, d. h. zurzeit der Geburt des Kindes bzw zurzeit seines Todes gehabt hat (Art 29 EGBGB)[1]. Wegen der *verschleppten Personen* und *Flüchtlinge* wird auf die Anmerkung zu Art 7 EGBGB bei Schönfelder, Deutsche Gesetze verwiesen, für die Rechtsstellung *heimatloser Ausländer* im Bundesgebiet auf das Gesetz vom 25. 4. 1951 (BGBl I 269), schließlich auch auf das Abkommen über die Rechtsstellung der Flüchtlinge vom 28. 7. 1951 (BGBl 1953 II 560,

[1] Nach der Entscheidung des BVerwG v. 21. 12. 1962 erwirbt ein eheliches Kind mit der Geburt die deutsche Staatsangehörigkeit auch dann, wenn zwar der Vater staatenlos, die Mutter aber deutsche Staatsangehörige ist (FamRZ 63 246 Nr 80 m. Anm. der Redaktion).

II 559, 1954 II 619, 1957 II 506, II 1682); Art 12 dieses Abkommens (Personalstatut) ist abgedruckt bei SCHÖNFELDER a. a. O.

Ist die Ehe vor der Geburt des Kindes geschieden, so kommt es auf die Staatsangehörigkeit des Ehemannes der Mutter zurzeit der Auflösung der Ehe an (StAZ 61 134, PALANDT-LAUTERBACH S. 1752 Anm 2 zu Art 18 EGBGB, bei Wiederverheiratung allerdings in erster Linie das Recht des neuen Ehemannes, PALANDT-LAUTERBACH a. a. O.

Ob das Kind im Inlande oder im Auslande geboren ist, ist ohne Belang, ebenso auch die Staatsangehörigkeit des Kindes.

Zur *Anerkennung ausländischer Ehelichkeitsanfechtungen* vgl BEITZKE in StAZ 60 89 ff., zu der Frage, ob *Vorfragen* an das Recht der Hauptfrage anzuknüpfen sind, vgl HENRICHS in FamRZ 58 122.

2. Das *Rechtsverhältnis zwischen den Eltern und einem ehelichen Kinde* wird nach den deutschen Gesetzen beurteilt, wenn der Vater und, falls dieser gestorben ist, die Mutter die deutsche Staatsangehörigkeit besitzt (Art 19 S. 1 EGBGB). Maßgebend ist also das jeweilige Heimatrecht des Vaters bezw der Mutter im Zeitpunkt des in Betracht kommenden Rechtsvorgangs; dem Tode des Vaters steht die Scheidung der Ehe nicht gleich (vgl RGZ 170 199, 201; 162 334, 335; PALANDT-LAUTERBACH S. 1753, 1754 Anm 2 zu Art 19 EGBGB). Bei Staatenlosigkeit des Vaters gilt Art 29 EGBGB (PALANDT-LAUTERBACH S. 1769 Anm 4i zu Art 29 EGBGB). Für Kinder aus geschiedenen Ehen vgl. unten § 52 Zff 11. Auf die Staatsangehörigkeit des Kindes kommt es nicht an.

Ist die deutsche Staatsangehörigkeit des Vaters oder der Mutter erloschen, die deutsche Staatsangehörigkeit des Kindes aber bestehen geblieben, so sind ebenfalls die deutschen Gesetze maßgebend (Art 19 S. 2 EGBGB).

Haben Eltern und Kind die deutsche Staatsangehörigkeit verloren, so gilt, solange der Vater oder nach seinem Tode die Mutter nicht eine andere Staatsangehörigkeit erworben haben, ebenfalls Art 29 EGBGB, d. h. es kommt auf das Recht des jeweiligen gewöhnlichen Aufenthaltsstaates des Vaters bezw der Mutter bezw des Kindes an (PALANDT-LAUTERBACH S. 1769 Anm 4i zu Art 29 EGBGB). Erwerben der Vater oder die Mutter eine fremde Staatsangehörigkeit, so ist das Recht des Staates anzuwenden, dem der Vater oder die Mutter angehört. Sind nach diesem Rechte die deutschen Gesetze maßgebend, so bestimmt sich das Rechtsverhältnis zwischen den Eltern und dem Kinde nach deutschem Rechte (KGJ 44 A 314 = RJA 12 6). Für das Rechtsverhältnis zwischen einem Kinde aus der *geschiedenen* Ehe eines Ausländers und den Eltern ist bei Lebzeiten des Vaters dessen Heimatrecht maßgebend (RGZ 162 329, 332). Verlieren der Vater oder die Mutter die fremde Staatsangehörigkeit wieder, so bleiben die Gesetze des Staates maßgebend, dem sie zuletzt angehört haben. Haben die Eltern eine

Staatsangehörigkeit überhaupt nicht besessen und besitzt das Kind die deutsche Staatsangehörigkeit nicht oder nicht mehr, so sind entscheidend die Gesetze des Staates, in dem die Eltern ihren Aufenthalt haben (s. oben).

Art 19 S. 2 EGBGB kann auf *ausländische* Kinder nicht entsprechend angewendet werden (PALANDT-LAUTERBACH S. 1754 Anm 3 zu Art 19 EGBGB). Für das Rechtsverhältnis eines ausländischen Kindes zu seinen staatenlosen Eltern, die auch nie eine Staatsangehörigkeit besessen haben, ist also nicht das Heimatrecht des Kindes, sondern das Recht des Aufenthalts des Vaters oder der Mutter maßgebend.

Soweit es hiernach für das Rechtsverhältnis zwischen den Eltern und einem ehelichen Kinde auf die deutschen Gesetze und nach diesen auf die Minderjährigkeit des Kindes ankommt (elterliche Gewalt), ist die Vorschrift des Art 7 Abs II EGBGB für die Frage der Minderjährigkeit von Bedeutung. Selbst wenn also die deutschen Gesetze maßgebend sind, das Kind aber gemäß Art 7 Abs II EGBGB die rechtliche Stellung eines Volljährigen hat, kommen die Vorschriften der §§ 1626 ff. BGB über die elterliche Gewalt nicht zur Anwendung. Auch wenn die elterlichen Rechte durch Heirat der minderjährigen Tochter mit einem Ausländer nach dem Heimatrecht des Ehemannes der Tochter eine Einschränkung erleiden, sei es, daß der Satz gilt „Heirat macht mündig", sei es, daß die Minderjährige unter die Vormundschaft ihres Ehemannes tritt, muß es hierbei sein Bewenden haben (RGZ 91 403).

Die Vorschriften des Art 19 EGBGB finden keine Anwendung auf Gegenstände, die sich nicht im Gebiete des Staates befinden, dessen Gesetze nach jenen Vorschriften maßgebend sind und die nach den Gesetzen des Staates, in dessen Gebiet sie sich befinden, besonderen Vorschriften unterliegen (Art 28 EGBGB). Dies ist unter Umständen für das elterliche Vermögensverwaltungsrecht von Bedeutung.

3. Das *Rechtsverhältnis zwischen einem unehelichen Kinde und seiner Mutter* bestimmt sich grundsätzlich (vgl PALANDT-LAUTERBACH S. 1755 Anm 2 zu EGBGB) nach dem Heimatrecht der Mutter (bei Staatenlosigkeit gilt Art 29 EGBGB), wird aber nach den deutschen Gesetzen beurteilt, wenn die Mutter eine Deutsche ist oder wenn die deutsche Staatsangehörigkeit der Mutter zwar erloschen, die deutsche Staatsangehörigkeit des Kindes aber bestehen geblieben ist (Art 20 EGBGB)[1]. Auch wenn die Mutter eines ausländischen unehelichen Kindes erst nach der Geburt des Kindes die deutsche Staatsangehörigkeit erlangt hat, findet deutsches Recht Anwendung (JFG 4 67).

Haben Mutter und Kind die deutsche Staatsangehörigkeit verloren und hat die Mutter eine fremde Staatsangehörigkeit erworben, so werden

[1] Für den Fall der Verlegung des gewöhnlichen Aufenthalts der u. a. Mutter vgl FamRZ 63 308 Nr 147.

die Gesetze des neuen Heimatstaates der Mutter maßgebend sein müssen (PALANDT-LAUTERBACH S. 1755 Anm 2 zu Art 20 EGBGB); erwirbt die Mutter jedoch keine neue Staatsangehörigkeit, so ist gemäß Art 29 EGBGB das Recht des jeweiligen gewöhnlichen Aufenthalts maßgebend (PALANDT-LAUTERBACH Anm 4k zu Art 29 EGBGB). Diese Bestimmung gibt auch den Ausschlag, falls die Mutter stets staatenlos geblieben ist; in diesem Falle kann Art 20 S. 2 EGBGB nicht zur Anwendung gelangen[1].

Art 28 EGBGB (vgl Z 2 letzter Abs) ist anwendbar; freilich wird diese Bestimmung praktische Bedeutung nur erlangen können, wenn Auslandsrecht anzuwenden ist und dieses der unehelichen Mutter als solcher das Recht der Vermögensverwaltung am Kindesvermögen einräumt.

Auch die *Namenserteilung* an das uneheliche Kind betrifft das Rechtsverhältnis zwischen Mutter und Kind. Die Vorschrift des Art 20 S. 1 EGBGB ist deshalb anwendbar, wenn ein deutscher Ehemann dem unehelichen ausländischen Kinde seiner Ehefrau seinen Namen erteilen will; in diesem Falle ist also deutsches Recht (§ 1706 Abs II S. 2 BGB), nicht das Heimatrecht des Kindes anzuwenden (RGZ 119 44ff. = Zentralblatt XX 81; abw. JFG 3 130). Die Namenserteilung ist auch zulässig, wenn alle Beteiligten zwar die deutsche Staatsangehörigkeit nicht besitzen, aber als staatenlose Ausländer anerkannt sind (StAZ 61 289).

4. Eine besondere Regelung hat die *Unterhaltspflicht des außerehelichen Erzeugers* gegenüber dem unehelichen Kinde im deutschen internationalen Privatrecht erfahren. Gemäß Art 21 EGBGB wird sie nach den Gesetzen des Staates beurteilt[2], dem die Mutter zurzeit der Geburt des Kindes angehört; es können jedoch nicht weitergehende Ansprüche geltend gemacht werden, als nach den deutschen Gesetzen begründet sind[3]. Auch wenn hiernach ausländisches Recht maßgebend ist, ist die

[1] Das über die Unterhaltspflicht des *Vaters* (s. unten Zff 4) hinausgehende Rechtsverhältnis zwischen diesem und dem unehelichen Kind bestimmt sich analog Art 20 EGBGB nach dem Heimatrecht des Vaters, bei staatenlosem Vater mit Aufenthalt in Deutschland gemäß Art 29 EGBGB nach deutschem Recht (FamRZ 57 182 Nr 90).

[2] Die im französischen Recht vorgeschriebene Zweijahresfrist für die Klageerhebung bei Unterhaltsansprüchen verstößt gegen den deutschen ordre public (FamRZ 59 376 ff. Nr 175).

[3] Diese Vorbehaltsklausel ist jedoch nicht gegenüber *ostzonalen* Bestimmungen anwendbar, da es sich insoweit nicht um Auslandsrecht handelt (vgl hierzu PALANDT-LAUTERBACH S. 1721 Anm 14 ff. zur Vorb vor Art 7 EGBGB, str).

Gegenüber dem Unterhaltsanspruch seines in der sowjetisch besetzten Zone lebenden unehelichen Kindes kann sich der in der BRD lebende Erzeuger nicht auf mangelnde Leistungsfähigkeit nach § 17 MKSchG (Zonenrecht) berufen (DRiZ 57 Rechtspr 64 Nr 643 = MDR 57 228).

Auch gegenüber dem *österreichischen* ABGB, das als interlokales Privatrecht gilt, ist der Halbsatz 2 des Art 21 EGBGB nicht anwendbar (DRiZ 62 B 107 Nr 1397).

gemäß § 1714 Abs I BGB erforderliche Vormundschaftsgerichtliche Genehmigung nicht entbehrlich, wenn die Vormundschaft im Inlande geführt wird. Die in der sowjetisch besetzten Zone (DDR) wohnende Mutter kann jedoch als Inhaberin der elterlichen Gewalt einen Unterhaltsvergleich mit dem in der Bundesrepublik wohnenden Erzeuger ohne vormundschaftsgerichtliche Genehmigung wirksam abschließen (Zentralblatt XLVII (1960) 340).

Zur Frage der *Beischreibung des Vaterschaftsanerkenntnisses* eines Ausländers im Geburtenbuch (§ 29 Abs I PSAG i.d.F. d. Ges vom 8. 8. 1957, BGBl I S. 1225) vgl oben § 37 Z 5 a *β*.

5. Von internationalen Abmachungen sind zu berücksichtigen

a) das *Übereinkommen vom 24. 10. 1956 über das auf Unterhaltsverpflichtungen gegenüber Kindern anzuwendende Recht* (vgl Bundesgesetz vom 18. 7. 1961, BGBl II S. 1012, ferner URBACH, Neue Aspekte des internationalen Unterhaltsrechts in Zentralblatt XLVIII (1961) 112)[1],

b) das *Haager Abkommen* vom 15. 4. 1958 über die *Anerkennung und Vollstreckung von Entscheidungen* auf dem Gebiete der *Unterhaltspflicht gegenüber Kindern* (vgl Bundesgesetz vom 18. 7. 1961, BGBl II S. 1005, und Ausführungsgesetz in BGBl 1961 I S. 1033, Berliner Übernahmegesetz vom 12. 10. 1961, Berliner GVBl 61 S. 1538, sodann die Bekanntmachung zur Änderung und Ergänzung der Bekanntmachung über die Geltendmachung von Unterhaltsansprüchen im Ausland, A.V. d. JM vom 20. 6. 1961, JMBlNRW 61 171, und vom 10. 2. 1960, JMBlNRW 60 53)[2].

Zu beiden Abkommen wird verwiesen auf den Aufsatz in DRiZ 61 364ff. (zu Abschnitt I letzter Absatz vgl ferner BGBl II 1960 Nr 53 — Frankreich —, 1961 Nr 3 — Polen —, 1961 S. 1629 — Monaco —) und besonders auf die Kurzdarstellung des Inhalts, entnommen aus den schriftlichen Berichten des Berichterstatters des Rechtsausschusses des Bundestags, M. d. B. Dr. WAHL, abgedruckt in DRiZ 62 132, 133. Die Abkommen sind am 1. 1. 1962 in Kraft getreten.

6. Vgl auch zur Frage der Vaterschafts- und Mutterschaftsanerkenntnisse von Ausländern oben § 37 Anm 2 zu Zff 5a*β*.

---

[1] Vgl LANSKY in FamRZ 62 349

[2] Vgl auch LANSKY in FamRZ 62 347 ff., ferner die RV d. JMNRW vom 3. 12. 1962 (9311 — II B 3) zur Bekanntmachung über die Geltendmachung von Unterhaltsansprüchen im Ausland.

B. Die elterliche Gewalt

§ 42. 1. Voraussetzungen, Umfang und Einschränkungen der elterlichen Gewalt

1. Die rechtlichen Auswirkungen des natürlichen Verwandtschaftsverhältnisses zwischen Eltern und Kindern zeigen sich am wesentlichsten in der elterlichen Gewalt[1].

Das Kind steht, solange es minderjährig ist, unter der elterlichen Gewalt des Vaters und der Mutter (*§ 1626 Abs I BGB* i.d.F. d. GleichberGes vom 18. 6. 1957, BGBl I S. 609).

Dies gilt jedoch nur für *eheliche* (oben § 36), ferner für *legitimierte* und *an Kindes Statt angenommene* (oben § 38) Kinder. *Uneheliche* Kinder stehen grundsätzlich nicht unter elterlicher Gewalt, Ausnahme zugunsten einer volljährigen unehelichen Mutter s. § 1707 Abs II BGB; vgl oben § 37.

Die elterliche Gewalt *endigte* in jedem Falle mit der Volljährigkeit des Kindes (§ 1626 Abs I BGB i.d.F. wie oben), gleichviel ob die Beendigung auf der Vollendung des 21. Lebensjahres[2] oder auf Volljährigkeitserklärung (§ 3 Abs II BGB) beruht. Die Heirat einer minderjährigen Tochter beendigt die elterliche Gewalt nicht, hat jedoch eine gewisse Einschränkung derselben zur Folge (*§ 1633 BGB* i.d.F. wie oben). Andererseits dauert die elterliche Gewalt auch dann nicht über den Zeitpunkt der Volljährigkeit hinaus fort, wenn das Kind im Hausstand der Eltern verbleibt oder über diesen Zeitpunkt hinaus der Fürsorge bedarf; im letzteren Fall ist eine Vormundschaft oder Pflegschaft nach Maßgabe der §§ 1896ff., 1909ff. BGB (vgl unten die §§ 108, 111, 112) einzurichten. Auch der Tod des Kindes sowie der Tod oder die Todeserklärung eines Elternteils (§ 1677 i.d.F. wie oben), die Annahme eines Kindes an Kindes Statt durch Dritte (§ 1765 BGB i.d.F. wie oben) und die Aufhebung des Adoptionsverhältnisses (§ 1768ff. BGB i.d.F. wie oben) beendigen die elterliche Gewalt.

2. Die elterliche Gewalt dient dem Schutze und der Fürsorge für die ehelichen, legitimierten und adoptierten Kinder; sie ist nicht verzichtbar (DRiZ **56** Rechtspr S. 4 Nr 42 = FamRZ **55** 295).

Der *Vater und die Mutter* haben kraft der elterlichen Gewalt das Recht und die Pflicht, für die *Person* und das *Vermögen* des Kindes zu sorgen. Die Sorge für die Person und das Vermögen umfaßt die

---

[1] Verwiesen wird auf die grundsätzliche Betrachtung „Elterliche Gewalt heute" von GERNHUBER in FamRZ **62** 89 ff.

[2] In der sowjetisch besetzten Zone (DDR) ist das Volljährigkeitsalter durch Gesetz vom 17. 5. 1950 (GBl S. 437) auf das vollendete achtzehnte Lebensjahr festgesetzt.

Vertretung des Kindes (*§ 1626 Abs II BGB* i.d.F. wie oben). Die Eltern haben die elterliche Gewalt in *eigener Verantwortung* und in *gegenseitigem Einvernehmen* (für das Vertretungsrecht vgl Rpfl **59** 351 Nr 161, ferner PALANDT-LAUTERBACH S. 1265 Anm 1 zu § 1629 BGB) zum Wohle des Kindes auszuüben; bei Meinungsverschiedenheiten müssen sie versuchen, sich zu einigen (*§ 1627 BGB* i.d.F. wie oben). Im allgemeinen wird zwischen den Eltern eine natürliche oder vereinbarte Aufgabenteilung eintreten, in deren Rahmen der Elternteil allein handeln kann, wobei aber bekannte oder mutmaßliche Wünsche des anderen Teils zu berücksichtigen sind und die Möglichkeit des Alleinhandelns nicht zur Durchsetzung von Ansichten dienen darf, die den bekannten oder mutmaßlichen Absichten des anderen Teils widersprechen (PALANDT-LAUTERBACH S. 1263 Anm 1 zu § 1627 BGB). Der Vater und die Mutter können das Kind *insoweit nicht vertreten, als nach § 1795 BGB ein Vormund von der Vertretung des Mündels ausgeschlossen* ist; ein Elternteil kann jedoch Unterhaltsansprüche des Kindes gegen den anderen Elternteil geltend machen, wenn die Eltern getrennt leben (vgl hierzu auch DRiZ **62** Rechtspr B 7 Nr 118). Das Vormundschaftsgericht kann dem Vater und der Mutter nach *§ 1796 BGB die Vertretung entziehen* (*§ 1629 Abs II BGB* i.d.F. wie oben).

Die *Vorschriften der §§ 1628 und 1629 Abs I BGB* i.d.F. wie oben sind nach der *Entscheidung des BVerfG vom 29. 7. 1959*, BGBl I S. 633, *nichtig*[1].

Können sich die Eltern nicht einigen, so wird, wenn die primär der elterlichen Gemeinschaft übertragene Entscheidung, trotzdem es sich um einen wichtigen Punkt handelt, an der Haltung der Eltern scheitert (ohne daß Mißbrauch elterlicher Gewalt oder Pflichtwidrigkeit eines Sorgeberechtigten vorzuliegen braucht) und das Wohl des Kindes es fordert, das Vormundschaftsgericht in Ausübung des „Wächeramtes" (Art 6 Abs II GG) der staatlichen Gemeinschaft, dessen verfassungsrechtlicher Sinn es ist, objektive Verletzungen des Wohles des Kindes zu verhüten (unabhängig von einem Verschulden der Eltern), die Entscheidung zu treffen haben (BVerfG, Urteil vom 29. 7. 1959, Abschnitt C III 1 c in FamRZ **59** 416, 421 Nr 178 = NJW **59** 1483 = DNZ **59** 582 = Rpfl **59** 261 (m. Anm HAEGELE) = MDR **59** 820 (Auszug) = StAZ **59** 262 = JMNRW **59** 224 = JZ **59** 528, kritische Stellungnahmen von MATTERN, FamRZ **59** 405, und von BOSCH, FamRZ **59** 406ff., 430; siehe ferner ARNOLD in FamRZ **59** 425ff. und GÖPPINGER **60** 11ff.). Zu dem-

[1] Für den Fall der Alleinvertretung durch den Vater vor der Verkündung der Entscheidung v. 29. 7. 1959 vgl. BGH in FamRZ **63** 134 Nr 45. Bei Getrenntleben der Eltern „erstarkt" das Gesamtvertretungsrecht im Falle des § 1629, Abs. IIS. 1 (2. Halbs.) BGB zum Alleinvertretungsrecht (FamRZ **63** 139 Nr 48).

selben Ergebnis kommt unter Hinweis auf § 1630 Abs. II BGB i.d.F. wie oben und § 2 RKEG auch AG Hamburg in FamRZ 61 123ff. dahin, daß dem Vormundschaftsgericht in den Fällen, in denen trotz ernsthafter Bemühungen der Eltern eine Einigung nicht zu erzielen sei, die sog. *Kompetenzkompetenz* für die Entscheidung der Frage zustehe, welcher der beiden Elternteile die Entscheidungsbefugnis in der strittigen Meinungsverschiedenheit haben solle. Eines Antrages bedarf es für die richterliche Entscheidung nicht, wenn die fortdauernde Meinungsverschiedenheit einen das Kindeswohl gefährdenden schuldhaften Mißbrauch seitens eines Elternteils darstellt (FamRZ 61 485 Nr 175).

3. In gewissen Fällen erleidet die elterliche Gewalt eine *Einschränkung*.

a) α) Das Recht und die Pflicht für die Person und das Vermögen des Kindes zu sorgen, erstreckt sich nicht auf Angelegenheiten des Kindes, für die ein Pfleger bestellt ist (§ 1630 Abs I BGB i.d.F. wie oben). Wann eine Pflegschaft einzurichten ist, bestimmt § 1909 BGB i.d.F. wie oben; vgl hierzu unten § 111). Soweit eine Pflegschaft für ein unter elterlicher Gewalt stehendes Kind eingerichtet ist, sind die Eltern nicht nur von der tatsächlichen Fürsorge, sondern auch von der Vertretung des Kindes ausgeschlossen.

β) Steht die Sorge für die Person oder die Sorge für das Vermögen des Kindes einem Pfleger zu, so entscheidet bei einer *Meinungsverschiedenheit* zwischen den Eltern und dem Pfleger in einer sowohl die Person als auch das Vermögen des Kindes betreffenden Angelegenheit das Vormundschaftsgericht (*§ 1630 Abs II BGB* i.d.F. wie oben). Diese Bestimmung ist also auch entsprechend nur anwendbar in den Fällen, in denen zwei Sorgeberechtigte sich gleichberechtigt gegenüberstehen, beschränkt bloß dadurch, daß die Befugnisse eines jeden sich nur auf einen Teil des Sorgerechts erstrecken; so für das frühere Recht (§ 1629 BGB a. F.) RGZ 129 18, 22, 23. Solche Streitigkeiten können z. B. auftauchen bei der Entscheidung von Fragen des Unterhalts oder der Erziehung des Kindes (KGJ 33 A 9 = RJA 8 7). Auch wenn der Pfleger freies Kindesvermögen (vgl unten § 49 Z. 2) verwaltet und die Verwaltung dieses Vermögens auch die Person des Kindes angeht, hierüber aber Streit zwischen den Eltern und einem Pfleger (§ 1638 Abs I und II BGB i.d.F. wie oben) besteht, so hat das Vormundschaftsgericht zu entscheiden. Für eine Entscheidung des Gerichts ist aber in jedem Fall nur Raum, wenn es sich um einen Streit zwischen beiderseits Sorgeberechtigten, nicht also z. B. zwischen dem nicht sorgeberechtigten Stiefvater und dem Vormund (PALANDT-LAUTERBACH S. 1268 Anm 2 zu § 1630 BGB) handelt, und wenn sich der Streit der Beteiligten auf reine Zweckmäßigkeitsfragen bezieht; stellt sich das Verhalten des einen oder anderen Teils als eine Pflichtwidrigkeit dar, so hat das Vormundschaftsgericht gegen den schuldigen Pfleger gemäß den §§ 1837, 1886,

1915 BGB gegen einen schuldigen Elternteil nach Maßgabe der §§ 1666 bis 1669 BGB, i.d.F. wie oben die erforderlichen Maßnahmen zu treffen.

Regelmäßig ist das Vormundschaftsgericht nur befugt, der Meinung des einen oder des anderen der streitenden Beteiligten beizutreten; doch kann es bei einem Streit über die Höhe des für den Unterhalt oder die Erziehung des Kindes aufzuwendenden Betrages diesen innerhalb der streitigen Grenzen festzusetzen.

Beispiel:

Die Eltern, denen die Verwaltung des Kindesvermögens entzogen ist (§ 1669 BGB), möchten das Kind zum Zwecke der Wiederherstellung seiner angeblich erschütterten Gesundheit für einige Zeit in einer Kuranstalt unterbringen. Der Pfleger, der das Vermögen des Kindes zu verwalten hat, will die hierzu erforderlichen Mittel aus dem Kindesvermögen nicht zur Verfügung stellen, weil er die Unterbringung, die große Kosten verursache und es erforderlich mache, den Stamm des Vermögens anzugreifen, nicht für unbedingt notwendig hält. Das Vormundschaftsgericht wird zunächst die Beteiligten und das Jugendamt, zweckmäßigerweise auch den Arzt, der das Kind bisher behandelt hat, vielleicht auch einen weiteren ärztlichen Sachverständigen hören und sodann sich der einen oder der anderen Ansicht anschließen. Die Entscheidung kann durch einfache Verfügung oder auch durch Beschluß ergehen und ist den Beteiligten bekanntzumachen; auch Mitteilung an das Jugendamt empfiehlt sich.

γ) Die Vorschrift des *§ 1630 Abs II* BGB ist *nicht* entsprechend anwendbar bei einer Meinungsverschiedenheit zwischen den Eltern und dem Ehemann einer unter elterlicher Gewalt stehenden Ehefrau (*§ 1633* BGB i.d.F. wie oben; vgl STAUDINGER IV 2 S. 983 Anm 4).

b*α*) Die *Vertretungsbefugnis* steht den Eltern insoweit nicht zu, als nach *§ 1795* BGB ein Vormund von der Vertretung des Mündels ausgeschlossen ist (*§ 1629 Abs II S. 1* BGB i.d.F. wie oben). Hierzu ist auf die Ausführung zu § 84 unten zu verweisen[1]. Ist ein Elternteil nach § 1795 Abs I BGB verhindert, das Kind zu vertreten, so ist auch der andere Elternteil an der Vertretung verhindert, selbst wenn dieser zum Geschäftsgegner nicht in den nahen Beziehungen des § 1795 Abs I BGB steht (BayObLG vom 16. 10. 1959, FamRZ **1960** 33 Nr 17). Wenn aber in der Zeit vom 1. 4. 1953 bis zum 30. 6. 1958 der Vater von der gesetzlichen Vertretung ausgeschlossen war, weil er an dem Rechts-

---

[1] Einzelfälle vgl bei PALANDT-LAUTERBACH S. 1266 Anm 4 zu § 1629 BGB, ferner in KGJ **22** A 101 (Ausscheiden von Kindern aus einer offenen Handelsgesellschaft, an der ein Elternteil beteiligt ist; **23** A 89 (Bildung einer offenen Handelsgesellschaft unter Beteiligung von zwei minderjährigen Geschwistern); **23** A 245 (Löschung einer Hypothek, deren Schuldner ein Elternteil ist); **24** A 17 = RJA **3** 56 (Kündigung und Einziehung eines Kindeskapitals auf dem ursprünglich elterlichen, später veräußerten Grundstück); **28** A 296 = RJA **4** 194 (Nacherbschaft des Kindes an einem Grundstück, dessen Vorerbe ein Elternteil ist); RGZ **68** 37 (Schuldübernahme hinsichtlich einer hypothekarisch gesicherten Kindeshypothek durch einen Dritten); Recht **1930** Rechtspr Nr 55 (Rangrücktritt einer auf dem elterlichen Grundstück ruhenden Kindeshypothek).

geschäft eines seiner (des Vaters) Verwandten in gerader Linie beteiligt war, so konnte die Mutter das Kind (auch bei bestehender Ehe) allein vertreten (BGB vom 24. 5. 1962 in FamRZ **62** 464 Nr 190 Zff 6). Soweit die Eltern von der Vertretung des Kindes ausgeschlossen sind, hat das Vormundschaftsgericht diesem einen Pfleger zu bestellen. Die Führung eines aussichtslosen Rechtsstreits braucht das Vormundschaftsgericht aber nicht dadurch zu ermöglichen, daß es dem Kinde einen Pfleger bestellt; in solchen Fällen ist vielmehr ein etwaiger Antrag auf Bestellung eines Pflegers abzulehnen (KGJ **49** A 24).

β) Von der auf der elterlichen Gewalt beruhenden *Vertretungsbefugnis* kann das Vormundschaftsgericht den Vater und die Mutter hinsichtlich *einzelner Angelegenheiten* oder eines bestimmten Kreises von Angelegenheiten nach Maßgabe des § 1796 BGB *ausschließen* (§ 1629 Abs II S. 2 BGB). Die Entziehung soll nur erfolgen, wenn das Interesse des Kindes zu dem Interesse des einen oder anderen Elternteils oder eines von diesem vertretenen Dritten oder einer der im § 1795 Zff 1 bezeichneten Personen in erheblichem Gegensatz steht (vgl. § 1796 Abs II BGB). Zu der Frage, wenn ein solcher Interessengegensatz besteht, kann auf die Ausführungen zu § 84 unten verwiesen werden[1]. Auch wenn der Interessenwiderstreit zwar noch nicht vorliegt, aber möglich ist, kann die Entziehung der Vertretungsbefugnis erfolgen (KGJ **51** A 313 = RJA **15** 178).

Vor der Entscheidung sind die Eltern zu hören; hiervon darf nur aus schwerwiegenden Gründen abgesehen werden; das Vormundschaftsgericht kann auch mit dem Kinde persönlich Fühlung nehmen (§ 1695 BGB i.d.F. wie oben). Die Entscheidung braucht im übrigen nicht ausdrücklich zu erfolgen, sondern kann durch Bestellung des Pflegers und Bekanntmachung hiervon an die Eltern geschehen (KGJ **30** A 34); vgl auch zu der Entziehung der Vertretungsbefugnis gemäß §§ 1629 Abs II S. 2, 1796 BGB, KGJ **29** A 24, **47** A 39.

Beispiel:

Der Vater ist Gesellschafter einer GmbH, die in einem dem Kinde gehörenden Hause Geschäftsräume mieten will. Das Vormundschaftsgericht wird, soweit es sich um den Abschluß des Mietvertrages für das Kind handelt, den Eltern das Vertretungsrecht gemäß § 1630 Abs II S. 2, 1796 BGB zu entziehen und dem Kinde gemäß § 1909 Abs I BGB einen Pfleger zu bestellen haben, da das Interesse der Eltern (nicht nur des Vaters, sondern auch der Mutter, vgl Bay ObLG in FamRZ **60** *33*ff. = *NJW* **60** *577 zu dem des Kindes in dieser Angelegenheit in einem erheblichen Gegensatz steht. Vor der Entscheidung müssen die Eltern gehört werden; eine besondere Anhörung erübrigt sich, wenn die Eltern selbst die Bestellung eines Pflegers beantragt haben.*

[1] Einzelfälle vgl bei Palandt-Lauterbach S. 1266 Anm 6 zu § 1629 BGB, ferner in KGJ **35** A 9 (Erbauseinandersetzung); **50** A 46 = RJA **16** 10 (Anwartschaftsrecht des Kindes als Nacherbe); JFG **3** 57 (Pflichtteilsanspruch des Kindes gegen die Mutter als Alleinerbin des Vaters); KGJ **42** A 19 (Feststellung der Abstammung des Kindes).

γ) Verstöße gegen die Vorschriften der §§ 1629 Abs II 1795, 1796 BGB haben zwar an sich nicht die Nichtigkeit eines entgegen diesen Vorschriften vorgenommenen Rechtsgeschäfts zur Folge. Solche Geschäfte sind aber wie Geschäfte anzusehen, die von einem Vertreter ohne Vertretungsmacht vorgenommen worden sind, und können weder von dem Kinde noch von dem Vormundschaftsgericht genehmigt werden (Recht 1930 Rechtspr Nr 55; vgl auch RGZ 68 37; ferner BayObLG in FamRZ 60 33 ff. Nr 17 = NJW 60 577). Nur Rechtsgeschäfte, welche die Eltern namens des Kindes entgegen der Vorschrift des § 181 BGB, mit sich selbst in eigenem Namen oder als Vertreter eines Dritten vornehmen, sind uneingeschränkt nichtig (STAUDINGER IV 2 S. 993 Anm VIII 1).

c) den Eltern verbleibt zuweilen lediglich das Recht der *tatsächlichen Fürsorge für die Person des Kindes* (§ 1673 Abs II S. 2 i.d.F. d. GleichberG vom 18. 6. 1957, BGBl I S. 609, Ruhen der elterlichen Gewalt wegen *beschränkter* Geschäftsfähigkeit oder Pflegerbestellung für die Person *und* das Vermögen des Kindes, unten § 57). Die tatsächliche Fürsorge für die Person bleibt in *diesen* Fällen des Ruhens der elterlichen Gewalt jedoch darauf beschränkt, daß sie dem oder den Elternteilen nur *neben* dem gesetzlichen Vertreter des Kindes zusteht und bei einer Meinungsverschiedenheit die Meinung des gesetzlichen Vertreters vorgeht; nur wenn die elterliche Gewalt der *Mutter* wegen *Minderjährigkeit* ruht, geht ihre Meinung der Meinung eines Vormundes oder Pflegers vor (S. 3 a. a. O.). Im übrigen, also auch im Falle des § 1673 Abs I BGB i.d.F. wie oben (Geschäfts*un*fähigkeit), ist ein Elternteil in vollem Umfang nicht berechtigt, die elterliche Gewalt auszuüben. Andererseits sind die Eltern in manchen Fällen zwar zur gesetzlichen *Vertretung*, nicht aber zur tatsächlichen Fürsorge für das Kind berechtigt (vgl unten zu e).

d) In gewissen Fällen kann das Vormundschaftsgericht zum Schutze des Kindes sowohl die tatsächliche Fürsorge als auch das Vertretungsrecht den Eltern hinsichtlich der persönlichen *oder* der Vermögensangelegenheiten des Kindes entziehen (§§ 1666 bis 1669 BGB i.d.F. wie oben, unten §§ 54 bis 56).

e) Die elterliche Gewalt erfährt ferner eine Einschränkung im Falle der *Heirat einer minderjährigen Tochter* (§ 1633 BGB i.d.F. wie oben, unten § 43).

f) *Die Vermögensverwaltung* der Eltern unterliegt gewissen Beschränkungen; vgl. die §§ 1638, 1639, 1641 bis 1646 BGB und unten § 49.

g) Bei der Durchführung der *Fürsorgeerziehung* wird das elterliche Recht der tatsächlichen Sorge für die Person des Kindes, namentlich hinsichtlich der Aufenthaltsbestimmgung und Erziehung des Kindes, insoweit eingeschränkt, als dies mit Rücksicht auf den Zweck der Fürsorgeerziehung erforderlich ist (vgl § 69 Abs III des JWG vom 11. 8. 1961, BGBl I S. 1206). Für alle Rechtsgeschäfte, welche die Eingehung,

Änderung oder Aufhebung eines Arbeits- oder Berufsausbildungsverhältnisses oder die Geltendmachung der sich aus einem solchen Rechtsverhältnis ergebenden Ansprüche betreffen, gilt das Landesjugendamt als gesetzlicher Vertreter des Minderjährigen. Es ist auch befugt, den Arbeitsverdienst und die Renten des Minderjährigen zu verwalten und für ihn zu verwenden (§ 69 Abs IV a. a. O.). Das Landesjugendamt kann schließlich auch die Entmündigung eines Minderjährigen wegen Geisteskrankheit oder Geistesschwäche beantragen (§ 69 Abs V a. a. O.).

h) In manchen Fällen bedürfen die Eltern zu ihren Maßnahmen der *Genehmigung des Vormundschaftsgerichts* (vgl abgesehen von den anderwärts besonders angeführten Fällen z. B. §§ 112, 1484 Abs II, 1491 Abs III, 1492 Abs III, 1639 Abs II, 1643, 1644, 1645, 1729 Abs I, II, 1751 Abs I, 1755, 1770, 2282 Abs II, 2290 Abs III, 2291 Abs I S. 2, 2292, 2347 Abs I, II S. 2, 2351, 2352 S. 3 BGB, §§ 612 Abs II S. 2, 641 Abs II S. 2 ZPO und bezüglich des Antrages auf *Entlassung aus dem Staatsverbande* sowie des *Erwerbs einer ausländischen Staatsangehörigkeit*, es sei denn, daß die Eltern die Entlassung zugleich für sich und das Kind beantragen, §§ 19 Abs I und II S. 1, 25 des Gesetzes über die Reichs- und Staatsangehörigkeit[1] vom 22. 7. 1913, RGBl 1913 583, schließlich hinsichtlich der *Auswanderung* minderjähriger, noch nicht achtzehn Jahre alter Mädchen, falls die ehelichen Eltern oder nach Auflösung der Ehe der personenberechtigte Elternteil nicht mit auswandert, § 9 der VO vom 14. 2. 1924, RGBl 1924 107.

2. Die Sorge für die Person des Kindes

§ 43. a) Allgemeines

1. Das dem elterlichen Gewalthaber (den Eltern) zustehende Recht der Sorge für die Person des Kindes umfaßt *alle persönlichen Angelegenheiten* des Kindes, und zwar sowohl die tatsächliche Fürsorge für das Kind als auch die rechtliche Vertretung des Kindes in diesen Angelegenheiten. Ob eine einzelne Maßnahme sich als ein Akt der tatsächlichen Fürsorge oder der gesetzlichen Vertretung darstellt, kann zweifelhaft sein. Diese Frage ist von Bedeutung, wenn einem Elternteil nur die tatsächliche Fürsorge oder nur die gesetzliche Vertretung zusteht. Im allgemeinen üben die Eltern das Personensorgerecht als Bestandteil der elterlichen Gewalt *bei bestehender Ehe* gemeinsam aus (§ 1627 BGB i.d.F. des GleichberGes vom 18. 6. 1957, BGBl I S. 609).

Es kann auch vorkommen, daß eine Angelegenheit sowohl die Person als auch das Vermögen des Kindes betrifft, z. B. wenn es sich um die für

---

[1] jetzt Bundesangehörigkeit.

den Unterhalt oder die Erziehung des Kindes zu machenden Aufwendungen handelt. Steht in einem solchen Falle das Sorgerecht hinsichtlich der Person oder hinsichtlich des Vermögens einem Pfleger zu und einigen sich dieser und der andere Elternteil nicht über die zu treffende Maßnahme, so entscheidet gemäß § 1630 Abs II BGB i.d.F. wie oben das Vormundschaftsgericht (vgl. oben § 42 Z. 3 a β).

2. Das Personenrecht umfaßt insbesondere

a) das Recht und die Pflicht, das Kind zu *erziehen*, zu *beaufsichtigen* und seinen *Aufenthalt zu bestimmen* (§ 1631 Abs I BGB i.d.F. wie oben).

α) Die *Erziehung* umfaßt die körperliche, geistige und sittliche Ausbildung des Kindes; hinsichtlich der *religiösen Erziehung* vgl unten die §§ 45 ff. Zum Recht der Eltern, der minderjährigen Tochter den Umgang mit einem Manne zu untersagen, vgl FamRZ 58 137 Nr 56; s. auch S. 141 Nr 57; vgl ferner DRiZ 62 B 72 Nr 931 = NJW 62 809. Durch die *Fürsorgeerziehung* wird das Erziehungsrecht der Eltern für die Dauer der Fürsorgeerziehung bedeutungslos (vgl § 69 Abs III JWG i.d.F. d. vom 11. 8. 1961, BGBl I S. 1206 ff.) und unten § 121).

Die *Ausübung* des Erziehungsrechtes können die Eltern auch einem Dritten überlassen. Die Überlassung ist jederzeit widerruflich (Recht 1928 Rechtspr Nr 1297, 1390 = JurRdsch 1928 Rechtspr Nr 1424). Weitergehende vertragliche Abmachungen, insbesondere die Übertragung des Erziehungsrechtes selbst, sind nichtig. Wegen der *Unzulässigkeit von Vereinbarungen geschiedener Eltern* eines Kindes über die Ausübung des Personenfürsorgerechtes vgl unten § 52 Zff 3.

β) Gemäß *§ 11 Abs I BGB* i.d.F. des GleichberG vom 18. 6. 1957 (BGBl I S. 609) teilt ein eheliches Kind den *Wohnsitz* der Eltern; haben diese nicht denselben Wohnsitz, so teilt das Kind den Wohnsitz des Elternteils, der das Kind in den persönlichen Angelegenheiten vertritt (S. 1 a. a. O.). Nach dem Erlaß des Urteils des BVerfG vom 29. 7. 1959 (BGBl I S. 633) ist streitig geworden, ob das Kind, dessen Eltern nicht denselben Wohnsitz haben, grundsätzlich einen *doppelten* Wohnsitz hat; diese Ansicht ist von SCHWOERER in FamRZ 61 195 u. NJW 62 2038 in Übereinstimmung mit den Oberlandesgerichten Düsseldorf, Köln und Karlsruhe (Freiburg), neuestens FamRZ 62 528 Nr 218 und 63 2260 Nr 91 vertreten worden (abw. BayObLG in FamRZ 62 265 Nr 115 m. zustimmender Anmerkung von BOSCH = NJW 62 1156 = MDR 62 481, OLG Frankfurt in FamRZ 61 125 Nr 43 u. OLG Hamburg in MDR 62 219). Mit der Übertragung der elterlichen Gewalt auf *einen* Elternteil wird dessen Wohnsitz auch der Wohnsitz des Kindes (BayObLG in FamRZ 61 381 Nr 132. Solange nicht dem Vorschlag von SCHWOERER (a. a. O.) auf Änderung des § 11 BGB entsprochen wird (im FamRÄndG vom 11. 8. 1961 ist dies nicht geschehen), ist der Auffassung von SCHWOERER beizutreten; s. auch OLG Nürnberg in FamRZ 61 450

Nr 162, OLG Neustadt in FamRZ 62 308, 309 (1c) Nr 133 = DRiZ 62 Rechtspr B 66 Nr 831a.

Die Neufassung des § 11 BGB durch das Gleichberechtigungsgesetz vom 18. 6. 1957 hat einen nach den *§§ 7, 8 BGB* gewählten Wohnsitz eines ehelichen Kindes nicht geändert; ebensowenig ändert sich der gewählte Wohnsitz des Kindes, wenn ein Elternteil stirbt und der überlebende Elternteil seinen Wohnsitz an einem anderen Ort hat (BayObLG vom 9. 1. 1962 in FamRZ 62 164 Nr 69 = NJW 62 740).

Die Eltern können im übrigen den *bisherigen* Wohnsitz des Kindes *nur gemeinsam ändern;* dies gilt auch bei einer Übertragung auf einen Elternteil gemäß § 627 ZPO (NJW 60 1723 = DRiZ 60 B 114 Nr 1164). Verläßt ein Elternteil den bisherigen Familienwohnsitz, so behält das eheliche Kind dort seinen alleinigen gesetzlichen Wohnsitz (BayObLG in FamRZ 62 265 ff. Nr 115 = DRiZ 62 B 66 Nr 832 = NJW 62 1156 = MDR 62 481). Leben die Eltern bei der Geburt eines ehelichen Kindes schon getrennt und haben sie verschiedene Wohnsitze, so hat das Kind keinen Wohnsitz, solange seine Vertretung in persönlichen Angelegenheiten den Eltern gemeinsam zusteht und diese sich nicht auf einen bestimmten Wohnsitz des Kindes einigen (BayObLG in FamRZ 62 267 Nr 116 = DRiZ 62 B 66 Nr 833 = NJW 62 1156 = MDR 62 572). Nach OLG Hamm behält ein eheliches Kind, dessen gemeinsam vertretungsberechtigte Eltern getrennt leben, den bisherigen einheitlichen Wohnsitz als gesetzlichen Wohnsitz oder es erlangt einen doppelten gesetzlichen Wohnsitz, je nachdem, ob sich die Eltern erst nach oder bereits vor der Geburt getrennt und verschiedene Wohnsitze angenommen haben (DRiZ 62 B 98 Nr 1218 = JMBlNRW 62 186).

γ) Das Vormundschaftsgericht hat die Eltern auf Antrag bei der Erziehung des Kindes durch geeignete Maßnahmen zu *unterstützen* (*§ 1631 Abs II BGB* i.d.F. wie oben)[1]; mit der Ausführung der Maßnahmen kann das Jugendamt betraut werden (§ 48 Abs II S. 2 JWG vom 11. 8. 1961, BGBl I S. 1206). Maßnahmen zur Unterstützung der allein sorgeberechtigten Mutter bei der Erziehung der minderjährigen Tochter werden durch die Heirat der Tochter gegenstandslos (BayObLG vom 5. 6. 1961 in DRiZ 62 B 7 Nr 119 = FamRZ 62 77 Nr 29). Die Unterbringung des Kindes in einer Erziehungs- und Besserungsanstalt kann gegen den Widerspruch der Eltern auf Grund des § 1631 Abs II S. 2 BGB nicht aufrechterhalten werden (KGJ 22 A 39 = OLG 3 103); zur *Unterbringung* des Kindes in einer *geschlossenen Anstalt* s. unten § 140). Wegen der *Anhörung der Eltern* vor der Anordnung von unterstützenden Maßnahmen des Vormundschaftsgerichts vgl *§ 1695 Abs* I

---

[1] Dies gilt auch, wenn die Eltern und das Kind *Ausländer* sind, für die Aufenthaltsbestimmung des im Inlande befindlichen Kindes (JFG 19 50 ff.).

BGB i.d.F. wie oben, wegen der *Anhörung des Kindes* Abs II daselbst; zu diesem Zweck erscheint auch die Vorführung (etwa mit Hilfe des Jugendamtes) zulässig. Das Vormundschaftsgericht kann während der Dauer der elterlichen Gewalt seine Anordnungen jederzeit ändern, wenn es dies im Interesse des Kindes für angezeigt hält (§ 1696 BGB).

b) Die Eltern haben das Recht, dem Kinde einen oder mehrere *Vornamen*[1] zu geben; das Recht ist Ausfluß des Personensorgerechts, ihm sind weder bürgerlich-rechtlich noch öffentlich-rechtlich Schranken gesetzt. Es dürfen auch Vornamen frei erfunden werden; nur unanständige oder anstößige oder gegen das religiöse Empfinden verstoßende Worte dürfen nicht gewählt werden (JFG **6** 119 = DJZ **1929** 581 = JurRdsch **1929** Rechtspr 1858; JFG **11** 100ff.; vgl auch unten § 135 Zff 2). Wegen ausländischer Vornamen vgl DJZ **1929** 1350; Vornamen, für die eine deutsche Form besteht, müssen in deutscher Sprache in das Standesregister eingetragen werden; der fremde Ausdruck ist in Klammern zu setzen (KGJ **20** A 252). Die Beilegung der Vornamen geschieht formlos durch den oder die Sorgeberechtigten; die Eintragung im Geburtenbuch hat nur deklaratorische Bedeutung; die Berichtigung des Vornamens ist zulässig, wenn ein anderer als der erteilte eingetragen ist (BayObLG in FamRZ **62** 475 Nr 195).

c) Vor der Anordnung von Maßnahmen aus *§ 1631 Abs II BGB* ist zu prüfen, ob die zur Durchführung erforderlichen Mittel zur Verfügung stehen. Die Kosten sind als Unterhaltskosten aus dem Vermögen des Kindes oder unterhaltspflichtiger Verwandter zu bestreiten (OLG **3** 103).

d) Das Vormundschaftsgericht hat ferner die Eltern des Kindes bei der *Ermittlung des Aufenthalts* des Kindes zu unterstützen, wenn dies im Interesse des Kindes geboten ist, also nicht, wenn die Eltern sich eines Verhaltens schuldig gemacht haben, das Maßnahmen aus § 1666 BGB rechtfertigt, und durch die Bekanntgabe des Aufenthalts das Kind gefährdet würde (KGJ **47** A 35).

Beispiel:

Der Arbeiter Josef Schäfer bittet das Vormundschaftsgericht, ihn bei der Erziehung seines sechzehn Jahre alten Sohnes Karl zu unterstützen; dieser sei bis zu seiner Schulentlassung stets willig, folgsam und ordentlich gewesen; neuerdings aber zeige er, offenbar unter dem Einfluß schlechten Umgangs, eine bedenkliche Neigung zur Widersetzlichkeit und eine starke Unlust zur Arbeit und zu einem geregelten Leben. Der Vater bittet, den Sohn zwecks eindringlicher Verwarnung, von der er sich viel verspreche, vorzuladen. Dem Antrage wird stattzugeben sein.

e) Das Personensorgerecht umfaßt ferner die Befugnis, die *Herausgabe* des Kindes von jedem zu verlangen, der es den Eltern widerrecht-

[1] Wegen der Befugnis zur *Änderung* des Familiennamens und der Vornamen des Kindes vgl unter § 135; s. auch StAZ **61** 168.

lich vorenthält *(§ 1632 Abs I BGB)*; für die Herausgabeklage gegen einen *Dritten* ist der ordentliche Rechtsweg zulässig (BGH in FamRZ **60** 396 Nr 179 = Zentralblatt XLVII (1960) 277ff. = NJW **60** 2099 = MDR **60** 912 = DRiZ **61** B 13 Nr 242); dem Herausgabekläger muß das Aufenthaltsbestimmungsrecht allein zustehen, bei nicht nur vorübergehend getrennt lebenden Eltern ist also eine vorherige Anordnung aus § 1672 BGB i.d.F. wie oben erforderlich (DRiZ **61** B 6 Nr 106 = JMBlNRW **60** 253) Verlangt ein Elternteil die Herausgabe des Kindes von dem *anderen Elternteil*, so entscheidet das Vormundschaftsgericht (§ 1632 Abs II BGB), und zwar der Richter, (RpflG § 12 Zff 6). Das Ehescheidungsgericht kann aber gemäß § 627 Abs I ZPO für die Dauer des Scheidungsprozesses anordnen, daß ein Elternteil das bei ihm befindliche Kind an den anderen Elternteil, dem die Personensorge übertragen wurde, herauszugeben hat (DRiZ **62** B 19 Nr 361 = FamRZ **61** 532 Nr 194). Das Beschwerdegericht der freiw. Gerichtsbarkeit kann nicht durch eine Anordnung nach § 24 Abs III FGG die Zwangsvollstreckung aus einem zivilgerichtlichen Urteil auf Herausgabe des Kindes einstweilen einstellen; es kann aber durch eine rechtsgestaltende Anordnung (§ 1666 BGB, § 24 Abs III FGG) den Aufenthalt des Kindes so bestimmen, daß die Grundlage für eine Vollstreckungsgegenklage gegen das Herausgabeurteil geschaffen wird (BayOb LG in FamRZ **61** 382 Nr 133).

f) Auf Grund des Personensorgerechts können die Eltern gewisse Anträge stellen, die die Person des Kindes betreffen, z. B. auf Volljährigkeitserklärung (§ 56 Abs I FGG) und auf Todeserklärung (§ 16 Abs IIb, III des Verschollenheitsgesetzes vom 4. 7. 1939 i.d.F. d. Bek vom 15. 1. 1951, BGBl I S. 63 und d. Ges vom 26. 7. 1957, BGBl I S. 861), einen Strafantrag (§ 65 StGB)[1] und eine Privatklage oder Nebenklage für das Kind erheben (§§ 374 Abs III, 395 Abs I, 403 Abs I StPO).

g) Auch das Recht der *Einwilligung* zur *Volljährigkeitserklärung* (§ 4 Abs II BGB i.d.F. d. GleichberG vom 18. 6. 1957, BGBl I S. 609) und zur Begründung oder Aufhebung eines selbständigen *Wohnsitzes* eines Kindes (§ 8 BGB; s. auch oben Z. 2 aα) sowie der Erhebung der *Aufhebungsklage* und *Bestätigung* einer gemäß § 28, 30, 35 EheG der Aufhebung unterliegenden Ehe, zur *Ehelichkeitserklärung* („Zustimmung" in den Fällen des § 1729 Abs I BGB) und des Abschlusses oder der Zustimmung, der Anfechtung, Bestätigung und Wiederaufhebung eines *Kindesannahmevertrages* für das Kind (§§ 1751 Abs I und II, 1755, 1770 BGB i.d.F. d. FamRÄndG vom 11. 8. 1961 Art 1 Nr 22, 25, 28, BGBl I S. 1225) ergibt sich aus der Befugnis der Eltern zur Fürsorge für die Person des Kindes.

---

[1] Vgl hierzu FamRZ **60** 197, **61** 176 u. 178 u. Zentralblatt XLVIII (1961) 26ff. zur Frage der gemeinschaftlichen oder selbständigen Stellung des Strafantrags.

Von besonderer Bedeutung ist das Recht der Eltern, die *Einwilligung zur Eheschließung* der minderjährigen Tochter zu erteilen. Der Einwilligung bedarf es sowohl aus dem Gesichtspunkt der gesetzlichen Vertretung als auch zur Wahrung des Elternrechts; wenn der gesetzliche Vertreter nicht gleichzeitig das Personensorgerecht hat oder neben ihm noch ein anderer sorgeberechtigt ist, so ist auch dessen Einwilligung erforderlich (§ 3 Abs I und II EheG; vgl hierzu unten § 129). *Diese* Einwilligung ist aber nur so lange erforderlich, als das Kind minderjährig oder aus einem anderen Grunde in der Geschäftsfähigkeit beschränkt ist; sie kann, wenn sie ohne triftige Gründe verweigert wird, auf *Antrag* des Verlobten, der der Einwilligung bedarf, durch das Vormundschaftsgericht *ersetzt* werden. Bei Kindern, die an Kindes Statt angenommen sind, steht die Einwilligung an Stelle der leiblichen Eltern dem *Annehmenden* zu; die leiblichen Eltern erlangen das Recht der Einwilligung auch dann nicht wieder, wenn das durch die Annahme an Kindes Statt begründete Rechtsverhältnis aufgehoben wird (vgl aber auch § 3 Abs II EheG u. § 1765 Abs II BGB).

h) Auf dem Personensorgerecht ebenso wie auf dem Recht der Vermögensverwaltung beruht schließlich auch die Befugnis der Eltern, mit Genehmigung des Vormundschaftsgerichts dem Kinde die *Ermächtigung* zum selbständigen *Betrieb eines Erwerbsgeschäfts* (§ 112 Abs I BGB) sowie die (an die Genehmigung des Vormundschaftsgerichts *nicht* gebundene) Ermächtigung zur Übernahme eines *Dienst- oder Arbeitsverhältnisses* (§ 113 Abs I BGB) zu erteilen.

Die Ermächtigung ist in beiden Fällen dem Kinde gegenüber zu erklären. Sie hat im Falle des § 112 BGB zur Folge, daß das Kind für solche Rechtsgeschäfte unbeschränkt geschäftsfähig wird, die der Betrieb des Erwerbsgeschäfts mit sich bringt, jedoch mit Ausnahme der Rechtsgeschäfte, zu denen die Eltern der Genehmigung des Vormundschaftsgerichts bedürfen (§ 112 Abs I BGB). Im Falle des § 113 BGB wird das Kind für solche Rechtsgeschäfte unbeschränkt geschäftsfähig, die die Eingehung oder Aufhebung eines Dienst- oder Arbeitsverhältnisses der gestatteten Art oder die Erfüllung der sich aus einem solchen Verhältnis ergebenden Verpflichtungen betreffen; ausgenommen sind in diesem Falle Verträge, zu denen die Eltern der Genehmigung des Vormundschaftsgerichts bedürfen (§ 113 Abs I BGB); die für einen einzelnen Fall erteilte Ermächtigung gilt im Zweifel als allgemeine Ermächtigung zur Eingehung von Verhältnissen derselben Art (§ 113 Abs IV BGB). Erfolgt eine Ermächtigung gemäß §§ 112 oder 113 BGB, so ist das Kind auch auf dem Gebiete der freiwilligen Gerichtsbarkeit berechtigt, selbständig bei dem Vormundschaftsgericht Anträge zu stellen und Beschwerde einzulegen, sofern es damit die in den genannten Bestimmungen bezeichneten Rechtsgeschäfte durchführen will (KGJ 37 A 39).

Die Ermächtigung kann in beiden Fällen zurückgenommen werden, im Falle des § 112 BGB indessen nur mit Genehmigung des Vormundschaftsgerichts; im Falle des § 113 BGB kann die Ermächtigung auch eingeschränkt werden (§§ 112 Abs II, 113 Abs II BGB)[1].

3. Das Personensorgerecht *beschränkt* sich hinsichtlich einer *minderjährigen verheirateten Tochter* auf das Recht der *Vertretung* in den die Person des Kindes betreffenden Angelegenheiten (§ 1633 S. 1 BGB i.d.F. d. GleichberG vom 18. 6. 1957, BGBl I S. 609). Das gleiche gilt für eine Tochter, die verheiratet war und das achtzehnte Lebensjahr vollendet hat (S. 2 a. a. O.). Die Eltern verlieren also in diesen Fällen das Recht der *tatsächlichen* Fürsorge für die Tochter, insbesondere der Erziehung, Beaufsichtigung und Bestimmung des Aufenthalts sowie das Recht, die Herausgabe der Tochter zu verlangen. Die Befugnisse der Eltern gehen aber auch nicht auf den Ehemann über, dessen Verhältnis zu seiner Ehefrau sich vielmehr lediglich nach den Vorschriften der §§ 1353ff. BGB bestimmt (STAUDINGER IV 2 S. 1013 Anm 1b). Die *Vermögenssorge* behalten die Gewalthaber, soweit nicht nach ehelichem Güterrecht der Mann die Verwaltung hat (§ 1421 BGB) oder nach dem Heimatrecht des Mannes die Tochter mündig wird (PALANDT-LAUTERBACH S. 1273 Anm 1 zu § 1633 BGB).

4. Das Personensorgerecht als Bestandteil der elterlichen Gewalt *endigt* mit dieser selbst; es kann ferner dem Vater oder der Mutter oder auch beiden Eltern im Falle des § 1666 Abs I BGB i.d.F. wie oben entzogen werden (vgl unten § 55).

Im Falle des *Ruhens* der elterlichen Gewalt (vgl unten § 57) ist der betroffene Elternteil nicht zur Ausübung des Personenrechts befugt (§ 1675 BGB i.d.F. wie oben).

5. Machen die Eltern für die Person des Kindes *Aufwendungen*, die sie den Umständen nach für erforderlich halten dürfen, z. B. für bestimmte Erziehungsmaßnahmen, die mit außergewöhnlichen Kosten verbunden sind, so können sie von dem Kinde Ersatz verlangen, sofern nicht die Aufwendungen ihnen selbst zur Last fallen (§ 1648 BGB i.d.F. wie oben). Ein Ersatzanspruch besteht also insoweit nicht, als es sich um die Erfüllung der Unterhaltspflicht der Eltern handelt (s. unten § 49 Zff 6).

6. Hinsichtlich der Berechtigung der Eltern, die mit der Sorge für die Person des Kindes verbundenen Geschäfte auch nach der Beendigung der elterlichen Gewalt oder nach dem Verlust des Personensorgerechts oder nach dem Eintritt des Ruhens der elterlichen Gewalt in gewissen Fällen fortzuführen, vgl unten § 61.

---

[1] Vgl hierzu FELLER in FamRZ 61 420.

7. Wegen des Rechtes eines nicht personensorgeberechtigten Elternteils zum *persönlichen Verkehr* mit dem Kinde vgl unten § 53 und wegen der Beteiligung des Jugendamts im besonderen § 48 Abs I und II JWG i.d.F. vom 11. 8. 1961, BGBl I S. 1206. Auch bei bestehender Ehe ist eine Verkehrsregelung durch das Vormundschaftsgericht möglich (vgl unten § 53 Zff 4).

§ 44. b) Das Sorgerecht der Mutter im besonderen

1. Die Mutter übt das Recht der Sorge für die Person des Kindes *gleichberechtigt* mit dem Vater aus (§§ 1626, 1627, 1629 Abs II BGB i.d.F. d. GleichberG vom 18. 6. 1957, BGBl I S. 609), also nicht nur neben dem Vater und nicht nur hinsichtlich der tatsächlichen Fürsorge, hinsichtlich der Vertretung aber nur in beschränktem Umfang (vgl § 1634 BGB a. F. und die durch die Entscheidung des BVerfG vom 29. 7. 1959, BGBl I S. 633, für nichtig erklärte Vorschrift des § 1629 Abs I BGB i.d.F. wie oben mit § 1626 Abs II und 1627 BGB n. F und § 42 Z. 1 oben). Die Mutter nimmt also sowohl an der tatsächlichen Fürsorge, namentlich an der Erziehung, Beaufsichtigung, Aufenthaltsbestimmung und dem Herausgabeanspruch, als auch an der Vertretung des Kindes in *eigener Verantwortung* und in *gegenseitigem Einvernehmen* mit dem Vater teil. Das sogenannte „*Nebensoergrecht*“ im früheren Sinne besteht nicht mehr.

2. Demgemäß sind die früheren §§ 1634, 1685, 1698 BGB a. F. durch das Gleichberechtigungsgesetz beseitigt worden. Auch das der Mutter nach dem früheren Recht (§§ 1635, 1637, 1696, 1702 Abs II und III BGB a. F.) zustehende Personensorgerecht ist entfallen. Diese Vorschriften sind durch § 84 EheG vom 6. 7. 1938 (RGBl I S. 807) außer Kraft gesetzt; § 1696 BGB a. F. ist neu gefaßt durch das Gleichberechtigungsgesetz.

3. *Verletzt* der *Vater* die sich aus dem gleichberechtigten Sorgerecht der Mutter ergebenden Befugnisse, so hat das Vormundschaftsgericht nach Maßgabe der §§ 1660 ff. BGB i.d.F. d. GleichberG einzuschreiten, wenn das Wohl des Kindes es erfordert (vgl unten die §§ 54 bis 56). Wegen der sich bei der gemeinsamen Ausübung des Sorgerechts etwa ergebenden *Meinungsverschiedenheiten* vgl oben § 42 Z. 2.

c) Die religiöse Kindererziehung

§ 45. α) Allgemeines

1. Bis zum Inkrafttreten des Reichsgesetzes vom 15. Juli 1921 (RGBl 1921 939 ff.) waren in den einzelnen deutschen Ländern die durch Art 134 EGBGB ausdrücklich aufrechterhaltenen landesgesetzlichen Vorschriften über die religiöse Erziehung der Kinder in Geltung. Diese

Vorschriften waren auch durch die Art 136 Abs IV und 149 Abs II der Reichsverfassung vom 11. 8. 1919 unberührt geblieben (KGJ 52 A 33). Im größten Teil des früheren preußischen Staatsgebietes waren hiernach maßgebend die §§ 75 ff., 642 des Teils II Titels 2 des Allgemeinen Landrechts und die Königliche Verordnung (sogenannte „Deklaration") vom 23. 11. 1803, die durch Kabinettsorder vom 17. 8. 1825 auch in der Rheinprovinz und in Westfalen eingeführt wurde. Wegen der Einzelheiten und des Rechtszustandes in den übrigen deutschen Ländern vgl ENGELMANN S. 9 ff. Höchstrichterliche Entscheidungen, die das frühere Recht betreffen, finden sich u. a. in KGJ 32 A 58; 36 A 48; 37 A 75; 37 A 78; 38 A 94; 40 A 10.

2. Durch das *Reichsgesetz vom 15. Juli 1921* (RGBl 1921 939 ff., 1263) ist die religiöse Kindererziehung für ganz Deutschland einheitlich geregelt. Dieses Gesetz (RKEG) ist gemäß § 11 S. 1 im allgemeinen am 1. Januar 1922, in Preußen jedoch gemäß § 11 S. 2 i. V. m. der VO vom 8. 9. 1921 (RGBl 1921 1263) bereits am 1. Oktober 1921 *in Kraft getreten*.

Durch § 8 des Gesetzes sind alle ihm entgegenstehenden Bestimmungen der Landesgesetze und Art 134 EGBGB, insbesondere also auch die unter Z. 1 bezeichneten preußisch-rechtlichen Vorschriften, *aufgehoben;* auch können neue landesrechtliche Vorschriften auf der Grundlage des Art 3 EGBGB nicht mehr erlassen werden.

3. Das Gesetz vom 15. Juli 1921 regelt nur die *privatrechtlichen* Verhältnisse der religiösen Kindererziehung (JFG 5 48 = Rundbriefe IV 24). Diese ist ein Teil der Erziehung überhaupt und damit der Fürsorge für die Person des Kindes, die grundsätzlich im BGB geregelt ist (vgl. §§ 1626, 1631 i.d.F. d. GleichberG vom 18. 6. 1957, BGBl I S. 609). Die familienrechtlichen Bestimmungen des BGB werden durch die Vorschriften des RKEG ergänzt.

Die *öffentlich-rechtliche* Seite der religiösen Kindererziehung ist durch das RKEG nicht berührt worden (RGR IV S. 489 Anm Abs 2 zu § 2 RKEG). Insbesondere sind die öffentlich-rechtlichen Voraussetzungen des Austritts aus einer Religionsgemeinschaft im RKEG nicht geregelt (vgl JFG 5 48 = Rundbriefe IV 24 und unten § 46 Z. 4). Jedoch bestimmt Art 7 Abs II GG, daß die Erziehungsberechtigten das Recht haben, über die *Teilnahme des Kindes am Religionsunterricht* zu bestimmen[1]; Abs III a. a. O. regelt den Religionsunterricht in den öffentlichen Schulen, Abs V a. a. O. die Zulassung von privaten Volksschulen als Bekenntnis- oder Weltanschauungsschulen.

---

[1] Vgl jedoch unten § 46 Z. 3: Nach Art 14 Abs IV der Verfassung für Nordrhein-Westfalen ist die Befreiung vom Religionsunterricht von einer schriftlichen Willenserklärung der Erziehungsberechtigten oder des religionsmündigen Schülers abhängig.

4. Die Bestimmungen der §§ 1 bis 5 RKEG finden gemäß § 6 a. a. O. auf die Erziehung der Kinder in einer *nicht bekenntnismäßigen Weltanschauung* entsprechende Anwendung; auch § 7 RKEG ist bei Streitigkeiten, welche die Erziehung von Kindern in einer solchen Weltanschauung betreffen, entsprechend anwendbar. Der Begriff der Weltanschauung ist im weitesten Sinne zu fassen (RGR IV S. 491 Anm zu § 6 RKEG); nicht erforderlich ist, daß sich zur Pflege der in Frage stehenden Anschauung besondere Vereinigungen gebildet haben, vielmehr kann sich jedermann selbst eine Weltanschauung bilden (vgl Art 4 Abs I GG, ENGELMANN S. 79, 80 Anm 3).

5. Wegen der Zulässigkeit vormundschaftsgerichtlicher Maßnahmen hinsichtlich der Erziehung *ausländischer* Kinder vgl unten § 82 Z. 1b.

§ 46. β) Das Recht der Bestimmung über die religiöse Erziehung des Kindes. Austritt aus einer Religionsgemeinschaft

1. Gemäß § 1 S. 1 RKEG *entscheidet* über die religiöse Erziehung eines Kindes die *freie Einigung* der Eltern, soweit ihnen das Recht und die Pflicht zusteht, für die Person des Kindes zu sorgen.

a) Unter *religiöser Erziehung* ist hierbei die Sorge für die religiöse Ausbildung des Kindes in der Familie, Schule und Kirche oder für die Ausbildung in einer bestimmten nicht bekenntnismäßigen Weltanschauung (vgl § 6 RKEG) zu verstehen. Die Erziehung beginnt schon mit der Geburt des Kindes (nach PALANDT-LAUTERBACH S. 1270 Anm 2 zu RKEG § 1 „regelmäßig mit der Taufe“, s. aber nachstehend), wenngleich eine Einwirkung auf dieses naturgemäß nur nach Maßgabe der fortschreitenden geistigen Entwicklung möglich sein wird. Die Veranlassung der Taufe eines Kindes durch die Eltern braucht nicht in jedem Falle eine Bestimmung über die „religiöse Erziehung“ des Kindes zu sein (FamRZ **60** 406 ff. Nr 190; abw. JFG **12** 149 ff.). Die religiöse Erziehung endigt grundsätzlich mit der Volljährigkeit oder Volljährigkeitserklärung des Kindes, bei minderjährigen unter elterlicher Gewalt stehenden Töchtern mit der Verheiratung (§ 1633 BGB i.d.F. d. GleichberG vom 18. 6. 1957, S. 609). Daneben unterliegt das Erziehungsrecht der Eltern gewissen Einschränkungen durch das dem Kinde mit dem Eintritt bestimmter Altersgrenzen gesetzlich gewährte Selbstbestimmungsrecht (vgl unten § 47).

b) Die vom Gesetze geforderte *freie Einigung* ist gleichbedeutend mit der *Tatsache* der Willensübereinstimmung der Eltern (ENGELMANN S. 36 Anm III 3; STAUDINGER 10. Aufl. VI S. 307 III 1 Anm 11, abw. RGR IV S. 488 Anm zu § 1 RKEG rechtsgeschäftlicher: Willensakt); sie erfordert keine förmliche Erklärung (JW **1931** 1347 Nr 10) und wird sich in der Regel nach außen hin durch schlüssige Handlungen zeigen

(JFG 6 66 = DJZ 1929 925 = DRZ 1929 Rechtspr Nr 565 = Zentralblatt XXI 287 = JurRdsch 1929 Rechtspr Nr 1859; vgl auch die unter dem früheren preußischen Recht erlassene Entscheidung in KGJ 36 A 48). Nicht in jedem Falle sind Maßnahmen erforderlich, durch die die Erziehung des Kindes in dem bestimmten Bekenntnis schon eingeleitet wird; es genügt die Feststellung eines ernstlichen und endgültigen Willensentschlusses, daß das Kind in diesem Bekenntnis erzogen werden soll (BGHZ 5 57 = NJW 52 703). Das Einigungsrecht ist höchstpersönlicher Art; seine Ausübung durch den gesetzlichen Vertreter eines Elternteils ist nicht zulässig (vgl für das frühere preußische Recht KGJ 40 A 10). Ist ein Elternteil geschäftsunfähig, so kann eine Einigung im Sinne des § 1 S. 1 REG nicht stattfinden. Dagegen hindert die Beschränkung der Geschäftsfähigkeit eines Elternteils (§§ 106, 114 BGB) eine Einigung über die religiöse Erziehung des Kindes nicht (ENGELMANN S. 36 III Anm 3c; a. A. KGJ 40 A 10); einer Mitwirkung des gesetzlichen Vertreters des geschäftsbeschränkten Elternteils bedarf es nicht.

Die elterliche Einigung über die religiöse Erziehung des Kindes ist *jederzeit widerruflich* (§ 1 S. 2 RKEG) und wird *durch den Tod* eines Ehegatten gelöst (§ 1 S. 2 RKEG). Wird ein Elternteil *geschäftsunfähig*, so verliert die bisherige Bedeutung der Einigung ihre Bedeutung (ENGELMANN S. 37 Anm III f 3).

Ob die Eltern demselben oder verschiedenen Bekenntnissen oder Weltanschauungen angehören, ist ohne Belang (ENGELMANN S. 43 Anm V 3 a).

c) *Voraussetzung* der Bestimmung über die religiöse Kindererziehung durch freie Einigung der Eltern ist, daß diesen das Recht und die Plicht zusteht, für die Person des Kindes zu sorgen (§ 1 S. 1 Halbs. 2 RKEG). Hierbei ist davon auszugehen, daß die Bestimmung der religiösen Erziehung grundsätzlich als eine Angelegenheit der *tatsächlichen* Fürsorge für die Person des Kindes anzusehen ist (ENGELMANN S. 37 Anm IV A).

α) Hiernach steht bei *ehelichen Kindern* regelmäßig den Eltern gemeinsam das Bestimmungsrecht durch freie Einigung gemäß § 1 RKEG zu (vgl die §§ 1626, 1627 BGB i.d.F. wie oben), es sei denn, daß einem Elternteil das Recht der Personensorge entzogen wäre oder daß ein Elternteil die elterliche Gewalt verwirkt hätte (§ 1676 BGB i.d.F. wie oben) oder zu ihrer Ausübung zufolge Ruhens nicht befugt oder wegen tatsächlicher Verhinderung (vgl § 1674 BGB i.d.F. wie oben) nicht in der Lage ist oder nach der Auflösung der Ehe nach Maßgabe des § 1671 BGB i.d.F. wie oben) nicht personensorgeberechtigt ist. Das Grundrecht des sorgeberechtigten Elternteils auf religiöse Erziehung des Kindes (Art 6 GG, § 2 Abs I RKEG) darf der andere Elternteil, jedenfalls vor

Vollendung des 14. Lebensjahres des Kindes nicht, unter Berufung auf Art 4 GG durch eine abweichende religiöse Beeinflussung des Kindes nicht antasten (BayObLG in FamRZ 61 381 Nr 132).

β) Bei *unehelichen Kindern* kann § 1 RKEG keine Anwendung finden, weil diese Eltern im Sinne der genannten Bestimmung nicht haben, auch der uneheliche Erzeuger zur Sorge für die Person des Kindes nicht berechtigt ist. Die Bestimmung über die religiöse Erziehung des unehelichen Kindes steht vielmehr der unehelichen Mutter *auf Grund ihres Personensorgerechts* zu; bei Meinungsverschiedenheiten mit dem Vormund geht ihre Meinung vor; bei mißbräuchlicher Ausübung des Bestimmungsrechts kann gegen die Mutter gemäß § 1666 BGB eingeschritten werden (JFG 14 47 ff.).

γ) Für in *Fürsorgeerziehung* oder in Familien oder in Heimen untergebrachte *eheliche und uneheliche* Kinder vgl § 71 Abs II JWG i.d.F. vom 11. 8. 1961, BGBl I S. 1206; das Bestimmungsrecht der Sorgeberechtigten wird durch die Unterbringung nicht berührt.

δ) Bei Kindern, die durch nachfolgende Eheschließung ihrer Eltern *legitimiert* sind, ist mit Rücksicht auf § 1719 BGB i.d.F. d. FamRÄndG vom 11. 8. 1961, BGBl I S. 1221ff., die Vorschrift des § 1 RKEG anwendbar, dasselbe gilt für Kinder, die durch Ehelichkeitserklärung legitimiert sind (§ 1736 BGB).

ε) Bei *an Kindes Statt angenommenen Kindern* ist in den Fällen der §§ 1757 Abs II, 1765 Abs II BGB, dieser i.d.F. d. GleichberG vom 18. 6. 1957, BGBl I S. 609 der § 1 RKEG anwendbar.

2. Besteht eine Einigung gemäß § 1 REG *nicht* oder *nicht mehr*, so gelten auch für die religiöse Erziehung die *Vorschriften des BGB über das Recht und die Pflicht, für die Person des Kindes zu sorgen* (§ 2 Abs I RKEG). Das gleiche muß auch dann gelten, wenn eine Einigung gemäß § 1 RKEG deshalb nicht in Betracht kommt, weil das Sorgerecht nur einem oder auch keinem Elternteil zusteht. Bestimmungsberechtigt ist in diesen Fällen grundsätzlich diejenige Person oder Stelle, der die Sorge für die Person des Kindes in *tatsächlicher* Beziehung zusteht (DRiZ 1930 Rechtspr Nr 729), regelmäßig also bei ehelichen Kindern der in tatsächlicher Beziehung sorgeberechtigte Elternteil, nach der Scheidung der gemäß § 1671 BGB sorgeberechtigte Elternteil (vgl JFG 14 455 ff.), im Falle der Entziehung des Personensorgerechts aber der Pfleger. Bei unehelichen Kindern ist regelmäßig die Mutter bestimmungsberechtigt (§ 1707 Abs II S. 2 und Abs II BGB i.d.F. d. FamRÄndG vom 11. 8. 1961, BGBl I S. 1221ff.; vgl auch JFG 5 48 = Rundbriefe IV 24; 8 79). Bei Kindern, die durch nachfolgende Eheschließung oder durch Ehelichkeitserklärung legitimiert sind (§§ 1719, 1736 BGB), sind und bleiben die Eltern bestimmungsberechtigt; bei adoptierten Kindern gilt dasselbe wie bei ehelichen Kindern.

Die Ausübung des Bestimmungsrechts erfordert keine förmliche Erklärung (vgl JFG 8 79); sie wird vielmehr sich regelmäßig durch schlüssige Handlungen kundgeben, s. auch oben Zff 1 b. Stets muß aber der Wille des Bestimmungsberechtigten sich auch *tatsächlich* geäußert haben; die bloße Erklärung, das Kind künftig in einem bestimmten Bekenntnis erziehen zu wollen, genügt nicht. Die Bestimmung erfolgt nicht in Vertretung des Kindes, sondern *in eigenem Namen* und aus *eigenem Rechte* des Bestimmungsberechtigten (JFG 5 48 = Rundbriefe IV 24). Zum Gegenstand einer *letztwilligen Verfügung* kann die Bestimmung über die religiöse Erziehung *nicht* gemacht werden, gleichviel ob es sich um die Anordnung einer Änderung des bisherigen Bekenntnisses des Kindes für die Zeit nach dem Tode des sorgeberechtigten Elternteils oder ob es sich um den Ausschluß einer solchen Änderung handelt (JFG 6 66 = JurRdsch 1929 Rechtspr Nr 1859 = DJZ 1929 925 = DRiZ 1929 Rechtspr Nr 565 = Zentralblatt XXI 287).

3. Der Grundsatz des § 2 Abs I RKEG erleidet indessen mehrfache Einschränkungen.

a) *Solange die Ehe der Eltern* des Kindes *besteht*, kann gemäß § 2 Abs II RKEG von keinem (also auch nicht von dem gegebenenfalls z. B. bei Sorgerechtsentziehung des anderen Elternteils allein zur tatsächlichen Sorge für die Person des Kindes berufenen) Elternteil *ohne die Zustimmung des anderen* bestimmt werden,

α) daß das Kind in einem anderen als dem zur Zeit der Eheschließung[1] gemeinsamen Bekenntnis oder

β) in einem anderen Bekenntnis als bisher erzogen oder

γ) daß ein Kind vom Religionsunterricht abgemeldet werden soll. Religionsunterricht in diesem Sinne ist der Religionsunterricht in der Schule; Abmeldung von der Bekenntnisschule und gleichzeitige Anmeldung bei der Einheitsschule, sofern diese ebenfalls Religionsunterricht hat, fällt nicht darunter (Palandt-Lauterbach S. 1271 Anm 2 zu § 2 RKEG).

Die Zustimmung des anderen Elternteils ist eine einseitige empfangsbedürftige Willenserklärung, kann nicht durch den gesetzlichen Vertreter erteilt werden und ist an keine Form gebunden.

δ) Wird die Zustimmung nicht erteilt, so kann die Vermittlung oder Entscheidung des Vormundschaftsgerichts beantragt werden (§ 2 Abs III S. 1 RKEG[2]). Maßstab für die Entscheidung ist das Wohl des Kindes, das nicht in Gewissensnot und seelische Erschütterung gebracht werden darf (Palandt-Lauterbach S. 1271 Anm 3 zu § 2 RKEG). Es ist die

---

[1] Bei der Annahme an Kindes Statt entscheidet die Zeit der Annahme (Engelmann, S. 55 Anm V 3a).

[2] Im Falle des Abs II ist Voraussetzung der Entscheidung des Vormundschaftsgerichts, daß die bisherige religiöse Erziehung rechtmäßig war (Hinweis bei Riedel (T) S. 173 auf OLG Hamm in MDR **1950** 351).

Ansicht vertreten worden, daß in dieser Beziehung vom Vormundschaftsgericht die Lösung einer injustiziablen Frage verlangt werde und daß deshalb eine baldige gesetzliche Neuregelung erforderlich sei. Dieser Auffassung ist aus den überzeugenden Gründen von HAUSSNER (FamRZ **60** 9, 10 mit vielen Hinweisen, ferner **60** 37 Nr 18 und dazu **60** 201 Nr 91) beizutreten. Zweckmäßig wäre wohl eine gesetzliche Regelung dahin, daß es bei Meinungsverschiedenheiten in solchen Fällen bei der tatsächlich bestehenden Übung bis zur Religionsmündigkeit des Kindes zu verbleiben habe (ebenso auch für den Zweifelsfall PALANDT-LAUTERBACH S. 1271 Anm 3 zu § 2 RKEG unter Berufung auf Zentralblatt XXVIII 194).

Ob die Zustimmung verweigert wird oder aus rechtlichen oder tatsächlichen Gründen nicht erteilt werden kann, ist hierbei ohne Belang, wobei allerdings zu beachten ist, daß eine Vermittlung des Vormundschaftsgerichts naturgemäß nur erfolgen kann, wenn der andere Elternteil zur Abgabe einer rechtswirksamen Erklärung in der Lage ist. Das Gericht wird *nur auf Antrag* tätig, der sowohl von dem sorgeberechtigten als auch von dem anderen Elternteil, nicht aber von dritten Personen oder von Behörden oder Religionsgesellschaften gestellt werden kann.

Das *Verfahren* des Vormundschaftsgerichts bestimmt sich nach den allgemeinen Vorschriften des Reichsgesetzes über die Angelegenheiten der freiwilligen Gerichtsbarkeit, ferner nach einigen Sonderbestimmungen des RKEG. Diese schreiben vor, daß die Ehegatten sowie erforderlichenfalls Verwandte, Verschwägerte und die Lehrer des Kindes zu *hören* sind, wenn es ohne erhebliche Verzögerung oder unverhältnismäßige Kosten geschehen kann (§ 2 Abs III S. 3 RKEG). Die Verwandten, Verschwägerten und Lehrer, dagegen nicht die Eltern, die als Beteiligte zu gelten haben, können gemäß S. 4 a. a. O. i. V. m. der für entsprechend anwendbar erklärten Vorschrift des § 1847 Abs II BGB von dem Kinde Ersatz ihrer von dem Vormundschaftsgericht festzusetzenden Auslagen verlangen. Darüber, ob die Voraussetzungen der Anhörung gegeben sind, sowie über die Gradesnähe und die Zahl der zu hörenden Verwandten oder Verschwägerten des Kindes entscheidet das Vormundschaftsgericht nach freiem pflichtmäßigem Ermessen. Das Gericht ist nicht gehindert, außer den im § 2 Abs III S. 3 genannten auch noch andere Personen oder Behörden, z. B. den zuständigen Geistlichen oder das Jugendamt (vgl § 48 JWG i.d.F. vom 11. 8. 1961, BGBl I S. 1206), zu hören, wenn dies zur Vorbereitung der Entscheidung zweckdienlich erscheint. Zwingend vorgeschrieben ist endlich die Anhörung des Kindes für den Fall, daß es das zehnte Lebensjahr vollendet hat (§ 2 Abs III S. 5 RKEG). Die Anhörung kann mündlich oder schriftlich erfolgen; eine schriftliche Anhörung des Kindes kommt nicht in Betracht.

Für die *Entscheidung* des Vormundschaftsgerichts, die dem *Richter* zusteht (RpflG § 12 Zff 21), sind, auch soweit ein Mißbrauch im Sinne des § 1666 BGB nicht vorliegt (ein Einschreiten des Vormundschaftsgerichts ist bei Vorliegen der Voraussetzungen dieser Bestimmungen möglich), die Zwecke der Erziehung maßgebend (§ 2 Abs III S. 2 RKEG, s. auch oben). Zur Rechtfertigung eines beabsichtigten Glaubenswechsels genügt es nicht, daß der Wechsel dem Kinde mit Rücksicht auf sein jugendliches Alter voraussichtlich eine seelische Erschütterung nicht verursacht; vielmehr muß der Wechsel dem Zwecke der Erziehung dienen, dem z. B. in der Regel eine Trennung von gemeinsam zu erziehenden Geschwistern nach Bekenntnissen zuwiderläuft (KG im Zentralblatt XXIII 184). Die Entscheidung kann nur dahin ergehen, daß die von dem bestimmungsberechtigten Elternteil beabsichtigte Maßnahme entweder gebilligt oder nicht gebilligt wird. Das Vormundschaftsgericht ist also nicht befugt, eine dritte Lösung durch seine Entscheidung den Eltern aufzuerlegen, und zwar auch dann nicht, wenn der nicht bestimmungsberechtigte Elternteil diese Lösung vorgeschlagen hat (Engelmann S. 60 Anm 7c; Palandt-Lauterbach S. 1271 Anm 3 zu § 2 RKEG; str). Die Entscheidung des Vormundschaftsgerichts kann auch im Wege des *Zwanges* durchgeführt werden (§ 33 FGG i.d.F. d. VO vom 5. 8. 1935). Gegen die Entscheidung findet die einfache *Beschwerde* statt, die auch den Pfarrämtern und den Jugendämtern zusteht (Palandt-Lauterbach a. a. O.; s. auch unten § 48 Zff 1).

b) Steht dem Vater oder der Mutter das Recht und die Pflicht für die Person des Kindes zu sorgen, *neben* einem dem Kinde bestellten *Vormund* oder *Pfleger* zu (vgl § 1673 Abs II S. 2 BGB i.d.F. d. GleichberG vom 18. 6. 1957, BGBl I S. 609), so geht bei einer Meinungsverschiedenheit über die Bestimmung des religiösen Bekenntnisses, in dem das Kind erzogen werden soll, die Meinung des Vaters oder der Mutter vor, es sei denn, daß dem Vater oder der Mutter das Recht der religiösen Erziehung auf Grund des § 1666 BGB entzogen ist (§ 3 Abs I RKEG). Es kann auch vorkommen, daß *beiden* Eltern das Recht der Fürsorge der Person des Kindes neben einem Vormund zusteht, z. B. wenn die elterliche Gewalt beider Elternteile wegen beschränkter Geschäftsfähigkeit ruht (bei der Mutter ist im Falle der Minderjährigkeit jedoch zu beachten, daß ihr das Sorgerecht alsdann nicht neben, sondern an Stelle des Vormundes zusteht: § 1673 Abs II S. 3 Halbs. 2 BGB). Einigen sich in einem solchen Falle die Eltern über die religiöse Erziehung des Kindes, so geht ihre übereinstimmende Meinung derjenigen des Vormundes vor; einigen sie sich nicht, so muß die Meinung der Mutter vorgehen, wenn ihre elterliche Gewalt wegen Minderjährigkeit ruht.

Beispiele:

I.

Der Vater eines elfjährigen Kindes ist evangelisch, die Mutter katholisch. Das Kind ist bisher im katholischen Bekenntnis erzogen worden, der Vater wünscht, daß es künftig evangelisch erzogen werde, damit das gut begabte Kind statt der Volksschule (Gemeinschaftsschule) eine am Ort befindliche private evangelische höhere Lehranstalt besuchen könne. Da die Mutter ihre Zustimmung zu dem Bekenntniswechsel nicht geben will, beantragt der Vater die Vermittlung und notfalls die Entscheidung des Vormundschaftsgerichts; dieses hört die streitenden Elternteile, das Jugendamt und den Lehrer, ferner die am Ort lebenden Großeltern des Kindes und dieses selbst. Das Kind wünscht, bei dem katholischen Bekenntnis zu verbleiben. Das Vormundschaftsgericht entscheidet zugunsten der Mutter dahin, daß es den Wunsch des Vaters nicht billige, da mit Rücksicht auf den ernstlichen Willen des Kindes, das einen sehr verständigen Eindruck mache, bei einem Bekenntniswechsel erhebliche seelische Störungen bei dem Kinde und Schwierigkeiten bei seiner Erziehung auch im allgemeinen zu befürchten seien, die auch durch die Möglichkeit, dem Kinde eine umfassendere Schulbildung zu vermitteln, nicht ausgeglichen werden könnten.

II.

Die Eltern sind aus alleinigem Verschulden des Vaters rechtskräftig geschieden. Der Vater ist katholisch, die Mutter evangelisch. Diese wünscht, das bisher katholisch erzogene Kind künftig im evangelischen Bekenntnis zu erziehen. Die Mutter kann das bestimmen, auch wenn der Vater nicht einverstanden ist, wenn ihr, wie § 1671 BGB Abs III S. 2 BGB i.d.F. d. GleichberG vom 18. 6. 1957, BGBl I S. 609, es vorsieht, die elterliche Gewalt durch das Vormundschaftsgericht übertragen ist. Dies gilt auch, wenn die Mutter wieder geheiratet hat. Indessen kann der Bekenntniswechsel nicht erfolgen, wenn das bereits zwölf Jahre alte Kind widerspricht, während andererseits das Kind, wenn es bereits vierzehn Jahre alt ist, aus eigener Entscheidung den Wechsel vollziehen kann (§ 5 RKEG). Endlich ist es dem Vater unbenommen, bei dem Vormundschaftsgericht zu beantragen, gemäß § 1671 Abs IV BGB das Personensorgerecht von der Mutter auf ihn zu übertragen, oder anzuregen, der Mutter das Sorgerecht gemäß § 1666 BGB zu entziehen, weil ihre Bestimmung, wie die Anhörung der Großeltern und auch des Jugendamts ergeben werde, nach Lage der Umstände zu einer Störung des Verhältnisses des Kindes zu beiden Elternteilen führen müsse, die Mutter aber, obwohl sie dies wohl erkenne, in uneinsichtiger Weise an ihrem Verlangen festhalte; wenn schon ihm, dem Vater, das Sorgerecht nicht übertragen werden könne, so möge es einem Pfleger übertragen werden. Für eine solche Maßnahme könnte bei Vorliegen der sonstigen Voraussetzungen § 1671 Abs V BGB die gesetzliche Grundlage geben.

III.

Der Vater des Kindes ist evangelisch; er hat die elterliche Gewalt verwirkt. Dem bisher evangelisch erzogenen Kinde ist deshalb gemäß § 1679 Abs I S. 2 BGB i.d.F. wie oben in der Person eines gleichfalls evangelischen Bruders des Vaters ein Vormund bestellt worden, neben dem der Mutter des Kindes gemäß § 1679 Abs I S. 4 BGB das tatsächliche Nebensorgerecht für die Person des Kindes zusteht. Die Mutter ist katholisch; sie wünscht, daß das Kind künftig in diesem Bekenntnis erzogen werde; ihrer Meinung geht im Falle einer Meinungsverschiedenheit die Meinung des Vormundes vor, unbeschadet des Rechts des zwölf Jahre alten Kindes auch von sich aus dem Bekenntniswechsel zu widersprechen. Andererseits kann das Kind, wenn es vierzehn Jahre alt ist, selbst gegen den übereinstimmenden Willen der Mutter und des Vormundes das Bekenntnis selbst bestimmen, zu dem es sich halten will. Ist in unserem Falle das Kind hiernach katholisch zu erziehen, so wird zwar mangels anderweitiger Gründe im Hinblick auf § 1779 Abs II S. 3 BGB trotz der Vorschrift des § 1779 Abs II S. 2 BGB von der Entlassung des Vormundes Abstand zu nehmen, aber zu erwägen sein, ob nicht gemäß § 1801 BGB die Sorge für die religiöse Erziehung des Kindes dem Vormund zu entziehen und gemäß § 1909 Abs I BGB einem Pfleger von dem Bekenntnis des Kindes zu übertragen ist.

c) Steht die Sorge für die Person des Kindes einem *Vormund* oder *Pfleger allein* zu, so hat dieser unbeschadet der Vorschrift des § 1801 BGB auch über die religiöse Erziehung des Kindes zu bestimmen (§ 3 Abs II S. 1 RKEG); er bedarf aber hierzu der *Genehmigung des Vormundschaftsgerichts* (§ 3 Abs II S. 2 RKEG). Unter der Bestimmung der religiösen Erziehung im Sinne dieser Vorschrift ist die Bestimmung zu verstehen, in welchem Bekenntnis oder in welcher Weltanschauung das Kind erzogen werden soll. Vor der Entscheidung über die Erteilung der Genehmigung sind die Eltern sowie erforderlichenfalls Verwandte, Verschwägerte und Lehrer des Kindes zu hören, wenn es ohne erhebliche Verzögerung oder unverhältnismäßige Kosten geschehen kann; Verwandte, Verschwägerte und Lehrer können im Falle ihrer Anhörung Ersatz ihrer von dem Vormundschaftsgericht festzusetzenden Auslagen von dem Kinde verlangen (§ 3 Abs II S. 3 u. 4 RKEG. Auch das Kind ist zu hören, wenn es das zehnte Lebensjahr vollendet hat (§ 3 Abs II S. 5 RKEG). Vgl im übrigen bezüglich des Verfahrens und der Entscheidung des Vormundschaftsgerichts die Ausführungen oben zu a), die auch hier zutreffen.

Eine *schon erfolgte rechtswirksame Bestimmung* über die religiöse Erziehung des Kindes kann weder der Vormund noch der Pfleger ändern (§ 3 Abs II S. 6 RKEG). Diese Vorschrift enthält zwingendes Recht. Der Vormund oder Pfleger kann daher auch von dem an sich hinsichtlich der religiösen Erziehung bestimmungsberechtigten Elternteil nicht wirksam zu einer Änderung der bereits getroffenen Bestimmung ermächtigt werden (JFG 3 120). Eine Änderung ist auch dann unzulässig, wenn der Vormund oder Pfleger die Bestimmung selbst getroffen hat. In diesem Falle ist allerdings das Vormundschaftsgericht nicht gehindert, die bereits erteilte Genehmigung gemäß § 18 FGG wieder aufzuheben, wodurch der Vormund praktisch in die Lage versetzt wird, die Bestimmung zu ändern (ENGELMANN S. 70 Anm IV 2 bγ).

Verstößt der Vormund oder der Pfleger gegen die Vorschrift des § 3 Abs II S. 6 RKEG oder versucht er, durch Einzelanordnungen die Erziehung in dem bereits bestimmten Bekenntnis oder in der bereits gewählten Weltanschauung zu erschweren oder zu vereiteln, so hat das Vormundschaftsgericht auf Grund seines Aufsichtsrechts (vgl die §§ 1837 ff. BGB, § 1837 Abs II i.d.F. d. Ges vom 5. 3. 1953 — ohne den früheren Satz 2 —; vgl ferner die VO über Vermögensstrafen und Bußen vom 6. 2. 1924, RGBl I S. 44, Art I) einzuschreiten und notfalls mit der Entlassung (§§ 1886, 1915 Abs I BGB) gegen den Vormund oder Pfleger vorzugehen.

4. Für den *Austritt aus einer Religionsgesellschaft* sind die landesrechtlichen Vorschriften des öffentlichen Rechts maßgebend (Rundbriefe IV 24; vgl § 45 oben Z. 3).

Im früheren Preußen[1] war durch Art 76 Abs I der Verfassung vom 30. November 1920 (PrGS **1920** 543 ff.) bestimmt, daß, wer aus einer Religionsgemeinschaft öffentlichen Rechts[2] mit bürgerlicher Wirkung austreten will, den Austritt bei Gericht zu erklären oder als Einzelerklärung in öffentlich beglaubigter Form einzureichen hat und daß die Steuerpflicht des Ausgetretenen frühestens mit Ende des Steuerjahres erlischt, in dem die Austrittserklärung abgegeben worden ist. Gemäß Art 76 Abs II a. a. O. erfolgt die Ausführung dieser Bestimmung durch Gesetz.

Dieses *Gesetz* ist unter dem *30. November 1920* erlassen (PrGS **1921** 119, 120). Es ist mit seiner Verkündung in Kraft getreten (§ 5 Abs I) und bestimmt unter Aufhebung früherer Bestimmungen (§ 5 Abs II)[3] in § 1, daß der Austritt bei dem Amtsgericht des Wohnsitzes des Austretenden entweder zu Protokoll des Urkundsbeamten der Geschäftsstelle oder durch Einreichung einer öffentlich beglaubigten Einzelerklärung zu erfolgen hat. Das Amtsgericht des *Wohnsitzes* ist für die Entgegennahme der Austrittserklärung *ausschließlich* zuständig; vor diesem Gericht ist die Erklärung *persönlich* abzugeben. Die Abgabe der Erklärung vor dem Amtsgericht des Aufenthaltsortes ist unzulässig; sie kann auch nicht im Wege der Rechtshilfe vermittelt werden; Gefangene, Fürsorgezöglinge usw. können daher regelmäßig eine Austrittserklärung überhaupt nicht abgeben, wenn sie sich nicht zufällig am Orte ihres Wohnsitzes befinden. Ehegatten sowie Eltern und Kinder können gemäß § 1 Abs I S. 1 des Gesetzes vom 30. 11. 1920 den Austritt in derselben Urkunde erklären. Religionsmündige Kinder[4] bedürfen nicht der Mitwirkung des gesetzlichen Vertreters (RGR IV S. 491 Anm zu § 5 RKEG, vgl auch JurRdsch **1931** 223); für volljährige, aber geschäftsunfähige und bevormundete Personen kann auch der gesetzliche Vertreter die Austrittserklärung nicht abgeben. Der Vormund kann die Beurkundung des Kirchenaustritts seines Mündels nicht erzwingen StAZ **54** 39ff.). Bei der Erklärung findet eine Vertretung *kraft Voll-*

---

[1] Bezüglich der anderen Länder vgl die Zusammenstellung bei STAUDINGER 10. Aufl. VI S. 306 II Anm 8.

[2] Vgl hierzu Art. 140 GG i. V. m. Art. 137 Abs. V der Weimarer Verfassung v. 11. 8. 1919.

[3] Von den zum früheren preußischen Recht ergangenen höchstrichterlichen Entscheidungen dürften u. a. noch folgende von Interesse sein: KGJ **35** A 49 (Zweifel über die Kirchenzugehörigkeit des den Kirchenaustritt Erklärenden); **48** A 10 (Bestimmung des gesetzlichen Vertreters eines Kindes über den Kirchenaustritt als Angelegenheit der Personenfürsorge).

[4] Erklärt ein (bekenntnisloser) Elternteil auf Grund seines Rechtes zur gesetzlichen Vertretung den Kirchenaustritt für sein religionsunmündiges Kind, das bisher christlich erzogen worden ist, so kann darin ein Mißbrauch des Personensorgerechts liegen (FamRZ **58** 470 Nr 196).

macht nicht statt (Abs I a. a. O.). Die Wirkungen der Austrittserklärung treten erst einen Monat nach dem Eingang der Erklärung bei dem Amtsgericht ein. Bis dahin kann die Erklärung in der oben bezeichneten Form zurückgenommen werden (Abs II a. a. O.). Diese Regelung soll dem Vorstand der Religionsgemeinschaft, der der Erklärende angehört, die Möglichkeit geben, auf ihn im Sinne des Verbleibens in der Religionsgemeinschaft einzuwirken; der Vorstand erhält von dem Gericht von der Abgabe und der etwaigen Zurücknahme der Erklärung unverzüglich Nachricht; der Ausgetretene erhält demnächst eine Bescheinigung über den vollzogenen Austritt (Abs III a. a. O.). § 2 d. Ges vom 30. 11. 1920 regelt die *Wirkungen* des Austritts, die sich in der gesetzlich näher bestimmten Befreiung von allen Leistungen erschöpfen, die auf der persönlichen Zugehörigkeit zu der Religionsgemeinschaft beruhen; unberührt bleibt also die nach den kirchenrechtlichen Vorschriften zu entscheidende Frage der Zugehörigkeit. Gemäß § 3 ist das Verfahren gebührenfrei. Die Vorschriften des Gesetzes finden auch auf den Austritt aus der einzelnen Synagogengemeinde Anwendung; ein Jude, der aus einer solchen Gemeinschaft ausgetreten ist, wird nur dann Mitglied einer anderen Synagogengemeinde, wenn er ihrem Vorstand seinen Beitritt schriftlich erklärt.

Für die Entscheidung von *Streitigkeiten über die Rechtswirksamkeit* eines Kirchenaustritts ist das Vormundschaftsgericht nicht zuständig (JFG 5 48 = Rundbriefe IV 24; JurRdsch **1928** Rechtspr Nr 548).

Zur Frage der *personenstandsmäßigen* Behandlung von Kirchenaustritten vgl § 69a des PStG i.d.F. vom 8. 8. 1957 BGBl I S. 1125.

§ 47. γ) Verträge über die religiöse Kindererziehung, Selbstbestimmungsrecht des Kindes

1. Gemäß § 4 RKEG sind *Verträge* über die religiöse Erziehung eines Kindes (worunter gemäß § 6 RKEG auch die Erziehung in einer bestimmten Weltanschauung zu verstehen ist) ohne bürgerliche Wirkung, d. h. *nichtig* auf dem Gebiet des bürgerlichen Rechts. Die kirchenrechtlichen Vorschriften, die sich auf den Abschluß eines solchen Vertrages oder auf die Zuwiderhandlung gegen einen solchen beziehen, bleiben unberührt (Engelmann S. 73 Anm IV B 2). Ob der Vertrag mündlich oder schriftlich, selbständig oder als Bestandteil eines anderen Vertrages, z. B. eines Vertrages über die Annahme an Kindes Statt oder eines Ehevertrages geschlossen ist, bleibt ohne Belang. Einer vertraglichen Abmachung der Eltern kommt allerdings die Bedeutung einer Einigung im Sinne des § 1 RKEG (oben § 46) zu; diese ist aber jederzeit widerruflich (§ 1 S. 2 RKEG), führt also eine rechtliche Bindung nicht herbei. Für den Nachweis einer solchen Einigung sowie der bisherigen Erziehung des Kindes in einem bestimmten Bekenntnis oder in einer

bestimmten Weltanschauung kann eine vertragliche Vereinbarung der Eltern von Bedeutung sein.

Sind auf Verträge, die über die religiöse Erziehung *ausländischer Kinder* geschlossen sind, nach den Vorschriften der Art 19, 20 EGBGB die Regeln des ausländischen Rechts anzuwenden (oben § 39) und läßt dieses Recht den Abschluß von Verträgen über die religiöse Kindererziehung zu, so findet § 4 RKEG keine Anwendung (ENGELMANN S. 74, 75 Anm VI).

2. In gewissem Umfang gewährt das RKEG dem Kinde das Recht, *über seine religiöse Erziehung selbst zu bestimmen.*

a) Hat das Kind das *vierzehnte* Lebensjahr vollendet, so steht ihm die Entscheidung darüber zu, zu welchem religiösen Bekenntnis oder zu welcher Weltanschauung es sich halten will (§ 5 S. 1 RKEG). Dies gilt auch, wenn das Kind zufolge Entmündigung wegen Geistesschwäche, Verschwendung oder Trunksucht in der Geschäftsfähigkeit, auch abgesehen von seiner Minderjährigkeit, beschränkt ist, dagegen nicht, wenn das Kind geschäftsunfähig ist (ENGELMANN S. 76 Anm III 2). Darauf, ob das Kind bei der Abgabe seiner Erklärung nach seiner persönlichen Entwicklung die erforderliche geistige und sittliche Reife besitzt, um die Tragweite seiner Entschließung voll zu erkennen, kommt es nicht an; selbst dem Umstand, daß die vorangegangene Erziehung gesetzwidrig war, kommt keine rechtliche Bedeutung zu (BayObLG vom 1. 8. 1961 in FamRZ 62 74, 77 Nr 28).

Das Kind kann bestimmen, ob es bei seinem bisherigen Bekenntnis oder seiner bisherigen Weltanschauung verbleiben oder zu einem anderen Bekenntnis oder zu einer anderen Weltanschauung übertreten will. Die Bestimmung ist an keine Form gebunden, doch sind hinsichtlich des Austritts aus einer Religionsgemeinschaft die öffentlich-rechtlichen Vorschriften der Länder maßgebend (oben § 46 Z. 4). Ob das Kind auch befugt ist, sich nach Belieben von der Betätigung des gewählten religiösen Bekenntnisses oder der gewählten Weltanschauung im Einzelfall oder in bestimmtem Umfang fernzuhalten und insoweit das Recht und die Pflicht der Eltern oder des sonst Erziehungsberechtigten außer Kraft zu setzen, wie ENGELMANN S. 77 Anm III 4 annimmt, erscheint recht zweifelhaft. Die Bedenken leiten sich nicht nur aus dem Wortlaut, sondern auch daraus her, daß es etwas anderes ist, ob dem Kinde nach Erreichung eines bestimmten, ein gewisses Unterscheidungsvermögen gewährleistenden Lebensalters mit Rücksicht auf den Grundsatz der Gewissensfreiheit die *Wahl* des Bekenntnisses oder der Weltanschauung freigestellt wird oder ob das noch jugendliche und unmündige, der *Erziehung* noch bedürftige Kind hinsichtlich eines sehr wesentlichen Teils der Erziehung seinem eigenen Gutdünken überlassen werden darf; die oben aufgeworfene Frage ist daher zu verneinen. Die *verfassungsrechtliche*

Befugnis der Erziehungsberechtigten, über die Teilnahme des Kindes am Religionsunterricht zu bestimmen (oben § 45 Z. 3)[1], berührt das Selbstbestimmungsrecht des Kindes aus § 5 RKEG nicht; wird die Befugnis entgegen der Selbstbestimmung des Kindes ausgeübt, so hat das Vormundschaftsgericht zu prüfen, ob ein Einschreiten gemäß §§ 1666, 1837, 1886, 1915 Abs I BGB geboten ist; dies gilt auch bei sonstigen Verletzungen des Selbstbestimmungsrechts des Kindes.

Macht das Kind von dem Selbstbestimmungsrecht keinen Gebrauch, so behält es bei den §§ 1 bis 3 RKEG sein Bewenden.

b) Hat das Kind das *zwölfte* Lebensjahr vollendet, so kann es nicht gegen seinen Willen in einem anderen Bekenntnis oder in einer anderen Weltanschauung als bisher erzogen werden (§ 5 S. 2, § 6 RKEG). Der Begriff des „bisherigen Bekenntnisses" ist rein tatsächlicher Art (JFG 2 69; 8 79; vgl auch DRZ **1930** Rechtspr Nr 729; Zentralblatt XXII 403; abw. KG in OLG **43** 369). Hinsichtlich der Geschäftsfähigkeit und einer unzulässigen Einwirkung des Erziehungsberechtigten auf das Kind gelten die Ausführungen zu a) entsprechend. Die Willenserklärung des Kindes bedarf keiner Form und wird durch die Unterbringung in einer Erziehungsanstalt nicht beeinträchtigt (vgl für das frühere Recht JFG 8 79).

Hinsichtlich der Abmeldung des Kindes vom Religionsunterricht gelten die Ausführungen zu a) entsprechend; die Abmeldung zum Zwecke der Änderung des Religionsunterrichts ist also nicht zulässig.

§ 48. δ) Die Entscheidung von Streitigkeiten über die religiöse Kindererziehung

1. Für die Entscheidung von Streitigkeiten, die sich auf Grund der Anwendung des REG zwischen den Eltern oder zwischen den Eltern und einem Vormund oder Pfleger und dem Kinde ergeben, ist *ausschließlich* das *Vormundschaftsgericht zuständig* (§ 7 S. 1 RKEG). Hierbei kann es sich sowohl darum handeln, wem das Bestimmungsrecht hinsichtlich der religiösen Erziehung des Kindes zusteht, als auch darum, ob die Ausübung des Erziehungsrechts im einzelnen den gesetzlichen Vorschriften entspricht. Verwandte oder Verschwägerte des Kindes oder sonstige dritte Personen, weltliche und kirchliche Behörden können Ansprüche aus dem RKEG nicht herleiten; demgemäß ist auch, wenn sie mit den Erziehungsberechtigten oder dem Kinde in Meinungsverschiedenheiten geraten, für die Entscheidung des Vormundschaftsgerichts kein Raum.

---

[1] Zum Verhältnis des § 5 RKEG zu Art 6 Abs II, 7 GG vgl FamRZ **63** 182 Nr 61; die Ausführungen des BVerwG vermögen nicht zu überzeugen; das gesetzliche Selbstbestimmungsrecht des Kindes muß dem im natürlichen Verwandschaftsverhältnis begründeten Elternrecht vorgehen.

Für das Verfahren und die Entscheidung des Vormundschaftsgerichts sowie für die zulässigen Rechtsmittel gelten die allgemeinen Vorschriften des FGG (wegen des Kirchenaustritts im besonderen vgl oben § **46** Z. 4). Dies gilt namentlich auch hinsichtlich der Beschwerdebefugnis, die aus § 57 Abs I Zff 9 FGG auch den Pfarrämtern zusteht (DRZ **1930** Rechtspr Nr 729; Zentralblatt XXII 403).

2. Bei Streitigkeiten aus dem RKEG findet ein Einschreiten des Vormundschaftsgerichts *von Amts wegen* nur statt, wenn die Voraussetzungen des § 1666 BGB vorliegen (§ 7 S. 2 RKEG). Ebenso bleiben hinsichtlich der unter Vormundschaft oder Pflegschaft stehenden Kinder, die sich aus den §§ 1837ff. 1915 Abs I BGB ergebenden Befugnisse des Vormundschaftsgerichts und auch das Recht der Entlassung gegenüber dem Vormund oder Pfleger unberührt; zur Anwendung dieser Vorschriften ist nicht erforderlich, daß die Voraussetzungen des § 1666 BGB gegeben sind (ENGELMANN S. 85 Anm IV, S. 89, 90 B2a, b und C). Gemäß KGJ **37** A **75** (früheres preußisches Recht) kann das Vormundschaftsgericht wegen der Unterbringung eines Kindes in einer andersgläubigen Familie nur dann gegen den Vormund einschreiten, wenn mit der Unterbringung außergewöhnliche Unzuträglichkeiten verbunden sind; solche werden aber wohl in aller Regel zu besorgen sein.

Ob im Einzelfall die Voraussetzungen des § 1666 BGB oder der §§ 1837, 1886 BGB gegeben sind, hat das Vormundschaftsgericht nach pflichtmäßigem Ermessen zu entscheiden. Der bloße Bekenntniswechsel rechtfertigt noch nicht die Annahme, daß ein Mißbrauch des Bestimmungsrechts vorliege; ein solcher kann sich jedoch aus den Umständen des Einzelfalles ergeben (vgl für das frühere Recht KGJ **28** A **13**; **49** A 29 = RJA **15** 256). Ein Mißbrauch des Sorgerechts der Mutter für ihr uneheliches Kind liegt ferner nicht schon darin, daß sie den Austritt des Kindes aus einer Religionsgemeinschaft und seinen Übertritt in eine andere ohne Mitwirkung des Vormundes erklärt; der Religionswechsel *kann* allerdings einen Mißbrauch des Sorgerechts enthalten, z. B. wenn das Verhalten der Mutter auf Einwirkung durch den Stiefvater des Kindes zurückzuführen ist (JFG **5** 48 = Rundbriefe IV 24; JurRdsch 1928 Rechtspr Nr 548). Ein Verstoß gegen § 1666 BGB wird regelmäßig vorliegen, wenn das Kind in einer Weltanschauung erzogen werden soll, die mit deutschen allgemeinen sittlichen Anschauungen im Widerspruch stehen (RGR IV S. 516 Anm 2 zu § 1666 BGB) oder wenn in das religiöse Selbstbestimmungsrecht des Kindes (§ 5 RKEG) eingegriffen wird (vgl auch für das frühere Recht KGJ **37** A **78**; **39** A **15** und OLG **7** 419), wobei aber eine Einwirkung in der Form bloßer Belehrung nicht zu beanstanden sein wird. Ein Mißbrauch des Sorgerechts wird vorliegen, wenn der Erziehungsberechtigte die gemäß § 2 Abs III REG getroffene Entscheidung des Vormundschaftsgerichts zu vereiteln oder zu durchkreuzen versucht, für das frühere preußische Recht vgl KGJ 46 A 41). Auch eine lediglich aus materiellen Gründen erfolgte (vgl hierzu für das frühere preußische Recht KGJ 39 A 22) oder mehrfach wiederholte Änderung des Bekenntnisses oder der Weltanschauung kann unter § 1666 BGB fallen (ENGELMANN S. 87 Anm IV A2a γ). Nach KGJ 37 A 78 gehört es nicht schlechthin zum Wesen des religiösen Unterrichts in einem bestimmten Bekenntnis, daß das Kind auch in den sonstigen Fächern eine seinem Bekenntnis entsprechende Schule besucht (vgl auch KGJ 40 A 14), eine je nach den Umständen nicht unbedenkliche Auffassung.

Welche Maßnahmen zum Schutze des Kindes erforderlich sind, entscheidet das Vormundschaftsgericht nach Lage des Einzelfalles und seinem pflichtmäßigen Ermessen (s. unten die §§ 55 Z. 2 und 96 Z. 1).

§ 49. 3. Die Sorge für das Vermögen des Kindes

1. Die Sorge für das Vermögen des Kindes ist ein Bestandteil der elterlichen Gewalt und wird von dem Gesetz (§ 1638 Abs I BGB i.d.F. d. GleichberG vom 18. 6. 1957 BGBl I S. 609) als „*Vermögensverwaltung*“ bezeichnet; sie umfaßt sowohl die tatsächliche Fürsorge für das Vermögen des Kindes als auch dessen Vertretung in vermögensrechtlichen Angelegenheiten (KGJ 47 A 39).

Das Recht und die Pflicht der Vermögensverwaltung steht während der Dauer der Ehe der Eltern des Kindes regelmäßig beiden Eltern gemeinsam in eigener Verantwortung und in gegenseitigem Einvernehmen zu.

2. Das Recht und die Pflicht der Vermögensverwaltung verleiht den Eltern grundsätzlich unbeschränkte Befugnis, die Vermögensangelegenheiten des Kindes nach pflichtmäßigem Ermessen zu regeln. Indessen sind (abgesehen von den den sich aus einer etwaigen Einschränkung der elterlichen Gewalt im ganzen ergebenden Folgen, s. oben § 42) zum Schutze der Interessen des Kindes den Eltern gewisse Beschränkungen auferlegt.

a) Das Vermögensverwaltungsrecht erstreckt sich nicht auf das Vermögen, das das Kind *von Todes wegen* erwirbt oder das ihm unter Lebenden *unentgeltlich* zugewendet wird, wenn der Erblasser durch letztwillige Verfügung, der Zuwendende bei der Zuwendung bestimmt hat, daß die Eltern das Vermögen nicht verwalten sollen (§ 1638 Abs I BGB i.d.F. wie oben). Was das Kind auf Grund eines zu einem solchen Vermögen gehörenden Rechtes oder als Ersatz für die Zerstörung, Beschädigung oder Entziehung eines zu dem Vermögen gehörenden Gegenstandes oder durch ein Rechtsgeschäft erwirbt, das sich auf das Vermögen bezieht (§ 1638 Abs II BGB), können die Eltern gleichfalls nicht verwalten.

Ist durch letztwillige Verfügung oder bei der Zuwendung bestimmt, daß *ein* Elternteil das Vermögen nicht verwalten soll, so verwaltet es der andere Elternteil; insoweit vertritt dieser das Kind (Abs III a. a. O.). Sind *beide* Eltern ausgeschlossen, so haben sie dem Vormundschaftsgericht zum Zwecke der *Bestellung eines Pflegers* unverzüglich Anzeige zu machen. Als Pfleger kann auch ein Elternteil selbst bestellt werden; er unterliegt aber in diesem Falle denselben Beschränkungen wie ein solcher. Die Eltern haben weder gegen die Anordnung der Pflegschaft noch gegen die Auswahl des Pflegers ein Beschwerderecht, weil das Vermögensverwaltungsrecht nicht erst mit der Anordnung der Pflegschaft oder mit der Bestellung des Pflegers erlischt, sondern überhaupt nicht zur Entstehung gelangt (OLG **24** 28; **25** 401; Recht **1927** 709). Dagegen steht den Eltern das Beschwerderecht trotz Entziehung der Vermögensverwaltung gegen solche Verfügungen des Vormundschaftsgerichts zu, die auch die Person des Kindes betreffen (JurRdsch **1930** Rechtspr Nr 1927).

Das Vormundschaftsgericht ist zur Prüfung der formellen und materiellen Gültigkeit der letztwilligen Anordnung befugt und verpflichtet (KGJ 22 A 26). Ist ein *Testamentsvollstrecker* ernannt, dessen Befugnisse sich auch auf das dem Kinde angefallene Vermögen erstrecken, so darf gleichwohl die Bestellung eines Pflegers nicht unterbleiben, dessen Wirkungskreis den ganzen Umfang der sonst den Eltern zustehenden Vermögensverwaltung umfaßt und sich nicht nur auf die Stellung gegenüber dem Testamentsvollstrecker beschränkt, wenn dieser Teil der Obliegenheiten des Pflegers vielleicht auch der wichtigste ist; das Verwaltungsrecht des Testamentsvollstreckers bildet lediglich eine je nach den Bestimmungen des Erblassers mehr oder weniger starke Einschränkung des dem Pfleger auf familienrechtlicher Grundlage zustehenden Rechts (RJA **16** 15).

b) Die Eltern haben, wenn sie zur Verwaltung des Vermögens berufen sind, die Verwaltung nach den Anordnungen zu führen, die durch letztwillige Verfügung oder bei der Zuwendung getroffen worden sind (§ 1639 Abs I S. 1 BGB i.d.F. wie oben). Diese Anordnungen (vgl auch unten zu e Abs II) erstrecken sich im Zweifel auch auf das Vermögen, das das Kind auf Grund eines zu dem zugewendeten Vermögen gehörenden Rechts oder als Ersatz für die Zerstörung, Beschädigung oder Entziehung eines zu dem Vermögen gehörenden Gegenstandes oder durch ein Rechtsgeschäft erwirbt, das sich auf das zugewendete Vermögen bezieht.

Eine Abweichung von den Anordnungen des Zuwendenden oder der letztwilligen Verfügung ist den Eltern mit Genehmigung des Vormundschaftsgerichts gestattet, wenn die Befolgung der Anordnungen das Interesse des Kindes gefährden würde; solange der Zuwendende aber lebt, ist zu einer solchen Abweichung von einer gelegentlich einer Zuwendung unter Lebenden getroffenen Anordnung seine Zustimmung erforderlich; ist er zu einer Erklärung außerstande oder ist sein Aufenthalt dauernd unbekannt, so kann seine Zustimmung durch das Vormundschaftsgericht ersetzt werden (§ 1639 Abs II, 1803 Abs II, III BGB).

Kommen abgesehen von diesen Ausnahmen die Eltern den Anordnungen nicht nach, so hat das Vormundschaftsgericht die *zu ihrer Durchführung erforderlichen Maßnahmen* zu treffen, z.B. den Eltern geeignete Vorstellung zu machen oder auch, wenn diese oder ähnliche Maßregeln erfolglos bleiben, die Verwaltung des zugewendeten Kindesvermögens zu entziehen und einem Pfleger zu übertragen. Das Jugendamt ist verpflichtet, dem Vormundschaftsgericht Anzeige zu machen, wenn Anlaß zum Einschreiten gegen die Eltern gegeben erscheint (§ 48 Abs I JWG i.d.F. vom 11. 8. 1961, BGBl I S. 1206).

Die Eltern machen sich im übrigen durch Verletzung der Anordnungen des Zuwendenden oder des Erblassers dem Kinde gegenüber nach Maßgabe des § 1664 BGB (vgl unten § 51) *schadensersatzpflichtig*. Die Gültigkeit der von den Eltern unter Außerachtlassung der Anordnungen für das Kind vorgenommenen Verfügungen bleibt jedoch unberührt.

Zu beachten ist, daß die Eltern von der Vertretung des Kindes bei der Entscheidung über die Annahme oder Ausschlagung der letztwilligen Zuwendung nicht ausgeschlossen werden können (RJA 14 115). Dabei bedürfen aber die Eltern nach Maßgabe des § 1643 Abs II BGB der vormundschaftsgerichtlichen Genehmigung.

c) Der Vermögensverwaltung der Eltern unterliegt ferner *nicht* das Vermögen, das dem Kinde gemäß § 112 BGB zum *selbständigen Betriebe eines Erwerbsgeschäfts* überlassen ist, soweit das Kind nach Maßgabe der genannten Bestimmung unbeschränkt geschäftsfähig ist. Im Falle der Ermächtigung zum *selbständigen Dienst- oder Arbeitsverhältnisses* (§ 113 BGB) ist das Kind auch zur Verfügung über den verdienten Lohn berechtigt. Ist der Lohn eingezogen, so steht aber den Eltern das Verwaltungsrecht zu (KGJ 37 A 39).

d) Die Eltern können nicht in Vertretung des Kindes *Schenkungen* machen; ausgenommen sind Schenkungen, durch die einer sittlichen Pflicht oder einer auf den Anstand zu nehmenden Rücksicht entsprochen wird (§ 1641 BGB), wobei auf die Vermögensverhältnisse des Kindes Rücksicht zu nehmen sein wird. Schenkungen, die entgegen der Vorschrift des § 1641 BGB von den Eltern in Vertretung des Kindes gemacht werden, sind nichtig.

e) Die Eltern haben das ihrer Verwaltung unterliegende *Geld* des Kindes nach den für die Anlegung von Mündelgeld geltenden Vorschriften der §§ 1807, 1808 BGB (s. unten § 87) *verzinslich* anzulegen, soweit es nicht zur Bestreitung von Ausgaben bereitzuhalten ist (§ 1642 Abs I BGB). Die Anlegungspflicht betrifft nur die der Verwaltung der Eltern als Gewalthaber unterliegenden Gelder des Kindes, also z. B. nicht das zum Gesamtgut einer von dem überlebenden Elternteil mit den Kindern fortgesetzten Gütergemeinschaft (§§ 1483ff. BGB i.d.F. d. GleichberG vom 18. 6. 1957, BGBl I S. 609) gehörende Geld. „Geld" i. S. d. § 1642 BGB sind nur Hart- und Papiergeld; Geld*forderungen* sind nicht dazu zu rechnen (JurRdsch **1931** Rechtspr Nr 1139). Bei einer ungeteilten Erbengemeinschaft der Eltern oder eines Elternteils und der Kinder muß das gesamte zum Nachlaß gehörende Geld mündelsicher angelegt werden.

Anordnungen aus § 1639 BGB (vgl. oben zu b) bleiben durch die Vorschrift des § 1642 Abs I BGB unberührt. Den Eltern kann aber von dem Zuwendenden nicht gestattet werden, von dieser Vorschrift abzuweichen (KGJ 24 A 8). Lediglich das Vormundschaftsgericht kann den Eltern eine andere Anlegung gestatten; die Erlaubnis soll nur verweigert werden, wenn die beabsichtigte Art der Anlegung nach Lage des Falles den Grundsätzen einer wirtschaftlichen Vermögensverwaltung zuwiderlaufen würde (§ 1642 Abs II BGB i.d.F. d. GleichberG vom 18. 6. 1957, BGBl I S. 609); hierzu ist auf die entsprechend anwendbaren Ausführungen über die Anlegung von Mündelgeld durch den Vormund (§ 87) zu verweisen. Bei dem Erwerb von Sachwerten handelt es sich regelmäßig nicht um eine „andere Anlegung" im Sinne des § 1642 Abs II BGB; der vormundschaftsgerichtlichen Genehmigung bedarf es nur dann, wenn sie nach anderen Vorschriften (§§ 1643, 1812, 1821, 1822 BGB a. a. O.) erforderlich ist (JFG 14 501ff.).

f) Verletzen die Eltern die sich aus § 1642 BGB für sie ergebenden Pflichten, so sind sie, gegebenenfalls als Gesamtschuldner, dem Kinde nach Maßgabe des § 1664 BGB *schadensersatzpflichtig*. Auch kann das Vormundschaftsgericht gemäß § 1667 BGB gegen den oder die verantwortlichen Elternteile einschreiten.

Veräußern die Eltern mit Genehmigung des Vormundschaftsgerichts ein Kindesgrundstück, so unterliegen sie hinsichtlich der für den Kaufpreis erworbenen Wertpapiere nicht den Beschränkungen, die den Vormund nach § 1814 BGB i.d.F. d. VO vom 18. 3. 1933, RGBl I S. 109, 119, treffen.

g) In manchen Fällen bedürfen die Eltern zu Reschtsgeschäften für das Kind der *Genehmigung des Vormundschaftsgerichts*, wenn sie auch erheblich freier gestellt sind als der Vormund.

Die Genehmigung ist zunächst erforderlich in den Fällen, in denen nach § 1821 Abs I Nr 1 bis 4, Abs II BGB i. d. F. d. VO vom 21. 12. 1940, RGBl I S. 1609, und nach § 1822 Nr 1, 3, 5, 8 bis 11 BGB ein Vormund der Genehmigung bedarf (§ 1643 Abs I i.d.F. d. GleichberG vom 18. 6. 1957,

BGBl I S. 609)[1] [2]. Hierzu kann auf die Ausführungen über die entsprechenden Pflichten des Vormundes verwiesen werden (vgl unten §§ 90, 91).

Hervorgehoben sei aber, daß die Eltern, die kraft elterlicher Gewalt für das Kind ein Grundstück erwerben und zugleich eine *Hypothek für das Restkaufgeld bestellen*, hierzu nicht der Genehmigung des Vormundschaftsgerichts bedürfen; die Eltern sind in der schuldrechtlichen Ausgestaltung des Kaufvertrages völlig frei und müssen deshalb auch zu Verfügungen, die der Erfüllung des Vertrages dienen, ohne Genehmigung des Vormundschaftsgerichts befugt sein (JFG **2** 1 = RGZ **108** 357). Ebenso bedarf die *Übernahme einer Hypothek bei einem Grundstückskauf* für das Kind nicht, auch nicht als Übernahme einer fremden Verbindlichkeit gemäß § 1822 Zff 10 der vormundschaftsgerichtlichen Genehmigung (OLG **5** 183; RGZ **110** 175; BGHZ **24** 372). Ob Beitritt zu einer eGmbH Übernahme einer *fremden* Verbindlichkeit begründet, ist streitig (ablehnend FamRZ **63** 300 Nr 130 = Rpfl **63** 17; s. auch unten § 49 Zff 2 k). Schließlich sind die Eltern auch befugt, bei Entgegennahme der Auflassung eines dem Kinde vermachten Grundstücks den von dem Erblasser einem Dritten zugewendeten *Nießbrauch* an dem Grundstück ohne vormundschaftsgerichtliche Genehmigung zu bestellen (KGJ **49** A 245 = RJA **14** 258). Die Eltern bedürfen ferner nicht der vormundschaftsgerichtlichen Genehmigung zur Annahme einer *Schenkung* von Geld an das Kind *mit der Auflage*, mit dem Gelde ein Haus zu kaufen und dem Schenker den *Nießbrauch* an dem Hause zu *bestellen* (DRiZ **1929** Rechtspr Nr 750). Dagegen ist, wenn die Eltern zum Zwecke der *Erbteilung* für ihr minderjähriges Kind das Eigentum an einem Nachlaßgrundstück auf Miterben übertragen wollen, die vormundschaftsgerichtliche Genehmigung erforderlich (KGJ **20** A 237 = RJA **1** 135); das gleiche gilt, wenn die Eltern in einem gerichtlichen Vergleich auf die Herausgabe von Grundstücken und die Berichtigung des Grundbuchs namens des Kindes verzichten, wobei zu beachten ist, daß die Vorschrift des § 1821 Abs I Zff 1 BGB gegenüber der des § 1822 Zff 12 BGB als die speziellere Bestimmung zu gelten hat (RGZ **133** 259). Die Ab-

[1] Zu *Erbteilungsverträgen über Grundstücke* bedürfen die Eltern zwar nicht gemäß § 1822 Ziff 2, wohl aber gemäß § 1821 Ziff 1 BGB der Genehmigung des Vormundschaftsgerichts (OLG **5** 402). Scheidet ein Gesellschafter im Einverständnis aller Gesellschafter aus der Gesellschaft aus, so bedarf dieser Beschluß nicht der vormundschaftlichen Genehmigung für einen minderjährigen Gesellschafter, der in der Gesellschaft verbleibt (BGH in FamRZ **61** 215 Nr 71). Der Abschluß eines *Schiedsvertrages* bedarf der vormundschaftsgerichtlichen Genehmigung, wenn er eine genehmigungsbedürftige Verfügung oder ein solches Rechtsgeschäft enthält (OLG **6** 66). Vereinbarung einer *Vormerkung* zur Sicherung des Anspruchs auf Rückauflassung und eines Wiederverkaufsrechts ist genehmigungspflichtig (EJF A I f Nr 30).

[2] Die Einwilligung der Eltern in den Vertragsschluß eines Minderjährigen kann auch angenommen werden, wenn sie *gemeinschaftlich* ein Grundstück veräußern und auflassen, aber in der notariellen Urkunde die Minderjährigkeit nicht erwähnt wird (RGZ **130** 124).

tretung des Zinsrechts einer für minderjährige Kinder eingetragenen Hypothek durch die Eltern ist zulässig, bedarf aber, wenn sie zur Sicherung von Verbindlichkeiten der Eltern oder dritter Personen gegenüber dem Zessionar erfolgt, der vormundschaftlichen Genehmigung (JurRdsch 1931 Rechtspr Nr 839). Wenn bei einem vormundschaftsgerichtlich nicht genehmigten Kaufvertrag über ein Kindesgrundstück der Kaufpreis schon gezahlt ist, so haben die Eltern diesen zwar nicht als Vertreter des Kindes erworben, weil sie bei dem auf die Grundstücksveräußerung gerichteten Handeln ihre Kinder nicht wirksam vertreten konnten; dies schließt aber eine Rückforderung gegen das Kind nicht aus, wenn tatsächlich etwas von dem Kaufpreise auf Kosten des Käufers in das Vermögen des Kindes gelangt ist (RGZ 81 261).

Zu einem *Pachtvertrage* über ein Landgut oder einen gewerblichen Betrieb ist, wenn das Vertragsverhältnis länger als ein Jahr nach der Vollendung des 21. Lebensjahres des Kindes fortdauern soll, die vormundschaftsgerichtliche Genehmigung gemäß §§ 1643, 1822 Zff 5 BGB erforderlich; es ist aber, falls es an dieser Genehmigung fehlt, zu prüfen, ob nicht die Parteien bei Kenntnis der Unwirksamkeit mangels Genehmigung den Pachtvertrag wenigstens bis zu einem Jahre nach der Volljährigkeit des Kindes geschlossen haben würden (RGZ 114 35); dies wird bei *Mietverträgen* in der Regel dann der Fall sein, wenn die Parteien vereinbart haben, daß durch die Nichtigkeit einzelner Vertragsbestimmungen die Gültigkeit des übrigen Vertrages nicht berührt werden soll (BGH in FamRZ 62 154 Nr 57 = NJW 62 734). Genehmigungspflichtig ist ein Vertrag, durch den sich ein minderjähriger und unter elterlicher Gewalt stehender unehelicher Vater zur *Zahlung von Unterhaltsbeiträgen* verpflichtet (§§ 1643, 1822 Zff 5 BGB; vgl auch § 1714 Abs I BGB). Für einen Ratenabzahlungskaufvertrag im Zusammenhang mit Aufnahme eines Finanzierungskredits vgl FamRZ 63 312 Nr 154 und unten § 90 Zff 3 h. Zum Abschluß eines *Dienst- oder Arbeitsvertrages*, durch den das Kind zu persönlichen Leistungen verpflichtet werden soll, bedürfen die Eltern der Genehmigung des Vormundschaftsgerichts nicht (Recht 1928 Rechtspr Nr 2233). Ebenso können die Eltern zur Tilgung ihrer eigenen Schuld über *Sparkassenbücher* ihrer minderjährigen Kinder wirksam ohne Genehmigung des Vormundschaftsgerichts verfügen, freilich unbeschadet der gegebenenfalls gegen sie zu ergreifenden vormundschaftsgerichtlichen Maßnahmen (RGZ 75 357). *Lebensversicherungsverträge* für den Erlebens- und Todesfall mit laufender Prämienzahlungspflicht, die die in den §§ 1822 Nr 5, 1902 BGB festgelegte Vertragsdauer überschreiten, bedürfen trotz § 165 VVG der vormundschaftsgerichtlichen Genehmigung; ein ohne diese abgeschlossener Vertrag kann auch nicht für die nach den §§ 1822 Nr 5, 1902 BGB ohne Genehmigung zulässige Dauer als wirksam angesehen werden (BGH in FamRZ 58 318 Nr 119 = MDR 58 663).

Zur *Aufnahme von Geld auf den Kredit des Kindes*, zur *Ausstellung von Schuldverschreibungen auf den Inhaber*, zur Eingehung von *Wechselverbindlichkeiten* oder Verbindlichkeiten aus anderen *Papieren, die durch Indossament übertragen werden können*, zur *Übernahme fremder Verbindlichkeiten*, insbesondere von *Bürgschaften*, kann das Vormundschaftsgericht den Eltern eine allgemeine Ermächtigung erteilen; dies soll jedoch nur geschehen, wenn die Erteilung zum Zwecke der Vermögensverwaltung, insbesondere zum Betriebe eines Erwerbsgeschäfts erforderlich ist (§§ 1643 Abs III, 1825 BGB).

Die Eltern (und zwar *beide* Eltern gemeinschaftlich, s. Rpfl **59** 351 Nr 161 =FamRZ **60** 199 Nr 89 Leitsatz und Anm, **62** 18 Nr 6 = FamRZ **62** 126 Nr 50, Leits und Anm) bedürfen ferner der vormundschaftsgerichtlichen Genehmigung zur *Ausschlagung einer Erbschaft* oder eines *Vermächtnisses* sowie zum *Verzicht auf einen Pflichtteil* für das Kind (§ 1643 Abs II S. 1 BGB). Tritt jedoch der Anfall an das Kind erst infolge der Ausschlagung auch nur eines Elternteils ein, so ist die Genehmigung nur erforderlich, wenn dieser oder der andere Elternteil neben dem Kinde berufen war (§ 1643 Abs II S. 2 BGB, Rpfl **59** 351 Nr 161, **62** 18 Nr 6 = FamRZ **62** 126 Nr 50 = DRiZ **62** B 7 Nr 122). Ebenso ist die vormundschaftsgerichtliche Genehmigung entbehrlich, wenn ein als Nacherbe eingesetzter Elternteil vor dem Eintritt der Nacherbfolge für sich und seine minderjährigen Kinder die Erbschaft ausschlägt (KGJ **53** A 33 = RJA **17** 37).

Wenn die Eltern Gegenstände, zu deren Veräußerung die Genehmigung des Vormundschaftsgerichts erforderlich ist, dem Kinde *zur Erfüllung* eines von diesem geschlossenen Vertrages oder zu freier Verfügung *überlassen* wollen, so bedürfen sie hierzu ebenfalls der Genehmigung des Vormundschaftsgerichts (§ 1644 BGB i.d.F. d. GleichberG vom 18.6.1957, BGBl I S. 609). Diese Bestimmung schränkt § 110 BGB ein.

Endlich sollen die Eltern nicht ohne Genehmigung des Vormundschaftsgerichts ein neues *Erwerbsgeschäft* im Namen des Kindes beginnen (§ 1645 BGB i.d.F. wie oben). Zu dem entgeltlichen Erwerb oder zur Veräußerung eines Erwerbsgeschäfts sowie zur Eingehung eines Gesellschaftsvertrages zwecks Betrieb eines Erwerbsgeschäfts ist die vormundschaftsgerichtliche Genehmigung gemäß § 1643 Abs I, 1822 Zff 3 BGB erforderlich; dies gilt z. B. für den Abschluß eines Gesellschaftsvertrages zur Errichtung einer Kommanditgesellschaft (BGHZ **17** 160 = DNZ **55** 530). Die Abänderung eines Gesellschaftsvertrages (§§ 105, 138 HGB)[1] durch einstimmigen Gesellschafterbeschluß stellt ein Rechtsgeschäft i. S. d. § 181 BGB dar. Daher ist ein Gesellschafter im Anwendungsbereich des § 181 BGB gehindert, an einem solchen Beschluß

---

[1] Nicht jede Änderung ist aber genehmigungspflichtig; s. FamRZ **62** 520 Nr 211.

(mit seiner Stimme) und *zugleich* im fremden Namen (als gesetzlicher Vertreter oder als Bevollmächtigter mit der Stimme eines anderen Gesellschafters) mitzuwirken. Scheidet ein Gesellschafter im Einverständnis aller Gesellschafter aus der Gesellschaft aus, so bedarf dieser Beschluß nicht der vormundschaftsgerichtlichen Genehmigung für einen minderjährigen Gesellschafter, der in der Gesellschaft verbleibt (BGH vom 21. 6. 1961 in FamRZ 61 215 Nr 71). Zur Änderung, Fortführung oder Auflösung eines Erwerbsgeschäfts bedarf es der vormundschaftsgerichtlichen Genehmigung nicht. Verletzen die Eltern die ihnen gemäß § 1645 BGB obliegende Pflicht zur Einholung der vormundschaftsgerichtlichen Genehmigung, so sind zwar ihre für das Kind getroffenen Maßnahmen nicht rechtsungültig; indessen haften sie, gegebenenfalls als Gesamtschuldner, dem Kinde nach § 1664 BGB auf Schadensersatz, auch kann gegebenenfalls das Vormundschaftsgericht gegen sie nach Maßgabe der §§ 1667ff. BGB einschreiten.

Wegen *weiterer Fälle*, in denen die vormundschaftsgerichtliche Genehmigung in den das Vermögen des Kindes ganz oder teilweise betreffenden Angelegenheiten des Kindes erforderlich ist, vgl die §§ 112 (Ermächtigung des Kindes zum selbständigen Betrieb eines Erwerbsgeschäfts), 1484 Abs II, 1517 Abs II (güterrechtliche Angelegenheiten), 1639 Abs II (vgl oben zu b), 1642 Abs II (vgl oben zu e), 1667 Abs II (Schutzmaßnahmen des Vormundschaftsgerichts, unten § 56), 2290 Abs III S. 2, 2291 Abs I, 2292 (Aufhebung vertragsmäßiger Verfügungen von Todes wegen), 2347, 2351, 2352 BGB (Abschluß und Aufhebung eines Erbverzichtsvertrages; vertragsmäßiger Verzicht auf eine testamentarische Erbeinsetzung oder auf ein Vermächtnis).

Das Vormundschaftsgericht hat über die Erteilung der Genehmigung nach freiem Ermessen unter Berücksichtigung der Interessen des Kindes zu entscheiden; es kann die Genehmigung auch von der Erfüllung von Bedingungen abhängig machen. Die Anhörung der Eltern bestimmt sich nach § 1695 Abs I BGB i.d.F. wie oben, die des Kindes nach § 1695 Abs II a. a. O.; die Anhörung von Verwandten und anderen Beteiligten wird häufig zweckmäßig und im Rahmen des § 12 FGG geboten sein.

Hinsichtlich der *Form der Erteilung der Genehmigung* und der *rechtlichen Bedeutung der Genehmigung* finden die für den Vormund geltenden Bestimmungen der §§ 1828 bis 1831 BGB entsprechende Anwendung; auf die Ausführungen zu § 91 unten wird verwiesen. Die *Bekanntmachung* der Genehmigung kann an den gesetzlichen Vertreter auch auf stillschweigendes Ersuchen des Vormundschaftsgerichts durch ein anderes Gericht, z. B. durch Zurücksendung eines dem Vormundschaftsgericht zwecks Genehmigung übermittelten Vergleichs an das Streitgericht erfolgen (BayObLG in BayObLGZ 60 276 = NJW 60 2188 = DRiZ 61 B 6 Nr 107 = FamRZ 61 128 Nr 48).

3. Erwerben die Eltern mit Mitteln des Kindes *bewegliche Sachen*, insbesondere auch Inhaberpapiere oder Orderpapiere, die mit Blankoindossament versehen sind, so geht mit dem Erwerb das *Eigentum* auf das Kind über, es sei denn, daß die Eltern nicht für Rechnung des Kindes erwerben wollen; dies gilt entsprechend, wenn die Eltern mit Mitteln des Kindes ein Recht an Sachen der bezeichneten Art oder ein anderes Recht erwerben, zu dessen Übertragung der Abtretungsvertrag genügt (§ 1646 BGB i.d.F. wie oben). Das Kind erwirbt also in diesen Fällen ohne eine besondere Übertragung von den Eltern das Eigentum, was namentlich bei einem Konkurse der Eltern von Bedeutung ist; das Kind hat in diesem Fall ein Aussonderungsrecht gemäß § 43 KO, nicht nur ein Vorzugsrecht gemäß § 61 Zff 5 KO.

4. Das Vermögensverwaltungsrecht der Eltern endigt,

a) mit der Beendigung der elterlichen Gewalt, von der es ein Bestandteil ist,

b) im Falle der Entziehung durch das Vormundschaftsgericht (vgl unten §§ 55, 56),

c) mit der Rechtskraft des Beschlusses, durch den der *Konkurs* über das Vermögen eines Elternteils eröffnet wird, für diesen Elternteil (§ 1670 Abs I BGB i.d.F. d. GleichberG vom 18. 6. 1957, BGBl I S. 609); ist das Konkursverfahren aufgehoben, so kann das Vormundschaftsgericht dem Elternteil die Verwaltung wieder übertragen (Abs II a. a. O.); eine etwa angeordnete Pflegschaft (s. unten) ist aufzuheben (§ 1919 BGB). Der betroffene Elternteil erlangt also das Recht der Vermögensfürsorge nicht ohne weiteres mit der Beendigung des Verfahrens zurück.

Auch wenn ein Elternteil Gesellschafter einer in Konkurs geratenen offenen Handelsgesellschaft ist und nur über das Vermögen dieser Gesellschaft, nicht aber über das Privatvermögen des Elternteils der Konkurs eröffnet ist, erlischt das Recht der Vermögensverwaltung (KGJ 43 A 35 = RJA 12 179). Ob das Kind zur Zeit der Eröffnung des Konkurses über das Vermögen eines Elternteils Vermögen besitzt oder nicht, ist für die Anwendung des § 1670 BGB ohne Belang (KGJ 38 A 15).

Von der Eröffnung des Konkursverfahrens ist dem Vormundschaftsgericht von den Eltern gemäß § 1909 Abs II BGB Anzeige zu machen, damit dem Kinde ein Pfleger bestellt werden kann (§ 1909 Abs I S. 1 BGB); hierfür ist der Richter zuständig: RpflG § 12 Zff 4. Auch das Konkursgericht ist gemäß § 50 FGG i.d.F. wie oben verpflichtet, dem Vormundschaftsgericht Mitteilung von der Konkurseröffnung zu machen; diese Mitteilung muß auch darüber Auskunft geben, ob und wenn der Eröffnungsbeschluß dem oder der Gemeinschuldnerin zugestellt ist (vgl §§ 72, 73, 109 KO), da erst mit der Rechtskraft des Beschlusses die Vermögensverwaltung des betroffenen Elternteils endigt.

Erlangt ein Elternteil während der Dauer des Konkursverfahrens die elterliche Gewalt z. B. durch Geburt eines Kindes, so steht ihm die Vermögensverwaltung nicht zu; auch nach der Beendigung des Verfahrens kann der Elternteil die Verwaltung nur durch Übertragung durch das Vormundschaftsgericht gemäß § 1670 Abs II BGB erlangen. Dagegen tritt im Falle des Erwerbes der elterlichen Gewalt nach Beendigung des Konkursverfahrens eine Beschränkung der elterlichen Vermögensverwaltung nicht ein; in diesem Falle bedarf es daher einer besonderen Übertragung nicht.

Beispiel:

Das Konkursgericht teilt dem Vormundschaftsgericht mit, daß über das Vermögen des Kaufmanns Josef Schäfer in Köln, Hohe Straße 100, am 30. Juni 1961, mittags 12 Uhr, der Konkurs eröffnet und der Eröffnungsbeschluß dem Gemeinschuldner am 3. Juli 1961 zugestellt sei; der Gemeinschuldner habe ein minderjähriges Kind. Fehlt die Angabe über die Zustellung, so muß das Vormundschaftsgericht sich unverzüglich durch Rückfrage bei dem Konkursgericht oder durch Beiziehung der Konkursakten über den Stand des Verfahrens unterrichten, weil gemäß § 1670 BGB die Verwaltung des Gemeinschuldners mit der Rechtskraft des Eröffnungsbeschlusses endigt. Sobald die Rechtskraft eingetreten ist, wird der Gemeinschuldner vorgeladen und über die Vermögensverhältnisse des Kindes gehört, auch wird ihm bedeutet, daß seine Verwaltung des Kindesvermögens mit der Rechtskraft des Eröffnungsbeschlusses beendet und das Vermögen an den zu bestellenden Pfleger herauszugeben sei. Die Bestellung hat mit tunlichster Beschleunigung zu erfolgen, in dem gleichzeitig mit der Vorladung des betroffenen Elternteils abzuverfügenden Ersuchen an das Jugendamt als Gemeindewaisenrat (§ 47 JWG i.d.F. d. Ges vom 11. 8. 1961, BGBl I S. 1206 um Vorchlag eines geeigneten Pflegers (§ 4 JWG i.d.F. wie vorst.) ist auf die Notwendigkeit beschleunigter Erledigung hinzuweisen. Der Pfleger hat das Kindesvermögen sodann in Gemeinschaft mit der Mutter zu verwalten; bei Meinungsverschiedenheiten hat das Vormundschaftsgericht wie bei solchen der Eltern zu entscheiden, § 1629 Abs II BGB ist nicht anwendbar.

Demnächst wird das Konkursverfahren aufgehoben. Der Vater bittet nunmehr das Vormundschaftsgericht, ihm die Verwaltung des Kindesvermögens wieder zu übertragen. Das Gericht prüft die Verhältnisse insbesondere dahin, ob der Vater trotz des vorangegangenen Konkursverfahrens als zuverlässiger, gewissenhafter und umsichtiger Verwalter des Kindesvermögens angesehen werden kann; es hört den Pfleger, das Jugendamt, die zuständige Handelsorganisation (Handelskammer, geeignete Verwandte, deren Anhörung ohne größeren Zeitverlust und unangemessene Unkosten möglich ist), sieht die Konkursakten ein und erläßt sodann folgenden

Beschluß

In der Familienrechtssache betreffend den am 18. Januar 1950 geborenen Karl Schäfer in Köln, Sohn der Eheleute Josef Schäfer und Maria geb. Schlosser daselbst, Hohe Straße 100, wird dem Vater des Kindes die Verwaltung des Kindesvermögens nach Beendigung des in das Vermögen des Vaters angeordneten Konkursverfahrens gemäß § 1670 Abs II BGB wieder übertragen.

Köln, den 1. Februar 1962.

Das Amtsgericht. Schmitz.

Dieser Beschluß wird den Eltern und dem Pfleger zugestellt, diesem mit dem Ersuchen, Schlußrechnung zu legen und die Bestallungsurkunde zurückzureichen. Die Prüfung der Schlußrechnung und das weitere Verfahren richtet sich nach den für den Vormund geltenden Vorschriften. Abschriften des Beschlusses erhält (formlos) auch das Jugendamt zur Kenntnisnahme.

5. Im Falle des *Ruhens* der elterlichen Gewalt (§ 57) ist ein Elternteil gemäß § 1675 BGB i.d.F. wie oben nicht berechtigt, die Vermögensverwaltung für das Kind auszuüben.

6. Endigt oder ruht die Vermögensverwaltung der Eltern (Zff 4 und 5 oben), so haben sie dem Kinde oder seinem gesetzlichen Vertreter das Vermögen *herauszugeben* und über die Verwaltung *Rechenschaft abzulegen.*

Steht im Falle des Todes oder der Todeserklärung eines Elternteils dem *anderen Elternteil* die elterliche Gewalt *allein* zu, so hat er das seiner Verwaltung unterliegende Vermögen des Kindes, das im Zeitpunkt des Todes oder der Todeserklärung des anderen Teiles vorhanden ist oder dem Kinde später zufällt, zu *verzeichnen,* das Verzeichnis mit der Versicherung und Vollständigkeit zu versehen und dem Vormundschaftsgericht einzureichen; bei Haushaltsgegenständen genügt die Angabe des Gesamtwertes. Gegebenenfalls kann das Vormundschaftsgericht amtliche Ergänzung des Verzeichnisses anordnen; dies ist insoweit unzulässig, als das Vermögen dem Kinde infolge des Todes des anderen Elternteils zugefallen ist und dieser die Anordnung durch letztwillige Verfügung ausgeschlossen hat (§§ 1681, 1682, BGB i.d.F. wie oben).

Will ein Elternteil, der das Kindesvermögen verwaltet, eine *neue Ehe schließen,* so hat er dies dem Vormundschaftsgericht anzuzeigen, auf seine Kosten ein *Verzeichnis* des Kindesvermögens einzureichen und, soweit eine Vermögensgemeinschaft zwischen ihm und dem Kinde besteht, die *Auseinandersetzung* herbeizuführen. Das Vormundschaftsgericht kann gestatten, daß die Auseinandersetzung erst nach der Eheschließung vorgenommen wird (§ 1683 BGB i.d.F. wie oben).

Erfüllt ein Elternteil die ihm nach den §§ 1682, 1683 BGB obliegenden Verpflichtungen nicht, so kann ihm das Vormundschaftsgericht die *Vermögensverwaltung entziehen* (§ 1684 BGB i.d.F. wie oben).

7. Hinsichtlich der Berechtigung der Eltern, die mit der Sorge für das Vermögen des Kindes verbundenen Geschäfte auch nach der Beendigung oder nach dem Eintritt des Ruhens der elterlichen Gewalt oder nach dem Aufhören der Vermögensverwaltung *fortzuführen,* vgl unten § 60.

8. Machen die Eltern bei der Sorge für die Person oder das Vermögen des Kindes *Aufwendungen,* die sie nach den Umständen für erforderlich halten dürfen, so können sie von dem Kinde *Ersatz* verlangen, sofern nicht die Aufwendungen ihnen selbst zur Last fallen (§ 1648 BGB i.d.F. wie oben). Die Eltern können den Ersatzanspruch auch schon während des Bestehens der elterlichen Gewalt geltend machen, wenngleich eine Verjährung gemäß §§ 204 S. 2, 205 BGB während der Dauer der Minderjährigkeit des Kindes nicht eintritt. Bestehen *Meinungsverschiedenheiten* über den Ersatzanspruch, so ist dem

Kinde ein Pfleger zu bestellen (§ 1630 Abs II S. 1 BGB i.d.F. wie oben, 1795 Abs II, 181, 1909 Abs I S. 1 BGB). Der Streit der Beteiligten ist nicht durch das Vormundschaftsgericht, sondern im *Prozeßwege* auszutragen. Besteht dagegen über den Ersatzanspruch kein Streit, so können die Eltern sich aus dem Kindesvermögen selbst befriedigen, da es sich nur um ein Erfüllungsgeschäft handelt (§§ 1629 Abs II S. 1 BGB i.d.F. wie oben, 1795 Abs II, 181 BGB).

§ 50. 4. Die Verwendung von Einkünften des Kindesvermögens durch die Eltern[1]

1. Nach früherem Recht (§§ 1649 bis 1663 BGB a. F.) stand dem Vater das Nutznießungsrecht an dem Vermögen des seiner elterlichen Gewalt unterworfenen minderjährigen Kindes bis zur Volljährigkeit oder Verheiratung der minderjährigen Tochter zu. Diese Bestimmungen sind mit Ausnahme des geänderten § 1649 (Zff 2 unten) durch das Gleichberechtigungsgesetz vom 18. 6. 1957 (Bl I S. 609) aufgehoben worden.

2a) Gemäß § 1649 Abs I BGB i.d.F. dieses Gesetzes sind die Einkünfte des Kindesvermögens, die zur ordnungsmäßigen Verwaltung des Vermögens nicht benötigt werden, *für den Unterhalt des Kindes* zu verwenden (S. 1 a. a. O.). Soweit die Vermögenseinkünfte nicht ausreichen, können die Einkünfte verwendet werden, die das Kind durch seine Arbeit oder durch den ihm nach § 112 BGB gestatteten selbständigen Betrieb eines Erwerbsgeschäfts erwirbt (S. 2 a. a. O.).

b) Die Eltern können die Einkünfte des Vermögens, die zur ordnungsmäßigen Verwaltung des Vermögens und für den Unterhalt des Kindes nicht benötigt werden, *für ihren eigenen Unterhalt* und für den Unterhalt der minderjährigen *unverheirateten Geschwister* des Kindes verwenden, soweit dies unter Berücksichtigung der Vermögens- und Erwerbsverhältnisse der Beteiligten der Billigkeit entspricht. Diese Befugnis erlischt mit der Eheschließung des Kindes (§ 1649 Abs II BGB i.d.F. wie oben).

§ 51. 5. Die Haftung der Eltern und des Vormundschaftsrichters

1. Die Ausübung der elterlichen Gewalt ist nicht nur ein Recht, sondern auch eine Pflicht der Eltern. Diese *haften* für den Schaden, den sie durch Verletzung ihrer Pflicht angerichtet haben, soweit ihnen *Vorsatz* oder *grobe Fahrlässigkeit* zur Last fällt, dem Kinde ohne weiteres; im übrigen haben sie jedoch nur für diejenige *Sorgfalt* einzustehen, die sie *in eigenen Angelegenheiten* anzuwenden pflegen (§ 1664 BGB i.d.F. d. GleichberG vom 18. 6. 1957, BGBl I S. 609); für die Anwendung dieses Sorgfaltsgrades sind die Eltern beweispflichtig (PALANDT-LAUTERBACH S. 1281 Anm 1 zu § 1664 BGB).

[1] Vgl Aufsatz von ZÖLLNER in FamRZ 59 393 ff.

Die Haftung erstreckt sich sowohl auf die die Person als auch die das Vermögen des Kindes betreffenden Angelegenheiten; sie umfaßt nicht nur das Gebiet der tatsächlichen Personenfürsorge oder der Vermögensverwaltung in tatsächlicher Beziehung, sondern auch die Angelegenheiten der gesetzlichen Vertretung des Kindes.

2. Ansprüche, die dem Kinde aus Pflichtverletzungen der Eltern bei der Ausübung der elterlichen Gewalt erwachsen, können auch *schon während der Dauer des Gewaltverhältnisses geltend gemacht* werden, wenn auch während der Minderjährigkeit des Kindes die Verjährung gehemmt ist (§ 204 BGB). Zum Zwecke der Verfolgung des Anspruchs ist dem Kinde gemäß §§ 1629 Abs II S. 1 i.d.F. wie oben 1795, Abs II, 1909 Abs I S. 1 BGB ein Pfleger zu bestellen. Jedoch kann ein Elternteil Unterhaltsansprüche des Kindes gegen den anderen Elternteil geltend machen, wenn die Eltern getrennt leben (§ 1629 Abs II S. 1 Halbs. 2 BGB). Das Vormundschaftsgericht kann auch dem Vater und der Mutter nach Maßgabe des § 1796 BGB die Vertretung entziehen (§ 1629 Abs II S. 2 BGB).

3. Der dem Kinde gemäß § 1664 BGB zustehende Ersatzanspruch *schließt nicht aus*, daß das Vormundschaftsgericht die *zum Schutze des Kindes erforderlichen Maßnahmen* nach Maßgabe der §§ 1666ff. BGB (vgl unten §§ 54 bis 56) trifft).

4. Auch der *Vormundschaftsrichter* haftet dem Kinde, wenn er die ihm obliegenden Pflichten vorsätzlich oder fahrlässig verletzt, nach § 839 Abs I und III BGB (§ 1697 BGB i.d.F. wie oben). Die Haftung ist hiernach die allgemeine Beamtenhaftung, nicht die *richterliche*, da § 839 Abs II BGB ausgenommen ist. Wegen der grundsätzlichen Haftung des Staates und wegen des Rückgriffs auf den Vormundschaftsrichter wird auf Art 34 GG verwiesen; s. auch oben § 19 S. 62 ff und zur Belehrungspflicht des Vormundschaftsrichters bei Wertsicherungsklauseln BGH v. 1. 4. 1963 (III ZR 224/61) in DRiZ **63** 233, 235.

§ 52. 6. Die elterliche Gewalt über Kinder aus geschiedenen, aufgehobenen und für nichtig erklärten Ehen[1]

1. Während nach der früheren Regelung (§ 1635 a. F. BGB, § 74 EheG vom 6. 7. 1938) in den Fällen der *Scheidung* und der Aufhebung der ehelichen Gemeinschaft nur das Recht und die Pflicht der tatsächlichen Personenfürsorge betroffen war, wird nach neuem Recht (*§ 1671 BGB* i.d.F. des Gleichberechtigungsgesetzes vom 18. 6. 1957, BGBl I

[1] Vgl Schwoerer, Die elterliche Gewalt nach Scheidung der Ehe und bei Getrenntleben der Eltern, FamRZ **58** 433 ff., ferner Riedel (T) S. 138, 139, Bem. auch über interzonales Recht, Sorgerechtsverfahren in der sowjetischen Besatzungszone sowie das Verhältnis zwischen VG und Prozeßgericht mit Rechtsprechungsnachweisen zur Frage des Wohnsitzes eines minderjährigen Kindes aus geschiedener Ehe s. DRiZ **63** B 3 Nr 33 (Hinweis auf Nds Rpfl **62** 278).

S. 603) durch das Vormundschaftsgericht bestimmt, welchem Elternteil die *elterliche Gewalt* über ein gemeinschaftliches Kind[1] zustehen soll. Für den Fall der *Aufhebung* der Ehe gelten gemäß § 37 Abs I des Ehegesetzes vom 20. 2. 1946 (Kontrollratsgesetz Nr 16) die Bestimmungen des § 1671 Abs I bis V BGB i.d.F. wie oben (s. unten Zff 9), den Fall der *Nichtigkeit* der Ehe regelt § 1671 Abs VI BGB (s. unten Zff 9), den Fall des *Getrenntlebens* § 1672 BGB i.d.F. wie oben (s. unten Zff 7). Bei *Auflösung* der Ehe durch *Wiederverheiratung* nach Todeserklärung ist § 1681 Abs II S. 2 BGB i.d.F. wie oben maßgebend, s. unten Zff 5. Für den Fall des *Ruhens* der nach den §§ 1671, 1672 BGB übertragenen elterlichen Gewalt vgl § 1678 Abs II BGB i.d.F. wie oben, für den Fall der *Verwirkung* der nach den §§ 1671, 1672 BGB übertragenen elterlichen Gewalt vgl § 1679 Abs II BGB i.d.F. wie oben; s. unten Zff 4.

2 a) Die Vorschriften des § 1671 BGB stellen nicht vornehmlich darauf ab, das natürliche Fürsorgerecht des schuldigen Elternteils nur insoweit zu beschränken, als es das entgegenstehende Interesse des anderen Elternteils verlangt, sondern gehen grundsätzlich davon aus, eine Regelung zu gewährleisten, die unter Berücksichtigung der gesamten Verhältnisse dem *Wohle des Kindes am besten entspricht* (PALANDT-LAUTERBACH S. 1286, 1287 Anm 1, 3, 4 zu § 1671 BGB).

b) Die Übertragung der elterlichen Gewalt hat grundsätzlich auf *einen* Elternteil zu erfolgen (§ 1671 Abs IV S. 1 BGB); eine Abweichung ist gemäß S. 2 a. a. O., wenn das Wohl des Kindes erfordert, in der Weise zulässig, daß einem Elternteil die Sorge für die Person, dem anderen die Sorge für das Vermögen übertragen wird; s. unten zu e. Dagegen kann *nicht* das Personensorgerecht auf beide geschiedenen Eltern gemeinschaftlich übertragen werden (vgl NJW **60** 151 = NdsRpfl **60** 12). *Nicht zulässig* ist es nach herrschender Meinung, im Interesse des Kindeswohles *die elterliche Gewalt zeitlich aufzuteilen;* die Gesamtwürdigung der zu berücksichtigenden Verhältnisse erfordert vielmehr, auch die mit Wahrscheinlichkeit oder gar Sicherheit zu erwartende künftige Entwicklung mitzuberücksichtigen (BayObLG vom 28. 12. 1961 in FamRZ **62** 165 Nr 70; vgl auch OLG Frankfurt in FamRZ **62** 171 Nr 72, ferner für das frühere Recht BGH in DRiZ **53** Rechtspr S. 4 Nr 55 = NJW **52** 1254 m. Anm von SCHWOERER, auch KG in FamRZ **57** 176 Nr 82, PALANDT-LAUTERBACH S. 1287 Anm 3 zu § 1671 BGB; abw. für Ausnahmefälle SCHWOERER in FamRZ **58** 434 Abschn B I f). Auch die *Aufteilung des Personensorgerechts* oder *Einzelanordnungen* über

---

[1] § 1593 BGB i. d. F. d. FamRÄndG vom 11. 8. 1961 BGBl I 1221 ff hindert das Vormundschaftsgericht im Verfahren gemäß § 1671 BGB nicht, die tatsächliche Abstammung eines ehelichen Kindes von einem Dritten festzustellen, auch wenn der Ehemann der Mutter die Ehelichkeit nicht angefochten hat (FamRZ **62** 169 Nr 71 = MDR **62** 308).

dieses Recht sind (aus § 1671 Abs IV BGB) nicht zulässig (vgl BGHZ **3** 220 = NJW **52** 139 zum früheren Recht. OLG München hielt für das frühere Recht eine Teilung in der Weise für möglich, daß die tatsächliche Personensorge einem Elternteil, die Vertretung in Personensorgeangelegenheiten dem anderen Elternteil übertragen wird, wenn dies dem Wohle des Kindes entspricht (DRiZ **51** Rechtspr S. 4 Nr 245 = BayJMBl **51** 41). Auch wenn Umstände nur vorübergehender Natur die Entscheidung gemäß § 1671 BGB beeinflussen, kommt weder eine partielle Regelung noch eine Aussetzung des Verfahrens in Betracht (KG in FamRZ **62** 435 Nr 184).

c) Den Wünschen und Interessen der Eltern wird dadurch Rechnung getragen, daß das Vormundschaftsgericht bei der Regelung der elterlichen Gewalt nach Scheidung der Ehe der Eltern *(§ 1671 Abs I BGB)* nur dann von einem *gemeinsamen Vorschlag* der Eltern abweichen soll, wenn dies zum Wohle des Kindes erforderlich ist (Abs II a. a. O.); vgl hierzu Schwoerer in FamRZ **58** 435 Zff II). Nicht erforderlich ist, daß dem Vorschlag eine verbindliche „Einigung" der Eltern vorangegangen ist (FamRZ **58** 509 Nr 203 unter Hinweis auf Schwoerer a. a. O.); auch genügt es, wenn nur *ein* Elternteil den „gemeinsamen Vorschlag" dem Vormundschaftsgericht vorlegt (FamRZ a. a. O.); eine solche Vereinbarung ist *nicht einseitig* (s. auch FamRZ **63** 302 Nr 132) *frei widerruflich*, doch ist sie *unbeachtlich, wenn sie den guten Sitten widerspricht* (FamRZ a. a. O.). Ein gemeinsamer Vorschlag der Eltern liegt auch dann vor, wenn die Eltern sich in oder im Zusammenhang mit einem Scheidungsrechtsstreit vergleichsweise geeinigt haben und nur ein Elternteil sich innerhalb von zwei Monaten (§ 1671 Abs III S. 1 BGB)[1] [2] seit Rechtskraft des Scheidungsurteils gegenüber dem Vormundschaftsgericht auf diesen Vergleich beruft (BGHZ **33** 54 = FamRZ **60** 397 Nr 180 = NJW **60** 1719 = MDR **60** 748 = Zentralblatt XLVII (1960) 249 ff.).

Die *Abweichung* von dem Vorschlage der Eltern soll nur erfolgen, wenn dies *zum Wohle des Kindes erforderlich* ist. Das ist nicht schon dann der Fall, wenn eine andere Regelung dem Wohl des Kindes dienlicher erscheint (Schwoerer in FamRZ **58** 437 Zff II 3; vgl aber auch unten die Ausführungen zu d). Einem Vorschlag der Eltern, nach dem einem Elternteil das Sorgerecht übertragen, dem anderen aber die Aus-

---

[1] Zur Rechtsnatur dieser Frist vgl Schwoerer in FamRZ **58** 436 Zff II 2. Die Auffassung, daß es sich um eine Ausschlußfrist handele, ist abzulehnen (Palandt-Lauterbach S. 1286 Anm 2 zu § 1671 BGB; str); auch ein nach Ablauf der Frist vorgelegter Vorschlag der Eltern ist zu berücksichtigen (FamRZ **60** 502 Nr 229 m. zustimmender Anm von Schwoerer). Vgl auch NJW **63** 589 = MDR **63** 313 = DRiZ **63** B 37 Nr 517 a.

[2] Das Recht zur religiösen Erziehung des Kindes darf nicht von der elterlichen Gewalt abgespaltet werden (FamRZ **63** 192 Nr 68 DRiZ **63** B 37 Nr 517 b), es sei denn durch gleichzeitige Anordnung gemäß § 1666 BGB.

übung überlassen bleiben soll, kann aber das Vormundschaftsgericht jedenfalls dann nicht entsprechen, wenn zwischen den Eltern Spannungen solcher Art bestehen, daß die vorgeschlagene Regelung das Wohl des Kindes nachteilig berühren würde (FamRZ **61** 533 Nr 195; s. auch 534 Nr 196). Ob die Voraussetzung im übrigen erfüllt ist, hat das Vormundschaftsgericht nach den Umständen des Einzelfalles und nach pflichtmäßigem Ermessen zu entscheiden. Hierbei kommt es in besonderem Maße auf das Verhalten der Eltern an. Besteht die Vermutung, daß der als elterlicher Gewalthaber vorgeschlagene Elternteil ungeeignet ist, so muß dies aufgeklärt und festgestellt werden, ob die Vermutung begründet ist, ehe dem anderen Elternteil die elterliche Gewalt übertragen wird (vgl für das frühere Recht KGJ **46** A 38). Um allen Möglichkeiten Rechnung zu tragen, wird es sich empfehlen, in *jedem* Falle die persönlichen und häuslichen Verhältnisse *beider* Eltern genau aufzuklären (KGJ **44** A 314 = RJA **12** 6). Die rein theoretische Möglichkeit, daß die zeitweise in einer Nervenheilanstalt untergebracht gewesene Mutter einen Rückfall erleiden könnte, rechtfertigt noch nicht die Annahme einer gegenwärtigen Gefährdung des Kindeswohles (so für das frühere Recht JFG **5** 66). Wenn die Mutter tagsüber der Arbeit außerhalb des Hauses nachgeht, aber abends heimkehrt und sich an den Sonntagen, Feiertagen und freien Nachmittagen der Werktage mit dem Kinde zu beschäftigen vermag, so ist die Annahme noch nicht gerechtfertigt, daß die Mutter die elterliche Gewalt nicht ausüben könne; es genügt vielmehr, daß das Kind während der Arbeitszeit der Mutter entsprechend untergebracht, verpflegt und beaufsichtigt wird (JFG **7** 57)[1]. Dagegen können Verletzung der Unterhaltspflicht und Lieblosigkeit des Vaters gegenüber dem aus der geschiedenen Ehe hervorgegangenen Kinde die Übertragung der elterlichen Gewalt auf die Mutter rechtfertigen (JFG **5** 64). Ebenso kann es für die Bestimmung des elterlichen Gewalthabers im Interesse des Kindes von erheblicher Bedeutung sein, daß dieses noch im zarten Lebensalter steht und sich zwar bei der für allein schuldig befundenen Mutter befindet, aber der mütterlichen Pflege und Obhut noch bedürftig ist oder aber der Vater, der zur Aufnahme des Kindes nicht in der Lage ist, das Kind an dritter Stelle unterbringen will, obwohl, vom Standpunkt des Kindeswohles aus betrachtet, erhebliche Bedenken gegen die Person der Mutter nicht vorliegen (JFG **5** 69).

d) Wenn ein *Vorschlag der Eltern* binnen zwei Monaten nach der Rechtskraft des Scheidungsurteils *nicht* gemacht wird *oder* wenn das Vormundschaftsgericht den Vorschlag der Eltern *nicht billigt*, so trifft es die Regelung, die unter Berücksichtigung der gesamten Verhältnisse

[1] Vgl für den Fall der Zuführung der Kinder zu einer Sekte FamRZ **63** 196, 196 Nr 69.

dem Wohle des Kindes am besten entspricht *(§ 1671 Abs III S. 1 BGB)*. Das Vormundschaftsgericht soll die elterliche Gewalt dem *schuldlosen* Elternteil (vgl hierzu FamRZ **62** 30 Nr 15)[1] übertragen, wenn keine *schwerwiegenden Gründe* dafür sprechen, sie dem allein schuldigen Teil zu übertragen *(§ 1671 Abs III S. 2 BGB)*. Schwerwiegende Gründe[2] sind solche, die in ihrer Gesamtheit erheblich genug sind, um das Vorrecht des schuldlosen Elternteils auszuschalten, ohne daß jedoch das Wohl des Kindes bei dem schuldlosen Elternteil bereits gefährdet sein müßte (KG vom 5. 10. 1959 in FamRZ **59** 509 Nr 204 = NJW **60** 486 = DRiZ **60** B 44 Nr 500 = EJF, A I f Nr 24; BayObLG vom 5. 12. 1961 in FamRZ **62** 169, 171 Nr 71; vgl auch KG vom 21. 6. 1962 in FamRZ **62** 436 Nr 184). OLG Karlsruhe (Freiburg) hält die Übertragung der elterlichen Gewalt auf den alleinschuldigen Elternteil schon dann für möglich, wenn diese Regelung dem Wohl des Kindes *erheblich besser* entspricht (FamRZ **58** 424 Nr 168 = DRiZ **59** B 7 Nr 117). Es bestehen keine Bedenken, einem Vater, der sein Kind zur Zeit nicht zu sich nehmen kann, das Sorgerecht zuzuteilen, wenn er es bei der im Eheprozeß für allein schuldig erklärten Mutter beläßt, die gut für das Kind sorgt (JFG **22** 8f.). OLG Köln sieht auch in einer schweren seelischen Erschütterung des Kindes infolge eines Aufenthaltswechsels einen *besonderen* Grund zur Übertragung der Sorge auf den allein oder *überwiegend* für schuldig erklärten Elternteil (zu § 74 EheG, JMBlNRW **51** 12, vgl auch FamRZ **63** 300 ff Nr 131 m. Anm. v. SCHWOERER; heimliche Auswanderung). Der Schuldfrage kommt im übrigen im Falle eines gemeinsamen Vorschlages der Eltern keine Bedeutung zu (SCHWOERER in FamRZ **58** 437 Zff II 3 Abs 2). Für die Anwendung des § 1671 Abs III S. 2 BGB ist auch dann kein Raum, wenn die Ehe der Eltern *ohne* Verschulden nach den *§§ 44–46, 48 EheG* geschieden und gegen den klagenden Elternteil ein Verschulden gemäß § 53 Abs II EheG auf Antrag des Beklagten festgestellt ist; die einer solchen Feststellung zugrunde liegenden Tatsachen können aber bei der Prüfung der gesamten Verhältnisse gemäß § 1671 Abs III S. 1 BGB mitberücksichtigt werden (FamRZ **62** 30 Nr 15).

Im Verfahren nach § 1671 BGB kann auch trotz § 1593 BGB die tatsächliche Abstammung eines ehelichen Kindes von einem Dritten

---

[1] Ob die Schuldigerklärung in der Urteilsformel ausgesprochen ist oder sich nur aus der Begründung ergibt, ist ohne Belang (KGJ **34** A 21 = RJA 8 5. JFG **12** 80 ff.); an den Schuldausspruch des Scheidungsgerichts ist aber das Vormundschaftsgericht gebunden (FamRZ **62** 171, 173 Nr 72).

Fehlt eine Schuldfeststellung, weil das ausländische Recht sie nicht kennt, so ist das Vormundschaftsgericht daran gebunden (DRiZ **53** Rechtspr S. 57 Nr 523); die Entscheidung ist in diesem Falle nach § 1671 Abs II, III S. 1 BGB zu treffen.

[2] Solche liegen regelmäßig nicht in der Wiederannahme des früheren Familiennamens durch die schuldlos geschiedene Mutter oder in ihrer Wiederverheiratung (JFG **15** 51).

festgestellt und bei der Entscheidung berücksichtigt werden, auch wenn der Ehemann der Mutter die Ehelichkeit nicht angefochten hat (BayObLG a. a. O. in FamRZ 62 S. 169ff. Nr 71; vgl. auch Hinweis in FamRZ 62 421 hierzu auf eine Anm von SCHWOERER in JZ 62 443).

e) Die elterliche Gewalt soll zwar *in der Regel einem Elternteil allein* übertragen werden *(§ 1671 Abs IV S. 1 BGB)*. Erfordert es aber das Wohl des Kindes[1], so kann einem Elternteil die Sorge für die Person, dem anderen Elternteil die Sorge für das Vermögen des Kindes übertragen werden *(Abs IV S. 2 a. a. O.)*. Im Falle der Wiederheirat behält aber der Elternteil, dem das Personensorgerecht übertragen ist, das Recht der gesetzlichen Vertretung in persönlichen Angelegenheiten (so für § 74 EheG Rpfl 51 34). Das Wohl des Kindes steht auch in der Weise im Vordergrund, daß das Vormundschaftsgericht, wenn es zur *Abwendung einer Gefahr* für das geistige oder leibliche Wohl oder für das Vermögen des Kindes *erforderlich* ist, die Sorge für die Person und das Vermögen des Kindes einem Vormund oder Pfleger übertragen kann (Abs V a. a. O.); auf Verschulden der Eltern kommt es also in diesem Fall nicht an; wegen der Aufhebung einer solchen Pflegschaft nach dem Tode eines der geschiedenen Ehegatten vgl unten Zff 4. Genügt zur Abwendung der Gefährdung die Übertragung einzelner sich aus der elterlichen Gewalt ergebender Rechte, so ist die Übertragung in weiterem Umfang nicht zulässig (EJF A I f Nr 27; s. auch Zentralblatt XLVII (1960) 158). Eine Übertragung wird namentlich in Betracht kommen, wenn von *beiden* Elternteilen eine Gefährdung zu besorgen ist[2]. Nach OLG Frankfurt ist die Feststellung, daß beide Eltern zur Erziehung ungeeignet seien, aber nicht erforderlich, wenn die Übertragung auf den nicht für ungeeignet anzusehenden Elternteil zu einer schweren körperlichen oder seelischen Belastung des Kindes führen müßte (FamRZ 62 173 Nr 73 = MDR 62 409 = DRiZ 62 B 72 Nr 933).

Nach dem Tode eines der geschiedenen Eltern ist § 1671 BGB nicht mehr anwendbar (so schon für das frühere Recht BayObLG in FamRZ 57 177 Nr 83); dem überlebenden Elternteil, dem kraft Gesetzes (§ 1681 Abs I BGB) die elterliche Gewalt in vollem Umfang zusteht, kann diese nur unter den Voraussetzungen des § 1666 BGB entzogen oder beschränkt werden (FamRZ 60 365 Nr 170). OLG Stuttgart (Rpfl 62 179 Nr 91) ist zwar der Auffassung, daß dem überlebenden, aber *objektiv* nicht geeigneten Elternteil das Sorgerecht bereits unter den leichteren

---

[1] Vgl. zu diesem Erfordernis in diesem Zusammenhang BGHZ 3 52 = NJW 51 879.

[2] Streiten der unterhaltspflichtige Vater und die sorgeberechtigte Mutter über die Schulausbildung und die Berufswahl des Kindes, so ist die Entscheidung aus § 1671 BGB zu entnehmen (JFG 21 289 ff.), d. h. maßgebend ist das Wohl des Kindes.

Bedingungen des § 1671 Abs V BGB entzogen oder eingeschränkt werden könne, doch ist diese Auffassung abzulehnen (vgl MEYER-STOLTE in FamRZ 62 180 Anm zu Nr 91).

Erweist sich, daß der zunächst zur elterlichen Gewalt berufene Elternteil nicht geeignet ist, so geht nicht etwa die elterliche Gewalt automatisch auf den anderen Elternteil über, sondern es bedarf einer Entscheidung des Vormundschaftsgerichts, ob und in welchem Umfang der Übergang stattzufinden hat und ob und für welchen Bereich ein Vormund oder Pfleger zu bestellen ist.

f) Für die Entscheidungen des Vormundschaftsgerichts ist *nicht* Voraussetzung, daß die Voraussetzungen des § 1666 BGB gegeben sind oder überhaupt ein Verschulden vorliegt (vgl KGJ **31** A 13, OLG **31** 406, JFG **22** 218, ferner KG in FamRZ **59** 256ff. Nr 140).

3. Die *Ausübung* der elterlichen Gewalt, z. B. des Erziehungsrechts durch den Elternteil, dem sie von dem Vormundschaftsgericht *nicht* übertragen ist, kann nicht durch *Vereinbarung der Eltern* diesem Elternteil überlassen werden. Möglich ist aber eine Vereinbarung, daß das Kind sich bei dem Elternteil, der nicht die elterliche Gewalt hat, noch eine Zeitlang aufhalten soll, ferner über das Verkehrsrecht oder den Ausbildungsgang des Kindes (PALANDT-LAUTERBACH S. 1286 Anm 2 zu § 1671 BGB). Auch eine Vereinbarung der Eltern, die Sorge für die Person und die gesetzliche Vertretung oder für das Vermögen des Kindes *gemeinsam* auszuüben, ist unzulässig (DRiZ **56** B 95 S. 937 = FamRZ **56** 241 = NJW **56** 995 = Zentralblatt XLIII (1956) 106; **62** B 7 Nr 124). Derartige Vereinbarungen sind für das Vormundschaftsgericht nicht bindend und machen die Amtsprüfung des Gerichts nicht entbehrlich, wenn über einen Wunsch der Eltern im Sinne solcher Abmachungen zu entscheiden ist (vgl BayObLG in StAZ **51** 203). Auch *prozessuale Vereinbarungen* sind für das Sorgerechtsverfahren unverbindlich, ihre Beweggründe können aber wichtige Anhaltspunkte für die in diesem Verfahren zu treffende Entscheidung ergeben, z. B. wenn ein Elternteil den anderen bestimmt hat, dem Prozeßgericht eigene Scheidungsgründe nicht vorzutragen oder gar selbst die Schuld an der Scheidung zu übernehmen (vgl JFG **22** 271ff.). Dem Vormundschaftsgericht bieten § 1671 Abs III BGB (auch nach Ablauf der Zweimonatsfrist) und Abs IV S. 2 a. a. O. die Möglichkeit einer sachgemäßen Entscheidung. Im Rahmen dieser Bestimmungen wird auch die Frage zu entscheiden sein, ob die tatsächliche Fürsorge für ein noch jugendliches Kind dem Vater oder der Mutter zu überlassen ist. In Betracht kommen kann auch die Bestellung eines Pflegers gemäß Abs V a. a. O..

4. Ist einem der Eltern während der Ehe das Recht der Sorge für die Person des Kindes *gemäß § 1666 BGB entzogen* worden, so fällt es ihm auch dann nicht ohne weiteres wieder zu, wenn in dem späteren

Ehescheidungsprozeß nicht er, sondern der andere Elternteil für den schuldigen Teil erklärt ist (vgl für das frühere Recht DRiZ **1928** Rechtspr Nr 362; DJR **1930** 1205). Vielmehr wird dieser Umstand bei der Entscheidung über die elterliche Gewalt aus § 1671 BGB zu berücksichtigen sein. Ebenso wird, wenn ein Elternteil *vor* der Scheidung die elterliche Gewalt *verwirkt* hat (§ 1679 BGB i.d.F. d. GleichberG vom 18. 6. 1957), zu verfahren sein. Dagegen geht, wenn *nach* der Scheidung der Elternteil, dem die elterliche Gewalt gemäß § 1671 BGB zu übertragen war, diese verwirkt, die elterliche Gewalt kraft Gesetzes auf den anderen Elternteil über *(§ 1679 Abs II BGB)*. *Ruht* die elterliche Gewalt eines Elternteils, dem sie nach § 1671 BGB übertragen war, so hat das Vormundschaftsgericht sie dem anderen Elternteil zu übertragen, wenn keine Aussicht besteht, daß der Grund des Ruhens wegfallen werde (*§ 1678 Abs II BGB* i.d.F. wie oben; vgl hierzu BayObLG in FamRZ **62** 32 Nr 16, bes. im Verhältnis zu § 1696 BGB). Eine nach *§ 1671 Abs V* BGB angeordnete *Pflegschaft* findet *mit dem Tode eines der geschiedenen Ehegatten nicht kraft Gesetzes* ihr Ende. Sind ihre Voraussetzungen nicht mehr gegeben, so ist sie in entsprechender Anwendung des § 1919 BGB aufzuheben; alsdann fällt das Sorgerecht dem überlebenden Elternteil ohne weiteres zu (§ 1681 Abs I BGB i.d.F. wie oben, DRiZ **55** Rechtspr S. 5 Nr 62 = NJW **54** 1814 = JMBlNRW **55** 29); es kann ihm nur unter den Voraussetzungen des § 1666 BGB entzogen werden (DRiZ **51** Rechtspr S. 4 Nr 242). Eine nach § 1671 V BGB angeordnete Vormundschaft ist aufzuheben, wenn auch nur bei einem der geschiedenen Elternteile eine Gefährdung nicht mehr besteht, nicht erst dann, wenn das Vormundschaftsgericht die Änderung im Interesse des Kindes für angezeigt hält (KG in FamRZ **62** 435 Nr 184 = DRiZ **62** B 104 Nr 1334). Nach Aufhebung der Vormundschaft ist unverzüglich eine Regelung der elterlichen Gewalt gemäß § 1671 BGB erforderlich, wenn nach der Scheidung eine solche Regelung noch nicht erfolgt war (KG a. a. O.).

5. Ist ein Elternteil für *tot erklärt* oder die Todeszeit festgestellt und durch *Wiederverheiratung des anderen Teils* seine frühere Ehe *aufgelöst* (§ 38 EheG), so gelten die Vorschriften des § 1671 BGB in gleicher Weise, wie wenn die frühere Ehe ohne Schuldspruch geschieden worden wäre (§ 1681 Abs II S. 3 BGB i.d.F. wie oben).

6. Für die Entscheidung, in welcher Art und für welche Zeit im voraus der dem Kinde zustehende *Unterhalt* zu gewähren ist (*§ 1612 Abs II BGB* i.d.F. d. GleichberG vom 18. 6. 1957, BGBl I S. 609), steht dem jeweils unterhaltspflichtigen Elternteil zu; ist die Entscheidung mit dem Wohle des Kindes nicht vereinbar, so kann das Vormundschaftsgericht auf Antrag des Kindes (ggf. seines gesetzlichen Vertreters, der auch je nach der Regelung aus § 1671 BGB der

andere Elternteil sein kann) die Bestimmung ändern (§ 1612 Abs II S. 2 BGB).

7. *Anordnungen* des Vormundschaftsgerichts aus § 1671 BGB sind *erst zulässig*, wenn die Ehe der Eltern rechtskräftig geschieden ist (vgl hierzu §§ 41 ff. des Ehegesetzes vom 20. 2. 1946, Kontrollratsgesetz Nr 16). Allerdings finden die Vorschriften des § 1671 Abs I bis IV BGB *entsprechende Anwendung*, wenn die Eltern *nicht nur vorübergehend getrennt leben* und ein Elternteil die Entscheidung des Vormundschaftsgerichts beantragt (*§ 1672 BGB* i.d.F. wie oben). Analog anwendbar ist insbesondere auch Abs III S. 2 a. a. O., dies gilt auch für die etwaige Notwendigkeit einer Prüfung der Trennungsschuld, die dem Vormundschaftsgericht obliegt (SCHWOERER in FamRZ **58** 443 Zff II 3, DRiZ **63** B 7 Nr 123). Kann hierbei ein ausschließliches Verschulden eines Ehegatten an der Trennung nicht zweifelsfrei festgestellt werden, so entfällt die Bindung des § 1671 Abs III S. 2 BGB (OLG Neustadt in FamRZ **62** 308, 309 Nr 133 Zff 3). Das Vormundschaftsgericht ist auch dann befugt, in seiner Zuständigkeit über die Personensorge oder die elterliche Gewalt zu befinden, wenn ein Scheidungsstreit schwebt und das Prozeßgericht eine einstweilige Anordnung über die Personensorge getroffen hat (FamRZ **59** 68 Nr 33; **62** 174 Nr 74; JMBlNRW **62** 48; s. aber auch unten § 55 Z 2c). Auch wenn eine gerichtliche Regelung der elterlichen Gewalt nach § 1672 BGB vorangegangen ist, ist in dem nach Scheidung der Ehe der Eltern *neu einzuleitenden* Verfahren (FamRZ **62** 267 Nr 116) nach § 1671 BGB und nicht nach § 1696 BGB zu entscheiden (FamRZ **62** 436 Nr 185 = DRiZ **62** B 104 Nr 1333).

8. Das *Verfahren* des Vormundschaftsgerichts zur Vorbereitung der Entscheidung aus § 1671 BGB bestimmt sich nach den Vorschriften des FGG; für die *örtliche Zuständigkeit* gelten die Vorschriften der §§ 36, 43 FGG (vgl hierzu Zentralblatt XLVII (1960) 185, ferner JMBlNRW **61** 47 = Zentralblatt XLVIII (1961) 131), für die interlokale Zuständigkeit bei Beteiligung der BRD und der sowjetisch besetzten Zone (DDR) vgl BGHZ **13** 306 = DRiZ **57** Rechtspr S. 13 Nr 206 = FamRZ **56** 347 = NJW **56** 1439 = Zentralblatt XLIII (1956) 295; BayObLG in FamRZ **59** 122 Nr 58; **60** 38 Nr 19; s. auch KEIDEL S. 506 Anm 1a zu § 36 JGG. Zur Frage des *Wohnsitzes* des Kindes vgl oben § 43 Z 2aα; das Vormundschaftsgericht in *West-Berlin* ist örtlich zuständig, wenn die Kinder dort ihren Aufenthalt, in Ost-Berlin aber ihren Wohnsitz haben, dem beteiligten Elternteil die Anrufung der Vormundschaftsbehörde in Ost-Berlin aber nicht zugemutet werden kann; § 7 JGG gilt nicht für Entscheidungen dieser Behörde, die in die Zuständigkeit eines Vormundschaftsgerichts in West-Berlin eingreifen (DRiZ **55** Rechtspr S. 66 Nr 619 = NJW **55** 552 m. kritischer Anm von BEITZKE). Dem Kinde braucht für das Verfahren ein *Pfleger nicht* bestellt zu werden,

wenngleich die Bestellung nicht unzulässig ist und in manchen Fällen sich sogar empfehlen wird (vgl für das frühere Recht zu § 1635 Abs I S. 2 BGB a. F. RGZ 62 132 = RJA 6 253). Wird ein solcher „Pfleger", dem die rechtliche Stellung eines solchen allerdings nicht zukommt, zur Unterstützung des Vormundschaftsgerichts bestellt, so haben die Eltern und Dritte hiergegen kein Beschwerderecht.

Das Vormundschaftsgericht hat nicht nur auf Antrag, sondern von Amts wegen die erforderlichen *Ermittlungen* anzustellen, wenn hierzu Anlaß gegeben ist. In diesem Verfahren sind die Eltern (außer bei schwerwiegenden Gegengründen, § 1695 Abs I BGB) und soweit erforderlich, auch *Verwandte und Verschwägerte* zu hören, wenn es ohne erhebliche Verzögerung und unverhältnismäßige Kosten geschehen kann (vgl auch oben Z 2b); auch mit dem Kinde kann das Vormundschaftsgericht persönlich Fühlung nehmen (§ 1695 Abs II BGB). Vertrauliche Behandlung einzelner Vorgänge, z. B. der Angaben von Zeugen und Auskunftspersonen, bedeutet keine Einschränkung des *rechtlichen Gehörs* (FamRZ 60 72 Nr 28 = Zentralblatt XLVI (1959) 238); vgl auch zur mündlichen Bekanntgabe eines Berichts des Jugendamts JMBlNRW 61 46 = Zentralblatt XLVIII (1961)158. Ein grundsätzliches Recht der Beteiligten, der Beweisaufnahme beizuwohnen, besteht nicht, die Unterlassung ihrer Beiziehung ist nur unzulässig, wenn sie eine Verletzung der Ermittelungspflicht bedeuten würde (FamRZ 62 173, 174 Nr 73; vgl jedoch die in der Anmerkung hierzu geäußerten Bedenken).

Vor allen Entscheidungen des Vormundschaftsgerichts aus den §§ 1671, 1672 BGB ist das *Jugendamt* zu hören (§ 48 Abs I S. 2 JWG i.d.F. vom 11. 8. 1961, BGBl I S. 1206). Bei Gefahr im Verzuge kann das Vormundschaftsgericht[1] *einstweilige Anordnungen* (vgl PALANDT-LAUTERBACH S. 1288 Anm 7 zu § 1671 BGB, ferner für das frühere Recht JFG 14 231; DRiZ 53 Rechtspr S. 30 Nr 297 = NJW 53 306) auch schon vor Anhörung des Jugendamts treffen; es kann dieses mit seinem Einverständnis auch mit der Ausführung seiner Anordnungen betrauen (§ 48 Abs II JWG i.d.F. wie oben). Eine einstweilige Anordnung, die vorläufig in die Gewalt des Elternteils, dem sie übertragen ist, eingreift, kommt jedoch nicht in Betracht, wenn für eine endgültige Abänderungsentscheidung nach § 1696 BGB i.d.F. d. GleichberG vom 18. 6. 1957, BGBl I S. 609 keine genügenden Grundlagen (z. B. im Falle des § 1671 Abs III S. 2 BGB „schwerwiegende Gründe") ersichtlich geworden sind (BayObLG in FamRZ 62 34 Nr 17). Einstweilige Anordnungen unterliegen der Anfechtung im *Beschwerdewege* (vgl für das frühere Recht KGJ 45 A 29).

[1] Wegen der Zuständigkeit des Scheidungsgerichts aus § 627 ZPO vgl JMBlNRW 61 122 = Zentralblatt XLVIII (1961) 182 (nur bei Bedürfnis einer schnellen Entscheidung).

Die Entscheidung steht in allen Fällen des § 1671 BGB dem *Richter* zu (§ 12 Zff 17 RpflG). Die Entscheidung ist mit der einfachen *Beschwerde* anfechtbar (FGG §§ 20, 57 Abs I Zff 9).

Das Vormundschaftgericht kann den für die *Gerichtskosten* zahlungspflichtigen Elternteil nach § 94 Abs III S. 2 KostO auch in der Weise bestimmen, daß es diese Kosten dem Vater und der Mutter je zu einem Bruchteil auferlegt (DRiZ 60 B 94 Nr 1053).

9. Die Bestimmungen der Abs I bis V des § 1671 BGB i.d.F. wie oben gelten auch, wenn die Ehe der Eltern *für nichtig erklärt* ist. Der Schuldigerklärung steht es gleich, wenn einem Elternteil die Nichtigkeit der Ehe bei der Eheschließung bekannt war (§ 1671 Abs VI BGB).

Ist eine Ehe nach Maßgabe der §§ 28ff. des Ehegesetzes vom 20. 2. 1946 (Kontrollratsgesetz Nr 16) *aufgehoben*, so bestimmen sich die Folgen der Aufhebung nach den Vorschriften über die Folgen der Ehescheidung (§ 37 Abs I a. a. O.). Demgemäß gelten die Bestimmungen des § 1671 Abs I bis V BGB auch für die Kinder aus aufgehobenen Ehen. Dabei ist in den Fällen der §§ 30 bis 32 EheG der Ehegatte als schuldig anzusehen, der den Aufhebungsgrund bei Eingehung der Ehe kannte, in den Fällen der §§ 33 und 34 EheG der Ehegatte, von dem oder mit dessen Wissen die Täuschung oder die Drohung verübt worden ist (§ 37 Abs II a. a. O.).

Beispiel:

Beschluß

In der Familienrechtssache betr. den am 15. Januar 1954 geborenen Karl Schäfer, Kind der geschiedenen Eheleute Büroangestellter Josef Schäfer in Köln, Hohe Straße 100, und Maria geborenen Schlosser in Köln, Karlstraße 20, wird die elterliche Gewalt über das Kind gemäß § 1671 Abs III BGB der Mutter übertragen.

Gründe

Die Ehe der Eltern des vorgenannten Kindes ist aus beiderseitigem Verschulden der Ehegatten rechskräftig geschieden. Einen gemeinsamen Vorschlag zur Regelung der elterlichen Gewalt haben die Eltern nicht gemacht. Die angestellten Ermittlungen haben ergeben, daß der Vater für das Kind schon früher nur sehr wenig Interesse gezeigt hat, so daß schon vor der Scheidung der Ehe der Eltern das Kind dem Vater immer mehr entfremdet worden ist und sich desto enger an die Mutter angeschlossen hat. Die gegenwärtigen häuslichen Verhältnisse des Vaters sind zudem wenig zufriedenstellend. Der Vater ist tagsüber kaum zu Hause; das Kind überläßt er völlig der Fürsorge und Pflege der Haushälterin, die es nicht verstanden hat, das Vertrauen des Kindes zu gewinnen. Dieses hat unter den obwaltenden Verhältnissen bereits erheblichen seelischen Schaden genommen; es sehnt sich nach der Mutter, deren liebevolle Behandlung es schmerzlich vermißt. Nach der Ansicht des ärztlichen Sachverständigen ist eine dauernde und die Entwicklung des Kindes schwer schädigende Störung des Gemütslebens des Kindes zu besorgen, falls dieses nicht seinem immer wieder geäußerten Wunsche entsprechend bei der Mutter untergebracht wird. Da diese in durchaus geordneten Verhältnissen lebt und gegen ihre Persönlichkeit sowie ihre Eignung zur Erziehung des Kindes und auch zur Verwaltung seiner übrigens einfachen Vermögensverhältnisse (es ist nur ein bescheidenes

Sparguthaben vorhanden und der Unterhaltsanspruch gegen den Vater zu überwachen) jedenfalls zur Zeit Bedenken nicht bestehen, erschien es mit Rücksicht auf die Verhältnisse der Beteiligten zum Wohle des Kindes angezeigt, gemäß § 1671 Abs III BGB die elterliche Gewalt der Mutter zu übertragen.

Köln, den 20. Februar 1962.

Das Amtsgericht.
Schmitz.

Vfg.

1. Beschluß zustellen
a) dem Vater,
b) der Mutter.
2. Begl. Abschrift d. Beschlusses dem städtischen Jugendamt in Köln z. gf. K. übersenden.
3. ZdA.

Köln, den 20. Februar 1962.

Schmitz.

10. Da die auf Grund des *§ 1671 BGB* getroffenen *Entscheidungen* des Vormundschaftsgerichts materielle Rechtskraft nicht erlangen, so kann das Vormundschaftsgericht während der Dauer der elterlichen Gewalt seine Anordnungen jederzeit *ändern*, wenn es dies bei in der Zwischenzeit veränderten Umständen (vgl FamRZ 59 253 Nr 138; **60** 123 Nr 50) im Interesse des Kindes für angezeigt hält (*§ 1696 BGB* i.d.F. d. GleichberG vom 18. 6. 1957, BGBl I S. 609). Dabei muß aber auch § 1671 BGB berücksichtigt werden (PALANDT-LAUTERBACH S. 1289 Anm 7 zu § 1671 BGB) Ist eine gerichtliche Regelung nach § 1672 BGB vorangegangen, so ist nach Scheidung der Ehe der Eltern ein neues Verfahren einzuleiten, in dem nach § 1671 BGB, *nicht* nach § 1696 BGB zu entscheiden ist (vgl FamRZ **62** 267 Nr 116; **62** 436 Nr 185 = DRiZ **62** B 104 Nr 1333 u. oben Zff 7 am Ende). Zur Frage der Voraussetzungen bei einer *einstweiligen Anordnung* im Änderungsverfahren vgl FamRZ **62** 34 Nr 17. Das Gericht muß auch auf den in einem neuen Verfahren gestellten Antrag in die *erneute Prüfung* der materiellen Berechtigung der Anordnung eintreten (vgl zu § 1635 a. F. BGB KGJ 42 A 23 = RFA **11** 257). Wegen der *Abgrenzung zwischen einer gegen eine Regelung gemäß § 1671 BG eingelegten Beschwerde und einem Änderungsantrag aus* § *1696 BGB* vgl FamRZ **61** 535 Nr 198; DRiZ **62** B 7 Nr 127 = FamRZ **62** 29 Nr 14 m. Anm von SCHWOERER, dem insbesondere darin zuzustimmen ist, daß der Entscheidung des Beschwerdegerichts der Sachverhalt im Zeitpunkt ihres Ergehens zugrunde zu legen ist. Ist der Schuldausspruch des Ehescheidungsurteils im Wiederaufnahmeverfahren geändert worden, so ergibt sich die Änderungsbefugnis des Vormundschaftsgerichts aus § 18 FGG, nicht aus § 1696 BGB (FamRZ **59** 259 Nr 143). Hat das Änderungsverfahren gemäß § 1696 BGB zum

Ziel, das Sorgerecht auf einen Pfleger zu übertragen, so müssen auch die Voraussetzungen des § 1671 BGB erfüllt sein (FamRZ **59** 256 Nr 140).

Das Vormundschaftsgericht ist zwar nicht befugt, den gemäß § 1671 BGB mit der elterlichen Gewalt ausgestatteten Elternteil bei etwaigem Vorgehen gegen den anderen Teil durch Zwangsmaßnahmen zu unterstützen. *Streiten aber geschiedene Eheleute* darüber, ob ein gemeinsames Kind von dem einen an den anderen Elternteil *herauszugeben* ist, so ist das Vormundschaftsgericht (vgl oben § 43 Zff 2 b, § 1632 Abs II BGB) berufen, die Entscheidung und gegebenenfalls die zur Durchführung der Herausgabe erforderlichen Maßnahmen zu treffen (BGHZ **19** 185 = Bpfl **58** 68 = FamRZ **56** 51 = NJW **56** 260 = Zentralblatt XLIII (1956) 84). Die Möglichkeit, im Bedarfsfalle *einstweilige Anordnungen* zu treffen und diese dem Jugendamt mit seinem Einverständnis zur Ausführung zu übertragen (§ 48 Abs II JWG vom 11. 8. 1961, BGBl I S. 206), bleibt unberührt.

11. Hinsichtlich schutzbedürftiger *ausländischer Kinder* fehlt es dem deutschen Vormundschaftsgericht zwar nicht an der Zuständigkeit zum Erlaß einer vorläufigen Anordnung gemäß § 1671 BGB; insbesondere steht die Vorschrift des Art 23 EGBGB der Zuständigkeit des deutschen Vormundschaftsgerichts nicht entgegen (vgl für § 1635 a. F. BGB KGJ **46** A 27 = RJA **14** 14 = OLG **32** 31). Indessen sind hinsichtlich des anzuwendenden materiellen Rechtes die Vorschriften der Art 17 und 19 EGBGB maßgebend[1]; insbesondere ist für das Rechtsverhältnis zwischen den Eltern und einem ehelichen Kinde die unvollständige Kollisionsnorm des Art 19 EGBGB zu einer vollständigen ausgebaut; maßgebend sind, wenn der Vater ein Ausländer ist, die Gesetze des Staates, dem der Vater angehört (BayObLG in FamRZ **62** 481 Nr 199, II 1 c aa)[2]. Wenn nach diesen Bestimmungen eine dem § 1671 BGB entsprechende Regelung vorgesehen ist, kann das deutsche Vormundschaftsgericht hinsichtlich der Fürsorge für ausländische Kinder aus geschiedenen Ehen auch abweichende Anordnungen treffen; vgl. unten § 82 Z 2 b.

Ein deutsches Gericht ist zur Entscheidung über das Personensorgerecht eines aus einer geschiedenen Ehe hervorgegangenen Kindes zuständig, wenn die im Art 19 Abs II EGBGB vorgeschriebene Anwendung deutschen materiellen Rechtes nur auf diese Weise erreicht werden kann (DRiZ **56** Rechtspr S. 4 Nr 52 = NJW **55** 1724 = JMBlNRW **55** 271).

Das *amerikanische* Kollisionsrecht besteht hinsichtlich des Sorgerechts für Kinder aus geschiedenen Ehen *nicht aus materiellen* Kollisionsnormen, sondern enthält lediglich Regeln über die internationale Zu-

[1] Wegen der Anerkennung sowjetzonaler Entscheidungen betr die Sorgerechtsregelung ist § 328 Abs I Zff 4 ZPO entsprechend anwendbar (JMBlNRW **61** 174).

[2] Vgl jedoch FamRZ **63** 51, 52.

ständigkeit; nach diesen Regeln hängt die Zuständigkeit grundsätzlich vom Domizil des Kindes ab (FamRZ 62 481 Nr 199 II 1 cc); wenn keine Sorgerechtsanordnung getroffen ist, teilt das Kind das Domizil jenes Elternteils, mit welchem es tatsächlich lebt, lebt es nicht bei einem der beiden Elternteile, so behält es das Domizil des Vaters (a. a. O.). Aus der hiernach etwa begründeten Zuständigkeit deutscher Gerichte ergibt sich aber auch eine Rückverweisung auf das *sachliche* Recht des BGB (Art 27 EGBGB); vgl FamRZ a. a. O. II 1 dd. Demgemäß gelten in den Fällen des § 1671 BGB die oben zu Zff 8 Abs II, III dargelegten Ermittelungsgrundsätze.

§ 53. 7. Die Befugnis des nichtsorgeberechtigten Elternteils zum persönlichen Verkehr mit dem Kinde[1, 2]

1. Die *frühere* Bestimmung des § 1636 BGB a. F. regelte nur die Befugnis des gemäß § 1635 BGB a. F. im Falle der Ehescheidung der Eltern nicht sorgeberechtigten Elternteils mit dem Kinde. Diese Bestimmungen sind durch § 84 des EheG vom 6. 7. 1938 (RGBl I S. 807), bestätigt durch § 78 des Ehegesetzes vom 20. 2. 1946 (Kontrollratsgesetz Nr 16), außer Kraft gesetzt worden. § 75 dieses Gesetzes, der ebenfalls die Verkehrsregelung zum Gegenstand hatte, hat durch Art 8 II Zff 1 des Gleichberechtigungsgesetzes vom 18. 6. 1957 (BGBl I S. 609) seine Wirksamkeit verloren.

2. Das Recht zum persönlichen Verkehr mit dem Kinde ist jetzt für den nicht personenberechtigten Elternteil durch *§ 1634 BGB* i.d.F. des GleichberG geregelt. Diese Vorschrift betrifft *alle* Fälle, in denen einem Elternteil die Sorge für die Person des Kindes nicht zusteht.

a) Gemäß § 1634 Abs I BGB behält der nicht personensorgeberechtigte Elternteil in allen diesen Fällen die Befugnis, mit dem Kinde persönlich zu verkehren. Diese Befugnis ist ein Teil des Personensorgerechts (RGZ 141 320; 153 238, 242, 243), aber auch ein Bestandteil des natürlichen Elternrechts, der auch dann Bestand hat, wenn dem Elternteil die Personensorge nicht zusteht (PALANDT-LAUTERBACH S. 1274 Anm 1 zu § 1634 BGB). Daraus ergibt sich, daß kein Elternteil von dem Kinde ganz ferngehalten werden soll (für das frühere Recht JFG 23 79ff.; RJA 11 254 = KGJ 41 A 11; 15 93; 17 15). Das Verkehrsrecht wird deshalb auch nicht durch Anordnungen des Vormundschaftsgerichts aus den §§ 1671, 1672 BGB, für die Mutter im Falle der Ehelichkeitserklärung, durch die Nichtigkeitserklärung oder Aufhebung der Ehe oder das Ruhen oder durch die Beendigung der elter-

[1] Vgl SCHNITZERLING, Das Recht auf Verkehr mit dem Kinde in FamRZ 58 444 ff., RIEDEL (T), Hinweise auf die Rechtsprechung S. 136, Problematik S. 138.
[2] Wegen der *Großeltern* vgl PALANDT-LAUTERBACH S. 1274 Anm 1 zu § 1634 BGB.

lichen Gewalt beeinträchtigt, anders bei der Verwirkung, weil durch diese die elterliche Gewalt der Substanz nach verlorengegangen ist (PALANDT-LAUTERBACH S. 1274 Anm 1 zu § 1634 BGB, s. auch S. 1261 Anm 5 Einf.). Endigt die elterliche Gewalt durch *Annahme an Kindes Statt* durch einen Dritten (§ 1765 BGB), so besteht zwar kein klagbarer Anspruch der leiblichen Eltern auf den persönlichen Verkehr mit dem Kinde; indessen erfordert es das Sittengesetz, daß der Verkehr aufrechterhalten bleibt, wenn durch dessen Unterbleiben das allein maßgebende Interesse des Kindes verletzt wird. Hierauf haben die Wahleltern Rücksicht zu nehmen; schneiden sie den leiblichen Eltern ohne verständigen Grund den Verkehr mit dem Kinde in ungehöriger Weise ab und gefährden und schädigen sie hierdurch die Interessen des Kindes, so hat das Vormundschaftsgericht auf Grund des § 1666 BGB einzuschreiten (vgl unten § 71 Zff 3). In ähnlicher Weise kann auch die uneheliche Mutter nicht von jedem Verkehr mit dem Kinde ausgeschlossen werden, selbst wenn ihr das Personensorgerecht nicht zusteht. Endlich schließt auch die Ehelichkeitserklärung eines unehelichen Kindes grundsätzlich einen Anspruch der Mutter auf persönlichen Verkehr mit dem Kinde nicht aus (s. oben, ferner JFG **6** 55; s. auch unten § 67 Zff 5c). Allerdings muß bei einem Widerstreit des Sorgerechts und des Verkehrsrechts z. B. bei einer sachlich gerechtfertigten Übersiedelung des sorgeberechtigten Elternteils in das Ausland das Verkehrsrecht als das schwächere Recht dem Sorgerecht weichen (RGZ **141** 320).

Das Verkehrsrecht des nicht sorgeberechtigten Elternteils ist *unverzichtbar;* es kann auch nicht unter Berufung auf § 226 BGB in Zweifel gezogen werden (JFG **4** 37). Das Verkehrsrecht ist endlich *höchstpersönlicher* Natur und kann daher weder einem Dritten übertragen noch von einem Dritten ausgeübt werden (PALANDT-LAUTERBACH S. 1274 Anm 1 zu § 1634 BGB; KGJ **49** A 28 = RJA **15** 96). Selbst dann darf dem nichtsorgeberechtigten Elternteil der persönliche Verkehr mit dem Kinde nicht ganz entzogen werden, *wenn die Voraussetzungen des § 1666 BGB vorliegen* (KGJ **41** A 11 = RJA **11** 254; JFG **4** 33).[1] Nur wenn es zum Wohle des Kindes erforderlich ist, kann das Vormundschaftsgericht den Verkehr für eine *bestimmte Zeit oder dauernd* ausschließen (§ 1634 Abs II S. 2 BGB i.d.F. wie oben). In solchen Fällen wird im übrigen das Vormundschaftsgericht, wenn es mit der Verkehrsregelung befaßt ist, durch

[1] Ist aber dem *an sich sorgeberechtigten* Elternteil das Personensorgerecht *entzogen*, so hat er kein Recht auf persönlichen Verkehr mit dem Kinde; es entscheidet vielmehr der Pfleger des Kindes darüber, inwieweit ein solcher Verkehr stattzufinden hat; gegen mißbräuchliches Verhalten des Pflegers kann der Elternteil das Vormundschaftsgericht anrufen. Dabei ist aber zu beachten, daß in vielen Fällen der Zweck der Sorgerechtsentziehung vereitelt würde, wenn dem ausgeschlossenen Elternteil die Geltendmachung eines schädlichen Einflusses zugestanden würde (RJA **4** 138).

zweckentsprechende Anordnungen dafür zu sorgen haben, daß das Kind nicht gefährdet wird (vgl hierzu unten Zff 4d).

b) Zum persönlichen Verkehr im Sinne des § 1634 BGB gehört nicht der *briefliche* Verkehr (JFG **12** 89, anders JFG **23** 82); unter persönlichem Verkehr ist vielmehr die Zusammenkunft zum Zwecke gegenseitigen Sehens und gegenseitiger Aussprache zu verstehen; wenn jedoch der persönliche Verkehr wegen triftiger Gründe, z. B. wegen großer räumlicher Entfernung, nicht möglich ist, hat der sorgeberechtigte Elternteil den brieflichen Verkehr zu gestatten (JFG **12** 89; s. auch unten). Die Verkehrsbefugnis berechtigt den nichtsorgeberechtigten Elternteil auch nicht zu dem Verlangen, daß der andere Elternteil ihm Nachricht über das Befinden des Kindes gebe oder ihm, dem nichtsorgeberechtigten Teil, gestatte, dem Kinde Geschenke zu machen; jedoch kann in der Verweigerung eines solchen Wunsches sowie in dem Verbot an das Kind, dem anderen Teil zu schreiben, unter Umständen ein Mißbrauch des Personensorgerechts liegen (KGJ **34** A 23).

Es ist nicht unbedingt notwendig, daß der persönliche Verkehr an dem gewöhnlichen Aufenthaltsort des Kindes stattfindet, vielmehr hat der verkehrsberechtigte Elternteil unter Umständen Anspruch darauf, auch fern von diesem Orte mit dem Kinde zu verkehren, wenn dadurch weder die Interessen des Kindes gefährdet noch das Erziehungs-, Beaufsichtigungs- und Aufenthaltsbestimmungsrecht des sorgeberechtigten Elternteils über das gebührliche Maß beeinträchtigt werden (KGJ **37** A 26). Zu beachten bleibt aber, daß hinsichtlich der Bestimmung des Ortes, der Zeit und der näheren Umstände der Zusammenkünfte in erster Linie der sorgeberechtigte Elternteil zu befinden hat (vgl unten Z 4 d α).

Bei ganz kleinen Kindern wird sich der persönliche Verkehr auf den Augenschein und auf ein Ansprechen und Berühren des Kindes beschränken (JFG **5** 74 = JurRdsch **1929** Rechtspr Nr 110 = DJZ **1928** 1618).

3. Der *Zweck* der Verkehrsbefugnis besteht darin, dem nichtsorgeberechtigten Elternteil auf Grund des nahen Verwandtschaftsverhältnisses zu dem Kinde die Möglichkeit zu geben, sich über das Wohlergehen und die Entwicklung des Kindes laufend persönlich zu unterrichten und eine Entfremdung zwischen dem nichtsorgeberechtigten Elternteil und dem Kinde zu verhindern (Palandt-Lauterbach S. 1274 Anm 2 zu § 1634 BGB KGJ **48** A 5; JFG **5** 74; vgl auch DJZ **1931** 1390); die Feststellung des geistigen und körperlichen Befindens kann auch bei dem jüngsten Kinde erfolgen. Deshalb darf der nichtsorgeberechtigte Elternteil auch von dem persönlichen Verkehr mit Kindern zartesten Alters nicht ausgeschlossen werden (JFG **5** 74 = JurRdsch **1929** Rechtspr Nr 110 = DJZ **1928** 1618).

4. Gemäß § 1634 Abs II S. 1 BGB i.d.F. wie oben kann das Vormundschaftsgericht (und zwar der Richter, RpflG § 12 Zff 17) den Verkehr näher *regeln.* Dies gilt auch, wenn nach Scheidung der Ehe der Eltern über die elterliche Gewalt oder das Sorgerecht für die Person eines gemeinschaftlichen Kindes noch nicht entschieden ist (JMBlNRW **60** 67), und auch bei *noch bestehender Ehe* der Eltern (JMinBlNRW **63** 80 Nr 1).

Diese Aufgabe ist dem *Vormundschaftsgericht* zur *ausschließlichen* Zuständigkeit übertragen (KGJ **44** A 20; RGZ **100** 178). Dagegen steht die Entscheidung eines Streites über das Verkehrsrecht als solches dem Prozeßrichter zu (Zentralblatt XLI (1954) 114; s. auch RGZ **100** 178; **141** 320, wo auch ausgeführt ist, daß das Verkehrsrecht „ein sonstiges Recht" i. S. d § 823 Abs I BGB ist). Die Möglichkeit eines Rechtsstreits über die *Ausübung* des vom Vormundschaftsgericht *geregelten* oder *noch zu regelnden* Verkehrs des nichtsorgeberechtigten Elternteils mit dem Kinde ist aber ausgeschlossen (RGZ **63** 236); hinsichtlich der vom *Ehescheidungsgericht* erlassenen *einstweiligen Anordnungen* vgl unten zu b).

Die Verkehrsregelung kann *nicht davon abhängig* gemacht werden, daß der Verkehrsberechtigte dem Kinde gegenüber seine *Unterhaltspflicht* erfüllt (RJA **12** 3).

a) In der Regel wird eine *Anordnung des Vormundschaftsgerichts* gemäß § 1634 Abs II S. 1 BGB auf *Antrag* des verkehrsberechtigten Elternteils, der sich in der Ausübung der Verkehrsbefugnis durch den sorgeberechtigten Elternteil behindert glaubt, ergehen. Die Verkehrsregelung setzt indessen einen solchen Antrag nicht voraus, sie kann vielmehr auch auf *Anregung* des sorgeberechtigten Elternteils (KGJ **44** A 20) oder auch von *Amts wegen* erfolgen. Dem entspricht es, daß die Eltern durch *Vereinbarung* das Recht des Vormundschaftsgerichts auf Regelung des Verkehrs weder ausschließen noch beschränken können, wenngleich sie im Verhältnis untereinander an sich gebunden sind (FamRZ **59** 70 Nr 34; Zentralblatt XLIV (1957) 247). Ebenso kann, wenn ein Elternteil sich an eine solche Vereinbarung nicht mehr gebunden fühlt und die Regelung des Verkehrs durch das Vormundschaftsgericht erbittet, dieses dem Antrag entsprechen, ohne zuvor prüfen zu müssen, ob die Ansicht des Elternteils, der sich von dem Vertrage lossagt, durch die Sachlage gerechtfertigt ist (KG a. a. O.).

b) Das Vormundschaftsgericht ist zur Verkehrsregelung auch berufen, wenn die Eltern, insbesondere während des Scheidungsprozesses, nur getrennt leben (vgl für das frühere Recht RGZ **69** 94; RJA **10** 100; KGJ **39** A 3; **44** A 17 = RJA **13** 5; **49** A 28 = RJA **15** 96; JFG **6** 53 = JurRdsch 1929 Rechtspr 1646 = DRJ 1929 Rechtspr Nr 328; JFG **8** 59). Dies gilt selbst dann, wenn der getrennt lebende Ehegatte zum Getrenntleben nicht befugt ist (RJA **11** 172). Erforderlich ist aber, daß dem Elternteil, der das Verkehrsrecht in Anspruch nimmt, das

Personensorgerecht wenigstens zeitweise (etwa auf Grund einer einstweiligen Anordnung des *Scheidungsgerichts* gemäß *§ 627 Abs I ZPO*) nicht zusteht. Unter dieser Voraussetzung kann das Vormundschaftsgericht die Regelung der *Art und Weise* sowie der *näheren Umstände* des Verkehrs treffen, sofern sie nicht schon vom Prozeßgericht gemäß § 627 ZPO getroffen ist. Dieses Gericht *kann* zwar für die Dauer des Scheidungsprozesses gemäß § 627 ZPO alle Maßnahmen treffen, die die Sorge für die Person des Kindes berühren, also auch den persönlichen Verkehr des nichtsorgeberechtigten Teils mit dem Kinde näher regeln (Zentralblatt XLV (1958) 209; abw. für das frühere Recht JFG **6** 53, JMBlNRW **50** 12); doch sollte hiervon nur Gebrauch gemacht werden, wenn das Bedürfnis einer schnellen Entscheidung es erfordert (Zentralblatt XLVIII (1961) 182 = JMBlNRW **61** 122); auch wird hierdurch etwaigen Maßnahmen des grundsätzlich zuständigen Vormundschaftsgerichts z. B. aus § 1666 BGB nicht vorgegriffen[1].

Leben die Eltern getrennt und haben sie *vergleichsweise* die tatsächliche Ausübung der Sorge für die Person des aus der Ehe hervorgegangenen Kindes einem Elternteil überlassen, so ist in entsprechender Anwendung des § 1634 Abs II S. 2 BGB das Vormundschaftsgericht für zuständig zu erachten, den Verkehr des anderen Elternteils mit dem Kinde zu regeln; ein solcher Vergleich hindert den sorgeberechtigten Teil nicht, das Kind zurückzufordern (§ 1632 Abs II BGB i.d.F. wie oben; vgl für das frühere Recht KGJ **52** A 26). Wegen einer Vereinbarung geschiedener Eltern vgl oben § 52 Z 3.

c) Nach der früheren Rechtsprechung des Kammergerichts war dem Kinde in dem Verfahren zwecks Regelung des Verkehrs mit dem nichtsorgeberechtigten Elternteil ein *Pfleger* zu bestellen (KGJ **24** A 27 = RJA **3** 3); gegen die Anordnung einer solchen Pflegschaft wurde dem sorgeberechtigten Elternteil ein Beschwerderecht zugestanden (KGJ **29** A 251 = RJA **5** 224). Demgegenüber hat jedoch das Reichsgericht die Auffassung vertreten, daß es zur Durchführung des Verfahrens gemäß § 1636 S. 2 BGB a. F. (vgl jetzt § 1634 Abs II S. 2 BGB) der Bestellung eines Pflegers für das Kind nicht bedürfe, weil dieses Gegenstand amtlicher Fürsorge, seine Mitwirkung bei dem Verfahren aber nicht erforderlich sei (RGZ **64** 16 = RJA **17** 160). Dadurch dürfte indessen nicht ausgeschlossen sein, daß, wenn die Interessen des Kindes es im Einzelfall als wünschenswert erscheinen lassen, eine Pflegschaft zum Zwecke der Unterstützung des Vormundschaftsgerichts angeordnet wird.

---

[1] Wird abgesehen von den Fällen des § 627 ZPO dem nichtsorgeberechtigten Elternteil das Recht zum Verkehr von dem anderen Teil *nur für vorübergehende Zeit* bestritten und hängt von der Entscheidung dieser Vorfrage die weitere Regelung des Verkehrs ab, so hat hierüber das Vormundschaftsgericht und nicht das Prozeßgericht zu entscheiden (JFG **4** 33).

d) Der Regelung des Vormundschaftsgerichts unterliegen die *näheren Umstände des persönlichen Verkehrs*, insbesondere also die Bestimmung der *Zahl*, der *Örtlichkeit* und der *Zeit* der Zusammenkünfte. Die Anordnungen des Vormundschaftsgerichts müssen vollständig sein und genaue und erschöpfende Bestimmungen über die genannten Umstände enthalten (BayObLG nach DRiZ **53** Rechtspr S. 81 Nr 768 = JR **53** 264).

α) Dabei ist zu beachten, daß dem zur Personenfürsorge berechtigten Elternteil in *erster Linie* die Entscheidung darüber zusteht, in welcher Weise der persönliche Verkehr des nichtsorgeberechtigten Elternteils mit dem Kinde stattfinden soll und ob insbesondere bei den Begegnungen ein *Dritter* zugegen sein darf (BayObLG in DRiZ **61** B 16 Nr 297 = FamRZ **61** 127 Nr 45 = NJW **60** 2188 = BayJMBl **60** 144 = BayObLGZ **60** 223 = EJF A I f Nr 32); abweichende Anordnungen darf das Vormundschaftsgericht nur treffen, wenn ein Mißbrauch des Sorgerechts oder Schikane oder sonstige, etwa aus dem Interesse des Kindes sich ergebende triftige Gründe in Betracht kommen (vgl für das frühere Recht KGJ 48 A 5; JurRdsch **1927** Rechtspr Nr 1897; DJZ **1931** 1390).

β) Ferner darf durch die Verkehrsregelung *nicht weiter* in das Recht des zur Personenfürsorge berechtigten Elternteils, insbesondere in dessen *Erziehungsrecht*, eingegriffen werden, als der Zweck der Regelung, die verwandtschaftlichen Beziehungen zwischen dem Kinde und dem verkehrsberechtigten Elternteil zu pflegen, es erfordert (PALANDT-LAUTERBACH S. 1274 Anm 3 zu § 1634 BGB). Es verstößt daher regelmäßig gegen das Gesetz, wenn das Vormundschaftsgericht ohne ausreichende Rücksichtnahme auf dieses Erziehungsrecht und die Erziehung selbst und ohne besondere Gründe Besuche des Kindes auf längere Zeit bei dem verkehrsberechtigten Elternteil anordnet (KGJ 48 A 5; JW **1930** 1009 Nr 2 = Zentralblatt XXI 101). Eine Ausnahme kann namentlich bei großer räumlicher Entfernung des Kindes von dem verkehrsberechtigten Elternteil (vgl KGJ 37 A 26) unter gebührender Berücksichtigung der Interessen des Kindes sowie des Erziehungs-, Beaufsichtigungs- und Aufenthaltungsbestimmungsrechts des sorgeberechtigten Elternteils als zulässig erachtet werden (OLG 3 370). Grundsätzlich soll überhaupt eine Anordnung dahin, daß der nichtsorgeberechtigte Elternteil mit dem Kinde in der Wohnung des *anderen* Elternteils zusammenkommen solle, nicht getroffen werden (RJA 17 41). Nach OLG Hamm in FamRZ **59** 169 Nr 81 = JMBlNRW **59** 68 kann vielmehr der verkehrsberechtigte Elternteil verlangen, daß der persönliche Verkehr mit dem Kinde in *seiner* Wohnung ohne Gegenwart des anderen Elternteils oder eines *von diesem* Beauftragten stattfindet, sofern nicht besondere Umstände vorliegen (s. aber unten zu ε und zu e).

γ) Jedenfalls muß sich das Vormundschaftsgericht stets vor Augen halten, daß die Zusammenkünfte des Kindes mit dem nichtsorgeberechtigten Elternteil ihren Zweck verfehlen und in das Gegenteil verkehren würden, wenn das Kind durch zu langen Aufenthalt bei dem verkehrsberechtigten Elternteil dem sorgeberechtigten Teil entfremdet oder wenn sonst in unzulässiger Weisein dessen Erziehungsgewalt eingegriffen oder der Erfolg seiner Erziehung und damit zugleich das persönliche Wohl des Kindes gefährdet würde. Dies gilt namentlich im Falle der Zulassung längerer *Ferienbesuche*, bei denen das Kind einige Zeit der Einwirkung des gesetzlichen Erziehers vollkommen entzogen und der Einwirkung des anderen Elternteils ausgeantwortet wird, ohne daß der sorgeberechtigte Elternteil regelmäßig in der Lage sein wird, das Verhalten des anderen Elternteils zu überwachen und die nach seiner Ansicht schädlichen Einwirkungen von dem Kinde fernzuhalten; in solchen Fällen kann ein Helfer bestellt werden (KGJ 48 A 5). Indessen können besondere Umstände des Einzelfalles es rechtfertigen, von den Bedenken gegen eine längere Verkehrszeit abzusehen (BayObLG in FamRZ 58 470 Nr 197 = BayObLGZ 57 134 = EJF A III Nr 14).

δ) Im übrigen wird bei der Regelung des persönlichen Verkehrs immer das *Kindeswohl* gewährleistet sein müssen (PALANDT-LAUTERBACH S. 1275 Anm 3 zu § 1634 BGB) und ferner auf die Umstände des einzelnen Falles Rücksicht zu nehmen sein. Ist eine *gesundheitliche Gefährdung* des Kindes zu besorgen, so ist durch Anordnung geeigneter Maßregeln für den Schutz des Kindes zu sorgen; unter Umständen können körperliche oder geistige Mängel zu einer Einschränkung, ja sogar zu einer *zeitweiligen* und *notfalls dauernden* Versagung des persönlichen Verkehrs führen, wenn das Wohl des Kindes es erfordert und demgemäß der Schutz des Kindes auf andere Weise wirksam nicht zu erreichen ist (KGJ 53 A 30; JFG 4 33). Das Wohl eines zwölfjährigen Mädchens erfordert den *Ausschluß* des Verkehrs mit seiner Mutter nicht schon deswegen, weil die Mutter der gewerblichen Unzucht nachgeht (MDR 62 132); in einem derartigen Falle werden allerdings geeignete Schutzmaßnahmen, etwa die Anwesenheit einer Vertrauensperson bei den Zusammenkünften, angezeigt sein. Bei *sehr kleinen Kindern* wird das zarte Alter berücksichtigt werden müssen (vgl oben Z 2b am Ende). Das Vormundschaftsgericht kann dem sorgeberechtigten Elternteil auch *positive Handlungen* auferlegen, z. B. Bereitstellung des Kindes zur Abholung oder Zuführung des Kindes (KGJ 37 A 18); dagegen kann es *nicht anordnen*, daß der sorgeberechtigte Elternteil dem anderen *Nachricht* über das Befinden des Kindes zu geben oder dem anderen Teil zu gestatten habe, dem Kinde *Geschenke* zu machen (KGJ 34 A 23; vgl auch oben Z 2b). Die Anordnung, daß die Zusammenkünfte des verkehrsberechtigten Teils mit dem Kinde nur *in der Wohnung des anderen Elternteils* stattfinden dürften, ist für unzulässig erklärt worden (RJA 17 41); s. auch zu β am Ende.

ε) In vielen Fällen wird sich die Zuziehung einer besonderen *Überwachungsperson* zu den Zusammenkünften des verkehrsberechtigten Elternteils mit dem Kinde empfehlen, namentlich wenn der verkehrsberechtigte Elternteil kein Vertrauen verdient und keine Liebe oder kein Interesse für das Kind gezeigt hat oder dem anderen Teil übelgesinnt ist (JurRdsch 1927 Rechtspr Nr 1897). Auch ein Pfleger kann zum Zwecke der Aufsichtsführung bei den Zusammenkünften bestellt werden (KGJ 30 A 44 = RJA 5 225; JFG 15 253).

η) Rücksicht ist ferner darauf zu nehmen, daß etwa getrennt voneinander lebenden *Geschwistern* die Möglichkeit des Beisammenseins unter sich im Beisein und auf Anregung des einen oder anderen Elternteils zu geben ist (JFG 2 80 DRiZ 53 Rechtspr. S. 81 Nr 768).

e) Das Vormundschaftsgericht hat endlich die zur Regelung des Verkehrs erforderlichen *Anordnungen* grundsätzlich *selbst* zu treffen. Es darf insbesondere nicht dem Verkehrsberechtigten die Auswahl der Verkehrstage in der Weise überlassen werden, daß die Kinder dem sorgeberechtigten Elternteil gerade an den höchsten Feiertagen entzogen und Ferienreisepläne durchkreuzt werden können (RJA 15 4). Nicht ausgeschlossen ist aber, daß im Falle des Bedürfnisses *Einzelheiten* der Regelung, insbesondere unwesentliche Bestimmungen, dem zur Überwachung des Verkehrs bestellten Pfleger übertragen werden; immer ist jedoch die Tätigkeit des Pflegers nicht so zu verstehen, daß er berechtigt wäre, an Stelle des Gerichts für die Beteiligten verbindliche Anordnungen zu erlassen; vielmehr sind diese Anordnungen nur dahin zu verstehen, daß das Vormundschaftsgericht nur vorläufig von einer weiteren Regelung Abstand nimmt und sich insoweit der unterstützenden Tätigkeit des Pflegers bedient, daß es aber die Verkehrsregelung jederzeit zu ergänzen hat, wenn sich die Eltern den Anordnungen des Pflegers nicht fügen wollen (KGJ 51 A 31 = RJA 16 177).

Mit der Ausführung seiner Anordnungen aus § 1634 Abs II S. 1 BGB kann das Vormundschaftsgericht das *Jugendamt* mit seinem Einverständnis beauftragen (§ 48 Abs II S. 2 JWG i.d.F. d. Ges vom 11. 8. 1961, BGBl I S. 1206).

Das Vormundschaftsgericht kann seine Anordnungen auch *zwangsweise* durchführen, z. B. den sorgeberechtigten Elternteil zu einem ihm auferlegten Tun (etwa Bereitstellung des Kindes zur Abholung) anhalten, es sei denn, daß vom Willen des verpflichteten Elternteils unabhängige Hindernisse entgegenstehen; kein solches Hindernis ist das widerspenstige Verhalten des Kindes (§ 33 FGG, JFG 14 464). Wenn aber ein nahezu erwachsenes Kind sich weigert, mit dem verkehrsberechtigten Elternteil zusammenzukommen, so wird die Verkehrsregelung untunlich und abzulehnen sein (JW 38 1334; PALANDT-LAUTERBACH S. 1274 Anm 3 zu § 1634 BGB).

f) Über die Tragung der *durch die Verkehrsregelung entstehenden Kosten* hat das Vormundschaftsgericht, abgesehen von einer etwa notwendigen vorläufigen Regelung (JFG **14** 34), nicht zu entscheiden. Diese Frage muß vielmehr notfalls vor dem Prozeßgericht ausgetragen werden (RJA 8 89; JFG 5 74 = JurRdsch **1929** Rechtspr Nr 110 = DJZ **1928** 1618). Jedoch wird es sich empfehlen, daß das Vormundschaftsgericht, damit die Durchführung seiner Anordnungen nicht von vornherein auf Schwierigkeiten stößt, vor dem Erlaß seiner Anordnungen prüft, ob der verpflichtete Elternteil in der Lage ist, die Kosten der Zuführung des Kindes, insbesondere der etwa notwendigen Reisen, zu tragen, wenn nicht der verkehrsberechtigte Elternteil sich bereit erklärt, die Kosten vorzuschießen (vgl KGJ **36** A 10). Hinsichtlich der *Verfahrenskosten* ist auf § 13a FGG zu verweisen; wegen der *Gebühren* vgl § 94 Abs I Zff 4, Abs II, Abs III S. 2 KostO; s. auch EJF A I f Nr 32.

g) Die *Durchführung seiner Anordnungen* kann das Vormundschaftsgericht gemäß §§ 33 (i.d.F. d. VO vom 5. 8. 1935), 200 FGG nach näherer Bestimmung des *Landesrechts erzwingen*[1]; nach früherem preußischem Recht kommen die Vorschriften der Art 15 bis 17 PrFGG (vgl oben § 17) in Betracht (RGZ **63** 236; KGJ **36** A 6; vgl auch RGZ **100** 178). Der sorgeberechtigte Elternteil ist übrigens verpflichtet, etwaigen *Widerstand des Kindes* zu brechen, s. oben zu e; und kann auch hierzu durch Ordnungsstrafen angehalten werden (KGJ **37** A 18).

Beispiele:

I.

Beschluß

In der Familienrechtssache betr den am 15. Januar 1950 geborenen Karl Schäfer, Kind der geschiedenen Eheleute Josef Schäfer in Köln, Hohe Straße 100, und Maria geb. Schlosser in Köln, Karlstraße 20, wird der persönliche Verkehr der Mutter mit dem Kinde gemäß § 1634 Abs II S. 1 BGB dahin geregelt, daß die Mutter mit dem Kinde am 1. Sonntag eines jeden Monats in der Zeit von vierzehn bis sechzehn Uhr in den Räumen des städtischen Jugendamtes in Köln und im Beisein eines Beauftragten des Jugendamtes zusammen sein darf. Der Vater hat das Kind zur bestimmten Stunde dem Jugendamt zuzuführen und es nach Beendigung der Zusammenkunft bei dem Jugendamt wieder abzuholen; für jeden Fall der Zuwiderhandlung gegen diese Anordnung wird dem Vater eine Ordnungsstrafe von zwanzig Deutsche Mark angedroht.

Die Kosten des Verfahrens in dieser Angelegenheit haben die Eltern je zur Hälfte zu erstatten (§ 13a Abs I S. 1 FGG).

Köln, den 20. Oktober 1962.

Das Amtsgericht.

gez. Schmitz.

---

[1] Auch Großeltern, die das Kind in Obhut haben, können durch Zwang angehalten werden, den persönlichen Verkehr des sorgeberechtigten Elternteils mit dem Kinde zu dulden (Zentralblatt XLIV (1957) 182).

II.

Die rechskräftig geschiedenen Eltern wohnen nicht an demselben Ort. Der personensorgeberechtigte Vater wohnt in Köln, die verkehrsberechtigte Mutter in München. Die Mutter bittet, da häufigere regelmäßige Zusammenkünfte mit dem Kinde wegen der weiten Entfernung und der Kosten, auch wegen der Störung des Schulbesuchs des Kindes nicht möglich seien, ihr das Kind alljährlich in den Herbstferien für längere Zeit zu überlassen; die Mutter verspricht, die Kosten für die Hin- und Rückreise für das Kind zu tragen und dieses persönlich in Köln abzuholen und auch dorthin zurückzubringen. Das Vormundschaftsgericht erläßt nach Prüfung der Angelegenheit, der Verhältnisse beider Elternteile, Anhörung des Vaters und der zuständigen Jugendämter folgenden

Beschluß

In der Familienrechtssache betr den am 15. Januar 1950 geborenen Karl Schäfer, Kind der geschiedenen Eheleute Josef Schäfer in Köln, Hohe Straße 100, und Maria geb. Schlosser in München, Marienplatz 20, wird der persönliche Verkehr der Mutter mit dem Kinde gemäß § 1634 Abs II S. 1 BGB dahin geregelt, daß die Mutter das Kind in jedem Jahre während der Herbstferien des Kindes zwei Wochen in ihrer Wohnung in München bei sich haben darf. Die Mutter hat das Kind am dritten Ferientage bei dem Vater abzuholen und es nach dem Ablauf von zwei Wochen zu diesem zurückzubringen; der Vater hat das Kind rechtzeitig für die ihm von der Mutter mitzuteilende Abholstunde reisefertig bereitzuhalten. Das städtische Jugendamt in München wird mit seinem Einverständnis beauftragt, während des Aufenthaltes des Kindes in München, dessen genaue Dauer ihm von der Mutter eine Woche vor Beginn anzuzeigen ist, die Aufsicht und etwa notwendige Fürsorge für das Kind zu übernehmen; zu diesem Zweck kann das Jugendamt nach seinem Ermessen eine Vertrauensperson beauftragen.

Den Eltern wird für den Fall einer Zuwiderhandlung gegen diese Anordnungen eine Ordnungsstrafe von fünfzig Deutsche Mark angedroht.

Die Kosten des Verfahrens haben die Eltern je zur Hälfte zu erstatten (§ 13a Abs I S. 1 FGG).

Köln, den 20. Oktober 1962.

Das Amtsgericht.

gez. Schmitz.

Die Entscheidungen des Vormundschaftsgerichts sind den Eltern zuzustellen und den beteiligten Jugendämtern sowie der von dem Jugendamt in München etwa beauftragten Vertrauensperson mitzuteilen.

6. Hinsichtlich der Frage, ob das Vormundschaftsgericht auch zur Regelung des Verkehrs geschiedener Eltern *ausländischer Staatsangehörigkeit* mit ihrem Kinde befugt sei, hat das Kammergericht früher angenommen, daß dem deutschen Gericht regelmäßig die Zuständigkeit für solche Maßnahmen fehle, weil diese nicht zu den eigentlichen Vormundschaftssachen im Sinne des Art 23 EGBGB zu zählen seien (KGJ **37** A 32 = RJA **10** 1; KGJ **44** A 28; vgl auch KGJ **30** A 17 = RJA **6** 92, wo ausgeführt ist, daß, wenn Eltern nach österreichischem Recht mit ihrem Einverständnis von Tisch und Bett geschieden sind, das Vormundschaftsgericht nicht Maßnahmen nach § 1636 BGB a. F. treffen könne). Später hat indessen das Kammergericht seine Auffassung dahin geändert, daß durch die ausländische Staatsangehörigkeit geschiedener

oder getrennt lebender Ehegatten die *Zuständigkeit* des deutschen Vormundschaftsgerichts zur Regelung des Verkehrs der Eltern mit dem Kinde nicht beschränkt werde, falls nicht etwa die Ausländer zu den exterritorialen Personen gehörten; dabei ist freilich die Frage des anzuwendenden *materiellen* Rechtes von der Zuständigkeitsfrage zu trennen (KGJ 46 A 27 = RJA 14 14 = OLG 32 31); in JFG 11 44 ist vom KG die Verkehrsregelung durch das deutsche Vormundschaftsgericht für unzulässig erklärt worden, wenn zwar der verkehrsberechtigte deutsche Vater im Inland wohnt, das Kind und die Mutter aber nicht deutsche Staatsangehörige sind und im Ausland wohnen. Vgl hierzu auch unten § 82. Ein ausländisches Recht, das einen wirksamen Verzicht auf das Recht zum persönlichen Verkehr mit dem Kinde anerkennt, ist insoweit von dem deutschen Vormundschaftsgericht gemäß Art 30 EGBGB nicht anzuwenden (DJZ 1931 365).

7. Falls die Ehe der Eltern eines Kindes *gemäß § 38 Abs II EheG aufgelöst* ist, gilt § 1671 BGB in gleicher Weise, wie wenn die Ehe der Eltern aus beiderseitigem Verschulden der Eltern geschieden wäre (vgl oben § 52 Z 4). Demgemäß ist in einem solchen Falle auch § 1634 BGB anwendbar.

8. Die Fürsorgemaßnahmen des Vormundschaftsgerichts zum Schutz des Kindes

§ 54. a) Allgemeines

1. Gegenüber den Eltern hat das Vormundschaftsgericht nicht wie gegenüber dem Vormund oder dem Pfleger das Recht und die Pflicht beständiger Aufsicht. Vielmehr entspricht es der freieren Stellung der Eltern, daß das Vormundschaftsgericht nur unter ganz bestimmten Voraussetzungen zum Schutze des Kindes einzugreifen hat. Sind diese Voraussetzungen gegeben, so ist das Gericht allerdings nicht nur berechtigt, sondern auch verpflichtet, von Amts wegen die im Interesse des Kindes erforderlichen Maßnahmen zu treffen. Dasselbe gilt, wenn *beide* Eltern verhindert sind, die elterliche Gewalt auszuüben (§ 1693 BGB i.d.F. d. GleichberG vom 18. 6. 1957, BGBl I S. 609).

2. Um dem Vormundschaftsgericht die Erfüllung der ihm hiernach obliegenden Aufgaben zu erleichtern, bestimmt § 1694 BGB i.d.F. wie oben (vgl auch § 49 FGG), daß das Jugendamt, das gemäß § 47 S. 1 JWG i.d.F. d. Ges vom 11. 8. 1961, BGBl I S. 1206, auch Gemeindewaisenrat ist (vgl unten § 100), dem Vormundschaftsgericht *Anzeige* zu erstatten hat, wenn ein Fall zu seiner Kenntnis gelangt, in dem das Vormundschaftsgericht zum Einschreiten berufen ist. Diese Anzeigepflicht bezieht sich auf alle im Bezirk des Jugendamts sich aufhaltenden Kinder.

3. Bezüglich der Befugnis des Vormundschaftsgerichts, zum Schutze *ausländischer* unter elterlicher Gewalt stehender Kinder einzugreifen, vgl unten § 82.

§ 55. b) Die Maßnahmen zum Schutze der Person des Kindes

1. Ein Eingreifen des Vormundschaftsgerichts zum Schutze der Person des Kindes kommt regelmäßig nur in Betracht, wenn die Eltern das Wohl des Kindes schuldhaft gefährden.

2. Recht und Pflicht des Gerichts, die zur Abwendung der dem Kinde drohenden Gefahr erforderlichen Maßregeln zu treffen, sind gegeben, wenn das geistige oder leibliche *Wohl des Kindes* dadurch *gefährdet* wird, daß der Vater oder die Mutter das Recht der Sorge für die Person des Kindes mißbraucht, das Kind vernachlässigt oder sich eines ehrlosen oder unsittlichen Verhaltens schuldig macht *(§ 1666 Abs I S. 1 BGB* i.d.F. d. Ges vom 18. 6. 1957, BGBl I S. 609)[1].

a) *Voraussetzung* des vormundschaftsgerichtlichen Einschreitens ist hiernach die (objektive) Gefährdung des geistigen (sittlichen)[2] oder körperlichen Wohles des Kindes *und* die (subjektive) schuldhafte, d. h. vorsätzliche oder fahrlässige Herbeiführung dieser Gefährdung durch den Vater oder die Mutter in der vorbezeichneten Weise.

α) Eine *Gefährdung* ist gegeben, wenn nach den obwaltenden Umständen eine Schädigung des Kindes zu befürchten ist. Der Eintritt der Schädigung braucht nicht abgewartet zu werden; vielmehr soll durch das Eingreifen des Vormundschaftsgerichts der Eintritt der Schädigung vermieden werden, wobei allerdings die bloße Möglichkeit einer späteren Gefährdung nicht genügt (OGL **16** 18). Die Gefährdung muß also eine *gegenwärtige* (auch kurz zurückliegende oder nahe bevorstehende Gefährdung genügt, Palandt-Lauterbach S. 1282 Anm 3 zu § 1666 BGB) sein (KGJ **38** A 15). Eine solche kann auch durch frühere, ja sogar schon vor der Erlangung der elterlichen Gewalt begangene Handlung eines Elternteils begründet sein (OLG **6** 63), ohne daß deren Fortdauer bis zur Entscheidung des Vormundschaftsgerichts nachgewiesen sein müßte. Es genügt insbesondere auch, daß das nachgewiesene schuldhafte Verhalten des Vaters oder der Mutter einen Schluß auf hartnäckige Neigung zu solchem Verhalten zuläßt und daß deshalb auch für die Zukunft mit einer entsprechenden schuldhaften Gefährdung des Kindeswohles gerechnet werden muß (KGJ **46** A 38; vgl auch KGJ **31** A 35 und JFG **3** 50). Die räumliche Trennung des Kindes von dem

[1] Die Vorschrift des § 1666 BGB findet auch auf die uneheliche Mutter Anwendung (Zentralblatt XLI (1954) 305). Maßnahmen gegen den einen Elternteil dürfen nur zusammen mit der Entscheidung nach den §§ 1680, 1679 Abs I BGB getroffen werden (Bay ObLG in NJW **62** 2004 = DRiZ **63** B 7 Nr 118).

[2] Auch ein geistesschwaches Kind kann einer sittlichen Schädigung ausgesetzt und deshalb ein Einschreiten des Vormundschaftsgerichts geboten sein (KGJ **26** A 188).

gefährdenden Elternteil schließt die Gefährdung nicht aus, da das Kind, solange das elterliche Gewaltverhältnis besteht, dem Einflusse des schuldigen Elternteils nicht entzogen ist (OLG 6 287).

Die Gefährdung des Kindes bedarf einer konkreten Feststellung durch das Vormundschaftsgericht (KGJ 33 A 14). Dabei ist zu beachten, daß nicht jede Entscheidung des sorgeberechtigten Elternteils, die dem Kinde einen Wunsch versagt oder unverständlich ist, selbst wenn sie unangebracht oder gar objektiv falsch sein mag, schon eine Gefährdung oder mißbräuchlich ist und das Vormundschaftsgericht berechtigt, in die im wesentlichen von Zweckmäßigkeitsmomenten beherrschte Erziehungsgewalt des Sorgeberechtigten einzugreifen (JFG 21 197, 202). Meinungsverschiedenheiten zwischen Eltern und minderjährigen Kindern werden *grundsätzlich* von den Eltern auf Grund der elterlichen Rechte entschieden, anders bei Mißbrauch dieser Rechte (JFG 20 257ff.).

β) Die Gefährdung des Kindes muß auf einem schuldhaften, d. h. *vorsätzlichen* oder *fahrlässigen* (Rundbriefe III 287) *Verhalten* des Elternteils beruhen[1]; dieses kann sowohl in einem Mißbrauch des Personensorgerechts als auch in einer Vernachlässigung des Kindes als auch in einer ehrlosen oder unsittlichen Handlungsweise bestehen.

αα) Ein *Mißbrauch des Personensorgerechts* liegt vor, wenn der Vater oder die Mutter[2] von diesem Recht schuldhaft einen rechts- oder zweckwidrigen Gebrauch macht, insbesondere also, wenn ein Elternteil das Sorgerecht in einer seinem gesetzlichen Zweck, der in der Wahrung und Förderung des persönlichen Wohles des Kindes besteht, zuwiderlaufenden Weise ausübt (KGJ 33 A 14; vgl auch OLG 33 364). Entscheidend für die Frage, ob dieser Fall gegeben ist, sind die Umstände des Einzelfalles (K. a. a. O.). Im einzelnen wird ein Mißbrauch regelmäßig vorliegen, wenn ein Elternteil das ihm zustehende Züchtigungsrecht fortgesetzt überschreitet (OLG 4 410) oder wenn er die Arbeitskraft des Kindes zu seinem persönlichen Vorteil ausnützt (KGJ 33 A 14), ferner wenn er das Kind zum Betteln oder zu strafbaren Handlungen oder zur Unzucht anhält oder vom Schulbesuch abhält. Das gleiche gilt, wenn ein Elternteil den anderen beim Getrenntleben von jedem Verkehr mit dem Kinde auszuschließen sucht (KGJ 30 A 36 = RJA 6 19; Zentralblatt XLI (1954) 177), wenn bei geschiedener Ehe die sorge- und vertretungsberechtigte Mutter für das Kind einen Antrag auf Änderung des Familiennamens (wenn auch nicht ausschließlich aus feindseliger Gesinnung gegen den Vater) stellt und zu besorgen ist, daß die Namensänderung das Verhältnis des Kindes zu dem Vater schwer

[1] Zur Problematik des Verschuldensprinzips vgl Riedel (T) S. 137.

[2] gilt auch für die uneheliche Mutter (Palandt-Lauterbach S. 1282 Anm 1 zu § 1666 BGB).

belasten wird; gegebenenfalls ist dem Kinde ein Pfleger zu bestellen, damit dieser den Namensänderungsantrag zurückzieht (FamRZ **61** 33 Nr 6 = Zentralblatt XLVI (1960) 337 = MDR **61** 147 = NdsRpfl **61** 13); wenn der sorgeberechtigte Vater das erst drei Jahre alte Kind bei einem Dritten unterbringt, statt es der zur Erziehung geeigneten Mutter zu überlassen (JFG 8 56 = Rundbriefe VII 336) oder wenn er die Herausgabe der noch jugendlichen Kinder von der Mutter verlangt, obwohl sie bei dieser gut aufgehoben sind und der Vater sie nicht bei sich aufnehmen kann oder will, vielmehr ihre Unterbringung bei dritten Personen beabsichtigt (JFG 4 24, ferner für den Fall des beschränkten Personensorgerechts der unehelichen Mutter Zentralblatt XX 331, XXIII 333 = Rundbriefe VII 240, XXIV 33 = Rundbriefe VIII 15). Ein Mißbrauch des Personensorgerechts wird ferner regelmäßig vorliegen, wenn der Vater oder die Mutter die Herausgabe des Kindes von einem Dritten, der es seit langen Jahren mit Zustimmung der sorgeberechtigten Eltern verpflegt und erzieht und bei dem es sich wohlfühlt, ohne zwingenden Grund und dem Interesse des Kindes zuwider verlangt, besonders wenn der Verdacht begründet erscheint, daß das Verlangen auf eigennützigen Beweggründen beruht (KGJ 44 A 320 = RJA 1286; Rundbriefe V 324, ferner OLG 24 22 und hinsichtlich der unehelichen Mutter OLG 33 364, JFG 3 46).

Die ohne jeden Grund erfolgte *Weigerung* der unehelichen Mutter, den *Erzeuger des Kindes zu nennen*, kann, obwohl an sich eine Verpflichtung der Mutter zur Nennung des Namens nicht besteht, unter Umständen ein schuldhaftes Verhalten im Sinne des § 1666 BGB enthalten, namentlich, wenn die Kindesmutter das Kind aus eigenem Vermögen nicht zu ernähren vermag, krank und mit ihrem plötzlichen Ableben zu rechnen ist, auch der Erzeuger keine Unterstützung gewährt (Rundbriefe V 228). Das gleiche gilt, wenn die Mutter sich weigert, das Kind dem Vormund oder seinen Hilfspersonen das Kind vorzuzeigen (KGJ 38 A 34).

Auch eine Weigerung eines Sorgeberechtigten, einem *ärztlichen Eingriff* bei dem Kinde zuzustimmen, kann einen Mißbrauch des Personensorgerechts darstellen. Entscheidend ist die nach dem Einzelfall vorzunehmende Abwägung der Umstände (Gefahren der Operation, Aussicht auf Erfolg, sogenannte seelische Imponderabilien; KGJ 46 A 45 = RJA 14 91). Gemäß KGJ 36 A 10 handelt ein elterlicher Gewalthaber nicht schuldhaft, wenn er der Unterbringung des Kindes in einer Anstalt für Schwachsinnige widerstrebt, solange nicht die Kostenfrage geregelt ist; auch muß er gegebenenfalls erst eingehend über die Notwendigkeit der Unterbringung belehrt werden.

Ein Mißbrauch des Sorgerechts kann ferner darin gefunden werden, daß der *persönliche Verkehr des Kindes mit dem anderen Elternteil* oder auch mit seiner unehelichen Mutter (RGZ **153** 230, 238) oder im Fall der Annahme an Kindes Statt mit den leiblichen Eltern vereitelt oder ungebührlich erschwert wird (RGZ **64** 52; KGJ **52** A 19; RJA **15** 93). Will der Vater eines für ehelich erklärten Kindes den Verkehr mit der Mutter nur unter der Bedingung gestatten, daß die Mutter bei dem persönlichen Verkehr sich dem Kinde gegenüber nicht als seine Mutter bezeichne, so kann darin ein Mißbrauch des Sorgerechts erblickt werden (KGJ **43** A 281 = RJA **11** 251; s. unten § 67b Z 5).

Wegen des Mißbrauchs des Personensorgerechts auf dem Gebiete der *religiösen Kindererziehung* vgl oben § 48. Eine Einwirkung auf das Kind in *politischer* Beziehung kann unter besonderen Umständen einen Mißbrauch des Personensorgerechts enthalten; namentlich ist anzunehmen, daß durch eine Erziehung, die das Kind dem deutschen Wesen entfremdet, das geistige Wohl des Kindes gefährdet wird (RJA **11** 85). Indessen wird in der Regel ein Eingreifen des Vormundschaftsgerichts aus Erwägungen politischer Art nicht in Betracht kommen (STAUDINGER IV 2 S. 1110 Anm II B 3a γ; vgl auch KGJ **33** A 14).

$\beta\beta$) Eine *Vernachlässigung des Kindes* liegt namentlich in dem Mangel an hinreichender körperlicher Pflege und Unterhaltsgewährung und an einer ausreichenden Erziehung. Nichtanhalten zum Schulbesuch (OLG **3** 422) und Unterlassung der Abwehr ungünstiger Einwirkungen auf das Kind (OLG **6** 288, **8** 351, **10** 1) werden regelmäßig eine Vernachlässigung des Kindes enthalten. Auch die Weigerung, das schwachsinnige oder mit einem körperlichen Gebrechen behaftete Kind in einer geeigneten Anstalt unterzubringen, kann eine Vernachlässigung des Kindes darstellen (OLG **16** 19; **17** 277, 279, 280; **21** 265, 271; **30** 85; JFG **2** 101). Dagegen bildet es an und für sich keinen Grund zu einem Einschreiten des Vormundschaftsgerichts, daß Eltern während ihrer Arbeitszeit das Kind dritten Personen überlassen (JurRdsch **1930** Rechtspr Nr 983) oder daß die Eltern das Kind auswärts unterbringen, weil sie es bei sich nicht angemessen zu verpflegen vermögen (OLG **3** 2). Der Fall mangelnden Verständnisses für die durch körperliche Frühreife und seelische Nöte bedingten Besonderheiten des Kindes wird im Zentralblatt XXIII 262 behandelt.

$\gamma\gamma$) *Ehrloses oder unsittliches Verhalten* der Eltern wird besonders dann vorliegen, wenn sie sich dem Trunke ergeben oder geschlechtliche Verfehlungen zuschulden kommen lassen (vgl z. B. hinsichtlich der Aufnahme einer Konkubine in den mit den Kindern geteilten Haushalt OLG **3** 42).

b) Welche *Maßnahmen* zum Schutze des gefährdeten Kindes zu treffen sind, hat das Vormundschaftsgericht nach pflichtmäßigem Ermessen zu entscheiden. Die zu ergreifenden Maßregeln müssen unter Berücksichtigung des besonderen Sachverhalts im richtigen Verhältnis zu der Schwere des elterlichen Verschuldens und zu der Erheblichkeit der Gefährdung des Kindeswohles stehen; entscheidend ist stets das Interesse des Kindes, doch darf in die Rechte der Sorgeberechtigten nicht weiter eingegriffen werden, als es nach den Verhältnissen des Einzelfalles unbedingt erforderlich ist (KGJ 33 A 14), vgl auch FamRZ 63 192 Nr 68.

α) Als Maßnahmen, die zum Schutze des Kindes getroffen werden, können in leichten Fällen *Ermahnungen* oder *Verwarnungen* der Eltern genügen. Zulässig ist aber auch, wenn die tatsächlichen Verhältnisse es erfordern, eine *Beschränkung des Personensorgerechts* des schuldigen Elternteils (PALANDT-LAUTERBACH S. 1282 Anm 5 zu § 1666 BGB). Die Beschränkung kann die tatsächliche Fürsorge für die Person des Kindes betreffen und sowohl in einer teilweisen (z. B. hinsichtlich der religiösen oder der Erziehung überhaupt oder des Aufsichtsrechts oder des Aufenthaltsbestimmungsrechts; vgl JurRdsch 1928 Rechtspr 957; OLG 5 187) als auch in einer gänzlichen Entziehung der Personenfürsorge (JFG 15 488), gegebenenfalls einschließlich des Vertretungsrechts im ganzen oder hinsichtlich einzelner Angelegenheiten bestehen.

Gesetzlich besonders vorgesehen ist die Anordnung der Unterbringung des Kindes zum Zwecke der Erziehung in einer geeigneten Familie oder in einer Erziehungsanstalt oder in einer Besserungsanstalt (§ 1666 Abs I S. 2 BGB). Das Vormundschaftsgericht kann auch die Zustimmung der Eltern zur Unterbringung des Kindes in einem geeigneten Hilfsschulheim ersetzen (BayObLG in DRiZ 62 B 7 Nr 123 = B 39 Nr 517 = MDR 62 133 = FamRZ 61 538 Nr 199). Welche dieser Unterbringungsarten zu wählen ist, hat das Vormundschaftsgericht in seiner Anordnung genau zu bestimmen, gegebenenfalls auch die Pflegefamilie genau zu bezeichnen (PALANDT-LAUTERBACH S. 1283 Anm 5 zu § 1666 BGB)[1]. Das Gericht kann sich hierbei auch der Hilfe des Jugendamts bedienen (§ 48 Abs I S. 1 des JWG vom 11. 8. 1961, BGBl I S. 1206) und dieses in geeigneten Fällen mit seinem Einverständnis mit der Ausführung seiner Anordnungen betrauen (§ 48 Abs II S. 2 JWG).

Ist die Sorgerechtsentziehung in vollem oder in beschränktem Umfang bei bestehender Ehe (oder nach dem Tode des anderen Elternteils) gegen *einen* Elternteil angeordnet, so ist dem Kinde ein Pfleger zu bestellen, dem auch, gegebenenfalls gemeinschaftlich mit dem anderen Elternteil, die anderweite Unterbringung obliegt (vgl hierzu § 1630 BGB und zur Frage der vormundschaftlichen Genehmigung unten § 140 Zff 2 zu b). Das Personensorgerecht geht *nicht* ohne weiteres in dem Umfang der Entziehung auf den anderen Elternteil über, vgl hiersu die §§ 1680,

[1] Zu unterscheiden von der Anordnung der anderweiten Unterbringung gemäß § 1666 Abs I S. 2 BGB ist die *Fürsorgeerziehung* gemäß § 64 JWG i.d.F. vom 11. 8. 1961, BGBl I S. 1206 (vgl unten 5. Abschnitt). Die Ausführung der Fürsorgeerziehung erfolgt durch das Landesjugendamt (§ 69 Abs I JWG).

1679 Abs I BGB und MDR 63 52 = DRiZ 63 B 7 Nr 121 = FamRZ 63 142 Nr 50; ferner DRiZ 63 B 37 Nr 520 = FamRZ 63 144 Nr 51 und SCHWOEZER in FamRZ 58 41, 88, 90. Wenn die Ehe der Eltern geschieden ist und dem gemäß § 1671 BGB sorgeberechtigten Elternteil[1] das Sorgerecht gemäß § 1666 Abs I BGB entzogen ist, so gilt dasselbe (vgl für das frühere Recht RGZ 102 288ff.). Das Vormundschaftsgericht hat aber in diesem Falle zunächst zu prüfen, ob seine frühere Entscheidung aus § 1671 BGB der veränderten Sachlage entsprechend zu ändern ist (§ 1696 BGB i.d.F. d. GleichberG vom 18. 6. 1957, BGBl I S. 609).

Das der unehelichen Kindesmutter gemäß § 1666 Abs I BGB entzogene Sorgerecht (§ 1707 Abs I S. 2 und II BGB i.d.F. d. FamRÄndG vom 11. 8. 1961, BGBl I S. 1221) geht ohne weiteres auf den Vormund über; ist dieser ungeeignet, so sind die §§ 1837ff. BGB anzuwenden (Zentralblatt XXIV 29 = Rundbriefe VIII 12; vgl auch RGZ 153 230ff).

β) Hat ein Elternteil das Recht des Kindes auf Gewährung des Unterhalts verletzt und ist für die Zukunft eine erhebliche *Gefährdung des Unterhalts* zu besorgen, so kann ihm auch die Vermögensverwaltung entzogen werden (*§ 1666 Abs II BGB* i.d.F. wie oben); auch weniger einschneidende Maßnahmen sind zulässig, wenn sie genügend erscheinen (KGJ 38 A 15). Andererseits braucht die Entziehung der Vermögensverwaltung sich nicht auf die tatsächliche Sorge für das Vermögen zu beschränken; sie kann vielmehr, wenn dies nach den Umständen geboten ist, auf die Vertretung des Kindes in den dessen Vermögen betreffenden Angelegenheiten erstreckt werden (KGJ 47 A 39). Es empfiehlt sich, die vormundschaftsgerichtliche Anordnung möglichst klar zu fassen, um jeden Zweifel auszuschließen. Die Entziehung des Rechtes zur Vermögensverwaltung des Kindesvermögens ist in diesen Fällen auch eine die Sorge der Person des Kindes betreffende Angelegenheit, wie sich aus der Stellung des § 1666 Abs II BGB im Gesetze und aus dem Zwecke, die Gefährdung der Person des Kindes zu verhüten, ergibt (KGJ 34 A 31 = RJA 8 167). Dies ist z. B. hinsichtlich der Frage der Beschwerdebefugnis (§ 57 Abs I Z 9 FGG) von Bedeutung.

Nach der vorgenannten Entscheidung ist die Anwendbarkeit des § 1666 Abs II BGB von den Voraussetzungen des Abs I nicht abhängig. Indessen wird nur eine *schuldhafte* Verletzung der Unterhaltspflicht durch einen Elternteil die Anwendung der genannten Vorschrift zu rechtfertigen vermögen (vgl STAUDINGER IV 2 S. 1114 Anm III B; RGR IV S. 520 Anm 5 zu § 1666 BGB, PALANDT-LAUTERBACH S. 1283 Anm 6 zu § 1666 BGB). Die Entziehung der Vermögensverwaltung setzt aber nicht voraus, daß das Kind Vermögen besitzt (JFG 6 72). Eine

[1] Wenn einem Elternteil schon *vor* der Scheidung das Personensorgerecht entzogen war, so erhält er es auch *nach* der Scheidung selbst dann nicht zurück, wenn es ihm auf Grund des Schuldspruchs an sich zustehen würde (s. oben § 54 Zff 4).

Verletzung der Unterhaltspflicht liegt nicht vor, wenn sich ein Elternteil zwar jahrelang dem Müßiggang ergibt, den Unterhalt des Kindes aber gleichwohl nicht vernachlässigt (KGJ 34 A 28 = RJA 8 86). Ebenso verletzt ein Elternteil nicht das Recht des Kindes auf Gewährung des Unterhalts, wenn und solange das Kind mit Wissen des Elternteils den Unterhalt von dem hierzu bereiten anderen Elternteil erhält, obwohl an sich auch der eine Elternteil zur Unterhaltsgewährung verpflichtet wäre (KGJ 37 A 44).

Wird einem Elternteil bei gleichzeitigem Vorliegen der Voraussetzungen des § 1666 Abs I und des Abs II BGB sowohl das Recht der Personenfürsorge als auch die Vermögensverwaltung entzogen, so ist dem Kinde ein Pfleger zu bestellen, neben dem der andere Elternteil die elterliche Gewalt behält, wie sich aus den §§ 1626, 1627 BGB i.d.F. d. GleichberG vom 18. 6. 1957 BGBl I S. 609 ergibt, für den Fall der Scheidung vgl § 1671 BGB i.d.F. wie vorst., bes. auch Abs V daselbst.

γ) Wenn die Voraussetzungen des § 1666 BGB glaubhaft gemacht sind (vgl z. B. JFG 20 244), so können auch ohne Antrag (JFG 14 234) *einstweilige Anordnungen* von dem Vormundschaftsgericht erlassen, die endgültige Entscheidung aber nach erschöpfender Aufklärung im weiteren Verfahren getroffen werden (vgl Palandt-Lauterbach S. 1283 Anm 7 zu § 1666 BGB; ferner für das frühere Recht JFG 20 247ff.; RJA 1 92, 93; 2 3, 4 = KGJ 21 A 192; 11 85; 13 5 = KGJ 44 A 17; KGJ 45 A 29; OLG 1 285; 2 264). Vorläufige Maßnahmen dürfen aber regelmäßig nicht derart angeordnet werden, daß nach ihrer Durchführung die Angelegenheit erledigt und für eine endgültige Entscheidung kein Raum mehr ist (KGJ 46 A 45 = RJA 14 91), es sei denn, daß Gefahr im Verzuge ist wie etwa im Falle der Dringlichkeit eines ärztlich für erforderlich gehaltenen Eingriffs, zu dem der sorgeberechtigte Elternteil seine Zustimmung nicht erteilen will. Vorläufige Anordnungen sind auch vor der Feststellung des Ruhens der elterlichen Gewalt zulässig (DRiZ 62 B 72 Nr 932). Wegen der Anhörung des Jugendamts vgl unten d δ.

c) Durch den Erlaß einer *einstweiligen Anordnung*, die das Prozeßgericht für die Dauer des Scheidungsrechtsstreits der Eltern *gemäß § 627 ZPO* getroffen hat, wird das Vormundschaftsgericht nicht gehindert, auf Grund des § 1666 BGB einzuschreiten und, wenn es das Wohl des Kindes erfordert, demjenigen Elternteil das Sorgerecht zu entziehen, dem es von dem Prozeßgericht übertragen ist (KGJ 19 58; 26 A 185 = RJA 3 223; 44 A 17 = RJA 13 5; OLG 4 103; RGZ 63 279; OLG 7 75). Für das Scheidungsgericht ist es schon aus diesem Grunde häufig zweckmäßig, die Regelung der Personensorge dem Vormundschaftsgericht zu überlassen (FamRZ 59 169 Nr 79). S. aber auch oben § 52 Z 7. Das Vormundschaftsgericht trifft seine Entscheidung von Amts wegen in Wahrnehmung des „Wächteramts" der staatlichen Gemeinschaft (Art 6 Abs II GG; s. auch oben § 42 Z 2), das Prozeßgericht regelt das Streitverhältnis der Parteien. Freilich ist das Vormundschaftsgericht zum Eingreifen nicht ohne Feststellung der Voraussetzungen des § 1666 BGB berechtigt; auch vorläufige Anordnungen kann das Vormundschaftsgericht während des Scheidungsprozesses der Eltern ebenso wie vorher oder nachher nur bei Glaubhaftmachung dieser Voraussetzungen treffen (KGJ 44 A 17 = RJA 13 5).

Der Prozeßrichter ist im Falle eines Rechtsstreits über die Herausgabe des Kindes (§ 1632 BGB) an die Anordnungen des Vormundschaftsgerichts gebunden, auch wenn diese erst im Laufe des Rechtsstreits getroffen werden (Recht 1928 Rechtspr Nr 2109). Dies gilt auch, wenn die Anordnung nur eine einstweilige ist (JurRdsch 1929 Rechtspr Nr 1440).

d) Das *Verfahren* bei der Anordnung vormundschaftsgerichtlicher Maßnahmen aus § 1666 BGB bestimmt sich nach den allgemeinen Grundsätzen der freiwilligen Gerichtsbarkeit. Es ist jedoch auf einige Besonderheiten hinzuweisen.

α) Es ist nicht erforderlich, dem Kinde einen *Pfleger* zwecks Wahrnehmung seiner Interessen für das Verfahren zu bestellen, wenngleich dies natürlich auch nicht unzulässig und der Entscheidung des Vormundschaftsgerichts im Einzelfall überlassen ist (RGZ 60 134 = RJA 5 127). Wird ein solcher Pfleger zur Unterstützung des Vormundschaftsgerichts bestellt, so haben dritte Personen aus § 20 FGG kein Beschwerderecht; auch die elterliche Gewalt wird durch die Bestellung einer solchen Unterstützungsperson, deren Wirkungskreis genau zu umschreiben ist, nicht beeinträchtigt (KGJ 50 A 34).

β) Gemäß § 1695 BGB i.d.F. wie oben sollen vor einer Entscheidung, durch die die Sorge für die Person oder das Vermögen des Kindes betroffen wird, die *Eltern gehört* werden; hiervon darf nur aus schwerwiegenden Gründen abgesehen werden. Dies kann namentlich dann in Betracht kommen, wenn die Anhörung eine Gefährdung des Kindes zur Folge haben könnte. Im übrigen sollen die Eltern selbst dann gehört werden, wenn sie sich bereits in einem anderen Verfahren, z. B. in einem Scheidungsprozeß oder in einem Strafverfahren, geäußert haben (KGJ 46 A 38). Eine besondere Form der Anhörung ist nicht vorgeschrieben; sie kann mündlich, was regelmäßig zweckdienlicher sein wird, oder schriftlich erfolgen (OLG 3 299; 17 280). Insbesondere ist nicht unbedingt richterliche Vernehmung notwendig; es genügt, daß den Eltern Gelegenheit gegeben wird, sich zur Sache zu äußern (vgl FamRZ 58 343 Nr 142); eine solche Äußerung kann auch in der Beschwerdeschrift enthalten sein (JFG 4 43). Haben nach der Anhörung weitere Ermittlungen stattgefunden und sind hierbei neue Tatsachen bekanntgeworden, die für die

Entscheidung wesentlich sein können, so wird es erforderlich sein, die Eltern abschließend zu hören. Das Vormundschaftsgericht kann auch mit dem Kinde persönlich Fühlung nehmen (§ 1695 Abs II BGB i.d.F. wie oben.)

γ) Die Anhörung von *Verwandten* oder *Verschwägerten* des Kindes steht im Ermessen des Vormundschaftsgerichts.

δ) Endlich ist auch gemäß § 48 Abs I JWG vom 11. 8. 1961 (BGBl I S. 1206) das zuständige *Jugendamt* zu hören; dies gilt auch für den Fall der Aufhebung von Anordnungen aus § **1666** BGB (JFG **13** 335).

Bei Gefahr im Verzuge können einstweilige Anordnungen schon vor der Anhörung getroffen werden; mit der Ausführung der Anordnungen kann mit seinem Einverständnis das Jugendamt betraut werden (§ 48 Abs II JWG).

ε) Die *Entscheidung* steht dem Richter zu (RpflG § 12 Zff 8, 9). Zur *Beschwerdebefugnis* vgl § 57 Abs I Zff 8 u. 9.

Beispiele:

I.

Beschluß

Der am 15. Januar 1950 geborene Karl Schäfer, Kind des Arbeiters Josef Schäfer in Köln, Hohe Straße 100, und seiner verstorbenen Ehefrau Maria geb. Schlosser, ist in einer geeigneten Familie unterzubringen, deren Auswahl dem Jugendamt in Köln überlassen bleibt. Soweit durch diese Anordnung das Recht des Vaters zur Sorge für die Person des Kindes eingeschränkt wird, wird das Jugendamt zum Pfleger für das Kind bestellt.

Gründe

Wie die Ermittlungen ergeben haben, hat der Vater des Kindes nach dem vor einiger Zeit erfolgten Tode der Mutter die Pflege und Erziehung des Kindes arg vernachlässigt. Das Hauswesen wird von dem Vater selbst nur sehr unvollkommen in Ordnung gehalten, so daß es namentlich an der erforderlichen Sauberkeit fehlt; da der Vater tagsüber seiner Arbeit nachgeht und das Kind sich selbst überläßt, erhält dieses keine ordentlichen und regelmäßigen Mahlzeiten; warmes Essen bekommt es erst am späten Abend und häufig gar nicht. Obwohl der Vater in gutem Verdienst steht, weigert er sich hartnäckig, eine weibliche Hilfskraft zur Führung des Haushalts und Sorge für das Kind anzunehmen. Daß auch die Erziehung des Kindes unter den obwaltenden Umständen leiden muß, liegt auf der Hand. Zum Schutze des Kindes war deshalb gemäß § 1666 Abs I BGB die Unterbringung des Kindes in geordneten Verhältnissen, und zwar in einer geeigneten Familie notwendig, aber nach Lage der Umstände auch ausreichend. Die Auswahl der Familie ist aus Zweckmäßigkeitsgründen dem Jugendamt in Köln mit seinem Einverständnis überlassen worden (§ 48 Abs II S. 2 JWG . Das Jugendamt ist auch gemäß § 1909 Abs I BGB zum Pfleger für das Kind bestellt worden, soweit der Vater durch diese Anordnung an der Wahrnehmung der Sorge für die Person des Kindes verhindert ist.

Köln, den 20. Oktober 1962.

Das Amtsgericht.

Schmitz.

II.

Beschluß

Dem Arbeiter Josef Schäfer in Köln, Hohe Straße 100, wird das Recht der Sorge für die Person und die Verwaltung des Vermögens seines am 15. Januar 1950 geborenen Kindes Karl Schäfer aus der Ehe mit der verstorbenen Maria geb. Schlosser einschließlich des Rechtes der Vertretung des Kindes entzogen. Die Einrichtung einer Vormundschaft wird angeordnet.

Gründe

Nach dem Ergebnis der Ermittlungen ist der Vater des obengenannten Kindes ein arbeitsscheuer, dem Trunke ergebener und zur Gewalttätigkeit neigender Mensch, der namentlich seit dem Tode seiner Ehefrau, der Mutter des Kindes, dessen Pflege und Erziehung völlig vernachlässigt, dieses im Rausche mißhandelt und ihm durch wüste Schimpfreden und durch Erregung von Zank und Streit in der Familie ein schlechtes Beispiel gibt. Der Vater hält ferner das Kind nicht zum regelmäßigen Schulbesuch an und fördert durch mangelnde Aufsicht die als Folge der schlechten Erziehung bereits zutage getretene Neigung des Kindes zum Herumtreiben. Der Vater gefährdet hiernach sowohl durch Vernachlässigung als auch durch ehrloses Verhalten das geistige und leibliche Wohl des Kindes, zu dessen Schutze nach Lage der Umstände die Entziehung des Rechtes der Personensorge nach der tatsächlichen und rechtlichen Seite hin geboten erscheint (§ 1666 Abs I BGB).

Der Vater hat aber auch bereits seit längerer Zeit das Recht des Kindes auf Gewährung des Unterhalts verletzt, indem er sich der Arbeit absichtlich und aus Trägheit ferngehalten und dadurch der Möglichkeit beraubt hat, die für den Unterhalt des Kindes erforderlichen Mittel zu beschaffen. Nach dem bisherigen Verhalten des Vaters muß der Unterhalt des Kindes auch für die Zukunft als erheblich gefährdet angesehen werden. Dieser Sachverhalt rechtfertigt die Entziehung der Vermögensverwaltung einschließlich der Vertretungsbefugnis (§ 1666 Abs II BGB).

Die Anordnung der Vormundschaft beruht auf § 1773 Abs I BGB. Da die Bestellung des Vormundes unmittelbar bevorsteht, ist von der Anordnung einer Pflegschaft aus § 1909 Abs III BGB abgesehen worden.

III.

Beschluß

Dem Fräulein Maria Müller in Köln, Hohe Straße 100, wird das Recht für die Person ihres am 15. Januar 1950 geborenen Kindes Karl Müller, unter Vormundschaft des Werkmeisters Johann Müller in Köln, Karlstraße 20, entzogen. Das Recht der Personenfürsorge wird dem Vormund übertragen.

Gründe

Das Recht der tatsächlichen Sorge für die Person des obengenannten unehelichen Kindes steht gemäß § 1707 Abs I S. 2 BGB der Mutter zu; es kann ihr jedoch nach dem Ergebnis der Ermittlungen nicht belassen werden. Wie diese nämlich dargetan haben, führt die Mutter, die einer regelmäßigen Arbeit nicht nachgeht, ein sehr leichtsinniges Leben; ihre Vergnügungssucht veranlaßt sie, sehr häufig bis in die tiefe Nacht hinein den Tanzboden und Lokale zweifelhaften Rufes aufzusuchen und das Kind während ihrer Abwesenheit sich selbst zu überlassen. Wiederholt hat die Mutter des Kindes auch männliche Personen, zu denen sie Beziehungen angeknüpft hatte, mit nach Hause gebracht und in dem Zimmer, in dem das Kind schläft, Geschlechtsverkehr gehabt. Es kommt hinzu, daß das Kind nur unzureichend verpflegt und körperlich nicht sauber gehalten wird. Alle diese Umstände nötigen dazu, der Mutter des Kindes das Recht der Sorge für die Person des Kindes gemäß § 1666 Abs I BGB zu entziehen. Das Personen-

sorgerecht ist dem Großvater des Kindes, der auch sein Vormund, ein achtbarer Mann und bereit und geeignet ist, das Kind zu erziehen, anvertraut worden.

Köln, den 20. Oktober 1962.

Das Amtsgericht.
Schmitz.

3. Das Vormundschaftsgericht kann während der Dauer der elterlichen Gewalt die von ihm getroffenen Anordnungen jederzeit *ändern* (§ 1696 BGB i.d.F. wie oben), d. h. *aufheben*, *erweitern* oder *beschränken*, wenn es dies im Interesse des Kindes für angezeigt hält. Denn die von dem Vormundschaftsgericht auf Grund des § 1666 BGB getroffenen Anordnungen erwachsen nicht in materielle Rechtskraft (KGJ **42** A 23 = RJA **11** 257; OLG **25** 406, PALANDT-LAUTERBACH S. 1283 Anm 7 zu § 1666 BGB). Auch bei an sich unveränderter Sachlage muß daher das Vormundschaftsgericht auf den in einem neuen Verfahren gestellten Antrag in die erneute Prüfung der materiellen Berechtigung der Anordnung eintreten, da eine abweichende Beurteilung z. B. hinsichtlich des Interesses des Kindes denkbar ist (KGJ a. a. O.). Vor der Aufhebung einer Entscheidung aus § 1666 BGB ist in jedem Fall zu prüfen, ob die Gefährdung des Kindes im Hinblick auf die frühere Gefahr nicht mehr besteht (KGJ **31** A 35). Hat z. B. das Vormundschaftsgericht einem Elternteil wegen ehrlosen und unsittlichen Verhaltens das Recht der Personensorge für das Kind entzogen, so kann diese Maßregel nicht schon nach verhältnismäßig kurzer Zeit wegen des nunmehr einwandfreien Lebenswandels des Vaters aufgehoben werden; vielmehr bedarf es der Prüfung, ob nicht die Rückübertragung der Personensorge auf den Vater im Hinblick auf dessen früheres Verhalten das geistige oder leibliche Wohl der Kinder, die von der Sachlage Kenntnis haben oder voraussichtlich erhalten, noch gegenwärtig gefährden kann (JFG **3** 50).

4. Wegen der Zulässigkeit vormundschaftsgerichtlicher Maßnahmen zum Schutze *ausländischer* Kinder vgl unten § 82 Z 1 f.

§ 56. c) Der Schutz der Vermögensinteressen des Kindes

Wird das Vermögen des Kindes dadurch *gefährdet*, daß der Vater oder die Mutter die mit der Vermögensverwaltung verbundenen Pflichten verletzt oder in Vermögensverfall gerät, so hat das Vormundschaftsgericht (und zwar der Richter, RpflG § 12 Zff 9) die zur Abwendung der Gefahr erforderlichen Maßnahmen zu treffen (*§ 1667 Abs I BGB* i.d.F. d. GleichberG vom 18. 6. 1957, BGBl I S. 609).

a) Voraussetzung des vormundschaftsgerichtlichen Einschreitens ist zunächst eine *Gefährdung* des Kindesvermögens. Eine solche liegt vor, wenn nach den Umständen die Möglichkeit einer Schädigung des Vermögens des Kindes nahegerückt erscheint. Indessen setzt § 1667 BGB eine *gegenwärtige* Gefährdung des Kindesvermögens voraus; es genügt weder eine künftige noch eine vergangene (KGJ 38 A 23). Die bloße Befürchtung, daß der Vater oder die Mutter in Vermögensverfall gerät, vermag ebensowenig wie die Bestrafung eines Elternteils wegen eines Eigentumsdelikts die Anordnung von Maßregeln zum Schutze des der elterlichen Verwaltung unterworfenen Vermögens zu rechtfertigen, denn von der größeren oder geringeren Vertrauenswürdigkeit der Eltern ist das Verwaltungsrecht nicht abhängig (KGJ 33 A 29).

b) Die Gefährdung des Kindesvermögens muß beruhen: entweder auf einer *Verletzung* der dem Vater und der Mutter aus der Vermögensverletzung erwachsenden *Pflichten* oder darauf, daß der Vater oder die Mutter in *Vermögensverfall* gerät; hierunter ist die ständig fortschreitende Verminderung des Vermögens zu verstehen (STAUDINGER IV 2 S. 1119 Anm II 2c, PALANDT-LAUTERBACH S. 1284 Anm 1 zu § 1667 BGB). Daß die Pflichtverletzung oder der Vermögensverfall von den Eltern verschuldet sein müßte, erfordert das Gesetz nicht; es genügt auch eine objektive Nichterfüllung der Pflichten und ein unverschuldeter Vermögensverfall (KGJ 38 A 23).

c) Welche *Maßnahmen* zum Schutze des Kindesvermögens zu treffen sind, hat das Vormundschaftsgericht nach freiem pflichtmäßigem Ermessen zu entscheiden. Indessen werden einzelne Maßregeln im § 1667 Abs II BGB besonders aufgezählt. Diese bestehen hauptsächlich in der Auferlegung solcher Pflichten, die den Eltern sonst anders als dem Vormunde nicht obliegen: Einreichung eines Vermögensverzeichnisses und Rechnungslegung über die Vermögensverwaltung, ferner Verpflichtungen, die dem Vormund bezüglich der Verwaltung von Wertpapieren obliegen (KGJ 33 A 32 = RJA 8 81).

α) Wird die *Einreichung eines Vermögensverzeichnisses* angeordnet, so ist dieses mit der Versicherung der Richtigkeit und Vollständigkeit zu versehen *(§ 1667 Abs II S. 2 BGB)*; die Angabe des Wertes der einzelnen Gegenstände und der Passiven ist an sich nicht erforderlich, kann aber von dem Vormundschaftsgericht erfordert werden (STAUDINGER IV 2 S. 1119 Anm III 1a zu § 1667 BGB). Ist das eingereichte Verzeichnis ungenügend, so kann das Vormundschaftsgericht die Aufnahme durch einen zuständigen Beamten oder Notar anordnen *(§ 1667 Abs II S. 3 BGB)*.

β) Die *Rechnungslegung* kann den Eltern als einmalige Pflicht oder als in bestimmt wiederkehrenden Zeitabschnitten regelmäßig zu erfüllende Verpflichtung auferlegt werden.

γ) Das Vormundschaftsgericht kann auch, wenn *Wertpapiere, Kostbarkeiten oder Buchforderungen gegen* die *Bundesrepublik* oder ein *deutsches Land* zu dem Vermögen des Kindes gehören, den Eltern dieselben Verpflichtungen auferlegen, die nach den §§ 1814 bis 1816, 1818 BGB einem Vormund obliegen. die Vorschriften der §§ 1819, 1820 BGB finden entsprechende Anwendung (§ 1667 Abs II S. 4 BGB). Hierzu kann auf die §§ 88, 89 unten verwiesen werden.

δ) Zu den Maßnahmen nach § 1667 Abs II BGB gehört auch die Anordnung, daß die Eltern das zum Vermögen des Kindes gehörende *Geld* bei einer Sparkasse einzuzahlen und die Sparkasse zur *Sperrung* des Guthabens zu veranlassen haben (KGJ 33 A 29).

ε) Das Vormundschaftsgericht hat dem Elternteil, dem die Sorge für das Vermögen des Kindes allein zusteht, auf seinen Antrag einen Beistand zu bestellen (§ 1685 BGB i.d.F. wie oben).

ζ) Dagegen ist als Maßnahme aus § 1667 Abs II BGB *nicht zulässig die Bestellung eines Pflegers* zur Verwaltung des Kindesvermögens, auch wenn der Wirkungskreis des Pflegers eingeschränkt wird (KGJ 33 A 32 = RJA 8 81, Palandt-Lauterbach S. 1284 Anm 2 zu § 1667 BGB), oder zur Überwachung der Eltern oder des sorgeberechtigten Elternteils bei der Verwaltung des Kindesvermögens (KGJ 35 A 9).

η) Die *Kosten* der angeordneten Maßregeln fallen dem Elternteil zur Last, der sie veranlaßt hat (§ 1667 Abs III BGB); dieser kann Ersatz von dem Kinde nicht verlangen.

d) Sind die nach § 1667 Abs II BGB zulässigen Maßregeln nicht ausreichend, so kann das Vormundschaftsgericht dem Elternteil, der das Vermögen des Kindes gefährdet, *Sicherheitsleistung* für das seiner Verwaltung unterliegende Vermögen auferlegen (*§ 1668 Abs I S. 1 BGB* i.d.F. wie oben).

α) Außer den im § 1667 Abs I BGB (oben zu a und b) angeführten Voraussetzungen ist also erforderlich, daß die im § 1667 Abs II BGB vorgesehenen Maßnahmen zum Schutze des Kindesvermögens nicht ausreichen. Dagegen setzt die Auferlegung der Sicherheitsleistung nicht voraus, daß andere Maßregeln bereits erfolglos versucht worden sind (so für das frühere Recht KGJ 33 A 32 = RJA 8 81) oder daß der Elternteil das Kindesvermögen schon in seine Verwaltung genommen hat; sonst würde die Auferlegung der Sicherheitsleistung häufig ihren Zweck verfehlen (KGJ 33 A 32 = RJA 8 81, 90). Auch ist nicht Voraussetzung der Anordnung einer Sicherheitsleistung, daß der leistungspflichtige Elternteil die Sicherheit voraussichtlich wird leisten können; kann oder will er nicht Sicherheit leisten, so geschieht die Auferlegung dennoch; ihre Nichtbefolgung führt dazu, daß nunmehr Maßnahmen aus § 1669 BGB i.d.F. wie oben zulässig sind (s. unten Z 3). Es kann auch die Übernahme des Kindesvermögens in die eigene Verwahrung der Eltern oder des sorgeberechtigten Elternteils davon abhängig gemacht werden, daß diese dem Vormundschaftsgericht zuvor die Sicherheitsleistung nachgewiesen hat (RJA 8 90).

β) Die Art und den Umfang der Sicherheitsleistung bestimmt das Vormundschaftsgericht nach seinem Ermessen (§ 1668 Abs I S. 2 BGB i.d.F. wie oben). Dabei wird der Umfang des Vermögens des Elternteils, der das Vermögen des Kindes gefährdet, einerseits und die Gefährdung andererseits zu berücksichtigen sein; die Vermögensverhältnisse des Elternteils können aber nur so weit berücksichtigt werden, als dies ohne Nachteil für die Interessen des Kindes möglich ist (JFG **15** 18ff.).

γ) Bei der *Bestellung* und *Aufhebung* der Sicherheit wird die Mitwirkung des Kindes durch die Anordnung des Vormundschaftsgerichts ersetzt *(§ 1668 Abs I BGB)*. Die Bestellung eines Pflegers für das Kind ist also im Falle der Leistung oder Aufhebung einer gemäß § 1668 Abs I BGB auferlegten Sicherheit nicht erforderlich, ebensowenig übrigens auch im Falle der Erhöhung oder Minderung der Sicherheit (STAUDINGER IV 2 S. 1129 Anm 1d zu § 1672 BGB a. F.). Die Pflegerbestellung soll sogar im Interesse der Eilbedürftigkeit vermieden werden (PALANDT-LAUTERBACH S. 1284 Anm 2 zu § 1668 BGB). Die gemäß § 1668 BGB getroffene Regelung gilt nur während der Dauer der elterlichen Gewalt.

δ) Die *Kosten* der Bestellung, Aufhebung und Änderung der Sicherheit fallen dem Elternteil zur Last, der durch sein Verhalten die Bestellung der Sicherheit veranlaßt hat (§ 1668 Abs II S. 2 BGB), es sei denn, daß die Bestellung zu Unrecht angeordnet war und aus diesem Grunde ihre Aufhebung erfolgt (STAUDINGER IV 2 S. 1130 Anm 2 zu § 1672 BGB a. F.).

2. Wenn ein Elternteil, der das Kindesvermögen verwaltet, eine *neue*[1] *Ehe* eingehen will, so hat er dies dem Vormundschaftsgericht *anzuzeigen*, auf seine Kosten ein *Verzeichnis* des seiner Verwaltung unterliegenden Vermögens *einzureichen* und, soweit eine Vermögensgemeinschaft zwischen ihm und dem Kinde besteht, die *Auseinandersetzung* herbeizuführen (*§ 1683 S. 1 BGB* i.d.F. wie oben); diese unterliegt stets der vormundschaftsgerichtlichen Genehmigung (so für das frühere Recht OLG 2 168). Ein geschiedener Elternteil, der wieder heiraten will, braucht, wenn er selbst Komplementär und sein minderjähriger Sohn Kommanditist einer Kommanditgesellschaft ist, keine Auseinandersetzung mit dem Sohn herbeizuführen, da hinsichtlich der Kommanditeinlage keine Vermögensgemeinschaft besteht (FamRZ **61** 376 Nr 128).

Die Auseinandersetzungspflicht obliegt dem Elternteil kraft Gesetzes; einer besonderen Auflage durch das Vormundschaftsgericht bedarf es nicht. Eine zwecks Herbeiführung der Auseinandersetzung eingerichtete Pflegschaft endet, wenn an die Stelle der einheitlichen Teilungsmasse die Teile getreten und keine gemeinschaftlichen Gegenstände mehr vorhanden sind; die Beitreibung von Forderungen, die dem Kinde

[1] Dies gilt auch, wenn nach Auflösung der zweiten oder weiteren, wenngleich kinderlosen Ehe, eine abermalige Heirat beabsichtigt wird (SCHMEISSER S. 62).

auf Grund der Auseinandersetzung zustehen, gehört nicht mehr zu den Aufgaben des Pflegers (RJA **17** 35).

a) Für die Anzeige ist eine besondere *Form* nicht vorgeschrieben.

b) Ein *Verzeichnis* des Kindesvermögens ist entbehrlich, wenn keinerlei Vermögen der Verwaltung des Vaters unterliegt. Wird kein Kindesvermögen verwaltet, so genügt eine entsprechende Anzeige an das Vormundschaftsgericht. Bestehen Zweifel, so hat das Vormundschaftsgericht die erforderlichen Ermittlungen anzustellen; es ist jedoch nicht zulässig, einen Pfleger zum Zwecke solcher Ermittlungen zu bestellen (so für das frühere Recht KGJ **31** A 22 = RJA **7** 6).

Die *Angabe des Wertes* der einzelnen Vermögensstücke ist entbehrlich, kann aber von dem Vormundschaftsgericht angeordnet werden (STAUDINGER IV 2 S. 1123 Anm II b 1; abw. RGR IV S. 521 Anm 1 zu § 1669 BGB a. F.). Bei Haushaltsgegenständen wird die Aufzählung der einzelnen Stücke nicht erforderlich sein, sondern die Angabe des Gesamtwertes genügen (STAUDINGER IV 2 S. 1123 Anm II b 2 zu § 1669 BGB a. F., RGR IV S. 521 Anm 1 zu § 1669 BGB a. F.). Falls bereits früher ein Verzeichnis eingereicht ist, kann auf dieses Bezug genommen werden, freilich unter Angabe etwa notwendiger Änderungen oder Ergänzungen.

c) α) Ist eine Auseinandersetzung eines Elternteils mit dem Kinde gemäß § 1683 BGB i.d.F. wie oben erforderlich, so ist dem Kinde ein Pfleger zu bestellen (§§ 1909 Abs I S. 1, 1629 Abs II, 1795 Abs II, 181 BGB)[1]. Die Auseinandersetzung ist grundsätzlich an eine Form nicht gebunden und braucht insbesondere nicht vor Gericht zu erfolgen. Inwieweit die getroffenen Vereinbarungen der vormundschaftsgerichtlichen Genehmigung bedürfen, bestimmt sich nach den hierfür geltenden allgemeinen Vorschriften; vgl insbesondere § 1821 Z 1 BGB.

Beispiel:

Amtsgericht. *Köln, den 20. Oktober 1962.*

Gegenwärtig:
Amtsgerichtsrat Schmitz als Richter.

Es erschienen
1. Der Kaufmann Josef Schäfer in Köln, Hohe Straße 100,
2. der Werkmeister Johann Schlosser in Köln, Karlstraße 20.

Die Erschienenen sind dem Richter persönlich bekannt; der Erschienene zu 2 wurde dem am 15. Januar 1950 geborenen Karl Schäfer, dem Sohne des Erschienenen zu 1, als Pfleger zum Zwecke der Auseinandersetzung mit dem Erschienenen zu 1

[1] Bei Antrag auf Einleitung des Auseinandersetzungsverfahrens eines überlebenden Ehegatten mit seinen Kindern ist im Zweifel anzunehmen, daß Pflegerbestellung und Beurkundung des Abschlusses des Auseinandersetzungsvertrages gewünscht wird, nicht Einleitung des gerichtlichen Auseinandersetzungsverfahrens gemäß §§ 86 ff. FGG (KGJ **27** A 159).

über den Nachlaß der am 10. August 1958 in Köln verstorbenen Ehefrau Maria geb. Schlosser des Erschienenen zu 1 und Mutter des minderjährigen Karl Schäfer bestellt.

Die Erschienenen erklärten:

Wir nehmen Bezug auf das von mir dem Erschienenen zu 1, dem Vormundschaftsgericht überreichte Vermögensverzeichnis vom 5. Oktober 1962, dessen Richtigkeit und Vollständigkeit ich, der Erschienene zu 1, nochmals versichere und das ich, der Erschienene zu 2, nach eingehender Prüfung als richtig anerkenne. Nach diesem Verzeichnis beträgt der reine Wert des Nachlasses dreitausend Deutsche Mark. Ich, der Erschienene zu 1, habe mit meiner verstorbenen Ehefrau am 15. Februar 1948 in Köln die Ehe geschlossen und einen Ehevertrag nicht geschlossen. Die Erblasserin hat eine Verfügung von Todes wegen nicht hinterlassen. Als gesetzliche Erben kommen nur in Betracht, ich, der Erschienene zu 1, zu ½ und mein Sohn Karl zu ½ des Nachlasses[1].

Die Erschienenen schlossen hierauf folgenden Auseinandersetzungsvertrag:

§ 1.

Der Erschienene zu 1 übernimmt den gesamten Nachlaß nach Maßgabe des Vermögensverzeichnisses vom 5. Oktober 1962 und verpflichtet sich, an den Pflegling des Erschienenen zu 2 den Betrag von eintausendfünfhundert Deutsche Mark zu zahlen, und zwar in monatlichen Raten von einhundert Deutsche Mark. Die Zahlung beginnt mit dem 1. November 1962 und erfolgt auf ein für den Pflegling bei der städtischen Sparkasse in Köln einzurichtendes Sparkonto.

§ 2.

Der Erschienene zu 1 verpflichtet sich, alle noch vorhandenen Nachlaßverbindlichkeiten zu tilgen, und zwar auch solche, die etwa noch geltend gemacht werden könnten.

§ 3.

Der Erschienene zu 2 übereignet namens des von ihm vertretenen Karl Schäfer dem Erschienenen zu 1 sämtliche in dem Nachlaßverzeichnis aufgeführten Gegenstände[2]*, jedoch unter Vorbehalt bis zur völligen Zahlung des im § 1 bezeichneten Übernahmepreises und bis zum Nachweise der völligen Tilgung der in dem Nachlaßverzeichnis aufgeführten Verbindlichkeiten; der Nachweis ist durch Vorlage von Empfangsbescheinigungen zu führen. Der Erschienene zu „1" nimmt diese Erklärung an und bemerkt, daß er sich bereits im Besitz der übereigneten Gegenstände befinde.*

Der Erschienene zu 2 bat, den Vertrag vormundschaftsgerichtlich zu genehmigen. Es wurde ihm eröffnet, daß die beantragte Genehmigung erteilt werde.

v. g. u.

Josef Schäfer.
Johann Schlosser.
Schmitz.

V

Nach drei Monaten (Anfrage bei dem Vater nach dem Stande der Ratenzahlungen und der Schuldentilgung, vgl §§ 1629 Abs I, 1795 Abs II, 181 BGB).

β) Ist ein Elternteil von dem anderen Elternteil des Kindes zum Alleinerben eingesetzt, hat also das Kind nur einen Pflichtteilsanspruch, so bedarf es der Auseinandersetzung in Ansehung des Nachlasses des anderen Elternteils nicht (so für das frühere Recht KGJ 44 A 32).

[1] Vgl § 1371 Abs I i.d.F. d. Gleichberechtigungsgesetzes vom 18. 6. 1957 (BGBl I S. 609) und Art 8 I Nr 3 Abs I und II Nr 4 dieses Gesetzes.

[2] Es ist angenommen, daß der Nachlaß kein Grundvermögen umfaßt. Ist solches vorhanden, so wird es dem Kinde seinem Anteil entsprechend zu erhalten sein.

Ebenso braucht sich ein überlebender Elternteil, der Vorerbe am Nachlasse des verstorbenen Elternteils ist, während das gemeinschaftliche Kind Nacherbe mit dem Tode des Vorerben ist, im Falle der Wiederheirat nicht mit dem Kinde auseinanderzusetzen (KGJ 24 A 155 = OLG 5 402). Auch wenn das Kind zum Nacherben mit der Maßgabe eingesetzt ist, daß die Nacherbfolge mit der Wiederheirat des überlebenden Elternteils eintreten soll, ist eine Auseinandersetzung in Ansehung des Nachlasses nicht erforderlich; der überlebende Elternteil hat aber in dem einzureichenden Verzeichnis (s. oben zu b) nicht nur das Nacherbrecht des Kindes als solches, sondern auch die einzelnen Gegenstände des Nachlasses aufzuführen (KGJ 43 A 38).

γ) Das Vormundschaftsgericht *kann gestatten*, daß die Auseinandersetzung *erst nach der Eheschließung* erfolgt (§ 1683 S. 2 BGB i.d.F. wie oben). Bei der Entscheidung sind in erster Linie die Interessen des Kindes zu berücksichtigen, und zwar nicht nur die vermögensrechtlichen, sondern auch seine sonstigen Interessen; z. B. ist zu prüfen, ob das Kind in Ermangelung einer geeigneten Pflege durch den Mangel einer regelrechten Wirtschaft Not leidet und daher die Wiederverheiratung auch im Interesse des Kindes liegt (OLG 40 78 Anm 2). Das Vormundschaftsgericht kann auch den Aufschub der Auseinandersetzung von dem Nachweis von Sicherheiten abhängig machen (STAUDINGER IV 2 S. 1125 Anm II c 4 zu § 1669 BGB a. F.).

δ) Wer ein minderjähriges eheliches Kind hat oder wer mit einem solchen in fortgesetzter Gütergemeinschaft lebt, soll eine Ehe nicht eingehen, bevor er ein *Zeugnis* des Vormundschaftsgerichts beigebracht hat, daß er dem Kinde gegenüber die ihm aus Anlaß der Wiederverheiratung obliegenden Pflichten erfüllt hat oder daß ihm solche Pflichten nicht obliegen (§ 9 EheG vom 20. 2. 1946, Kontrollratsgesetz Nr 16). Diese Pflicht entfällt nicht dadurch, daß das Kind die deutsche Staatsangehörigkeit nicht besitzt (DRiZ 62 B 11 Nr 197 = FamRZ 61 477 Nr 142). Das Zeugnis muß erteilt werden, wenn die Auseinandersetzung rechtswirksam stattgefunden hat; es darf nicht davon abhängig gemacht werden, daß das Vormundschaftsgericht die Auseinandersetzung als richtig und im Interesse des Kindes liegend anerkannt hat (STAUDINGER IV 2 S. 1125 Anm IV zu § 1669 BGB a. F.). Andererseits kann von dem Vormundschaftsgericht nicht der Nachweis verlangt werden, daß die frühere Ehe aufgelöst sei; bei erheblichen Zweifeln wird indessen die Erteilung des Zeugnisses abgelehnt werden müssen, damit das Vormundschaftsgericht nicht zur Eingehung einer Doppelehe mitwirkt (RGJ 55 A 18).

3. Kommt ein Elternteil den nach den §§ 1667, 1668 BGB getroffenen Anordnungen nicht nach, so kann ihm das Vormundschaftsgericht die *Vermögensverwaltung entziehen* (*§ 1669 S. 1 BGB* i.d.F. wie oben). Die

Entziehung ist als äußerste Maßregel anzusehen, die das Vormundschaftsgericht ergreifen kann (JFG 15 18ff.; OLG 6 289). Auch zur Erzwingung der Sicherheitsleistung sind andere Maßnahmen nicht zulässig (§ 1669 S. 2 BGB); namentlich findet weder die Eintragung einer Sicherungshypothek an Grundstücken des Elternteils gemäß § 54 FGG statt noch können Ordnungsstrafen zur Erzwingung der Sicherheitsleistung verhängt werden (STAUDINGER IV 2 S. 1128 Anm 6c zu § 1670 BGB a. F.). Die Entziehung kann auch auf einen Teil des Vermögens des Kindes oder auf bestimmte Zeit beschränkt werden; sie kann auch ohne ausdrückliche Anordnung mittelbar durch Bestellung eines Pflegers erfolgen (RJA 8 82).

Wird einem Elternteil die Vermögensverwaltung entzogen, so ist dem Kinde ein *Pfleger* zu bestellen; auf den anderen Elternteil geht das Verwaltungsrecht nicht über. Dem Pfleger ist das Kindesvermögen herauszugeben, soweit es sich nicht in den Händen des anderen Elternteils befindet, mit dem der Pfleger die Verwaltung gemeinsam zu führen hat; auch hat ihm der Elternteil, dem das Verwaltungsrecht entzogen ist, Rechnung zu legen.

Beispiel:

Ein unter elterlicher Gewalt stehendes Kind besitzt ein beträchtliches Vermögen, das nach dem Tode der Mutter von dem Vater allein verwaltet wird. Das Vormundschaftsgericht erfährt durch das Jugendamt, daß der Vater erhebliche geschäftliche Verluste erlitten hat und daß die Gefahr weiterer Vermögenseinbuße bestehe. Das Gericht gibt dem Vater durch Verfügung auf, ein Verzeichnis des seiner Verwaltung unterliegenden Kindesvermögens einzureichen und über seine bisherige Verwaltung Rechnung zu legen, auch das vorhandene bare Geld bei einer öffentlichen Sparkasse mit der Maßgabe anzulegen, daß zur Abhebung die Genehmigung des Vormundschaftsgerichts erforderlich sei, endlich die vorhandenen Wertpapiere bei der Bank deutscher Länder mit der entsprechenden Maßgabe zu hinterlegen und diesen Anordnungen binnen einer Woche bei Vermeidung einer Ordnungsstrafe von fünfzig DM nachzukommen. Der Vater läßt die Aufforderung des Gerichts unbeachtet. Das Gericht setzt die Ordnungsstrafe fest und beauftragt, da die Angelegenheit dringlich ist, den zuständigen Gerichtsvollzieher, das Vermögensverzeichnis, notfalls unter Anwendung von Gewalt, aufzunehmen. Die hierauf bezügliche Verfügung wird dem Vater erst bei der Aufnahme des Verzeichnisses bekanntgegeben, damit er nicht Gelegenheit findet, die Aufnahme zu erschweren oder Vermögensstücke des Kindes beiseite zu schaffen. Die Aufnahme des Verzeichnisses ergibt, daß das Vermögen zu einem sehr erheblichen Teil aus barem Geld, Wertpapieren und leicht veräußerlichen Gegenständen besteht, daß also Gefahr für das Vermögen des Kindes im Verzuge ist. Da der Vater immer noch nicht die von dem Vormundschaftsgericht angeordnete Anlegung des baren Geldes und der Wertpapiere nachgewiesen hat, faßt das Gericht, nachdem es dem Vater Gelegenheit zur Äußerung gegeben und etwa noch erforderliche Ermittlungen mit größter Beschleunigung vorgenommen hat, folgenden

Beschluß

Dem Kaufmann Josef Schäfer in Köln, Hohe Straße 100, wird die Verwaltung des Vermögens seines am 15. Januar 1950 geborenen Sohnes Karl Schäfer entzogen. Die Einrichtung einer Pflegschaft wird angeordnet.

Gründe

Nach dem Ergebnis der Ermittlungen ist der Vater des vorgenannten Kindes, der große geschäftliche Verluste erlitten hat, in Vermögensverfall geraten. Zur Abwendung der dem Vermögen des Kindes drohenden Gefahr ist dem Vater aufgegeben worden, ein Vermögensverzeichnis einzureichen und Rechnung über die Verwaltung des Kindesvermögens zu legen, auch das vorhandene bare Geld und die Wertpapiere nach näherer Weisung des Gerichts anzulegen. Trotz Androhung und Verhängung einer Ordnungsstrafe ist der Vater den vormundschaftsgerichtlichen Anordnungen nicht nachgekommen. Mit Rücksicht auf die dem Kindesvermögen drohende Gefahr war es notwendig, dem Vater die Verwaltung dieses Vermögens zu entziehen (§§ 1667, 1669 BGB). Die Anordnung einer Pflegschaft rechtfertigt sich aus § 1909 Abs I BGB.

Köln, den 20. Oktober 1962.

Das Amtsgericht.
Schmitz.

Der Beschluß wird dem Vater zugestellt; gleichzeitig wird das Jugendamt um schleunige Benennung eines geeigneten Pflegers ersucht. Dieser hat demnächst die Herausgabe des Kindsvermögens von dem Vater zu betreiben und das Vermögen wie ein Vormund zu verwalten.

Regelmäßig ist bei Gefährdung des Vermögens des Kindes große Eile geboten. Deshalb sind alle Maßnahmen mit besonderer Beschleunigung zu treffen. Wenn die Umstände es rechtfertigen, kann auch sogleich nach Bekanntwerden der Gefährdung neben den im § 1667 Abs II BGB angeführten Maßnahmen dem Kinde ein Pfleger zwecks Ausbringung eines Arrestes gegen den elterlichen Gewalthaber bestellt werden. Die Entziehung der Vermögensverwaltung aber darf erst erfolgen, wenn die gemäß § 1667 BGB getroffenen Anordnungen von dem Vater innerhalb einer angemessenen Frist nicht befolgt worden sind.

5. Wegen der Anhörung des Vaters und der Mutter sowie von Verwandten oder Verschwägerten gemäß § 1695 BGB i.d.F. wie oben vor einer Entscheidung, die die Sorge für das Vermögen des Kindes betrifft, kann auf die Ausführungen zu § 55 Zff 2d β, γ verwiesen werden.

6. Das Vormundschaftsgericht kann während der Dauer der elterlichen Gewalt die von ihm zum Schutze des Vermögens getroffenen *Anordnungen* jederzeit *ändern*, d. h. aufheben, erweitern oder beschränken, wenn die veränderten Umstände es im Interesse des Kindes angezeigt erscheinen lassen (*§ 1696 BGB* i.d.F. wie oben); es kann insbesondere die Erhöhung, Verminderung oder Freigabe einer geleisteten Sicherheitsleistung anordnen.

§ 57. **9. Das Ruhen der elterlichen Gewalt**

1. Die elterliche Gewalt eines Elternteils ruht entweder aus *rechtlichen* oder aus *tatsächlichen* Gründen.

Aus *rechtlichen* Gründen ruht die elterliche Gewalt,

a) wenn ein Elternteil *geschäftsunfähig* ist (*§ 1673 Abs I BGB* i.d.F. d. GleichberG vom 18. 6. 1957, BGBl I S. 609), d. h. wenn er sich in einem die freie Willensbestimmung ausschließenden Zustande krankhafter Störung der Geistestätigkeit, der seiner Natur nach nicht vorübergehend ist, oder wegen Geisteskrankheit entmündigt ist (§ 104 Zff 2 u. 3 BGB)[1],

b) wenn ein Elternteil *in der Geschäftsfähigkeit beschränkt* ist (*§ 1783 Abs II S. 1 BGB* i.d.F. wie oben), d. h. wenn er wegen Geistesschwäche, Verschwendung oder Trunksucht entmündigt ist[1] oder wenn er gemäß § 1906 BGB unter vorläufige Vormundschaft gestellt ist (§§ 114, 106 BGB)[2],

c) wenn ein Elternteil nach *§ 1910 Abs 1 BGB* einen *Pfleger für seine Person und sein Vermögen* erhalten hat (§ 1673 Abs II S. 1 BGB i.d.F. wie oben).

Die elterliche Gewalt ruht ferner aus *tatsächlichen* Gründen,

d) wenn von dem Vormundschaftsgericht *festgestellt* wird, daß ein Elternteil *auf längere Zeit* an der Ausübung der elterlichen Gewalt *tatsächlich verhindert* ist (§ 1674 Abs I BGB i.d.F. wie oben). Als solche Behinderungen kommen namentlich Krankheit, Reisen, Verbüßung von Freiheitsstrafen, Kriegsteilnahme (KGJ 48 A 230 = RJA 14 118) in Betracht, wenn sie von längerer Dauer sind; zur Annahme der tatsächlichen Verhinderung eines Elternteils genügt es aber nicht, daß er von dem anderen getrennt lebt (BGH 1. Strafsenat vom 13.10.1959, FamRZ 60 197 Nr 83; s. auch GÖPPINGER FamRZ 60 S. 11 ff.). Bei geistigen Erkrankungen kann tatsächliche Behinderung auch dann in Betracht kommen, wenn für eine gewisse Zeit zwar Heilung eingetreten, das Wiederauftreten der Krankheitserscheinungen aber in nicht ferner Zukunft mit Wahrscheinlichkeit zu erwarten ist (KGJ 42 A 30). Dem Vormundschaftsgericht liegt im übrigen im Falle einer längeren Zeit dauernden tatsächlichen Verhinderung eines Elternteils an der Ausübung der elterlichen Gewalt nur die Feststellung ob, daß eine solche Verhinderung bestehe; ist dies der Fall, so übt der andere Teil die elterliche Gewalt allein aus (§ 1678 Abs I Halbs. 1 BGB i.d.F. wie oben); dies gilt nicht wenn die elterliche Gewalt dem Elternteil nach den §§ 1671, 1672 BGB i. d. F. wie oben übertragen war (Halbs. 2 a. a. O.). Vorläufige Anordnungen des Vormundschaftsgerichts zum Schutze des Kindes sind im übrigen auch vor der Feststellung des Ruhens der elterlichen Gewalt zulässig (DRiZ 62 B 72 Nr 932 = FamRZ 62 200 Nr 94).

---

[1] Von der Entmündigung und von der Aufhebung der Entmündigung haben die beteiligten Gerichte dem Vormundschaftsgericht Mitteilung zu machen (§§ 660 S. 1, 674, 678 Abs III, 679 Abs IV, 683 Abs II S. 2, 684 Abs IV, 685 Abs I, 686 Abs IV ZPO).

[2] Die Minderjährigkeit als Grund der Beschränkung der Geschäftsfähigkeit (§ 106 BGB) wird im Hinblick auf § 1 EheG vom 20. 2. 1946 nur für die elterliche Gewalt der *Mutter* in Betracht kommen können.

Ruht die elterliche Gewalt des Elternteils, dem sie nach diesen Bestimmungen übertragen war, so hat das Vormundschaftsgericht die Ausübung der elterlichen Gewalt *auf Antrag* dem anderen Elternteil zu übertragen, wenn *keine Aussicht* besteht, daß der Grund des Ruhens wegfallen werde (§ 1678 Abs II BGB). Im Streitfall entscheidet das Prozeßgericht darüber, welchem Elternteil die Ausübung der elterlichen Gewalt gebührt (so für das frühere Recht JFG 6 64 = JurRdsch 1929 Rechtspr Nr 1647). Wenn die Verhinderung nur von kürzerer Dauer ist, so übt bei bestehender Ehe ebenfalls der andere Teil die elterliche Gewalt aus; notfalls muß in diesen Fällen dem Kinde ein Pfleger bestellt werden.

Beispiel:

Der Vater eines unter seiner elterlichen Gewalt stehenden Kindes muß eine dreijährige Strafhaft wegen schweren Diebstahls verbüßen. Das Vormundschaftsgericht erläßt folgenden

Beschluß

Es wird festgestellt, daß der Arbeiter Josef Schäfer in Köln durch die von ihm zu verbüßende Strafhaft auf längere Zeit tatsächlich verhindert ist, die elterliche Gewalt über seinen am 15. Januar 1950 in Köln geborenen Sohn Karl Schäfer auszuüben. Die elterliche Gewalt des Vaters ruht auf Grund dieser Feststellung gemäß § 1674 BGB.

Köln, den 20. Oktober 1962.

Das Amtsgericht.
Schmitz

Diesen Beschluß stellt das Vormundschaftsgericht dem Vater und der Mutter zu; auch dem zuständigen Jugendamt wird die Entscheidung zweckmäßigerweise mitzuteilen sein.

Wird demnächst der Vater begnadigt und aus der Strafhaft entlassen, so stellt das Gericht fest, daß der Grund des Ruhens nicht mehr besteht. Eine solche Feststellung ist auch erforderlich, wenn der Vater nach der Verbüßung der Strafe aus der Strafhaft entlassen wird (vgl § 1674 Abs II BGB i.d.F. wie oben .

2. Das Ruhen der elterlichen Gewalt *tritt* in den Fällen *rechtlicher* Verhinderung (Z 1a bis c) kraft Gesetzes *ein*, ohne daß es einer entsprechenden Feststellung des Vormundschaftsgerichts bedürfte; ebenso tritt in diesen Fällen die elterliche Gewalt mit dem Wegfall des Hinderungsgrundes ohne weiteres wieder in Kraft. Mit dem Wegfall des Ruhens der elterlichen Gewalt tritt auch das Personensorgerecht des betroffenen Elternteils wieder in Wirksamkeit (JFG 2 74).

Dagegen tritt das Ruhen der elterlichen Gewalt im Falle *tatsächlicher* Verhinderung (Ziff 1d) erst mit der Feststellung des Vormundschaftsgerichts ein; das Ruhen *endigt* erst mit der förmlichen Feststellung, daß der Grund des Ruhens nicht mehr bestehe (§ 1674 Abs II BGB).

Die Feststellung des Vormundschaftsgerichts, daß ein Elternteil an der Ausübung der elterlichen Gewalt längere Zeit tatsächlich verhindert sei, tritt mit der Bekanntmachung an den anderen Elternteil in Kraft, wenn dieser die elterliche Gewalt während der Verhinderung (vgl § 1678 Abs I BGB i.d.F. wie oben) *allein* ausübt, anderenfalls (§ 1678 Abs II BGB) mit der Übertragung der Ausübung der elterlichen Gewalt auf ihn oder mit der Bestellung des Vormundes (§ 51 Abs I FGG i.d.F. des GleichberG vom 18. 6. 1957, BGBl I S. 609). Eine Verfügung des Vormundschaftsgerichts, durch die festgestellt wird, daß der Grund für das Ruhen der elterlichen Gewalt eines Elternteils nicht mehr besteht, wird mit der Bekanntmachung an diesen wirksam (§ 51 Abs II FGG).

3. Solange die elterliche Gewalt eines Elternteils ruht, ist er *nicht berechtigt*, sie *auszuüben* (§ 1675 BGB i.d.F. wie oben). Das Kind erhält einen Pfleger, soweit nicht die elterliche Gewalt von dem anderen Teil allein ausgeübt oder ihm auf Antrag übertragen wird (§ 1678 Abs I und II BGB). Lebt der andere Elternteil nicht mehr oder ist er nicht sorgeberechtigt, so ist dem Kinde ein Vormund zu bestellen (§ 1773 Abs I BGB).

Diese grundsätzliche Regelung erleidet jedoch Einschränkungen.

In den oben zu Zff 1b und c aufgeführten Fällen verbleibt dem Elternteil, dessen elterliche Gewalt ruht, die *tatsächliche Fürsorge* für die Person des Kindes *neben* dem gesetzlichen Vertreter des Kindes; zur Vertretung des Kindes ist der Elternteil nicht berechtigt; bei einer Meinungsverschiedenheit zwischen ihm und dem gesetzlichen Vertreter hinsichtlich der tatsächlichen Fürsorge geht die Meinung des gesetzlichen Vertreters vor; ruht die elterliche Gewalt der *Mutter wegen Minderjährigkeit*, so geht ihre Meinung der Meinung des Vormundes oder Pflegers vor (§ 1673 Abs II BGB).

4. Auch im Falle des Ruhens der elterlichen Gewalt behält der betroffene Elternteil die Befugnis, mit dem Kinde *persönlich zu verkehren*, denn das Verkehrsrecht ist nicht nur ein Ausfluß der elterlichen Gewalt, sondern entspringt dem nahen Verwandtschaftsverhältnis (vgl oben § 53 Z. 2a). Bei Meinungsverschiedenheiten zwischen dem Elternteil, dessen elterliche Gewalt ruht, und dem gesetzlichen Vertreter des Kindes *kann* das Vormundschaftsgericht gemäß § 1634 Abs II S. 1 BGB den persönlichen Verkehr näher regeln; § 1673 Abs II S. 3 BGB steht dem nicht entgegen, wenn das Wohl des Kindes es erfordert.

5. Sofern die elterliche Gewalt eines Elternteils ruht, erfolgt die *Bekanntmachung gerichtlicher Anordnungen* rechtswirksam an den anderen Elternteil, wenn dieser vertretungsberechtigt ist, sonst an den gesetzlichen Vertreter (s. oben); für den Fall der Volljährigkeitserklärung vgl unten § 125 Z 5.

6. Der § 1674 BGB findet *entsprechende Anwendung* auf die rechtliche Stellung desjenigen Elternteils, dem nicht die elterliche Gewalt, sondern nur einzelne Bestandteile derselben, z. B. das Recht der Personensorge

(auch aus § 1707 S. 2 BGB), zustehen; das Personensorgerecht ruht also, wenn die tatsächliche Verhinderung an der Ausübung dieses Rechtes von dem Vormundschaftsgericht festgestellt wird (so für das frühere Recht KGJ 42 A 30).

7. *Vorläufige Maßnahmen* kommen im Falle drohender Gefährdung des Kindeswohles in Betracht, wenn die Verhältnisse eine unverzügliche Regelung und die für eine Feststellung des Ruhens der elterlichen Gewalt oder des Personensorgerechts erforderlichen Ermittlungen nicht unverzüglich abgeschlossen werden können. Als eine solche Maßregel kommt, wenn im Falle des Ruhens die elterliche Gewalt oder das Sorgerecht von dem anderen Elternteil oder von dem Amtsvormund ausgeübt wird, insbesondere die Feststellung in Betracht, daß der andere Teil oder der Vormund dieses Recht vorläufig ausübt (FamRZ 62 200, 201).

§ 58. **10. Die Verwirkung der elterlichen Gewalt**

1. Die elterliche Gewalt eines Elternteils endigt durch *Verwirkung*, wenn er wegen eines an dem Kinde verübten Verbrechens oder vorsätzlichen Vergehens zu einer Zuchthausstrafe oder zu einer Gefängnisstrafe von mindestens sechs Monaten verurteilt wird; wird wegen des Zusammentreffens mit einer anderen strafbaren Handlung auf eine Gesamtstrafe erkannt, so entscheidet die Einsatzstrafe, die für das an dem Kinde verübte Verbrechen oder Vergehen verwirkt ist (*§ 1676 Abs I BGB* i.d.F. d. GleichberG vom 18. 6. 1957, BGBl I S. 609)[1].

Gemäß § 1 Abs I u. II StGB ist eine mit Zuchthaus oder mit Einschließung von mehr als fünf Jahren bedrohte Handlung ein Verbrechen, eine mit Einschließung bis zu fünf Jahren, mit Gefängnis oder mit Geldstrafe von mehr als 150 DM bedrohte Handlung ein Vergehen. Ob im übrigen dem Elternteil ein versuchtes oder vollendetes Verbrechen oder Vergehen zur Last fällt, ist im Sinne des § 1676 BGB ohne Belang, das Verbrechen oder Vergehen muß sich aber gegen die Person des Kindes gerichtet haben; bei strafbaren Handlungen, die sich lediglich gegen das Vermögen des Kindes richten, tritt die Verwirkung der elterlichen Gewalt gemäß § 1676 BGB nicht ein (KGJ 24 D 3 = RJA 3 65; RGR IV S. 527 Anm 1 zu § 1680 BGB a. F.; a. A. STAUDINGER IV 2 S. 1144 Anm 2b zu § 1680 BGB a. F.).

2. Die Verwirkung tritt kraft Gesetzes ein mit der *Rechtskraft des Urteils (§ 1676 BGB)*. Eines besonderen Ausspruchs des Vormund-

---

[1] Wegen eines Sonderfalles der Verwirkung der elterlichen Gewalt bei der Annahme an Kindes Statt vgl § 1771 Abs II BGB i.d.F. d. Ehegesetzes vom 6. 7. 1938 (§ 84) bestätigt durch § 78 d. Ehegesetzes vom 20. 2. 1946 (Kontrallratsgesetz Nr 16): S. 2 aufgehoben.

schaftsgerichts bedarf es nicht. Ob das Urteil vollstreckt wird oder nicht, ist für die Verwirkung der elterlichen Gewalt ohne Belang. Wird im Wege der Wiederaufnahme des Verfahrens das Urteil aufgehoben oder die Strafe gemildert, so tritt die Verwirkung mit der Rechtskraft des Wiederaufnahmeurteils außer Kraft (vgl RGR IV S. 527 Anm 2 zu § 1680 BGB a. F.; nach STAUDINGER IV 2 S. 1145 Anm 4 zu § 1680 BGB a. F. soll die Verwirkung sogar mit rückwirkender Kraft beseitigt werden; diese Ansicht ist indessen im Interesse klarer familienrechtlicher Verhältnisse des Kindes abzulehnen).

3. Durch die Verwirkung verliert der betroffene Elternteil die elterliche Gewalt in vollem Umfang[1].

Das Vormundschaftsgericht hat *anzuordnen*, daß die elterliche Gewalt oder die Sorge für die Person oder das Vermögen des Kindes *dem anderen Elternteil allein* zusteht, soweit dies mit dem Wohle des Kindes vereinbar ist. Anderenfalls bestellt es einen Vormund oder Pfleger. Mit der Bestellung verliert auch der andere Elternteil die elterliche Gewalt oder die Sorge für die Person oder das Vermögen des Kindes. *Neben* dem Pfleger steht ihm nur die *tatsächliche* Personensorge zu; bei Meinungsverschiedenheiten geht die Meinung des Vormundes oder Pflegers vor (§ 1679 Abs I BGB i.d.F. wie oben). Die elterliche Gewalt *geht auf den anderen Elternteil über*, wenn der Elternteil sie verwirkt, dem sie nach den §§ 1671, 1672 BGB übertragen war (§ 1679 Abs II BGB).

4. Ob und in welchem Umfang und unter welchen Bedingungen dem Elternteil, der die elterliche Gewalt verwirkt hat, ein *persönlicher Verkehr* mit dem Kinde zugestanden werden kann, hat der andere Elternteil oder der gesetzliche Vertreter und gegebenenfalls das Vormundschaftsgericht nach freiem Ermessen zu entscheiden; ein Recht des betroffenen Elternteils auf persönlichen Verkehr mit dem Kinde besteht indessen nicht (RGR IV S. 425 Anm 2, abw. STAUDINGER IV 2 S. 1146 Anm 8, der dem Prozeßrichter die Entscheidung im Streitfall zuspricht).

5. Sind *mehrere* unter der elterlichen Gewalt eines Elternteils, der die elterliche Gewalt verwirkt hat, stehende Kinder vorhanden, so erstreckt sich die Verwirkung nur auf das oder die Kinder, das oder die durch die strafbare Handlung betroffen sind. Doch wird das Vormundschaftsgericht zu prüfen haben, ob nicht hinsichtlich der anderen Kinder ein Einschreiten gegen den Elternteil auf Grund seines Verhaltens gemäß § 1666 BGB geboten ist.

§ 59. 11. Die Beendigung der elterlichen Gewalt

1. Die elterliche Gewalt endigt

1. durch den *Tod des Kindes*,

---

[1] Vgl auch § 1495 Zff 4 BGB i.d.F. wie oben.

2. durch die rechtskräftige *Todeserklärung des Kindes* mit dem gerichtlich festgesetzten Zeitpunkt; im Falle der Rückkehr des Kindes lebt die elterliche Gewalt wieder auf,

3. durch den Eintritt der *Volljährigkeit* oder durch die *Volljährigkeitserklärung des Kindes*,

4. durch die *Annahme des Kindes an Kindes Statt* durch einen Dritten (mit Ausnahme der Annahme an Kindes Statt durch den anderen Elternteil, § 1757 BGB),

5. durch den *Tod*, die *Todeserklärung* oder die *Feststellung der Todeszeit* eines Elternteils nach dem Verschollenheitsgesetz vom 4. 7. 1939 i.d.F. d. Bekanntmachung vom 15.1.1951 (BGBl I S.63) §§ 9, 23 29 und d. Ges vom 26. 7. 1957 (BGBlI S. 861); lebt der für tot erklärte Elternteil noch, so erlangt er die elterliche Gewalt dadurch wieder, daß er dem Vormundschaftsgericht gegenüber erklärt, er wolle sie wieder ausüben (§ 1681 Abs II S. 2 BGB); ist seine Ehe durch die Wiederverheiratung des anderen Elternteils aufgelöst, so gelten die Vorschriften des § 1671 BGB in gleicher Weise, wie wenn die Ehe ohne Schuldausspruch geschieden worden wäre (§ 1681 Abs II S. 3 BGB i.d.F. d. GleichberG vom 18. 6. 1957, BGBl I S. 603),

6. durch *Verwirkung* (vgl oben § 58),

7. durch *Entziehung sämtlicher Bestandteile der elterlichen Gewalt* durch das Vormundschaftsgericht.

2. Gemäß § 50 FGG i.d.F. wie oben ist das gemäß §§ 14, 15ff. d. VerschG zuständige Amtsgericht verpflichtet, von dem Erlaß des Todeserklärungsbeschlusses, des Feststellungsbeschlusses sowie eines Aufhebungsbeschlusses dem Vormundschaftsgericht *Mitteilung* zu machen. Im Falle der *Aufhebung der Todeserklärung* fällt die elterliche Gewalt mit der Erklärung gemäß § 1681 Abs II S. 2 BGB an den für tot erklärten oder denjenigen Elternteil zurück, dessen Todeszeit festgestellt war; im Falle der Feststellung einer anderen Todeszeit ist der berichtigte Zeitpunkt für die Beendigung der elterlichen Gewalt maßgebend (STAUDINGER IV 2 S. 1143 Anm 5, RGR IV S. 526, 527 Anm 1 zu § 1679 BGB a. F.).

§ 60. 12. Pflichten der Eltern bei Beendigung der Vermögensverwaltung

1. Endigt oder ruht die elterliche Gewalt der Eltern (vgl oben §§ 57 u. 59) oder hört aus einem anderen Grunde ihre Vermögensverwaltung auf, so liegen ihnen besondere Pflichten ob. Gemäß *§ 1698 BGB* i.d.F. d. GleichberG vom 18. 6. 1957 (BGBl I S. 609) haben die Eltern dem Kinde das *Vermögen herauszugeben* und auf Verlangen *Rechenschaft abzulegen*.

Die Herausgabe und die Rechenschaftsablegung hat gegenüber demjenigen zu erfolgen, dem die Verwaltung des Vermögens hinfort gebührt also gegenüber dem Kinde selbst, wenn es volljährig geworden oder für volljährig erklärt worden ist, in anderen Fällen an denjenigen gesetzlichen Vertreter, der für das Vermögen des Kindes künftig sorgeberechtigt ist, z. B. den Vormund oder einen Pfleger, im Falle des Todes des Kindes an die Erben oder den Testamentsvollstrecker (§ 2205 BGB). Endigt oder ruht die Verwaltungsbefugnis nur eines Elternteils, so hat die Herausgabe, soweit eine solche nach den tatsächlichen Verhältnissen erforderlich ist, an den anderen Elternteil zu erfolgen, sofern diesem die Vermögensverwaltung zusteht.

2. Soweit die Rechenschaftsablegung die Verwendung von *Einkünften* des Kindesvermögens betrifft, brauchen die Eltern nur insoweit Rechenschaft abzulegen, als Grund zu der Annahme besteht, daß sie die Nutzungen den Vorschriften des § 1649 BGB (vgl oben § 50) entgegen, z. B. nach den Verhältnissen der Beteiligten in übermäßiger Weise für sich persönlich verwendet haben oder von der Verwendungsreihenfolge des § 1649 Abs I BGB abgewichen sind (PALANDT-LAUTERBACH S. 1301 Anm 2 zu § 1698 BGB). Ob Grund zu einer solchen Annahme besteht, ist nach den Umständen des Einzelfalles zu entscheiden; dabei sollte nicht kleinlich und und in einer des Eltern- und Kindesverhältnisses nicht würdigen Weise verfahren werden. Die Entscheidung von Streitigkeiten über die Rechenschaftsablegung steht dem Prozeßgericht zu.

§ 61. 13. Fürsorgemaßnahmen der Eltern nach Beendigung des Gewaltverhältnisses

1. Auch nach Beendigung der elterlichen Gewalt dürfen die Eltern die mit der Sorge für die Person und das Vermögen des Kindes verbundenen Geschäfte fortführen, bis sie *von der Beendigung Kenntnis erlangen* oder sie *kennen müssen* (*§ 1698a Abs I S. 1 BGB* i.d.F. d. Gleichber Ges vom 18. 6. 1957, BGBl I S. 609). Maßgebend ist die Kenntnis der *Tatsachen*, nicht ihrer rechtlichen Bedeutung. Liegen diese Voraussetzungen vor, so sind auch die nach Beendigung des Gewaltverhältnisses von den Eltern für das Kind vorgenommenen Maßnahmen wirksam. Ein Dritter kann sich jedoch auf die Berechtigung der Eltern nicht berufen, wenn er, der Dritte, bei der Vornahme des Rechtsgeschäfts die Beendigung der elterlichen Gewalt kennt oder kennen muß (§ 1698a Abs I S. 2 BGB i.d.F. wie vorst.).

Die Vorschriften des § 1698a Abs I BGB finden entsprechende Anwendung, wenn die elterliche Gewalt ruht (§ 57 oben) oder aus einem anderen Grunde die Vermögensverwaltung der Eltern aufhört (§ 1698 Abs II BGB i.d.F. wie vorst.); sie müssen ferner entsprechend zur

Anwendung gelangen, wenn einem Elternteil die elterliche Gewalt nur teilweise zustand und dieser Bestandteil der elterlichen Gewalt endigt (STAUDINGER IV S. 1149 Anm 4).

2. Endigt die elterliche Gewalt infolge *Todes oder Todeserklärung* (PALANDT-LAUTERBACH S. 1301 Anm 1 zu § 1698b BGB) *des Kindes*, so haben die Eltern diejenigen Geschäfte, mit deren Aufschub Gefahr verbunden ist, zu besorgen, bis der Erbe anderweit Fürsorge treffen kann (*§ 1608b BGB* i.d.F. wie oben). Dies gilt entsprechend, wenn den Eltern nur ein Teil der elterlichen Gewalt zustand.

§ 62. 14. Die alleinige elterliche Gewalt eines Elternteils

1. Durch das Gleichberechtigungsgesetz vom 18. 6. 1957 (BGBl I S. 609ff.) ist die elterliche Gewalt der Mutter zwar nicht in ihrem Wesen verändert, aber in ihrem Umfang und in ihrer Bedeutung wesentlich verstärkt worden; sie ist hinfort gleichrangig an die Seite der elterlichen Gewalt des Vaters getreten. Gemäß § 1626 Abs I BGB i.d.F. des GleichberG steht das Kind, solange es minderjährig ist, unter der elterlichen Gewalt des Vaters *und* der Mutter. *Beiden* Eltern steht grundsätzlich Recht und Pflicht der Personensorge und der Vermögenssorge für das Kind einschließlich des Vertretungsrechts zu (Abs II a. a. O.); sie üben die elterliche Gewalt in *eigener* Verantwortung und in *gegenseitigem Einvernehmen* zum Wohle des Kindes aus und müssen bei Meinungsverschiedenheiten versuchen, sich zu *einigen* (§ 1627 BGB i.d.F. wie oben; vgl auch oben § 42).

2. Ausnahmsweise steht die elterliche Gewalt *einem* Elternteil *allein* zu,

a) wenn ein Elternteil *gestorben* ist, *kraft Gesetzes* dem anderen Teil (§ 1681 Abs I BGB i.d.F. wie oben),

b) wenn ein Elternteil *für tot erklärt* oder seine *Todeszeit* nach den Vorschriften des Verschollenheitsgesetzes *festgestellt* ist und seine elterliche Gewalt demgemäß (§ 1677 BGB) mit dem Zeitpunkt, der als Zeitpunkt des Todes gilt, geendet ist, dem anderen Elternteil (§ 1681 Abs II S. 1 BGB i.d.F. wie oben) *kraft Gesetzes*. Für den Fall des Fortlebens dieses Elternteils und der *Wiederverheiratung* seines Ehegatten vgl oben § 59 Z 5,

c) in gewissen Fällen der *Scheidung*, *Nichtigkeitserklärung* und *Aufhebung* der Ehe sowie des nicht nur vorübergehenden *Getrenntlebens* der Eltern des Kindes (§§ 1671, 1672 BGB i.d.F. wie oben, § 37 EheG vom 20.2.1946 Kontrollratsgesetz Nr 16) kraft *Bestimmung des Vormundschaftsgerichts* (vgl oben § 52 Z 2, 7, 9),

d) wenn ein Elternteil die elterliche Gewalt *verwirkt* hat (§ 1679 Abs I S. 1 BGB i.d.F. wie oben) dem anderen Teil durch *Anordnung des Vor-*

mundschaftsgerichts (vgl im übrigen hierzu oben § 58 Z 3, besonders auch für den Fall der Verwirkung durch einen Elternteil, dem die elterliche Gewalt gemäß den §§ 1671, 1672 BGB übertragen war — Übergang auf den anderen Elternteil *kraft Gesetzes* —, § 1679 Abs II BGB).

3. Einem Elternteil steht die *Ausübung der elterlichen Gewalt allein* zu, wenn der andere Elternteil *tatsächlich verhindert* ist, sie auszuüben, oder wenn seine elterliche Gewalt *ruht, kraft Gesetzes* (§ 1678 Abs I BGB i.d.F. wie oben), dagegen *auf Antrag* kraft *Übertragung durch das Vormundschaftsgericht*, wenn dem anderen Elternteil die elterliche Gewalt nach den §§ 1671, 1672 BGB übertragen war, aber ruht und keine Aussicht besteht, daß der Grund des Ruhens wegfallen werde (§ 1678 Abs II BGB i.d.F. wie oben). Wird ein Antrag nicht gestellt, so ist ein Vormund zu bestellen (PALANDT-LAUTERBACH S. 1292 Anm 2 zu § 1678 BGB). Einer Rückübertragung der elterlichen Gewalt auf den Elternteil, dessen elterliche Gewalt geruht hatte, bedarf es beim Wegfall der Voraussetzungen des § 1678 Abs I oder Abs II BGB nicht.

Ob tatsächliche Verhinderung gegeben ist, entscheidet sich nach den Umständen des Einzelfalles; Kriegsteilnahme begründet regelmäßig keine Verhinderung, es sei denn, daß eine unaufschiebbare Handlung für das Kind vorzunehmen oder eine Verständigung mit dem Elternteil nicht möglich ist (so für das frühere Recht KGJ 47 A 61) oder daß der Elternteil durch den Kriegsdienst verhindert ist, die Sorge für die Person oder das Vermögen des Kindes in wesentlichen Punkten wahrzunehmen (KGJ 50 A 55). Übt im Falle der tatsächlichen Verhinderung eines Elternteils oder des Ruhens der elterlichen Gewalt eines Elternteils der andere Elternteil die elterliche Gewalt allein aus, so erfolgt die Bekanntmachung gerichtlicher Entscheidungen nur an diesen Elternteil (vgl hierzu für das frühere Recht KGJ 37 A 48). Mit der Scheidung der Ehe endet die Befugnis zur Ausübung der elterlichen Gewalt aus § 1678 Abs I Halbs. 1 BGB i.d.F. wie oben; in diesem Falle ist gemäß § 1671 BGB zu entscheiden; es muß also, wenn mit Rücksicht auf das Wohl des Kindes keinem der beiden Elternteile die elterliche Gewalt übertragen werden kann, dem Kinde ein Vormund bestellt werden.

Beispiel:

Der Vater eines unter elterlicher Gewalt stehenden Kindes ist wegen Geisteskrankheit entmündigt, die Ehe der Eltern ist wegen der Geisteskrankheit rechtskräftig geschieden. Die Mutter beantragt, ihr die Ausübung der elterlichen Gewalt zu übertragen, die sie bis zur Scheidung schon innehatte.

Die Ermittlungen ergeben zwar, daß keine Aussicht auf eine Heilung der Geisteskrankheit des Vaters besteht, aber auch, daß die Mutter sich für die Erziehung und auch für die Vermögensverwaltung des Kindes nicht eignet.

Dem Antrag der Mutter kann nicht entsprochen werden, es wird vielmehr gemäß § 1671 Abs V BGB dem Kinde ein Vormund zu bestellen sein.

§ 63. 15a. Der Beistand. Bestellung und Aufgaben

1. Gemäß § 1685 Abs I BGB i.d.F. d. GleichberG vom 18. 6. 1957 (BGBl I S. 609) hat das Vormundschaftsgericht *dem Elternteil,* dem die elterliche Gewalt oder die Sorge für die Person oder für das Vermögen des Kindes *allein* zusteht, auf seinen *Antrag* einen Beistand zu bestellen. Der Beistand kann für alle Angelegenheiten, für gewisse Arten von Angelegenheiten oder für einzelne Angelegenheiten bestellt werden (Abs II a. a. O.). Als vormundschaftsgerichtliche Maßnahme kann eine Beistandschaft *nicht* angeordnet werden; bei Vorliegen der Voraussetzungen kommt aber Pflegerbestellung gemäß § 1671 Abs V BGB in Betracht (PALANDT-LAUTERBACH S. 1296 Anm 2 zu § 1685 BGB).

2. Für die *Bestellung* des Beistandes gelten die gleichen Vorschriften wie bei dem Gegenvormund (§ 1691 Abs I BGB i.d.F. wie oben). Diese (§ 1792 Abs IV BGB) verweisen auf die für die Bestellung des Vormundes geltenden Bestimmungen. Demgemäß kommen für die Auswahl des Beistandes die §§ 1776ff. BGB in Betracht, insbesondere für das Benennungsrecht der Eltern die §§ 1776 bis 1778 BGB i.d.F. des GleichberG vom 18. 6. 1957 (BGBl I S. 609), für die Auswahl durch das Vormundschaftsgericht § 1779 BGB. Der Beistand erhält eine Bestallung, welche den Namen und die Zeit der Geburt des Kindes, den Namen des Beistandes und des Elternteils, zu dessen Unterstützung er berufen ist und den Umfang seines Wirkungskreises angeben soll (§ 1791 BGB). Im übrigen wird auf die für die Bestellung des Vormundes geltenden Bestimmungen (vgl unten §§ 76 bis 79) Bezug genommen. Wegen der Bestellung des Jugendamts als Beistand im besonderen wird auf die entsprechend anwendbare Vorschrift des § 46 JWG i.d.F. vom 11. 8. 1961, BGBl I S. 1206 verwiesen. Für die Bestellung des Beistands ist der Richter zuständig, soweit es sich um die *Anordnung* der Beistandschaft handelt; dies ergibt sich aus der Verweisung der §§ 1691, 1792 Abs IV BGB i. V. m. § 14 Zff 4 RpflG, obwohl in dieser Bestimmung abweichend von § 14 Zff 12 die Beistandschaft nicht besonders aufgeführt ist. Indessen ist der Rechtspfleger zwar grundsätzlich nicht zur *Auswahl* des Beistandes berechtigt, jedoch ist anzunehmen, daß der *Rechtspfleger* befugt ist, die *Verpflichtung* der vom Gemeindewaisenrat (Jugendamt, vgl § 47 Abs I S. 1 JWG i.d.F. wie oben) nach Anhörung durch das Vormundschaftsgericht vorgeschlagenen Person (§§ 1691, 1794 Abs IV, 1779 Abs I BGB) vorzunehmen, wenn nicht der Richter sich die Entscheidung vorbehält.

3. Der Beistand hat die *Aufgabe,* den Elternteil, auf dessen Antrag er bestellt ist, im Rahmen der Bestellung bei der Ausübung der elterlichen Gewalt zu *unterstützen,* wobei er auch Auskunft und Einsichtnahme in die sich auf die Beistandschaft beziehenden Papiere verlangen

kann. Er hat darüber hinaus aber auch gewisse Aufsichtsbefugnisse, denn er ist verpflichtet, dem Vormundschaftsgericht jeden Fall, in dem es zum Einschreiten berufen ist, unverzüglich anzuzeigen (§ 1686 BGB i.d.F. wie oben).

Innerhalb seines Wirkungskreises liegt dem Beistand ferner ob,

a) die Erteilung der *Genehmigung zu jedem Rechtsgeschäft*, zu dem ein Vormund der Genehmigung des Vormundschaftsgerichts oder des Gegenvormundes bedarf, mit Ausnahme der Rechtsgeschäfte, welche die Eltern nicht ohne Genehmigung des Vormundschaftsgerichts vornehmen können; die Vorschriften der §§ 1828 bis 1831 (betr die Form und die rechtliche Bedeutung des Mangels der Genehmigung, vgl unten § 91) finden entsprechende Anwendung (§ 1687 Abs I BGB i.d.F. des GleichberGes vom 18. 6. 1957, BGBl I S. 609); die Genehmigung des Beistandes wird durch die Genehmigung des Vormundschaftsgerichts ersetzt (Abs II a. a. O.)[1], an das sich der Elternteil, zu dessen Unterstützung der Beistand bestellt ist, also wenden kann, wenn dieser die Erteilung der Genehmigung verweigert, das Vormundschaftsgericht soll endlich in *allen* Fällen, in denen das Rechtsgeschäft zu dem Wirkungskreis des Beistandes gehört, diesen vor der Entscheidung hören, sofern die Anhörung tunlich ist (Abs III a. a. O.), also sowohl in den Fällen, in denen das Gericht von vornherein selbst über die Erteilung der Genehmigung zu befinden hat, als auch in den Fällen, in denen es an Stelle des Beistandes entscheidet;

b) soweit die *Anlegung des* zum Vermögen des Kindes gehörenden *Geldes* in den Wirkungskreis des Beistandes fällt, sind die für die Anlegung von Mündelgeld geltenden Vorschriften der §§ 1809, 1810 BGB entsprechend anzuwenden (*§ 1688 BGB*), vgl unten § 87;

c) die Mitwirkung bei der Aufnahme eines *Vermögensverzeichnisses* (*§ 1689 BGB* i.d.F. wie oben); das Verzeichnis ist auch von dem Beistand mit der Versicherung der Richtigkeit und Vollständigkeit zu versehen; ist das Verzeichnis ungenügend, so sind, sofern nicht die Voraussetzungen der Vermögensgefährdung (§§ 1667 BGB) vorliegen (oben § 56), die Vorschriften des § 1682 Abs II BGB entsprechend anzuwenden;

d) auf *Antrag* eines Elternteils durch *besondere Übertragung* des Vormundschaftsgerichts die *Geltendmachung von Unterhaltsansprüchen* und die *Vermögensverwaltung* (in vollem Umfang oder teilweise); im Rahmen der Übertragung hat der Beistand die Rechte und Pflichten eines

---

[1] Da § 1825 BGB nicht für entsprechend anwendbar erklärt ist, kann das Vormundschaftsgericht nicht dem Elternteil eine *allgemeine* Ermächtigung erteilen; dagegen können bestimmte Geschäfte von dem Wirkungskreis des Beistandes ausgeschlossen werden (Staudinger IV 2 S. 1167 Anm 5, RGR IV S. 534 Anm 3 zu § 1690 BGB a. F.)

Pflegers (*§ 1690 BGB* i.d.F. des FamRÄndG vom 11. 8. 1961 Art 1 Zff 7, BGBl I S. 1223).

§ 64. 15b. Der Beistand. Beaufsichtigung, Haftung, Vergütung, Beendigung des Amtes, Aufhebung der Bestellung

1. Für die *Beaufsichtigung* des Beistandes gelten die gleichen Vorschriften wie bei dem Gegenvormund (*§ 1691 Abs I BGB* i.d.F. d. GleichberG vom 18. 6. 1957, BGBl I S. 609). Demgemäß führt das Vormundschaftsgericht die Aufsicht über die gesamte Tätigkeit des Beistandes; es hat gegen Pflichtwidrigkeiten durch geeignete Gebote und Verbote einzuschreiten (§ 1837 Abs I BGB). Zur Befolgung seiner Anordnungen kann das Vormundschaftsgericht den Beistand durch Ordnungsstrafen anhalten (Abs II a. a. O.., vgl ferner VO über Vermögensstrafen und Bußen vom 6. 2. 1924, RGBl I S. 44, Art II). Vgl im übrigen auch unten § 96.

2. Auch für die *Haftung* des Beistandes und seine Ansprüche gelten die gleichen Vorschriften wie bei dem Gegenvormund *(§ 1601 Abs I BGB)*. Dieser ist dem Mündel gemäß § 1833 Abs I BGB im Falle des Verschuldens für den aus einer Pflichtverletzung entstehenden Schaden in gleicher Weise verantwortlich wie der Vormund, gegebenenfalls als Gesamtschuldner neben diesem (Abs II S. 1 BGB a. a. O.). Der Beistand, der zur Unterstützung der Mutter in vermögensrechtlichen Angelegenheiten der Kinder bestellt ist, kann bei der Erteilung der Genehmigung zur Verwendung von Geld der Kinder Untreue durch Erfüllung des Treubruchtatbestandes begehen (FamRZ 62 320 Nr 142).

3. Eine *Vergütung* kann dem Beistand nach Maßgabe der §§ 1691 Abs I, 1836 Abs I S. 2 BGB aus besonderen Gründen in angemessener Höhe bewilligt werden[1]. Die Bewilligung soll nur erfolgen, wenn das Vermögen des Kindes sowie der Umfang und die Bedeutung der beistandlichen Geschäfte es rechtfertigen (S. 3 a. a. O.). Der Vergütungsanspruch des Beistandes richtet sich nicht gegen den Elternteil, dem der Beistand bestellt ist, sondern gegen das Kind (FamRZ **61** 385 Nr 135 = NJW **61** 77 = DRiZ **61** B 6 Nr 112). Die Vergütung kann jederzeit für die Zukunft geändert oder entzogen werden (S. 4 a. a. O.). Vor der Bewilligung, Änderung oder Entziehung soll der Beistand gehört werden (Abs II a. a. O.).

4. Für die *Beendigung* des Amtes des Beistandes gelten die gleichen Vorschriften wie für das Amt des Gegenvormundes *(§ 1691 Abs I BGB)*, also gemäß § 1895 BGB die entsprechend anzuwendenden Vorschriften

---

[1] Somit der Beistand die Rechte und Pflichten eines *Pflegers* hat (§ 1690 Abs II BGB), bestimmt sich die Vergütung nach den Vorschriften für den Pfleger (§ 1915 BGB); vgl für das frühere Recht KGJ **34** A 38 = OLG 1 628).

der §§ 1885 bis 1889, 1893, 1894 BGB, von denen allerdings § 1887 BGB durch Gesetz vom 9. 7. 1922 (RGBl I S. 633) aufgehoben ist. Im übrigen kann auf die Ausführungen unten zu § 95 verwiesen werden.

Außerdem endet das Amt des Beistandes, wenn die elterliche Gewalt des Elternteils, dem der Beistand bestellt ist, ruht (§ 1691 Abs II BGB).

5. Die *Aufhebung* der Bestellung des Beistandes und der Übertragung der Vermögensverwaltung soll das Vormundschaftsgericht nur mit Zustimmung des Elternteils, dem der Beistand bestellt ist, vornehmen (§ 1692 BGB i.d.F. d. GleichberG vom 18. 6. 1957, BGBl I S. 609).

Zweiter Abschnitt
Die Legitimation unehelicher Kinder

§ 65. 1. Die Legitimation durch nachfolgende Ehe

1. Ein Kind *wird ehelich*, wenn der Vater sich mit der Mutter verheiratet. Dies gilt auch, wenn die Ehe für nichtig erklärt wird (§ 1719 BGB i.d.F. des FamRÄndG vom 11. 8. 1961 Art 1 Nr 11 BGBl I S. 1224).

Ein Kind, das nach Maßgabe der §§ 1591 bis 1600 BGB i.d.F. wie vorst. Art 1 Nr 1 bis 6 ehelich ist, kann nicht legitimiert werden, selbst wenn es in Wahrheit unehelich ist. Dagegen wird ein während des Bestehens einer Ehe oder binnen 302 Tagen nach Auflösung der Ehe geborenes Kind durch die Verheiratung der Mutter mit dem Erzeuger eheliches Kind dieser Eltern, wenn die Unehelichkeit seiner Geburt auf eine Anfechtungsklage durch rechtskräftiges Urteil mit Wirkung für und gegen alle festgestellt ist (vgl RGZ 123 257 = JurRdsch 1929 Rechtspr Nr 1013 = JW 1929 1879 Nr 9 und 2707 Nr 3 = Zentralblatt XXI 284 = Rundbriefe II 297). Auch wenn das Kind bereits gemäß §§ 1723ff. BGB (Fassung d. FamRÄndG vom 11. 8. 1961 Art 1 Nr 13 bis 17, BGBl I S. 1224) für ein eheliches Kind des die Mutter später heiratenden Vaters erklärt ist, tritt die Wirkung des § 1719 BGB ein, während dies nicht der Fall ist, wenn das Kind vor der Heirat der Eltern für das eheliche Kind eines Dritten erklärt ist (STAUDINGER 9. Aufl. IV 2 S. 1270 Anm 3, PALANDT-LAUTERBACH S. 1310 Anm 1 zu § 1719 BGB); die Annahme eines unehelichen Kindes an Kindes Statt durch einen Elternteil oder auch durch einen Dritten schließt die Rechtsfolgen des § 1719 BGB im Falle der Eheschließung der Eltern nicht aus; jedoch beschränkt sich die Wirkung, falls die Annahme durch einen Dritten erfolgt ist, auf die im Verhältnis zwischen den leiblichen

Eltern und dem Kinde bei der Kindesannahme bestehenbleibenden Rechtswirkungen (vgl §§ 1764ff. BGB, JFG 9 62).

2. a) Der Ehemann der Mutter gilt als *Vater* des Kindes, wenn er ihr innerhalb der Zeit vom 181. bis zum 302. Tage vor der Geburt des Kindes, mit Einschluß sowohl des 181. als auch des 302. Tages, beigewohnt hat, es sei denn, daß es den Umständen nach unmöglich ist, daß die Mutter das Kind aus dieser Beiwohnung empfangen hat (§ 1720 Abs I BGB). Entsprechende Anwendung des § 1592 Abs II BGB ist nicht möglich (so Staudinger 9. Aufl. IV 2 S. 1273 Anm 1a, abw. RGR 9. Aufl. IV 2 S. 559 Anm 1 zu § 1720 BGB, Palandt-Lauterbach S. 1311 Anm 2 zu § 1720 BGB).

b) Die Beiwohnung innerhalb der angegebenen Zeit wird vermutet, wenn der Ehemann vor, bei oder nach der Eheschließung mit der Mutter in einer öffentlichen Urkunde seine Vaterschaft *anerkannt* hat (§ 1720 Abs II BGB). Als solche genügen auch letztwillige Verfügungen in der Form der §§ 2231 Zff 1, 2249, 2276 BGB (Palandt-Lauterbach S. 1311 Anm 3 zu § 1720 BGB). Das *bewußt* unrichtig abgegebene Vaterschaftsanerkenntnis ist gemäß § 134 BGB nichtig, denn es enthält einen Verstoß gegen § 169 StGB, weil es Grundlage für den Randvermerk des § 29 PStG bleibt (Schopp in Rpfl 59 213 mit Zitaten); ein auf dieser unrichtigen Grundlage ergangener Feststellungsbeschluß des Vormundschaftsgerichts (§ 31 PStG, s. unten Zff 4) ist aufzuheben; ebenso ist eine bei dieser Gelegenheit getroffene Anordnung der Beischreibung zum Geburtseintrag und im Familienbuch (§ 15 Abs I Zff 2 PStG) zu berichtigen. Hat der Ehemann der Mutter in Wirklichkeit nur die Namensgebung gemäß § 1706 Abs II S. 2 BGB erklärt, so ist auch eine Berichtigung der Eintragung der *mißverstandenen* Erklärung zulässig (Palandt-Lauterbach S. 1309 Anm 1 zu § 1718 BGB; RJA 12 96; vgl auch KGJ 42 A 81).

Die Anerkennung kann nicht bedingt oder betagt erklärt und nicht widerrufen werden. Sie ist im übrigen nicht notwendige Voraussetzung der Legitimation durch nachfolgende Ehe; die durch sie begründete gesetzliche Vermutung ist widerlegbar. Außerdem kann auch nach erfolgter Anerkennung (besonders im Feststellungsverfahren, s. unten Zff 4) geltend gemacht werden, daß die Mutter das Kind den Umständen nach unmöglich von ihrem späteren Ehemann empfangen habe. Wenn in der Empfängniszeit Mehrverkehr der Mutter stattgefunden hat, so ist dieser Umstand nötigenfalls im Feststellungsverfahren zu klären, und zwar selbst dann, wenn der andere Mann die uneheliche Vaterschaft anerkannt hat (s. unten Zff 4).

c) Hat das Vormundschaftsgericht *rechtskräftig* festgestellt, daß ein uneheliches Kind durch die Eheschließung seiner Eltern ehelich geworden ist und ist der Mann nicht der Vater des Kindes, so sind die

§§ 1593 bis 1599 BGB (*Anfechtung* der *ehelichen* Abstammung) i.d.F. des FamRÄndG vom 11. 8. 1961 Art 1 Nr 2 bis 6, BGBl I S. 1222, 1223 entsprechend anzuwenden (§ 1721 S. 1 BGB i.d.F. wie vorst. Art 1 Nr 12, vgl auch MEYER-STOLTE in Rpfl **61** 390); der Mann kann die Ehelichkeit nur anfechten, wenn er erst nach der Eheschließung Kenntnis von den Umständen erlangt, die für die Unehelichkeit des Kindes sprechen. Bei Anwendung des § 1594 Abs IV BGB und des § 1595a Abs II, III BGB i.d.F. wie oben ist statt des Zeitpunktes der Geburt des Kindes der Zeitpunkt der Eheschließung der Mutter maßgebend (§ 1721 S. 2, 3 BGB i.d.F. wie vorst. Art 1 Nr 12). Die Zweijahresfrist muß wegen § 203 Abs II BGB bis zur Rechtskraft des Feststellungsbeschlusses des Vormundschaftsgerichts als gehemmt angesehen werden (PALANDT-LAUTERBACH S. 1311 Anm 2 zu § 1721 BGB).

3. a) Die *Wirkung* der Legitimation durch nachfolgende Ehe besteht darin, daß das uneheliche Kind ehelich wird[1]. Es wird also in jeder Beziehung von der Heirat der Eltern ab rechtlich so behandelt, als ob es ehelich geboren wäre. Mit der Eheschließung finden auf das rechtliche Verhältnis zwischen den Eltern und dem Kinde, aber auch zwischen den Verwandten und der etwaigen späteren Ehefrau des Vaters und dem Kinde die für eheliche Kinder geltenden Bestimmungen des Familien- und Erbrechts Anwendung. Das Kind erwirbt auch die Staatsangehörigkeit des Vaters (RuStAG § 3 Zff 2, § 5; vgl aber auch Art 16 Abs I S. 2 GG; s. PALANDT-LAUTERBACH S. 1310 Anm 4 zu § 1719 BGB). Ebenso erstrecken sich die Wirkungen der Legitimation auch auf das Verhältnis der Ehegatten und der Abkömmlinge des Kindes (und zwar gemäß § 1722 BGB bezüglich dieser auch dann, wenn das Kind schon *vor* der Eheschließung der Eltern gestorben ist) zu dem Vater und zu den Verwandten des Vaters. Ausgenommen sind die unehelichen Kinder eines durch nachfolgende Ehe legitimierten Sohnes; es sei denn, daß sie selbst ebenfalls durch nachfolgende Ehe legitimiert wären, und die an Kindes Statt angenommenen Kinder und die gemäß § 1721 BGB i.d.F. wie oben als unehelich geltenden Kinder eines durch nachfolgende Ehe legitimierten Kindes. Für den Fall, daß die Adoption einer unehelichen Mutter auf deren vorhandenes uneheliches Kind erstreckt wird und die Wirkungen auf den Familiennamen des Kindes, wenn die Eltern nachträglich die Ehe schließen, vgl unten § 71 Zff 2e.

b) Die *Vormundschaft* über ein Kind, das durch nachfolgende Ehe seiner Eltern legitimiert ist, *endet* aber kraft Gesetzes nur, wenn ein rechtskräftiges Urteil vorliegt, das ausdrücklich die Vaterschaft des Ehemannes feststellt, anderenfalls erst durch vormundschaftsgerichtliche

[1] Auch wenn die Mutter des Kindes adoptiert wird und die Adoption sich auf das Kind erstreckt, erhält dieses durch nachträgliche Eheschließung der Eltern den Namen des Vaters (MDR **62** 905 = DRiZ **63** B 8 Nr. 137).

Aufhebung. Das Vormundschaftsgericht hat die Aufhebung anzuordnen, wenn es rechtskräftig festgestellt hat, daß das Kind (der Mündel) durch die Eheschließung seiner Eltern ehelich geworden ist (§ 1883 Abs I, II BGB i.d.F. des FamRÄndG vom 11. 8. 1961 Art 1 Nr 36, BGBl I S. 1226), § 643 ZPO, s. unten Zff 4. Steht das Kind, weil es noch minderjährig ist, unter Vormundschaft, so soll diese erst aufgehoben werden, wenn der Beschluß, durch den die Legitimation festgestellt wird, rechtskräftig geworden ist. Ist die Mutter Vormund des Kindes oder ist die Vormundschaft aufgehoben, so ist dem geschäftsunfähigen oder in der Geschäftsfähigkeit beschränkten Kinde ein Pfleger für das Feststellungsverfahren zu bestellen; § 59 FGG bleibt jedoch unberührt (§ 31 Abs IV PStG).

c) Das legitimierte Kind erwirbt mit der Eheschließung der Eltern die *Staatsangehörigkeit* des Vaters; s. oben zu a.

d) Die Legitimation hat *keine rückwirkende Kraft* (STAUDINGER IV 2 S. 1271 Anm 8; RGR 9. Aufl. IV 2 S. 537 Anm 1 zu § 1719 BGB; ERMAN-HEFERMEHL S. 1719 Anm 3; PALANDT-LAUTERBACH S. 1310 Anm 3 zu § 1719 BGB).

4. a) Ist ein uneheliches Kind durch die Heirat seiner Eltern ehelich geworden (§ 1719 BGB i.d.F. d. FamRÄndG vom 11. 8. 1961 Art 1 Nr 11, BGBl I S. 1224), so stellt das Vormundschaftsgericht dies fest, falls die Geburt des Kindes im Geburtenbuch beurkundet oder das Kind infolge der Legitimation in ein Familienbuch einzutragen ist (§§ 31 Abs I, 21, 15 Abs I Zff 2, Abs IV S. 2 PStG)[1]. In anderen Fällen kann das Vormundschaftsgericht die Feststellung treffen, falls zur Zeit der Legitimation der Vater oder das Kind Deutscher war (§ 31 Abs I S. 2 PStG).

In diesem *Feststellungsverfahren*[2] muß geprüft werden, ob die Voraussetzungen der Legitimation durch nachfolgende Ehe (Eheschließung, Vaterschaft) gegeben sind. Der Feststellungsbeschluß dient als Grundlage für die Eintragungen im Geburtenbuch und im Familienbuch (§ 31 Abs V S. 1 PStG)[3]. Das Verfahren hat demgemäß zum Ziel, eine richtige Eintragung über den wahren Familienstand unehelicher Kinder bei nach-

---

[1] Das *Personenstandsgesetz* vom 3. 11. 1937 (RGBl S. 1146) ist mehrfach geändert worden, zuletzt durch das Gesetz vom 18. 5. 1957 (BGBl I S. 518), in der Fassung vom 8. 8. 1957 (BGBl I S. 1125) neu bekanntgemacht; vgl hier § 15 Abs IV S. 2.

[2] Die das Verfahren und die Entscheidung betreffenden Geschäfte sind dem Richter vorbehalten (RpflG § 12 Zff 20); bezüglich des Vaterschaftsanerkenntnisses vgl unten Abschnitt b) Anm 1, RpflG § 23 Zff 3.

[3] Bloße Randvermerke über ein Vaterschaftsanerkenntnis und die Eheschließung der Eltern nach dem früheren Recht genügen seit dem Inkrafttreten des PStG vom 3. 11. 1937 (1. 7. 1938) nicht mehr; vgl BayObLG in StAZ **61** 28. Die nachträgliche Durchführung des Feststellungsverfahrens ist aber jederzeit möglich (StAZ **60** 146).

folgender Eheschließung der Kindesmutter zu ermöglichen (FamRZ 54 224ff.).

b) Die Feststellungen des Vormundschaftsgerichts können sich nach der *materiellen* Rechtslage nur beziehen auf die Eheschließung der Eltern, auf die Frage der Beiwohnung in der gesetzlichen Empfängniszeit, wenn kein Vaterschaftsanerkenntnis (§§ 1718, 1720 Abs II BGB) vorliegt; wenn ein solches abgegeben ist, auf die Frage der Richtigkeit, in beiden Fällen auf die Frage der Abstammung (vgl SCHOPP, Die Feststellung der Legitimation durch nachfolgende Ehe bei unrichtigem Vaterschaftsanerkenntnis, Rpfl 59 212, 214). Hat der uneheliche Vater oder der Ehemann der Mutter nach der Geburt des Kindes seine Vaterschaft in öffentlicher Urkunde anerkannt, so ist das Anerkenntnis auf Antrag eines Beteiligten *am Rande des Geburtseintrages zu vermerken* (§ 29 Abs I PStG). Das Anerkenntnis und die etwa erforderliche Zustimmung des gesetzlichen Vertreters des Anerkennenden können außer von den sonst zuständigen Stellen[1] auch von den Standesbeamten beurkundet werden. Ist das Anerkenntnis nicht vor dem Standesbeamten abgegeben, der die Geburt des Kindes beurkundet hat, so ist ihm eine beglaubigte Abschrift des Anerkenntnisses zu übersenden (§ 29 Abs II PStG).

c) Das *Verfahren* des Vormundschaftsgerichts bestimmt sich nach den Vorschriften des Gesetzes über die freiwillige Gerichtsbarkeit (§ 31 Abs II S. 1 PStG). Dies gilt insbesondere für die nach dem Amtsprinzip vorzunehmenden *Ermittlungen* (§ 12 FGG). Da die im Feststellungsverfahren rechtskräftig getroffenen Feststellungen die Grundlagen für die Eintragungen im Geburtenbuch und im Familienbuch bilden (s. oben zu a) und daher an der Beweiskraft des § 60 Abs I PStG teilhaben (SCHOPP a. a. O. S. 214), ist genaue und gründliche Ermittlung des Sachverhalts erforderlich. Namentlich beim Vorliegen begründeter Zweifel an der Abstammung des Kindes von dem Ehemann der Mutter wird dies zu beachten sein (StAZ 56 33). Wie weit das Vormundschaftsgericht im Einzelfall insbesondere gegenüber der gesetzlichen Vermutung des § 1720 Abs II BGB seine Ermittlungen ausdehnen will, steht in seinem freien Ermessen (BayObLGZ 60 88 = FamRZ 61 130 Nr 51). Da Mehrverkehr der Mutter in der Empfängniszeit von Bedeutung sein kann, darf ein ersuchtes Gericht die Vernehmung der Kindesmutter zu dieser Frage nicht ablehnen (vgl JFG 22 292), namentlich dann nicht, wenn der Ehemann der Mutter die Vaterschaft nicht anerkannt hat, auch erb- und rassekundliche Untersuchungen müssen zum Zweck der Klärung der Vaterschaftsfrage geduldet werden (JFG 22 229ff., s. auch §§ 15 Abs I FGG, 372a ZPO). Das deutsche Vormundschaftsgericht kann auch

[1] Bei gerichtlicher Beurkundung ist der Rechtspfleger zuständig (RpflG § 23 Ziff 3).

feststellen, daß die Legitimationswirkungen nach einem fremden Recht eingetreten sind; eine ausländische Entscheidung zu diesem Zweck herbeizuführen ist das Vormundschaftsgericht nicht befugt (JFG 20 209ff.)

d) Der Beschluß, durch den die Legitimation des Kindes festgestellt wird, wird erst *mit der Rechtskraft wirksam* (§ 31 Abs III S. 1 PStG). Es handelt sich dabei nur um die *formelle* Rechtskraft; in *materielle* Rechtskraft erwächst die Entscheidung nicht (FamRZ 57 170 Nr 76 = NJW 57 1057 (BGH); 58 384ff. Nr 155 = StAZ 58 288ff., vgl auch JFG 23 360ff.). Gleichwohl kann jedoch nach der durch das FamRÄndG vom 11. 8. 1961 (§ 1721 BGB i.d.F. dieses Gesetzes Art 1 Nr 12 BGBl I S. 1224) getroffenen Regelung die Unehelichkeit eines Kindes, dessen Legitimation durch nachfolgende Ehe seiner Eltern das Vormundschaftsgericht zu Unrecht festgestellt ist, nur geltend gemacht werden, wenn seine Ehelichkeit mit Erfolg rechtskräftig angefochten worden ist (vgl oben Zff 2c und Böhmer in DRiZ 61 378; Meyer-Stolte in Rpfl 61 390; BayObLG in FamRZ 62 205 Nr 98 Zff II). Deshalb kann das Vormundschaftsgericht den Legitimationsfeststellungsbeschluß *nicht mehr aufheben,* wenn sich herausstellt, daß es an den Voraussetzungen der Legitimation deshalb fehlt, weil der Ehemann der Mutter nicht dessen Vater ist. Die Legitimationsfeststellung kann in diesem Falle ihre Wirkung *nur* verlieren, wenn *durch Anfechtung* gemäß §§ 1593ff. BGB rechtskräftig die Unehelichkeit des Kindes festgestellt ist (BayObLG a. a. O.); str, s. unten zu e.

Einem Beteiligten, der sich mit der Feststellung der Legitimation einverstanden erklärt hat, wird der Beschluß nur auf seinen Antrag *bekanntgemacht;* ein Beschwerderecht steht ihm nicht zu; haben sich alle Beschwerdeberechtigten einverstanden erklärt, so hat das Vormundschaftsgericht auszusprechen, daß der Beschluß rechtskräftig ist (§ 31 Abs III S. 2, 3 PStG). Beschwerdeberechtigt sind der Mann, die Frau und das Kind; ihnen steht gegen den Beschluß des Vormundschaftsgerichts die *Beschwerde* zu (§ 31 Abs II S. 2 PStG)[1]; diese ist, wenn der Beschluß die Legitimation feststellt, die *sofortige* (§ 60 Abs I Zff 6 FGG); in diesem Falle ist daher der Beschluß, soweit es sich nicht um die Ausnahmen des § 31 Abs II S. 2, 3 PStG handelt, den Beschwerdeberechtigten durch Zustellung bekanntzumachen (§ 16 Abs II S. 1 FGG). Die *weitere* Beschwerde ist jedoch die unbefristete (BayObLG in FamRZ 62 205 Nr 98 Zff II)[2].

---

[1] Die höhere Verwaltungsbehörde hat kein Beschwerderecht mehr gegen einen ablehnenden Beschluß (StAZ 60 97 ff.).

[2] Zur Mitteilungspflicht der Geschäftsstelle gegenüber dem Standesamt vgl die RV d. JMNRW vom 22. 11. 1962 (1454 — I B 68).

Die Beischreibung als Randvermerk im Geburtenbuch und Familienbuch (§ 31 Abs V S. 1 PStG) muß vom Vormundschaftsgericht ausdrücklich angeordnet werden (Rpfl **53** 139 = DRiZ **53** Rechtspr **66** Nr 671). Wenn die Legitimation eingetragen ist, wird ein Randvermerk über das Anerkenntnis der Vaterschaft im Geburtenbuch nicht mehr eingetragen (§ 31 Abs V S. 2 PStG). Der Standesbeamte macht von der Eintragung demjenigen Standesbeamten Mitteilung, der das Familienbuch der Eltern führt (AVO z. PStG § 35).

e) Schrifttum und Rechtsprechung nahmen früher an, daß, wenn sich nach der (formellen) Rechtskraft des Feststellungsbeschlusses herausstelle, daß die tatsächlichen oder rechtlichen Voraussetzungen der Legitimation nicht vorlägen, die *Abänderung* des Beschlusses jederzeit zulässig sei (s. oben zu d; MASSFELLER StAZ **51** 223; BGH vom 27. 2. 1957 — IV ZR 285/56 — in FamRZ **57** 170 Nr 76 mit weiteren Nachweisen; FamRZ **58** 384ff. Nr 153 = StAZ **58** 288ff.), und zwar auch dann, wenn der Vermerk der Feststellung im Geburtenbuch (§ 31 Abs V PStG) bereits beigeschrieben war (StAZ **59** 186ff.; **61** 193). Freilich durfte es sich nicht nur um im Schrifttum oder in der Rechtsprechung geäußerte, von der zu ändernden Entscheidung abweichende Auffassungen handeln (FamRZ **60** 77 Nr 30). Zur Aufhebung des Feststellungsbeschlusses konnte aber z. B. Anlaß bestehen, wenn ein der Feststellung zugrunde liegendes Vaterschaftsanerkenntnis sich nach einem Blutgruppengutachten als unzutreffend erwies (StAZ **60** 102). Die Vorschrift des § 18 Abs II FGG wurde als der Abänderung nicht entgegenstehend angesehen (FamRZ **60** 77 Nr 30).

Nach dem Erlaß der Entscheidung des OLG Koblenz vom 6. 4. 1961 (5 U 485/60), FamRZ **61** 487ff. Nr 177 = DRiZ **62** B 8 Nr 133, hat indessen SCHWOERER (s. auch oben Zff 2c, 4d und BREHMER in DRiZ **61** 378) in einer Anm zu dieser Entscheidung (FamRZ a. a. O. S. 488ff.) unter Zff 4 ausgeführt, daß nach dem Inkrafttreten des FamRÄndG vom 11. 8. 1961, BGBl I S. 1221 (1. 1. 1962) das Vormundschaftsgericht seinen, wenn auch nur formell rechtskräftigen Beschluß *nicht mehr aufheben könne*, weil dies dem Sinne der neuen Regelung zuwiderlaufe, die eine Festigung der Rechtsstellung des Kindes bezwecke; diese solle *nur noch durch eine erfolgreiche Anfechtungsklage* verloren werden können; dies wird aus *§ 1721 S. 1 n. F. BGB* geschlossen (ebenso BAUR in FamRZ **62** 512 Zff VI 3; vgl auch PALANDT-LAUTERBACH S. 1311 Anm 1 zu § 1721 BGB). Der BGH hat allerdings a. a. O. FamRZ **57** 171 darauf hingewiesen, daß nicht nur im Interesse der Beteiligten, sondern auch im öffentlichen Interesse eine *Klarstellung des Personenstandes*, vor allem durch die Beseitigung einer unrichtigen Eintragung der Legitimation im Geburtenbuche, erforderlich sei; dies habe *durch das Gericht der freiwilligen Gerichtsbarkeit* zu erfolgen. Dieses Ergebnis ist mit der oben zu d am Schlusse bezeichneten Auffassung des BayObLG vom 16. 3. 1962 kaum vereinbar.

Eine andere Frage ist es, ob wegen der vom BGH angenommenen Verpflichtung des Vormundschaftsgerichts, gegebenenfalls die Beseitigung einer unrichtigen Eintragung herbeizuführen, die *Zulässigkeit einer Anfechtungsklage* zu verneinen ist, weil es an einem *rechtlichen Interesse* an einer solchen Klage fehle. Hierzu hat der BGH a. a. O. S. 171 ausgeführt, daß bei der Prüfung der Frage, ob für eine erhobene Feststellungsklage ein rechtliches Interesse besteht, im allgemeinen *nicht engherzig* zu verfahren sei, ein rechtliches Interesse aber dann nicht vorliege, wenn die Rechtsordnung für die Klärung der rechtlichen Stellung, die der Kläger innehat, oder von Rechtsbeziehungen, in denen er steht, in irgendeiner Richtung in erster Linie einen anderen Weg vorsehe; zu dieser Klärung sei im Falle der unrichtigen Eintragung der Legitimation das Amtsgericht berufen, das den unzutreffenden Feststellungsbeschluß erlassen habe; dieses Gericht habe die Aufklärung des Sachverhalts unter eigener Verantwortung vorzunehmen und gegebenenfalls seinen früheren Beschluß aufzuheben (a. A. BayObLG, s. oben zu d). Die weiteren Ausführungen des BGH lassen indessen erkennen, daß dieser Umstand das rechtliche Interesse des Klägers dann nicht berührt, wenn es sich nicht in der eindeutigen Feststellung des Personenstandes des Kindes erschöpft, sondern anderen Gründen entspringt, z. B. einem auf Täuschung der Behörden beruhenden Schadensersatzanspruch beruht. Auch in der Entscheidung des OLGs Koblenz vom 6. 4. 1961 (FamRZ 61 487) ist auf mehrere Tatbestände hingewiesen, die die Statusklage im rechtlichen Interesse des Klägers als notwendig erscheinen lassen könnten. Schließlich ist auch SCHWOERER in der bereits erwähnten Anm Zff 3 zu dieser Entscheidung der Meinung, daß durch § 1721 BGB i.d.F. d. FamRÄndG vom 11. 8. 1961 i. V. m. den Bestimmungen der §§ 1593 bis 1599 BGB i.d.F. wie angegeben der früheren Rechtsprechung die Grundlage entzogen sei. Diesen Erwägungen wird jedenfalls insoweit zu folgen sein, als die *Möglichkeit* einer Aufhebung des Feststellungsbeschlusses durch das Vormundschaftsgericht, wenn sie mit dem BGH entgegen der Auffassung des BayObLG zugelassen wird, die Status-Feststellungsklage nicht schlechthin als unzulässig erscheinen läßt. Andererseits könnte aber aus der Zulässigkeit der Statusklage nicht hergeleitet werden, daß eine Aufhebung des rechtskräftigen Feststellungsbeschlusses *im Verfahren der freiwilligen Gerichtsbarkeit* überhaupt nicht mehr statthaft sei. Diese Auffassung muß abgelehnt werden, weil die Beseitigung von Unrichtigkeiten im Personenstandsregister in dem besonderen personenstandsrechtlichen Verfahren *im öffentlichen Interesse* erhalten bleiben sollte, wie der BGH in der Entscheidung vom 27. 2. 1957 dargelegt hat. Mit Recht hat allerdings BOSCH in der Anm zu FamRZ

62 205ff., 207 Nr 98 darauf hingewiesen, daß, wenn alle Beteiligten einverstanden sind, sogenannte „Fiktivlegitimationen" dem *Kinde* regelmäßig mehr nutzen werden als die inquisitorische Aufhellung seiner wirklichen Abstammung durch das Gericht. Mit Rücksicht auf den eindeutigen Wortlaut der §§ 1721, 1593 BGB i.d.F. des FamRÄndG vom 11. 8. 1961 ist daher anzunehmen, daß eine rechtskräftige Legitimationsfeststellung nur durch die Anfechtungsklage ihre Wirkung verlieren kann.

Nach JFG 23 60 ändert im übrigen ein im Statusprozesse ergangenes Urteil, daß das Kind von dem ehelichen Vater *nicht blutmäßig* abstamme, an der Ehelichkeit des Kindes nichts.

2. Die Ehelichkeitserklärung[1]

§ 66. a) Die Voraussetzungen der Ehelichkeitserklärung

Außer durch nachfolgende Eheschließung seiner Eltern kann ein uneheliches Kind auf Antrag seines Vaters vom *Vormundschaftsgericht* für ehelich erklärt werden (*§ 1723* i.d.F. des FamÄndG vom 11. 8. 1961 Art 1 Nr 13 BGBl I S. 1224).

Dies ist jedoch nur unter bestimmten Voraussetzungen möglich.

1.) Es muß ein auf Ehelichkeitserklärung gerichteter *Antrag* des Vaters des Kindes vorliegen.

a) Der Antrag kann nicht gestellt werden, wenn das Kind bereits durch Eheschließung der Eltern die rechtliche Stellung eines ehelichen Kindes erlangt hat. Auch der Umstand, daß das Kind von einem Dritten an Kindes Statt angenommen worden ist, steht dem Antrage entgegen, ebenso die Legitimation durch nachfolgende Ehe der Mutter mit einem Dritten und entsprechende rechtskräftige Feststellung durch das Vormundschaftsgericht (Palandt-Lauterbach S. 1312 Anm 2a zu § 1723 BGB), nicht aber die Anerkennung der Vaterschaft durch einen Dritten (Palandt-Lauterbach a. a. O.).

b) Der Antrag kann *nicht unter einer Bedingung oder einer Zeitbestimmung* gestellt werden (§ 1724 BGB); er kann aber bis zur Ehelichkeitserklärung durch formlose Erklärung gegenüber dem Vormundschaftsgericht *widerrufen* werden; der Erbe des Vaters ist zum Widerruf nicht befugt (Staudinger 9. Aufl. IV 2 S. 1292 Anm 3 zu § 1733 BGB; RGR IV S. 565 Anm 2 zu § 1733 BGB; Palandt-Lauterbach S. 1315 Anm 3 zu § 1733 BGB). Der Antrag muß ferner die Erklärung des Vaters enthalten, daß er das Kind als das seinige anerkenne (§ 1725 BGB); zu diesem Zweck kann auch auf eine früher erfolgte Anerkennung

---

[1] Vgl auch Meyer-Stolte in Rpfl 61 391 zur Neuordnung des FamRÄndG vom 11. 8. 1961, BGBl I S. 1221 ff.

Bezug genommen werden. Die Anerkennung bedarf derselben Form wie der Antrag, also gemäß § 1730 BGB der gerichtlichen oder notariellen Beurkundung.

c) Der Antrag auf Ehelichkeitserklärung kann *nicht durch einen Vertreter* gestellt werden (§ 1728 Abs I BGB). Demgemäß ist der Antrag und damit die Ehelichkeitserklärung nicht möglich, wenn der Vater geschäftsunfähig ist. Ist der Vater *in der Geschäftsfähigkeit beschränkt*, so bedarf er zu dem Antrag außer der *Zustimmung seines gesetzlichen Vertreters* (und zwar desjenigen oder derjenigen, dem oder denen das Vertretungsrecht in den die Person betreffenden Angelegenheiten zusteht) auch der *Genehmigung des Vormundschaftsgerichts* (§ 1729 Abs I BGB). Der Auffassung, die vormundschaftsgerichtliche Genehmigung könne nicht deshalb verweigert werden, weil die Eltern in eheähnlicher Gemeinschaft leben und eine Eheschließung ablehnen (FamRZ 59 170 Nr 84), ist Bosch in der Anm zu dieser Entscheidung mit beachtlichen Gründen, denen beizutreten ist, entgegengetreten. U. a. ist mit Recht daraufhingewiesen worden, daß nicht nur an das *materielle* Kindeswohl zu denken ist, sondern noch mehr an seine *sittliche* Haltung; diese ist gefährdet, wenn das Kind „eheliches" Kind eines „außerehelichen Elternpaares" ist und bleibt. Mit ähnlicher Begründung ist auch in FamRZ 59 30 Nr 15, vgl auch 61 540 Nr 201, die Erteilung der vormundschaftsgerichtlichen Genehmigung versagt worden. Die Zustimmung des gesetzlichen Vertreters und die Genehmigung des Vormundschaftsgerichts müssen bei der Antragstellung dem Gericht vorliegen.

d) Der Antrag bedarf der *gerichtlichen oder notariellen* Beurkundung (§ 1730 BGB). Die Zustimmung des gesetzlichen Vertreters im Falle der beschränkten Geschäftsfähigkeit des Antragstellers (oben zu c) ist jedoch nicht formbedürftig.

e) Die *Anfechtung* und die *Bestätigung eines anfechtbaren Antrages* bestimmt sich nach den allgemeinen Grundsätzen des bürgerlichen Rechts über einseitige Willenserklärungen (§§ 119, 120, 121, 123, 124, 142 bis 144 BGB), jedoch nach Maßgabe der §§ 1728, 1729 BGB (§ 1731 BGB). Demgemäß können Anfechtung und Bestätigung nicht durch einen Vertreter erfolgen; der nichtgeschäftsfähige Vater bedarf außer der Zustimmung seines gesetzlichen Vertreters nur der Genehmigung des Vormundschaftsgerichts (vgl hierzu die Ausführungen zu c). Das Anfechtungsrecht des Antragstellers geht nicht auf seine Erben über (Staudinger 9. Aufl. IV 2 S. 1289 Anm 3). Heilung von Verstößen gegen § 1731 BGB gemäß § 1735 BGB ist möglich.

2. Weitere Voraussetzung der Ehelichkeitserklärung ist die *Einwilligung* bestimmter Personen. Die Einwilligung kann bis zur Ehelichkeitserklärung nachgeholt werden.

a) Zunächst ist die Einwilligung des *Kindes* erforderlich (§ 1726 Abs I S. 1 BGB). Die Einwilligung ist dem Vater oder dem Vormundschaftsgericht gegenüber zu erklären; sie ist unwiderruflich (§ 1726 Abs II BGB i.d.F. des FamRÄndG vom 11. 8. 1961, BGBl I S. 1224, Art 1 Nr 14), kann nicht an Bedingungen oder Zeitbestimmungen geknüpft werden und bedarf der gerichtlichen oder notariellen Beurkundung (§ 1730 BGB). Auch die Einwilligungserklärung des Kindes kann regelmäßig nicht durch einen Vertreter erfolgen (§ 1728 Abs I BGB); jedoch kann für ein geschäftsunfähiges oder noch nicht 14 Jahre altes Kind sein gesetzlicher Vertreter (und zwar der oder die zur Vertretung in den persönlichen Angelegenheiten befugten Vertreter) mit Genehmigung des Vormundschaftsgerichts[1] die Einwilligung erklären (§ 1728 Abs II BGB). Die Einwilligung kann im Falle der Weigerung des Vormundes durch das Vormundschaftsgericht nicht ersetzt werden (JFG 7 79; JurRdsch 1929 Rechtspr Nr 2083). Demgemäß kann, wenn das Kind zwar sieben, aber noch nicht 14 Jahre alt ist, sowohl das Kind selbst mit Zustimmung seines gesetzlichen Vertreters und Genehmigung des Vormundschaftsgerichts (§ 1729 Abs II BGB) als auch der gesetzliche Vertreter mit Genehmigung des Vormundschaftsgerichts (§ 1728 Abs II BGB) die Einwilligung erklären. In den Fällen der §§ 1728 Abs II, 1729 Abs II BGB muß das Vormundschaftsgericht das zuständige *Jugendamt* hören (§ 48 Abs I S. 2 n. F. JWG); es kann auch bei Gefahr im Verzug einstweilige Anordnungen (etwa Aufschub der Entscheidung bis nach Durchführung eiliger Ermittlungen) treffen (Abs II a. a. O.). Auch § 1847 BGB ist zu beachten.

Für die *Anfechtung* und die *Bestätigung* einer anfechtbaren Einwilligungserklärung gilt das oben zu Zff 1e Gesagte entsprechend (§ 1781 BGB).

b) Ferner ist zu der Ehelichkeitserklärung regelmäßig die Einwilligung der *Mutter* des unehelichen Kindes erforderlich, solange dieses das einundzwanzigste Lebensjahr nicht vollendet hat (§ 1726 Abs I S. 1 BGB). Dies gilt auch, wenn das Kind zwar für volljährig erklärt, aber noch nicht 21 Jahre alt ist (PALANDT-LAUTERBACH S. 1313 Anm 3 zu § 1726 BGB; STAUDINGER 9. Aufl. IV 2 S. 1283 Anm 1c). Der Einwilligung bedarf es jedoch nicht, wenn die Mutter zur Abgabe einer Erklärung dauernd außerstande oder ihr Aufenthalt dauernd unbekannt ist (§ 1726 Abs III BGB). Auch diese Einwilligung ist dem Vater oder dem Vormundschaftsgericht gegenüber zu erklären; auch sie ist unwiderruflich und kann nicht an eine Bedingung oder eine Zeitbestimmung geknüpft werden; sie kann auch nicht durch einen Vertreter erklärt werden und

---

[1] Solange die vormundschaftsgerichtliche Genehmigung noch nicht erteilt ist, kann die Einwilligung widerrufen werden (JFG 6 108).

muß gerichtlich oder notariell beurkundet werden (§ 1726 Abs I BGB i.d.F. des FamRÄndG vom 11. 8. 1961 Art 1 Nr 14, BGBl I S. 1224; §§ 1728 Abs I, 1730 BGB). Wenn die Mutter in der Geschäftsfähigkeit beschränkt ist, so bedarf sie gleichwohl der Zustimmung ihres gesetzlichen Vertreters nicht (§ 1729 Abs III BGB), ebenso aber auch nicht der Genehmigung des Vormundschaftsgerichts.

Wird die Einwilligung von der Mutter *verweigert*, so kann sie auf Antrag des Kindes, bei Geschäftsunfähigkeit des Kindes seines gesetzlichen Vertreters, bei beschränkter Geschäftsfähigkeit des Kindes entweder von diesem selbst mit Zustimmung des gesetzlichen Vertreters oder des Vertreters allein *durch das Vormundschaftsgericht ersetzt* werden, wenn das Unterbleiben der Ehelichkeitserklärung dem Kinde zu einem unverhältnismäßigen Nachteil gereichen würde (§ 1727 BGB). Vor der Entscheidung muß das Vormundschaftsgericht das zuständige *Jugendamt* hören (§ 48 Abs I S. 2 n. F. JWG); es kann auch bei Gefahr im Verzuge einstweilige Anordnungen z. B. zur Sicherung der Durchführung notwendiger Vorermittlungen treffen (Abs II a. a. O.); auch § 1847 BGB ist zu beachten. Ein „unverhältnismäßiger Nachteil" im Sinne des § 1727 BGB ist nicht schon dann gegeben, wenn die mit der Ehelichkeitserklärung notwendig oder regelmäßig verbundenen Folgen (z. B. eine nicht außergewöhnliche Besserstellung des Kindes in vermögensrechtlicher Hinsicht) für das Kind entfallen. Vielmehr müssen nach den Umständen des Einzelfalles besondere Vorteile mit der Ehelichkeitserklärung verbunden sein, denen gegenüber die natürlichen Belange und das gesetzliche Recht der Mutter zurücktreten müssen (JFG **20** 322ff.; vgl auch Zentralblatt 59 (XLVI) 235ff.). Zu berücksichtigen ist immerhin in angemessener Weise, daß die Entziehung des Rechtes und der Pflicht der Sorge für das Kind, die die Ehelichkeitserklärung für die Mutter im Gefolge hat, einen schweren Eingriff in die natürlichen und gesetzlich anerkannten Rechte der Mutter bedeutet; die für das Kind aus der Verweigerung der Einwilligung sich ergebenden Nachteile müssen daher „verhältnismäßig" recht beachtliche sein (JFG **11** 56ff.). Hinsichtlich der Anfechtung und der *Bestätigung* der anfechtbaren Einwilligung der Mutter gilt Entsprechendes wie für die Einwilligung des Kindes (§ 1731 BGB, s. oben zu a).

c) Endlich ist auch die Einwilligung der *Ehefrau des Antragstellers* erforderlich, wenn dieser verheiratet ist (§ 1726 Abs I S. 2 BGB). Dies gilt auch dann, wenn die Ehegatten getrennt leben, dagegen nicht bei für nichtig erklärten, aufgehobenen und geschiedenen Ehen. Die Einwilligung der Ehefrau des Vaters ist entbehrlich, wenn sie zur Abgabe einer Erklärung dauernd außerstande oder ihr Aufenthalt dauernd unbekannt ist (§ 1726 Abs III S. 2 BGB). Die Einwilligung der Ehefrau des Vaters ist entweder diesem oder dem Vormundschaftsgericht gegenüber zu erklären; sie ist unwiderruflich (§ 1726 Abs II BGB i.d.F. des FamRÄndG vom 11. 8. 1961 Art 1 Nr 14, BGBl I S. 1224). Die Einwilligung kann nicht bedingt oder befristet erklärt werden und bedarf der gerichtlichen oder notariellen Beurkundung (§ 1730 BGB). Die Einwilligung kann nicht durch einen Vertreter erfolgen (§ 1728 Abs I BGB), auch nicht durch den gesetzlichen Vertreter. Ist also die Ehefrau des Vaters geschäftsunfähig, so ist ihre Einwilligung und demzufolge auch die Ehelichkeitserklärung unmöglich. Ist die Ehefrau des Vaters in der Geschäftsfähigkeit beschränkt, so bedarf sie der Zustimmung des gesetzlichen Vertreters nicht (§ 1729 Abs III BGB), ebenso auch nicht der Genehmigung des Vormundschaftsgerichts.

Für die *Anfechtung* und die *Bestätigung* der anfechtbaren Einwilligung der Ehefrau des Vaters gilt Entsprechendes wie für die Einwilligung des Kindes (§ 1731 BGB; s. oben zu a).

Beispiele:

I.

Antrag des Erzeugers auf Ehelichkeitserklärung nebst Einwilligung seiner Ehefrau und des Kindes.

Amtsgericht. *Köln, den 1. März 1962.*

Gegenwärtig: Amtsgerichtsrat Schmitz als Richter.

Es erschienen und waren während der ganzen Dauer der Verhandlung zugegen:

1. der Fleischer Karl Schulz in Köln, Hohe Straße 100,
2. dessen Ehefrau Klara geb Lehmann,
3. der Stadtoberinspektor Johannes Baum in Köln

Der Erschienene zu 3 ist dem Richter bekannt. Die Erschienenen zu 1 und 2 wurden durch den Erschienenen zu 3 ausgewiesen. Dieser ist, wie gerichtsbekannt ist, nach Maßgabe des § 37 des Gesetzes für Jugendwohlfahrt zur gesetzlichen Vertretung der unter der Amtsvormundschaft des Jugendamtes in Köln stehenden Mündel befugt.

Der Erschienene zu 1 erklärte:

Die berufslose Maria Müller aus Köln hat am 23. Januar 1956 außerehelich ein Kind namens Helene Müller geboren. Der Vater dieser Kindes bin ich. Ich erkenne hiermit ausdrücklich das Kind als das meinige an.

Ich stelle den Antrag, das Kind für ehelich zu erklären. Bisher habe ich einen solchen gerichtlich oder notariell beurkundeten Antrag noch nicht gestellt. Für den Fall der Ehelichkeitserklärung beantrage ich ferner, die Beischreibung eines entsprechenden Randvermerks im Geburtenbuch anzuordnen.

Über meine und meines Kindes Verhältnisse gebe ich folgendes an:

Ich bin am 22. November 1932 in Köln geboren, besitze die deutsche Staatsangehörigkeit, bin evangelicsh und seit dem 10. April 1957 verheiratet mit Klara geb. Lehmann, der Erschienenen zu 2. Diese ist ebenfalls evangelisch und besitzt die deutsche Staatsangehörigkeit. Kinder sind aus der Ehe bisher noch nicht hervorgegangen. In der Geschäftsfähigkeit bin ich nicht beschränkt. Mein Verdienst beträgt etwa 120 bis 150 Deutsche Mark wöchentlich.

Die Mutter des Kindes, dessen Ehelichkeitserklärung ich beantrage, ist am 11. Oktober 1937 in Köln geboren. Sie ist evangelisch, deutsche Staatsangehörige, geht keinem Erwerb nach und wohnt bei ihren Eltern in Köln, Hohe Straße 80.

Das Kind Helene Müller ist wie seine Mutter evangelisch, Deutsche und vermögenslos. Bis zum 1. Juli 1961 war es abwechselnd bei seiner Mutter und im Kinderheim;

seitdem befindet es sich im Haushalt meiner Eltern und wird einstweilen von meiner Mutter erzogen. Nach erfolgter Ehelichkeitserklärung soll das Kind in meinem Haushalt erzogen werden. Meine Ehefrau, die das Kind kennt und liebgewonnen hat, ist damit einverstanden. Am 13. April 1956 habe ich den Anspruch des Kindes, daß ich als Vater zur Unterhaltsgewährung verpflichtet bin, anerkannt.

Mit der Kindesmutter habe ich etwa ein Jahr lang ein Verhältnis unterhalten und während dieser Zeit ständig geschlechtlich verkehrt. Der letzte Geschlechtsverkehr war im November 1955. Die beabsichtigte Heirat scheiterte an dem Widerspruch des Vaters der Kindesmutter. Ich habe demnächst die Erschienene zu 2 geheiratet. Die Kindesmutter wird im nächsten Monat den Vater ihres zweiten Kindes heiraten. Demgemäß bestehen zwischen der Kindesmutter und mir keine Beziehungen mehr und ist auch die Wiederaufnahme von solchen nicht zu besorgen.

Die Mutter des Kindes hat am 10. Februar 1962 mir und dem Vormundschaftsgericht gegenüber ihre Einwilligung zu der Ehelichkeitserklärung zu gerichtlichem Protokoll erklärt.

Hierauf erklärte die Erschienene zu 2:

Ich bestätige die Angaben meines Ehemannes und gebe hiermit meine Einwilligung zu seinem Antrage auf Ehelichkeitserklärung des von ihm gezeugten Kindes Helene Müller. Diese Erklärung gebe ich sowohl dem Antragsteller als auch dem Vormundschaftsgericht gegenüber ab. Ich kenne das Kind schon längere Zeit und habe es liebgewonnen. Mir ist bekannt, daß die Einwilligung unwiderruflich ist.

Endlich erklärte der Erschienene zu 3:

Auf Grund eingehender Ermittlungen kann ich die Angaben des Karl Schulz bestätigen. Die Ehelichkeitserklärung dient dem Wohl des Kindes; triftige Gründe stehen ihr nicht entgegen. Ich gebe daher als zur gesetzlichen Vertretung des Kindes befugter Beamter des Jugendamtes meine Einwilligung zu der Ehelichkeitserklärung des Kindes. Ich bitte, die Einwilligung vormundschaftsgerichtlich zu genehmigen.

Aus den Vormundschaftsakten 10 M VII 500 *wurde festgestellt, daß das Kind Helene Müller seit seiner Geburt unter der gesetzlichen Amtsvormundschaft des Jugendamtes in Köln steht.*

Hierauf wurde den Erschienenen bekanntgegeben, daß die Einwilligungserklärung der Erschienenen zu 2 vormundschaftsgerichtlich genehmigt werde.

Die Niederschrift der Verhandlung wurde den Erschienenen vorgelesen, von ihnen genehmigt und, wie folgt, eigenhändig unterschrieben:

gez. Karl Schulz
gez. Klara Schulz geb. Lehmann
gez. Johannes Baum
gez. Schmitz, Amtsgerichtsrat.

II.

Zustimmung der unehelichen Mutter zur Ehelichkeitserklärung ihres Kindes.

Amtsgericht. *Köln, den 20. Februar 1962.*

Gegenwärtig: Amtsgerichtsrat Schmitz als Richter.

Es erschien und wies sich durch Vorlage des Personalausweises aus Fräulein Maria Müller in Köln, Hohe Straße 80.

Die Erschienene erklärte:

Am 23. Januar 1956 habe ich außerehelich in Köln ein Kind namens Helene Müller geboren, dessen Erzeuger der Fleischer Karl Schulz in Köln, Hohe Straße 100 ist. Diesem wie auch dem Vormundschaftsgericht gegenüber erkläre ich hierdurch meine Einwilligung dazu, daß das Kind für ein eheliches Kind des Erzeugers erklärt wird. Es ist mir bekannt, daß die Einwilligung unwiderruflich ist.

Vorstehende Verhandlung wurde der Erschienenen vorgelesen, von ihr genehmigt und, wie folgt, eigenhändig unterschrieben:

gez. Maria Müller
gez. Schmitz, Amtsgerichtsrat.

Es empfiehlt sich ferner, um späteren Zweifeln und einer Anfechtung der Einwilligungserklärung vorzubeugen, auch noch einen kurzen Zusatz über die Beweggründe, die die Mutter zur Erteilung der Einwilligung bestimmt haben, in die Verhandlung aufzunehmen, etwa wie folgt:

Ich gebe meine Einwilligung zu der Ehelichkeitserklärung deshalb, weil ich selbst nicht in der Lage bin, für das Kind ordnungsmäßig zu sorgen, der Erzeuger aber, wie ich nach sorgfältiger Prüfung der Angelegenheit annehmen zu können glaube, in guten Verhältnissen lebt und ebenso wie seine Ehefrau das Kind liebevoll und sorgfältig erziehen wird. Die Ehe mit dem Erzeuger kann ich nicht eingehen, weil er schon verheiratet ist.

3. Nach dem *Tode des Kindes* kann die Ehelichkeitserklärung nicht mehr erfolgen (§ 1733 Abs I BGB). Maßgebend für die Wirksamkeit der Ehelichkeitserklärung ist der Zeitpunkt der Bekanntgabe an den Antragsteller (Vater) und falls dieser verstorben ist, an das Kind.

Nach dem *Tode des Vaters* ist die Ehelichkeitserklärung nur zulässig, wenn der Vater den Antrag bei dem Vormundschaftsgericht bereits eingereicht oder bei der gerichtlichen oder notariellen Beurkundung des Antrages das Gericht oder den Notar mit der Einreichung beauftragt hat (§ 1733 Abs II BGB i.d.F. des FamRÄndG vom 11. 8. 1961 Art 1 Nr 15, BGBl I S. 1224).

Die nach dem Tode des Vaters erfolgte Ehelichkeitserklärung hat die gleiche Wirkung, wie wenn sie vor dem Tode des Vaters erfolgt wäre (§ 1733 Abs III BGB).

§ 67. b) Die Ehelichkeitserklärung und ihre Wirkung

1. Vor dem Inkrafttreten des FamRÄndG vom 11. 8. 1961, BGBl I S. 1221 ff., am 1. Januar 1962 regelte sich die Zuständigkeit für die Ehelichkeitserklärung nach § 1723 a. F. BGB und § 10 Abs I der VO zur Vereinheitlichung der Zuständigkeit in Familien- und Nachlaßsachen vom 31. 5. 1934 (RGBl I S. 472). Diese Bestimmungen sind durch das vorgenannte Gesetz weggefallen (Art 1 Nr 13 und Art 9 IV Abs II Nr 2 des Ges vom 11. 8. 1961). Durch § 1723 i.d.F. dieses Gesetzes (Art 1 Nr 13) ist die Ehelichkeitserklärung dem *Vormundschaftsgericht* (vgl auch RpflG § 12 Zff 3) übertragen. Zuständig ist gemäß § 43a FGG, eingefügt durch das Gesetz vom 11. 8. 1961 Art 4 Nr 2 a. a. O.. Das Gericht, in dessen Bezirk der Vater seinen Wohnsitz oder, falls ein solcher im Inland fehlt, seinen Aufenthalt hat; maßgebend ist der Wohnsitz oder Aufenthalt in dem Zeitpunkt, in dem der Antrag eingereicht oder im Falle des § 1733 Abs II BGB (Fassung Art 1 Nr 15 des Gesetzes vom 11. 8. 1961) das Gericht oder der Notar mit der Einreichung betraut

wird. Ist der Vater Deutscher und hat er im Inland weder Wohnsitz noch Aufenthalt, so ist das Amtsgericht Schöneberg in Berlin-Schöneberg zuständig. Es kann die Sache aus wichtigen Gründen an ein anderes Gericht abgeben; die Abgabeverfügung ist für dieses Gericht bindend (§ 43a Abs II FGG).

2. Die Ehelichkeitserklärung *kann* nur erfolgen, wenn die gesetzlichen Voraussetzungen gegeben sind; sie *soll* nur erfolgen, wenn sie dem Wohle des Kindes entspricht und keine triftigen Gründe entgegenstehen (§ 1734 BGB i.d.F. d. FamRÄndG vom 11. 8. 1961 Art 1 Nr 16, BGBl I S. 1224)[1]. Auf die Wirksamkeit der Ehelichkeitserklärung ist es ohne Einfluß, wenn mit Unrecht angenommen worden ist, daß ihre gesetzlichen Voraussetzungen vorlagen (§ 1735 BGB). Ist aber ein Kind für ehelich erklärt worden, der Mann (Antragsteller) aber *nicht* der Vater des Kindes, so findet die *Anfechtung* unter entsprechender Anwendung der §§ 1593 bis 1595a, 1597 Abs I, II und IV und 1599 BGB i.d.F. d. Art 1 Nr 2 bis 4, 5 des FamRÄndG vom 11. 8. 1961, BGBl I S. 1222, 1223 statt. Der *Mann* kann die Ehelichkeit des Kindes nur anfechten, wenn er erst nach der Ehelichkeitserklärung des Kindes von den Umständen erfährt, die dafür sprechen, daß das Kind nicht von ihm abstammt. Bei Anwendung des § 1594 Abs IV und des § 1595a Abs II, III ist statt des Zeitpunktes der Geburt des Kindes der Zeitpunkt der Ehelichkeitserklärung maßgebend (§ 1735a BGB i.d.F. d. FamRÄndG vom 11. 8. 1961 Art 1 Nr 17, BGBl I S. 1224).

Das *Kind* kann seine Ehelichkeitserklärung binnen zwei Jahren anfechten, nachdem es Kenntnis von den Umständen erlangt hat, die dafür sprechen, daß es nicht von dem Manne abstammt. Die für die Verjährung geltenden Vorschriften der §§ 203, 206 BGB (Hemmung, Ablaufhemmung) sind entsprechend anzuwenden. Hat der gesetzliche Vertreter eines minderjährigen Kindes die Ehelichkeit nicht rechtzeitig angefochten, so kann das Kind, sobald es volljährig geworden ist, seine Ehelichkeit selbst anfechten. Die Anfechtung ist nicht mehr zulässig, wenn seit dem Eintritt der Volljährigkeit zwei Jahre vertrichen sind. Liegen die Voraussetzungen des § 1596 Abs I Nr 4 oder 5 BGB i.d.F. d. FamRÄndG vom 11. 8. 1961 Art 1 Zff 4, BGBl I S. 1223 vor, so ist die Anfechtung auch nach Ablauf der im vorstehenden bezeichneten Fristen zulässig (§ 1735a Abs II BGB i.d.F. d. FamRÄndG vom 11. 8. 1961 Art 1 Nr 17, BGBl I S. 1224).

---

[1] Daß die Ehe des Antragstellers nicht geschieden ist, steht der Ehelichkeitserklärung seines außerehelichen Kindes nicht entgegen, wenn die Ehefrau zustimmt und die Ehelichkeitserklärung dem Wohle des Kindes entspricht (NJW **63** 161 = DRiZ 63 B 38 Nr 523 = FamRZ **63** 311 Nr 149); vgl hierzu die kritischen Ausführungen von Göppinger in FamRZ **63** 274, denen zuzustimmen ist.

Was dem Wohle des Kindes entspricht, muß der Einzelfall ergeben. Dem Kindeswohl dient es grundsätzlich nicht, wenn Eltern in ehelicher Gemeinschaft leben, die Eheschließung aber ablehnen (FamRZ 59 30 Nr 15; 59 170 Nr 84 und Anm von Bosch zu dieser Entscheidung, ferner FamRZ 61 36, wenn auch unter Zulassung von Ausnahmen, schließlich FamRZ 61 540 Nr 201 unter Hinweis auf den Ausnahmecharakter der Ehelichkeitserklärung und die sich aus dem öffentlichen Interesse ergebenden Bedenken gegen die Ehelichkeitserklärung in den vorbezeichneten Fällen, schließlich auch oben Anm. zu Zff 2, abw. Palandt-Lauterbach S. 1315 Anm 1 zu § 1734 BGB; vgl auch oben § 66 Zff 1c zur Frage der vormundschaftsgerichtlichen Genehmigung). Auf das materielle Wohl des Kindes darf die Entscheidung jedenfalls nicht allein abgestellt werden.

Solange die Erbteile von Miterben wegen der noch ausstehenden Entscheidung über einen Antrag auf Ehelichkeitserklärung noch unbestimmt sind, kann die *Erbauseinandersetzung* nicht erfolgen (§ 2043 Abs II BGB).

Ein *Anspruch* des Vaters oder des Kindes auf Erteilung der Ehelichkeitserklärung besteht nicht.

3. Eine Verfügung, durch die das Vormundschaftsgericht ein uneheliches Kind auf Antrag seines Vaters für ehelich erklärt, wird mit der *Bekanntmachung* an den Vater, nach dem Tode des Vaters, unbeschadet der Vorschrift des § 1733 Abs III BGB (s. oben § 66 Zff 3), mit der Bekanntmachung an das Kind *wirksam*. Die Verfügung ist *unanfechtbar*. Das Vormundschaftsgericht darf sie *nicht ändern* (§ 56a Abs I FGG i. d. Einfügung d. FamRÄndG vom 11. 8. 1961 Art 4 Nr 5, BGBl I S. 1228).

Die Ehelichkeitserklärung kann *nicht unter einer Bedingung oder Zeitbestimmung* erfolgen (§ 1724 BGB). Die Verletzung dieser Vorschrift hat die Nichtigkeitserklärung zur Folge, während die Beifügung anderer Nebenbestimmungen als nicht erfolgt gilt (Staudinger 9. Aufl. IV 2 S. 1281 Anm 1).

Wird der Antrag auf Ehelichkeitserklärung *abgelehnt*, so steht dagegen dem Antragsteller und, wenn dieser gestorben ist, dem Kinde die *Beschwerde* zu (§ 56a Abs II FGG a. a. O.).

4. Ist die Ehelichkeitserklärung erfolgt, so *endet die Vormundschaft* kraft Gesetzes (§ 1882 BGB). Deshalb ist von der Ehelichkeitserklärung zu den Vormundschaftsakten Mitteilung zu machen[1].

5. Die Wirkungen der Ehelichkeitserklärung treten mit der Bekannt-

---

[1] Zur Mitteilungspflicht des Gerichts gegenüber dem Standesamt vgl die RV d. JMNRW vom 22. 11. 1962 (1454 — I B 68).

machung an den Vater nach dessen Tode (§ 1733 Abs II, III BGB) mit der Bekanntmachung an das Kind ein.

a) Durch die Ehelichkeitserklärung erlangt das uneheliche Kind die *rechtliche Stellung eines ehelichen Kindes des Antragstellers* (§ 1736 BGB). Demgemäß erhält dieser die *elterliche Gewalt* über das Kind (§§ 1626ff. BGB). Das Kind erhält den *Familiennamen* des Vaters. Zwischen beiden entsteht eine *Unterhaltspflicht* nach Maßgabe der §§ 1601ff. BGB, endlich auch ein wechselseitiges *Erb- und Pflichtteilsrecht*. Das Kind teilt den *Wohnsitz* des Vaters, solange es minderjährig ist. Ist das Kind bei der Ehelichkeitserklärung bereits volljährig, so bleibt diese auf seinen Wohnsitz ohne Einfluß (§ 11 Abs II BGB). Durch die Ehelichkeitserklärung erwirbt das Kind ferner die *Staatsangehörigkeit* des Vaters (§§ 3 Zff 2, 5 des Reichs- und Staatsangehörigkeitsgesetzes vom 22. 7. 1913, RGBl S. 583).

b) Die Wirkungen der Ehelichkeitserklärung erstrecken sich zwar auf die *Abkömmlinge des Kindes*, gleichviel ob diese bei der Ehelichkeitserklärung schon vorhanden waren oder nicht, aber *nicht* auf die *Verwandten des Vaters* (§ 1737 Abs I S. 1 BGB). Auch entsteht durch die Ehelichkeitserklärung *kein Schwägerschaftsverhältnis* zwischen dem Kinde und der Ehefrau des Vaters sowie zwischen dem Ehegatten des Kindes und dem Vater (§ 1737 Abs I S. 2 BGB). Das Kind gilt daher auch nicht als Geschwister der übrigen Kinder des Vaters, es sei denn, daß diese von derselben Mutter abstammen.

Die Rechte und Pflichten, die sich aus dem *Verwandtschaftsverhältnis zwischen dem Kinde und seinen Verwandten* ergeben, bleiben unberührt, soweit nicht das Gesetz ein anderes vorschreibt (§ 1737 Abs II BGB). Der Vater ist jedoch dem Kinde und seinen Abkömmlingen *vor* der Mutter und den mütterlichen Verwandten unterhaltspflichtig (§ 1739 BGB).

Will der Vater eine Ehe eingehen, während er die elterliche Gewalt über das für ehelich erklärte Kind hat, so finden die Vorschriften der §§ 1683 (Anzeigepflicht gegenüber dem Vormundschaftsgericht, Einreichung eines Verzeichnisses des Kindesvermögens und Auseinandersetzung bei einer Vermögensgemeinschaft mit dem Kinde) § 1684 (Entziehung der Vermögensverwaltung bei Verletzung der Pflichten des § 1683 durch das Vormundschaftsgericht) und § 1696 BGB (Änderung von Anordnungen durch das Vormundschaftsgericht im Interesse des Kindes) Anwendung (§ 1740 BGB).

c) Die *Mutter des Kindes verliert* mit der Ehelichkeitserklärung das *Recht und die Pflicht, für die Person des Kindes zu sorgen* (§ 1738 S. 1 BGB, vgl § 1707 S. 2 BGB). Der Vater kann der Mutter das Sorgerecht oder einzelne Bestandteile desselben nicht übertragen, sondern nur die *Ausübung* des Rechtes (FamRZ 62 207 Nr 99, vgl bes. auch die Anmerkung). Hat die Mutter aber dem Kinde Unterhalt zu gewähren (vgl § 1709 BGB) und kommt sie dieser Pflicht auch tatsächlich nach (RGZ **105** 164), so treten Recht und Pflicht der tatsächlichen Personenfürsorge wieder ein, wenn die elterliche Gewalt des Vaters endigt oder nach § 1674 BGB ruht (§ 1738 BGB). Das Personensorgerecht der Mutter erlischt wieder, wenn eine seiner Voraussetzungen in Fortfall kommt. Die Mutter hat aber kein Recht darauf, daß ihr die Unterhaltsgewährung in diesen Fällen ermöglicht wird (RGZ **105** 164, 166, 167). Das Recht auf *persönlichen Verkehr* mit dem Kinde behält die Mutter (STAUDINGER 9. Aufl. IV 2 S. 1297 Anm 3; PALANDT-LAUTERBACH S. 1317 Anm 1 zu § 1738 BGB; a. A. RGR 9. Aufl. IV 2 S. 569 Anm 3 zu § 1738, RGZ **153** 238. Jedenfalls aber darf der Vater den *persönlichen Verkehr* der Mutter nicht in unbilliger Weise erschweren, z. B. durch das Verlangen, daß die Mutter sich bei den Zusammenkünften mit dem Kinde nicht als dessen Mutter bezeichne; in einem solchen Falle wäre das Vormundschaftsgericht berufen, den persönlichen Verkehr der Mutter mit dem Kinde zu regeln (KGJ **43** A 281 = RJA **11** 251).

6. Die Ehelichkeitserklärung ist im *Geburtenbuch* auf Antrag eines Beteiligten einzutragen. Dies war in der früheren Fassung des PStG im § 26 vorgeschrieben. Für das geltende Recht vgl § 30 PStG i.d.F. vom 8. 8. 1957, BGBl I S. 1125.

§ 68. 3. Internationales Privatrecht

Gemäß Art 22 Abs I EGBGB bestimmt sich die Legitimation eines unehelichen Kindes, wenn der Vater zur Zeit der Legitimation die deutsche Staatsangehörigkeit besitzt, nach den deutschen Gesetzen; dies gilt auch für Personen, die ohne die deutsche Staatsangehörigkeit zu besitzen, Deutsche im Sinne des Art 116 Abs I GG sind (Art 9 II Nr 5 des FamRÄndG vom 11. 8. 1961, BGBl I S. 1222). Art 22 Abs I EGBGB ist aber auch dann anwendbar, wenn der Vater die deutsche Staatsangehörigkeit verloren, eine ausländische Staatsangehörigkeit aber nicht erworben hat, sofern er in Deutschland seinen gewöhnlichen Aufenthalt oder mangels eines solchen seinen Aufenthalt oder zur maßgebenden Zeit (Eintritt der Legitimationswirkung) gehabt hat (Art 29 EGBGB; vgl auch STAUDINGER 9. Aufl. VI S. 545 A I zu Art 22 und 10. Aufl. VI S. 177 Anm III 1 zu Art 29 EGBGB).

1. a) Deutsches Recht ist anzuwenden, wenn der *Vater Deutscher*, das Kind aber Ausländer ist. Das Heimatrecht des Kindes ist insoweit zu berücksichtigen, als es sich um Vorfragen der Geschäftsfähigkeit und der gesetzlichen Vertretung handelt; wer persönlich oder als gesetzlicher Vertreter die nach deutschem Recht erforderlichen Erklärungen, auf die nicht verzichtet werden kann (§§ 1726 Abs I S. 1, 1728 Abs II,

1729 Abs III BGB) abzugeben hat, und inwieweit die Erklärung des gesetzlichen Vertreters der Genehmigung des Vormundschaftsgerichts bedarf (vgl §§ 1728 Abs II 1729 Abs II BGB), entscheidet sich nach den Art 19, 23 EGBGB (PALANDT-LAUTERBACH S. 1758 Anm 2 u. 3 zu Art 22 EGBGB). Für die Form der rechtsgeschäftlichen Erklärungen (nicht der behördlichen Akte) ist gemäß Art 11 Abs I S. 2 EGBGB die Beobachtung der Gesetze des Ortes genügend, an dem die Erklärung abgegeben wird. Zur Frage des *Vorrangs der Prüfung der örtlichen Zuständigkeit* des angerufenen deutschen Vormundschaftsgerichts und der internationalen Zuständigkeit vgl FamRZ **61** 540 Nr 202.

b) Die *Wirksamkeit der Eheschließung* als Voraussetzung der Legitimation ist nach *deutschem* Recht zu beurteilen (FamRZ **59** 28 Nr 14, StAZ **56** 62 = Rpfl **54** 640 = DRiZ **55** Rechtspr S. 5 Nr 53 = JMBlNRW **54** 270); maßgebend ist also Art 13 EGBGB. LG Köln hat allerdings dem unehelichen Kind einer deutschen Mutter, die nach der Geburt mit dem belgischen Erzeuger nicht vor dem deutschen Standesbeamten, sondern vor einer belgischen Stelle die (nach deutschem Recht nicht gültige) Ehe geschlossen hatte, gleichwohl die Rechtsstellung eines ehelichen Kindes für den Fall zuerkannt, daß die Voraussetzungen der Legitimation nach *belgischem* Recht gegeben seien (DRiZ **53** Rechtspr S. 81 Nr 769 = MDR **53** 488). Dagegen hat LG Hamburg in einem solchen Fall die Wiederholung der Eheschließung in nach deutschem Recht gültiger Form für erforderlich erachtet (StAZ **56** 115ff., vgl auch StAZ **61** 193).

2. Wenn der *Vater Ausländer* ist, ist grundsätzlich sein Heimatrecht maßgebend (KGJ **41** A 27, FamRZ **54** 256ff. Nr 134; StAZ **56** 62 = JMBlNRW **54** 270 = DRiZ **55** S. 5 Nr 53; RGR 9. Aufl. IV 2 561 Anm 4 zu § 1723 BGB. Erfolgt die *Ehelichkeitserklärung* im *Auslande* durch die zuständigen Behörden, so ist sie *auch im Inlande anzuerkennen,* wobei jedoch für den Fall, daß das Kind die deutsche Staatsangehörigkeit besitzt, gemäß Art 22 Abs II EGBGB Voraussetzung ist, daß die nach den deutschen Gesetzen (§§ 1726, 1728, 1729 Abs II u. III BGB) erforderliche Einwilligung des Kindes oder eines Dritten, zu dem das Kind in einem familienrechtlichen Verhältnis steht, erfolgt ist.

3. Auch im Inlande kann durch das deutsche Vormundschaftsgericht[1] der *Eintritt der Legitimation* unter Anwendung ausländischen Rechtes, sofern dieses nicht gegen die guten Sitten oder den Zweck eines deutschen Gesetzes verstößt (Art 30 EGBGB, „ordre public"), im Legitimationsfeststellungsverfahren *festgestellt* werden, und zwar auch dann, wenn das ausländische Recht für die Legitimation weitergehende Er-

[1] Dieses ist auch bei *im Inland geborenen* Ausländern zur Durchführung der Legitimationsfeststellungverfahrens nach § 31 PStG berufen (FamRZ **58** 232 Nr 100 = NJW **58** 636 = StAZ **58** 289 ff. = DRiZ **58** B **69** S. 858).

fordernisse aufstellt als das deutsche Recht (FamRZ 58 232 Nr 99 = StAZ 58 96ff. = Zentralblatt XLV (1958) 241ff.; vgl auch JFG 20 209ff.) oder wenn ein Ausländer eine deutsche Mutter heiratet und deren uneheliches Kind anerkennt, obwohl er nicht der Vater ist (so für das französische Recht Zentralblatt XLIII (1956) AfJ 55 = JZ 56 253 m. Anm von SCHWOERER = DRiZ 56 Rechtspr S. 66 Nr 663, FamRZ 58 232 Nr 99 = StAZ 58 96ff.)[1]. Zu beachten ist aber, daß in diesem Falle § 1735a BGB i.d.F. d. FamRÄndG vom 11. 8. 1961 Art 1 Nr 17, BGBl I S. 1224 ein Anfechtungsrecht gewährt (s. oben § 67 Zff 2), das auch bei grundsätzlicher Anwendung fremden Rechtes zur Anwendung kommen muß.

Eine ausländische Rechtsvorschrift, nach der ein uneheliches Kind, das *im Ehebruch erzeugt* ist, durch nachfolgende Ehe der Eltern *nicht* legitimiert wird, verstößt *nicht* gegen Artikel 30 EGBGB (DRiZ 55 5 Nr 55 = MDR 54 740 = NJW 54 1891; StAZ 55 289ff.; Zentralblatt XLII (1955) 114; StAZ 56 241ff. = NJW 56 672 = DRiZ 56 Rechtspr S. 66 Nr 665; StAZ 60 210ff.; abw. StAZ 54 156ff.). Auch ein Heimatrecht, das die Legitimation von einer förmlichen und der Eheschließung vorausgehenden Anerkennung des Kindes durch beide Eltern abhängig macht, verstößt *nicht* gegen den deutschen ordre public (FamRZ 58 384ff. = StAZ 58 288ff.). Dasselbe gilt, wenn das fremde Recht die Legitimation durch nachfolgende Ehe nicht kennt (FamRZ 59 28ff. Nr 14. Soweit das ausländische Recht die rein formale Anerkennung eines unehelichen Kindes als *Legitimation* gelten läßt, ist es mit dem deutschen ordre public nicht vereinbar (DRiZ 57 Rechtspr S. 33 Nr 332)[2]. Ist nach Auslandsrecht der Unterschied zwischen ehelicher und unehelicher Geburt abgeschafft, kommt eine Legitimation durch nachfolgende Eheschließung der Eltern nicht in Betracht (StAZ 53 273ff.; StAZ 55 138ff. verneint zwar die Legitimationswirkung der Eheschließung, hält aber in entsprechender Anwendung des § 31 PStG eine Legitimationsfeststellung für berechtigt, weil das Vaterschaftsanerkenntnis Legitimationswirkung habe)[3].

---

[1] Vgl für das *französicshe* Recht auch KLEIN, Die Legtimation der unehelichen und besonders der im Ehebruch erzeugten Kinder im franz. Recht in FamRZ 57 8, ferner zur Frage der Feststellung der Legitimation eines unehelichen Kindes durch nachfolgende Eheschließung mit einem franz. Staatsangehörigen StAZ 53 132 ff., 145 ff.

[2] Vgl zu dieser Frage auch SCHWOERER in StAZ 53 145 ff.

[3] Zur Frage der Mitwirkung des *Standesbeamten* an dem Zustandekommen der Legitimation durch Eheschließung nach ausländischem Recht vgl MULLE in StAZ 56 202.

Dritter Abschnitt

Die Annahme an Kindes Statt[1]

§ 69a. 1. Allgemeines

Die Annahme an Kindes Statt gewährt demjenigen, der leibliche Nachkommen nicht besitzt (§ 1741 S. 1 BGB, Befreiung ist möglich, §§ 1745, 1745a BGB i.d.F. d. FamRÄndG vom 11. 8. 1961 Art 1 Nr 18, 19, BGBl I S. 1224), die Möglichkeit, seine Familie und seinen Namen über seinen Tod hinaus fortzupflanzen; sie ist überdies von großer sozialer Bedeutung für die Betreuung Hilfsbedürftiger und vereinsamter Kinder. Durch das Familienrechtsänderungsgesetz vom 11. 8. 1961 ist klargestellt worden, daß die Kindesannahme überwiegend sich zu einem Institut entwickelt hat, das vor allem dem Schutz und der Fürsorge durch die Aufnahme jüngerer Kinder in eine Familie dienen soll und nur als Ausnahme für die Erwachsenenadoption in Betracht kommt (vgl Schwarzhaupt in FamRZ **61** 331; Meyer-Stolte in Rpfl **61** 391).

Wesentlich ist, daß für die Beteiligten *die aus dem Eltern- und Kindesverhältnis entspringenden Rechte*, wenn auch mit einigen Einschränkungen, *begründet werden sollen*, nicht aber entscheidend, ob es beabsichtigt oder auch nur möglich ist, demnächst einen diesem Verhältnis entsprechenden Zustand *tatsächlich* herzustellen (JFG **1** 101; vgl auch BGH vom 5. 4. 1961 — IV ZR 212/60 — in FamRZ **61** 306 Nr 99 = MDR **61** 583 = DRiZ **61** B 72 Nr 868). Falls aber *beide* Vertragsteile ein dem Eltern- und Kindesverhältnis entsprechendes Familienband nicht

[1] Das Adoptionsrecht ist seit dem Inkrafttreten des Bürgerlichen Gesetzbuches mehrfach, besonders während der Zeit der nationalsozialistischen Herrschaft und der im Gefolge des zweiten Weltkrieges stattgehabten staatsrechtlichen Neuregelungen, geändert worden. Auf eine Darstellung der rechtshistorischen Entwicklung muß indessen, abgesehen von besonderen Einzelfällen, verzichtet werden, weil sie wegen ihres Umfangs den Rahmen des zur Verfügung stehenden Raumes überschreiten würde. Die Darstellung beschränkt sich daher grundsätzlich auf den Rechtszustand vom 1. Januar 1962; in diesem Rahmen ist namentlich auch das besonders bedeutsame Bundesgesetz zur Vereinheitlichung und Änderung familienrechtlicher Vorschriften (Familienrechtsänderungsgesetz) vom 11. August 1961 (BGBl I S. 1221 ff.) berücksichtigt, das u. a. in Art 9 (Schlußvorschriften) Abschnitt I die Aufhebung zahlreicher früherer Vorschriften angeordnet hat. Zu den wichtigsten Änderungen, die durch das FamRÄndG getroffen worden sind, vgl Böhmer in DRiZ **61** 376 bis 378, ferner Meyer-Stolte in Rpfl **61** 391 ff.

Änderungen des BGB vor dem Inkrafttreten des Familienrechtsänderungsgesetz vom 11. 8. 1961 (BGBl I S. 1221 ff.) sind durch den Zusatz „n. F." kenntlich gemacht; Änderungen, die auf diesem Gesetz beruhen, sind entsprechend bezeichnet.

herstellen wollen, wird der Vertrag in aller Regel wegen Sittenverstoßes nichtig sein. *Begründete* Zweifel daran, daß durch die Annahme ein solches Verhältnis hergestellt werden soll, werden nicht unbedingt dadurch veranlaßt, daß die anzunehmende Person verheiratet und als Hofübernehmer vorgesehen ist (FamRZ **61** 322 Nr 112). Zu der Frage, ob wegen derartiger Zweifel die gerichtliche Bestätigung zu versagen ist, vgl § 1754 Abs II Zff 2 BGB i.d.F. d. FamRÄndG vom 11. 8. 1961 Art 1 Nr 24, BGBl I S. 1225.

Ein Vertrag über die Annahme an Kindes Statt ist aber auch dann unwirksam, wenn er zwar nicht *zum Schein* abgeschlossen wird, aber *andere Zwecke* verfolgt, z. B. lediglich eine Änderung des Familiennamens oder die Befriedigung der Eitelkeit, namentlich durch die Erlangung des Namens des Annehmenden auf der einen, die Erlangung wirtschaftlicher Vorteile auf der anderen Seite (KGJ **32** A 45 = RJA **7** 82; vgl auch MDR **61** 323 = DRiZ **61** B 39 Nr 495; RJA **16** 27; JFG **1** 101; **4** 143; JurRdsch **1929** Rechtspr Nr 1220; Recht **1929** Rechtspr Nr 2389; PALANDT-LAUTERBACH S. 1318 Einf. Anm 1 u. S. 1319 Anm 2 zu § 1741 BGB; RGR IV S. 573 Anm 3 zu § 1741 BGB; SOERGEL-SIEBERT S. F 402 Anm 3; ERMAN-HEFERMEHL S. 1867 Anm 3, 4 zu § 1741 BGB; vgl auch MACHLEID, Entwicklung der Rechtsprechung zur Namensadoption (FamRZ **56** 362)[1]: Die Nichtigkeit wegen *Verstoßes gegen die guten Sitten* (§ 138 BGB) tritt aber nicht ein, wenn der unlautere Beweggrund des einen Teiles dem anderen nicht bekannt ist (RGZ **114** 338; **138** 373; ERMAN-HEFERMEHL S. 1868 Anm 4 zu § 1741 BGB, RGR IV S. 573 Anm 3 zu § 1741 BGB, SOERGEL-SIEBERT S. F 402 Anm 3). Dagegen ist die Annahme an Kindes Statt durch eine Person, die einem anderen Religionsbekenntnis als dem des Kindes angehört, durch das Gesetz nicht ausgeschlossen (JFG **4** 146).

§ 69b. 2. Die Voraussetzungen der Annahme an Kindes Statt

Die Annahme an Kindes Statt erfolgt durch *Vertrag* des Annehmenden mit dem Anzunehmenden (§ 1741 S. 1 BGB); der Vertrag bedarf der *gerichtlichen Bestätigung* (§ 1741 S. 2 BGB). Ein *Vorvertrag* mit der Verpflichtung zu einer Annahme an Kindes Statt ist nichtig (ERMAN-HEFERMEHL S. 1867 Anm 2 zu § 1741 BGB, PALANDT-LAUTERBACH S. 1319 Anm 2 zu § 1741 BGB).

Der Abschluß des Annahmevertrages ist von gewissen *Voraussetzungen* abhängig; welche Voraussetzungen erforderlich sind, bestimmt

---

[1] Ein Vertrag, dessen *Rechtsform* zum Zwecke der Steuerersparnis gewählt wurde, ist nicht schon aus diesem Grunde sittenwidrig (BGH in FamRZ **61** 306, 309 Nr 99).

sich *nach dem Zeitpunkt der Bestätigung*, nicht des Abschlusses des Vertrages (JFG 22 332).

1. Der Annehmende darf *keine ehelichen Abkömmlinge* haben (§ 1741 S. 1 BGB). Den ehelichen Abkömmlingen, also lebenden Kindern und ehelichen Abkömmlingen verstorbener Abkömmlinge, stehen die legitimierten sowie die Abkömmlinge dieser Kinder gleich (STAUDINGER IV 2 S. 1306 Anm 1a; RGR IV S. 572 Anm 1 zu § 1741 BGB; ERMAN-HEFERMEHL S. 1866 Anm 1 zu § 1741 BGB, PALANDT-LAUTERBACH S. 1319 Anm 1 zu § 1741 BGB). Dagegen steht das Vorhandensein unehelicher (PALANDT-LAUTERBACH a. a. O., ERMAN-HEFERMEHL S. 1867 Anm 1 zu § 1741 BGB) und an Kindes Statt bereits angenommener Kinder (§ 1743 BGB) oder eines für tot erklärten Abkömmlings (STAUDINGER IV 2 S. 1307 Anm 1b) der Annahme an Kindes Statt nicht entgegen; stellt sich später heraus, daß der für tot erklärte Abkömmling zur Zeit des Annahmevertrages noch lebte, so ist dieser deshalb nicht nichtig (PALANDT-LAUTERBACH S. 1319 Anm 1 zu § 1741 BGB; RGR IV S. 572 Anm 1 zu § 1741 BGB; abw. STAUDINGER a. a. O.). Auch ein nasciturus des Annehmenden steht der Adoption nicht im Wege. Durch die demnächstige Geburt des Kindes wird die Bestätigung des Annahmevertrages nicht gehindert, wenn nur der Vertrag vor der Geburt geschlossen ist (JFG 3 123; PALANDT-LAUTERBACH S. 1319 Anm 1 zu § 1741 BGB; SOERGEL-SIEBERT III S. F 401 Anm 1 zu § 1741 BGB; RGR IV S. 572 Anm 1 zu § 1741 BGB; ERMAN-HEFERMEHL S. 1867 Anm 1 zu § 1741 BGB). Nach OLG Koblenz in FamRZ 56 390 Nr 550 kann aber eine beim Vertragsabschluß bestehende Schwangerschaft der Adoptionsmutter die Anfechtung der Einwilligung der leiblichen Mutter gemäß § 119 Abs II BGB rechtfertigen, obwohl eine Anfechtung wegen arglistiger Täuschung nicht dadurch begründet wird, daß die Adoptiveltern die leibliche Mutter nicht über eine bestehende Schwangerschaft unterrichtet haben.

Die *Annahme des eigenen unehelichen Kindes* durch den Erzeuger oder die Mutter ist zulässig (KGJ 48 236, RGR IV S. 573 Anm 3 zu § 1741 BGB; STAUDINGER IV 2 S. 1306 Anm 1a, SOERGEL-SIEBERT III F 411 Anm 1 zu § 1757 BGB), durch die Mutter jedoch nicht, wenn das Kind außerehelich empfangen, aber nicht für ehelich erklärt worden ist, durch den Erzeuger nicht, wenn er mit der Mutter in wilder Ehe lebt (SOERGEL-SIEBERT III S. F 401 Anm 1 zu § 1741 BGB). Die Annahme an Kindes Statt ist *begrifflich ausgeschlossen, wenn* zwischen den Vertragschließenden bereits ein *Eltern- und Kindesverhältnis* besteht; deshalb ist die Adoption eines Kindes aus einer geschiedenen Ehe durch seine eigene Mutter nicht möglich, und zwar auch dann nicht, wenn durch die Kindesannahme verhindert werden soll, daß das Sorgerecht dem Vater des Kindes wieder zufallen könnte (OLG Düsseldorf vom

12. 12. 1957 in JMBlNRW 58 58 Nr 1 = DRiZ 58 Rechtspr B 59 Nr 682). Auch eine Wiederholung der Annahme an Kindes Statt ist nach herrschender Lehre nicht möglich; bei Zweifeln an der Gültigkeit kann eine erneute Annahme nur nach Aufhebung des bisherigen Verhältnisses erfolgen (RGZ 109 243, 247; ERMAN-HEFERMEHL S. 1868 Anm 6 zu § 1741 BGB; RGR IV S. 573 Anm 2 zu § 1741 BGB; PALANDT-LAUTERBACH S. 1319 Anm 1 zu § 1741 BGB).

Eine *Annahme an Enkels Statt ist nicht möglich* (JurRdsch 1928 Rechtspr Nr 129; 1930 Rechtspr Nr 1733; RGZ 147 226; STAUDINGER IV 2 S. 1308 Anm 1d; PALANDT-LAUTERBACH S. 1318 Anm 1 vor und S. 1319 Anm 1 zu § 1741 BGB; RGR IV S. 573 Anm 3 zu § 1741 BGB; ERMAN-HEFERMEHL S. 1867 Anm 1 zu § 1741 BGB, S. 1881 Anm 1 zu § 1762 BGB).

Jedoch kann ein Großelternteil den einzigen ehelichen Abkömmling seines einzigen verstorbenen ehelichen Kindes an Kindes Statt annehmen (KGJ 48 A 232 = RJA 14 120; PALANDT-LAUTERBACH S. 1319 Anm 1 zu § 1741 BGB; RGR IV S. 572 Anm 1 zu § 1741 BGB)[1].

Zulässig ist es schließlich auch, daß Eltern und Kinder durch *mehrere selbständige Annahmeverträge nebeneinander* an Kindes Statt angenommen werden (JFG 8 98; DJZ 1930 1267 = JurRdsch 1930 Rechtspr Nr 1733 = Rundbriefe VI 193; PALANDT-LAUTERBACH S. 1319 Anm 1 zu § 1741 BGB; SOERGEL-SIEBERT III S. F 401 Anm 1 zu § 1741 BGB). Hierbei wird zwar ein Verwandtschaftsverhältnis zwischen den Angenommenen nicht begründet (ERMAN-HAFERMEHL S. 1867 Anm 1 zu § 1741 BGB und S. 1869 Anm 1 zu § 1743 BGB), doch bleibt das Verhältnis der Blutsverwandtschaft unbeschadet der Vorschrift des § 1765 Abs. 1 BGB bestehen[2].

2. Der Annehmende muß das *35. Lebensjahr*[3] vollendet haben und unbeschränkt geschäftsfähig sein; das *Kind* muß *minderjährig* sein (§ 1744 BGB i.d.F. d. FamRÄndG vom 11. 8. 1961, BGBl I S. 1221, 1224). Diese Erfordernisse beruhen auf der Erwägung, daß zwischen dem Annehmenden und dem Kinde ein dem natürlichen Verhältnis ungefähr entsprechender Altersunterschied bestehen soll. Das Erfordernis der Vollendung des 35. Lebensjahres ist, wenn nicht Befreiung erteilt wird (s. Zff 3), zwingende Voraussetzung für die Gültigkeit des Annahmevertrages.

---

[1] Vgl auch HAASE in MDR 52 90 und HILLENKAMP in ZBlJugR 54 14.

[2] Hinweise auf die in der DDR geltenden Bestimmungen s. bei SOERGEL-SIEBERT III S. F 400 Vorb 1 und 2; ERMAN-HEFERMEHL S. 1865 Vorb Anm 2; PALANDT-LAUTERBACH S. 1319 Anm 1 Einf.

[3] Abw. brandenburgisches Gesetz vom 20. 5. 1948: 30. Lebensjahr; vgl SOERGEL-SIEBERT III S. F 402 Anm 2 zu § 1741 BGB.

3. Von den Erfordernissen der Kinderlosigkeit und des Lebensalters kann *Befreiung* erteilt werden (§§ 1745a, 1745b, 1745c BGB, eingefügt durch das FamRÄndG Art 1 Nr 19). Von dem Erfordernis des 35. Lebensjahres soll das Gericht, wenn nicht triftige Gründe entgegenstehen, insbesondere befreien, wenn der Annehmende das leibliche Kind seines Ehegatten an Kindes Statt annehmen will (§ 1745b BGB).

Von dem Erfordernis der *Kinderlosigkeit* soll das Gericht befreien, wenn der Annahme an Kindes Statt keine überwiegende Interessen der ehelichen Abkömmlinge des Annehmenden entgegenstehen und wenn keine Gefährdung der Interessen des Anzunehmenden durch das Vorhandensein ehelicher Abkömmlinge zu befürchten ist (vgl hierzu auch die für das frühere Recht ergangenen Entscheidungen in NJW 51 924 = DNZ 51 521 = DRiZ 52 Rechtspr S. 4 Nr 46, ZBlJugR 54 31 = Amtsvormund XXVI 167 und 54 82 = Amtsvormund XXVII 12). Vermögensrechtliche Interessen der Beteiligten sollen nicht ausschlaggebend sein. Ehegatten, die gemeinschaftliche Abkömmlinge haben und in häuslicher Gemeinschaft leben, soll Befreiung nur erteilt werden, wenn sie gemeinschaftlich ein Kind annehmen wollen (§ 1745 Abs II BGB, eingefügt durch das FamRÄndG vom 11. 8. 1961, BGBl I 1224, Art 1 Nr 19). Entsprechend der früheren Rechtsprechung (NJW 51 924 = DNZ 51 521 = Amtsvormund XXV 54 = DRiZ 52 Rechtspr S. 4 Nr 46, FamRZ 58 340 Nr 137 = JMBlNRW 58 244 Nr 1 = DRiZ 59 B 7 Nr 124) wird aber auch nach neuem Recht die Befreiung erteilt werden können, wenn ein Ehegatte ein leibliches Kind des anderen (etwa der Mann das uneheliche Kind der Frau) an Kindes Statt annehmen will. Es genügt aber sonst nicht, wenn die Mutter des Kindes der Adoption des Kindes durch ihren Mann nur zustimmt (vgl Amtsvormund XXV 55). Von dem Erfordernis der *Minderjährigkeit des Kindes* soll das Gericht befreien, wenn die Herstellung eines Annahmeverhältnisses sittlich gerechtfertigt ist (§ 1745c BGB, eingefügt durch das FamRÄndG vom 11. 8. 1961, BGBl I S. 1224, Art 1 Nr 19).

Die Befreiung wird nicht überflüssig, wenn der Vertrag erst nach dem Tode des Annehmenden bestätigt wird (BGH vom 7. 5. 1951, BGHZ 2 62 = NJW 51 706 = JMBlNRW 51 230); sie kann noch nach dem Vertragsschluß erteilt werden, muß aber vor oder jedenfalls gleichzeitig mit der Bestätigung gewährt werden (vgl § 68c FGG, eingefügt durch das FamRÄndG vom 11. 8. 1961, BGBl I S. 1229, Art 4 Nr 10; OLG 18 292 = Palandt-Lauterbach S. 1321 Anm 4 zu § 1745a Anm 2 zu § 1745b, 1745c BGB, Staudinger IV 2 S. 1312 Anm 1; Soergel-Siebert III S. F 405 Anm 1 zu § 1745 BGB; Erman-Hefermehl S. 1869 Anm 1 zu § 1745 BGB; Schlegelberger I S. 505 Anm 2 zu § 65 FGG, RGR IV S. 575 Anm 1).

Die Entscheidung über die Befreiung steht dem Amtsgericht zu (§ 65 i.d.F. des FamRÄndG vom 11. 8. 1961, BGBl I S. 1228, Art 4 Nr 6). Die *örtliche* Zuständigkeit richtet sich nach den Vorschriften des § 66 Abs I und Abs II FGG (neugefaßt durch das FamRÄndG vom 11. 8. 1961, BGBl I S. 1229 Art 4 Nr 7); die Bestätigungsgerichte (s. unten § 70) entscheiden auch über die Befreiungen; ist der Annehmende ein Deutscher und hat er im Inlande weder Wohnsitz noch Aufenthalt, so ist das Amtsgericht in Berlin-Schöneberg zuständig, das die Sache aus wichtigen Gründen mit bindender Wirkung an ein anderes Gericht abgeben kann (§ 66 Abs II FGG i.d.F. des FamRÄndG vom 11. 8. 1961, BGBl I S. 1229 Nr 7).

Vor der Entscheidung soll in den Fällen des *§ 1744 S. 1 BGB* das Gericht auch die ehelichen Abkömmlinge des Annehmenden hören; es darf von der Anhörung eines Abkömmlings nur absehen, wenn dieser zur Abgabe einer Erklärung dauernd außerstande oder sein Aufenthalt dauernd unbekannt ist. Abkömmlinge, die das vierzehnte Lebensjahr vollendet haben, sollen nach Möglichkeit persönlich gehört werden. Außerdem soll das Gericht das Jugendamt hören, das für den gewöhnlichen Aufenthalt der minderjährigen Abkömmlinge zuständig ist § 68a Abs I FGG, eingefügt durch das FamRÄndG vom 11. 8. 1961, BGBl I S. 1229, Art 4 Nr 10).

Der Beschluß, durch den über den Antrag auf Befreiung entschieden wird, ist dem Annehmenden, nach seinem Tode dem Kinde *bekanntzumachen* (§ 68a Abs II FGG).

Wird die Befreiung versagt, so steht die *Beschwerde* nach dem Tode des Annehmenden dem Kinde zu (§ 68a Abs III FGG).

Für die Fälle der Befreiung von den Vorschriften des *§ 1744 S. 1, 3 BGB* (i.d.F. d. FamRÄndG vom 11. 8. 1961, BGBl I S. 1224, Art 1 Nr 18) gelten für die Vorbereitung der Entscheidung die Vorschriften des § 12 FGG. Die Entscheidung ist dem Annehmenden, nach seinem Tode dem Kinde *bekanntzumachen* (§ 68b FGG, eingefügt durch das FamRÄndG vom 11. 8. 1961, BGBl I S. 1229, Art 4 Nr 10).

Wird die Befreiung *versagt*, so steht die *Beschwerde* nach dem Tode des Annehmenden dem Kinde zu (§ 68b Abs II FGG, Fassung wie vorst.).

Gemäß § 68c FGG (eingefügt wie vorst.) kann das Gericht in demselben Beschluß von den Erfordernissen des § 1741 S. 1 und des § 1744 S. 1, 3 BGB i.d.F. d. FamRÄndG vom 11. 8. 1961 Art 1 Nr 18 befreien und den Annahmevertrag bestätigen. Die Vorschriften des FamRÄndG gelten auch im Lande Berlin (Art 9 III); ähnliche sind in der DDR erlassen (vgl die Angaben bei PALANDT-LAUTERBACH S. 1329 Anm 1 Anh. zu § 1741 BGB).

Die Entscheidungen über ein Befreiungsgesuch waren nach früherem

Recht als Verwaltungsentscheidungen anzusehen und nach freiem Ermessen zu treffen (BGHZ **2** 62 = NJW **51** 706 = JMBlNRW **51** 230). Diese Auffassung kann nach dem Inkrafttreten des FamRÄndG (1. 1. 1962) nicht mehr aufrechterhalten werden, insbesondere auch mit Rücksicht auf die Aufhebung der VO vom 17. 5. 1955, RGBl I S. 682; vgl FamRÄndG Art 9 I Nr 5, BGBl I S. 1231. Die Befreiungsentscheidungen sind nunmehr gerichtliche Entscheidungen der freiwilligen Gerichtsbarkeit.

4. In gewissen Fällen ist die *Einwilligung dritter Personen* zu dem Abschluß des Annahmevertrages erforderlich:

a) Wer *verheiratet* ist, kann nur mit Einwilligung seines *Ehegatten* an Kindes Statt annehmen oder angenommen werden, es sei denn, daß der Ehegatte zur Abgabe einer Erklärung dauernd außerstande oder sein Aufenthalt dauernd unbekannt ist (§ 1746 BGB). Die Einwilligung ist auch erforderlich, wenn die Ehegatten voneinander getrennt leben (Palandt-Lauterbach S. 1321 Anm 1 zu § 1746 BGB; Soergel-Siebert III S. F 406 Anm 1 zu § 1746 BGB), dagegen entbehrlich, wenn die Ehe geschieden oder unbedingt nichtig ist (Staudinger IV 2 S. 1315 Anm 1). Die Einwilligung kann auch noch nach dem Abschluß des Annahmevertrages erklärt werden; die Erklärung muß aber bei der Bestätigung des Vertrages vorliegen (Staudinger IV 2 S. 1315 Anm 4; Erman-Hefermehl S. 1870 Anm 2 zu § 1748 BGB; nach Palandt-Lauterbach S. 1321 Anm 1 zu § 1746 BGB soll die Einwilligung sogar noch nach der Bestätigung erteilt werden können, ohne daß das ursprüngliche Fehlen die Gültigkeit des Vertrages in Frage stellen könnte. Der Fall des § 1746 Abs II BGB (dauernd unbekannter Aufenthalt) kann namentlich bei einem Findelkinde eintreten, dessen Eltern nicht zu ermitteln sind (RGR IV S. 576 Anm 2 zu § 1746 BGB; Erman-Hefermehl S. 1871 Anm 4 zu § 1748 BGB).

In der von Ehegatten bei gleichzeitiger Anwesenheit abgegebenen notariellen Erklärung, ein Kind an Kindes Statt annehmen zu wollen, liegt zugleich ihre gegenseitige Einwilligung zur Kindesannahme (FamRZ **55** 220 Nr 278 = DRiZ **55** Rechtspr S. 92 Nr 879; ZBlJugR **56** 25 = DNZ **56** 47 = DRiZ **56** Rechtspr Nr 352; ebenso FamRZ **56** 116 Nr 170, wo auch dargelegt ist, daß es sich in diesem Falle auch ohne ausdrückliche Erklärung um eine Annahme als gemeinschaftliches Kind handele).

Die Einwilligung hat gemäß § 1748 Abs I BGB *gegenüber dem Annehmenden oder dem Kinde oder dem für die Bestätigung zuständigen Gerichte* (vgl unten § 70) zu erfolgen; sie ist *unwiderruflich*, kann *nicht durch einen Vertreter* erteilt werden (auch nicht durch das Vormundschaftsgericht ersetzt werden, DRiZ **60** B 44 Nr 503) und bedarf der *gerichtlichen oder notariellen Beurkundung*[1]. Ist der Einwilligende in der Geschäftsfähigkeit beschränkt, so bedarf er nicht der Zustimmung seines gesetzlichen Vertreters (Abs II und III a. a. O.).

Die Einwilligung darf *nicht an eine Bedingung oder Zeitbestimmung geknüpft* werden (RGR IV S. 577 Anm 1 zu § 1748 BGB; Palandt-Lauterbach S. 1323 Anm 1 zu § 1748 BGB; Erman-Hafermehl S. 1871 Anm 3 zu § 1748 BGB); sie muß ferner für *eine bestimmte Kindesannahme* erteilt werden (JFG **3** 123 = JW **1926** 834; Palandt-Lauterbach S. 1321 Anm 1 zu § 1746 BGB).

b) Ein *eheliches Kind* kann bis zur Vollendung des 21. Lebensjahres *nur mit Einwilligung beider Eltern*, ein *uneheliches Kind* kann bis zu dem gleichen Lebensalter *nur mit Einwilligung der Mutter* an Kindes Statt angenommen werden; die Einwilligung kann erst erteilt werden, wenn das Kind drei Monate alt ist (§ 1747 Abs I, Abs II BGB, Abs II angefügt durch das Gesetz vom 11. 8. 1961 Art 1 Nr 20, BGBl I S. 1225). Sind die Einwilligungsberechtigten dauernd zur Abgabe einer Erklärung außerstande oder ist ihr Aufenthalt unbekannt, so ist die Einwilligung nicht erforderlich (§§ 1747 Abs I S. 2, 1746 Abs II BGB). Eine solche Verhinderung liegt jedoch nicht vor, wenn die Einwilligung verweigert wird (FamRZ **57** 183 Nr 92 = DRiZ **57** Rechtspr S. 64 Nr 649). „Dauernd unbekannter Aufenthalt" wird dagegen regelmäßig bei Findelkindern anzunehmen sein (Erman-Hefermehl S. 1871 Anm 4 zu § 1748 BGB; Soergel-Siebert III S. F 406 Anm 2 zu § 1747 BGB). Die irrtümliche Annahme des Todes einer Person, deren Einwilligung zur Annahme an Kindes Statt erforderlich ist, steht dem Fall, daß die Person zur Abgabe einer Erklärung dauernd außerstande ist, nicht gleich (DNZ **53** 148 = DRiZ **53** Rechtspr S. 80 Nr 752).

Das Vormundschaftsgericht kann auf Antrag des Kindes die Einwilligung eines Elternteils *ersetzen*, wenn dieser seine Pflichten gegenüber dem Kinde dauernd gröblich verletzt oder die elterliche Gewalt verwirkt hat und wenn er die Einwilligung böswillig verweigert und das Unterbleiben der Annahme an Kindes Statt dem Kinde zu unverhältnismäßigem Nachteil gereichen würde (§ 1747 Abs III BGB, angefügt durch das Gesetz vom 11. 8. 1961 Art 1 Nr 20 BGBl I S. 1225; vgl hierzu Meyer-Stolte in Rpfl **61** 392). Diese Bestimmung macht die frühere Meinungsverschiedenheit der Rechtsprechung darüber, ob die Einwilligung in analoger Anwendung des § 1746 Abs II BGB oder dann entbehrlich sei, wenn sie lediglich aus Bosheit zum Schaden des Kindes

---

[1] Die *elterliche* Einwilligung (§ 1747 BGB) kann nicht von einem Rechtspfleger beurkundet werden (DRiZ **52** Rechtspr S. 32 Nr 289; Rpfl **51** 614). Die *Erteilung der Einwilligung gegen eine Vergütung* ist an sich nicht sittenwidrig (Erman-Hefermehl S. 1871 Anm 3 zu § 1748 BGB, Palandt-Lauterbach S. 1323 Anm 1 zu § 1748 BGB).

verweigert werde, gegenstandslos (vgl hierzu JFG 20 222; BGHZ 27 126 ff, 131 FamRZ 56 59, 60; 57 183, 184, 328, 379; 59 378 Nr 176 m. Anm von BOSCH, RGR IV S. 576 Anm 1 zu § 1747 BGB). Über die Ersetzung gemäß § 1747 Abs III BGB hinaus können vormundschaftsgerichtliche Maßnahmen die Einwilligung nicht entbehrlich machen (vgl hierzu FamRZ 56 59; 57 184; 59 378 PALANDT-LAUTERBACH S. 1332 Anm 2 zu § 1747 BGB, SOERGEL-SIEBERT III S. F 406 Anm 1 zu § 1747 BGB).

Der Einwilligung beider Eltern bedarf es auch, wenn die Ehe geschieden ist, ferner bei legitimierten Kindern (PALANDT-LAUTERBACH S. 1322 Anm 2 zu § 1747 BGB, RGR IV S. 576 Anm 1 zu § 1747 BGB), schließlich auch bei einem für volljährig erklärten Kinde. § 1747 ist Ausfluß des natürlichen Verwandtschaftsverhältnisses und daher unabhängig von der elterlichen Gewalt oder dem Personensorgerecht (SOERGEL-SIEBERT III S. F 406 Anm 1 zu § 1747 BGB); auf die Kenntnis der Nichtigkeit der Ehe bei der Eheschließung und die sich daraus ergebenden Folgen gemäß § 1671 Abs III S. 2 und VI n. F. BGB kommt es daher nicht an (a. A. für das frühere Recht STAUDINGER IV 2 S. 1317 Anm 3). Der Einwilligung bedarf es auch dann, wenn das Kind bereits früher an Kindes Statt angenommen war und es sich um eine weitere Annahme dieses Kindes handelt (KGJ 27 A 193). Die Einwilligung des Vaters ist aber nicht mehr erforderlich, wenn das Kind durch die Eheschließung der Eltern ehelich geworden ist (§ 1719 BGB i.d.F. des FamRÄndG vom 11. 8. 1961 Art 1 Nr 11, BGBl I S. 1224). Wird das Kind bei Lebzeiten des Annehmenden von dessen Ehegatten an Kindes Statt angenommen, so bedarf es einer Einwilligung gemäß § 1749 Abs II S. 2 BGB i.d.F. wie vorst. Art 1 Nr 21, BGBl I S. 1225 nicht.

Die *Erteilung der Einwilligung gegen eine Vergütung* ist an sich nicht sittenwidrig (ERMAN-HEFERMEHL S. 1871 Anm 3 zu § 1748 BGB; PALANDT-LAUTERBACH S. 1323 Anm 1 zu § 1748 BGB).

Im übrigen gilt das oben zu a) Gesagte auch für die Einwilligung der Eltern oder der unehelichen Mutter. In RGZ 121 30, 37 = Recht 1928 324 Nr 1299 Zff 2 = JW 1928 1498 Nr 14 hat das Reichsgericht ausgeführt, daß die Einwilligungserklärung der Eltern oder der unehelichen Mutter zwar zu einem bestimmten Annahmevertrage erteilt werden müsse, daß aber die Eltern oder die uneheliche Mutter die Person und den Namen des Annehmenden nicht zu kennen brauchen, zumal wenn dessen Auswahl bei der Annahme eines unehelichen Kindes an Kindes Statt einer von dem Jugendamt gemäß § 7 JWG i.d.F. d. Ges vom 11. 8. 1961, BGBl I S. 1213 herangezogenen Organisation überlassen worden sei (sogenannte „*Inkognito-Adoption*"). Die Vollmacht zum Abschluß eines solchen Vertrages braucht die Namen der Wahleltern nicht zu enthalten (FamRZ 62 476 Nr 196). Es genügt, daß die

Person des Annehmenden zur Zeit der Einwilligungserklärung feststeht, Bezeichnung durch objektive Merkmale ist nicht notwendig (BGHZ 2 287 = NJW 51 643 = JMBlNRW 51 230; Amtsvormund XXVII 42; abw. verlangen SOERGEL-SIEBERT III S. F. 406 Anm 1 zu § 1747 BGB Kennzeichnung durch objektive Merkmale; zur Frage des Bedürfnisses der Inkognito-Adoption vgl BGH in FamRZ 60 229, 230 Nr 102). Andererseits wäre es ein unzulässiger Verzicht auf Elternrechte, wenn etwa die Mutter von vornherein zu jedem noch so ungewissen Annahmevertrage zustimmen würde; sie muß die Möglichkeit haben, sich über den wesentlichen Inhalt des Vertrages zu unterrichten (Zentralblatt XXXVIII, 51 196 = JMBlNRW 51 192). Sollen die Adoptiveltern noch ausgesucht werden, so ist dem Einwilligungserfordernis nicht genügt; „*Blankoadoption*“ ist unzulässig (Amtsvormund XXVII 257).

In diesem Zusammenhang ist auf die gemeinnützigen Organisationen hinzuweisen, die sich mit der *Vermittlung von Kindesannahmeverträgen* befassen; auch sonstige Einrichtungen und Einzelpersonen haben seit langem die Vermittlung von Adoptionen zum Teil gewerbsmäßig und nicht immer einwandfrei betrieben. Eine gesetzliche Regelung des Vermittlungswesens ist durch das Bundesgesetz vom 29. 3. 1951 (BGBl 51 I S. 214; DVO vom 25. 8. 1952 (BGBl 52 I 608; s. auch Amtsvormund XXV 117) erfolgt. Die Vermittlung ist hiernach als Aufgabe der Landesjugendämter und Jugendämter bezeichnet, aber auch der Inneren Mission, dem Deutschen Caritasverband und der Arbeiterwohlfahrt sowie den Fachverbänden, die durch die zuständigen obersten Landesbehörden oder mit deren Ermächtigung durch die Landesjugendämter für geeignet erklärt werden, gestattet (§ 1 d. Ges). Wegen der Ausführung dieser Vorschriften hinsichtlich der Fachverbände vgl § 3 a. a. O. und die DVO vom 25. 8. 1952, ferner WEBLER, Das Gesetz über die Vermittlung der Annahme an Kindes Statt im ZBlJugR 51 94; s. auch WEBLER Adoptionsmarkt ZBlJugR 55 123.

Ob dem Einwilligungserfordernis genügt ist, kann sowohl durch Auslegung der Erklärung als auch aus den Umständen entnommen werden (FamRZ 56 116 Nr 172 = Zentralblatt XLII 55 294 = Amtsvormund XXVIII 66; vgl auch BGHZ 2 287ff., Amtsvormund XXVII 11 u. ZUR NIEDEN in FamRZ 56 70).

Daß die *Einwilligungserklärung* „gegenüber dem Vormundschaftsgericht“ abgegeben wird, ist ohne Bedeutung, wenn aus der Erklärung der wirkliche Wille der Kindesmutter einwandfrei hervorgeht und der Vormund des Kindes durch das Vormundschaftsgericht von der Erklärung Kenntnis erlangt (FamRZ 56 116 Nr 172 = Zentralblatt XLII 55 299 = Amtsvormund XXVIII 66). Daß die Einwilligungserklärung unter einem gewissen seelischen Druck abgegeben wird, reicht jedenfalls schlechthin nicht zur Anfechtung aus (FamRZ a. a. O.).

Beispiel:

Einwilligung der unehelichen Mutter
(im Falle einer Inkognito-Adoption).

Amtsgericht. *Köln, den 10. Oktober 1961.*
Gegenwärtig:
Amtsgerichtsrat Schmitz als Richter.

Auf Vorladung erscheint die berufslose Maria Müller aus Köln, Hohe Straße 100. Die Erschienene wies sich durch Vorlage eines Personalausweises und durch Sachkenntnis aus.

Die Erschienene erklärte:

Ich bin am 1. Juli 1935 in Köln geboren.

Am 10. Dezember 1957 habe ich in Köln ein Kind geboren namens Helene Karoline Müller.

Ich gebe hierdurch ausdrücklich meine Einwilligung dazu, daß dieses Kind von denjenigen Eheleuten als gemeinschaftliches Kind an Kindes Statt angenommen wird, die in der Liste des Jugendamtes der Stadt Köln betreffend Annahme an Kindes Statt und Pflegeeltern unter Nummer 47 geführt werden. Ich habe zu dem Jugendamt das Vertrauen, daß es nur gute Wahleltern ausgesucht hat; darum verzichte ich darauf, den Namen der Wahleltern zu erfahren. Die Einwilligung erkläre ich, weil ich wegen meines ungünstigen Gesundheitszustandes und wegen meiner schlechten wirtschaftlichen Verhältnisse nicht genügend für das Kind sorgen kann.

Diese Einwilligungserklärung, die, wie mir bekanntgegeben worden ist, unwiderruflich ist, gebe ich sowohl dem Kinde gegenüber als auch gegenüber dem für die Bestätigung des Annahmevertrages zuständigen Gericht ab.

Ich bitte, eine Ausfertigung dieser Verhandlung dem Vormunde des Kindes zu erteilen.

Das Protokoll ist vorgelesen, von der Erschienenen genehmigt und wie folgt eigenhändig unterschrieben worden:

gez. Maria Müller
gez. Schmitz, Amtsgerichtsrat.

§ 69c. 3. Der Annahmevertrag

Der Annahmevertrag unterliegt denselben rechtlichen Regeln wie jeder andere Vertrag. Es gelten jedoch gewisse *Besonderheiten:*

1. Als *gemeinschaftliches Kind* kann ein Kind von einem Ehepaar angenommen werden (§ 1749 Abs I BGB); ein Kind, das bereits an Kindes Statt angenommen ist, kann, solange das durch die Annahme begründete Rechtsverhältnis besteht, bei Lebzeiten des Annehmenden nur von dessen Ehegatten an Kindes Statt angenommen werden (§ 1749 Abs II i.d.F. des FamRÄndG vom 11. 8. 1961 Art 1 Nr 9, BGBl I S. 1225). Dies gilt auch, wenn die Ehe zur Zeit der ersten Annahme noch nicht bestanden hat. Wird das Kind bei Lebzeiten des Annehmenden von dessen Ehegatten an Kindes Statt angenommen, so ist § 1747 BGB nicht anzuwenden (§ 1749 Abs II S. 2 BGB i. d. F. vom 11. 8. 1961). Wenn der zweite Ehegatte das Kind ebenfalls annehmen will, so genügt nicht eine einfache Beitrittserklärung zu dem Annahmevertrage des ersten Ehegatten, vielmehr muß ein neuer Vertrag abgeschlossen

werden, der allen Erfordernissen eines solchen, einschließlich der Einwilligungen (Ausnahme § 1749 Abs II S. 2 n. F. BGB) genügt (PALANDT-LAUTERBACH S. 1323 Anm 1 zu § 1749 BGB, RGR IV S. 577 Anm 1 zu § 1749 BGB).

Nehmen Ehegatten *in einer Urkunde* zusammen ein Kind an, so liegt darin die Annahme als gemeinschaftliches Kind, auch wenn dies nicht ausdrücklich erklärt ist (DNZ 56 47 = DRiZ 56 Rechtspr S. 33 Nr 352); wird ein Kind als gemeinschaftliches Kind angenommen, so bedarf es keiner ausdrücklichen Erklärung und Beurkundung der gegenseitigen Einwilligungserklärungen der Ehegatten (DNZ a. a. O.; JMBlNRW 49 42, Amtsvormund XXVII 292). Steht der Gültigkeit einer gemeinschaftlichen Kindesannahme ein *in der Person des einen Ehegatten* liegendes *Hindernis* entgegen, so kann die Kindesannahme unter der Voraussetzung des § 139 BGB als Einzeladoption seitens des anderen Ehegatten aufrechtzuerhalten sein (BGH vom 29. 5. 1957 in BGHZ 24 345= FamRZ 57 305 Nr 146 = DRiZ 57 Rechtspr S. 100 Nr 1025).

Nach dem Tode der Adoptiveltern steht einer *zweiten Adoption* des Kindes grundsätzlich nichts im Wege (LG Frankfurt a. M. in FamRZ 58 189 Nr 79 = DRiZ 58 Rechtspr B 59 Nr 683).

2. Die Annahme an Kindes Statt kann *nicht unter einer Bedingung oder Zeitbestimmung* erfolgen (§ 1742 BGB); die Verletzung dieser Bestimmung macht den Vertrag nichtig. Nichtig ist deshalb auch ein Vorvertrag auf Annahme eines nasciturus (PALANDT-LAUTERBACH S. 1319 Anm 1 zu § 1742 BGB; RGR IV S. 574 Anm 1 zu § 1742 BGB; ERMAN-HEFERMEHL S. 1869 Anm 1 zu § 1742 BGB).

3. a) Der Annahmevertrag muß bei *gleichzeitiger*, aber nicht persönlicher — vgl für das frühere Recht BGHZ 5 348 — *Anwesenheit* beider Teile vor Gericht oder vor einem Notar geschlossen werden (§ 1750 BGB i.d.F. des FamÄndG vom 11. 8. 1961 Art 1 Nr 22, BGBl I S. 1225). Der *Annehmende* muß hierbei unbeschränkt geschäftsfähig sein (s. oben § 69b Zff 2), kann den Vertrag aber durch einen Bevollmächtigten schließen, der einer Vollmacht bedarf, die auf den Abschluß eines Annahmevertrages zwischen bestimmten Personen gerichtet ist und gerichtlich oder notariell beurkundet sein muß (§ 1751a Abs I und Abs II BGB i.d.F. wie oben Art 1 Nr 23). Das Kind kann den Annahmevertrag selbständig schließen, wenn es unbeschränkt geschäftsfähig ist[1]; ist es noch nicht 14 Jahre alt oder geschäftsunfähig, so kann der Vertrag nur von seinem gesetzlichen Vertreter[2] geschlossen werden, der hierzu der

[1] Schließt ein in der sowjetisch besetzten Zone (DDR) ansässiger Jugendlicher selbständig als Anzunehmender einen Annahmevertrag, der nach dort geltenden Vorschriften gültig ist, so ist er in der Bundesrepublik anzuerkennen (SOERGEL-SIEBERT III F 405 Anm 2 zu § 1745 a. F. BGB; s. auch unten § 73 Zff 1).

[2] Steht das Kind unter elterlicher Gewalt, so müssen nach der grundsätzlichen

Genehmigung des Vormundschaftsgerichts bedarf (§ 1751 Abs I BGB i.d.F. wie oben Art 1 Nr 22). Hat das Kind das 14. Lebensjahr vollendet, ist es aber nicht unbeschränkt geschäftsfähig (§§ 106, 114 BGB), so kann es zwar den Vertrag nur selbst schließen, bedarf aber der Zustimmung seines gesetzlichen Vertreters, der hierbei ein *eigenes* Recht wahrnimmt (FamRZ **63** 196 Nr 71), und der nach Anhörung des Jugendamts zu erteilenden Genehmigung des Vormundschaftsgerichts[1] (§ 1751 Abs II BGB i.d.F. wie oben Art 1 Nr 22).

b) Sowohl der Annehmende als auch das Kind, wenn es unbeschränkt geschäftsfähig ist, und der gesetzliche Vertreter des Kindes können den Annahmevertrag durch einen Bevollmächtigten schließen (§ 1751a Abs I BGB i.d.F. wie oben Art 1 Nr 23). Dieser bedarf einer Vollmacht, die auf den Abschluß eines Annahmevertrages zwischen bestimmten Personen gerichtet und gerichtlich oder notariell beurkundet sein muß (§ 1751a Abs II BGB i.d.F. wie oben). Die nachträgliche Bevollmächtigung hat keine heilende Wirkung (s. für das frühere Recht Zentralblatt XXXIX (**52**) 84). Durch diese Bestimmungen sind die früher bestehenden Meinungsverschiedenheiten der Rechtsprechung zu der Frage, ob die Bevollmächtigung nicht nur für die Willens*bildung*, sondern auch die Willens*erklärung* ausgeschlossen sei (vgl besonders KGJ **45** A 8 = RJA **13** 172, JFG **1** 92, **8** 100 = Rundbriefe VII 115, BGHZ **5** 344, 348 = ZBlJugR **52** 169 = NJW **52** 744 = MDR **52** 419 = DNZ **52** 368 = JMBlNRW **52** 184; FamRZ **59** 456ff.) gegenstandslos geworden (Meyer-Stolte in Rpfl **61** 392). Da das neugefaßte Gesetz im § 1751a Abs II BGB über den Inhalt der Vollmacht genaue Angaben macht, ist nicht anzunehmen, daß insoweit weitere Voraussetzungen erfüllt sein müßten (früher wurde verlangt, daß die vom Vertreter abzugebende Erklärung und die Vollmacht sich genau decken müßten, BGHZ **5** 351). Auch in der Willensbildung ist der Bevollmächtigte über den Wortlaut des Gesetzes hinaus nicht gebunden.

Auf einen Annahmevertrag, den jemand ohne Vertretungsmacht im Namen eines Beteiligten abschließt, findet aber der Grundsatz des § 177 BGB über die Wirksamkeit von Verträgen, die ein Vertreter ohne Vertretungsmacht abschließt, keine Anwendung (JFG **1** 92); eine nachträgliche Genehmigung kommt jedenfalls nicht in Betracht, die Vollmacht muß also beim Vertragsschluß vorliegen (BGHZ **5** 350).

Entscheidung des Bundesverfassungsgerichts vom 27. 5. 1959, s. BvR 205/58, NJW **59** 1483 = FamRZ **59** 416 Nr 178 (mit Hinweisen und Stellungnahmen) = Rpfl **59** 261, s. bes. auch Bosch in FamRZ **59** 406 ff. u. 430, *beide* Eltern mitwirken; s. auch BGHZ **30** 306.

[1] Diese ist zu versagen, wenn die Adoption eine den tatsächlichen Verhältnissen völlig widersprechende Rechtslage herbeiführen würde (Rpfl **62** 412 Nr 186); sie kann auch noch nach Vollendung des 14. Lebensjahres ohne Mitwirkung des Kindes erteilt werden (FamRZ **63** 312 Nr 150).

Ein Annahmevertrag durch den eine den tatsächlichen Verhältnissen, nicht entsprechende Rechtslage geschaffen würde, darf nicht vormundschaftsgerichtlich genehmigt werden (DRiZ **61** B 72 Nr 869). Die vormundschaftsgerichtliche Genehmigung eines Kindesannahmevertrages zwischen dem außerehelichen Erzeuger und seiner Tochter ist nicht deshalb zu verweigern, weil der Annehmende mit der Mutter des Adoptivkindes in einer außerehelichen Lebensgemeinschaft lebt und beide nicht heiraten wollen (FamRZ **61** 322 = NJW **61** 881).

Das *Vormundschaftsgericht kann* übrigens den Vormund *nicht anweisen*, für seinen Mündel einen Annahmevertrag abzuschließen, es sei denn, daß in der Weigerung des Vormundes, den Vertrag abzuschließen, eine Pflichtwidrigkeit liegt; da es sich um eine Zweckmäßigkeitsfrage handelt, ist das Gericht regelmäßig nicht befugt, dem Vormund bindende Weisungen zu erteilen (Zentralblatt XLI **54** 178 = Amtsvormund XXVI 225; s. auch Amtsvormund XXVII 42).

Dem durch seine Eltern gesetzlich vertretenen Kinde kann zum Abschluß des Vertrages auch dann *kein Pfleger* bestellt werden, wenn der Annehmende den Vertrag nur dann schließen will, wenn den Eltern, die ihre Einwilligung zum Vertragsschlusse gegeben und die Prüfung der Verhältnisse des Annehmenden einer vertrauenswürdigen Stelle überlassen haben, sein Name nicht bekannt wird; die Eltern sind vielmehr rechtlich nicht gehindert, den Vertrag selbst zu schließen (JFG **12** 95 = DJ **35** 379).

c) Die vormundschaftsgerichtliche Genehmigung kann schon *vor der Erteilung* der gemäß § 1745 BGB i.d.F. d. FamRÄndG vom 11. 8. 1961 Art 1 Nr 18, BGBl I S. 1224 erforderlichen *Befreiungen* oder *vor dem Abschlusse des Annahmevertrages* erteilt werden. Die Genehmigung kann andererseits *auch noch nach der Bestätigung* des Vertrages nach Maßgabe der §§ 1643 Abs III n. F., 1829, 1830 BGB rechtswirksam nachgeholt werden (KGJ **37** A 52; STAUDINGR IV 2 S. 1323 Anm I zu § 1751 BGB; ERMAN-HEFERMEHL S. 1874 Anm 6; PALANDT-LAUTERBACH S. 1324 Anm 4 zu § 1751 BGB). Ob die Genehmigung auch, wenn die Eltern des Kindes den Adoptionsvertrag abgeschlossen haben, dem Annehmenden mitzuteilen ist, wurde für zweifelhaft gehalten (vgl JMBlNRW **56** 255 = StAZ **57** Rechtspr S. 4 Nr 56); die Frage ist zu bejahen, da § 1751 Abs I n. F. BGB keinen Unterschied macht zwischen den Eltern und einem sonstigen gesetzlichen Vertreter (vgl für das frühere Recht FamRZ **58** 429 Nr 172). Auch nach der Genehmigung können die Eltern noch prüfen, ob die Genehmigung im Interesse des Kindes liegt (OLG Hamm a. a. O.- vgl auch DNZ **57** 436 = DRiZ **57** Rechtspr S. 100 Nr 1026). Die Genehmigung kann auch noch nach dem Tode des Annehmenden durch Mitteilung des oder der gesetzlichen Vertreter an die Erben oder den Pfleger für die ungewissen Erben wirksam werden (so für das frühere Recht JMBlNRW **50** 125).

In einigen Fällen ist die Erteilung der gemäß §§ 1751 Abs I und Abs II BGB erforderlichen vormundschaftsgerichtlichen Genehmigung von *besonderen Voraussetzungen* abhängig. Will ein Vormund seinen Mündel an Kindes Statt annehmen, so *soll* das Vormundschaftsgericht die Genehmigung nicht erteilen, solange der Vormund im Amte ist; will jemand seinen früheren Mündel annehmen, so soll das Vormundschaftsgericht die Genehmigung nicht erteilen, bevor der frühere Vormund über seine Verwaltung Rechnung gelegt und das Vorhandensein des Mündelvermögens nachgewiesen hat; das gleiche gilt, wenn ein zur Verwaltung bestellter Pfleger seinen Pflegling oder früheren Pflegling an Kindes Statt annehmen will (§ 1752 BGB). Verletzung dieser Vorschriften begründen unter Umständen eine Verpflichtung des Vormundschaftsrichters zum Schadensersatz gemäß § 1848 BGB.

d) Für das Genehmigungsverfahren sei auf folgendes hingewiesen: Die *Vorteile und Nachteile* der Annahme an Kindes Statt sind gegeneinander abzuwägen, z. B. Unterhalts- und Erbansprüche, Beseitigung des Makels der unehelichen Geburt, die Namensfrage, Verlust des Sorgerechts der unehelichen Mutter (Zentralblatt XXXIX **52** 122; **54** S. 578 Anm 2). Vermögensrechtlichen Erwägungen wird aber im Hinblick auf den für Befreiungen geltenden Grundsatz des § 1745a Abs I S. 2 BGB i.d.F. d. FamRÄndG vom 11. 8. 1961 Art 1 Nr 19, BGBl I S. 1224, keine ausschlaggebende Bedeutung beizulegen sein[1]. Ein Vertrag, der in seinen Wirkungen sich nicht auf die Vertragschließenden beschränkt, sondern sich zugleich auf das *Gebiet des öffentlichen Rechts* erstreckt, ist von dem Vormundschaftsgericht vor der Genehmigung auch auf seine Gültigkeit in dieser Richtung besonders zu prüfen, soweit das Wohl des Kindes es erfordert (KGJ **32** A 45 = RJA **7** 82). Vor der Entscheidung ist das *Jugendamt zu hören* (§ 48 Abs I S. 2, 3 JWG i.d.F. d. Ges vom 11. 8. 1961, BGBl I S. 1213); ein Verstoß hiergegen macht zwar die Genehmigung nicht unwirksam (JFG **6** 112 = JurRdsch **1929** Rechtspr Nr 1051 = DJZ **1929** 450 = Rundbriefe V 30 = DRiZ **1929** Rechtspr Nr 129; Palandt-Lauterbach S. 1324 Anm 4 zu § 1751 BGB; Erman-Hefermehl S. 1873 Anm 4 zu § 1750 BGB; Soergel-Siebert III S. F 407 Anm 1 zu § 1750 BGB), sollte aber, auch im Hinblick auf die §§ 1697 n. F. BGB, 1848 BGB vermieden werden[2]. Auch die Anhörung von Verwandten und Verschwägerten soll gemäß § 1847 BGB erfolgen. Die Erteilung der Genehmigung kann schließlich auch von geeigneten *Bedingungen* abhängig gemacht werden (Staudinger IV 2 S. 1322 Anm 1;

[1] Vgl für einen Sonderfall FamRZ **63** 55 Nr 20.

[2] Vgl zu der Frage der Verstärkung des Einflusses des Jugendamtes in Kindesannahmeangelegenheiten Riedel in FamRZ **56** 70.

PALANDT-LAUTERBACH S. 1324 Anm 4 zu § 1751 BGB; SOERGEL-SIEBERT III S. F 408 Anm 1 zu § 1750 BGB). Die *Entscheidung* des Vormundschaftsgerichts kann *geändert* werden, jedoch insoweit nicht mehr, als die Genehmigung oder ihre Verweigerung einem Dritten gegenüber wirksam geworden ist (§ 55 Abs I FGG; vgl RJA 15 264; ERMAN-HEFERMEHL S. 1761 Anm 6 zu § 1731 BGB). Die Erteilung eines *Vorbescheides* ist unzulässig (DRiZ 58 Rechtspr B 88 Nr 1003 = FamRZ 58 471 Nr 201 = JZ 58 542). Wegen des *Beschwerderechts* der Beteiligten vgl die §§ 59 FGG (Kind oder Mündel) 57 Abs I Zff 9 FGG (gesetzlicher Vertreter, Angehörige und auch der Annehmende, wenn er nicht das eigene, sondern das Interesse des Kindes oder Mündels verfolgt und nach Lage der Umstände zu verfolgen berechtigt ist; vgl KGJ 43 61 und oben § 29 Zff II).

4. Zur *Beurkundung* des Annahmevertrages vgl die §§ 167ff. FGG. Die Beurkundung braucht nicht notwendig durch das Gericht zu erfolgen, das für die Bestätigung zuständig ist. Die Prüfung, ob die gesetzlichen Erfordernisse der Annahme an Kindes Statt erfüllt sind, ist zwar nicht Sache des für die Beurkundung zuständigen Gerichts, dennoch werden erkennbare Mängel schon bei der Beurkundung zu beanstanden, und es wird auf ihre Behebung hinzuwirken sein. Im übrigen bestimmt § 1756 Abs I BGB i.d.F. d. FamRÄndG vom 11. 8. 1961 Art 1 Nr 226 BGBl I S. 1225, daß ein *bestätigter* Annahmevertrag nicht deshalb unwirksam ist, weil die Vorschrift des § 1747 Abs II i.d.F. d. FamRÄndG vom 11. 8. 1961 Art 1 Nr 20 BGBl I S. 1225 (Mindestalter des Kindes), oder weil *Form*vorschriften verletzt worden sind, also auch solche der Beurkundung sogar dann, wenn § 1750 BGB i.d.F. wie vorst. Art 1 Nr 22 nicht beachtet wäre (PALANDT-LAUTERBACH S. 1327 Anm 2 zu § 1756 BGB). Die Vorschrift bezieht sich aber nicht auf das *Fehlen sachlicher Voraussetzungen* (vgl BGHZ 2 62; RGR IV S. 583 Anm 1); vgl dagegen § 1756 Abs II BGB n. F.

Die Angabe sämtlicher *Vornamen* der Vertragsparteien in dem Vertrag ist im allgemeinen zweckmäßig, aber nicht unbedingt erforderlich, wenn die Identität der Beteiligten eindeutig feststeht (FamRZ 56 398 Nr 553 = StAZ 56 114) und der Standesbeamte in der Lage ist, die Vornamen aus anderen beweiskräftigen Urkunden festzustellen (FamRZ 56 398 Nr 554 = StAZ 56 115).

Beispiel:

Abschluß eines Annahmevertrages vor Gericht nebst Einwilligung der unehelichen Mutter; Befreiung vom Erfordernis der Kinderlosigkeit; Bestätigung.

Amtsgericht. *Köln, den 20. Oktober 1961.*

Gegenwärtig:
Amtsgerichtsrat Schmitz als Richter.

Es erschienen und waren während der ganzen Verhandlung anwesend:

1. die Eheleute Arbeiter Wilhelm Schulz und Auguste geborene Lehmann aus Köln, Hohe Straße 100,

2. der Stadtoberinspektor Heinrich Krause aus Köln,

3. die berufslose Maria Müller aus Köln, Karlstraße 20.

Der Erschienene zu 2. ist dem Richter bekannt; auch ist bekannt, daß er gemäß § 42 des Reichsgesetzes für Jugendwohlfahrt[1] *mit der gesetzlichen Vertretung der unter Amtsvormundschaft des Jugendamts der Stadt Köln stehenden Mündel betraut ist.*

Über die Person der Erschienenen zu 1 und 3 verschaffte sich der Richter Gewißheit durch Einsichtnahme der Personalausweise.

Zunächst erklärten die Eheleute Schulz unter Bezugnahme auf die dem Gericht vorgelegten standesamtlichen Urkunden und Staatsangehörigkeitserzeugnisse:

Wie haben einander am 5. September 1938 in Köln geheiratet und wohnen seit dieser Zeit in Köln. Wir leben beide in erster Ehe. Aus unserer Ehe ist ein Sohn Karl, geboren am 6. Januar 1946 in Köln, hervorgegengen; das Kind lebt in unserem Haushalt. Wir sind deutsche Staatsangehörige und katholischen Bekenntnisses. Ich, der Ehemann, bin 45 Jahre, ich, die Ehefrau, bin 43 Jahre alt, wie sich aus den vorgelegten standesamtlichen Urkunden ergibt. Wir beabsichtigen, die am 15. September 1955 in Köln geborene Helene Karoline Müller, Tochter der miterschienenen Maria Müller, gemeinschaftlich an Kindes Statt anzunehmen. Wir leben in geordneten Verhältnissen; ich, der Ehemann, stehe seit Jahren in fester Arbeit und habe als Facharbeiter ein gutes Einkommen, das es uns ermöglicht, außer unserem eigenen Kind ein weiteres Kind zu unterhalten und aufzuziehen. Das Kind, Helene Karoline Müller, das unter Amtsvormundschaft des Jugendamtes der Stadt Köln steht, befindet sich mit Einwilligung der Mutter, die kränklich und meist arbeitsunfähig und auf die Unterstützung aus öffentlichen Mitteln angewiesen ist, seit seiner Geburt bei uns und wird von uns erzogen; es besitzt die deutsche Staatsangehörigkeit und ist katholisch. Wir bitten um Befreiung von der Erfordernis der Kinderlosigkeit.

Nachdem nunmehr aus den Akten 7 M VII 100 des Amtsgerichts Köln festgestellt war, daß das genannte Kind unter der Amtsvormundschaft der Stadt Köln steht, erklärten die Erschienenen zu 1 und 2 übereinstimmend, folgenden Vertrag miteinander zu schließen, um dessen Beurkundung zu gerichtlichem Protokoll sie baten und wozu der Erschienene zu 2 die Genehmigung des Vormundschaftsgerichts beantragte:

§ 1.

Die Eheleute Schulz nehmen die am 15. September 1952 in Köln geborene Helene Karoline Müller hiermit als gemeinschaftliches Kind an Kindes Statt an. Diese Erklärung wird von Herrn Krause ausdrücklich angenommen.

§ 2.

Als Familiennamen soll das Kind fortan den Namen Schulz ohne jeden Zusatz führen.

§ 3.

Im übrigen sollen auf das durch die Annahme an Kindes Statt begründete Rechtsverhältnis lediglich die Bestimmungen des Deutschen Bürgerlichen Gesetzbuches Anwendung finden.

§ 4.

Alle mit der Kindesannahme verbundenen Kosten und Auslagen trägt Herr Schulz.

Hierauf erklärte Fräulein Müller:

Zu dieser in meiner Gegenwart geschehenen Kindesannahme gebe ich als Mutter des Kindes meine Einwilligung, die, wie ich weiß, unwiderruflich ist.

---

[1] jetzt § 37 des Jugendwohlfahrtsgesetzes v. 11. 8. 1961, BGBl I S. 1206.

Die Erschienenen baten um gerichtliche Bestätigung des Vertrages[1].

Hierauf wurden den Erschienenen antragsgemäß folgende Entscheidungen bekanntgegeben:

1. den Eheleuten Schulz, daß ihnen die zu der Kindesannahme erforderliche Befreiung von der Erfordernis der Kinderlosigkeit erteilt werde,

2. dem gesetzlichen Vertreter des Kindes, Stadtoberinspektor Krause, daß ihm die vormundschaftsgerichtliche Genehmigung zum Abschluß des Annahmevertrages hiermit erteilt sei,

3. den Eheleuten Schulz und dem Stadtoberinspektor Krause, daß der vorstehend beurkundete Kindesannahmevertrag hiermit gerichtlich bestätigt werde.

Die Eheleute Schulz stellten sodann den Antrag, daß die Veränderung des Familienstandes des von ihnen angenommenen Kindes zu der über seinen Geburtsfall vorgenommenen Eintragung im Geburtenbuch des Standesamtes in Köln und in dem für sie, die Eheleute Schulz, geführten Familienbuch des genannten Standesamtes vermerkt werde. Sie baten, zu diesem Zwecke dem Standesamt in Köln beglaubigte Abschrift dieser Verhandlung (doppelt) zu übersenden.

Für die Zwecke der Kostenberechnung gaben die Eheleute Schulz an, daß sie kein Vermögen besäßen und daß der Arbeitsverdienst des Ehemannes monatlich netto etwa 500 DM betrage. Der Stadtoberinspektor Krause erklärte, daß das Kind vermögenslos sei.

Die Niederschrift ist den Erschienenen vorgelesen, von ihnen genehmigt und wie folgt eigenhändig unterschrieben worden:

gez. Wilhelm Schulz
gez. Auguste Schulz geb. Lehmann
gez. Heinrich Krause
gez. Maria Müller
gez. Schmitz, Amtsgerichtsrat.

5. Über die *geschäftliche Behandlung* der Vorgänge über die Annahme an Kindes Statt, insbesondere bei sogenannten Inkognito-Adoptionen, ferner die Rückgabe von Urkunden, verhält sich die AV d. fr. RJM vom 1. 7. 1943 (DJ 43 349), teilweise (Abschnitte II und III) aufgehoben durch AV d. JMNRW vom 21. 10. 1957 (JMBlNRW 57 256). Wegen der *akten- und registermäßigen Behandlung* des in Kindesannahmesachen anfallenden Schriftgutes vgl die Aktenordnung vom 28. 11. 1934 (bes. die §§ 25, 29 Abs 3b und 4, 39) in der Bearbeitung von LANGES-IMGENBERG, 3. Aufl. 1960, erschienen bei R. v. Deckers Verlag G. Schenck, Hamburg-Berlin-Bonn.

Um die Bearbeitung der Kindesannahmesachen sowohl im Hinblick auf die gesetzlich vorgeschriebene Mitwirkung des Vormundschaftsgerichts als auch auf die gerichtliche Bestätigung zu erleichtern, empfiehlt es sich, den Akten ein Verzeichnis nach folgendem Muster voranzuheften, das je nach der Eigenart des Einzelfalles geändert oder ergänzt werden kann:

---

[1] Wegen der Zuständigkeit des Gerichts vgl § 66 FGG. Es wird unterstellt, daß dieselbe Abteilung des Amtsgerichts nach der Geschäftsverteilung für die Beurkundung, die vormundschaftsgerichtlichen Obliegenheiten und die Bestätigung zuständig ist.

Laufende Nummer	Unterlagen	befindet sich
1	Geburtsurkunde des annehmenden Ehemannes	Bl. ...
2	Geburtsurkunde der annehmenden Ehefrau	Bl. ...
3	Heiratsurkunde der annehmenden Eheleute	Bl. ...
4	Nachweis der Staatsangehörigkeit des Ehemannes	Bl. ...
5	Nachweis der Staatsangehörigkeit der Ehefrau	Bl. ...
6	Bescheinigung, daß eheliche Abkömmlinge nicht vorhanden sind	Bl. ...
7	Geburtsurkunde des Kindes	Bl. ...
8	Nachweis der Staatsangehörigkeit des Kindes	Bl. ...
9	Strafregisterauszug des annehmenden Ehemannes	Bl. ...
10	Strafregisterauszug der annehmenden Ehefrau	Bl. ...
11	Auskunft des Jugendamtes	Bl. ...
12	Auskunft der Polizeibehörde	Bl. ...
13	Einwilligung der leiblichen Eltern oder der Mutter	Bl. ...
14	Vormundschaftsgerichtliche Genehmigung	Bl. ...
15	Annahmevertrag	Bl. ...
16	Bestätigung	Bl. ...

§ 70. 4. Die gerichtliche Bestätigung des Annahmevertrages

1. a) Gemäß § 1741 S. 2 BGB bedarf der Annahmevertrag der Bestätigung durch das zuständige Gericht. Nach § 1754 Abs I S. 1 BGB (i.d.F. des FamRÄndG vom 11. 8. 1961 Art 1 Nr 24, BGBl I S. 1225) tritt die Annahme an Kindes Statt mit der *Bestätigung* in Kraft; die Vertragschließenden sind aber schon vor diesem Zeitpunkt gebunden (§ 1754 Abs I S. 2 a. a. O.). Zum früheren Rechtszustand vgl Keidel S. 612 Vorb 1 a; für die sowjetisch besetzte Zone (DDR) vgl die VO vom 29. 11. 1956, Sammelblatt 57 176.

b) Die Bestätigung des Annahmevertrages soll lediglich die *Prüfung* sicherstellen, ob die *gesetzlichen Voraussetzungen* der Annahme an Kindes Statt erfüllt sind, und den *Abschluß ungültiger Annahmeverträge* und die sich hieraus ergebenden Verwicklungen *verhüten*. Die Prüfung der Zweckmäßigkeit des Vertrages ist nicht Sache des für die Bestätigung zuständigen Gerichts, sondern in dem gesetzlich vorgeschriebenen Umfang (s. oben § 69 c Aufgabe des Vormundschaftsgerichts. Demgemäß darf die Bestätigung auch nur in bestimmten Fällen versagt werden. Die hierauf bezügliche Vorschrift des § 1754 Abs II BGB hat durch Art 1 Nr 24 des FamRÄndG vom 11. 8. 1961 (BGBl I 1925) die jetzt geltende Fassung erhalten. Hiernach ist die Bestätigung *nur zu versagen*, 1. wenn ein gesetzliches Erfordernis der Annahme an Kindes Statt fehlt, 2. wenn begründete Zweifel daran bestehen, daß durch die Annahme ein dem

Eltern- und Kindesverhältnis entsprechendes Familienband hergestellt werden soll.

Ein gesetzliches Erfordernis im Sinne des § 1754 Abs II S. 1 *Ziffer 1* BGB fehlt auch dann, wenn der Annahmevertrag unzulässige Bestimmungen enthält (FamRZ 57 185 Nr 94 = DRiZ 57 Rechtspr S. 77 Nr 856) oder wenn der Vormund oder der (die) elterliche(n) Gewalthaber die gemäß §§ 1751 Abs I und II BGB i.d.F. d. FamRÄndG vom 11. 8. 1961 Art 1 Nr 22, BGBl I S. 1225 erfolgte Genehmigung des Vormundschaftsgerichts dem anderen Vertragsteil, also dem „Annehmenden", nicht mitteilt (FamRZ 58 429 Nr 172). Die Bestätigung kann aus Ziffer 1 a. a. O. nicht deshalb versagt werden, weil der gesetzliche Vertreter nicht gehindert gewesen sei, wenn an seiner Stelle ein vormundschaftsgerichtlich bestellter Pfleger den Vertrag abgeschlossen hat (JFG **13** 26).

Zu *Ziffer 2* vgl für den früheren Rechtszustand BGH vom 24. 1. 1957 in FamRZ 57 126 Nr 59 = NJW 57 673 = JMBlNRW 57 143 = DRiZ 57 Rechtspr S. 77 Nr 858[1]. Daran, daß durch die Kindesannahme ein dem Eltern- und Kindesverhältnis entsprechendes Familienband hergestellt werden soll, bestehen begründete Zweifel im Sinne des § 1754 Abs II Zff 2 BGB, wenn die für und gegen eine derartige Ansicht sprechenden Umstände gleich schwer wiegen (BGH a. a. O.; JFG **16** 275). Besteht zwischen bereits erwachsenen Vertragsteilen ein bloßes, wenn auch ernsthaftes und besonders nahes *freundschaftliches Verhalten*, so findet § 1745c BGB i. d. Einfügung des FamRÄndG vom 11. 8. 1961 Art 1 Nr 19, BGBl I S. 1224, 1225 Anwendung; es kann also dem anzunehmenden Kinde Befreiung von dem Erfordernis der Minderjährigkeit erteilt werden, wenn die Herstellung eines Annahmeverhältnisses sittlich gerechtfertigt ist. „Begründete Zweifel" kommen nicht nur dann in Betracht, wenn schon nach sonstigem Recht (§§ 117, 138 BGB) die *Nichtigkeit* des Annahmevertrages anzunehmen wäre (JFG **12** 11). Das Verhältnis der Beteiligten muß weiterhin frei sein von geschlechtlichen Empfindungen zwischen den Vertragschließenden (FamRZ 57 55 Nr 51 = StAZ 54 251).

Bei *gemeinschaftlicher Adoption* durch ein Ehepaar muß die Bestätigung auch dann versagt werden, wenn die hierfür maßgebenden Gründe nur in der Person eines Ehegatten vorliegen (DNZ 57 429 = DRiZ 57 Rechtspr S. 100 Nr 1027).

Wenn die Voraussetzungen des § 1754 Abs II BGB gegeben sind, *muß* die Bestätigung versagt werden, anderenfalls *muß* sie erteilt werden (KEIDEL S. 616 Anm 4). Die Versagung muß, wenn sie bei gemeinschaftlicher Kindesannahme durch ein Ehepaar aus Gründen, die in der Person eines der annehmenden Ehegatten liegen, notwendig ist, hinsichtlich

[1] In der sowjetisch besetzten Zone (DDR) gilt noch § 1754 BGB in der Fassung vor 1933, welche die Ziffer 2 des Absatzes II nicht enthielt.

des Vertrages im ganzen ausgesprochen werden (FamRZ 58 429 Nr 173 = NJW 57 952). Außer im Falle der Versagungsgründe des § 1754 Abs II BGB ist die Bestätigung freilich auch dann zu versagen, wenn der Vertrag wegen *Sittenwidrigkeit* nichtig ist (Palandt-Lauterbach S. 1326 Anm 3 zu § 1754 BGB). Der mit der Bestätigung befaßte Richter darf sich nicht darauf verlassen, daß der Richter, der die vormundschaftliche Genehmigung erteilt hat, hierbei die Erfordernisse der Gültigkeit des Annahmevertrages hinreichend geprüft habe (RGZ **121** 114 = JW 1928 3037, RGR IV S. 580, 581 Anm 3, Soergel-Siebert III F 410 Anm 2 zu § 1754 BGB). Wird die Bestätigung endgültig versagt, so verliert der Annahmevertrag seine Kraft (§ 1754 Abs II S. 2 BGB i.d.F. des FamRÄndG vom 11. 8. 1961 Art 1 Nr 24, BGBl I S. 1225), so auch nach früherem Recht, insbesondere nach der Fassung des § 1754 Abs II S. 2 BGB vor 1933 und des sogenannten Mißbrauchgesetzes vom 23. 11. 1933 (RGBl I S. 979) und der VO des Zentraljustizamts für die britische Zone vom 12. 3. 1948 (VOBl S. 71).

c) Ein bestätigter Annahmevertrag ist zwar nicht deshalb unwirksam, weil die Vorschrift des § 1747 Abs II BGB i.d.F. des FamRÄndG vom 11. 8. 1961 Art 1 Nr 20, BGBl I S. 1225 (Mindestalter des Kindes drei Monate) oder weil Formvorschriften verletzt worden sind (§ 1756 Abs I BGB a. a. O. Nr 26), heilt aber nicht *sachliche Mängel* des Vertrages, vermag also auch weder den Mangel eines gesetzlichen Erfordernisses zu ersetzen noch eine auf sonstigen Gründen beruhende Nichtigkeit des Vertrages, insbesondere auch nicht eine etwaige fehlerhafte Vertretung des Kindes, vgl FamRZ **60** 292 Nr 157, zu beheben; der Vertrag bleibt vielmehr beim Vorliegen eines solchen Mangels regelmäßig nichtig (KGJ **37** A 52; RJA **16** 27; RGZ **114** 339; **147** 310; **152** 228; **155** 348; **156** 334; Staudinger IV 2 S. 1330 Anm 1; Schlegelberger I S. 504 Anm 1 zu § 65; Keidel S. 616 Anm 4; Palandt-Lauterbach S. 1327 Anm 3 zu § 1756 BGB (s. auch Ausnahmefälle), RGR IV 580 Anm 3).

Fehlte zur Zeit der Bestätigung eine notwendige Einwilligung, so bleibt die Annahme in der Schwebe, da auch dann noch bis zur Bestätigung die nachträgliche Erteilung der Einwilligung möglich ist (KGJ **37** A 52), Soergel-Siebert III F 409 Anm 1 zu § 1754 BGB, str; vgl Staudinger IV 2 S. 1315 Anm 4 zu § 1746 BGB, RGR IV S. 580 Anm 3). Auf die Wirksamkeit der Annahme an Kindes Statt ist es ohne Einfluß, wenn bei der Bestätigung zu Unrecht angenommen worden ist, daß eine der in den §§ 1746, 1747 BGB bezeichneten Personen zur Abgabe einer Erklärung dauernd außerstande oder ihr Aufenthalt unbekannt sei (§ 1756 Abs II BGB; vgl hierzu oben § 69b Zff 4a, 4b).

d) Die Bestätigung kann *nicht nach dem Tode des Kindes* erfolgen (§ 1753 Abs I BGB); sie kann in diesem Falle auch nicht für die nach § 1762 BGB zugezogenen Abkömmlinge des Kindes erteilt werden

(Soergel-Siebert III F 409 Anm 1 zu § 1753 BGB, RGR IV S. 579 Anm 1 zu § 1753 BGB). Stirbt das Kind in der Zeit zwischen dem Erlaß des Bestätigungsbeschlusses und der Wirksamkeit dieses Beschlusses, s. unten Zff 2e, so ist der Annahmevertrag hinfällig und nichtig. *Nach dem Tode des Annehmenden* ist dagegen die Bestätigung noch *zulässig*, wenn nur der Annehmende oder das Kind den Antrag auf Bestätigung bei dem zuständigen Gericht eingereicht oder bei oder nach der gerichtlichen oder notariellen Beurkundung des Vertrages das Gericht oder den Notar mit seiner Einreichung betraut hat (§ 1753 Abs II BGB). Die unter dieser Voraussetzung nach dem Tode des Annehmenden erfolgte Bestätigung hat die gleiche Wirkung, wie wenn sie vor dem Tode erfolgt wäre (§ 1753 Abs III BGB). Es empfiehlt sich hiernach, regelmäßig bei der Beurkundung des Annahmevertrages den Zusatz mitaufzunehmen, daß die beurkundende Stelle (Gericht oder Notar) mit der Einreichung des Antrages betraut werde. Soll ein Kind als gemeinschaftliches Kind angenommen werden, so ist nach dem Tode auch nur eines der beiden Ehegatten nur unter den Voraussetzungen des § 1753 Abs II BGB die Bestätigung zu erteilen (Staudinger IV 2 S. 1319 Anm 1).

2. Das *Bestätigungsverfahren* ist in den §§ 65 bis 68 FGG geregelt[1].

a) Gemäß § 65 n. F. FGG (Ges vom 11. 8. 1961 Art 4 Nr 6, BGBl I 1228) ist für die Bestätigung des Annahmevertrages das Amtsgericht, (und zwar der Richter, nicht der Rechtspfleger, vgl § 12 Zff 3 RpflG) *sachlich zuständig;* der Mangel der sachlichen Zuständigkeit hat die Nichtigkeit der Bestätigung zur Folge (Schlegelberger I S. 506 Anm 3 zu § 65 FGG).

b) Für die Bestätigung ist *örtlich* das Gericht zuständig, in dessen Bezirk der Annehmende zu der Zeit, zu welcher der Antrag auf Bestätigung eingereicht oder nach Maßgabe des § 1753 Abs II BGB das Gericht oder der Notar mit der Einreichung betraut wird, seinen Wohnsitz oder in Ermangelung eines inländischen Wohnsitzes seinen Aufenthalt hat (§ 66 Abs I FGG). Ist der Annehmende ein Deutscher und hat er im Inland weder Wohnsitz noch Aufenthalt, so ist das Amtsgericht in Berlin-Schöneberg (Keidel S. 622 Anm 5, § 66 Abs II FGG i.d.F. d. FamRÄndG vom 11. 8. 1961 Art 4 Nr 7, BGBl I 1229) zuständig; dieses kann die Sache aus wichtigen Gründen an ein anderes Gericht abgeben; die Abgabeverfügung ist für das andere Gericht bindend (§ 66 Abs II FGG wie vorst.). Die örtliche Unzuständigkeit des entscheidenden Gerichts ist übrigens für die Gültigkeit der Entscheidung ohne Einfluß (§ 7 FGG; RGR IV S. 574 Anm 4 zu § 1741 BGB, Palandt-Lauterbach S. 1319 Anm 3 zu § 1741 BGB).

---

[1] Soweit das *Vormundschaftsgericht* bei der Annahme an Kindes Statt mitzuwirken hat, gelten die Vorschriften des 1. und 2. Abschnittes des FGG (vgl (Schlegelberger I S. 501 Vorb Anm 1).

c) Die Vorschrift des früheren Rechts, daß vor der *Entscheidung* über den Bestätigungsantrag die *höhere Verwaltungsbehörde* zu hören sei (vgl hierzu § 1754 Abs III BGB i.d.F. d. Ges vom 23. 11. 1933, RGBl I 979, RdErlaß des fr. PrMd. J. vom 18. 12. 1933, DJ 34 8 und AV des fr. PrJM vom 20. 1. 1934, DJ 34 113) ist durch die Neufassung des § 1754 BGB im Ges vom 11. 8. 1961 Art 1 Nr 24 beseitigt. Sie wird auch in der sowjetisch besetzten Zone (DDR) nicht angewendet. Dementsprechend ist der *frühere* § 68 FGG gestrichen (FamRÄndG vom 11. 8. 1961 Art 4 Nr 8 BGBl I 1229). In Bayern wurde § 68 a. F. FGG bisher weiter angewendet (KEIDEL S. 615 Anm 3, S. 623 Anm 1).

d) Der Bestätigungsbeschluß wird mit der Bekanntmachung an den Annehmenden *wirksam* (§ 67 Abs I FGG i.d.F. des FamRÄndG vom 11. 8. 1961 Art 4 Nr 9, BGBl I S. 1229). Nach dem Tode des Annehmenden wird der Bestätigungsbeschluß unbeschadet der Vorschrift des § 1753 Abs III BGB („die nach dem Tode des Annehmenden erfolgte Bestätigung hat die gleiche Wirkung, wie wenn sie vor dem Tode erfolgt wäre") mit der Bekanntmachung an das Kind wirksam (§ 67 Abs II FGG a. a. O.). Der Beschluß ist aber auch allen anderen Vertragschließenden bekanntzumachen (PALANDT-LAUTERBACH S. 1326 Anm 5 zu § 1754 BGB, RGR IV S. 580 Anm 2). Bei beschränkter Geschäftsfähigkeit des Kindes hat die Bekanntmachung auch an den gesetzlichen Vertreter zu erfolgen (SCHLEGELBERGER I S. 510 Anm 3 zu § 67 FGG). Bei gemeinschaftlicher Annahme an Kindes Statt (§ 1749 BGB i.d.F. wie oben Art 1 Nr 21) ist Bekanntmachung an *beide* Ehegatten (vgl für das frühere Recht BayObLG vom 13. 11. 1959 in FamRZ 60 243 Nr 119) und das Kind oder seinen gesetzlichen Vertreter, bei beschränkter Geschäftsfähigkeit des Kindes auch an seinen gesetzlichen Vertreter erforderlich. Notwendig ist ferner die Mitteilung des Beschlusses durch das Kind oder den gesetzlichen Vertreter an die Erben oder den Pfleger für die ungewissen Erben des Annehmenden (DNZ 50 109 = JMBlNRW 50 125).

e) Der Bestätigungsbeschluß ist *unanfechtbar;* das Gericht darf ihn nicht ändern (§ 67 Abs III FGG i.d.F. des FamRÄndG vom 11. 8. 1961 Art 4 Nr 9 BGBl I S. 1229). Der Ausschluß des Rechtsmittels läßt aber die Anfechtbarkeit des bestätigten Annahmevertrages nach den Vorschriften des materiellen Rechtes unberührt (OLG 42 186; s. unten § 72 zu B). In BGHZ 27 126 ist u. a. ausgeführt, daß die Rechtsunwirksamkeit des Adoptionsvertrages mit der Begründung geltend gemacht werden könne, daß der Vertrag wegen Fehlens der elterlichen Einwilligung einen Mangel aufweise, der durch die Bestätigung nicht geheilt sei; bei der Entscheidung eines solchen Rechtsstreites sei der Prozeßrichter an die Auffassung des Richters der freiwilligen Gerichtsbarkeit nicht gebunden (RGZ 158 156, 124 324). Der in diesem Zusammenhang gemachte Hinweis auf die Aufgabe des Gesetzgebers zur Verhütung einer mißbräuchlichen Verweigerung der elterlichen Einwilligung hat offensichtlich zu der Einfügung des § 1747 Abs III in das BGB geführt (vgl FamRÄndG vom 11. 8. 1961 Art 1 Nr 20, BGBl I S. 1225, s. oben § 69b Zff 4b).

Der Beschluß, durch den die Bestätigung *versagt* wird, kann mit der *sofortigen Beschwerde* angefochten werden, und zwar auch von dem Vertragschließenden, der die Bestätigung nicht beantragt hatte (§ 68 S. 1 u. 2 FGG i.d.F. des FamRÄndG vom 19. 11. 1961 Art 4 Nr 9, BGBl I S. 1229). Die Vorschriften des § 22 Abs II FGG (Wiedereinsetzung in den vorigen Stand), § 24 Abs III FGG (einstweilige Anordnung des Beschwerdegerichts) und des § 26 S. 2 FGG (Anwendung der sofortigen Wirksamkeit durch das Beschwerdegericht) sind nicht anzuwenden (§ 68 S. 3 FGG a. a. O.). Ein minderjähriges Kind kann das Rechtsmittel nicht persönlich, sondern nur durch seinen gesetzlichen Vertreter einlegen (SCHLEGELBERGER I S. 511 Anm 2 zu § 68 FGG, KEIDEL S. 628 Anm 5).

3. Für einige besondere Fälle sei folgendes bemerkt:

a) Der Beschluß des Beschwerdegerichts, durch den das Amtsgericht angewiesen wird, von einem bestimmten Grund zur Versagung der Bestätigung eines Kindesannahmevertrages abzusehen, ist unanfechtbar, da er im Rahmen der Beschwerdeentscheidung eine Bestätigung des Annahmevertrages enthält (NdsRpfl 53 221 = DRiZ 54 Rechtspr S. 45 Nr 482 = Amtsvormund XXVII 16).

b) Eine Zwischenverfügung des Amtsgerichts, durch die den Beteiligten eine bestimmte Änderung des Vertrages aufgegeben wird, andernfalls der Vertrag nicht bestätigt werden könne, unterliegt der Beschwerde (BGH vom 13. 7. 1957, BGHZ 25 163 = FamRZ 57 360 Nr 169 = NJW 57 1475 = DRiZ 58 B 14 Nr 193).

c) Unanfechtbar ist dagegen der Beschluß, durch den vom Amtsgericht festgestellt wird, daß der Bestätigung ein bestimmtes Hindernis nicht entgegenstehe (FamRZ 57 184 Nr 93).

4. Wegen der Kosten vgl § 98 der Kostenordnung i.d.F. d. Art 6 Nr 3 des FamRÄndG vom 11. 8. 1961, BGBl I S. 1230.

5. Das *Personenstandsgesetz* i.d.F. vom 8. 8. 1957 (BGBl I S. 1125ff., und die zur Ausführung des Gesetzes erlassene VO vom 12. 8. 1957 (BGBl I S. 1139ff.)[1] enthalten zahlreiche Bestimmungen über Eintragung der Annahme an Kindes Statt in die standesamtlichen Bücher[2].

---

[1] Für die Handhabung des Personenstandsrechts vgl die Hinweise bei KEIDEL S. 630 Anm 2 u. S. 632 Anm 5.

[2] Vgl auch MASZFELLER, Die Novelle zum Personenstandsgesetz in FamRZ 57 229 ff.

Gemäß § 15 Abs I Zff 3 u. 4 PStG sind in das *Familienbuch* der Wahleltern die von diesen gemeinschaftlich und die von einem Ehegatten an Kindes Statt angenommenen Kinder des anderen Ehegatten mit Vornamen und Angabe des Ortes und Tages der Geburt sowie unter Hinweis auf den gerichtlichen Bestätigungsbeschluß einzutragen. Das Familienbuch wird für ein Kind nicht mehr fortgeführt, wenn es die Ehe geschlossen hat. Es wird jedoch im Familienbuch der Eltern auch nach seiner Eheschließung eingetragen, wenn es an Kindes Statt angenommen wurde. Für ein an Kindes Statt angenommenes Kind wird nur das Familienbuch der Wahleltern fortgeführt (§ 15 Abs IV PStG).

Die Eintragungen in das Familienbuch werden, soweit gesetzlich nichts anderes bestimmt ist, von bestimmten Angaben abgesehen, auf Grund von Einträgen in anderen Personenstandsbüchern oder auf Grund von öffentlichen Urkunden vorgenommen (§ 15b Abs I PStG). Auf diese Bestimmungen werden die Beteiligten zweckmäßig hinzuweisen sein.

Im *Geburtenbuch* ist ein *Randvermerk* einzutragen, wenn die Abstammung oder der Name eines Kindes mit allgemein bindender Wirkung festgestellt[1] oder wenn der Personenstand des Kindes geändert wird (§ 30 Abs I PStG), also auch über die Annahme an Kindes Statt. Von dieser hat die Geschäftsstelle des Bestätigungsgerichts erster Instanz dem Standesbeamten, der das Familienbuch der Wahleltern führt, und dem Standesbeamten, der die Geburt des Kindes beurkundet hat, durch Übersendung beglaubigter Abschriften des Annahmevertrages und des Bestätigungsbeschlusses Mitteilung zu machen (§ 30 Abs II PStG; AusfVO §§ 23, 27). Der Standesbeamte, der den Randvermerk im Geburtenbuch macht, benachrichtigt hiervon die Standesbeamten, die die Familienbücher der Wahleltern und gegebenenfalls der leiblichen Eltern führen (vgl im einzelnen die §§ 37 und 38 der VO zur Ausf. d. PStG).

Lehnt der Standesbeamte die Vornahme einer Amtshandlung ab, so kann er auf Antrag der Beteiligten oder der Aufsichtsbehörde durch das Amtsgericht dazu angehalten werden (§ 45 Abs I PStG)[2]. Der Standesbeamte kann in Zweifelsfällen auch von sich aus die Entscheidung des Amtsgerichts darüber herbeiführen, ob eine Amtshandlung vorzunehmen ist (§ 45 Abs II PStG). Ähnliche Vorschriften gelten, abgesehen von der Berichtigung offensichtlicher oder nachgewiesener Irrtümer, die dem Standesbeamten überlassen ist (§§ 46a, 46b PStG), für die *Berichtigung abgeschlossener Eintragungen* (§ 47 PStG). Das Verfahren regelt sich nach den Vorschriften des FGG und den besonderen Bestimmungen der §§ 48 bis 50 PStG.

---

[1] Zur Mitteilungspflicht gegenüber den Standesämtern im Falle des § 1758a Abs V BGB vgl RV d. JMNRW vom 22. 11. 1962 (1454 — I B 68).

[2] Auch zur Eintragung in *Familienstammbücher* kann der Standesbeamte im Falle der Ablehnung angehalten werden (so für das frühere Recht JFG **9** 81).

Die Entscheidung des Landgerichts, durch die dem Antrag, den Standesbeamten zur Vornahme einer Amtshandlung anzuhalten, stattgegeben worden ist, ist auch dann mit der weiteren sofortigen Beschwerde anfechtbar, wenn das Amtsgericht den Antrag zurückgewiesen hat und daher gegen dessen Entscheidung die einfache Beschwerde gegeben ist (BGH vom 15. 4. 1959 in NJW **59** 1581 = FamRZ **59** 354 Nr 162 = DRiZ **59** B 112 Nr 1388). Die Mutter des Kindes ist, wenn sie der Adoption formgerecht zugestimmt hat, ohne daß ihr die Personen der Annehmenden bekanntgeworden sind, an einem gerichtlichen Verfahren darüber, ob der Standesbeamte zur Eintragung eines Randvermerks im Geburtenbuch über die Adoption des Kindes anzuhalten ist, nicht beteiligt (BGH vom 4. 3. 1960 in NJW **60** 1059 = MDR **60** 573 = FamRZ **60** 229 Nr 102 = DRiZ **60** B 96 Nr 1094 u. B 119 Nr 1254).

Der *Standesbeamte*, dem der Vertrag über die Annahme an Kindes Statt und der rechtskräftige Bestätigungsbeschluß vorgelegt worden ist, ist verpflichtet, die Eintragung des Randvermerks gemäß § 30 PStG vorzunehmen[1]. Er ist *nicht berechtigt, die Rechtswirksamkeit des Annahmevertrages von sich aus nochmals zu prüfen, es sei denn, daß im Einzelfall ersichtlich ernste Zweifel* daran bestehen, daß der Vertrag rechtswirksam geschlossen ist (BGH vom 15. 12. 1956 in FamRZ **57** 95 Nr 38 u. 122 Nr 58 = SchlHA **57** 100 = DRiZ **57** Rechtspr S. 65 Nr 652; BGH vom 13. 7. 1957 in FamRZ **57** 363, 364 Nr 170, OLG Karlsruhe (Freiburg) FamRZ **60** 292 Nr 157, ferner KEIDEL S. 636 Anm 3; abw. früher OLG Hamm vom 6. 11. 1953 = ZBlJugR **54** 30 = JMBlNRW **54** 18 = DRiZ **54** Rechtspr S. 47 Nr 527 = Amtsvormund XXVII 176; vgl zu dieser Frage auch BEITZKE in FamRZ **56** 172 und BLUHM a. a. O. **56** 269).

§ 71. 5. Die Wirkungen der Annahme an Kindes Statt

Durch die Annahme an Kindes Statt erlangt das angenommene Kind die *rechtliche Stellung eines ehelichen Kindes des Annehmenden* (§ 1757 Abs I BGB). Hat ein Ehepaar ein Kind gemeinschaftlich angenommen oder hat ein Ehegatte ein Kind des anderen Ehegatten angenommen, so erlangt das Kind die rechtliche Stellung eines gemeinschaftlichen ehelichen Kindes der Ehegatten (§ 1757 Abs II BGB); diese Vorschrift ist allerdings nicht anwendbar, wenn ein Ehegatte ein leibliches Kind des anderen Ehegatten erst nach dessen Tode annimmt (ERMAN-HEFERMEHL S. 1879 Anm 2 zu § 1757 BGB, PALANDT-LAUTERBACH S. 1328 Anm 2 zu § 1757 BGB). Dagegen gilt § 1757 Abs II BGB auch dann, wenn ein Ehemann das uneheliche Kind seiner Ehefrau an Kindes Statt annimmt (vgl KREMER in FamRZ **55** 238, 239); der Mutter steht daher nach dem Tode des Ehemannes die elterliche Gewalt gemäß § 1681

[1] Zur Mitteilungspflicht des Gerichts an das Standesamt vgl die RV d. JMNRW vom 22. 11. 1962 (1454 — I B 68).

Abs I n. F. allein zu, so daß für eine Vormundschaft kein Raum ist (vgl für das frühere Recht DJZ **1931** 1590). Kommt es zur Scheidung der Wahleltern, so findet § 1671 n. F. BGB Anwendung; der nichtsorgeberechtigte Adoptivelternteil behält das Recht des persönlichen Verkehrs mit dem Kinde (§ 1634 BGB i.d.F. d. GleichberG vom 18. 6. 1957, BGBl I S. 609), vgl auch für das frühere Recht JFG **23** 339ff.). Hat der Vormund eines Kindes einen Vertrag geschlossen, der der vormundschaftsgerichtlichen Genehmigung bedarf, so ist für diese nach der Adoption kein Raum mehr (FamRZ **56** 116 Nr 175 = MDR **55** 676 Nr 647).

Im einzelnen gilt folgendes:

1. Im Verhältnis des oder der Annehmenden zu dem Kinde finden die Vorschriften über die *gegenseitige Unterhaltspflicht* Anwendung (§§ 1766, 1601ff. BGB i.d.F. d. GleichberG vom 18. 6. 1957); einem unehelichen Kinde gegenüber hat der Annehmende die Unterhaltsverpflichtung auch vor dessen Vater (§ 1766 Abs I S. 2 BGB i.d.F. d. FamRÄndG vom 11. 8. 1961 Art 1 Nr 27, BGBl I S. 1225); s. unten Zff 3c. Der Annehmende ist aber hinsichtlich seines Unterhaltsanspruchs denselben Beschränkungen unterworfen wie leibliche Verwandte der aufsteigenden Linie im Falle des § 1611 Abs II BGB (§ 1766 Abs II BGB). Das bedeutet, daß der Annehmende, wenn er sich einer Verfehlung schuldig macht, die das Kind, wenn der Annehmende erbberechtigt wäre, berechtigen würde, ihm den Pflichtteil zu entziehen, nur den *notdürftigen* Unterhalt verlangen kann. Ebenso finden die Vorschriften über das *Rechtsverhältnis zwischen Eltern und ehelichen Kindern* (§ 1616 bis 1618, 1624, 1625 BGB und über die *elterliche Gewalt* (§§ 1626 bis 1698b BGB i.d.F. d. Gleichberechtigungsgesetzes vom 18. 6. 1957) Anwendung; wegen der Nichtigkeit der §§ 1628 und 1629 Abs I BGB vgl oben § 42 Zff 2). Auch hinsichtlich der *religiösen Kindererziehung* steht das angenommene Kind einem ehelichen Kinde im Sinne des Reichsgesetzes vom 15. Juli 1921 (RGBl I S. 939, 1263) gleich; vgl PALANDT-LAUTERBACH S. 1327 Anm 1 zu § 1757 BGB. Das Kind teilt nach der Annahme nach Maßgabe des § 11 n. F. BGB den *Wohnsitz* des Annehmenden und bedarf seiner Einwilligung zur *Eingehung einer Ehe* nach Maßgabe des § 3 EheG Es erlangt zwar durch die Annahme nicht die *Staatsangehörigkeit des Annehmenden* (§ 3 d. Ges vom 22. 7. 1913 i.d.F. d. Ges vom 19. 8. 1957, BGBl I S. 1251, PALANDT-LAUTERBACH S. 1337 Anm 1 zu § 1757 BGB, ERMAN-HEFERMEHL S. 1878 Anm 1 zu § 1757 BGB), nimmt aber an dem Erwerbe der deutschen Staatsangehörigkeit durch den Annehmenden nach Maßgabe des § 16 Abs II d. Ges vom 22. 7. 1913 i.d.F. d. Ges vom 14. 7. 1953, BGBl I S. 551, 583, teil (vgl STAUDINGER IV 2 S. 1304 Anm 3b). Das Kind ist endlich wie ein eheliches Kind dem Annehmenden gegenüber *erb- und pflichtteilberechtigt;* das Erbrecht des Kindes kann allerdings im An-

nahmevertrag ausgeschlossen werden (§ 1767 Abs I BGB). Ist die Ehe von Adoptiveltern, die ein Kind gemeinschaftlich an Kindes Statt angenommen haben, geschieden, so behält der nicht sorgeberechtigte Elternteil in entsprechender Anwendung des § 1634 n. F. BGB die Befugnis, mit dem Kinde persönlich zu verkehren (vgl für das frühere Recht JFG 23 339; FamRZ 56 389 Nr 549).

Wird ein minderjähriges Kind von einer *verheirateten Frau*, nicht auch von ihrem Ehemanne, an Kindes Statt angenommen, so erhielt die Annehmende nach früherem Recht nicht die volle elterliche Gewalt, sondern das Recht und die Pflicht, für die Person des Kindes zu sorgen (KGJ 53 A 41); nunmehr erhält die Annehmende die volle elterliche Gewalt.

2. Von dem Grundsatz, daß das angenommene Kind die rechtliche Stellung eines ehelichen Kindes des Annehmenden erlangt, finden indessen gewisse *Ausnahmen* statt:

a) Das frühere Recht schon enthielt im § 1758 a. F. BGB besondere Bestimmungen über den *Familiennamen*[1] des angenommenen Kindes. Nach dem Inkrafttreten des Grundgesetzes der Bundesrepublik war im Hinblick auf die Bestimmungen der Art 3 Abs II und 117 Abs I GG str geworden, ob die Vorschrift des § 1758 Abs I S. 2 BGB nicht dem Grundsatz der *Gleichberechtigung der Geschlechter* widerspreche. Diese Frage wurde besonders von dem OLG Hamm bejaht (vgl FamRZ 56 118 und 392 = NJW 55 1723 = DRiZ 56 Rechtspr 15 Nr 235 = ZBl-JugR 56 267 = Amtsvormund XXVIII 248 und DRiZ 57 Rechtspr S. 14 Nr 222 = StAZ 55 262), dagegen von der überwiegenden Mehrheit der Gerichte verneint (vgl bes. BGH in BGHZ 25 163 = FamRZ 57 360 Nr 169 = NJW 57 1493 u. 57 363 Nr 170; KG in FamRZ 57 98 Nr 52 = 185 Nr 94 — vollst. Abdruck — = DRiZ 57 Rechtspr 77 Nr 856; OLG Hamburg in FamRZ 56 395 Nr 552; OLG Bremen in FamRZ 57 98 Nr 50 = DRiZ 57 Rechtspr 65 Nr 653; mit der Verfassungsbeschwerde angefochten: FamRZ 57 363 Anm zu Nr 169; LG Nürnberg-Fürth in FamRZ 57 98 Nr 51; LG Stuttgart in FamRZ 57 378 Nr 185).

Seit dem Inkrafttreten des *Bundesgesetzes über die Gleichberechtigung von Mann und Frau auf dem Gebiete des bürgerlichen Rechts (Gleichberechtigungsgesetz)* vom 18. 6. 1957 (BGBL I 609 ff.), also seit dem 1. 7. 1958, gilt folgende Rechtslage, die gemäß Art. 8 II Nr. 5 des Gesetzes sich auch auf das Land *Berlin* erstreckt[2]:

Das Kind erhält *grundsätzlich* den *Familiennamen des Annehmenden* (§1758 Abs I n. F. BGB); zu diesem Namen gehört auch die Adelsbezeich-

[1] Vgl Schnitzerling, Der Name des Adoptivkindes, NJW 60 566.

[2] Das dem Grundsatz der Gleichberechtigung widersprechende Recht ist auch im Lande Berlin am 1. 4. 1953 außer Kraft getreten (BGHZ 25 163 = FamRZ 57 360 Nr 169).

nung (vgl RGZ **103** 194; **109** 244, 246). Wird das Kind von einer *Frau* angenommen, die infolge ihrer Verheiratung einen anderen Namen führt, so *soll* in dem Annahmevertrag *vereinbart* werden, ob das Kind den Ehenamen der Frau oder den von der Frau vor ihrer Verheiratung geführten Namen erhält; ist hierüber nichts bestimmt, so gilt der Ehenamen der Frau als Adoptionsname des Kindes als vereinbart (Abs II a. a. O.). Bei gemeinschaftlicher Kindesannahme durch ein Ehepaar erhält das Kind den Familiennamen des Mannes (Abs III a. a. O.). In jedem Fall darf das Kind dem neuen Namen seinen früheren Familiennamen hinzufügen, wenn in dem Annahmevertrag nicht etwas anderes bestimmt ist (Abs IV a. a. O.)[1]. Der eigene Name ist nach dem Familiennamen des Annehmenden zu gebrauchen (so für das frühere Recht RGZ **109** 250, 251). Die Entscheidung über den Gebrauch des früheren Namens steht dem Kinde zu (Palandt-Lauterbach S. 1328 Anm 4 zu § 1758 BGB, Staudinger IV 2 S. 1334 Anm 1 c u. d). Für den durch Verheiratung einer Frau erworbenen Namen ist die Annahme ohne Bedeutung, wohl aber für ihren Mädchennamen (Palandt-Lauterbach S. 1328 Anm 2 zu § 1758 BGB; RJA **12** 198). Auf die nach Abschluß des Annahmevertrages geborenen Abkömmlinge geht der neue Name ohne Wahlrecht über (RGR IV S. 585 Anm 1 zu § 1758 BGB), auf die vorher geborenen Abkömmlinge nur, wenn der Vertrag auch mit ihnen geschlossen ist (§ 1762 S. 2 BGB).

Zu der Vereinbarung, daß das Kind den Ehenamen der Frau erhalten soll, ist die *Zustimmung des Ehemannes* der Frau erforderlich. Die Zustimmung des früheren Ehemannes ist auch dann erforderlich, wenn die Frau zur Zeit der Kindesannahme einen früheren Ehenamen nach der Scheidung ihrer letzten Ehe wieder angenommen hat (KG in FamRZ **61** 386 Nr 136). Die Einwilligung muß der Frau oder dem Kind oder dem Bestätigungsgericht gegenüber erklärt werden; sie bedarf der gerichtlichen und notariellen Beurkundung und ist unwiderruflich. Die Einwilligung kann nicht durch einen Vertreter erteilt werden, doch wird Vertretung in der Erklärung bei inhaltlich klarer und gerichtlich oder notariell beurkundeter Vollmacht zuzulassen sein; ist der Einwilligende in der Geschäftsfähigkeit beschränkt, so bedarf er nicht der Zustimmung seines gesetzlichen Vertreters (§§ 1758a Abs I, 1748 BGB).

Im Falle der Verweigerung der Zustimmung oder der Verhinderung des Mannes (Tod, Krankheit, Abwesenheit) kann das *Vormundschaftsgericht* die Zustimmung *auf Antrag ersetzen*, wenn das Kind noch nicht 18 Jahre alt ist *und* wenn vom Standpunkt des Ehemannes, des

[1] Vgl Westermann, Form und Entscheidung eines Adoptierten für die Führung eines Doppelnamens in NJW **61** 1803 (Hinweis in DRiZ **61** B 107 Nr 1254), ferner Walti, Formlosigkeit der Entscheidung eines Adoptierten für die Führung eines Doppelnamens (Hinweis in DRiZ **62** B 40 Nr 529) in NJW **62** 189.

früheren Ehemannes oder seiner Familie[1] keine wichtigen Gründe gegen die Vereinbarung sprechen (§ 1758a Abs II BGB). Ist der frühere Ehemann verstorben und der Anzunehmende älter als 18 Jahre, so kann ein vormundschaftsgerichtlicher Ersetzungsbeschluß gemäß § 1758a Abs II BGB nicht ergehen (KG in FamRZ **61** 386 Nr 136).

Die Zustimmung kann nur bis zur Bestätigung des Annahmevertrages erklärt oder ersetzt werden (§ 1758a Abs III S. 1 BGB). Ist beides nicht der Fall, so gilt der Annahmevertrag, wenn er nicht anderes bestimmt, mit der Maßgabe, daß das Kind den Namen erhält, den die Frau vor ihrer Verheiratung geführt hat (§ 1758a Abs III S. 2 BGB).

Das *Gericht soll* im *Bestätigungsbeschluß feststellen*, welchen Namen das Kind erhält (§ 1758a Abs IV BGB); so wird späteren Meinungsverschiedenheiten vorgebeugt.

Erhält die Frau nach *Auflösung oder Nichtigkeitserklärung der Ehe* auf Grund der eherechtlichen Vorschriften ihren Familiennamen wieder, so erstreckt sich die *Namensänderung* auf das Kind, das den Ehenamen der Frau erhalten hat, es sei denn, daß das Kind schon das 18. Lebensjahr vollendet hat (§ 1758a Abs V BGB).

In einer *Übergangsvorschrift* hat das Gleichberechtigungsgesetz eine besondere Regelung für den Fall getroffen, daß vor dem Inkrafttreten des Gesetzes (1. 7. 58) eine Frau, die infolge ihrer Verheiratung einen anderen Namen führt, ein Kind angenommen hat. In diesem Falle kann *auf Antrag der Frau* das Vormundschaftsgericht bestimmen, daß das Kind den Namen erhält, den die Frau zur Zeit der Bestätigung des Annahmevertrages geführt hat und noch führt (Art 8 I Nr 10 Abs I des GleichberG); *der Antrag konnte aber nur innerhalb eines Jahres seit Inkrafttreten des Gleichberechtigungsgesetzes d. h. bis zum 30. 6. 1959 gestellt werden (Abs IV S. 3 a. a. O. und Art 8 II Nr 4 GleichberG)*. Ist ein vor der Verkündigung des Gleichberechtigungsgesetzes abgeschlossener Kindesannahmevertrag, der eine gegen § 1758 Abs I S. 2 BGB verstoßende Bestimmung enthält, gemäß § 139 BGB in vollem Umfang nichtig, so bewendet es auch nach dem Inkrafttreten dieses Gesetzes bei der Nichtigkeit des Vertrages. Infolgedessen bestand in solchem Falle auch nicht die in Art 8 I Nr 10 a. a. O. vorgesehene Möglichkeit, dem Kinde den Ehenamen der annehmenden Frau zu verschaffen (BGH vom 13. 7. 57 in BGHZ **25** 163 = FamRZ **57** 360 Nr 169 = NJW **57** 1473 = DRiZ **58** B 14 Nr 193). Die Bestimmung des Vormundschaftsgerichts gemäß Abs I a. a. O. war nur bei Einwilligung des Ehemannes oder des früheren Ehemannes der Frau und des Kindes, falls es das 14. Lebensjahr vollendet hat, zulässig; dabei galt § 1748 BGB entsprechend (Art 8 I Nr 10

[1] Hierzu gehören die Geschwister des Ehemannes selbst dann nicht, wenn seine Eltern verstorben sind (FamRZ **63** 56 Nr 21).

Abs II GleichberG). Fehlte es an der Einwilligung des Mannes, weil er sie verweigert oder verstorben oder verhindert (Krankheit oder Abwesenheit) war, so konnte dem Antrag nur stattgegeben werden, wenn das Kind das 18. Lebensjahr noch nicht vollendet hatte und wenn vom Standpunkt des Ehemannes, des früheren Ehemannes oder seiner Familie keine wichtigen Gründe gegen den Antrag sprachen (Abs III a. a. O.). Die dem Antrag stattgebende Entscheidung wurde erst mit der Rechtskraft wirksam (Abs IV S. 1 a. a. O.); sie war infolgedessen mit der sofortigen Beschwerde anfechtbar (§ 60 Abs I Zff 6 FGG). Das Rechtsmittel stand dem Manne zu, war dieser verstorben, seinen Eltern (Art 8 I Nr 10 Abs IV S. 1 und 3 a. a. O.). Erhält die Frau nach Auflösung oder Nichtigerklärung der Ehe auf Grund der eherechtlichen Vorschriften ihren Familiennamen wieder, so gilt dasselbe wie im Falle des § 1758a Abs V BGB.

b) Durch die Annahme an Kindes Statt wird ein *Erbrecht*[1] für den *Annehmenden* nicht begründet (§ 1759 BGB). Indessen kann das Kind durch Verfügung von Todes wegen zugunsten des Annehmenden Bestimmungen über sein Vermögen treffen (RGR IV S. 585 Anm 1 zu § 1759 BGB; ERMAN-HEFERMEHL S. 1880 Anm 1 zu § 1759 BGB). Das Erbrecht des *Kindes* und seiner gemäß § 1762 BGB von den Wirkungen der Annahme mitumfaßten Abkömmlinge (auf einen beim Vertragsabschluß schon vorhandenen Abkömmling und dessen Abkömmlinge erstrecken sich die Wirkungen der Adoption nur, wenn der Vertrag auch mit dem schon vorhandenen Abkömmling geschlossen wird, § 1762 S. 2 BGB) gegenüber dem Annehmenden *kann* im Annahmevertrag *ausgeschlossen* werden (§ 1767 Abs I n. F. BGB). Sind Abkömmlinge als Erben eingesetzt, so zählen auch Adoptivkinder zu ihnen, es sei denn, daß ein anderer Wille des Erblassers festgestellt werden kann (BayObLG in FamRZ 60 244 Nr 120 = NJW 60 965 = MDR 60 401 = JR 60 184 = DRiZ 60 B 83 Nr 873). Das Kind und seine Abkömmlinge können auch späterhin auf das durch die Annahme begründete Erbrecht verzichten.

c) Der Annehmende ist verpflichtet, auf seine Kosten über das auf Grund der elterlichen Gewalt seiner Verwaltung unterliegende *Kindesvermögen* ein *Verzeichnis* aufzunehmen und mit der Versicherung der Richtigkeit und Vollständigkeit dem Vormundschaftsgericht einzureichen; notfalls kann dieses die Aufnahme des Verzeichnisses nach Maßgabe des § 1682 Abs II S. 1 n. F. BGB veranlassen (§ 1760 Abs I n. F. BGB). In entsprechender Anwendung des § 1682 Abs I S. 2 n. F. BGB wird anzunehmen sein, daß Haushaltsgegenstände nur durch Angabe des Gesamtwertes in dem Verzeichnis berücksichtigt zu werden brauchen. Erfüllt der Annehmende seine Verpflichtung zur Aufnahme und Einrei-

[1] Vgl auch SCHNITZERLING, Erbrechtliche Folgen bei der Adoption, MDR 60 894.

chung des Verzeichnisses nicht, so kann das Vormundschaftsgericht dem Annehmenden die Vermögensverwaltung entziehen; diese Maßnahme kann jederzeit wieder aufgehoben werden (§ 1760 Abs II BGB). Der Wert der Vermögensgegenstände und die Passiven brauchen im übrigen in dem Verzeichnis nicht angegeben zu werden (STAUDINGER IV 2 S. 1338 Anm 2b).

Abgesehen von dem Erbrecht des Kindes (s. oben zu b) können die Wirkungen der Annahme an Kindes Statt in dem Annahmevertrag nicht geändert werden (§ 1767 Abs II n. F. BGB); insbesondere kann also weder das Recht der Verwaltung des Kindesvermögens (so schon für das frühere Recht KGJ 37 A 52) noch die Nutznießung an dem Vermögen des Kindes dem Annehmenden nicht entzogen werden.

d) Wenn der *Annehmende* eine *Ehe eingehen* will, während er die elterliche Gewalt über das Kind hat, so muß er seine Absicht dem Vormundschaftsgericht anzeigen, auf seine Kosten ein Verzeichnis des seiner Verwaltung unterliegenden Vermögens des Kindes einreichen und, soweit in Ansehung des Vermögens eine Gemeinschaft zwischen ihm und dem Kinde besteht, die Auseinandersetzung herbeiführen, es sei denn, daß das Vormundschaftsgericht den Aufschub der Auseinandersetzung bis nach Abschluß der Ehe gestattet. Kommt der Annehmende diesen Verpflichtungen nicht nach, so kann ihm das Vormundschaftsgericht die Vermögensverwaltung entziehen, diese Anordnung aber während der Dauer der elterlichen Gewalt jederzeit ändern (§ 1761 i. V. m. den §§ 1683, 1684, 1696 n. F. BGB). Der Annehmende bedarf auch, solange das angenommene Kind minderjährig ist, zur Eingehung der Ehe des im § 9 Ehe G vorgesehenen Zeugnisses (vgl § 1757 Abs I BGB).

e) Die Wirkungen der Annahme an Kindes Statt erstrecken sich grundsätzlich auch auf die *Abkömmlinge des Kindes* (§ 1762 S. 1 BGB). In Betracht kommen indessen nur die ehelichen und die diesen gleichgestellten Abkömmlinge des Kindes. Das vorhandene uneheliche Kind kann jedoch in das Adoptionsverhältnis einbezogen werden, wenn außer mit der Mutter auch mit dem Kinde der Adoptionsvertrag geschlossen wird (§ 1762 S. 2 BGB); das Kind erlangt auf diese Weise die rechtliche Stellung eines Enkels des Annehmenden (PALANDT-LAUTERBACH S. 1331 Anm 2 zu § 1762 BGB). Diese Rechtsfolge hindert nicht, daß das Kind durch nachträgliche Eheschließung seiner leiblichen Eltern den Namen seines Vaters erhält; wenn der Ausstellung einer hiernach zutreffenden Geburtsurkunde, ein unrichtiger Geburtseintrag entgegensteht, so muß vor Ausstellung der Geburtsurkunde eine Berichtigung des Geburtseintrages erfolgen (BayObLG in FamRZ 62 438 Nr 187 = Rpfl 62 341 Nr 151 = DRiZ 62 B 104 Nr 1332). Die Kinder eines angenommenen Kindes stehen dem Annehmenden wie einem leiblichen Großvater gegenüber (vgl RGZ 147 226). Die Kinder einer adoptierten Ehefrau erhalten nicht den Namen des Annehmenden, sofern sie nicht selbst oder ihr Vater mitangenommen werden (SOERGEL-SIEBERT III F 413 Anm 1 zu § 1762 BGB).

Hinsichtlich der zur Zeit des Vertragsabschlusses schon *vorhandenen* Abkömmlinge des Kindes und deren später geborenen Abkömmlinge treten die Wirkungen des Annahmevertrages jedoch nur ein, wenn der Vertrag auch mit diesen Abkömmlingen geschlossen wird (§ 1762 S. 2 BGB). Dabei ist gegebenenfalls auch die Zustimmung der Mutter des Abkömmlings gemäß § 1747 BGB erforderlich (RGR IV S. 587 Anm 2). Auch für die Abkömmlinge, die nicht an dem Vertrage teilgenommen haben, gilt aber das Eheverbot des § 7 Ehe G (vgl RGR a. a. O.). Auch im Sinne des § 1762 S. 2 BGB gilt der nasciturus nicht als „vorhandener" Abkömmling. Für die Voraussetzungen, die Form und die Bestätigung sowie für die Wirkungen des Vertrages des Annehmenden mit den Abkömmlingen des Kindes gilt das über den Annahmevertrag und dessen Bestätigung Gesagte entsprechend (vgl oben §§ 69c, 70 und a) bis d), unten f) sowie Zff 3 und 4); es sind also die Vorschriften der §§ 1746 bis 1752 zu beachten (SOERGEL-SIEBERT III F 413 Anm 1 zu § 1762 BGB). Der Vertrag mit den Abkömmlingen des Kindes kann auch noch nach dem Abschlusse und der Bestätigung des Annahmevertrages geschlossen werden; in diesem Falle bedarf der Nachtragsvertrag besonderer Bestätigung (PALANDT-LAUTERBACH S. 1331 Anm 2 zu § 1762 BGB, STAUDINGER IV 2 S. 1341 Anm 2). Die Abkömmlinge eines an Kindes Statt angenommenen Kindes können an Kindes Statt angenommen werden, ohne daß es der vorherigen Aufhebung der Adoption des Elternteils bedarf (DRiZ 62 B 8 Nr 136).

Zwischen dem Annehmenden und den Abkömmlingen des Kindes soll eine Ehe nicht geschlossen werden, solange das durch die Annahme begründete Rechtsverhältnis besteht (§ 7 EheG); dies gilt auch für die beim Vertragsschlusse schon vorhandenen Abkömmlinge und deren später geborene Abkömmlinge, selbst wenn mit diesen kein Vertrag gemäß § 1762 S. 2 BGB geschlossen wird, nicht aber für die unehelichen Abkömmlinge des männlichen Angenommenen (PALANDT-LAUTERBACH S.1943 Anm 2 zu § 7 EheG).

f) Die Wirkungen der Annahme an Kindes Statt erstrecken sich *nicht* auf die *Verwandten des Annehmenden*; der Ehegatte des Annehmenden wird nicht mit dem Kinde, der Ehegatte des Kindes wird nicht mit dem Annehmenden verschwägert (§ 1763 S. 2 BGB). Entsprechendes gilt für das Verhältnis zwischen den Verwandten und dem Ehegatten des Annehmenden und den gemäß § 1762 BGB von den Wirkungen der Annahme mitbetroffenen Abkömmlingen des Kindes und deren Ehegatten.

3. Im *Verhältnis des Kindes zu seinen leiblichen Verwandten* bleiben die beiderseitigen Rechte und Pflichten unberührt, soweit nicht das Gesetz ein anderes vorschreibt (§ 1764 BGB).

Demgemäß bleibt insbesondere das gegenseitige Erb- und Pflichtteilsrecht bestehen und ebenso das Ehehindernis der Verwandtschaft und Schwägerschaft. Auch die Vorschriften der §§ 1617, 1618 und 1624 BGB finden bei dem Vorliegen der besonderen Voraussetzungen dieser Bestimmungen Anwendung (STAUDINGER IV 2 S. 1343 Anm 1 zu § 1764 BGB).

Das Recht auf *persönlichen Verkehr mit dem Kinde* verlieren die leiblichen Eltern zwar mit der Annahme an Kindes Statt; vgl RGZ **64** 47; **153** 238; SOERGEL-SIEBERT III F 414 Anm 1 zu § 1765; der BGH in NJW **51** 644 stellt auf das Wohl des Kindes als maßgebenden Gesichtspunkt ab, läßt aber die Rechtsfrage offen. Jedoch würde der Annehmende gegen eine sittliche Pflicht verstoßen, wenn er ohne triftigen Grund den Verkehr des Kindes mit den leiblichen Eltern verhindern würde; geschieht dies dennoch, so kann das Vormundschaftsgericht mit geeigneten Maßnahmen gemäß § 1666 n. F. BGB gegen den Annehmenden einschreiten (RGZ **64** 47; **153** 238, 247; KGJ **34** A 43; RJA **15** 93; JFG **15** 176; PALANDT-LAUTERBACH S. 1331 Anm 2 zu § 1765 BGB; SCHNITZERLING im Zentralblatt XLVII (1960) 17 ff. für den Fall der Verhinderung des persönlichen Verkehrs der unehelichen Mutter mit ihrem adoptierten Kinde.

Ist der Annehmende gestorben und haben die leiblichen Eltern nicht das Sorgerecht gemäß (1765 Abs II BGB zurückerlangt, so kann die Weigerung des Vormundes des Kindes, diesem den persönlichen Verkehr mit den leiblichen Eltern zu gestatten, zwar nicht durch eine Anordnung des Vormundschaftsgerichts ersetzt werden, weil es sich um die Entscheidung einer reinen Zweckmäßigkeitsfrage handelt. Das Vormundschaftsgericht kann aber, wenn der Vormund in unverständiger Weise trotz entsprechender Belehrung des Gerichts an seiner ablehnenden Haltung festhält, den Vormund gemäß § 1886 BGB aus seinem Amte entlassen (KGJ **34** A 43). Das Vormundschaftsgericht kann auch im Falle mißbräuchlicher Beschränkung des persönlichen Verkehrs des Kindes mit seinen leiblichen Eltern durch den Annehmenden den Verkehr in entsprechender Anwendung des § 1634 Abs II n. F. BGB näher regeln (vgl auch für das frühere Recht und den entsprechenden Fall der Legitimation KGJ **43** A 281 = RJA **11** 251).

Von dem Grundsatze, daß das Rechtsverhältnis zwischen dem Kinde und seinen Verwandten unberührt bleiben, bestehen jedoch gewisse *Ausnahmen*, die aber nicht Platz greifen, wenn ein Ehegatte das leibliche Kind des anderen (§ 1757 Abs II BGB) oder wenn eine Mutter ihr uneheliches Kind an Kindes Statt annimmt:

a) Mit der Annahme an Kindes Statt , also mit der *Bestätigung* (vgl DRiZ 51 Rechtspr S. 28 Nr 444 = NJW 51 309, BGH vom 29. 1. 1951) des Annahmevertrages, § 1754 Abs I S. 1 i.d.F. des FamRÄndG vom 11. 8. 1961 BGB (praktisch mit der Bekanntmachung der Bestätigung, s. oben § 70), *verlieren die leiblichen Eltern die elterliche Gewalt* über das Kind, die uneheliche Mutter verliert das Recht und die Pflicht, für die Person des Kindes zu sorgen (§ 1765 Abs I BGB). Dies gilt auch dann, wenn das Kind schon vorher den Adoptiveltern überlassen war (BGH vom 21. 1. 51 in NJW 51 309 = ZBLJugR 51 194 = JMBLNRW 51 119); ob das Verlangen der bisherigen Sorgeberechtigten auf Herausgabe des Kindes dessen Interesse zuwiderläuft, ist vom Vormundschaftsgericht mit bindender Wirkung für das Prozeßgericht zu entscheiden, ein Mißbrauch kommt besonders in Betracht, wenn die Herausgabe den Adoptionsvertrag vereitelt (BGH a. a. O.). Das Recht und die Pflicht der Personensorge ausschließlich des Vertretungsrechts tritt aber wieder ein, wenn der Vater oder die Mutter dem Kinde Unterhalt zu gewähren haben (tatsächliche Gewährung ist nicht erforderlich, SOERGEL-SIEBERT III 413 Anm 1 zu § 1765 BGB, anders bezüglich der Mutter PALANDT-LAUTERBACH S. 1331 Anm 3 i.V.m. S. 1317 Anm 2b zu § 1738 BGB, str) *und* wenn die elterliche Gewalt des Annehmenden endigt oder wegen Geschäftsunfähigkeit des Annehmenden oder nach § 1674 n. F. BGB ruht (§ 1765 Abs II S. 1 BGB). Da die leiblichen Eltern das Vertretungsrecht nicht zurückerlangen (S. 2a. a. O.), muß gemäß § 1773 Abs I BGB in diesen Fällen eine Vormundschaft eingeleitet werden; zum Vormund kann auch der leibliche Vater bestellt werden. Erlangt der Annehmende die elterliche Gewalt zurück oder endigt das Ruhen der elterlichen Gewalt oder endigt die Unterhaltspflicht der leiblichen Eltern, so fällt auch das Recht und die Pflicht der leiblichen Eltern zur Personensorge fort. Der Annehmende kann übrigens die Ausübung des Erziehungsrechtes den leiblichen Eltern überlassen.

b) Das Recht der *Einwilligung zur Verheiratung des Kindes* steht während seiner Minderjährigkeit oder einer aus anderen Gründen beschränkten Geschäftsfähigkeit den Wahleltern zu (§ 3 Abs I Ehe G, § 1757 BGB), neben diesen und ggf. neben dem Vormund aber auch den leiblichen Eltern und der unehelichen Mutter des Kindes, wenn sie ausnahmsweise das Sorgerecht wiedererlangen (§ 3 Abs II Ehe G, §§ 1765 Abs II, 1768 BGB, auch im Falle der gerichtlichen Aufhebung des Annahmeverhältnisses, vgl unten § 72 A 2).

c) Die *Unterhaltspflicht der leiblichen Verwandten* tritt hinter der Pflicht des Annehmenden, dem Kinde und seinen von der Annahme mitumfaßten Abkömmlingen Unterhalt zu gewähren, zurück (§ 1766 Abs I BGB), jedoch bleibt das Kind selbst seinen Abkömmlingen ebenso wie diese dem Kinde vor dem Annehmenden unterhaltsverpflichtet; ebenso ist auch der Ehegatte des angenommenen Kindes vor dem Annehmenden unterhaltspflichtig (vgl § 1608 BGB, PALANDT-LAUTERBACH S. 1332 Anm 1 zu § 1766 BGB, STAUDINGER IV 2 S. 1346 Anm 1). Ferner sind für das Rangverhältnis mehrerer Bedürftiger Unterhaltsansprüche des Annehmenden und der leiblichen Eltern gegenüber dem angenommenen Kinde und seinen von den Wirkungen der Annahme mitumfaßten Abkömmlingen die Vorschriften des § 1609 BGB anwendbar; bei mehreren Gleichberechtigten erfolgt Teilung unter Berücksichtigung des Bedürfnisses (PALANDT-LAUTERBACH S. 1251 Anm 2 zu § 1609 BGB).

Der regelmäßige *Unterhaltsanspruch des unehelichen Kindes* gegen den Erzeuger wird durch die Annahme an Kindes Statt zwar in seinem Bestande nicht berührt (vgl DRiZ **61** B 107 Nr 1256 = NJW **61** 1727). Jedoch tritt die Unterhaltspflicht des außerehelichen Erzeugers hinter die Verpflichtung der Adoptiveltern zurück (§1766 Abs I S. 2 BGB i.d.F. des FamRÄndG vom 11. 8. 1961, BGBl I S. 1225, Art 1 Nr 27). Diese früher im Schrifttum und in der Rechtsprechung stark umstrittene Frage (vgl die Hinweise in der Entscheidung des LG Bochum vom 11. 10. 1960, 8 S 79/60, in FamRZ **61** 390 ff. Nr 137) ist nunmehr durch die erwähnte Gesetzesänderung geklärt (MEYER-STOLTE in Rpfl **61** 393). Es bleibt jedoch die weitere Frage, wie bereits rechtskräftig entschiedene Fälle für die Zukunft zu behandeln sind; in Betracht kommt die Vollstreckungsgegenklage gemäß § 767 ZOP.[1]

d) Die *leiblichen Eltern* eines volljährigen an Kindes Statt angenommenen Kindes sind *nicht zur Vormundschaft berufen*, wenn das Kind von einem anderen als dem Ehegatten seines Vaters oder seiner Mutter an Kindes Statt angenommen worden ist (§ 1899 Abs II n. F. BGB).

4. Die gesetzlichen *Wirkungen* der Annahme an Kindes Statt *können* grundsätzlich durch den Annahmevertrag *nicht geändert* werden (§ 1767 Abs II n. F BGB). Ausnahmen finden nur statt in den Fällen der §§ 1758 Abs IV n. F. (Hinzufügung des früheren Familiennamens zu dem neuen Namen des Kindes) und 1767 Abs I n. F. BGB (Ausschluß des Erbrechts des Kindes gegenüber dem Annehmenden), s. oben Zff 2a und b. Unzulässige Abänderungsbestimmungen z. B. über die religiöse Erziehung des Kindes (KGJ **38** A 91) oder über die Entziehung oder Einschränkung der Vermögensverwaltung (KGJ **37** A 52) sind unwirksam und haben auch die Nichtigkeit des ganzen Vertrages zur Folge (RGR IV S.589 Anm 1 zu § 1767 BGB, abw. PALANDT-LAUTERBACH S. 1332 Anm 1 zu § 1767 BGB, die die Frage im Einzelfalle nach § 139 BGB entscheiden möchten).

---

[1] Vgl hierzu PITZER, Befreit die Adoption den unehelichen Vater von seiner Unterhaltspflicht? in FamRZ **61** 333, 334.

§ 72. 6. Die Aufhebung der Annahme an Kindes Statt und die Anfechtung des Annahmevertrages sowie der Einwilligungserklärungen Beteiligter

A. 1. Während weder der Tod des Annehmenden noch derjenige des Kindes das durch die Annahme an Kindes Statt begründete Rechtsverhältnis aufzuheben vermag (STAUDINGER IV 2 S. 1350 Anm 1, PALANDT-LAUTERBACH S. 1333 Anm 1 zu § 1769 BGB), ist eine *Aufhebung durch Vertrag* der Beteiligten gesetzlich zugelassen *(§ 1768 Abs I S. 1 BGB)*.[1] Der Vertrag muß geschlossen werden zwischen dem Annehmenden oder dem annehmenden Ehepaar oder beiden Ehegatten, von denen einer ein Kind des anderen angenommen hat, einerseits und dem Kinde und denjenigen Abkömmlingen des Kindes, auf welche sich die Wirkungen der Annahme erstrecken, andererseits *(§ 1768 Abs II und III BGB)*. Dabei ist zu beachten, daß § 1768 Abs III BGB, wonach zur vertragsmäßigen *Aufhebung* eines gemeinschaftlichen Annahmevertrages die Mitwirkung d. h. der Mitabschluß (vgl FamRZ **60** 292 Nr 157) beider Ehegatten erforderlich ist, eine Sondervorschrift ist, deren erweiternde Anwendung auf den Fall der *Anfechtung* eines gemeinschaftlichen Adoptionsvertrages nicht zulässig ist (RGZ **152** 229; ebenso BGHZ **24** 348). Nach dem Tode des Kindes können die übrigen Beteiligten das zwischen ihnen bestehende Rechtsverhältnis durch Vertrag aufheben; das gleiche gilt, wenn ein Ehepaar ein Kind gemeinschaftlich angenommen oder ein Ehegatte das Kind eines anderen angenommen hat, nach dem Tode eines Ehegatten *(§ 1769 BGB)*. Ist ein beteiligter Abkömmling des Kindes gestorben, so muß der Aufhebungsvertrag zwischen dem Annehmenden und dem Kinde, wenn dieses noch lebt, sowie den übrigen Abkömmlingen geschlossen werden (STAUDINGER IV 2 S. 1351 Anm 1). Nach dem Tode des Annehmenden kann der Aufhebungsvertrag abgesehen von dem Fall des § 1769 S. 2 BGB (gemeinschaftliche Annahme durch ein Ehepaar und Tod *eines* Ehegatten und Annahme des Kindes eines Ehegatten durch den anderen und Tod des leiblichen Elternteils: § 1757 Abs II BGB) nicht mehr geschlossen werden.

Für den Aufhebungsvertrag gelten viele *Vorschriften für den Annahmevertrag entsprechend* (*§ 1770 BGB* i.d.F. des FamRÄndG vom 11. 8. 1961 Art 1 Nr 28, BGBl I S. 1225), nämlich

§ 1741 S. 2 BGB (Notwendigkeit der Bestätigung),

§ 1750 BGB (Abschluß bei gleichzeitiger Anwesenheit vor Gericht oder Notar),

§ 1751 BGB (Geschäftsunfähigkeit oder Minderjährigkeit des Kindes),

---

[1] Nach dem Tode der Adoptiveltern steht einer zweiten Adoption grundsätzlich nichts im Wege (FamRZ **58** 189 Nr 79 s. auch BayObLG vom 19. 2. 60 in FamRZ **60** 168 Nr 75 = DRiZ **60** B 83 Nr 872).

§ 1751 a BGB (Bevollmächtigte),
§ 1753 BGB (Bestätigung),
§ 1754 Abs I BGB (Inkrafttreten),
§ 1754 Abs II S. 1 Nr 1 und S. 2 BGB (Versagung der Bestätigung),
§ 1755 BGB (Anfechtbarkeit),
§ 1756 Abs I BGB (Unschädlichkeit von Mängeln).

Für diese entsprechend anzuwendenden Vorschriften ist auf die Ausführungen zu den §§ 69b, 69c, 70 oben, bezüglich des § 1755 BGB unten zu B zu verweisen.

Der Aufhebungsvertrag weist hiernach und nach Maßgabe der §§ 1768, 1769 BGB folgende Besonderheiten auf:

a) Der Vertrag kann *nicht durch einen Vertreter* geschlossen werden außer in dem Falle der Geschäftsunfähigkeit des Kindes und in dem Falle, daß das Kind das 14. Lebensjahr noch nicht vollendet hat; in diesem Falle kann sein gesetzlicher Vertreter den Vertrag mit Genehmigung des Vormundschaftsgerichts schließen (§ 1751 Abs I BGB). Hat das Kind das 14. Lebensjahr vollendet, so kann es den Aufhebungsvertrag *nur selbst* schließen; es bedarf hierzu aber, sofern es nicht unbeschränkt geschäftsfähig ist, der Zustimmung des gesetzlichen Vertreters und der Genehmigung des Vormundschaftsgerichts (§ 1751 Abs II BGB).

b) Der Aufhebungsvertrag bedarf der *gerichtlichen oder notariellen Beurkundung* bei *gleichzeitiger Anwesenheit* beider Teile *(§ 1750 BGB)*.

c) Der Aufhebungsvertrag kann *nicht unter einer Bedingung oder Zeitbestimmung* geschlossen werden *(§ 1767 Abs I S. 2 BGB)*.

d) Der Aufhebungsvertrag bedarf der gerichtlichen *Bestätigung*, die nur versagt werden darf, wenn ein gesetzliches Erfordernis des Vertrages fehlt (§§ 1741 S. 2, 1754 Abs II Nr 1 BGB). Die Bestätigung darf nach dem Tode des Kindes nicht mehr (§ 1753 Abs I BGB), nach dem Tode des Annehmenden nur dann erfolgen, wenn der Annehmende oder das Kind den Antrag auf Bestätigung bei dem zuständigen Gericht eingereicht oder bei oder nach der gerichtlichen oder notariellen Beurkundung des Aufhebungsvertrages das Gericht oder den Notar mit der Einreichung betraut hat (§ 1753 Abs II BGB). Jedoch können auch nach dem Tode des Kindes die übrigen Beteiligten (der Annehmende und die Abkömmlinge, auf die sich die Wirkungen der Annahme beziehen) das zwischen ihnen bestehende Rechtsverhältnis aufheben (§ 1769 S. 1 BGB). Dasselbe gilt nach dem Tode eines an der Annahme beteiligten Ehegatten in den Fällen des § 1769 S. 2 BGB; in diesen Fällen können naturgemäß das verstorbene Kind oder der verstorbene Ehegatte als Vertragschließende nicht, vielmehr als solche nur die übrigen Beteiligten in Betracht kommen.

e) Die *Bestätigung setzt den Aufhebungsvertrag in Kraft*, wenn auch die Vertragschließenden schon vor der Bestätigung gebunden sind (§ 1754

Abs I BGB). Mit der endgültigen Versagung der Bestätigung verliert der Aufhebungsvertrag seine Wirkung (§ 1754 Abs II S. 2 BGB).

f) Für die *Anfechtung und die Bestätigung* des anfechtbaren Aufhebungsvertrages gelten gemäß § 1755 BGB i.d.F. d. FamRÄndG vom 11. 8. 1961 Art 1 Nr 25, BGBl I S. 1225, die Vorschriften des § 1748 Abs II und des § 1751 BGB; dies gilt auch für die Anfechtbarkeit von Einwilligungserklärungen nach den §§ 1746, 1747 BGB.

g) Hinsichtlich der *Zuständigkeit für die Bestätigung* gilt das gleiche wie für die Bestätigung des Annahmevertrages (§§ 65, 66 FGG); vgl oben § 70 Zff 2a, b.

h) Der Bestätigungsbeschluß tritt mit der Bekanntmachung an den Annehmenden in *Wirksamkeit* (§ 67 Abs I FGG i.d.F. des FamRÄndG vom 11. 8. 1961 Art 4 Nr 9, BGBl I S. 1229). Wird der Aufhebungsvertrag *nach dem Tode des Annehmenden* bestätigt, so tritt der Beschluß, unbeschadet der Bestimmungen der §§ 1753 Abs III BGB und § 1770 BGB Fassung wie vorst., jedoch Art 1 Nr 28 S. 1225, mit der Bekanntmachung an das Kind, im Falle des § 1769 BGB (Aufhebung *nach dem Tode des Kindes*) mit der Bekanntmachung an die übrigen Beteiligten in Wirksamkeit (§ 67 Abs II FGG i.d.F. wie vorst. Art 4 Nr 9 S. 1229).

Das Bestätigungsgericht ist zu einer *Änderung* des Beschlusses *nicht befugt* (§ 67 Abs III FGG i.d.F. wie vorst. Art 4 Nr 9 S. 1229).

Der Bestätigungsbeschluß ist unanfechtbar (§ 67 Abs III FGG i.d.F. wie vorst. Art 4 Nr 9 S. 1229).

Der Beschluß, durch den das Gericht die Bestätigung eines Aufhebungsvertrages *versagt*, kann dagegen mit der *sofortigen Beschwerde* angefochten werden. Die Beschwerde steht auch dem Vertragschließenden zu, der die Bestätigung nicht beantragt hatte (§ 68 FGG i.d.F. wie vorst. Art 4 Nr 9 S. 1229).

Die Bestimmungen der § 22 Abs II FGG (Wiedereinsetzung in den vorigen Stand), § 24 Abs III FGG (einstweilige Anordnungen des Beschwerdegerichts) und § 26 S. 2 FGG (Anordnung der sofortigen Wirksamkeit) finden keine Anwendung (§ 68 FGG i.d.F. wie oben Art 4 Nr 9 S. 1229).

i) Wegen der *Kosten* vgl Art 6 Nr 3 d. FamRÄndG vom 11. 8. 1961 (Neufassung der Kostenordnung, § 98), BGBl I S. 1230.

2. Durch das Gesetz über die Änderung und Ergänzung familienrechtlicher Vorschriften vom 12. 4. 1938 (RGBl I S. 380) Art 5 war die *gerichtliche Aufhebung* von Kindesannahmeverhältnissen zugelassen worden; hierzu sind Durchführungsbestimmungen in den §§ 6 und 7 der Verordnung vom 23. 4. 1938 (RGBl I S. 417) ergangen. Diese Vorschriften sind durch das *Familienrechtsänderungsgesetz* vom 11. 8. 1961 Art 9 I Abs II Nr 9 u. 10, BGBl I S. 1231 aufgehoben worden, soweit sie nicht bereits früher

außer Kraft getreten waren (vgl Art III der VO des Zentraljustizamtes für Britische Zone vom 12. 3. 1948, VOBl BrZ 48 71, jetzt ebenfalls aufgehoben, FamRÄndG Art 9 I Abs II Nr 23). Durch die *§§ 1770a, 1770b, 1770c* BGB, eingefügt durch das Familienrechtsänderungsgesetz Art 1 Nr 29, ist indessen die gerichtliche Aufhebung des Annahmeverhältnisses in veränderter Form aufrechterhalten worden. Die früheren Vorschriften werden auch in der sowjetisch besetzten Zone (DDR) nicht mehr angewendet (vgl ERMAN-HEFERMEHL S. 1864 Vorb 1 und S. 1887 Anh nach § 1772 BGB Art 5 Vorb 2).

a) *Voraussetzung* der Aufhebung des Annahmeverhältnisses *kann* zunächst sein, daß während der *Minderjährigkeit* des Kindes *schwerwiegende Gründe* die Aufhebung des Verhältnisses zum Wohle des Kindes als erforderlich erscheinen lassen *(§ 1770a BGB a. a. O.)*. In solchen Fällen *kann* das Vormundschaftsgericht das Annahmeverhältnis aufheben. Dabei ist vom Gesetzgeber auf die Zubilligung eines Antragsrechts (etwa des Jugendamts) verzichtet, also dem Vormundschaftsgericht u. U. ein Einschreiten von Amts wegen zur Pflicht gemacht (BAUR in FamRZ 62 513 Zff VII). Wenn derartige Gründe bei gemeinschaftlicher Annahme durch ein Ehepaar oder bei der Annahme eines Kindes des einen Ehegatten durch den anderen Ehegatten vorliegen, so kann auch das zwischen dem Kinde und *einem* Ehegatten bestehende Rechtsverhältnis aufgehoben werden (§ 1770a S. 2 BGB a. a. O.) Für das frühere Recht ist angenommen worden, daß ein *wichtiger* Grund nicht schon deshalb vorliege, weil der Annehmende irrtümlich angenommen habe, daß er der Erzeuger des außer einer Ehe oder in fremder Ehe geborenen Kindes sei (JFG 21 206). Es wird aber je nach der Lage des Einzelfalles zweifelhaft sein können, ob ein solcher Grund nicht doch ein *schwerwiegender* Grund im Sinne des neuen Rechtes ist. Als besonders schwerwiegende Tatbestände werden jedenfalls verbrecherische Neigungen oder unsittlicher Lebenswandel anzusehen sein; ein tiefgehendes Zerwürfnis, weitgehende Entfremdung oder uneheliche Mutterschaft der Adoptivmutter werden dagegen nicht genügen. Auch Erziehungsschwierigkeiten und Entwicklungsrückstand des angenommenen Kindes rechtfertigen regelmäßig nicht die Aufhebung des Kindesannahmeverhältnisses (FamRZ 61 85 Nr 26). Scheidung eines Adoptivelternpaares kann möglicherweise ein Aufhebungsgrund sein; es ist auf das Wohl des Kindes abzustellen (FamRZ 55 229 Nr 279). Die Aufhebung wird unter Umständen unterbleiben können, wenn dem Kinde über § 1666 BGB geholfen werden kann (MEYER-STOLTE in Rpfl 61 393) oder wenn trotz schwerwiegender Gründe die Beteiligten zu erkennen gegeben haben, daß sie innerlich an dem Eltern- und Kindesverhältnis weiter festhalten (vgl für das frühere Recht JFG 23 9). Die Aufhebung wirkt auch gegenüber den Abkömmlingen des Kindes, auf die sich das Annahmeverhältnis erstreckt hat.

b) Das Vormundschaftsgericht *muß* während der Minderjährigkeit des Kindes das Annahmeverhältnis aufheben, wenn ein eheliches Kind ohne Einwilligung seiner Eltern, ein uneheliches Kind ohne Einwilligung seiner Mutter an Kindes Statt angenommen worden ist. Da die Einwilligung eine Voraussetzung der Bestätigung ist, kommt dieser Fall nur in Betracht, wenn nach § 1747 Abs I S. 2 i.V. m. § 1746 Abs II BGB von der Zustimmung abgesehen wurde, weil der Elternteil unbekannten Aufenthaltes oder zur Erklärung dauernd außerstande war, nicht aber, wenn eine Ersetzung der Einwilligung gemäß § 1747 Abs III n. F. BGB durch das Vormundschaftsgericht erfolgt war (Meyer-Stolte in Rpfl 61 393). Auch ist die Aufhebung nicht zulässig, wenn durch sie das Wohl des Kindes erheblich gefährdet würde (*§ 1770 b* Abs I BGB a. a. O.). Das Wohl des Kindes geht also in einem solchen Falle dem Interesse der leiblichen Eltern vor.

Die Aufhebung erfolgt *nur auf Antrag* (§ 1770b Abs II S. 1 BGB a. a. O.). Das Antragsrecht hat der Elternteil, ohne dessen Einwilligung das Kind angenommen worden ist; wer sein Kind im Stich gelassen hat, kann den Antrag nicht stellen (§ 1770b Abs II S. 2 BGB a. a. O.).

Für den Antrag gelten gewisse *Besonderheiten*:

aa) Der Antrag kann nur innerhalb *Jahresfrist*[1] seit dem Zeitpunkt gestellt werden, in dem der Antragsberechtigte von der Annahme an Kindes Statt Kenntnis erlangt. Die für die Verjährung geltenden Vorschriften der §§ 203 BGB (Stillstand der Rechtspflege) und 206 BGB (Mangel der gesetzlichen Vertretung) sind entsprechend anzuwenden (§ 1770b Abs III BGB a. a. O.).

bb) Der Antrag kann *nicht durch einen Vertreter* gestellt werden (§ 1770b Abs IV S. 1 BGB a. a. O). Ist der Antragsberechtigte in der Geschäftsfähigkeit beschränkt, so ist die Zustimmung des gesetzlichen Vertreters *nicht* erforderlich (§ 1770b Abs IV S. 2 BGB a. a. O).

c) Hebt das Vormundschaftsgericht das Annahmeverhältnis *nach dem Tode des Annehmenden* auf, so hat dies die gleiche Wirkung, wie wenn das Annahmeverhältnis vor dem Tode aufgehoben worden wäre (*§ 1770c BGB* a. a. O).

d) das Verfahren ist eine *Angelegenheit der freiwilligen Gerichtsbarkeit*; anzuwenden ist besonders § 12 FGG. Regelmäßig wird in den Fällen zu a) die Anhörung aller Personen, auf die sich das Annahmeverhältnis und seine Wirkungen erstrecken, und ihrer Ehegatten, der leiblichen Eltern und des Kindes, gegebenenfalls auch der gesetzlichen Vertreter geboten sein.

---

[1] Gemäß Art 9 II Nr 3 des FamRÄndG vom 11. 8. 1961, BGBl I S. 1232 beginnt die Frist frühestens mit dem Inkrafttreten des Gesetzes (1. 1. 1962), wenn das Kind vor dem Inkrafttreten an Kindes Statt angenommen worden ist.

Entschieden darf nur über die Aufhebung des Annahmeverhältnisses werden, nicht über die Aufhebung weiterer in dem Vertrage enthaltener die Adoption als solche nicht betreffender Vereinbarungen (so für das frühere Recht BayObLG in FamRZ 60 243 Nr 119 Zff 2).

e) Eine Verfügung, durch die das Vormundschaftsgericht das durch die Annahme an Kindes Statt begründete Rechtsverhältnis *aufhebt*, wird erst *mit der Rechtskraft wirksam*. Gegen die Verfügung steht die Beschwerde (und zwar gemäß § 60 Abs I Zff 6 FGG die *sofortige Beschwerde*) dem Annehmenden und dem Kinde zu; in den Fällen des § 1757 Abs II BGB (gemeinschaftliche Annahme durch ein Ehepaar und Annahme eines Kindes eines Ehegatten durch den anderen Ehegatten) ist auch der Ehegatte des Annehmenden beschwerdeberechtigt (§ 56c Abs I FGG, eingefügt durch Art 4 Nr 5 des FamRÄndG vom 11. 8. 1961, BGBl I S. S. 1228). Ist der Annehmende der gesetzliche Vertreter des Kindes, so ist dem Kinde für das Verfahren ein Pfleger zu bestellen (§ 56c Abs II FGG a. a. O.). Ablehnende Beschlüsse erwuchsen nach dem früheren Rechtszustande nicht in materielle Rechtskraft; sie standen späteren Anträgen nicht entgegen und waren für das Prozeßgericht nicht bindend (JFG 21 206; RGZ 158 156, 159; Erman-Hefermehl S. 1891 Anm 1 zu § 21 d. Ges vom 12. 4. 1938, RGBl I S. 380). Dies wird auch für das neue Recht und insbesondere für die Zurückweisung eines Antrages gemäß § 1770b Abs II BGB (FamRÄndG vom 11. 8. 1961 Art 1 Nr 29) gelten müssen. Dem Annehmenden steht gegen einen die Aufhebung ablehnenden Beschluß die Beschwerdebefugnis zu, wenn er in Wahrnehmung der Interessen des Kindes (vgl § 57 I Zff 9 FGG) handelt (KG in FamRZ 62 531, 532 Nr 221; nach der Anm von Bosch hierzu behält der Annehmende aber ggf. die Möglichkeit, seine Willenserklärung beim Abschluß des Annahmevertrages wegen Irrtums über wesentliche Eigenschaft des Kindes gemäß § 119 Abs II BGB anzufechten und eine entsprechende Feststellungsklage zu erheben).

f) Im Falle der Aufhebung ist es notwendig, dem *Standesbeamten* eine Ausfertigung des rechtskräftigen Beschlusses zu übersenden (vgl für das frühere Recht § 7 der aufgehobenen DVO vom 23. 4. 1938, RGBl I S. 417). Zur Mitteilungspflicht des Gerichts vgl die RV d. JMNRW vom 22. 11. 1962 (1454 — I B 18).

3. *Kraft Gesetzes* tritt die Aufhebung des durch die Annahme an Kindes Statt begründeten Rechtsverhältnisses ein, wenn Personen die durch Annahme an Kindes Statt miteinander verbunden sind, den eherechtlichen Vorschriften zuwider die Ehe schließen (§ 1771 Abs I BGB i.d.F. des FamRÄndG vom 11. 8. 1961 Art Nr 30, BGBl I S. 1226). Die Aufhebung beschränkt sich aber auf das durch die Annahme begründete Rechtsverhältnis *zwischen den Ehegatten*; alle übrigen durch die Kindesannahme etwa entstandenen Rechtsbeziehungen, namentlich weiterer

Beteiligter, bleiben unberührt (RGR IV S. 591 Anm 1 zu § 1771 BGB; PALANDT-LAUTERBACH S. 1335 Anm 1 zu § 1771 BGB). Ist die Ehe nichtig, so wird, wenn dem einen Ehegatten die elterliche Gewalt über den anderen zusteht, diese mit der Eheschließung verwirkt (§ 1771 Abs II S. 1 BGB)[1]. In diesem Falle hat die Eheschließung zwar das Kindesannahmeverhältnis *nicht* aufgelöst, da rückwirkend die Wirkungen der Ehe entfallen, die Wirkungen des Annahmevertrages dauern also fort. Dieser Rechtslage trägt § 1771 Abs II BGB durch die Anordnung der Verwirkung Rechnung; die Verwirkung dauert auch nach der Nichtigkeitserklärung der Ehe fort; es muß daher für das (minderjährige) Kind ein Vormund bestellt werden (vgl PALANDT-LAUTERBACH S. 1335 Anm 1 zu § 1771 BGB; SOERGEL-SIEBERT III F 416 Anm 1 zu § 1771 BGB). Die übrigen dem Kinde günstigen Wirkungen der Adoption bleiben in Kraft (RGR IV S. 591 Anm 2 zu § 1771 BGB; PALANDT-LAUTERBACH S. 1335 Anm 1 zu § 1771 BGB).

4. Die *Wirkung* der Aufhebung der Annahme an Kindes Statt äußert sich, gleichviel ob die Aufhebung durch Vertrag, das Gericht oder kraft Gesetzes erfolgt, in dem *Wegfall* der durch die Annahme an Kindes Statt begründeten Rechtswirkungen *für die Zukunft*. Insbesondere fällt also das *Erbrecht* des Angenommenen und seiner Abkömmlinge gegenüber dem Annehmenden, ferner der gegenseitige *Unterhaltsanspruch* und das *Eheverbot* des § 7 Ehe G, namentlich aber die *elterliche Gewalt* des Annehmenden über das minderjährige Kind fort. Da die leiblichen Eltern in diesem Falle nur die *tatsächliche* Personensorge (vgl aber auch § 3 Abs II Ehe G) und auch diese nur unter der Voraussetzung der Unterhaltspflicht zurückerlangen (§ 1765 Abs II BGB, vgl oben § 71 Zff 3a), so muß eine Vormundschaft für das Kind eingeleitet werden. Mit der Aufhebung der Annahme an Kindes Statt verlieren aber endlich auch das Kind und diejenigen Abkömmlinge, auf die sich die Aufhebung erstreckt, das Recht, den *Familiennamen* des Annehmenden zu führen; diese Vorschrift ist jedoch nicht anzuwenden in den Fällen des § 1757 Abs II BGB, in denen ein Ehepaar gemeinschaftlich ein Kind oder ein Ehegatte das Kind des anderen Ehegatten angenommen hat, wenn das Annahmeverhältnis zu einem Ehegatten allein aufgehoben wird (§ 1772 BGB, S. 2 i.d.F. des FamRÄndG vom 11. 8. 1961, BGBl I S. 1226, Art 1 Nr 31).

B. Ob die *Anfechtung* des Annahmevertrages oder die Einwilligung der in den §§ 1746, 1747 BGB bezeichneten Personen anfechtbar ist, bestimmt sich nach den Regeln des bürgerlichen Rechts (RGZ 147 310). Darüber, daß § 1768 Abs III BGB (vertragliche Aufhebung eines gemeinschaftlichen Annahmevertrages nur durch beide Ehegatten) auf den

---

[1] § 1771 Abs II S. 2 BGB ist aufgehoben durch § 84 EheG von 1938 (bestätigt durch § 78 EheG von 1946).

Fall der Anfechtung nicht ausgedehnt werden kann, s. oben A 1. Die Vorschriften über die Form und die Wirkung der Anfechtung sowie die *Bestätigung eines anfechtbaren Rechtsgeschäfts* (vgl §§ 142 bis 144 BGB) finden Anwendung; sie sind jedoch durch § 1755 BGB i.d.F. wie oben Art 1 Nr 25, BGBl I S. 1225, insofern abgeändert, als für die Anfechtung und für die Bestätigung auch die Vorschriften der §§ 1748 Abs II und 1751 (vgl die Fassung des FamRÄndG vom 11. 8. 1961, BGBl I S. 1225, Art 1 Nr 22) BGB gelten.

Nicht jede Enttäuschung über die Entwicklung des Kindes berechtigt zur Anfechtung; entscheidend ist, ob eine schon zur Zeit des Vertragsschlusses vorhandene, aber für den Annehmenden nicht erkennbare natürliche Veranlagung im Spiele ist; ohne Bedeutung ist, ob der *Irrtum* verschuldet war oder nicht (RGZ **147** 310 = DJ **35** 1223; **152** 228; **156** 334; FamRZ **56** 291 Nr 488 = MDR **56** 295 Nr 279); die Anfechtung ist auch nach gerichtlicher Bestätigung zulässig (DRIZ **61** Rechtspr B 112 Nr 1159). Zu einem Fall der Anfechtung wegen *arglistiger Täuschung* vgl RGZ **114** 341. Die Anfechtung muß, auch wenn das Kind das 14. Lebensjahr vollendet hat, aber noch minderjährig ist, *gegenüber dem gesetzlichen Vertreter* erklärt werden (RGZ **155** 348 = DJ **37** 1744). Die Anfechtung muß zwar *unverzüglich* nach Kenntnis des Grundes erfolgen, aber es muß zunächst feststehen, daß die Anfechtung gute Aussicht auf Erfolg haben wird; alsdann muß ohne schuldhafte Verzögerung die Bestellung eines Pflegers zur Entgegennahme der Anfechtungserklärung beantragt werden (RGZ **156** 334; s auch **152** 228). Gegenüber dem Einwand der Verzögerung kann der Anfechtende sich auf *Rechtsirrtum* berufen, wenn dieser entschuldbar ist (RGZ **152** 228). Bei *gemeinschaftlicher Kindesannahme* kann, wenn die Irrtumsvoraussetzungen nur in der Person des einen Annehmenden begründet sind, von diesem allein angefochten werden, mit Wirkung zwischen ihm und dem angenommenen Kinde (RGZ a. a. O., BGHZ **24** 349). Die *Anfechtung* eines Annahmevertrages wegen Irrtums wird *nicht durch die Möglichkeit* ausgeschlossen, seine *gerichtliche Aufhebung* zu beantragen (DNZ **57** 429 = DRiZ **57** Rechtspr S. 100 Nr 1027 = FamRZ **58** 429 Nr 173 = NJW **57** 952).

Die Widerrechtlichkeit einer *Drohung* nach § 123 BGB, durch die jemand zur Abgabe einer Willenserklärung auf dem Gebiet des Familienrechtes bestimmt worden ist, kann nicht schon deswegen bejaht werden, weil dem Drohenden kein Anspruch auf die Abgabe der Willenserklärung zusteht. Eine Drohung ist, soweit es sich um solche Rechtsgeschäfte handelt, auch dann nicht für widerrechtlich zu erachten, wenn der Drohende an der Willenserklärung ein berechtigtes Interesse hat und die ausgesprochene Drohung nach der Auffassung aller billig und gerecht Denkender ein angemessenes Mittel zur Erreichung des nicht zu mißbilligenden Zweckes ist (BGHZ **2** 287).

Gerichtliche oder notarielle Beurkundung der *Bestätigung* des anfechtbaren Rechtsgeschäfts ist nicht erforderlich, wie aus der Streichung der Verweisung auf § 1750 BGB durch Art 1 Nr 25 d. FamRÄndG (BGBl I S. 1225) zu entnehmen ist (§ 144 Abs II BGB). Vgl hierzu PALANDT-LAUTERBACH S. 1327 Anm 2 zu § 1755 BGB; abw RGR IV S. 583 Anm 2 zu § 1755 BGB.

§ 73. 7. Internationales Privatrecht

Ist der Annehmende oder das Kind ausländischer Staatsangehörigkeit oder staatenlos, so bestimmt sich, ausgehend von den Artikeln 22 und 29 EGBGB, die Rechtslage wie folgt:

1. Ist der *Annehmende* zur Zeit der Annahme (vgl § 1754 Abs I BGB i.d.F. des FamRÄndG vom 11. 8. 1961 Art 1 Nr 24, BGBl I S. 1225 und oben § 70) ein *Deutscher*[1], das *Kind* aber ein *Ausländer*, so bestimmen sich die Voraussetzungen und die Rechtswirkungen der Annahme nach den deutschen Gesetzen (Art 22 Abs I EGBGB). Dies gilt auch für den Fall, daß das ausländische Recht die Annahme an Kindes Statt überhaupt nicht kennt (RGZ **125** 265, 270; RGR IV S. 572 Vorb 6 vor § 1741 BGB; PALANDT-LAUTERBACH Anm 4c zu Art 22 EGBGB; SOERGEL-KEGEL V S. 887 Anm 34 zu Art 22, anders für den Fall, daß das auswärtige Recht die Adoption ganz verbietet S. 880 Anm 7 a. a. O.).

Für Vorfragen, die die Voraussetzungen nicht unmittelbar berühren, z. B. die Geschäftsfähigkeit und die gesetzliche Vertretung des Kindes ist jedoch das nationale Recht des Kindes maßgebend (Art 7, 18, 19, 20, 23, 27 EGBGB; ERMAN-ARNDT S. 2366 Anm 2, 3c zu Art 7; PALANDT-LAUTERBACH S. 1758 Anm 3 zu Art 22; SOERGEL-KEGEL V S. 882 Anm 17 zu Art 22)[2]. Es muß aber noch hinzukommen, daß die nach deutschem Recht (§§ 1762 S. 2, 1768 Abs II BGB) erforderliche Einwilligung des Kindes sowie die von Dritten, zu denen das Kind ja in einem familienrechtlichen Verhältnis steht, also der Eltern bezw der Mutter (§§ 1747, 1748 BGB) vorliegt, sonst ist die Adoption in Deutschland unwirksam (PALANDT-LAUTERBACH S. 1758 Anm 2 zu Art 22). Wer gegebenenfalls gesetzlicher Vertreter ist (§ 1751 BGB), bestimmt sich nach Art 19 EGBGB. Andererseits bleibt das Heimatrecht des Kindes auch insoweit außer Betracht, als es für die Einwilligung der auf seiten des Kindes Beteiligten oder sonst weitergehende Erfordernisse aufstellt (RGZ 125 265 ff., 270). Die Befugnisse und der Umfang der Mitwirkung des Vormundschaftsgerichts bestimmen sich nach deutschem Recht (Art 23 EGBGB; PALANDT-LAUTERBACH Anm 3 zu Art 22, Anm 5 zu Art 23;

[1] Vgl hierzu auch FamRÄndG vom 11. 8. 1961 Art 9 II Nr 5, BGBl I S. 1232.

[2] Die Prüfung der Gechäftsfähigkeit ausländischer Kinder erfordert daher eine genaue Prüfung der Staatsangehörigkeit der Kinder.

Erman-Marquordt S. 2439 Anm 4c aa; Soergel-Kegel S. 886 Anm 34 zu Art 22).

Für die *Form* der abzugehenden *Erklärungen* ist Art 11 EGBGB maßgebend. Die *Bestätigung* ist keine formelle, sondern eine sachliche Voraussetzung der Annahme an Kindes Statt (Palandt-Lauterbach S. 1758 Anm 3 zu Art 22 EGBGB).

2. Ist der *Annehmende* zur Zeit der Annahme ein *Ausländer*, das *Kind* aber ein *Deutscher*, so ist das ausländische Recht maßgebend (Palandt-Lauterbach S. 1758 Anm 2 zu Art 22 EGBGB, RGR IV S. 571, 572 Anm 6; Erman-Marquardt S. 2439 Anm 4c; Schlegelberger I 507 Anm 3; JFG 1 96 = OLG 42 288; JurRdsch 1930 Rechtspr Nr 882). Zu beachten ist jedoch die Ausnahmevorschrift des Art 22 Abs II EGBGB zugunsten von deutschen Kindern. Bei Annahme als gemeinschaftliches Kind und verschiedener Staatsangehörigkeit der Annehmenden ist das Heimatrecht beider Annehmenden zu berücksichtigen (Palandt-Lauterbach S. 1758 Anm 2; RGR IV S. 572 Vorb 6 vor § 1741 BGB); Soergel-Kegel V S. 878 Anm 1 zu Art 22). Die Vereinbarung, es solle deutsches Recht Anwendung finden, ist bedeutungslos (JFG 13 176; RGR IV S. 572 Vorb 6 vor § 1741 BGB).

Die *Zuständigkeit* der deutschen Gerichte ist auch dann gegeben, wenn die Annahme an Kindes Statt durch einen Ausländer nach internationalem Privatrecht wirksam nach deutschem Recht erfolgen kann (Art 22 EGBGB, Keidel S. 619 Anm 1a mit Literaturnachweisen) und der Ausländer im Inland Wohnsitz oder Aufenthalt hat.

Die gesetzliche Vertretung des anzunehmenden deutschen Kindes bestimmt sich nach den Art 19 und 20 EGBGB; sind Vater und Mutter gestorben, so entscheidet das Personalstatut des Kindes. Bezüglich der nach deutschem Recht erforderlichen *Einwilligung des Kindes*, seiner *Eltern* oder seiner *unehelichen Mutter* muß in jedem Falle den Erfordernissen des deutschen Rechtes nach Form und Inhalt genügt sein (Art 22 EGBGB). Dies gilt aber nicht für den Ehegatten des Kindes, da es insoweit an einem „familienrechtlichen Verhältnis" im Sinne des Art 22 Abs II a. a. O. fehlt (Palandt-Lauterbach S. 1758 Anm 2 zu Art 22 EGBGB, Erman-Marquardt S. 2439 Anm 4d aa).

Erfolgt nach ausländischem Recht (USA) die Adoption durch *staatlichen Hoheitsakt*, so ist bei der Annahme eines deutschen Kindes dessen Einwilligung, gegebenenfalls die Einwilligung des gesetzlichen Vertreters und die Genehmigung des Vormundschaftsgerichts erforderlich (Palandt-Lauterbach S. 1758 Anm 2 zu Art 22 EGBGB, Soergel-Kegel V S. 881, 882 Anm 15), ebenso auch die gemäß § 1747 BGB erforderliche Einwilligung der u. e. Mutter (FamRZ 63 311 Nr. 148); ob die Genehmigung des gesetzlichen Vertreters in diesem Falle nachträglich erteilt werden kann, ist str (vgl FamRZ 57 225 Nr 112 = NJW 57 25 =

DRiZ 57 Rechtspr S. 32 Nr 326, *für* die Notwendigkeit der *vorherigen* Zustimmung des Vormundes Fam RZ 56 123 Nr 272 = Amtsvormund XXVIII 267), hinsichtlich der vormundschaftsgerichtlichen Genehmigung vgl FamRZ 57 224 Nr 111 = DRiZ 57 Rechtspr S. 65 Nr 665 und BGH in FamRZ 60 229, 231 Nr 102, wo die Frage offengelassen ist, weil nach der Lage des entschiedenen Einzelfalles die vorherige Genehmigung als erteilt anzusehen war.

Bezüglich der *Form*, in welcher der Annahmevertrag abzuschließen ist und die Einwilligungserklärungen der Beteiligten abzugeben sind, wird in jedem Falle gemäß Art 11 Abs I S. 2 EGBGB die Beachtung der Gesetze des Ortes genügen müssen, an dem das Rechtsgeschäft vorgenommen wird, bei einer Beurkundung im Inlande also die von dem deutschen Recht vorgeschriebenen Form (vgl SCHLEGELBERGER I S. 507 Anm 3 PALANDT-LAUTERBACH S. 1758 Anm 3 zu Art 22 EGBGB).

3. Nach ausländischem Recht ist an sich auch die Frage der *Bestätigung* als einer sachlichen Voraussetzung der Adoption zu beurteilen (s. oben Zff 1 a. E.). Das deutsche Gericht ist jedoch für die hiernach etwa erforderliche Bestätigung des Annahmevertrages jedenfalls dann zuständig, wenn der Annehmende ein Ausländer ist und im Inlande Wohnsitz oder Aufenthalt hat (SCHLEGELBERGER I S. 507 Anm 3, PALANDT-LAUTERBACH S. 1759 Anm 4c, ERMAN-MARQUORDT S. 2440 Anm 4f). Wenn allerdings das ausländische Recht die ausschließliche Zuständigkeit für sich beansprucht, so ist dieser Anspruch zu berücksichtigen (ERMAN-MARQUORDT a. a. O.). Es macht im übrigen keinen Unterschied, ob das Kind die deutsche Staatsangehörigkeit besitzt oder nicht.

Der Bundesgerichtshof hat die Notwendigkeit der Bestätigung durch ein deutsches Gericht für die Fälle abgelehnt, in denen die Adoption nach dem maßgebenden Heimatrecht des Annehmenden durch ein ausländisches Gericht vorzunehmen oder zu bestätigen ist (FamRZ 60 231 Nr 102 Zff V 2b).

In der Rechtsprechung des Kammergerichts wurde die Bestätigung abgelehnt, wenn das ausländische Recht eine *Prüfung* verlangt, die *über den Rahmen der Erfordernisse des §1754 Abs II BGB*, jetzt i.d.F. d. Ges vom 11. 8. 1961 Art 1 Nr 24, BGBl I S. 1225, hinausgeht (vgl JFG 13 172 und RGR IV S. 572 Vorb 6 vor § 1741 BGB). Hierzu werden bei PALANDT-LAUTERBACH S. 1759 Anm 4c zu Art 22 EGBGB Bedenken erhoben, die begründet erscheinen; vgl ferner SCHLEGELBERGER I S. 507 Anm 3 zu § 66 FGG, SOERGEL-KEGEL V S. 888 Anm 41 zu Art 22 EGBGB und die überwiegende Meinung des Schrifttums. ERMAN-MARQUORDT S. 2440 Anm 4f halten die weitergehende Prüfung nach Auslandsrecht wenigstens dann für zulässig, wenn sie dem deutschen Gericht zuzumuten ist; diese Auffassung wird dem Grundsatz der Maßgeblichkeit des Adoptionsstatuts gerecht, ohne unangemessene Anforderungen an das deutsche Gericht zu stellen; ihr ist beizutreten. Die im *Auslande* vorgenommene Adoption eines deutschen Kindes durch einen Ausländer bedarf nicht der Bestätigung durch ein deutsches Gericht (BGH vom 4. 3. 60 in FamRZ 60 229 = NJW 60 1059 = MDR 60 573 = DRiZ 60 B 119 Nr 1254). Über die nach ausländischem Recht durchgeführte, nach deutschem Recht wirksame Adoption ist ein Randvermerk im Geburtenbuch des angenommenen Kindes zulässig (BGH vom 4. 3. 1960 in FamRZ 60 229, 230 wie oben).

4. Die Adoption eines *deutschen in der Bundesrepublik wohnenden Kindes durch einen Angehörigen der britischen Streitkräfte* richtet sich nach englischen Recht; da dieses keine Rückverweisung kennt, ist die Annahme an Kindes Statt in Deutschland unzulässig; ein in England nach dortigem Recht wirksam geschlossener Adoptionsvertrag bedarf zur Gültigkeit in der Bundesrepublik der gemäß Art 22 Abs II EGBGB erforderlichen Einwilligungen (MDR 54 483 = DRiZ 54 Rechtspr S. 92 Nr 858 = ZBlJugR 54 211 = Amtsvormund XXVII 207 = FamRZ 55 50 = JZ 54 702). Zur Frage der Adoptionen in das Ausland vgl BEITZKE in StAZ 48 54, 53 97. Zur Adoption *deutscher Kinder durch Angehörige der USA* vgl BGH vom 4. 3. 1960 in FamRZ 60 230 Nr 102, KG vom 13. 7. 1959 in FamRZ 60 244 Nr 121, ferner FamRZ 56 174; DNZ 57 429 = DRiZ 57 Rechtspr S. 100 Nr 1027; FamRZ 58 429 Nr 173; NJW 58 131; WENGLER in NJW 59 127, vgl auch die Nachweise bei KEIDEL S. 620 Anm 1 a. Das amerikanische Recht[1] verweist, jedenfalls hinsichtlich der Voraussetzungen und des Verfahrens auf das deutsche Recht zurück, soweit ein deutsches Gericht im Rahmen seiner internationalen Zuständigkeit die Adoption verfügt und bestätigt, also dann, wenn das Domizil des Kindes sich in Deutschland befindet. Wird ein deutsches Gericht um Bestätigung angegangen, so richten sich die Voraussetzungen der Adoption und das Adoptionsverfahren nach deutschem Recht. Die Kollisionsnormen der Gliedstaaten der USA, die dem Domizilstaat die Gerichtsbarkeit in Adoptionssachen zuweisen, enthalten auch eine Rückverweisung auf das *sachliche* Recht des Domizilstaates (DRiZ 60 B 44 Nr 503 = FamRZ 60 230 Nr 121 = NJW 60 248 = EJF B II Nr 29). Die Frage, welche Wirkungen der in Deutschland erfolgten Adoption in den USA beigemessen werden, ist zum Teil zweifelhaft, zum mindesten hinsichtlich der elterlichen Gewalt und der erbrechtlichen Beziehungen. Zur Adoption deutscher Kinder *in den USA* vgl GÜNDISCH in FamRZ 57 199, zur Anerkennung *nordeuropäischer* Adoptionen in Deutschland CORVES in SchlHA 58 125. Die *Auswanderung deutscher Kinder nach den USA* zum Zwecke der Adoption bedarf der vormundschaftsgerichtlichen Genehmigung auf Grund der VO vom 14. 2. 1924

---

[1] Vgl auch GÜNDISCH, Internationale Zuständigkeit und versteckte Rückverweisung bei Adoptionen durch Amerikaner in Deutschland in FamRZ 61 352 ff.

(RGBl I S. 107) gegen Mißstände im Auswanderungswesen (FamRZ 56 123 Nr 272 = Amtsvormund XXVIII 267; über die Einstellung einer Adoptionsvermittlung nach Übersee aus Anlaß von Mißständen s. Amtsvormund XXVI 210). Zum fr. Besatzungsrecht vgl die Hinweise bei SCHLEGELBERGER I S. 507 Anm 3; zum *argentinischen* Recht GOLDSCHMIDT in FamRZ 56 208.

5. Ist sowohl der *Annehmende* als auch das *Kind ausländischer* Staatsangehörigkeit, so ist ausschließlich das ausländische Recht des Annehmenden maßgebend; auf die Staatsangehörigkeit des Kindes kommt es grundsätzlich nicht an. Dieser Grundsatz ergibt sich aus der einseitigen Kollisionsnorm des Art 22 Abs I EGBGB (vgl PALANDT-LAUTERBACH S. 1758 Anm 2 zu Art 22 EGBGB). Hinsichtlich der *Form* der erforderlichen Rechtshandlungen und der Bestätigung gilt jedoch das unter Zff 2 und 3 Gesagte. Zur Frage der Anwendbarkeit des Art 22 Abs II EGBGB auf ausländische Kinder s. oben Zff 1.

6. Ist der *Annehmende* zur Zeit der Annahme (s. oben Zff 1) *staatenlos*, so bestimmt sich das anzuwendende Recht nach Art 29 EGBGB. Maßgebend sind demnach die Gesetze des Staates, in dem der Staatenlose seinen *gewöhnlichen Aufenthalt* oder mangels eines solchen seinen Aufenthalt hat oder zu der maßgebenden Zeit gehabt hat. Die Frage der Staatenlosigkeit entscheidet sich nach den in Betracht kommenden Staatsangehörigkeitsgesetzen; das Gericht hat diese Vorfrage von Amts wegen zu prüfen (PALANDT-LAUTERBACH S. 1768 Anm 3 zu Art 29 EGBGB). Im übrigen gilt, wenn hiernach ausländisches Recht anzuwenden und das Kind ein Deutscher ist, das oben unter Zff 2, wenn das Kind ein Ausländer ist, das oben unter Zff 3 Gesagte entsprechend[1].

7. Die *Einwirkung der Kindesannahme auf das Recht der Eltern* des angenommenen Kindes bestimmt sich nach dem Heimatrecht der Eltern (RGR IV S. 572 Vorb 6 vor § 1741 BGB). Ob für das Kind ein *Namenswechsel* eintritt, richtet sich nach dem gemäß Art 22 Abs I EGBGB maßgebenden Recht (vgl BGH in FamRZ 60 229, 231 Zff 4).

---

[1] Vgl hierzu auch Art 1 d. Ges Nr 23 der AHK vom 17. 3. 1950 über die Rechtsverhältnisse *verschleppter Personen und Flüchtlinge*, Bundesanzeiger Nr 67 vom 5. 4. 1950, ABl i. d. F. d Ges. vom 1. 3. 1951 ABl 808, für Berlin-West vom 28. 8. 1950, VOBl 458 m. ÄndG vom 13. 4. 1951, VOBl 332, und das Bundesgesetz über die *Rechtsstellung heimatloser Ausländer* im Bundesgebiet vom 25. 4. 1951, BGBl 51 I 269, Berlin-West vom 28. 2. 1952, VOBl 126, sowie das Bundesgesetz vom 1. 9. 1953, BGBl II S. 559, über das Abkommen vom 28. 7. 1951 über die Rechtsstellung der Flüchtlinge. Diese Gesetze erwähnen die *Volksdeutschen* nicht, jedoch ist der Gesetzgeber davon ausgegangen, daß diese hinsichtlich der vom dem Gesetz geregelten Materien den deutschen Staatsangehörigen gemäß Art 116 GG gleichstehen (ERMAN-MARQUORDT S. 2463 Anm a 1 zum Anhang zu Art 29 EGBGB). S. ferner KEIDEL S. 613, 614 Anm g cc mit Literaturnachweisen.

8. Die Annahme an Kindes Statt hat *keine Wirkung auf die Staatsangehörigkeit* (ERMAN-MARQUORDT S. 2441 Anm 7). Ein angenommenes Kind erlangt demgemäß, worauf vor der Bestätigung hinzuweisen ist, die deutsche Staatsangehörigkeit erst durch Einbürgerung (§ 3 Zff 5 RuStAG i.d.F. d. Ges vom 19. 8. 1957, BGBl I S. 1251; PALANDT-LAUTERBACH Anm 4c zu Art 22 EGBGB).

Soweit im übrigen ein nationales Recht *Sonderregeln* für die *Wirkungen* der Adoption ausgebildet hat, entscheidet über deren Anwendung Art 22 EGBGB; soweit sich das nationale Recht damit begnügt, allgemein die Rechtsstellung eines ehelichen Kindes anzuordnen, bestimmt über diese das von Art 19 EGBGB berufene Recht (SOERGEL-KEGEL V S. 883 Anm 18 zu Art 22). Hiervon abgesehen bestimmt die Wirkungen der Annahme an Kindes Statt das Adoptionsstatut (SOERGEL-KEGEL V S. 888 Anm 42 zu Art 22).

9. Nach deutschem *interzonalem Privatrecht* richten sich die Kindesannahme und deren Aufhebung nach dem Rechte des Wohnsitzes der Beteiligten (DRiZ 54 Rechtspr S. 100 Nr 990 = Rpfl 54 313). Die sowjetisch besetzte Zone (DDR) und Berlin-Ost können für die Annahme an Kindes Statt nicht mehr als Inland angesehen werden (KEIDEL S. 621 Anm 1b mit Nachweisen). Bei der Adoption eines aus Westdeutschland stammenden Kindes durch Deutsche, die sich in der sowjetischen Zone befinden, ist analog Art 22 EGBGB das sowjetzonale Recht anzuwenden; die Frage der Vertretung eines unehelichen Kindes beim Abschluß des Adoptionsvertrages richtet sich nach Art 20 EGBGB (FamRZ 60 170 Nr 76 = DRiZ 60 B 84 Nr 888). Zu der Frage der Ersatzzuständigkeit westdeutscher Gerichte im interzonalen Verkehr (entsprechende Anwendung von § 66 Abs II FGG i.d.F. d. FamRÄndG vom 11. 8. 1961 Art 4 Nr 7, BGBl I S. 1229) vgl FamRZ 56 395 Nr 552.

10. Auf eine übersichtliche und gedrängte *Darstellung des ausländischen Adoptionsrechts* von GLÄSSING („Voraussetzungen der Adoption, eine rechtspolitische und rechtsvergleichende Studie"), in der auf die auffallende Zunahme der Adoptionen deutscher Kinder im Auslande an der Hand von Statistiken und die sich hieraus ergebenden Bedenken hingewiesen und Zurückhaltung und Beschränkung empfohlen wird, ist in Fam RZ 57 295 aufmerksam gemacht.

Vierter Abschnitt

Vormundschaft und Pflegschaft

A. Die Vormundschaft über Minderjährige

1. Die Anordnung der Vormundschaft

§ 74. a) Die Fälle der Vormundschaft über Minderjährige

1. Die Vormundschaft über Minderjährige soll im Gegensatz zu der Pflegschaft, deren Zweck nur in der Wahrnehmung einzelner Angelegenheiten oder eines bestimmten Kreises von solchen für den Pflegling, und zwar neben dem elterlichen Gewalthaber oder dem Vormund besteht, eine *allgemeine Fürsorge* für den Mündel in den Fällen sicherstellen, in denen dieser der Fürsorge eines elterlichen Gewalthabers gänzlich entbehrt. Demgemäß *erhält ein Minderjähriger* gemäß § 1773 BGB *einen Vormund,*

a) wenn er *nicht unter elterlicher Gewalt* steht, also in den Fällen unehelicher Geburt (§ 1707[1] [2]), der Abstammung aus einer Nichtehe (ERMAN, § 1773 Anm 1), im Falle des Todes oder der Todeserklärung beider ehelicher Eltern und des Verwirkens der elterlichen Gewalt (§§ 1676, 1677, 1679 Abs I Satz 1, 2, 1681 BGB), ferner in den Fällen der §§ 1680, 1679 BGB sowie des § 1671 Abs V BGB, wenn das Vormundschaftsgericht nach der Ehescheidung oder nach der Nichtigkeitserklärung einer Ehe (vgl § 1671 Abs VI BGB) die Vormundschaftsbestellung für geboten hält, endlich im Falle der Wiederaufhebung der Annahme an Kindes Statt (§§ 1768, 1765 BGB)[3],

---

[1] Ein während des Bestehens einer Ehe oder binnen 302 Tagen nach Auflösung der Ehe durch den Tod des Ehemannes geborenes, im Ehebruch empfangenes Kind erlangt durch die Verheiratung der Mutter mit dem Erzeuger nicht die rechtliche Stellung eines ehelichen Kindes dieser Ehegatten, wenn nicht die Unehelichkeit seiner Geburt auf eine Anfechtungsklage des früheren Ehemannes durch rechtskräftiges Urteil mit Wirkung für und gegen alle festgestellt ist. Die bis zum Jahre 1938 bestehende Möglichkeit, nach dem Tode des Ehemannes unter den Voraussetzungen des § 1593 BGB die Unehelichkeit des Kindes von einem Beteiligten gegenüber einem bestimmten Gegenbeteiligten mit Wirkung für das unter den Parteien streitige Rechtsverhältnis zur Geltung zu bringen, ist durch die auf Grund des Gesetzes vom 12. 4. 1938 (RGBl I S. 380) und des Art I der VO über die Angleichung familienrechtlicher Vorschriften vom 6. 2. 1943 (RGBl I S. 80) beseitigt worden.

[2] Wegen der Amtsvormundschaft vgl unten § 80.

[3] Die Regelung des § 1697 BGB, derzufolge eine Mutter die eheliche Gewalt durch Eingehen einer neuen Ehe verliert, ist durch das Gleichberechtigungsgesetz vom 18. 6. 1957 (BGBl I S. 609 ff.) aufgehoben worden.

b) wenn er *zwar unter elterlicher Gewalt* steht, wenn *aber die Eltern* (auch im Falle der Legitimation und der Annahme an Kindes Statt) *weder in den die Person noch in den das Vermögen betreffenden Angelegenheiten zur Vertretung* des Kindes *berechtigt* sind, also in den Fällen des Ruhens der elterlichen Gewalt (vgl §§ 1673, 1674; vgl jedoch § 1678 BGB), ferner wenn den elterlichen Gewalthabern auf Grund der §§ 1666, 1669, 1670, 1760 Abs II BGB das Recht der Vertretung sowohl in den die Person als auch in den das Vermögen des Minderjährigen betreffenden Angelegenheiten nicht zusteht oder entzogen ist; besitzt der Gewalthaber jedoch entweder in den die Person oder in den das Vermögen betreffenden Angelegenheiten das Vertretungsrecht, so ist kein Vormund, sondern nur gemäß § 1909 BGB ein Pfleger zu bestellen, sofern nicht der andere Elternteil die alleinige elterliche Gewalt ausübt (vgl PALANDT, § 1773 Anm 2 a. E., KGJ 30 A 49),

c) wenn sein Familienstand nicht zu ermitteln ist, worüber das pflichtmäßige Ermessen des Vormundschaftsgerichts entscheidet.

2. Die *Anordnung* der Vormundschaft ist *nichtig*, *wenn es an den rechtlichen Voraussetzungen*, z. B. der Minderjährigkeit, dem Tode der Eltern usw. für die Anordnung fehlt (STAUDINGER, § 1773 Anm 7c, S. 1373; abw. PLANCK, § 1733 Bem 5; PALANDT, Grdzge vor § 1773 Anm 2; ERMAN, § 1773 Anm 4; vgl auch RGZ 84 95; RGRK, 9. Aufl. § 1776 Anm 2), jedoch *rechtswirksam*, wenn die Anordnung sich auf Maßnahmen des Vormundschaftsgerichts stützt, die von dessen Ermessen abhängen und deshalb nur im Instanzenzuge der freiwilligen Gerichtsbarkeit angefochten werden können (STAUDINGER a. a. O. Anm 7a). Gemäß § 32 FGG bleiben indessen Rechtsgeschäfte, die von oder gegenüber dem Vormund vorgenommen sind, gültig, es sei denn, daß die Anordnung der Vormundschaft wegen sachlicher Unzuständigkeit des Gerichts unwirksam wäre.

Die Anordnung der Vormundschaft über einen *Ausländer* unter Außerachtlassung der Vorschriften des Art 23 EGBGB ist nicht ohne weiteres nichtig; das Vormundschaftsgericht hat aber bei Entdeckung des Mangels gemäß Art 23 das Erforderliche zu veranlassen und bei Übernahme der Fürsorge durch den ausländischen Staat die Abgabe oder Aufhebung der Vormundschaft zu bewirken; bis dahin bleibt die irrtümlich eingeleitete Vormundschaft und die Bestellung des Vormundes in Kraft (RGSt 45 309; PALANDT, Grdzge vor § 1773 Anm 2; ERMAN a. a. O.; RGRK, 9. Aufl. § 1773 Anm 5; JFG 5 98 = DRZ 1928 Rechtspr Nr 363; vgl auch unten § 82).

3. Die Vormundschaft über *Minderjährige* wird *von Amts wegen angeordnet* (§ 1774 BGB). Natürlich kann aber das Vormundschaftsgericht

die Anregung zur Anordnung der Vormundschaft von Behörden und Privatpersonen erhalten. Damit auf diese Weise das Vormundschaftsgericht bei der Erfüllung seiner Aufgaben zweckdienlich unterstützt wird, ist vielfach Behörden und Einzelpersonen die Verpflichtung zur Anzeige gewisser Tatbestände an das Vormundschaftsgericht zur Pflicht gemacht, und zwar

a) durch § 48 FGG dem *Standesbeamten,* wenn bei ihm der Tod einer Person, die ein minderjähriges Kind hinterlassen hat, oder die Geburt eines ehelichen Kindes nach dem Tode des Vaters oder die Geburt eines unehelichen Kindes oder die Auffindung eines Minderjährigen, dessen Familienstand nicht zu ermitteln ist, angezeigt wird; gemäß § 41 JWG ist die Anzeige aber, wenn sie die Geburt eines unehelichen Kindes betrifft, dem Jugendamt unter Angabe des religiösen Bekenntnisses zu übermitteln; das Jugendamt hat alsdann die Mitteilung an das Vormundschaftsgericht weiterzuleiten,

b) durch § 49 Satz 1 FGG dem *Gemeindewaisenrat,* wenn er von einem Falle Kenntnis erlangt, in dem ein Vormund zu bestellen ist,

c) durch § 50 FGG den Gerichten, wenn durch ein gerichtliches Verfahren die Anordnung einer Vormundschaft erforderlich wird; vgl auch AV d. RJM vom 12. 1. 43 (DJ 44).

§ 75. b) Die Arten der Vormundschaft

1. *Grundsätzlich* erhält jeder Mündel nur *einen* Vormund; ebenso soll regelmäßig für mehrere Geschwister nur ein Vormund bestellt werden (§ 1775 BGB). Über die Ausnahmefälle der Mitvormundschaft vgl unten § 94, über die Gegenvormundschaft § 95.

2. Nach Aufhebung des Art 136 EGBGB durch § 54 JWG und Art 78 Pr. AGBGB durch Art 4 EGRJWG werden noch drei Arten der Vormundschaft unterschieden:

a) die *Einzelvormundschaften* von Privatpersonen, die auch zu Sammelvormundschaften werden können, wenn nämlich eine Person mehrere Vormundschaften in sich vereinigt (vgl PALANDT, Überblick vor § 1773 Anm 5; KGJ 38 A 34),

b) die *gesetzliche oder bestellte Amtsvormundschaft* des Jugendamtes (§§ 40ff. und 46 JWG), vgl unten § 80,

c) die *Vereinsvormundschaft* gemäß § 53 JWG, vgl unten § 81.

§ 76. c) Auswahl des Einzelvormundes

I. Durch das Gesetz über die Gleichberechtigung von Mann und Frau auf dem Gebiete des bürgerlichen Rechts (Gleichberechtigungsgesetz) vom 18. 6. 1957 (BGBl I 609) ist die *Auswahl des Einzelvormundes* neu geregelt worden. Im einzelnen gilt folgendes:

1. Als Vormund ist *berufen*, wer von den Eltern des Mündels als Vormund benannt ist (§ 1776 Abs I BGB).

Haben der Vater und die Mutter verschiedene Personen benannt, so gilt die Benennung durch den zuletzt verstorbenen Elternteil (§ 1776 Abs II BGB).

2. Das *Benennungsrecht der Eltern* des Mündels ist Ausfluß der elterlichen Gewalt; es greift nur Platz, wenn dem benennenden Elternteil zur Zeit seines Todes (auf den Zeitpunkt der Benennung selbst kommt es nicht an) die elterliche Gewalt über das Kind zusteht und wenn er sowohl in den die Person als auch in den das Vermögen betreffenden Angelegenheiten zur Vertretung des Kindes berechtigt ist (§ 1777 Abs I BGB). Vertretungsbeschränkungen gemäß §§ 1629 Abs II und 1638 BGB schließen das Benennungsrecht nicht aus.

Der Vater kann für ein Kind, das erst nach seinem Tode geboren wird, einen Vormund benennen, wenn er dazu berechtigt sein würde, falls das Kind vor seinem Tode geboren sein würde (§ 1777 Abs II BGB).

Die *Benennung* des Vormundes erfolgt durch letztwillige Verfügung, d. h. durch einseitige Verfügung von Todes wegen (§ 1777 Abs III BGB, § 1937 BGB). Auch durch einseitige Verfügung in einem Erbvertrag kann ein Vormund benannt werden (§§ 2278 Abs II, 2299 Abs I BGB).

Die Wirkung der Benennung kann in jedem Falle erst nach dem Tode des Benennenden eintreten; wird daher zu seinen Lebzeiten die Bestellung eines Vormundes erforderlich, so ist eine etwa durch letztwillige Verfügung als Vormund benannte Person als Vormund nicht berufen (STAUDINGER, § 1773 Anm 3, S. 1384).

3. Von der Regel des § 1776 BGB bestehen folgende *Ausnahmen:*

a) für eine Ehefrau darf vor allem gemäß § 1776 BGB als Vormund berufenen Personen der Ehemann als Vormund bestellt werden (§ 1778 Abs III BGB); ein Anspruch auf Bestellung steht dem Manne nicht zu,

b) das Jugendamt kann mit seinem Einverständnis vor den im § 1776 BGB als Vormund berufenen Personen als Vormund bestellt werden, soweit nicht ein geeigneter anderer Vormund vorhanden ist (§ 46 Abs I JWG, sogenannte bestellte Amtsvormundschaft),

c) rechtsfähige Vereine, die vom Landesjugendamt für geeignet erklärt sind, können auf ihren Antrag zu Vormündern vor den gemäß § 1776 BGB als Vormünder berufenen Personen bestellt werden, soweit nicht ein geeigneter anderer Vormund vorhanden ist (§ 53 Abs I i. V. m. § 46 Abs I JWG).

4. Abgesehen von den unter Z 3 aufgeführten Fällen haben die gemäß § 1776 BGB als Vormünder berufenen Personen grundsätzlich ein *Recht auf Bestellung* als Vormund. Auf dieses Recht können die Berufenen zwar verzichten. Andererseits steht ihnen gegen die Verfügung des Vormundschaftsgerichts, durch die sie übergangen werden, die sofortige Beschwerde zu. Übergangen ist ein Berufener, wenn das Vormundschaftsgericht, gleichviel ob absichtlich oder aus Unkenntnis des Vorhandenseins eines Berufenen, einen anderen Vormund bestellt hat. Mit der Kenntnis dieser Bestellung, nicht auch des Gerichts, das den Beschluß zu erlassen hat, beginnt die Beschwerdefrist (RJA 12 177). Eine Übergehung liegt aber auch schon vor, wenn das Vormundschaftsgericht einen Antrag des Berufenen auf Bestellung als Vormund zurückgewiesen hat (RJA 5 130). Ist die Beschwerdefrist verstrichen, so kann der übergangene Berufene nicht wegen der Übergehung die Entlassung des bestellten Vormundes und seine eigene Bestellung verlangen (KGJ 39 A 5).

Nur *aus besonderen Gründen* (§ 1778 Abs I BGB) ist ausnahmsweise eine *Übergehung* der als Vormund berufenen Personen ohne ihre Zustimmung *zulässig*, nämlich

a) wenn der Berufene nach den Vorschriften der §§ 1780 bis 1782, 1784 BGB nicht zum Vormund bestellt werden kann oder soll (vgl unten § 77); fällt der Ausschließungsgrund später fort, so hat der Berufene gleichwohl keinen Anspruch auf nachträgliche Bestellung (STAUDINGER, § 1778 Anm 1 b, S. 1385; RGRK, 9. Aufl. § 1778 Anm 3,

b) wenn der Berufene an der Übernahme der Vormundschaft verhindert ist, z. B. durch Krankheit, weite Entfernung und dergleichen; ist die Verhinderung nur vorübergehender Art, so hat nach ihrem Wegfall das Vormundschaftsgericht den Berufenen auf seinen Antrag an Stelle des bisherigen Vormundes zum Vormund zu bestellen (§ 1778 Abs II BGB),

c) wenn der Berufene die Übernahme der Vormundschaft verzögert, worüber das Vormundschaftsgericht nach billigem Ermessen entscheidet,

d) wenn die Bestellung des Berufenen das Interesse des Mündels gefährden würde, wobei lediglich und ohne Rücksicht auf die Kenntnis des Elternteils, der den Vormund etwa benannt hat, die wirkliche Sachlage maßgebend ist.

5. Neben dem als Vormund Berufenen darf nur mit seiner Zustimmung ein *Mitvormund* bestellt werden (§ 1778 Abs IV BGB, vgl hierzu unten § 94).

II. Ist die Vormundschaft nicht einem nach § 1776 BGB Berufenen zu übertragen, so hat das Vormundschaftsgericht nach Anhörung des

Gemeindewaisenrats[1] den Vormund auszuwählen (§ 1779 Abs I BGB); die Auswahl kann nicht dem ersuchten Richter überlassen werden (OLG 42 111).

1. Ist der Gemeindewiasenrat, dem gemäß § 1849 BGB (vgl unten § 100) das Recht zusteht, dem Vormundschaftsgericht die Personen vorzuschlagen, die sich im einzelnen Fall zum Vormund eignen, nicht gehört worden, so kann der Gemeindewaisenrat gegen die Auswahl des Vormundes die Beschwerde sowohl wegen Beeinträchtigung eigenen Rechts (§ 20 FGG) als auch wegen Verletzung der Mündelinteressen (§ 57 Abs I Z 9 FGG) erheben; das Rechtsmittel kann aber materiell nur darauf gestützt werden, daß eine nicht geeignete Person als Vormund ausgewählt worden sei (KGJ 53 A 46). Im übrigen ist das Vormundschaftsgericht nicht an den Vorschlag des Gemeindewaisenrats gebunden; auch kann in Eilfällen die Anhörung des Gemeindewaisenrats unterbleiben, jedoch wird es sich in diesen Fällen empfehlen, den Vormund gemäß § 1790 BGB nur unter Vorbehalt der Entlassung zu bestellen (Staudinger, § 1779 Anm 1, S. 1387; RGRK, § 1779 Anm 1; Palandt, § 1779 Anm 2).

2. Bei der *Auswahl* soll Rücksicht genommen werden auf die persönlichen Verhältnisse und die Vermögenslage des künftigen Vormundes; nur eine Person, die sich in diesen Beziehungen und nach den sonstigen Umständen zur Führung der Vormundschaft eignet, soll ausgewählt werden (§ 1779 Abs II Satz 1 BGB). Auch die politische Parteistellung des Auszuwählenden kann unter Umständen von Bedeutung sein (JFG 3 64 = JW 1925 2141 Nr 4). Bei der Auswahl ist ferner auf das religiöse Bekenntnis des Mündels Rücksicht zu nehmen (S. 2 a. a. O.); Verwandte und Verschwägerte des Mündels sind zunächst zu berücksichtigen (S. 3 a. a. O.). Diese Vorschriften sind dahin zu verstehen, daß in erster Linie geeignete Verwandte und Verschwägerte des Mündels zu dem Amte des Vormundes heranzuziehen sind und erst in zweiter Linie auf das religiöse Bekenntnis des Mündels Bedacht zu nehmen ist (KGJ 46 A 69, 74 = RJA 14 4). Von der Vorschrift, daß bei der Auswahl des Vormundes auf das religiöse Bekenntnis des Mündels Rücksicht zu nehmen ist, darf im übrigen nur abgewichen werden, wenn bestimmte Gründe im Einzelfall dies rechtfertigen (KGJ 29 A 12; KGJ 43 A 41 = RJA 12 183; KGJ 46 A 69); in solchen Fällen sollen die Verwandten, z. B. die Mutter, vorher gehört werden (KGJ 29 A 12). Auch wenn der Mündel sich noch in so jugendlichem Alter befindet, daß er religiösen Einwirkungen noch nicht zugänglich ist, ist auf das religiöse Bekenntnis Rücksicht zu nehmen (RJA 12 190). Die Vorschrift des § 1779 Abs II Satz 2 BGB wird durch Art 3 Abs III GG nicht berührt (BayObLG 54 135). Wegen des Ver-

[1] Gemäß § 47 Abs I JWG ist das Jugendamt Gemeindewaisenrat.

hältnisses des § 1779 Abs II S. 2 BGB zu § 1775 in dem Falle, daß mehrere nicht bekenntnisgleiche Geschwister zu bevormunden sind, vgl unten § 94.

3. Der zum Vormund Ausgewählte ist nicht berechtigt, die Wahl wegen Verletzung des § 1779 Abs II 2 BGB im *Beschwerdewege* anzufechten (KGJ 45 A 38 = RJA 13 188). Die bei der Auswahl nicht berücksichtigten Verwandten und Verschwägerten haben dagegen sowohl das Recht der Beschwerde gegen die Bestellung eines anderen Vormundes, sofern die Voraussetzungen des § 57 Abs I Z 9 FGG vorliegen (KGJ 22 A 213 = RJA 2 113; JFG 3 64; RGZ 64 288; Palandt, § 1779 Anm 5), wenn also die Auswahl des Vormundes als eine die Sorge für die Person des Mündels betreffende Angelegenheit, als welche sie unbedenklich wenigstens mittelbar anzusehen ist, im Interesse des Mündels beanstandet wird, als auch aus eigenem Recht (§ 60 Abs I Z 1 FGG), sofern sie nach Maßgabe der §§ 1776 bis 1778 BGB als Vormünder berufen sind (RG a. a. O.).

§ 77. d) Die Eignung zum Vormund

Nicht jede Person ist zur Übernahme des vormundschaftlichen Amtes befähigt und tauglich.

1. Zum Vormund *kann nicht bestellt* werden, wer geschäftsunfähig oder wegen Geistesschwäche, Verschwendung oder Trunksucht entmündigt ist (§ 1780 BGB). Geschäftsunfähig ist gemäß § 104 BGB

a) wer nicht das siebente Lebensjahr vollendet hat,

b) wer sich in einem die freie Willensbestimmung ausschließenden Zustande krankhafter Störung der Geistestätigkeit befindet, sofern nicht der Zustand seiner Natur nach ein vorübergehender ist,

c) wer wegen Geisteskrankheit entmündigt ist. Die Geschäftsfähigkeit ausländischer Staatsangehöriger bestimmt sich gemäß Art 7 EGBGB nach dem Rechte ihres Heimatstaates (vgl auch Art 27, 29 EGBGB).

Hinsichtlich der Entmündigung wegen Geisteskrankheit, Geistesschwäche, Verschwendung und Trunksucht vgl § 6 BGB, §§ 645ff. ZPO.

Bestellt das Vormundschaftsgericht entgegen den Vorschriften des § 1780 BGB eine zur Übernahme des vormundschaftlichen Amtes unfähige Person zum Vormund, so ist diese Bestellung ohne rechtliche Wirkung (RGSt 45 311). Für den entstehenden Schaden haftet der Vormundschaftsrichter gegebenenfalls nach Maßgabe des § 1848 BGB.

2. Zum Vormund *soll nicht bestellt* werden,

a) wer minderjährig oder gemäß § 1906 BGB unter vorläufige Vormundschaft gestellt ist (§ 1781 Z 1 BGB); der für volljährig Erklärte steht einem Volljährigen gleich,

b) wer nach § 1910 BGB zur Besorgung seiner Vermögensangelegenheiten einen Pfleger erhalten hat (§ 1781 Z 2 BGB); eine Pflegschaft über einzelne Vermögensangelegenheiten oder einen bestimmten Kreis von solchen bleibt außer Betracht,

c) wer in Konkurs geraten ist, während der Dauer des Konkurses (§ 1781 Z 3 BGB); nicht unzweifelhaft ist, ob der Konkurs eines Nachlasses den Erben und der Konkurs einer Gesellschaft (abgesehen von der offenen Handelsgesellschaft) den Gesellschafter untauglich zum Vormund macht (verneinend STAUDINGER, § 1781 Anm 2c, S. 1393; RGRK, § 1781 Anm 2; ERMAN, § 1781 Anm 2c; PALANDT, § 1781 Anm 2c);

d) wer der bürgerlichen Ehrenrechte für verlustig erklärt ist, soweit sich nicht aus den Vorschriften des Strafgesetzbuches ein anderes ergibt (§ 1781 Z 4 BGB); vgl hierzu §§ 32, 34 Z 4 StGB,

e) wer durch Anordnung der Eltern des Mündels von der Vormundschaft ausgeschlossen ist (§ 1782 Abs I Satz 1 BGB). Widersprechen sich die Anordnungen der Eltern, so gilt die Anordnung des zuletzt verstorbenen Elternteils (§ 1782 Abs I Satz 2 BGB); auf die Ausschließung finden die Vorschriften des § 1777 BGB Anwendung (§ 1782 Abs II BGB; vgl oben § 76 I Z 2); auch die Eltern eines legitimierten Kindes sowie die Wahleltern sind zur Ausschließung berechtigt; diese darf niemals ganze Personenkreise umfassen (STAUDINGER, § 1782 Anm 1, S. 1395; PALANDT, § 1782 Anm 2; ERMAN, § 1782 Anm 2),

f) ein Beamter oder Religionsdiener, der nach den Landesgesetzen einer besonderen Erlaubnis zur Übernahme einer Vormundschaft bedarf, nicht ohne die vorgeschriebene Erlaubnis seiner vorgesetzten Behörde; die Erlaubnis darf jedoch nur versagt werden, wenn ein wichtiger dienstlicher Grund vorliegt (§ 1784 BGB); vgl hierzu für Bundesbeamte § 65 Abs I Z 1 BBG, für Angehörige der Bundeswehr § 21 des Gesetzes über die Rechtsstellung der Soldaten vom 19. 3. 1956 (BGBl I S. 144), für Nordrhein-Westfalen § 76 Abs I Z 1 LBG und bezüglich der anderen Länder der Bundesrepublik Deutschland die betreffenden Landesbeamtengesetze. Notare bedürfen der Genehmigung nicht, da sie keine Beamten im staatsrechtlichen Sinne sind und folglich nicht unter den Geltungsbereich der Beamtengesetze fallen (vgl BOCHALLI, LBGNRW, § 2 Anm 3). Für die Mitglieder des Jugendamtes, die nicht persönlich Vormünder sind, sondern die vormundschaftlichen Geschäfte für das Amt führen, kommt § 1784 BGB nicht in Betracht; ebenso nicht für die Vereinsvormundschaft (§ 53 JWG).

Wird jemand entgegen den Vorschriften der §§ 1781, 1782, 1784 BGB zum Vormund bestellt, so ist die Bestellung rechtswirksam; der Vormundschaftsrichter macht sich aber gegebenenfalls gemäß § 1848 BGB schadensersatzpflichtig. Der zum Vormund Bestellte ist überdies gemäß § 1886 BGB wieder zu entlassen, wenn sich herausstellt, daß ein Untauglichkeitsgrund im Sinne des § 1781 BGB vorliegt; dagegen kommt die Entlassung einer entgegen der Vorschrift des § 1782 BGB zum Vormund bestellten Person nur in Betracht, wenn sich ein anderweitiger Entlassungsgrund aus den §§ 1886 und 1888 BGB ergibt (PALANDT, § 1782 Anm 2; ERMAN, § 1782 Anm 2; STAUDINGER, § 1782 Anm 6 S. 1396). In den Fällen des § 1784 BGB ist der Vormund zu entlassen, wenn die Erlaubnis von der vorgesetzten Behörde des Beamten oder Religionsdieners versagt wird, ebenso übrigens, wenn die Erlaubnis zwar zunächst erteilt, später aber zurückgenommen wird und endlich auch, wenn die Erlaubnis zur Fortführung einer vor dem Eintritt in das Beamtenverhältnis übernommenen Vormundschaft versagt oder zurückgenommen wird (§ 1888 BGB).

§ 78. e) Die Pflicht zur Übernahme des vormundschaftlichen Amtes

1. Sofern nicht einer der in den §§ 1780 bis 1782, 1784 BGB bestimmten Gründe entgegensteht, ist jeder Deutsche *grundsätzlich verpflichtet*, die Vormundschaft zu übernehmen, für die er von dem Vormundschaftsgericht ausgewählt wird (§ 1785 BGB). Die Pflicht zur Übernahme des vormundschaftlichen Amtes besteht ferner auch, wenn von einem deutschen Gericht die Vormundschaft über einen Ausländer angeordnet wird.

Ausländer sind, auch wenn sie in Deutschland wohnen, zur Übernahme des vormundschaftlichen Amtes nicht verpflichtet; sie sind aber weder unfähig noch untauglich, eine Vormundschaft zu übernehmen. Ist ein Ausländer einmal zum Vormund bestellt, so steht er in jeder Beziehung einem deutschen Vormund gleich, unterliegt wie dieser der Aufsicht des Vormundschaftsgerichts und kann nicht unter Berufung auf seine Ausländereigenschaft seine Entlassung aus dem Amte als Vormund fordern. Dies gilt auch, wenn ein deutscher Vormund die deutsche Staatsangehörigkeit verliert und eine ausländische erwirbt (KGJ **37** A 63 = RJA **10** 99).

2. Das Vormundschaftsgericht kann den zum Vormund Ausgewählten durch *Ordnungsstrafen* zur Übernahme der Vormundschaft anhalten. Die einzelne Strafe beträgt mindestens eine, höchstens eintausend Deutsche Mark; die Strafen dürfen nur in Zwischenräumen von mindestens einer Woche verhängt werden; mehr als drei Strafen dürfen nicht verhängt werden (§ 1788 BGB; VO vom 6. 2. 1924 Art II Abs 2, Art III Abs 1 Ziffer 2, Art XIV Abs 2 Zff 3 u. 4 — RGBl 1924 I S. 44 — in Verb. mit § 2 des Ersten Gesetzes zur Neuordnung des Geldwesens — Währungsgesetz, in Kraft seit dem 20. 6. 1948 —). Der Verhängung der Ordnungsstrafe muß eine Androhung vorausgehen (KEIDEL, § 33 FGG Anm 10); vor der Verhängung der Strafe müssen die zur Rechtfertigung der Ablehnung (vgl unten Z 4) geltendgemachten Gründe nachgeprüft werden (RJA **16** 189). Hiernach kann zwar ein gewisser, jedoch nicht ein unbedingter Zwang zur Übernahme des Amtes auf den zum Vormund

Ausgewählten ausgeübt werden. Im übrigen werden auch die Ordnungsstrafen nur zu verhängen sein, wenn zu erwarten ist, daß der Ausgewählte sich der Anordnung des Vormundschaftsgerichts fügen wird. Wenn von vornherein feststeht, daß die Verhängung der Strafen ihren Zweck verfehlen wird, so ist es im Interesse des Mündels regelmäßig geboten, sofort eine andere Person als Vormund auszuwählen.

Gegen den Amtsvormund sowie den Vereinsvormund können Ordnungsstrafen nicht verhängt werden (§§ 38 Abs I Satz 3, 53 Abs IV JWG).

3. Wer die Übernahme der Vormundschaft ohne Grund (vgl hierzu Z 4) ablehnt, ist, wenn ihm ein Verschulden zur Last fällt, *für den Schaden verantwortlich*, der dem Mündel dadurch entsteht, daß sich die Bestellung des Vormundes verzögert (§ 1787 Abs I BGB). Die Ersatzpflicht besteht auch, wenn der Ausgewählte die Aufforderung des Vormundschaftsgerichts zur Übernahme des Amtes überhaupt unbeachtet läßt.

Erklärt das Vormundschaftsgericht eine Ablehnung des Ausgewählten für unbegründet, so hat der Ablehnende, unbeschadet der ihm zustehenden Rechtsmittel (sofortige Beschwerde gemäß § 60 Abs I Z 2 FGG) die Vormundschaft auf Erfordern des Vormundschaftsgerichts vorläufig zu übernehmen (§ 1787 Abs II BGB). Kommt der Ausgewählte dieser Anordnung nicht nach, so haftet er dem Mündel nach Maßgabe des § 1787 Abs I BGB.

4. Die Übernahme der Vormundschaft *kann* gemäß § 1786 BGB *ablehnen*

a) eine Frau, welche zwei und mehr noch nicht schulpflichtige Kinder besitzt oder glaubhaft macht, daß die ihr obliegende Fürsorge für ihre Familie die Ausübung des Amtes dauernd besonders erschwert (Z 1 a. a. O.); ob die ausgewählte Frau im übrigen verheiratet, ledig, geschieden oder Witwe ist, ist belanglos,

b) wer das sechzigste Lebensjahr vollendet hat (Z 2 a. a. O.),

c) wer mehr als vier minderjährige eheliche Kinder hat, wobei ein von einem anderen an Kindes Statt angenommenes Kind nicht gerechnet wird (Z 3 a. a. O.); auch durch nachfolgende Eheschließung oder durch Ehelichkeitserklärung legitimierte Kinder werden gezählt, dagegen nicht eine Leibesfrucht, jedoch kann im Falle der Geburt eines fünften Kindes der Vormund um seine Entlassung bitten (§ 1889 BGB),

d) wer durch Krankheit oder Gebrechen verhindert ist, die Vormundschaft ordnungsmäßig zu führen (Z 4 a. a. O.), worüber gegebenenfalls das Vormundschaftsgericht nach pflichtmäßigem Ermessen zu entscheiden hat,

e) wer wegen Entfernung seines Wohnsitzes von dem Sitze des Vormundschaftsgerichts die Vormundschaft nicht ohne besondere Belästigung führen kann (Z 5 a. a. O.), worüber ebenfalls das Vormundschaftsgericht nach pflichtmäßigem Ermessen zu befinden hat; ohne Belang ist es, ob der als Vormund Ausgewählte im Bezirk des Vormundschaftsgerichts seinen Wohnsitz hat, ausschlaggebend sind nur die tatsächlichen Verhältnisse,

f) wer nach § 1844 BGB zur Sicherheitsleistung angehalten wird (Z 6 a. a. O.; vgl unten § 97),

g) wer mit einem anderen zur gemeinschaftlichen Führung der Vormundschaft bestellt werden soll (Z 7 a. a. O.; vgl § 1797 Abs I BGB); in den Fällen des § 1797 Abs II 2 BGB ist ein Ablehnungsrecht nicht gegeben,

h) wer mehr als eine Vormundschaft oder Pflegschaft führt, wobei die Vormundschaft oder Pflegschaft über mehrere Geschwister nur als eine gilt und die Führung von zwei Gegenvormundschaften der Führung einer Vormundschaft gleichsteht (Z 8 a. a. O.); wer nur eine Vormundschaft und zugleich eine Gegenvormundschaft führt, kann die Übernahme einer weiteren Vormundschaft nicht ablehnen (KGJ 25 A 185 = RJA 3 174); die Vormundschaft über mehrere uneheliche Kinder derselben Mutter gilt auch dann nur als eine Vormundschaft, wenn die Kinder von verschiedenen Erzeugern stammen (KGJ 47 A 10); auch der Umstand, daß die Vormundschaft über mehrere voll- oder halbbürtige Geschwister bei verschiedenen Vormundschaftsgerichten geführt werden, rechtfertigt die Ablehnung nicht; die Führung einer Beistandschaft steht in den Fällen des § 1690 BGB der Führung einer Pflegschaft gleich, im übrigen wird aber eine Beistandschaft, obwohl gemäß § 1691 Abs I BGB gewisse Vorschriften über die Gegenvormundschaft (indessen nicht diejenigen über die Führung der Gegenvormundschaft, auf die es hier gerade ankommt) Anwendung finden, einer solchen im Sinne des § 1786 Abs I Z 8 BGB nicht gleichgestellt werden können, da das Gesetz der Beistandschaft in dieser Bestimmung nicht gedacht hat (abw. STAUDINGER, § 1786 Anm 1 h 8, S. 1403; PALANDT, § 1786, Anm 2).

Dagegen kann die Ablehnung nicht auf die Verletzung des § 1779 Abs II Satz 1 BGB und die Behauptung gestützt werden, daß der ausgewählte Vormund seiner persönlichen Verhältnisse wegen zur Führung der Vormundschaft ungeeignet sei (KGJ 45 A 38 = RJA 13 188; ERMAN, § 1786 Anm 1).

Das Ablehnungsrecht erlischt, wenn es nicht vor der Bestellung bei dem Vormundschaftsgericht geltend gemacht wird (§ 1786 Abs II BGB). Die Vorschriften des Bürgerlichen Gesetzbuches über die Anfechtung von Willenserklärungen kommen nicht zur Anwendung; es kann also nicht die Einwilligungserklärung zur Übernahme des Amtes angefochten werden (RJA 14 8).

Eine Ablehnung der Übernahme des vormundschaftlichen Amtes durch den Amtsvormund im Falle der bestellten Amtsvormundschaft (§ 46 JWG; der Fall der gesetzlichen Amtsvormundschaft scheidet ohne weiteres aus) und der Vereinsvormundschaft (§ 53 JWG) kommt nicht in Betracht, da in diesen Fällen das Einverständnis (§ 46 JWG) bzw sogar ein Antrag (§ 53 JWG) der beteiligten Stellen Voraussetzung der Übertragung der Vormundschaft ist.

§ 79. f) Die Verpflichtung des Vormundes; die Bestallungsurkunde

1. Der Vormund wird von dem Vormundschaftsgericht[1] durch *Verpflichtung* zu treuer und gewissenhafter Führung der Vormundschaft bestellt (§ 1789 Satz 1 BGB); die Verpflichtung soll mittels Handschlags an Eides Statt erfolgen (§ 1789 Satz 2 BGB).

Erst *mit der Bestellung beginnt das Amt* des Vormundes[2]. Die Bestellung ist kein Rechtsgeschäft, sondern ein amtlicher Akt; es soll dargetan werden, daß der Vormund, während er die richterliche Bestätigung erhält, gleichzeitig bewußt und förmlich freiwillig das Amt übernimmt (KGJ 38 A 41). Aus diesem Grunde muß auch die Verpflichtung regelmäßig bei persönlicher Anwesenheit des Vormundes durch das Vormundschaftsgericht erfolgen; Vertretung ist nicht zulässig, auch schriftliche Bestellung grundsätzlich ausgeschlossen (vgl KG a. a. O.; Erman, § 1789 Anm 1). Verletzung der Form (Handschlag an Eides Statt) ist dagegen ohne rechtliche Bedeutung (Palandt, § 1789 Anm 1). Ausnahmen gelten für die bestellte Amtsvormundschaft des Jugendamtes sowie für die Vereinsvormundschaft (§§ 46 Abs II, 53 Abs IV JWG); in diesen Fällen genügt eine schriftliche Verfügung des Vormundschaftsgerichts. Die gesetzliche Amtsvormundschaft tritt kraft Gesetzes ohne Bestellung mit der Geburt des unehelichen Kindes in Kraft (§ 40 Abs I JWG).

Bei der Verpflichtung wird der Vormund regelmäßig auf die Pflichten seines Amtes hinzuweisen und die Sachlage mit ihm zu erörtern sein.

Die Bestellung des Vormundes erfolgt grundsätzlich unbedingt und unbefristet; jedoch kann für den Fall, daß ein bestimmtes Ereignis eintritt oder nicht eintritt, z. B. für den Fall des Wegzuges des Mündels, die Entlassung bei der Bestellung vorbehalten werden (§ 1790 BGB). Aber auch in diesem Falle endigt das Amt des Vormundes nicht von selbst; vielmehr ist förmliche Entlassung erforderlich.

---

[1] Die 2. Kriegsmaßnahmenverordnung vom 27. 9. 1944 (RGBl I 229), die die schriftliche Bestellung des Vormunds im § 35 gestattete, ist durch Gesetz vom 12. 9. 1950 (BGBl I 455) aufgehoben worden.

[2] Wenn eine Vormundschaft aufgehoben und alsdann von dem Beschwerdegericht diese Aufhebung beseitigt wird, so entsteht das Amt des Vormundes nicht ohne weiteres von neuem, der Vormund muß vielmehr neu bestellt werden (so für den Fall der Pflegschaft RJA 15 101).

2. Der Vormund erhält eine *Bestallung* (§ 1791 Abs I BGB). Diese soll den Namen und die Zeit der Geburt des Mündels, die Namen des Vormundes, des Gegenvormundes und der Mitvormünder sowie im Falle der Teilung der Vormundschaft die Art der Teilung enthalten; auch die Einsetzung eines Familienrats ist anzugeben (§ 1791 Abs II BGB). Außerdem können natürlich auch andere wichtige Umstände, z. B. die für den befreiten Vormund angeordneten Befreiungen (KGJ 45 A 66), ferner Bestimmungen aus § 1803 BGB und Ermächtigungen gemäß § 1825 BGB in die Bestallungsurkunde aufgenommen werden. Etwaige Änderungen sind im Wege der Berichtigung in der Bestallung zu vermerken.

Diese ist von dem Vormundschaftsrichter zu unterzeichnen und nach Beendigung des vormundschaftlichen Amtes von dem Vormund dem Gericht zurückzugeben (§ 1893 Abs II BGB; vgl auch für den Fall der Aufhebung des Familienrats § 1881 Abs II BGB).

Für den Umfang der Vertretungsbefugnis ist im übrigen nicht der Inhalt der Bestellungsurkunde, sondern die über die Verpflichtung aufgenommene Verhandlung maßgebend (PALANDT, § 1791 Anm 1; und für die Pflegschaft KGJ 41 A 38). Auch werden gutgläubige Dritte weder in der Richtung geschützt, daß die in der Bestellungsurkunde bezeichnete Person noch Vormund ist noch daß diese Person überhaupt mit Recht zum Vormund bestellt ist (ERMAN, § 1791 Anm 2).

Dritten Personen kann nach Maßgabe des § 34 FGG eine Bescheinigung darüber erteilt werden, wer in einer bestimmten Vormundschaftssache als Vormund bestellt ist.

§ 80. g) Die Amtsvormundschaft

In besonderen Fällen wird dem Jugendamt[1], sei es kraft Gesetzes (unten Z 2), sei es kraft besonderer Übertragung durch das Vormundschaftsgericht (unten Z 3), die Führung der Vormundschaft überlassen (§ 32 Satz 1 JWG). Diese Vormundschaft wird *Amtsvormundschaft* genannt; sie ist entweder eine gesetzliche (§§ 40ff. JWG) oder eine bestellte (§ 46 JWG) Amtsvormundschaft

Das Jugendamt überträgt die Ausübung der vormundschaftlichen Obliegenheiten einzelnen seiner Beamten oder Angestellten; im Umfang der Übertragung sind die Beamten und Angestellten zur gesetzlichen Vertretung der Mündel befugt (§ 37 Satz 2 und 3 JWG).

Die Übertragung geschieht entweder allgemein durch die Satzung des Jugendamtes auf einen bestimmten Kreis von Beamten oder durch einen Beschluß des Jugendamtes gemäß den §§ 13 Abs III, 16 Abs I JWG auf einen namentlich bezeichneten Beamten (POTRYKUS, § 32 JWG

[1] Vgl oben § 12.

Anm 4). Da gemäß § 38 Abs I JWG die Vorschrift des § 1801 BGB auf die Amtsvormundschaft nicht anwendbar ist, ist auch bei der Übertragung i. S. des § 37 JWG das religiöse Bekenntnis des mit der Ausübung der vormundschaftlichen Obliegenheiten betrauten Beamten nicht von ausschlaggebender Bedeutung. Erforderlichenfalls können Schwierigkeiten durch Bestellung eines Mitvormundes für die religiöse Erziehung gemäß § 50 Abs I Satz 2 JWG beseitigt werden (PALANDT, § 1779 Anm 4b; POTRYKUS, § 32 JWG Anm 3; STAUDINGER, § 1779 Anm 2b, S. 1389).

Durch die Übertragung wird im übrigen das Fortbestehen der Amtsvormundschaft nicht berührt (JFG 4 51; POTRYKUS, § 32 JWG Anm 4). Obwohl § 37 Satz 2 JWG die allumfassende Übertragung der vormundschaftlichen Obliegenheiten auf Beamte und Angestellte vorsieht, bestehen keine Bedenken gegen die Zulässigkeit der Aufteilung der Obliegenheiten auf verschiedene Beamte (vgl POTRYKUS, § 32 JWG Anm 4).

Die leitenden Verwaltungsbeamten der Stadt- und Landkreise sind nicht befugt, an Stelle des Jugendamtes die Ausübung der vormundschaftlichen Obliegenheiten der vom Jugendamt geführten Amtsvormundschaften bestimmten, von ihm zu bezeichnenden Personen zu übertragen (JFG 3 34, POTRYKUS, § 32 JWG Anm 4).

Mit Rücksicht auf das besondere Wesen der Amtsvormundschaft und die Gewähr für eine ordnungsgemäße Führung der vormundschaftlichen Geschäfte, die in der Übertragung der Vormundschaft an eine verantwortliche öffentliche Behörde liegt, finden gewisse Vorschriften des Bürgerlichen Gesetzbuches über die Vormundschaft auf die Amtsvormundschaft keine Anwendung. Gemäß § 38 Abs I Satz 2 JWG wird ein Gegenvormund nicht bestellt; dem Amtsvormund stehen die nach den §§ 1852 bis 1854 BGB zulässigen Befreiungen zu. Von der Anwendung ausgeschlossen sind gemäß § 38 Abs I Satz 3 JWG die Bestimmungen der §§ 1788 (Zwang zur Übernahme der Vormundschaft durch Ordnungsstrafen), 1801 (Entziehung der Sorge für die religiöse Erziehung des Mündels: das Jugendamt ist als Behörde in religiöser und weltanschaulicher Hinsicht neutral), 1835 (Ersatz von Aufwendungen des Vormundes)[1], 1836 Abs I Satz 2 bis 4 und Abs II (Vergütung für die Führung der Vormundschaft), 1837 Abs II (Verhängung von Ordnungsstrafen bei der Ausübung der Aufsicht des Vormundschaftsgerichts), 1838 (Anordnung anderweitiger Unterbringung des Mündels), 1844 (Anhaltung zur Sicherheitsleistung) und 1886 BGB (Entlassung des Vormunds; vgl unten Z 4). Gemäß § 38 Abs II Satz 1 JWG findet § 1805 BGB mit der

[1] Hat das Jugendamt Aufwendungen zum Zwecke der Führung der Vormundschaft gemacht, so sind ihm diese aus dem Vermögen des Mündels zu ersetzen; allgemeine Verwaltungskosten werden nicht ersetzt (§ 38 Abs II Satz 2 u. 3 JWG).

Maßgabe Anwendung, daß die Anlegung von Mündelgeld gemäß § 1807 BGB (vgl unten § 87) auch bei der das Jugendamt errichtenden Körperschaft zulässig ist. Bei der Unterbringung des Mündels hat der Amtsvormund auf das religiöse Bekenntnis oder die Weltanschauung des Mündels oder seiner Familie Rücksicht zu nehmen (§ 38 Abs III JWG).

Endlich ist durch § 39 JWG der Landesgesetzgebung überlassen, weitere Vorschriften des ersten Titels des dritten Abschnitts im vierten Buche des BGB, welche die Aufsicht des Vormundschaftsgerichts in vermögensrechtlicher Hinsicht betreffen, gegenüber dem Amtsvormund außer Anwendung zu setzen; nur die Prüfung der Schlußrechnung und die Vermittelung ihrer Abnahme durch das Vormundschaftsgericht bleibt hiervon unberührt. Von dieser Befugnis haben bisher nur die Länder Bremen, Hamburg, Hessen und Württemberg Gebrauch gemacht (vgl die Nachweise bei POTRYKUS, § 34 JWG Anm 2).

2a) Mit der Geburt eines unehelichen Kindes erlangt das Jugendamt des Geburtsortes[1] die *gesetzliche Amtsvormundschaft* (§ 40 Abs I JWG). Auch deutsche uneheliche Kinder, die im Ausland geboren sind und im Bundesgebiet ihren Aufenthalt nehmen, unterfallen der gesetzlichen Amtsvormundschaft ihres gewöhnlichen Aufenthaltsortes, falls eine deutsche Vormundschaft noch nicht eingeleitet ist (§ 40 Abs III JWG), bevor sie im Inland ihren Aufenthalt nehmen.

Ausnahmsweise wird das Jugendamt in den oben bezeichneten Fällen nicht Vormund, wenn auf seinen Antrag oder auf den Antrag der unverehelichten Mutter für die Leibesfrucht ein Pfleger bestellt worden ist, was auch ohne das Vorliegen der Voraussetzung des § 1912 Satz 1 BGB unter der Voraussetzung zulässig ist, daß ein solcher Antrag gestellt wird (§ 43 Satz 1 JWG). In diesem Falle wird nämlich der Pfleger mit der Geburt des Kindes im Einverständnis mit dem Jugendamt Vormund; § 40 JWG findet alsdann keine Anwendung (§ 43 Satz 2 u. 3 JWG). Die Vormundschaft wird bei dem Vormundschaftsgericht geführt, bei dem die Pflegschaft anhängig war (§ 43 Satz 4 JWG).

Eine Befreiung der Gemeinden oder Gemeindeverbände von der Durchführung der Bestimmungen über die gesetzliche Amtsvormundschaft ist nicht mehr möglich, da Art 8 EGJWG in der Fassung der VO vom 14. Febr. 1924 (RGBl I 110) durch Art II des Gesetzes zur Änderung

[1] Ficht der Ehemann der Mutter die Ehelichkeit des Kindes mir Erfolg an und verzieht die Kindesmutter nach der Geburt des Kindes in den Bezirk eines anderen Amtsgerichts, so ist zur Vormundschaft nicht das Vormundschaftsgericht des Geburtsortes, sondern gemäß § 36 FGG das Gericht zuständig, in dessen Bezirk die Kindesmutter zur Zeit der Rechtskraft des die Unehelichkeit des Kindes feststellenden Urteils ihren Wohnsitz hat. Durch § 40 JWG wird die Zuständigkeit des Gerichts nicht berührt (vgl KEIDEL, § 36 FGG Anm 6).

von Vorschriften des Reichsjugendwohlfahrtsgesetzes vom 28. Aug. 1958 (BGBl I 1035) aufgehoben worden ist.

b) *Bis zum Eingreifen* des zuständigen Vormundschaftsgerichts hat das Amtsgericht des Geburtsortes die erforderlichen vormundschaftsgerichtlichen Maßnahmen (vgl insbesondere § 42 JWG) zu treffen (§ 40 Abs II JWG), damit Verzögerungen, die den Interessen des Kindes abträglich sein könnten, vermieden werden.

c) Dem gleichen Zweck dienen auch die Bestimmungen des § 41 Satz 1 u. 2 JWG, denen zufolge der Standesbeamte die gemäß § 48 FGG dem Vormundschaftsgericht zu erstattende Anzeige über die Geburt eines unehelichen Kindes dem Jugendamt zu übersenden und der Anzeige eine Mitteilung über das religiöse Bekenntnis beizufügen hat. Das Jugendamt hat sodann unverzüglich die Geburtsanzeige dem Vormundschaftsgericht weiterzureichen und den Eintritt der Vormundschaft anzuzeigen (§ 41 Satz 3 JWG). Das Vormundschaftsgericht dagegen hat dem Jugendamt ebenfalls unverzüglich eine Bescheinigung über den Eintritt der Vormundschaft zu erteilen, die bei Beendigung der Vormundschaft zurückzugeben ist (§ 49 JWG). Diese Bescheinigung vertritt die Stelle der dem Einzelvormund zu erteilenden Bestallung (vgl oben § 79).

d) Ebenfalls im Interesse einer den Mündelinteressen dienlichen Beschleunigung des Verfahrens ist die *Abgabe der Vormundschaft* an ein anderes Jugendamt erleichtert. Sobald nämlich das Wohl des Mündels es erfordert, soll das die Vormundschaft führende Jugendamt bei dem Jugendamt eines anderen Bezirkes die Weiterführung der Vormundschaft beantragen (§ 44 Abs I Satz 1 JWG), z. B. wenn die Geburt in einem Krankenhause oder in einer Entbindungsanstalt in einer nicht den gewöhnlichen Aufenthaltsort der Mutter bildenden Stadt stattfindet oder wenn ein anderes Jugendamt bereits die Vormundschaft über Geschwister des Kindes führt. Die Abgabe ist auch dann geboten, wenn die sorgeberechtigte Mutter, während der Minderjährige sich in Fürsorgeerziehung befindet, mit ihrer Familie in den Bezirk eines anderen Jugendamts verzieht (Zentralblatt XXII 283 = Rundbriefe VI 163). Nicht erforderlich ist, daß das um die Weiterführung besorgte Jugendamt, falls das Kind in seinem Bezirk geboren wäre, gesetzlicher Amtsvormund nach § 40 JWG geworden wäre (JFG 3 70). Der Antrag kann aber auch von dem Jugendamt eines anderen Bezirks sowie von der Mutter und von einem jeden, der ein berechtigtes Interesse des Mündels geltend macht, gestellt werden (§ 44 Abs I Satz 2 JWG). Abgabe- und Übernahmeerklärungen des Jugendamtes können im übrigen nur von dem zur Vertretung des Jugendamts allein befugten Vorsitzenden, dagegen nicht — auch nicht in Vertretung oder kraft Übertragung bezw nachträglicher Genehmigung des Vorsitzenden — durch den beauftragten Amtsvormund abgegeben werden, da die Abgabe über den Rahmen der diesem gemäß § 37 Satz 3 JWG etwa übertragenen Befugnisse hinausgeht (§ 37 Satz 4 JWG).

Da die Abgabe der Vormundschaft gemäß § 44 Abs I JWG sich ohne Mitwirkung des Vormundschaftsgerichts vollzieht, ist es erforderlich, daß dieses Gericht von der Abgabe benachrichtigt wird; demgemäß ist dem abgebenden Jugendamt gemäß § 44 Abs I Satz 3 JWG zur Pflicht gemacht, dem Vormundschaftsgericht den Übergang unverzüglich anzuzeigen.

Gegen die Ablehnung des Antrags kann das Vormundschaftsgericht angerufen werden (§ 44 Abs II JWG), dessen Entscheidung mit der Beschwerde gemäß § 19 ff. FGG angefochten werden kann (POTRYKUS, § 39 JWG Anm 8; JFG 3 70). Örtlich zuständig für diese Entscheidung ist das Vormundschaftsgericht, bei dem die Vormundschaft geführt wird (POTRYKUS, § 39 JWG Anm 7; Rundbriefe V 28, VI 287). Die örtliche Zuständigkeit des Vormundschaftsgerichts für die Vormundschaft über ein uneheliches Kind bestimmt sich im übrigen trotz der Vorschriften in den §§ 40, 44 JWG nur nach § 36 FGG (KEIDEL, § 36 FGG Anm 6; JFG 2 123; 3 62). Das Vormundschaftsgericht hat aber nur zu entscheiden, wenn der Streit darum geht, ob das Wohl des Mündels die Abgabe der Vormundschaft erfordert, nicht aber, wenn Meinungsverschiedenheiten über die Gültigkeit der Abgabeerklärung bestehen (POTRYKUS, § 39 JWG Anm 7); dieser Streit muß erforderlichenfalls von der den Jugendämtern übergeordneten Aufsichtsbehörde entschieden werden (Rundbriefe V 312).

Beispiel:
Beschluß

In der Vormundschaftssache betr. den am 15. Januar 1959 in Berlin-Schöneberg geborenen Karl Müller, Kind des Fräuleins Helene Müller aus Köln, Hohe Straße 100, zur Zeit in Berlin-Schöneberg, katholischen Bekenntnisses, bisher unter Amtsvormundschaft des Bezirksjugendamts in Berlin-Schöneberg, wird auf Antrag des bisherigen Amtsvormundes gemäß § 44 Abs II JWG angeordnet, daß die Vormundschaft von dem Jugendamt in Köln zu übernehmen ist, da die Mutter des Kindes ihren Wohnsitz und ständige Beschäftigung in Köln hat und mit dem Kinde, das sie bei einem vorübergehenden Aufenthalt in Berlin geboren hat, in nächster Zeit nach Köln zurückkehren wird, das Wohl des Kindes also die Übernahme der Vormundschaft durch das Jugendamt in Köln erfordert.

Köln, den 20. Oktober 1962.

Das Amtsgericht.
Schmitz.

Vfg.

Beschluß vom 20. Oktober 1962 zustellen
a) dem Bezirksjugendamt in Berlin-Schöneberg,
b) dem Jugendamt in Köln.
Köln, den 20. Oktober 1962.

Schmitz.

Wenn der Mündel im Ausland lebt, die uneheliche Mutter aber im Inland und die Vormundschaft an dritter Stelle geführt wird, so reicht es zur Abgabe der Vormundschaft an das Jugendamt des Aufenthalts der Mutter nicht aus, daß diese mit dem Vormunde dann leichter in Verbindung treten kann; denn die Nachprüfung der Verhältnisse des Mündels durch den Vormund und das Vormundschaftsgericht kann im wesentlichen doch nur durch schriftlichen Verkehr mit dem deutschen Konsul oder den Auslandsbehörden erfolgen (Rundbriefe IV 203).

e) Das Vormundschaftsgericht hat das Jugendamt auf seinen Antrag als Amtsvormund zu *entlassen* und einen Einzelvormund zu bestellen, soweit dies dem Wohle des Mündels nicht entgegensteht (§ 45 JWG). Vgl hierzu auch unten Z 4. Zur Ermittelung des Kindesvaters, insbesondere bei Verweigerung der Angabe seines Namens durch die Kindesmutter, stehen dem Jugendamt als Amtsvormund wesentlich weitgehendere Mittel zur Verfügung als dem Einzelvormund. Solange diese Mittel nicht erschöpft sind, würde eine Beendigung der Amtsvormundschaft dem Wohle des Mündels entgegenstehen, ist demnach auch die Entlassung des Jugendamts gemäß § 45 JWG abzulehnen (POTRYKUS, § 40 JWG Anm 2; JFG 18 276; KG Rundbriefe XII 38; Rundbriefe V 178 = Zentralblatt XXI 289).

3. Wenn die Voraussetzungen des § 40 nicht vorliegen, so kann dennoch in den übrigen Fällen, in denen ein Minderjähriger gemäß § 1773 BGB einen Vormund erhalten muß, das Vormundschaftsgericht das Jugendamt mit seinem Einverständnis vor den im § 1776 BGB als Vormund berufenen Personen zum Vormund bestellen, soweit nicht ein geeigneter anderer Vormund vorhanden ist (§ 46 Abs I JWG)[1]. Aber nur das Jugendamt als mehrgliedrige Behörde kann zum Amtsvormund bestellt werden, nicht ein Beauftragter oder Bevollmächtigter des Jugendamts; nur dieses ist daher, wenn einem solchen die Ausübung der vormundschaftsgerichtlichen Obliegenheiten übertragen ist, in der Lage, den Bevollmächtigten seines Amtes zu entheben; notfalls ist Verwaltungsbeschwerde einzulegen (Rundbriefe IV 323). Auf diese sogenannte bestellte Amtsvormundschaft finden die §§ 1789 (Verpflichtung des Vormundes) und 1791 BGB (Bestallung)) keine Anwendung. Die Bestellung erfolgt vielmehr durch eine schriftliche Verfügung des Vormundschaftsgerichts (§ 46 Abs II JWG). Diese Verfügung ersetzt die im Falle der gesetzlichen Amtsvormundschaft gemäß § 42 JWG auszustellende Bescheinigung (oben Z 2c).

Die für die gesetzliche Amtsvormundschaft geltenden Bestimmungen, insbesondere auch die §§ 44, 45 JWG (oben Z 2d u. e) finden auf die *bestellte* Amtsvormundschaft keine Anwendung.

[1] Auch der Vorausvormund kann *ohne sein Einverständnis* durch das Jugendamt als bestellten Amtvormund ersetzt werden.

4. Wenn es dem *Interesse* des Mündels förderlich erscheint, *soll das Jugendamt stets*, also sowohl in den Fällen der gesetzlichen wie auch der bestellten Amtsvormundschaft die *Bestellung einer Einzelperson* als Vormund *beantragen;* es kann auch die Bestellung eines Mitvormundes für einen bestimmten Wirkungskreis, z. B. für die Vermögensverwaltung oder für die religiöse Erziehung, beantragen (vgl §§ 45, 50 Abs I JWG). Dieser Antrag soll gestellt werden, wenn ein geeigneter Einzelvormund, der den Anforderungen der Vormundschaft nach Lage der Sache gewachsen ist und das Wohl des Mündels in jeder Hinsicht wahrnehmen kann, zur Verfügung steht. Dies wird insbesondere dann der Fall sein, wenn die Unterhaltszahlung und die ordnungsmäßige Unterbringung des unehelichen Kindes gesichert ist (vgl Abschnitt IV Z 5 Preuß. Allg. AusfAnw. zum JWG vom 29. 3. 1924 — Volkswohlfahrt Bl S. 167 — JFG 5 85; DJZ 1930 1397). Der Antrag kann auch von einem jeden, der ein berechtigtes Interesse des Mündels geltend macht, und von diesem selbst, wenn es das 14. Lebensjahr vollendet hat, gestellt werden (§ 50 Abs II Satz 1 JWG). Das Vormundschaftsgericht kann von Amts wegen schließlich auch die Bestellung eines Einzelvormundes vornehmen (§ 50 Abs II Satz 2 JWG). Vor der Entscheidung soll das Vormundschaftsgericht in allen Fällen das Jugendamt, wenn dieses nicht selbst den Antrag gestellt hat, und tunlichst die Mutter des Mündels hören (§ 50 Abs III Satz 3 JWG). Wird das Jugendamt mit seiner Zustimmung aus dem vormundschaftlichen Amt entlassen, so richtet sich das Beschwerderecht gegen die Entscheidung des Vormundschaftsgerichts nach den §§ 20 Abs I, 57 Abs I Z 9 FGG (POTRYKUS, § 40 JWG Anm 4; vgl aber für den entsprechenden Fall der Pflegschaft JFG 7 101).

5. Das *Jugendamt kann* mit seinem Einverständnis *auch als Mitvormund* (vgl unten § 94), *Gegenvormund* (vgl unten § 95), *Pfleger* (vgl unten §§ 110 ff) oder *Beistand* (vgl oben § 63) *bestellt* werden. Ebenso können einzelne Rechte und Pflichten des Vormundes auf das Jugendamt übertragen werden. In allen diesen Fällen sollen die Bestimmungen über die Amtsvormundschaft und die Stellung des Jugendamtes zum Vormundschaftsgericht und zur Einzelvormundschaft (§§ 47 bis 51 JWG; vgl oben § 12 und Z 4) entsprechende Anwendung finden (§ 52 JWG). In Betracht kommen indessen nur die Vorschriften der §§ 37 Satz 2 — 4, 38, 39, 46, 50 JWG, nicht auch die Vorschriften der §§ 40 bis 45 JWG über die gesetzliche Amtsvormundschaft (POTRYKUS, § 46 JWG Anm 3).

§ 81. h) Die Vereinsvormundschaft

1. Gemäß § 53 Abs I JWG können rechtsfähige Vereine, die vom Landesjugendamt[1] für geeignet erklärt sind, auf ihren Antrag zu Vormündern bestellt werden (Vereinsvormundschaft). Der Verein bedient sich bei der Ausübung der vormundschaftlichen Obliegenheiten einzelner seiner Mitglieder. Dies ist jedoch nicht zulässig, wenn das Mitglied den Minderjährigen in einem Heim des Vereins als Erzieher betreut (§ 53 Abs II JWG). Für ein Verschulden eines Mitgliedes haftet der Verein dem Mündel wie für ein Verschulden des verfsasungsmäßig berufenen Vertreters (§ 53 Abs III JWG).

Den Vereinen können auch einzelne Rechte und Pflichten des Vormunds übertragen werden, wenn sie den Antrag darauf beschränken (§ 53 Abs I S. 2 JWG); die Vereine haben alsdann die rechtliche Stellung von Mitvormündern neben den eigentlichen Vormündern, wobei die Verwaltung der vormundschaftlichen Geschäfte nach bestimmten Wirkungskreisen verteilt ist.

Vor der Bestellung eines Vereinsvormundes muß das Jugendamt in den Fällen, in denen der Minderjährige von ihm bevormundet oder versorgt ist, gehört werden (§ 53 Abs I Satz 4 JWG).

2. Auf die Vereinsvormundschaft finden die für die Amtsvormundschaft erlassenen Bestimmungen der §§ 38, 45, 46 und 50 JWG mit der Maßgabe entsprechende Anwendung, daß ein Gegenvormund bestellt werden kann (§ 53 Abs 4 JWG).

§ 82. i) Internationales Privatrecht

I. Wenn auch dem deutschen Vormundschaftsgericht in erster Linie die Fürsorge für deutsche Staatsangehörige, gleichviel ob sie sich im Inland oder im Ausland aufhalten, obliegt, so findet doch in gewissen Fällen und unter bestimmten Voraussetzungen auch eine vormundschaftsgerichtliche *Fürsorge für Ausländer* statt[2]. Die Frage der deutschen Staatsangehörigkeit entscheidet sich nach dem Gesetz vom 22. 7. 1913 (RGBl I S. 583); Änderungen s. Gesetzesregister.

[1] In Nordrhein-Westfalen hat gemäß dem Gesetz zur Ausführung des Reichsgesetzes für Jugendwohlfahrt (AG RJWG) vom 26. 10. 1956 (GVNW S. 303) jeder Landschaftsverband ein Landesjugendamt zu errichten. Die preußische VO vom 12. 10. 1926 (PrGS S. 265), die gemäß § 89 JWG die in § 53 JWG vorgesehenen Befugnisse der Landesjugendämter auf die Oberpräsidenten, Regierungspräsidenten und Landeshauptmänner übertrug, ist durch § 21 Z. 1 AG RJWG aufgehoben worden.

[2] Die Vormundschaft über eine im Inlande wohnhafte Minderjährige, die durch im Auslande erfolgte Eheschließung mit einem Deutschen die deutsche Staatsangehörigkeit erworben hat, ist durch das deutsche Vormundschaftsgericht so lange zu führen, bis die Ehe aufgelöst oder für nichtig erklärt ist (KGJ 27 A 28).

Die Fürsorge des Vormundschaftsgerichts für Ausländer[1] ist teils durch innerstaatliche Vorschriften, teils durch völkerrechtliche Abmachungen geregelt, die gegebenenfalls jenen vorgehen (PALANDT, Art 23 EGBGB Anm 1; RAAPE, IPR, § 37 IV S. 383; KGJ **45** A 20 = RJA **13** 178).

1. Als maßgebende innerstaatliche Bestimmung für die *Anordnung einer Vormundschaft oder Pflegschaft über einen Ausländer* kommt Art 23 EGBGB in Betracht.

a) Gemäß Art 23 Abs I EGBGB kann im Inland eine Vormundschaft oder Pflegschaft auch über einen Ausländer angeordnet werden, sofern der Staat, dem der Ausländer angehört, die Fürsorge nicht übernimmt, wenn der Ausländer nach den Gesetzen seines Heimatstaates der Fürsorge bedarf oder im Inlande entmündigt ist[2].

α) Hierbei ist die Frage, ob der Ausländer der *Fürsorge bedarf*, nach deutschem Rechte zu entscheiden, wenn das Heimatrecht des Ausländers auf dieses Recht zurückverweist (Art 27, 7 EGBGB; vgl ferner ERMAN Art 23 EGBGB Anm 8). Die Frage, ob der Ausländer im Inlande entmündigt ist, entscheidet sich lediglich nach deutschem Recht mit der Maßgabe, daß das Vormundschaftsgericht nicht nachzuprüfen hat, ob der Entmündigungsbeschluß oder die Einleitung des Entmündigungsverfahrens zu Recht erfolgt ist (SOERGEL, Art 23 EGBGB, Anm 1, b, aa; KGJ **21** A 209). Außerdem kommt die Fürsorge des deutschen Vormundschaftsgerichts in beiden Fällen nur dann in Betracht, wenn feststeht, *daß der ausländische Staat trotz Kenntnis* des Sachverhalts *die Fürsorge nicht übernimmt*[3].

β) Ob diese Voaussetzungen erfüllt sind, hat das Vormundschaftsgericht gemäß §§ 12 FGG, notfalls durch Vermittelung der Landes- und Bundesregierung (Auswärtiges Amt) festzustellen (KGJ **27** A 64)[4].

---

[1] Bei *staatenlosen Personen* gilt Art 29 EGBGB; vgl im übrigen Gesetz über die Rechtsstellung heimatloser Ausländer im Bundesgebiet vom 25. 4. 1951 (BGBl I, 269).

[2] Vgl auch Runderlaß des Preuß. Min. für Volkswohlfahrt vom 5. April 1928 — III F 262 — (Rundbriefe IV 47) u. AllgVfg des PrJM vom 29. Mai 1928 (JMBl 1928 284) über die Bevormundung ausländischer Minderjähriger.

[3] Untersteht ein in Deutschland wohnhafter Mündel der Obervormundschaft eines ausländischen Staates, so kann ein Familienrat bei einem deutschen Gericht nur eingesetzt werden, wenn die Vormundschaft an das deutsche Gericht abgegeben ist (KGJ **53** A 50). Für ein inländisches Grundstück eines im Auslande bevormundeten Ausländers kann eine Pflegschaft eingerichtet werden, wenn nach ausländischem Recht die Vormundschaft dieses Grundstück nicht mitumfaßt; auf den Erlös für das inländische Grundstück darf die Pflegschaft nicht ausgedehnt werden, weil insoweit der Grundsatz der lex rei sitae nicht Platz greift (RJA **3** 113).

[4] vgl auch das Haager Entmündigungsabkommen vom 17. 7. 1905 (RGBl S. 463). Wegen der besseren Anwendbarkeit im Verhältnis zum Ausland vgl PALANDT, Anhang zu Art 8 EGBGB Anm 1a.

γ) Entsprechendes wie für die Anordnung der endgültigen Vormundschaft gilt auch für die Anordnung einer *vorläufigen* Vormundschaft (KGJ 21 A 209); eine vorläufige Pflegschaft als einstweilige Maßregel kennt das deutsche Recht nicht (KGJ 27 A 164 = RJA 4 78).

δ) Die Fürsorge des deutschen Vormundschaftsgerichts kommt ferner nur solchen Ausländern zustatten, die *im Inland* ihren *Wohnsitz oder* ihren *Aufenthalt* haben (RAAPE, IPR, § 37 I, S. 378; § 36 FGG); jedoch ist die Anordnung einer Pflegschaft oder vorläufiger Maßnahmen zum Schutze des Ausländers (Art 23 Abs II EGBGB) auch ohne diese Voraussetzung zulässig (vgl KGJ 21 A 209); es muß jedoch mindestens eine Zuständigkeit des Vormundschaftsgerichts gemäß § 44 FGG begründet sein (PALANDT, Art 23 EGBGB Anm 6c).

Die Anordnung einer Vormundschaft über einen im Auslande lebenden Ausländer kommt im Inlande nicht in Betracht. Verliert ein im Auslande lebender Mündel die deutsche Staatsangehörigkeit unter Erwerb einer fremden Staatsangehörigkeit, so ist die Vormundschaft aufzuheben, wenn der Mündel nach den Gesetzen seines neuen Heimatstaates der Fürsorge nicht bedarf (RJA 12 82). Verliert ein im Inlande befindlicher deutscher Mündel die deutsche Staatsangehörigkeit, so kann die Vormundschaft als Ausländervormundschaft unter den Voraussetzungen des Art 23 Abs I EGBGB oder der unten zu Z 2 behandelten völkerrechtlichen Abmachungen fortgeführt werden. Das gleiche gilt auch für die vorläufige Vormundschaft.

ε) Sind die Voraussetzungen für die Anordnung einer Vormundschaft oder Pflegschaft über einen Ausländer gegeben, so *kann* das deutsche Vormundschaftsgericht die Vormundschaft oder die Pflegschaft einrichten, d. h. die Anordnung hat zu erfolgen, wenn sie nach pflichtmäßigem, die Interessen des fürsorgebedürftigen Ausländers gebührend berücksichtigenden Ermessen des Vormundschaftsgerichts angezeigt erscheint.

ζ) Ist eine Vormundschaft über einen Ausländer unter Ausseracht-lassung der Vorschriften des Art 23 EGBGB angeordnet, so ist die Anordnung zwar nicht ohne weiteres nichtig, das Vormundschaftsgericht hat aber bei Entdeckung des Mangels gemäß Art 23 EGBGB das Erforderliche zu veranlassen und bei Übernahme der Fürsorge durch den ausländischen Staat die Abgabe oder Aufhebung der Vormundschaft zu bewirken. Bis zur Abgabe oder Aufhebung bleibt die irrtümlich eingeleitete Vormundschaft sowie die Bestellung des Vormundes in Kraft (ERMAN, Art 23 EGBGB, Anm 4a, bb; SOERGEL, Art 23 EGBGB, Anm 2a, cc; RAAPE, IPR, § 37 I S. 379; RGZ 84, 92; RJA 14 255; KG DRiZ 1928 Nr 363 = JFG 5, 98).

η) Die *Führung* der im Inlande über einen Ausländer angeordneten Vormundschaft oder Pflegschaft bestimmt sich *nach deutschem Recht* (RGZ 170 200; JFG 4 67), die örtliche Zuständigkeit des Gerichts nach den §§ 36 ff FGG. Für die Anordnung einer Pflegschaft über einen Ausländer ist gemäß § 37 Abs II, § 38, § 39 Abs II FGG, wenn bei einem inländischen Gericht eine Vormundschaft nicht anhängig ist und der Ausländer im Inlande weder Wohnsitz noch Aufenthalt hat, das Gericht zuständig, in dessen Bezirk das Bedürfnis der Fürsorge hervortritt. Solche Fälle sind namentlich dann gegeben, wenn die im Ausland angeordnete Vormundschaft sich nach dem ausländischen Recht nur auf das in dem Auslandsstaat befindliche Vermögen erstreckt oder wenn der ausländische Vormund wegen weiter Entfernung die Interessen des Mündels nicht ausreichend wahrnehmen kann.

ϑ) Die *Abgabe* einer im Inlande über einen Ausländer geführten Vormundschaft oder Pflegschaft *an den Heimatstaat* des Mündels ist *jederzeit zulässig*; lehnt jedoch der ausländische Staat die Übernahme ab, so muß mit Rücksicht auf Art 23 Abs I EGBGB geprüft werden, ob die Vormundschaft oder Pflegschaft nicht im Inlande fortzuführen ist. Andererseits ist der ausländische Staat berechtigt, die Abgabe der Vormundschaft oder Pflegschaft von dem deutschen Vormundschaftsgericht zu verlangen. Diesem Ersuchen ist zu entsprechen, und zwar auch dann, wenn der Mündel zunächst Deutscher war, demnächst aber die deutsche Staatsangehörigkeit verloren und eine ausländische Staatsangehörigkeit erworben hat; dem ausländischen Staat steht auch gegen die Ablehnung der Abgabe das Recht der Beschwerde zu (KGJ 21 A 203 = RJA 2 55). Die Übernahme einer ausländischen Vormundschaft kann in der Weise erfolgen, daß, wenn der ausländische Staat die Fürsorge einstellt, die Vormundschaft im Inlande nach den Vorschriften und unter den Voraussetzungen des Art 23 Abs I EGBGB angeordnet wird.

b) In vielen Fällen wird die Eilbedürftigkeit der Angelegenheit die Feststellung untunlich erscheinen lassen, ob die erforderliche Fürsorge für einen Ausländer von dem Heimatstaat übernommen wird. Aus diesem Grunde bestimmt Art 23 Abs II EGBGB, daß das Vormundschaftsgericht, solange eine Vormundschaft oder Pflegschaft nicht angeordnet ist, *vorläufige Maßregeln* treffen kann[1].

Die Frage, ob diese Vorschrift sich nur auf eigentliche Vormundschaftssachen, welche die Fürsorge für schutzbedürftige Personen zum Gegenstande haben, nicht aber auch auf andere familienrechtliche An-

---

[1] Ein zum Ausländer gewordener, unter vorläufiger Vormundschaft stehender Volljähriger kann Gegenstand vorläufiger Maßregeln im Sinne des Art 23 Abs II EGBGB sein, unter vorläufige Vormundschaft aber nur gestellt oder unter dieser behalten werden, wenn die Voraussetzungen des Art 23 Abs I a. a. O. vorliegen (so KGJ 21 A 209; Palandt, Art 23 EGBGB, Anm 6; Erman, Art 23 EGBGB, Anm 10a; a. A.: Soergel, Art 23 EGBGB, Anm 1b, bb; Wolff, IPR, S. 224; LG Osnabrück in Rundbriefen V, 139, wo ausgeführt wird, daß zu den in Art 23 Abs II EGBGB vorgesehenen vorläufigen Maßregeln auch die Anordnung einer vorläufigen Vormundschaft oder Pflegschaft gehöre).

gelegenheiten beziehe, die dem Vormundschaftsgericht aus Zweckmäßigkeitsgründen zugewiesen sind, hat das Kammergericht in der Entscheidung in KGJ 37 A 32 = RJA 10 1 zunächst bejaht, dabei aber ausgeführt, daß der Kreis der dem Vormundschaftsgericht aus dem Art 23 Abs II EGBGB erwachsenden Aufgaben dennoch nicht schlechthin auf den 3. Abschn. des 4. Buches des Bürgerlichen Gesetzbuchs beschränkt sei, daß vielmehr zu diesem Kreise alle vorläufigen Maßregeln gehörten, die irgendwie der vormundschaftlichen Fürsorge für schutzbedürftige Ausländer dienen sollen, also namentlich auch einstweilige Anordnungen, die nicht in den Rahmen einer bereits eingeleiteten Vormundschaft oder Pflegschaft fallen, sondern nur dazu bestimmt sind, die Einleitung einer solchen vorzubereiten oder die Notwendigkeit ihrer Anordnung festzustellen, z. B. auch Maßregeln aus § 1666 BGB, vorläufige Anordnungen über die religiöse Erziehung (vgl auch KGJ 31 A 45; bei Anordnung solcher Maßnahmen ist mit besonderer Vorsicht die Frage eines bestimmten Bedürfnisses in jedem Einzelfalle im Hinblick auf eine demnächstige abweichende Regelung durch das ausländische Gericht zu prüfen) und die vorläufige Unterbringung zur Fürsorgeerziehung, dagegen nicht die Regelung des persönlichen Verkehrs ausländischer geschiedener Eltern mit dem Kinde. Abweichend von dieser Auffassung hat das Kammergericht in der Folgezeit (KGJ 45 A 18 ff. = RJA 13 178; KGJ 47 A 48 ff.) ausgeführt, daß nur Vormundschaftssachen in engerem Sinne unter Art 23 Abs I u. II EGBGB zu rechnen seien, indessen gerade deshalb die Zuständigkeit des deutschen Vormundschaftsgerichts zur Entziehung der elterlichen Gewalt auch hinsichtlich ausländischer Kinder anerkannt, weil weder das innerstaatlich geregelte noch das völkerrechtlich vereinbarte internationale Privatrecht die Zuständigkeit des deutschen Gerichts einschränke (so auch Palandt, Art 23 EGBGB Anm 1a; Erman, Art 23 EGBGB Anm 11; Soergel, Art 23 EGBGB Anm II). Dabei ist aber in materieller Hinsicht das Personalstatut des ausländischen Kindes anzuwenden, es sei denn, daß die Anwendung des ausländischen Rechts den durch § 1666 BGB bezweckten Schutz des Kindes beeinträchtigen würde. Auch die Anordnung der vorläufigen Fürsorgeerziehung ausländischer Minderjähriger ist aus den angegebenen Gesichtspunkten zulässig; dies gilt nicht nur für diejenigen Kinder, die der Vertretung durch einen Vormund oder Pfleger nicht bedürfen, sondern auch hinsichtlich der unter elterlicher Gewalt stehenden Kinder (vgl RGZ 117 376; Soergel, Art 19 EGBGB Anm II 3b).

Aus den in KGJ 37 A 32 = RJA 10 1 und KGJ 44 A 28 dargelegten Erwägungen ist das Kammergericht ferner zunächst zu dem Schlusse gelangt, daß *familienrechtliche Angelegenheiten, die nicht den Schutz des Minderjährigen, sondern der Rechte Dritter*, z. B. der Eltern, bezweckten, nicht unter Art 23 Abs II EGBGB zu zählen seien und daß daher namentlich auch die Regelung des persönlichen Verkehrs des nicht fürsorgeberechtigten Elternteils mit dem Kinde, da die Vorschrift des § 1636 BGB nicht im öffentlichen Interesse zum Schutze des Kindes, sondern zur Wahrnehmung elterlicher Privatrechte erlassen sei, nicht zulässig sei. Diesen Standpunkt hat das Kammergericht im Ergebnis indessen später in der Entscheidung KGJ 46 A 27 = RJA 14 14 in der Erwägung aufgegeben, daß Art 23 EGBGB eine Ausnahmevorschrift enthalte, außerhalb deren das deutsche Gericht grundsätzlich auch für Ausländer zuständig sei. Demgemäß ist die Zuständigkeit des deutschen Gerichts zur Regelung des Verkehrs ausländischer Eltern mit ihrem Kinde, falls es sich nicht um exterritoriale Personen handelt, zwar nicht aus Art 23 Abs II EGBGB, jedoch aus der allgemeinen öffentlich-rechtlichen Verwaltungsbefugnis des inländischen Staates bejaht, im übrigen jedoch hervorgehoben worden, daß die Frage der Zuständigkeit von der des anzuwendenden materiellen Elternrechts zu trennen sei (vgl auch BayObLG, IP Rechtspr 34 63).

Die örtliche Zuständigkeit für die Anordnung vorläufiger Maßnahmen zum Schutze von Ausländern bestimmt sich nach § 44 FGG (für Fürsorgeerziehungssachen vgl § 67 Abs I JWG), das Verfahren richtet sich nach deutschem Recht (KGJ 42 A 52; PALANDT, Art 23 EGBGB Anm 6c).

2. Die Frage, in welchem Umfange schutzbedürftigen Ausländern im Inlande vormundschaftsgerichtliche Fürsorge zuteil wird, ist auch durch zahlreiche *internationale Abmachungen* geregelt, die, wie bereits erwähnt ist, gegebenenfalls dem innerstaatlichen internationalen Privatrecht des Art 23 EGBGB vorgehen.

a) In erster Linie ist in dieser Beziehung das *Haager Abkommen zur Regelung der Vormundschaft über Minderjährige vom* 12. *Juni 1902* (RGBl 1904 240 ff.) von Bedeutung. Das Abkommen, welches durch Art. 282 des Friedensvertrages von Versailles (RGBl 1919, 1089 ff.) aufrecht erhalten worden war, galt vor dem zweiten Weltkrieg im Verhältnis zu Österreich, Belgien, Luxemburg, den Niederlanden, Rumänien, Schweden, Spanien, Italien, Schweiz, Portugal und Ungarn. Es gilt heute im Verhältnis zu Schweden, Spanien, der Schweiz, Portugal, den Niederlanden (vgl Bek vom 24. 12. 1954, BGBl 55 II 1), Belgien, Italien (vgl Bek vom 14. 2. 1955, BGBl II, 188) und Luxemburg (vgl Bek vom 19. 4. 1955, BGBl II 626).

Das Abkommen schreibt im Art 1 vor, daß die Vormundschaft über einen Minderjährigen sich nach dem Gesetze seines Heimatstaates bestimmt[1], sieht im Art 2 die konsularische oder diplomatische Fürsorge für im Auslande befindliche Minderjährige unter bestimmten Voraussetzungen vor und bestimmt im Art 3, daß, falls eine Vormundschaft gemäß

[1] vgl BERGMANN, Internationales Ehe- und Kindschaftsrecht.

den Bestimmungen der Art 1 und 2 nicht angeordnet ist oder werden kann, für die Anordnung und Führung der Vormundschaft über einen Minderjährigen, der seinen gewöhnlichen Aufenthalt im Auslande hat, das Gesetz des Aufenthaltsortes maßgebend ist. Ist gemäß dieser Bestimmung eine Vormundschaft angeordnet, so kann gleichwohl der Heimatstaat auf Grund der Art 1 oder 2 eine neue Vormundschaft anordnen; hiervon ist der Regierung des Staates, in dem die Vormundschaft zuerst angeordnet war, alsbald Nachricht zu geben, damit die Vormundschaftsbehörde von der Anordnung der neuen Vormundschaft in Kenntnis gesetzt werden kann; der Zeitpunkt, in welchem die ältere Vormundschaft endigt, bestimmt sich nach der Gesetzgebung des Staates, in dessen Gebiet die Vormundschaft angeordnet war (Art 4). In allen Fällen bestimmen sich im übrigen gemäß Art 5 der Zeitpunkt und die Gründe für den Beginn sowie für die Beendigung der Vormundschaft nach dem Gesetze des Heimatstaates des Minderjährigen. Die vormundschaftliche Verwaltung erstreckt sich auf die Person sowie auf das gesamte Vermögen des Minderjährigen, gleichviel an welchem Orte sich die Vermögensgegenstände befinden; Ausnahmen hiervon sind zulässig in Ansehung solcher Grundstücke, welche nach dem Gesetze der belegenen Sache einer besonderen Güterordnung unterliegen (Art 6). Solange die Vormundschaft nicht angeordnet ist, sowie in allen dringenden Fällen (also in weiterem Umfang als gemäß Art 23 Abs II EGBGB) können die zuständigen Ortsbehörden die Maßregeln treffen, die zum Schutze der Person und der Interessen eines minderjährigen Ausländers erforderlich sind (Art 7). Im Art 8 ist für den Fall, daß Anlaß zur Anordnung der Vormundschaft über einen minderjährigen Ausländer besteht, vorgeschrieben, daß die Behörden des Aufenthaltsstaates diejenigen des Heimatstaates von dem Sachverhalt benachrichtigen, sobald dieser ihnen bekannt wird; die Heimatbehörden sollen sodann den Behörden des Aufenthaltsstaates alsbald Mitteilung machen, ob die Vormundschaft angeordnet ist oder werden wird. Das auf die europäischen Besitzungen der Vertragsstaaten beschränkte Abkommen (Art 10) findet gemäß Art 9 nur Anwendung auf die Vormundschaft über Minderjährige, die Angehörige eines Vertragsstaates sind und ihren gewöhnlichen Aufenthalt im Gebiet eines dieser Staaten haben; die Art 7 und 8 finden jedoch auf alle Minderjährigen Anwendung, die Angehörige eines Vertragsstaates sind. Bezüglich des Haager Abkommens ist im Verhältnis zu den Niederlanden das Zusatzprotokoll vom 28. 11. 1923 (RGBl 1924 II 363) zu beachten.

b) Außer dem Haager Abkommen sind noch zahlreiche besondere Übereinkommen mit einzelnen ausländischen Staaten getroffen. Solche Abmachungen betreffen

α) die Bekanntmachung vom 6. Juli 1914, betreffend die im Anschluß an das Haager Abkommen zur Regelung der Vormundschaft über Minderjährige vom 12. Juni 1902 von Deutschland mit der Schweiz zur Vereinfachung des Verkehrs in Vormundschaftssachen getroffene Vereinbarung (RGBl 1914 251), nach der im allgemeinen der unmittelbare Geschäftsverkehr der deutschen und schweizerischen Vormundschaftsbehörden miteinander gestattet ist,

β) das Vormundschaftsabkommen vom 5. 2. 1927 (RGBl II 510) zwischen dem Deutschen Reiche und der Republik Österreich, das in manchen Punkten dem Haager Abkommen nachgebildet ist, dessen Anwendung jedoch ausschließt und auf den Vertrag über Rechtsschutz und Rechtshilfe zwischen dem Deutschen Reiche und der Republik Österreich vom 21. Juni 1923 (vgl RGBl 1924 II 55 ff., 91, 92) verweist[1],

γ) das Gesetz vom 19. März 1925 wegen des deutsch-polnischen Vertrages über den Rechtsverkehr und wegen des deutsch-polnischen Vormundschaftsabkommens (RGBl 1925 II 139 ff.; Bekanntmachung über die Ratifikation und Ausführung der deutsch-polnischen Rechtsverträge RGBl 1926 II 237), das ebenfalls in wesentlichen Punkten sich an das Haager Abkommen anlehnt[2].

c) Auch das Haager Abkommen (KGJ 45 A 18 = RJA 13 178) und die übrigen internationalen Abmachungen erstrecken sich nur auf die Vormundschaftssachen im engeren Sinne, nicht aber auf die dem Vormundschaftsgericht aus Zweckmäßigkeitsgründen übertragenen sonstigen familienrechtlichen Obliegenheiten. Eben deshalb stehen aber auch die erwähnten internationalen Vereinbarungen der Regelung solcher Angelegenheiten durch das deutsche Vormundschaftsgericht, soweit es sich um Ausländer handelt, nicht entgegen.

d) Vormundschaften, die auf Grund internationaler Verträge in Deutschland eingerichtet sind, werden nach deutschem Rechte geführt (JFG 4 67). Nach deutschem Rechte bestimmt sich auch die örtliche Zuständigkeit des Vormundschaftsgerichts; insoweit gelten die oben zu Art 23 EGBGB gemachten Ausführungen entsprechend.

II. Im *Verhältnis zur sowjetisch besetzten Zone (DDR)*[3] tritt an die Stelle des Heimatstaates das Gebiet des gewöhnlichen Aufenthalts.

---

[1] Das Vormundschaftsabkommen ist durch den Anschluß Österreichs an das Deutsche Reich im Jahre 1938 gegenstandslos geworden. Es ist nach dem zweiten Weltkrieg nicht wieder in Kraft getreten (Soergel, Art 23 EGBGB, Anm VII 1c; Palandt, Anhang zu Art 23 EGBGB Anm 2). Die Vereinbarung vom 4. 6. 1932 (RGBl II, 197) über Pflegekinderschutz und den Geschäftsverkehr in Jugendsachen ist wieder in Kraft auf Grund der Bek vom 13. 3. 1952 (BGBl II, 436).

[2] Der Vertrag mit Polen ist durch den zweiten Weltkrieg gegenstandslos geworden (vgl Palandt, Anh zu Art 23 EGBGB, Anm 2; Erman, Art 23 EGBGB Anm 13c; a. A. Soergel, Art 23 EGBGB, VII 1b).

[3] vgl hierzu Palandt, Vorb 14 vor Art 7 EGBGB; Soergel, Vorb V 7 vor Art 7 EGBGB; Erman, Vorb 8 vor Art 7 EGBGB.

1. Die in der sowjetischen Besatzungszone Deutschlands erlangte Volljährigkeit ist im Gebiet der Bundesrepublik anzuerkennen. Ein Vormund oder Pfleger ist daher nicht zu bestellen (vgl Soergel, Art 23 EGBGB, IX in Verb. m. III I a).

2. Gemäß § 17 dss sowjetzonalen Gesetzes vom 27. 9. 1950 (GB DDR 1037) ist die Amtsvormundschaft des § 40 JWG über uneheliche Kinder beseitigt worden. Die Zulässigkeit einer Amtsvormundschaft richtet sich also nach dem gewöhnlichen Aufenthaltsort der Kindesmutter (so Soergel, Art 23 EGBGB, IX; Erman, Art 23 EGBGB Anm 12c). Für den Fall, daß ein uneheliches Kind in die Bundesrepublik Deutschland kommt, die Mutter aber in der DDR verbleibt, vgl *OLG* Hamm, ZBl f. JR 55 295.

3. In der DDR sind die Vormundschafts- und Pflegschaftssachen, soweit sie Minderjährige betreffen, auf den Rat des Kreises bzw. Stadtbezirkes, und soweit es sich um Volljährige oder Unbekannte handelt, auf das staatliche Notariat übergegangen (vgl VO über die Übertragung der Angelegenheiten der freiwilligen Gerichtsbarkeit vom 15. 10. 1952 — GBl DDR 1057 — für Ostberlin VO vom 19. 3. 1953 — VOBl I 99 —). Entscheidungen dieser Behörden sind im Gebiet der Bundesrepublik anzuerkennen, sofern sie nicht wesentliche Mängel aufweisen (Erman, Art 23 EGBGB, Anm 12f; Soergel, Art 23 EGBGB, IX). Andererseits ist die DDR für die Frage der Zuständigkeit i. S. der §§ 36, 46 FGG nicht mehr als Inland anzusehen (Erman, a. a. O.; Soergel, a. a. O.; KGNJW 54 1176; OLG Karlsruhe NJW 55 1885; vgl auch BGHZ 21 306).

2. Die Führung der Vormundschaft

§ 83. a) Der Umfang der Amtsbefugnis des Vormundes im allgemeinen

1. Der Vormund vertritt grundsätzlich die *Stelle der elterlichen Gewalthaber*. Gleich diesen (vgl § 1626 Abs II BGB) hat der Vormund das Recht und die Pflicht, für die Person und das Vermögen des Mündels selbständig nach pflichtmäßigem Ermessen zu sorgen, insbesondere den Mündel zu vertreten (§ 1793 BGB). Beispielsweise ist die Regelung des persönlichen Verkehrs des minderjährigen Mündels mit seinen Eltern Sache des Vormundes (RG 153 238; Erman, § 1800 Anm 1); dieser bestimmt auch die Kosten für die Erziehung des Mündels (KGJ 21 A 194; RJA 1/178; Palandt, § 1800 Anm 2); in beiden Fällen ist für eine Tätigkeit des Vormundschaftsgerichts nur nach Maßgabe der §§ 1837 ff. BGB Raum (vgl unten § 96, namentlich auch zu der Frage der Mitwirkung des Vormundschaftsgerichts in reinen Zweckmäßigkeitsfragen). Im einzelnen vgl im übrigen hinsichtlich der Personensorge und der Vermögenssorge unten die §§ 85 ff., hinsichtlich der Einschränkungen der Amtsbefugnisse des Vormundes § 84.

2. Aus dem *Vertretungsrecht des Vormundes* ergibt sich, daß seine Willenserklärungen, sofern sie sich innerhalb des Rahmens seiner Befugnisse halten und ausdrücklich oder den Umständen nach ersichtlich für den Mündel abgegeben werden, diesen unmittelbar verpflichten; ebenso müssen auch Willenserklärungen Dritter, die den Mündel angehen, dem Vormunde gegenüber abgegeben werden. Der Vormund kann auch Rechtsstreitigkeiten im Namen des Mündels führen und Rechtsmittel einlegen (hinsichtlich der Beschwerde in Angelegenheiten der freiwilligen Gerichtsbarkeit vgl § 59 FGG). Die gesetzliche Vertretungsmacht des Vormundes ist nicht zeitlich derart eingeschränkt, daß er über die Zeit der Beendigung der Vormundschaft hinaus nicht verfügen oder den Mündel nicht verpflichten könnte (KG JFG, 1 313; PALANDT, § 1793 Anm 5; STAUDINGER, § 1793 Anm 4h S. 1416; RGRK § 1793 Anm 3).

3. Steht ein *Ehegatte unter Vormundschaft*, so unterliegt das Vermögen des Mündels der Verwaltung des Vormundes nur insoweit, als dies mit den güterrechtlichen Befugnissen des anderen Ehegatten vereinbar ist (PALANDT, § 1793 Anm 2; vgl §§ 1364, 1417, 1418, 1422 BGB).

Steht ein Ehegatte, der das Gesamtgut verwaltet, unter Vormundschaft, so hat ihn der Vormund in den Rechten und Pflichten zu vertreten, die sich aus der Verwaltung des Gesamtgutes ergeben; dies gilt auch dann, wenn der andere Ehegatte zum Vormund bestellt ist (§ 1436 BGB). Haben beide Ehegatten die Verwaltung, so verwaltet der nicht unter Vormundschaft stehende Ehegatte während der Dauer der Vormundschaft das Gesamtgut allein (§ 1458 BGB). Der Vormund ist also insofern ausgeschaltet.

4. Der Vormund hat grundsätzlich die ihm zustehenden Aufgaben selbst zu erfüllen; die Übertragung der gesamten Verwaltung der vormundschaftsgerichtlichen Angelegenheiten auf einen Vertreter, namentlich für unbeschränkte Dauer, ist unzulässig (KGJ 38 A 34; 42 A 39; 46 A 63; JFG 1 313). Dagegen kann sich der Vormund zur Erledigung einzelner Obliegenheiten eines Vertreters bedienen, insbesondere zur Überwachung der Esziehung und Verpflegung der Mündel (KGJ 38 A 34). Ob ein solche Übertragung pflichtgemäß ist, entscheidet sich nach den Umständen des einzelnen Falles.

Der Vormund kann ferner, und zwar für die ganze Dauer seines Amtes, soweit es sich nicht um Angelegenheiten handelt, deren Erledigung nach ihrer Art dem Vormund persönlich obliegt, einem Dritten namens des Mündels Vollmacht erteilen (STAUDINGER, § 1793 Anm 6, S. 1417; vgl auch BayObLG 14, 213; RGZ 76, 185).

Das Jugendamt als Amtsvormund hat die Ausübung der vormundschaftlichen Obliegenheiten einzelnen seiner Beamten oder Angestellten zu übertragen; im Umfang der Übertragung sind die Beamten und Angestellten zur gesetzlichen Vertretung der Mündel befugt (§ 37 Satz 2 und 3 JWG; vgl auch oben § 80).

§ 84. b) Die Einschränkungen der Amtsbefugnis des Vormundes

1. Das Recht und die Pflicht des *Vormundes*, für die Person und das Vermögen des Mündels zu sorgen, erstreckt sich *nicht* auf Angelegenheiten, *für die ein Pfleger bestellt ist* (§ 1794 BGB). Die Fälle, in denen ein solcher zu bestellen ist, sind in den §§ 1795, 1796, 1801, 1909 BGB geregelt (vgl unten § 111). Soweit durch die Pflegerbestellung der Wirkungskreis des Vormundes eingeschränkt ist, ist dieser auch nicht zur Vertretung des Mündels befugt. Wird der Vormund gleichwohl innerhalb dieses Wirkungskreises für den Mündel tätig, so kommen die Vorschriften über die Vertretung ohne Vertretungsmacht (§§ 177 ff BGB) zur Anwendung. Entstehen Meinungsverschiedenheiten zwischen dem Vormund und dem Pfleger hinsichtlich einer Angelegenheit, die den beiderseitigen Wirkungskreis berührt, so gilt das gleiche wie bei Meinungsverschiedenheiten zwischen Mitvormündern, unter die die Geschäfte der Vormundschaft verteilt sind (vgl unten § 94).

2. Auch ohne Einrichtung einer Pflegschaft können einzelne Rechte und Pflichten des Vormundes, z. B. die Erledigung einer besonders umfangreichen oder schwierigen Vermögensangelegenheit, auf das Jugendamt übertragen werden (§ 52 JWG).

3. Um die vermögensrechtlichen Interessen des Mündels zu schützen, ist der Vormund kraft Gesetzes *von der Vertretung des Mündels in einzelnen Fällen ausgeschlossen.*

a) Der Vormund kann den Mündel nicht vertreten bei einem Rechtsgeschäft zwischen seinem Ehegatten oder einem seiner Verwandten in gerader Linie einerseits und dem Mündel andererseits, es sei denn, daß das Rechtsgeschäft ausschließlich in der Erfüllung einer Verbindlichkeit besteht (§ 1795 Abs 1 Z 1 BGB), ebenso auch bei Rechtsstreitigkeiten zwischen den Verwandten gerader Linie oder dem Ehegatten des Vormundes und dem Mündel, wenn der Rechtsstreit nicht lediglich die Erfüllung einer Verbindlichkeit betrifft (§ 1795 Abs 1 Z 3 BGB). Vertretungshandlungen, die der Vormund entgegen diesen Vorschriften vornimmt, sind nach den Bestimmungen über die Vertretung ohne Vertretungsmacht zu beurteilen (§§ 177 ff. BGB).

b) Die Vertretungsbefugnis des Vormundes ist ferner gesetzlich ausgeschlossen hinsichtlich eines Rechtsgeschäfts, das die Übertragung oder Belastung einer durch Pfandrecht, Hypothek, Schiffshypothek oder Bürgschaft gesicherten Forderung des Mündels gegen den Vormund oder die Aufhebung oder Minderung dieser Sicherheit zum Gegenstande hat oder die Verpflichtung des Mündels zu einer solchen Übertragung, Belastung, Aufhebung oder Minderung begründet (§ 1795 Abs 1 Z 2 BGB); das gleiche gilt für entsprechende Rechtsstreitigkeitsn (§ 1795 Abs 1 Z 3 BGB). Diese Einschränkung besteht auch fort, wenn der Vormund nicht mehr Eigentümer des verhafteten Grundstücks, sondern nur persönlicher Schuldner des Mündels ist (vgl Erman, § 1795 Anm 2; KGJ **23** A 245 hinsichtlich des insoweit entsprechenden Falles der elterlichen Gewalt). Kündigung und Einziehung des hypothekarisch durch Belastung eines früher dem Vormunde gehörigen, später veräußerten Grundstücks gesicherten Mündelkapitals sind in den angegebenen Fällen dem Vormund ebenfalls entzogen (vgl KGJ **24** A 17 = RJA **3** 56 hinsichtlich der elterlichen Gewalt). Die Einschränkung betrifft im übrigen nicht nur die dingliche oder bürgschaftsmäßige Sicherung der Forderung, sondern auch diese selbst; deshalb kann der Vormund nicht als gesetzlicher Vertreter des Mündels eine gegen ihn bestehende hypothekarisch gesicherte Forderung von einem Dritten übernehmen lassen; jedoch ist die trotz Mangels der Vertretungsbefugnis erfolgte Abtretung mit Schuldübernahme nicht nichtig, hat vielmehr nur die bloße Unwirksamkeit mit der Möglichkeit späterer Genehmigung zur Folge (RGZ **68** 37 ff.). Überhaupt kommen bei Zuwiderhandlungen des Vormundes gegen die Bestimmung des § 1795 Abs 1 Z 2 BGB die Vorschriften der §§ 177 ff. BGB über die vollmachtlose Vertretung zur Anwendung.

c) Der Vormund kann endlich nicht im Namen des Mündels mit sich im eigenen Namen oder als Vertreter eines Dritten ein Rechtsgeschäft vornehmen, es sei denn, daß dem Vormund ein anderes gestattet ist oder daß das Rechtsgeschäft ausschließlich in der Erfüllung einer Verbindlichkeit besteht (§§ 1795 Abs II, 181 BGB). Eine Gestattung dieser Art kommt indessen praktisch nicht in Betracht, weil sie weder den Eltern des Mündels noch einem Dritten, der dem Mündel Vermögen zuwendet, noch selbst dem Vormundschaftsgericht erlaubt ist. Dieses kann auch nicht einen für mehrere Mündel bestellten Vormund ermächtigen, im Namen des einen Mündels mit sich selbst als dem Vertreter des anderen ein Rechtsgeschäft abzuschließen (Erman, § 1795 Anm 3; RGZ **71** 162 ff. = RJA **10** 87; RGZ **93** 334; vgl ferner KGJ **22** A 34 = RJA **2** 110; **23** A 89)[1]. Scheidet ein Mündel aus einer offenen Handelsgesellschaft aus, an der auch der Vormund beteiligt ist, so kann dieser den Mündel nicht vertreten (KGJ **22** A 101). Wenn dagegen mehrere Mündel als Miterben einem anderen nicht bevormundeten Miterben den gesamten Nachlaß übertragen und der Erwerber jedem der übertragenden Miterben eine bestimmte Abfindungssumme zahlt, so können alle Mündel

[1] Auch das Vormundschaftsgericht selbst kann nicht, soweit es im Rahmen seiner Zuständigkeit z. B. gemäß § 1846 BGB tätig wird, im Namen des einen Mündels mit dem anderen ein Rechtsgeschäft abschließen (vgl KG a. a. O. u. unten § 98).

durch den Vormund vertreten werden, weil es sich nur um die Zusammenfassung mehrerer einzelner von den Mündeln mit dem Erwerber getroffener Abmachungen handelt; dieser Fall liegt aber nicht vor, wenn nur ein einzelner Nachlaßgegenstand an den Erwerber übereignet wird (RGZ 93 334). Ebenso können mehrere Minderjährige, die einem Volljährigen, mit dem sie in Erbengemeinschaft stehen, ihre Erbanteile gemeinsam übertragen, durch einen gesetzlichen Vertreter vertreten werden (KGJ 40 A 3; vgl auch ERMAN, § 1795 Anm 1 a. E.).

Abgesehen von den erwähnten Ausnahmen müssen in den Fällen, in denen ein Vormund mehrere Mündel vertritt — z. B. der sog. Geschwistervormund — Pfleger bestellt werden (RJA 2 110; KGJ 23 89; RGZ 67 64; BGH, LM § 181 BGB Nr 6). Eine Erbauseinandersetzung besteht im übrigen nur dann in der bloßen Erfüllung einer Verbindlichkeit, wenn sie nach Maßgabe der gestzlichen Vorschriften erfolgt, nicht aber, wenn sie auf Grund einer abweichenden Abmachung der Erben vorgenommen wird (RGZ a. a. O.).

Wegen der Anwendung der Vorschriften der §§ 177 ff. BGB im Falle der Zuwiderhandlung des Vormundes gegen die Bestimmung des § 1795 Abs II BGB gilt das gleiche wie oben zu a) und b) (ERMAN, § 181 Anm 9; RGZ 71 162; 93 337; 108, 406; abw. STAUDINGER, § 1795 Anm 4a, S. 1421).

d) Steht der Mündel unter Fürsorgeerziehung, so gilt die Fürsorgeerziehungsbehörde für den Abschluß von Dienst- und Lehrverträgen als gesetzlicher Vertreter des Mündels (§ 69 Abs IV JWG; vgl unten § 121), wegen der weiteren Einschränkung hinsichtlich des Aufenthaltsbestimmungs- und Erziehungsrechts vgl unten § 121, hinsichtlich der Erziehungsbeistandschaft vgl § 114 Zff 3b.

e) Soweit in den Fällen zu a) bis c) die Vertretungsbefugnis des Vormundes kraft Gesetzes ausgeschlossen ist, erhält der Mündel einen Pfleger (§ 1909 Abs I Satz 1 BGB). Der Vormund, die Eltern, das Jugendamt — auch als Gemeindewaisenrat — haben in solchen Fällen dem Vormundschaftsgericht Anzeige zu erstatten (§§ 1909 Abs II, 1694, 1850 Abs II BGB, 49 FGG).

4. Das Vormundschaftsgericht kann ferner für einzelne Angelegenheiten oder für einen bestimmten Kreis von Angelegenheiten dem Vormund (und zwar auch dem Jugendamt als Amtsvormund), die *Vertretung des Mündels entziehen*; die Entziehung soll jedoch nur erfolgen, wenn das Interesse des Mündels zu dem Interesse des Vormundes oder eines von diesem vertretenen Dritten oder seines Ehegatten oder einer in gerader Linie mit dem Vormunde verwandten Person in erheblichem Gegensatz steht (§ 1796 BGB). Die Entziehung kann dauernd oder nur für eine gewisse Zeit erfolgen; ist sie auf unbestimmte Zeit erfolgt, so ist sie nach

dem Wegfall der Voraussetzungen des § 1796 BGB wieder aufzuheben. Die Entziehung kann auch in die Bestallungsurkunde aufgenommen werden (ERMAN, § 1791 Anm 1; STAUDINGER, § 1791 Anm 1, S. 1410). Die Wirksamkeit der Entziehung tritt gemäß § 16 FGG mit der Bekanntmachung an den Vormund ein. Die Entziehung braucht nicht ausdrücklich ausgesprochen zu werden, kann vielmehr auch durch die Bestellung eines Pflegers und eine entsprechende Mitteilung an den Vormund erfolgen (KGJ **30** A 34; **31** A 12). Erst mit der Entziehung tritt die Einschränkung der Vertretungsbefugnis ein, selbst wenn im übrigen die Voraussetzungen des § 1796 BGB gegeben sind (vgl auch KGJ 29 A 24). Gegen die Entziehung steht dem Vormund gemäß § 20 Abs I FGG die Beschwerde zu (OLG 2 65).

Ob ein erheblicher Interessengegensatz der oben bezeichneten Art vorliegt, hat das Vormundschaftsgericht nach pflichtmäßigem Ermessen zu entscheiden. Ein solcher Gegensatz liegt nur vor, wenn die Förderung des einen Interesses nur auf Kosten des anderen erfolgen kann, also nicht ohne weiteres schon dann, wenn der Vormund die Vornahme eines Rechtsgeschäfts ablehnt (KGJ 29 A 24). Auch bloße Meinungsverschiedenheiten des Vormundes und des Vormundschaftsgerichts über die Nützlichkeit einer bestimmten Maßregel, an der der Vormund nicht persönlich beteiligt ist, rechtfertigen die Entziehung der Vertretungsbefugnis nicht (JFG **4** 146; vgl auch BayObLG **27** 1217). Ein erheblicher Interessengegensatz kann z. B. bestehen, wenn Vormund und Mündel einer Erbengemeinschaft angehören und über die Frage entschieden werden soll, ob eine Erbauseinandersetzung stattfinden soll (KGJ 35 A 9). Ebenso steht das Interesse des Mündels zu dem des Jugendamts bei dem Abschluß eines Lehrvertrages zwischen ihm und der Stadtgemeinde, bei der das Jugendamt errichtet ist, in erheblichem Gegensatz (Zentralblatt **XXII** 282 = Rundbriefe **VI** 195 = JurRdsch **1930** Rechtspr Nr 2150 = DJZ **1930** 1596). Im übrigen kann die Entziehung der Vertretungsbefugnis schon dann erfolgen, wenn zwar der Interessenstreit noch nicht vorliegt, aber möglich ist (KGJ **51** A 313 = RJA **15** 178). Ist die Frage des Interessengegensatzes zu bejahen, so hat das Vormundschaftsgericht die Pflicht, dem Vormund die Vertretungsbefugnis zu entziehen.

Eine den Rahmen des § 1796 BGB (Entziehung des Vertretungsrechts für einzelne Angelegenheiten oder einen bestimmten Kreis von Angelegenheiten) überschreitende Entziehung von Befugnissen z. B. für die tatsächliche Personen- oder Vermögenssorge oder für die Vertretung in persönlichen oder Vermögensangelegenheiten im ganzen ist nicht zulässig (vgl jedoch unten Z 5); erweisen sich § 1796 BGB und die Vorschriften der §§ 1837 ff. BGB zum Schutze der Interessen des Mündels als nicht ausreichend und erscheint z. B. die Entziehung der tatsächlichen Vermögenssorge erforderlich, so verbleibt nur die Möglichkeit der Entlassung des Vormundes gemäß § 1886 BGB (PALANDT, § 1796 Anm 1; KGJ 45 A 42).

Soweit durch eine vormundschaftsgerichtliche Maßnahme gemäß § 1796 BGB die Voraussetzungen des § 1909 Abs I BGB gegeben erscheinen, ist dem Mündel ein Pfleger zu bestellen.

Beispiel:

Beschluß

In der Vormundschaftssache betr. den am 15. Januar 1947 in Köln geborenen Karl Müller, Kind des Fräuleins Helene Müller in Köln, Hohe Straße 100, unter Amtsvormundschaft des Jugendamtes in Köln, wird dem Amtsvormund gemäß § 1796 BGB die Vertretung des Mündels insoweit entzogen, als es sich um den Abschluß eines Lehrvertrages zwischen dem Mündel und der Stadtgemeinde Köln handelt. Die Einleitung einer Pflegschaft wird angeordnet.

Köln, den 20. Oktober 1962.

Das Amtsgericht.
Schmitz.

Vfg.

1. Beschluß vom 20. Oktober 1962 dem Amtsvormund zustellen mit der Bitte um Vorschlag eines geeigneten Pflegers.

2. Nach 1 Woche (Bestellung des Pflegers).

Köln, den 20. Oktober 1962.

Schmitz.

5. Wenn der Vormund nicht dem Bekenntnis angehört, in dem der Mündel (nach dem Gesetz über die religiöse Kindererziehung vom 15. Juli 1921 — RGBl 1921 939 —, vgl oben § 46) zu erziehen ist, so kann dem Vormund die Sorge für die religiöse Erziehung[1] von dem Vormundschaftsgericht entzogen werden (§ 1801 BGB)[2]; geschieht dies, so ist dem Kinde gemäß § 1909 Abs I BGB ein Pfleger zu bestellen. Die Entziehung darf nur erfolgen, wenn die Besorgnis gerechtfertigt ist, daß der Vormund wegen der Verschiedenheit seines Bekenntnisses für die religiöse Erziehung des Mündels nicht pflichtgemäß besorgt sein oder ihr nicht das nötige Interesse oder Verständnis entgegenbringen wird (KGJ 46 A 79). Das Vormundschaftsgericht muß nach pflichtmäßigem Ermessen prüfen, ob Anlaß zu der Entziehung der Sorge für die religiöse Erziehung gegeben ist; das gilt auch für den Fall nachträglichen Religionswechsels des Vormundes und durch diesen bedingter Verschiedenheit des religiösen Bekenntnisses (OLG 30 148; ERMAN, § 1808 Anm 1; PALANDT § 1801 Anm 1; STAUDINGER, Anm 1, S. 1434).

Auf die Amtsvormundschaft des Jugendamts, das übrigens auf das religiöse Bekenntnis oder die Weltanschauung des Mündels oder seiner

[1] über den Begriff der religiösen Erziehung vgl § 46.
[2] Vgl die Hinweise bei RIEHL (T) S. 149.

Familie bei der Unterbringung des Mündels Rücksicht zu nehmen hat (§ 38 Abs III JWG), sowie auf die ebenfalls zur Berücksichtigung des religiösen Bekenntnisses oder der Weltanschauung des Mündels oder seiner Familie verpflichtete Vereinsvormundschaft findet § 1801 BGB keine Anwendung (§§ 38 Abs I Satz 3, 53 Abs IV JWG).

Wird dem Vormund bereits bei seiner Bestellung die Sorge für die religiöse Erziehung des Mündels nicht mitübertragen, so hat er nur ein Beschwerderecht aus § 57 Abs I Z 9 FGG; bei nachträglicher Entziehung der Sorge für die religiöse Erziehung ergibt sich das Beschwerderecht auch aus § 20 FGG (RJA 12 173).

6. In den Fällen der §§ 1673 Abs II Satz 3 2. Halbsatz, 1707, 1738 Satz 2, 1765 Abs II BGB steht den *leiblichen Eltern* bzw. den Wahleltern die *tatsächliche Sorge* — also nicht das Vertretungsrecht — in den die Person des Mündels betreffenden Angelegenheiten zu. In diesem Umfange sind die *Befugnisse des Vormundes eingeschränkt*; bei Meinungsverschiedenheiten geht seine Ansicht der Meinung der Eltern bzw. Wahleltern nach. Dagegen ist die Meinung des Vormundes maßgebend im Falle des § 1673 Abs II Satz 3 1. Halbsatz BGB.

7. Häufig ist der Vormund bei seinen Entschließungen im Einzelfall an die *Genehmigung des Gegenvormundes oder des Vormundschaftsgerichts* gebunden. Für das Gebiet der Personenfürsorge vgl z. B. die Fälle der §§ 112, 1728 Abs II, 1729 Abs I u. II, 1731, 1750 Abs I Satz 2, 1751, 1755, 1770 BGB, §§ 612 Abs II Satz 2, 641 Abs II Satz 2 ZPO, 16 Abs III Versch G, ferner hinsichtlich des Antrages auf Entlassung eines Mündels aus dem Staatsverbande und des Erwerbes einer ausländischen Staatsangehörigkeit die §§ 19, 25 Abs I des Reichs- und Staatsangehörigkeitsgesetzes vom 22. Juli 1913, endlich bezüglich der Erlaubnis zur Auswanderung weiblicher noch nicht achtzehn Jahre alter Mündel § 9 der VO vom 14. Februar 1924, RGBl 1924 I 107, in Verbindung mit § 7 Abs II Buchst. c) Pass G; bezüglich weiterer die Vermögensverwaltung betreffender Fälle vgl unten § 90.

§ 85. c) Das Recht und die Pflicht des Vormundes zur Sorge für die Person des Mündels

1. Da der Vormund die Stelle des elterlichen Gewalthabers vertritt, so bestimmen sich grundsätzlich auch sein Recht und seine Pflicht zur Sorge für die Person des minderjährigen Mündels nach den für die elterliche Gewalt geltenden Vorschriften der §§ 1631 bis 1633 BGB (§ 1800 Abs 1 BGB)[1].

[1] Wegen des Rechts und der Pflicht des Vormundes zur Sorge für die Person des volljährigen Mündels vgl § 1901 BGB und unten § 108.

Demgemäß hat der Vormund insbesondere das Recht und die Pflicht, das Kind zu *erziehen*, zu *beaufsichtigen* und seinen *Aufenthalt zu bestimmen*, angemessene Zuchtmittel, notfalls mit Unterstützung des Vormundschaftsgerichts gegen den Mündel anzuwenden (vgl § 1631 BGB) und seine Herausgabe von jedem zu verlangen, der es dem Vormund unberechtigt vorenthält (vgl § 1633 BGB). Der Vormund hat ferner den Mündel in den seine Person betreffenden Angelegenheiten zu vertreten (vgl § 1793 BGB).

Ist eine Ehefrau bevormundet, so beschränkt sich die Sorge für ihre Person auf die Vertretung in den persönlichen Angelegenheiten der Frau.

Durch die Anordnung der Fürsorgeerziehung wird die tatsächliche Personensorge insoweit aufgehoben, als ihre Ausübung mit der Durchführung der Fürsorgeerziehung nicht vereinbar ist (vgl unten § 121); hinsichtlich der Vertretung des Mündels erleidet der Vormund insofern eine Einbuße seiner Befugnisse, als gemäß § 69 Abs IV JWG für den Abschluß von Lehr- oder Dienstverträgen die Fürsorgeerziehungsbehörde als gesetzlicher Vertreter des Mündels gilt (vgl unten § 121).

Endlich ist in gewissen Fällen das tatsächliche Personensorgerecht des Vormundes durch die Rechte der Eltern oder Wahleltern des Mündels eingeschränkt (vgl hierzu oben § 84 Z. 6).

2. Die *Kosten der Erziehung des Mündels* bestimmt der Vormund, nicht das Vormundschaftsgericht, das nur gegen einen Mißbrauch gemäß §§ 1837 ff. BGB einzuschreiten befugt ist (KGJ 21 A 194 = RJA 1 178). Der Vormund kann auch in seiner eigenen Familie den Mündel erziehen, sofern die Interessen des Mündels hierdurch nicht gefährdet erscheinen. Handelt es sich hierbei um einen unehelichen Mündel, so kann, da die Überwachung der Mutter hinsichtlich des ihr zustehendsn Sorgerechts zu den Pflichten des Vormundes gehört, dieser aber durch die Übernahme der Erziehung des Kindes gehindert ist, seine Überwachungspflicht auszuüben, dem Kinde zum Zwecke der Überwachung der Erziehung ein Pfleger bestellt werden (KGJ 36 A 43). Will der Vormund, abgesehen von dem ihm gemäß § 1835 BGB zustehenden Anspruch auf Ersatz seiner Aufwendungen, ein besonders Entgelt für die Erziehung des Mündels verlangen, so muß dem Mündel gemäß §§ 1795 Abs II, 181, 1909 Abs I BGB ein Pfleger zwecks Abschlusses eines entsprechendes Vertrages bestellt werden (Erman, § 1800 Anm 1; Staudinger, § 1800 Anm 1b, S. 1432). Auch wenn der Vormund den Mündel selbst in die Lehre nehmen will, ist ein Pfleger zum Abschluß des Lehrvertrages zu bestellen.

Der Vormund kann ferner, wenn das Wohl des Mündels es gebietet, diesen in einer *Erziehungs- oder Besserungsanstalt oder in einer Trinkerheilanstalt* unterbringen. Die mit Freiheitsentziehung verbundene Unterbringung ist nach § 1800 Abs II BGB nur mit Genehmigung des

Vormundschaftsgerichts zulässig. Eine Ausnahme gilt nur, wenn mit dem Aufschub der Unterbringung Gefahr verbunden ist. In diesem Falle ist die Genehmigung unverzüglich nachzuholen (§ 1800 Abs II Satz 2 BGB); vgl unten § 140 Zff 2a).

Auch die *religiöse Erziehung* des Mündels (vgl oben § 45 ff.) ist grundsätzlich Sache des Vormundes; wegen der Einschränkung im Falle des § 1801 BGB vgl oben § 84 Z 5. Dem Vormund obliegt ferner die Bestimmung der Schule, die der Mündel besuchen, und des Berufs, den der Mündel ergreifen soll.

Bei unehelichen Kindern ist endlich eine sehr wesentliche Aufgabe des Vormundes die Ermittlung und Anhaltung des Erzeugers zur Entrichtung der gesetzlichen Unterhaltsrente sowie die Durchführung eines dieserhalb etwa erforderlichen Rechtsstreits.

3. Der *Vormund* ist bei seinen Entscheidungen, die die persönlichen Angelegenheiten des Mündels betreffen, *grundsätzlich selbständig*, wenn er auch der Aufsicht des Vormundschaftsgerichts unterliegt (vgl hierzu unten §§ 96 ff.)

Ausnahmen zugunsten des Vormundschaftsgerichts gelten jedoch in folgenden Fällen:

a) Verweigert der Vormund dem Mündel die Erlaubnis zur selbständigen Eingehung von Dienst- oder Arbeitsverhältnissen, so kann die Ermächtigung auf Antrag des Mündels durch das Vormundschaftsgericht ersetzt werden; dies hat zu geschehen, wenn die Ermächtigung im Interesse des Mündels liegt (§ 113 Abs III BGB). Einem religionsmündigen Mündel kann die Ermächtigung nicht deshalb versagt werden, weil er den Ritualvorschriften seiner Religion nicht nachleben kann (KGJ 23 A 8). Die Verfügung des Vormundschaftsgerichts ist mit der sofortigen Beschwerde anfechtbar und wird erst mit der Rechtskraft wirksam (§§ 53, 60 Z 6 FGG).

b) Verweigert der Vormund dem Mündel die Einwilligung zur Eingehung einer Ehe ohne triftige Gründe, so kann die Einwilligung durch das Vormundschaftsgericht auf Antrag des Mündels ersetzt werden (§ 3 Abs III EheG). Wegen der Anfechtbarkeit und der Wirksamkeit der Verfügung des Vormundschaftsgerichts gilt das gleiche wie zu a).

Beispiel:

Beschluß

Der am 15. Januar 1945 in Köln geborenen Maria Schäfer, Kind des Fräuleins Johanna Schäfer, wohnhaft in Köln, Hohe Straße 100, unter Vormundschaft des Werkmeisters Josef Schäfer in Köln, wird auf ihren Antrag gemäß § 3 Abs. III EheG die Einwilligung zur Eingehung der Ehe mit dem am 12. 2. 1936 in Köln geborenen Arbeiter Hans Müller vormundschaftsgerichtlich erteilt, da die gemäß § 3 Abs. I EheG erforderliche Einwilligung zur Eingehung der Ehe mit dem genannten gut beleumundeten

Müller, der in geordneten wirtschaftlichen Verhältnissen lebt und mit dem Mündel ein Kind gezeugt hat, vom Vormund ohne triftige Gründe verweigert wird.

Köln, den 30. Oktober 1962.

Das Amtsgericht.
Schmitz.

Vfg.

Beschluß zustellen
a) dem Mündel,
b) dem Vormund.

Köln, den 30. Oktober 1962.

Schmitz.

c) Verweigert der Vormund ohne triftige Gründe die Genehmigung einer wegen Mangel seiner Einwilligung aufhebbaren Ehe des Mündels, so kann das Vormundschaftsgericht sie auf Antrag eines Ehegatten ersetzen (§ 30 Abs III EheG); wegen der Anfechtbarkeit und Wirksamkeit der Verfügung des Vormundschaftsgerichts vgl zu a).

d) Das Vormundschaftsgericht kann in gewissen Fällen die Unterbringung des Mündels in einer geeigneten Familie oder Anstalt auch gegen den Willen des Vormundes anordnen (vgl § 1838 BGB und unten § 97).

e) Außerdem bedarf der Vormund in gewissen Fällen, in denen es sich um persönliche Angelegenheiten des Mündels handelt, der Genehmigung seiner Maßnahmen durch das Vormundschaftsgericht (vgl oben § 84 Z 7).

d) Die Verwaltung des Mündelvermögens durch den Vormund

§ 86. α) Allgemeines.

1. a) Ist bei der Anordnung der Vormundschaft *Mündelvermögen* vorhanden oder fällt dem Mündel später Vermögen zu, so hat der Vormund das *Vermögen* zu *verzeichnen* und das Verzeichnis, versehen mit der Versicherung der Richtigkeit und Vollständigkeit, dem Vormundschaftsgericht einzureichen (§ 1802 Abs I Satz 1 BGB). Es muß das gesamte Mündelvermögen angegeben werden, das zur Zeit der Errichtung des Verzeichnisses vorhanden ist, gleichviel ob das Vermögen der Verwaltung des Vormundes unterliegt oder nicht (RJA 17 34); für mehrere Mitvormünder mit getrennter Verwaltung wird jedoch insofern eine Ausnahme von diesem Grundsatz zu machen sein, als jeder Mitvormund nur das seiner Verwaltung unterliegende Vermögen zu verzeichnen hat (Erman, § 1802 Anm 2; RGRK § 1802 Anm 1; Staudinger, § 1802 Anm 4a, S. 1436). Insbesondere sind auch Forderungen aufzuführen (KGJ 36 A 38), ferner diejenigen Gegenstände, an denen der Mündel Miteigentum, sei es nach Bruchteilen, die gegebenenfalls anzugeben sind, sei es zur gesamten Hand, besitzt; bloße Wertangabe genügt nicht (KGJ 35 A 24).

Über Änderungen des Mündelvermögens, die nach der Einreichung des Verzeichnisses eintreten, braucht der Vormund nur gelegentlich der regelmäßigen Rechnungslegung (vgl unten § 97) zu berichten. Ebenso ist auch bei einem Wechsel in der Person des Vormundes der neue Vormund zur Einreichung eines Vermögensverzeichnisses nur dann verpflichtet, wenn ein solches von dem früheren Vormund noch nicht eingereicht war, im übrigen aber nur gehalten, die von diesem gelegte Schlußrechnung (§ 1890 BGB, unten § 107) zu prüfen und nötigenfalls zu ergänzen und spätere Änderungen des Mündelvermögens bei der Rechnungslegung mitzuteilen.

b) Bei der Aufnahme des Verzeichnisses kann sich der Vormund der Hilfe eines Beamten, eines Notars oder eines anderen Sachverständigen bedienen (§ 1802 Abs II BGB); ist ein Gegenvormund vorhanden, so hat ihn der Vormund bei der Aufnahme des Verzeichnisses zuzuziehen; das Verzeichnis ist in diesem Falle auch von dem Gegenvormund mit der Versicherung der Richtigkeit und Vollständigkeit zu versehen (§ 1802 Abs I Satz 2 BGB). Hinsichtlich des Verfahrens bei der Aufnahme von Vermögensverzeichnissen vgl die Art 31, 38, 108, 128 PrFGG und KGJ 36 A 38. Es ist zulässig, daß sich der Vormund bei der Anfertigung des Verzeichnisses einer bereits vorhandenen Aufstellung bedient und auf diese Bezug nimmt. Bezüglich der Angabe des Wertes der einzelnen Vermögensstücke, der Passiven und der Haushaltungsgegenstände gilt das gleiche wie in dem entsprechenden Falle der Einreichung eines Vermögensverzeichnisses durch den elterlichen Gewalthaber (§ 1682 BGB); vgl daher oben § 51. Ist kein Vermögen vorhanden, so hat der Vormund dem Vormundschaftsgericht eine entsprechende Erklärung einzureichen. Belege brauchen dem Verzeichnis nicht beigefügt zu werden (OLG 18 290; KGJ 36 A 38).

c) Wenn auch der Vormund verpflichtet ist, das Vermögensverzeichnis ohne besondere Aufforderung vorzulegen, so wird sich doch ein Hinweis auf diese Verpflichtung empfehlen; auch muß dem Vormund zur Aufstellung und Einreichung des Verzeichnisses eine angemessene Frist gelassen werden. Im übrigen hat freilich das Vormundschaftsgericht darüber zu wachen, daß der Vormund seiner Verpflichtung genügt und ihn nötigenfalls zur Vorlage gemäß § 1837 BGB anzuhalten; es hat ferner das vorgelegte Verzeichnis zu prüfen und kann, wenn dieses ungenügend ist oder wenn der Vormund die Einreichung überhaupt unterläßt, anordnen, daß das Verzeichnis durch eine zuständige Behörde oder durch einen zuständigen Beamten (vgl für die ehem. preuß. Gebiete Art 31, 38, 108 Pr FGG) erstellt wird. Ob das Verzeichnis richtig und vollständig ist, entscheidet das Vormundschaftsgericht nach freiem pflichtmäßigem Ermessen (KGJ 36 A 38).

d) Die Kosten der Aufnahme des Verzeichnisses fallen dem Mündelvermögen zur Last; jedoch wird der Vormund darauf bedacht sein müssen, nicht unverhältnismäßig hohe Kosten durch die Zuziehung von Hilfspersonen zu verursachen (vgl hierzu STAUDINGER § 1802 Anm 9 S. 1438; RGRK § 1802 Anm 4).

2. a) Was der Mündel *von Todes wegen erwirbt* oder was ihm unter Lebenden von einem Dritten unentgeltlich zugewendet wird, hat der Vormund nach den Anordnungen des Erblassers oder des Dritten zu verwalten, wenn die Anordnungen von dem Erblasser durch letztwillige Verfügung, von dem Dritten bei der Zuwendung getroffen worden sind (§ 1803 Abs I BGB). Eine solche Anordnung kann z. B. hinsichtlich der Anlegung des zugewendeten Vermögens getroffen werden. Die Anordnung kann in die Bestallung des Vormundes aufgenommen werden, was sich in vielen Fällen als zweckmäßig erweisen wird.

b) Der Vormund darf von den Anordnungen mit Genehmigung des Vormundschaftsgerichts abweichen, wenn die Befolgung der Anordnungen das Interesse des Mündels gefährden würde (§ 1803 Abs II BGB); zu einer Abweichung ist jedoch bei Zuwendungen unter Lebenden die Zustimmung des Gebers, solange dieser lebt, erforderlich und genügend; wenn der Dritte zur Abgabe einer Erklärung außerstande oder sein Aufenthalt dauernd unbekannt ist, so kann seine Zustimmung durch das Vormundschaftsgericht ersetzt werden (§ 1803 Abs III BGB). Aus der mit vormundschaftsgerichtlicher Genehmigung erfolgten Abweichung können Ansprüche gegen den Mündel nicht ohne weiteres hergeleitet werden; sind z. B. in einem Testament Anordnungen der hier fraglichen Art enthalten, die sich nicht als Bedingungen oder Auflagen darstellen, so kann in der Abweichung von diesen Anordnungen keine Anfechtung des Testaments erblickt werden (KGJ 35 A 26).

3. Der Vormund kann nicht in Vertretung des Mündels *Schenkungen* machen mit Ausnahme von solchen, durch die einer sittlichen Pflicht oder einer auf den Anstand zu nehmenden Rücksicht entsprochen wird (§ 1804 BGB), also z. B. Unterhaltsgewährung an bedürftige Verwandte, die keinen rechtlichen Anspruch auf Unterstützung durch den Mündel haben, sowie Weihnachts-und Geburtstagsgeschenken u. dgl. Ob ein solcher Ausnahmefall vorliegt, hat der Vormund sorgfältig zu prüfen. Schenkungen, die der Vormund entgegen der Vorschrift des § 1804 Satz 1 BGB vornimmt, sind nichtig. Der Vormund einer entmündigten Ehefrau kann nicht an deren Stelle gemäß § 1446 BGB dem Ehemann die Einwilligung zu einer Schenkung aus dem Gesamtgut erteilen (RGZ 91 41; a. A. STAUDINGER § 1808 Anm 1, S. 1440). Demgegenüber können die vertretungsberechtigten Gesellschafter einer OHG Schenkungen machen, auch wenn ein Minderjähriger Mitgesellschafter ist (RGZ 125 380).

Auf andere freigebige Akte, z. B. einen Erbverzicht (vgl besonders § 2347 BGB), findet § 1804 BGB keine Anwendung.

4. Der Vormund darf Vermögen des Mündels *nicht für sich verwenden* (§ 1805 BGB). Der Vormund darf daher namentlich nicht Mündelgeld als Darlehn für sich entnehmen (vgl §§ 1795 Abs II, 181 BGB), Sachen des Mündels für sich verwenden oder die Arbeitskraft des Mündels ohne angemessenes Entgelt für sich in Anspruch nehmen, selbst wenn diese nicht zu dem Vermögen des Mündels zu rechnen sein sollte (STAUDINGER, § 1805 Anm 1, S. 1441; RGRK § 1805 Anm 2; PALANDT, § 1805 Anm 1). Durch Allg Vfg vom 28. 6. 1928 (JMBl 312) hatte der ehem. preuß. Justizminister die Vormundschaftsgerichte auf die Notwendigkeit hingewiesen, bei der Beaufsichtigung der Tätigkeit des Vormundes ihr Augenmerk auch auf die Rentenversorgung (Unterhaltsrenten, Versorgungsrenten, Zusatzrenten, Sozialrenten) der Mündel zu richten, und anheimgegeben, sich erforderlichenfalls mit dem Rentenverpflichteten in Verbindung zu setzen, um eine wirksame Aufsicht ausüben zu können.

Auch auf die Amtsvormundschaft sowie auf die Vereinsvormundschaft findet § 1805 BGB grundsätzlich Anwendung; jedoch ist dem Jugendamt als Amtsvormund gestattet, Mündelgeld gemäß § 1807 BGB bei der das Jugendamt errichtenden Körperschaft anzulegen, wobei sich die Mündelsicherheit nach allgemeinen Grundsätzen (vgl unten § 87) bestimmt (§§ 38 Abs II Satz 1, 53 Abs IV JWG).

§ 87. β) Die Anlegung des Mündelgeldes

1. a) Der Vormund ist verpflichtet, das zum *Vermögen* des Mündels gehörige Geld *verzinslich anzulegen,* soweit es nicht zur Bestreitung von Ausgaben bereit zu halten ist (§ 1806 BGB). Diese Vorschrift bezieht sich sowohl auf das bei Beginn der Vormundschaft schon vorhandene wie auch auf das erst später dem Mündel anfallende Geld, im übrigen aber nur auf flüssige Mittel. Dagegen hat der Vormund bezüglich solcher Kapitalsanlagen, die sich im Vermögen des Mündels bereits vorfinden, lediglich mit pflichtmäßiger Sorgfalt zu verwahren; er kann sie also sehr wohl bestehen lassen, auch wenn sie nicht mündelsicher im Sinne des Gesetzes (vgl unten Z 2) sind, wenn aber dem Vermögensinteresse des Mündels durch das Bestehenlassen besser gedient wird; dabei kann die Kreditwürdigkeit und die Sicherheit des Schuldners berücksichtigt werden (ERMAN, § 1806 Anm 3; RJA 4 4; RGZ 137 320).

b) Soweit Mündelgeld zur Bestreitung von Auslagen *bereit zu halten* ist und daher nicht verzinslich angelegt zu werden braucht, kann der Vormund nach pflichtmäßigem Ermessen das Geld bis zum Eintritt des Bedarfs auch anderweitig, z. B. bei einer genossenschaftlichen Spar- und Darlehenskasse, anlegen, ohne daß es der Genehmigung des Vormundschaftsgerichts nach Maßgabe des § 1811 bedürfte (PALANDT, § 1806

Anm 1). „Zur Bestreitung von Auslagen bereit zu halten" ist das Mündelgeld auch dann, wenn es nach dem pflichtmäßigen Ermessen des Vormundes für den Mündel vorteilhafter ist, das Geld in anderer Weise als durch verzinsliche Anlegung, z. B. durch Ankauf eines Grundstücks oder Beteiligung an einem Handelsgewerbe, nutzbar zu machen. Ist diese Voraussetzung erfüllt, so ist die verzinsliche Anlegung nach Maßgabe der §§ 1807, 1808 BGB (vgl unten) nicht erforderlich; demgemäß findet auch § 1811 BGB keine Anwendung (Palandt, § 1806 Anm 2; RJA 13 78; BayObLG JW 22 296). Vielmehr sind nur die für die beabsichtigte Verwendung des Geldes in Betracht kommenden besonderen Vorschriften, z. B. für den Beginn eines neuen Erwerbsgeschäfts § 1823 BGB, zu berücksichtigen.

c) Dem Vormund ist zur mündelsicheren Anlage eine angemessene Frist zu lassen. Im übrigen hat das Vormundschaftsgericht aber darüber zu wachen, daß der Vormund der Pflicht zur Anlegung des Mündelgeldes genügt; soweit erforderlich, ist der Vormund zur Erfüllung dieser Pflicht (notfalls durch Ordnungsstrafen) anzuhalten (§ 1837 BGB) und äußerstenfalls gemäß § 1886 BGB zu entlassen.

Wenn die Mutter eines unehelichen Kindes verlangt, daß die beigetriebenen rückständigen Unterhaltsbeiträge ihr, da sie für den Unterhalt des Kindes gesorgt habe, ausgezahlt werden, der Vormund dagegen den Betrag auf ein Sparkonto für das Kind anlegen will, so ist zur Entscheidung über diese Meinungsverschiedenheit nicht das Vormundschaftsgericht befugt; die Mutter kann vielmehr ihren Anspruch nur im Prozeßwege geltend machen (Rundbriefe V 234).

Aus Anlaß mehrerer Fälle von Veruntreuung von Rentenbezügen durch Vormünder hat der ehem. preußische Justizminister die Vormundschaftsgerichte durch Allg Verf vom 28. 6. 1928 (PrJMBl S. 312) auf die Notwendigkeit hingewiesen, bei der Beaufsichtigung der Tätigkeit des Vormundes ihr Augenmerk auf die Rentenversorgung der Mündel zu richten. In Betracht kommen Unterhalts-, Versorgungs-, Zusatz- und Sozialrenten. Soweit es im Interesse des Mündels erforderlich erscheint, soll das Vormundschaftsgericht mit den Rentenverpflichteten in Verbindung treten (s. oben § 86 Zff 4 Abs 1).

2. Die *verzinsliche Anlegung des Mündelgeldes* hat nach Maßgabe der Vorschriften der §§ 1807 bis 1811 BGB zu erfolgen.

A. Die Anlegung von Mündelgeld soll gemäß § 1807 Abs I BGB grundsätzlich nur erfolgen[1]:

[1] Gemäß Gesetz vom 29. Oktober 1927 (RGBl 1927 I 325) steht der Anlegung von Mündelgeld in den Fällen des § 1807 Abs I Z 1 bis 4 nicht entgegen, daß die geschuldete Leistung nach dem amtlichen Preis einer bestimmten Menge von Feingold oder in einer anderen nach dem Gesetze über die Ausgabe wertbeständiger Schuldverschreibungen auf den Inhaber und über wertbeständige Hypotheken vom

a) in Forderungen, für die eine sichere Hypothek an einem inländischen[1] Grundstück besteht, oder in sicheren Grundschulden oder Rentenschulden an inländischen Grundstücken (§ 1807 Abs I Z 1); den Grundstücken sind in dieser Beziehung inländische Erbbaurechte gleichzustellen (§§ 18 bis 20 Erbbau VO, vgl auch § 22 Erbbau VO); hinsichtlich der Sicherheit können die Landesgesetze für die innerhalb ihres Geltungsbereichs belegenen Grundstücke die Grundsätze bestimmen, nach denen die Sicherheit einer Hypothek, einer Grundschuld oder einer Rentenschuld festzustellen ist (§ 1807 Abs II BGB); hiervon hatte Preußen im Art 73 AGBGB Gebrauch gemacht[2,3].

b) in *verbrieften Forderungen* gegen den Bund oder ein deutsches Land, sowie in Forderungen, die in das Reichsschuldbuch oder in das Staatsschuldbuch eines deutschen Landes eingetragen sind (§ 1807 Abs I Z 2); vgl hierzu Reichsschuldbuchgesetz vom 31. 5. 1891 in der Fassung der Bekanntmachung vom 31. 5. 1910 (RGBl I S. 840) und VO über Änderung des Reichsschuldbuchgesetzes vom 17. 11. 1939 (RGBl I S. 2298); Reichsschuldenordnung vom 13. 2. 1924 (RGBl I 95) in der Fassung des Gesetzes vom 5. 7. 1934 (RGBl I S. 574) und der ErgänzungsVO vom 29. 12. 1936 (RGBl I S. 1156), Gesetz über die Errichtung einer Schuldenverwaltung des Vereinigten Wirtschaftsgebietes vom 13. 7. 1948 (WiGBl S. 67), VO über die Bundesschuldenverwaltung vom 13. 12. 1949 (BGBl I 1950, S. 1), Preußisches Staatsschuldbuchgesetz vom 27. 5. 1910 (PrGS 1910, 55), Preußische Staatsschuldenordnung vom 13. 3. 1924 (PrGS 1924, 132) und PALANDT, § 1815 Anm 1b;

c) in verbrieften Forderungen, deren Verzinsung vom Bund oder von einem Bundesland gewährleistet ist (§ 1807 Abs I Z 3);

d) in *Wertpapieren*, insbesondere Pfandbriefen sowie in verbrieften Forderungen jeder Art gegen eine inländische kommunale Körperschaft oder Kreditanstalt einer solchen Körperschaft, sofern die Wertpapiere oder die Forderungen von der Bundesregierung mit Zustimmung des Bundesrates[4] (Entscheidung der Bundesregierung vom 21. 6. 1950 — BGBl I 50, 262 —) zur Anlegung von Mündelgeld für geeignet erklärt sind (§ 1807 Abs I Z 4); solche Erklärungen sind enthalten im RGBl 1901

---

23. Juli 1923 (RGBl 1923 I 407) zulässigen Weise bestimmt ist; soweit die Mündelsicherheit auf Landesrecht beruht, können die obersten Landesbehörden entsprechende Vorschriften erlassen.

[1] Die Anlegung in ausländischen Hypotheken, Grundschulden und Rentenschulden ist nur unter den Voraussetzungen des § 1811 BGB möglich.

[2] Art 73 AGBGB ist durch § 23 des Gesetzes vom 8. Juni 1918 (PrGS 1918 83) durch neue Bestimmungen ersetzt, die aber abgesehen von einem Teil des § 23 nicht in Kraft getreten sind (vgl § 27 a. a. O.).

[3] Wegen der Vorschriften der anderen deutschen Länder vgl PALANDT, § 1807 Anm 2 und STAUDINGER, § 1807 Anm 1a, S. 1445 ff.

[4] Früher der Reichsregierung mit Zustimmung des Reichsrats.

37, 263[1]; 1902 3, 1903 275; 1905 180; 1910 963; 1921 480 betr gewisse Schuldverschreibungen der Bayerischen Girozentrale in München; 1922 I 772, 833 betr die von der Preußischen Landespfandbriefanstalt in Berlin auszugebenden Pfandbriefe; 1923 I 54, 120, 233, 411, 590, 904, 926; 1924 I 419, 744, 963; 1925 I 28, 88, 149, 312, 388; 1926 I 102, 256, 423, 468, 480, 490 (mit Berichtigung 492), 491; 1927 I 51, 65, 68, 77, 89, 112, 126 (mit Berichtigung 174), 174, 223, 514; 1928 I 12, 43, 69, 150, 376, 379; 1929 I 111, 149; 1930 447, 448, 459, 605, 656; 1931 28, 30, vgl im übrigen Bek vom 18. 6. 1928 (RGBl I S. 191), VO vom 11. 5. 1934 Art 3 § 4 (RGBl I S. 378), VO vom 7. 5. 1940 (RGBl I S. 756), VO vom 18. 3. 1941 (RGBl I S. 156), Gesetz vom 14. 9. 1953 (BGBl I 1330); auch ausländische Wertpapiere können als geeignete Anlagewerte bezeichnet werden (Palandt, § 1807 Anm 2; Staudinger, § 1807 Anm 1e, S. 1449 a. E.); gemäß Art 212 EGBGB bleiben ferner die landesgesetzlichen Vorschriften in Kraft, nach welchen gewisse Wertpapiere zur Anlegung von Mündelgeld für geeignet erklärt sind (vgl hierzu Art 74 PrAGBGB; VO vom 12. 12. 1927 — PrGS 1927 296 —; Staudinger, § 1807 Anm 3e, S. 1452 ff; Palandt, § 1807 Anm 2);

e) bei einer *inländischen öffentlichen Sparkasse*, wenn sie von der zuständigen Behörde des Landes, in welchem sie ihren Sitz hat, zur Anlegung von Mündelgeld für geeignet erklärt ist (§ 1807 Abs I Z 5); welche Sparkassen als öffentliche anzusehen und welche Behörden für diese Erklärung zuständig sind, bestimmt sich nach Landesrecht (RGZ 117 261; vgl hierzu auch NotVO vom 5. 8. 31 — RGBl I, 429 — uod 6. 10. 1931 Teil V Kap I — RGBl I, 537)[2]; die Mündelsicherheit einer hiernach für geeignet erklärten Sparkasse erstreckt sich auf das ganze Bundesgebiet (Staudinger, § 1807 Anm 1d, S. 1450); die Anlegung bei einer Privatbank ist nur dann zu gestatten, wenn sie gegenüber der Anlage bei einer mündelsicheren Sparkasse besondere wirtschaftliche Vorteile bietet (Rpfl 62 445 Nr 206);

f) im Falle der Amtsvormundschaft auch bei der das Jugendamt errichtenden Körperschaft (§ 38 Abs II Satz 1 JWG); Entsprechendes

[1] Hier sind verbriefte Forderungen gegen eine inländische kommunale Körperschaft oder die Kreditanstalt einer solchen Körperschaft allgemein für mündelsicher erklärt, wenn die Forderungen von seiten des Gläubigers kündbar sind oder einer regelmäßigen Tilgung unterliegen; gemäß Bek vom 16. Juni 1928 (RGBl 1928 I 191) steht der Anlegung in diesen Fällen auch nicht entgegen, daß die Höhe der geschuldeten Leistung neben oder an Stelle der Angabe eines festen Betrages durch den amtlich festgestellten Preis einer bestimmten Menge Feingold oder in einer anderen nach den Gesetzen über die Ausgabe wertbeständiger Schuldverschreibungen auf den Inhaber und über wertbeständiger Hypotheken vom 23. Juni 1923 (RGBl 1923 I 407) zulässigen Weise bestimmt ist.

[2] Für die ehem. preußischen Gebiete vgl VO vom 20. 7. und 4. 8. 1932 (PrGS 1932 S. 241/75. Wegen der anderen Länder vgl Palandt, § 1807 Anm 2 a. E., Staudinger, § 1807 Anm 1d, S. 1450 ff.

gilt gemäß § 53 Abs IV JWG auch für die Vereinsvormundschaft. *Zwischen den verschiedenen Anlegungsmöglichkeiten* hat der Vormund die mit pflichtmäßiger Sorgfalt auszuübende *freie Wahl*; das Vormundschaftsgericht kann nur nach Maßgabe der §§ 1837 ff., 1886 BGB eingreifen (wegen der Mitwirkung des Gegenvormundes und des Vormundschaftsgerichts bei der Anlegung und bei der Erhebung des Geldes vgl jedoch unten zu C).

B. Kann die Anlegung des Mündelgeldes den Umständen nach nicht in der im § 1807 BGB bezeichneten Weise erfolgen, so ist das Geld gemäß § 1808 BGB bei der Deutschen Genossenschaftskasse[1], der Deutschen Girozentrale[2], bei einer Staatsbank[3] oder bei einer anderen durch Landesgesetz dazu für geeignet erklärten inländischen Bank[4] oder bei einer Hinterlegungsstelle anzulegen. Art 144 Satz 2 EGBGB, der es der Landesgesetzgebung gestattete zu bestimmen, daß die Anlegung von Mündelgeld nach § 1808 BGB bei den Hinterlegungsstellen des Landes nicht stattfindet, ist durch § 38 Abs II der Hinterlegungsordnung vom 10. 3. 1937 (RGBl I 281) aufgehoben worden. Die Umstände, die einer Anlegung des Mündelgeldes in der durch § 1807 BGB zunächst vorgeschriebenen Weise entgegenstehen können, werden meist wirtschaftlicher Art sein, auch regelmäßig nur vorübergehend bestehen; in diesem Falle muß nach ihrem Wegfall die Anlegung gemäß § 1807 BGB erfolgen (Palandt, § 1808 Anm 1; Erman, § 1808 Anm 2).

Wenn eine Privatbank durch Landesgesetz für geeignet erklärt ist, so gilt dies auch für die in einem anderen Lande geführten Vormundschaften (Staudinger, § 1808 Anm 2c, S. 1456; RGRK § 1808 Anm 2).

C. Sowohl im Falle des § 1807 Abs I Z 5 BGB (oben A. e) als auch in den Fällen des § 1808 BGB (oben B.) soll der Vormund Mündelgeld *nur* mit *der Bestimmung anlegen, daß zur Erhebung des Geldes*[5] *die Genehmigung*

---

[1] Die in § 1808 BGB aufgeführte Reichsbank und die Deutsche Zentralgenossenschaftskasse bestehen nicht mehr. Die Reichsbank ist nicht durch die Landeszentralbanken und nicht durch die Deutsche Bundesbank ersetzt worden. Im übrigen gehört zum Geschäftskreis der Bundesbank und ihrer Hauptverwaltungen (der Landeszentralbanken) nicht die Annahme verzinslicher Geldeinlagen (vgl § 19 des Gesetzes über die Deutsche Bundesbank vom 26. 7. **1957** — BGBl I 745).

An die Stelle der Deutschen Zentralgenossenschaftskasse ist für die Hinterlegung die Deutsche Genossenschaftskasse getreten, § 19 des Gesetzes über die Dtsch. Gen. Kasse vom 4. 4. **1957** (BGBl I 372). Vgl ferner den Hinweis bei Riedel (T) S. 153.

[2] Sitz in Berlin, Niederlassung in Düsseldorf.

[3] z. B. die bayerische Staatsbank in München, Hamburgische Landesbank etc.

[4] Vgl Art 76 Abs I, 85 des PrAGBGB in der Fassung der AbänderungsVO vom 31. 7. **1940** (PrGS 1940, 39) und PrJMBl **1899**, 805; **1918**, 90 u. 532; **1922** 41 u. 361; für geeignet erklärt sind z. B. die Landesbank für Westfalen in Münster und zahlreiche Provinziallandesbanken. Bezüglich der anderen Deutschen Länder vgl Palandt, § 1808 Anm 1.

[5] Auf die Zinsen des angelegten Geldes bezieht sich diese gesetzliche Vorschrift

des Gegenvormundes oder des Vormundschaftsgerichts (falls der Gegenvormund ablehnt oder ein solcher überhaupt nicht bestellt ist) *erforderlich* ist (§ 1809 BGB); dies gilt auch, wenn mehrere Mitvormünder (vgl unten § 94) vorhanden sind. Bei dem Amtsantritt des Vormundes bereits vorhandene ungesperrte Geldanlagen brauchen nicht notwendig noch nachträglich der Sperrung unterworfen zu werden (vgl aber RGZ 154 113); jedoch kann das Vormundschaftsgericht den Vormund, wenn es im Interesse des Mündels erforderlich erscheint, zur Herbeiführung der Sperrung anhalten. Regelmäßig werden die dem Vormund von den Sparkassen, Banken oder Hinterlegungsstellen auszuhändigenden Sparbücher, Hinterlegungsscheine oder sonstigen Legitimationspapiere mit einem Sperrvermerk versehen, der von der Sparkasse, Bank oder Hinterlegungsstelle eingetragen wird, wovon sich das Vormundschaftsgericht bei Vermeidung eigener Haftbarkeit durch Einsichtnahme des Buches usw. zu überzeugen hat. Die Eintragung des Sperrvermerks kann unterbleiben, wenn mit der Anlegungsstelle eine verbindliche Vereinbarung entsprechenden Inhalts für den Einzelfall oder allgemein getroffen ist oder wenn der Anlegungsstelle schon durch ihre Satzungen eine entsprechende Verpflichtung auferlegt ist (vgl RGZ 79 15), Handelt eine Sparkasse einer solchen Verpflichtung zuwider, so ist sie dem Mündel zum Schadensersatz verpflichtet (vgl RG a. a. O. und RGZ 85 422). Sparkassen, Banken oder Hinterlegungsstellen, die eine Sperrung überhaupt ablehnen, sind zur Anlegung von Mündelgeld ungeeignet.

Die durch die *Sperrung* begründete Beschränkung der Vertretungsbefugnis des Vormundes äußert ihre *Wirkung nur im Verhältnis zwischen der Anlegungsstelle und dem Mündel*; der Gläubiger des Mündels bedarf zur Zwangsvollstreckung in das gesperrte Guthaben des Mündels nicht der Genehmigung des Gegenvormundes oder des Vormundschaftsgerichts (KGJ 43 A 58 = OLG 27 132).

Über die Eintragung der vormundschaftsgerichtlichen Genehmigung zur Abhebung von Mündelgeld in Sparbüchern verhält sich die AllgVfg d. PrJM vom 31. Januar 1928 (JMBl 1928 68).

Die Wiederaufhebung der Sperrung ist eine *Verfügung im Sinne des § 1812 BGB* (Palandt, § 1809 Anm 1; Erman, § 1809 Anm 1; Staudinger, § 1809 Anm 3, S. 1459).

Auf die *Amtsvormundschaft* findet *§ 1809 BGB keine Anwendung* (§ 38 Abs 1 Satz 2 JWG in Verb. mit § 1852 Abs II BGB)[1].

D. Die in den §§ 1806 bis 1808 BGB vorgeschriebene Anlegung des Mündelgeldes soll der Vormund nur mit Genehmigung des Gegenvor-

---

nicht, solange sie nicht zum Kapital geschlagen sind (Palandt, § 1809 Anm 1; Staudinger, § 1809 Anm 1e S. 1459; KG DJ 38 1428).

[1] Vgl wegen weiterer Ausnahmen die §§ 1852 Abs II, 1855, 1856, 1857, 1903 Abs I Satz 2 u. 3, Abs II, 1917 Abs II BGB.

mundes bewirken; die Genehmigung des Gegenvormundes wird durch die Genehmigung des Vormunschaftsgerichts ersetzt; wenn der Gegenvormund die Erteilung der Genehmignng ablehnt, nicht aufzufinden ist, zur Abgabe einer Erklärung außerstande ist usw.[1], ist ein Gegenvormund nicht vorhanden, so soll die Anlegung nur mit Genehmigung des Vormundschaftsgerichts erfolgen, sofern nicht die Vormundschaft von mehreren Vormündern gemeinschaftlich geführt wird (§ 1810 BGB). Ist zwischen den mehreren Vormündern Einigkeit nicht zu erzielen, so entscheidet das Vormundschaftsgericht gemäß § 1797 Abs I Satz 2 BGB. Die gemäß § 1810 BGB erforderliche Genehmigung kann auch notfalls nachträglich wirksam erteilt werden, wenn der Vormund die Einholung zunächst verabsäumt hat, was an sich pflichtwidrig ist. Ein Verstoß des Vormundes gegen die Vorschrift des § 1810 BGB kann im übrigen dem Vormundschaftsgericht Anlaß zum Einschreiten gegen den Vormund gemäß §§ 1837 ff., 1886 BGB geben.

E. Gemäß § 1811 BGB in der Fassung des Gesetzes über die *Anlegung von Mündelgeld* vom 23. 6. 1923 (RGBl I 411) kann das Vormundschaftsgericht dem Vormund eine andere Anlegung als die in den §§ 1807, 1808 BGB vorgeschriebene gestatten. Die Erlaubnis soll nur verweigert werden, wenn die beabsichtigte Art der Anlegung nach Lage des Falles den Grundsätzen einer wirtschaftlichen Vermögensverwaltung zuwiderlaufen würde. Es bleibt jedoch bei dem Grundsatz der mündelsicheren Anlegung nach Maßgabe der §§ 1807, 1808 BGB; die freie Anlegung gemäß § 1811 BGB soll die Ausnahme bilden, die nur in Betracht kommt, wenn sie gegenüber der mündelsicheren Anlegung im Einzelfalle wirtschaftliche Vorteile bietet, die die Vorzüge der mündelsicheren Anlegung überwiegen (KG vom 23. November 1928 — 1a X 668/28 — unter Einschränkung des früher in JFG 4 60 vertretenen abweichenden Standpunktes, abgedruckt im JFG 6 92 = JW 1929 2159 Nr 6 = JurRdsch 1929 Rechtspr Nr 609 = DRiZ 1929 Rechtspr Nr 349 = Rundbriefe IV 320 = JMBl 1929 71; ebenso OLG Karlsruhe vom 2. November 1927 — ZIK (A) 41/27 — im JFG 5 112 = Recht 1928 11 = Rundbriefe IV 98 und BayOLG München vom 4. Februar 1928 — III 1/28 — in JFG 5 104 = DJZ 1928 1414 = DRiZ 1928 Rechtspr Nr 276 und vom 20. April 1928 — III 36/28 — im JFG 5 108 = Rundbriefe IV 94; OLG Dresden vom 20. März 1929 — 6 Reg. 64/29 — im JFG 6 96, wo ausgeführt wird, daß die Prüfung des

[1] Die Ersetzung der Genehmigung wird mit der Bekanntgabe an den Vormund wirksam (§ 16 FGG). Dem Gegenvormund steht, wenn er nur vor der Entscheidung des Gerichts gehört ist, das Beschwerderecht nicht zu, da es sich nicht um eine echte Ersetzung der Genehmigung des Gegenvormundes, sondern um die Erteilung der Genehmigung durch das Vormundschaftsgericht an Stelle des Gegenvormundes handelt (vgl PALANDT, § 1810 Anm 1, und für den Fall des § 1812 BGB RJA 10 167 ff.).

Vormundschaftsrichters in dem Sinne, daß die Sorge um die Erhaltung des Mündelvermögens dem Bestreben nach Vermögensvermehrung vorgehen müsse, „ohne übergroße Ängstlichkeit" zu erfolgen habe; abw. OLG Darmstadt vom 16. Febraur 1928 — W 37/28 — in JW **1928** 1515 Nr 2).

Dem *in den Vordergrund zu stellenden Erfordernis der Sicherstellung des Mündelvermögens* hat der Vormund grundsätzlich durch mündelsichere Anlegung Rechnung zu tragen. Es bleibt dabei, daß der Gesetzgeber den im Gesetz vorgeschriebenen Anlegungsarten den Vorzug vor anderen Anlegungsarten gibt, deren Sicherheit erst durch umständliche und verantwortungsvolle Prüfung vom Vormundschaftsgericht festgestellt werden müßte. Derartige Prüfungen sind dem Vormundschaftsgericht im Einzelfall nur aus besonderen Gründen zuzumuten, nämlich wenn die andere Anlegung Vorzüge wirtschaftlicher Art bietet, die durch eine Anlegung nach den §§ 1807, 1808 BGB nicht erreichbar wären. Lassen sich derartige Vorzüge einer anderweitigen Anlegung nicht dartun, so bleibt es bei der Regel, ohne daß das Vormundschaftsgericht in eine Prüfung der Sicherheit der anderweitigen Anlegung einzutreten brauchte (RGZ 128 309 = JW **1931** 533 Nr 15 = JurRdsch **1930** Rechtspr Nr 1620 = Recht **1930** Nr 1264).

Die negative Fassung der Vorschrift des § 1811 BGB verfolgt nur den Zweck, dem Vormundschaftsgericht im gegebenen Falle die genaue Prüfung zur besonderen Pflicht zu machen, ob die Voraussetzungen für die Ausnahme gegeben sind und die Außerachtlassung der Regel gestatten, z. B. bei der Anlegung bei genossenschaftlichen Spar- und Darlehnskassen, wobei im übrigen in zweiter Linie des weiteren zu prüfen ist, ob nach der wirtschaftlichen Lage der betreffenden Anlegungsstelle die Rückgewähr des Geldes unbedingt sichergestellt ist (vgl KG a. a. O.). Bei der dem Vormundschaftsgericht hiernach obliegenden Prüfung kann sich in geeigneten Fällen die Inanspruchnahme sachverständiger Hilfe als zweckmäßig oder gar als notwendig erweisen; vgl auch § 1847 BGB (unten § 98).

Beispiel:

Beschluß

In der Vormundschaftssache betr. die am 15. Januar 1945 in Köln geborene Maria Müller aus Köln, Hohe Straße 100, Kind der verstorbenen Eheleute Josef Müller und Johanna geb. Schäfer, unter Vormundschaft des Bankbeamten Johann Schäfer in Köln, wird dem Vormund gemäß § 1811 BGB gestattet, zweitausend Deutsche Mark des Mündelvermögens in einem dem Kaufmann Karl Schulze in Köln zu gewährenden, mit 12 v. H. jährlich zu verzinsenden, jederzeit kündbaren Darlehen anzulegen, jedoch unter der Bedingung, daß die Deutsche Bank Filiale Köln in Köln für die Rückzahlung des Darlehens die selbstschuldnerische Bürgschaft übernimmt.

Köln, den 20. Oktober 1962.

Das Amtsgericht
Schmitz.

§ 88. γ) Forderungen, Leistungsrechte und Wertpapiere des Mündelvermögens

1. Zur Verfügung sowie zur Eingehung einer Verpflichtung zur Verfügung über *Forderungen* und *Wertpapiere* des Mündelvermögens bedarf der Vormund in gewissen Fällen der Genehmigung des Vormundschaftsgerichts (vgl die §§ 1819 bis 1822 BGB).

Aber auch abgesehen von diesen Fällen kann der Vormund über Forderungen, Leistungsrechte und Wertpapiere des Mündelvermögens, gleichviel ob sie dem Mündel allein oder gemeinsam mit anderen gehören (KGJ 27 A 169 = RJA 4 181; OLG 5 411), nicht frei verfügen; er bedarf vielmehr hierzu ebenso wie zur Eingehung der Verpflichtung zu einer solchen Verfügung regelmäßig der Genehmigung des Gegenvormundes, die, z. B. im Falle der Ablehnung oder Verhinderung des Gegenvormundes, durch die Genehmigung des Vormundschaftsgerichts ersetzt werden kann (§ 1812 Abs I u. II BGB). Dieses ist auch zur Erteilung der Genehmigung berufen, wenn ein Gegenvormund nicht bestellt ist (gleichviel ob die Bestellung eines solchen erforderlich war oder nicht, OLG 4 422)[1], sofern nicht die Vormundschaft von mehreren Vormündern gemeinschaftlich geführt wird (§ 1812 Abs III BGB). Die Genehmigung wird auch nicht dadurch entbehrlich, daß der Mündel einem Dritten gegenüber zur Vornahme der Verfügung verpflichtet ist. Die Vorschriften des § 1812 BGB sind zwingendes Recht und können durch Vereinbarungen des Vormundes mit Dritten nicht geändert werden (RGZ 79 13). Im übrigen soll das Vormundschaftsgericht vor der Entscheidung regelmäßig den etwa bestellten Gegenvormund hören (vgl § 1826 BGB); ist die Anhörung erfolgt, so hat der Gegenvormund gegen die Ersetzung der Genehmigung kein Beschwerderecht (KGJ 38 A 44 = RJA 10 167). Die Genehmigung des Vormundschaftsgerichts erfolgt gegebenenfalls statt der Genehmigung des Gegenvormundes; sie ersetzt die Zustimmung des Gegenvormundes nicht; deshalb braucht auch die Entscheidung des Gegenvormundes der des Vormundschaftsgerichts nicht notwendig voranzugehen; § 53 FGG findet also keine Anwendung (Keidel, § 53 FGG, Anm 2a; KGJ 38 A 44 = RJA 10 167).

Zu den Forderungsrechten im Sinne des § 1812 BGB gehören nicht dingliche Ansprüche des Mündels (Palandt, § 1812 Anm 2a; a. A. Erman, § 1812 Anm 1a und Enneccerus — Kipp — Wolff, Familienrecht, § 115 I 1); insoweit bedarf der Vormund also der Genehmigung des Gegenvormundes oder des Vormundschaftsgerichts gemäß § 1812 BGB nicht (vgl jedoch bezüglich der Kostbarkeiten § 1819 BGB; bezüglich der

[1] Auch der Pfleger eines Minderjährigen bedarf zu den im § 1812 BGB bezeichneten Rechtsgeschäften der Genehmigung des Vormundschaftsgerichts, wenn ein Gegenvormund nicht bestellt ist(Palandt, § 1915 Anm 2; RG HRR 1930 791 KGJ 24 A 20).

Grundstücke und Grundstücksrechte vgl § 1821 BGB und den folgenden Absatz, vgl ferner § 1822 Z 1 bis 3 BGB).

Zu den Leistungsrechten im Sinne des § 1812 BGB gehören namentlich auch Hypotheken, Grundschulden und Rentenschulden; sind die hierüber gebildeten Briefe hinterlegt, so ist indessen stets das Vormundschaftsgericht, nicht der Gegenvormund zur Erteilung der Genehmigung berufen (§§ 1819, 1812 Abs I Satz 1 BGB). Die Erteilung der Löschungsbewilligung für eine zurückgezahlte Hypothek fällt unter § 1812 BGB (BayObLG **3** 344; KGJ **43** A 64), während die bloße Aufgabe der hypothekarischen Sicherheit bei Fortbestand der persönlichen Forderung unter § 1822 Z 13 BGB zu rechnen ist (KGJ **33** A 46; PALANDT, § 1822 Anm 13). Die Genehmigung des Gegenvormundes oder des Vormundschaftsgerichts gemäß § 1812 BGB ist ferner auch zur Löschung einer auf einem Grundstück des Mündels eingetragenen zur Eigentümerhypothek gewordenen Hypothek erforderlich (RJA **7** 271), ebenso auch zur Annahme des Hypothekenkapitals und zur Quittungsleistung für den Mündel (KG Recht **13** 1308; JurRdsch **1931**, Rechtspr Nr 512; PALANDT, § 1812 Anm 3).

Bezüglich der Wertpapiere bedarf es in den Fällen des § 1819 BGB stets der Genehmigung des Vormundschaftsgerichts; die Genehmigung des Gegenvormundes genügt nicht.

Als Verfügung kommen insbesondere Veräußerung, Abtretung, Verzicht, Aufrechnung, Stundung und Kündigung (vgl STAUDINGER, § 1812 Anm 1b, S. 1466; SOERGEL, § 1812 Anm 2; PALANDT, § 1812 Anm 3), auch Änderung der Verzinsung und Kündbarkeit einer Hypothek (OLG **14** 262; **26** 171), endlich auch die Annahme der geschuldeten Leistung mit Ausnahme der im § 1813 BGB aufgezählten Fälle (vgl unten Z 2) in Betracht; dagegen enthält die Mahnung und regelmäßig auch die Erteilung einer Empfangsbescheinigung keine Verfügung (vgl hierzu KG Recht **13** Nr 1308 für den Fall, daß der Vormund der Genehmigung des Gerichts zur Annahme oder Leistung nicht bedarf — vgl unten Z 2 —; ferner PALANDT, § 1812 Anm 3; STAUDINGER, § 1812 Anm 1b, S. 1466). Die Bewilligung der Berichtigung des Grundbuchs ist insoweit genehmigungspflichtig, als der Vormund nach § 1812 BGB über Vermögensstücke des Mündels nicht verfügen darf (OLG **25** 390).

Beispiel:

Der Vormund eines Mündels hat Gelegenheit, für diesen ein wertvolles Grundstück vorteilhaft zu kaufen, und beabsichtigt, die hierfür benötigten Mittel durch Abtretung einer Mündelhypothek zu beschaffen. Er beantragt unter Darlegung seiner Absicht, die Abtretung vormundschaftsgerichtlich zu genehmigen. Das Vormundschaftsgericht prüft die Verhältnisse, namentlich hinsichtlich des Wertes des zu erwerbenden Grundstückes, hört das Jugendamt und etwa vorhandene Verwandte des Mündels und erläßt sodann folgenden

Beschluß

In der Vormundschaftssache betr. den am 15. Januar 1952 in Köln geborenen Karl Schäfer aus Köln, Hohe Straße 100, Kind der verstorbenen Eheleute Josef Schäfer und Maria geb. Groß, unter Vormundschaft des Werkmeisters Anton Groß in Köln, wird die Abtretung der für den Mündel im Grundbuch von Köln Band 10 Blatt 1500 in Abteilung III unter Nr. 3 eingetragenen Darlehenshypothek von zweitausend Deutsche Mark nebst Zinsen seit dem 1. Oktober 1962 an den Kaufmann Johann Schulze in Köln Zug um Zug gegen Zahlung von zweitausend Deutsche Mark und Übernahme der Kosten der Abtretung vormundschaftsgerichtlich genehmigt (§ 1812 BGB).

Köln, den 20. Oktober 1962.

Das Amtsgericht.
Schmitz.

2. *Ausnahmsweise* bedarf der Vormund in einzelnen Fällen zur Annahme einer geschuldeten Leistung der Genehmigung des Gegenvormundes oder des Vormundschaftsgerichts nicht, nämlich

a) wenn der geschuldete Gegenstand nicht in Geld oder Wertpapieren besteht (§ 1813 Abs I Z 1 BGB); wahlweise auf Geld bzw. Wertpapiere oder andere Gegenstände gerichtete Ansprüche sowie die Rücknahme bei einer Bank hinterlegter Wertpapiere fallen nicht hierunter (Staudinger, § 1813 Anm 1a, S. 1468; Palandt § 1813 Anm 2);

b) wenn der Anspruch nicht mehr als dreihundert Deutsche Mark beträgt (§ 1813 Abs I Z 2 BGB); Nebenleistungen bleiben außer Betracht; bei Teilzahlungen ist maßgebend, ob der Betrag des Gesamtanspruchs dreihundert Deutsche Mark zur Zeit der Annahme übersteigt; bei Gesamthandansprüchen ist nicht der Gesamtwert entscheidend, sondern das wirtschaftliche Interesse des an dem Gesamtrecht beteiligten einzelnen Mündels, das regelmäßig dem Betrage gleichzusetzen ist, der dem Mündel entsprechend seinem Anteil bei der Auseinandersetzung gebühren würde (Erman, § 1813 Anm 1; JFG 6 267; KG HRR 29 913); die Befreiung des Vormundes gemäß § 1813 Abs I Z 2 BGB gilt im übrigen nicht bei der Erhebung von Geld, bei dessen Anlegung ein anderrs bestimmt worden ist (§ 1813 Abs II Satz 1 BGB), also namentlich nicht bei der Erhebung von Geld, das gemäß § 1809 BGB unter Sperrung angelegt ist (vgl oben § 87 Z 2 C);

c) wenn Geld zurückgezahlt wird, das der Vormund angelegt hat (§ 1813 Abs I Z 3 BGB), es sei denn, daß bei der Anlegung, wie z. B. im Falle des § 1809 BGB, ein anderes bestimmt worden ist (§ 1813 Abs II Satz 1 BGB), oder daß es sich um Geld handelt, das nach § 1807 Abs I Z 1 bis 4 BGB angelegt ist (§ 1813 Abs II Satz 2 BGB);

d) wenn der Anspruch zu den Nutzungen des Mündelvermögens gehört (§ 1813 Abs I Z 4 BGB), wie z. B. Hypothekenzinsen (OLG 14 262); der den Betrag von dreihundert Deutsche Mark übersteigende Veräußerungserlös für Nutzungen des Mündelvermögens fällt nicht unter § 1813

Abs I Z 4 BGB, es sei denn, daß sich ein solcher Anspruch selbst als Nutzung des Mündelvermögens darstellt (PALANDT, § 1813 Anm 2; STAUDINGER, § 1813 Anm 1d S. 1469);

e) wenn der Anspruch auf Erstattung von Kosten der Kündigung oder der Rechtsverfolgung oder auf sonstige Nebenleistungen gerichtet ist (§ 1813 Abs I Z 5 BGB).

Auch in den Fällen der befreiten Vormundschaft (vgl die §§ 1852 Abs II, 1855, 1856, 1857 BGB), der Elternvormundschaft über Volljährige (vgl die §§ 1903 Abs I Satz 2, aber auch Satz 3 u. Abs II BGB), der befreiten Pflegschaft (vgl § 1917 Abs II BGB) und der Amtsvormundschaft (vgl § 38 Abs I Satz 2 JWG) sowie der Vereinsvormundschaft (§ 53 Abs IV JWG) findet § 1812 BGB keine Anwendung.

3. Das Vormundschaftsgericht kann dem Vormunde zu Rechtsgeschäften, zu denen nach § 1812 BGB die Genehmigung des Gegenvormundes erforderlich ist, eine allgemeine Ermächtigung erteilen; dies soll aber nur geschehen, wenn es zum Zwecke der Vermögensverwaltung, insbesondere zum Betrieb eines Erwerbsgeschäfts, erforderlich ist (§ 1825 BGB). Die Ermächtigung kann auch auf einzelne gemäß § 1812 BGB genehmigungspflichtige Rechtsgeschäfte oder auf einzelne Gruppen solcher Geschäfte beschränkt werden; sie kann jederzeit zurückgenommen werden und ist pflichtgemäß von dem Vormundschaftsgericht bei Vermeidung der Haftpflicht zurückzunehmen, wenn sie zum Zwecke der Vermögensverwaltung nicht mehr erforderlich ist. Es empfiehlt sich, die Erteilung einer solchen allgemeinen Ermächtigung in die Bestallungsurkunde aufzunehmen; im Falle der Zurücknahme ist auf Berichtigung der Bestallungsurkunde Bedacht zu nehmen, um Irrtümern und einem Mißbrauch der Urkunde vorzubeugen; auf die Wirksamkeit der Zurücknahme ist die Berichtigung der Bestallungsurkunde allerdings ohne Einfluß.

4. Gemäß § 1832 BGB finden die Vorschriften der §§ 1828 bis 1831 BGB (Form der Erteilung und Wirksamkeit der vormundschaftsgerichtlichen Genehmigung) auf die Genehmigung des Gegenvormundes entsprechende Anwendung (vgl hierzu unten § 91). Aber auch die §§ 55 und 62 FGG dürften auf die Genehmigung des Gegenvormundes entsprechend anzuwenden sein (vgl hinsichtlich der Verfügung des Vormundschaftsgerichts, durch die die Genehmigung des Gegenvormundes ersetzt wird, **KGJ 38 A 44 = RJA 10 166**; ferner PALANDT, § 1828 Anm 5). Die Genehmigung des Gegenvormundes kann auch durch schlüssige Handlungen erteilt werden.

5. Soweit der Vormund zur Veräußerung von Gegenständen gemäß § 1812 BGB der Genehmigung des Gegenvormundes oder der vormundschaftsgerichtlichen Genehmigung bedarf, kann er dem Mündel die

Gegenstände nicht ohne diese Genehmigung zur Erfüllung eines von dem Mündel geschlossenen Vertrages oder zu freier Verfügung überlassen (§ 1824 BGB).

§ 89. δ) Die Hinterlegungspflicht des Vormundes

1. a) Die zu den Mündelverträgen gehörenden Inhaberpapiere (gleichviel ob sie mündelsicher sind oder nicht) nebst den Erneuerungsscheinen, ebenso auch mit Blankoindossament versehene Orderpapiere hat der Vormund bei einer Hinterlegungsstelle oder der Deutschen Genossenschaftskasse oder bei der Deutschen Girozentrale[1] mit der Bestimmung zu *hinterlegen*, daß die Herausgabe der Papiere nur mit Genehmigung des Vormundschaftsgerichts erfolgen kann (§ 1814 Satz 1 u. 3 BGB). Die Hinterlegung von Inhaberpapieren, deren bestimmungsgemäßer Gebrauch im Verbrauch oder in der Veräußerung besteht (§ 92 BGB), z. B. Banknoten, ist nicht erforderlich, ebenso auch nicht die Hinterlegung von Zins-, Renten- oder Gewinnanteilscheinen (§ 1814 Satz 2 BGB); auf den Antrag des Vormundes kann jedoch die Hinterlegung von dem Vormundschaftsgericht auch ohne besonderen Grund angeordnet werden (§ 1818 BGB). Die im § 808 BGB bezeichneten sogenannten qualifizierten Legitimationspapiere sind keine Inhaberpapiere und daher auch nicht zu hinterlegen (PALANDT, § 1814 Anm 2).

b) Aber auch bezüglich anderer Wertpapiere als der im vorstehenden bezeichneten Inhaber- und Orderpapiere kann das Vormundschaftsgericht aus besonderen Gründen, über deren Vorliegen es nach pflichtmäßigem Ermessen zu entscheiden hat, z. B. zwecks erhöhter Sicherheit der Papiere im Hinblick auf einen etwaigen Verlust, die Hinterlegung anordnen; das gleiche gilt hinsichtlich der zum Mündelvermögen gehörenden Kostbarkeiten, d. h. derjenigen Gegenstände, die im Verhältnis zu ihrem Umfang und Gewicht besonders wertvoll sind (§ 1818 BGB). Wegen der Anwendbarkeit der Vorschriften des § 1818 BGB im Falle der befreiten Vormundschaft vgl unten § 101 Z 2d).

c) Hinterlegungspflichtige Papiere, die dem Mündel und einem Dritten gemeinsam gehören, können nicht gegen den Willen des Dritten hinterlegt werden (§ 744 Abs I BGB; PALANDT, § 1814 Anm 1; STAUDINGER, § 1814 Anm 3 S. 1470).

d) Bezüglich der Hinterlegungsstellen vgl § 1 der Hinterlegungsordnung vom 10. 3. 1937 (RGBl I 285). Die Art 144, 145 EGBGB sind durch § 38 Abs II HinterlO aufgehoben worden.

---

[1] Die in § 1814 BGB aufgeführte Reichsbank und die Dt. Zentralgenossenschaftskasse bestehen nicht mehr (vgl oben S. 388). Zum Geschäftskreis der Dt. Bundesbank gehört die Annahme von Hinterlegungen nicht (vgl § 19 des Gesetzes über die Dt. Bundesbank vom 26. 7. 57 (BGBl I 745). An die Stelle der Dt. Zentralgenossenschaftskasse ist die Dt. Genossenschaftskasse getreten (vgl oben § 87 Zff 2 B).

e) Die Verwaltung der hinterlegten Papiere, z. B. hinsichtlich der Überwachung, der Auslosung und der Ausübung von Bezugsrechten, kann von dem Vormund nach pflichtmäßigem Ermessen der Hinterlegungsstelle überlassen werden.

2. Statt der Hinterlegung kann der Vormund aber auch die Inhaberpapiere auf den Namen des Mündels mit der Bestimmung umschreiben lassen, daß er, der Vormund, über die Papiere nur mit Genehmigung des Vormundschaftsgerichts verfügen kann; sind die Papiere vom Bund oder einem deutschen Land ausgestellt, so kann der Vormund sie mit der gleichen Bestimmung in Buchforderungen gegen den Bund oder das Land umwandeln lassen (§ 1815 Abs I BGB)[1]; die Umwandlung kann auch von dem Vormundschaftsgericht angeordnet werden, wenn es sich um hinterlegungspflichtige Inhaberpapiere handelt, die zu Buchforderungen gegen den Bund oder ein deutsches Land umgewandelt werden können (§ 1815 Abs II BGB).

Wegen der Umschreibung von Inhaberpapieren in Namenspapiere vgl § 806 BGB, Art 101, 174 EGBGB, Art 18 § 3 PrAGBGB und die AllgVfg d. PrJM vom 30. Dezember 1899 (JMBl 1900 S. 4) und PALANDT § 1815 Anm 1a.

Gehören Buchforderungen gegen den Bund oder gegen ein deutsches Land schon bei der Anordnung der Vormundschaft zu dem Vermögen des Mündels oder erwirbt der Mündel später solche Forderungen, so hat der Vormund in das Schuldbuch den Vermerk eintragen zu lassen, daß er über die Forderungen nur mit Genehmigung des Vormundschaftsgerichts verfügen kann (§ 1816 BGB). Dieses kann die Eintragung des Vermerks auch von sich aus unmittelbar herbeiführen.

3. Verletzt der Vormund die Hinterlegungspflicht oder die ihm von dem Vormundschaftsgericht gemäß § 1815 Abs II BGB auferlegte Pflicht zur Umwandlung oder die Pflicht zur Eintragung des Sperrvermerks gemäß § 1816 BGB, so kann das Vormundschaftsgericht gegen ihn gemäß §§ 1837 ff. BGB einschreiten, notfalls auch seine Entlassung gemäß § 1886 BGB in Erwägung ziehen; auch die Wegnahme der Wertpapiere im Wege unmittelbaren Zwanges kommt nach Maßgabe der landesgesetzlichen Vorschriften (vgl Art 17 PrFGG) in Betracht.

4. a) Zur Verfügung über Wertpapiere oder Kostbarkeiten, die auf Grund der §§ 1814 oder 1818 BGB hinterlegt sind, bedarf der Vormund, solange die Hinterlegung dauert, der Genehmigung des Vormundschaftsgerichts, ebenso auch bei Hinterlegung von Hypotheken-, Grundschuld- oder Rentenschuldbriefen zur Verfügung über die Hypothekenforderung, die Grundschuld oder die Rentenschuld; das gleiche gilt von der Eingehung der Verpflichtung zu einer solchen Verfügung (§ 1819 BGB).

[1] vgl hierzu die Ausführungen zu § 87 A 2b.

Ebenso bedarf der Vormund auch, wie sich aus den Bestimmungen der §§ 1814 Satz 1 u. 1818 BGB unmittelbar ergibt, zur Abhebung der hinterlegten Papiere der Genehmigung des Vormundschaftsgerichts[1]. Dieses soll, bevor es seine Entscheidung trifft, den Gegenvormund hören, wenn ein solcher bestellt ist und die Anhörung tunlich ist (§ 1826 BGB); die Anhörung kann mündlich oder schriftlich erfolgen; untunlich kann sie z. B. bei Abwesenheit des Gegenvormundes und Eilbedüftigkeit der Angelegenheit oder wegen der entstehenden unverhältnismäßig hohen Kosten sein. Auch die Anhörung von Verwandten und Verschwägerten des Mündels gemäß § 1847 BGB kann geboten sein.

b) Sind Inhaberpapiere nach § 1815 BGB auf den Namen des Mündels umgeschrieben oder in Buchforderungen umgewandeit oder ist bei einer Buchforderung des Mündels der im § 1816 BGB bezeichnete Vermerk eingetragen, so bedarf der Vormund nicht nur, wie sich aus den genannten Bestimmungen selbst ergibt, zur Verfügung über die umgeschriebenen Papiere und die Buchforderungen, also auch z. B. zur Rückverwandlung der Namenspapiere in Inhaberpapiere und der Buchforderungen in Inhaberpapiere sowie zur Beseitigung des Sperrvermerks der Genehmigung des Vormundschaftsgerichts, sondern auch zur Eingehung der Verpflichtung zu einer Verfügung über die sich aus der Umschreibung oder Umwandlung ergebenden Stammforderungen (§ 1820 BGB). Auch in diesen Fällen findet § 1826 BGB Anwendung (vgl oben zu a)); ebenso kann die Anhörung von Verwandten oder Verschwägerten des Mündels gemäß § 1847 BGB geboten sein.

5. Aus besonderen Gründen kann das Vormundschaftsgericht den Vormund von der Hinterlegungspflicht (§ 1814 BGB und auch der wahlweise neben der Hinterlegungspflicht zugelassenen Umschreibungs- und Umwandlungspflicht gemäß § 1815 BGB) und der Pflicht zur Eintragung des Sperrvermerks bei den übernommenen Buchforderungen (§ 1816 BGB) befreien (§ 1817 BGB). Ob besondere Gründe vorliegen, hat das Vormundschaftsgericht nach pflichtmäßigem Ermessen zu entscheiden. Ausschlaggebend wird hierbei immer das Interesse des Mündels sein müssen, das regelmäßig eine Minderung der in den §§ 1814 u. 1816 BGB enthaltenen Sicherung des Mündelvermögens nur bei besonderen Vorteilen für den Mündel gestatten wird, wenn im übrigen eine Gefährdung des Mündelvermögens nach pflichtmäßigem Ermessen des Vormundschaftsgerichts nicht zu befürchten ist. Die Befreiung kann auch von der Erfüllung bestimmter Bedingungen durch den Vormund abhängig gemacht werden (Staudinger, § 1817 Anm 1, S. 1477; RGRK, § 1817

[1] Der Pfandgläubiger wird indessen durch § 1814 BGB nicht gehindert, die Herausgabe der Wertpapiere im Wege der Zwangsvollstreckung zu verlangen (OLG 24 45, 46).

Anm 1). Die Erteilung der Befreiung wird zweckmäßig in die Bestallungsurkunde aufgenommen.

Wegen der Befreiung von den Pflichten der §§ 1814 und 1816 BGB in den Fällen der befreiten Vormundschaft (§§ 1853, 1855 bis 1857 BGB), der Elternvormundschaft über Volljährige (§ 1903 BGB) und der Pflegschaft gemäß §§ 1909 Abs I Satz 2, 1917 Abs II BGB vgl unten §§ 101, 108, 111; vgl ferner für die Fälle des § 1803 BGB oben § 86 Z 2, für den Fall der Bevormundung einer Ehefrau oben § 86 Z 3.

6. Soweit der Vormund gemäß §§ 1819, 1820 BGB zur Veräußerung von Gegenständen der Genehmigung des Vormundschaftsgerichts bedarf, kann er die Gegenstände dem Mündel nicht ohne diese Genehmigung zur Erfüllung eines von dem Mündel geschlossenen Vertrages oder zu freier Verfügung überlassen (§ 1824 BGB).

ε) Die vormundschaftsgerichtliche Genehmigung

§ 90. αα) Die Fälle der vormundschaftsgerichtlichen Genehmigung

1. Zum Schutze des Mündelvermögens ist für bestimmte, das Interesse des Mündels besonders berührende Rechtsgeschäfte der Vormund an die *Genehmigung des Vormundschaftsgerichts* gebunden und insoweit in seiner Vertretungsbefugnis beschränkt[1]. Die wichtigsten gesetzlichen Bestimmungen hierüber sind in den §§ 1821, 1822 BGB getroffen[2]; eine Abänderung dieser zwingenden Vorschriften im Wege privater Vereinbarung ist ausgeschlossen.

Das Vormundschaftsgericht hat seine Entscheidung nach pflichtmäßigem Ermessen zu treffen, wobei lediglich das Interesse des Mündels, das indessen nicht ausschließlich durch wirtschaftliche Erwägungen, vielmehr auch durch sittliche Rücksichten bestimmt werden kann, ausschlaggebend sein muß. Maßgebend für die Erteilung oder Verweigerung der Genehmigung ist der Zeitpunkt der Entscheidung des Vormundschaftsgerichts (OLG **43** 382). Dieses darf die Entscheidung über die Erteilung der Genehmigung nicht aussetzen, bis eine für die Entscheidung wirtschaftlich erhebliche Frage, z. B. des Bestehens oder der Ausübung eines Vorkaufsrechts, geklärt sein werde; vielmehr hat es zu der Frage selbst in tatsächlicher und rechtlicher Beziehung erschöpfend Stellung zu nehmen und je nach dem Ergebnisse die Genehmigung zu erteilen oder zu versagen (KGJ **52** A 50 = RJA **17** 9). Ebenso darf das Vormundschaftsgericht, wenn die Rechtswirksamkeit eines der vormundschaftsgerichtlichen Genehmigung bedürftigen Rechtsgeschäft zweifelhaft ist, nicht dieses Zweifels wegen die Sachentscheidung ablehnen; zur Entscheidung von Zweifeln ist der Prozeßrichter berufen (OLG **33**

[1] Das gleiche gilt auch für einen von dem Vormund bevollmächtigten Vertreter (OLG **5** 410).

[2] Vgl aber auch unten Z 4, 5 und 6.

368); das Vormundschaftsgericht muß sich aber schon vor dieser Entscheidung über die Erteilung oder Verweigerung der Genehmigung schlüssig werden, damit nicht völlig zwecklose Prozesse geführt werden, indem später die Genehmigung versagt wird (KGJ 32 A 49; 38 A 50; abw KG OLG 12 247).

Die vormundschaftsgerichtliche Genehmigung ist nicht erforderlich, wenn die Rechtsgeschäfte nicht von dem Vormunde als solchem, sondern als Bevollmächtigtem eines Erblassers auf Grund einer über den Tod des Erblassers hinaus erteilten Vollmacht vorgenommen werden (RGZ 106 185); notfalls muß in solchen Fällen ein Pfleger bestellt und die Vollmacht widerrufen werden.

Die Erteilung der Genehmigung kann unter aufschiebenden Bedingungen und mit Auflagen erfolgen (KGJ 53 A 143); eine Genehmigung unter einer auflösenden Bedingung ist dagegen aus Gründen der Rechtssicherheit unzulässig (Palandt, § 1828 Anm 2; Erman, § 1828 Anm 2; RGZ 85 421; KGJW 37 1551). Die Erfüllung der Auflagen kann gemäß § 1837 Abs II BGB durch Ordnungsstrafen erzwungen werden (KG JW 35 1440).

In allen Fällen, in denen zu einer Handlung des Vormundes die vormundschaftsgerichtliche Genehmigung erforderlich ist, soll das Gericht den Gegenvormund hören, wenn ein solcher vorhanden und die Anhörung tunlich ist (§ 1826 BGB); wegen der Anhörung von Verwandten und Verschwägerten vgl § 1847 BGB.

2. Besonders geschützt durch das Erfordernis der vormundschaftsgerichtlichen Genehmigung ist „als namentlich in sozialer Hinsicht besonders wertvoll“ (RJA 3 59; vgl auch RGZ 108 357 ff) der Besitz des Mündels an *Grundstücken und Grundstücksrechten* nach Maßgabe des § 1821 BGB; auch der Erwerb eines Grundstücks oder Grundstücksrechts wird daselbst als besonders wichtige Angelegenheit behandelt. Ob es sich um Grundstücke handelt, die dem Mündel ganz oder nur anteilig gehören und ob die Beteiligung nach Bruchteilen geregelt ist oder wie z. B. im Falle der ungeteilten Erbengemeinschaft zur gesamten Hand besteht, ist hierbei ohne Bedeutung (vgl KGJ 27 A 169 = RJA 4 181; KGJ 38 A 219; BayObLG 1 420). Erbbaurechte stehen den Grundstücken gleich (§ 11 der VO über das Erbbaurecht vom 15. Januar 1919, RGBl 1919 75); vgl ferner Art 63, 68 EGBGB i. V. m. §§ 36, 38 d. VO vom 15. Januar 1919, Art 196 EGBGB i. V. m. Art 40 PrAGBGB u. Art 22 PrAGGBO.

In allen Füllen des § 1821 BGB soll das Vormundschaftsgericht, wenn der Mündel das 18. Lebensjahr vollendet hat, diesen vor der Entscheidung über die Erteilung oder Verweigerung der Genehmigung hören, soweit die Anhörung tunlich ist (§ 1827 Abs II BGB).

Gemäß § 1821 Abs I BGB bedarf der Vormund der Genehmigung des Vormundschaftsgerichts:

a) zur Verfügung über ein Grundstück, ein Recht an einem Grundstück, oder ein eingetragenes Schiff oder Schiffsbauwerk (Z 1 u. 3), z. B. über Dienstbarkeiten (§§ 1018 ff. BGB), Vorkaufsrechte (§§ 1094 ff. BGB) und Reallasten (§§ 1105 ff. BGB), nicht dagegen den Besitz (STAUDINGER, §§ 1821, 1822 Anm 2aβ, S. 1487; RGZ **106** 112).

Zu den Rechten an einem Grundstück im Sinne dieser Vorschrift gehören nicht Hypotheken, Grundschulden und Rentenschulden (§ 1821 Abs II BGB). Bezüglich dieser Rechte finden, soweit nicht Fälle der im § 1822 Z 10, 12 und 13 BGB bezeichneten Art (vgl unten Z 3k, m, n) vorliegen, die §§ 1812, 1814, 1818, 1819 BGB Anwendung. Demgemäß bedarf die Verpfändung einer Mündelhypothek für eine eigene Verbindlichkeit des Mündels der vormundschaftsgerichtlichen Genehmigung nicht (RGZ **63** 76). Die Bestellung einer Hypothek, Grundschuld oder Rentenschuld enthält als Belastung des Grundstücks eine Verfügung über dieses und ist daher genehmigungspflichtig. Die Verfügung über ein Recht an einem Grundstücksrecht fällt nicht unter § 1821 Abs I Z 1 BGB, sondern unter § 1812 BGB (KGJ **40** 163).

Verfügung ist *Übertragung*, *Belastung*, *Änderung* oder *Aufhebung* des Rechts, also nicht nur Veräußerung, sondern auch Belastung; jedoch findet § 1821 Abs I Z 1 (und auch Z 2) BGB keine Anwendung, wenn der Vormund für den Mündel ein Grundstück erwirbt und gleichzeitig für den Kaufpreis oder einen Kaufpreisrest das Grundstück hypothekarisch belastet (RGZ **108** 356 ff.; **110** 173; BGHZ **24** 372 = NJW **57** 1187 = Fam RZ **57** 303 Nr 145; indessen ergibt sich in diesem Falle die Genehmigungspflicht aus Z. 5 a. a. O.; anders gemäß § 1643 BGB bei dem elterlichen Gewalthaber). Ein vollstreckbarer Titel auf Grundstücksübereignung ersetzt die v. g. Genehmigung (Hinweis bei RIEDEL (T) S. 157. Die Übertragung der Ausübung eines *Nießbrauchs* oder einer *beschränkten persönlichen Dienstbarkeit* bedarf der vormundschaftsgerichtlichen Genehmigung *nicht* (ERMAN, § 1821 Anm 2; PALANDT, § 1821 Anm 2b; STAUDINGER, §§ 1821, 1822 Anm 2a, 8, S. 1488). Die Mitwirkung des Eigentümers bei der *Umwandlung einer Hypothek in eine Grundschuld oder einer Rentenschuld in eine gewöhnliche Grundschuld, einer Sicherungshypothek in eine gewöhnliche Hypothek* und umgekehrt enthält dagegen eine Verfügung über das Grundstück, dessen Belastung verändert wird, und ist daher genehmigungspflichtig (PALANDT, § 1821 Anm 2a; ERMAN, § 1821 Anm 2; BayObLG **2** 799; abw STAUDINGER, §§ 1821, 1822 Anm 2a, S. 1488); ebenso die Zustimmung des Vormunds zu einer Verfügung (OLG **4** 414), insbesondere auch über ein *zur Nacherbschaft* des Mündels *gehöriges Grundstück* (RJA **17** 22), sowie die Ausschließung oder Beschränkung des Kündigungsrechts (ERMAN, § 1821 Anm 2; KGJ **29** A 20 = RJA **5** 157;

OLG **15** 262) und die Änderung der Fälligkeit eines Grundpfandrechts (BGH BB **51** 404 = NJW **51** 645); dagegen *nicht* die *Abtretung einer Eigentümerhypothek oder Eigentümergrundschuld* (STAUDINGER, §§ 1821, 1822 Anm 2a, S. 1488). Eine Verfügung über eine *Vormerkung* fällt nicht unmittelbar unter die Vorschrift des § 1821 Abs I Z 1 BGB, weil die Vormerkung kein Recht an einem Grundstück ist. Die vormundschaftsgerichtliche Genehmigung ist aber gemäß § 1821 Abs I Z 2 BGB jedenfalls dann erforderlich, wenn der durch die Vormerkung gesicherte Anspruch eine in dem Vorkaufsrecht enthaltene bedingte Forderung auf Übertragung des Eigentums am Grundstück betrifft. Durch eine Änderung des gesicherten Anspruchs wird auch der Inhalt der Vormerkung selbst jedenfalls dann betroffen, wenn gleichzeitig die zur Bezeichnung des Inhalts der Vormerkung im Eintragungsvermerk in Bezug genommene Bewilligung hinsichtlich des Anspruchs, dessen Kennzeichnung für die Vormerkungseintragung grundsätzlich notwendig ist, in wesentlichen Punkten geändert wird. Auch der Rangrücktritt einer Vormerkung zur Sicherung des Anspruchs auf Eigentumsübertragung am Grundstück enthält zugleich eine genehmigungspflichtige Verfügung über diesen Anspruch (Recht **1929** Rechtspr Nr 2390, 2371 = DRiZ **1929** Rechtspr Nr 1088). Die Zustimmung des Eigentümers zum *Rangrücktritt* einer Hypothek, zur *Hypothekenlöschung*, sowie die *Unterwerfung unter die sofortige Zwangsvollstreckung* wegen eines Grundpfandrechts bedürfen keiner Genehmigung, da sie sich nicht als Verfügung im Sinne des § 1821 Abs I Ziff 1 BGB darstellen (PALANDT, § 1821 Anm 2a; ERMAN, § 1821 Anm 2; STAUDINGER, §§ 1821, 1822, Anm 2a, S. 1488; RJA **2** 100; KGJ **22** A 146; RJA **7** 224; KGJ **32** A 280).

Wenn das obligatorische Rechtsgeschäft genehmigungspflichtig und genehmigt ist (vgl unten zu c), so muß geprüft werden, ob diese Genehmigung nicht auch das dingliche Ausführungsgeschäft, z. B. die Auflassung, mitumfaßt (vgl KGJ **24** A 239 = RJA **3** 59; KG HRR 37 92). Um Zweifel auszuschließen, empfiehlt es sich, gegebenenfalls einen entsprechenden Zusatz aufzunehmen. Umgekehrt wird regelmäßig die vormundschaftsgerichtliche Genehmigung der Auflassung auch den zugrunde liegenden schuldrechtlichen Vertrag mitumfassen; ob dies der Fall ist, ist nach den Umständen zu beurteilen (RGZ **130** 148 = JurRdsch **1931** Rechtspr Nr 227 = JW **1931** 535 Nr 16 = DRiZ **1931** Rechtspr Nr 165). Sind im übrigen auf Vorlegung eines Schwarzkaufvertrages (z. B. mit unrichtiger Angabe des Kaufpreises) Verkauf und Auflassung vormundschaftsgerichtlich genehmigt, so ist regelmäßig die Genehmigung der Auflassung nur im Zusammenhang mit der des Kaufvertrages zu verstehen; eine Auflassung, die in Erfüllung des nicht vorgelegten wirklich gewollten Vertrages erfolgt ist, ist in diesem Falle weder zur Heilung des Formmangels gemäß § 313 BGB, noch zur Eigentumsübertragung geeignet, weil der unbekannte wirklich geschlossene Vertrag nicht genehmigt ist (SEUFFERT Bd. 81 S. 314).

Auch zu dem *Antrage auf Zwangsversteigerung* eines Grundstücks *zwecks Aufhebung der Gemeinschaft* bedarf der Vormund der Genehmigung des Vormundschaftsgerichts (§ 181 Abs II Satz 2 ZVG); die Genehmigung kann bis zur Erteilung des Zuschlages zurückgenommen werden (RJA 6 11).

Beispiele:

I.

Der Vormund beabsichtigt, ein Mündelgrundstück, das bisher wenig Ertrag abgeworfen hat und hohe Unkosten verursacht, vorteilhaft zu verkaufen, um eine sich bietende Gelegenheit, den Kaufpreis in guten und hochverzinslichen, auch mündelsicheren Wertpapieren für den Mündel anzulegen, zu benutzen. Der Vormund wendet sich deshalb unter genauer Darlegung der Verhältnisse und der Bedingungen des abzuschließenden Kaufvertrages an das Vormundschaftsgericht mit der Bitte, den Abschluß des Vertrages und die Auflassung des Grundstücks zu genehmigen.

Das Vormundschaftsgericht prüft die Angelegenheit namentlich daraufhin, ob die Veräußerung des gesicherten Grundbesitzes durch die Vorteile der geplanten, allerdings mündelsicheren Anlegung des Erlöses gerechtfertigt und ob dieser der Höhe nach angemessen ist, was gegebenenfalls auch durch Einholung einer Taxe nachgeprüft werden kann, und hört das Jugendamt sowie etwaige Verwandte des Mündels, endlich auch diesen selbst, wenn er das achtzehnte Lebensjahr vollendet hat. Ergeben sich keine Bedenken, so erläßt das Vormundschaftsgericht folgenden

Beschluß[1]

In der Vormundschaftssache betr. den am 15. Januar 1944 in Köln geborenen Karl Schäfer in Köln, Kind der verstorbenen Eheleute Josef Schäfer und Maria geb. Schlosser, wird dem Vormund Johann Schlosser in Köln die Genehmigung zum Verkauf des dem Mündel gehörenden, im Grundbuch von Köln Band 10 Bl. 1500 eingetragenen Grundstücks Hohe Straße 100 (Flur 7 Parzelle 2000) zum Preise von 10000 DM an den Kaufmann Johann Müller in Köln und zur demnächstigen Auflassung des Grundstücks an den genannten Käufer unter der Bedingung erteilt, daß der Kaufpreis in bar vor der Auflassung zu entrichten ist und alle Unkosten des Vertragsschlusses, der Auflassung und der Umschreibung des Eigentums im Grundbuch mit Ausnahme der Wertzuwachssteuer von dem Käufer getragen werden und eine Gewähr für Größe und Beschaffenheit des lastenfreien Grundstücks von dem verkaufenden Mündel nicht übernommen wird.

Köln, den 20. Oktober 1962.

Das Amtsgericht.
Schmitz.

Dieser Beschluß wird dem Vormund zugestellt, dessen pflichtmäßigem Ermessen es überlassen bleibt, ob er von der Genehmigung durch Mitteilung an den Käufer, etwa bei dem Vertragsschlusse, Gebrauch machen will.

Das Vormundschaftsgericht wird den Verlauf der Angelegenheit zu verfolgen und alsbald festzustellen haben, ob der Vormund den Erlös für das Grundstück in der geplanten Weise und jedenfalls mündelsicher angelegt hat.

[1] Es kann auch, wie es häufig geschieht, so verfahren werden, daß das Vormundschaftsgericht nach erfolgter Vorprüfung dem Vormund mitteilt, daß Bedenken gegen den beabsichtigten Vertragsschluß nicht beständen und deshalb anheimgegeben werde, demnächst den abgeschlossenen Vertrag zwecks Erteilung der vormundschaftsgerichtlichen Genehmigung einzureichen.

II.

Der Vormund wünscht zwecks Ausbesserung eines dem Mündel gehörenden Hauses ein hypothekarisch zu sicherndes Darlehn aufzunehmen und wendet sich mit der Bitte um Genehmigung der beabsichtigten Darlehnsaufnahme (vgl § 1822 Z 8 BGB) und Grundstücksbelastung an das Vormundschaftsgericht. Nachdem dieses die Verhältnisse geprüft hat (vgl oben zu I) und sich über die Bedingungen, unter denen das Darlehen gewährt und das Grundstück belastet werden soll, sowie über die Notwendigkeit der in Aussicht genommenen Arbeiten unterrichtet hat, teilt es dem Vormund zweckmäßig mit, daß der Erteilung der Genehmigung Bedenken nicht entgegenständen, und gibt ihm anheim, die zu errichtende notarielle oder gerichtliche Urkunde über die beabsichtigte Belastung nebst der Eintragungsbewilligung zur Genehmigung vorzulegen.

Das Vormundschaftsgericht kann die Genehmigung auch schon vor der Errichtung der Urkunde erteilen und darf sich jedenfalls der Prüfung des Antrags des Vormundes nicht mit der Begründung entziehen, daß zu der Frage der Genehmigung erst Stellung genommen werden könne, wenn der Vertrag geschlossen und die Urkunde vorgelegt sei. Zweckmäßig ist es aber (abgesehen von sehr einfach und klarliegenden Fällen, vgl Beispiel I), nach Prüfung der Angelegenheit, wenn sich Bedenken gegen die erbetene vormundschaftsgerichtliche Genehmigung nicht ergeben haben, zunächst die Urkunde vorlegen zu lassen, damit über die Bedingungen kein Zweifel und kein Irrtum obwalten kann. Es empfiehlt sich auch für den Vormund, sich über die Frage, ob die vormundschaftsgerichtliche Genehmigung erteilt wird, schon vor der Errichtung der Urkunde Gewißheit zu verschaffen, damit für den Fall der Verweigerung nicht unnötige Kosten entstehen.

b) zur Verfügung über eine Forderung, die auf Übertragung des Eigentums an einem Grundstück oder auf Begründung oder Übertragung eines Rechts an einem Grundstück oder auf Befreiung eines Grundstücks von einem solchen Rechte gerichtet ist (§ 1821 Abs I Z 2 BGB). Hypotheken, Grundschulden und Rentenschulden fallen nicht hierunter (§ 1821 Abs II BGB), auch nicht die Entgegennahme der Auflassung, vielmehr nur solche Verfügungen über den Auflassungsanspruch, durch die der Mündel einen Rechtsverlust erleidet (RGZ **108** 364); hinsichtlich der Verfügung über eine Vorbemerkung vgl oben zu a).

c) zur Eingehung der *Verpflichtung* zu einer der unter a) und b) bezeichneten Verfügungen (§ 1821 Abs I Z 4 BGB).

Hierunter fallen auch die *Einräumung und Übertragung eines Wiederkaufs- oder Vorkaufsrechts* (Erman, § 1821 Anm 3; Staudinger, §§ 1821, 1822 Anm 2e, S. 1489). Wird ein Grundstückskaufvertrag genehmigt, so kann es nicht so angesehen werden, als ob die Genehmigung des Vormundschaftsgerichts zu einem den Kaufpreis zu niedrig angebenden notariellen Kaufvertrage auch zu dem dem Mündel günstigeren tatsächlich geschlossenen Vertrage erteilt sei; denn die Genehmigung kann sich stets nur auf den Tatbestand beziehen, der sich aus der dem Vormundschaftsgericht vorgelegten Urkunde ergibt (JurRdsch **1928** Rechtspr Nr 224; vgl auch RGZ **99** 72).

d) zu einem *Vertrage, der auf den entgeltlichen Erwerb eines Grundstücks, eines eingetragenen Schiffs oder Schiffsbauwerks oder eines Rechts an einem Grundstück* gerichtet ist (§ 1821 Abs I Z 5), wobei Hypotheken, Grundschulden und Rentenschulden abermals nicht als Grundstücksrechte gelten (§ 1821 Abs II BGB).

Genehmigungspflichtig ist somit namentlich der Kauf oder Eintausch eines Grundstückes für das Mündelvermögen, dagegen nicht die Annahme einer Schenkung oder eines Schenkungsversprechens, selbst wenn die Schenkung unter einer Auflage erfolgt, die allerdings nicht in Wirklichkeit eine Gegenleistung enthalten darf (STAUDINGER, §§ 1821, 1822 Anm 2d, S. 1490; KG JW 35 55); hinsichtlich des Erwerbes eines Grundstücks für den Mündel in der Zwangsversteigerung vgl § 71 Abs II ZVG. Wenn ein Vormund zum Ankauf eines Grundstücks Mündelgeld verwendet, das der Verwaltung eines Testamentvollstreckers und nicht des Vormundes unterliegt, aber von dem Testamentsvollstrecker dem Vormund als Beauftragtem zum Ankauf für den Nachlaß übergeben ist, so bedarf der Vormund der vormundschaftsgerichtlichen Genehmigung nicht; dagegen ist die Genehmigung erforderlich, wenn das Geld aus der Verwaltung des Testamentsvollstreckers ausgeschieden und der Verwaltung des Vormundes unterworfen wird (RGZ 91 69; PALANDT, § 1821 Anm 1a).

e) Soweit der Vormund gemäß § 1821 BGB der Genehmigung des Vormundschaftsgerichts bedarf, ist auch zur Bewilligung der Berichtigung des Grundbuchs diese Genehmigung erforderlich (OLG 25 390; vgl aber OLG 26 171).

3. Auch abgesehen von den Grundstücksgschäften ist die vormundschaftsgerichtliche Genehmigung zur Vornahme einer Anzahl *anderer Rechtsgeschäfte* des Vormundes für den Mündel wegen ihrer besonderen Bedeutung erforderlich; diese Fälle sind im § 1822 BGB aufgeführt.

Auch in diesen Fällen macht es keinen Unterschied, ob der Gegenstand auf den sich das genehmigungspflichtige Geschäft bezieht, dem Mündel allein gehört oder nur zum Teil und ob im letzteren Falle eine Gemeinschaft nach Bruchteilen oder zur gesamten Hand besteht. Es gilt auch in diesen Fällen das oben zu 2 am Eingange und unter e) Gesagte. Ebenso finden auch die Vorschriften des § 1826 BGB über die Anhörung des Gegenvormundes und gegebenenfalls die Bestimmungen des § 1847 BGB über die Anhörung von Verwandten und Verschwägerten des Mündels Anwendung; dieser selbst ist dagegen gemäß § 1827 Abs II BGB nur in dem Sonderfall des § 1822 Z 3 BGB zu hören.

Gemäß § 1822 BGB[1] bedarf der Vormund der Genehmigung des Vormundschaftsgerichts

a) zu einem Rechtsgeschäft, durch das der Mündel zu einer Verfügung über sein Vermögen im ganzen oder über eine ihm angefallene Erbschaft

[1] Hinweis auf die umfangreiche Rechtsprechung s. b. RIEDEL (I) S. 158.

oder über seinen künftigen gesetzlichen Erbteil oder seinen künftigen Pflichtteil verpflichtet wird, sowie zu einer Verfügung über den Anteil des Mündels an einer Erbschaft (§ 1822 Z 1 BGB). Hierunter fallen insbesondere die in den §§ 311, 312 Abs II, 2033, 2371 ff. BGB geregelten Geschäfte;

b) zur Ausschlagung einer Erbschaft (vgl §§ 1942 ff., insbesondere auch § 1957 Abs I BGB) oder eines Vermächtnisses (vgl § 2180 BGB), zum Verzicht auf einen bereits angefallenen Pflichtteil (vgl §§ 2303 ff. GBG) sowie zu einem Erbteilungsvertrage (§ 1822 Z 2 BGB)[1].

Unter einem Erbteilungsvertrage ist hierbei der dingliche Vertrag unter Miterben zu verstehen, durch den die Erbengemeinschaft in Ansehung des ganzen Nachlasses oder eines zum Nachlasse gehörenden Gegenstandes, z. B. durch Abtretung einer Nachlaßhypothek an einen Miterben, aufgehoben wird (KGJ 42 A 49). Ob die Auseinandersetzung im übrigen gerichtlich oder außergerichtlich erfolgt, ist belanglos. Zur Auseinandersetzung über einen Nachlaß durch einen Testamentsvollstrecker bedarf es der vormundschaftsgerichtlichen Genehmigung auch dann nicht, wenn bevormundete Minderjährige an der Erbschaft beteiligt sind (Erman, § 1822 zu Nr 2). Zur Erhebung der Teilungsklage gemäß § 2042 BGB ist die vormundschaftsgerichtliche Genehmigung nur erforderlich, wenn dies, wie z. B. bei einem Grundstück (§ 1821 BGB), besonders vorgeschrieben ist. Die Genehmigung zur Ausschlagung einer Erbschaft darf nicht deshalb verweigert werden, weil die Annahme der Erbschaft bereits erfolgt oder die Ausschlagungsfrist abgelaufen sei (KGJ 38 A 50; vgl auch oben Z 1).

Beispiel:

Amtsgericht. *Köln, den 20. Oktober 1962.*

Gegenwärtig:
Amtsgerichtsrat Schmitz als Richter.

Es erschien der dem Richter persönlich bekannte Werkmeister Johann Schlosser aus Köln, Karlstraße 20, und erklärte:

Ich bin Vormund des am 15. Januar 1949 in Köln geborenen Karl Schäfer, über den bei dem Amtsgericht in Köln unter dem Aktenzeichen 7 VII 100 die Vormundschaft geführt wird.

Am 10. Oktober 1962 ist die Großmutter des Kindes, die Witwe Josef Schäfer, Maria geborene Hoffmann, in Köln, ihrem letzten Wohnsitz, verstorben. Als gesetzliche Erben kommen die Söhne Ernst und Wilhelm der Verstorbenen, sowie an Stelle seines vorverstorbenen Vaters mein Mündel zu je $^1/_3$ *des Nachlasses in Betracht. Ich habe mich überzeugt, daß der Nachlaß überschuldet ist. Es sind nur wenige Möbelstücke und Hausrat von geringem Werte vorhanden; dagegen betragen die Schulden etwa eintausend DM. Die Söhne Ernst und Wilhelm der Erblasserin wollen die Erbschaft ausschlagen. Ich beabsichtige, dies namens meines Mündels ebenfalls zu tun und bitte, mir hierzu die vormundschaftsgerichtliche Genehmigung zu erteilen.*

---

[1] Wegen der im Falle eines Erbverzichts erforderlichen vormundschaftsgerichtlichen Genehmigung vgl § 2347 BGB.

Dem Erschienenen wurde hierauf eröffnet, daß ihm hiermit die vormundschaftsgerichtliche Genehmigung erteilt werde, namens des Mündels Karl Schäfer die Erbschaft nach seiner am 10. Oktober 1959 in Köln, ihrem letzten Wohnsitz, verstorbenen Großmutter, der Witwe Josef Schäfer, Maria geborenen Hoffmann, aus jedem Berufungsgrunde auszuschlagen[1].

Hierauf erklärte der Erschienene:

Ich schlage hiermit namens meines Mündels Karl Schäfer die vorbezeichnete Erbschaft aus jedem Berufungsgrunde aus.

Eine Ausfertigung dieser Verhandlung bitte ich dem Nachlaßgericht in Köln zu übersenden.

Das Protokoll über die Verhandlung wurde dem Erschienenen vorgelesen, von ihm genehmigt und wie folgt, eigenhändig unterschrieben.

Johann Schlosser.
Schmitz.

Das Vormundschaftsgericht verfügt, daß eine Ausfertigung der Verhandlung der Nachlaßabteilung des Amtsgerichts Köln gegen Empfangsbescheinigung zu übergeben sei.

c) zu einem Vertrage, der auf den entgeltlichen Erwerb oder die Veräußerung eines Erwerbgeschäfts gerichtet ist, sowie zu einem Gesellschaftsvertrage, der zum Betriebe eines Erwerbgeschäfts eingegangen wird (§ 1822 Z 3 BGB).

Hierunter fällt auch ein Vertrag, demzufolge Minderjährige gegen eine Abfindungssumme aus einer offenen Handelsgesellschaft ausscheiden sollen (RGZ **122** 370), ebenso auch die Veräußerung des durch Erbschaft zusammen mit der Mutter erworbenen Anteils eines Minderjährigen zur gesamten Hand an dem väterlichen Erwerbsgeschäft (RGZ **122** 370), dagegen nicht die Veräußerung einer ärztlichen oder zahnärztlichen Praxis (RGZ **144**, 1; Erman, § 1822 zu Nr 3; anders noch RGZ **115** 172). Die Veräußerung von Geschäftsanteilen einer GmbH fällt nur dann unter § 1822 Z 3 BGB, wenn sie in einem solchen Umfang erfolgt, daß sie den Umständen nach wirtschaftlich der Veräußerung eines Geschäftes gleichkommt (JFG **3** 206; RGZ **133** 11; KGJW **27** 2578). Die Beteiligung an der Gründung einer GmbH fällt unter § 1822 Z 10 BGB (Erman, § 1822 zu Nr 10; KGJW **27** 2578). Die Aktienzeichnung und die Beteiligung als stiller Gesellschafter enthalten nicht die Eingehung eines Gesellschaftsvertrages zum Betrieb eines Erwerbgeschäfts und sind daher auch nicht gemäß § 1822 Z 3 BGB genehmigungspflichtig (BGH JZ **57** 382; Erman, § 1822 zu Nr 3). Dagegen bedarf die Beteiligung an einer Kommanditgesellschaft auch dann der Genehmigung, wenn der Mündel nur Kommanditist werden soll (BGH Z **17** 160). Der Beitritt zu einer eingetragenen Genossenschaft fällt unter § 1822 Z 10 BGB (RJA **6** 132).

---

[1] Sofern das Vormundschaftsgericht noch weitere Ermittelungen für erforderlich hält (vgl z. B. § 1847 Abs I Satz 2 BGB), sind diese vor der Erteilung der Genehmigung mit Rücksicht auf den Lauf der Ausschlagungsfrist (§ 1944 BGB) mit größter Beschleunigung durchzuführen; vgl ferner § 91 Z 3e.

Vor der Entscheidung über die Erteilung oder Verweigerung der vormundschaftsgerichtlichen Genehmigung ist in den Fällen des § 1822 Z 3 BGB der Mündel zu hören, wenn er das achtzehnte Lebensjahr vollendet hat und die Anhörung tunlich ist (§ 1827 Abs II BGB); wegen der Anhörung des Gegenvormundes sowie der Verwandten und Verschwägerten vgl oben Z 3 am Eingang.

Beispiel

Der Vormund eines Mündels teilt dem Vormundschaftsgericht mit, daß dieser mit seinem volljährigen Bruder eine offene Handelsgesellschaft errichten wolle, legt die näheren Umstände und die Aussichten des gemeinsam zu betreibenden Geschäfts dar und reicht den Entwurf eines Gesellschaftsvertrages mit der Anfrage ein, ob mit der Erteilung der vormundschaftsgerichtlichen Genehmigung gerechnet werden könne. Ist die Errichtung eines schriftlichen Vertrages nicht beabsichtigt, so genügt es, wenn der Vormund dem Gericht den wesentlichen Inhalt des Gesellschaftsverhältnisses darlegt, was auch durch mündlichen Vortrag geschehen kann.

Das Vormundschaftsgericht prüft die Angelegenheit hinsichtlich der von dem Mündel zu übernehmenden persönlichen und vermögensrechtlichen Verpflichtungen sowie der Aussichten und etwaigen wirtschaftlichen Gefahren des geplanten Unternehmens (vgl § 128 HGB!), hört das Jugendamt, Verwandte des Mündels und diesen selbst, wenn er achtzehn Jahre alt ist, und teilt sodann, wenn sich Bedenken nicht ergeben, dem Vormunde mit, daß der Abschluß des Gesellschaftsvertrages vormundschaftsgerichtlich genehmigt werde; ist die Errichtung einer Vertragsurkunde in Aussicht genommen, so wird es sich empfehlen, den Vormund aufzufordern, die Urkunde zwecks Erteilung der Genehmigung demnächst vorzulegen. Das Gericht kann auch gegebenenfalls erklären, daß die Genehmigung nur unter bestimmten Bedingungen und bei entsprechender Änderung des Vertragsentwurfs erteilt werden könne; eine solche Mitteilung würde als beschwerdefähige Verfügung anzusehen sein und sowohl von dem achtzehn Jahre alten Mündel persönlich (§ 59 Abs I Satz 2 FGG) als auch von dem Vormund als gesetzlichem Vertreter des Mündels mit der Beschwerde angefochten werden können, solange sie nicht gemäß § 55 FGG dem Vertragsgegner des Mündels gegenüber wirksam geworden ist.

d) zu einem *Pachtvertrag* über ein *Landgut* oder einen gewerblichen Betrieb (§ 1822 Z 4 BGB), wobei es gleichgültig ist, ob der Mündel als Pächter oder Verpächter beteiligt ist und welche Vertragsdauer in Betracht kommt. Pachtverträge, die unter § 1822 Z 4 BGB fallen, können unter Umständen auch gemäß § 1822 Z 5 BGB genehmigungspflichtig sein, wenn nämlich die Voraussetzungen dieser Bestimmung vorliegen (RGZ **114** 35);

e) zu einem *Miet- oder Pachtvertrag* (vgl §§ 535 ff., 581 ff. BGB) oder zu einem anderen Vertrage, durch den der Mündel zu wiederkehrenden Leistungen verpflichtet wird, wenn das Vertragsverhältnis *länger als ein Jahr nach der Vollendung des einundzwanzigsten Lebensjahres des Mündels* fortdauern soll (§ 1822 Z 5 BGB)[1]. Hierunter fallen auch z. B. Versicherungsverträge, Rentenversprechen, Ansparverträge (LG Dortmund MDR **54** 546), Abzahlungsverträge (Palandt, § 1822 Anm 6; Erman,

[1] Wegen volljähriger Mündel vgl § 1902 Abs II Satz 1 BGB.

§ 1822 zu Nr 5; a. A. SOERGEL, § 1822 Anm 7), ferner das Unterhaltsversprechen des unehelichen Erzeugers (KGJ 46 A 51), nicht aber die Anerkennung der Vaterschaft (OLG 30 150); hinsichtlich der Verpachtung eines Familiengutes vgl JFG 1 83. Lehrverträge sowie Dienst- oder Arbeitsverträge fallen mit Rücksicht auf die im § 1822 Z 6 und 7 BGB getroffene Sonderregelung nicht unter § 1822 Z 5 BGB (Recht 1928 Rechtspr Nr 2233 = SEUFFERT 1928 367 Nr 207; RAGARS 3 164 = JW 29 1263; a. A. SOERGEL, § 1822 Anm 7). Dagegen können Pachtverträge über ein Landgut sowohl nach Z 4 als auch nach Z 5 des § 1822 BGB genehmigungspflichtig sein (vgl oben unter d)).

In den Fällen der Z 5 ist aber stets bei Fehlen der vormundschaftsgerichtlichen Genehmigung zu prüfen, ob nicht die Parteien bei Kenntnis der Unwirksamkeit mangels Genehmigung den Pachtvertrag wenigstens bis zu einem Jahr nach der Volljährigkeit des minderjährigen Vertragsteils geschlossen haben würden (RGZ 114 35). Auf Verträge, deren Gültigkeitsdauer unbestimmt ist, kann § 1822 Z 5 BGB nur angewendet werden, wenn die Kündigungsfrist für den Mündel mehr als ein Jahr beträgt (STAUDINGER, §§ 1821, 1822 Anm 2i, S. 1494);

f) zu einem *Lehrvertrag*, der für längere Zeit als ein Jahr geschlossen wird (§ 1822 Z 6 BGB)[1]; vor der Entscheidung soll das Vormundschaftsgericht den Mündel hören (§ 1827 Abs I BGB); wegen der Anhörung des Gegenvormundes sowie der Verwandten und Verschwägerten vgl oben Z 3 am Eingang, wegen des Abschlusses von Lehrverträgen durch die Fürsorgeerziehungsbehörde vgl § 69 Abs IV JWG und unten § 121.

Beispiel:

Beschluß

Der von dem Werkmeister Johann Schlosser in Köln als Vormund des am 15. Januar 1947 in Köln geborenen Karl Schäfer mit dem Schlossermeister Heinrich Tüchtig in Köln geschlossene Lehrvertrag vom 10. Oktober 1959 wird gemäß § 1822 Z 6 BGB vormundschaftsgerichtlich genehmigt.

Köln, den 20. Oktober 1962.

Das Amtsgericht.
Schmitz.

Der Beschluß ist dem Vormund zuzustellen; dieser prüft, ob die Genehmigung dem Vertragsgegner des Mündels mitzuteilen und damit die zunächst bestehende schwebende Unwirksamkeit des Vertrages zu beseitigen ist oder ob in der Zwischenzeit Umstände eingetreten sind, die es im Interesse des Mündels geboten erscheinen lassen, von der Genehmigung keinen Gebrauch zu machen.

g) zu einem auf die Eingehung eines *Dienst- oder Arbeitsverhältnisses* gerichteten Vertrage, wenn der Mündel zu persönlichen Leistungen *für*

[1] Wegen des Erfordernisses der Zustimmung des Arbeitsamtes vgl VO vom 1. 9. 1939 (RGBl I, S. 1685).

längere Zeit als ein Jahr verpflichtet werden soll (§ 1822 Z 7 BGB). Diese Bestimmung enthält gegenüber derjenigen der Z 5 eine Sonderregelung; die Anwendung der Z 5 ist daher ausgeschlossen, wenn die Voraussetzungen der Z 7 gegeben sind (vgl oben zu e)). Wegen der erweiterten Geschäftsfähigkeit des Mündels in gewissen Fällen vgl § 113 BGB, wegen der Anhörung des Mündels § 1827 Abs I BGB;

h) zur *Aufnahme von Geld auf den Kredit des Mündels* (§ 1822 Z 8 BGB), gleichviel, ob dem Gläubiger eine dingliche Sicherung gewährt wird oder nicht.

Auch die Erteilung eines *Schuldversprechens* oder *Schuldanerkenntnisses zum Zwecke der Beschaffung von Geld* für den Mündel ist genehmigungspflichtig (OLG **21** 289; JW **1912** 590), ebenso die Abtretung einer Eigentümergrundschuld als Darlehenshypothek (OLG **5** 409), schließlich auch ein bei gleichzeitiger Aufnahme eines Finanzierungskredits abgeschlossener Abzahlungskaufvertrag, der den Minderjährigen für länger als ein Jahr nach Vollendung des 21. Lebensjahres bindet (NJW **63** 110), dagegen nicht die Umwandlung einer anderweitigen Schuld in eine Darlehensschuld (ERMAN, § 1822 zu Nr 8; STAUDINGER, §§ 1821, 1822 Anm 21, S. 1495).

Das Vormundschaftsgericht kann dem Vormund zur Vornahme der gemäß § 1822 Z 8 BGB genehmigungspflichtigen Geschäfte eine allgemeine Ermächtigung erteilen; die Ermächtigung soll aber nur erteilt werden, wenn sie zum Zwecke der Vermögensverwaltung, insbesondere zum Betrieb eines Erwerbsgeschäfts, erforderlich ist (§ 1825 BGB). Die Ermächtigung kann jederzeit zurückgenommen werden; ist ein Vermerk über die Erteilung der Ermächtigung in die Bestallungsurkunde aufgenommen, was zulässig und zweckmäßig ist, so muß die Bestallungsurkunde im Falle der Zurücknahme der Ermächtigung berichtigt werden;

i) zur Ausstellung einer *Schuldverschreibung auf den Inhaber*[1] oder zur Eingehung einer Verbindlichkeit aus einem *Wechsel* oder aus einem anderen Papier, das *durch Indossament übertragen* werden kann[2] (§ 1822 Z 9 BGB); wegen der Haftung des Vormundes, der ohne vormundschaftsgerichtliche Genehmigung Wechselverbindlichkeiten für den Mündel übernimmt, vgl Art 8 WG, wegen der Erteilung einer allgemeinen Ermächtigung vgl oben zu h);

k) zur *Übernahme einer fremden Verbindlichkeit*, insbesondere zur Eingehung einer *Bürgschaft*[3] (§ 1822 Z 10 BGB).

Hierunter fallen z. B. auch die Abtretung eines Grundstücksrechts

[1] vgl §§ 793 ff. BGB.
[2] vgl insbesondere §§ 363 ff. HGB.
[3] vgl §§ 765 ff. BGB.

(RGZ **76** 53), die Verpfändung einer Mündelhypothek oder eine Sicherungsübereignung für *fremde* Verbindlichkeiten, nicht jedoch für eigene Schulden des Mündels (RGZ **63** 76; RG HHR **36** 336), auch *nicht* die *Übernahme einer bereits bestehenden Hypothek auf den Kaufpreis* (RGZ **110** 175) oder die *Bestellung einer Kaufpreishypothek* bei dem Erwerbe eines Grundstücks für den Mündel (RGZ **108** 356), wobei aber zu beachten ist, daß der entgeltliche Grundstückserwerb selbst und somit auch die zu seiner vertraglichen Ausgestaltung erfolgte Bestellung einer Restkaufpreishypothek oder Übernahme einer bereits bestehenden Hypothek gemäß § 1821 Abs I Z 5 BGB genehmigungspflichtig ist. Endlich fällt auch die Tilgung einer fremden Verbindlichkeit aus dem Vermögen des Mündels, z. B. aus Sparkassenguthaben, nicht unter § 1822 Z 10 BGB (RGZ **75** 357), wenngleich die hierin liegende Verfügung nach den Bestimmungen der §§ 1807 Abs I Z 5, 1809, 1812, 1813 Abs II Satz 1 BGB der Genehmigung des Gegenvormundes oder des Vormundschaftsgerichtes bedarf. Der Beitritt zu einer eingetragenen Genossenschaft (RJA **6** 132; KGJ **30** A 149 a. A. LG Frankfurt in Rpfl. **63** 17 Nr 8 = DRiZ **63** B 37 Nr 517 m. zust. Anm. von Haegele) und die Beteiligung an einer GmbH (KG JW **27** 2578) sind genehmigungspflichtig. Wegen der Erteilung einer allgemeinen Ermächtigung vgl oben unter h);

l) zur Erteilung einer *Prokura* (§ 1822 Z 11 BGB), jedoch nicht zur Zurücknahme der Prokura, ferner auch nicht zur Erteilung einer bloßen Handlungsvollmacht, wobei indessen zu beachten ist, daß der Vormund nicht mehr Rechte auf den Bevollmächtigten übertragen kann, als er selbst besitzt;

m) zu einem *Vergleich* (§ 779 BGB) oder zu einem *Schiedsvertrag* (vgl §§ 1025 ff. ZPO), es sei denn, daß der Gegenstand des Streites oder der Ungewißheit in Geld schätzbar ist und den Wert von dreihundert DM nicht übersteigt (§ 1822 Z 12 BGB); maßgebend ist der Zeitpunkt des Abschlusses des Vergleichs oder des Schiedsvertrages.

Ist dem Gegenstande nach der Vergleich oder der Schiedsvertrag nach anderen Vorschriften genehmigungspflichtig, so wird diese Pflicht durch die Bestimmung des § 1822 Z 12 BGB nicht berührt. Auch Prozeßvergleiche fallen unter diese Vorschrift (OLG **7** 122); insbesondere bedarf ein vor dem Prozeßgericht zwischen dem durch seinen Vormund vertretenen Minderjährigen als Kläger und dem Beklagten über die Unterhaltsansprüche des ersteren geschlossener Vergleich zu seiner Gültigkeit der vormundschaftsgerichtlichen Genehmigung (RGZ **56** 333)[1].

[1] Auch bei rechtskräftiger Verurteilung des Mündels zur Abgabe einer an sich genehmigungspflichtigen Erklärung wird die Genehmigung des Vormundschaftsgerichts nicht überflüssig (Staudinger, §§ 1821, 1822 Anm 5a S. 1500; Stein-Jonas-Schönke, § 894 ZPO, Anm II).

Auch die Zustimmung des Vormundes zu einem Zwangsvergleich im Konkursverfahren (vgl §§ 173 ff. KO) und zu einem Vergleich im Vergleichsverfahren ist gemäß § 1822 Z 12 BGB genehmigungspflichtig. Sind die vorgenannten Vergleiche aber bestätigt worden, so binden sie gemäß den §§ 193 KO, 82 VerglO den Mündel, auch wenn die vormundschaftsgerichtliche Genehmigung nicht vorlag.

n) zu einem Rechtsgeschäft, durch das die für eine Forderung des Mündels bestehende *Sicherheit aufgehoben oder gemindert* oder die Verpflichtung dazu begründet wird (§ 1822 Z 13 BGB).

Hierunter fallen insbesondere die Aufhebung von Pfandrechten an beweglichen Sachen und an Hypotheken bei bestehenbleibender Forderung (KGJ 33 A 46), der Verzicht auf eine Hypothek, Vorrangseinräumung bei Hypotheken, Freigabe eines Bürgen. Zur Löschung einer Grundschuld, zu der die Zustimmung von durch einen Pfleger vertretenen Nacherben erforderlich ist, bedarf es der Genehmigung des Vormundschaftsgerichts, es sei denn, daß die Nacherben erklären, daß die Verfügung des Vorerben entgeltlich sei, und diese Erklärung von dem Vormundschaftsgericht genehmigt wird; die Frage der Entgeltlichkeit ist von dem Vormundschaftsgericht zu prüfen; ist sie zu bejahen, so ist die Genehmigung ohne weiteres zu erteilen (KGJ 33A 43). Wird nicht nur über die Sicherheit, sondern über die Forderung selbst verfügt, so finden die für eine solche Verfügung maßgebenden Vorschriften, z. B. die §§ 1812, 1821 BGB, Anwendung. Keine Genehmigung ist erforderlich zur Löschung einer Hypothek, wenn der Mündel Nießbraucher der Forderung ist (KGJ 40 A 163).

4. Der Vormund kann Gegenstände, zu deren Veräußerung die Genehmigung des Vormundschaftsgerichts gemäß §§ 1821, 1822 BGB erforderlich ist, dem Mündel nicht ohne diese Genehmigung zur Erfüllung eines von diesem geschlossenen Vertrags oder zu freier Verfügung überlassen (§ 1824 BGB).

5. Der Vormund soll nicht ohne Genehmigung des Vormundschaftsgerichts ein *neues Erwerbsgeschäft* im Namen des Mündels beginnen oder ein bestehendes Erwerbsgeschäft des Mündels auflösen (§ 1823 BGB). Die Fortführung eines bestehenden Erwerbsgeschäfts bedarf der vormundschaftsgerichtlichen Genehmigung nicht, ebenso auch nicht die Änderung des Geschäfts, wenn sie nicht eine Neugründung enthält. Vereinbaren die Erben eines verstorbenen Gesellschafters mit dem Mündel die Fortführung des Geschäfts, so liegt hierin der Abschluß eines gemäß § 1822 Z 3 BGB genehmigungspflichtigen Vertrages (vgl oben Z 2c), es sei denn, daß die Weiterführung der Gesellschaft schon im ursprünglichen Gesellschaftsvertrage vorgesehen war (vgl RG JW 35 3154; Palandt, § 1822 Anm 4, § 1823 Anm 1; Staudinger, § 1823 Anm 3a, S. 1503; RGRK, § 1823 Anm 1).

Vor der Entscheidung über die Genehmigung des Beginns oder der Auflösung eines Erwerbsgeschäfts soll das Vormundschaftsgericht den Mündel hören, wenn er das achtzehnte Lebensjahr vollendet hat und die Anhörung tunlich ist (§ 1827 Abs II BGB).

6. Die vormundschaftsgerichtliche Genehmigung ist *ferner* erforderlich

a) zum selbständigen Betriebe eines Erwerbsgeschäfts durch den Minderjährigen (§ 112 BGB),

b) in den das eheliche Güterrecht betreffenden Fällen der §§ 1411, 1484 Abs II Satz 2, 1491 Abs III, 1492 Abs III, 1517 Abs II in Verbindung mit § 2347 BGB,

c) zur Anfechtung der Ehelichkeit eines Kindes durch den gesetzlichen Vertreter eines geschäftsunfähigen Ehemannes (§ 1595 Abs II Satz 1 BGB),

d) zum Abschluß einer Vereinbarung zwischen dem Erzeuger und dem unehelichen Kinde über den Unterhalt für die Zukunft oder eine an Stelle des Unterhalts zu gewährende Abfindung (§ 1714 Abs I BGB),

e) in den die Ehelichkeitserklärung eines unehelichen Kindes betreffenden Fällen der §§ 1728 Abs II, 1729 Abs I, 1731 BGB,

f) in den die Annahme an Kindes Statt betreffenden Fällen der §§ 1750 Abs I Satz 2, 1751, 1755, 1770 BGB,

g) in denen die Vermögensverwaltung des Vormundes betreffenden Fällen der §§ 1803 Abs II, 1810, 1811, 1812 Abs II, III, 1819, 1820 BGB,

h) in den den Abschluß, die Anfechtung und die Aufhebung eines Erbvertrages betreffenden Fällen der §§ 2275 Abs II Satz 2 u. Abs III, 2282 Abs II, 2290 Abs III, 2291 Abs I Satz 2, 2292 BGB,

i) in den den Erbverzicht betreffenden Fällen der §§ 2347 Abs I u. II, 2351, 2352 Satz 3 BGB,

k) zur Erhebung der Scheidungs- und Eheaufhebungsklage durch den gesetzlichen Vertreter eines geschäftsunfähigen Ehegatten (§ 612 Abs II Satz 2 ZPO), zur Erhebung der Klage auf Anfechtung der Ehelichkeit oder der Anerkennung der Ehelichkeit eines Kindes durch den gesetzlichen Vertreter eines geschäftsunfähigen Ehemannes (§ 641 Abs II Satz 2 ZPO), zur Stellung des Antrags auf Einleitung des Aufgebotsverfahrens zum Zwecke der Todeserklärung durch den gesetzlichen Vertreter des Verschollenen (§ 16 Abs III VerschG),

l) in den Fällen der §§ 19, 25 Abs I des Gesetzes über die Reichs- und Staatsangehörigkeit vom 22. Juli 1913 (RGBl 1913 583); vor der Entscheidung über die Genehmigung der Entlassung aus dem Staatsverbande soll das Vormundschaftsgericht den Mündel hören, wenn dieser das vierzehnte Lebensjahr vollendet hat (§ 1827 Abs I BGB).

§ 91. *ββ) Wesen, Form und Wirkung der vormundschaftsgerichtlichen Genehmigung*

1. Die Entscheidung des Vormundschaftsgerichts über die Erteilung oder Verweigerung der vormundschaftsgerichtlichen Genehmigung ist keine rechtsgeschäftliche Willenserklärung, sondern öffentlich-rechtlicher Natur und ein obrigkeitlicher Akt, der im Interesse des der staatlichen Fürsorge unterstellten Mündels vorgenommen wird, wobei zu beachten ist, daß die privatrechtliche Vertretung des Mündels ausschließlich bei dem Vormund liegt (Palandt, § 1828 Anm 2; Erman, § 1828 Anm 1; Soergel, § 1828 Anm 3; JFG **2** 121; RGZ **99** 72; **121** 30).

Demgemäß ist das Erfordernis der vormundschaftsgerichtlichen Genehmigung Parteivereinbarungen entzogen (RGZ **110** 173; **121** 36; BayObLG **3** 684; Palandt, § 1828 Anm 1; Soergel, § 1828 Anm 2). Es kommt auch nicht die entsprechende Anwendung des für private Willenserklärungen geltenden § 151 BGB und ein einseitiger Verzicht des Vertragsgegners[1] des Mündels auf die im § 1829 BGB vorgeschriebene Mitteilung oder eine Vereinbarung der Parteien des Inhalts in Betracht, daß die vormundschaftsgerichtliche Genehmigung auf andere als die im § 1829 BGB bestimmte Weise wirksam werden solle, z. B. durch eine andere nicht zugangsbedürftige Willenskundgebung des Vormundes (vgl BGHZ **15** 97 und die Anmerkung von Lersch in LM, § 1829 BGB Nr 1; OHG BrZ MDR 49 32; RGZ **121** 30 gegen die in der Entscheidung angeführte Rechtspr des Kammergerichts). Andererseits kann die von dem Vormundschaftsgericht erteilte Genehmigung in ihren Wirkungen über die zwischen dem Vormund und dem Dritten wirksam getroffenen Vereinbarungen nicht hinausgehen (Palandt, § 1828 Anm 3; RGZ **99** 72), wie übrigens die Erteilung der Genehmigung zwar nicht von einem Antrage abhängig ist, die Genehmigung aber gegen den Willen des Vormundes überhaupt nicht erteilt werden kann (Palandt, § 1828 Anm 5; KGJ **52** A 43).

2. Aus dem Wesen der vormundschaftsgerichtlichen Genehmigung als eines obrigkeitlichen Aktes zum Schutze der Mündelinteressen im Gegensatz zu der privatrechtlichen Vertretungsmacht des Vormundes ergibt sich ferner, daß die Erteilung oder Verweigerung der Genehmigung ausschließlich eine *innere Angelegenheit des Vormundschaftsgerichts und des Vormundes* ist und die rechtliche Stellung Dritter unberührt läßt; diese haben daher auch grundsätzlich aus § 20 FGG gegen die Erteilung oder Verweigerung der Genehmigung kein Beschwerderecht (Erman, § 1828 Anm 4; Palandt, § 1828 Anm 5; RGZ **56**, 124; KGJ **38** A 56), wohl aber unter Umständen aus § 57 Abs I Z 9 FGG (KGJ **43** A 61; vgl auch KG DJ **35** 1528). Demgemäß kann das Vormundschaftsgericht die Er-

[1] Vgl den Hinweis bei Riehl (T) S. 160

teilung oder Verweigerung der Genehmigung zu einem Rechtsgeschäft nur dem Vormunde gegenüber erklären (§ 1828 BGB), der dadurch instand gesetzt werden soll, eine seiner Meinung widerstreitende Entscheidung des Vormundschaftsgerichts im Beschwerdewege anzufechten (ERMAN, § 1828 Anm 4; PALANDT, § 1828 Anm 5; OLG **41** 12; RGZ **59** 278; vgl auch KGJ **52** A 43; JW **38** 2141)[1]. Nicht ausgeschlossen ist jedoch, daß der Vormund einen Dritten zur Entgegennahme der Genehmigung bevollmächtigt (PALANDT, § 1828 Anm 4b; BGH Z **15** 97 und unten Z 3a).

Der Vormund ist nicht unbedingt verpflichtet, die von dem Vormundschaftsgericht erteilte Genehmigung dem Vertragsgegner mitzuteilen; er hat vielmehr, bevor er von der Genehmigung Gebrauch macht, erneut zu prüfen, ob der genehmigte Vertrag den Interessen des Mündels entspricht (RG JR Rechtspr **25** 781; RGZ **132** 261; KGJ **51** A 44). Weil der Vormund es in der Hand hat, von der Genehmigung Gebrauch zu machen oder nicht, steht ihm in der Regel gegen die Erteilung der Genehmigung für den Mündel ein Beschwerderecht nicht zu. Wenn allerdings das Vormundschaftsgericht den Genehmigungsvermerk ohne Ermächtigung des Vormundes auf die Vertragsurkunde gesetzt und diese dem Notar übersandt hat, so ist der Vormund beschwerdeberechtigt, wenn er von der Genehmigung keinen Gebrauch machen will (KGJ **34** A 49; **52** A 46).

Der Vormund kann indessen auch einen Dritten, z. B. den Notar, der den genehmigungspflichtigen Vertrag beurkundet hat, ermächtigen, die Genehmigung an seiner Stelle entgegenzunehmen; es ist statthaft, daß der Notar eine solche auf ihn selbst ausgestellte Vollmacht beurkundet (RGZ **121** 30; BGHZ **15** 97; vgl oben Z 1). Abgesehen von diesem Falle bleibt die Erklärung der vormundschaftsgerichtlichen Genehmigung an einen Dritten ohne Wirkung (KGJ **34** A 49).

Die Erteilung der vormundschaftsgerichtlichen Genehmigung an den Vormund wird regelmäßig schriftlich erfolgen; jedoch ist Schriftlichkeit nicht unbedingtes Erfordernis, vielmehr kann die Genehmigung auch stillschweigend durch schlüssige Handlungen des Vormundschaftsgerichts erteilt werden (RGZ **130** 150; **137** 345; PALANDT, § 1828 Anm 4a)[2]. Andererseits gilt die Genehmigung, wenn auch beschlossen, so lange nicht als erteilt, als sie nicht von dem Vormundschaftsgericht gegenüber dem Vormund erklärt ist (RGZ **59** 278). Ein Verzicht des Vormundes auf die Erklärung der vormundschaftsgerichtlichen Genehmigung ist unzu-

[1] Auf die Fälle der §§ 1810 u. 1823 findet § 1828 BGB keine Anwendung, ebenso nicht auf die Fälle, in denen die Zustimmung des Vormundes durch das Vormundschaftsgericht ersetzt wird (RG JW **38** 3167; ERMAN, § 1828 Anm 5).

[2] Bei der Auslegung solcher Handlungen ist aber Vorsicht geboten; z. B. wird der Vermerk „Gesehen" als vormundschaftliche Genehmigung regelmäßig nicht angesehen werden können (vgl hierzu OLG **6** 296).

lässig. Gemäß § 16 Abs II FGG ist in den Akten zu vermerken, wie, wo und wann dem Vormunde die Genehmigung bekanntgegeben ist. Wenn das Vormundschaftsgericht in den Akten eines auswärtigen Gerichts, die ihm zwecks Genehmigung eines in diesen Akten beurkundeten Rechtsgeschäfts übersandt worden sind, die Genehmigung vermerkt und darauf die Akten dem ersuchenden Gericht zurücksendet, so wird dieses regelmäßig als ersucht gelten, die Genehmigung dem Vormund mitzuteilen (Schmeisser, S. 107; Erman, § 1828 Anm 3).

Solange die vormundschaftsgerichtliche Genehmigung von dem Vormund dem Dritten noch nicht bekanntgegeben ist, kann sie gemäß § 18 FGG von dem Vormundschaftsgericht geändert werden (KGJ 52 A 45; RJA 15 264; Palandt, § 1828 Anm 5).

Die Genehmigung des Vormundschaftsgerichts zu einem von dem Vormund für den Mündel zu schließenden Vertrage kann sowohl vor als auch nach dem Abschluß des Vertrages erteilt werden (RJA 15 264; OLG 1 310); im ersteren Fall müssen dem Gericht alle wesentlichen Punkte des Vertrages mitgeteilt werden. Bei einseitigen Rechtsgeschäften muß die vormundschaftsgerichtliche Genehmigung stets vorher eingeholt werden (vgl § 1831 BGB).

3. a) Schließt der Vormund einen Vertrag ohne die erforderliche Genehmigung des Vormundschaftsgerichts, so hängt die Wirksamkeit des Vertrages von der nachträglichen Genehmigung des Vormundschaftsgerichts ab (§ 1829 Abs I Satz 1 BGB). Ist die vormundschaftsgerichtliche Genehmigung schon vor dem Abschluß des Vertrages erteilt, so bedarf es einer besonderen Mitteilung über die Erteilung der Genehmigung an den Vertragsgegner des Mündels nicht. Der Vormund hat im übrigen pflichtgemäß zu prüfen, ob er von der Genehmigung Gebrauch machen will oder nicht; auch kann das Vormundschaftsgericht bis zum Abschluß des Vertrages die Erteilung der Genehmigung widerrufen oder abändern, z. B. an Bedingungen knüpfen (vgl Z 2).

Im Falle nachträglicher Genehmigung oder Verweigerung der Genehmigung wird die vormundschaftsgerichtliche Entscheidung dem anderen Teil gegenüber erst wirksam, wenn sie ihm durch den Vormund[1] mitgeteilt wird (§ 1829 Abs I Satz 2 BGB). Die Wirksamkeit des Vertrages bleibt demgemäß zunächst in der Schwebe; der Vormund hat es in der Hand, diesen Schwebezustand durch Einholung und Mitteilung der vormundschaftsgesichtlichen Genehmigung mit der Wirkung zu beenden, daß der Vertrag endgültig, und zwar mit dem Zeitpunkt des Abschlusses rechtswirksam wird (vgl oben Z 2). Durch die Mitteilung der vormund-

[1] D. h. denjenigen, der zur Zeit der Mitteilung als Vormund bestellt ist (vgl BayObLG **21** 375); für den Fall der Mitteilung durch einen Bevollmächtigten des Vormundes (Pflegers) nach der Aufhebung der Vormundschaft (Pflegschaft) vgl Recht **1929** Rechtspr Nr 1520 = JurRdsch **1929** Rechtspr Nr 1649.

schaftsgerichtlichen Genehmigung an den anderen Teil muß der Vormund zu erkennen geben wollen, daß er von der Genehmigung Gebrauch mache in der Absicht, den bis dahin bestehenden Zustand schwebender Rechtsunwirksamkeit zu beseitigen und die Rechtslage abschließend zu gestalten (BGH, LM § 1829 BGB Nr 1; KGJ 38 A 62; RJA 17 3; JFG 2 118). Nach der in diesem Sinne erfolgten Mitteilung kann diese auch nicht auf Antrag des Mündels und selbst dann nicht mehr von dem Vormundschaftsgericht zurückgenommen werden, wenn dieses sich bei der Erteilung der Genehmigung im Irrtum befunden oder der andere Teil die Genehmigung erschlichen hat (JFG 2 121; wegen der sehr umstrittenen Frage, ob der Vormund das Rechtsgeschäft auch wegen eines Irrtums des Gerichts bei der Erteilung der Genehmigung oder einer ihm gegenüber begangenen Drohung oder arglistigen Täuschung gemäß den §§ 119, 123 BGB anfechten kann, vgl PALANDT, § 1828 Anm 2a; ERMAN, § 1828 Anm 1; OLG 22 129); notfalls muß im Prozeßwege gegenüber dem Vertragsgegner die Einrede der Arglist geltend gemacht werden. Ebenso ist im Falle der Verweigerung der Genehmigung mit der Mitteilung der Verweigerung an den anderen Teil der Vertrag vollständig beseitigt und kann in keiner Weise wieder ins Leben gerufen werden; es kann aber ein neuer Vertrag mit gleichem Inhalt geschlossen und dem Vormundschaftsgericht zur Genehmigung vorgelegt werden (OLG 18 292; PALANDT, § 1829 Anm 5). Auch die Zulässigkeit der Einlegung eines Rechtsmittels erlischt mit der Mitteilung der Genehmigung oder Verweigerung der Genehmigung (§§ 55 Abs I, 62 FGG).

Die Mitteilung hat rechtsgeschäftliche Bedeutung und kann *auch durch einen Bevollmächtigten* erfolgen (ERMAN, § 1829 Anm 2; PALANDT, § 1829 Anm 2b); sie kann auch im Wege der Doppelbevollmächtigung eines Dritten, z. B. des beurkundenden Notars, durch den Vormund und den Vertragsgegner des Mündels stattfinden (RGZ 121 30; BGHZ 15 97). In diesem Falle wird die schwebende Unwirksamkeit des genehmigungspflichtigen Rechtsgeschäfts dadurch beendigt, daß der Dritte, also z. B. der Notar, durch irgendeine Handlung, z. B. durch Einreichung der Genehmigungsurkunde bei dem Grundbuchamt, zu erkennen gibt, daß er als Bevollmächtigter des anderen Vertragsteils von der ihm als dem Bevollmächtigten des Vormundes zugegangenen vormundschaftsgerichtlichen Genehmigung oder Verweigerung der Genehmigung Kenntnis genommen habe. Ist eine solche Doppelbevollmächtigung mißbraucht, um das Beschwerderecht des Mündels (§ 59 FGG) zu vereiteln, so soll nach der Ansicht des BayObLGs in München ihre Ausnutzung dem Mündel nicht das Recht der Beschwerde gegen die Erteilung der vormundschaftsgerichtlichen Genehmigung entziehen (JFG 6 101). Diese Auffassung, an der das genannte Gericht auch in JFG 7 86 = JurRdsch 1930 Rechtspr Nr 296 = DRiZ 1930 Rechtspr Nr 77 mit dem Bemerken festgehalten hat, daß es, zumal bei selbständigem Beschwerderecht des Mündels, angemessen sei, daß das Vormundschaftsgericht bei der Genehmigung, der Urkundsbeamte bei der Beurkundung der Vollmacht die Beteiligten auf die Rechtsfolgen einer derartigen Bevollmächtigung hinweise, erscheint im Hinblick auf die Bestimmungen des § 1829 BGB und der §§ 55, 62 FGG nicht unbedenklich. Da nach diesen Vorschriften eine Beschwerde grundsätzlich nicht mehr möglich ist, wenn der Vertrag durch Mitteilung der vormundschaftsgerichtlichen Genehmigung an den Vertragsgegner wirksam geworden ist, muß es wohl dem Mündel bzw. dessen gesetzlichem Vertreter (notfalls nach Entlassung des bisherigen Vertreters) überlassen bleiben, im Prozeßwege sich auf die Arglist des Vertragsgegners zu berufen (gleicher Ansicht wie das BayObLG: Palandt, § 1829 Anm 2b; Erman, § 1829 Anm 2; Soergel, § 1829 Anm II 1). Die Mitteilung kann im übrigen auch stillschweigend durch schlüssige Handlungen erfolgen (BGHZ **15** 102; RGZ **121** 30; KG OLG **33** 371), z. B. durch Erklärung der Auflassung des Grundstücks, dessen Veräußerung das Vormundschaftsgericht genehmigt hat, an den anderen Teil unter Bezugnahme auf die erteilte Genehmigung (JFG **2** 118). Verzicht auf die Mitteilung der Entscheidung des Vormundschaftsgerichts ist nicht zulässig (vgl oben Z 1). Die Mitteilung kann, wenn sie einmal erfolgt ist, rechtswirksam nicht zurückgezogen werden (bezüglich ihrer Anfechtbarkeit wegen Willensmängeln vgl Erman, § 1829 Anm 2 und RJA **17** 5).

b) Damit auch der Vertragsgegner des Mündels in der Lage ist, den mehrfach erwähnten Schwebezustand zu beenden, ist ihm gestattet, den Vormund zur Mitteilung darüber aufzufordern, ob die Genehmigung erteilt sei; ergeht eine solche Aufforderung, die übrigens auch schon vor der Erteilung der vormundschaftsgerichtlichen Genehmigung erfolgen kann (RGZ **130** 148), so kann die Mitteilung der Genehmigung nur bis zum Ablauf von zwei Wochen nach dem Empfang der Aufforderung erfolgen; erfolgt sie nicht, so gilt die Genehmigung als verweigert (§ 1829 Abs II BGB). Der Vertrag ist in diesem Falle endgültig beseitigt, er kann wohl abermals abgeschlossen werden. Die Mitteilungsfrist kann jedoch durch Vereinbarung gekürzt oder verlängert werden (Palandt, § 1829 Anm 3a). Auch die Aufforderung gemäß § 1829 Abs II BGB ist ein einseitiges empfangsbedürftiges Rechtsgeschäft, das dem Vormund gegenüber vorzunehmen ist und auf das die allgemeinen Vorschriften des BGB über die Nichtigkeit und Anfechtbarkeit rechtsgeschäftlicher Erklärungen Anwendung finden. Der Vertragsgegner des Mündels kann im übrigen den Vormund sofort nach Vertragsabschluß zur Mitteilung auffordern, ob die Genehmigung erteilt sei, und so den Fristablauf in Gang setzen zu einer Zeit, zu der die Entschließung des Vormundschaftsgerichts noch nicht ergangen ist (Erman, § 1829 Anm 3; Recht **1927** 808). Hat der Vormund von der ihm gegenüber durch das Vormundschaftsgericht erteilten Genehmigung dem Vertragsgegner Mitteilung gemacht, so kann dieser die gegen die Genehmigungsverfügung eingelegte Beschwerde nicht mit Erfolg darauf stützen, daß der im § 1829 Abs II BGB vorgesehenen Aufforderung nicht rechtzeitig Genüge geschehen sei und die Genehmigung daher als verweigert zu gelten habe; dies muß vielmehr im Prozeßwege geltend gemacht werden (KGJ 53 A 39).

c) Ist der Mündel nach dem Abschluß des Vertrages, jedoch vor dem Zeitpunkt, in dem die Entscheidung des Vormundschaftsgerichts dem anderen Teile gegenüber wirksam geworden ist oder gemäß § 1829 Abs II BGB als verweigert gilt, volljährig geworden, so tritt seine Genehmigung an die Stelle des Vormundschaftsgerichts (§ 1829 Abs III BGB); dem volljährig gewordenen Mündel steht der für volljährig erklärte Mündel gleich. Die Genehmigung das Mündels ist nicht dem Vormund, sondern dem anderen Teil mitzuteilen; ebenso ist die Aufforderung gemäß § 1829 Abs II BGB, nachdem der Mündel volljährig geworden ist, nicht mehr an den Vormund, sondern an den früheren Mündel zu richten. Stirbt der Mündel, so geht das Genehmigungsrecht auf die Erben über, wenn der Vertragsgegner des Mündels den Vertrag nicht nur mit diesem, sondern unter Umständen auch mit dessen Erben abschließen will und sich aus den Umständen nicht ergibt, daß der Antrag den Erben nicht gemacht sein würde, weil es bei dem Vertrage auf die Person des Erblassers ankam (OLG 4 416).

d) Hat der Vormund dem anderen Teile gegenüber der Wahrheit zuwider die Genehmigung des Vormundschaftsgerichts behauptet, so ist der andere Teil bis zur Mitteilung der nachträglichen Genehmigung des Vormundschaftsgerichts *zum Widerruf berechtigt*, es sei denn, daß ihm das Fehlen der Genehmigung bei dem Abschlusse des Vertrages bekannt war (§ 1830 BGB). Es kann sich hierbei nur um den Fall handeln, daß der Vormund (gleichviel ob schuldhaft oder zufolge eines entschuldbaren Irrtums) dem anderen Vertragsteil die objektiv unrichtige Mitteilung macht, der Vertragsschluß sei bereits vorher vormundschaftsgerichtlich genehmigt; die unrichtige Behauptung nachträglicher Genehmigung kann ein Widerrufsrecht gemäß § 1830 BGB nicht begründen, weil der Vertragsgegner bei dem Abschlusse des Vertrages nicht irregeführt worden ist; unberührt bleibt natürlich in diesem letzteren Fall das Recht des Vertragsgegners, gemäß § 1829 Abs II BGB zu verfahren, da der objektiv unrichtigen Mitteilung, daß die vormundschaftsgerichtliche Genehmigung erteilt sei, rechtliche Wirksamkeit nicht zukommen kann. Der Widerruf enthält eine einseitige, empfangsbedürftige Willenserklärung, deren Nichtigkeit und Anfechtbarkeit sich nach allgemeinen Grundsätzen bestimmt. Mit der rechtmäßigen Ausübung des Widerrufs gilt der Vertrag als nicht geschlossen.

e) Ein *einseitiges Rechtsgeschäft*, das der Vormund *ohne die erforderliche Genehmigung* des Vormundschaftsgerichts vornimmt, ist *unwirksam* (§ 1831 Satz 1 BGB). Die Genehmigung des Vormundschaftsgerichts zu einem von dem Vormund für den Mündel vorzunehmenden einseitigen Rechtsgeschäft kann also nur vorher, nicht auch nachträglich erteilt werden; die Genehmigung ist jedoch rechtzeitig erteilt, wenn die das Rechtsgeschäft enthaltende Erklärung des Vormundes gleichzeitig mit der Genehmigung dem anderen Teil oder der Behörde, für die sie bestimmt ist, z. B. dem Grundbuchamt, zugeht, mag im übrigen auch die Genehmigung erst nach Errichtung der Willenserklärung erteilt sein (KGJ 24 A 216). Insbesondere ist auch die ohne Genehmigung des Vormundschaftsgerichts vom Vormund namens des Mündels erklärte Ausschlagung einer Erbschaft nichtig; sie kann auch nicht durch nachträgliche Genehmigung wirksam werden, selbst wenn diese noch innerhalb der Ausschlagungsfrist dem Nachlaßgericht nachgewiesen wird (RGZ **118** 145; RG Gruch **60** 188; Warn **15** 120; KGJ **50** A 73); denn die *Erteilung* der Genehmigung stellt auch in diesem Falle die Vertretungsmacht des Vormundes erst her (RGZ **118** 148); der *Nachweis der Erteilung* gegenüber dem Nachlaßgericht kann dagegen bis zum Ablauf der Ausschlagungsfrist erfolgen (RGZ **118** 145 ff., 148; Palandt, Anm 2 zu § 1831 BGB); auch kann die öffentlich beglaubigte Urkunde über die Erbausschlagung schon vor der Erteilung der Genehmigung errichtet werden. Dementsprechend muß angenommen werden, daß auch bei der Erhebung von Klagen, die der Genehmigung des Vormundschaftsgerichts bedürfen, diese noch bis zu dem Schluß der mündlichen Verhandlung, auf die das Urteil ergeht, und zwar auch noch in der Revisionsinstanz, beigebracht werden kann (RGZ **86** 16; Baumbach-Lauterbach, § 612 ZPO, Anm 2 B); selbstverständlich muß die Beibringung vor Ablauf etwaiger Verjährungsfristen erfolgen. Auch der Antrag auf Zwangsversteigerung eines im Miteigentum des Mündels stehenden Grundstücks (vgl § 181 des Zwangsversteigerungsgesetzes) und der Antrag auf Entlassung des Mündels aus dem Staatsverbande (vgl § 19 des Staatsangehörigkeitsgesetzes vom 22. Juli 1913) kann nachträglich vormundschaftsgerichtlich genehmigt weden.

Das Vormundschaftsgericht darf im übrigen die Genehmigung zu einem einseitigen Rechtsgeschäft nicht wegen tatsächlicher oder rechtlicher Zweifel an der Rechtswirksamkeit des Geschäftes versagen, insbesondere die Genehmigung zur Ausschlagung einer Erbschaft nicht deswegen verweigern, weil die Annahme der Erbschaft bereits erfolgt oder die Ausschlagungsfrist abgelaufen sei (KGJ 38 A 50).

Nimmt der Vormund mit der Genehmigung des Vormundschaftsgerichts ein einseitiges Rechtsgeschäft einem anderen gegenüber vor, so ist das Rechtsgeschäft unwirksam, wenn der Vormund die Genehmigung nicht in schriftlicher Form vorlegt, und der andere das Rechtsgeschäft aus diesem Grunde unverzüglich (d. h. ohne schuldhaftes Zögern) zurückweist (§ 1831 Satz 2 BGB). Behörden als solche, z. B. das Nachlaßgericht, haben ein solches Zurückweisungsrecht nicht; jedoch ist dies praktisch ohne Bedeutung, da die vormundschaftsgerichtliche Genehmigung in den hier in Betracht kommenden Fällen regelmäßig ohnehin besonders nachgewiesen werden muß und dieser Nachweis wohl kaum anders als in schriftlicher Form geführt werden kann (vgl z. B. für die Erbausschlagung RGZ 118, 145).

§ 92. e) Die Haftung des Vormundes für Pflichtverletzungen

1. Für den Schaden, der dem Mündel aus einer Verletzung der dem Vormunde obliegenden Pflicht zur treuen und gewissenhaften Führung des Amtes erwächst, ist der Vormund dem Mündel verantwortlich, wenn ihm ein Verschulden zur Last fällt (§ 1833 Abs I Satz 1 BGB)[1 2]. Die Pflichtverletzung kann die Sorge für die Person wie für das Vermögen des Mündels betreffen; sie kann in einem Tun oder in einem Unterlassen, in der Nichtbefolgung vormundschaftsgerichtlicher Anordnungen wie in der Nichtbeachtung gesetzlicher Bestimmungen bestehen. Schuldhaft ist nicht nur die vorsätzliche, sondern auch die fahrlässige, also die unter Außerachtlassung der im Verkehr erforderlichen Sorgfalt erfolgte Pflichtverletzung. Die Genehmigung der Handlung des Vormundes durch das Vormundschaftsgericht schließt nicht notwendig die Haftung des Vormundes aus; vielmehr ist nach der besonderen Lage des einzelnen Falles zu entscheiden (Staudinger, § 1833 Anm 2b β, S. 1525; RG Leipzig Z 22 329). Auch die Unterlassung der Einlegung eines Rechtsmittels kann eine schuldhafte Pflichtverletzung enthalten. Auf das Urteil des Vormundschaftsgerichts in rein rechtlichen Fragen darf sich der Vormund im allgemeinen verlassen (RGZ 132 260; JW 1911 984), dagegen ist regelmäßig eine andere Beurteilung geboten, wenn es sich um wirtschaftliche Fragen

[1] Die Pflichtverletzung des Vormundes kann gleichzeitig auch den Tatbestand einer unerlaubten Handlung (§§ 823 ff. BGB) enthalten; unbedingt notwendig ist dies jedoch nicht. Gegebenenfalls bestehen die Ansprüche aus § 1833 und den §§ 823 ff. BGB nebeneinander.

[2] Auch auf das *Jugendamt* als Amtsvormund findet § 1833 BGB gemäß § 38 Abs I JWG Anwendung, ebenso auf den Vereinsvormund (§ 53 Abs IV JWG). Nicht unzweifelhaft ist aber, ob die Haftpflicht im Falle der Übertragung der Ausübung der vormundschaftlichen Obliegenheiten an einzelne seiner Beamten oder Angestellten (vgl § 37 Satz 2 JWG) das Jugendamt als Behörde selbst oder ob die Haftung nur die beauftragten Mitglieder oder Beamten trifft; der ersten Auffassung wird der Vorzug zu geben sein (so Palandt, § 1833 Anm 1; Erman, § 1833 Anm 5; BGHZ 9 255; abw Staudinger, § 1833 Anm 15, S. 1529). Für die Vereinsvormundschaft vgl § 53 Abs III JWG.

handelt (Recht 1914 Nr 1581). Der Vormund kann sich nicht zu seiner Entlastung darauf berufen, daß ihm wegen dringender eigener Geschäfte die zur Erfüllung vormundschaftlicher Pflichten erforderliche Zeit gefehlt habe (vgl OLG 4 414). Auch die Überlassung der Erledigung einer einzelnen vormundschaftlichen Angelegenheit an einen Dritten begründet jedenfalls dann ohne weiteres die Haftung des Vormundes für den von dem Dritten, gleichviel ob schuldhaft oder nicht, verursachten Schaden, wenn die Überlassung nach der Lage des einzelnen Falles etwa wegen der besonderen Wichtigkeit der Angelegenheit nicht hätte erfolgen sollen; anderenfalls haftet der Vormund nur, wenn er es bei der Auswahl, Unterrichtung oder Überwachung des Dritten an der gebotenen Sorgfalt hat fehlen lassen (RGZ 76 185; PALANDT, § 1793 Anm 4).

Der dem Mündel zustehende Schadensersatzanspruch kann schon vor der Beendigung des Vormundschaftsverhältnisses im Rechtswege geltend gemacht werden (§ 1843 Abs II BGB); im übrigen ist die Verjährung des Anspruchs während der Dauer des Vormundschaftsverhältnisses gehemmt (§ 204 Satz 2 BGB). Der Anspruch des Mündels gehört im Konkurse über das Vermögen des Vormundes zu den bevorrechtigten Forderungen (§ 61 Z 5 KO).

2. In gleicher Weise wie der Vormund haftet auch der *Gegenvormund* dem Mündel für den durch schuldhafte Pflichtverletzungen verursachten Schaden (§ 1833 Abs I Satz 2 BGB).

3. Sind für den Schaden mehrere nebeneinander verantwortlich, also mehrere Mitvormünder oder der Vormund und der Gegenvormund[1], so haften sie dem Mündel als Gesamtschuldner; ist aber neben dem Vormunde für den von diesem verursachten Schaden der Gegenvormund oder ein Mitvormund nur wegen Verletzung seiner Aufsichtspflicht verantwortlich, so ist in ihrem Verhältnisse zueinander der Vormund allein verpflichtet (§ 1833 Abs II BGB).

4. Verwendet der Vormund Geld des Mündels für sich, so hat er es von der Zeit der Verwendung an zu verzinsen (§ 1834 BGB), gleichviel ob dem Mündel durch die Verwendung Schaden erwachsen ist. Der Zinssatz beträgt gemäß § 246 BGB vier v. H.; übersteigt der dem Mündel etwa erwachsene Schaden diesen Satz, so ist der Vormund für den höheren Betrag gemäß § 1833 BGB ersatzpflichtig.

Auch der Zinsanspruch aus § 1834 BGB kann schon vor der Beendigung des Vormundschaftsverhältnisses geltend gemacht werden (§ 1843 Abs II BGB); bezüglich der Verjährung vgl § 204 Satz 2 BGB.

[1] Nicht aber der Vormund und ein Dritter; in diesem Falle ist nach allgemeinen Grundsätzen zu entscheiden, ob ein Gesamtschuldverhältnis vorliegt (STAUDINGER, § 1833 Anm 10, S. 1528; PALANDT, § 1833 Anm 3). Wegen der Haftung des Vormundschaftsrichters neben dem Vormund vgl oben § 19.

§ 93. f) Die aus der Führung der Vormundschaft erwachsenden Ansprüche des Vormundes

1. Die Vormundschaft wird *grundsätzlich unentgeltlich geführt* (§ 1836 Satz 1 BGB); das Amt des Vormundes ist ein Ehrenamt. Das schließt jedoch nicht aus, daß der Vormund, wenn er zum Zwecke der Führung der Vormundschaft Aufwendungen macht, wie ein Beauftragter nach Maßgabe der §§ 669, 670 BGB von dem Mündel Vorschuß oder Ersatz verlangen kann (§ 1835 Abs I Satz I BGB).

a) Als *Aufwendungen* kommen in erster Linie bare Auslagen in Betracht, aber auch die Eingehung von Verbindlichkeiten. Für bloße Zeitversäumnis kann, abgesehen von den Kosten einer etwa erforderlichen Vertretung, Vorschuß oder Ersatz nicht verlangt werden (PALANDT, § 1835 Anm 2; ERMAN, § 1835 Anm 1; RGRK, § 1835 Anm 2; abw für gewisse Fälle STAUDINGER, § 1835 Anm 2c, S. 1531). Als Aufwendungen gelten endlich auch solche Dienste des Vormundes, die zu seinem Gewerbe oder Beruf gehören (§ 1835 Abs II BGB), für die er also, wenn die Dienste für Dritte geleistet würden, von diesen Bezahlung verlangen könnte. Daraus folgt, daß Dienste, die nicht zufolge eines besonderen Gewerbes oder Berufs geleistet werden, vielmehr von jedermann geleistet werden können, den Anspruch des Vormundes auf Vorschuß und Vergütung nicht zu begründen vermögen. So gehört z. B. zu den erstattungsfähigen Diensten eines zum Vormund bestellten Rechtsanwalts nur eine solche Tätigkeit, die ein anderer geeigneter, also auch rechtskundiger Vormund nicht leisten könnte, ohne einen Rechtsanwalt zuzuziehen (KGJ 45 A 55; JW 35 1251; 36 3142; 38 3116). Im übrigen kann aber auch nur für solche Aufwendungen Ersatz verlangt werden, die der Vormund bei pflichtmäßiger Sorgfalt für erforderlich halten durfte (vgl § 670 BGB).

b) Die Einforderung eines Vorschusses wird meist nicht von praktischer Bedeutung sein, weil der Vormund (anders als der Gegenvormund, vgl unten zu e)) das Mündelvermögen regelmäßig im Besitz hat und den für die Aufwendungen erforderlichen Betrag aus dem Mündelvermögen unbeschadet der Pflicht zur Rechnungslegung entnehmen kann. Der Ersatzanspruch umfaßt auch den Anspruch auf Verzinsung und gegebenenfalls auf Befreiung von den eingegangenen Verbindlichkeiten bzw. Sicherheitsleistung nach Maßgabe der §§ 246, 256, 257 BGB.

c) Der Vormund kann sich wegen des ihm zustehenden Ersatzanspruchs aus dem seiner Verwaltung unterliegenden Mündelvermögen befriedigen (STAUDINGER, § 1835 Anm 3a, S. 1532; PALANDT, § 1835 Anm 3; KGJW 35, 546). Geschieht dies nicht, so muß der Vormund notfalls seinen Anspruch vor dem Prozeßgericht im Klagewege geltend machen, was auch schon vor der Beendigung der Vormundschaft zulässig ist (§ 1843 Abs II BGB). Eine Festsetzung der dem Vormund zu erstattenden Aufwendungen durch das Vormundschaftsgericht ist anders als im Falle der Zubilligung einer Vergütung (vgl unten Z 2) unzulässig und begründet keinen Anspruch des Vormundes auf den festgesetzten Betrag (Erman, § 1835 Anm 2; KGJ 27 A 179; OLG **40** 98). Stellt der Vormund bei der Rechnungslegung Aufwendungen in Ausgabe, so hat das Vormundschaftsgericht zwar diesen Ersatzanspruch rechnungsmäßig und rechnerisch zu prüfen und dann zu billigen oder zu beanstanden, nicht aber die Befugnis, betreffs des Anspruchs einen den Vormund und den Mündel bindenden Kostenfestsetzungsbeschluß zu erlassen; der Vormund muß vielmehr gegebenenfalls den Anspruch gegen den Mündel vor dem Prozeßrichter geltend machen (JFG **14** 34). Ebenso ist auch die Festsetzung eines die Aufwendungen und die Vergütung umfassenden gemeinsamen Pauschalbetrages unstatthaft (KGJ **29** A 22; **45** A 57; OLG **40** 98).

Der Vormund darf nicht dashalb, weil der Mündel vermögenslos ist, die Erfüllung der vormundschaftlichen Obliegenheiten verweigern, selbst wenn hierdurch Auslagen entstehen, für die der Vormund voraussichtlich Ersatz nicht erlangen kann. Vielmehr muß der Vormund die erforderlichen Beträge vorlegen und Ersatz bei den unterhaltspflichtigen Verwandten (gegebenenfalls dem unehelichen Vater) des Mündels oder bei dem fürsorgepflichtigen Kommunalverband suchen; der Staat haftet für die Auslagen des Vormundes selbst dann nicht, wenn dieser im Auftrage 157 Vormundschaftsgerichts tätig geworden ist (JW **33** 1263; OLG **43** des; Erman, § 1835 Anm 3; Palandt, § 1835 Anm 1; Staudinger, § 1835 Anm 5, S. 1533).

d) Die Ansprüche aus § 1835 BGB stehen auch dem Gegenvormunde zu (§ 1835 Abs I Satz 2 BGB), ebenso dem Pfleger (§ 1915 Abs I BGB) und dem Beistand (§ 1691 Abs I BGB). Dagegen findet bei der Amtsvormundschaft und bei der Anstalts- und Vereinsvormundschaft § 1835 BGB keine Anwendung; vielmehr sind die zwecks Führung der Vormundschaft gemachten Aufwendungen mit Ausnahme der allgemeinen Verwaltungskosten in diesen Fällen aus dem Mündelvermögen zu ersetzen (§§ 38 Abs II Satz 2 und 3, 53 Abs IV JWG).

2. Das Vormundschaftsgericht kann dem Vormund[1] als Entschädigung für seine Mühewaltung und Zeitversäumnis[2] eine *Vergütung* bewilligen (§ 1836 Abs I Satz 2 BGB).

a) Die Bewilligung der Vergütung steht allein (FamRZ **63** 357 Nr 172; es handelt sich um eine den Prozeßrichter bindende Vorentscheidung; vgl RGZ **127** 103, 106) im pflichtmäßigen Ermessen des Vormundschaftsgerichts; sie soll aber gemäß § 1836 Abs I Satz 3 BGB

---

[1] Der Amtsvormund und der Vereinsvormund erhalten *keine* Vergütung (vgl §§ 38 Abs I Satz 3, 53 Abs IV JWG).

[2] Die Vergütung kann nicht gewährt werden für solche Leistungen, die als „Aufwendungen" gemäß Z 1 erstattungsfähig sind (KGJ **45** A 55).

nur erfolgen, wenn das Vermögen des Mündels sowie der Umfang und die Bedeutung der vormundschaftlichen Geschäfte es rechtfertigen. Das Vormundschaftsgericht hat unter Würdigung aller Umstände des Einzelfalles zu prüfen, ob eine Vergütung zu gewähren ist (RGZ 149 177). Dabei kommen Vermögenswerte nur insoweit in Betracht, als sie der Verwaltung des Vormundes unterlegen haben; und zwar ist nur das Aktivvermögen ohne Abzug der Schulden maßgebend. Ist kein Aktivvermögen vorhanden, so entfällt die Möglichkeit der Gewährung einer Vergütung. Andererseits steht eine Überschuldung des Mündelvermögens der Bewilligung nicht unbedingt entgegen; so können der Umfang und die Schwierigkeiten der vormundschaftlichen Tätigkeit eine Vergütung des Vormundes auch bei erheblicher Belastung des verwalteten Vermögens als der Billigkeit entsprechend erscheinen lassen (RGZ 149 172 gegen KGJ 45 A 44). Als erhebliche Umstände können auch Vereinbarungen des Vormundes mit dem Mündel über die Zubilligung oder die Höhe der Vergütung oder auch über den Verzicht auf die Vergütung in Betracht kommen (KGJ 45 A 48), wenn auch solche Abreden für das Vormundschaftsgericht nicht bindend sind und lediglich einredeweise gegenüber der im Prozeßwege auf Grund der Bewilligung des Vormundschaftsgerichts geltend gemachten Vergütungsforderung des Vormundes vorgebracht werden können. Die Bewilligung der Vergütung wird nicht dadurch bedingt, daß der Vormund, insbesondere bei Beendigung seines Amtes, über seine Verwaltung bereits vollständig Rechenschaft abgelegt hat; auch durch Bemängelung der Amtsführung seitens des Mündels oder seines neuen gesetzlichen Vertreters wird die Bewilligung nicht ausgeschlossen (KGJ 35 A 29).

Die Vergütung kann als einmalige, sie kann aber auch in der Weise bewilligt werden, daß dem Vormund regelmäßig wiederkehrende Bezüge zugestanden werden. Auch für die Zeit nach Beendigung der Vormundschaft kann eine Vergütung bewilligt werden, wenn die Abwicklung der Vormundschaftsgeschäfte, d. h. der dem früheren Vormunde obliegenden Verrichtungen, dies erfordert (Erman, § 1836 Anm 3, § 1890 Anm 6; RJA 12 6; 16 159). Ebenso kann die Bewilligung für die Zukunft mit der Wirkung erfolgen, daß das daraus für den Vormund entstehende Recht zwar dem Bestande nach vom Ermessen des Vormundschaftsgerichts abhängig bleibt, aber, solange die Zusage von dem Vormundschaftsgericht nicht geändert wird, für die Vergangenheit nicht mehr entziehbar ist (KGJ 46 A 247 = RJA 13 81). Selbst nach dem Tode des Vormundes kann die Vergütung für die Führung der Vormundschaft noch bewilligt werden (KG NJW 1957 1441). Die Eröffnung des Konkurses über das Mündelvermögen ist kein grundsätzliches Hindernis für die Festsetzung der Vergütung; doch kann die Ablehnung der Bewilligung angemessen sein, wenn nach Lage der Sache auf eine Befriedigung der

Vergütungsforderung aus sonstigen (gegenwärtigen oder künftigen) Mitteln des Mündels nicht zu rechnen ist (KGJ **45** A 44 = RJA **13** 167; vgl aber auch RGZ **149** 172).

Ob auch noch nach Beendigung der Vormundschaft die Bewilligung einer Vergütung erfolgen kann, ist streitig (vgl Staudinger, § 1836 Anm 3, S. 1535, der die Frage verneint und den Vormund auf den Prozeßweg verweist; dagegen bejahend Palandt, § 1836 Anm 2a; Erman, § 1890 Anm 6; Soergel, § 1836 Anm 2; RGZ **127** 109; BayObLG Seuff A 61, 227; RJA **16** 159; RJA **6** 33; **6** 14; **8** 24; **12** 6), da es sich bei der nachträglichen Festsetzung noch um die Abwicklung einer aus der Vormundschaft entstandenen Angelegenheit handelt (vgl KGJ **45** A 48).

b) Die Bewilligung der Vergütung kann von Amts wegen, aber auch auf Antrag des Vormundes oder des Mündels erfolgen (RJA **6** 34; OLG **18** 296). Vor der Entscheidung soll der Vormund und, wenn ein Gegenvormund vorhanden oder zu bestellen ist, auch dieser gehört werden (§ 1836 Abs II BGB). Die Anhörung kann mündlich oder schriftlich erfolgen; hat der Vormund selbst den Antrag gestellt, so erübrigt sich seine nochmalige Äußerung, es sei denn, daß neue Umstände bekannt geworden sind, die zu einer abweichenden Stellungnahme Anlaß geben könnten. Die Vergütung darf nicht mit den Auslagen des Vormundes (vgl oben Z 1) gemeinsam in einer Pauschalsumme festgesetzt werden (KGJ **29** A 22; **45** A 57). Festsetzung der Auslagen durch das Vormundschaftsgericht ist überhaupt unzulässig (vgl oben Z 1).

Die Entscheidung des Vormundschaftsgerichts unterliegt der Beschwerde. Diese kann auch noch nach Beendigung der Vormundschaft eingelegt werden (KG RJA **6** 13 = KGJ **30** A 22; RGZ **127** 109). Hat nur der Vormund das Rechtsmittel eingelegt und Erhöhung der Vergütung verlangt, so kann eine Herabsetzung der von dem Amtsgericht zugebilligten Vergütung in der Beschwerdeinstanz nicht erfolgen (RJA **14** 96).

Beispiel:

Der Vormund eines volljährig gewordenen Mündels bittet, ihm zur Abgeltung seiner Auslagen und seiner Mühewaltung bei der Führung der Vormundschaft einen Pauschalbetrag von 1000 DM zuzubilligen. Das Vormundschaftsgericht wird den Vormund zunächst daraufhinzuweisen haben, daß eine Festsetzung von Auslagen nicht statthaft sei und zwar auch nicht im Zusammenhang mit der Bewilligung einer Vergütung; demgemäß wird das Vormundschaftsgericht dem Vormund anheimgeben müssen, seine Ansprüche auf Erstattung der Auslagen unmittelbar dem Mündel gegenüber geltend zu machen. Hinsichtlich der erbetenen Vergütung wird das Vormundschaftsgericht prüfen, in welchem Maße der Vormund durch die Führung der vormundschaftlichen Geschäfte, namentlich etwa durch eine umfangreiche und zeitraubende, große Umsicht und Mühe erfordernde Vermögensverwaltung in Anspruch genommen war, ob er seiner Pflicht mit Eifer und Erfolg genügt hat und ob der Umfang und die Bedeutung der Geschäfte und das Vermögen des früheren Mündels die Zubilligung einer Vergütung rechtfertigen. Der Vormund wird, auch wenn er sich in seinem Antrag schon geäußert hat, zur Aufklärung etwaiger Zweifel aufzufordern sein, auch das Jugendamt und der frühere Mündel werden zu hören sein; war ein Gegenvormund bestellt, so muß auch dieser gehört werden. Nach dem Abschlusse der Ermittelungen wird das Vormundschaftsgericht sodann etwa folgenden Beschluß fassen:

Beschluß

In der Vormundschaftssache betr. den am 15. Januar 1941 in Köln geborenen Karl Schäfer wird dem früheren Vormund Johann Schlosser des inzwischen volljährig gewordenen Mündels als Entschädigung für seine Mühewaltung und für Zeitversäumnis eine Vergütung von fünfhundert Deutschen Mark bewilligt.

Köln, den 20. Oktober 1962.

Das Amtsgericht.
Schmitz.

Dieser Beschluß ist dem früheren Mündel und dem Vormund zuzustellen und kann von beiden gemäß § 20 FGG mit der Beschwerde angefochten werden.

c) Die Vergütung kann jederzeit für die Zukunft geändert oder entzogen werden (§ 1836 Abs I Satz 4 BGB); vor der Änderung oder Entziehung soll der Vormund und gegebenenfalls auch der Gegenvormund wie vor der Bewilligung der Vergütung (vgl oben zu b) gehört werden (§ 1836 Abs II BGB). Im übrigen ist eine Abänderung der Verfügung, durch die die Vergütung bewilligt ist, gemäß § 18 FGG auch noch nach Beendigung der Vormundschaft zulässig (KGJ **51** A 44 = RJA **16** 159).

d) Erst die wirksam gewordene Zubilligung der Vergütung durch das Vormundschaftsgericht begründet einen klagbaren Anspruch des Vormundes gegen den Mündel, der gegebenenfalls auch schon vor der Beendigung der Vormundschaft (§ 1843 Abs II BGB) im Prozeßwege geltend gemacht werden kann. Dem Prozeßgericht steht die Prüfung der Frage, ob die Vergütung mit Recht zugebilligt ist, nicht zu (Palandt, § 1836 Anm 3; RGZ **127** 103; KGJ **30** A 22). Die Zubilligung der Vergütung ist vielmehr für den Prozeßrichter bindend. Der Mündel kann Abreden mit dem Vormund, z. B. über einen Verzicht oder über eine Beschränkung der Vergütung, einredeweise vorbringen (KGJ **45** A 48).

Ist über das Vermögen des Mündels der Konkurs eröffnet, so gehört der Anspruch des Vormundes auf eine erst nach der Konkurseröffnung festgesetzte Vergütung nicht zu den Konkursforderungen im Sinne des § 3 KO (KGJ **45** A 44 = RJA **13** 167).

e) Auch dem Gegenvormund kann eine besondere Vergütung bewilligt werden, jedoch nur aus besonderen Gründen (§ 1836 Abs I Satz 2 BGB). Ob solche vorliegen, hat das Vormundschaftsgericht nach pflichtmäßigem Ermessen zu entscheiden; regelmäßig wird die Vergütung nur bewilligt werden können, wenn die Tätigkeit des Gegenvormundes erheblich über das hinausgeht, was ihm billigerweise als Erfüllung der Pflichten seines Ehrenamts zugemutet werden darf (Palandt, § 1836 Anm 2b; OLG **42** 112 Anm 1). Im übrigen gilt für die Bewilligung einer Vergütung an den Gegenvormund das oben über die Vergütung des Vormundes Gesagte entsprechend; es ist also namentlich vor der Bewilligung, Änderung oder Entziehung auch der Vormund zu hören.

Für den Pfleger[1] gilt das gleiche wie für den Vormund (§ 1915 Abs I BBG), für den Beistand dasselbe wie für den Gegenvormund (§ 1691 Abs I BGB). Soweit aber dem Beistand die Vermögensverwaltung ganz oder teilweise übertragen ist und er infolgedessen die Rechte und Pflichten eines Pflegers hat (§ 1690 BGB), kommen für den Beistand ebenso wie für den Pfleger auch hinsichtlich der Vergütung die Vorschriften für den Vormund zur Anwendung (KGJ 34 A 38).

§ 94. g) Die Führung der Vormundschaft durch mehrere Vormünder

Regelmäßig soll die Vormundschaft durch einen Vormund geführt werden und auch für mehrere Geschwister nur ein Vormund bestellt werden. Nur wenn besondere Gründe es rechtfertigen, können mehrere Vormünder für einen Mündel oder auch für mehrere Geschwister[2] bestellt werden (§ 1775 BGB); die mehreren Vormünder werden als „Mitvormünder" bezeichnet.

1. Das Vormundschaftsgericht entscheidet auch dann über die Zahl der Vormünder, wenn die zur Benennung eines Vormundes berechtigten Personen mehrere Vormünder benannt haben (BayObLG 21 60; Palandt, § 1775 Anm 2; Staudinger, § 1775 Anm 1a, S. 1377; Soergel, § 1775 Anm 1b). Ob besondere Gründe die Bestellung mehrerer Vormünder rechtfertigen, entscheidet das Vormundschaftsgericht nach pflichtmäßigem Ermessen; als solche Gründe können namentlich der Umfang oder die Schwierigkeit der Vermögensverwaltung, die einander widerstreitenden Interessen, auch das verschiedene Bekenntnis mehrerer Geschwister in Betracht kommen; ob in dem letzteren Falle § 1775 BGB oder § 1779 Abs II Satz 2 BGB anzuwenden ist, entscheidet sich nach dem Interesse der Mündel im Einzelfall (KGJ 46 A 69).

Neben einem zum Vormund Berufenen darf nur mit seiner Zustimmung ein Mitvormund bestellt werden (§ 1778 Abs IV BGB), doch kann die Versagung der Zustimmung unter Umständen eine Pflichtverletzung enthalten und die Nichtbestellung des Berufenen zum Vormund gemäß § 1778 Abs I BGB oder die Entlassung des bereits bestellten berufenen Vormundes gemäß § 1886 BGB rechtfertigen (Staudinger, § 1778 Anm 2, S. 1386; Palandt, § 1778 Anm 3; JFG 1 74). Daraus, daß neben dem

---

[1] Auch bei vertraglicher Übernahme der Kosten der Pflegschaft durch die Gläubiger des abwesenden Pfleglings gehört die Bewilligung einer Vergütung für den Pfleger zu den Angelegenheiten der Pflegschaft. Das Vormundschaftsgericht kann auch in solchen Fällen einen Gegenvormund bestellen, um die Bewilligung einer Gebühr für den Pfleger durch Rechtsmittel anzugreifen (JFG 4 132).

[2] Es kommen nicht nur vollbürtige, sondern auch halbbürtige Geschwister in Betracht (KGJ 47 A 10).

gemäß § 1776 BGB als Vormund Berufenen ein Mitvormund nur mit dessen Zustimmung bestellt werden darf, folgt aber nicht die Befugnis des Berufenen, über die Persönlichkeit des Mitvormundes Bestimmung zu treffen. Sind mehrere Personen auf Grund letztwilliger Verfügung berufen, so kann die eine von ihnen nicht der Bestellung der anderen zum Mitvormund widersprechen (PALANDT, § 1778 Anm 3; STAUDINGER, § 1778 Anm 2, S. 1386).

2. Für die Berufung zur Mitvormundschaft gelten die Vorschriften des § 1776 BGB, für die Auswahl des Mitvormundes die Bestimmungen des § 1779 BGB (vgl jedoch oben zu 1). Auch das Jugendamt kann als Mitvormund bestellt werden (§ 52 JWG).

3. Gemäß § 1786 Abs I Z 7 BGB kann die Übernahme der Vormundschaft ablehnen, wer mit einem anderen zur gemeinschaftlichen Führung der Vormundschaft bestellt werden soll; soll aber die Führung der Vormundschaft nach bestimmten Wirkungskreisen verteilt werden (§ 1797 Abs II BGB), so ist das Ablehnungsrecht nicht gegeben (PALANDT, § 1786 Anm 2; STAUDINGER, § 1786 Anm 1g, S. 1403).

4. Die Bestellung eines oder mehrerer Mitvormünder erfolgt durch das Vormundschaftsgericht entweder von Amts wegen oder auf Antrag eines Beteiligten. Insbesondere kann auch der bestellte Vormund selbst unbeschränkt und gemäß § 50 Abs I Satz 2 JWG auch das Jugendamt als Amtsvormund die Bestellung eines Mitvormundes für einen bestimmten Wirkungskreis beantragen; das gleiche gilt für die Vereinsvormundschaft (§ 53 Abs IV JWG). Vor der Entscheidung soll das Jugendamt und tunlichst die uneheliche Mutter gehört werden (§ 50 Abs II Satz 3 JWG).

Jeder Mitvormund erhält eine Bestallung, die die Namen aller Mitvormünder und im Falle der Teilung der Vormundschaft (vgl unten Z 6) die Art der Teilung enthalten muß (§1791 Abs II S. 1 BGB).

5. Für die Bestellung mehrerer Pfleger gelten gemäß § 1915 BGB die Vorschriften des § 1775 BGB entsprechend.

6. a) Sind mehrere Vormünder bestellt, so bedarf es grundsätzlich einer Verteilung der Geschäfte nicht. Dir Führung der Vormundschaft kann aber von dem Vater oder der Mutter des Mündels nach Maßgabe des § 1777 BGB unter mehrere Vormünder verteilt werden; in diesem Falle braucht das Vormundschaftsgericht die Anordnungen der Eltern jedoch nicht zu befolgen, wenn dies die Interessen des Mündels gefährden würde (§ 1797 Abs III BGB). Endlich kann auch das Vormundschaftsgericht nach freiem Ermessen die Führung der Vormundschaft unter mehrere Vormünder nach bestimmten Wirkungskreisen verteilen, etwa in der Weise, daß dem einen Vormund die die Person des Mündels und dem anderen Vormund die das Vermögen betreffenden Angelegenheiten

des Mündels zur Verwaltung übertragen werden (§ 1797 Abs II Satz 1 BGB; vgl auch unten zu c)[1].

b) Ist eine Verteilung nicht erfolgt, so führen die Mitvormünder die Vormundschaft gemeinschaftlich (§ 1797 Abs I Satz 1 BGB)[2]. Entstehen Meinungsverschiedenheiten, so entscheidet das Vormundschaftsgericht, sofern nicht bei der Bestellung etwas anderes bestimmt ist (§ 1797 Abs I Satz 2 BGB). Das Vormundschaftsgericht kann sich hierbei nur der einen oder der anderen Ansicht anschließen, nicht aber (ausgenommen im Rahmen der ihm durch das Aufsichtsrecht gewährten Befugnisse) eine eigene selbständige Ansicht den Vormündern zur Durchführung auferlegen (PALANDT, § 1797 Anm 4; ERMAN, § 1797 Anm 3; STAUDINGER, § 1797 Anm 4b; S. 1427; OLG **40** 95); zweifelhaft ist, ob das Vormundschaftsgericht auch alle Meinungen verwerfen kann; die Frage dürfte zu bejahen sein, da das Vormundschaftsgericht nicht gehalten sein kann, einer von mehreren Auffassungen beizutreten, die sämtlich nach seiner Überzeugung dem Mündel abträglich sind (ebenso PALANDT, ERMAN u. STAUDINGER a. a. O.)[3]. Auch der Vater und die Mutter können nach Maßgabe des § 1777 BGB Anordnungen für die Entscheidung von Meinungsverschiedenheiten zwischen mehreren Mitvormündern treffen; diese Anordnungen sind von dem Vormundschaftsgericht zu befolgen, sofern nicht ihre Befolgung das Interesse des Mündels gefährden würde (§ 1797 Abs III BGB).

Beispiel

Einem minderjährigen Mündel sind mit Rücksicht auf sein beträchtliches Vermögen zwei Mitvormünder bestellt, von denen dem einen die Sorge für die Person des Mündels, dem anderen die Vermögensverwaltung obliegt. Nachdem der Mündel das Reifezeugnis einer höheren Lehranstalt erlangt hat, erhebt sich die Frage der Berufswahl; der eine Mitvormund möchte den Mündel, der sehr gute Schulleistungen aufzuweisen habe und geistige Interessen besitze, studieren lassen, der andere legt größeren Wert auf die Erhaltung des Mündelvermögens, dessen Besitz bei verständiger Verwaltung den Mündel voraussichtlich für Lebenszeit vor Not schützen werde, und wünscht deshalb, daß der Mündel einen praktischen Beruf ergreife, dessen Erlernung nur geringe Mittel erfordere und dem Mündel bald einen eigenen Arbeitsverdienst einbringe. Da die Mitvormünder sich nicht einigen können, tragen sie die Angelegenheit, die sowohl die Person wie das Vermögen des Mündels betrifft, dem Vormundschaftsgericht vor. Dieses wird bei der großen Bedeutung, die die Entscheidung der Frage der Berufswahl für den Minderjährigen hat, diesen unbedingt selbst eingehend und möglichst persönlich zu hören und über seine Wünsche zu befragen haben; es wird auch über die Eignung des Mündels für

---

[1] Unzulässig erscheint es, einem von mehreren Mitvormündern die Oberleitung oder die Aufsicht über die übrigen Vormünder zu übertragen (ERMAN, § 1797 Anm 1; RGRK, § 1797 Anm 1; abw. PALANDT, § 1797 Anm 2c; STAUDINGER, § 1797 Anm 2a, S. 1425).

[2] Das Beschwerderecht kann von jedem Vormund selbständig ausgeübt werden (§ 58 FGG). Wegen der Zustellung an Mitvormünder vgl § 171 Abs III ZPO).

[3] Die Entscheidung des Vormundschaftsgerichts fällt nicht unter § 53 FGG und tritt demgemäß auch nicht erst mit der Rechtskraft in Wirksamkeit; es findet deshalb auch die einfache, nicht die sofortige Beschwerde statt (KGJ **38** A 44).

das in Aussicht genommene Studium sich etwa durch die Anhörung der früheren Lehrer und Verwandten sowie des Jugendamts, durch Einsichtnahme der Schulzeugnisse und durch persönliche Rücksprache mit dem Mündel unterrichten müssen. Das Gericht wird endlich, wenn sich nicht schon hiernach die Wahl eines Studiums als unzweckmäßig erweist, auch die praktischen Aussichten des Studiums bei seiner Entscheidung nicht außer acht lassen dürfen und sodann seine Entscheidung unter gewissenhafter Abwägung der für und gegen die beiderseitigen Ansichten sprechenden Gründe treffen, indem es dem Standpunkt des einen oder des anderen Mitvormundes beitritt. Dies kann durch einfache Verfügung oder auch durch förmlichen Beschluß geschehen. Die Entscheidung wird regelmäßig erst mit der Rechtskraft wirksam (vgl § 53 FGG); sie kann von dem Mitvormund, dessen Ansicht sich das Gericht nicht angeschlossen hat, mit der sofortigen Beschwerde angefochten werden (§ 60 Abs I Ziff 6 FGG). Nach dem Eintritt der Rechtskraft ist die Entscheidung des Vormundschaftsgerichts für den unterlegenen Mitvormund verbindlich; er hat sich ihr bei Vermeidung von Ordnungsstrafen oder gar der Entlassung zu fügen.

Für die gemeinschaftliche Führung der Vormundschaft durch mehrere Mitvormünder sind ferner die §§ 1792 Abs II und Abs III, 1810 Satz 2, 1812 Abs III, 1894 Abs II BGB, § 46 Abs II Satz 1 FGG von Bedeutung.

c) Ist die Führung der Vormundschaft unter mehrere Mitvormünder verteilt, so führt innerhalb des überwiesenen Wirkungskreises jeder Vormund die Vormundschaft selbständig (§ 1797 Abs II Satz 2 BGB). Steht die Sorge für die Person und die Sorge für das Vermögen des Mündels verschiedenen Vormündern zu, so entscheidet bei Meinungsverschiedenheiten über die Vornahme einer sowohl die Person als das Vermögen betreffenden Handlung das Vormundschaftsgericht (§ 1798 BGB); für die Entscheidung solcher Meinungsverschiedenheiten gilt das oben zu b) Gesagte hinsichtlich der Anordnungen der Eltern des Mündels und der Grenzen des Entscheidungsrechts des Vormundschaftsgerichts entsprechend. Ergeben sich abgesehen von den Fällen des § 1798 BGB Meinungsverschiedenheiten zwischen mehreren Mitvormündern, unter die die Geschäfte verteilt sind, hinsichtlich einer Angelegenheit, die in den Wirkungskreis mehrerer Mitvormünder fällt, so ist zwar für eine Entscheidung des Vormundschaftsgerichts kein Raum (abw. PALANDT, § 1798 Anm 1). Dieses wird jedoch, soweit die Interessen des Mündels es erfordern, auf Grund seines Aufsichtsrechts (§§ 1837 ff. BGB) einzugreifen haben, wenn zufolge des Streites der Mitvormünder notwendige Maßnahmen nicht durchgeführt werden können (vgl STAUDINGER, § 1797 Anm 2bβ, S. 1427 u. Anm 5, S. 1428).

d) Die Vorschriften der §§ 1797 und 1798 BGB finden gemäß § 1915 Abs I BGB für den Fall der Bestellung mehrerer Pfleger entsprechende Anwendung.

§ 95. h) Der Gegenvormund

1. Die Bestellung eines Gegenvormundes neben dem Vormund ist grundsätzlich in das freie Ermessen des Vormundschaftsgerichts gestellt (§ 1792 Abs I BGB). Eine letztwillige Anordnung der Eltern, daß ein

Gegenvormund zu bestellen sei, ist für das Vormundschaftsgericht nicht bindend (PALANDT, § 1792 Anm 1c a. E.; RGRK, § 1792 Anm 4; STAUDINGER, § 1792 Anm 1, S. 1412).

Ein Gegenvormund soll jedoch bestellt werden, wenn mit der Vormundschaft eine Vermögensverwaltung verbunden ist, es sei denn, daß die Verwaltung nicht erheblich oder daß die Vormundschaft von mehreren Vormündern gemeinschaftlich zu führen ist (§ 1792 Abs II BGB). Ob mit der Vormundschaft eine Vermögensverwaltung verbunden und ob diese erheblich ist, wird von dem Vormundschaftsgericht nach freiem Ermessen entschieden.

Andererseits unterbleibt die Bestellung eines Gegenvormundes,

a) wenn der Vater oder die eheliche Mutter bei der Benennung eines Vormundes die Bestellung eines Gegenvormundes ausgeschlossen haben; diese Anordnung kann aber von dem Vormundschaftsgericht außer Kraft gesetzt werden, wenn ihre Befolgung das Interesse des Mündels gefährden würde (vgl §§ 1852, 1855 bis 1857 BGB),

b) wenn der Vater oder die eheliche Mutter zum Vormunde eines Volljährigen bestellt wird, es sei denn, daß der Vater oder die Mutter im Falle der Minderjährigkeit zur Vermögensverwaltung nicht berechtigt wäre oder daß die Eltern die Bestellung eines Gegenvormundes beantragen (vgl §§ 1903 Abs I Satz 1, Abs II, 1904 Abs I S. 1 BGB),

c) wenn das Jugendamt die Amtsvormundschaft führt (§ 38 Abs I Satz 2 JWG); dagegen kann bei der Vereinsvormundschaft ein Gegenvormund bestellt werden (§ 53 Abs IV JWG),

d) neben einem Pfleger ist die Bestellung eines Gegenvormundes nicht erforderlich (§ 1915 Abs II BGB), selbst wenn mit der Pflegschaft eine erhebliche Vermögensverwaltung verbunden ist.

2. Auf die Berufung und Bestellung des Gegenvormundes finden die für die Berufung und Bestellung des Vormundes geltenden Vorschriften Anwendung (§ 1792 Abs IV BGB). Ist die Vormundschaft von mehreren Vormündern nicht gemeinschaftlich zu führen, so kann der eine Vormund zum Gegenvormund des anderen bestellt werden (§ 1792 Abs III BGB), es sei denn, daß eine andere Person als Gegenvormund berufen ist. Freundschaftliche oder verwandtschaftliche Beziehungen zu dem Vormund schließen die Eignung einer Person als Gegenvormund nicht aus (OLG **43** 380; KG DJZ **13** 236).

Der Gegenvormund erhält eine Bestallung.

Es können auch mehrere Gegenvormünder nach entsprechender Maßgabe des § 1775 BGB bestellt werden, wozu freilich selten Anlaß gegeben sein wird (STAUDINGER, § 1792 Anm 5; S. 1413). In diesem Falle finden auf die Führung der Gegenvormundschaft die Vorschriften der §§ 1797, 1798 BGB entsprechende Anwendung.

3. a) Die wesentlichste Aufgabe des Gegenvormundes ist es, darauf zu achten, daß der Vormund die Vormundschaft pflichtmäßig führt (§ 1799 Abs I Satz 1 BGB). Diese Aufsichtspflicht erstreckt sich sowohl auf die die Person als auch auf die das Vermögen betreffenden Angelegenheiten. Möglichst bald nach seiner Bestellung hat der Gegenvormund sich über das vorhandene Mündelvermögen und über die sichere Anlegung der dazu gehörigen Wertpapiere Kenntnis zu verschaffen (RGZ 79 9).

Im besonderen hat der Gegenvormund dem Vormundschaftsgericht Pflichtwidrigkeiten des Vormundes sowie jeden Fall unverzüglich anzuzeigen, in welchem das Vormundschaftsgericht zum Eingreifen berufen ist (vgl §§ 1818, 1837 Abs I, 1838, 1844, 1846, 1857, 1876 BGB), namentlich auch den Tod des Vormundes oder den Eintritt eines anderen Umstandes, infolgedessen das Amt des Vormundes endigt oder die Entlassung des Vormundes erforderlich wird.

Damit der Gegenvormund in der Lage ist, seiner Aufsichtspflicht ordnungsmäßig zu genügen, ist der Vormund gehalten, ihm auf Verlangen über die Führung der Vormundschaft Auskunft zu erteilen und die Einsicht der sich auf die Vormundschaft beziehenden Papiere zu gestatten (§ 1799 Abs II BGB). Zur Erfüllung dieser Pflicht kann der Vormund notfalls durch Ordnungsstrafen von dem Vormundschaftsgericht angehalten werden (§ 1837 BGB); bei hartnäckiger Weigerung kann auch die Entlassung gemäß § 1886 BGB in Frage kommen.

Wegen der Pflicht des Gegenvormundes zur Auskunfterteilung und zur Prüfung der Jahresrechnungen und der Schlußrechnung des Vormundes sowie zur Mitwirkung bei der Abnahme der Schlußrechnung vgl die §§ 1839, 1840, 1842, 1854 Abs III, 1890, 1891, 1892 Abs II BGB.

b) Der Gegenvormund ist ferner in den Fällen der §§ 1809, 1810, 1812, 1824 BGB[1] zur Genehmigung der Rechtshandlungen des Vormundes berufen; in anderen Fällen hat das Vormundschaftsgericht vor seiner Entscheidung den Gegenvormund zu hören (vgl §§ 1826, 1836 Abs II BGB)[2] oder auf seinen Antrag tätig zu werden (§§ 1847 Abs I Satz 1, 1859 Abs I, 1873 Satz 2, 1905 Abs I BGB).

4. Hinsichtlich des Ersatzes von Aufwendungen und der Gewährung einer Vergütung vgl die §§ 1835, 1836 BGB, hinsichtlich der Haftung des Gegenvormundes gegenüber dem Mündel § 1833 BGB. Der Aufsicht des

[1] Zu der Namenserteilung gemäß § 1706 BGB und Eintragung der Namenserteilung in das Standesregister ist die Einwilligung des Gegenvormundes nicht erforderlich (Erman, § 1706 Anm 4 a. E., RJA 13 11).

[2] Erteilt das Vormundschaftsgericht entgegen der Meinung des von ihm gehörten Gegenvormundes die vormundschaftsgerichtliche Genehmigung, so hat der Gegenvormund hiergegen kein Beschwerderecht (abgesehen von den Fällen des § 57 Abs I Z 6 und 7 FGG); denn der Gegenvormund besitzt nicht das Recht der Vertretung des Mündels (Erman, § 1826 Anm 2; RJA 4 73; 10 167).

Vormundschaftsgerichts unterliegt der Gegenvormund ebenso wie der Vormund (vgl § 1837 BGB).

5. Hinsichtlich der Beendigung der Gegenvormundschaft und des Amtes des Gegenvormundes finden gemäß § 1895 BGB die Vorschriften der §§ 1885, 1886, 1888, 1889, 1893, 1894 BGB entsprechende Anwendung.

3. Die Fürsorge und die Aufsicht des Vormundschaftsgerichts

§ 96. a) Die Aufsicht des Vormundschaftsgerichts im allgemeinen; Ordnungsstrafen

1. Die gesamte Tätigkeit des Vormundes und des Gegenvormundes, mag sie die Person oder das Vermögen des Mündels betreffen, mag sie sich als tatsächliche Sorge für die Mündelinteressen oder als gesetzliche Vertretung des Mündels darstellen, unterliegt von dem Beginn bis zur Beendigung des vormundschaftlichen Amtes der *pflichtmäßigen Aufsicht* des Vormundschaftsgerichts (§ 1837 Abs 1 BGB)[1]. Dies gilt auch von der Tätigkeit des sogenannten befreiten Vormundes (§§ 1852 ff., vgl unten § 101), übrigens auch des Pflegers (§ 1915 Abs I BGB) und des Beistandes (§ 1691 Abs I BGB).

Auch der Amtsvormund (§§ 37 ff. JWG) und der Vereinsvormund (§ 53 JWG) unterliegen der Aufsicht des Vormundschaftsgerichts, können aber nicht zur Befolgung der Anordnungen des Vormundschaftsgerichts durch Ordnungsstrafen angehalten werden (§ 38 Abs I Satz 1 u. 3, § 53 Abs IV JWG)[2, 3].

Das Vormundschaftsgericht ist auch berechtigt und gegebenenfalls verpflichtet, gegen Pflichtwidrigkeiten des Vormundes oder Gegenvormundes durch geeignete Gebote und Verbote einzuschreiten (§ 1837 Abs I BGB). Eine Pflichtwidrigkeit liegt aber nur vor, wenn dem Vormund oder Gegenvormund ein Verschulden, also Vorsatz oder Fahrlässigkeit zur Last fällt (PALANDT, § 1837 Anm 3; RG Gruch **60** 1018; RG **153** 243; RJA **16** 14); daß die Pflichtwidrigkeit schon die Belange des Mündels gefährdet, ist nicht Voraussetzung der Anordnung von Maßnahmen aus § 1837 Abs I BGB; erscheinen die Mündelinteressen dem Vormundschaftsgericht jedoch gefährdet, so ist, da eine Pflegerbestellung zum Zwecke der Verwirklichung der Ansicht des Gerichts nicht angängig ist (BayOLG **25** 200), nur die Entlassung des Vormundes gemäß § 1886 BGB

---

[1] Bei Verletzung der Aufsichtspflicht haftet der Vormundschaftsrichter gemäß § 1848 dem Mündel für den entstandenen Schaden.

[2] Bei etwaigen Pflichtwidrigkeiten des Amtsvormundes oder des Vereinsvormundes bleibt nur die Beschwerde im Dienstaufsichtswege; gegebenenfalls kommt auch Bestellung eines Einzelvormundes gemäß § 50 JWG in Betracht.

[3] Auf den Inhaber der elterlichen Gewalt findet § 1837 BGB keine entsprechende Anwendung (RJA **1** 91).

möglich (KG JW 36 2753)[1]. Ob ein Verschulden des Vormundes vorliegt, hat das Vormundschaftsgericht nach pflichtmäßigem Ermessen zu prüfen. Ebenso hat das Vormundschaftsgericht darüber zu befinden, welche Gebote oder Verbote im einzelnen Falle geboten erscheinen[2]. Das Vormundschaftsgericht kann auch einstweilige Anordnungen treffen, wenn es die Entlassung des Vormundes oder Gegenvormundes wegen Pflichtverletzung ins Auge gefaßt hat (KGJ 30 A 24 = RJA 6 15).

Abgesehen von dem Falle der Pflichtwidrigkeit ist aber besonders hervorzuheben, daß das Vormundschaftsgericht *nicht* auf Grund seines Aufsichtsrechts befugt ist, dem Vormund oder Gegenvormund in *reinen Zweckmäßigkeitsfragen* bindende Anweisungen zu erteilen. Der Vormund und der Gegenvormund führen vielmehr ihr Amt selbständig und unter eigener Verantwortung. Hiermit wäre es nicht vereinbar, wenn das Vormundschaftsgericht dem Vormund oder dem Gegenvormund bindende Anweisungen für die Behandlung bestimmter Angelegenheiten des Mündels erteilen könnte. So kann z. B. das Vormundschaftsgericht dem Vormund nicht vorschreiben, in welcher Höhe die Einkünfte des Mündelvermögens für den Unterhalt oder die Erziehung des Mündels zu verwenden sind (RJA 1 178 = KGJ 31 A 194; OLG 2 61) oder welche Vergütung der Mutter für die Verpflegung des Mündels zu gewähren ist (KGJ 29 A 18 = RJA 5 136). Das Vormundschaftsgericht ist auch nicht befugt den Vormund anzuweisen, auf die vollstreckbare Verpflichtungserklärung des unehelichen Vaters eine Erklärung abzugeben und diese dem Vormundschaftsgericht zur Genehmigung einzureichen (Rundbriefe V 232). Ebenso hat der Vormund eines als geisteskrank entmündigten Volljährigen selbständig nach Gründen der Zweckmäßigkeit darüber zu entscheiden, ob und in welcher Anstalt der Entmündigte unterzubringen ist (KGJ 30 A 24 = RJA 6 15; BayObLG JW 27 1218)[3]. Ein Einschreiten wegen Mißbrauchs des freien Bestimmungsrechts durch den Vormund bleibt natürlich stets zulässig, weil es sich in diesem Falle um eine Pflichtwidrigkeit handelt. Dabei ist aber zu beachten, daß eine Pflichtwidrigkeit nicht schon deshalb vorliegt, weil der Vormund in einer bestimmten Angelegenheit eine andere Auffassung vertritt als das Vormundschaftsgericht (Erman, § 1837 Anm 2; Staudinger, § 1837 Anm 1c, S. 1539).

Andererseits ist das Vormundschaftsgericht auch in reinen Zweckmäßigkeitsfragen, selbst wenn eine Pflichtwidrigkeit nicht vorliegt,

---

[1] Zum Begriff der Pflichtwidrigkeit vgl auch Rundbriefe VI 284.

[2] Wegen der Unterbringung in einer andersgläubigen Familie kann das Vormundschaftsgericht nur dann gegen den Vormund einschreiten, wenn mit der Unterbringung außergewöhnliche Unzuträglichkeiten für den Mündel verbunden sind (KGJ 37 A 75).

[3] Vgl hierzu auch unten § 140.

gleichwohl nicht von jeder Tätigkeit im Interesse des Mündels ausgeschlossen. Im Gegenteil hat das Vormundschaftsgericht, wenn es dafür hält, daß der Vormund oder Gegenvormund des Mündels, wenn auch nicht schuldhaft, so doch tatsächlich die Interessen des Mündels gefährdet, das Recht und die Pflicht, den Vormund oder den Gegenvormund auf eine etwaige Unzweckmäßigkeit seines Verhaltens hinzuweisen und in dieser Hinsicht durch Belehrungen, Vorstellungen und Ermahnungen auf ihn einzuwirken, um eine Schädigung und Gefährdung der Interessen des Mündels zu verhüten (vgl KGJ 29 A 194; RJA 16 13; RGZ 75 231; OLG 41 78). Zeigt sich der Vormund oder Gegenvormund dieser Einwirkung unzugänglich, so kann das Vormundschaftsgericht ihn auch notfalls gemäß § 1886 BGB aus dem Amte entlassen (KGJ 29 A 194 = RJA 5 219; JFG 4 63; Erman, § 1837 Anm 2).

Soweit der Vormund zur Vornahme eines Rechtsgeschäfts der Genehmigung des Vormundschaftsgerichts bedarf, unterliegt auch die Zweckmäßigkeit der Nachprüfung durch das Vormundschaftsgericht.

2. Das Vormundschaftsgericht kann den Vormund und den Gegenvormund (nicht aber den Amtsvormund und den Vereinsvormund, vgl oben Z 1) zur Befolgung seiner gemäß § 1837 Abs I BGB erlassenen Anordnungen durch Ordnungsstrafen anhalten (§ 1837 Abs II BGB). Die Befolgung anderer Verfügungen kann dagegen durch Ordnungsstrafen nicht erzwungen werden; zeigt z. B. der Vormund dem Vormundschaftsgericht an, daß der Mündel gestorben sei, und hegt das Vormundschaftsgericht gegen die Richtigkeit dieser Anzeige keine Bedenken, so ist es nicht berechtigt, den Vormund durch Androhung von Ordnungsstrafen zur Einreichung der Sterbeurkunde des Mündels anzuhalten, vielmehr hat es den Tod des Mündels von Amts wegen festzustellen (KGJ 51 A 47 = RJA 16 181). Die Ordnungsstrafe muß vor ihrer Verhängung angedroht werden (§ 33 Abs III FGG); sie dient lediglich der Erzwingung des Gehorsams und darf daher grundsätzlich nicht mehr festgesetzt oder beigetrieben werden, wenn der Vormund der Anordnung des Gerichts, sei es auch nach Ablauf der von diesem gesetzten Frist, nachgekommen ist (KGJ 41 A 34; OLG 38 261).

Eine Ordnungsstrafe kann ferner auch nicht gegen einen Vormund verhängt werden, der im unmittelbaren Anschluß hieran wegen pflichtwidrigen Verhaltens entlassen ist, weil es sich nicht um eine Bestrafung, sondern um die Erzwingung der Befolgung der Anordnungen des Vormundschaftsgerichts handelt (RJA 16 18).

Der Mindestbetrag der Ordnungsstrafe beträgt 1 DM, der Höchstbetrag 1000 DM. (Art 2 Abs II, 3 Abs I Z 2 der VO vom 6. Februar 1924, RGBl I 44, i. Verb. m. § 2 WährungsG; die Umwandlung in eine Freiheitsstrafe ist ausgeschlossen. Die Verhängung der Ordnungsstrafe kann im Bedarfsfalle auch wiederholt werden; bei nachhaltigem Ungehorsam wird im übrigen regelmäßig die Entlassung des Vormundes oder des Gegenvormundes angezeigt sein.

Wegen der Beschwerde gegen die Verhängung und Androhung von Ordnungsstrafen vgl oben § 17 Zff 2d, wegen der Anwendung unmittelbaren Zwanges zur Durchführung der Anordnungen des Vormundschaftsgerichts § 17 Zff 3.

Beispiel:

Das Vormundschaftsgericht erfährt, daß der Vormund den minderjährigen Mündel, der als Lehrling in einem kaufmännischen Geschäft tätig ist, dazu anhalte, in seiner Freizeit sich durch Anfertigung von Schreibarbeiten Verdienst zu verschaffen, obwohl dies der Gesundheit des körperlich schwächlichen Mündels abträglich sei. Das Gericht klärt die Angelegenheit, namentlich durch Anhörung der Beteiligten, des Vormundes, des Mündels und des Jugendamts sowie etwaiger Verwandter oder Verschwägerter des Mündels auf und erläßt folgende

Verfügung

1. Zu schreiben an den Vormund:

Wie die angestellten Ermittlungen ergeben haben, haben Sie Ihren Mündel Karl Schäfer wiederholt angehalten, in seiner Freizeit Schreibarbeiten zu übernehmen, obwohl Sie sich hätten sagen müssen, daß die Übernahme solcher Arbeiten der Gesundheit des körperlich schwächlichen Mündels in hohem Maße abträglich und der durch die Nebenarbeiten erzielte Verdienst nur gering ist und in keinem Verhältnis zu der dem Mündel erwachsenden körperlichen Schädigung steht. Es wird Ihnen daher untersagt, künftig den Mündel dazu anzuhalten, in seiner freien Zeit, die der Mündel zu seiner Erholung benutzen soll, irgendwelche Arbeiten zu übernehmen, und aufgegeben, auf eine alsbaldige Einstellung aller bereits übernommenen Arbeiten hinzuwirken. Sie wollen das hiernach Erforderliche veranlassen und dem Gericht binnen zwei Wochen berichten. Bei Zuwiderhandlung gegen diese Anordnungen müßte die Verhängung von Ordnungsstrafen und gegebenenfalls Ihre Entlassung als Vormund in Erwägung gezogen werden.

2. Abschrift des Schreibens zu Z 1 ist dem Jugendamt mit der Bitte um gefl. Kenntnisnahme, Überwachung der Verhältnisse des Mündels und umgehenden Bericht, falls weitere vormundschaftsgerichtliche Maßnahmen zum Schutze des Mündels sich als erforderlich erweisen sollten, zu übersenden.

3. Nach 3 Wochen (Bericht des Vormundes).

Köln, den 20. Oktober 1962.

Schmitz

3. Neben dem Recht und der Pflicht zur Aufsicht hat das Vormundschaftsgericht aber auch die Pflicht, den Vormund bei der Führung seines Amtes tunlichst zu unterstützen, z.B. ihm behilflich zu sein, den unbekannten Aufenthalt des Mündels ausfindig zu machen. Dagegen darf das Vormundschaftsgericht in seiner Hilfeleistung nicht soweit gehen, daß es dem Vormund die Verwaltung abnimmt oder die staatliche Gewalt in den Dienst des Vormundes zur Erfüllung der diesem obliegenden Aufgaben stellt (vgl PALANDT, § 1837 Anm 4; RGRK, § 1837 Anm 1).

§ 97. b) Einzelne vormundschaftsgerichtliche Maßnahmen zum Schutze der Mündelinteressen

Neben dem allgemeinen Recht und der allgemeinen Pflicht zur Aufsichtsführung sind dem Vormundschaftsgericht aber auch noch einzelne bestimmte Befugnisse neben und gegenüber dem Vormund und dem Gegenvormund zwecks gerichtlicher Fürsorge für die Interessen des Mündels eingeräumt. Diese Befugnisse erstrecken sich teils allgemein auf die Fürsorge für die Person und das Vermögen des Mündels (§ 1839 BGB), teils betreffen sie nur die Fürsorge für die Person (§ 1838 BGB) oder das Vermögen (§§ 1840 bis 1845 BGB) des Mündels.

1. Der Vormund sowie der Gegenvormund hat dem Vormundschaftsgericht auf Verlangen jederzeit über die Führung der Vormundschaft und über die persönlichen Verhältnisse des Mündels Auskunft zu erteilen (§ 1839 BGB); auch auf die Vermögensangelegenheiten erstreckt sich die Auskunftspflicht. Die Auskunft kann der Vormund (und namentlich auch der Amtsvormund) durch einen Dritten erteilen lassen; verlangt aber das Vormundschaftsgericht von dem Vormund persönliche (wenn auch nur schriftliche) Auskunft, so ist der Vormund verpflichtet, diesem Gebot Folge zu leisten und kann hierzu notfalls wie zur Auskunftserteilung überhaupt durch Ordnungsstrafen angehalten werden (KGJ **45** A 63 = RJA **13** 70). Der Vormund ist auch gehalten, auf Verlangen des Vormundschaftsgerichts die sich auf die Vormundschaft beziehenden Papiere vorzulegen (RJA **16** 20). Auch bestimmte Bescheinigungen, z. B. der Steuerbehörde, muß der Vormund auf Verlangen des Vormundschaftsgerichts insoweit beschaffen, als er nach sonstigen Vorschriften einen Anspruch auf die Erteilung der Bescheinigungen hat (RJA **15** 269). Die Verweigerung der Beschaffung würde sich als Ungehorsam gegenüber der Anordnung des Vormundschaftsgerichts darstellen und den Vormund der Verhängung von Ordnungsstrafen aussetzen. Mit der Beendigung der Vormundschaft endigt auch die Pflicht des Vormundes zur Auskunftserteilung gemäß § 1839 BGB; Ordnungsstrafen können daher nach diesem Zeitpunkt wegen Verstoßen gegen § 1839 nicht mehr, wohl aber zwecks Erzwingung der Vorlage der Schlußrechnung (§ 1892 BGB) und der Rückgabe der Bestallung (§ 1893 BGB) verhängt werden (RJA **15** 255).

2. Auch wenn die Voraussetzungen des § 1837 BGB nicht gegeben sind, ist das Vormundschaftsgericht berechtigt und gegebenenfalls verpflichtet, in das an sich dem Vormund zustehende Erziehungsrecht dadurch einzugreifen, daß es auch gegen den Willen des Vormundes die Unterbringung des Mündels in einer geeigneten Familie oder in einer Erziehungsanstalt anordnet (§ 1838 Satz 1 BGB), sofern dies im Interesse des Mündels angezeigt erscheint (BayObLG **25** 183; JW **1927** 1218). Auf die Amtsvormundschaft sowie die Vereinsvormundschaft findet diese

Vorschrift jedoch keine Anwendung (vgl §§ 38 Abs I Satz 3, 53 Abs IV JWG). Das Vormundschaftsgericht darf sich nicht darauf beschränken, allgemein die „Unterbringung" des Mündels anzuordnen, es muß vielmehr auch bestimmen, ob die Unterbringung in einer Familie oder in einer Erziehungsanstalt erfolgen soll (Palandt, § 1838 Anm 2; Staudinger, § 1838 Anm 1b, S. 1544). Das Vormundschaftsgericht kann die Familie oder Anstalt selbst auswählen und auch die vorläufige Unterbringung des Mündels in der ausgesuchten Stelle anordnen (Erman, § 1838 Anm 2); es kann aber auch die Auswahl dem Vormund oder einer anderen Stelle, z. B. dem Jugendamt oder einem Fürsorgeverein, überlassen. Zur Befolgung seiner Anordnungen kann das Vormundschaftsgericht den Vormund notfalls durch Ordnungsstrafen anhalten (JFG 4 63; BayObLG JW 27 1218). Seine Anordnungen kann das Vormundschaftsgericht, wenn es dies für zweckmäßig erachtet, jederzeit ändern und aufheben.

Die Unterbringung[1] in einer anderen als einer Erziehungs- oder Besserungsanstalt, z. B. in einer Heilanstalt oder Irrenanstalt, kann das Vormundschaftsgericht auf Grund des § 1838 BGB nicht anordnen; es bleibt vielmehr insoweit bei dem Bestimmungsrecht des Vormundes, über dessen Amtsführung das Vormundschaftsgericht gemäß § 1837 BGB die Aufsicht führt (vgl Erman, § 1838 Anm 3; Palandt, § 1838 Anm 2; Staudinger, § 1838 Anm 1f, S. 1544; OLG 12, 346). Auch die Unterbringung eines wegen Trunksucht entmündigten Volljährigen in einer Trinkerheilstätte zum Zwecke der Heilung der Trunksucht kann das Vormundschaftsgericht nicht unter Berufung auf § 1838 BGB anordnen (Soergel, § 1838 Anm 1; KGJ 45 A 67 = RJA 13 185).

Steht dem Vater oder der Mutter die Sorge für die Person des Mündels ausschließlich oder neben dem Vormund zu, so ist die Anordnung der Unterbringung nur unter den Voraussetzungen des § 1666 BGB (vgl oben § 55) zulässig (§ 1838 Satz 2 BGB). Dies gilt aber nur, wenn dem Vater oder der Mutter das Personensorgerecht als Ausfluß der elterlichen Gewalt, nicht aber nur deshalb zusteht, weil sie zum Vormund des Mündels bestellt sind (Staudinger, § 1838 Anm 2, S. 1545), denn gegenüber dem Vormunde setzt die Anordnung einer Maßnahme gemäß § 1838 BGB die Feststellung einer Pflichtwidrigkeit nicht voraus (Palandt, § 1818 Anm 2; JFG 8 91).

Durch die Anordnung der anderweitigen Unterbringung geht nur das Erziehungsrecht auf den Vorstand der Familie oder Anstalt über, in der der Mündel untergebracht wird. Im übrigen bleiben die gesetzlichen Befugnisse des Vormundes hinsichtlich des tatsächlichen Personen- wie des Vermögenssorgerechts, einschließlich der Verpflichtung, die Erziehung

[1] Vgl hierzu auch unten § 140.

des Mündels zu überwachen, und des Rechts der gesetzlichen Vertretung unberührt (KGJ 46 A 83).

Regelmäßig werden vor der Anordnung der anderweitigen Unterbringung der Mündel und auch Verwandte und Verschwägerte des Mündels (vgl § 1847 BGB) sowie der Vormund zu hören sein, im Falle des § 1838 Satz 2 BGB muß der fürsorgeberechtigte Elternteil gehört werden (§ 1695 Abs I BGB).

Das Beschwerdegericht ist befugt, an Stelle einer von dem Amtsgericht angeordneten Maßnahme nach § 1838 BGB eine Anordnung gemäß § 1837 Abs I BGB zu treffen (JurRdsch **1931** Rechtspr Nr 115).

Wegen der anderweitigen Unterbringung des Mündels im Wege der Fürsorgeerziehung vgl unten §§ 116 ff.

Beispiel:

Beschluß

In der Vormundschaftssache betr. den am 15. Januar 1949 in Köln geborenen Karl Schäfer, Kind der verstorbenen Eheleute Josef Schäfer und Maria geb. Schlosser, unter Vormundschaft des Johann Schlosser in Köln, wird gemäß § 1838 BGB die Unterbringung des Mündels in einer geeigneten Familie angeordnet, deren Auswahl dem städtischen Jugendamt in Köln mit seinem Einverständnis überlassen wird.

Köln, den 20. Oktober 1962.

Das Amtsgericht.
Schmitz.

Vfg.

1. Beschluß zustellen
a) dem Vormund,
b) dem Jugendamt.

Zu a) und b) mit der Aufforderung, über die erfolgte Unterbringung alsbald zu berichten.

2. Nach 3 Wochen (Berichte).

Köln, den 20. Oktober 1962.

Schmitz.

3. Zur Aufsicht des Vormundschaftsgerichts über die Vermögensverwaltung des Vormundes gehört es, daß das Gericht die ihm von dem Vormunde im allgemeinen jährlich — das Rechnungsjahr wird von dem Gericht bestimmt — zu legende *Rechnung* zu prüfen hat[1]; ist die Verwaltung von geringem Umfang, so kann das Vormundschaftsgericht, nachdem die Rechnung für das erste Jahr gelegt worden ist, anordnen, daß die Rechnung für längere, höchstens dreijährige Zeitabschnitte zu legen ist (§ 1840 BGB). Dagegen ist eine völlige Befreiung des Vormundes von der Pflicht zur Rechnungslegung durch das Vormundschaftsgericht

[1] Das Vormundschaftsgericht kann aber auch jederzeit Auskunft über die Vermögensverwaltung von dem Vormund auf Grund des § 1839 BGB verlangen (vgl oben Z 1).

nicht zulässig. Sind mehrere Mündel vorhanden, deren Vermögen der Verwaltung desselben Vormundes unterliegt, so ist gesonderte Rechnungslegung nur erforderlich, soweit das Vermögen geteilt ist (PALANDT, § 1840 Anm 1; STAUDINGER, § 1840 Anm 1d, S. 1547).

Der Vormund kann zur Rechnungslegung durch Ordnungsstrafen angehalten werden, auch hat der Mündel einen privatrechtlichen und klagbaren Anspruch auf Rechnungslegung gegen den Vormund, der auch für etwaige Verletzungen der Pflicht zur Rechnungslegung gemäß § 1833 BGB haftet.

Der Amtsvormund und der Vereinsvormund sind von der Pflicht zur Rechnungslegung befreit (§§ 38 Abs I, 53 Abs IV JWG), wegen weiterer Befreiungen vgl die §§ 1854 bis 1857 (unten § 101), 1903 Abs I Satz 2 u. 3, Abs II, BGB[1]. Die Verpflichtung zur Rechnungslegung besteht ferner nicht, soweit die Verwaltung des Mündelvermögens einem Dritten, z. B. einem Testamentsvollstrecker, Nachlaßverwalter oder Vorerben, zusteht (vgl STAUDINGER, § 1840 Anm 3d; S. 1548; PALANDT, § 1840 Anm 1; ERMAN, § 1840 Anm 1) und wenn zu verwaltendes Vermögen nicht vorhanden ist; jedoch wird in diesem letzteren Falle eine in den Zeitabschnitten der Rechnungslegung zu erstattende regelmäßige Anzeige der Vermögenslosigkeit dem Vormundschaftsgericht einzureichen sein.

Die Rechnung soll eine geordnete Zusammenstellung der Einnahmen und Ausgaben enthalten, über den Ab- und Zugang des Vermögens Auskunft gegen und, soweit Belege erteilt zu werden pflegen, mit Belegen[2] versehen sein (§ 1841 Abs I BGB). Dagegen ist eine Übersicht über den Stand des Vermögens im allgemeinen entbehrlich, weil gemäß § 1802 BGB zu Beginn der Vormundschaft ein Vermögensverzeichnis einzureichen ist und an dieses die erste Rechnungslegung anzuknüpfen hat, während jede folgende Rechnung sich an den Abschluß der vorangehenden anschließt (vgl PALANDT, § 1841 Anm 1; STAUDINGER, § 1841 Anm 1 u. 1a, S. 1548). Nur wenn ein Gegenvormund vorhanden oder zu bestellen ist (vgl § 1792 Abs II u. III BGB), hat ihm der Vormund die Rechnung unter Nachweisung des Vermögensbestandes vorzulegen; der Gegenvormund hat die Rechnung mit den Vermerken zu versehen, zu denen die Prüfung ihm Anlaß gibt, und die Rechnung mit den Bemerkungen alsdann dem Vormundschaftsgericht weiterzureichen (§ 1842 BGB); der Vormund hat hierbei gemäß § 1799 Abs II BGB dem Gegenvormund auf

[1] Bezüglich der Pflegschaft vgl § 1917 Abs II u. III BGB.

[2] Sparkassenbücher (und ebenso Wertpapiere) sind keine Belege, ihre Vorlage kann daher nicht auf Grund des § 1841 BGB, wohl aber auf Grund des allgemeinen Aufsichtsrechts (§ 1837 BGB) von dem Vormundschaftsgericht gefordert werden (KGJ 50 A 28). Die Belege sind regelmäßig Eigentum des Mündels und daher dem Vormund zurückzugeben (vgl ERMAN, § 1841 Anm 1; STAUDINGER, § 1841 Anm 1b, S. 1549; RGRK, § 1841 Anm 1, wo die Zurückbehaltung für zulässig erklärt wird, falls ein besonderer Grund hierfür besteht).

Verlangen über die Führung der Vormundschaft Auskunft zu erteilen und ihm die Einsicht der sich auf die Vormundschaft beziehenden Papiere zu gestatten. Wird ein Erwerbsgeschäft (es kommt also nicht nur ein kaufmännisches Geschäft in Betracht) mit kaufmännischer Buchführung betrieben, so genügt als Rechnung eine aus den Büchern gezogene Bilanz; das Vormundschaftsgericht kann jedoch die Vorlegung der Bücher und sonstigen Belege verlangen (§ 1841 Abs II BGB).

Das Vormundschaftsgericht hat die Rechnung rechnungsmäßig[1] und sachlich zu prüfen und, soweit erforderlich, ihre Berichtigung und Ergänzung herbeizuführen (§ 1843 Abs I BGB). Zu prüfen ist also z. B., ob die Ausgaben nach Art und Umfang nicht den Regeln einer ordnungsmäßigen Wirtschaftsführung widersprechen und ob die Einnahmen richtig gemacht und vollständig aufgeführt sind. Häufig wird es sich empfehlen, mit dem Vormund mündliche Rücksprache zu nehmen oder ihm die Vorlage von Schriftstücken aufzugeben, die zur Aufklärung dienlich sein können. Zur Erfüllung seiner Anordnungen kann das Vormundschaftsgericht den Vormund auch durch Ordnungsstrafen gemäß § 1837 Abs II BGB anhalten. Dagegen ist das Gericht nicht befugt, von dem Vormund die Einstellung eines bestimmten Einnahmepostens oder die Streichung bestimmter Ausgabeposten zu verlangen (JFG 6 104 = DRiZ 1929 Rechtspr Nr 329; PALANDT, § 1843 Anm 1b; ERMAN, § 1843 Anm 1; STAUDINGER, § 1843 Anm 2, S. 1551). Der Rechnungsbescheid des Vormundschaftsgerichts, der nur der richterlichen Auffassung über die Richtigkeit oder Unrichtigkeit der Rechnung Ausdruck gibt, ist keine beschwerdefähige Verfügung (JFG 6 104). Die Entscheidung über streitig bleibende Ansprüche zwischen dem Mündel und dem Vormund steht nicht dem Vormundschaftsgericht, sondern nur dem Prozeßgericht zu; solche Ansprüche können auch schon vor der Beendigung des Vormundschaftsverhältnisses im Rechtswege geltend gemacht werden (§ 1843 Abs II BGB). Für einen derartigen Rechtsstreit muß dem Mündel ein Pfleger gemäß § 1909 Abs I Satz 1 BGB bestellt werden.

4. Aus besonderen Gründen, über deren Vorliegen das Vormundschaftsgericht nach freiem Ermessen zu entscheiden hat, z. B. wegen zweifelhafter Zuverlässigkeit oder ungünstiger Vermögenslage des Vormundes oder wegen der Größe oder leichten Verwertbarkeit des verwalteten Mündelvermögens (OLG 4 115) kann das Vormundschaftsgericht

---

[1] Zwecks Erledigung der rechnungsmäßigen Prüfung kann sich der Vormundschaftsrichter in geeigneten Fällen der Unterstützung einer Hilfsperson bedienen, für deren Verschulden er nur insoweit haftet, als ihn selbst bei der Auswahl und Aufsicht ein Verschulden trifft (vgl RGZ 80 406). Als Hilspersonen kommen in Betracht der Rechtspfleger und der Urkundsbeamte der Geschäftsstelle oder ein besonders bestellter Rechnungsbeamter (vgl ERMAN, § 1843 Anm 1 und auch Allg. Verf. des ehemaligen PrJM vom 19. 12. 23, JMBl S. 759).

den Vormund anhalten, für das seiner Verwaltung unterliegende Vermögen *Sicherheit* zu leisten; Art und Umfang bestimmt das Vormundschaftsgericht, das auch, solange das Amt des Vormundes dauert, jederzeit die Erhöhung, Minderung oder Aufhebung der Sicherheit anordnen kann (§ 1844 Abs I BGB). Von der Befugnis zur Anordnung der Sicherheitsleistung hat das Vormundschaftsgericht, wenn es diese nach pflichtmäßigem Ermessen im Interesse des Mündels für erforderlich hält, bei Vermeidung der sich aus § 1848 BGB ergebenden Haftpflicht Gebrauch zu machen.

Der Umfang der Sicherheitsleistung wird regelmäßig nach der Größe des der Verwaltung des Vormundes unterliegenden Mündelvermögens und der diesem Vermögen drohenden Gefährdung zu bestimmen, bei der Entscheidung über die Art der Sicherheitsleistung wird auf die Beschaffenheit des Vermögens des Vormundes Rücksicht zu nehmen sein. Insbesondere ist das Vormundschaftsgericht befugt, das Grundbuchamt um die Eintragung einer Sicherungshypothek an Grundstücken des Vormundes und das Registergericht um Eintragung eines Pfandrechts an einem im Schiffsregister eingetragenen Schiffe des Vormundes nach Maßgabe der Vorschriften des Bürgerlichen Gesetzbuchs und der Grundbuchordnung (vgl insbesondere §§ 1184, 1190 BGB, 38 GBO) zu ersuchen; vor diesen Maßnahmen soll jedoch der Vormund, soweit tunlich, gehört werden (§ 54 FGG). Mit Rücksicht auf Art 103 Abs I GG ist die Anhörung zwingend und darf nur bei Unmöglichkeit unterbleiben (vgl Keidel, § 54 FGG Anm 2); die Pfandrechte entstehen mit der Eintragung (§ 54 FGG). Das Vormundschaftsgericht kann ein einzelnes oder auch mehrere Grundstücke des Vormundes in Anspruch nehmen; § 867 Abs II ZPO findet hierbei keine entsprechende Anwendung (vgl Schlegelberger, Bd. I, § 54 Anm 1). Zu der Eintragung ist im übrigen lediglich das Ersuchen des Vormundschaftsgerichts erforderlich (§ 38 GBO, § 45 der Schiffsregisterordnung vom 26. 5. 1951, BGBl I, S. 360); der Vormund wird jedoch von der Eintragung benachrichtigt (§ 55 GBO, § 57 Schiffsregisterordnung). Das Vormundschaftsgericht ist zwar nicht verpflichtet, den Vormund von dem Eintragungsersuchen zu benachrichtigen, wird dies aber wegen der schweren wirtschaftlichen Folgen, die die Eintragung für den Vormund haben kann, zweckmäßig regelmäßig tun, nachdem dafür Sorge getragen ist, daß das Eintragungsersuchen vorher an das Grundbuchamt gelangt, damit der Vormund den Zweck des Ersuchens nicht zu vereiteln vermag (Schlegelberger, Bd. I, § 54 Anm 4).

Beispiel:

Beschluß

In der Vormundschaftssache betr. den am 15. Januar 1949 geborenen Karl Schäfer in Köln, Kind der verstorbenen Eheleute Josef Schäfer und Maria geborene Schlosser, unter Vormundschaft des Kaufmanns Johann Schlosser in Köln, Hohe Straße 100 soll das Grundbuchamt in Köln ersucht werden, auf dem im Grundbuch von Köln Band 10 Blatt 100 eingetragenen Grundstück Flur 7 Parzelle 1500 des Vormundes zugunsten des Mündels eine Sicherungshypothek von fünftausend DM gemäß § 54 FGG einzutragen.

Gründe

Der Vormund des obengenannten Mündels hat große Vermögensverluste erlitten. Bei der leichten Verwertbarkeit des von dem Vormund verwalteten Mündelvermögens erscheint die Eintragung der vorbezeichneten Sicherungshypothek zum Schutze des Vermögens des Mündels erforderlich (vgl § 1844 BGB, § 54 FGG).

Köln, den 20. Oktober 1962.

Das Amtsgericht.
Schmitz.

Vfg.

1. Beschluß zustellen dem Vormund.

2. Ausfertigung des Beschlusses dem hiesigen Grundbuchamt mit dem Ersuchen um Eintragung der Sicherungshypothek in das Grundbuch übersenden.

3. Nach 2 Wochen.

Köln, den 20. Oktober 1962.

Schmitz.

Da die Bestellung der Sicherheit in manchen Fällen äußerst dringlich ist, bestimmt § 1844 Abs II BGB, daß bei der Bestellung, Änderung oder Aufhebung der Sicherheit die Mitwirkung des Mündels durch die Anordnung des Vormundschaftsgerichts ersetzt wird; es bedarf also nicht der Bestellung eines besonderen Pflegers zur Abgabe der erforderlichen Erklärungen. Dies gilt aber nur für die Dauer des Amtes des von der Sicherheitsleistung betroffenen Vormundes; nach der Beendigung des vormundschaftlichen Amtes kann daher die Löschung der Sicherungshypothek oder des Schiffspfandrechts nur auf Grund einer Bewilligung des Mündels bzw. des gesetzlichen Vertreters des Mündels, der hierzu der Genehmigung des Vormundschaftsgerichts bedarf (§§ 1821 Z 1, 1822 Z 13 BGB), erfolgen; vgl SCHLEGELBERGER, Bd. I § 54 Anm 7.

Die Kosten der Sicherheitsleistung sowie der Änderung oder der Aufhebung fallen dem Mündel zur Last (§ 1844 Abs III BGB); der Vormund muß den Erstattungsanspruch notfalls im Klagewege gegen den Mündel geltend machen.

Der Amtsvormund und der Vereinsvormund können zur Sicherheitsleistung nicht angehalten werden (§§ 38 Abs I Satz 3, 53 Abs IV JWG). Aber auch der Einzelvormund kann bei Anordnung der Sicherheitsleistung gewisse Maßnahmen ergreifen; er kann nämlich Entlassung aus dem Amte verlangen (vgl § 1889 BGB). Ist dieser Antrag gestellt, so kann die Sicherheitsleistungs nicht mehr verlangt, auch das Ersuchen um Eintragung eines Pfandrechts von dem Vormundschaftsgericht nicht mehr gestellt werden; notfalls müssen die Rechte des Mündels gegenüber dem Vormund von einem schleunigst zu bestellenden Pfleger durch Erwirkung eines Arrestes oder einer einstweiligen Verfügung gesichert werden (vgl SCHLEGELBERGER, Bd. I, § 54 Anm 3; a. A. bezüglich der Zulässigkeit zivilprozessualer Maßnahmen anscheinend STAUDINGER, § 1844 Anm 3, Seite 1554). Ebenso kann der zum Vormund Ausgewählte die Übernahme des Amtes ablehnen, wenn er zur Sicherheitsleistung angehalten wird (§ 1786 Abs I Z 6 BGB). Im übrigen kann aber das Vormundschaftsgericht den Einzelvormund, soweit es nicht selbst die Eintragung eines Sicherungspfandrechts veranlaßt (vgl oben), durch Ordnungsstrafen zur Sicherheitsleistung anhalten (§ 1837 Abs II BGB) und ihn notfalls gemäß § 1886 BGB entlasssn; der Klageweg ist unbeschadet der Zulässigkeit eines Arrestes ausgeschlossen (so RGRK, § 1844 Anm 3; PALANDT, § 1844 Anm 2).

5. Wenn der zum Vormunde bestellte Vater oder die zum Vormunde bestellte Mutter des Mündels eine Ehe eingehen wollen, so haben sie ihre Absicht dem Vormundschaftsgericht anzuzeigen, auf ihre Kosten ein *Verzeichnis des* ihrer Verwaltung unterliegenden *Vermögens einzureichen*[1] und, soweit in Ansehung dieses Vermögens eine Gemeinschaft zwischen ihnen und dem Kinde besteht, die Auseinandersetzung herbeizuführen; das Vormundschaftsgericht kann jedoch gestatten, daß die Auseinandersetzung erst nach der Eheschließung erfolgt; eine weitere Befreiung von diesen Verpflichtungen ist dagegen nicht zulässig (vgl § 1845 i. V. m. § 1683 BGB). Dies gilt auch für den zu einer neuen Ehe schreitenden Vater eines durch nachfolgende Ehe oder durch Ehelichkeitserklärung legitimierten Kindes[2] und für den Adoptivvater und die Adoptivmutter, nicht dagegen für die zum Vormund ihres unehelichen Kindes bestellte Mutter (PALANDT, § 1845 Anm 3; ERMAN, § 1845 Anm 1; STAUDINGER, § 1845 Anm 1, S. 1555; RGRK, § 1845 Anm 1).

Zur Erfüllung der durch § 1845 BGB begründeten Pflicht kann der Vormund durch Ordnungsstrafen gemäß § 1837 Abs II BGB angehalten werden; vgl ferner § 9 EheG.

§ 98. c) Schutzmaßnahmen des Vormundschaftsgerichts vor Bestellung oder bei Behinderung des Vormundes

Zur Wahrnehmung der Fürsorgepflicht gehört es auch, daß das Vormundschaftsgericht, wenn ein Vormund noch nicht bestellt oder wenn der Vormund, sei es aus tatsächlichen, sei es aus rechtlichen Gründen, sei es für kürzere oder für längere Zeit an der Erfüllung seiner Pflichten verhindert ist, die im Interesse des Mündels erforderlichen Maßregeln zu

[1] Hierbei ist Anknüpfung an das gemäß § 1802 BGB eingereichte Verzeichnis zulässig.

[2] Bezüglich der Verpflichtungen bei Eingehung der ersten Ehe vgl die §§ 1740, 1761 BGB.

treffen hat (§ 1846 BGB). Stets muß es sich indessen hierbei um dringende Angelegenheiten handeln, deren Erledigung keinen Aufschub duldet. Das Vormundschaftsgericht hat nach pflichtmäßigem Ermessen darüber zu befinden, ob die gesetzlichen Voraussetzungen für die Anordnung von Schutzmaßnahmen gegeben und welche Maßregeln zu treffen sind; für die Unterlassung wie für die Vornahme solcher Maßregeln haftet der Vormundschaftsrichter bzw. an seiner Stelle der Staat (vgl oben § 19) dem Mündel nach Maßgabe des § 1848 BGB. Die Wirksamkeit der von dem Vormundschaftsgericht etwa getroffenen Maßnahmen kann nicht mit der Begründung in Zweifel gezogen werden, daß ein Grund für das Eingreifen des Vormundschaftsgerichts nicht vorgelegen habe.

Wegen der örtlichen Zuständigkeit vgl auch § 44 FGG. Aber gemäß § 44 FGG darf ein anderes Gericht neben dem bereits tätigen inländischen ordentlichen Vormundschaftsgericht nur tätig werden, wenn das ordentliche Vormundschaftsgericht die erforderlichen Maßnahmen nicht mehr rechtzeitig treffen könnte, nicht aber, um seiner abweichenden Auffassung von der Sachlage Geltung zu verschaffen; es handelt sich hierbei um eine Frage der sachlichen Zuständigkeit (KGJ 36 A 3; vgl auch Keidel, § 44 FGG, Anm 1).

Das Vormundschaftsgericht wird in der Regel zwecks Wahrnehmung der Mündelinteressen gemäß § 1909 Abs I und III BGB einen Pfleger bestellen, es kann aber auch selbst tätig werden, z. B. die Unterbringung des Mündels in einer Erziehungsanstalt oder die Hinterlegung von Wertpapieren oder Kostbarkeiten des Mündels durch den Gerichtsvollzieher anordnen. Das Vormundschaftsgericht kann aber nicht unter Berufung auf § 1846 BGB einen für mehrere Mündel bestellten Vormund oder Pfleger ermächtigen, unter Abweichung von der Regel des § 181 BGB im Namen des einen Mündels mit sich selbst als dem Vertreter des anderen ein Rechtsgeschäft abzuschließen; denn das Vormundschaftsgericht kann die sich aus dem Gesetze ergebende Vertretungsbefugnis des Vormundes oder Pflegers zwar in bestimmten Fällen einschränken, nicht aber erweitern (RGZ 71 162 = RJA 10 87; vgl auch Palandt, § 1846 Anm 1).

Wegen der Anordnung vorläufiger Schutzmaßnahmen für Ausländer vgl Art 23 Abs II EGBGB.

§ 99. d) Die Anhörung von Verwandten und Verschwägerten des Mündels

Die Fürsorge für die Mündelinteressen erfordert grundsätzlich, daß das Vormundschaftsgericht bei seinen Entscheidungen sich auch die Kenntnis der Verwandten und Verschwägerten des Mündels von seinen persönlichen Verhältnissen zunutze macht.

1. Demgemäß bestimmt § 1847 Abs I BGB, daß das Vormundschaftsgericht vor einer von ihm zu treffenden Entscheidung auf Antrag des

Vormundes oder des Gegenvormundes Verwandte[1] oder Verschwägerte des Mündels hören soll, wenn es ohne erhebliche Verzögerung und ohne unverhältnismäßige Kosten geschehen kann. Auch ohne Antrag soll die Anhörung erfolgen, wenn es sich um wichtige Angelegenheiten handelt; als solche sind die Volljährigkeitserklärung, die Ersetzung der Einwilligung zur Eheschließung im Falle des § 3 Abs III EheG, die Ersetzung der Genehmigung im Falle des § 30 Abs III EheG, die Entlassung aus dem Staatsverband (vgl §§ 19, 25 Abs I des Gesetzes vom 22. Juli 1913, RGBl 1913, 583 ff.) und die Todeserklärung (§ 16 VerschG) beispielsweise bezeichnet. Aber auch andere Angelegenheiten können als „wichtige" im Sinne des § 1847 BGB anzusehen sein; ob dies der Fall ist, hat das Vormundschaftsgericht nach freiem pflichtmäßigen Ermessen zu entscheiden. Z. B. werden bei der Annahme des Mündels an Kindes Statt, bei der Ersetzung der von der Mutter verweigerten Einwilligung zur Ehelichkeitserklärung des Mündels (§ 1727 BGB), bei der Ermächtigung des Mündels zum selbständigen Betriebe eines Erwerbsgeschäfts und der Zurücknahme dieser Ermächtigung (§ 112 BGB) regelmäßig Verwandte und Verschwägerte des Mündels zu hören sein, ebenso bei dem Beginn eines neuen oder der Auflösung eines bestehenden Erwerbsgeschäfts durch den Vormund für den Mündel (§ 1823 BGB); vgl ferner § 1862 Abs I Satz 2 BGB und hinsichtlich der Anordnung der Fürsorgeerziehung § 65 Abs II JWG.

Ob die Anhörung eine erhebliche Verzögerung oder unverhältnismäßige Kosten verursachen würde und deshalb, weil unzweckmäßig (Untunlichkeit ist nicht erforderlich), unterbleiben darf, ist von dem Vormundschaftsgericht von Fall zu Fall nach freiem pflichtmäßigem Ermessen zu entscheiden. Ebenso entscheidet das Ermessen des Vormundschaftsgerichts auch hinsichtlich der Gradesnähe und der Zahl der anzuhörenden Verwandten und Verschwägerten des Mündels (vgl Palandt, § 1847 Anm 1; Staudinger, § 1847 Anm 3, S. 1558), endlich auch hinsichtlich der Form der Anhörung, die mündlich, schriftlich oder auch durch Ersuchen des Jugendamts erfolgen kann (Staudinger a. a. O. Anm 4). Die Anhörung soll aber nicht rein formaler Art sein; vielmehr handelt es sich darum, eine Äußerung der Zugezogenen über die für die Entscheidung maßgebenden Gesichtspunkte herbeizuführen; ein Verstoß hiergegen kann als auf einer Verletzung des Gesetzes beruhend zur Aufhebung der Entscheidung führen (JFG 6 47).

2. Die Verletzung der Ordnungsvorschrift des § 1847 BGB macht zwar die Entscheidungen des Vormundschaftsgerichts nicht unwirksam, kann aber im Beschwerdewege gerügt werden und macht unter Umständen den Vormundschaftsrichter nach Maßgabe des § 1848 BGB haftpflichtig.

[1] Zu diesen gehören auch die unehelichen Mütter und die Wahleltern (vgl Staudinger, § 1847 Anm 3 S. 1558; RGRK, § 1847 Anm 2).

3. Eine Verpflichtung der Verwandten und Verschwägerten zur *Auskunftserteilung* besteht zwar auf Grund des § 1847 BGB nicht; sie unterliegen aber ebenso wie dritte Personen den Bestimmungen des § 15 FGG, wenn sie als Auskunftspersonen gehört werden sollen, und können daher auch nach Maßgabe dieser Vorschrift zum Erscheinen und zur Auskunftserteilung gezwungen werden (vgl oben § 14 Zff 1e). Die Verwandten und Verschwägerten des Mündels haben kein eigenes Recht auf Anhörung und können deshalb auch nicht wegen Unterlassung der Anhörung aus eigenem Recht (§ 20 FGG) Beschwerde führen und zwar selbst dann nicht, wenn sie zum Zwecke der Anhörung geladen waren (RJA 15 265 = OLG 34 245); ein etwaiges Beschwerderecht aus § 57 Abs I Z 9 FGG bleibt hiervon unberührt. An die Auskunft der Verwandten und Verschwägerten ist das Vormundschaftsgericht nicht gebunden.

4. Gemäß § 1847 Abs II BGB können die Verwandten und Verschwägerten des Mündels von diesem Ersatz ihrer nach den Umständen notwendigen Auslagen verlangen; Verlust von Zeitversäumnis ist nicht erstattungsfähig (Erman, § 1847 Anm 2; Palandt, § 1847 Anm 2; Staudinger, § 1847 Anm 8a S. 1559). Der Betrag der Auslagen wird von dem Vormundschaftsgericht festgesetzt (§ 1847 Abs II Halbsatz 2 BGB); weigert der Vormund die Auszahlung des festgesetzten Betrages, so kann er nicht von dem Vormundschaftsgericht durch Ordnungsstrafen zur Auszahlung angehalten werden, vielmehr ist in diesem Falle Klage gegen den durch den Vormund vertretenen Mündel erforderlich (Staudinger, § 1847 Anm 8c, S. 1559; Erman, § 1847 Anm 2).

§ 100. 4. Der Gemeindewaisenrat

1. Der Gemeindewaisenrat ist ein zur Unterstützung des Vormundschaftsgerichts berufenes, diesem aber dienstlich nicht untergeordnetes Organ. Andererseits hat der Gemeindewaisenrat keinerlei Zwangsgewalt gegenüber dem Vormunde, Gegenvormunde, Beistande und Pfleger und endlich auch nicht gegenüber dem Mündel. Der Gemeindewaisenrat haftet als solcher nicht für den dem Mündel aus einer Pflichtverletzung entstehenden Schaden; doch können die Mitglieder des Gemeindewaisenrats, wenn sie nach Landesrecht als Beamte zu betrachten sind, unter Umständen gemäß § 839 BGB schadensersatzpflichtig sein.

2. Die *Aufgaben des Gemeindewaisenrats* sind gemäß § 4 Z 2 des Jugendwohlfahrtsgesetzes dem Jugendamt übertragen. Dieses ist gemäß § 47 Abs I Satz 1 JWG Gemeindewaisenrat, wobei es statthaft ist, daß der Leiter der Verwaltung des Jugendamtes im Rahmen der Beschlüsse des Jugendwohlfahrtsausschusses die Erledigung einzelner Geschäfte oder Gruppen von Geschäften besonderen Ausschüssen sowie Vereinigungen für Jugendhilfe, Jugendverbänden oder einzelnen in der Jugendwohlfahrt

erfahrenen und bewährten Personen widerruflich überträgt. Das Nähere regelt die oberste Landesbehörde (§§ 47 Abs I, 18 Satz 1 u. 2 JWG). Zur Sicherung einer tunlichst gleichmäßigen Erfüllung der Aufgaben der Jugendämter kann die Bundesregierung mit Zustimmung des Bundesrates Ausführungsvorschriften erlassen, die der Regelung der obersten Landesbehörden vorgehen (§§ 25, 18 JWG). Vgl auch oben § 12 Zff 3.

Wird von der Befugnis der Übertragung Gebrauch gemacht, so ist eine klare Abgrenzung der übertragenen Aufgaben und der mit der Übertragung verbundenen Verantwortung unerläßlich. Von der Befugnis soll in geeigneten Fällen Gebrauch gemacht werden (vgl RdErl des ehem. PrMfV vom 22. 12. 1925, JMBl 1926, S. 54). Durch eine solche Übertragung wird im übrigen die Verpflichtung des Jugendamts, für die sachgemäße Erledigung der ihm obliegenden Aufgaben Sorge zu tragen, nicht berührt (§§ 47 Abs I Satz 2, 18 S. 3 JWG). Das Jugendamt hat auch die von ihm mit der Wahrnehmung von Geschäften des Gemeindewaisenrats beauftragten Vereinigungen oder Persönlichkeiten in zweckmäßiger Weise zu unterstützen und zu beraten. Die Landesgesetzgebung kann örtliche Einrichtungen zur Unterstützung des Jugendamts in den Geschäften des Gemeindewaisenrats treffen (§ 47 Abs II JWG).

Wegen der Zusammensetzung, Verfassung und des Verfahrens der Jugendämter vgl für das Land Nordrhein-Westfalen auch das Gesetz zur Ausführung des Reichsgesetzes für Jugendwohlfahrt (AGRJWG) vom 23. Okt. 1956 (GSNW S. 413). Gemäß § 21 Ziffer 1 AGRJWG sind die meisten Vorschriften des PrAG zum RJWG vom 29. 3. 1924 (PrGS, S. 180) außer Kraft gesetzt worden.

3. Die Aufgaben des Gemeindewaisenrates sind in den §§ 49 FGG, 1849 bis 1851 BGB geregelt. Demgemäß hat der Gemeindewaisenrat

a) dem Vormundschaftsgericht Anzeige zu machen, wenn ihm ein Fall zur Kenntnis gelangt, in welchem ein Vormund, ein Gegenvormund oder ein Pfleger zu bestellen ist. Zugleich soll er die Person vorschlagen, die sich zum Vormund, zum Gegenvormund oder Pfleger eignet (§ 49 FGG)[1],

b) dem Vormundschaftsgericht in den Fällen, in denen eine Auswahl durch das Vormundschaftsgericht stattzufinden hat[2], unter Berücksichtigung der Vorschriften des § 1779 Abs II Satz 2 und 3 BGB (RJA 12 187 = KGJ 43 A 41; Palandt, § 1849 Anm 1) die Personen vorzuschlagen[3], die sich im einzelnen Falle zum Vormunde (auch zum vorläufigen Vor-

[1] Vgl auch § 1694 BGB.

[2] Über die Tauglichkeit berufener Personen kann der Gemeindewaisenrat von dem Vormundschaftsgericht gehört werden (vgl § 1778 Abs I BGB).

[3] Der Vorschlag muß auch gemacht werden, wenn der Schutzbedürftige nicht im Bezirke des Gemeindewaisenrats wohnt (Erman, § 1849 Anm 1; Staudinger, § 1849 Anm 2b, S. 1564).

munde), Gegenvormunde, Mitglied eines Familienrats, Beistande oder Pfleger eignen (§§ 1849, 1691, 1915 Abs I BGB). An den Vorschlag des Gemeindewaisenrats ist allerdings das Vormundschaftsgericht nicht gebunden (PALANDT, § 1849 Anm 1), wenn es auch zur Anhörung des Gemeindewaisenrats vor der Auswahl des Vormundes, Gegenvormundes, eines Mitglieds des Familienrats, Beistandes und Pflegers verpflichtet ist (vgl §§ 1779 Abs I, 1897, 1792 Abs IV, 1862 Abs I Satz 2, 1691 Abs I, 1915 Abs I BGB),

c) in Unterstützung des Vormundschaftsgerichts, z. B. durch Besuch und Befragung der Mündel und Einholung von Auskünften, darüber zu wachen, daß die Vormünder der sich in seinem Bezirk aufhaltenden Mündel für die Person der Mündel, insbesondere für ihre Erziehung und ihre körperliche Pflege, pflichtgemäß Sorge tragen, Mängel und Pflichtwidrigkeiten, die er in dieser Hinsicht wahrnimmt, anzuzeigen und auf Erfordern über das persönliche Ergehen und das Verhalten eines Mündels Auskunft zu erteilen[1] (§ 1850 Abs I BGB),

d) wenn er von einer Gefährdung des Vermögens eines Mündels Kenntnis erlangt, dem Vormundschaftsgericht Anzeige zu machen (§ 1850 Abs II BGB); eine Überwachungspflicht besteht hinsichtlich der Vermögensverwaltung für den Gemeindewaisenrat nicht,

e) wenn der Aufenthalt eines Mündels in den Bezirk eines anderen Gemeindewaisenrats verlegt wird, auf entsprechende, dem Vormunde gesetzlich obliegende Anzeige dem Gemeindewaisenrat des neuen Aufenthaltsorts die Verlegung mitzuteilen (§ 1851 Abs II BGB).

4. Dem Zwecke der Zusammenarbeit zwischen dem Vormundschaftsgericht und dem Gemeindewaisenrat entspricht es, daß auch das Vormundschaftsgericht verpflichtet ist, dem Gemeindewaisenrat die Anordnung der Vormundschaft über einen sich in dessen Bezirk aufhaltenden Mündel unter Bezeichnung des Vormundes und des Gegenvormundes eintretenden Wechsel mitzuteilen (§ 1851 Abs I BGB).

§ 101. 5. Die befreite Vormundschaft

1. Wenn die Eltern eines Kindes einen Vormund für das Kind gemäß § 1776 Abs I BGB benennen, so können sie hierbei dem Vormund Befreiung von bestimmten gesetzlichen Pflichten bewilligen (§§ 1852 bis 1855 BGB). Dem ehelichen Vater steht der Vater eines durch nachfolgende Ehe der Eltern legitimierten oder für ehelich erklärten Kindes und bei der Annahme an Kindes Statt der Wahlvater, der ehelichen Mutter die Mutter eines durch nachfolgende Ehe der Eltern legitimierten

[1] Eine Verpflichtung zu regelmäßiger periodischer Berichterstattung liegt dem Gemeindewaisenrat nicht ob (SOERGEL, § 1850 Anm 1; STAUDINGER, § 1850 Anm 2b, S. 1564).

Kindes und bei der Annahme an Kindes Statt die Wahlmutter gleich, ebenso die wenn auch uneheliche Mutter, deren Ehemann ihr Kind an Kindes Statt angenommen hat (vgl §§ 1719, 1736, 1757 BGB).

Die Befreiungen können nur dem benannten Vormund, nicht dem von dem Vormundschaftsgericht auszuwählenden Vormund erteilt werden; sie können gleichzeitig mit der Benennung des Vormundes, aber auch noch nachträglich bewilligt werden (PALANDT, Grundzüge vor § 1852 Anm 1 und § 1852 Anm 2; ERMAN, § 1854 Anm 1; STAUDINGER, § 1856 Anm 3, S. 1572; RGRK, § 1852 Anm 1). In jedem Falle finden aber die Vorschriften des § 1777 BGB wie auf die Benennung des Vormundes so auch auf die Erteilung der Befreiungen Anwendung (§ 1856 BGB). Demgemäß kann weder der Vater noch die Mutter Befreiungen erteilen, wenn ihnen zur Zeit ihres Todes die elterliche Gewalt über das Kind nicht zusteht oder wenn ihnen in den die Person oder in den das Vermögen betreffenden Angelegenheiten des Kindes das Vertretungsrecht nicht zusteht; für ein Kind, das erst nach dem Tode des Vaters geboren wird, kann der Vater dem von ihm benannten Vormund Befreiungen nur erteilen, wenn er dazu berechtigt wäre, falls das Kind vor seinem Tode geboren wäre. Die Erteilung der Befreiungen hat durch letztwillige Verfügung, also durch Testament zu erfolgen[1]. Die Erteilung der Befreiungen kann an Bedingungen und Zeitbestimmungen geknüpft werden (STAUDINGER, § 1777 Anm 2, S. 1384).

Den leiblichen Eltern steht als Vormündern ihres minderjährigen Kindes das Recht der Erteilung von Befreiungen nicht zu (STAUDINGER, Vorb 1b zu § 1852, S. 1568); dagegen können die Eltern als Vormünder eines volljährigen Kindes Befreiungen erteilen (vgl §§ 1903, 1904 BGB und unten § 108).

Dem Amtsvormunde (§§ 37 ff. JWG) und den auf Grund des Jugendwohlfahrtgesetzes bestellten Vereinsvormündern (§ 53 JWG) stehen die in den §§ 1852 bis 1854 BGB zugelassenen Befreiungen kraft Gesetzes zu; neben der Vereinsvormundschaft kann jedoch ein Gegenvormund bestellt werden (§§ 38 Abs I Satz 2, 53 Abs IV JWG).

2. Zugunsten des von dem Vater oder der Mutter benannten Vormundes können folgende Befreiungen bewilligt werden:

a) Die Bestellung eines Gegenvormundes kann ausgeschlossen werden; der Ausschluß gilt auch im Falle des § 1792 Abs II BGB; er hat, wenn der Vater nichts anderes bestimmt hat, auch die Befreiungen gemäß b) und c) zur Folge (§ 1852 Abs I, Abs II Satz 2 BGB). Ist die Bestellung des Gegenvormundes ausgeschlossen, so ist an Stelle der Genehmigung des Gegenvormundes nach Maßgabe der §§ 1809, 1810 und 1812 BGB die Genehmigung des Vormundschaftsgerichts erforderlich.

[1] Zu beachten ist jedoch, daß auch in einem Erbvertrage gemäß § 2299 BGB einseitige Verfügungen getroffen und also auch Befreiungen erteilt werden können.

b) Der Vormund kann bezüglich der Anlegung von Geld von den in den §§ 1809, 1810 BGB bestimmten Beschränkungen befreit werden (§ 1852 Abs II Satz 1 BGB). Der Vormund ist alsdann bei der Anlegung des Geldes bei einer inländischen öffentlichen Sparkasse oder bei einer Staatsbank oder bei einer anderen durch Landesgesetz dazu für geeignet erklärten inländischen Bank oder bei einer Hinterlegungsstelle von der Bestimmung befreit, daß zur Erhebung des Geldes die Genehmigung des Gegenvormundes oder des Vormundschaftsgerichts erforderlich ist (vgl § 1809 BGB)[1]. Der Vormund ist ferner bei Befreiung von der Beschränkung des § 1810 BGB nicht gehalten, die in den §§ 1806 bis 1808 BGB vorgeschriebene Anlegung des Mündelgeldes nur mit Genehmigung des Gegenvormundes oder des Vormundschaftsgerichts zu bewirken.

c) Es kann angeordnet werden, daß der benannte Vormund zu den im § 1812 BGB bezeichneten Rechtsgeschäften (Verfügung über Forderungen, Leistungsrechte und über Wertpapiere des Mündels, Eingehung der Verpflichtung zu solchen Verfügungen) oder zu einzelnen dieser Rechtsgeschäfte der Genehmigung des Gegenvormundes oder des Vormundschaftsgerichts nicht bedürfen solle (§ 1852 Abs II Satz 1 BGB)[2].

d) Der benannte Vormund kann von der Verpflichtung entbunden werden, Inhaber- und Orderpapiere zu hinterlegen und den im § 1816 BGB bezeichneten Vermerk in das Reichsschuldbuch oder das Staatsschuldbuch eintragen zu lassen (§ 1853 BGB). Sind diese Befreiungen erteilt, so finden die Vorschriften der §§ 1819, 1820 BGB hinsichtlich der Inhaber- und Orderpapiere sowie der in Betracht kommenden Buchforderungen keine Anwendung (vgl Erman, § 1854 Anm 2). Die Befreiung von der Hinterlegungspflicht umfaßt im Zweifel auch die Befreiung von der Eintragung des Vermerks gemäß § 1816 BGB (Palandt, § 1853 Anm 1; RGRK, § 1853 Anm 1) und den Ausschluß der dem Vormundschaftsgericht im § 1815 Abs II BGB übertragenen Befugnis, die Umwandlung gewisser zu hinterlegender Inhaberpapiere in Buchforderungen anzuordnen (Erman, a. a. O.; Staudinger, §§ 1852—1854 Anm 1e, S. 1570). Nicht unzweifelhaft ist, ob im Falle einer Befreiung gemäß § 1853 BGB das Vormundschaftsgericht befugt bleibt, gemäß § 1818 BGB aus besonderen Gründen die Hinterlegung auch anderer als der im § 1814 BGB bezeichneten Wertpapiere und von Kostbarkeiten anzuordnen (so Staudinger, §§ 1852—1854 Anm 1e, S. 1570) oder ob das Vormundschaftsgericht diese Anordnungen nur treffen kann, wenn es vorher oder gleichzeitig die Befreiung gemäß § 1857 BGB (vgl unten)

---

[1] Wegen der in § 1808 BGB angeführten Reichsbank vgl oben § 87, 2 B.

[2] Eine Befreiung von der Einholung der nach den §§ 1821, 1822 BGB erforderlichen vormundschaftsgerichtlichen Genehmigung kann nicht erteilt werden (vgl hierzu Palandt, Grundzüge vor § 1852 Anm 1 und KGJ 21 A 28).

außer Kraft setzt (so ERMAN, a. a. O., PALANDT, a. a. O., RGRK, § 1853 Anm 1). Die letztere Ansicht erscheint folgerichtiger.

e) Schließlich kann der Vormund von der Verpflichtung befreit werden, während der Dauer seines Amtes Rechnung zu legen (§ 1854 Abs I BGB). Jedoch bleibt in einem solchen Falle der Vormund verpflichtet, nach dem Ablauf von je zwei Jahren eine Übersicht über den Bestand des seiner Verwaltung unterliegenden Vermögens (auch der Passiven: PALANDT, § 1854 Anm 1; ERMAN, § 1854 Anm 3; RGRK, § 1854 Anm 1; a. A. STAUDINGER, §§ 1852—1854 Anm 1f., S. 1570) dem Vormundschaftsgericht einzureichen; dieses kann anordnen, daß die Übersicht in längeren, höchstens fünfjährigen Zwischenräumen einzureichen ist (§ 1854 Abs II BGB). Die Angabe des Wertes ist nicht erforderlich; bei Haushaltsgegenständen genügt die Angabe des Gesamtwertes (STAUDINGER, a. a. O., RGRK, § 1854 Anm 1). Ist ein Gegenvormund vorhanden oder zu bestellen, so hat ihm der Vormund die Übersicht unter Nachweisung des Vermögensbestandes vorzulegen. Der Gegenvormund hat die Übersicht mit den Bemerkungen zu versehen, zu denen die Prüfung ihm Anlaß gibt (§ 1854 Abs III BGB).

Das Vormundschaftsgericht hat die Übersicht zu prüfen und gegebenenfalls gemäß § 1839 BGB Auskunft von dem Vormund zu verlangen; notfalls muß es nach § 1857 BGB die Befreiung außer Kraft setzen.

3. Die unter Z 2 bezeichneten Befreiungen können einzeln oder in ihrer Gesamtheit angeordnet werden. In der Bestallung werden zweckmäßig die Befreiungen vollständig aufgeführt (KGJ 45 A 66).

4. Die Anordnungen des Vaters oder der Mutter können von dem Vormundschaftsgericht außer Kraft gesetzt werden, wenn ihre Befolgung das Interesse des Mündels gefährden würde (§ 1857 BGB). Liegt dieser Fall vor, so ist das Vormundschaftsgericht zum Einschreiten verpflichtet. Ob die gesetzliche Voraussetzung hierfür erfüllt ist, hat das Vormundschaftsgericht nach pflichtmäßigem Ermessen zu entscheiden. Die Maßnahmen des Vormundschaftsgerichts können auch auf einen Teil der angeordneten Befreiungen beschränkt werden; sie können auch wieder aufgehoben werden, wenn eine Gefährdung der Interessen des Mündels nicht mehr in Betracht kommt.

Das Recht und die Pflicht des Vormundschaftsgerichts zur Entlassung des Vormundes gemäß § 1886 BGB wird durch Befreiungsanordnungen der Eltern des Mündels nicht berührt.

6. Der Familienrat

§ 102. a) Die Voraussetzungen der Einsetzung des Familienrats

1. Ein Familienrat soll von dem Vormundschaftsgericht eingesetzt werden,

a) wenn der Vater oder die eheliche Mutter (oder die diesen im Falle der Legitimation durch nachfolgende Ehe, Ehelichkeitserklärung oder Annahme an Kindes Statt gleichstehenden Personen) die Einsetzung nach Maßgabe des § 1777 BGB durch letztwillige Verfügung, d. h. durch Testament oder einseitige Verfügung, in einem Erbvertrage (§ 2299 BGB) angeordnet haben (§§ 1858 Abs I, 1868 BGB)[1], wobei die Einsetzung von dem Eintritt oder Nichteintritt eines bestimmten Ereignisses abhängig gemacht werden kann (§ 1858 Abs II BGB),

b) wenn ein Verwandter oder Verschwägerter des Mündels oder der Vormund oder der Gegenvormund die Einsetzung beantragt und das Vormundschaftsgericht sie im Interesse des Mündels für angemessen erachtet (§ 1859 Abs I BGB); für den Fall, daß ein Pfleger den Antrag stellt, vgl hinsichtlich der Zuständigkeit des Familienrats die §§ 43 Abs III, 37 FGG und SCHLEGELBERGER, § 37 FGG, Anm 2; STAUDINGER, Vorb 3 vor § 1858, S. 1574 und § 1859 Anm 1 d, S. 1576; PALANDT, § 1859 Anm 1 c; RGRK, § 1859 Anm 1 und § 1858 Anm 1.

2. Die Einsetzung des Familienrats kann nur für unter Vormundschaft oder Pflegschaft stehende Personen in Betracht kommen, wobei als Pfleger nach § 1690 BGB auch der mit der Vermögensverwaltung betraute Beistand des Vaters oder der Mutter anzusehen ist (PALANDT, Grundzüge vor § 1858 Anm 1; STAUDINGER, Vorb zu § 1858 Anm 3b, S. 1573; RGRK, § 1858 Anm 1), für bevormundete Volljährige gemäß § 1905 Abs I BGB aber nur in dem oben zu Z 1b bezeichneten Falle; bei Pflegschaften gemäß §§ 1913, 1914 BGB ist die Einsetzung eines Familienrats der Natur der Sache nach ausgeschlossen (STAUDINGER, PALANDT, a. a. O.). Für uneheliche Kinder kommt die Einsetzung eines Familienrats nur gemäß Z 1b in Betracht.

3. Die Einsetzung eines Familienrats unterbleibt in den Fällen zu Z 1a und b, wenn die erforderliche Zahl geeigneter Personen nicht vorhanden ist (§ 1858 Abs III BGB; vgl hierzu §§ 1860, 1861, 1865 bis 1867, 1869 BGB und unten Z 4), im Falle zu 1b außerdem, wenn der Vater oder die eheliche Mutter oder die diesen gleichgestellten Personen nach Maßgabe des § 1777 BGB die Einsetzung untersagt haben (wozu sie bei volljährigen Mündeln gemäß § 1905 Abs II BGB nicht befugt sind); hierbei gelten bei widersprechenden Anordnungen die Anordnungen des zuletzt verstorbenen Elternteils (§§ 1859 Abs II, 1868 BGB).

4. In Ansehung eines in Deutschland wohnhaften ausländischen Mündels, der der Obervormundschaft eines ausländischen Staates unter-

---

[1] Die Anordnung kann nicht ohne zwingende Gründe auf eines von mehreren Geschwistern beschränkt werden (ERMAN, Einleitung vor § 1858, Anm 2 a. E.; PALANDT, Grundzüge vor § 1858, Anm 1 a. E.; RGRK, § 1858 Anm 1; a. A. anscheinend STAUDINGER, § 1858 Anm 7, S. 1575).

steht, kann ein Familienrat bei einem deutschen Gericht nur eingesetzt werden, wenn die Vormundschaft an das deutsche Gericht abgegeben ist (KGJ **53** A 50).

§ 103. b) Die Zusammensetzung des Familienrats

1. Der Familienrat setzt sich zusammen aus dem Vormundschaftsrichter als Vorsitzenden und aus mindestens zwei, höchstens sechs weiteren Mitgliedern (§ 1860 BGB).

Der Vormundschaftsrichter führt kraft Gesetzes stets den *Vorsitz* im Familienrate; er kann auch durch letztwillige Anordnung der Eltern des Mündels von diesem Amte nicht ausgeschlossen werden. Ist der Vormundschaftsrichter von der Ausübung des Richteramtes gemäß § 6 FGG ausgeschlossen, so tritt an seine Stelle sein gerichtsverfassungsmäßig berufener Vertreter, nicht etwa ein Mitglied des Familienrats.

Die übrigen Mitglieder des Familienrats sind entweder berufene oder von dem Vormundschaftsgericht ausgewählte Personen. Hierzu kann auf die Vorschriften der §§ 1861, 1862, 1868, 1869 BGB verwiesen werden; vgl ferner für den Fall, daß über die gemäß § 1860 BGB zulässige Höchstzahl hinaus Personen benannt sind, PALANDT, § 1861 Anm 1; ERMAN, § 1861 Anm 3; SOERGEL, § 1861 Anm 3; STAUDINGER, § 1861 Anm 1 S. 1878. Die unter Mitwirkung überzähliger Mitglieder gefaßten Beschlüsse des Familienrats sind rechtsunwirksam (ERMAN, § 1860 Anm 2; PALANDT, § 1860 Anm 2; RGRK, § 1860 Anm 2).

Zum *Mitgliede* des Familienrats kann nicht bestellt werden, wer geschäftsunfähig (§ 104 BGB) oder wegen Geistesschwäche, Verschwendung oder Trunksucht entmündigt ist (§ 1865 BGB). Sind solche Personen berufen, so dürfen sie übergangen werden; werden sie trotzdem zu Mitgliedern des Familienrats bestellt, so ist die Bestellung nichtig, die unter Mitwirkung der zur Mitgliedschaft gemäß § 1865 BGB unfähigen Person ergangenen Beschlüsse des Familienrats sind rechtsunwirksam (STAUDINGER, § 1865 Anm 1a, S. 1582; RGRK, § 1865 Anm 1; PALANDT, § 1865 Anm 1).

Zum Mitgliede des Familienrats soll nicht bestellt werden

a) der Vormund des Mündels, ebenso auch der Pfleger und im Falle des § 1690 BGB der Beistand,

b) wer nach § 1781 oder nach § 1782 BGB nicht zum Vormund bestellt werden soll,

c) wer durch letztwillige Anordnung des Vaters oder der ehelichen Mutter des Mündels oder der diesen gleichgestellten Personen nach Maßgabe des § 1777 BGB von der Mitgliedschaft ausgeschlossen ist, wobei im Falle einander widersprechender Anordnungen die des zuletzt verstorbenen Elternteils vorgehen und zu beachten ist, daß für volljährige

Mündel ein Ausschluß gemäß § 1905 Abs II BGB überhaupt nicht zulässig ist (vgl zu a) bis c) die §§ 1866, 1868 BGB),

d) wer mit dem Mündel weder verwandt noch verschwägert ist, es sei denn, daß er von dem Vater oder der ehelichen Mutter des Mündels oder den diesen gleichgestellten Personen benannt oder von dem Familienrat oder nach § 1864 BGB von dem Vorsitzenden ausgewählt ist (§ 1867 BGB).

Wer zum Mitgliede des Familienrats nicht bestellt werden soll, darf außer im Falle zu d) übergangen werden, auch wenn er gemäß § 1861 BGB zum Mitgliede berufen ist. Wird eine Person, die gemäß Vorstehendem nicht zum Mitgliede des Familienrats bestellt werden soll, gleichwohl bestellt, so ist die Bestellung zwar gültig, auch entbehren die unter Mitwirkung dieser Person gefaßten Beschlüsse des Familienrats nicht der Rechtswirksamkeit, jedoch haften der Vormundschaftsrichter bzw. der Familienrat gemäß §§ 1848, 1872 Abs II Satz 2 BGB für den etwa entstehenden Schaden; auch ist eine den Vorschriften der §§ 1866, 1867 BGB zuwider zum Mitglied des Familienrats bestellte Person alsbald wieder aus dem Amte zu entlassen (§§ 1878 Abs I, 1886 BGB).

Sind neben dem Vorsitzenden nur die zur Beschlußfähigkeit des Familienrats erforderlichen Mitglieder vorhanden (vgl § 1874 Abs I BGB), so sind ein oder zwei (nicht mehr) Ersatzmitglieder zu bestellen (§ 1863 Abs I BGB). Hierzu kann des Näheren auf die Vorschriften der §§ 1863, 1865, 1866, 1867, 1868, 1869 und bezüglich volljähriger Mündel auch auf § 1905 Abs II BGB verwiesen werden. Streitig ist, ob im Falle des Wegfalls eines ordentlichen Mitglieds das zunächst berufene Ersatzmitglied nur bis zur Bestellung eines neuen ordentlichen Mitglieds (so Palandt, § 1863 Anm 1; Erman, § 1864 Anm 3; Staudinger, § 1863 Anm 1, S. 1580; RGRK, § 1863 Anm 1) oder dauernd in den Familienrat einzutreten hat; der ersteren Ansicht wird beizutreten sein, wobei nichts im Wege steht, das Ersatzmitglied auszuwählen.

Wegen der Bestellung eines Ersatzmitglieds für den Fall vorübergehender Verhinderung eines Mitglieds und dadurch herbeigeführter Beschlußunfähigkeit des Familienrats vgl die Vorschriften der §§ 1864, 1865, 1866, 1867, 1868, 1869 BGB.

2. Die förmliche Bestellung der Mitglieder und Ersatzmitglieder des Familienrats erfolgt durch den Vorsitzenden durch Verpflichtung zu treuer und gewissenhafter Führung des Amtes; die Verpflichtung soll durch Handschlag an Eides Statt erfolgen (§ 1870 BGB). Die Mitglieder und Ersatzmitglieder des Familienrats erhalten keine Bestallung; sie können ihr Amt nur persönlich ausüben (§ 1872 Abs II Satz 1 BGB) und sind in gleicher Weise verantwortlich wie der Vormundschaftsrichter (§ 1872 Abs II Satz 2 BGB; vgl § 1848 BGB). Mehrere Mitglieder des

Familienrats haften unter den Voraussetzungen des § 840 BGB als Gesamtschuldner.

Bei der Bestellung eines Mitgliedes des Familienrats kann die Entlassung für den Fall des Eintritts oder Nichteintritts eines bestimmten Ereignisses vorbehalten werden (§ 1871 BGB). Gegebenenfalls endigt das Amt des Mitglieds nicht von selbst; vielmehr ist förmliche Entlassung erforderlich (STAUDINGER, § 1870 Anm 2, S. 1586).

3. Das Amt eines Mitglieds des Familienrats endigt gemäß § 1878 Abs I BGB aus denselben Gründen, aus denen nach den §§ 1878 Abs I BGB aus denselben Gründen, aus denen nach den §§ 1885, 1886, 1889 BGB das Amt eines Vormundes endigt, also grundsätzlich mit der Entlassung durch den Familienrat (jedoch durch das im Instanzenzuge dem Vormundschaftsgericht übergeordnete Landgericht, wenn das Mitglied mit der Entlassung nicht einverstanden ist: § 1878 Abs II BGB) in den Fällen der §§ 1886, 1889 BGB (objektive oder schuldhafte Gefährdung der Interessen des Mündels, Untauglichkeit zu dem Amte als Mitglied des Familienrats aus den im § 1781 BGB bezeichneten Gründen, Entlassung aus wichtigem Grund auf Antrag des Mitglieds), dagegen kraft Gesetzes in den Fällen des § 1885 BGB (Entmündigung und Todeserklärung des Mitglieds). Außerdem endet das Amt des Familienratsmitglieds ohne weiteres mit der Beendigung der Vormundschaft, ferner mit dem Tode des Mitglieds und endlich mit der Aufhebung des Familienrats (vgl unten § 104). Mit der Entlassung durch den Familienrat und gegebenenfalls durch das Landgericht endigt das Amt als Mitglied des Familienrats schließlich auch, wenn das Mitglied zum Vormund bestellt wird (vgl § 1866 Z 1; ERMAN, § 1878 Anm 1 a. E.; PALANDT, § 1878 Anm 1 a. E.; STAUDINGER, § 1878 Anm 2f, S. 1593) und in dem Falle des § 1861 Satz 2 i. V. m. § 1778 Abs II BGB sowie des § 1871 BGB.

Vor der Entlassung ist das betroffene Mitglied des Familienrats zu hören.

4. Die Mitglieder des Familienrats können von dem Mündel *Ersatz ihrer Auslagen* verlangen; der Betrag wird von dem Vorsitzenden festgesetzt (§ 1877 BGB). Die Festsetzung ist für das Prozeßgericht verbindlich. Die Bewilligung einer Vergütung kommt nicht in Betracht; das Amt der Mitglieder des Familienrats ist ein Ehrenamt.

§ 104. c) Die Aufgaben, die Amtsführung und die Beendigung des Familienrats

1. Der Familienrat tritt hinsichtlich seiner Rechte und Pflichten vollkommen *an die Stelle des Vormundschaftsgerichts* (nur § 1800 Abs II BGB bleibt ggf. gemäß § 1872 Abs I S. 3 BGB unberührt), dem Vorsitzenden steht nur die Leitung der Geschäfte zu (§ 1872 Abs I BGB)

und außerdem die Vorbereitung und Vollziehung der Beschlüsse des Familienrats. Dem Vorsitzenden liegt demgemäß z. B. der Schriftwechsel mit dem Vormunde und anderen Behörden ob, während die Auswahl, Bestellung und Entlassung des Vormundes und Gegenvormundes, die Führung der Aufsicht über den Vormund und Gegenvormund und die Erteilung oder Verweigerung der vormundschaftsgerichtlichen Genehmigung usw. Sache des Familienrats sind.

2. Die *Einberufung* des Familienrats erfolgt mündlich oder schriftlich durch den Vorsitzenden, wenn zwei Mitglieder, der Vormund oder der Gegenvormund es beantragen oder wenn das Interesse des Mündels es erfordert (§ 1873 BGB), zweckmäßig unter Angabe des Beratungsgegenstandes. Hinsichtlich der Folgen unentschuldigten Ausbleibens eines Mitgliedes des Familienrats vgl § 1875 BGB. Für die schuldhafte Unterlassung der Einberufung haftet der Vorsitzende, für schuldhafte Säumnis das ausgebliebene Mitglied dem Mündel auf Ersatz des etwa entstandenen Schadens (§§ 1848, 1872 Abs II Satz 2 BGB).

Zur *Beschlußfähigkeit* des Familienrats ist die Anwesenheit des Vorsitzenden und mindestens zweier Mitglieder erforderlich (§ 1874 Abs I BGB).

Die *Beschlüsse* des Familienrats werden nach der Mehrheit der Stimmen der Anwesenden gefaßt; bei Stimmengleichheit entscheidet die Stimme des Vorsitzenden (§ 1874 Abs II BGB), wegen der Ausschließung von Mitgliedern von der Beschlußfassung vgl § 1874 Abs III BGB, wegen der unbegründeten Enthaltung von der Teilnahme an der Beschlußfassung vgl § 1875 BGB. Abstimmung und Erledigung der Geschäfte auf schriftlichem Wege ist unzulässig (vgl STAUDINGER, § 1874 Anm 2 S. 1588; ERMAN, § 1874 Anm 1; § 1874 Abs II S. 1 BGB). Über die Verhandlungen des Familienrats ist ein Sitzungsprotokoll aufzunehmen, in dem auch mit Rücksicht auf die zivilrechtliche Haftung der Mitglieder des Familienrats bei Meinungsverschiedenheiten die Abstimmung der einzelnen Mitglieder festgestellt werden kann (STAUDINGER, a. a. O., Anm 4).

In dringenden Fällen, die ein sofortiges Einschreiten nötig machen, hat der Vorsitzende nach pflichtmäßigem Ermessen die erforderlichen Anordnungen zu treffen, die sich nach Möglichkeit auf eine vorläufige Regelung der in Betracht kommenden Angelegenheit beschränken sollen, den Familienrat einzuberufen, ihn von den Anordnungen in Kenntnis zu setzen und einen Beschluß über die etwa weiter erforderlichen Maßregeln herbeizuführen (§ 1876 BGB).

3. Der Familienrat *endigt* kraft Gesetzes mit der Beendigung der Vormundschaft. Er ist aber außerdem durch das Vormundschaftsgericht aufzuheben, wenn es an der zur Beschlußfähigkeit erforderlichen Zahl von Mitgliedern fehlt und geeignete (vgl oben § 103) und zur Übernahme

des Amtes bereite (§ 1879 BGB) Personen zur Ergänzung nicht vorhanden sind (§ 1879 BGB). Fällt der Mangel später wieder fort, so ist der Familienrat wieder einzusetzen, wenn die Voraussetzungen des § 1858 BGB erfüllt sind oder gemäß § 1859 Abs I BGB ein neuer Antrag gestellt wird und Anordnungen der Eltern oder der ihnen gleichgestellten Personen aus § 1859 Abs II BGB dem nicht entgegenstehen; eine solche Anordnung kann namentlich in einer gemäß § 1880 Abs I BGB getroffenen Bestimmung ausdrücklich oder sinngemäß enthalten sein. Der Familienrat ist ferner von dem Vormundschaftsgericht aufzuheben, wenn die Aufhebung von dem Vater für den von ihm angeordneten Familienrat für den Fall des Eintritts oder Nichteintritts eines künftigen Ereignisses nach Maßgabe des § 1777 BGB vorgeschrieben und die Bedingung eingetreten ist; das gleiche gilt im Falle einer von der ehelichen Mutter des Mündels für den von ihr angeordneten Familienrat getroffenen Bestimmung dieser Art (§ 1880 BGB) und entsprechend für die Anordnungen der den ehelichen Eltern gleichgestellten Personen. Bei volljährigen Mündeln ist eine solche Anordnung der Eltern oder der ihnen gleichgestellten Personen gemäß § 1905 Abs II BGB nicht zulässig.

Von der Aufhebung des Familienrats hat das Vormundschaftsgericht die bisherigen Mitglieder, den Vormund und den Gegenvormund in Kenntnis zu setzen; der Vormund und der Gegenvormund erhalten neue Bestallungen, die früheren Bestallungen sind dem Vormundschaftsgericht zurückzugeben (§ 1881 BGB).

7. Die Beendigung der Vormundschaft und des vormundschaftlichen Amtes

§ 105. a) Die Beendigung der Vormundschaft über Minderjährige

Die Beendigung der Vormundschaft ist zu unterscheiden von der Beendigung des vormundschaftlichen Amtes (vgl § 106), die freilich auch mit der Beendigung der Vormundschaft selbst eintritt. Die Beendigung der Vormundschaft tritt entweder kraft Gesetzes oder mit der Aufhebung durch das Vormundschaftsgericht ein.

1. Die Vormundschaft *endigt* kraft Gesetzes

a) mit dem Tode des Mündels[1], wie sich aus § 1882 BGB ergibt; zeigt der Vormund dem Gericht den Tod des Mündels an, so ist das Vormundschaftsgericht nicht befugt, von dem Vormunde die Einreichung einer Sterbeurkunde zu verlangen und den Vormund zur Erfüllung dieses Verlangens durch Androhung von Ordnungsstrafen anzuhalten; das Vormundschaftsgericht hat vielmehr die erforderlichen Ermittelungen von Amts wegen anzustellen (KGJ 51 A 47 = RJA 16 181).

[1] Für den Fall des Todes eines verschollenen Mündels vgl jedoch unten Z 2a.

b) im Falle der Todeserklärung mit der Rechtskraft des diese aussprechenden Beschlusses (§§ 1884 Abs II BGB i. Verb. m. 23, 29 VerschG); dieser Zeitpunkt ist auch dann maßgebend, wenn der Mündel schon vorher gestorben, eine Aufhebung der Vormundschaft gemäß § 1884 Abs I BGB aber nicht erfolgt ist oder wenn auf einen gemäß § 33a VerschG gestellten Antrag ein früherer Todestag bestimmt wird. Kehrt ein für tot erklärter Mündel zurück und bestehen die gesetzlichen Voraussetzungen für die Anordnung der Vormundschaft fort, so ist eine neue Vormundschaft anzuordnen, das gleiche gilt, wenn der die Todeserklärung aussprechende Beschluß gemäß § 30 VerschG aufgehoben wird (RGRK, § 1884 Anm 2 a. E.; PALANDT, § 1884 Anm 2; ERMAN, § 1884 Anm 3; SOERGEL, § 1884 Anm 1b; vgl auch § 206 BGB),

c) mit dem Eintritt der Volljährigkeit oder der Volljährigkeitserklärung des Mündels[1] [2], wie aus § 1882 BGB hervorgeht; wegen des Eintritts der Wirksamkeit der Volljährigkeitserklärung vgl § 56 FGG; über das Alter eines Findelkindes hat das Vormundschaftsgericht notfalls nach verständigem Ermessen zu entscheiden (RJA 16 34; PALANDT, § 1882 Anm 1b); bleibt nach erreichter Volljährigkeit oder nach der Volljährigkeitserklärung ein Schutzbedürfnis bestehen, so ist bei dem Vorliegen der gesetzlichen Voraussetzungen eine Vormundschaft für Volljährige oder eine Pflegschaft einzurichten, wobei der bisherige Vormund als solcher oder als Pfleger zwar beibehalten werden kann, aber neu verpflichtet werden muß (STAUDINGER, § 1882, Anm 7, S. 1597; BayObLGZ 17, 167).

d) wenn der Mündel unter elterliche Gewalt kommt oder wieder unter elterliche Gewalt kommt, es sei denn, daß der elterliche Gewalthaber weder in den die Person noch in den das Vermögen betreffenden Angelegenheiten zur Vertretung des Mündels befugt ist (§ 1882 BGB i. V. m. § 1773 BGB),

e) wenn die Ausschließung des elterlichen Gewalthabers von der Vertretung des Kindes in den persönlichen und Vermögensangelegenheiten in Fortfall kommt (§ 1882 BGB i. V. m. § 1773 BGB), also im Falle der Wiederaufhebung von gleichzeitigen Maßnahmen aus § 1666 Abs I und II BGB, wenn diese das Vertretungsrecht betrafen, gemäß § 1696 BGB und im Falle der Beendigung des Ruhens der elterlichen Gewalt (§§ 1673, 1674 BGB),

f) wenn der bisher unbekannte Familienstand des Mündels ermittelt wird (§ 1882 BGB i. V. m. § 1773 BGB) und nach dem Ergebnis der

---

[1] Gemäß § 56 der Geschäftsordnung für die Geschäftsstellen der Amtsgerichte sind die Volljährigkeitstermine der Mündel aus dem Register festzustellen und als besondere Fristen zwecks Vorlegung der Akten zu vermerken.

[2] Für den Fall des Eintritts der Volljährigkeit eines verschollenen Mündels vgl jedoch unten Z 2a.

Feststellungen ein anderer gesetzlicher Grund zur Fortführung der Vormundschaft nicht mehr besteht (anderenfalls dauert die Vormundschaft fort: STAUDINGER, § 1882 Anm 7, S. 1597); gemäß RGRK, § 1882 Anm 1 soll in diesem Falle die Vormundschaft erst mit der förmlichen Aufhebung durch das Vormundschaftsgericht endigen, was indessen mit dem Wortlaut des § 1882 BGB kaum vereinbar ist.

2. Die Vormundschaft endigt mit der Aufhebung durch das Vormundschaftsgericht:

a) im Falle der Verschollenheit des Mündels (§ 1884 Abs I BGB); die Aufhebung hat zu erfolgen, wenn dem Vormundschaftsgericht der Tod des Mündels bekannt wird (§ 1884 Abs I Satz 2 BGB) oder wenn ein anderer Grund bekannt wird, der gemäß § 1882 BGB die Beendigung der Vormundschaft zur Folge haben würde (so OLG Oldenburg, NdsRpfl 52 30; STAUDINGER, § 1884 Anm 1a; a. A.: PALANDT, § 1884 Anm 1; ERMAN, § 1884 Anm 2; RGRK, § 1884 Anm 1); ob ein solcher Grund vorliegt, muß das Vormundschaftsgericht gegebenenfalls gemäß § 12 FGG aufklären; die Verschollenheit für sich allein ist kein Grund für die Aufhebung der Vormundschaft (ERMAN, § 1884 Anm 1).

b) wenn der Mündel durch nachfolgende Ehe legitimiert worden ist (§ 1883 BGB); in diesem Falle ist jedoch die ausdrückliche Aufhebung durch das Vormundschaftsgericht entbehrlich, wenn die Vaterschaft des Ehemannes der Mutter des Kindes durch ein zwischen diesem und dem Ehemann der Mutter ergangenes Urteil rechtskräftig festgestellt ist und somit die Gewähr besteht, daß die Vaterschaft von dem Ehemann der Mutter nicht mehr mit Erfolg bestritten werden kann; das Vormundschaftsgericht hat im übrigen die Aufhebung anzuordnen, wenn es die Voraussetzungen der Legitimation durch nachfolgende Ehe (§§ 1719 ff.) rechtskräftig festgestellt hat (§ 1883 Abs II BGB). Die Vorschrift des § 1883 BGB wird ergänzt durch § 31 des Personenstandsgesetzes (PStG) in der Fassung vom 8. 8. 1957 (BGBl I 1125). Ist ein uneheliches Kind durch die Eheschließung seiner Eltern ehelich geworden, so stellt das Vormundschaftsgericht dies fest, falls die Geburt des Kindes im Geburtenbuch beurkundet oder das Kind in ein Familienbuch eingetragen ist (§ 31 Abs I PStG). Nach Rechtskraft des die Legitimation feststellenden Beschlusses soll die Vormundschaft aufgehoben werden (§ 31 Abs IV S. 1 PStG). Die Eintragungen im Geburten- und Familienbuch erfolgen auf Grund des rechtskräftigen Beschlusses des Vormundschaftsgerichts (§ 31 Abs V Satz 1 PStG).

Im Falle der Legitimation durch nachfolgende Ehe steht das Kind bis zur Beendigung der Vormundschaft bzw. der rechtskräftigen Urteilsfeststellung der Vaterschaft sowohl unter elterlicher Gewalt wie unter Vormundschaft; bei einem Widerspruch der Handlungen des elterlichen Gewalthabers und des Vormundes gilt das gleiche wie im Falle des

§ 115 BGB (STAUDINGER, § 1883 Anm 2, S. 1598, vgl auch PALANDT, § 1883 Anm 2; ERMAN, § 1883 Anm 2; RGRK, § 1883 Anm 1 a. E.). Es ist erforderlich, daß das Vormundschaftsgericht auf eine möglichst schleunige Beendigung dieses Zustandes hinwirkt.

Ist die Aufhebung der Vormundschaft zu Unrecht erfolgt, wofür der Vormundschaftsrichter gemäß § 1848 BGB verantwortlich ist, so ist das Kind bis zur Anordnung einer neuen Vormundschaft und Bestellung des Vormundes ohne gesetzlichen Vertreter (STAUDINGER, § 1883 Anm 3, S. 1599).

§ 106. b) Die Beendigung des vormundschaftlichen Amtes

Das Amt des Vormundes und gemäß § 1895 BGB auch des Gegenvormundes endigt entweder kraft Gesetzes oder mit der Entlassung durch das Vormundschaftsgericht[1].

1. Kraft Gesetzes endigt das Amt des Vormundes und des Gegenvormundes

a) mit der Beendigung der Vormundschaft,

b) soweit es sich um einen Einzelvormund handelt, mit dem Eintritt der Amtsvormundschaft sowie mit der Aufnahme des Mündels in eine Erziehungs- oder Pflegeanstalt, wenn dadurch eine Vereinsvormundschaft eintritt (§§ 46, 53 JWG),

c) mit dem Tode des Vormundes,

d) mit der Entmündigung des Vormundes oder Gegenvormundes (§§ 1885, 1895 BGB); wird die Entmündigung wieder aufgehoben, so lebt das Amt nicht wieder auf; ist der Vormund oder Gegenvormund zwar nicht entmündigt, aber gemäß § 104 Z 2 BGB geschäftsunfähig, so hat das Vormundschaftsgericht mit tunlichster Beschleunigung die Entlassung gemäß § 1886 BGB herbeizuführen und für die Zeit bis zur Entlassung durch Bestellung eines Pflegers, notfalls auch gemäß § 1846 BGB durch eigene Maßnahmen für die Wahrung der Interessen des Mündels Sorge zu tragen (PALANDT, § 1885 Anm 1; ERMAN, § 1885 Anm 1; SOERGEL, § 1885 Anm 1; RGRK, § 1885 Anm 1).

2. Mit der *Entlassung durch das Vormundschaftsgericht* endigt das Amt des Vormundes und des Gegenvormundes (§ 1895 BGB) in folgenden Fällen:

a) Von Amts wegen hat das Vormundschaftsgericht den Vormund zu entlassen, wenn die Fortführung des Amtes das Interesse des Mündels gefährden würde oder wenn in der Person des Vormundes einer der im

[1] Zur *Mitteilungspflicht* des Gerichts bei Beschlüssen, durch die eine Vormundschaft oder Pflegschaft über ein Kind aufgehoben worden ist, wenn das Kind im Geltungsbereich des PStG in einem Personenstandsbuch geführt wird und im Ausland an Kindes Statt angenommen ist, gegenüber dem Standesamt vgl RV d. JMNRW vom 22. 11. 1962 (1454 — I B 68).

§ 1781 BGB bestimmten Gründe vorliegt; ganz besonders ist die Gefährdung des Mündelinteresses durch pflichtwidriges Verhalten des Vormundes ein Entlassungsgrund (§ 1886 BGB). Andererseits ist ein Verschulden des Vormundes nicht notwendige Voraussetzung der Entlassung; diese kann vielmehr auch durch eine lediglich objektive Gefährdung des Mündelinteresses begründet sein (PALANDT, § 1886 Anm 2a; BayObLGZ **6** 735), z. B. durch langdauernde Verhinderung des Vormundes (KGJ **43** A 36), tiefgehende Entfremdung zwischen Vormund und Mündel (BayObLGZ **24** 54; OLG **8** 361), weite Entfernung des Wohnorts des Vormundes von dem des Mündels, nachträgliche Geschäftsunfähigkeit gemäß § 104 Z 2 BGB, jedoch nicht ohne weiteres durch Meinungsverschiedenheiten zwischen dem Vormundschaftsgericht und dem Vormund (STAUDINGER, § 1886 Anm 2a, S. 1602; BayObLGZ **6** 735). Ein Wechsel des religiösen Bekenntnisses durch den Vormund oder den Mündel ist an und für sich noch kein zwingender Grund zur Entlassung des Vormundes; er kann aber zu einem solchen Grund werden, wenn durch den Bekenntniswechsel ein tiefgehender Unterschied in der gesamten Lebensauffassung zwischen dem Vormund und dem Mündel herbeigeführt wird (JFG **3** 76). Der Vormund kann nicht wegen Gefährdung der Interessen des Mündels entlassen werden, wenn er sich weigert, einem Annahmevertrage zuzustimmen, weil dieser möglicherweise einen Glaubenswechsel des Mündels zur Folge haben würde (KGJ **44** A 36); dies dürfte jedoch regelmäßig für den Fall nicht zutreffen, daß die zur Bestimmung des religiösen Bekenntnisses berechtigte Mündelmutter dem Glaubenswechsel zuzustimmen bereit ist, es sei denn, daß diese Zustimmung bei Abwägung der dafür und dagegen sprechenden Gründe den Interessen des Kindes abträglich erscheinen müßte (RGRK, § 1886 Anm 1; auch KGJ **38** A 93). Wegen der Unterbringung des Mündels in einer andersgläubigen Familie kann die Entlassung des Vormundes nur dann gerechtfertigt erscheinen, wenn mit der Unterbringung außergewöhnliche Unzuträglichkeiten für den Mündel verbunden sind (KGJ **37** A 75).

In reinen Zweckmäßigkeitsfragen hat zwar der Vormund selbständig zu entscheiden und ist abgesehen von dem Falle der Pflichtwidrigkeit ein Einschreiten des Vormundschaftsgerichts gegen den Vormund mit Geboten oder Verboten gemäß § 1837 BGB nicht zulässig; jedoch ist das Vormundschaftsgericht befugt, durch Belehrungen, Vorstellungen und Ermahnungen auf den Vormund einzuwirken und ihn, wenn er trotzdem bei einem die Interessen des Mündels gefährdenden Verhalten verbleibt, zu entlassen (vgl PALANDT, § 1837 Anm 3; KG JW **36** 2753; KGJ **29** A 194 = RJA **5** 219).

Als Pflichtwidrigkeiten, die Anlaß zur Entlassung des Vormundes geben können, kommen insbesondere Unfähigkeit zur Verwaltung des

Mündelvermögens, Vernachlässigung und Mißhandlung sowie unsittlicher Lebenswandel des Vormundes in Betracht.

Beispiel:

Beschluß.

In der Vormundschaftssache betr. den am 15. Januar 1952 in Köln geborenen Karl Schäfer, Kind der verstorbenen Eheleute Josef Schäfer und Maria geb. Schlosser, wird der Werkmeister Johann Schlosser in Köln gemäß § 1886 BGB aus dem Amte als Vormund entlassen.

Gründe.

Nach dem Ergebnis der angestellten Ermittlungen hat der Vormund seit geraumer Zeit die ihm gegenüber dem Mündel obliegenden Pflichten in erheblichem Maße vernachlässigt, indem er das Kind in einer zur Pflege und Erziehung des Mündels ungeeigneten Familie untergebracht und es trotz wiederholter Vorstellungen des Gerichts dort belassen hat, indem er ferner während einer ernsten Erkrankung des Mündels nicht für hinreichende Pflege und ärztliche Behandlung Sorge getragen und endlich die dem Mündel zustehenden Rentenansprüche nur nachlässig und nicht mit der erforderlichen Sorgfalt und Beschleunigung verfolgt hat. Die Fortführung des Amtes als Vormund würde unter diesen Umständen das Interesse des Mündels gefährden. Es war daher die Entlassung des Vormundes geboten.

Köln, den 20. Oktober 1962.

Das Amtsgericht.
Schmitz.

Vfg.

1. Beschluß zustellen dem Vormund mit der Aufforderung, die Bestallungsurkunde zurückzugeben und Schlußrechnung zu legen.
2. Abschrift des Beschlusses dem Jugendamt übersenden zur gefl. Kenntnisnahme und mit dem Ersuchen um Benennung eines anderen geeigneten Vormundes.
3. Nach 2 Wochen.

Köln, den 20. Oktober 1962.

Schmitz.

Wenn die Fortführung des Amtes des Vormundes das Interesse des Mündels gefährdet, so kann das Vormundschaftsgericht bei Inaussichtnahme der Entlassung des Vormundes bis zu deren Wirksamkeit vorläufige Maßnahmen zum Schutze des Mündels treffen; die rechtliche Grundlage für solche Maßnahmen ergibt sich aus § 1837 BGB (KGJ 30 A 24 = RJA 6 15).

Im übrigen kommt aber die Entziehung der tatsächlichen Sorge des Vormundes für das Vermögen des Mündels (Vermögensverwaltung) nicht in Betracht, sondern nur die Entziehung der gesetzlichen Vertretung nach Maßgabe des § 1796 BGB (KGJ 45 A 42); bezüglich der Personensorge sind Beschränkungen gemäß §§ 1801, 1838 BGB zulässig.

Auf die Amtsvormundschaft (vgl §§ 37ff. JWG) und die Vereinsvormundschaft (§ 53 JWG) sind die Vorschriften des § 1886 BGB nicht anwendbar (§ 38 Abs I Satz 3, 53 Abs IV JWG). Es besteht jedoch die Möglichkeit, in geeigneten Fällen an Stelle der Amtsvormundschaft oder der Vereinsvormundschaft, und zwar auch von Amts wegen oder auf Antrag (vgl oben § 80 Z 4) eine Einzelvormundschaft einzurichten, wenn dies den Interessen des Mündels förderlich ist (§§ 45, 50, 53 Abs IV JWG). Das Jugendamt als Amtsvormund soll die Bestellung einer Einzelperson als Vormund beantragen, wenn dies dem Interesse des Mündels förderlich erscheint (§ 50 Abs I JWG); Entsprechendes gilt gemäß § 53 Abs IV JWG für die Vereinsvormundschaft.

Ob die gesetzlichen Voraussetzungen der Entlassung gegeben sind, hat das Vormundschaftsgericht von Amts wegen zu prüfen; der Vormund ist, soweit tunlich, vor der Entlassung zu hören (JurRdsch **1926** Rechtspr Nr 475). Ebenso ist regelmäßig die Anhörung des Gegenvormundes geboten. Da die Entlassung des Vormundes als eine wichtige und die Interessen des Mündels tief berührende Angelegenheit anzusehen ist, werden auch ohne besonderen Antrag regelmäßig Verwandte und Verschwägerte des Mündels nach Möglichkeit gemäß § 1847 BGB vor der Entscheidung zu hören sein.

Eine Ordnungsstrafe kann nicht gegen einen Vormund verhängt werden, der im unmittelbaren Anschluß hieran wegen pflichtwidrigen Verhaltens aus dem Amte als Vormund entlassen wird (RJA **16** 18).

b) Der Vormund ist ferner zu entlassen, wenn eine zu dem Amte berufene Person nach dem Wegfall einer ihrer Bestellung zunächst entgegenstehenden Verhinderung die Bestellung beantragt (vgl § 1778 Abs II BGB).

c) Ist ein Beamter oder ein Religionsdiener zum Vormund bestellt, so hat ihn das Vormundschaftsgericht (auch ohne besonderen Antrag) zu entlassen, wenn die Erlaubnis, die nach den Beamtengesetzen (§ 65 Abs I Z 1 BGB; § 21 SoldatenG; § 76 Abs I Z 1 LBG NRW) zur Übernahme der Vormundschaft oder zur Fortführung der vor dem Eintritt in das Amts- oder Dienstverhältnis übernommenen Vormundschaft erforderlich ist, versagt oder zurückgenommen wird oder wenn die nach den Beamtengesetzen zulässige Untersagung der Fortführung der Vormundschaft erfolgt (§ 1888 BGB).

d) Das Vormundschaftsgericht kann den Vormund oder Gegenvormund entlassen, wenn die Bestellung mit Vorbehalt der Entlassung für den Fall des Eintritts oder Nichteintritts eines bestimmten Ereignisses erfolgt und dieser Fall eingetreten ist (vgl § 1790 BGB).

e) Auf Antrag des Vormundes oder Gegenvormundes hat endlich die Entlassung zu erfolgen, wenn ein wichtiger Grund vorliegt; ein solcher ist insbesondere der Eintritt eines Umstandes, der den Vormund nach § 1786 Abs I Nr 2 bis 7 BGB berechtigen würde, die Übernahme der Vormundschaft abzulehnen (§ 1889 BGB). Ob im übrigen ein wichtiger Grund vorliegt, hat das Vormundschaftsgericht nach pflichtmäßigem Ermessen zu entscheiden. Ein Nichtdeutscher, der in Deutschland eine Vormundschaft führt, kann z. B. allein um der Ausländereigenschaft willen die Entlassung aus dem Amte nicht fordern, wenn auch Ausländern, die in Deutschland wohnen, die Verpflichtung zur Übernahme einer Vormundschaft nicht obliegt (KGJ 37 A 63 = RJA 10 99). In dem Umstande, daß ein Mündel weit von dem Wohnorte des Vormundes in einer Familie zur Fürsorgeerziehung untergebracht wird, braucht kein wichtiger Grund für die Entlassung des Vormundes zu liegen (KGJ 46 A 83). Der Vormund verliert das Recht, die Entlassung zu beantragen, nicht dadurch, daß er den wichtigen Grund nicht unverzüglich geltend macht (so PALANDT, § 1889 Anm 1; ERMAN, § 1889 Anm 1; STAUDINGER, § 1889 Anm 2, S. 1607).

Lehnt der als Vormund Ausgewählte die Übernahme des Amtes ab, sieht aber das Vormundschaftsgericht die Ablehnung als unbegründet an und hält es den Ausgewählten zur einstweiligen Übernahme an, so kann dieser gleichwohl die Entlassung verlangen, wenn auf seine Beschwerde das obere Gericht die Ablehnung für begründet erklärt hat (PALANDT, § 1787 Anm 1 a. E.; STAUDINGER, § 1889 Anm 1d, S. 1607).

§ 107. c) Die Pflichten des Vormundes und des Gegenvormundes bei der Beendigung des Amtes

1. Der Vormund ist verpflichtet, nach der Beendigung seines Amtes dem Mündel das verwaltete *Vermögen herauszugeben* und über die Verwaltung *Rechenschaft abzulegen;* soweit der Vormund dem Vormundschaftsgericht Rechnung gelegt hat, genügt die Bezugnahme auf diese Rechnung (§ 1890 BGB). Gläubiger dieser Ansprüche sind der neue gesetzliche Vertreter, falls ein solcher noch in Betracht kommt, sonst der Mündel oder sein Rechtsnachfolger (PALANDT, Anm 1 zu § 1890 BGB).

Die Herausgabepflicht erstreckt sich nur auf das von dem Vormund selbst, nicht auf das von einem Pfleger verwaltete Vermögen; sie erstreckt sich auf alle Vermögensgegenstände bzw. die auf diese bezüglichen Urkunden, z. B. Wertpapiere, Schuldscheine, Sparbücher (deren Entsperrung Sache des Mündels ist: PALANDT, § 1890 Anm 2; ERMAN, § 1890 Anm 2; STAUDINGER, § 1890 Anm 1a, S. 1607; vgl auch RGRK, § 1890 Anm 2), und umfaßt auch die Übergabe eines Vermögensverzeichnisses, das freilich unter Bezugnahme auf ein gemäß § 1802 BGB aufgestelltes Verzeichnis angefertigt werden kann. Verweigert der Vormund die Herausgabe des Vermögens, so bleibt dem Mündel nur der Klageweg. Das Vormundschaftsgericht ist nicht befugt, den Vormund zur Herausgabe des Vermögens anzuhalten, insbesondere dürfen Zwangsmittel zu diesem Zwecke nicht angewendet werden (PALANDT, § 1890 Anm 2; KGJ 24 A 23 = RJA 3 63; KGJ 33 A 54 = OLG 14 268). Die Aushändigung des Mündelvermögens im Wege der Rechtshilfe gemäß § 2 FGG kann von dem Vormundschaftsgericht im Einverständnis mit dem Vormund herbeigeführt werden, obwohl an sich bezüglich der Herausgabe des Vermögens eine vermittelnde Tätigkeit des Vormundschaftsgerichts nicht Platz greift (SEUFF A 65 209; PALANDT, § 1890 Anm 2 a. E.; ERMAN, § 1890 Anm 1; STAUDINGER, § 1890 Anm 1a, S. 1608; vgl aber OLG 9 144). Der Vormund hat Anspruch auf Erteilung einer Empfangsbescheinigung durch den Mündel nach Maßgabe des § 368 BGB, unter Umständen auch wegen seiner Ersatzansprüche gemäß den §§ 1835, 1836 BGB ein Zurückhaltungsrecht nach Maßgabe der §§ 273, 274 BGB (vgl aber RGZ 61 128).

Der Vormund hat ferner dem Mündel gegenüber innerhalb einer angemessenen Frist nach Beendigung des Amtes Rechenschaft über seine Verwaltung abzulegen (§ 1890 Satz 1 BGB), d. h. nicht nur eine geordnete Zusammenstellung der Einnahmen und Ausgaben nebst den zugehörigen Belegen vorzulegen, sondern auch etwa beanstandete Verwaltungsmaßnahmen zu rechtfertigen. Darüber hinaus ist der Vormund aber auch verpflichtet, über noch nicht erledigte Geschäfte Auskunft zu erteilen (STAUDINGER, § 1890 Anm 1 bβ, S. 1609). Soweit der Vormund dem Vormundschaftsgericht Rechnung gelegt hat, genügt die Bezugnahme auf diese Rechnung (§ 1890 Satz 2 BGB).

Wenn mehrere Vormünder die Vormundschaft gemeinschaftlich geführt haben, so haben sie auch die Schlußrechnung gemeinsam zu legen; scheidet nur ein Mitvormund aus, so ist ein Pfleger zu bestellen.

Der Mündel kann nach Erlangung der Geschäftsfähigkeit auf die Rechnungslegung verzichten; es genügt aber nicht, daß der Verzicht nur dem Vormundschaftsgericht gegenüber erklärt wird, vielmehr muß die Erklärung gegenüber dem Vormund erfolgen und von diesem angenommen werden; nur in diesem Falle erübrigt sich die im § 1892 Abs II BGB vorgesehene Tätigkeit des Vormundschaftsgerichts (vgl KGJ 23 A 11; ERMAN, § 1890 Anm 3).

Die Rechnungslegung vollzieht sich in der Weise, daß der Vormund, wenn ein Gegenvormund vorhanden ist, diesem die Rechnung vorzulegen hat. Der Gegenvormund prüft die Rechnung und kann zu diesem Zwecke von dem Vormund gemäß § 1799 Abs II BGB Auskunft über die Führung der Geschäfte und Einsicht der sich auf die Vormundschaft beziehenden Papiere verlangen. Alsdann versieht der Gegenvormund die Rechnung mit den Bemerkungen, zu denen die Prüfung ihm Anlaß gibt (§ 1891 Abs I BGB), worauf der Vormund die Rechnung mit den Belegen und dem Bericht des Gegenvormundes dem Vormundschaftsgericht einreicht (§ 1892 Abs I BGB). Ist ein Gegenvormund nicht vorhanden, so reicht der Vormund die Rechnung dem Vormundschaftsgericht unmittelbar ein.

Das Vormundschaftsgericht hat die Rechnung rechnungsmäßig und sachlich zu prüfen und ihre Abnahme durch Verhandlung mit den Beteiligten, gegebenenfalls unter Zuziehung des Gegenvormundes, zu vermitteln. Soweit die Rechnung als richtig anerkannt wird, hat das Vormundschaftsgericht das Anerkenntnis zu beurkunden (§ 1892 Abs II BGB). Damit das Vormundschaftsgericht diese Aufgaben erfüllen kann, ist es befugt, den Vormund durch Androhung von Ordnungsstrafen zur Vorlage einer formell ordnungsmäßigen, d. h. zur Grundlage sachlicher Beratung geeigneten Schlußrechnung anzuhalten (KGJ 32 A 53 = RJA 7 85); es darf aber nicht die Beseitigung sachlicher Beanstandungen durch Androhung von Ordnungsstrafen erzwingen, hat sich vielmehr auf eine Vermittlung der materiellen Richtigstellung zu beschränken. Ebenso kann übrigens nach Beendigung der Vormundschaft auch die Erledigung materieller Beanstandungen früherer Zwischenrechnungen, die an sich zulässig sind, nicht mehr erzwungen, sondern nur mit der Schlußrechnung zugleich vermittelt und angeregt werden (vgl KGJ 33 A 54 = OLG 14 268; 37 A 111; 50 A 28; PALANDT, § 1892 Anm 2; ERMAN, § 1892 Anm 1; RGRK, § 1892 Anm 1; abw. STAUDINGER, § 1892 Anm 1b, S. 1611/1612). Die Sparkassenbücher sind keine Belege über den Zu- oder Abgang des Mündelvermögens; ihre Vorlegung kann das Vormundschaftsgericht nach der Beendigung der Vormundschaft daher weder zu dem Zwecke der Prüfung der Schlußrechnung noch aus einem anderen Grunde verlangen (KGJ 50 A 28).

Das Vormundschaftsgericht kann die Beteiligten nur insoweit zum Erscheinen zum Zwecke der Verhandlung über die Abnahme der Schlußrechnung anhalten, als ihm ein Aufsichtsrecht gemäß § 1837 BGB zusteht. Insbesondere kann also der geschäftsunfähig gewordene Mündel nicht zum Erscheinen gezwungen werden; der Mündel kann sich auch durch einen ordnungsmäßig bestellten Bevollmächtigten vertreten lassen. Ergeben sich Meinungsverschiedenheiten, so hat das Vormundschaftsgericht auf deren Ausgleich, gegebenenfalls durch Berichtigung oder Ergänzung der Schlußrechnung, hinzuwirken; einen Zwang in dieser Richtung auf die Beteiligten auszuüben ist das Vormundschaftsgericht jedoch nicht befugt; vielmehr müssen notfalls die Meinungsverschiedenheiten von den Beteiligten im Prozeßwege ausgetragen werden. Bei der Beurkundung des Anerkenntnisses der Richtigkeit der Schlußrechnung können auch Vorbehalte mit aufgenommen werden. Gemäß KGJ 51 A 42 liegt es dem Vormundschaftsgericht nicht ob, unabhängig von einer Schlußrechnung eine Erklärung des Mündels über die Entlastung des Vormundes herbeizuführen und zu diesem Zwecke die Rechtshilfe eines auswärtigen Amtsgerichts dafür in Anspruch zu nehmen. Demgegenüber ist jedoch in RGZ 115 368 dem Vormundschaftsgericht die Befugnis zugesprochen, die Rechtshilfe eines auswärtigen Amtsgerichts dafür in Anspruch zu nehmen, daß dieses den volljährig gewordenen Mündel über Verzicht auf die Schlußrechnung und Entlastung des Vormundes vernimmt; dabei wird ausgeführt, daß der Verzicht auf die Schlußrechnung der Abnahme der Schlußrechnung, die das Vormundschaftsgericht zu vermitteln habe, gleichzusetzen sei und daß dieses auch die Entlastung des Vormundes vermitteln könne, wenn auch dem Vormund ein *Anspruch* auf Entlastung nach dem geltenden Recht absichtlich versagt sei.

Beispiel:

Amtsgericht. *Köln, den 20. Oktober 1962.*

Gegenwärtig:
Amtsgerichtsrat Schmitz als Richter.

In der Vormundschaftssache betr. den Bauarbeiter Karl Schäfer in Köln, geboren am 15. September 1941 daselbst, erschienen
1. der frühere Mündel, Bauarbeiter Karl Schäfer in Köln, Hohe Straße 100,
2. der bisherige Vormund, Werkmeister Johann Schlosser in Köln, Karlstraße 20.
Die Erschienenen sind dem Richter persönlich bekannt.

Die von dem Vormund Schlosser dem Vormundschaftsgericht eingereichte Schlußrechnung vom 1. Oktober 1962 nebst drei Anlagen wurde mit den Erschienenen durchgegangen und besprochen; Beanstandungen ergaben sich nicht.
Hierauf erklärte der Erschienene zu 1:
Die Schlußrechnung des Vormundes Schlosser vom 1. Oktober 1962 erkenne ich als richtig an; dem Vormund erteile ich Entlastung.
Das Protokoll ist den Erschienenen vorgelesen, von ihnen genehmigt und wie folgt eigenhändig unterschrieben worden.

Karl Schäfer.
Johann Schlosser.

Schmitz
Amtsgerichtsrat.

Die Legung der Schlußrechnung liegt auch dem Jugendamt als Amtsvormund ob (vgl § 39 Satz 2 JWG); sie entfällt aber dem Amtsvormund wie dem Einzelvormund gegenüber, wenn während der ganzen Dauer der Vormundschaft kein Vermögen verwaltet ist (Staudinger, § 1892 Anm 3, S. 1614).

Der Vormundschaftsrichter hat keinen Anspruch auf Erteilung einer Entlastung durch den geschäftsfähig gewordenen Mündel (OLG 21 191; Palandt, § 1892 Anm 5; Staudinger, § 1892 Anm 6, S. 1614; RGRK, § 1892 Anm 2); jedoch steht nichts im Wege, eine entsprechende Erklärung des Mündels, wenn dieser zur Abgabe bereit ist, zu Protokoll zu nehmen.

2. Der Vormund ist auch nach der Beendigung der Vormundschaft oder des vormundschaftlichen Amtes zur *Fortführung der mit der Sorge für die Person und das Vermögen des Mündels verbundenen Geschäfte* so lange berechtigt, bis er von der Beendigung Kenntnis erlangt oder sie

kennen muß. Ein Dritter kann sich auf diese Berechtigung nicht berufen, wenn er bei der Vornahme eines Rechtsgeschäfts die Beendigung der Vormundschaft oder des vormundschaftlichen Amtes kennt oder kennen muß. Dies gilt entsprechend, wenn aus einem anderen Grunde als der allgemeinen Beendigung der Vormundschaft oder des vormundschaftlichen Amtes die Vertretungsmacht des Vormundes nur in einzelnen Beziehungen endigt (§ 1893 Abs I i. V. m. § 1698a BGB; PALANDT, § 1893 Anm 1a; ERMAN, § 1893 Anm 1; STAUDINGER, § 1893 Anm 1, S. 1615). Im übrigen gilt im Falle von Widersprüchen zwischen den Handlungen des unbeschränkt geschäftsfähig gewordenen Mündels und des gemäß § 1893 Abs I BGB noch weiter tätig gewordenen Vormundes das gleiche wie im Falle des § 115 BGB.

Endigt die Vormundschaft und das vormundschaftliche Amt zufolge des Todes des Mündels, so hat der Vormund diejenigen Geschäfte, mit deren Aufschub Gefahr verbunden ist, zu besorgen, bis der Erbe anderweitig Fürsorge treffen kann (§§ 1893 Abs I, 1698b BGB).

3. Der Vormund ist verpflichtet, nach der Beendigung seines Amtes die Bestallung dem Vormundschaftsgericht zurückzugeben (§ 1893 Abs II BGB). Nach STAUDINGER, § 1893 Anm 4, S. 1616 ist im Falle der Weigerung der Rückgabe nur eine Klage des Mündels oder seines Rechtsnachfolgers oder seines neuen gesetzlichen Vertreters gegen den Vormund auf Rückgabe der Bestallungsurkunde an das Vormundschaftsgericht gegeben, die Erzwingung der Rückgabe durch das Vormundschaftsgericht im Ordnungsstrafverfahren aber nicht zulässig, weil das Vormundschaftsgericht nach der Beendigung der Vormundschaft oder des vormundschaftlichen Amtes keine Zwangsgewalt gegenüber dem früheren Vormunde habe (im Ergebnis ebenso RGRK, § 1893 Anm 2). Dagegen halten PALANDT, § 1893 Anm 2, und ERMAN, § 1893 Anm 3, die Androhung von Ordnungsstrafen gegen den Vormund (nicht gegen dessen Erben) für zulässig. Dieser Auffassung wird beizutreten sein, weil durch die Bestimmung des § 1893 Abs II BGB die Befugnisse des Vormundschaftsgerichts hinsichtlich der Rückgabe der Bestallung über die Beendigung der Vormundschaft oder des vormundschaftlichen Amtes hinaus ausgedehnt erscheinen.

Bezieht sich die Bestallungsurkunde auf mehrere Geschwister, von denen nur eines aus der vormundschaftlichen Obhut ausscheidet, so findet gleichwohl § 1893 Abs II BGB Anwendung, wenn auch im Falle der Beendigung der Vormundschaft oder des vormundschaftlichen Amtes durch Erreichung der Volljährigkeit die Beendigung sich ohne weiteres aus der Bestallungsurkunde ergeben wird, da diese die Geburtszeit der Mündel enthält; vgl hierzu STAUDINGER, § 1893 Anm 4, S. 1616, der allerdings die Rückgabe für den letztgenannten Fall nicht für erforderlich hält; die Rechtssicherheit erfordert jedoch auch in diesem Falle entweder die Berichtigung der alten oder die Ausstellung einer neuen, den veränderten Verhältnissen Rechnung tragenden Bestallung unter Rückgabe der alten Urkunde.

Zulässig ist es, daß der Mündel oder sein Rechtsnachfolger oder sein neuer gesetzlicher Vertreter oder auch das Vormundschaftsgericht die Beendigung der Vormundschaft oder des vormundschaftlichen Amtes öffentlich bekanntmacht (STAUDINGER, § 1893 Anm 4, S. 1616; RGRK, § 1893 Anm 2).

4. Der Vormund ist endlich verpflichtet, den Tod des Gegenvormundes oder eines Mitvormundes dem Vormundschaftsgericht unverzüglich, d. h. ohne schuldhaftes Zögern, anzuzeigen (§ 1894 Abs II BGB). Verstößt der Vormund gegen diese gesetzliche Pflicht, so haftet er dem Mündel gemäß § 1833 BGB für den etwa entstehenden Schaden. Umgekehrt ist im Falle des Todes des Vormundes dessen Erbe in der gleichen Weise zur Anzeige an das Vormundschaftsgericht bei Vermeidung der sich aus den allgemeinen Grundsätzen des bürgerlichen Rechts ergebenden Schadenshaftung verpflichtet (§ 1894 Abs I BGB). Eine Pflicht zur Fortführung der Geschäfte des Vormundes liegt dem Erben nicht ob, vielmehr hat im Notfalle das Vormundschaftsgericht gemäß § 1846 BGB die erforderlichen Maßregeln zu treffen (PALANDT, § 1894 Anm 1; STAUDINGER, § 1894 Anm 4, S. 1617).

5. Die Ausführungen unter Z 2 bis 4 gelten gemäß § 1895 BGB auch für den Gegenvormund in entsprechender Weise. Die Verpflichtung des Gegenvormundes zur Anzeige des Todes des Vormundes an das Vormundschaftsgericht ergibt sich aus § 1799 Abs I Satz 2 BGB. Bezüglich der Mitwirkung des Gegenvormundes bei der Legung der Schlußrechnung durch den Vormund vgl oben Z 1. Der Gegenvormund ist endlich gemäß § 1891 Abs II BGB verpflichtet, über die Führung der Gegenvormundschaft und, soweit er dazu imstande ist, über das von dem Vormunde verwaltete Vermögen auf Verlangen Auskunft zu erteilen. Zur Erfüllung dieser Pflicht kann der Gegenvormund notfalls durch Androhung und Verhängung von Ordnungsstrafen angehalten werden, solange des Amt des Gegenvormundes nicht beendigt ist (STAUDINGER, § 1891 Anm 6, S. 1611; vgl auch ERMAN, § 1891 Anm 1).

B. Die Vormundschaft über Volljährige

§ 108. 1. Voraussetzungen, Führung und Beendigung der Vormundschaft über Volljährige

1. Ein *Volljähriger oder für volljährig Erklärter* erhält einen Vormund nur, wenn er entmündigt ist (§ 1896 BGB). Die Entmündigung kann

gemäß § 6 BGB wegen Geisteskrankheit, Geistesschwäche, Verschwendung oder Trunksucht erfolgen; sie hat, wenn sie wegen Geisteskrankheit erfolgt, Geschäftsunfähigkeit (§ 104 Z 3 BGB), im übrigen Beschränkung der Geschäftsfähigkeit des Entmündigten (§§ 114, 106 BGB) zur Folge. Ist der Beschluß über die Entmündigung eines Volljährigen wegen Geistesschwäche durch Zustellung an den Entmündigten wirksam geworden, so kann der Entmündigte nicht über die daraufhin erfolgte Anordnung der Vormundschaft wegen angeblichen Mangels der Voraussetzungen für die Entmündigung Beschwerde führen, vielmehr seine Einwendungen hiergegen nur durch Anfechtung des Entmündigungsbeschlusses im Klagewege geltend machen (JFG 7 91; 18 14).

Außer der endgültigen Vormundschaft über Volljährige besteht unter bestimmten Voraussetzungen auch die Möglichkeit der Anordnung einer *vorläufigen Vormundschaft* (vgl hierüber unten § 109). Endlich kann auch nach näherer Maßgabe der §§ 1910, 1911 BGB eine Pflegschaft für einen Volljährigen eingerichtet werden. Dagegen kann eine freiwillige Vormundschaft eines nicht entmündigten Volljährigen nicht eingerichtet werden.

Gemäß §§ 660, 683 Abs II Satz 2 ZPO ist der Entmündigungsbeschluß von dem Amtsgericht dem Vormundschaftsgericht mitzuteilen, damit dieses die Einleitung der Vormundschaft anordnen kann. Streitig ist, ob die Vormundschaft erst nach dem Wirksamwerden des Entmündigungsbeschlusses (vgl §§ 661, 683 Abs II ZPO) oder schon auf Grund der Mitteilung des Entmündigungsbeschlusses an das Vormundschaftsgericht eingerichtet werden kann (vgl hierzu STAUDINGER, § 1896 Anm 3, S. 1619; RGRK, § 1896 Anm 1; PALANDT, § 1896 Anm 1; ERMAN, § 1896 Anm 2). Mit Rücksicht auf § 661 Abs I ZPO wird man jedenfalls für den Fall der Entmündigung eines nicht unter Vormundschaft stehenden Volljährigen wegen Geisteskrankheit die Anordnung der Vormundschaft auf Grund der Mitteilung des Entmündigungsbeschlusses für zulässig halten müssen. Im übrigen wird jedoch das Wirksamwerden der Entmündigung durch Zustellung des Entmündigungsbeschlusses Voraussetzung der Einleitung der Vormundschaft sein. Die Rechtskraft des Entmündigungsbeschlusses braucht dagegen nicht abgewartet zu werden.

2. Auf die Anordnung und Führung der Vormundschaft über Volljährige, die Fürsorge und Aufsicht des Vormundschaftsgerichts, die Mitwirkung des Gemeindewaisenrats, die befreite Vormundschaft, den Familienrat und die Beendigung der Vormundschaft über Volljährige finden die für die Vormundschaft über einen Minderjährigen geltenden Vorschriften Anwendung, soweit sich nicht aus den §§ 1898 bis 1908 BGB ein anderes ergibt (§ 1897 BGB).

Hiernach gelten folgende Besonderheiten (für die vorläufige Vormundschaft vgl unten § 109):

a) Der Vater und die Mutter des Mündels sind nicht berechtigt, einen Vormund zu benennen oder bestimmte Personen von der Vormundschaft auszuschließen (§ 1898 BGB), weil das bei der Altersvormundschaft bestehende Benennungs- und Ausschließungsrecht auf der elterlichen Gewalt beruht, die gegenüber Volljährigen nicht in Betracht kommt.

b) Zum Vormund berufen sind die Eltern des Mündels (§ 1899 Abs I BGB); dies gilt nicht für den Fall, daß der Mündel von einem anderen als dem Ehegatten seines Vaters oder seiner Mutter an Kindes Statt angenommen ist (§ 1899 Abs II BGB). Im übrigen ist § 1779 Abs II BGB entsprechend anzuwenden (§ 1899 Abs I BGB).

Der Ehegatte des Mündels darf vor den Eltern zum Vormund bestellt werden (§ 1900 BGB)[1]. Bei der Entmündigung von Trinkern wird es sich häufig empfehlen, den Vormund den Kreisen der Enthaltsamkeits- und Mäßigkeitsvereine zu entnehmen oder im Einvernehmen mit den vielfach eingerichteten behördlichen oder privaten Fürsorgestellen für Alkoholkranke auszuwählen.

Eine Amtsvormundschaft über Volljährige findet nicht statt.

c) Das Personensorgerecht des Vormundes beschränkt sich auf diejenigen Maßnahmen, die durch den Zweck der Vormundschaft erfordert werden (§ 1901 Abs I BGB). Neben der Vertretung des Mündels in den die Person betreffenden Angelegenheiten kommt hiernach insbesondere die Beaufsichtigung und die Sicherung, auch die Pflege und Heilung des Mündels in Betracht. Demgemäß ist der Vormund auch berechtigt, die Unterbringung des Mündels in einer Heil- oder Pflegeanstalt zu veranlassen (vgl KGJ **30** A 24 = RJA **6** 15; KGJ **39** A 8; **43** A 67 = RJA **12** 90; KG OLG **34** 269). Er bedarf hierzu jedoch der Genehmigung des Vormundschaftsgerichts (§§ 1897, 1800 Abs II BGB); vgl auch unten § 140 Zff 2a. Das Vormundschaftsgericht hat den Vormund bei der Durchführung der Unterbringung nötigenfalls durch Anordnung von Zwangsmaßnahmen zu unterstützen (KGJ **39** A 8), kann aber nicht, etwa auf Grund des § 1838 BGB, gegen den Willen oder ohne Zustimmung des Vormundes die Unterbringung selbst anordnen (KGJ **45** A 67 = RJA **13** 185). Der Vormund entscheidet vielmehr in allen die Person des Mündels betreffenden Zweckmäßigkeitsfragen selbständig. Die Unterbringung eines volljährigen Mündels in einer Besserungsanstalt

[1] Leben die Eheleute in Gütergemeinschaft und ist der eine Ehegatte zum Vormund für den allein verwaltenden anderen Ehegatten bestellt worden, so kann sich der Ehegattenvormund erforderliche Zustimmungen selbst erteilen (vgl Palandt, § 1900 Anm 2; KGJ **27** A 166). Bei Interessenwiderstreit ist Pflegerbestellung gemäß § 1909 BGB erforderlich. Verwalten beide Ehegatten gemeinschaftlich, so gilt § 1958 BGB. In den Fällen der §§ 1365, 1369 BGB wird regelmäßig Pflegerbestellung erforderlich sein.

durch den Vormund ist unzulässig (KGJ 43 A 67 = RJA 12 90), wie überhaupt Erziehungsmaßnahmen gegenüber einem volljährigen Mündel als über den Zweck der Vormundschaft hinausgehend regelmäßig nicht statthaft sind. Im Falle der Entmündigung wegen Geistesschwäche, Trunksucht oder Verschwendung sind jedoch solche Erziehungsmaßnahmen zulässig, die der Heilung des Entmündigten zu dienen bestimmt sind.

Der Vormund ist auf Grund seines Sorgerechts auch verpflichtet, Antrag auf Wiederaufhebung der Entmündigung zu stellen, wenn deren Voraussetzungen weggefallen sind (PALANDT, § 1901 Anm 1; STAUDINGER, § 1901 Anm a, S. 1625; vgl §§ 675, 685 ZPO).

Steht eine Ehefrau unter Vormundschaft, so beschränkt sich das Personensorgerecht nicht, wie dies gemäß den §§ 1800, 1633 BGB für eine minderjährige Ehefrau vorgeschrieben ist, auf die Vertretung in den die Person betreffenden Angelegenheiten, vielmehr bestimmt sich der Umfang des Sorgerechts nach § 1901 Abs I BGB (§ 1901 Abs II BGB). Das Vormundschaftsgericht ist nicht berufen, Streitigkeiten zwischen dem Vormund und einer entmündigten Ehefrau und deren Ehemann über das Recht des Vormundes zum Verkehr mit dem Mündel zu entscheiden (RJA 13 67 = OLG 26 282).

d) Der Vormund kann eine Ausstattung aus dem Vermögen des volljährigen Mündels nur mit Genehmigung des Vormundschaftsgerichts versprechen oder gewähren (§ 1902 Abs I BGB). Hinsichtlich der Genehmigung sind die §§ 1828ff. BGB maßgebend (§ 1897 BGB). Stellt sich die Ausstattung in Wirklichkeit als Schenkung dar, so kann sie auch durch vormundschaftsgerichtliche Genehmigung nicht gültig werden, es sei denn, daß es sich lediglich um eine mit Rücksicht auf eine sittliche Pflicht oder den Anstand erfolgende Schenkung handelt. Gemäß § 1902 Abs II BGB bedarf der Vormund ferner zu einem Miet- oder Pachtvertrage sowie zu einem anderen Vertrage, durch den der Mündel zu wiederkehrenden Leistungen verpflichtet wird, der Genehmigung des Vormundschaftsgerichts, wenn das Vertragsverhältnis länger als vier Jahre dauern soll; zu einem Pachtvertrage über ein Landgut oder einen gewerblichen Betrieb bedarf der Vormund eines volljährigen Mündels ebenso der Genehmigung wie der Vormund eines minderjährigen Mündels.

e) Wird der Vater oder die Mutter eines volljährigen Mündels zu seinem Vormunde bestellt, so treten kraft Gesetzes gewisse Befreiungen für die Führung der Vormundschaft ein.

Zunächst unterbleibt regelmäßig die Bestellung eines Gegenvormundes (§ 1903 Abs I Satz 1, BGB). Das Vormundschaftsgericht kann jedoch einen solchen bestellen, wenn dies im Interesse des Mündels wesentlich ist, wie sich aus § 1903 Abs I Satz 3 BGB ergibt (vgl PALANDT,

§ 1903 Anm 1 a. E.; ERMAN, §§ 1903, 1904 Anm 2; STAUDINGER, §§ 1903, 1904 Anm 4a, S. 1630); ob die Bestellung zu erfolgen hat, entscheidet das Vormundschaftsgericht nach pflichtmäßigem Ermessen.

Gemäß § 1903 Abs I S. 2 BGB stehen den zum Vormund ihres volljährigen Kindes bestellten Eltern weiterhin regelmäßig die Befreiungen zu, die bei minderjährigen Mündeln gemäß §§ 1852 bis 1854 BGB angeordnet werden können (vgl hierzu oben § 101). Das Vormundschaftsgericht kann allerdings auch diese Befreiungen ganz oder teilweise außer Kraft setzen, wenn sie das Interesse des Mündels gefährden (§ 1903 Abs I Satz 3 BGB). Ob von dieser Befugnis Gebrauch zu machen ist, hat das Vormundschaftsgericht nach pflichtmäßigem Ermessen zu entscheiden.

Sowohl der Ausschluß der Bestellung eines Gegenvormundes als auch die übrigen Befreiungen kommen nicht in Betracht, wenn der zum Vormunde bestellte Elternteil im Falle der Minderjährigkeit des Mündels zur Vermögensverwaltung nicht berechtigt sein würde (§ 1903 Abs II BGB). Maßgebend ist hierbei stets der Zeitpunkt der Entscheidung selbst, nicht der Zeitpunkt der Bestellung. In Betracht kommen hier insbesondere die Fälle der §§ 1638, 1670 BGB (diesem Falle kommt im Hinblick auf die gemäß §§ 1897, 1886, 1781 Z 3 BGB gebotene Entlassung des Vormundes besondere praktische Bedeutung nicht zu), § 1673 Abs II BGB, falls die Geschäftsbeschränktheit auf Minderjährigkeit oder vorläufiger Vormundschaft beruht oder gemäß § 1910 Abs I ein Pfleger für die Person und das Vermögen bestellt ist (vgl hierzu die §§ 1897, 1886, 1781 Z 1 und 2 BGB, im Falle der Geschäftsunfähigkeit oder Entmündigung der Eltern wegen Geistesschwäche, Verschwendung oder Trunksucht ist ihre Bestellung zum Vormund gemäß §§ 1897, 1780 BGB überhaupt ausgeschlossen, für den Fall nachträglich eintretender Geschäftsunfähigkeit oder nachträglicher Entmündigung vgl die §§ 1897, 1885 Abs I, 1886 BGB), § 1676 BGB (vgl hierzu § 1886 BGB), 1680 BGB. Zweifelhaft ist, ob auch die Fälle der §§ 1666 Abs II, 1669, 1684, 1760 Abs II BGB unter § 1903 Abs II fallen, wenn das Vormundschaftsgericht auf Grund dieser Bestimmungen während der Minderjährigkeit des Mündels Anordnungen getroffen hat (so RGRK, § 1903 Anm 1; PLANCK, § 1903 Anm 5d; a. A. STAUDINGER, §§ 1903, 1904 Anm 3a, S. 1629; PALANDT, § 1903 Anm 2; ERMAN, §§ 1903, 1904 Anm 1). Auch dieser Frage kommt aber mit Rücksicht auf die Bestimmungen der §§ 1897, 1778 Abs I, 1886 BGB besondere praktische Bedeutung nicht zu.

f) Ein Familienrat kann nur eingesetzt werden, wenn ein Verwandter oder Verschwägerter des Mündels oder der Vormund oder der Gegenvormund die Einsetzung beantragt und das Vormundschaftsgericht sie im Interesse des Mündels für angemessen erachtet (§ 1905 Abs I i. V. m. § 1859 Abs I BGB). Der Vater und die Mutter des Mündels sind nicht berechtigt, Anordnungen über die Einsetzung und Aufhebung eines Familienrats oder über die Mitgliedschaft zu treffen (§ 1905 Abs II BGB).

g) Die Beendigung der Vormundschaft über einen Volljährigen tritt gemäß §§ 1897, 1882, 1896 BGB auch ein mit der rechtskräftigen Aufhebung der Entmündigung[1]. Im übrigen gilt das gleiche wie für die Beendigung der Vormundschaft über einen Minderjährigen (§§ 1897, 1882 ff. BGB).

§ 109. 2. Die vorläufige Vormundschaft

1. Eine Unterart der Vormundschaft über Volljährige ist die *vorläufige Vormundschaft* (§ 1906 BGB). Auch diese hat zur Voraussetzung, daß der Mündel volljährig oder für volljährig erklärt ist. Ferner ist erforderlich, daß die Entmündigung des Volljährigen rechtswirksam beantragt ist (vgl hierzu die §§ 646, 648, 680 Abs III bis V ZPO). Ist der Antrag auf Einleitung des Entmündigungsverfahrens wegen örtlicher Unzuständigkeit des Gerichts rechtskräftig abgewiesen, so ist für die Anordnung der vorläufigen Vormundschaft kein Raum mehr (KGJ 26 A 181 = RJA 3 226). Die Einleitung des Entmündigungsverfahrens ist nicht Voraussetzung der Anordnung der vorläufigen Vormundschaft. Die Rechtmäßigkeit einer etwa erfolgten Einleitung des Entmündigungsverfahrens hat das Vormundschaftsgericht nicht nachzuprüfen (JFG 5 116; MünchJW 36 1144), auch nicht die Erfolgsaussicht (JFG 17 207). Endlich ist Voraussetzung der Anordnung der vorläufigen Vormundschaft, daß diese zur Abwendung einer erheblichen Gefährdung der Person oder des Vermögens des Volljährigen nach dem pflichtmäßigen Ermessen des Vormundschaftsgerichts erforderlich ist.

Steht ein Volljähriger bereits unter Vormundschaft, z. B. weil er wegen Verschwendung entmündigt ist, so ist, solange diese Vormundschaft besteht, für eine vorläufige Vormundschaft infolge Einleitung des Entmündigungsverfahrens aus einem anderen Grunde, z. B. wegen Geistesschwäche, kein Raum; jedoch ist im Bedürfnisfall die Einleitung einer Pflegschaft neben der Vormundschaft zulässig (JFG 5 116; PALANDT, § 1906 Anm 1). Ebenso wird auch durch eine bereits bestehende Pflegschaft gemäß § 1910 Abs II BGB die Anordnung einer vorläufigen Vormundschaft nicht ausgeschlossen (KGJ 26 A 23 ff.).

2. Das Vormundschaftsgericht *ordnet die vorläufige Vormundschaft entweder auf Antrag oder von Amts wegen an,* wenn es die gesetzlichen Voraussetzungen als gegeben ansieht. Ist dies der Fall, so ist die Anordnung Pflicht des Vormundschaftsgerichts. Das mit der Entmündi-

[1] Wegen der Mitteilungspflicht an das Vormundschaftsgericht vgl §§ 674, 678 III, 679 IV, 683 II 2, 684 IV, 686 IV ZPO. Vgl auch die AV d. ehem. PrJM vom 25. 11. 21, JMBl S. 592.

gung befaßte Gericht ist gemäß §§ 657, 680 Abs III ZPO verpflichtet, dem Vormundschaftsgericht von dem schwebenden Verfahren Mitteilung zu machen, wenn die Anordnung einer Fürsorge für die Person oder das Vermögen des zu Entmündigenden angezeigt erscheint. Auch die Staatsanwaltschaft hat in geeigneten Fällen die Anordnung einer vorläufigen Vormundschaft über Geisteskranke oder Geistesschwache in Anregung zu bringen (vgl SCHLEGELBERGER, § 52 FGG, Anm 3). Aber auch auf Grund anderweitig erlangter Kenntnis der Verhältnisse (vgl z. B. §§ 49, 50 FGG) hat das Vormundschaftsgericht zu prüfen und gegebenenfalls gemäß § 12 FGG die erforderlichen Ermittelungen zu der Frage anzustellen, ob Anlaß zur Anordnung der vorläufigen Vormundschaft gegeben ist. Regelmäßig wird vor der Entscheidung der zu Entmündigende selbst zu hören sein, wenn die Anhörung auch nicht unbedingte Voraussetzung der Anordnung der vorläufigen Vormundschaft ist (BayObLGZ 26 117; ERMAN, § 1906 Anm 2; PALANDT, § 1906 Anm 4). Auch Verwandte und Verschwägerte des zu Entmündigenden werden, soweit dies ohne Schwierigkeit und ohne erhebliche Verzögerung des Verfahrens geschehen kann, vor der Entscheidung zweckmäßig gehört. Die Anordnung der vorläufigen Vormundschaft tritt, wenn die Entmündigung wegen Geisteskrankheit beantragt ist, mit der Bestellung des vorläufigen Vormundes, im übrigen mit der Bekanntmachung an den zu Entmündigenden in Wirksamkeit (§ 52 FGG). Wenn die Ehefrau des Mündels den Antrag auf Anordnung der vorläufigen Vormundschaft beantragt hatte, so darf der diesem Antrage stattgebende Beschluß nicht statt dem Mündel der Antragstellerin zugestellt werden (RJA 15 98; ERMAN, § 1906 Anm 4).

Beispiel

Beschluß.

Der Rentner Karl Schäfer in Köln, Hohe Straße 100, geb. am 15. Januar 1920 in Köln, wird, nachdem gegen ihn von seiner Ehefrau Maria geb. Schlosser die Entmündigung wegen Trunksucht bei dem Amtsgericht in Köln beantragt ist, gemäß § 1906 BGB unter vorläufige Vormundschaft gestellt, da diese Maßnahme zum Schutze seiner Person erforderlich erscheint.

Köln, den 20. Oktober 1962.

Das Amtsgericht.
Schmitz.

Vfg.

1. Beschluß zustellen dem Rentner Karl Schäfer in Köln, Hohe Straße 100 (keine Ersatzzustellung an die Ehefrau Schäfer!).

2. Abschrift des Beschlusses dem Jugendamt in Köln zur gefl. Kenntnisnahme mit dem Ersuchen um schleunige Benennung eines geeigneten vorläufigen Vormundes übersenden.

3. Nach 2 Wochen (Z 2).

Köln, den 20. Oktober 1962.

Schmitz.

3. Die *Anordnung* der vorläufigen Vormundschaft hat zur *Folge*, daß der Mündel in Ansehung der Geschäftsfähigkeit einem Minderjährigen gleichsteht, der das siebente Lebensjahr vollendet hat (§ 114 BGB). Wegen weiterer Folgen vgl ferner die §§ 1781 Z 1, 1792 Abs IV, 1886, 1691 Abs I, 1866 Z 2, 1897, 1915 Abs I BGB, 52 ZPO. Die Wirksamkeit der von oder gegenüber dem Mündel vorgenommenen Rechtsgeschäfte kann jedoch nicht auf Grund der Anordnung der vorläufigen Vormundschaft in Frage gestellt werden, wenn der Antrag auf Entmündigung zurückgenommen oder rechtskräftig abgewiesen oder der die Entmündigung aussprechende Beschluß infolge einer Anfechtungsklage aufgehoben wird; auf die Wirksamkeit der von oder gegenüber dem vorläufigen Vormund vorgenommenen Rechtsgeschäfte hat die Aufhebung keinen Einfluß (§ 115 Abs II BGB). Auch wenn die Anordnung der vorläufigen Vormundschaft von dem Beschwerdegericht oder dem Gericht der weiteren Beschwerde aufgehoben wird, kann die Wirksamkeit der von oder gegenüber dem Volljährigen vorgenommenen Rechtsgeschäfte nicht auf Grund der aufgehobenen Verfügung in Frage gestellt werden (§§ 61, 63 FGG). Aber auch die Wirksamkeit der in der Zwischenzeit von oder gegenüber dem vorläufigen Vormunde als dem gesetzlichen Vertreter des Mündels vorgenommenen Rechtsgeschäfte bleibt gemäß § 32 FGG unberührt.

4. Die Vorschriften über die *Berufung zur Vormundschaft* gelten nicht für die vorläufige Vormundschaft (§ 1907 BGB). Die Auswahl des vorläufigen Vormundes erfolgt nach dem pflichtmäßigen Ermessen des Vormundschaftsgerichts nach dem auch sonst für die Vormundschaft über Volljährige geltenden Vorschriften (vgl §§ 1897, 1779 bis 1781, 1784, 1900 BGB). Von dem Ersuchen an den Gemeindewaisenrat um Vorschlag eines vorläufigen Vormundes kann jedoch in drigenden Fällen Abstand genommen werden (Erman, § 1907 Anm 1; Staudinger, § 1907 Anm 3, S. 1635).

5. Auf die *Führung* der vorläufigen Vormundschaft und die Tätigkeit des Vormundschaftsgerichts finden die auch sonst für die Vormundschaft über Volljährige geltenden Bestimmungen Anwendung (vgl oben § 108). Indessen hat der Vormund bei der Führung des Amtes darauf Rücksicht zu nehmen, daß sein Amt nur ein vorläufiges ist, und deshalb Maßnahmen, die die persönlichen oder vermögensrechtlichen Verhältnisse des Mündels über das Maß des Vorläufigen hinaus berühren, tunlichst zu vermeiden.

6. Die *Beendigung* der vorläufigen Vormundschaft tritt entweder kraft Gesetzes oder mit der Aufhebung durch das Vormundschaftsgericht ein. Kraft Gesetzes endigt die vorläufige Vormundschaft, wenn der Antrag auf Entmündigung zurückgenommen oder rechtskräftig abgewiesen wird[1],

[1] Dieser Fall liegt auch vor, wenn der Antrag auf Einleitung des Entmündigungsverfahrens wegen örtlicher Unzuständigkeit des Gerichts rechtskräftig abgelehnt

ferner im Falle der Entmündigung mit der Bestellung des endgültigen Vormundes (§ 1908 Abs I und II BGB), außerdem mit dem Tode des Mündels oder mit der Rechtskraft des die Todeserklärung des Mündels aussprechenden Beschlusses (§§ 1897, 1884 Abs II BGB, 23, 29 VerschG). Mit der Aufhebung durch das Vormundschaftsgericht endigt die vorläufige Vormundschaft im Falle der Verschollenheit des Mündels; in diesem Falle hat das Vormundschaftsgericht die vorläufige Vormundschaft aufzuheben, wenn ihm der Tod des Mündels bekannt wird (§§ 1897, 1884 Abs I BGB). Die vorläufige Vormundschaft ist ferner von dem Vormundschaftsgericht aufzuheben, wenn der Mündel des vorläufigen vormundschaftlichen Schutzes nicht mehr bedürftig ist (§ 1908 Abs III BGB). Ob dies der Fall ist, hat das Vormundschaftsgericht nach pflichtmäßigem Ermessen zu entscheiden; die Aufhebung kann z. B. geboten sein, wenn das Verfahren auf Entmündigung wegen Trunksucht gemäß § 681 ZPO ausgesetzt wird, weil Aussicht auf Besserung des zu Entmündigenden besteht, es sei denn, daß diese Aussicht durch den Fortfall der Fürsorge des vorläufigen Vormundes gemindert werden würde. Die Verfügung, durch die eine vorläufige Vormundschaft aufgehoben wird, wird mit der Bekanntmachung an den Mündel wirksam; von diesem Zeitpunkt ab hat auch der bisherige Vormund lediglich als solcher kein Beschwerderecht mehr (KGJ 25 A 188 = RJA 3 172).

Auf die Beendigung des Amtes des vorläufigen Vormundes finden gemäß § 1897 die §§ 1885 bis 1889 BGB Anwendung, ebenso auf die Pflichten des vorläufigen Vormundes nach Beendigung seines Amtes die §§ 1890ff. BGB. Soll im Falle der Entmündigung der bisherige vorläufige Vormund endgültiger Vormund werden, so ist seine erneute Bestellung erforderlich; der Bestellung eines besonderen Pflegers für die Vermögensherausgabe und Rechenschaftsablegung bedarf es in diesem Falle nicht (Staudinger, § 1908 Anm 1a, S. 1637).

7. Von der Anordnung und von der Aufhebung der vorläufigen Vormundschaft hat in den ehem. preußischen Gebieten das Vormundschaftsgericht der Gemeinde des Wohnorts des Mündels Mitteilung zu machen, und zwar auch dann, wenn die vorläufige Vormundschaft durch das Beschwerdegericht angeordnet oder aufgehoben worden ist; die Mitteilung hat zu erfolgen, sobald die betreffende Verfügung in Wirksamkeit getreten ist. Einer Nachricht von der Aufhebung der vorläufigen Vormundschaft bedarf es nicht, wenn diese dadurch endet, daß auf Grund der Entmündigung ein Vormund bestellt wird (AllgVfg d. PrJM vom

---

ist; vgl KGJ 26 A 181 = RJA 3 226. Der rechtskräftigen Abweisung des Entmündigungsantrages ist es ferner gleichzustellen, wenn der Entmündigungsbeschluß auf die Anfechtungsklage rechtskräftig aufgehoben wird (BayObLGZ 29 426; Palandt, § 1908 Anm 1).

25. Nov. 1921, JMBl 1921 592). Wegen der Mitteilung an das Strafregister vgl SCHLEGELBERGER, § 52 FGG Anm 5 a. E.

C. Die Pflegschaft

§ 110. 1. Allgemeines

1. Während die Vormundschaft grundsätzlich die allgemeine Fürsorge sowohl für die Person wie auch für das Vermögen des Mündels bezweckt und nur für geschäftsunfähige und in der Geschäftsfähigkeit beschränkte Personen mit gesetzlich geregelten Befugnissen des Vormundes anzuordnen ist, hat die *Pflegschaft regelmäßig* die *Besorgung einzelner Angelegenheiten oder eines bestimmten Kreises von Angelegenheiten* des Pflegebefohlenen durch den Pfleger zum Ziele, kann auch für geschäftsfähige Personen eingerichtet werden und richtet sich hinsichtlich der Rechte und Pflichten des Pflegers nach der Bestimmung durch das Vormundschaftsgericht. Hierbei ist ausschließlich die bei der Verpflichtung des Pflegers aufgenommene Verhandlung maßgebend (KG HRR **30** 790), auch wenn der Geschäftskreis des Pflegers in der Bestallungsurkunde anders bestimmt ist (KGJ **41** A 38; JFG **7** 103); auf eine sorgfältige Abfassung der Verhandlungsniederschrift und eine genaue Bezeichnung des Geschäftskreises des Pflegers ist daher Bedacht zu nehmen (vgl auch KGJ **50** A 34). Die Bestellung eines Pflegers auf schriftlichem Wege ist regelmäßig nicht zulässig, sie erfordert vielmehr einen gerichtlichen Akt, bei dem der Pfleger persönlich durch das Gericht verpflichtet wird (KGJ **38** A 41). Dies gilt jedoch nicht, wenn das Jugendamt oder der Vorstand einer Anstalt oder eines Vereins zum Pfleger bestellt wird; in diesen Fällen erfolgt die Bestellung durch schriftliche Verfügung des Vormundschaftsgerichts (vgl §§ 46 Abs II Satz 2, 52, 53 JWG).

2. Die *Fälle der Pflegschaft* sind im Gesetze abschließend geregelt (§§ 1909 bis 1914 BGB). Eine entsprechende Anwendung der Vorschriften über die Einrichtung einer Pflegschaft auf andere Fälle, in denen ein tatsächliches Schutzbedürfnis vorliegt, ist daher unzulässig (ERMAN, Einleitung vor § 1909 Anm 2b; PALANDT, Einführung vor § 1909, Anm 2; KGJ **20** A 21). So darf auch bei einem Widerstreit der Interessen für einen Testamentsvollstrecker kein Pfleger bestellt werden (KGJ **26** A 20 = RJA **3** 167; OLG **6** 303). Für juristische Personen, insbesondere für Aktiengesellschaften, kann ein Pfleger nicht bestellt werden (KGJ **34** A 53). Unzulässig ist es auch, durch private Verfügung die vormundschaftliche Verwaltung von Vermögen anzuordnen, das volljährigen und gesetzlich verfügungsfähigen Personen zugewendet ist KGJ **50** A 43).

Gemäß Art 32 EGBGB sind jedoch die auf Reichsgesetz beruhenden und gemäß Art 55 EGBGB auch die dem öffentlichen Rechte angehörenden Bestimmungen des Landesrechts insoweit aufrechterhalten, als sie die Einleitung einer Pflegschaft zulassen. Vgl hierzu §§ 292 Abs II Satz 2, 433 StPO, 80ff. StGB (Löwe-Rosenberg, StPO, § 292 Anm 10). Die Beschlagnahme und Güterpflege nach der Strafprozeßordnung erfolgen ausschließlich im öffentlichen Interesse, um den flüchtigen Angeschuldigten zur Gestellung zu veranlassen. Dem Pfleger und Vormundschaftsgericht obliegt dabei die Nebenaufgabe der Überwachung, daß die Interessen des Angeschuldigten nicht über den Beschlagnahmezweck hinaus beeinträchtigt werden (KG JW **1937** 412; vgl ferner RAG **23** 66; RJA **5** 260; BayObLG HRR **34** 631). Weitere Fälle von Pflegschaften sind in den §§ 44 Abs II BBG, 53 Abs III LBG NRW, 15 Abs II der Bundesdisziplinarordnung vom 28. 11. 1952 (BGBl I 761) und § 18 Abs I der Disziplinarordnung des Landes Nordrhein-Westfalen vom 8. 12. 1953 (GS NRW S. 335) enthalten. Der Bundes- und Landesgesetzgeber ist zum Erlaß derartiger Bestimmungen gemäß Art 73 Z 8, Art 74 Z 1, Art 75 Z 1, Art 70 GG befugt (vgl ferner unten § 113 Z 1a a. E.).

Endlich gibt es noch Pflegschaften, deren Einleitung nicht zu den Aufgaben des Vormundschaftsgerichts gehört, sondern von anderen Gerichten angeordnet wird. Hierher gehören insbesondere die *Nachlaßpflegschaften* (vgl §§ 1960 bis 1962, 1975ff. BGB; §§ 88, 99 FGG, § 106 Abs III *RAbgO*).

3. Wegen der Anordnung einer Pflegschaft über *Ausländer* vgl oben § 82.

4. Das deutsche Recht kennt *keine vorläufige Pflegschaft* als vorläufige Maßregel (KGJ **27** A 164 = RJA **4** 78).

§ 111. 2. Die Pflegschaft über Minderjährige und bevormundete Volljährige

I. Wer unter elterlicher Gewalt oder unter Vormundschaft steht, erhält einen Pfleger entweder für einzelne Angelegenheiten, an deren Besorgung der Gewalthaber oder der Vormund[1] verhindert ist (§ 1909 Abs I BGB). Das gleiche gilt, wenn die Voraussetzungen für die Anordnung einer Vormundschaft vorliegen, ein Vormund aber noch nicht bestellt ist (§ 1909 Abs III BGB). Der § 1909 BGB bezieht sich indessen nur auf natürliche Personen, kann also auf juristische Personen, insbesondere Aktiengesellschaften, nicht sinngemäß angewendet werden,

[1] Ist der Pfleger selbst verhindert, so ist für die betreffende Angelegenheit ein Unterpfleger zu bestellen (Palandt, § 1909 Anm 1).

falls deren gesetzliche Vertreter an der Besorgung ihrer Angelegenheiten verhindert sind (RJA 17 17); vgl aber unten § 113 Z 3a.

1. Die Verhinderung des elterlichen Gewalthabers oder des Vormundes kann tatsächlicher oder rechtlicher Art sein. Die Verhinderung kann im übrigen sowohl die persönlichen wie die Vermögensangelegenheiten oder die gesetzliche Vertretung des Kindes oder Mündels betreffen. Stets ist aber Voraussetzung, daß eine Verhinderung vorliegt. Deshalb ist es nicht angängig, einen Pfleger zum Zwecke der Einlegung der weiteren Beschwerde gegen den die Entscheidung des Vormundschaftsgerichts abändernden Beschluß des Beschwerdegerichts zu bestellen (KGJ 27 A 175 = OLG 8 363; KGJ 38 A 11). Ebenso darf nicht ein Pfleger zum Zwecke der Ermittelung bestellt werden, ob von dem zur Wiederheirat schreitenden elterlichen Gewalthaber zu verwaltendes Kindesvermögen vorhanden ist; diese Ermittelungen muß vielmehr das Vormundschaftsgericht selbst anstellen (KGJ 31 A 22 = RJA 7 6).

a) Als Hinderungsgründe tatsächlicher Art kommen namentlich Krankheit, Haft, Abwesenheit in Betracht. Sind übrigens die elterlichen Gewalthaber längere Zeit an der Ausübung der elterlichen Gewalt verhindert, so wird die Einleitung einer Vormundschaft erforderlich sein (vgl hierzu die §§ 1674, 1675, 1773 Abs I BGB). Bei der Verhinderung nur eines Elternteils ist regelmäßig keine Anordnung der Pflegschaft oder Vormundschaft möglich, da der andere Teil die elterliche Gewalt allein ausübt (§ 1678 Abs I BGB; vgl jedoch §§ 1671, 1672, 1678 Abs II BGB).

b) Aus rechtlichen Gründen ist der elterliche Gewalthaber oder der Vormund an der Wahrnehmung einer einzelnen Angelegenheit oder eines bestimmten Kreises von Angelegenheiten für das Kind oder den Mündel verhindert, wenn der Gewalthaber oder der Vormund für diese Angelegenheit das Sorgerecht nicht besitzt.

Die Fälle dieser Art sind außerordentlich mannigfaltig. Insbesondere kommen die Fälle des § 1629 Abs II BGB und der §§ 1795, 1796 BGB in Betracht. So kann dem ehelichen Kinde zum Zwecke des Abschlusses eines Unterhaltsvergleichs mit einem Elternteil ein Pfleger bestellt werden; ebenso, wenn einem personensorgeberechtigten Elternteil, der die Kosten der Ausbildung des Kindes für einen von diesem gewählten, ihm aber nicht zusagenden Beruf nicht zahlen will, das Sorgerecht gemäß § 1666 BGB, soweit es die Berufswahl des Kindes betrifft, entzogen und eine Anordnung gemäß §§ 1679 Abs I S. 1, 1680 BGB nicht getroffen worden ist, zwecks Erlangung der Ausbildungskosten (vgl auch DJZ 1930 974). Will eine als Vorerbin eingesetzte Ehefrau ein zur Erbschaft gehörendes Grundstück veräußern, so kann nicht der Vater des zum Nacherben berufenen Kindes die Zustimmung erteilen, vielmehr bedarf es der Bestellung eines Pflegers (KGJ 28 A 296 = RJA 4 194).

Das gleiche gilt bei einer Erbauseinandersetzung, an der Vater und Kind beteiligt sind; scheidet jedoch nur ein anderer Miterbe aus, so ist die Bestellung nicht erforderlich, es sei denn, daß sich aus besonderen Gründen ein Interessengegensatz ergibt und deswegen dem Vater die Vertretung des Kindes entzogen wird (vgl PALANDT, § 1909 Anm 2a; KGJ **23** A 74). Das Vormundschaftsgericht kann aber nicht einen für mehrere Pflegebefohlene bestellten Pfleger ermächtigen, unter Abweichung von der Regel des § 181 BGB mit sich selbst im Namen des einen Pflegebefohlenen als Vertreter des anderen ein Rechtsgeschäft abzuschließen (RGZ **71** 162ff. = RJA **10** 87), vielmehr bedarf es in einem solchen Falle, z. B. bei einem Erbauseinandersetzungsvertrage, der Bestellung von besonderen Pflegern für jeden einzelnen der Pflegebefohlenen; bei Übertragung des gesamten Nachlasses an einen volljährigen Miterben gegen Zahlung einer Abfindungssumme an die übrigen minderjährigen Miterben können diese aber alle durch denselben Pfleger vertreten werden, weil es sich nur um die Zusammenfassung mehrerer Einzelabmachungen handelt; dieser Fall liegt aber mit Rücksicht auf § 2040 Abs I BGB nicht vor, wenn nur ein einzelner Nachlaßgegenstand an den Erwerber übereignet wird (RGZ **93** 334; vgl ferner KGJ **22** A 34 = RJA **2** 110 und ERMAN, § 1795 Anm 2 a. E.).

Beispiele:

I.

Der Vater wünscht, aus dem seiner Verwaltung unterliegenden Vermögen des Kindes ein Darlehen von dreitausend DM zu erhalten; die Rückzahlung des Geldes soll sichergestellt werden durch Eintragung einer Darlehenshypothek auf einem Grundstück des Vaters. Sowohl hinsichtlich des Abschlusses des Darlehensvertrages als auch hinsichtlich des dinglichen Vertrages über die Belastung des väterlichen Grundstücks ist der Vater gemäß §§ 1629 Abs II S. 1, 1795 Abs II, 181 BGB kraft Gesetzes von der Vertretung des Kindes ausgeschlossen; dem letzteren ist also gemäß § 1909 Abs I BGB ein Pfleger zu bestellen. Zu den Aufgaben des Pflegers gehört natürlich nicht lediglich der förmliche Abschluß des Vertrages, sondern auch die gewissenhafte Prüfung, ob der beabsichtigte Vertrag den Interessen des Kindes entspricht und überhaupt geschlossen werden soll. Diese Prüfung ist übrigens nicht nur vom rein wirtschaftlichen Standpunkt aus vorzunehmen; vielmehr kann es auch durchaus im wohlverstandenen Interesse des Kindes liegen, den in wirtschaftlicher Bedrängnis befindlichen Vater zu unterstützen, auch wenn unbedingte Sicherheit für die Rückzahlung nicht geleistet werden kann.

II.

Dem Vater ist das Personensorgerecht (sei es nur hinsichtlich der tatsächlichen Fürsorge, sei es auch hinsichtlich des Vertretungsrechts) gemäß § 1666 Abs I BGB entzogen. Dem Kind ist gemäß § 1909 Abs I BGB ein Pfleger zu bestellen, wenn nicht gemäß §§ 1680, 1679 Abs I BGB eine Anordnung des Vormundschaftsgerichts getroffen wird, daß das Personensorgerecht der Mutter allein zusteht.

Die Bestellung eines Pflegers ist nicht schon bei jedem Interessengegensatz zwischen einem Elternteil und dem Kind, sondern nur dann zulässig, wenn die Eltern kraft Gesetzes (§§ 1629 Abs II S. 1, 1795 BGB) an der Vertretung des Kindes behindert oder wenn ihnen auf Grund des § 1796 BGB die Vertretung für einzelne Angelegenheiten entzogen ist (§§ 1629 Abs II S. 2, 1796 BGB[1]; vgl KGJ 29 A 24; PALANDT, § 1796 Anm 2). Die Entziehung des Vertretungsrechts gemäß § 1796 BGB braucht nicht ausdrücklich zu erfolgen, sondern kann auch durch die Bestellung eines Pflegers und die Bekanntmachung der Bestellung an den elterlichen Gewalthaber oder den Vormund geschehen (KGJ 30 A 34; 31 A 12; ERMAN, § 1796 Anm 2). Wenn der Vater durch Testament seine Kinder zu Erben eingesetzt und die Einrichtung einer Pflegschaft für das Nachlaßvermögen angeordnet hat (§ 1638 BGB), so bleibt die Mutter für die Ausschlagung des testamentarischen Erbrechts vertretungsberechtigt; die Bestellung eines Pflegers ist daher insoweit nicht zulässig (PALANDT, § 1909 Anm 2a; RJA 14 115).

Die Bestellung eines Pflegers zur Wahrnehmung der Interessen der Kinder in dem Verfahren nach § 1671 BGB ist nicht erforderlich. Sie ist jedoch zur Förderung der amtlichen Ermittelungen gemäß § 12 FGG im einzelnen Fall nach dem pflichtmäßigen Ermessen des Vormundschaftsgerichts zulässig (vgl RGZ 62 132 u. 64 16 für die durch § 84 EheG vom 6. 7. 1938 i. V. m. § 78 EheG vom 20. 2. 1946 aufgehobenen §§ 1635, 1636 BGB).

Im Falle der Anordnung von Maßnahmen aus § 1666 BGB ist die Bestellung eines Pflegers vor der endgültigen Entscheidung ebenfalls nicht erforderlich, aber zulässig (RJA 5 127; KGJ 50 A 34; PALANDT, § 1909 Anm 2a). So kann z. B. ein Pfleger zur einstweiligen Aufenthaltsbestimmung für die Dauer des Verfahrens bestellt werden (RJA 11 85). Wird einem Elternteil die Sorge für die Person oder das Vermögen des Kindes gemäß § 1666 BGB entzogen, so kann das Vormundschaftsgericht, soweit dies mit dem Wohl des Kindes vereinbar ist, anordnen, daß die Sorge für die Person oder das Vermögen des Kindes dem anderen Elternteil allein zusteht. Anderenfalls bestellt es einen Vormund oder Pfleger (§§ 1680, 1679 Abs I S. 1 u. 2 BGB). Neben dem Vormund oder Pfleger steht dem anderen Elternteil nur noch die tatsächliche Personensorge zu (§ 1679 Abs I S. 3).

Im Falle der §§ 1671, 1672 BGB geht die elterliche Gewalt auf den anderen Elternteil über, wenn der Elternteil sie verwirkt, dem sie nach den genannten Bestimmungen übertragen war (§ 1679 BGB). Es bedarf also hier keiner Vormund- oder Pflegerbestellung.

---

[1] Vgl hierzu oben § 42 Zff 2. Z. B. kann der Mutter, die als Alleinerbin des Vaters dem Kinde den Pflichtteil schuldet, wenn das Vormundschaftsgericht eine Schädigung des Kindes befürchtet, das Vertretungsrecht für diese Angelegenheit entzogen und dem Kinde ein Pfleger bestellt werden (vgl JFG 8 57; KG JW 36 2748; PALANDT, § 1629 Anm 6).

Die Bestellung eines Pflegers zur Überwachung des Vaters bei der Verwaltung des Kindesvermögens ist an sich und als Maßnahme aus § 1667 BGB unzulässig; dagegen kann dem Vater notfalls die Vertretung des Kindes für einzelne Vermögensangelegenheiten entzogen und einem Pfleger übertragen werden, z. B. darüber, ob eine Erbauseinandersetzung stattzufinden hat, und für die Durchführung der Auseinandersetzung (PALANDT, § 1667 Anm 2; KGJ 35 A 9).

Zur Überwachung der Verpflegung eines der Personensorge der Mutter unterstehenden, aber bei dem Vormunde untergebrachten unehelichen Kindes kann ein Pfleger bestellt werden (KGJ **36** A 43), ebenso zwecks Verwaltung des Kindeserbes (auch abgesehen von dem Fall des § 1638 Abs I BGB) selbst neben einem Testamentsvollstrecker, wenn die elterlichen Gewalthaber an der Verwaltung verhindert sind (KGJ **41** A 141; RJA **16** 15), endlich zur Wahrnehmung der Interessen des Kindes in einem Rechtsstreit, in dem es sich um die Verfolgung eines auf die Behauptung unehelicher Geburt des Kindes gestützten Anspruchs handelt (KGJ **42** A 15; vgl auch BayObLG, JW **31** 1373; PALANDT, § 1593 Anm 2); jedoch ist, wenn eine rechtzeitige Anfechtung gemäß §§ 1593, 1594 BGB nicht stattgefunden hat, eine Klage des Kindes gegen den gesetzlichen Vater auf Feststellung der Unehelichkeit und demgemäß auch die Bestellung eines Pflegers zur Erhebung einer solchen Klage ausgeschlossen (KGJ **50** A 38; SchlHOLG, SchlHA **49** 38).

Der Ehegatte, der zum Vermögenspfleger des anderen Ehegatten bestellt ist, kann sich selbst die bei der Gütergemeinschaft erforderliche Zustimmung zur Vornahme eines Rechtsgeschäfts oder einer Verfügung erteilen; die Bestellung eines besonderen Pflegers ist nur bei Interessenwiderstreit notwendig (vgl PALANDT, § 1900 Anm 2; RJA **4** 76; KGJ **27** A 166). Im Falle der gemeinschaftlichen Verwaltung des Gesamtgutes durch die Ehegatten (vgl § 1450 BGB) gilt § 1458 BGB (PALANDT, § 1458 Anm 1).

Einen wichtigen Fall rechtlicher Verhinderung des elterlichen Gewalthabers oder des Vormundes hat das Gesetz im § 1909 Abs I Satz 2 BGB besonders hervorgehoben, indem es angeordnet hat, daß das Kind oder der Mündel einen Pfleger zur Verwaltung des Vermögens erhält, das das Kind oder der Mündel von Todes wegen erwirbt oder das ihm unter Lebenden von einem Dritten unentgeltlich zugewandt wird, wenn der Erblasser durch letztwillige Verfügung, der Dritte bei der Zuwendung bestimmt hat, daß dem Gewalthaber oder dem Vormunde die Verwaltung nicht zustehen soll (vgl hierzu hinsichtlich des elterlichen Gewalthabers § 1638 BGB; hinsichtlich des Vormundes würde ohne die Vorschrift des § 1909 Abs I Satz 2 BGB eine Pflegerbestellung gemäß § 1909 Abs I Satz 1 BGB nur unter den Voraussetzungen der §§ 1795, 1796 BGB in Frage kommen). Die formelle und materielle Gültigkeit der hier in Betracht kommenden letztwilligen Verfügungen hat das Vormundschaftsgericht vor der Anordnung der Pflegschaft zu prüfen; bei Zweifelhaftigkeit der Gültigkeit ist ein Pfleger zu bestellen (OLG 26 118; KGJ 38 A 72; PALANDT, § 1909 Anm 2a; STAUDINGER, § 1909 Anm 2bβ, S. 1643). Unter dem „Zuwendenden" im Sinne der Vorschrift des § 1909 Abs I S. 2 BGB sind die einzelnen Elternteile nicht zu verstehen; ihnen kann also nicht die Verwaltung des Vermögens zugunsten eines Pflegers entzogen werden, das sie selbst dem Kinde zugewendet haben (RJA 14 1). Ist durch letztwillige Verfügung oder durch den Zuwendenden bestimmt, daß nur ein Elternteil nicht verwalten soll, so gilt § 1638 Abs III BGB. Im übrigen wird die Einleitung einer Pflegschaft gemäß § 1909 Abs I Satz 2 BGB nicht dadurch entbehrlich gemacht, daß der Erblasser in der letztwilligen Verfügung die Verwaltung des dem Kinde oder Bevormundeten hinterlassenen Vermögens durch einen Testamentsvollstrecker angeordnet hat (KGJ 48 A 141; KGJ 38 A 69 = RJA 10 102; JFG 2 132, wo auch ausgeführt ist, daß der Erblasser die Benennung des Pflegers nicht einem Dritten überlassen kann). Der Geschäftskreis eines solchen Pflegers umfaßt die Verwaltung des zugewendeten Vermögens, soweit sie nicht dem Testamentsvollstrecker zusteht (KG RJA 16 15), insbesondere also die Sorge dafür, daß der Testamentsvollstrecker zum Amte kommt, daß dieser das etwa dem Kinde oder Mündel zugewendete Vermächtnis von dem Erben einzieht, ferner die Entgegennahme von Zinsen und Nutzungen und des dem Pflegling gebührenden Kapitals selbst bei Fälligkeit, endlich die Sorge dafür, daß der Testamentsvollstrecker sein Amt ordnungsmäßig versieht, die Geltendmachung von Schadensersatzansprüchen gegen den Testamentsvollstrecker und notfalls die Herbeiführung seiner Entlassung (KGJ 38 A 69 = RJA 10 102). Ist ein Kind zum Nacherben eingesetzt, so kann eine Pflegschaft gemäß § 1909 Abs I Satz 2 BGB erst nach dem Eintritt der Nacherbfolge angeordnet werden, es sei denn, daß hinsichtlich der Wahrung des Anwartschaftsrechts des Kindes die Eltern gemäß § 1629 Abs II BGB an der Besorgung rechtlich verhindert wären (KGJ 50 A 46 = RJA 16 10).

c) Mag die Verhinderung des elterlichen Gewalthabers oder des Vormundes tatsächlicher oder rechtlicher Art sein, das Vormundschaftsgericht hat in jedem Falle von Amts wegen zu prüfen, ob durch die Verhinderung die ordnungsmäßige Erledigung einer Angelegenheit des Kindes oder Mündels in Frage gestellt wird. Um dies beurteilen zu können, muß es sich Klarheit über den Sachverhalt verschaffen (KG DJ 38 427). In eine sachliche Prüfung der Angelegenheit, für die der Pfleger bestellt werden soll, darf aber das Vormundschaftsgericht dabei nicht eintreten (JFG 4 126). Die Bestellung eines Pflegers zur Durchführung eines offenbar aussichtslosen Rechtsstreits kann das Vormundschaftsgericht ablehnen (BayObLG DJZ 24 403; OLG 25 402; KGJ 49 A 24). Ebenso genügt die bloße Möglichkeit des künftigen Bedürfnisses einer Pflegschaft zur Anordnung einer solchen nicht (RJA 10 103; KGJ 50 A 46 = RJA 16 10); die sogenannte Beobachtungs- oder Vigilanzpflegschaft ist dem Bürgerlichen Gesetzbuch unbekannt.

Damit dem Vormundschaftsgericht in allen in Betracht kommenden Fällen Gelegenheit zu der von Amts wegen vorzunehmenden Prüfung (KGJ 33 A 65; OLG 18 287) der Frage gegeben wird, ob die Einleitung einer Pflegschaft zu erfolgen hat, ist dem elterlichen Gewalthaber und dem Vormund die Pflicht auferlegt, dem Vormundschaftsgericht unverzüglich Anzeige zu machen, wenn das Bedürfnis einer Pflegschaft eintritt (§ 1909 Abs II BGB). Eine ähnliche Anzeigepflicht trifft auch den Beistand (§ 1686 BGB), den Gegenvormund (§ 1799 Abs I BGB), den Pfleger (§ 1915 Abs I BGB), den Gemeindewaisenrat (§ 49 FGG) und die gerichtlichen Behörden (§ 50 FGG).

2. Eine Pflegschaft ist auch dann anzuordnen, wenn die Voraussetzungen für die Anordnung einer Vormundschaft vorliegen, ein Vormund aber noch nicht bestellt ist (§ 1909 Abs III BGB). Die Voraussetzungen für die Anordnung einer Vormundschaft ergeben sich aus den §§ 1773 und 1896 BGB. Liegen sie vor, stehen aber der sofortigen Bestellung des Vormundes Hindernisse entgegen, obwohl eine einzelne Angelegenheit im Interesse des Mündels beschleunigter Erledigung bedarf, so ist der Fall des § 1909 Abs III BGB gegeben. Auch im Falle der vorläufigen Vormundschaft (§ 1906 BGB) kann sich trotz der Bestimmung des § 1907 BGB eine dem Mündel nachteilige Verzögerung der Bestellung des vorläufigen Vormundes ergeben und demgemäß die Bestellung eines Pflegers als notwendig erweisen; die Bestellung hat aber in diesem Falle die Beschränkung der Geschäftsfähigkeit des Pflegebefohlenen gemäß § 114 BGB nicht zur Folge (Staudinger, § 1909 Anm 4b S. 1645; RGRK, § 1909 Anm 5). Im übrigen ist dem deutschen Recht aber die vorläufige Pflegschaft als vorläufige Maßregel unbekannt (KGJ 27 A 164 = RJA 4 78).

Dem gemäß § 1909 Abs III BGB bestellten Pfleger kann im Bedarfsfalle die gesamte Sorge für die Person und das Vermögen des Pflegebefohlenen einschließlich der gesetzlichen Vertretung übertragen werden; der Wirkungskreis des Pflegers ist zur Vermeidung von Zweifeln bei der Bestellung genauso zu umschreiben.

II. Auf die Pflegschaft finden die für die Vormundschaft geltenden Vorschriften entsprechende Anwendung, soweit sich nicht aus dem Gesetz ein anderes ergibt (§ 1915 Abs I BGB)[1]. Dies gilt nicht nur für die

[1] Die Pflegschaft betr die eigene Mutter ist auch dann zu übernehmen, wenn ihre Wahrnehmung zu Konflikten mit dem Vater oder den anderen Geschwistern führen kann (FamRZ 63 376 Nr 189).

Bestimmungen des Bürgerlichen Gesetzbuches und seiner Nebengesetze (so RGRK, § 1915 Anm 1; PALANDT, § 1915 Anm 1), sondern auch für alle anderen Gesetze, sofern nicht nach dem Sinn und Zweck dieser Gesetze die Gleichstellung der Vormundschaft und der Pflegschaft ausgeschlossen erscheinen muß (STAUDINGER, § 1915 Anm 1, S. 1668). Maßgebend sind für die gemäß § 1909 BGB eingerichtete Pflegschaft die Vorschriften über die Vormundschaft über Minderjährige, wenn der Pflegebefohlene minderjährig ist, sonst die Vorschriften über die Vormundschaft über Volljährige.

Das Vormundschaftsgericht hat im Bedürfnisfall eine Pflegschaft von Amts wegen einzuleiten und kann die Anregung der Einleitung nicht mit der Begründung ablehnen, daß es des Antrages einer besonders dazu befugten Person bedürfe (ERMAN, § 1915 Anm 2; KGJ **33** A 65).

Ist der Pfleger an der Besorgung einer ihm obliegenden Angelegenheit verhindert, so ist ein Unterpfleger zu bestellen.

Dem Pfleger kann auch in entsprechender Anwendung des § 1836 BGB eine Vergütung für seine Tätigkeit zugebilligt werden (RG JW **30** 2210; BGHZ **20** 225 = NJW/RzW **56** 201). Die Festsetzung der Vergütung durch das Vormundschaftsgericht ist für den Prozeßrichter bindend, und zwar auch dann, wenn an Stelle des Pflegebefohlenen ein Dritter durch Schuldübernahmevertrag die Kosten der Pflegschaft übernommen hat (RGZ **127** 103; PALANDT, § 1836 Anm 3).

Besonderheiten für die Pflegschaft gemäß § 1909 BGB sind folgende:

1. Die Vorschriften über die Berufung zur Vormundschaft finden grundsätzlich keine Anwendung (§ 1916 BGB); das Vormundschaftsgericht hat also den Pfleger nach Maßgabe des § 1779 BGB auszuwählen. Die einmal erfolgte Übernahme der Pflegschaft kann nicht nachträglich wegen Irrtums über den Umfang der Pflegschaft angefochten werden; das Ablehnungsrecht erlischt, wenn es nicht vor der Bestellung bei dem Vormundschaftsgericht geltend gemacht wird (RJA **14** 8). Wird indessen die Anordnung einer Pflegschaft nach § 1909 Abs I Satz 2 BGB erforderlich, so ist als Pfleger berufen, wer als solcher von dem Erblasser durch letztwillige Verfügung oder bei der Zuwendung benannt worden ist; die Vorschriften des § 1778 BGB (betr. die Übergehung, vorübergehende Verhinderung des Berufenen, die Bestellung des Ehemannes vor dem Berufenen, die Bestellung eines Mitvormundes) finden entsprechende Anwendung (§ 1917 Abs I BGB). Die Benennung des Pflegers kann aber nicht einem Dritten überlassen werden (JFG **2** 132). Die Bestellung des benannten Pflegers wird im Falle der erst später sich ändernden Sachlage, die einen Interessengegensatz in sich schließt, während ein solcher gegenwärtig nicht besteht, nicht gehindert (JFG **4** 137).

Im übrigen können durch letztwillige Verfügung oder bei der Zuwendung für den benannten (nicht für den von dem Vormundschaftsgericht auszuwählenden) Pfleger die in den §§ 1852 bis 1854 BGB bezeichneten Befreiungen angeordnet werden (§ 1917 Abs II S. 1 BGB). Diese Anordnungen kann das Vormundschaftsgericht außer Kraft setzen, wenn sie das Interesse des Pflegebefohlenen gefährden (§ 1917 Abs II Satz 2 BGB); bei Lebzeiten des Zuwendenden ist jedoch hierzu seine Zustimmung erforderlich, andererseits aber eine Gefährdung der Interessen des Pflegebefohlenen nicht Voraussetzung der Abweichung; die Zustimmung kann durch das Vormundschaftsgericht ersetzt werden, wenn der Zuwendende zur Abgabe einer Erklärung dauernd außerstande oder sein Aufenthalt dauernd unbekannt ist (§ 1917 Abs III BGB). Bei Lebzeiten des Zuwendenden ist eine Abweichung von seinen Anordnungen hiernach selbst dann unzulässig, wenn diese die Interessen der Pflegebefohlenen gefährden. Dies erklärt sich daraus, daß dem Dritten die freie Bestimmung über die Verwaltung des dem Pflegebefohlenen unentgeltlich zugewendeten Vermögens gebührt.

2. Die Bestellung eines Gegenvormundes (nicht Gegenpflegers) ist zwar zulässig, aber gemäß § 1915 Abs II BGB nicht erforderlich, und zwar auch dann nicht, wenn die Voraussetzungen des § 1792 Abs II vorliegen. Die Bestellung eines Gegenvormundes neben dem Pfleger ist im Falle des § 1917 BGB überhaupt ausgeschlossen, wenn der Erblasser oder der Dritte die Bestellung untersagt hat; Abweichungen von einer solchen Anordnung ist nur nach Maßgabe der Vorschriften des § 1917 Abs II Satz 2, Abs III BGB statthaft. Auf den neben einem Pfleger bestellten Gegenvormund finden die für den Gegenvormund eines Vormundes geltenden Vorschriften entsprechende Anwendung. Der Gegenvormund eines Vormundes gilt übrigens nicht ohne weiteres auch als Gegenvormund des neben dem Vormund bestellten Pflegers; er muß vielmehr als Gegenvormund des Pflegers besonders bestellt werden, wenn ihm dieses Amt übertragen werden soll.

Ist ein Gegenvormund nicht bestellt, so bedarf der Pfleger eines Minderjährigen zu den im § 1812 BGB bezeichneten Rechtsgeschäften der Genehmigung des Vormundschaftsgerichts (Palandt, § 1915 Amn 2; KGJ 24 A 20).

3. Die Pflegschaft endigt entweder kraft Gesetzes oder mit der Aufhebung durch das Vormundschaftsgericht. Der erste Fall tritt ein, wenn die elterliche Gewalt oder die Vormundschaft über den Pflegebefohlenen endigt (§ 1918 Abs I BGB), außerdem, wenn der Pfleger zur Erledigung einer einzelnen Angelegenheit (nicht eines Kreises von Angelegenheiten) bestellt ist (§ 1918 Abs III BGB); die Aufhebung der Pflegschaft hat zu erfolgen, wenn der Grund für die Anordnung der Pflegschaft weggefallen ist (§ 1919 BGB).

Die Beendigung der Pflegschaft gemäß § 1918 Abs I BGB tritt auch ein, wenn die elterliche Gewalt ruht oder von einem Inhaber auf den anderen übergeht, sowie wenn sich an die elterliche Gewalt eine Vormundschaft oder umgekehrt oder wenn sich an eine Vormundschaft über einen Minderjährigen eine solche gemäß § 1896 BGB oder § 1908 BGB anschließt (STAUDINGER, § 1918 Anm 1a, S. 1674; PALANDT, § 1918 Anm 2; ERMAN, § 1918 Anm 2; KG JW 34 2624). In allen diesen Fällen muß, wenn auch der neue Gewalthaber oder Vormund an der Besorgung der in Betracht kommenden Angelegenheit verhindert ist, eine neue Pflegschaft angeordnet werden; eine Ausnahme macht nur der Fall des § 1909 Abs I Satz 2 BGB, wenn jeder Gewalthaber oder Vormund von der Verwaltung des zugewendeten Vermögens ausgeschlossen ist.

Die Pflegschaft zur Vertretung eines Ehegatten im Scheidungsprozesse erlischt als Pflegschaft zur Besorgung einer einzelnen Angelegenheit mit der Rechtskraft des Scheidungsurteils (RJA 15 255).

Die Aufhebung der Pflegschaft durch das Vormundschaftsgericht hat im Falle des § 1909 Abs I BGB mit dem Wegfall der Verhinderung des Gewalthabers oder Vormundes, im Falle des § 1909 Abs III BGB mit der Bestellung des Vormundes zu erfolgen. Nicht unzweifelhaft ist, ob in dem letzteren Falle die Pflegschaft nicht schon von selbst endigt. Um Zweifel bei den Beteiligten, namentlich auch bei dem Pfleger selbst, zu vermeiden, wird es sich empfehlen, die Pflegschaft auch in diesem Falle förmlich aufzuheben. Wenn eine Pflegschaft aufgehoben und alsdann von dem Beschwerdegericht die Aufhebung der Pflegschaft aufgehoben wird, so entsteht das Amt des Pflegers nicht ohne weiteres von neuem; der Pfleger muß vielmehr neu bestellt werden (RJA 15 101).

Die Aufhebung der Pflegschaft wird mit der Bekanntmachung der die Aufhebung anordnenden Verfügung an den Pfleger wirksam (§ 16 FGG); die Aufforderung an den Pfleger, die Bestallung zurückzugeben, wird jedenfalls dann genügen, wenn aus der Aufforderung den Umständen nach unzweifelhaft hervorgeht, daß die Rückgabe verlangt wird, weil die Pflegschaft aufgehoben ist (vgl OLG 5 366; SOERGEL, § 1919 Anm 1; RGRK, § 1919 Anm 1; a. A.: STAUDINGER, § 1919 Anm 3, S. 1676). Nach Aufhebung der Pflegschaft ist der Pfleger nicht mehr berechtigt, im Namen des Mündels gegen den Aufhebungsbeschluß Beschwerde einzulegen (BGH, Beschl. vom 13. 7. 1953, LM § 1919 BGB Nr 1).

Das Vormundschaftsgericht ist nicht berechtigt, nach der Beendigung der Pflegschaft die Herausgabe des verwalteten Vermögens zu fordern, insbesondere nicht durch Zwangsmittel (KGJ 24 A 23 = RJA 3 63; KGJ 33 A 54 = OLG 14 268); es kann aber den Pfleger zur Legung der Schlußrechnung durch Ordnungsstrafen anhalten (KGJ 32 A 53 = RJA 7 85). Dagegen erlischt in dem oben angeführten Falle der Pflegschaft zur Vertretung eines Ehegatten im Scheidungsprozesse die Pflicht des Pflegers zur Berichterstattung mit der Rechtskraft des Scheidungsurteils (RJA 15 255).

§ 112. 3. Die Gebrechlichkeitspflegschaft

1. Für einen *Volljährigen*, der in der Besorgung seiner Angelegenheiten oder einzelner oder eines bestimmten Kreises seiner Angelegenheiten durch geistige oder körperliche Gebrechen behindert ist, jedoch nicht unter Vormundschaft oder vorläufiger Vormundschaft steht, *kann* gemäß § 1910 BGB *mit seiner Einwilligung* in zwei Fällen (s. unten Z 2) eine Pflegschaft angeordnet werden.

Die Einwilligungserklärung bedarf keiner Form, sie ist jederzeit widerruflich (vgl hierzu unten Z 5) und entbehrlich, wenn eine Verständigung mit dem Gebrechlichen nicht möglich ist (§ 1910 Abs III BGB). Diese Voraussetzung wird nur im Falle eines geistigen Gebrechens in Betracht kommen können; ob sie erfüllt ist, hat das Vormundschaftsgericht nach pflichtmäßigem Ermessen zu prüfen. Eine bloße Erschwerung der Verständigung, die durch Zuziehung von Verwandten oder Sachverständigen beseitigt werden kann, macht die Einwilligung des Gebrechlichen nicht entbehrlich (OLG **23** 365, 366). Im übrigen ist in KGJ **30** A 28 = RJA **6** 2 der Standpunkt vertreten, daß die Verständigung mit einem geistig Gebrechlichen nur dann nicht möglich sei, wenn ihm die Absicht und die Bedeutung der Pflegschaftsanordnung nicht klargemacht werden könne und wenn der Gebrechliche nicht imstande sei, sich in einer dem Gericht verständlichen Weise zu der beabsichtigten Maßnahme zu äußern, so daß also auch im Falle des § 104 Z 2 BGB in jedem einzelnen Falle geprüft und festgestellt werden müßte, ob eine Verständigung in dem angegebenen Sinne nicht möglich sei. Demgegenüber war bereits in KGJ **19** A 47 von dem Kammergericht ausgeführt worden, daß mit einem infolge Geisteskrankheit Geschäftsunfähigen eine Verständigung im Sinne des § 1910 Abs III BGB nicht möglich, die Einwilligung zur Anordnung der Pflegschaft mithin in diesem Falle nicht erforderlich sei. In dem gleichen Sinne ist in RJA **8** 1 und RGZ **65** 199 = RJA **8** 79 dargelegt, daß, falls die geistige Gebrechlichkeit so beschaffen sei, daß der Gebrechliche im Sinne des § 104 Z 2 BGB überhaupt keinen freien Willen habe, davon auszugehen sei, daß eine Verständigung mit dem Gebrechlichen über seine Einwilligung in die Bestellung des Pflegers gänzlich ausgeschlossen und daher diese Einwilligung überhaupt entbehrlich sei (vgl auch Erman, § 1910 Anm 1; Palandt, § 1910 Anm 2d). Ähnlich hat das Bayerische Oberste Landesgericht in KGJ **30** A 295 = RJA **6** 27 sich dahin geäußert, daß ein Volljähriger trotz seines Widerspruchs einen Pfleger für eine einzelne Angelegenheit erhalten könne, wenn er gerade in bezug auf diese Angelegenheit unter der Herrschaft von Wahnvorstellungen stehe, die seine freie Willensbestimmung ausschlössen, weil eben in diesem Falle eine Verständigung mit dem Gebrechlichen nicht möglich sei. Vgl ferner zu der Frage der Verständigung RJA 1 134, OLG 2 234. Hiernach wird in allen Fällen, in denen die Voraussetzungen des § 104 Z 2 BGB vorliegen, anzunehmen sein, daß es der Einwilligung des Gebrechlichen zur Anordnung der Pflegschaft nicht bedarf.

2. Das Gesetz unterscheidet zwei Fälle der Gebrechlichkeitspflegschaft:

a) Die Bestellung eines Pflegers zur allgemeinen Sorge für die Person und das Vermögen ist zulässig, *wenn ein nicht unter Vormundschaft stehender Volljähriger infolge körperlicher Gebrechen seine gesamten Angelegenheiten nicht zu besorgen vermag* (§ 1910 Abs I BGB) oder wenn die Besorgung dieser Angelegenheiten wegen des Gebrechens wenigstens erheblich erschwert ist (RGRK, § 1910 Anm 1; STAUDINGER, § 1910 Anm 2b, S. 1648). Als solche Gebrechen werden im Gesetz Taubheit, Blindheit und Stummheit hervorgehoben; jedoch ist diese Aufzählung nicht erschöpfend; auch andere dauernde, wenn auch heilbare Störungen der körperlichen Gesundheit rechtfertigen die Anordnung der Pflegschaft (ERMAN, § 1910 Anm 1; STAUDINGER, a. a. O., Anm 2a).

Beispiel:

Ein Volljähriger ist an beiden Beinen gelähmt; er bittet, ihm einen Pfleger zur allgemeinen Sorge für seine Person und sein Vermögen zu bestellen, da er einzelne seiner Angelegenheiten gar nicht, andere nur unter sehr erheblicher Erschwerung zu besorgen vermöge. Dem Antrage wird gemäß § 1910 Abs I BGB zu entsprechen sein. Bessert sich demnächst das Leiden des Pflegebefohlenen in einem solchen Maße, daß seine bisherige Behinderung fortfällt oder als ernstliche nicht mehr angesehen werden kann, so ist die Pflegschaft gemäß § 1919 BGB von dem Vormundschaftsgericht aufzuheben. Auch abgesehen hiervon ist die Pflegschaft jederzeit von dem Gericht aufzuheben, wenn der Pflegebefohlene dies beantragt (§ 1920 BGB).

b) Wenn ein *Volljähriger*, der nicht unter Vormundschaft steht, *infolge geistiger*[1] *oder körperlicher Gebrechen einzelne* seiner Angelegenheiten oder einen bestimmten Kreis von Angelegenheiten, insbesondere seine Vermögensangelegenheiten, nicht zu besorgen vermag, so kann er für diese Angelegenheiten einen Pfleger erhalten (§ 1910 Abs II BGB). Eine Behinderung im Sinne dieser Vorschrift kommt auch in Betracht, wenn die Erledigung der betreffenden Angelegenheit durch die Gebrechlichkeit wesentlich erschwert ist (STAUDINGER, § 1910 Anm 2b, S. 1648; RGRK, § 1910 Anm 1). Dagegen ist die Bestellung eines Pflegers unzulässig, wenn der Gebrechliche die Angelegenheit durch einen Bevollmächtigten ordnungsgemäß zu erledigen vermag (PALANDT, § 1910 Anm 2b; STAUDINGER, § 1910, Anm 2b, S. 1648). Das Vormundschaftsgericht ist aber nicht berechtigt, die zwangsweise Unterbringung eines

[1] Trunksucht und Verschwendung sind für sich allein nicht als geistige Gebrechen im Sinne des § 1910 BGB anzusehen (RGRK, § 1910 Anm 1).

Beteiligten in eine Heilanstalt anzuordnen, um das Gutachten eines Sachverständigen über den Geisteszustand des Beteiligten vorzubereiten (KGJ **51** A 8 = RJA **16** 170). Ohne Bedeutung ist es, ob die Angelegenheit, an deren Besorgung der Gebrechliche verhindert ist, tatsächlicher oder rechtlicher Art ist. Auch für einen geisteskranken Volljährigen, der infolge der Geisteskrankheit seine Angelegenheiten (und zwar alle seine Angelegenheiten) nicht zu besorgen vermag, ist die Anordnung einer Gebrechlichkeitspflegschaft zwecks Besorgung einer einzelnen Angelegenheit dennoch zulässig (RJA **1** 133; RJA **8** 1; RGZ **65** 199; RJA **15** 255; RG HRR **33** 731; Karlsruhe FamRZ **57** 423); ein Unterschied zwischen völlig und nur teilweise Geisteskranken ist im § 1910 Abs II BGB nicht gemacht (vgl auch STAUDINGER, § 1910 Anm 3, S. 1649)[1]. Demgemäß ist auch die Bestellung eines Pflegers für einen nicht entmündigten Geisteskranken, dessen Entmündigung auch nicht beantragt ist, zur Besorgung einer einzelnen Angelegenheit zulässig; namentlich wenn die geistige Erkrankung in absehbarer Zeit heilbar erscheint, wird ein Entmündigungsantrag häufig nicht gestellt werden, gleichwohl kann für eine einzelne Angelegenheit das Bedürfnis der Fürsorge bestehen (vgl ERMAN, § 1910 Anm 1; RGZ **52** 240).

Beispiel:

Ein infolge hohen Alters in seiner geistigen Kraft erheblich geschwächter Volljähriger, der ein größeres Vermögen besitzt, will sich an der Gründung einer offenen Handelsgesellschaft beteiligen; er fühlt sich indessen nicht in der Lage, bei den schwierigen und umfangreichen Verhandlungen, die der Vorbereitung des Vertragsschlusses dienen sollen, und bei diesem selbst seine Interessen zweckmäßig zu vertreten und hinreichend zu wahren, und bittet deshalb, ihm einen Pfleger für diese Angelegenheit zu bestellen. Dem Antrage wird zu entsprechen sein. Der Wirkungskreis des Pflegers wird nicht nur auf den eigentlichen Vertragsabschluß zu beschränken, sondern auch auf die erforderlichen Vorverhandlungen, die allerdings meist in unverbindlicher Form geführt zu werden pflegen, zu erstrecken sein. Zwecks Ausschließung von Zweifeln wird es sich auch empfehlen, bei der Verpflichtung des Pflegers genau zu bestimmen, ob und inwieweit der Pfleger den Gebrechlichen auch bei der Ausführung des Vertrages zu vertreten befugt sein soll. Mit dem Vertragsschlusse bzw. der Ausführung des Vertrages endigt die Pflegschaft gemäß § 1918 Abs III BGB kraft Gesetzes; daneben ist sie jederzeit aufzuheben, wenn der Gebrechliche es verlangt (§ 1920 BGB); dieses Verlangen kann der Gebrechliche aber rechtswirksam nicht stellen, wenn er geschäftsunfähig ist, während es nicht darauf ankommt, ob eine Verständigung mit ihm möglich ist.

Nach der von dem Kammergericht in KGJ **47** A 43 = RJA **14** 100 vertretenen und zutreffenden Auffassung ist die Anordnung einer Pflegschaft zwecks Vertretung eines Beamten gegenüber seiner vorgesetzten Dienstbehörde, soweit es sich um Vertretung in disziplinarrechtlicher Beziehung handelt, ohne rechtliche Wirkung und daher unzulässig. Soll

[1] Für den Fall nur partieller Zurechnungsfähigkeit vgl MDR **63** 219 = DRiZ **63** B 38 Nr 528.

ein Beamter wegen Dienstunfähigkeit in den Ruhestand versetzt werden, so kann ihm gemäß § 44 Abs II BBG[1] vom Amtsgericht ein Pfleger bestellt werden. Durch die Verweisung auf § 1910 BGB hat der früher ausgetragene Streit, ob das Amtsgericht auf Antrag der Verwaltungsbehörde den Pfleger ohne Prüfung bestellen muß oder ob die Bestellung in sein pflichtgemäßes Ermessen gestellt ist, seine Erledigung gefunden (vgl auch FISCHBACH, § 44 BBG Anm 1). Der gemäß § 44 BBG bestellte Pfleger hat lediglich die Interessen des Beamten im Zwangspensionierungsverfahren zu vertreten. Der Pfleger ist nur dann gesetzlicher Vertreter des Beamten, wenn er gleichzeitig zum Vormund oder Gebrechlichkeitspfleger im Sinne des bürgerlichen Rechts bestellt worden ist (vgl FISCHBACH, § 44 BBG Anm I Fußnote 3). Im übrigen steht nichts im Wege, daß das Amtsgericht beim Vorliegen der gesetzlichen Voraussetzungen an Stelle der beamtenrechtlichen Pflegschaft eine nur auf § 1910 BGB beruhende Pflegschaft einleitet, die ebenfalls wie die beamtenrechtliche lediglich bezweckt, dem Beamten im Zwangspensionierungsverfahren einen Vertreter zu beschaffen (vgl BRAND, § 62 RBG Anm 3)[2].

3. Die Gebrechlichkeitspflegschaft ist *im Bedarfsfalle von Amts wegen anzuordnen*, ohne daß es eines besonderen Antrages bedürfte. Auf die Pflegschaft finden die für die Vormundschaft für Volljährige geltenden Vorschriften mit einigen Besonderheiten entsprechende Anwendung, soweit sich nicht aus dem Gesetz ein anderes ergibt (§ 1915 BGB). Hierzu ist auf die Ausführungen zu § 111 unter II am Anfang und II Z 2 zu verweisen.

4. Hinsichtlich der *Wirkung* der Gebrechlichkeitspflegschaft ist zu bemerken, daß die Geschäftsfähigkeit des Pflegebefohlenen grundsätzlich unberührt bleibt (PALANDT, § 1910 Anm 4; RGZ 52 223). Demgemäß kann z. B. der Pfleger eines geschäftsfähigen Gebrechlichen nicht für diesen einen Erbverzichtsvertrag schließen (RG HRR 29 1651). Der Pflegling ist auch rechtlich nicht gehindert, dem Pfleger eine Vollmacht zu erteilen, die die sonst erforderliche vormundschaftsgerichtliche Genehmigung erübrigt (ERMAN, § 1910 Anm 2; RG HRR 30 615). Nur wenn der Pfleger in Ausübung seiner Vertretungsmacht einen Rechtsstreit im Namen des Pflegebefohlenen führt, gilt dieser für den betreffenden Rechtsstreit als prozeßunfähig (§ 53 ZPO, RGZ 52 223; BAUMBACH, § 53 ZPO Anm 1). Ergeben sich Widersprüche zwischen den Handlungen des Pflegebefohlenen und des Pflegers, so gilt das gleiche wie im Falle des § 115 BGB (STAUDINGER, Vorb 4a vor § 1909, S. 1640).

---

[1] Für das Land Nordrhein-Westfalen vgl § 53 LBG.

[2] Wegen weiterer Fälle beamtenrechtlicher Pflegschaften vgl § 15 Abs II der Bundesdisziplinarordnung von 28. 11. 1952 (BGBl I 761) und für Nordrhein-Westfalen § 18 Abs I der Disziplinarordnung des Landes Nordrhein-Westfalen für Beamte und Richter vom 8. 12. 1953 (GSNW, S. 335). Vgl auch oben § 110 Z 2.

Ist der Pflegling jedoch geschäftsunfähig, so hat der Pfleger die Stellung eines gesetzlichen Vertreters (PALANDT, § 1910 Anm 4; KG HRR 29 1651).

Wegen *weiterer Wirkungen* der Anordnung einer Gebrechlichkeitspflegschaft gemäß § 1910 Abs I BGB vgl § 1637 Abs II BGB (Ruhen der elterlichen Gewalt während der Dauer der Pflegschaft), ferner wegen der Wirkungen einer gemäß § 1910 Abs I oder II BGB eingeleiteten Pflegschaft die §§ 1691 Abs I, 1778 Abs I, 1781 Z 2, 1792 Abs IV, 1866 Z 2, 1886, 1915 Abs I BGB (mangelnde Eignung zum Beistand, Vormund, Gegenvormund, Pfleger, Familienratsmitglied), § 1447 Z 1 BGB (güterrechtliche Wirkung), endlich die §§ 2201, 2225 BGB (mangelnde Eignung zum Testamentsvollstrecker).

5. Die Gebrechlichkeitspflegschaft *endigt* kraft Gesetzes mit dem Tode (§§ 1915 Abs I, 1897, 1882 BGB) und im Falle der Todeserklärung des Pflegebefohlenen mit der Rechtskraft des die Todeserklärung aussprechenden Beschlusses (§§ 1915 Abs I, 1897, 1884 Abs II BGB i. V. m. §§ 23, 29 VerschG), endlich wenn es sich um eine gemäß § 1910 Abs II BGB angeordnete Pflegschaft zur Besorgung einer einzelnen Angelegenheit (nicht eines Kreises von Angelegenheiten) handelt, mit der Erledigung dieser Angelegenheit (§ 1918 Abs III BGB). Wegen der Beendigung einer Pflegschaft, die zur Vertretung eines Ehegatten im Scheidungsprozeß angeordnet ist, vgl oben § 111 unter II Z 3.

Mit der *Aufhebung* durch das Vormundschaftsgericht endigt die Gebrechlichkeitspflegschaft gemäß §§ 1915 Abs I, 1897, 1884 Abs I BGB, wenn der Pflegebefohlene verschollen ist. Das Vormundschaftsgericht hat in diesem Falle die Pflegschaft aufzuheben, wenn ihm der Tod des Pflegebefohlenen bekannt wird, ferner gemäß § 1919 BGB, wenn der Grund für die Anordnung der Pflegschaft weggefallen ist, also die Gebrechlichkeit oder das Schutzbedürfnis des Pflegebefohlenen nicht mehr besteht oder dieser unter Vormundschaft oder vorläufige Vormundschaft gestellt wird. Sobald die Pflegschaft aufgehoben ist, ist der Pfleger zur Vertretung des Pfleglings im Ehescheidungsprozeß nicht mehr befugt (Recht 1930 Nr 637). Endlich ist die Gebrechlichkeitspflegschaft von dem Vormundschaftsgericht aufzuheben, wenn der Pflegebefohlene die Aufhebung beantragt (§ 1920 BGB). Einen solchen Antrag kann der Pflegebefohlene aber rechtswirksam nicht stellen, wenn er geschäftsunfähig, namentlich also geisteskrank im Sinne des § 104 Z 2 BGB ist (vgl ERMAN, § 1920 Anm 1; RJA 1 133; RGZ 145 284; BGHZ 15 262). Im übrigen ist es ohne Bedeutung, ob eine Verständigung mit dem Pflegebefohlenen möglich ist oder nicht (vgl RGZ 65 199). Auf die Antragsbefugnis des Pfleglings ist § 664 Abs II ZPO nicht entsprechend anwendbar (BGHZ 15 262). Dem rechtswirksam gestellten Antrag auf Aufhebung der Pflegschaft muß stattgegeben werden, weil diese nur in dem

Interesse und zur Unterstützung des Pflegebefohlenen angeordnet ist (KGJ 28 A 176 = RJA 4 196). Notfalls muß, falls die Interessen des Pflegebefohlenen es in einem solchen Falle erforderlich erscheinen lassen, das Entmündigungsverfahren eingeleitet und eine vorläufige Vormundschaft gemäß § 1906 BGB angeordnet werden.

Wegen des Wirksamwerdens der Aufhebung der Pflegschaft und der Beziehungen des Vormundschaftsgerichts zu dem Pfleger nach der Aufhebung vgl oben § 111 unter II Z 3 am Ende.

6. Von der Anordnung und Aufhebung einer Pflegschaft wegen geistiger Gebrechlichkeit ist die Kreispolizeibehörde zu benachrichtigen (AV des ehem. RJM vom 12. 1. 1943, DJ 44).

§ 113. 4. Besondere Fälle der Pflegschaft[1]

1. a) Ein *Abwesenheitspfleger* wird einem abwesenden Volljährigen, dessen Aufenthalt unbekannt ist, zur Fürsorge für die Vermögensangelegenheiten bestellt, soweit es einer solchen Fürsorge bedarf (§ 1911 Abs I Satz 1 BGB).

Abwesend im Sinne dieser Bestimmung ist auch jeder, der vermißt wird, auch wenn nicht feststeht, ob der Abwesende sich von seinem letzten Aufenthaltsort entfernt hat oder ob er dort um das Leben gekommen ist[2].

Die Frage, ob der Aufenthalt des Abwesenden unbekannt ist, hat das Vormundschaftsgericht nach pflichtmäßigem Ermessen zu entscheiden; regelmäßig werden daher zunächst geeignete Ermittelungen nach dem Aufenthalt des Abwesenden anzustellen sein, die indessen nicht durch ihre lange Zeitdauer den Zweck der anzuordnenden Pflegschaft vereiteln dürfen. Ausnahmsweise wird auch für einen Abwesenden, dessen Aufenthalt zwar bekannt ist, der aber an der Rückkehr und der Besorgung seiner Vermögensangelegenheiten verhindert ist, z. B. weil er sich im Auslande aufhält oder in einer Strafanstalt befindet und einen Bevollmächtigten nicht bestellen kann, gleichviel ob die Verhinderung auf dem Willen des Abwesenden beruht oder nicht (Palandt, § 1911 Anm 2bb; Staudinger, § 1911 Anm 2b, S. 1653), ein Abwesenheitspfleger bestellt (§ 1911 Abs II BGB). Voraussetzung ist hierbei lediglich Abwesenheit von dem Orte des vorzunehmenden Geschäfts und Bestehen eines in der räumlichen Entfernung der Person liegenden Hindernisses, nicht aber Abwesenheit vom Wohnsitz (RGZ 98 263; RJA 17 10).

---

[1] Vgl. auch § 10 des Zuständigkeitsergänzungsgesetzes vom 7. 8. 1952 (BGBl I, 407).

[2] Verschollenheit ist jedoch nicht etwa notwendige Voraussetzung der Abwesenheitspflegschaft, die indessen nach der Todeserklärung nicht mehr angeordnet werden darf (BayObLG 2 42).

Die Bestellung ist nur dann zulässig, wenn und soweit die Vermögensangelegenheiten des Abwesenden der Fürsorge bedürfen (KGJ 19 A 45). Demgemäß kann für Minderjährige oder Volljährige, die unter Vormundschaft stehen, eine Abwesenheitspflegschaft nicht angeordnet werden, weil in diesen Fällen der elterliche Gewalthaber oder der Vormund sich der Vermögensangelegenheiten des Abwesenden anzunehmen haben, ein Schutzbedürfnis also nicht besteht. Ebenso ist kein Raum für die Anordnung einer Pflegschaft, wenn der Abwesende seine Vermögensangelegenheiten vernachlässigt, obwohl er sie nach den Umständen des Falles, z. B. schriftlich oder durch Bestellung eines Bevollmächtigten, in hinreichender Weise selbst zu besorgen vermag. Dagegen entfällt das Fürsorgebedürfnis nicht deshalb, weil dem gegen den Abwesenden geltend zu machenden Anspruch gewisse Bedenken rechtlicher oder tatsächlicher Art entgegenstehen; gerade diese Bedenken soll der Pfleger prüfen (RJA 17 1). Das Fürsorgebedürfnis ist ausdrücklich anerkannt für den Fall, daß der Abwesende zwar durch Erteilung eines Auftrages oder einer Vollmacht Fürsorge für die Besorgung seiner Vermögensangelegenheiten getroffen hat, aber Umstände eingetreten sind, die zum Widerruf des Auftrages oder der Vollmacht Anlaß geben (§ 1911 Abs I Satz 2 BGB). Trotz bestehender Nachlaßpflegschaft kann eine Abwesenheitspflegschaft angeordnet werden, wenn sie durch das Interesse des Abwesenden, insbesondere an baldiger Herbeiführung der Erbauseinandersetzung oder an der Beschaffung eines Erbscheins, gerechtfertigt wird (KGJ 47 A 230 = RJA 13 176). Im ausschließlichen Interesse Dritter, namentlich auch der Gläubiger des Abwesenden, darf die Pflegschaft nicht angeordnet werden; dieser Fall liegt jedoch z. B. nicht vor, wenn ein Abwesenheitspfleger zum Zwecke der Anerkennung und Tilgung einer urkundlich nachgewiesenen, fälligen und zahlbaren Schuld des Abwesenden bestellt werden soll; denn durch die Anerkennung und Tilgung wird mit Rücksicht auf die sonst entstehenden Prozeß- und Verzugskosten auch den Interessen des Abwesenden gedient (RJA 15 176; OGH BrZ, NJW 48 552). Ebenso kann ein Abwesenheitspfleger zwecks Bewilligung der Löschung einer Hypothek und Vermeidung einer hierauf gerichteten Klage des Hypothekenschuldners bestellt werden (RJA 17 1; DRiZ 42 103). Ist auf Grund des § 292 oder des § 433 StPO für den abwesenden Angeschuldigten eine Güterpflegschaft eingerichtet, so hat der Pfleger nicht nur die Interessen des Staates, sondern auch die des Abwesenden wahrzunehmen; Pflicht und Aufgabe des Pflegers ist es somit auch, Verbindlichkeiten des Abwesenden zu erfüllen, zu denen der Rechtsgrund schon vor der Beschlagnahme gelegt war (JFG 1 88; vgl im übrigen oben § 110 Z 2).

b) Tritt das Bedürfnis für die Anordnung einer Abwesenheitspflegschaft hervor, so hat das Vormundschaftsgericht von Amts wegen nach

Anstellung der erforderlichen Ermittelungen den Pfleger zu bestellen; eines besonderen Antrages bedarf es zur Anordnung der Pflegschaft nicht.

c) Auch auf die Abwesenheitspflegschaft finden gemäß § 1915 Abs I BGB die für die Vormundschaft (und zwar je nach der Lage des einzelnen Falles für Minderjährige oder für Volljährige) geltenden Vorschriften entsprechende Anwendung, soweit sich nicht aus dem Gesetze ein anderes ergibt; die Bestellung eines Gegenvormundes ist nicht erforderlich, aber zulässig (§ 1915 Abs II BGB). Hierzu ist auf § 111 II am Anfang und II Z 2 zu verweisen.

d) Durch die Abwesenheitspflegschaft wird der Abwesende nicht in der Geschäftsfähigkeit beschränkt, abgesehen von der Beschränkung der Prozeßfähigkeit nach Maßgabe des § 53 ZPO. Ergeben sich Widersprüche zwischen den Handlungen des Pflegers und des Pflegebefohlenen, so gilt das gleiche wie im Falle des § 115 BGB. Der Pfleger ist im Umfang seines Wirkungskreises auch zur gesetzlichen Vertretung des Pflegebefohlenen berechtigt; sind ihm alle Vermögensangelegenheiten des Abwesenden zur Besorgung übertragen, so kann der Pfleger auch namens des Abwesenden Erbschaften annehmen oder ausschlagen (OLG **39** 12; KGJ **53** A 250), die Erteilung eines Erbscheins für den Pflegebefohlenen beantragen (RJA **13** 198), Prozesse über vermögensrechtliche Angelegenheiten führen und den Antrag auf Konkurseröffnung stellen. Der Pfleger ist auch befugt, die Todeserklärung des Abwesenden zu beantragen (vgl Palandt, § 1911 Anm 3; KG NJW **53** 1305; BGH, LM § 1911 Nr 2). Zu dem Antrag bedarf der Pfleger jedoch gemäß § 16 Abs III VerschG der Genehmigung des Vormundschaftsgerichts.

Macht der Pfleger den Anspruch eines Verschollenen aus einem Erwerb von Todes wegen geltend, so muß er, wenn der Erbfall zu einer Zeit eingetreten ist, als die Lebensvermutung für den Verschollenen nicht mehr bestand, zum Nachweis seiner Vertretungsmacht auch beweisen, daß der Verschollene zur Zeit des Erbfalls noch gelebt hat. Andernfalls muß seine Klage als unzulässig abgewiesen werden (BGHZ 5 240).

Dem Pfleger kann entsprechend der für die Vormundschaft geltenden Vorschrift des § 1836 BGB das Vormundschaftsgericht eine Vergütung bewilligen; dies ist auch dann nicht ausgeschlossen, wenn die Gläubiger des Abwesenden die Kosten der Pflegschaft vertraglich übernommen haben; das Vormundschaftsgericht kann auch in einem solchen Falle einen Gegenvormund bestellen, der die Bewilligung einer Gebühr für den Pfleger mit Rechtsmitteln anzugreifen hat (JFG **4** 132).

In persönlichen Angelegenheiten, insbesondere in einem Ehescheidungsprozeß, kann der Pfleger den Abwesenden nicht vertreten. Eine Partei, die einen Ehescheidungsprozeß durch einen Abwesenheitspfleger führt, ist nicht nach den Vorschriften der Gesetze vertreten (RGZ 126 261).

e) Die Abwesenheitspflegschaft endigt entweder kraft Gesetzes, und zwar, wenn die Pflegschaft zur Erledigung einer einzelnen Angelegenheit (nicht eines Kreises von Angelegenheiten) angeordnet war, mit deren Erledigung (§ 1918 Abs III BGB) und, wenn der Abwesende für tot erklärt wird, mit der Rechtskraft des die Todeserklärung aussprechenden Beschlusses (§ 1921 Abs III BGB i. V. m. § 29 VerschG)[1] oder durch Aufhebung durch das Vormundschaftsgericht. Diese hat gemäß § 1919 BGB zu erfolgen, wenn der Grund für die Anordnung der Pflegschaft weggefallen ist; hierzu ist im § 1921 Abs I BGB der Sonderfall besonders hervorgehoben, daß der Abwesende an der Besorgung seiner Vermögensangelegenheiten nicht mehr verhindert ist. Im Falle des Todes des Abwesenden hat das Vormundschaftsgericht die Pflegschaft aufzuheben, wenn ihm der Tod bekannt wird; mit der Aufhebung endigt die Abwesenheitspflegschaft (§ 1921 Abs II BGB).

2a) Eine *Leibesfrucht* erhält zur Wahrung ihrer künftigen Rechte einen Pfleger, soweit diese der Fürsorge bedürfen; die Fürsorge steht jedoch dem Vater oder der Mutter zu, wenn das Kind, falls es bereits geboren wäre, unter elterlicher Gewalt stehen würde (§ 1912 BGB). Ob eine (eheliche oder uneheliche) Leibesfrucht vorhanden ist und ein Fürsorgebedürfnis besteht, entscheidet das Vormundschaftsgericht nach pflichtmäßigem Ermessen. In der Regel wird es sich hierbei nur um vermögensrechtliche Angelegenheiten der Leibesfrucht handeln können. Als Rechte im Sinne des § 1912 BGB kommen insbesondere erbrechtliche Berechtigungen (vgl z. B. § 2108 Abs I i. V. m. § 1923 Abs II, ferner § 2043 Abs I BGB) und gesetzliche Rentenansprüche (vgl z. B. § 844 Abs II Satz 2 BGB, § 3 Abs II des Haftpflichtgesetzes, § 10 Abs II StVG) in Betracht. Neben einer Nachlaßpflegschaft, die auch im Falle der Erbberechtigung einer Leibesfrucht gemäß § 1960 BGB einzurichten ist (PALANDT, § 1912 Anm 1c; STAUDINGER, § 1912 Anm 2b, S. 1659) kann eine Pflegschaft gemäß § 1912 BGB nur für solche Angelegenheiten angeordnet werden, die ausschließlich die Leibesfrucht betreffen (STAUDINGER a. a. O.).

Die Anordnung der Pflegschaft für eine Leibesfrucht zwecks Ausbringung eines Arrestes zur Sicherung des Unterhaltsanspruchs gegen den außerehelichen Erzeuger ist für unzulässig erklärt (KGJ 22 A 30 = RJA 2 116). Im Falle des § 1716 BGB kann die Mutter der Leibes-

---

[1] Zweifelhaft ist, ob im Falle der Aufhebung der Todeserklärung die frühere Pflegschaft als fortbestehend anzusehen ist (so STAUDINGER, § 1921 Anm 1a, S. 1677; oder ob eine neue Pflegschaft anzuordnen ist (so RGRK § 1921 Anm 3 in Verb. m. § 1884 Anm 2). Der letzteren Auffassung wird im Interesse klarer rechtlicher Verhältnisse beizutreten sein; vgl oben § 105 Z 1b.

frucht selbständig den Anspruch auf künftige Zahlung und Hinterlegung des Unterhaltsbetrages im Wege der einstweiligen Verfügung verfolgen; der Bestellung eines Pflegers zum Schutze der Leibesfrucht bedarf es also nicht. Hierzu ist jedoch zu bemerken, daß gemäß § 43 JWG auf Antrag des Jugendamtes oder einer unverehelichten Mutter für eine Leibesfrucht ein Pfleger[1] auch dann bestellt werden kann, wenn die Voraussetzung des § 1912 Satz 1 BGB nicht gegeben ist, also insbesondere zur Sicherstellung der erst mit der Geburt entstehenden Unterhaltsansprüche des Kindes. Dieser Pfleger ist befugt, an Stelle der Mutter die einstweilige Verfügung auf Zahlung und Hinterlegung im Sinne des § 1716 BGB zu erwirken; in diesem Verfahren kann die Mutter als Zeugin vernommen werden. Der gemäß § 43 Satz 1 JWG bestellte Pfleger wird mit der Geburt des Kindes, im Einverständnis mit dem Jugendamt, Vormund (§ 43 Satz 2 JWG). Das Vormundschaftsgericht wird daher zweckmäßig schon vor der Geburt des Kindes feststellen, ob das Jugendamt sein Einverständnis erklären will. Wird das Einverständnis erklärt, so wird das Jugendamt abweichend von dem Grundsatz des § 40 JWG nicht Amtsvormund des unehelichen Kindes (§ 43 Satz 3 JWG). Die Vormundschaft wird im Falle einer Pflegschaft gemäß § 43 Satz 1 JWG bei dem Vormundschaftsgericht geführt, bei dem die Pflegschaft anhängig war (§ 43 Satz 4 JWG).

Des Schutzes durch einen Pfleger bedürfen die Rechte der Leibesfrucht nicht, wenn der künftige elterliche Gewalthaber die Fürsorge übernehmen kann (vgl § 1912 Satz 2 BGB). Aus diesem Grunde muß regelmäßig vor der Anordnung der Pflegschaft geprüft werden, ob das Kind, falls es schon geboren sein würde, ehelich oder unehelich sein würde; denn der unehelichen Mutter steht die elterliche Gewalt nicht zu (§ 1707 BGB). Ist die Leibesfrucht ehelich, so muß ferner aber außerdem noch geprüft werden, ob dem elterlichen Gewalthaber gegebenenfalls die Vertretung des Kindes in der fraglichen Angelegenheit zustehen würde (vgl z. B. §§ 1629 Abs II i. V. m. 1795, 1638, 1673, 1674, 1675 BGB); ist dies nicht der Fall, so muß ein Pfleger bestellt werden. Im ausschließlichen Interesse eines Dritten darf eine Pflegschaft gemäß § 1912 BGB nicht eingerichtet werden.

b) Die Pflegschaft für eine Leibesfrucht ist im Bedürfnisfalle von Amts wegen, gegebenenfalls nach Anstellung der erforderlichen Ermittelungen, anzuordnen.

c) Auf die gemäß § 1912 BGB eingerichtete Pflegschaft finden gemäß § 1915 Abs I BGB die für die Vormundschaft (über Minderjährige) geltenden Vorschriften entsprechende Anwendung, soweit sich nicht aus dem Gesetze ein anderes ergibt; die Bestellung eines Gegenvormundes

---

[1] Als Pfleger kann auch das Jugendamt selbst oder ein Verein im Sinne des § 53 JWG bestellt werden.

ist zulässig, aber nicht erforderlich (§ 1915 Abs II BGB). Vgl hierzu oben § 111 unter II am Anfang und II Z 2.

d) Der Pfleger ist innerhalb seines Wirkungskreises gesetzlicher Vertreter der Leibesfrucht. Er ist auch berechtigt, für diese mit Genehmigung des Vormundschaftsgerichts eine Unterhalts- oder Abfindungsvereinbarung gemäß § 1714 BGB zu treffen (Palandt, § 1912 Anm 2; Erman, § 1912 Anm 2; Staudinger, § 1912 Anm 4, S. 1660; Seuff A 67 154; vgl auch RJA 2 116).

e) Die Pflegschaft für eine Leibesfrucht endigt kraft Gesetzes mit der Geburt des Kindes (§ 1918 Abs II BGB), und zwar auch im Falle der Totgeburt (Erman, § 1912 Anm 5a; Staudinger, § 1912 Anm 7a, S. 1660; a. A. RGRK, § 1918 Anm 1) und, wenn die Pflegschaft nur zur Erledigung einer einzelnen Angelegenheit (nicht eines Kreises von Angelegenheiten) angeordnet war, mit deren Erledigung (§ 1918 Abs III BGB). Ist nach der Geburt des Kindes noch eine Fürsorge erforderlich, so muß eine neue Pflegschaft gemäß § 1909 BGB eingerichtet werden (Staudinger, § 1918 Anm 1b, S. 1674). Mit der Aufhebung durch das Vormundschaftsgericht endigt die Pflegschaft für eine Leibesfrucht, wenn der Grund für die Anordnung der Pflegschaft weggefallen ist (§ 1919 BGB), was z. B. im Falle einer Fehlgeburt, irriger Annahme der Schwangerschaft oder des Fortfalls des Fürsorgebedürfnisses anzunehmen ist (Staudinger, § 1912 Anm 7b, S. 1661; Palandt, § 1912 Anm 4b).

3. Ist *unbekannt* oder *ungewiß*, wer bei einer Angelegenheit der Beteiligte ist, so kann dem Beteiligten für diese Angelegenheit, soweit eine Fürsorge erforderlich ist, ein Pfleger bestellt werden (§ 1913 Satz 1 BGB).

a) Als Beteiligter kann auch eine juristische Person in Frage kommen (Erman, § 1913 Anm 1; Palandt, § 1913 Anm 1). Ist aber nur der gesetzliche Vertreter einer juristischen Person unbekannt oder ungewiß, so ist § 1913 BGB nicht anwendbar (KG JW 20 497). Fälle dieser Art können sich z. B. aus den Bestimmungen der §§ 2178, 2162 Abs II, 2163 BGB ergeben. Für eine noch nicht empfangene Nachkommenschaft kann eine Pflegschaft nur in denjenigen Fällen angeordnet werden, in denen eine solche Nachkommenschaft nach den gesetzlichen Bestimmungen rechtsfähig ist (KGJ 20 A 242; 29 A 156). Wenn der Gläubiger einer im Grundbuch eingetragenen Schuld ungewiß ist und die Schuld getilgt werden soll, so kann eine Pflegschaft gemäß § 1913 BGB angeordnet werden, wenn das Interesse des unbekannten Gläubigers eine Fürsorge erfordert; die Anordnung einer solchen Pflegschaft darf aber nicht im ausschließlichen Interesse des Schuldners erfolgen, der indessen die Einleitung der Pflegschaft anregen kann (KGJ 38 A 9; 49 A 41). Insbesondere kann auch einem Nacherben, der noch nicht erzeugt ist oder dessen Persönlichkeit erst durch ein künftiges Ereignis bestimmt wird, für die Zeit bis zum Eintritt der Nacherbfolge ein Pfleger bestellt werden (§ 1913 Satz 2 BGB). Ist in einem Testament die eheliche Nachkommenschaft eines Vorerben als Nacherbe eingesetzt und soll sich nach der Absicht des Erblassers erst nach den Verhältnissen zur Zeit des Todes des Vorerben entscheiden, wer wirklich Nacherbe wird, so kann eine Pflegschaft für die etwaige zukünftige Nachkommenschaft des Vorerben auch dann eingeleitet werden, wenn dieser die Erbschaft ausschlägt (KGJ 47 A 97). Der Wille des Erblassers entscheidet darüber, ob für den eingesetzten Nacherben durch den sogenannten Voranfall ein vererbliches Recht begründet wird oder nicht; die Vererblichkeit ist ausgeschlossen, wenn der zum Nacherben Eingesetzte ein Abkömmling des Erblassers ist und vor dem Falle des Eintritts der Nacherbfolge stirbt; an die Stelle des zunächst berufenen Nacherben treten dann dessen Abkömmlinge (JFG 4 134). Eine Pflegschaft kann auch für Nacherben eingerichtet werden, die grundbuchmäßigen Verfügungen des Vorerben zustimmen sollen, obwohl ein Erbschein für den Vorerben vorliegt, in dem auch die Anordnung der Nacherbschaft und einzelne Nacherben aufgeführt sind; denn diese Angaben des Erbscheins dienen nicht zur Feststellung der Nacherben (DRiZ 1928 Rechtspr Nr 771).

Die Pflegschaft gemäß § 1913 BGB darf nur angeordnet werden, wenn nach dem pflichtmäßigen Ermessen des Vormundschaftsgerichts ein Fürsorgebedürfnis besteht; dieses kann im übrigen tatsächlicher oder rechtlicher, persönlicher oder vermögensrechtlicher Art sein (STAUDINGER, § 1913 Anm 2b, S. 1663), muß aber immer in der Gegenwart bestehen (OLG 35 13).

b) Die Anordnung der Pflegschaft gemäß § 1913 BGB erfolgt von Amts wegen, wenn sich ein Bedürfnis hierfür ergibt; eines Antrages bedarf es nicht.

c) Die für die Vormundschaft (für Volljährige) geltenden gesetzlichen Bestimmungen finden auch auf die gemäß § 1913 BGB angeordnete Pflegschaft entsprechende Anwendung, soweit nicht aus dem Gesetz sich ein anderes ergibt; die Bestellung eines Gegenvormundes ist zulässig, aber nicht erforderlich (§ 1915 BGB). Vgl hierzu oben § 111 unter II am Anfang und II Z 2. Ist ein Pfleger für bisher noch nicht erzeugte Nacherben eingesetzt, so ist für die dem Pfleger von dem Vormundschaftsgericht zugebilligte Vergütung ein Dritter nicht verhaftet, namentlich auch nicht der Vorerbe; vielmehr muß der Pfleger seine Mühewaltung einstweilen als eine Last seines öffentlichen Amtes hinnehmen, ohne eine Vergütung beanspruchen zu können (PALANDT, § 1915 Anm 1; JFG 16 188).

d) Der Pfleger ist gesetzlicher Vertreter des unbekannten oder ungewissen Beteiligten, er kann für diesen namentlich auch Prozesse führen. Seine Hauptaufgabe wird regelmäßig in der Ermittelung des von ihm vertretenen Beteiligten bestehen (vgl STAUDINGER, § 1913 Anm 4, S. 1663; RGRK, § 1913 Anm 1); es empfiehlt sich, dies bei der Bestellung des Pflegers besonders zum Ausdruck zu bringen.

e) Die gemäß § 1913 BGB angeordnete Pflegschaft endigt kraft Gesetzes, falls die Pflegschaft nur zur Besorgung einer einzelnen Angelegenheit (nicht eines Kreises von Angelegenheiten) angeordnet ist, mit deren Erledigung (§ 1918 Abs III BGB), sonst mit der Aufhebung durch das Vormundschaftsgericht nach dem Wegfall des Grundes für die Anordnung der Pflegschaft (§ 1919 BGB), also wenn die Unbekanntheit oder die Ungewißheit hinsichtlich des Beteiligten oder das Fürsorgebedürfnis nicht mehr besteht oder wenn im Falle des § 1913 Satz 2 BGB die Nacherbfolge eingetreten ist.

4a) Ist durch öffentliche, d. h. nicht auf einen bestimmten Kreis von Personen beschränkte, *Sammlung* Vermögen (auch andere Gegenstände als Geld können in Frage kommen) für einen vorübergehenden Zweck, z. B. zur Erbauung einer gemeinnützigen Anstalt, zusammengebracht, so kann zum Zwecke der Verwaltung und Verwendung des Vermögens ein Pfleger bestellt werden, wenn die zur Verwaltung und Verwendung berufenen Personen weggefallen sind (z. B. durch Ausscheiden aus dem Verwaltungsausschuß, Tod, Geschäftsunfähigkeit, aber auch durch Abwesenheit) § 1914 BGB. Ein wichtiger Grund für die Entziehung der Verwaltung und Verwendung des Vermögens, namentlich grobe Pflichtverletzung oder Unfähigkeit zur ordnungsmäßigen Geschäftsführung, berechtigt das Vormundschaftsgericht nicht, eine Pflegschaft gemäß § 1914 BGB anzuordnen; jedoch kommt in solchen Fällen die Anordnung einer Pflegschaft gemäß § 1913 BGB zur Wahrung der Rechte der unbekannten Spender, die regelmäßig als „Beitragsgesellschaft" bis zur endgültigen Verwendung als die Eigentümer des Vermögens zu gelten haben, in Betracht (vgl PALANDT, § 1914 Anm 2b; ERMAN, § 1914 Anm 1 a. E.; STAUDINGER, § 1914 Anm 1 a. E., S. 1666 und Anm 2b, S. 1667).

Die Frage, ob ein Bedürfnis für die Anordnung einer Pflegschaft besteht, scheidet in den Fällen des § 1914 BGB aus.

b) Die Anordnung der Pflegschaft erfolgt bei dem Vorliegen der gesetzlichen Voraussetzungen von Amts wegen; ein Antrag ist nicht erforderlich.

c) Auch auf die gemäß § 1914 BGB eingerichtete Pflegschaft finden die für die Vormundschaft (über Volljährige) geltenden gesetzlichen Bestimmungen entsprechende Anwendung, soweit sich nicht aus dem Gesetze ein anderes ergibt; die Bestellung eines Gegenvormundes ist zulässig, aber nicht erforderlich (§ 1915 BGB).

d) Der Pfleger ist nicht gesetzlicher Vertreter der Spender, sondern amtlich bestellter Nachfolger der zur Verwaltung und Verwendung des Sammelvermögens berufenen Personen (PALANDT, § 1914 Anm 3; ERMAN,

§ 1914 Anm 2; STAUDINGER, § 1914 Anm 3, S. 1667); sein Wirkungskreis ergibt sich aus den ihm bei der Bestellung übertragenen Aufgaben; für diese ist wieder der Zweck der Sammlung bestimmend. Der Pfleger ist nicht befugt, die Sammlung fortzusetzen (so SOERGEL, § 1914 Anm 1; PALANDT, § 1914 Anm 3; ERMAN, § 1914 Anm 2; STAUDINGER, § 1914 Anm 3, S. 1667).

e) Die gemäß § 1914 BGB angeordnete Pflegschaft endigt kraft Gesetzes, wenn sie nur zur Besorgung einer einzelnen Angelegenheit (nicht eines Kreises von Angelegenheiten) eingerichtet war, mit deren Erledigung gemäß § 1918 Abs III BGB, sonst mit der Aufhebung durch das Vormundschaftsgericht, die gemäß § 1919 BGB zu erfolgen hat, wenn der Grund für die Anordnung der Pflegschaft weggefallen ist, z. B. also ein neuer Ausschuß ordnungsmäßig zur Verwaltung und Verwendung des Sammelvermögens gewählt ist.

Fünfter Abschnitt

Erziehungsbeistandschaft, Freiwillige Erziehungshilfe und Fürsorgeerziehung

Wenn die private Erziehung eines unter elterlicher Gewalt oder unter Vormundschaft stehenden Minderjährigen nicht ausreicht und körperliche, geistige oder sittliche Entwicklungsschäden dem Minderjährigen drohen oder von ihm bereits Besitz ergriffen haben, so können öffentliche Maßnahmen zur Verhütung oder zur Beseitigung der Entwicklungsschäden ergriffen werden. Die Anordnung dieser Maßnahmen nach vorheriger Prüfung des Sachverhalts liegt, soweit sie nicht von den Jugendwohlfahrtsbehörden mit den Erziehungsberechtigten vereinbart oder von dem Jugendgericht als Erziehungsmaßregeln verhängt werden[1], dem Vormundschaftsgericht ob.

§ 114. 1. Die Erziehungsbeistandschaft

1. Zeigen sich bei einem Minderjährigen Erziehungsmängel, die eine *Gefährdung* oder *Schädigung* seiner leiblichen, geistigen oder seelischen *Entwicklung* erkennen lassen, so ist ein Erziehungsbeistand zu bestellen[2],

---

[1] Vgl hierzu unten § 114, 5 und 7, § 115, 3 und § 116, 8.

[2] Die Erziehungsbeistandschaft ist nicht die schwächste Erziehungsmaßnahme, die das Vormundschaftsgericht ergreifen kann. Noch weniger einschneidend ist die Erteilung von *Weisungen* an den Minderjährigen, die gemäß §§ 1 Abs I und III, 12 Satz 1 Z 1 und Satz 2 des Bundesgesetzes zum Schutze der Jugend in der Öffentlichkeit in der Fassung des Änderungsgesetzes vom 27. Juli 1957 (BGBl I 1058, JSchGÖ, im Land Berlin gültig auf Grund des Übernahmegesetzes vom 5. September 1957, BerlGVBl 1197, im Saarland eingeführt durch das Gesetz Nr 614 vom

wenn diese Maßnahme zur Abwendung der Gefahr oder zur Beseitigung des Schadens *geboten* und *ausreichend* erscheint (§ 55 JWG i.d.F. d. Ges vom 11. 8. 1961 BGBl I S. 1206).

a) Die *Erziehungsbeistandschaft* ist an die Stelle der *Schutzaufsicht* (§§ 56ff. RJWG) getreten, die angeordnet werden konnte, um die *Verwahrlosung* eines Minderjährigen zu *verhüten*. Gegenüber diesen engen Voraussetzungen sind diejenigen der Erziehungsbeistandschaft in zweierlei Hinsicht erweitert. Im Gegensatz zur Schutzaufsicht kann die Erziehungsbeistandschaft nicht nur als *vorbeugende*, sondern auch als *heilende* Maßnahme angeordnet werden. Außerdem setzt sie nicht das Drohen oder Bestehen einer Verwahrlosung voraus, sondern läßt jeden drohenden oder eingetretenen *Entwicklungsschaden* genügen. Während unter Verwahrlosung ein Zustand des Mangels derjenigen körperlichen, geistigen und sittlichen Eigenschaften zu verstehen ist, die je nach dem Alter des Minderjährigen bei ihm als Ergebnis einer ordnungsmäßigen Erziehung vorausgesetzt werden müssen (JFG 6 77 = ZBl XX 329; JFG 17 169; RIEDEL (K) § 56 RJWG Anm 4; POTRYKUS § 56 RJWG Anm 4), also ein erhebliches und dauerndes Herabsinken unter den Normalzustand (ZBl XXI 336; GRÄBER § 56 RJWG Anm 4 und § 62 RJWG Anm 4), kann ein Entwicklungsschaden schon bei einem geringfügigen oder einmaligen Abweichen von der normalen Entwicklung gegeben sein. Es bedarf keiner Frage, daß auch die Verwahrlosung selbst als Entwicklungsschaden anzusehen ist; bei drohender oder bestehender Verwahrlosung ist daher ebenfalls die Bestellung eines Erziehungsbeistands zulässig, wenn sich dies nach den Umständen des Einzelfalles als zweckentsprechende Erziehungsmaßnahme darstellt.

b) In jedem Falle ist sorgfältig zu prüfen, ob die Erziehungsbeistandschaft, die eine *Hilfe* für die *Erziehungsberechtigten* sein soll (vgl die Bundestagsdrucksache Nr 2226 der 3. Wahlperiode, Seite 26), als aus-

---

28. Januar 1958, ABl Saar 301), unter anderem dann zulässig sind, wenn ein Minderjähriger unter 18 Jahren sich an Orten aufhält, an denen ihm eine sittliche Gefahr oder Verwahrlosung droht, und er dieserhalb dem Jugendamt gemeldet ist. Die Weisungen nach § 12 Satz 2 JSchGÖ (und ebenso diejenigen nach § 21 Abs V Satz 2 des Bundesgesetzes über die Verbreitung jugendgefährdender Schriften in der Fassung des Änderungsgesetzes vom 21. März 1961, BGBl I 296) unterscheiden sich von den Maßregeln nach § 1631 Abs II BGB dadurch, daß sie ohne Antrag der Eltern erteilt werden können, und von den Maßregeln nach § 1666 Abs I Satz 1 BGB dadurch, daß sie kein Verschulden der Eltern voraussetzen. Als Weisungen kommen vornehmlich die in § 10 Abs I Z 1 — 6 JGG beispielhaft aufgezählten Gebote und Verbote in Betracht, die die Lebensführung des Minderjährigen regeln und dadurch seine Erziehung fördern und sichern sollen. Die wichtige Frage, ob die Befolgung der Weisungen gemäß § 33 FGG erzwungen werden kann, dürfte aus den von POTRYKUS (Kommentar zu den Bundesgesetzen zum Schutze der Jugend in der Öffentlichkeit und über die Verbreitung jugendgefährdender Schriften, München und Berlin 1954, § 12 JSchGÖ Anm 10) angeführten Gründen zu verneinen sein.

reichend anzusehen ist. Zur Verhütung oder Beseitigung eines Entwicklungsschadens reicht die Erziehungsbeistandschaft im allgemeinen aus, wenn von den Erziehungsberechtigten noch ein *erzieherischer Einfluß* zu erwarten ist und der Minderjährige in der häuslichen Gemeinschaft mit ihnen belassen werden kann. Versagt dagegen die Familie, so haben andere Erziehungsmaßnahmen an ihre Stelle zu treten. Ob im übrigen ein *Verschulden* der Erziehungsberechtigten vorliegt, ist *unerheblich.* Gerade hierin liegt die Bedeutung der Erziehungsbeistandschaft, die es dem Vormundschaftsgericht ermöglicht, auch ohne die Voraussetzungen des § 1666 BGB Maßnahmen zum Schutze objektiv gefährdeter oder geschädigter Kinder zu treffen.

2a) Die *Anordnung* der Erziehungsbeistandschaft erfolgt im Bedarfsfalle, sofern über sie nicht eine Einigung zwischen dem Jugendamt und den Erziehungsberechtigten zustande kommt, regelmäßig durch das *Vormundschaftsgericht* (§ 57 Abs I Satz 1 JWG). Ist als solches nach Maßgabe der §§ 43, 36 FGG[1] nicht das Gericht des gewöhnlichen Aufenthalts des Minderjährigen örtlich zuständig, so soll auf Antrag des Jugendamts die Abgabe an das Gericht des gewöhnlichen Aufenthalts gemäß § 46 FGG stattfinden, sofern nicht besondere Gründe dagegen sprechen (§ 57 Abs V JWG)[2]. Für die Abgabe einer Erziehungsbeistandschaft an das Gericht des gewöhnlichen Aufenthalts des Minderjährigen bedarf es also nicht des Vorliegens „wichtiger Gründe" im Sinne des § 46 FGG, vielmehr ist der Umstand, daß die Erziehungsbeistandschaft an einem anderen Orte als dem des gewöhnlichen Aufenthalts des Minderjährigen gerichtlich geführt werden müßte, kraft Gesetzes regelmäßig ein hinreichender Abgabegrund, der nur durch besondere Gegengründe im Einzelfall seines Gewichts verlustig gehen kann. Als Gericht des „gewöhnlichen Aufenthalts" des Minderjährigen im Sinne des § 57 Abs V JWG ist übrigens nicht das Gericht eines zufälligen Aufenthalts anzusehen (JFG 2 87). Mit dem Abgabeantrag braucht das Jugendamt nicht notwendig bis nach der Entscheidung des Vormundschaftsgerichts zu

---

[1] Minderjährige, die ihren Wohnsitz in der *Sowjetzone* haben, dürften in entsprechender Anwendung der Grundsätze, die für das Fürsorgeerziehungsverfahren entwickelt worden sind (vgl unten § 116, 4), wie Deutsche ohne Wohnsitz im Inland zu behandeln sein.

[2] In *Eilfällen* kann auch das Gericht des tatsächlichen Aufenthaltsortes die Erziehungsbeistandschaft anordnen (§ 77 Abs I JWG), worauf alsdann die Sache an das ordentliche Gericht abzugeben ist (POTRYKUS § 57 RJWG Anm 1; GRÄBER § 57 RJWG Anm 1 und § 65 RJWG Anm 44 G); jedoch werden solchen Fälle in der Praxis nicht häufig sein, da, wenn überhaupt die Erziehungsbeistandschaft und nicht eine strengere Maßnahme, z. B. die Fürsorgeerziehung, in Betracht kommt, die Angelegenheit nicht so dringlich sein wird, daß die Sache nicht zunächst an das ordentliche zuständige Gericht abgegeben werden könnte (anders z. B. bei langwierigen Zuständigkeitsstreitigkeiten).

warten, worauf der Gesetzeswortlaut an sich hindeuten könnte. Es ist nicht ersichtlich, warum die Antragstellung zu einem früheren Zeitpunkt unzulässig sein sollte. Die gemäß § 46 Abs I Satz 1 Halbsatz 2 und Abs III FGG zur Abgabe erforderliche Zustimmung ist nicht von dem Erziehungsbeistand, sondern von demjenigen zu erklären, dem das Vertretungsrecht in den persönlichen Angelegenheiten des Minderjährigen zusteht (JFG 23 63). Besteht für den Minderjährigen eine Vormundschaft, Pflegschaft oder Beistandschaft nach bürgerlichem Recht (§ 43 Abs II FGG), so kann die Erziehungsbeistandschaft auch ohne die Vormundschaft usw. abgegeben werden. Seinen entgegengesetzten, vor allem in JFG 2 92 zu § 65 Abs VII RJWG niedergelegten Standpunkt hat das Kammergericht in JFG 22 75 mit überzeugender Begründung aufgegeben. Bei Nichtabgabe steht dem Jugendamt die Beschwerde zu, die indessen nur in dem Abgabeverfahren und nicht etwa gegen die Anordnung der Erziehungsbeistandschaft mit der Begründung erhoben werden kann, die Erziehungsbeistandschaft hätte nach § 57 Abs V JWG abgegeben werden müssen (Potrykus § 57 RJWG Anm 10; Gräber § 57 RJWG Anm 24 und § 65 RJWG Anm 47 D).

b) Die gerichtliche Anordnung der Erziehungsbeistandschaft erfolgt entweder *von Amts wegen* oder auf *Antrag*. Antragsberechtigt ist jeder *Personensorgeberechtigte*[1] und das *Jugendamt* (§ 57 Abs II JWG). Das Vormundschaftsgericht muß vor der Entscheidung die Antragsberechtigten und den Minderjährigen *hören*, soweit sie erreichbar sind (§ 57 Abs III JWG). Die Pflicht zur Anhörung der personensorgeberechtigten Eltern ergibt sich auch aus der Vorschrift des § 1695 Abs I BGB, wonach das Vormundschaftsgericht vor einer Entscheidung, welche die Sorge für die Person oder das Vermögen des Kindes betrifft, die Eltern zu hören hat und hiervon nur aus schwerwiegenden Gründen absehen darf. Die Beteiligten sind nicht nur zu hören, um die Aufklärungspflicht aus § 12 FGG zu erfüllen, sondern vor allem im Hinblick auf den Verfassungsgrundsatz des Art 103 Abs I GG. Die Anhörung des Jugendamts kann sich unter Umständen dadurch erübrigen, daß das Jugendamt den Antrag gestellt hat und weitere Tatsachen von Bedeutung, die die Angelegenheit in einem anderen Licht erscheinen lassen, im Laufe der Ermittlungen nicht bekannt geworden sind. Die *Entscheidung* des Vormundschaftsgerichts, die gemäß § 12 Z 23 RpflG dem *Richter vorbehalten* ist, erfolgt durch *begründeten Beschluß*. Den Antragsberechtigten ist die Entscheidung des Vormundschaftsgerichts *bekanntzugeben* (vgl § 16 FGG),

---

[1] Damit sind nicht nur diejenigen gemeint, denen die *Vertretung* des Minderjährigen in den die Person betreffenden Angelegenheiten zusteht, sondern auch diejenigen, deren Personensorgerecht sich auf die *tatsächliche* Sorge beschränkt (vgl z. B. § 1707 Abs I Satz 2 BGB).

ebenso dem Minderjährigen, wenn er das 14. Lebensjahr vollendet hat (§ 57 Abs IV Satz 1 JWG). Die Begründung des Beschlusses ist dem Minderjährigen nicht mitzuteilen, soweit sich aus ihrem Inhalt Nachteile für seine Erziehung ergeben können (§ 57 Abs IV Satz 2 JWG). Von der Anordnung (und ebenso von der späteren Aufhebung) der Erziehungsbeistandschaft ist ferner das für den Minderjährigen zuständige Strafregister zwecks Eintragung in die gerichtliche *Erziehungskartei* zu benachrichtigen (Nr 2 Abs I Buchst. f) und Abs III der gemeinsamen Anordnung der Landesjustizverwaltungen und des Bundesministers der Justiz über die gerichtliche Erziehungskartei vom 15. Februar 1955, Bundesanzeiger Nr 37, und 16. Juni 1958, Bundesanzeiger Nr 119, mitgeteilt bei RIEDEL (T), Seite 324ff.). Gegen die Entscheidung des Vormundschaftsgerichts findet die *einfache Beschwerde* statt. Nur in dem Sonderfalle des § 68 Abs III JWG (vgl unten § 120) ist die Beschwerde wegen des inneren Zusammenhangs mit der Entscheidung über die Fürsorgeerziehung eine sofortige (JFG 14 53).

3a) Nach der Anordnung der Erziehungsbeistandschaft durch das Vormundschaftsgericht hat das *Jugendamt* den Erziehungsbeistand zu *bestellen* (§ 57 Abs I Satz 2 JWG). Der Erziehungsbeistand ist durch eine andere Person zu ersetzen, wenn es das Wohl des Minderjährigen erfordert (§§ 57 Abs I Satz 3, 56 Abs II JWG). Wie sich aus dem Wortlaut des § 56 Abs II JWG ergibt, ist als Erziehungsbeistand eine Einzelperson zu bestellen (vgl die Bundestags-Drucksache Nr 2226 der 3. Wahlperiode, Seite 26), die das Jugendamt zweckmäßig aus dem Kreis der Personen auswählt, die ihm hierzu von den Trägern der freien Jugendhilfe (vgl § 5 Abs IV JWG) vorgeschlagen worden sind. Bei der Auswahl des Erziehungsbeistands ist auf das von den Personensorgeberechtigten bestimmte religiöse Bekenntnis des Minderjährigen Rücksicht zu nehmen (§ 3 Abs I Satz 3 JWG). Die Bestellung des Erziehungsbeistands durch das Jugendamt ist ein öffentlich-rechtlicher Verwaltungsakt.

b) Die *Aufgabe* des Erziehungsbeistands besteht in der *Unterstützung* der *Personensorgeberechtigten* bei der *Erziehung* des Minderjährigen (§ 58 Abs I Satz 1 JWG). Diesem hat er mit Rat und Hilfe zur Seite zu stehen und ihn auch bei der Verwendung seines Arbeitsverdienstes zu beraten (§ 58 Abs I Satz 2 JWG). Hervorzuheben ist jedoch, daß den Personensorgeberechtigten das Sorgerecht grundsätzlich verbleibt, so daß deren Ansicht bei Meinungsverschiedenheiten zwischen ihnen und dem Erziehungsbeistand vorgeht (POTRYKUS § 58 RJWG Anm 3; GRÄBER § 58 RJWG Anm 2).

c) Besteht zur Zeit der Anordnung der Erziehungsbeistandschaft eine *Beistandschaft* nach §§ 1685ff. BGB, so dürfte diese im Interesse einer klaren Abgrenzung der Zuständigkeiten insoweit aufzuheben sein, als sich ihr Wirkungskreis mit dem der Erziehungsbeistandschaft deckt.

Indessen wird der Fall wohl kaum eintreten, daß einem Entwicklungsschaden, der sich während einer die Erziehung einschließenden Beistandschaft nach §§ 1685ff. BGB gezeigt hat, mit einer Erziehungsbeistandschaft nach §§ 55ff. JWG wirksam begegnet werden kann.

d) Gemäß § 58 Abs I Satz 3 JWG hat der Erziehungsbeistand bei der Ausübung seines Amtes das Recht auf *Zutritt* zu dem Minderjährigen. Das Grundrecht der Unverletzlichkeit der Wohnung (Art 13 Abs I GG) ist insoweit eingeschränkt (§ 58 Abs I Satz 4 JWG). Der Erziehungsbeistand kann ferner von den Personensorgeberechtigten, dem Arbeitgeber, den Lehrern und den Personen, bei denen sich der Minderjährige nicht nur vorübergehend aufhält, *Auskunft* verlangen (§ 59 JWG). Das Jugendamt hat den Erziehungsbeistand zu beraten und bei seiner Tätigkeit zu unterstützen (§ 60 JWG). Umgekehrt ist der Erziehungsbeistand verpflichtet, dem Jugendamt und dem Vormundschaftsgericht auf Verlangen zu *berichten* (§ 58 Abs II Satz 1 JWG). Er hat jeden Umstand unverzüglich mitzuteilen, der Anlaß geben könnte, weitere erzieherische Maßnahmen zu treffen (§ 58 Abs II Satz 2 JWG). Eine Mitteilung ist insbesondere dann geboten, wenn die Personensorgeberechtigten der Ausübung der Erziehungsbeistandschaft Schwierigkeiten bereiten oder diese sich aus anderen Gründen als unzureichend erweist, einen Entwicklungsschaden des Minderjährigen zu verhüten oder zu beseitigen.

Beispiel:

Beschluß

Für den am 15. Januar 1952 in Köln geborenen Karl Schäfer, Kind des Arbeiters Josef Schäfer und seiner Ehefrau Maria geb. Schlosser in Köln, Hohe Straße 100, katholischen Bekenntnisses, wird die Erziehungsbeistandschaft angeordnet.

Die Bestellung des Erziehungsbeistandes erfolgt durch das städtische Jugendamt in Köln.

Gründe

Wie die angestellten Ermittlungen ergeben haben, hat die Führung des obengenannten Minderjährigen in letzter Zeit wiederholt zu Klagen Anlaß gegeben. Der Minderjährige hat mehrfach den Schulunterricht versäumt und eine Neigung zum Herumtreiben gezeigt. Diese Entwicklung des Minderjährigen ist auf eine Verschlechterung der Verhältnisse im Elternhause des Kindes zurückzuführen. Die Eltern des Minderjährigen sind zwar an sich ordentliche Leute, haben es aber in der letzten Zeit, vielleicht unter der Einwirkung ihrer bedrängten wirtschaftlichen Lage, an einer hinreichenden und sorgfältigen Erziehung des Kindes fehlen lassen. Unter diesen Umständen erschien es zur Verhütung von Entwicklungsschäden des Minderjährigen geboten, die Eltern bei der Erziehung des Kindes durch einen Erziehungsbeistand zu unterstützen, was im Hinblick auf den vorhandenen Erziehungswillen der Eltern und das geringe Maß der bisherigen Verfehlungen des Minderjährigen auch als ausreichend anzusehen war (§ 55 JWG).

Da die Eltern sich nicht bereit gefunden haben, von sich aus die Bestellung eines Erziehungsbeistandes beim zuständigen Jugendamt zu beantragen, mußte die Erziehungsbeistandschaft gerichtlich angeordnet werden (§ 57 Abs I Satz 1 JWG). Die Bestellung des Erziehungsbeistands erfolgt nunmehr durch das städtische Jugendamt in Köln (§ 57 Abs I Satz 2 JWG).

Köln, den 20. Oktober 1962.

Das Amtsgericht.
Schmitz.

Vfg.

1. Beschluß vom 20. Oktober 1962 zustellen[1]*,*
a) dem Vater und der Mutter des Minderjährigen,
b) dem städtischen Jugendamt in Köln.
2. Nachricht dem Strafregister — Erziehungskartei — der Staatsanwaltschaft in Köln[2]*.*
3. Nach 3 Wochen (Eingang der Mitteilung des Jugendamts über die Bestellung des Erziehungsbeistands).

Köln, den 20. Oktober 1962.

Schmitz.

4. Die Erziehungsbeistandschaft *endet*

a) mit der *Volljährigkeit* des Minderjährigen (§ 61 Abs I JWG)[3],

b) mit der *Aufhebung*, wenn der Erziehungszweck erreicht oder die Erreichung des Erziehungszwecks anderweitig sichergestellt ist (§ 61 Abs II Satz 1 JWG). Die Erziehungsbeistandschaft ist insbesondere aufzuheben, wenn die Ausführung der Freiwilligen Erziehungshilfe oder der Fürsorgeerziehung (vgl § 69 Abs II JWG) begonnen hat (§ 61 Abs II Satz 2 JWG)[4].

Gegen die Aufhebung der Erziehungsbeistandschaft durch das Vormundschaftsgericht kann das Jugendamt Beschwerde gemäß § 57 Abs I Z 9 FGG einlegen.

5. Der gerichtlichen Anordnung der Erziehungsbeistandschaft bedarf es nicht, wenn die *Personensorgeberechtigten* die Bestellung eines Erziehungsbeistands beim *Jugendamt beantragen* (§ 56 Abs I JWG). Das Jugendamt bestellt dann den Erziehungsbeistand auf Grund des vorliegenden Einverständnisses der Personensorgeberechtigten ebenfalls durch öffentlich-rechtlichen Verwaltungsakt (vgl die Bundestags-Drucksache Nr 2226 der 3. Wahlperiode, S. 26). Der Erziehungsbeistand

---

[1] Die Zustellung ist nicht vorgeschrieben (vgl oben Z 2b), aber wegen der einschneidenden Bedeutung der Maßnahme zu empfehlen.

[2] Das Muster für die Nachricht zur gerichtlichen Erziehungskartei findet sich bei RIEDEL (T), Seite 327 f.

[3] Ebenso natürlich mit der Volljährigkeitserklärung, dem Tode und der Todeserklärung.

[4] Für die Erziehungsbeistandschaft ist neben der endgültigen Fürsorgeerziehung auch dann kein Raum, wenn diese gemäß § 69 Abs III Satz 2 JWG in der eigenen Familie unter Aufsicht des Landesjugendamtes fortgesetzt wird (ZBL XLI 208 = JMBlNRW 1954 178 = DRiZ 1954 B 102 Nr 1021).

braucht in diesem Falle nur dem Jugendamt zu berichten, das auch für die Aufhebung der Erziehungsbeistandschaft zuständig ist (§ 61 Abs II Satz 4 JWG). Sie ist aufzuheben, wenn *ein* Personensorgeberechtigter die Aufhebung beantragt (§ 61 Abs II Satz 3 JWG). Dies hindert allerdings nicht, daß die Erziehungsbeistandschaft darauf notfalls gerichtlich angeordnet wird.

6. Wegen der Erziehungsbeistandschaft im Falle der *Aussetzung* des *Fürsorgeerziehungsverfahrens* vgl § 68 Abs III JWG und unten § 120.

7. Von dem *Jugendgericht* kann[1] die Erziehungsbeistandschaft entweder allein oder in Verbindung mit anderen Erziehungsmaßregeln[2], mit Zuchtmitteln oder mit Jugendstrafe angeordnet werden (§§ 8, 9 JGG). Die Voraussetzungen, die Ausführung und die Beendigung der Erziehungsbeistandschaft richten sich jedoch auch in diesem Falle nach den Vorschriften des JWG (§ 12 Satz 1 JGG). Eines Versuchs, den Erziehungsbeistand nach § 56 Abs I JWG zu bestellen, bedarf es nicht (§ 12 Satz 2 JGG). Bei der Aussetzung der Vollstreckung oder Verhängung einer Jugendstrafe (§§ 20ff., 27ff. JGG) sowie bei der Strafentlassung zur Bewährung (§§ 88f. JGG) wird nicht die Erziehungsbeistandschaft angeordnet, sondern die *Bewährungsaufsicht* (§§ 24f., 29, 88f. JGG), auf die die Vorschriften der §§ 55ff. JWG nicht anwendbar sind. Steht der Minderjährige unter Bewährungsaufsicht, so ruht eine gleichzeitig bestehende Erziehungsbeistandschaft bis zum Ablauf der Bewährungszeit (§ 8 Abs II Satz 3 JGG).

§ 115. 2. Die Freiwillige Erziehungshilfe

1. Die Freiwillige Erziehungshilfe ist geschichtlich aus den Bestimmungen über die *öffentliche Unterstützung hilfsbedürftiger Minderjähriger* hervorgegangen. Bei der Schaffung des Reichsgesetzes für Jugendwohlfahrt hatte man die Vorschriften über die öffentliche Unterstützung hilfsbedürftiger Minderjähriger zunächst mit in das Gesetz hineingenommen (Abschn. V, §§ 49—55 RJWG). Von diesen Bestimmungen ist aber gemäß Art 2 der VO über das Inkrafttreten des Reichsjugendwohlfahrts-

---

[1] Bei einem im Wehrdienst stehenden Minderjährigen darf das Jugendgericht die Erziehungsbeistandschaft nicht anordnen (§ 112a Nr 1 JGG).

[2] Das Jugendgericht kann im Urteil die Auswahl und Anordnung von Erziehungsmaßregeln (§ 9 JGG) auch dem Vormundschaftsgericht überlassen, wenn es nicht auf Jugendstrafe erkennt (§§ 53 Satz 1, 109 Abs II JGG). Das allgemeine Strafgericht (§ 102 JGG) hat die Auswahl und Anordnung von Erziehungsmaßregeln dem Vormundschaftsgericht zu überlassen, wenn es solche im Verfahren gegen einen Minderjährigen für erforderlich hält (§§ 104 Abs IV Satz 1, 112 Satz 1 JGG). Das Vormundschaftsgericht muß in diesen Fällen eine Erziehungsmaßregel anordnen, soweit sich nicht die Umstände, die für das Urteil maßgegend waren, verändert haben (§§ 53 Satz 2, 104 Abs IV Satz 2 JGG).

gesetzes vom 14. 2. 1924 (RGBl I 110) nur § 55 RJWG in Kraft getreten, der bis zur Notverordnung vom 4. 11. 1932 (RGBl I 522) fortbestanden hat. Die reichs- bzw. bundesrechtlichen Grundlagen für die öffentliche Unterstützung hilfsbedürftiger Minderjähriger waren später in der *Fürsorgepflichtverordnung* (RFV) vom 13. 2. 1924 (RGBl I 100) und in den dazu ergangenen *Reichsgrundsätzen* (RGr.) über Voraussetzung, Art und Maß der öffentlichen Fürsorge vom 4. 12. 1924 (RGBl I 765) niedergelegt; sie sind jetzt im *Bundessozialhilfegesetz* (BSHG) und in einzelnen Bestimmungen des Jugendwohlfahrtsgesetzes enthalten (vgl z. B. §§ 12 Abs II, 23 Abs II, 27 Abs I Nr 2 und 31 bis 35 BSHG sowie §§ 4 Nr 6, 5 Abs I Nr 7 und 6 JWG). Die Gewährung von Erziehungs- und Ausbildungsbeihilfen ist daneben noch in anderen Gesetzen geregelt (vgl z. B. § 27 BVG und § 302 LAG).

2. Die Fürsorge für hilfsbedürftige Minderjährige gehörte nach § 1 Abs I e) RFV zu den Aufgaben der Landes- und Bezirksfürsorgeverbände. Im allgemeinen hatte die Fürsorge die Aufgabe, dem Hilfsbedürftigen den notwendigen Lebensbedarf zu gewähren (§ 1 Abs I Satz 1 RGr.); um eine drohende Hilfsbedürftigkeit zu verhüten, konnte sie auch vorbeugend eingreifen (§ 3 Satz 1 RGr.). Bei Minderjährigen konnte sie insbesondere, soweit dazu nicht die Jugendhilfe[1] berufen war, eingreifen, *um Störungen der körperlichen, geistigen oder sittlichen Entwicklung zu verhindern* (§ 3 Satz 2 RGr.). Zum notwendigen Lebensbedarf eines Minderjährigen im Sinne der Reichsgrundsätze gehörte die Hilfe für die *Erziehung zu körperlicher, geistiger und sittlicher Tüchtigkeit* (§ 6 Abs I d RGr.). Bei Minderjährigen umfaßte die Fürsorge ferner die Hilfe zur Erwerbsbefähigung oder zur Ausbildung für einen angemessenen Beruf (§ 6 Abs I e RGr.).

Unter Bezugnahme auf die §§ 3 und 6 RGr. hat der frühere Reichsminister des Inneren mit Runderlaß vom 25. 8. 1943 (MBliV 1387; Text bei Gräber, Vorb 4 zu Abschnitt VI des RJWG)[2] die Fürsorgeverbände angewiesen, der Fürsorge für hilfesbedürftige Minderjährige, der sogenannten *Erziehungsfürsorge*, besondere Aufmerksamkeit zuzuwenden und mit ihrer Durchführung die Jugendämter, die nach der damals gültigen Fassung des § 10 RJWG[3] mit den Behörden der öffentlichen Fürsorge verbunden sein konnten, zu beauftragen. Die Jugendämter wurden durch den Runderlaß gehalten, vor der Stellung von Anträgen auf An-

---

[1] Vgl § 2 RJWG.

[2] Der Runderlaß ist den Justizbehörden durch die AV des früheren Reichsjustizministers vom 21. 10. 1943 (DJ 503; Text bei Potrykus, Seite 372) mitgeteilt worden; der Umstand, daß in ihm unter anderem von der Fürsorge für erbgesunde Minderjährige die Rede ist, dürfte ihn in seiner Gesamtheit nicht als Ausfluß typisch nationalsozialistischen Denkens erscheinen lassen.

[3] Durch die Novelle vom 28. August 1953 (BGBl I 1035) ist § 10 RJWG geändert worden.

ordnung der Fürsorgeerziehung nach § 63 Abs I Z 1 RJWG sorgfältig zu prüfen, ob das Ziel nicht im Zusammenwirken mit den Erziehungsberechtigten durch Maßnahmen der Erziehungsfürsorge erreicht werden könne, wobei der Minderjährige gegebenenfalls in ein Heim aufzunehmen sei. Die Landesjugendämter sollten die Tätigkeit der Jugendämter auf dem Gebiete der Erziehungsfürsorge nach Kräften unterstützen; ihnen wurde empfohlen, sich nach dem Vorbild einiger Landesjugendämter mit zwei Dritteln an den Kosten der Erziehungsfürsorge zu beteiligen. Obwohl der erwähnte Runderlaß keine Gesetzesänderung herbeigeführt hat, ist er doch für die Entwicklung des Verhältnisses der Erziehungsfürsorge zur Fürsorgeerziehung von großer Bedeutung gewesen. Er hat wesentlich mit dazu beigetragen, daß vor allem die Landesjugendämter die in einigen Ländern (z. B. in Baden und in der preußischen Rheinprovinz) schon früher bestehende Einrichtung der sogenannten *Freiwilligen Erziehungshilfe* in verstärktem Maße ausgebaut und zur Unterbringung von Minderjährigen benutzt haben.

3. Die Freiwillige Erziehungshilfe ist jetzt bundesrechtlich geregelt (§§ 62, 63 JWG). Daneben bestehen ältere Vorschriften des Landesrechts[1], die im Laufe der Zeit an das geltende Bundesrecht angepaßt werden dürften. Nach § 62 JWG ist einem Minderjährigen, der das 20. Lebensjahr noch nicht vollendet hat und dessen leibliche, geistige und seelische Entwicklung gefährdet oder geschädigt ist, Freiwillige Erziehungshilfe zu gewähren, wenn diese Maßnahme zur Abwendung der Gefahr oder zur Beseitigung des Schadens geboten ist *und die Personensorgeberechtigten bereit sind, die Durchführung der Freiwilligen Erziehungshilfe zu fördern.* Durch die Begrenzung auf den Zeitpunkt der Vollendung des 20. Lebensjahres unterscheidet sich die Freiwillige Erziehungshilfe von der Erziehungsbeistandschaft, während sie an sachlichen Voraussetzungen wie diese einen drohenden oder eingetretenen Entwicklungsschaden verlangt. Da der Begriff des Entwicklungsschadens umfassender ist als der der Verwahrlosung (vgl oben § 114, 1 a), kann die Freiwillige Erziehungshilfe auch bei drohender oder bestehender Verwahrlosung gewährt werden (vgl die Bundestags-Drucksache Nr 2226 der 3. Wahlperiode, S. 28; Potrykus in ZBl XLIX 61 ff.). Die Freiwillige Erziehungshilfe ist gegenüber der milderen Erziehungsbeistandschaft vor allem dann geboten, wenn der Entwicklungsschaden *nicht ohne anderweitige Unterbringung* des Minderjährigen abzuwenden oder zu beseitigen ist (vgl Potrykus a. a. O.). Um einen Erfolg der Erziehungsmaßnahme zu gewährleisten und insbesondere ihren vorzeitigen Abbruch zu vermeiden, ist die Gewährung der Freiwilligen Erziehungshilfe davon abhängig, daß die Personensorgeberechtigten zu einer ehr-

[1] Vgl z. B. die §§ 82 — 105 BadVVO für das Gebiet des ehemaligen Landes Baden.

lichen und dauerhaften Zusammenarbeit mit den Jugendwohlfahrtsbehörden bereit sind.

Die Gewährung der Freiwilligen Erziehungshilfe erfolgt durch das Landesjugendamt oder die Behörde, der die Aufgaben des Landesjugendamts übertragen sind[1], und zwar auf *schriftlichen Antrag* der Personensorgeberechtigten[2] (§ 63 Satz 1 JWG). Es ist also nötig, daß beide sorgeberechtigte Eltern den Antrag unterschreiben oder einer die Unterschrift mit schriftlicher Vollmacht des anderen leistet (vgl POTRYKUS a. a. O.). Der Antrag ist beim Jugendamt zu stellen, das sich zu ihm äußert (§ 63 Satz 2 und 3 JWG). Während die Übernahme eines Minderjährigen in die Freiwillige Erziehungshilfe früher auf Grund eines mit dem Landesjugendamt abgeschlossenen Vertrages erfolgte, sieht der Gesetzgeber die Gewährung der Freiwilligen Erziehungshilfe nunmehr als öffentlichrechtlichen Verwaltungsakt an, der die Zustimmung der Personensorgeberechtigten voraussetzt (vgl die Bundestags-Drucksache Nr 2226 der 3. Wahlperiode, S. 28 und 26). Die Freiwillige Erziehungshilfe wird unabhängig davon gewährt, ob dem Minderjährigen und seinen Eltern die Aufbringung der Kosten zuzumuten ist (§ 85 Abs I Satz 1 JWG). Soweit es ihnen zuzumuten ist, haben sie gemäß näherer Bestimmung des Landesrechts zu den Kosten beizutragen (§ 85 Abs I Satz 2 und 3 JWG). Die Freiwillige Erziehungshilfe *endet* mit der *Volljährigkeit* des Minderjährigen (§ 75 Abs I JWG) sowie mit seiner Volljährigkeitserklärung, seinem Tod und seiner Todeserklärung. Sie ist schon vorher unverzüglich *aufzuheben*, wenn auch nur *ein* Personensorgeberechtigter die Aufhebung beantragt (§ 75 Abs III JWG). Wird die Freiwillige Erziehungshilfe auf Antrag der Personensorgeberechtigten aufgehoben, so steht dies der gerichtlichen Anordnung der Fürsorgeerziehung nicht entgegen, wenn deren Voraussetzungen vorliegen. Die Freiwillige Erziehungshilfe ist ferner aufzuheben, wenn ihr *Zweck erreicht* oder *anderweitig sichergestellt* ist (§ 75 Abs II Satz 1 JWG). Erweist die Freiwillige Erziehungshilfe sich als unzweckmäßig, weil erhebliche, fachärztlich nachgewiesene geistige oder seelische Regelwidrigkeiten des Minderjährigen eine andere Form der Hilfe erfordern, so darf sie erst aufgehoben werden, wenn die andere Form der Hilfe gesichert ist (§ 75 Abs II Satz 2 JWG). Wer einen Minderjährigen gegen den Willen der Personensorgeberechtigten der gewährten Freiwilligen Erziehungshilfe entzieht oder ihn verleitet, sich der Freiwilligen Erziehungshilfe zu entziehen, oder ihm dabei hilft, macht sich gemäß § 86 JWG strafbar.

Der große Vorzug der Freiwilligen Erziehungshilfe gegenüber der Fürsorgeerziehung besteht darin, daß bei der unterstützenden Mitwir-

---

[1] Vgl §§ 20 Abs I Nr 6 und 74 Abs II JWG; s. dazu RIEDEL (T), Seite 112 f.
[2] Vgl oben S. 507 Anm 1.

kung der Erziehungsberechtigten die Arbeit des Landesjugendamts erfolgversprechender ist. Auf der anderen Seite schließt die Abhängigkeit von dem Einverständnis der Personensorgeberechtigten ein gewisses Risiko in sich, das aber im Hinblick auf Art 6 Abs II und III sowie Art 104 GG in Kauf genommen werden muß.

Während sich die Gewährung der Freiwilligen Erziehungshilfe im allgemeinen ohne gerichtliche Mitwirkung vollzieht, bedarf sie dann der *vormundschaftsgerichtlichen Genehmigung* nach § 1800 Abs II BGB[1], wenn ein *Vormund* oder *Pfleger* (vgl § 1915 BGB) sie für seinen Mündel bezw Pflegling beantragt und mit ihr eine *Freiheitsentziehung* verbunden ist (vgl POTRYKUS a. a. O.; OLG Hamm in FamRZ **1962** 397 Nr 162 = ZBl **XLIX** 209 = JMBlNRW **1962** 220). Der die Notwendigkeit einer vormundschaftsgerichtlichen Genehmigung verneinende Beschluß des Amtsgerichts Hamburg vom 14. 6. 1961 (FamRZ **1961** 393; vgl unten § 140 Zff 2 a) ist durch die spätere Neufassung des § 1800 BGB, die im Hinblick auf die Entscheidung des Bundesverfassungsgerichts vom 10. 2. 1960 (NJW **1960** 811 = MDR **1960** 469 = FamRZ **1960** 186) erfolgt ist, überholt (vgl POTRYKUS a. a. O.); vgl auch FamRZ **63** 312 Nr 151 = NJW **63** 397 = JMBlNRW **63** 42 Nr 1; das Jugendamt ist gegen die Versagung der vg Genehmigung beschwerdeberechtigt. Dagegen dürfte eine vormundschaftsgerichtliche Genehmigung *nicht erforderlich* sein, wenn sorgeberechtigte *Eltern* die Gewährung der mit einer Freiheitsentziehung verbundenen Freiwilligen Erziehungshilfe für ihre Kinder beantragen (vgl POTRYKUS a. a. O.; LG Augsburg in FamRZ **1961** 323, Nr 116; LG Stuttgart in FamRZ **1961** 325 Nr 117); vgl hierzu auch unten § 140 Zff 2 b am Ende.

Die Frage, ob eine beabsichtigte Unterbringung im Rahmen der Freiwilligen Erziehungshilfe sich als Freiheitsentziehung[2] darstellt, ist in jedem Einzelfalle an Hand der konkreten Umstände zu prüfen (vgl OLG Hamm a. a. O.). Die Unterbringung erfüllt die Merkmale einer Freiheitsentziehung, wenn der Minderjährige in einer geschlossenen Anstalt oder in einem geschlossenen Heim oder in einer geschlossenen Abteilung eines Heims untergebracht werden soll. Anhaltspunkte für die Beurteilung der Frage, wann ein Erziehungsheim als geschlossenes Heim anzusehen ist, enthält der Runderlaß des Arbeits- und Sozialministers des Landes Nordrhein-Westfalen vom 16. 1. 1961 (MBlNW **1961** 219; vgl dazu POTRYKUS a. a. O. und OLG Hamm a. a. O.).

---

[1] Vgl hierzu unten § 140 Zff 2, 3.

[2] Zu dem Problemkreis *Erziehung* und *Freiheitsentziehung* vgl die Abhandlungen von ANDERS in FamRZ **1960** 475 ff., GUGGUMOS in FamRZ **1960** 478 f und SCHÜLER-SPRINGORUM in FamRZ **1961** 296 ff., s. auch unten § 140 Zff 2b.

3. Die Fürsorgeerziehung

§ 116. a) Allgemeines und Verfahren

Wenn die Erziehungsbeistandschaft sich als nicht ausreichend erweist, um die drohende Verwahrlosung (vgl zu dem Begriff der Verwahrlosung oben § 114 Z 1a) eines Minderjährigen zu verhüten oder seine bereits eingetretene Verwahrlosung zu beseitigen und die Freiwillige Erziehungshilfe nicht gewährt werden kann, so steht als weiteres Mittel zum Schutz des Minderjährigen die *Fürsorgeerziehung* zur Verfügung.

1. Die Fürsorgeerziehung ist die strengste Form der öffentlichen Erziehung. Wegen der zur Zeit maßgebenden *gesetzlichen Grundlagen* sei auf die §§ 64 bis 77, 85 und 86 des *Gesetzes für Jugendwohlfahrt* vom 11. 8. 1961 (BGBl I 1206) verwiesen, das auf Grund des Gesetzes zur Änderung und Ergänzung des Reichsjugendwohlfahrtsgesetzes vom 11. 8. 1961 (BGBl I 1193) als solches neu gefaßt worden ist[1].

Bundesrechtliche Regelungen betreffend die Fürsorgeerziehung enthalten ferner die §§ 8, 9, 12, 34, 55, 71, 82 und 112a des *Jugendgerichtsgesetzes* vom 4. 8. 1953 (BGBl I 751) in der Fassung des Einführungsgesetzes zum Wehrstrafgesetz vom 30. 3. 1957 (BGBl I 306)[2] und des Gesetzes zur Änderung und Ergänzung des Reichsjugendwohlfahrtsgesetzes vom 11. 8. 1961 (BGBl I 1193). *Landesrechtliche Vorschriften* über die Fürsorgeerziehung sind von einem Teil der neuen Länder der Bundesrepublik Deutschland erlassen worden. Soweit eine Neuregelung nicht erfolgt ist oder durch sie die früheren Bestimmungen nicht berührt worden sind, gelten aber auch noch die landesrechtlichen Vorschriften der alten Länder des Deutschen Reiches über die Fürsorgeerziehung.

An Rechtsvorschriften der *neuen Bundesländer*, die unter anderem die Fürsorgeerziehung behandeln, kommen hauptsächlich in Frage:

a) für *Berlin* das Gesetz zur Ausführung des Reichsgesetzes für Jugendwohlfahrt und zur Regelung der öffentlichen Jugendhilfe vom 3. 7. 1958 (BerlGVBl 592),

b) für *Bremen* das Gesetz zur Ausführung des Jugendwohlfahrtsgesetzes vom 21. 12. 1957 (BremGBl 184 = SaBl 1958 62) in der

---

[1] Vom Lande *Berlin* sind das Gesetz zur Änderung und Ergänzung des Reichsjugendwohlfahrtsgesetzes und die Neufassung als Gesetz für Jugendwohlfahrt durch Gesetz vom 29. September 1961 übernommen worden (BerlGVBl 1421 bezw 1430).

[2] Vom Lande *Berlin* ist das Jugendgerichtsgesetz in der ursprünglichen Fassung (ohne die §§ 112a ff.) durch Gesetz vom 10. August 1953 (BerlGVBl 768) übernommen worden. Außerdem gelten in Berlin die Änderungen auf Grund der Novelle zum Reichsjugendwohlfahrtsgesetz vom 11. August 1961 (BerlGVBl 1421).

Im *Saarland* ist das neue Jugendgerichtsgesetz nach dem dortigen Rechtsangleichungsgesetz vom 22. Dezember 1956 (ABl Saar 1667) seit dem 1. Januar 1957 anzuwenden.

Fassung des Änderungsgesetzes vom 26. 6. 1962 (BremGBl 159 = SaBl 1694).

c) für *Hamburg* das Ausführungsgesetz zum Reichsgesetz für Jugendwohlfahrt vom 17. 3. 1949 (HambGVBl 25) in der Fassung der Änderungsgesetze vom 16. 10. 1953 (HambGVBl 296), 20. 12. 1954 (Hamb GVBl 155 = SaBl 1955 119) und 22. 6. 1962 (HambGVBl 137),

d) für *Nordrhein-Westfalen* das Gesetz zur Ausführung des Gesetzes für Jugendwohlfahrt (AGJWG) vom 23. 10. 1956 (GVNW 303 = SaBl 1957 536) in der Neufassung vom 1. 7. 1962 (GVNW 413 = SaBl 1697),

e) für *Rheinland-Pfalz* das Gesetz zur Ausführung des Reichsgesetzes für Jugendwohlfahrt vom 2. 3. 1956 (RhldPfGVBl 7),

f) für *Schleswig-Holstein* das Gesetz zur Ausführung des Gesetzes für Jugendwohlfahrt (AGJWG) vom 10. 7. 1957 (SchlHGVBl 91 = SaBl 2093) in der Neufassung vom 7. 7. 1962 (SchlHGVBl 277 = SaBl 1701).

Die wichtigsten Rechtsvorschriften der *alten Länder des Deutschen Reiches* über die Fürsorgeerziehung sind enthalten:

a) im *Preußischen* Ausführungsgesetz zum Reichsgesetz für Jugendwohlfahrt vom 29. 3. 1924 (Text bei POTRYKUS, S. 399),

b) im *Bayerischen* Jugendamtsgesetz vom 20. 7. 1925 (Text bei POTRYKUS, S. 469),

c) im *Württembergischen* Landesjugendwohlfahrtsgesetz (LJWG) vom 23. 11. 1927 (Text bei POTRYKUS, S. 637),

d) in der *Badischen* Ausführungsverordnung zum Reichsgesetz für Jugendwohlfahrt (AVRJWG) vom 31. 3. 1924 (Text bei POTRYKUS, S. 547),

e) im *Hessischen* Gesetz, die Ausführung des Reichsgesetzes für Jugendwohlfahrt betreffend, vom 17. 7. 1924 (Text bei POTRYKUS, S. 613),

f) im *Oldenburgischen* Gesetz zur Ausführung des Reichsgesetzes für Jugendwohlfahrt vom 20. 6. 1923 (Text bei POTRYKUS, S. 628),

g) im *Braunschweigischen* Ausführungsgesetz zum Reichsgesetz für Jugendwohlfahrt vom 29. 3. 1924 (Text bei POTRYKUS, S. 590).

2a) Die Fürsorgeerziehung soll nach dem Willen des Gesetzgebers nur dann zur Anwendung kommen, wenn keine ausreichende andere Erziehungsmaßnahme gewährt werden kann (§ 64 Satz 2 JWG). Damit ist der Grundsatz der *Subsidiarität der Fürsorgeerziehung* endgültig im Gesetz verankert worden. Dieser Grundsatz schien durch § 63 Abs I Z 1 RJWG in der Fassung der VO vom 4. 11. 1932 (RGBl I 522) zunächst in Frage gestellt zu sein (vgl BayObLG in JFG **10** 27; KG in JFG **10** 35) und war von der Rechtsprechung erst später wieder in seiner Bedeutung herausgestellt worden (vgl KG in DFG **1944** 32; RIEDEL (K) § 63 RJWG Anm 8e und 9 und ihm folgend BGH in NJW **1953** 1300 = ZBl **XL** 172 = BGHZ **8** 134; BayObLG in JR **1954** 145; OLG Hamm in ZBl **XLI** 273). Eine ausreichende andere Erziehungsmaßnahme wird in der Regel dann nicht zur Verfügung stehen, wenn die sonstigen Möglichkeiten einer Einwirkung auf den Minderjährigen einschließlich der Erziehungsbeistandschaft nach Lage der Umstände aussichtslos erscheinen und die Freiwillige Erziehungshilfe wegen des mangelnden Einverständnisses der Personensorgeberechtigten nicht gewährt werden kann.

b) Die Fürsorgeerziehung wird in einer *geeigneten Familie* oder in einem *Heim* unter *öffentlicher Aufsicht* und auf *öffentliche Kosten* durchgeführt (§§ 69 Abs III Satz 1, 85 Abs I Satz 1 JWG; vgl unten § 121).

3. Die *Überweisung* eines Minderjährigen zur Fürsorgeerziehung erfolgt durch Beschluß des Vormundschaftsgerichts[1] unter bestimmten *Voraussetzungen* (§ 64 Satz 1 JWG). Liegen diese Voraussetzungen vor, so ist damit die in Art 6 Abs III GG geforderte gesetzliche Erlaubnis für ein Eingreifen in das elterliche Erziehungsrecht auch gegen den Willen der Erziehungsberechtigten gegeben (JFG 2 86). Andererseits *muß* das Vormundschaftsgericht bei Vorliegen der gesetzlichen Voraussetzungen die Fürsorgeerziehung anordnen und kann sie z. B. nicht deshalb ablehnen, weil ein Minderjähriger das 20. Lebensjahr fast vollendet hat. Die Anordnung der Fürsorgeerziehung kann jedoch wegen *praktischer Undurchführbarkeit* in den Fällen unterbleiben, in denen ein Minderjähriger sich z. B. dauernd im Ausland aufhält oder sein Aufenthalt dauernd unbekannt ist (RIEDEL (K) § 63 RJWG Anm 10b; GRÄBER, § 63 RJWG Anm 26 D). Die formelle Rechtskraft eines früheren, die Anordnung der Fürsorgeerziehung ablehnenden Beschlusses steht der späteren Überweisung zur Fürsorgeerziehung auf Grund desselben Sachverhalts nicht entgegen, weil der Beschluß auf Ablehnung der Fürsorgeerziehung nicht auch in materielle Rechtskraft erwächst (KG in JFG 20 55 unter Aufgabe seines früheren, zum preußischen Recht eingenommenen Standpunkts in KGJ 24 A 35).

Es wird zwischen *vorbeugender* Fürsorgeerziehung, die der Verhütung der Verwahrlosung des Minderjährigen dient, und *heilender* Fürsorgeerziehung, die eine bereits eingetretene Verwahrlosung beseitigen soll, unterschieden. Obwohl die Voraussetzungen beider Fälle in einer gesetzlichen Bestimmung (§ 64 Satz 1 JWG) zusammengefaßt sind, muß der Überweisungsbeschluß erkennen lassen, ob vorbeugende oder heilende Fürsorgeerziehung für erforderlich erachtet wird, weil sonst eine unzureichende Begründung (vgl § 65 Abs III Satz 1 JWG) vorliegt und eine Nachprüfung in der Beschwerdeinstanz nicht möglich ist.

Wegen der *besonderen* Voraussetzungen, unter denen in den genannten beiden Fällen die Anordnung der Fürsorgeerziehung zu erfolgen hat, vgl unten die §§ 117, 118.

---

[1] Die Entscheidungen des Vormundschaftsgerichts in Fürsorgeerziehungssachen sind gemäß § 12 Z 23 RpflG dem *Richter vorbehalten*.

Der vorbeugenden wie der heilenden Fürsorgeerziehung sind aber auch gewisse *Voraussetzungen gemeinsam:*

a) Die Überweisung zur Fürsorgeerziehung darf grundsätzlich nur erfolgen, wenn der Minderjährige im Zeitpunkt des Erlasses des Beschlusses das *20. Lebensjahr* noch nicht vollendet hat (§ 64 Satz 1 JWG)[1 2 3]. Dagegen steht die Vollendung des 20. Lebensjahres der Anordnung der *endgültigen* Fürsorgeerziehung nicht im Wege, wenn vorher die *vorläufige* Fürsorgeerziehung angeordnet worden ist (§ 67 Abs IV JWG).

Hat der Minderjährige das 20. Lebensjahr vollendet, so kann er der Fürsorgeerziehung nicht mehr überwiesen werden, auch wenn bereits vorher das Verfahren eingeleitet war[4]. Dies gilt auch dann, wenn zwar das Amtsgericht die Fürsorgeerziehung vor der Vollendung des 20. Lebensjahres angeordnet hat, hiergegen aber sofortige Beschwerde eingelegt ist und die Entscheidung des Landgerichts nicht vor der Vollendung des 20. Lebensjahres ergeht (KG in JFG 3 106 und 22 195; BGH in NJW 1954 108 und 638; OLG Oldenburg in ZBl XLV 178). Maßgebend ist dabei der Zeitpunkt, in dem der Beschluß des Landgerichts zur Zustellung an die Empfänger zur Post gegeben wird (BGH in NJW 1954 638 = ZBl XLI 182 = BGHZ 12 248). Wird gegen einen die Anordnung der Fürsorgeerziehung ablehnenden Beschluß weitere Beschwerde eingelegt und hat der Minderjährige im Zeitpunkt der Entscheidung über diese Beschwerde das 20. Lebensjahr vollendet, so ist die Beschwerde ohne sachliche Nachprüfung als unbegründet zurückzuweisen (OLG Düsseldorf in ZBl XLI 239 = JMBlNRW 1954 211). Sie ist auch dann als unbegründet zurückzuweisen, wenn nach der sonst erforderlichen Zurückverweisung der Sache an das Amtsgericht oder Landgericht weitere Ermittlungen angestellt werden müssen, die zweifelsfrei nicht mehr durchgeführt werden können, bevor der Minderjährige

---

[1] Auch *verheiratete* oder *verlobte* weibliche Minderjährige können der Fürsorgeerziehung überwiesen werden; es muß jedoch geprüft werden, ob durch die Eheschließung die Verwahrlosung nicht verhütet oder beseitigt werden kann (vgl Riedel (K) § 63 RJWG Anm 8d ee; Potrykus § 63 RJWG Anm 3; Gräber § 63 RJWG Anm 2).

[2] Bei *Findlingen* hängt die Anordnung der Fürsorgeerziehung nicht von der Feststellung der Geburtszeit ab, wenn das Gericht auf Grund der Sachlage die Überzeugung gewinnt, daß der Minderjährige das 20. Lebensjahr noch nicht vollendet hat. Davon abgesehen aber hat in Zweifelsfällen die Anordnung der Fürsorgeerziehung zu unterbleiben (vgl Gräber § 63 RJWG Anm 5A).

[3] Jugendliche, die in der *Sowjetzone* nach dem dortigen Gesetz über die Herabsetzung des Volljährigkeitsalters vom 17. Mai 1950 (GBl DDR 437) mit Vollendung des *18. Lebensjahres* volljährig geworden sind, können nach diesem Zeitpunkt auch von einem Gericht der Bundesrepublik nicht der Fürsorgeerziehung überwiesen werden (LG Bonn in ZBl XLI 58; a. A. Beitzke in ZBl XXXVII 181 = DRsp I (181) 16 d).

[4] Nach der Vollendung des 20. Lebensjahres ist jedoch die Gewährung von Gefährdetenhilfe gemäß §§ 72 ff. BSHG möglich.

das 20. Lebensjahr vollendet hat (BGH in NJW **1954** 108 = ZBl XLV 86).

Eine *untere Altersgrenze* für die Anordnung der Fürsorgeerziehung besteht *nicht*, so daß also auch Kleinkinder, denen als Folge körperlicher Verwahrlosung die sittliche Verwahrlosung droht, der Fürsorgeerziehung überwiesen werden können. Bei Kindern im zarten Alter wird man aber mit besonderer Sorgfalt prüfen müssen, ob die Fürsorgeerziehung wirklich erforderlich ist und ihr Erfolg nicht mit anderen Mitteln erreicht werden kann.

b) Eine weitere Voraussetzung der Überweisung zur Fürsorgeerziehung ist es, daß der Minderjährige überhaupt *erziehungsfähig* ist. Wenn die Erziehungsfähigkeit fehlt, weil das Handeln des Minderjährigen nicht der Ausfluß eines zwar geschwächten, aber doch durch Erziehung in richtige Bahnen zu lenkenden Willens, sondern eines unabänderlichen, mechanisch wirkenden Triebes eines Geisteskranken ist *(medizinische Unerziehbarkeit)*, so darf die Fürsorgeerziehung nicht angeordnet werden (JFG **2** 104; SchlHA **1955** 302). Ist die medizinische Erziehungsfähigkeit zweifelhaft, so hat das Vormundschaftsgericht vor der Beschlußfassung über die Anordnung der Fürsorgeerziehung von Amts wegen gemäß § 12 FGG die erforderlichen Feststellungen zu treffen, es darf also nicht die Prüfung der Frage der medizinischen Erziehungsfähigkeit dem Landesjugendamt als Ausführungsbehörde überlassen (JFG **2** 104 und **9** 54). Da die medizinische Erziehungsfähigkeit regelmäßig nur auf Grund ärztlicher Begutachtung festgestellt werden kann, kommt als Ermittlungsmaßnahme vor allem die ärztliche Untersuchung des Minderjährigen gemäß § 66 Abs I JWG oder seine Unterbringung auf die Dauer von insgesamt höchstens drei Monaten in einer für die medizinische Beobachtung und Beurteilung geeigneten Einrichtung gemäß § 66 Abs II JWG in Frage (vgl unten Z 5). Ist der Minderjährige nach dem ärztlichen Gutachten als erziehbar anzusehen, so braucht das Vormundschaftsgericht vor der Anordnung der Fürsorgeerziehung nicht zu prüfen, ob das Landesjugendamt als Ausführungsbehörde die Fürsorgeerziehung möglicherweise nach § 75 Abs II Satz 2 JWG wieder aufheben wird, weil der Minderjährige an erheblichen geistigen oder seelischen Regelwidrigkeiten leidet (JFG **12** 179).

Eine *pädagogische Unerziehbarkeit* kann im Hinblick auf das Alter und den Grund der Verwahrlosung des Minderjährigen gegeben sein. Allerdings wird man bei einem Minderjährigen im allgemeinen von der pädagogischen Erziehungsfähigkeit ausgehen müssen (vgl die Bundestags-Drucksache Nr 2226 der 3. Wahlperiode, S. 28). Nach Auffassung des OLGs Hamm (FamRZ **63** 302 Nr. 133 = JMBlNRW **63** 107 Nr 2) ist demgemäß bei der Entscheidung über die Anordnung der FE die pädagogische Erziehbarkeit nach der Auffassung des JWG nicht mehr zu prüfen. Irgendwelchen Zweifeln in dieser Richtung, zu denen der Sachverhalt Anlaß gibt, hat das Vormundschaftsgericht aber wohl doch nachzugehen, da es sinnlos wäre, die Fürsorgeerziehung anzuordnen, wenn die pädagogische Unerziehbarkeit sich schon vorher feststellen läßt. Als Ermittlungsmaßnahmen sind neben der Anhörung der Eltern und des Jugendamts vornehmlich die Anhörung der Lehrpersonen und des Landesjugendamts sowie die Anordnung der Begutachtung des Minderjährigen durch einen pädagogischen oder psychologischen Sachverständigen gemäß § 66 Abs I und II JWG zu nennen. Ist wegen Gefahr im Verzuge die vorläufige Fürsorgeerziehung angeordnet, so werden Hinweise auf eine etwaige pädagogische Unerziehbarkeit regelmäßig im Erziehungsbericht des Landesjugendamts zu finden sein. Es dürfte sich kaum emfephlen, die Fürsorgeerziehung anzuordnen, obwohl das Landesjugendamt in einer eindeutigen und überzeugenden Stellungnahme den Standpunkt vertritt, daß der Minderjährige durch sie nicht mehr gefördert werden kann. Im Falle der pädagogischen Unerziehbarkeit ist eben nicht die Fürsorgeerziehung erforderlich, sondern eine andere Maßnahme[1].

c) Endlich besteht abgesehen von dem Falle der *vorläufigen* Fürsorgeerziehung (JFG 4 76; GRÄBER, § 65 RJWG Anm 14 B) eine verfahrensrechtliche Voraussetzung der Überweisung eines Minderjährigen zur Fürsorgeerziehung darin, daß der Minderjährige einen zu seiner Vertretung hinsichtlich des Fürsorgeerziehungsverfahrens befugten *gesetzlichen Vertreter* hat. Ist ein solcher nicht vorhanden, so darf erst nach Beseitigung des Mangels das Verfahren durchgeführt werden (JFG 4 76)[2].

4. Während *sachlich* das Vormundschaftsgericht für die Bearbeitung der Fürsorgeerziehungssachen zuständig ist (§ 64 Satz 1 JWG), bestimmt sich die *örtliche Zuständigkeit* grundsätzlich nach den §§ 43, 36 FGG. Soweit die örtliche Zuständigkeit des Vormundschaftsgerichts hiernach von dem *Wohnsitz* des Minderjährigen abhängt, ist auf die Regelung der §§ 7, 8 und 11 BGB zu verweisen. Ein Vormundschaftsgericht wird im Sinne des § 43 Abs I FGG in dem Augenblick mit der Fürsorgeerziehung eines Minderjährigen befaßt, in dem es amtlich von den die Anordnung der Fürsorgeerziehung rechtfertigenden Tatsachen

---

[1] Zu denken ist hier etwa an die geplante *vorbeugende Verwahrung* für Jugendliche, die RIEDEL (T, S. 113 f. und 226 f.) im Hinblick auf die Neufassung des § 75 Abs II Satz 2 JWG allerdings für entbehrlich hält. Das führt aber zu der Konsequenz, daß es neben der Fürsorgeerziehung zur Erziehung auch eine solche zur Verwahrung gibt.

[2] Die Vertretungsbefugnis des gesetzlichen Vertreters wird nicht dadurch ausgeschlossen, daß er den Antrag auf Anordnung der Fürsorgeerziehung gestellt hat (BayObLG in NJW 1962 964 = ZBL XLIX 299 = Fam 1962 479).

Kenntnis erlangt. Ob in diesem Zeitpunkt bereits ein Antrag auf Anordnung der Fürsorgeerziehung vorliegt, ist ohne Bedeutung (OLG Köln in ZBl **XLV** 330 = JMBlNRW 1958 198). Die *Sowjetzone* ist in Fürsorgeerziehungssachen *nicht mehr* als *Inland* im Sinne des § 36 FGG anzusehen (ZBl **XLII** 275 und ZBl **XLIII** 27 = NJW 1955 1885). Zuständig für die Anordnung der Fürsorgeerziehung über einen Minderjährigen mit Wohnsitz in der Sowjetzone ist deshalb das Vormundschaftsgericht seines Aufenthaltsorts in der Bundesrepublik (ZBl **XLII** 275; Gräber, § 65 RJWG Anm 44 B a. E.; OLG Köln a. a. O. mit Beschränkung auf den Fall des gewöhnlichen Aufenthalts in der Bundesrepublik). Bei der örtlichen Zuständigkeit des Vormundschaftsgerichts auf Grund Zusammenhangs (§ 43 Abs II FGG) ist die ergänzende Bestimmung des § 77 Abs II JWG zu beachten. Für die Anordnung der Fürsorgeerziehung über einen Minderjährigen ist daher nicht nur das Vormundschaftsgericht zuständig, bei dem eine Vormundschaft, Pflegschaft (auch Sorgerechtspflegschaft ZBl **XLII** 141) oder Beistandschaft nach §§ 1685ff. BGB über ihn geführt wird, sondern auch dasjenige Vormundschaftsgericht, bei dem eine Erziehungsbeistandschaft über ihn anhängig ist (JFG 17 126). Ein Sorgerechtsverfahren verleiht dem damit befaßten Vormundschaftsgericht dagegen keine besondere Zuständigkeit für die Anordnung der Fürsorgeerziehung (ZBl **XL** 131 = JMBlNRW 1953 58). Die Vorschrift der §§ 36 Abs I Satz 2, 37 Abs I FGG, wonach, wenn bei Geschwistern über eines derselben bereits eine Vormundschaft oder Pflegschaft anhängig ist, dieses Gericht auch für die Vormundschaft oder Pflegschaft über die anderen Geschwister zuständig ist, dürfte entsprechend auch für den Fall gelten, daß bezüglich eines der Geschwister bereits ein Fürsorgeerziehungsverfahren durchgeführt worden ist und nunmehr auch für ein anderes das Verfahren durchgeführt werden soll (str.; wie hier Gräber, § 65 RJWG Anm 44 C d; a. A. Riedel (K) § 57 RJWG Anm 1). Die Geschwisterzuständigkeit bezieht sich auch auf Halbgeschwister (ZBl **XLI** 90). Neben der ordentlichen Zuständigkeit auf Grund Wohnsitzes, Aufenthalts oder Zusammenhangs besteht für *schleunige Maßregeln*, die im Fürsorgeerziehungsverfahren zu treffen sind, eine Sonderzuständigkeit des Vormundschaftsgerichts, in dessen Bezirk das Bedürfnis der Fürsorge hervortritt. Dieses Gericht hat von den angeordneten Maßnahmen dem endgültig und nunmehr ausschließlich zuständigen Gericht Mitteilung zu machen (§ 77 Abs I JWG). Als schleunige Maßregel kommt hauptsächlich die Anordnung der vorläufigen Fürsorgeerziehung in Frage, denkbar ist aber auch die Anordnung einer dringend notwendigen Untersuchung oder Unterbringung nach § 66 JWG sowie sonstiger unaufschiebbarer Ermittlungsmaßnahmen (vgl Gräber, § 65 RJWG Anm 44 G). Hat ein einstweilen nach § 77 Abs I JWG zuständiges Vormundschaftsgericht die vorläufige

Fürsorgeerziehung angeordnet, so verleiht diese Tatsache dem genannten Vormundschaftsgericht keine Zuständigkeit auf Grund Zusammenhangs für die Anordnung der endgültigen Fürsorgeerziehung (JFG 17 126; ZBl XLV 330 = JMBlNRW 1958 198).

Ist das nach den §§ 43, 36 FGG örtlich zuständige Gericht nicht das des *gewöhnlichen Aufenthalts* des Minderjährigen, so soll auf Antrag des Jugendamts (§ 11 Satz 1 JWG) die *Abgabe* an dieses Gericht gemäß § 46 FGG stattfinden, sofern nicht besondere Gründe dagegen sprechen (§§ 65 Abs V, 57 Abs V JWG; vgl oben § 114, 2a). Während also regelmäßig die Abgabe nur aus „wichtigen Gründen" im Sinne des § 46 FGG erfolgen darf, bedarf es in dem Sonderfalle des § 65 Abs V JWG des Vorliegens „wichtiger Gründe" für die Abgabe nicht, vielmehr ist diese umgekehrt nur dann unzulässig, wenn besondere Gründe gegen die Abgabe sprechen. Unter dem „gewöhnlichen Aufenthaltsort" im Sinne der §§ 65 Abs V und 57 Abs V JWG ist nicht ein zufälliger Aufenthalt zu verstehen. Auch durch die Unterbringung zur vorläufigen Fürsorgeerziehung wird ein „gewöhnlicher Aufenthalt" nicht begründet (JFG 2 87). Ist einmal, als noch keine Vormundschaft bestand, das Fürsorgeerziehungsverfahren von dem Amtsgericht des Wohnsitzes des Minderjährigen gemäß § 65 Abs V JWG an das Amtsgericht des gewöhnlichen Aufenthalts abgegeben worden, so wird die so begründete Zuständigkeit des letzteren Gerichts weder dadurch berührt, daß später von dem Amtsgericht des Wohnsitzes die Vormundschaft angeordnet wird, noch dadurch, daß der Minderjährige seinen gewöhnlichen Aufenthalt im Bezirk des Gerichts aufgibt; es kommt aber eine Abgabe der Vormundschaft gemäß § 46 FGG aus wichtigen Gründen in Frage. Die Abgabe an das Gericht des gewöhnlichen Aufenthaltsorts des Minderjährigen hat dementsprechend auch dann zu erfolgen, wenn die Möglichkeit eines zukünftigen Aufenthaltswechsels besteht. Eine spätere Veränderung der Umstände kann allenfalls Anlaß zu einer neuen Abgabe geben (JFG 4 82). Verlegt aber der Minderjährige seinen gewöhnlichen Aufenthalt, den er nicht lange innehatte, in einen anderen Bezirk, nachdem das Amtsgericht des bisherigen Aufenthalts um die Übernahme des Fürsorgeerziehungsverfahrens ersucht war, ehe aber die Übernahme erfolgt ist, so kann dies ein besonderer Grund sein, der die Ablehnung der Übernahme rechtfertigt (JFG 4 83; Gräber, § 65 RJWG Anm 49; Riedel (K), § 57 RJWG Anm 8). Ist über einen Minderjährigen eine Vormundschaft, Pflegschaft oder Beistandschaft nach §§ 1685ff. BGB anhängig, so kann das über ihn eingeleitete Fürsorgeerziehungsverfahren auch ohne die Vormundschaft usw. abgegeben werden (KG in JFG 22 75 unter ausdrücklicher Aufgabe seines gegenteiligen, vornehmlich in JFG 2 92 dargelegten Standpunktes; OLG Celle in NdsRpfl 1950 171 = DRsp IV (470) 16d; Gräber, § 65 RJWG Anm 47 A).

Da die örtliche Zuständigkeit des Vormundschaftsgerichts die *Zuständigkeit des Landesjugendamts* als Ausführungsbehörde nach sich zieht (§ 70 JWG), hat das Vormundschaftsgericht die Frage seiner Zuständigkeit sorgfältig zu prüfen. Gegen die Entscheidung eines örtlich unzuständigen Vormundschaftsgerichts kann das dadurch betroffene Landesjugendamt sofortige Beschwerde mit dem Ziele einlegen, den angefochtenen Beschluß aufheben und die Sache an das zuständige Vormundschaftsgericht verweisen zu lassen (JFG 12 159; RIEDEL (K), § 65 RJWG Anm 2). Die Beschwerde gegen den von einem zuständigen Vormundschaftsgericht erlassenen Fürsorgeerziehungsbeschluß kann jedoch nicht mit Erfolg darauf gestützt werden, daß dieses Vormundschaftsgericht das Verfahren gemäß § 46 FGG oder § 65 Abs V JWG an ein anderes Gericht hätte abgeben sollen oder müssen (JFG 22 297). Nach Auffassung des Oberlandesgerichts Hamm (Beschluß vom 15. 1. 1954 in ZBl XLI 240) kann das Gericht der weiteren Beschwerde, wenn das Vormundschaftsgericht bei der Anordnung der Fürsorgeerziehung seine örtliche Zuständigkeit zu Unrecht angenommen hat, unter Aufhebung der Vorentscheidungen zumindest dann, wenn die weitere Beschwerde des Landesjugendamts lediglich auf die Frage der örtlichen Zuständigkeit gestützt ist, das andere Landesjugendamt, in dessen Bezirk der die Gerichtszuständigkeit begründende Umstand verwirklicht ist, zustimmt, und auch die anderen Beteiligten mit der Anordnung der Fürsorgeerziehung einverstanden sind, statt die Sache an das ebenfalls zu seinem Bezirk gehörende örtlich zuständige Vormundschaftsgericht zu verweisen, an dessen Stelle selbst die Fürsorgeerziehung anordnen.

5. Das *Verfahren* des Vormundschaftsgerichts in Fürsorgeerziehungssachen bestimmt sich grundsätzlich wie in den anderen dem Vormundschaftsgericht überwiesenen Angelegenheiten nach den Vorschriften des FGG.

Dabei ist jedoch zu beachten, daß alle Fürsorgeerziehungssachen als *Eilsachen* und insbesondere gemäß § 10 FGG als *Feriensachen* zu behandeln sind, und daß dies insbesondere auch für die Kanzlei hinsichtlich der Fertigung der zur Zustellung an die Beteiligten bestimmten Beschlußausfertigungen gilt. Die Ermittlungen sollen tunlichst nebeneinander geführt, die Termine mit möglichst kurzen Fristen anberaumt und zusammengefaßt werden. Bei Versendung von Akten ist die Sache stets mit kurzer Frist im Auge zu behalten und auf eine rechtzeitige Erledigung des Ersuchens hinzuwirken (Abschn. E der AV des früheren Preußischen Justizministers vom 8. 3. 1926 — JMBl 84; Text bei POTRYKUS, S. 448 —, die nur teilweise als überholt anzushen ist). Eine dauernde gegenseitige Fühlungsnahme und ein möglichst enges Zusammenwirken aller mit der Fürsorge für die gefährdete Jugend befaßten Personen und Stellen (Jugendamt, Landesjugendamt, private Organisationen der Jugendwohlfahrt) ist anzustreben.

Für das gerichtliche Verfahren gelten ferner folgende Besonderheiten:

a) Das Vormundschaftsgericht beschließt *von Amts wegen oder auf Antrag*[1] (§ 65 Abs I Satz 1 JWG). Antragsberechtigt sind das Jugendamt, das Landesjugendamt und jeder Personensorgeberechtigte (§ 65 Abs I Satz 2 JWG). Zuständig ist das Jugendamt, in dessen Bezirk der Minderjährige seinen gewöhnlichen Aufenthalt hat, für einen Minderjährigen ohne gewöhnlichen Aufenthaltsort und für den Antrag auf Anordnung der vorläufigen Fürsorgeerziehung auch das Jugendamt, in dessen Bezirk das Bedürfnis der öffentlichen Jugendhilfe hervortritt (§ 11 JWG). Das Antragsrecht kann landesgesetzlich ausgedehnt werden (§ 65 Abs I Satz 3 JWG). Weitere antragsberechtigte Stellen sind z. B. im Bayerischen Jugendamtsgesetz vom 20. 7. 1925 (Art 28 Abs I) und im Württembergischen LJWG vom 23. 11. 1927 (Art. 18) genannt (Fundstellen zum Text der zuletzt genannten Gesetze s. oben Zff 1 Abs III b, c).

Die Einleitung von Amts wegen erfolgt entweder auf Grund eigener Feststellungen des Vormundschaftsgerichts oder auf Grund von Anzeigen, die dem Gericht von Privatpersonen, z. B. den Erziehungsberechtigten, oder von Behörden, z. B. den Schulbehörden, zugehen.

Der *Zeitpunkt der Einleitung* des Verfahrens ist von Wichtigkeit und zweckmäßig *aktenkundig* zu machen. Er ergibt sich bei Einleitung des Verfahrens auf Antrag aus dem Eintragsvermerk; bei Einleitung von Amts wegen empfiehlt sich ein besonderer Vermerk.

Von der Einleitung des Fürsorgeerziehungsverfahrens ist zu den bei dem Vormundschaftsgericht über den Minderjährigen geführten *Vormundschafts- oder Pflegschaftsakten Mitteilung* zu machen (Abschnitt C IV der obengenannten AV des früheren Preußischen Justizministers vom 8. 3. 1926).

b) Für die *Ermittlungen* ist in erster Linie § 12 FGG maßgebend. Diese Vorschrift ist in der Regel verletzt, wenn das Vormundschaftsgericht *eigene* Ermittlungen nicht angestellt, sondern sich auf die Verwertung der Berichte und Auskünfte des Jugendamts und anderer Behörden beschränkt hat (ZBl **XXI** 290; NdsRpfl **1951** 203). Schriftliche Berichte, auch von Lehrern und Erziehern, genügen insbesondere dann nicht zur Feststellung der Verwahrlosung eines Minderjährigen, wenn sie nur eine allgemeine Beurteilung des Charakters und keine tatsächlichen Angaben enthalten (JMBlNRW **1955** 79). Gemäß § 65 Abs II Satz 1 JWG muß das Vormundschaftsgericht vor der Beschlußfassung

---

[1] Die *Rücknahme* des Antrags hindert den Fortgang des Verfahrens nicht (ZBl **XLV** 148; MDR **1962** 221). Ist der Antrag aus irgendeinem Grunde nicht rechtswirksam gestellt, so muß das Vormundschaftsgericht von Amts wegen über die Notwendigkeit der Fürsorgeerziehung beschließen (JFG **15** 276).

die Antragsberechtigten und den Minderjährigen *hören*[1]; es soll dabei, soweit dies ohne erhebliche Schwierigkeiten[2] geschehen kann, den Minderjährigen und die Personensorgeberechtigten mündlich anhören (§ 65 Abs II Satz 2 JWG). Den Anzuhörenden ist die Sachlage, die zur Einleitung des Fürsorgeerziehungsverfahrens geführt hat, mitzuteilen. Ihnen sind geeignete Fragen, auf deren Beantwortung im Interesse der Sachaufklärung Gewicht zu legen ist, vorzulegen. Die Pflicht zur Anhörung der Personensorgeberechtigten bezieht sich, wenn die Eltern das Personensorgerecht besitzen[3], auf beide Elternteile. Hat indessen ein Elternteil die erforderlichen Erklärungen offensichtlich im Einverständnis mit dem anderen Elternteil abgegeben, so kann hierin eine Anhörung auch dieses Elternteils erblickt werden (KG in JFG 17 319). Bei der Anhörung nur eines Elternteils vermag dieser die weitere Beschwerde in der Regel mit Erfolg darauf zu stützen, daß die Anhörung des anderen personensorgeberechtigten Elternteils entgegen der Vorschrift des § 65 Abs II Satz 1 JWG unterblieben ist (KG a. a. O.). Der Vorschrift des § 65 Abs II Satz 1 JWG über die Anhörung der Personensorgeberechtigten ist nicht dadurch genügt, daß ihnen der die Fürsorgeerziehung aussprechende Beschluß zugestellt worden ist. Das Vormundschaftsgericht hat die Personensorgeberechtigten vielmehr *vor seiner Beschlußfassung* darüber aufzuklären, worauf es im Verfahren ankommt, damit sie in geeigneter Weise ihre und des Minderjährigen Interessen wahrnehmen können (KG a. a. O.). Weitere, über die Bestimmung des § 65 Abs II Satz 1 JWG hinausgehende Anhörungen, z. B. der Schule oder des zuständigen Geistlichen, können durch die Landesgesetzgebung vorgeschrieben werden (§ 65 Abs II Satz 3 JWG)[4]. Ist nach Landesrecht, wie z. B. in Bayern, die Schul*behörde* zu hören, so genügt es nicht, daß der Lehrer angehört wird (JFG 5 85). Die Verletzung einer zwingenden Anhörungsvorschrift hat nicht die Nichtigkeit des ohne die Anhörung

---

[1] Das Recht auf Anhörung ist für die Verfahrensbeteiligten *verfassungsrechtlich garantiert* (Art 103 Abs I GG), so daß die Vorschrift des § 65 Abs II Satz 1 JWG nicht nur der Erfüllung der Aufklärungspflicht aus § 12 FGG dient. Ein Verstoß gegen § 65 Abs II JWG ist auch eine Gesetzesverletzung i. S. des § 27 FGG (JMBl NRW **63** 17 Nr 3).

[2] Die Schwierigkeiten sind aktenkundig zu machen (Potrykus § 65 RJWG Anm 7c; Gräber § 65 RJWG Anm 11).

[3] Ein Elternteil, dem in keinerlei Beziehung, also auch nicht in tatsächlicher Hinsicht, die Personensorge zusteht, braucht gemäß § 65 Abs II Satz I JWG nicht gehört zu werden. Die Pflicht zu seiner Anhörung kann sich aber unter Umständen aus der allgemeinen Bestimmung des § 12 FGG ergeben, wenn sich nur auf diese Weise, z. B. bei geschiedenen Eltern, der Sachverhalt hinreichend aufklären läßt.

[4] Vgl hierzu beispielsweise Art 29 des Bayerischen Jugendamtsgesetzes und Art 19 Abs I des Württembergischen LJWG (Fundstellen zu den genannten Gesetzen s. oben Zff 1 Abs III b, c.

erlassenen Beschlusses zur Folge. Der Mangel begründet aber die Anfechtbarkeit des Beschlusses.

Straftaten des Minderjährigen dürfen auch vor strafgerichtlicher Feststellung berücksichtigt werden. An die Beurteilung des Strafrichters ist das Vormundschaftsgericht nicht gebunden. Es muß aber gegebenenfalls seine abweichende Ansicht begründen (vgl GRÄBER, Vorb 6 vor § 56 RJWG a. E.).

Als besondere Ermittlungsmaßnahme ist die Anordnung der *Untersuchung* des Minderjährigen durch einen Sachverständigen und gegebenenfalls die Anordnung seiner *Unterbringung* in einer für die pädagogische, medizinische oder psychologische Beobachtung und Beurteilung geeigneten Einrichtung auf die Dauer von insgesamt höchstens drei Monaten zum Zwecke der Vorbereitung des Sachverständigengutachtens zugelassen (§ 66 Abs I und II JWG). Von dieser Möglichkeit wird das Vormundschaftsgericht in geeigneten Fällen, z. B. wenn Anhaltspunkte dafür vorliegen, daß der Minderjährige Psychopath oder geisteskrank ist (JFG 10 38), zum Zwecke der Feststellung der Erziehungsfähigkeit Gebrauch machen (vgl oben Z 3b). Für die Anordnung der Unterbringung ist das Grundrecht der Freiheit der Person (Art 2 Abs II Satz 2 GG) eingeschränkt (§ 66 Abs II Satz 4 JWG).

Beispiel:

Beschluß

In der Fürsorgeerziehungssache betreffend den am 15. Januar 1952 in Köln geborenen Karl Schäfer, Kind des Arbeiters Josef Schäfer und seiner Ehefrau Maria, geborene Schlosser, in Köln, Hohe Straße 100, katholischen Bekenntnisses, wird die Unterbringung des Minderjährigen in der Rheinischen Landesklinik für Jugendpsychiatrie in Bonn für die Dauer von 3 Wochen zum Zwecke der Beobachtung auf die Möglichkeit erzieherischer Einwirkung gemäß § 66 Abs II JWG angeordnet.

Köln, den 20. Oktober 1962.

Das Amtsgericht.
Schmitz.

Vfg.

1. Beschluß zustellen
a) dem Vater des Minderjährigen,
b) der Mutter des Minderjährigen,
c) dem Direktor des Landschaftsverbandes Rheinland — Landesjugendamt — in Köln-Deutz,
d) dem städtischen Jugendamt in Köln,
zu d) mit der Bitte, wegen der Ausführung des Beschlusses das Weitere zu veranlassen.
2. Nach 1 Monat
(Eingang des Gutachtens).

Köln, den 20. Oktober 1962.

Schmitz.

Die Anordnung nach § 66 Abs II JWG schließt übrigens die Anordnung der *vorläufigen* Fürsorgeerziehung (vgl unten § 119) *nicht aus* (§ 67 Abs III JWG). Sie ergeht aber nicht in dem Verfahren auf Anordnung der vorläufigen Fürsorgeerziehung, sondern in dem Verfahren auf Anordnung der endgültigen Fürsorgeerziehung und darf nur getroffen werden, wenn im Hinblick auf die festgestellten sonstigen Voraussetzungen der endgültigen Fürsorgeerziehung deren Anordnung *wahrscheinlich* ist (BayObLG in EJF **1953** 56; Riedel (K), § 65 RJWG Anm 8; Potrykus, § 65 RJWG Anm 9; Gräber, § 65 RJWG Anm 22 A). Die Unterbringungsanordnung setzt demnach auch in eiligen Fällen voraus, daß den in § 65 Abs II JWG aufgestellten Anhörungspflichten genügt ist (ZBl **XLI** 115 = FamRZ **1954** 54). Die zwangsweise Durchsetzung der Anordnungen nach § 66 JWG ist Sache des Vormundschaftsgerichts, das dabei nach § 33 FGG vorgehen kann (Gräber, § 65 RJWG Anm 22 D; Riedel (K), a. a. O.). Die Kosten der Anordnungen treffen als Verfahrenskosten regelmäßig den Justizfiskus (Gräber, § 65 RJWG Anm 22 E; Riedel (K) und Potrykus a. a. O.). Gegen den Beschluß nach § 66 Abs I und II JWG ist für die nach § 65 Abs I Satz 2 und 3 JWG Antragsberechtigten das Rechtsmittel der *sofortigen Beschwerde* mit aufschiebender Wirkung gegeben (§ 66 Abs III JWG). Wird die Anordnung nach § 66 Abs I und II JWG vom Landgericht während des Beschwerdeverfahrens getroffen, so unterliegt sie nicht der weiteren, sondern der ersten Beschwerde, über die das Oberlandesgericht zu entscheiden hat (NdsRpfl **1956** 110 = ZBl **XLV** 272). Gegen eine Verfügung des Vormundschaftsgerichts, durch die nach Anordnung der vorläufigen Fürsorgeerziehung die von dem Landesjugendamt angeregte Anordnung der Unterbringung nach § 66 Abs II JWG abgelehnt wird, steht dem Landesjugendamt die sofortige Beschwerde zu (LG Köln in JMBlNRW **1956** 153).

c) Das auf Antrag oder von Amts wegen eingeleitete Fürsorgeerziehungsverfahren ist durch eine förmliche *Entscheidung* abzuschließen. Diese muß mit Gründen versehen sein (§ 65 Abs III Satz 1 JWG)[1]. Bei der Begründung des Beschlusses ist hinsichtlich der Bezeichnung der gehörten Auskunftspersonen in deren Interesse tunlichste *Zurückhaltung* zu üben (vgl Abschn. B III der mehrfach genannten AV des früheren Preußischen Justizministers vom 8. 3. 1926 sowie die AV des früheren Preußischen Justizministers vom 21. 3. 1928 — JMBl 195; Text bei Potrykus, S. 441. — Diese im Verfahren und in der Entscheidungsbegründung gebotene Zurückhaltung darf aber nicht dazu führen, daß den Beteiligten im Ergebnis das *rechtliche Gehör* versagt

[1] Dem Erfordernis der Begründung wird nicht durch die Bezugnahme auf die Begründung des Beschlusses genügt, der die vorläufige Fürsorgeerziehung anordnet (ZBl **XLIII** 86).

wird. Es verstößt gegen Art 103 Abs I GG, der Entscheidung ein Beweisergebnis zugrunde zu legen, zu dem sich die Beteiligten nicht haben äußern können (BVerfG in NJW **1957** 17, **1958** 1723 und **1959** 29). Auch im Fürsorgeerziehungsverfahren ist daher das Ergebnis der Ermittlungen regelmäßig den Beteiligten mitzuteilen. Eine Ausnahme ist aus besonderen Gründen möglich. Dies muß aber in der Entscheidung zum Ausdruck gebracht werden (OLG Hamm in JMBlNRW **1957** 117). Ein Akteninhalt, der vor einem Beteiligten überhaupt geheimzuhalten ist, darf bei der gerichtlichen Entscheidung nicht zu seinem Nachteil verwertet werden (BayObLG in EJF B II Nr 1 = FamRZ **1958** 471, Leitsatz). Dem Grundsatz der Gewährung des rechtlichen Gehörs dürfte in der Regel genügt sein, wenn das Ergebnis der tatsächlichen Ermittlungen, die zwecks Nachprüfung der Angaben der Auskunftspersonen gepflogen worden sind, den Beteiligten im Verfahren mitgeteilt und in der Entscheidung gewürdigt worden ist. Auskunftspersonen, die lediglich Veranlasser behördlicher Maßnahmen gewesen sind, können durchweg ungenannt bleiben (vgl zu dem gesamten Fragenbereich die Abhandlung von Tröndle, „Die Behandlung der Sozialberichte in den Gerichtsverfahren" in ZBl **XL** 190ff. und 233ff. und die Entscheidung des Oberlandesgerichts Frankfurt (Main) in ZBl **XLVI** 238 = FamRZ **1960** 72).

Wegen des Inhalts der Entscheidung vgl im übrigen Abschnitt C I der AV des früheren Preußischen Justizministers vom 8. 3. 1926.

d) Die Entscheidung des Vormundschaftsgerichts ist, wenn die Fürsorgeerziehung *angeordnet* wird, den Antragsberechtigten (§ 65 Abs I Satz 2 und 3 JWG) und dem Minderjährigen, wenn er das 14. Lebensjahr vollendet hat und soweit ihm der Inhalt der Entscheidung ohne erziehlichen Nachteil mitgeteilt werden kann[1], *zuzustellen*[2] (§§ 65 Abs III Satz 2 und 3, 57 Abs IV Satz 2 JWG). Bei der Zustellung an das Landesjugendamt sind zwei Durchschläge für das Erziehungsheim beizufügen (AV des früheren Preußischen Justizministers vom 7. 1. 1929, JMBl 21). Einem abwesenden Zustellungsempfänger ist die Entscheidung öffentlich zuzustellen (OLG Köln in JMBlNRW **1950** 241). Der Verzicht auf die Zustellung des Unterbringungsbeschlusses seitens einer der im § 65 Abs III JWG genannten Personen ist unwirksam (ZBl **XXI** 336; Potrykus, § 65 RJWG Anm 10c; Gräber, § 65 RJWG Anm 31). Die

[1] Der entscheidende Teil des Beschlusses muß dem Minderjährigen in jedem Falle unverkürzt mitgeteilt werden (JFG 5 87).

[2] Ob Anwesenden die Entscheidung des Vormundschaftsgerichts auch gemäß § 16 Abs III FGG rechtswirksam zu Protokoll bekanntgemacht werden kann, ist streitig (zustimmend Potrykus § 65 RJWG Anm 10 c; ablehnend RIEDEL (K) § 65 RJWG Anm 9 und Gräber § 65 RJWG Anm 31). Die Frage wird mit Rücksicht auf den Wortlaut und den Zweck des Gesetzes zu verneinen sein.

Zustellung an den zur vorläufigen Fürsorgeerziehung untergebrachten Minderjährigen kann im Wege der Ersatzzustellung gemäß § 181 Abs II ZPO an den Anstaltsvorsteher (Heimleiter) erfolgen[1]. Wenn ein Beteiligter durch einen Bevollmächtigten vertreten ist und die Vertretungsmacht sich auch auf die Empfangnahme von Zustellungen erstreckt, braucht die Zustellung gleichwohl nicht an den Bevollmächtigten zu erfolgen, sondern kann an den Beteiligten selbst geschehen, weil § 176 ZPO grundsätzlich nicht anwendbar ist (vgl KEIDEL § 16 FGG Anm 8). Es empfiehlt sich, die Entscheidung des Vormundschaftsgerichts dem Bevollmächtigten *und* dem Beteiligten selbst zuzustellen. Für den Lauf der Beschwerdefrist ist in diesem Falle die erste Zustellung maßgebend (vgl GRÄBER § 65 RJWG Anm 31; JFG 22 319).

Der die Fürsorgeerziehung *ablehnende* Beschluß ist den Antragsberechtigten zuzustellen (§ 65 Abs III Satz 2 JWG) und, wenn vorläufige Fürsorgeerziehung (vgl unten § 119) angeordnet war, zweckmäßig auch allen Beteiligten des vorläufigen Verfahrens bekanntzugeben.

Die Anordnung der (vorläufigen oder endgültigen) Fürsorgeerziehung durch das Vormundschaftsgericht ist dem für den Minderjährigen zuständigen Strafregister zur Eintragung in die *gerichtliche Erziehungskartei* mitzuteilen (Nr 2 Abs I Buchst. f) der gemeinsamen Anordnung der Landesjustizverwaltungen und des Bundesministers der Justiz über die gerichtliche Erziehungskartei vom 15. 2. 1955, Bundesanzeiger Nr 37, und 16. 6. 1958, Bundesanzeiger Nr 119, mitgeteilt bei RIEDEL (T), S. 324ff.). Die gleiche Stelle ist ferner von jeder Entscheidung über die Aufhebung der Fürsorgeerziehung sowie über den Widerruf einer solchen Maßnahme zu benachrichtigen (§ 75 Abs II JWG, vgl unten § 122). Die Benachrichtigungspflicht obliegt in jedem Falle dem Vormundschaftsgericht, auch wenn die Entscheidung von dem Landesjugendamt getroffen wird (Nr 2 Abs IV a. a. O.).

e) Das gerichtliche Verfahren in Fürsorgeerziehungssachen ist *kostenfrei* (§ 76 Satz 1 JWG). Die nach § 65 Abs II Satz 2 und 3 JWG mündlich zu hörenden Personen (vgl oben zu b) mit Ausnahme des Minderjährigen und seiner Eltern sowie der Behördenvertreter können im Falle ihrer Anhörung vor Gericht Ersatz ihrer Auslagen nach den für Zeugen geltenden Vorschriften verlangen (§ 76 Satz 2 JWG). Ob die Vorschrift des § 13a Abs I FGG, die die *Kostenerstattungspflicht* im Verhältnis der Beteiligten untereinander zum Gegenstand hat, auch im Fürsorgeerziehungsverfahren angewendet werden kann, ist im Hinblick auf die

---

[1] Vgl hierzu KESSELER „Die Ersatzzustellung an Zöglinge in Fürsorgeheimen und ähnlichen Anstalten" in ZBl XLII 283. — Die Bezeichnung „Fürsorgezögling" ist im übrigen tunlichst zu vermeiden (AV des früheren Preußischen Justizministers vom 13. November 1928, JMBl 439).

Stellung des Jugendamts und des Landesjugendamts als Behörden streitig. Für die Anwendung haben sich ZIMMERMANN (Rpfleger 1958 209ff.) und KEIDEL (§ 13a FGG Anm 4b cc) ausgesprochen, dagegen das Bayerische Oberste Landesgericht (Rpfleger 1958 227 = NJW 1958 1447). Die erstgenannte Ansicht, der sich in anderem Zusammenhang auch der Bundesgerichtshof angeschlossen hat (BGHZ 31 92 = NJW 1960 148 = MDR 1960 123 = Rpfleger 1960 48 = EJF B II Nr 34 mit Anm von ZIMMERMANN), dürfte den Vorzug verdienen, wobei aber zu berücksichtigen ist, daß die Heranziehung des Jugendamts und des Landesjugendamts zur Kostenerstattung gemäß § 13a Abs I Satz 1 FGG in der Regel deshalb nicht der Billigkeit entspricht, weil sie im Interesse der Minderjährigen tätig werden.

6. Gegen den Beschluß des Vormundschaftsgerichts[1] steht die *sofortige Beschwerde mit aufschiebender Wirkung* den Antragsberechtigten (§ 65 Abs I Satz 2 und 3 JWG)[2] und, wenn der Beschluß auf Fürsorgeerziehung lautet, auch dem Minderjährigen selbst zu, wenn er das 14. Lebensjahr vollendet hat (§ 65 Abs IV JWG). Hiermit ist der Kreis der Beschwerdeberechtigten erschöpfend geregelt (vgl JFG 4 89; RIEDEL (K) § 65 RJWG Anm 10; GRÄBER § 65 RJWG Anm 43).

a) Da hiernach, abgesehen von dem Falle der vorläufigen Fürsorgeerziehung (vgl § 119), der die Fürsorgeerziehung anordnende Beschluß erst mit der *Rechtskraft* vollstreckbar ist (§ 69 Abs II JWG), muß dem Landesjugendamt von dem Eintritt der Vollstreckbarkeit unverzüglich unter Beifügung der Akten und Bezeichnung des Tages der Rechtskraft Mitteilung gemacht werden. Auch das Jugendamt ist von dem Eintritt der Vollstreckbarkeit zu benachrichtigen. Endlich ist von der rechtskräftigen Anordnung der Fürsorgeerziehung auch zu den bei dem Vormundschaftsgericht über den Minderjährigen geführten Vormundschafts- oder Pflegschaftsakten Mitteilung zu machen (vgl hierzu Abschnitt C III und IV der bereits genannten AV des früheren Preußischen Justizministers vom 8. 3. 1926 in Verbindung mit § 29 Z 8 Satz 2 der Aktenordnung).

Wenn gegen den die Fürsorgeerziehung anordnenden Beschluß von einem Personensorgeberechtigten oder dem Minderjährigen selbst sofortige *Beschwerde* eingelegt wird, hat der Urkundsbeamte der Geschäftsstelle des Vormundschaftsgerichts hiervon dem *Jugendamt Mitteilung*

[1] Gemeint ist der das Anordnungsverfahren abschließende Beschluß. Der — an sich überflüssige — Beschluß des Vormundschaftsgerichts, durch den lediglich die Einleitung des Fürsorgeerziehungsverfahrens angeordnet wird, kann jedenfalls dann nicht mehr selbständig angefochten werden, wenn in dem Verfahren eine Hauptentscheidung ergangen ist. Als solche ist auch die Anordnung der vorläufigen Fürsorgeerziehung anzusehen (JFG 15 5).

[2] Der nichtsorgeberechtigte Elternteil hat gegen den die FE anordnenden Beschluß kein Beschwerderecht (FamRZ 63 302 Nr 134 = JMBlNRW 63 108 Nr 3).

zu machen (AV des früheren Preußischen Justizministers vom 8. 3. 1926, a. a. O.).

b) Die *Rechtsmittelfrist* läuft gegenüber jedem Beschwerdeberechtigten besonders (Riedel (K) § 65 RJWG Anm 10; Gräber § 65 RJWG Anm 35 A). Erst wenn der Beschluß gegenüber allen Beteiligten rechtskräftig geworden ist, ist er vollstreckungsfähig. Alsbald nach dem Eingang der Zustellungsurkunden ist die Geschäftsstelle der oberen Instanz unter Mitteilung der Zustellungstage zu ersuchen, unmittelbar nach dem Ablauf der Rechtsmittelfrist mitzuteilen, ob Beschwerde erhoben ist (§ 29 Z 8 Satz 3 der Aktenordnung). Eine *Rechtsmittelbelehrung* ist gesetzlich nicht vorgeschrieben, aber für die ehemals preußischen Gebiete durch die AV des früheren Preußischen Justizministers vom 24. 8. 1931 (JMBl 239) angeordnet[1].

c) Im einzelnen ist hinsichtlich der *Beschwerdeberechtigung* noch auf folgendes hinzuweisen:

α) Beschwerdeberechtigt ist dasjenige *Jugendamt*, das im Rahmen seiner Zuständigkeit durch seinen Antrag die Einleitung des Fürsorgeerziehungsverfahrens veranlaßt hat oder bei Einleitung des Verfahrens von Amts wegen den Antrag hätte stellen können. Ändert sich im Laufe des Fürsorgeerziehungsverfahrens der gewöhnliche Aufenthaltsort des Minderjährigen, so wird dadurch nicht das für den neuen Aufenthaltsort des Minderjährigen gemäß § 11 JWG zuständige Jugendamt für das bereits anhängige Fürsorgeerziehungsverfahren beschwerdeberechtigt (JFG 17 337; vgl auch Gräber § 65 RJWG Anm 37 B).

β) Die *Personenberechtigten* üben ihr Beschwerderecht im eigenen Namen, nicht aus einem Recht des Minderjährigen aus (vgl Gräber § 65 RJWG Anm 40). Demgemäß können sie nach Ablauf ihrer Beschwerdefrist nicht im Namen des 14 Jahre alten Minderjährigen die sofortige Beschwerde einlegen, es sei denn in Vollmacht des Minderjährigen (Gräber § 65 RJWG Anm 42). Andererseits ist die Ausübung des Beschwerderechts der Personenberechtigten im Fürsorgeerziehungsverfahren nicht an die Darlegung der Voraussetzungen des § 20 FGG geknüpft. Sind beide Eltern personensorgeberechtigt und hat nur ein Elternteil die sofortige Beschwerde erhoben, so beurteilt sich die Frage, ob das Rechtsmittel auch für den anderen eingelegt ist, nicht nur nach dem Wortlaut der Beschwerdeerklärung, sondern nach dem gesamten Verhalten der Eltern; dabei ist davon auszugehen, daß sich in einer guten Ehe bei der Wahrnehmung der Sorge für die gemeinsamen Kinder der eine Elternteil in der Regel auch zum Sprecher des anderen macht (FamRZ 1962 77). Ist jedoch der Beschluß des Amtsgerichts erfolglos nur von einem Elternteil angefochten worden, so steht dem anderen

[1] Für Niedersachsen vgl jetzt die AV des Niedersächsischen Justizministers vom 15. November 1956 (NdsRpfl 215).

nicht die sofortige weitere Beschwerde gegen den Beschluß des Landgerichts zu, es sei denn, daß die Entscheidung des Landgerichts einen ihn beeinträchtigenden neuen selbständigen Beschwerdegrund enthält (JFG 5 81; Potrykus § 65 RJWG Anm 11c; Gräber § 65 RJWG Anm 39). Bezweckt die sofortige Beschwerde eines Personensorgeberechtigten gegen den die Fürsorgeerziehung anordnenden Beschluß im Endergebnis nur die widerrufliche oder vorzeitige Aufhebung der Fürsorgeerziehung gemäß § 75 Abs II JWG, so ist sie zurückzuweisen und der zuständigen Behörde (s. unten § 122) die Entscheidung über die entsprechenden Anträge zu überlassen (ZBl **XLIII** 140).

γ) Die *Eltern* der Minderjährigen können als solche, wenn ihnen das Personensorgerecht vollkommen fehlt, keine sofortige Beschwerde einlegen (vgl die Bundestags-Drucksache Nr 2226 der 3. Wahlperiode, S. 29).

δ) Wird der *Minderjährige* erst nach der amtsgerichtlichen Anordnung der Fürsorgeerziehung 14 Jahre alt, so kann er die auf Betreiben eines anderen Beteiligten ergangene Beschwerdeentscheidung des Landgerichts mit der sofortigen weiteren Beschwerde anfechten (Gräber § 65 RJWG Anm 42 a. E.).

ε) Spricht sich das zuständige Vormundschaftsgericht bei der Anordnung der Fürsorgeerziehung darüber aus, welcher *Behörde* die Ausführung des Erkenntnisses obliegt, und bezeichnet es dabei eine unzuständige Behörde, so wird die Entscheidung von der irrtümlich als zuständig erklärten Behörde angefochten werden können (JFG 4 85; a. A. Gräber § 65 RJWG Anm 38).

d) Das *Verfahren des Beschwerdegerichts* in Fürsorgeerziehungssachen entspricht grundsätzlich dem Verfahren in zweiter Instanz in anderen dem Vormundschaftsgericht übertragenen Angelegenheiten. Das Beschwerdegericht hat jedoch zu prüfen, ob die im § 65 JWG vorgeschriebenen Besonderheiten des Verfahrens (vgl oben Z 5) beachtet sind; soweit bestimmte Ermittlungen versäumt sind (vgl § 65 Abs II JWG), hat das Beschwerdegericht diese nachzuholen oder für die Nachholung durch das Gericht erster Instanz Sorge zu tragen. Eine *Zurückverweisung* der Sache an das erstinstanzliche Gericht kommt dabei in der Regel nur dann in Frage, wenn dessen Verfahren an so schwerwiegenden Mängeln leidet, daß ihre Behebung durch das Beschwerdegericht für die Beteiligten mit dem Verlust einer Instanz verbunden wäre (JFG 23 193). Der nochmaligen Anhörung der Antragsberechtigten und des Minderjährigen bedarf es nicht unter allen Umständen, sondern nur nach pflichtmäßigem Ermessen des Beschwerdegerichts (JFG 5 83). Die Anhörungen gemäß § 65 Abs II JWG sind an sich nur für die erste Instanz vorgeschrieben (JFG 15 241). Ein Grund zur nochmaligen Anhörung besteht aber, wenn die Erhebungen des Landgerichts über die neuerlichen Verhältnisse von dem Ergebnis der Erhebungen des Amtsgerichts abweichen (JFG 5 83). Das Beschwerdegericht hat seiner Entscheidung diejenigen Verhältnisse zugrunde zu legen, die zur Zeit der in zweiter Instanz zu treffenden Entscheidung vorliegen. Das Beschwerdegericht tritt aber nur insoweit an die Stelle des Vormundschaftsgerichts, als dieses entschieden hat. Es darf die Sache nach überwiegender Auffassung *nicht unter einem anderen rechtlichen Gesichtspunkt an sich ziehen*, auch wenn dieser erzieherisch dem gleichen Ziele dient (POTRYKUS § 65 RJWG Anm 11e; GRÄBER § 65 RJWG Anm 35 B; a. A. RIEDEL (K) § 65 RJWG Anm 11f). So kann das Beschwerdegericht nicht an Stelle der vom Vormundschaftsgericht angeordneten endgültigen Fürsorgeerziehung die vorläufige Fürsorgeerziehung beschließen (FJG 12 172). Es kann aber auf Beschwerde gegen die Anordnung der endgültigen Fürsorgeerziehung das Fürsorgeerziehungsverfahren (und zwar für das Beschwerdeverfahren) *aussetzen*, nicht aber zusammen mit dem Aussetzungsbeschluß den Beschluß über die Anordnung der endgültigen Fürsorgeerziehung aufheben (vgl BGH vom 31. 10. 1962 in FamRZ 63 38 Nr 9 und unten § 120 Z 2). Nach richtiger Ansicht ist das Beschwerdegericht ferner nicht befugt, statt der vom Vormundschaftsgericht beschlossenen endgültigen Fürsorgeerziehung eine Maßnahme nach § 1666 Abs I BGB zu treffen (a. A. OLG Braunschweig in NdsRpfl 1956 96 = ZBl XLIII 181 = FamRZ 1957 265). Dagegen ist es ihm erlaubt, den Beschluß über die Anordnung der endgültigen Fürsorgeerziehung aufzuheben und statt dessen unter den Voraussetzungen des § 57 Abs I Satz 1 JWG die mildere Maßnahme der Erziehungsbeistandschaft anzuordnen. Bei der *Aufhebung* des Beschlusses über die Anordnung der endgültigen Fürsorgeerziehung ist zugleich, sofern keine Zurückverweisung an die Vorinstanz erfolgt, der *Antrag* auf Anordnung der Fürsorgeerziehung *abzulehnen* (GRÄBER § 65 RJWG Anm 35 C).

Bezüglich der *Kosten* des Beschwerdeverfahrens gilt das gleiche wie für die Kosten des amtsgerichtlichen Verfahrens (vgl oben unter Z 5e). Für die *Kostenerstattung* im Verhältnis der Beteiligten untereinander ist aber § 13a Abs I Satz 2 (erste Alternative) FGG zu beachten, wonach diejenigen Kosten dem Beschwerdeführer aufzuerlegen sind, zu deren Aufwendung ein anderer Beteiligter durch ein unbegründetes oder unzulässiges Rechtsmittel (BGHZ 31 92) veranlaßt worden ist. Nach der wohl abzulehnenden Auffassung des Bayerischen Obersten Landesgerichts (s. oben Z 5e) soll diese Vorschrift zu Lasten des Jugendamts im Verfahren über die Anordnung der Fürsorgeerziehung nicht in Betracht kommen (Rpfl 1958 227 = NJW 1958 1447).

e) Gegen die Entscheidung des Beschwerdegerichts findet die *sofortige weitere Beschwerde* statt. Ein Recht zur sofortigen weiteren Beschwerde steht jedoch demjenigen nicht zu, der gegen die gleichlautende Entscheidung des Vormundschaftsgerichts keine Beschwerde eingelegt hatte

(JFG 5 81; Potrykus § 65 RJWG Anm 11c; Gräber § 65 RJWG Anm 39).

7. Die Fürsorgeerziehung läßt an sich die *elterliche Gewalt* (und ebenso die *Befugnisse des Vormunds oder Pflegers*) bestehen, schränkt sie aber insofern ein, als für die Dauer und die Zwecke der Fürsorgeerziehung die Rechte und Pflichten der Eltern (bezw des Vormunds oder Pflegers), soweit es sich um Unterhalt, Erziehung und Beaufsichtigung des Kindes handelt, auf das Landesjugendamt oder die sonstige Ausführungsbehörde (vgl §§ 20 Abs I Nr 6, 74 Abs II JWG) übergehen; der Übergang vollzieht sich mit der Rechtskraft des die Fürsorgeerziehung anordnenden Beschlusses (RGZ 75 279, 98 246; Riedel (K) § 70 RJWG Anm 8; Potrykus § 70 RJWG Anm 13; Gräber § 70 RJWG Anm 22; vgl auch hinsichtlich der Befugnis des Landesjugendamts zum Abschluß von Lehr- und Dienstverträgen unten § 121 Z 6). Auch während der Dauer der Fürsorgeerziehung muß aber die Pflicht der sonst durch das Gesetz zur Aufsichtsführung Berufenen wieder als bestehend gelten, wenn Umstände eintreten, die einerseits die Möglichkeit der Aufsichtsführung durch die mit der Erziehung der Fürsorgezöglinge betrauten Personen zeitweise ausschließen und andererseits den sonst Berufenen die Möglichkeit der Aufsichtsführung wieder eröffnen (z. B. Beurlaubung in das Elternhaus, unbefugte Rückkehr zu den Angehörigen; in diesem letzteren Falle sind die Eltern bezw ist der Vormund oder Pfleger verpflichtet, die Rückkehr des Minderjährigen in die Fürsorgeerziehung zu veranlassen; RGZ 98 246). Soweit es sich nicht um Unterhalt, Erziehung und Beaufsichtigung des Kindes handelt, bleiben die Befugnisse der Eltern oder sonst Erziehungsberechtigten ungeschmälert erhalten. So steht es ihnen insbesondere zu, in eine Operation des Minderjährigen (JFG 13 33) oder in seine Eheschließung[1] oder Volljährigkeitserklärung[2] einzuwilligen. Dasselbe gilt für die Einwilligung zur Adoption und für die Bestimmung der religiösen Erziehung des Minderjährigen.

8. Die Fürsorgeerziehung kann auch im Strafverfahren von dem *Jugendgericht* als Erziehungsmaßregel durch Urteil[3] angeordnet

---

[1] Das Landesjugendamt gehört nicht zu den Sorgeberechtigten im Sinne des § 3 Abs II EheG (vgl Potrykus in ZBl XLVIII 176).

[2] Die Anhörung des Landesjugendamts im Verfahren auf Volljährigkeitserklärung von in Fürsorgeerziehung befindlichen Minderjährigen wird in der AV des früheren Preußischen Justizministers vom 23. Oktober 1926 — JMBl 376; Text bei Potrykus, Seite 461 — empfohlen.

[3] Das Jugendgericht kann im Urteil die Auswahl und Anordnung von Erziehungsmaßregeln (§ 9 JGG) auch dem Vormundschaftsgericht überlassen (§§ 53 Satz 1, 109 Abs II JGG). Vor allem die endgültige Fürsorgeerziehung sollte das Jugendgericht tunlichst nicht selbst anordnen, sondern hier dem Vormundschaftsgericht mit seiner Möglichkeit zu umfassenderen Ermittlungen den Vortritt lassen (vgl Dallinger-Lackner, Kommentar zum Jugendgerichtsgesetz, München und Berlin 1955, § 12 Anm 42).

werden[1] (§§ 5 Abs I, 9 Nr 3 JGG). Im Gegensatz zur Erziehungsbeistandschaft (s. oben § 114 Z 7) darf die Fürsorgeerziehung von dem Jugendgericht aber nicht gleichzeitig mit dem Zuchtmittel des Jugendarrestes und neben der Jugendstrafe angeordnet werden (§ 8 Abs I Satz 2 und Abs II Satz 2 JGG). Die Voraussetzungen, die Ausführung und die Beendigung der Fürsorgeerziehung richten sich auch bei der Anordnung durch das Jugendgericht nach den Vorschriften des JWG (§ 12 Satz 1 JGG). Eines Versuchs, die Freiwillige Erziehungshilfe nach § 63 JWG zu gewähren, bedarf es nicht (§ 12 Satz 2 JGG). Um eine zweckmäßige Ausführung des jugendgerichtlichen Erkenntnisses zu sichern, wird das Urteil alle diejenigen Angaben, namentlich persönlicher Art, zu enthalten haben, die sonst in dem Überweisungsbeschluß des Vormundschaftsgerichts enthalten sein sollen (vgl oben Z 5c). Das Jugendgericht muß auch zu erkennen geben, ob es bei dem Minderjährigen eine drohende oder eine bereits bestehende Verwahrlosung für gegeben erachtet.

Ein die Fürsorgeerziehung des jugendlichen Angeklagten anordnendes Urteil des Jugendgerichts kann nicht von dem Landesjugendamt als Ausführungsbehörde, insbesondere nicht mit der sofortigen Beschwerde nach § 65 Abs IV JWG, angefochten werden. Auch das Jugendamt und die sonstigen Organe der Jugendgerichtshilfe haben kein *Rechtsmittel;* es handelt sich vielmehr um ein reines Strafverfahren, hinsichtlich dessen lediglich die im jugendgerichtlichen Verfahren zugelassenen Rechtsmittel[2] gegeben sind (DALLINGER-LACKNER § 12 JGG Anm 48). Demgemäß hat das Landesjugendamt an sich auch kein Recht auf Zustellung des die Fürsorgeerziehung anordnenden Urteils des Jugendgerichts. Jedoch ist das Urteil ihm und der Jugendgerichtshilfe mitzuteilen (Nr 32 Abs I Buchst. f und Nr 33 Abs I der gemeinsamen Anordnung der Landesjustizverwaltungen und des Bundesministers der Justiz über Mitteilungen in Strafsachen vom 15. 1. 1958, Bundesanzeiger Nr 12).

Bis zur Rechtskraft des Urteils kann das Jugendgericht *vorläufige Anordnungen* über die Erziehung des Minderjährigen treffen. Die Anordnung der vorläufigen Fürsorgeerziehung ist in diesem Zusammenhang nicht zulässig (§ 71 Abs I JGG). Dagegen ist es möglich, im Urteil selbst die vorläufige Fürsorgeerziehung anzuordnen, die dann freilich erst mit der Rechtskraft des Urteils ausführbar wird (DALLINGER-LACKNER § 12 JGG Anm 46 a. E.).

[1] Bei einem im Wehrdienstverhältnis stehenden Minderjährigen darf das Jugendgericht die Fürsorgeerziehung nicht anordnen (§ 112a Nr 1 JGG).

[2] Die in § 55 Abs I Satz 1 JGG vorgesehene Beschränkung der Anfechtung jugendgerichtlicher Erkenntnisse, soweit in ihnen nur Erziehungsmaßregeln oder Zuchtmittel angeordnet oder die Auswahl und Anordnung von Erziehungsmaßregeln dem Vormundschaftsgericht überlassen sind, gilt nicht, wenn durch die Entscheidung des Jugendgerichts die Fürsorgeerziehung angeordnet worden ist (§ 55 Abs I Satz 2 JGG).

Zur Ausführung der angeordneten Fürsorgeerziehung hat das Jugendgericht die Akten mit der Bescheinigung der Rechtskraft des Urteils dem zuständigen Vormundschaftsgericht zu übersenden (§ 82 Abs II JGG; Nr III 2 der Richtlinien zu §§ 82 bis 85 JGG, abgedruckt bei Riedel (T), S. 295ff.). Die Zuständigkeit des Vormundschaftsgerichts bestimmt sich auch hier nach §§ 43, 36 FGG (ZBl XLV 23).

§ 117. b) Die Fürsorgeerziehung zur Verhütung der Verwahrlosung

Der Verhütung der Verwahrlosung der Minderjährigen dient die *vorbeugende Fürsorgeerziehung* (§ 64 Satz 1 JWG, erste Alternative). Ihre Anordnung hat abgesehen von den oben (§ 116 Z 3) bezeichneten allgemeinen Voraussetzungen zu erfolgen, wenn sie erforderlich ist, weil ein Minderjähriger zu verwahrlosen droht.

1. Demnach ist erste Voraussetzung der vorbeugenden Fürsorgeerziehung, daß der Minderjährige von der *Gefahr der Verwahrlosung* bedroht ist. Hinsichtlich des Begriffes der Verwahrlosung vgl oben § 114 Z 1. Hier sei zusätzlich hervorgehoben, daß die Grenze zwischen drohender und bereits eingetretener Verwahrlosung fließend ist und auch einer bereits in der Entwicklung begriffenen („begonnenen") Verwahrlosung unter Umständen noch mit vorbeugenden Erziehungsmaßnahmen begegnet werden kann (ZBl XX 329). Ist die Verwahrlosung bereits vollendet, so kommt nur die Anordnung der heilenden, nicht der vorbeugenden Fürsorgeerziehung in Frage. Die Gefahr der Verwahrlosung kann namentlich auch durch das Verhalten der Eltern begründet sein. Schon der Umstand allein, daß nicht mehr ganz jugendliche Kinder längere Zeit mit Eltern zusammengelebt haben, die einem ehrlosen oder unsittlichen Lebenswandel ergeben sind, kann auch ohne den Nachweis sichtbarer Spuren der Verwahrlosung erziehliche Maßnahmen zur Verhütung der Verwahrlosung geboten erscheinen lassen (vgl Gräber § 63 RJWG Anm 15). Andererseits sind sittliche Verfehlungen von Minderjährigen, z. B. der wiederholte Geschlechtsverkehr einer Jugendlichen mit einem und demselben jungen Mann, für sich allein noch nicht notwendig ein Anzeichen drohender Verwahrlosung (JFG 14 56). Demgegenüber steht aber der Feststellung, daß eine Verwahrlosung drohe und deshalb die (im Falle der Entscheidung vorläufige) Fürsorgeerziehung erforderlich sei, das Vorbringen der Minderjährigen nicht entgegen, daß sie in kurzer Zeit nach Erreichen des 16. Lebensjahres ihren Verlobten, mit dem sie schon jetzt intime Beziehungen unterhält, zu heiraten gedenke (FamRZ 63 54 Nr 19). Einem bloßen Besserungsversprechen der Eltern wird man mangels besonderer Umstände, die für die Besserung eine Gewähr bieten, regelmäßig mit Zurückhaltung zu begegnen haben. Wenn die Eltern sich im Verlaufe des Verfahrens in ihrem Verhalten

tatsächlich bessern, ist es angebracht, den Erfahrungssatz nicht außer acht zu lassen, daß die Erziehungsberechtigten sich häufig nur unter dem Druck des eingeleiteten Verfahrens um eine bessere Erziehung und Betreuung des Minderjährigen bemühen, die Dauer dieses Bemühens aber nicht gewährleistet ist (ZBl **XLI** 208). Der Möglichkeit einer echten und dauerhaften Sinnesänderung darf man sich dabei jedoch nicht verschließen. Durch die Heirat einer Mutter, die bisher in einem Konkubinat gelebt hat, dürfte in der Regel die Gefahr einer drohenden Verwahrlosung der bei ihr befindlichen Kinder beseitigt sein (vgl ZBl **XLII** 30).

Die vorbeugende Fürsorgeerziehung ist grundsätzlich ohne Rücksicht auf das *Lebensalter der Kinder* zulässig; im § 64 JWG ist nur eine Höchstgrenze gesetzt. Der Anordnung der vorbeugenden Fürsorgeerziehung steht nicht entgegen, daß sich Anzeichen einer drohenden Verwahrlosung bei dem Minderjährigen bisher nur in körperlicher Hinsicht bemerkbar gemacht haben. Nach den neuesten Erkenntnissen der Medizin und der Psychologie sind Fälle einer rein körperlichen Verwahrlosung so gut wie ausgeschlossen. Selbst bei kleinen Kindern ist mit der Gefahr einer körperlichen Verwahrlosung in der Regel auch die Gefahr einer seelischen Verwahrlosung verbunden (vgl Riedel (K) § 56 RJWG Anm 4 Bb; Gräber § 63 RJWG Anm 20; BGHZ 21 178 = FamRZ **1956** 281 = NJW **1956** 1434 = ZBl **XLIII** 298; Bundestags-Drucksache Nr 2226 der 3. Wahlperiode, S. 28).

2a) Die Anordnung der vorbeugenden Fürsorgeerziehung ist ferner nur zulässig, wenn sie *erforderlich* ist, um die Verwahrlosung des Minderjährigen zu verhüten. Zur Behebung der Gefahr der Verwahrlosung muß es nötig sein, den Minderjährigen aus seiner bisherigen Umgebung zu entfernen und ihn anderweitig, insbesondere in einem Heim (vgl OLG Hamm in NJW **1961** 79), unterzubringen. Auf ein Verschulden der Personensorgeberechtigten kommt es im Gegensatz zur Unterbringung nach § 1666 Abs I Satz 2 BGB nicht an. Es genügt vielmehr, wie bei der Unterbringung nach § 1838 Satz 1 BGB, daß im Interesse der Erziehung des Minderjährigen seine Aufnahme in einer geeigneten Familie oder in einem Heim notwendig erscheint.

b) Ist die Entfernung des Minderjährigen aus seiner bisherigen Umgebung zur Verhütung der Verwahrlosung erforderlich, so darf gleichwohl die vorbeugende Fürsorgeerziehung nicht angeordnet werden, wenn eine Unterbringung des Minderjährigen außerhalb der Fürsorgeerziehung geeignet ist, die Verwahrlosung zu verhüten. Die Anordnung der Fürsorgeerziehung ist gemäß § 64 Satz 2 JWG nur zulässig, *wenn keine ausreichende andere Erziehungsmaßnahme gewährt werden kann.* Die Frage, ob eine anderweitige Unterbringung außerhalb der Fürsorgeerziehung ausreicht, ist unter Berücksichtigung aller Umstände des Falles nach *pädagogischen* Gesichtspunkten zu entscheiden, wobei der sachkundigen

Stellungnahme des Jugendamts eine besondere Bedeutung zukommt. Wenn z. B. wegen schwerer Erziehungsfehler der Eltern eine planmäßige Anstaltsunterbringung des Minderjährigen erforderlich ist, wird eine anderweitige Unterbringung außerhalb der Fürsorgeerziehung kaum geeignet sein, die Verwahrlosung des Minderjährigen zu verhüten. In einem solchen Falle ist der Minderjährige also durch Beschluß des Vormundschaftsgerichts der Fürsorgeerziehung zu überweisen, wenn die Eltern nicht im Einverständnis mit den zuständigen Jugendwohlfahrtsbehörden ernstlich bereit sind, dem Minderjährigen im Rahmen der Freiwilligen Erziehungshilfe die notwendige Erziehung angedeihen zu lassen (vgl OLG Hamm in ZBl XLV 177 = JMBlNRW 1958 272 = EJF E I Nr 21 sowie LG Göttingen in NJW 1955 1596 und ZBl XLIII 109). Ist die Unterbringung des Minderjährigen im Rahmen der Fürsorgeerziehung pädagogisch angezeigt, so darf die Beachtung des im § 64 Satz 2 JWG verankerten Grundsatzes der Subsidiarität der Fürsorgeerziehung nicht dazu führen, die Verhütung der Verwahrlosung des Minderjährigen zunächst mit anderen Maßnahmen erfolglos zu versuchen und dadurch für die Erziehungsarbeit wertvolle Zeit zu verlieren. Ist dagegen die Unterbringung im Rahmen der Fürsorgeerziehung vom pädagogischen Standpunkt aus nicht erforderlich, dann muß der notwendige Milieuwechsel auf andere Weise erreicht werden. Der Umstand, daß von seiten der Eltern störende Eingriffe in andere Maßnahmen zu erwarten sind, rechtfertigt solchenfalls nicht die Anordnung der Fürsorgeerziehung (BGHZ 21 178 = FamRZ 1956 281 = NJW 1956 1434 = ZBl XLIII 298). Als *andere vormundschaftsgerichtliche Maßnahmen* zur Herbeiführung eines Milieuwechsels kommen in der Hauptsache solche der im § 1666 Abs I Satz 1 BGB bezeichneten Art in Frage, durch die den Eltern das Aufenthaltsbestimmungsrecht oder das Personensorgerecht entzogen und unter Anordnung einer Pflegschaft auf das Jugendamt, einen Verein oder eine geeignete Einzelperson übertragen wird, die den Minderjährigen dann anderweitig unterbringen. Es können aber auch *Maßnahmen der Eltern oder der Jugendwohlfahrtsbehörden* die Anordnung der Fürsorgeerziehung entbehrlich machen, so z. B. die Unterbringung des Minderjährigen bei Verwandten oder in einem Internat oder die Gewährung der Freiwilligen Erziehungshilfe (vgl Potrykus in ZBl XLIX 61 ff.). Die Entscheidung darüber, ob eine ausreichende andere Erziehungsmaßnahme gewährt werden kann, steht dem Vormundschaftsgericht zu, das sie bei seiner Beschlußfassung über die Fürsorgeerziehung inzidenter zu treffen hat (vgl die Bundestags-Drucksache Nr 2226 der 3. Wahlperiode, S. 45).

Beispiel:

Beschluß

Der am 15. Januar 1952 in Köln geborene Karl Schäfer, Kind des Arbeiters Josef Schäfer und seiner Ehefrau Maria geborene Schlosser in Köln, Hohe Straße 100, katholischen Bekenntnisses, wird gemäß § 64 JWG der vorbeugenden Fürsorgeerziehung überwiesen.

Diese Entscheidung ergeht kostenfrei.

Gründe

Wie die angestellten Ermittlungen ergeben haben, leben die Eltern des Minderjährigen seit längerer Zeit in beständigem Unfrieden miteinander. Zank und Streit sind an der Tagesordnung; wechselseitige Beschimpfungen gröbster Art und auch Tätlichkeiten sind häufig vorgekommen. Für die Erziehung des Minderjährigen haben die Eltern kein Interesse; sie halten das Kind weder zu einem regelmäßigen Schulbesuch noch zu einer geordneten Lebensführung an. Der Minderjährige hat durch das Verhalten der Eltern auch bereits Schaden gelitten; er hat wiederholt den Schulunterricht versäumt, den Ermahnungen der Lehrer gegenüber ein unbotmäßiges und freches Verhalten gezeigt und im Verkehr mit seinen Altersgenossen jene Schimpfworte und unziemlichen Redensarten gebraucht, die er im Elternhause gehört hat. Unter diesen Umständen erscheint die Anordnung der Fürsorgeerziehung zur Verhütung der Verwahrlosung des Minderjährigen erforderlich. Eine andere Erziehungsmaßnahme als die Heimerziehung ist im Hinblick auf die nach dem bisherigen Verhalten des Minderjährigen zu erwartenden Erziehungsschwierigkeiten nicht geeignet, die Verwahrlosung zu verhüten. Mit einer Heimunterbringung im Wege der Freiwilligen Erziehungshilfe sind die Eltern nicht einverstanden.

Die Kostenfreiheit dieser Entscheidung beruht auf § 76 JWG.

Köln, den 20. Oktober 1962.

Das Amtsgericht.
Schmitz.

Vfg.

1. Beschluß vom 20. Oktober 1962 zustellen
a) dem Vater des Minderjährigen,
b) der Mutter des Minderjährigen,
c) dem städtischen Jugendamt in Köln,
d) dem Direktor des Landschaftsverbandes Rheinland — Landesjugendamt — in Köln-Deutz,
zu d) unter Beifügung von 2 weiteren Abschriften des Beschlusses.
2. Nach 3 Wochen (Rechtskraft, Nachricht an Erziehungskartei).

Köln, den 20. Oktober 1962.

Schmitz.

§ 118. c) Die Fürsorgeerziehung zur Beseitigung der Verwahrlosung

Die *heilende* Fürsorgeerziehung dient der Beseitigung einer bereits eingetretenen Verwahrlosung und ist anzuordnen, wenn diese Beseitigung auf andere Weise nicht zu erreichen ist (§ 64 Satz 1 JWG, zweiter Alternative).

1. Demgemäß ist es abgesehen von den allgemeinen Voraussetzungen der Fürsorgeerziehung (vgl oben § 116 Z 3) erforderlich, daß der zur Fürsorgeerziehung unterzubringende Minderjährige *bereits verwahrlost* ist. Die Grenze zwischen drohender und bereits eingetretener Verwahrlosung ist fließend (ZBl XX 329). Es muß also in jedem Falle geprüft

werden, ob die Anzeichen der Verwahrlosung schon so deutlich sind, daß sie als „bereits eingetreten“ angesehen werden kann. Ist diese Frage zu verneinen, so kommt nur die vorbeugende, nicht die heilende Fürsorgeerziehung in Frage. Zur Bejahung des Eintritts der Verwahrlosung ist andererseits nicht erforderlich, daß sie schon fortgeschritten ist; es genügt, wenn sie sich im Anfangsstadium befindet, wenn sie begonnen hat (JFG 15 241; Gräber § 63 RJWG Anm 22). Über den Begriff der Verwahrlosung vgl im übrigen oben § 114 Z 1. Auch Kinder in sehr jugendlichem Alter können bereits der Verwahrlosung (wenigstens der körperlichen) anheimgefallen sein (vgl hierzu oben § 117 Z 1). Die Fürsorgeerziehung hat auch die Erziehung zu körperlicher Tüchtigkeit, insbesondere zur Gewöhnung an Körper- und Gesundheitspflege, im Auge.

2. Die heilende Fürsorgeerziehung kann ferner nur angeordnet werden, wenn dies zur Beseitigung der bereits eingetretenen Verwahrlosung *erforderlich* ist (vgl oben § 117 Z 2a). Hiernach wird, ohne daß es im übrigen auf ein Verschulden der Beteiligten ankommt, namentlich genau geprüft werden müssen, ob die Eltern oder sonstigen Erzieher des Minderjährigen die Eignung zur Erziehung und Besserung des Minderjährigen besitzen. Für die Entscheidung dieser Frage wird namentlich die eigene Lebensführung der Erziehungsberechtigten, ihre Arbeitsamkeit, ihr Ordnungssinn und ihr Verhalten auf sittlichem Gebiet, insbesondere aber auch ihr bisheriges Verhalten gegenüber dem Minderjährigen, dem sie vielleicht mit allzu großer Nachsicht und nicht mit zielbewußter und tatkräftiger Anleitung gegenübergetreten sind und für dessen Verfehlungen sie vielleicht kein Verständnis besitzen, von Bedeutung sein. Bloße Versprechungen der Erziehungsberechtigten hinsichtlich besserer Beaufsichtigung und Erziehung des Minderjährigen für die Zukunft werden regelmäßig nicht ausreichen, um die Fürsorgeerziehung als entbehrlich erscheinen zu lassen (vgl oben § 117 Z 1). Dies um so weniger, als es nicht erforderlich ist, daß es an einem ausreichenden Erziehungswillen fehlt. Zur Anordnung der heilenden Fürsorgeerziehung genügt vielmehr die *objektive Unfähigkeit der Erziehungsberechtigten*, die bestehende Verwahrlosung mit den Mitteln der häuslichen Erziehung zu beseitigen (OLG Köln in JMBlNRW 1959 70). Aber selbst wenn die Frage nach der Notwendigkeit eines Milieuwechsels zu bejahen ist, muß auch bei bereits verwahrlosten Minderjährigen stets geprüft werden, ob das Ziel der Fürsorgeerziehung, in diesem Falle also die Beseitigung der Verwahrlosung, *nicht auf andere Weise zu erreichen* ist (§ 64 Satz 2 JWG; vgl oben § 117 Z 2b). Regelmäßig wird allerdings bei bereits verwahrlosten Minderjährigen eine Besserung nur durch eine längere Zeit dauernde planmäßige Anleitung und zielbewußte Erziehung herbeigeführt werden können, die vielfach nur in der Fürsorgeerziehung gewährleistet sind. In manchen

Fällen, insbesondere dann, wenn die Unterbringung in einer geschlossenen Anstalt vom pädagogischen Standpunkt aus nicht notwendig ist, wird aber auch die im Einverständnis mit den Personensorgeberechtigten erfolgende Unterbringung im Wege der Freiwilligen Erziehungshilfe ausreichen, um die Verwahrlosung zu beseitigen (vgl OLG Celle in ZBl **XLV** 122 und **XLVI** 28). Es sind ferner Fälle denkbar, in denen die Unterbringung in einer geeigneten Lehr- oder Arbeitsstelle, in der der Minderjährige sorgfältig beaufsichtigt und mit Verständnis und Tatkraft auf seine Besserung hingewirkt wird, zur Beseitigung der Verwahrlosung genügt. Bei körperlicher Verwahrlosung sehr jugendlicher Minderjähriger dürfte zumeist die Entfernung aus der bisherigen Umgebung und die anderweitige Unterbringung, notfalls mit Hilfe der Wirtschaftlichen Minderjährigenfürsorge, ausreichen (vgl OLG Neustadt in MDR **1960** 505). Ob die Anordnung der heilenden Fürsorgeerziehung erforderlich und eine Besserung des bereits verwahrlosten Minderjährigen auf andere Weise nicht zu erreichen ist, hat das Vormundschaftsgericht nach freiem pflichtmäßigen Ermessen auf Grund des Ergebnisses der angestellten Ermittlungen (§ 12 FGG) zu entscheiden (vgl oben § 117 Z 2b a. E.).

Beispiel:

Beschluß

Der am 15. Januar 1952 in Köln geborene Karl Schäfer, Kind des Arbeiters Josef Schäfer und seiner Ehefrau Maria, geborene Schlosser, in Köln, Hohe Straße 100, katholischen Bekenntnisses, wird gemäß § 64 JWG der heilenden Fürsorgeerziehung überwiesen. Diese Entscheidung ergeht kostenfrei.

Gründe

Wie die angestellten Ermittlungen ergeben haben, hat der Minderjährige seit geraumer Zeit die Schule nur noch sehr unregelmäßig besucht. Mehrfach ist er tagelang dem Schulunterricht ferngeblieben und hat sich mit älteren, übel beleumundeten Jugendlichen herumgetrieben und zahlreiche Taschendiebstähle verübt. Um die Schulversäumnisse zu entschuldigen und sich vor Entdeckung zu schützen, hat der Minderjährige Lügen ersonnen und mit großer Dreistigkeit und Unbefangenheit vorgetragen. Älteren Personen, den Lehrern und den Eltern gegenüber trägt der Minderjährige ein trotziges und unbotmäßiges Benehmen zur Schau. Alle Ermahnungen zu einer besseren Führung sind fruchtlos geblieben. Die Eltern des Minderjährigen sind zwar ordentliche Leute, aber allzu nachsichtig und sogar bestrebt, die Handlungsweise des Sohnes zu beschönigen. Überdies haben sie keinen Einfluß auf den Minderjährigen, der nach Vorstehendem als bereits verwahrlost angesehen werden muß. Unter diesen Umständen bedarf es zur nachhaltigen und dauernden Besserung für längere Zeit einer planmäßigen, zielbewußten Erziehung und beständigen Überwachung des Minderjährigen. Diese Erziehung ist aber, da die Eltern mit einer Übernahme des Minderjährigen in die Freiwillige Erziehungshilfe nicht einverstanden sind, nur bei Anordnung der Fürsorgeerziehung gewährleistet.

Die Kostenfreiheit dieser Entscheidung folgt aus § 76 JWG.

Köln, den 20. Oktober 1962.

Das Amtsgericht.

Schmitz.

Vfg.

1. Beschluß vom 20. Oktober 1962 zustellen
a) dem Vater des Minderjährigen,
b) der Mutter des Minderjährigen,
c) dem städtischen Jugendamt in Köln,
d) dem Direktor des Landschaftsverbandes Rheinland — Landesjugendamt — in Köln-Deutz,
zu d) unter Beifügung von 2 weiteren Abschriften des Beschlusses.
2. Nach 3 Wochen (Rechtskraft, Nachricht an Erziehungskartei).

Köln, den 20. Oktober 1962.

Schmitz.

§ 119. d) Die vorläufige Fürsorgeerziehung

Die Ermittlungen im Fürsorgeerziehungsverfahren sind zwar stets beschleunigt durchzuführen; alle Fürsorgeerziehungssachen gelten als Eilsachen (Abschnitt E I der AV des früheren Preußischen Justizministers vom 8. 3. 1926, JMBl S. 84). Gleichwohl nehmen die Ermittlungen häufig längere Zeit in Anspruch, zumal die außerordentlich tief in das Familienleben der Beteiligten eingreifende Anordnung der Fürsorgeerziehung nur nach sorgfältigster und gewissenhaftester Prüfung der Verhältnisse erfolgen darf. Es kommt hinzu, daß der die Anordnung der Fürsorgeerziehung aussprechende Beschluß des Vormundschaftsgerichts erst mit der Rechtskraft Vollstreckbarkeit erlangt (§ 69 Abs II JWG). Hieraus ergibt sich in vielen Fällen die Gefahr, daß die Verwahrlosung des Minderjährigen, deren Verhütung oder Beseitigung das Ziel der staatlichen Ersatzerziehung ist, während der Dauer des Verfahrens solche Fortschritte macht, daß der Erfolg der späteren Fürsorgeerziehung ganz oder teilweise in Frage gestellt wird. Um dieser Gefahr zu begegnen, ist dem Vormundschaftsgericht gemäß § 67 Abs I JWG gestattet, „bei Gefahr im Verzuge" die *vorläufige* Fürsorgeerziehung des Minderjährigen anzuordnen. Von dieser Befugnis hat das Vormundschaftsgericht nach pflichtmäßigem Ermessen Gebrauch zu machen. Auch sind das Jugendamt und die sonstigen Antragsberechtigten befugt, den Antrag auf Anordnung der vorläufigen Fürsorgeerziehung zu stellen (vgl Potrykus § 67 RJWG Anm 3 a. E.).

1 a) *Voraussetzung* der Anordnung der vorläufigen Fürsorgeerziehung ist hiernach abgesehen von der spätestens gleichzeitigen Einleitung eines auf Anordnung der endgültigen Fürsorgeerziehung abzielenden Verfahrens, daß *Gefahr* für das Wohl des Minderjährigen im *Verzuge* ist. Diese Voraussetzung ist erfüllt, wenn bei längerem Verbleiben des Minderjährigen in seiner gegenwärtigen Umgebung die dringende Gefahr der Verwahrlosung oder weiteren Verwahrlosung zu besorgen ist (ZBl XXI

30 und **XXII** 174; JFG 2 114 und 23 12[1]. Außerdem ist aber erforderlich, daß die *Anordnung der endgültigen Fürsorgeerziehung* wenigstens *wahrscheinlich* ist (OLG München in JFG 23 351; BayObLG in ZBl **XLV** 271; ACHILLES-GREIFF § 67 RJWG Anm 1 A; GRÄBER § 67 RJWG Anm 3 B mit eingehender Begründung)[2].

b) Ob diese Voraussetzungen gegeben sind, ist von dem Vormundschaftsgericht nach pflichtmäßigem Ermessen zu prüfen. Dabei ist es aber abweichend von dem Grundsatz, daß regelmäßig nur der volle Nachweis der gesetzlich erforderlichen Tatumstände genügt, ausreichend, daß die tatsächlichen Voraussetzungen der Anordnung der vorläufigen Fürsorgeerziehung *hinreichend glaubhaft gemacht* sind (JFG 4 105; MDR 1951 50). Bloße Befürchtungen der Jugendwohlfahrtsorgane genügen freilich nicht. Das Vormundschaftsgericht kann aber die ihm behördlich unterbreiteten Vorgänge zur Grundlage seiner Entscheidung machen, wenn sie erkennbar auf sorgfältigen Ermittlungen beruhen, für alle erheblichen Behauptungen Beweise antreten und nicht lediglich Werturteile enthalten (ZBl **XXII** 211; JFG 23 12). Die Glaubhaftmachung hat sich sowohl auf die dringende Verwahrlosungsgefahr als auch auf die Wahrscheinlichkeit der Anordnung der endgültigen Fürsorgeerziehung zu erstrecken. Die Anordnung der ihrer Art nach subsidiären Fürsorgeerziehung ist aber nur wahrscheinlich, wenn sie erforderlich ist und ihr Ziel nicht durch andere Maßnahmen erreicht werden kann. Deshalb muß auch die *Glaubhaftmachung der Erforderlichkeit* der endgültigen Fürsorgeerziehung gefordert werden (LG Darmstadt in MDR 1958 248). Wegen der vorliegenden Dringlichkeit geht es freilich nicht an, über diese Frage im Verfahren auf Anordnung der vorläufigen Fürsorgeerziehung längere Ermittlungen zu pflegen (OLG Hamm in ZBl **XLI** 238 und **XLVI** 327; OLG Celle in ZBl **XLV** 270). Bei Zweifeln der Erforderlichkeit der Fürsorgeerziehung sind nur solche Ermittlungen angebracht, die sich *innerhalb kurzer Zeit*

---

[1] Gefahr im Verzuge ist ein vom Gericht der weiteren Beschwerde nachprüfbarer Rechtsbegriff. Er darf nicht engherzig ausgelegt (OLG Karlsruhe/Freiburg in ZBl **XLV** 269), muß andererseits aber wegen der Schwere des Eingriffs mit Vorsicht angewendet werden (OLG Stuttgart in EJF E I Nr 31). Aus der Tatsache, daß eine Minderjährige sich sittlich schwer vergangen hat, ist nicht ohne weiteres zu folgern, daß sie ihr unsittliches Treiben fortsetzen wird (BayObLG in ZBl **XL** 220); s. aber auch oben § 117 Zff 1. Gefahr im Verzuge wird ferner unter Umständen nicht anzunehmen sein, wenn mit der Eheschließung der Minderjährigen zu rechnen ist (KG in ZBl **XXI** 293) oder der Minderjährige in der eigenen Familie belassen werden soll (POTRYKUS § 67 RJWG Anm 4 zu b a. E.) In jedem Falle wird es entscheidend auf die Lage des Einzelfalls ankommen. Die Gewährung der Freiwilligen Erziehungshilfe schließt die Annahme von Gefahr im Verzug dann nicht aus, wenn ein Personensorgeberechtigter deren Aufhebung beantragt (OLG Hamm in ZBl **XLVII** 251).

[2] Nach KG in JFG 23 12, RIEDEL (K) § 67 RJWG Anm 2b bb und POTRYKUS § 67 RJWG Anm 4 zu a genügt es, daß die Anordnung der endgültigen Fürsorgeerziehung *nicht aussichtslos* ist.

durchführen lassen, z. B. eine notfalls fernmündliche Rücksprache mit dem Jugendamt oder einer Stelle der privaten Jugendpflege oder eine kurzfristig angeordnete Anhörung der Eltern (vgl auch ZBl L (1963) 141) und des Minderjährigen. Ermittlungsmaßnahmen dieser Art sollten in Zweifelsfällen schon deshalb nicht unterlassen werden, weil der Beschluß über die Anordnung der vorläufigen Fürsorgeerziehung mit seinen weitreichenden Folgen für die Beteiligten sofort vollziehbar ist (§ 69 Abs II JWG).

Im Verfahren auf Anordnung der vorläufigen Fürsorgeerziehung ist das Vormundschaftsgericht *nicht verpflichtet*, die in § 65 Abs II JWG vorgeschriebenen *Anhörungen durchzuführen*. Es steht vielmehr in seinem pflichtmäßigen Ermessen, ob es die dort genannten Personen und Stellen anhören will (BGH in NJW 1953 1587 = MDR 1953 732; OLG Köln in NJW 1956 1925; Röhl in NJW 1958 1268; OLG Hamm in ZBl XLVIII 333 = JMBlNRW 1962 50 = FamRZ 1962 176)[1]. Wenn die Dringlichkeit der Angelegenheit es gestattet und nicht andere Bedenken, etwa die Besorgnis, daß der Minderjährige der Fürsorgeerziehung entzogen werde, entgegenstehen, wird es sich jedoch empfehlen, wenigstens den Minderjährigen und seine Eltern zu der beabsichtigten Maßnahme zu hören. Deren Anhörung zu unterlassen erscheint im Hinblick auf Art 103 Abs I GG nur dann gerechtfertigt, wenn nach dem glaubhaft gemachten Sachverhalt entweder auf das Überraschungsmoment nicht verzichtet werden kann oder umgehend entschieden werden muß (vgl Hohenester in DRiZ 1959 213 f und OLG Stuttgart in FamRZ 1960 247 = EJF E I Nr 31 mit Anm von Schwoerer). Das Überraschungs- und Beschleunigungsmoment ist aber nicht mehr vorhanden, wenn von dem Vormundschaftsgericht die vorläufige Fürsorgeerziehung angeordnet und dagegen Beschwerde erhoben worden ist. Für das Beschwerdegericht ist daher keine Berechtigung anzuerkennen, von der Anhörung des Minderjährigen und seiner Eltern abzusehen (OLG Hamm in ZBl XLVI 56; OLG Neustadt in ZBl XLVI 297 und JR 1960 187).

Wenn Bedenken hinsichtlich der Erziehungsfähigkeit des Minderjährigen bestehen, kann neben der vorläufigen Fürsorgeerziehung die *Unterbringung* gemäß § 66 Abs II JWG angeordnet werden, die der Vorbereitung der Entscheidung über die endgültige Fürsorgeerziehung dient (vgl Gräber § 65 RJWG Anm 22 B). Ebenso kann die vorläufige Fürsorgeerziehung neben einer bereits gemäß § 66 Abs II JWG angeordneten Unterbringung verfügt werden (§ 67 Abs III JWG).

---

[1] Hat das Vormundschaftsgericht vor der Anordnung der vorläufigen Fürsorgeerziehung den Beteiligten das rechtliche Gehör nicht gewährt, so darf das Landgericht wegen dieses Umstandes allein die Sache nicht zurückverweisen (OLG Hamm, a. a. O.). Das Vormundschaftsgericht braucht die Eilbedürftigkeit auch nicht besonders darzulegen (a. A. LG Köln in FamRZ 1960 445).

Die Anordnung der vorläufigen Fürsorgeerziehung *nach* der Vollendung des 20. Lebensjahres ist unzulässig, weil nach diesem Zeitpunkt auch die endgültige Fürsorgeerziehung nicht mehr angeordnet werden darf (§ 64 Satz 1 JWG). Ist dagegen die vorläufige Fürsorgeerziehung *vor* der Vollendung des 20. Lebensjahres angeordnet worden, so kann die endgültige Fürsorgeerziehung auch noch nach diesem Zeitpunkt angeordnet werden (§ 67 Abs IV JWG).

Die Überweisung zur vorläufigen Fürsorgeerziehung wird nicht dadurch ausgeschlossen, daß der Minderjährige im Zeitpunkt der Beschlußfassung *ohne gesetzlichen Vertreter* ist (JFG 4 76; Gräber § 65 RJWG Anm 14 B).

Wird die vorläufige Fürsorgeerziehung angeordnet, so ist eine etwa früher angeordnete *Aussetzung* des Verfahrens aufzuheben, da beide Maßnahmen miteinander nicht vereinbar sind (Gräber § 66 RJWG Anm 7 B a a. E.; vgl unten § 120 Z 1 a). Ebenso ist eine bereits angeordnete Erziehungsbeistandschaft wegen anderweitiger Sicherstellung des Erziehungszwecks aufzuheben (§ 61 Abs II Satz 2 JWG in Verbindung mit § 69 Abs II JWG); wird die vorläufige Fürsorgeerziehung später wieder aufgehoben, so kann die Erziehungsbeistandschaft erneut angeordnet werden.

2a) Gegen die die vorläufige Fürsorgeerziehung anordnende Entscheidung des Vormundschaftsgerichts (wegen des Inhalts vgl Abschnitt C II der AV des früheren Preußischen Justizministers vom 8. 3. 1926, JMBl S. 84, eine besondere Begründung ist nicht erforderlich, aber zweckmäßig, Riedel (K) § 67 RJWG Anm 2d, Gräber § 67 RJWG Anm 9) steht den Antragsberechtigten (§ 65 Abs I Satz 2 und 3 JWG) und dem Minderjährigen, wenn er das 14. Lebensjahr vollendet hat, die *sofortige Beschwerde* zu (§ 67 Abs II Satz 1 JWG)[1].

Die *Personensorgeberechtigten* üben das Beschwerderecht im eigenen Namen aus, nicht in dem des Minderjährigen; sie können daher auch nicht nach Ablauf der gegen sie laufenden Beschwerdefrist im Namen des 14 Jahre alten Minderjährigen die sofortige Beschwerde einlegen, es sei denn in Vollmacht des Minderjährigen (Gräber § 65 RJWG Anm 42).

Ist den *Eltern* das Personensorgerecht für den Minderjährigen in vollem Umfange entzogen, so können sie die sofortige Beschwerde nicht einlegen.

Die *Beschwerdefrist* beginnt für jeden Beschwerdeberechtigten mit der Zustellung an ihn.

---

[1] Im Hinblick auf den Wortlaut des § 67 Abs II Satz 1 JWG ist anzunehmen, daß gegen die Ablehnung eines Antrags auf Anordnung der vorläufigen Fürsorgeerziehung die einfache Beschwerde gegeben ist.

Nach der Rechtskraft des *endgültigen* Überweisungsbeschlusses kann die Anordnung der vorläufigen Fürsorgeerziehung nicht mehr angefochten werden (Gräber § 67 RJWG Anm 16 a. E.). Mit der Rechtskraft des die endgültige Fürsorgeerziehung anordnenden Beschlusses verliert der Beschluß auf Anordnung der vorläufigen Fürsorgeerziehung vielmehr ohne weiteres seine Wirksamkeit (vgl unten Z 4).

Unter Abweichung von dem Grundsatz des § 18 Abs II FGG ist dem Gericht, dessen Beschluß angefochten wird, gestattet, *der sofortigen Beschwerde abzuhelfen* (§ 67 Abs II Satz 3 JWG).

b) Die sofortige Beschwerde hat *keine aufschiebende Wirkung* (§ 67 Abs II Satz 2 JWG), weil dies mit dem Zweck der vorläufigen Fürsorgeerziehung unvereinbar wäre; diese ist vielmehr mit dem Erlaß des Gerichtsbeschlusses ausführbar (§ 69 Abs II JWG)[1]. Bei Einlegung des Rechtsmittels kann aber die *Aussetzung der Vollziehung* des die vorläufige Fürsorgeerziehung anordnenden Beschlusses gemäß §§ 24 Abs II und III, 29 Abs IV FGG von dem Vormundschaftsgericht oder durch die Beschwerdeinstanzen angeordnet werden (Gräber § 67 RJWG Anm 16)[2].

c) Wegen der *Mitteilungen* über die Einlegung von Rechtsmitteln und den Eintritt der Rechtskraft vgl Abschnitt C III Abs III und IV und Abschnitt C IV der AV des früheren Preußischen Justizministers vom 8. 3. 1926, JMBl S. 84; die Benachrichtigung des Strafregisters zur Eintragung in die gerichtliche Erziehungskartei ist in Nr 2 Abs I Buchst. f der gemeinsamen Anordnung der Landesjustizverwaltungen und des Bundesministers der Justiz über die gerichtliche Erziehungskartei vom 15. 2. 1955 und 16. 6. 1958 vorgeschrieben.

Beispiel:

Beschluß

Der am 15. Januar 1952 in Köln geborene Karl Schäfer, Kind des Arbeiters Josef Schäfer und seiner Ehefrau Maria, geborene Schlosser, in Köln, Hohe Straße 100, katholischen Bekenntnisses, wird gemäß § 67 Abs I JWG der vorläufigen Fürsorgeerziehung überwiesen.

Diese Entscheidung ergeht kostenfrei.

Gründe

Wie durch den eingehend begründeten Bericht des städtischen Jugendamts in Köln vom 15. Oktober 1962 und die diesem Bericht beigefügte Äußerung des zuständigen

---

[1] Wegen der sofortigen Ausführbarkeit der vorläufigen Fürsorgeerziehung wird diese bei Gefahr im Verzuge vielfach *gleichzeitig* mit der endgültigen Fürsorgeerziehung angeordnet, was zulässig ist (Gräber § 67 RJWG Anm 8 A).

[2] Das *Beschwerdegericht* ist an den Entscheidungsgegenstand des Vormundschaftsgerichts gebunden. Es kann daher nicht anstelle der angefochtenen vorläufigen Fürsorgeerziehung die endgültige Fürsorgeerziehung oder eine Maßnahme nach § 1666 BGB oder die Erziehungsbeistandschaft anordnen (Gräber § 67 RJWG Anm 13 B; a. A. bezüglich der Ersetzung durch eine einstweilige Anordnung nach § 1666 BGB OLG Neustadt in Rpfl 1952 291).

Schulleiters glaubhaft gemacht ist, hat der Minderjährige seit längerer Zeit den Schulunterricht in immer zunehmendem Maße versäumt, sich tagelang in Gesellschaft schlecht beleumundeter Personen herumgetrieben und bereits mehrere Diebstähle begangen. Wie weiter glaubhaft gemacht ist, stehen die Eltern des Minderjährigen dem Verhalten ihres Kindes mit völliger Gleichgültigkeit gegenüber; sie bestärken den Minderjährigen sogar in der ablehnenden Haltung, die er den Ermahnungen der Schule gegenüber einnimmt. Unter diesen Umständen ist damit zu rechnen, daß die noch erforderlichen weiteren Ermittlungen die Anordnung der Fürsorgeerziehung als notwendig erweisen werden. Der Abschluß der Ermittlungen kann aber nicht abgewartet werden, ohne daß der Erfolg der Fürsorgeerziehung in Frage gestellt werden würde. Zum Schutze des Minderjährigen sind vielmehr schleunige Maßnahmen und namentlich seine sofortige Entfernung aus dem Elternhause zwecks Verbringung in strenge Aufsicht und geeignete Erziehung unerläßlich. Da dieses Ziel, wie eine beschleunigt durchgeführte Anhörung der Eltern und des Minderjährigen gezeigt hat, auf andere Weise nicht zu erreichen ist, war als Eilmaßnahme die vorläufige Fürsorgeerziehung des Minderjährigen anzuordnen.

Die Kostenfreiheit dieser Entscheidung folgt aus § 76 JWG.

Köln, den 20. Oktober 1962.

Das Amtsgericht.
Schmitz.

Vfg.

1. Beschluß vom 20. Oktober 1962 zustellen
a) dem Vater des Minderjährigen,
b) der Mutter des Minderjährigen,
c) dem städtischen Jugendamt in Köln,
d) dem Direktor des Landschaftsverbandes Rheinland — Landesjugendamt — in Köln-Deutz,
zu d) unter Beifügugng von 2 weiteren Abschriften des Beschlusses.
2. Wiedervorlegen (weitere Ermittlungen hinsichtlich der Anordnung der endgültigen Fürsorgeerziehung)[1].

Köln, den 20. Oktober 1962.

Schmitz.

3. Die *Durchführung* der vorläufigen Fürsorgeerziehung liegt dem Landesjugendamt oder einer anderen landesrechtlich bestimmten Behörde ob (§§ 69 Abs I, 74 Abs II JWG; vgl unten § 121 Z 1); auch eine nach § 66 Abs II JWG angeordnete Unterbringung in einer Anstalt für Jugendpsychiatrie kann vollzogen werden (ZBl L 87 ff). Die Ausführbarkeit tritt mit dem Erlasse des die vorläufige Fürsorgeerziehung anordnenden Beschlusses ein (§ 69 Abs II JWG). Das Landesjugendamt ist verpflichtet, dem Vormundschaftsgericht von dem Orte der Unterbringung des Minderjährigen Nachricht zu geben (§ 71 Abs V JWG). Grundsätzlich ist auch den Personensorgeberechtigten und den Eltern

[1] Falls die erforderlichen Maßnahmen, wie es regelmäßig der Fall sein wird, sofort verfügt werden können, ist das Erforderliche statt Z 2 der Verfügung anzuordnen. Die Mitteilung zur gerichtlichen Erziehungskartei erfolgt zweckmäßig erst nach der Rechtskraft des Beschlusses.

mitzuteilen, wo der Minderjährige untergebracht ist (§ 71 Abs IV Satz 1 und 2 JWG; über Ausnahmen vgl unten § 121 Z 4).

4. Die vorläufige Fürsorgeerziehung *endigt* mit der *Aufhebung*[1] des die Anordnung aussprechenden Beschlusses. Die Aufhebung kann bei veränderten tatsächlichen Umständen jederzeit erfolgen, auch wenn der Anordnungsbeschluß rechtskräftig[2] geworden ist; sie ist insbesondere dann angebracht, wenn durch den Aufenthalt des Minderjährigen außerhalb der Bundesrepublik die Durchführung des endgültigen Anordnungsverfahrens unmöglich geworden ist (ZBl XLII 114; NJW 1957 1404). Die vorläufige Fürsorgeerziehung ist aufzuheben, wenn das Vormundschaftsgericht die Anordnung der endgültigen Fürsorgeerziehung ablehnt oder innerhalb von sechs Monaten[3] keinen die endgültige Fürsorgeerziehung anordnenden Beschluß erlassen hat (§ 67 Abs V JWG). Sie *endigt automatisch* mit der Anordnung[4] der endgültigen Fürsorgeerziehung (GRÄBER § 67 RJWG Anm 8 B I); indessen beseitigt ein nach Ablauf der Sechsmonatsfrist und später als am 30. 6. 1962 erlassener, die endgültige Fürsorgeerziehung anordnender Beschluß die Pflicht zur Aufhebung der vorläufigen Fürsorgeerziehung nicht (BayObLG in FamRZ 63 53 Nr 18).

Über die Aufhebung der vorläufigen Fürsorgeerziehung ist zu den bei dem Vormundschaftsgericht über den Minderjährigen geführten Vormundschaftsakten und zur gerichtlichen Erziehungskartei Mitteilung zu machen (vgl Abschn. D III der AV des früheren Preußischen Justizministers vom 8. 3. 1926, JMBl S. 84 und Nr 2 Abs IV der gemeinsamen Anordnung der Landesjustizverwaltungen und des Bundesministers der Justiz über die gerichtliche Erziehungskartei vom 15. 2. 1955 und 16. 6. 1958).

Bei Aussetzung des Verfahrens ist die vorläufige Fürsorgeerziehung aufzuheben (§ 68 Abs I Satz 3 JWG; vgl unten § 120 Z 1 a).

---

[1] Die Aufhebung wird, wenn sie durch das Vormundschaftsgericht erfolgt, gemäß § 16 FGG sofort wirksam (JFG 20 30; GRÄBER § 67 RJWG Anm 8B IV). Hebt dagegen das Landgericht auf sofortige Beschwerde hin die vorläufige Fürsorgeerziehung auf, so wird diese Entscheidung gemäß § 26 FGG erst mit der Rechtskraft wirksam (GRÄBER a. a. O.).

[2] Die Aufhebung einer rechtskräftig angeordneten vorläufigen Fürsorgeerziehung unterliegt der einfachen Beschwerde; das gleiche gilt auch für die Ablehnung der Aufhebung; vgl BayObLG in FamRZ 63 53 Nr 18.

[3] Über den Beginn der Frist enthält das Gesetz keine Bestimmung. Fassung und Zusammenhang der Vorschrift deuten aber darauf hin, daß der Zeitpunkt des Erlasses der Anordnung (der Herausgabe des Beschlusses zum Zwecke der Zustellung an die Beteiligten) die Frist in Lauf setzt; vgl BayObLG in FamRZ 63 53 Nr 18.

[4] Die Beendigung der vorläufigen Fürsorgeerziehung wird hier erst mit der Rechtskraft des die endgültige Fürsorgeerziehung anordnenden Beschlusses wirksam (GRÄBER § 67 RJWG Anm 8B IV).

5. Dem Wesen der vorläufigen Fürsorgeerziehung als einer schleunigen Maßregel entspricht es, daß für ihre Anordnung neben dem gemäß § 43 FGG *örtlich zuständigen* Gericht[1] auch dasjenige Gericht *einstweilen* für örtlich zuständig erklärt ist, in dessen Bezirk das *Bedürfnis der Fürsorge*[2] hervortritt (§ 77 Abs I Satz 1 JWG). Das auf Grund dieser Bestimmung tätig gewordene Gericht hat jedoch von der angeordneten Maßregel dem endgültig und nunmehr ausschließlich zuständigen (auch hinsichtlich des Instanzenzuges[3] fortan maßgebenden) Gericht Mitteilung zu machen (§ 77 Abs I Satz 2 JWG).

§ 120. e) Die Aussetzung des Fürsorgeerziehungsverfahrens

Zuweilen ergibt sich im Verlaufe des Fürsorgeerziehungsverfahrens, daß die Verhältnisse der Beteiligten sich gebessert haben. Besteht in solchen Fällen Aussicht, daß auch ohne Durchführung der Fürsorgeerziehung die Verwahrlosung des Minderjährigen verhütet oder beseitigt werden kann, erscheint es aber andererseits nicht ratsam, das gerichtliche Verfahren sogleich aufzuheben, so kann das Fürsorgeerziehungsverfahren ausgesetzt werden. Die Aussetzung ist angebracht, wenn beim Vorliegen der sonstigen Voraussetzungen der Fürsorgeerziehung Zweifel an ihrer Erforderlichkeit bestehen (Gräber § 66 RJWG Anm 3 B). Sie ist dagegen nicht zulässig, wenn das Gericht auf Grund seiner Ermittlungen nur den *Verdacht* erlangt hat, die Voraussetzungen des § 64 JWG könnten vorliegen, hinreichend bestimmte tatsächliche Feststellungen in dieser Richtung aber nicht treffen kann und während der Aussetzungszeit hierüber weitere Klarheit zu gewinnen hofft (JFG 16 202 und 20 164). Zu der Aussetzung bedarf es nicht der Zustimmung des Jugendamts oder der sonstigen Antragsberechtigten (Gräber § 66 RJWG Anm 3 A).

1a) Die Aussetzung wird durch *Beschluß des Vormundschaftsgerichts* angeordnet; die *Aussetzungsfrist* darf ein Jahr nicht überschreiten (§ 68 Abs I Satz 1 JWG). Jedoch kann aus besonderen Gründen, insbesondere wenn nach Ablauf der Frist noch ungewiß ist, ob die etwa eingetretene

---

[1] § 43 Abs II FGG findet auch Anwendung, wenn über die Person, in Ansehung derer eine Verrichtung des Vormundschaftsgerichts erforderlich wird, eine Erziehungsbeistandschaft oder ein Fürsorgeerziehungsverfahren anhängig ist (§ 77 Abs II JWG).

[2] Einzelfragen der praktischen Handhabung bei außerordentlicher Zuständigkeit in eiligen Fürsorgeerziehungssachen sind von Schnitzerling in ZBl XLVII 46 behandelt.

[3] Hat gleichwohl das dem Eilgericht übergeordnete Landgericht über eine sofortige Beschwerde entschieden, so ist dessen Entscheidung nicht rechtsunwirksam (§ 7 FGG; BayObLG in ZBl XLVI 295), sondern nur wegen örtlicher Unzuständigkeit mit der weiteren Beschwerde anfechtbar (Gräber § 68 RJWG Anm 6 a. E.).

Besserung in den Verhältnissen der Beteiligten von Dauer sein wird, die Aussetzung durch Beschluß des Vormundschaftsgerichts auf höchstens ein weiteres Jahr *verlängert* werden (§ 68 Abs I Satz 2 JWG). Im übrigen kann das Fürsorgeerziehungsverfahren innerhalb des Zeitraumes von einem und aus besonderen Gründen einem weiteren Jahr mehrmals ausgesetzt werden (JFG 4 79); hierbei wird die Zeit, die nach dem Ablauf der einzelnen Aussetzungsfristen bis zur erneuten Anordnung der Aussetzung während der von dem Vormundschaftsgericht anzustellenden Ermittlungen verstrichen ist, bei der Berechnung der gesetzlichen Höchstdauer der Aussetzung nicht mit angerechnet. Über das vollendete 20. Lebensjahr des Minderjährigen hinaus kann das Fürsorgeerziehungsverfahren nicht ausgesetzt werden (§ 68 Abs I Satz 4 JWG), weil nach diesem Zeitpunkt die Fürsorgeerziehung überhaupt nicht mehr angeordnet werden kann (vgl § 64 S. 1 JWG). Es empfiehlt sich auch nicht, das Fürsorgeerziehungsverfahren bis zu einem Zeitpunkt unmittelbar vor der Vollendung des 20. Lebensjahres auszusetzen, weil dann unter Umständen nicht mehr rechtzeitig über die Anordnung der Fürsorgeerziehung entschieden werden kann (JFG 23 131).

Mit der Aussetzung des Verfahrens ist die Aufrechterhaltung einer etwa vorher angeordneten *vorläufigen Fürsorgeerziehung* unvereinbar; diese ist daher durch die Aussetzung *aufgehoben* (§ 68 Abs I Satz 3 JWG), was zur Klarstellung in dem Aussetzungsbeschluß besonders zum Ausdruck gebracht werden muß.

b) Der Aussetzungsbeschluß ist den Antragsberechtigten *zuzustellen*, weil ihnen das Recht der sofortigen Beschwerde zusteht (vgl unten Z 6). Aber auch dem Minderjährigen selbst, wenn er das 14. Lebensjahr vollendet hat, muß der Beschluß aus dem gleichen Grunde zugestellt werden (vgl unten Z 6 sowie Abschn. D II der AV des früheren Preußischen Justizministers vom 8. 3. 1926, JMBl S. 84). Die mündliche Bekanntgabe zu Protokoll an Anwesende genügt nicht (vgl oben § 116 Zff 5d Anm 2).

Ferner ist über die Aussetzung des Verfahrens zu den bei dem Vormundschaftsgericht über den Minderjährigen geführten Vormundschaftsakten Mitteilung zu machen (vgl Abschn. D III der vorgenannten AV des früheren Preußischen Justizministers vom 8. 3. 1926).

Beispiel:

Beschluß

In der Fürsorgeerziehungssache betreffend den am 15. Januar 1952 in Köln geborenen Karl Schäfer, Kind des Arbeiters Josef Schäfer und seiner Ehefrau Maria, geborene Schlosser, in Köln, Hohe Straße 100, katholischen Bekenntnisses, wird das Verfahren gemäß § 68 JWG bis zum 20. Januar 1963 einschließlich ausgesetzt, da die angestellten Ermittlungen ergeben haben, daß die Führung des Minderjährigen sich gebessert hat und insbesondere Schulversäumnisse, Herumtreiben und Unredlichkeiten in letzter Zeit nicht mehr vorgekommen sind, auch die Eltern neuerdings bemüht sind, der Erziehung des Minderjährigen größere Sorgfalt zuzuwenden, und somit zu erhoffen ist, daß bei fortdauernder Besserung die Durchführung des Verfahrens unterbleiben kann. Der Widerruf der Aussetzung bleibt für den Fall einer Verschlechterung der Verhältnisse der Beteiligten ausdrücklich vorbehalten.

Für die Dauer der Aussetzung wird die Bestellung eines Erziehungsbeistands angeordnet.

Diese Entscheidung ergeht kostenfrei (§ 76 JWG).

Köln, den 20. Oktober 1962.

Das Amtsgericht.
Schmitz.

Vfg.

1. Beschluß vom 20. Oktober 1962 zustellen
a) dem Vater des Minderjährigen,
b) der Mutter des Minderjährigen,
c) dem städtischen Jugendamt in Köln,
d) dem Direktor des Landschaftsverbandes Rheinland — Landesjugendamt — in Köln-Deutz,
zu d) mit 2 weiteren Abschriften des Beschlusses.
2. Wiedervorlegen zum 2. Januar 1963 (erneute Prüfung der Verhältnisse).

Köln, den 20. Oktober 1962.

Schmitz.

2. Die Aussetzung kann auch noch *in der Beschwerdeinstanz* durch das Landgericht erfolgen. Hierdurch wird das Verfahren *in der Lage, in der es sich befindet*, ausgesetzt; es wird also nur die Erledigung des *Beschwerdeverfahrens*, d. h. die Entscheidung über die Beschwerde ausgesetzt (KG in JFG **23** 131; Gräber § 66 RJWG Anm 2 D; BGH, Beschluß vom 31. 10. 1962 — IV ZB 336/62 — in FamRZ **63** 38, 39 Nr 9 = ZBl L 26ff a. A. LG Wuppertal in MDR **1960** 1020 = ZBl **XLVIII** 215 mit ablehnender Bem von Potrykus in ZBl **XLVIII** 206). Macht es von dieser Möglichkeit Gebrauch, so muß es zugleich die Aufhebung einer (auch rechtskräftig) angeordneten vorläufigen Fürsorgeerziehung aussprechen. Nach der Erledigung der Aussetzung kann es sie von sich aus wieder anordnen (JFG **19** 207).

3. ***Für die Dauer der Aussetzung*** muß die Bestellung eines ***Erziehungsbeistands*** angeordnet werden (§ 68 Abs III JWG).

4. Der Aussetzungsbeschluß bedarf der Begründung, weil den Beschwerdeberechtigten nur dann ein sinnvoller Gebrauch des Rechtsmittels möglich ist (Riedel (K) § 66 RJWG Anm 2; Gräber § 66 RJWG Anm 4).

5. Die Aussetzung nach § 68 JWG ist nicht mit der Aussetzung nach § 24 Abs II und III FGG zu verwechseln. Bei der ersteren wird das laufende Verfahren ausgesetzt, während bei der letzteren lediglich die

Vollziehung der das Verfahren abschließenden Entscheidung vorläufig unterbleibt (vgl GRÄBER § 66 RJWG Anm 2 C).

6. Gegen die Aussetzung steht den Antragsberechtigten das Recht der *sofortigen Beschwerde* zu (§ 68 Abs II JWG). Aber auch der Minderjährige selbst hat nach der Vollendung des 14. Lebensjahres das Recht der sofortigen Beschwerde, obwohl dies mit Rücksicht auf den Wortlaut des § 68 Abs II JWG zweifelhaft erscheinen könnte. Da aber durch die mit der Aussetzung verbundene Anordnung der Erziehungsbeistandschaft in die Rechte des Minderjährigen eingegriffen wird, steht ihm das Recht zu, die Nachprüfung der gerichtlichen Entscheidung zu verlangen (JFG 3 88; GRÄBER § 66 RJWG Anm 12). Mit seinem Rechtsmittel kann er freilich nur die Aufhebung der Anordnung der Erziehungsbeistandschaft und den Wegfall der Aussetzung erstreben, nicht dagegen die Anordnung der Fürsorgeerziehung (JFG 12 168). Obwohl gegen die Anordnung der Erziehungsbeistandschaft sonst nur die einfache Beschwerde gegeben ist (vgl oben § 114), kommt hier wegen des inneren Zusammenhangs mit der Entscheidung über die Fürsorgeerziehung als Rechtsmittel die sofortige Beschwerde in Frage (JFG 14 53 und 22 279).

Wird gegen die von dem Amtsgericht angeordnete Aussetzung des Verfahrens die sofortige Beschwerde eingelegt, so hat das Landgericht nur darüber zu entscheiden, ob die Aussetzung begründet ist oder nicht. Es kann nicht darüber hinaus selbst die endgültige Fürsorgeerziehung des Minderjährigen anordnen. Wohl aber ist es zur Anordnung der vorläufigen Fürsorgeerziehung befugt, wenn es deren Voraussetzungen für gegeben und die Aussetzung für unbegründet erachtet (JFG 12 169). Diese Befugnis setzt allerdings voraus, daß das Landgericht mit der Frage der vorläufigen Fürsorgeerziehung überhaupt befaßt ist, was nur dann angenommen werden kann, wenn der Aussetzungsbeschluß des Amtsgerichts zugleich die Aufhebung einer früher angeordneten vorläufigen Fürsorgeerziehung ausspricht oder deren Anordnung zumindest stillschweigend ablehnt (JFG 17 370). Das Landgericht ist dagegen mit der Frage der vorläufigen Fürsorgeerziehung nicht als befaßt anzusehen, wenn das Amtsgericht schon vor der Aussetzung in einem besonderen Beschluß die Anordnung der vorläufigen Fürsorgeerziehung abgelehnt oder eine zunächst angeordnete wieder aufgehoben hat (vgl zu Vorstehendem die erläuternde Zusammenstellung bei GRÄBER § 66 RJWG Anm 16 B). Wenn das Landgericht bis zum Ablauf der Aussetzungsfrist noch keine Entscheidung hat treffen können, so muß es die Beschwerde gegen den Aussetzungsbeschluß als gegenstandslos zurückweisen und darf nicht mehr sachlich über sie befinden (JFG 19 210). Die sofortige Beschwerde gegen einen Beschluß des Landgerichts, durch den dieses im Verfahren auf Anordnung der endgültigen Fürsorgeerziehung sein Beschwerdeverfahren ausgesetzt hat, führt nur zu einer Nachprüfung der angefochtenen Entscheidung durch das Oberlandesgericht im Rahmen des § 27 FGG (OLG Karlsruhe — Freiburg — in ZBl XLIII 109).

Gegen die *Ablehnung* oder *Aufhebung* der Aussetzung gibt es kein Beschwerderecht, weil ein Anspruch auf Aussetzung nicht besteht (BayObLG in ZBl XL 173; GRÄBER § 66 RJWG Anm 12 a. E.).

§ 121. f) Die Durchführung der Fürsorgeerziehung

1. Die Fürsorgeerziehung wird von den *Landesjugendämtern* unter Beteiligung der *Jugendämter* ausgeführt (§ 69 Abs I JWG). Die Landesregierung kann in einem Land, in dem am 1. 1. 1961 eine andere landesrechtliche Regelung bestand, die Zuständigkeit der Landesjugendämter anderen Behörden übertragen (§ 74 Abs II JWG in Verbindung mit § 20 Abs I Nr 6 JWG). In den Ländern Baden-Württemberg, Bayern, Hamburg und Hessen waren am 1. 1. 1961 andere Behörden für die Ausführung der Fürsorgeerziehung zuständig[1]. Die Fürsorgeerziehung ist mit der *Rechtskraft*, die *vorläufige* Fürsorgeerziehung mit dem *Erlaß* des Beschlusses ausführbar (§ 69 Abs II JWG).

2. *Zuständig* für die Ausführung der Fürsorgeerziehung ist das Landesjugendamt, in dessen Bezirk das *Vormundschaftsgericht* seinen *Sitz* hat (§ 70 Satz 1 JWG). Der die Fürsorgeerziehung anordnende Beschluß legt, wenn er rechtskräftig geworden ist, damit endgültig fest, welches Landesjugendamt die Fürsorgeerziehung auszuführen hat. Dieses kann nach der Rechtskraft des Beschlusses seine Verpflichtung nicht mehr in Zweifel ziehen, etwa weil das die Fürsorgeerziehung anordnende Gericht örtlich unzuständig gewesen sei; gegen den nicht rechtskräftigen Beschluß steht ihm allerdings das Recht der sofortigen Beschwerde mit dem Ziele zu, die Aufhebung des angefochtenen Beschlusses und die Abgabe an das zuständige Gericht zu erreichen (JFG 12 159; vgl oben § 116 Zff 4). Wird die Fürsorgeerziehung von dem *Jugendgericht* angeordnet, so ist sie von dem Landesjugendamt auszuführen, das zuständig wäre, wenn das Vormundschaftsgericht die Fürsorgeerziehung angeordnet hätte (§ 70 Satz 2 JWG).

3. Die Fürsorgeerziehung wird unter Aufsicht des Landesjugendamts in der Regel in einer geeigneten *Familie* oder in einem *Heim* durchgeführt (§ 69 Abs III Satz 1 JWG). Eine nicht nur vorläufig angeordnete Fürsorgeerziehung kann widerruflich in der eigenen Familie des Minderjährigen unter Aufsicht des Landesjugendamts fortgesetzt werden, wenn

---

[1] Vgl hierzu die Anm zu Nr 33 der gemeinsamen Anordnung der Landesjustizverwaltungen und des Bundesministers der Justiz über Mitteilungen in Strafsachen vom 15. Januar 1958 (Bundesanzeiger Nr 12), in der auch die genauen Anschriften der früheren Fürsorgeerziehungsbehörden verzeichnet sind.

dadurch ihr Zweck nicht gefährdet wird (§ 69 Abs III Satz 2 JWG). Das Landesjugendamt bestimmt den *Aufenthalt* des Minderjährigen (§ 71 Abs I Satz 1 JWG). Für die Unterbringung in Fürsorgeerziehung werden die Grundrechte der Freiheit der Person (Art 2 Abs II Satz 2 GG) und der Freizügigkeit (Art 11 Abs I GG) insoweit eingeschränkt (§ 71 Abs I Satz 2 JWG). Aus dem durch die Unterbringung begründeten besonderen Gewaltverhältnis ergibt sich die Verpflichtung des Landesjugendamts zur gesundheitlichen Fürsorge. Diese Pflicht erfordert zumindest bei der Einweisung in ein Erziehungsheim eine ärztliche Mitwirkung zur Gewinnung eines Urteils darüber, ob der Minderjährige den besonderen Anforderungen der Gemeinschaftserziehung in einer geschlossenen Anstalt nach seinem Gesundheitszustand gewachsen ist (BGH in FamRZ 1957 51 = ZBl XLIV 187).

4. Von dem *Ort der Unterbringung* hat das Landesjugendamt das Vormundschaftsgericht zu *benachrichtigen* (§ 71 Abs V JWG). Ebenso ist den Personensorgeberechtigten unverzüglich mitzuteilen, wo der Minderjährige untergebracht ist (§ 71 Abs IV Satz 1 JWG). Auch die Eltern, denen das Sorgerecht nicht zusteht, sind zu unterrichten, soweit sie erreichbar sind (§ 71 Abs IV Satz 2 JWG). Das Vormundschaftsgericht kann auf Antrag des Landesjugendamts anordnen, daß der Unterbringungsort nicht mitzuteilen ist, wenn durch die Mitteilung der Erziehungszweck ernstlich gefährdet wird. Gegen den anordnenden Beschluß steht den Personensorgeberechtigten und den Eltern die Beschwerde zu. Gegen den ablehnenden Beschluß steht die Beschwerde mit aufschiebender Wirkung dem Landesjugendamt zu (§ 71 Abs IV Satz 3 bis 5 JWG).

5. Der Minderjährige soll in einer Familie oder einem Heim untergebracht werden, in denen die Erziehung nach den Grundsätzen seiner *Kirche*, *Religionsgesellschaft* oder *Weltanschauungsgemeinschaft* durchgeführt wird. Davon kann abgesehen werden, wenn eine geeignete Familie oder ein geeignetes Heim nicht vorhanden ist oder besondere erzieherische Bedürfnisse des Minderjährigen es erfordern; seine religiöse Betreuung muß gesichert sein (§ 71 Abs II JWG). Minderjährige, die keiner Kirche oder sonstigen Religionsgesellschaft und keiner Weltanschauungsgemeinschaft angehören, sollen nach Möglichkeit nur mit Einverständnis der Personensorgeberechtigten oder, wenn sie das 14. Lebensjahr vollendet haben, nur mit ihrem Einverständnis in einer Familie oder einem Heim untergebracht werden, in denen die Erziehung nach den Grundsätzen einer bestimmten Kirche, Religionsgesellschaft oder Weltanschauungsgemeinschaft durchgeführt wird (§ 71 Abs III JWG).

6. Das Landesjugendamt gilt für alle Rechtsgeschäfte, die die Eingehung, Änderung oder Aufhebung eines *Arbeits- oder Berufsausbildungsverhältnisses* oder die Geltendmachung der sich aus einem solchen Rechts-

verhältnis ergebenden Ansprüche betreffen, als *gesetzlicher Vertreter*[1] des Minderjährigen (§ 69 Abs IV Satz 1 JWG). Es ist insbesondere befugt, den Arbeitsverdienst und die Renten des Minderjährigen zu verwalten und für ihn zu verwenden (§ 69 Abs IV Satz 2 JWG). Im übrigen bleiben die Befugnisse der Eltern oder sonst Erziehungsberechtigten, soweit es sich nicht um Unterhalt, Erziehung und Beaufsichtigung des Minderjährigen handelt, unberührt (vgl oben § 116 Z 7).

Das Landesjugendamt ist ferner berechtigt, die *Entmündigung* eines Minderjährigen wegen Geisteskrankheit oder Geistesschwäche zu beantragen (§ 69 Abs V JWG). Vor der *Volljährigkeitserklärung* eines der Fürsorgeerziehung überwiesenen Minderjährigen soll das Landesjugendamt gehört werden (vgl die AV des früheren Preußischen Justizministers vom 23. 10. 1926, JMBl S. 376).

Das Landesjugendamt hat dem Vormundschaftsgericht über die *Entwicklung* des Minderjährigen und die Aussichten, die Fürsorgeerziehung aufzuheben, jährlich mindestens einmal zu *berichten* (§ 73 JWG).

Das Nähere über die Ausführung der Fürsorgeerziehung wird durch *Landesrecht* geregelt (§ 74 Abs I JWG).

7. Bundesrechtliche Bestimmungen über die *Kosten der Ausführung der Fürsorgeerziehung* enthält die Vorschrift des § 85 JWG. Nach § 85 Abs III JWG fallen die durch die vorläufige Fürsorgeerziehung entstandenen Kosten auch dann dem für die endgültige Fürsorgeerziehung zuständigen[2] Kostenträger zur Last, wenn die Fürsorgeerziehung endgültig nicht angeordnet worden ist. Zu den Kosten der Fürsorgeerziehung im Sinne des § 85 JWG rechnen auch die Kosten einer Unterbringung nach § 66 Abs II JWG (vgl oben § 116 Z 5b), wenn die vorläufige oder endgültige Fürsorgeerziehung angeordnet worden ist (§ 85 Abs IV JWG).

Die Fürsorgeerziehung wird unabhängig davon gewährt, ob dem Minderjährigen und seinen Eltern die Aufbringung der Kosten zuzumuten ist (§ 85 Abs I Satz 1 JWG). Soweit es ihnen zuzumuten ist, haben sie gemäß näherer Bestimmung des Landesrechts zu den Kosten beizutragen (§ 85 Abs I Satz 2 und 3 JWG). Der Kostenerstattungs-

---

[1] Nach herrschender Meinung bedarf das Landesjugendamt zum Abschluß eines Lehr- oder Dienstvertrages mit einer längeren als einjährigen Laufzeit auch dann nicht der Genehmigung des Vormundschaftsgerichts nach § 1822 Z 6 oder 7 BGB, wenn der Minderjährige unter Vormundschaft steht (RIEDEL (K) § 70 RJWG Anm 8; POTRYKUS § 70 RJWG Anm 14; ACHILLES-GREIFF § 70 RJWG Anm 5; PALANDT-LAUTERBACH § 1822 BGB Anm 7; a. A. GRÄBER § 70 RJWG Anm 21).

[2] Über die Frage, welcher Zeitpunkt für die Bestimmung des zuständigen Kostenträgers beim Unterbleiben der endgültigen Fürsorgeerziehung maßgebend ist, besteht Streit. Während POTRYKUS (§ 70 RJWG Anm 7 a. E.) dem Zeitpunkt der Anordnung der vorläufigen Fürsorgeerziehung entscheidende Bedeutung beimißt, hält GRÄBER (§ 70 RJWG Anm 9) den Zeitpunkt der Beendigung der vorläufigen Fürsorgeerziehung für maßgebend. Das *Bundesverwaltungsgericht* (ZBl XLVI 113) hat sich der erstgenannten Auffassung angeschlossen.

anspruch aus § 85 Abs I Satz 2 JWG gegen die Eltern des Minderjährigen ist nicht der auf den Kostenträger übergegangene Unterhaltsanspruch, sondern ein durch die besonderen Voraussetzungen und Förmlichkeiten der Anordnung der Fürsorgeerziehung bedingter, neu entstandener selbständiger öffentlich-rechtlicher Erstattungsanspruch (OLG Bremen in FamRZ 1958 227; Potrykus § 75 RJWG Anm 1), der der normalen Verjährungsfrist von 30 Jahren gemäß § 195 BGB unterliegt (LG Stuttgart in FamRZ 1955 297; Potrykus § 75 RJWG Anm 4 zu a und b). Außer dem Erstattungsanspruch nach § 85 Abs I Satz 2 JWG dürfte auch die Möglichkeit bestehen, die unterhaltspflichtigen Eltern des Minderjährigen auf dem Wege des § 82 JWG durch Überleitung des bürgerlich-rechtlichen Unterhaltsanspruchs zur Kostenerstattung heranzuziehen.

8. Um die Durchführung der Fürsorgeerziehung und des gerichtlichen Verfahrens vor Störungen, namentlich von seiten der Angehörigen des Minderjährigen, zu sichern, bestimmt § 86 Abs I Nr 1 JWG, daß, wer einen Minderjährigen dem eingeleiteten[1] gerichtlichen Verfahren auf Anordnung der Fürsorgeerziehung oder der angeordneten Fürsorgeerziehung entzieht oder ihn verleitet, sich zu entziehen, oder ihm dabei hilft, mit Gefängnis bis zu einem Jahr oder mit Geldstrafe *bestraft wird*, wenn die Tat nicht nach §§ 120[2], 122b oder 235 StGB mit Strafe bedroht ist. Der Versuch ist strafbar (§ 86 Abs II JWG). Die Tat wird nur auf Antrag des Landesjugendamts oder der nach § 74 Abs II JWG zuständigen Behörde verfolgt (§ 86 Abs III JWG. Auch die Eltern, die ihr aus der vorläufigen Fürsorgeerziehung entlaufenes Kind in der Absicht bei sich aufnehmen, es auf eine gewisse Dauer der Fürsorgeerziehung zu entziehen, machen sich eines Verstoßes gegen § 86 JWG schuldig (ZBl XLI 274 = JMBlNRW 1954 133).

§ 122. g) Die Beendigung und insbesondere die Aufhebung der Fürsorgeerziehung

1. Die Fürsorgeerziehung *endet* regelmäßig mit dem *Eintritt der Volljährigkeit* (§ 2 BGB) oder mit der *Volljährigkeitserklärung* (§§ 3ff. BGB, §§ 56, 60 Abs I Z 6 FGG, vgl unten §§ 124ff.) des Minderjährigen (§ 75 Abs I JWG)[3]. Wird ein der Fürsorgeerziehung überwiesener Minder-

[1] Es muß nicht nur ein formloses Ermittlungsverfahren zwecks Klärung der Frage, ob das förmliche Fürsorgeerziehungsverfahren einzuleiten sei, sondern dieses selbst, wenn auch nicht förmlich, bereits eröffnet sein (KGJ **34** A 56).

[2] Fürsorgezöglinge sind keine Gefangenen; § 120 StGB kann also nur auf das Haftrecht des Staates bei der Handhabung der Polizei- und Strafgewalt Anwendung finden, z. B. beim Transport (RGSt **37** 367, **39** 8 und **73** 347).

[3] Die Fürsorgeerziehung endet natürlich auch mit dem Tode oder der Todeserklärung des Minderjährigen.

jähriger für volljährig erklärt, so steht dem Landesjugendamt gegen diesen Beschluß des Vormundschaftsgerichts zwar kein Rechtsmittel zu (KGJ 34 A 72); jedoch soll das Landesjugendamt vor der Entscheidung des Vormundschaftsgerichts über die Volljährigkeitserklärung gehört werden (vgl die AV des früheren Preußischen Justizministers vom 23. 10. 1926, S. 376).

2. Die Fürsorgeerziehung ist ferner schon vor dem in Z 1 bezeichneten Zeitpunkt *aufzuheben*, wenn ihr *Zweck erreicht* oder *anderweitig sichergestellt* ist (§ 75 Abs II Satz 1 JWG).

a) Der Zweck der Fürsorgeerziehung ist *erreicht*, wenn bei der vorbeugenden Fürsorgeerziehung die Gefahr der Verwahrlosung beseitigt ist, bei der heilenden Fürsorgeerziehung die bei der Anordnung vorhandene Verwahrlosung als dauernd behoben gelten kann (JFG 5 89). Dem muß der Fall gleichgestellt werden, daß sich im Aufhebungsverfahren herausstellt, daß tatsächliche Verhältnisse, die eine wesentliche Grundlage der Anordnung der Fürsorgeerziehung bildeten, überhaupt nicht vorhanden waren und demzufolge die weitere Ausführung der Fürsorgeerziehung grund- und zwecklos ist (JW 1927 2052; JFG 5 92 = ZBl **XX** 279; JFG 22 14; Riedel (K) § 72 RJWG Anm 5 a. E.; Gräber § 72 RJWG Anm 10 mit eingehender Erörterung der Frage; a. A. Potrykus § 72 RJWG Anm 7). *Anderweitig sichergestellt* ist der Zweck der Fürsorgeerziehung, wenn eine anderweitige Einflußnahme auf den Minderjährigen möglich ist, die die Verhütung oder Beseitigung der Verwahrlosung gewährleistet und so die weitere Durchführung der Fürsorgeerziehung unnötig macht (JFG 5 89). So kann z. B. durch eine bevorstehende Eheschließung mit einem charakterfesten Partner der Zweck der Fürsorgeerziehung anderweitig sichergestellt sein. Bei einem Minderjährigen, gegen den auf Jugendstrafe von unbestimmter Dauer gemäß § 19 JGG erkannt ist, darf ebenfalls davon ausgegangen werden, daß der Zweck der Fürsorgeerziehung anderweitig sichergestellt ist (vgl Nr 6 der Richtlinien zu § 19 JGG, abgedruckt bei Riedel (T), S. 248). Auch die Stellung eines Minderjährigen unter Bewährungsaufsicht gemäß §§ 24 oder 29 JGG kann ein Anlaß sein, die Fürsorgeerziehung wegen anderweitiger Sicherstellung ihres Zweckes aufzuheben. In diesem Falle ist jedoch die Aufhebung unter Vorbehalt des Widerrufs (§ 75 Abs II Satz 3 JWG; s. unten zu e) zu empfehlen[1].

Ob die Voraussetzungen für eine Aufhebung der Fürsorgeerziehung erfüllt sind, ist sorgfältig unter Berücksichtigung aller in Betracht kommender Umstände, insbesondere also der persönlichen und häuslichen Verhältnisse der Angehörigen des Minderjährigen sowie des Verhaltens

[1] Die Aufhebung der Fürsorgeerziehung unter Vorbehalt des Widerrufs kommt praktisch einem Ruhen der Fürsorgeerziehung gleich, das Gräber (§ 72 RJWG Anm 9 a. E.) in analoger Anwendung des § 8 Abs II Satz 3 JGG hier annimmt.

und der Führung des Minderjährigen in der Fürsorgeerziehung, zu prüfen und von der für die Aufhebung zuständigen Behörde (s. unten zu b) nach pflichtmäßigem Ermessen zu entscheiden.

b) *Zuständig* für die Entscheidung über die Aufhebung der Fürsorgeerziehung ist nach Bundesrecht grundsätzlich das *Vormundschaftsgericht* (§ 75 Abs IV Satz 1 JWG). Es hat vor der Aufhebung der Fürsorgeerziehung das Landesjugendamt und das Jugendamt zu hören (§ 75 Abs V Satz 1 JWG). Durch Landesrecht kann bestimmt werden, daß für die Entscheidung über die Aufhebung der Fürsorgeerziehung an Stelle des Vormundschaftsgerichts das *Landesjugendamt*[1] zuständig ist. Lehnt dieses die Aufhebung ab, so kann der Antragsteller (s. unten zu c) hiergegen binnen zwei Wochen vom Tage der Zustellung des ablehnenden Bescheides an die Entscheidung des Vormundschaftsgerichts[2] anrufen (§ 75 Abs VI Halbsatz 1 JWG). Zur Wahrung der Frist genügt die Einreichung des Antrags bei dem Vormundschaftsgericht oder bei dem Landesjugendamt (Gräber § 72 RJWG Anm 20). Eine Wiedereinsetzung gegen die Versäumung der Frist in entsprechender Anwendung des § 22 Abs II FGG ist nicht zulässig, weil die Wiedereinsetzung sonst wie in anderen ähnlichen Fällen ausdrücklich zugelassen wäre (KG in JR 1927 Nr 2123; Riedel (K) § 72 RJWG Anm 7; Potrykus § 72 RJWG Anm 13; Achilles-Greiff § 72 RJWG Anm 6; a. A. Gräber § 72 RJWG Anm 18 B).

c) Die Aufhebung der Fürsorgeerziehung erfolgt entweder *von Amts wegen* oder *auf Antrag*. Der Antrag kann von den nach § 65 Abs I Satz 2 und 3 JWG Antragsberechtigten und von dem Minderjährigen selbst, wenn er das 14. Lebensjahr vollendet hat, gestellt werden (§ 75 Abs IV Satz 1 und 2 JWG).

d) Für das *gerichtliche Verfahren* gelten grundsätzlich die in Vormundschaftsangelegenheiten maßgebenden Regeln[3]. Wird das Vor-

---

[1] Das Landesjugendamt entscheidet in den meisten Bundesländern, so z. B. insbesondere in den früheren preußischen Gebietsteilen, für die keine Neuregelung getroffen worden ist. Das Vormundschaftsgericht entscheidet vor allem in Bayern und im Geltungsbereich des Hessischen Ausführungsgesetzes.

[2] Zuständig in den Fällen des § 75 Abs VI JWG ist das Vormundschaftsgericht, das die Anordnung der Fürsorgeerziehung beschlossen hat oder an das die Sache nach Anordnung der Fürsorgeerziehung abgegeben worden ist (JFG 19 139; Gräber § 72 RJWG Anm 14 B). Wenn das Vormundschaftsgericht eines Landes, in dem das Landesjugendamt über die Aufhebung zu entscheiden hat, nach Anordnung der Fürsorgeerziehung die Sache an das Vormundschaftsgericht eines Landes abgibt, in dem diese Aufgabe dem Vormundschaftsgericht zufällt, so bleibt gleichwohl zunächst das Landesjugendamt des ersten Landes für die Entscheidung zuständig (JFG 7 72 = ZBl XXII 175). Erst gegen dessen ablehnenden Bescheid kann das Vormundschaftsgericht des neuen Landes angerufen werden (Gräber § 72 RJWG Anm 15 B).

[3] Die in § 65 Abs II JWG vorgesehenen Anhörungen brauchen im Aufhebungsverfahren nicht zu erfolgen (Potrykus § 72 RJWG Anm 14; Gräber § 72 RJWG Anm 14 C).

mundschaftsgericht gegen den vorherigen ablehnenden Bescheid des Landesjugendamts angerufen, so steht es in seinem pflichtgemäßen Ermessen, ob es noch eigene Ermittlungen anstellen will, wozu es nicht in jedem Falle verpflichtet ist (OLG Hamm in ZBl XLV 123).

Die *Entscheidung* des Vormundschaftsgerichts ist dem Antragsteller und den sonstigen nach § 75 Abs IV Satz 2 JWG Antragsberechtigten einschließlich des über 14 Jahre alten Minderjährigen zuzustellen. Über die Aufhebung der Fürsorgeerziehung ist zu den bei dem Vormundschaftsgericht über den Minderjährigen geführten Vormundschaftsakten sowie zur gerichtlichen Erziehungskartei Mitteilung zu machen (vgl Abschnitt D III der AV des früheren Preußischen Justizministers vom 8. 3. 1926, S. 84, und Nr 2 Abs IV der gemeinsamen Anordnung der Landesjustizverwaltungen und des Bundesministers der Justiz über die gerichtliche Erziehungskartei vom 15. 2. 1955 und 16. 6. 1958, abgedruckt bei RIEDEL (T) S. 324ff.). Die Benachrichtigung der Erziehungskartei hat auch im Falle des Widerrufs der Aufhebung (s. unten zu e) zu erfolgen. Sie liegt in jedem Falle dem Vormundschaftsgericht ob, auch wenn das Landesjugendamt die Entscheidung getroffen hat (Nr 2 Abs IV Satz 2 a. a. O.).

Beispiel:

Beschluß

In der Fürsorgeerziehungssache betreffend den am 15. Januar 1952 in Köln geborenen Karl Schäfer, Kind des Arbeiters Josef Schäfer und seiner Ehefrau Maria, geborene Schlosser, in Köln, Hohe Straße 100, katholischen Bekenntnisses, wird der Bescheid des Landschaftsverbandes Rheinland — Landesjugendamt — vom 1. September 1962 bestätigt.

Die Entscheidung ergeht kostenfrei.

Gründe

Der obengenannte Minderjährige ist durch rechtskräftigen Beschluß des Amtsgerichts Köln vom 1. Juli 1960 gemäß § 64 JWG der heilenden Fürsorgeerziehung überwiesen worden. Unter dem 2. August 1962 hat der Vater des Minderjährigen bei dem Landschaftsverband Rheinland — Landesjugendamt — in Köln als der zuständigen Behörde für die Ausführung der Fürsorgeerziehung deren Aufhebung beantragt. Diesen Antrag hat der Landschaftsverband Rheinland — Landesjugendamt — durch Bescheid vom 1. September 1962, auf dessen Ausführungen Bezug genommen wird, abgelehnt. Hiergegen hat der Vater des Minderjährigen fristgerecht die Entscheidung des Vormundschaftsgerichts gemäß § 75 Abs VI JWG angerufen.

Die angestellten Ermittlungen haben indessen zu einer Abänderung des Bescheides vom 1. September 1962 keinen Anlaß gegeben. Gemäß § 75 Abs II Satz 1 JWG ist die Fürsorgeerziehung eines Minderjährigen vor Erreichung der Volljährigkeit aufzuheben, wenn der Zweck der Fürsorgeerziehung erreicht oder anderweitig sichergestellt ist. Diese gesetzlichen Voraussetzungen sind nicht erfüllt. Die Fürsorgeerziehung des obengenannten Minderjährigen ist seinerzeit angeordnet worden, weil der Minderjährige infolge Versagens der häuslichen Erziehung häufig und auf längere Zeiträume den Schulunterricht versäumt, sich tagelang herumgetrieben und mehrere Diebstähle begangen hatte. Wenn auch das Verhalten des Minderjährigen unter dem Einfluß der Fürsorgeerziehung sich bereits gebessert hat, so neigt er doch noch häufig zu Unfleiß und bei sich bietender Gelegenheit auch zur Unredlichkeit; endlich ist er auch erst kürzlich einmal für einige Tage aus dem Erziehungsheim entwichen. Ist hiernach das Ziel der Fürsorgeerziehung noch nicht erreicht, so kann es andererseits auch nicht als sichergestellt angesehen werden. Die Eignung der Eltern zur Übernahme des Erziehungswerks begegnet nach dem Ergebnis der Ermittlungen auch jetzt noch erheblichen Bedenken, so daß es nicht verantwortet werden kann, ihnen den Minderjährigen schon zum gegenwärtigen Zeitpunkt zur weiteren Erziehung zu überlassen. Aber auch bei einer anderweitigen Unterbringung ist der Zweck der Fürsorgeerziehung nicht gewährleistet, weil der Minderjährige innerlich noch keineswegs so gefestigt ist, daß er der besonders sorgfältigen und seiner persönlichen Eigenart Rechnung tragenden Erziehung, wie sie ihm derzeit im Heim geboten wird, schon jetzt entraten könnte.

Hiernach war die den Antrag des Vaters des Minderjährigen auf Aufhebung der Fürsorgeerziehung ablehnende Entscheidung des Landesjugendamts zu bestätigen.

Die Kostenfreiheit dieser Entscheidung folgt aus § 76 JWG.

Köln, den 20. Oktober 1962.

Das Amtsgericht.
Schmitz.

Vfg.

1. Beschluß vom 20. Oktober 1962 zustellen
a) dem Vater des Minderjährigen,
b) der Mutter des Minderjährigen,
c) dem städtischen Jugendamt in Köln,
d) dem Direktor des Landschaftsverbandes Rheinland — Landesjugendamt — in Köln-Deutz,
zu d) unter Beifügung von 2 weiteren Abschriften des Beschlusses.
2. Nach 3 Wochen Rechtskraft.

Köln, den 20. Oktober 1962.

Schmitz.

Ist das Vormundschaftsgericht für die Aufhebung der Fürsorgeerziehung zuständig, so steht dem Landesjugendamt gegen den die Fürsorgeerziehung aufhebenden Beschluß die *sofortige Beschwerde* mit aufschiebender Wirkung zu (§ 75 Abs V Satz 2 JWG). Wird die Aufhebung von dem Vormundschaftsgericht abgelehnt, so steht jedem die *einfache Beschwerde* zu, der zur Stellung des Aufhebungsantrags berechtigt ist (§ 75 Abs V Satz 3 JWG).

Wenn das Vormundschaftsgericht gegen einen die Aufhebung der Fürsorgeerziehung ablehnenden Bescheid des Landesjugendamts angerufen worden ist, findet gegen seinen Beschluß die *sofortige Beschwerde*[1] statt (§ 75 Abs VI Halbsatz 2 JWG).

[1] Gegen den Beschluß des Amtsgerichts, der ohne sachliche Prüfung einen Antrag auf Entscheidung des Vormundschaftsgerichts über den die Aufhebung der Fürsorgeerziehung ablehnenden Bescheid des Landesjugendamts mit der Begründung zurückweist, daß dem Landesjugendamt das Recht der Vorentscheidung nicht zustehe, ist die *einfache* Beschwerde gegeben (JFG 8 113; GRÄBER § 72 RJWG Anm 21 A).

e) Die Aufhebung der Fürsorgeerziehung kann auch *unter Vorbehalt des Widerrufs* erfolgen (§ 75 Abs II Satz 3 JWG).

3. Erweist die Fürsorgeerziehung sich als unausführbar, weil erhebliche, fachärztlich nachgewiesene *geistige oder seelische Regelwidrigkeiten* des Minderjährigen eine andere Form der Hilfe erfordern, so ist die Fürsorgeerziehung gleichwohl erst aufzuheben, wenn die andere Form der Hilfe[1] gesichert ist (§ 75 Abs II Satz 2 JWG). Die Gründe für die Unausführbarkeit der Fürsorgeerziehung brauchen nicht erst nach der Anordnung derselben entstanden zu sein. Die Aufhebung der Fürsorgeerziehung gemäß § 75 Abs II Satz 2 JWG ist vielmehr auch in den Fällen möglich, in denen die Unausführbarkeit schon bei der Anordnung der Fürsorgeerziehung vorgelegen hat, damals jedoch noch nicht erkennbar war (RGZ **133** 24; GRÄBER § 73 RJWG Anm 5 B).

§ 123. h) Die Fürsorgeerziehung ausländischer Minderjähriger

1. In der Frage, auf welcher Rechtsgrundlage die Überweisung ausländischer Minderjähriger zur Fürsorgeerziehung erfolgen könne, haben Rechtsprechung und Rechtslehre zunächst geschwankt[2]. Teilweise hat man die Fürsorgeerziehung als unter Art 23 EGBGB fallend angesehen (z. B. OLG Karlsruhe in JFG **4** 67), teilweise hat man ihren öffentlichrechtlichen Charakter hervorgehoben, der es gestatte, sie auf ausländische Minderjährige ebenso wie auf deutsche Kinder anzuwenden (z B. KG in JFG **2** 96).

2. Das *Reichsgericht* hat in der Entscheidung vom 30. 6. 1927 (RGZ **117** 376ff. = JW **1928** 3115) die Frage der Fürsorgeerziehung ausländischer Minderjähriger geprüft und zunächst ausgeführt, daß die Anordnung der Fürsorgeerziehung über ausländische Minderjährige sich nicht unmittelbar auf das *Reichsjugendwohlfahrtsgesetz* gründen lasse, weil § 1 RJWG, der den allgemeinen Grundgedanken sowie Ziel und Zweck des Gesetzes zum Ausdruck bringe, im Absatz I bestimme, daß jedes *deutsche* Kind ein Recht auf Erziehung zur leiblichen, seelischen und gesellschaftlichen Tüchtigkeit habe; dieser Erziehungsanspruch, dessen Verwirklichung nach Absatz III nötigenfalls der Staat zu gewährleisten habe, solle also nach dem Wortlaut des Gesetzes nur dem deutschen Kinde zustehen. Damit sei aber *keineswegs gesagt*, daß das Reichsjugendwohlfahrtsgesetz die Anordnung der Fürsorgeerziehung für *ausländische* Kinder im Inland überhaupt *verbieten wolle und verboten habe;* wäre das der Fall, so hätte es einer ausdrücklichen Vorschrift bedurft; bei dem Fehlen einer solchen müsse angenommen werden, daß das Ge-

[1] Etwa eine Unterbringung nach den landesrechtlichen Bestimmungen über die Unterbringung geisteskranker und geistesschwacher Personen.

[2] Vgl hierzu die Zusammenstellung bei GRÄBER § 1 RJWG Anm 1 B.

setz nur die Lage der deutschen Kinder durch die öffentlich-rechtliche Organisation der Fürsorgeerziehung habe günstiger gestalten, bezüglich der Rechtsverhältnisse der ausländischen Kinder es aber bei dem bisherigen Rechtszustand habe belassen wollen.

Demgemäß fragt es sich also, wie das Reichsgericht weiter ausführt, ob nach dem Rechtszustand vor dem Erlaß des Reichsjugendwohlfahrtsgesetzes (dessen § 1 das *neue Jugendwohlfahrtsgesetz* vom 11. 8. 1961 unverändert *übernommen* hat), die Anordnung der Fürsorgeerziehung über ausländische Minderjährige zulässig ist. Dabei haben die Vorschriften der *früheren Landesgesetze auszuscheiden*, weil diese durch Art 4 EGRJWG der den Vorbehalt des Art 135 EGBGB beseitigt hat, in ihrem ganzen Umfange aufgehoben sind. Das *Haager Vormundschaftsabkommen* kann ebenfalls nicht in Betracht kommen; *sonstige Staatsverträge* können es nur, wenn sie Vereinbarungen über die Fürsorgeerziehung enthalten. Auch *Art 23 Abs I EGBGB* hält das Reichsgericht als rechtliche Grundlage der Überweisung von Ausländern zur Fürsorgeerziehung für ungeeignet, weil die Anordnung einer Vormundschaft oder Pflegschaft nicht in Frage stehe, vor allem aber deshalb, weil es sich bei der Fürsorgeerziehung um einen Akt der öffentlichen Zwangsgewalt handele und auf dieses öffentlich-rechtliche Verhältnis anders als bei dem im wesentlichen auf privatrechtlicher Grundlage beruhenden Verhältnis zwischen den Eltern oder dem Vormund und dem Kind die privatrechtlichen Kollisionsnormen der Art 7ff. EGBGB nicht Platz greifen könnten.

Das Reichsgericht kommt hiernach zu dem Schluß, daß, da es an einer besonderen Regelung fehle, hinsichtlich der Zulässigkeit der Fürsorgeerziehung von ausländischen Kindern die *allgemeinen Grundsätze* Anwendung finden müßten, wie sie sich *aus der Natur der Fürsorgeerziehung* als einer *öffentlich-rechtlichen Maßregel* ergeben. In dieser Beziehung verweist das Reichsgericht auf den oben angeführten Beschluß des Kammergerichts in JFG 2 96, dem es insbesondere auch darin beitritt, daß die Fürsorgeerziehung von ausländischen Kindern, die der Zuständigkeit des deutschen Vormundschaftsgerichts unterstehen, in demselben Maße zulässig sei wie die Bestrafung von Ausländern, die sich auf deutschem Gebiet gegen deutsche Strafgesetze vergehen. Beruhe aber die Anordnung der Fürsorgeerziehung wesentlich zugleich auf solchen öffentlich-rechtlichen Gründen des Staatswohls, so müsse sie auch gerade gegenüber Ausländerkindern zulässig sein.

3. Dieser Rechtsprechung hat sich in der Folgezeit das *Kammergericht* angeschlossen und dabei sowohl die Anwendung der vorbeugenden als auch der heilenden und ebenso auch der *vorläufigen* Fürsorgeerziehung von ausländischen Minderjährigen für zulässig erachtet (JFG 10 21; 13 36). Nach dem zweiten Weltkriege hat auch das *BayObLG* mehrfach ausgesprochen, daß die Vorschriften über die Fürsorgeerziehung sich

auch auf ausländische und staatenlose Minderjährige erstrecke (vgl hierzu die Angaben bei RIEDEL (T) S. 104, 105). Ob Minderjährige, die in der sowjetisch besetzten Zone (DDR) die Volljährigkeit erlangt haben, der Fürsorgeerziehung überwiesen werden können, ist streitig (vgl RIEDEL a. a. O.).

4. Ist ein Minderjähriger mit ausländischer Staatsangehörigkeit *ausgewiesen* worden, so ist nach der Vollstreckung der Ausweisung für die Anordnung der Fürsorgeerziehung kein Raum mehr.

Sechster Abschnitt

Die Volljährigkeitserklärung Minderjähriger[1]

§ 124. 1. Die Voraussetzungen der Volljährigkeitserklärung

Die Volljährigkeitserklärung Minderjähriger ist ein rechtsgestaltender Rechtsakt, dessen Zweck es ist, Minderjährige von der erforderlichen Reife, wenn es in ihrem Interesse ist, rechtlich den Volljährigen gleichzustellen (PALANDT-DANCKELMANN S. 12 Anm 1 zu § 5 BGB). Die Volljährigkeitserklärung ist nur unter gewissen Voraussetzungen zulässig, muß aber dem Vorliegen dieser Voraussetzungen nicht notwendig erfolgen; vielmehr hängt es von dem pflichtmäßigen Ermessen des Vormundschaftsgerichts ab, ob die Volljährigkeitserklärung stattfinden soll oder nicht. Jedenfalls bedarf die Volljährigkeitserklärung eines äußeren beachtlichen Anlasses; sie ist nicht dazu da, die elterliche Gewalt oder die gesetzliche Aufsicht durch den Vormund und durch das Vormundschaftsgericht zu beseitigen (JFG 17 66).

1. Der Minderjährige muß das *achtzehnte Lebensjahr* vollendet haben (§ 3 Abs I BGB). Die Antragstellung und die Ermittlungen können vorher erfolgen (PALANDT a. a. O. S. 12 Anm 2).

2. Die Volljährigkeitserklärung ist nur statthaft, wenn der *Minderjährige* seine *Einwilligung* erteilt (§ 4 Abs I BGB i.d.F. des Gleichberechtigungsgesetzes vom 18.6.1957 BGB I 609). Die Einwilligung muß durch den Minderjährigen persönlich erklärt werden und für das Vormundschaftsgericht bestimmt sein; die Erklärung ist bis zur Rechtskraft des die Volljährigkeit aussprechenden Beschlusses des Vormundschaftsgerichts widerruflich (RGR 11. Aufl. I S. 28 Anm 1 zu § 4 BGB).

3. Steht der Minderjährige unter elterlicher Gewalt, so ist auch die *Einwilligung der Eltern* (unabhängig von dem Vertretungsrecht) erforder-

---

[1] Vgl besonders GÖPPINGER, die sachliche Voraussetzung der Volljährigkeitserklärung (§ 5 BGB), FamRZ 60 253 ff.; 479.

lich; sie ist ein höchstpersönliches Recht der Eltern; bei der Ausübung dieses Rechtes handeln sie nicht im Rahmen ihrer Personensorge (FamRZ 62 28 Nr 13). Die Einwilligung eines Elternteils ist nicht erforderlich, wenn ihm weder die Sorge für die Person noch die Sorge für das Vermögen des Kindes zusteht (§ 4 Abs II S. 1 n. F. BGB), also z. B. im Falle der Entmündigung (JFG 19 152). Die Versagung der elterlichen Einwilligung rechtfertigt nicht die Entziehung der Personen- oder der Vermögenssorge (DRiZ 62 B 34 Nr 423 = MDR 62 213 = NJW 62 301). Die Einwilligung der elterlichen Gewalthaber zur Volljährigkeitserklärung des Sohnes ist erforderlich oder nicht erforderlich, niemals aber ersetzbar. Es ist deshalb auch nicht möglich, den Gewalthabern insoweit das Sorgerecht zu entziehen und einen Pfleger zu bestellen, der die Einwilligung erteilen könnte (JFG 22 147ff.). Falls ein Elternteil oder beide Elternteile die Einwilligung verweigern, kann die fehlende Zustimmung nicht vom Vormundschaftsgericht ersetzt werden (FamRZ 60 281 Nr 140; 62 126 Nr 51). Eine minderjährige Tochter, die verheiratet ist oder war, kann ohne Einwilligung der Eltern für volljährig erklärt werden (§ 4 Abs II S. 2 n. F. BGB). Die Einwilligung des Vormundes ist nicht erforderlich, ebenso auch nicht die Einwilligung der unehelichen Mutter (SCHLEGELBERGER I S. 475 Anm 1 zu § 56 FGG).

Die Einwilligung der Eltern ist ebenso wie die des Minderjährigen bis zur Rechtskraft des die Volljährigkeitserklärung aussprechenden Beschlusses *widerruflich*. Die Erteilung der Einwilligung der Eltern kann nicht erzwungen werden; ihre Verweigerung ist insbesondere nur dann ein Mißbrauch im Sinne des § 1666 BGB, wenn sie ohne jedes eigene Interesse in wirtschaftlicher und sittlicher Hinsicht und lediglich in Benachteiligungsabsicht für das Kind oder nur aus Haß oder Abneigung gegen den anderen Elternteil erfolgt (RGR 11. Aufl. I 1 S. 29 Anm 2 zu § 4 BGB), zweifelhaft und jedenfalls gegen die Anwendbarkeit der §§ 1666ff. BGB BayObLG in FamRZ 62 29 Nr 13 Zff 3, 5; vgl auch SCHNITZERLING in StAZ = 60 253ff.). Der Begriff des „Mißbrauchs" erfordert strengere Voraussetzungen als „triftige Gründe" i. S. des § 3 Abs III EheG (FamRZ 61 486 Nr 176 = DRiZ 62 B 2 Nr 20); die Eltern verweigern die Zustimmung zur *Eheschließung* mit triftigem Grund, wenn ihre erst 19 Jahre alte Tochter einen 16 Jahre älteren Mann heiraten will (FamRZ 61 80 Nr 22 = DRiZ 61 B 40 Nr 507).

4. Die Volljährigkeitserklärung soll nur erfolgen, wenn sie *das Beste des Minderjährigen* befördert (§ 5 BGB)[1]. Hierbei sind nicht nur wirtschaftliche, sondern (bevorzugt) auch geistige, charakterliche und sittliche Gesichtspunkte (FamRZ 60 284 Nr 143, 60 286 Nr 145 s. auch 60 286 Nr 146, 60 287 Nr 147, 60 288 Nr 148; die Auffassung des Ober-

[1] Vgl auch den Hinweis in DRiZ 62 B 98 Nr 1217 auf HORBACH in NJW 62 1710, Volljährigkeitserklärung zum Zwecke der Eheschließung.

landesgerichts Stuttgart, daß junge Menschen in einer Ehe an ihrer Verantwortung, insbesondere wenn Kinder vorhanden sind, schnell reifen, kann als ein allgemeingültiger Erfahrungssatz nicht anerkannt werden, vgl die unten angegebenen Mitteilungen des Statistischen Bundesamtes) zu berücksichtigen. Bei einer zum Zwecke der Eheschließung beantragten Volljährigkeitserklärung ist nicht Voraussetzung, daß der Minderjährige besonders gereift ist (FamRZ 60 500 Nr 228 = DRiZ 61 B 2 Nr 26; s. aber auch GÖPPINGER in FamRZ 60 479). Geistige Unreife ist dann wesentlich, wenn sie über den durch die Jugendlichkeit bedingten Mangel an Reife hinausgeht und aus besonderen Gründen den Wert und Bestand der Ehe fraglich erscheinen läßt (OLG Hamm in JMBlNRW 60 216 Nr 1 = DRiZ 61 B 2 Nr 28 = NJW 61 1924). Es ist zu prüfen, ob die geplante Ehe eine vollwertige Lebensgemeinschaft zu werden verspricht (FamRZ 60 283 Nr 141). Die Volljährigkeitserklärung *kann* auch aus dem Grunde geboten erscheinen, daß dem Minderjährigen die Möglichkeit gewährt werden soll, ein von ihm geschwängertes Mädchen zu heiraten und dem Kinde die eheliche Geburt zu sichern (JFG 6 47, FamRZ 60 284 Nr 142; s. auch 60 288 Nr 148 = DRiZ 60 B 114 Nr 1162, 62 B 1 Nr 19, 60 290 Nr 150; 60 404 Nr 187 = DRiZ 61 B 2 Nr 25; JMBlNRW 60 251 Nr 1). Dieser Gesichtspunkt schlägt allerdings nicht durch, wenn die Geschwängerte in sittlicher Beziehung bescholten ist und z. B. den Minderjährigen zum Beischlaf verführt hat, zumal wenn dieser erheblich jünger ist als sie (vgl hierzu OLG 9 441, 443; 8 163 = KGJ 27 A 15). Hiervon abgesehen sollen aber die erwähnten ethischen Erwägungen nur dann als nicht ausschlaggebend angesehen werden, wenn andere sachlich fundierte Zweifel am Wert und Bestand der Ehe, insbesondere auch wirtschaftliche Gründe gegen die Volljährigkeitserklärung sprechen (JFG 6 47, Zentralblatt XLII (55) 325 = NJW 56 512 = FamRZ 56 110 Nr 84 (gegen PELLE, Zur Frage der Volljährigkeits- und Ehemündigkeitserklärungen, Zentralblatt XLII 117 ff.); XLII (55) 4 = JR 55 225 = FamRZ 55 254 = DRiZ 55 89 Nr 833, FamRZ 60 286 Nr 144, 60 288 Nr 148). Einen strengeren Maßstab legt AG Rheine in JMBlNRW 50 167 an; eine gewisse Zurückhaltung dürfte auch durch die Statistik der Ehescheidungen nahegelegt sein; im Jahre 1957 war z. B. nach den Mitteilungen des Statistischen Bundesamtes in „Wirtschaft und Statistik" von den Männern, die vor dem 20. Lebensjahr geheiratet haben, jeder zwölfte geschieden, im Ehedurchschnitt aller Ehen aber nur jeder fünfundzwanzigste (Sammelblatt 58 1494). Die beabsichtigte Ehe muß dauernden Bestand versprechen (PALANDT-DANCKELMANN S. 12 Anm 3 zu § 5 BGB, abw. OLG Braunschweig in DRiZ 52 1 Nr 1 = NdsRpfl 51 184, FamRZ 60 288 Nr 148, DRiZ 62 B 1 Nr 19); Zweifel können insbesondere bei wesentlich höherem Alter der Frau bestehen (vgl AG Köln JMBlNRW 50 10).

Gemäß *§ 1 EheG* ist außerdem die Befreiung vom Ehemündigkeitserfordernis notwendig (s. unten § 128).

5. In der *sowjetisch besetzten Zone* (DDR) tritt die Volljährigkeit mit der Vollendung des 18. Lebensjahres ein. Die Erlangung der Volljährigkeit hat auch die Ehemündigkeit zur Folge, soweit diese auf Grund anderer gesetzlicher Bestimmungen nicht früher eintritt (Gesetz vom 17. 5. 1950, GBl der DDR S. 437, für Berlin-Ost s. VO vom 8. 6. 1950, VOBl S. 149). Ein hiernach volljährig Gewordener behält diesen Stand auch, wenn er sich in der Bundesrepublik aufhält (Keidel S. 580 Anm 1b zu § 56 FGG mit Hinweisen, DRiZ 51 Rechtspr S. 28 Nr 452, S. 52 Nr 675, JMBlNRW 51 157, DRiZ 51 Rechtspr S. 4 Nr 235 = NJW 51 199, 56 Rechtspr S. 90 Nr 860 (BVerfG = FamRZ 56 217; FamRZ 60 280 Nr 139 mit der Einschränkung, daß der Minderjährige nicht ohne weiteres *ehemündig* sei, solange er nicht das 21. Lebensjahr vollendet habe). Dies gilt auch für Personen, die sich lediglich deshalb für eine gewisse Zeit in die Zone begeben haben, um dort die Volljährigkeit zu erwerben oder deren Aufenthalt in der Zone aus anderen Gründen von vornherein nur als vorübergehend gedacht war (DRiZ 51 Rechtspr S. 28 Nr 452). S. auch Runderlaß NRW vom 5. 8. 1954 betr Anerkennung des ostzonalen Gesetzes über die Herabsetzung des Volljährigkeitsalters (Sammelblatt 54 862).

§ 125. 2. Das Verfahren bei der Volljährigkeitserklärung

1. Die Volljährigkeitserklärung gehört gemäß § 3 Abs I BGB und § 35 FGG zur *Zuständigkeit* des Amtsgerichts als des Vormundschaftsgerichts; landesrechtliche Bestimmungen auf Grund des Vorbehalts in Art 147 EGBGB (vgl hierzu § 196 FGG) sind nicht mehr in Geltung (Keidel S. 580 Anm 1a zu § 56 FGG). Die örtliche Zuständigkeit bestimmt sich nach den §§ 43, 36 FGG (KGJ 37 A 48); § 36 Abs II FGG ist neugefaßt durch Art 4 Nr 1 des FamRÄndG vom 11. 8. 1961, BGBl I S. 1228. Die Großjährigkeitserklärung eines Deutschen *im Ausland* erfüllt nicht die Voraussetzungen des § 1 Abs II EheG (StAZ 57 167).

2. Die Volljährigkeitserklärung *soll* nur auf Antrag erfolgen. Antragsberechtigt ist der Minderjährige selbst und derjenige gesetzliche Vertreter des Minderjährigen, dem die Sorge für die Person zusteht (§ 56 Abs I FGG), bei Kindern, die unter elterlicher Gewalt stehen, muß der Antrag also in der Regel von beiden Eltern gemeinsam gestellt werden (vgl BVG vom 29. 7. 1959, BGBl 59 I S. 633, FamRZ 59 416 = Rpfl 59 261, aber auch die §§ 1666, 1671, 1672, 1675 n. F. BGB). Ist ein Vormund bestellt, dem das Vertretungsrecht in den persönlichen Angelegenheiten des Mündels zusteht (also auch in den Fällen der §§ 1707, 1765 Abs III

BGB), so ist dieser antragsberechtigt. Auch die Übertragung bestimmter einzelner die Personenfrage betreffender Angelegenheiten auf einen Pfleger beseitigt das Antragsrecht des Vormundes nicht (vgl KEIDEL S. 581 Anm 2b zu § 56 FGG); sind mehrere Vormünder bestellt, so richtet sich das Antragsrecht nach den §§ 1797, 1798 BGB. Dagegen steht das Antragsrecht dem Pfleger zu, wenn diesem die Personensorge einschließlich des Vertretungsrechts in ganzem Umfang oder gerade für die Volljährigkeitserklärung übertragen ist.

3. Auf das *Verfahren* des Vormundschaftsgerichts *vor der Entscheidung* finden die allgemeinen Vorschriften des FGG Anwendung (vgl oben Teil I Abschnitt 2). Gemäß § 1847 BGB sind auch ohne besonderen Antrag Verwandte oder Verschwägerte des unter Vormundschaft stehenden Minderjährigen zu hören, wenn dies ohne erhebliche Verzögerung und ohne unverhältnismäßige Kosten geschehen kann. Wenn ein der Fürsorgeerziehung überwiesener Minderjähriger für volljährig zu erklären ist, so soll vor der Entscheidung die Fürsorgeerziehungsbehörde gehört werden; ob es sich um einen Fürsorgezögling handelt, ist in geeigneter Weise zu ermitteln (AllgVfg d. fr PrJM vom 23. 10. 1926, JMBl 1926 376).

4. Die Volljährigkeitserklärung erfolgt durch Beschluß des Vormundschaftsgerichts (§ 3 Abs I BGB; in § 56 Abs II FGG wird die Entscheidung als „Verfügung" bezeichnet). Die Entscheidung steht dem Richter zu (§ 12 Nr 1 RpflG).

Beispiel:

Geschäftsstelle des Amtsgerichts.

Köln, den 1. Oktober 1962.

Gegenwärtig:
Justizinspekteor Krause als Urkundsbeamter.

Es erschienen und wiesen sich durch Vorlage des Familienbuchs und polizeilicher Personalausweise aus:

1. *der Bauarbeiter Max Schulze,*
2. *der Invalide Johann Schulze,*
   beide aus Köln, Neusserstr. 100,
3. *der Arbeiter Karl Müller in Köln, Neusserstr. 50.*

Der Erschienene zu 1. erklärte:

Ich bin am 1. Februar 1944 als Sohn des Zweiterschienenen und seiner verstorbenen Ehefrau Therese geb. Hoffmann in Berlin geboren, evangelischen Bekenntnisses und besitze die deutsche Staatsangehörigkeit.

Ich beantrage, mich für volljährig zu erklären, da ich mit der am 17. März 1945 in Köln geborenen Hedwig Müller, eheliche Tochter des Arbeiters Karl Müller und seiner Ehefrau Elisabeth geb. Groß in Köln, Neusserstr. 50 die Ehe eingehen möchte. Ich habe mit der Hedwig Müller geschlechtliche Beziehungen unterhalten, die zur Schwangerschaft des Mädchens geführt haben. Meine Braut ist ebenfalls evangelisch und deutsche Staatsangehörige; ihre Eltern sind mit der Heirat einverstanden.

Ich stehe in fester Arbeit bei dem Bauunternehmer Klein in Köln, Riehlerstr. 80 und verdiene wöchentlich ohne Abzüge etwa 80,— DM, wie aus der hiermit übergebenen Bescheinigung hervorgeht.

Meine künftigen Schwiegereltern wollen uns zwei Zimmer ihrer aus vier Räumen bestehenden Wohnung überlassen. Die nötigen Möbel und sonstigen Einrichtungsgegenstände werden uns teils von meinen Eltern, teils von den Eltern meiner Braut überlassen; eine Kücheneinrichtung und einen Herd habe ich bereits gekauft und auf den Kaufpreis einhundert DM angezahlt; der Rest soll in monatlichen Raten von fünfundzwanzig DM abgezahlt werden. Den schriftlichen Kaufvertrag lege ich hiermit zur Einsichtnahme vor.

Hierauf erklärte der Erschienene zu 2.:

Als elterlicher Gewalthaber gebe ich meine Einwilligung zu dem Antrage meines Sohnes, dessen Angaben ich bestätige.

Der Erschienene zu 3. erklärte:

Auch ich bestätige die Angaben des Antragstellers.

v. g. u.
Max Schulze
Johann Schulze
Karl Müller
Krause

Diese Niederschrift wird dem Vormundschaftsrichter vorgelegt, der nach Anstellung der erforderlichen Ermittlungen, besonders auch zur Frage der geistigen und sittlichen Reife des Antragstellers, Rückfragen und Einholung von Rufberichten der Polizeibehörde, des Jugendamts und des ev. Fürsorgevereins für Frauen, Mädchen und Kinder, Anhörung der Braut und ihrer Mutter, wie folgt entscheidet:

Beschluß.

Der am 1. Februar 1944 geborene Bauarbeiter Max Schulze in Köln, Neusserstr. 100, Kind des Invaliden Johann Schulze und seiner verstorbenen Ehefrau Therese geb. Hoffmann, ebenda, evangelischen Bekenntnisses, wird auf seinen Antrag für volljährig erklärt.

Köln, den 20. Oktober 1962.

Das Amtsgericht.
Schmitz.

Eine Begründung braucht dem Beschlusse nicht beigegeben zu werden (anders in der Beschwerdeinstanz, vgl § 25 FGG). Bei Ablehnung des Antrags wird es sich allerdings stets empfehlen, die Gründe der Entscheidung kurz anzuführen.

Ferner wird der Richter folgende Verfügung erlassen:

Vfg.

1. *Beschluß vom 20. Oktober 1962 zustellen*
   a) dem Antragsteller,
   b) dem Vater des Antragstellers.
2. *Abschrift des Beschlusses dem Jugendamt zur gefl. Kenntnisnahme übersenden.*
3. *Nach 3 Wochen (Rechtskraft).*

Köln, den 20. Oktober 1962.

Schmitz.

5. Gegen den Beschluß, durch den die Volljährigkeitserklärung abgelehnt wird, findet die *einfache Beschwerde* statt; sie steht dem Minderjährigen und seinem gesetzlichen Vertreter in persönlichen Angelegen-

heiten zu (§§ 19, 20 Abs I FGG; die §§ 18 Abs II, 20 Abs II FGG finden keine Anwendung, KEIDEL S. 582 Anm 4 zu § 56 FGG). Das Amtsgericht ist zur Abänderung seines ablehnenden Beschlusses befugt (§ 18 Abs I FGG).

Der Beschluß, durch den der Minderjährige für volljährig erklärt wird, ist nur mit der *sofortigen Beschwerde* anfechtbar, weil er erst mit der Rechtskraft in Wirksamkeit tritt (§§ 56 Abs II, 60 Abs I Ziff 6 FGG); demgemäß ist auch eine Abänderung des angefochtenen Beschlusses durch das Amtsgericht nicht statthaft (§ 18 Abs II FGG). Der Beschluß ist allen Beschwerdeberechtigten bekanntzumachen. Beschwerdeberechtigt sind alle antrags- und verbietungsberechtigten Beteiligten (vgl § 124 Ziff 2 und 3, oben Ziff 2). Auch der Mutter muß daher die Entscheidung zugestellt werden, weil die elterliche Gewalt im Regelfalle beiden Eltern zusteht (FamRZ 55 80 = DRiZ 55 Rechtspr S. 46 Nr 495). Der Minderjährige kann das Beschwerderecht ohne Mitwirkung seines gesetzlichen Vertreters ausüben, sofern er nicht geschäftsunfähig ist und das 14. Lebensjahr vollendet hat (§ 59 FGG). Nicht beschwerdeberechtigt sind andere Verwandte als die Eltern (RJA 13 74; 15 263), die uneheliche Mutter und das Jugendamt (vgl KEIDEL S. 582 Anm 3 zu § 56 FGG, Zentralblatt **XLI** (54) 142ff., **XLIII** (56) 4, Amtsvormund **XXVIII** 280, MdR 58 435 = FamRZ 58 471 Nr 203 = DRiZ 58 B 98 Nr 1184; s. auch BRÜGGEMANN im Zentralblatt **XLII** (55) 255ff., 287ff.). Auch der Fürsorgeerziehungsbehörde steht ein Beschwerderecht nicht zu (KGJ 34 A 72; vgl jedoch oben Ziff 3 am Schlusse).

Für die *weitere* und *weitere sofortige Beschwerde* ist davon auszugehen, daß die Feststellung der angefochtenen Entscheidung, der Minderjährige mache einen noch nicht gereiften Eindruck, nicht tatrichterlicher Art ist, sondern ein Urteil enthält, welches das Rechtsmittelgericht nicht bindet (FamRZ 60 286 Nr 146).

§ 126. 3. Die Wirkungen der Volljährigkeitserklärung

Durch die Volljährigkeitserklärung erlangt der Minderjährige die *rechtliche Stellung eines Volljährigen* (§ 3 Abs II BGB). Demgemäß endet die elterliche Gewalt mit der Volljährigkeitserklärung eines minderjährigen Kindes (PALANDT-LAUTERBACH S. 1262 Anm 2 zu § 1626 n. F. BGB).

Für die *Ehemündigkeit* bleibt § 1 Abs I des Ehegesetzes maßgebend; wegen der Befreiung von dieser Vorschrift vgl unten § 128. Der nach § 3 des Ehegesetzes erforderlichen Einwilligung des gesetzlichen Vertreters bedarf der für volljährig erklärte Minderjährige jedoch nicht (PALANDT-LAUTERBACH S. 1938 Anm 1 zu § 3 EheG). Dagegen werden die gemäß §§ 1726 und 1747 BGB erforderlichen Einwilligungen durch die Volljährigkeitserklärung nicht entbehrlich.

Für das *öffentliche Recht* hat § 3 Abs II BGB an sich keine Geltung, falls nicht die einzelne Vorschrift die Volljährigkeit im Sinne des bürgerlichen Rechtes versteht (RGR 11. Aufl. I 1 S. 28 Anm 4 zu § 3 BGB). Inwieweit die Volljährigkeitserklärung auf dem Gebiete des öffentlichen Rechtes den Minderjährigen dem Volljährigen gleichstellt, kann somit nur aus dem Inhalte des einzelnen Gesetzes entnommen werden (Staudinger 11. Aufl. I 1 S. 72 Anm 4 zu § 3 BGB).

§ 127. 4. Die Volljährigkeitserklärung von Ausländern

Ob ein ausländischer Minderjähriger durch ein deutsches Gericht für volljährig erklärt werden kann und welche Wirkungen einer solchen Volljährigkeitserklärung zukommen, bestimmt sich gemäß Art 7 EGBGB nach dem Heimatrecht des Staates, dem der Minderjährige angehört; dabei ist eine Rückverweisung auf deutsches Recht gemäß Art 27 EGBGB möglich, wenn der Ausländer im Bundesgebiet seinen Wohnsitz hat.

Die Zuständigkeit der deutschen Gerichte für die Volljährigkeitserklärung *heimatloser Ausländer* ergibt sich aus § 11 des Ges vom 25. 4. 1951 (BGBl I 269, vgl Keidel S. 581 Anm 1c zu § 56 FGG).

Siebenter Abschnitt

Obliegenheiten des Vormundschaftsgerichts auf dem Gebiete des Eherechts

§ 128. 1. Die Befreiung vom Ehehindernis der Ehemündigkeit[1] [2]

1. Gemäß § 1 Abs I des Ehegesetzes vom 20. 2. 1946 (Kontrollratsgesetz Nr 16, KRABl 77) soll ein Mann nicht vor Vollendung des 21. Lebensjahres, eine Frau soll nicht vor Vollendung des 16. Lebensjahres eine Ehe eingehen. Diese Vorschrift (vgl für das frühere Recht § 1303 a. F. BGB, aufgehoben durch § 84 EheG von 1938, Aufhebung bestätigt durch § 78 des Ehegesetzes von 1946) gilt für den Mann auch im Falle der Volljährigkeitserklärung (Palandt-Lauterbach S. 1937 Anm 3 zu § 1 EheG); die Frau wird mit der Vollendung des 16. Lebensjahres ehemündig, bedarf aber bis zur Vollendung des 21. Lebensjahres außer bei Volljährigkeitserklärung der Einwilligung ihres gesetzlichen Vertreters, § 1 EheG (Palandt-Lauterbach a. a. O. Anm 4). Jedoch kann von

[1] Siehe auch Pelle, Zur Frage der Volljährigkeits- und Ehemündigkeitserklärungen im Zentralblatt XLII 117 ff., dagegen OLG Karlsruhe (Freiburg) im Zentralblatt XLII 325 = NJW 56 312.

[2] Göppinger, Die Befreiung vom Erfordernis der Ehemündigkeit (§ 1 Abs II EheG von 1946 i.d.F. d. FamRÄndG vom 11. 8. 1961) in FamRZ 61 463 ff.

dem Erfordernis der Ehemündigkeit *Befreiung* erteilt werden, dem minderjährigen Manne aber nur, wenn er das 18. Lebensjahr vollendet hat und nicht mehr unter elterlicher Gewalt oder unter Vormundschaft steht (§ 1 Abs II EheG von 1946 i.d.F. d. FamRÄndG vom 11. 8. 1961 Art 2 Zff 1a, BGBl I S. 1226), d. h. er muß für volljährig erklärt sein. Diese Vorschrift findet ihre Rechtfertigung in Gründen, die zwar mit der biologischen Verschiedenheit nichts zu tun haben, gleichwohl aber dem Art 3 GG nicht widersprechen. Da nämlich die Ehegatten im täglichen Leben Rechtsgeschäfte aller Art eingehen müssen, erfordert das Gesetz für die Ehemündigkeit des Mannes seine vorherige Volljährigkeitserklärung (NJW 58 714 = DRiZ 58 Rechtspr S. 60 Nr 694).

2. Die *Entscheidung* über die Befreiung ist nunmehr nicht mehr eine Justizverwaltungsangelegenheit, sondern eine solche der freiwilligen Gerichtsbarkeit; sie obliegt dem Vormundschaftsgericht[1] und ist dem Richter vorbehalten (§ 12 Nr 19a des Rechtspflegergesetzes i.d.F. des FamRÄndG vom 11. 8. 1961 Art 8 Nr 3, BGBl I S. 1231). Die örtliche Zuständigkeit regelt sich nach den §§ 43, 36 FGG, § 36 Abs II i.d.F. d. FamRÄndG vom 11. 8. 1961 Art 4 Nr 1, BGBl I S. 1228. Die Anhörung des Jugendamts ist durch § 48 Abs I S. 2 n. F. JWG vorgeschrieben.

Die Anrufung gerichtlicher Entscheidung gemäß § 179 der Verwaltungsgerichtsordnung vom 21. 1. 1960, BGBl I S. 17 § 23 EGGVG ist gegenstandslos geworden (vgl SCHWARZHAUPT in FamRZ 62 49).

Eine dem Gesuch stattgebende Entscheidung ist nicht deshalb unwirksam, weil sie von einem örtlich unzuständigen Gericht erlassen ist (§ 7 FGG).

3. Zu prüfen ist insbesondere, ob die Ehegatten die erforderliche geistige und sittliche Reife haben und die notwendige Existenzgrundlage vorhanden ist (PALANDT-LAUTERBACH S. 1937 Anm 5 a. a. O.). Die Ablehnung der Ehemündigkeitserklärung eines männlichen Minderjährigen mit der ausschließlichen Begründung, die von ihm beabsichtigte Ehe verspreche keinen Erfolg, weil seine Braut erst 16 Jahre alt sei, widerspricht dem Gesetz (DRiZ 52 Rechtspr S. 1 Nr 1).

4. Die Befreiung eines *Ausländers* ist nur möglich, wenn deutsches Recht für die Ehevoraussetzungen anzuwenden ist, d. h. bei Rückverweisung des ausländischen Rechtes und bei Staatenlosen (Art 13, 27, 29 EGBGB, PALANDT-LAUTERBACH S. 1937, 1938 Anm 5 a. a. O.). Da die Ehemündigkeit sich gemäß Art 13 EGBGB nach dem Rechte des gewöhnlichen Aufenthaltes bestimmt, ist auch der nach Zonenrecht volljährig Gewordene, wenn er in die Bundesrepublik übergesiedelt ist, hinsichtlich der Ehemündigkeit nach deren Recht zu beurteilen; eine entsprechende Anwendung des Art 7 Abs II EGBGB für die Ehe-

---

[1] Ist ein Familienrat eingesetzt (§§ 1858 ff. BGB), so ist dieser zuständig.

mündigkeit ist abzulehnen (DRiZ 51 Rechtspr S. 28 Nr 452 = JR 51 241, S. 52 Nr 675 = NdsRpfl 51 105; NJW 51 485; ebenso JMBlNRW 51 157; FamRZ 60 280, 281 Nr 139.

5. Wegen der *Gebühren* des Befreiungsverfahrens vgl § 97 a KostO, eingefügt durch Art 6 Nr 2 des FamRÄndG vom 11. 8. 1961, BGBl I S. 1230.

§ 129. 2. Die Ersetzung von Einwilligungserklärungen

Auf dem Gebiete des Eheschließungsrechtes sind dem Vormundschaftsgerichte mehrfache Befugnisse zum Ersatz von Einwilligungs- und Genehmigungserklärungen zugewiesen.

A. 1. Gemäß § 3 Abs I EheG bedürfen Minderjährige oder aus anderen Gründen in der Geschäftsfähigkeit beschränkte Personen zur Eingehung einer Ehe der *Einwilligung ihres gesetzlichen Vertreters.* Steht dem gesetzlichen Vertreter nicht gleichzeitig die Sorge für die Person des Minderjährigen zu oder ist neben ihm noch ein anderer sorgeberechtigt, so ist auch die Einwilligung des Sorgeberechtigten erforderlich (§ 3 Abs II a. a. O.). Für volljährig erklärte Personen bedürfen der Einwilligung nicht. Diese ist aber neben dem Erfordernis der Ehemündigkeit (§ 1 EheG) notwendig; da indessen der minderjährige Mann die Befreiung von diesem Erfordernis nur erhält, wenn er nicht mehr unter elterlicher Gewalt oder unter Vormundschaft steht (§ 1 Abs II EheGes), also für volljährig erklärt ist, so hat die Bestimmung des § 3 Abs I, II EheGes, soweit sie auf die Minderjährigkeit abstellt, nur für die Frau Bedeutung.

2. Als *Einwilligungsberechtigte* kommen in Betracht die Eltern, und zwar regelmäßig beide Eltern, da ihnen nach dem Wegfall des § 1629 Abs I n. F. BGB das Vertretungsrecht nur gemeinschaftlich zusteht, die Adoptiveltern (§ 1757 BGB), der Vormund (§ 1793 BGB) und unter Umständen der Pfleger (§§ 1630, 1666, 1671 Abs V, 1794, 1909, 1915 BGB). Die Einwilligung eines Elternteils ist nicht erforderlich, wenn im Falle der Scheidung oder Nichtigkeitserklärung der Ehe der Eltern das Vormundschaftsgericht gemäß § 1671 BGB eine abweichende Anordnung getroffen hat, ferner im Falle des Ruhens der elterlichen Gewalt (§ 1675 BGB). Die uneheliche Mutter ist neben dem Vormund einwilligungsberechtigt (§ 1707 S. 2 BGB), die leiblichen Eltern eines adoptierten Kindes sind einwilligungsberechtigt in den Fällen der §§ 1765 Abs II, 1768 BGB und ebenso die Mutter im Falle der Anfechtung der Ehelichkeitserklärung (§ 1735a BGB i.d.F. d. FamRÄndG vom 11. 8. 1961 Art 1 Nr 17, BGBl I S. 1224).

3. *Verweigert* der gesetzliche Vertreter oder der Sorgeberechtigte die Einwilligung ohne triftige Gründe, so kann der Vormundschaftsrichter auf Antrag des Verlobten, der der Einwilligung bedarf, sie ersetzen

(§ 3 Abs III EheG)[1]. Dies gilt auch, wenn nur *ein* vertretungsberechtigter Elternteil die Einwilligung verweigert. Voraussetzung der Ersetzung ist die Verweigerung *ohne triftige Gründe*. Derartige Gründe können sich aus den persönlichen Verhältnissen der Verlobten und dem wohlverstandenen Familieninteresse ergeben, z. B. Mangel an ausreichendem Einkommen, Krankheit, schlechtem Ruf (PALANDT-LAUTERBACH S. 1939 Anm 5 zu § 3 EheG). Die Befugnis des Vormundschaftsrichters, die Einwilligung des gesetzlichen Vertreters oder des Sorgeberechtigten zur Eheschließung zu ersetzen, ist nicht davon abhängig, daß der Einwilligungsberechtigte pflichtwidrig handelt oder sein Recht mißbraucht (BGH in DRiZ 56 279 Nr 93; Zentralblatt XLIII (1956)326; abw. JFG 22 311). Grundsätzlich ist jedoch Zurückhaltung bei der Ersetzung zu üben (vgl BGHZ 21 340, DRiZ 56 279 Nr 93). Die Einwilligung ist nicht zu ersetzen, wenn sich das Verhalten des Einwilligungsberechtigten unter Berücksichtigung aller in Betracht kommenden Umstände bei objektiver Betrachtung rechtfertigen läßt; etwaige religiöse Gründe der Berechtigten sind bei der Abwägung zwar zu berücksichtigen, aber nicht immer ausschlaggebend (BGH in DRiZ 56 279 Nr 93, s. auch OLG Frankfurt (Kassel) in FamRZ 56 283 Nr 477 = DRiZ 56 B 95 Nr 931, vgl auch FamRZ 56 371 Nr 534 u. 57 32 Nr 10 u. 57 48). LG Koblenz (FamRZ 59 422 Nr 179) hat triftige Gründe für die Verweigerung der Einwilligung nicht für vorliegend erachtet, wenn katholische Eltern aus religiösen Gründen ihrer minderjährigen schwangeren Tochter die Einwilligung zur Eheschließung mit einem um 17 bis 18 Jahre älteren geschiedenen Manne versagt haben; dieser Entscheidung kann nicht zugestimmt werden, da ihr nicht nur schwere Bedenken allgemeiner Art entgegenstehen, sondern auch das persönliche Sorgerecht der Eltern, das nach religiösen Gesichtspunkten auszurichten sie berechtigt sind, verletzt erscheint. Die Überzeugung des Gerichts, die Verlobten würden im Falle der Ablehnung des Antrags ihr intimes zu mißbilligendes Verhalten fortsetzen, darf nicht als Begründung der Ersetzung dienen. Die Ablehnung kann nicht auf die Besorgnis des Vormundes gestützt werden, die Ersetzung könne seine Autorität mindern (Zentralblatt XLI 141). Triftige Gründe für die Verweigerung der Einwilligung liegen schon dann vor, wenn auch nur eine nicht ganz geringe Wahrscheinlichkeit dafür besteht, daß die Eheschließung, alles in allem genommen, den Belangen der Minderjährigen abträglich sein würde (OLG München, JFG 22 311). Die Verweigerung der elterlichen Einwilligung ist jedenfalls berechtigt, wenn nach den gesamten Umständen anzunehmen ist, daß die Eheschließung den Belangen des Minderjährigen abträglich sein wird (OLG Hamm in Rpfl 60 296 Nr 152 = FamRZ 60 406 Nr 188).

---

[1] Vgl hierzu GÖPPINGER in FamRZ 59 397.

4. Das *Verfahren* des Vormundschaftsgerichts bestimmt sich nach den Vorschriften des Rechtes der freiwilligen Gerichtsbarkeit. Es ist ein *Antragsverfahren;* antragsberechtigt ist der Verlobte, der der Einwilligung der gesetzlichen Vertreter und Sorgeberechtigten bedarf (§ 3 Abs III EheG). Die *Zuständigkeit* des Gerichts regelt sich nach den §§ 43, 36, 35 FGG, § 36 Abs II i.d.F. d. FamRÄndG vom 11. 8. 1961 Art 4 Nr 1, BGBl I S. 1228, die Entscheidung liegt dem Richter, nicht dem Rechtspfleger ob (RpflG § 12 Zff 14). Im Rahmen der Ermittlungen (§ 12 FGG) sind die Eltern zu hören (§ 1695 BGB), ebenso der Verlobte (DRiZ 62 B 11 Nr 196), bei gesetzlicher Vertretung durch einen Vormund oder Pfleger auch Verwandte oder Verschwägerte des Mündels nach näherer Maßgabe des § 1847 BGB. Die *Anhörung des Jugendamts* ist durch § 48 Abs I S. 2 n. F. JWG vorgeschrieben. Die *Entscheidung* des Vormundschaftsgerichts ist im Falle der Ablehnung des Antrages mit der einfachen *Beschwerde* (§§ 19, 20 FGG) anfechtbar; wenn dem Antrage stattgegeben wird, wird die Entscheidung erst mit der Rechtskraft wirksam; sie ist infolgedessen nur mit der *sofortigen Beschwerde* anfechtbar (§ 60 Abs I Zff 6 FGG); beschwerdeberechtigt sind die im § 3 Abs I und II Genannten, auch der Minderjährige selbst ist (im Falle der Ablehnung) ohne Mitwirkung des gesetzlichen Vertreters beschwerdebefugt (§ 59 FGG). Bei Gefahr im Verzuge kann das Vormundschaftsgericht die sofortige Wirksamkeit der Entscheidung anordnen. Diese wird alsdann mit der Bekanntmachung an den Antragsteller wirksam (§§ 53 Abs II n. F., 16 FGG).

Wegen der *Kosten* vgl § 94 Zff 8 KostO.

B. 1. Wenn ein Ehegatte zur Zeit der Eheschließung in der Geschäftsfähigkeit beschränkt war und sein gesetzlicher Vertreter (s. hierzu A 2) nicht die Einwilligung zur Eheschließung gegeben hatte, so kann er und an seiner Stelle für die Dauer der Beschränkung der Geschäftsfähigkeit der gesetzliche Vertreter die Aufhebung der Ehe begehren (§ 30 Abs I EheG); dasselbe gilt, wenn der Ehegatte einer wegen Geschäftsunfähigkeit, Bewußtlosigkeit oder vorübergehender Störung der Geistestätigkeit nichtigen Ehe (§ 18 Abs I EheG) im Zustande beschränkter Geschäftsfähigkeit zu erkennen gegeben hat, daß er die Ehe fortsetzen will (§ 18 Abs II EheG) und sein gesetzlicher Vertreter nicht seine Einwilligung zu der Bestätigung gegeben hat (§ 30 Abs I EheG). Die Aufhebung ist ausgeschlossen, wenn der gesetzliche Vertreter die Ehe genehmigt oder der Ehegatte, nachdem er unbeschränkt geschäftsfähig geworden ist, zu erkennen gegeben hat, daß er die Ehe fortsetzen will (§ 30 Abs II EheG).

2. *Verweigert* der gesetzliche Vertreter die Genehmigung ohne triftige Gründe, so kann der Vormundschaftsrichter sie auf Antrag eines Ehegatten ersetzen (§ 30 Abs III EheG). Antragsberechtigt ist also anders

als in den Fällen zu A jeder Ehegatte. Zu der Frage, ob ein triftiger Grund für die Verweigerung der Genehmigung durch den gesetzlichen Vertreter vorliegt, ist auf A 3 zu verweisen, für das Verfahren gilt A 4 entsprechend.

§ 130. 3. Die Befreiung von Eheverboten

1. Gemäß § 9 EheG soll, wer ein eheliches Kind hat, das minderjährig ist oder unter seiner Vormundschaft steht, oder wer mit einem minderjährigen oder bevormundeten Abkömmling in fortgesetzter Gütergemeinschaft lebt, eine Ehe nicht eingehen, bevor er ein *Zeugnis des Vormundschaftsrichters* darüber beigebracht hat, daß er dem Kinde oder dem Abkömmling gegenüber die ihm aus Anlaß der Wiederverheiratung obliegenden Pflichten erfüllt hat oder daß ihm solche Pflichten nicht obliegen.

Es handelt sich um ein *aufschiebendes* Eheverbot; unter Verletzung des Verbots geschlossene Ehen bleiben gültig; die Verletzung kann aber zu vormundschaftsgerichtlichen Maßnahmen führen.

Die Vorschrift bezieht sich auf *alle* ehelichen Kinder desjenigen, der die Ehe eingehen will, falls die Kinder minderjährig sind oder unter Vormundschaft oder Pflegschaft stehen, ferner auch auf legitimierte oder an Kindes Statt angenommene Kinder (§§ 1719, 1736, 1757 BGB), schließlich auf die Fälle der fortgesetzten Gütergemeinschaft mit minderjährigen oder bevormundeten Abkömmlingen.

Für die *Zuständigkeit* ist § 43 FGG maßgebend; das Zeugnis erteilt der Rechtspfleger (RpflG § 3 Zff I 2a). In den Fällen der §§ 1683 n. F., 1493 Abs II BGB darf das Vormundschaftsgericht die Erteilung nicht von der Erfüllung anderer als der in diesen Vorschriften genannten Pflichten abhängig machen (KGJ 53 18, PALANDT-LAUTERBACH S. 1943 Anm 4 zu § 9 EheG). Eine Bescheinigung gemäß § 1683 S. 2 n. F. BGB steht dem gemäß § 9 EheG erforderlichen Zeugnis gleich (PALANDT a. a. O.).

2a) Gemäß § 4 *Abs I EheG* darf u. a. eine Ehe nicht geschlossen werden zwischen Verschwägerten in gerader Linie, gleichgültig ob die Verwandtschaft auf ehelicher oder auf unehelicher Geburt beruht. Verschwägert sind die Verwandten eines Ehegatten mit dem anderen Ehegatten, Linie und Grad der Schwägerschaft bestimmen sich nach der Linie und dem Grad der sie vermittelnden Verwandtschaft; die Schwägerschaft dauert fort, auch wenn die Ehe, durch die sie begründet wurde, aufgelöst ist (§ 1590 Abs I und II BGB). Ist die Ehe aber rechtskräftig für nichtig erklärt (vgl § 23 EheG), so entfällt das Eheverbot der Schwägerschaft. Schwägerschaft in gerader Linie besteht also mit den Schwiegereltern und den Kindern des anderen Ehegatten. Da der Vater nicht mit seinen unehelichen Kindern verwandt ist, besteht keine Schwägerschaft zwischen der Ehefrau des Vaters mit den Kindern; dagegen ist der Ehemann mit dem unehelichen Kinde seiner Ehefrau verschwägert (PALANDT-LAUTERBACH S. 1235 Anm 2 zu § 1590 BGB). Kein Eheverbot besteht hinsichtlich der Kinder aus der zweiten Ehe des anderen Ehegatten, wohl aber insofern in der Regel Eheverbot der Geschlechtsgemeinschaft (PALANDT-LAUTERBACH S. 1940 Anm 3 zu § 4 EheG).

b) Von dem Eheverbot der *Schwägerschaft* kann *Befreiung* bewilligt werden, desgleichen auch von dem Eheverbot der *Geschlechtsgemeinschaft;* vgl Ges vom 11. 8. 1961, Art 2 Abs I Nr 1b (§ 4 Abs III EheG neu), BGBl I S. 1226. Vgl hierzu die grundsätzlichen Ausführungen des OLGs Hamm in FamRZ 63 250 Nr 81 Zff 5. Die Befreiung erteilt das *Vormundschaftsgericht;* sie soll versagt werden, wenn wichtige Gründe (etwa ein anomaler Altersunterschied zwischen Stiefvater und Stieftochter, SCHWARZHAUPT in FamRZ 62 50 Anm 10) der Eingehung der Ehe entgegenstehen. Durch diese Vorschrift ist die frühere des § 4 Abs III EheG ersetzt worden, auch die Zweifel, ob diese Bestimmnng auch das Eheverbot der Geschlechtsgemeinschaft mitumfasse, sind nunmehr gegenstandslos geworden, desgleichen auch die zu dieser Frage ergangene Entscheidung des BVerwG vom 27. 5. 1960 und die daselbst bezeichneten landesrechtlichen Vorschriften (vgl FamRZ 60 435 Nr 202). Ausdrücklich aufgehoben sind durch Art 9 I Abs II Nr 25 des FamRÄndG vom 11. 8. 1961, BGBl I S. 1232, die §§ 1 bis 12 und 19 bis 31 der VO des ZJAs für die BrZ vom 12. 7. 1948 zur Ausführung des Ehegesetzes von 1946 (VOBl f. d. BrZ S. 210) und die VO vom 27. 8. 1948 zur Ergänzung dieser VO (VOBl f. d. BrZ S. 247).

c) *Örtlich zuständig* für die Befreiung vom Eheverbot der Schwägerschaft und Geschlechtsgemeinschaft ist das Gericht, in dessen Bezirk einer der Verlobten seinen gewöhnlichen Aufenthalt hat. Hat keiner von ihnen seinen gewöhnlichen Aufenthalt im Inland, so ist das Amtsgericht in Berlin-Schöneberg zuständig. Dieses kann die Sache aus wichtigen Gründen an ein anderes Gericht abgeben. Die Abgabeverfügung ist für dieses Gericht bindend (§ 44a FGG, eingefügt durch das FamRÄndG vom 11. 8. 1961 Art 4 Nr 3, BGBl I S. 1228).

d) Bei der *Vorbereitung der Entscheidung* (§ 12 FGG) sind die gesamten Umstände des Falles zu berücksichtigen (§ 4 der 1. DVO EheG ist zwar wie die §§ 1 bis 12, 14, 20 bis 86, 87 Abs II, 88 bis 90 dieser VO und die oben zu b) bezeichneten VOen f. d. BrZ aufgehoben, Art 9 I Abs II Nr 11 d. FamRÄndG vom 11. 8. 1961, BGBl I S. 1231, indessen wird dieser an sich selbstverständliche Grundsatz auch fürderhin zu gelten haben; zu beachten werden insbesondere auch die Ausführungen des BVerwG vom 27. 5. 1960, FamRZ 60 435, 436 sein; vgl auch Art 9 I Abs V d. Ges vom 11. 8. 1961, BGBl I S. 1232).

e) Die *Entscheidung* des Vormundschaftsgerichts ist als *Angelegenheit der freiwilligen Gerichtsbarkeit,* nicht als eine Verwaltungsentscheidung anzusehen; das entspricht der allgemeinen Richtung des FamRÄndG vom 11. 8. 1961 (abw. für das frühere Recht BVerwG vom 27. 5. 1960, FamRZ 60 435ff.). Es kann demgemäß auch nicht mehr ein Antrag auf gerichtliche Entscheidung gemäß der Verwaltungsgerichtsordnung vom 21. 3. 1960, BGBl I S. 17; § 179, Ergänzung des § 23 EGGVG, in Betracht kommen; vgl SCHWARZHAUPT in FamRZ 62 49; die Entscheidung steht zwar den ordentlichen Gerichten zu, aber im normalen Instanzenzuge der freiwilligen Gerichtsbarkeit.

Die Entscheidung ist dem Richter vorbehalten (RpflG § 12 Zff 19a i.d.F. des FamRÄndG vom 11. 8. 1961 Art 8 Nr 3, BGBl I S. 1231).

f) Die Verfügung, durch die das Gericht die Befreiung erteilt, ist *unanfechtbar.* Das Gericht darf sie nicht mehr ändern, wenn die Ehe geschlossen ist (§ 44a Abs II FGG, Fassung wie oben zu c). Die Verfügung, durch die die Erteilung der Befreiung versagt wird, erwächst nicht in materielle Rechtskraft; der Antrag kann daher wiederholt werden.

g) Wenn das Heimatrecht seinen Staatsangehörigen die Eheschließung nur mit solchen Personen gestattet, bei denen bestimmte Voraussetzungen vorliegen, so handelt es sich um ein *zweiseitiges Eheverbot;* es müssen daher in diesen Fällen beide Teile befreit werden (vgl PALANDT-LAUTERBACH S. 1941 Anm 7 zu § 4 EheG und S. 1738 Anm 2 zu Art 13 EGBGB).

h) *Ausländern* kann Befreiung durch die deutschen Behörden nur erteilt werden, soweit das Heimatrecht dies zuläßt, also die Rückverweisung gemäß Art 27 EGBGB erfolgt ist, oder Staatenlosen, auf die deutsches Recht zur Anwendung kommt, Art 29 EGBGB (PALANDT-LAUTERBACH S. 1941 Anm 7 zu § 4 EheG).

3a) Gemäß § 6 Abs I des Ehegesetzes von 1946 darf die Ehe nicht geschlossen werden zwischen einem wegen *Ehebruchs* geschiedenen Ehegatten und demjenigen, mit dem er den Ehebruch begangen hat, wenn dieser Ehebruch in dem Scheidungsurteil als Grund der Scheidung festgestellt ist. Von dieser Vorschrift kann *Befreiung* vom *Vormundschaftsgericht* erteilt werden. Die Befreiung soll versagt werden, wenn wichtige Gründe der Eingehung der Ehe entgegenstehen (§ 6 Abs II FamRÄndG vom 11. 8. 1961 Art 2 Nr 1c, BGBl I S. 1226). Die jahrelang fortgesetzte gröbliche Verletzung der Unterhaltspflicht gegenüber den Kindern erster Ehe kann als „schwerwiegender Grund“ in Betracht kommen (so für EheG § 6 Abs II a. F. FamRZ 62 162 Nr 64).

b) Für die Erteilung der Befreiung ist das Gericht *örtlich zuständig,* in dessen Bezirk der wegen Ehebruchs geschiedene Verlobte seinen gewöhnlichen Aufenthalt hat. Sind beide Verlobte wegen Ehebruchs geschieden, so ist das Gericht zuständig, in dessen Bezirk der Mann seinen gewöhnlichen Aufenthalt hat. Hat im ersten Falle der geschiedene Verlobte, im zweiten Falle der Mann im Inland keinen gewöhnlichen Aufenthalt, so ist das Gericht zuständig, in dessen Bezirk der andere Verlobte seinen gewöhnlichen Aufenthalt hat. Hat keiner der Verlobten seinen gewöhnlichen Aufenthalt im Inland, so ist § 44a Abs I S. 2, 3 anzuwenden (§ 44b Abs I FGG, eingefügt durch FamRÄndG vom 11. 8. 1961 Art 4 Nr 3, BGBl I S. 1228).

c) Das *Verfahren* ist eine Angelegenheit der freiwilligen Gerichtsbarkeit. Hinsichtlich der *Vorbereitung der Entscheidung* wird auf die Ausführungen zu Zff 2d verwiesen, die *entsprechend* anwendbar sind.

d) Die *Entscheidung* obliegt nicht dem Rechtspfleger, sondern ist dem Richter vorbehalten (RpflG § 12 Nr 19a i.d.F. d. FamRÄndG vom 11. 8. 1961, Art 8 Nr 3, BGBl I S. 1231); sie ist, wenn das Gericht die Befreiung erteilt, *unanfechtbar*. Das Gericht darf sie nicht mehr ändern, wenn die Ehe geschlossen worden ist (§ 44b Abs II FGG wie oben). Die ablehnende Entscheidung erwächst nicht in materielle Rechtskraft; der Antrag kann daher wiederholt werden.

4. Wegen der *Kosten* im Befreiungsverfahren vgl § 97a der Kostenordnung, eingefügt durch Art 6 Nr 2 des FamRÄndG vom 11. 8. 1961, BGBl I S. 1230.

§ 131. 4. Obliegenheiten des Vormundschaftsgerichts bei bestehender Ehe (Schlüsselgewalt)

1. Die Berechtigung der Frau, Geschäfte, die innerhalb ihres häuslichen Wirkungskreises liegen, mit Wirkung für den Mann zu besorgen (sogenannte *Schlüsselgewalt*)[1] [2], kann der Mann beschränken oder ausschließen (§ 1357 Abs I S. 1 Halbsatz 1 n. F. BGB. Dieses Recht ist durch die Gleichberechtigung nicht beseitigt (DRiZ 57 Rechtspr S. 42 Nr 485). Die Beschränkung oder Ausschließung kommt nur bei einem *gemeinschaftlichen* Haushalt in Betracht, aber auch bei Getrenntleben der Ehegatten (trotzdem in diesem Falle das Recht der Schlüsselgewalt ruht, sie kommt wieder zur Wirksamkeit, wenn die häusliche Gemein-

[1] Vgl PETERSEIM FamRZ **56** 169 ff.; THIELE FamRZ **58** 115 ff.; ARNOLD FamRZ **58** 193 ff.; BOSCH FamRZ **58** 291. Für *zahnärztliche* Behandlungskosten seiner Ehefrau haftet der Ehemann dem Zahnarzt *nicht* aus § 1357 BGB, wohl aber unter Umständen aus Geschäftsführung ohne Auftrag (FamRZ **61** 315 Nr 106). *Teilzahlungskaufverträge* fallen in der Regel nicht in den Rahmen der Schlüsselgewalt (FamRZ **61** 315 Nr 107). Zur Frage der Inanspruchnahme des Mannes aus nicht rechtsgeschäftlichem Verhalten der Ehefrau im Haushalt vgl SCHLOSSER in FamRZ **61** 287 ff.

[2] Bezüglich des Ankaufs eines Kühlschranks vgl DRiZ **62** B 103 Nr 1319 = MDR **62** 409.

schaft wiederhergestellt wird, RGR 10./11. Aufl. IV 1 S. 48 Anm 5, JFG 14 12ff. u. 224, OLG Hamm in FamRZ 58 465 Nr 191, DRiZ 57 Rechtspr S. 42 Nr 485; wenn der Mann den ehelichen Haushalt verläßt, die Frau aber mit den Kindern in diesem zusammenlebt, tritt das Ruhen nicht ein, JFG 14 12ff.), dagegen nicht mehr nach rechtskräftiger Scheidung (vgl PALANDT-LAUTERBACH, S. 1124 Anm 2 Ia zu § 1357 BGB). Die Beschränkung oder Ausschließung erfolgt durch Erklärung des Mannes oder seines bevollmächtigten Vertreters gegenüber der Frau oder dem dritten Geschäftsbeteiligten; sie setzt voraus, daß die Frau zur Geschäftsbesorgung nicht fähig oder nicht guten Willens ist. Dritten gegenüber ist die Beschränkung oder Ausschließung nur wirksam, wenn sie dem Dritten bekannt oder im Güterrechtsregister des zuständigen Amtsgerichts (vgl § 1558 BGB) nach Maßgabe des § 1412 n. F. BGB eingetragen ist. Der *Antrag* für die Eintragung im Güterrechtsregister hat durch *beide* Ehegatten zu erfolgen; jeder Ehegatte ist dem anderen gegenüber zur Mitwirkung verpflichtet (§ 1561 Abs I BGB i.d.F. d. GleichberG vom 18. 6. 1957). Der Antrag *eines* Ehegatten genügt in den Fällen des § 1561 Abs II BGB, der Antrag des *Mannes* im Falle des § 1357 Abs II BGB.

Hebt das Vormundschaftsgericht die Beschränkung oder Ausschließung der Schlüsselgewalt durch den Mann auf (Zff 2 unten), so genügt alleiniger Antrag der Frau (PALANDT-LAUTERBACH S. 1232 Anm 3 zu § 1561, S. 1126 Anm 5 zu § 1357 BGB). Das Ruhen der Schlüsselgewalt bei getrennt lebenden Ehegatten kann nicht in das Güterrechtsregister eingetragen werden (DRiZ 52 Rechtspr S. 3 Nr 36 = MDR 51 740).

2. Besteht für die Beschränkung oder Ausschließung kein ausreichender Grund, so hat das *Vormundschaftsgericht* sie auf *Antrag der Frau* aufzuheben (§ 1357 Abs II S. 1 Halbs. 2 n. F. BGB). Nach rechtskräftiger Scheidung der Ehe kommt eine Aufhebung nicht mehr in Betracht; jedoch wird ein vor der Rechtskraft des Scheidungsurteils anhängig gewordenes Verfahren nicht schlechthin gegenstandslos, vielmehr ist bei Kostentragungspflicht eines Beteiligten hierüber zu entscheiden, wie im Falle des Nichteintritts der Erledigung der Hauptsache zu entscheiden gewesen wäre (vgl JFG 15 174, 16 199).

a) Das Vormundschaftsgericht hat zu prüfen, ob zur Zeit der Entscheidung ein *wichtiger Grund* objektiv vorliegt; auf Verschulden der Frau kommt es nicht an; ein früher vorhandener, dann aber weggefallener Grund führt zur Aufhebung der Entschließung des Mannes (FamRZ 58 465 Nr 191). Ebenso wie während des Ruhens des Rechtes der Schlüsselgewalt die Entziehung möglich ist (s. oben Zff 1), kann auch die erfolgte Ausschließung während des Ruhens wieder aufgehoben werden.

b) Das *Verfahren* regelt sich nach den Vorschriften für die freiwillige Gerichtsbarkeit, die Zuständigkeit nach § 45 n. F. FGG (Fassung d.

GleichberG vom 18. 6. 1957, BGBl I S. 609). Die Entscheidung liegt dem Richter ob (RpflG § 12 Zff 2). Auch die minderjährige Frau ist antrags- und beschwerdeberechtigt (§ 59 FGG). Das Vormundschaftsgericht kann die Maßnahme des Mannes ganz oder teilweise aufheben (PALANDT-LAUTERBACH S. 1126 Anm 5 zu § 1357 BGB). Die Rechtsmittel bestimmen sich nach den §§ 19, 20 FGG (bei Ablehnung des Antrags), nach den §§ 59 n. F., 60 Abs I Zff 6 FGG (bei Antragsstattgabe). Für die Kostenentscheidung ist § 97 Abs I Zff 1 der Kostenordnung maßgebend.

§ 132. 5. Die Mitwirkung des Vormundschaftsgerichts bei Angelegenheiten des gesetzlichen Güterrechts[1]

I. Gemäß § 1365 Abs I n. F. BGB kann sich ein Ehegatte nur mit Einwilligung des anderen Ehegatten oder seines gesetzlichen Vertreters verpflichten, *über sein Vermögen im ganzen zu verfügen*[2 3 4].

Zweck dieser Vorschrift ist es zu verhindern, daß ein Ehegatte durch ein ohne Zustimmung des anderen Ehegatten vorgenommenes Rechtsgeschäft über sein Vermögen im ganzen die wirtschaftliche Grundlage der Familie erschüttern kann (FamRZ 59 291 Nr 157, RGR 10./11. Aufl. IV 1 S. 105 Anm 3). Für die Anwendung des § 1365 n. F. BGB ist deshalb die wirtschaftliche Beurteilung des Sachverhalts von ausschlaggebender Bedeutung (FamRZ 59 166 Nr 76).

Die Verfügung kann auch in mehreren Verträgen, die eine Einheit bilden, erfolgen; es genügt ferner, wenn zwar nur über ein oder mehrere Stücke des Vermögens verfügt wird, diese aber im wesentlichen das ganze Vermögen ausmachen (vgl hierzu RGZ 137 349; FamRZ 59 64 Nr 29; 60 199 Nr 87 = Rpfl 59 349 Nr 160 = DRiZ 60 B 6 Nr 94; Rpfl 60 370 Nr 190; FamRZ 61 30 Nr 4 = DRiZ 61 B 5 Nr 101 — Grundstücksmiteigentum von Ehegatten —, einschränkend bei gesichertem Einkommen NJW 60 2002 = DRiZ 61 B 5 Nr 99; BOSCH in FamRZ 58 294, RGR IV 1 S. 107 Anm 6 bis 8; zur sogenannten „subjektiven Theorie" — Kenntnis des Vertragsgegners — Rpfl 60 368

[1] Vgl auch die Überleitungsvorschrift im GleichberG Art 8 I Zff 3 Abs II. Rechtsprechung hierzu s. FamRZ 59 250 Nr 132 u. 133, DRiZ 59 B 17 Nr 304; JMBLNRW 59 16, Rpfl 58 377.

[2] Zu der Frage, ob § 1365 Abs I n. F. BGB auf den Teilungsversteigerungsantrag anwendbar ist, vgl auch SCHIFFHAUER in FamRZ 60 185, zu der Frage, ob auch der Testamentsvollstrecker der Verfügungsbeschränkung des § 1365 n. F. BGB unterliegt, wenn ihr der Erbe unterliegen würde, vgl STAUDENMEIER und HAEGELE in Rpfl 60 385.

[3] Zum Begriff der „Verfügung" vgl Rpfl 60 291 Nr 147; RGR IV 1 S. 112 Anm 23.

[4] Auch eine *Eigentumswohnung* kann das gesamte Vermögen eines Ehegatten darstellen (FamRZ 62 473 Nr 193).

Nr 189 mit ausführlicher Anmerkung von HAEGELE); wegen der Wirksamkeit von Verfügungen über *Teilvermögenswerte* z. B. Grundstücks-, anteile, Hypothekenforderungen, Grundstücksbelastungen vgl. RGR IV 1 S. 106 Anm 9; FamRZ **59** 64 Nr 30, **59** 118 = Rpfl **59** 16 Nr 5 = DRiZ **59** B 38 Nr 464 = JMBlNRW **59** 29 und **59** 53; FamRZ **59** 244 Nr 125; **59** 245 Nr 126; **59** 247 Nr 127; **60** 500 Nr 224 bis 227; DRiZ **59** B 71 = JR **59** 315; Rpfl **60** 224 Nr 128; 227 Nr 129, 289 Nr 146 = DRiZ **60** B 118 Nr 1241; Nr 1238, 1239, 1240, 1242, 1243; **61** B 103 Nr 1177 (Hinweis auf RIEDEL, Vermögens- und Verfügungsinhalt zu §§ 419, 1365 BGB im Grundstücksverkehr); **61** B 106 Nr 1245 (bei *dinglichen Unterwerfungsklauseln*); **62** B 6 Nr 109 (Hinweis auf WEIMAR, Bestellung einer Kaufgeldhypothek); **62** B 7 Nr 110, 111 (Belastung mit einem Nießbrauch), 112; **62** B 71 Nr 924 (Hinweis auf WEIMAR, Eigentumsverhältnisse bei den von Ehegatten angeschafften Sachen und bei Verlobungsgeschenken); **62** B 103 Nr 3123 (Hinweis auf WEIMAR, Bürgschaft und Schuldmitübernahme der Ehefrau); für *Pensionsansprüche* vgl NJW **60** 2190 = DRiZ **61** B 5 Nr 100; wegen des Antrags eines Ehegatten auf *Teilversteigerung* (§ 181 ZVG) vgl MDR **61** 242 = DRiZ **61** B 39 Nr 485. Auch ein *Erbauseinandersetzungsvertrag* kann eine Verfügung über das Vermögen eines Ehegatten im ganzen enthalten (BGH vom 28. 4. 1961 — VZB 17/60 — in FamRZ **61** 302, 305 Nr 97). Es stellt ein Geschäft betr das Vermögen im ganzen i. S. des § 1365 BGB dar, wenn ein Ehegatte in vollstreckbarer Urkunde seinen erstehelichen Kindern ein *Schuldanerkenntnis* erteilt, dessen Schuldbetrag tatsächlich das gesamte Vermögen erfaßt (FamRZ **61** 316 Nr 108; 317 Nr 109). Die Zustimmung des anderen Ehegatten ist auch erforderlich, wenn ein Ehegatte für den *Kauf eines Grundstücks* sein gesamtes Vermögen aufwenden muß (FamRZ **59** 243 Nr 124. Weitere Fälle s. in DRiZ **63** B 7 Nr 115, 116. Zur Rechtsprechung zu § 1365 Abs I n. F. BGB vgl ferner REITHMANN in DNZ **60** 301, zur Problematik des § 1365 BGB unter besonderer Berücksichtigung des *Gesellschaftsrechtes*, TIEDAU in MDR **61** 721 (Hinweis in DRiZ **61** B 106 Nr 1244), RIEDEL in MDR **62** 4, schließlich MÜLKE, Zur Verwaltungsbeschränkung des § 1365 Abs I BGB (Hinweis in FamRZ **62** 421).

Auf die Beschränkung des § 1365 Abs I n. F. BGB kann allerdings ehevertraglich *verzichtet* werden (PALANDT-LAUTERBACH S. 1143 Anm 1 zu § 1365 n. F. BGB). Dagegen kann über den gesetzlich erschöpfend geregelten Umfang der Verwaltungsbeschränkungen hinaus auch durch Ehevertrag nicht die Verwaltungsbefugnis ausgeschlossen oder beschränkt werden (RGR IV 1, 10./11. Aufl., S. 104 Anm 2).

Hat der verfügende Ehegatte sich ohne die Zustimmung des anderen Ehegatten verpflichtet, so kann er die Verpflichtung nur erfüllen, wenn der andere Ehegatte einwilligt. Wer sich *vor* Eingehung einer Ehe zur Übertragung seines Vermögens im ganzen verpflichtet hat, bedarf nach

Eingehung einer Ehe zur Erfüllung dieses Geschäftes nicht der Einwilligung seines Ehegatten (DRiZ 60 B 6 Nr 95).

Verweigert der andere Ehegatte die erforderliche Zustimmung ohne ausreichenden Grund oder ist er durch Krankheit oder Abwesenheit an der Abgabe der Erklärung verhindert und ist mit dem Aufschub Gefahr verbunden, so *kann das Vormundschaftsgericht auf Antrag* des sich verpflichtenden Ehegatten die Zustimmung des anderen Ehegatten ersetzen[1], wenn das Rechtsgeschäft den Grundsätzen einer ordnungsmäßigen Verwaltung entspricht (§ 1365 Abs I n. F. BGB).

Praktisch werden die Fälle des Verpflichtungsvertrages sehr häufig sein; aber auch dingliche Geschäfte gehören hierher. In Betracht kommen namentlich Hofübergabe (vgl RGR IV 1, 10./11. Aufl., S. 106 Anm 8), Übergabe- und Altenteilsvertrag (MDR 62 220), Betriebsveräußerung, Übertragung einer Unternehmensbeteiligung, Sicherungsübereignungen, ferner auch Verpfändungen, Nießbrauchbestellungen (vgl hierzu und zu weiteren zum Teil rechtlich zweifelhaften Fällen Bosch in FamRZ 58 294). Die Bestellung einer Eigentümergrundschuld fällt jedoch nicht unter § 1363 n. F. BGB (FamRZ 60 238 Nr 111).

a) *Voraussetzung* der Ersetzung der Zustimmung durch das Vormundschaftsgericht ist also, daß das Rechtsgeschäft den Grundsätzen einer im Familieninteresse ordnungsmäßigen Vermögensverwaltung entspricht, also nicht nur den eigenen Interessen des Ehegatten oder *eines* Kindes zugute kommt, sondern auf alle Familienangehörigen (Eltern und Kinder) bei vernünftiger Wirtschaftsführung Rücksicht nimmt; dagegen ist nicht erforderlich, daß das Geschäft zur ordnungsmäßigen Wirtschaft *erforderlich* ist (Palandt-Lauterbach S. 1145 Anm 5 zu § 1365 n. F. BGB).

b) Die Ersetzung der Zustimmung ist nur zulässig, wenn diese *ohne ausreichenden Grund* verweigert wird. Ausreichender Grund kann z. B. auch vorliegen, wenn zu besorgen ist, daß der Ertrag des Rechtsgeschäfts voraussichtlich nicht im Interesse der Familie verwendet oder Unterhaltsansprüche gefährdet werden (vgl Palandt a. a. O., S. 1145, RGR 10./11. Aufl. IV 1 S. 117 Anm 41). *Nicht* ausreichend ist es, wenn die Zustimmung zum Zwecke der Durchsetzung eines mit der Verfügung selbst nicht in unmittelbarem Zusammenhang stehenden Anspruchs des anderen Ehegatten verweigert wird (FamRZ 62 162 Nr 65; JMBlNRW 62 47). Auch *Krankheit* oder *Abwesenheit* können die Ersetzung der Zustimmung rechtfertigen, wenn Gefahr im Verzuge ist; es kann auch

[1] Der Zustimmung des anderen Ehegatten zur Erfüllung einer vor dem 1. Juli 1958 eingegangenen rechtswirksamen Verpflichtung bedarf es dann auch nicht, wenn eine Gesamtvermögensverfügung i. S. des § 1365 n. F. BGB vorliegen sollte (FamRZ 59 S. 119 Nr 54 u. S. 240 Nr 121, s. auch S. 241 Nr 122, FamRZ 59 64 Nr 30, 59 244 Nr 125.

vorübergehende Abwesenheit ausreichen. In den Fällen von Krankheit und Abwesenheit ist jedoch, wenn der gesetzliche Vertreter die Zustimmung verweigert, die Bestellung eines Pflegers erforderlich (PALANDT-LAUTERBACH S. 1158 Anm 5 zu § 1365 a. F. BGB).

c) Das *Verfahren* richtet sich nach den Vorschriften über die freiwillige Gerichtsbarkeit; es wird in Gang gesetzt durch einen *Antrag* des sich verpflichtenden Ehegatten. *Äußerung* des anderen Ehegatten wird regelmäßig geboten sein; auch andere Beteiligte z. B. des Vertragsgegners wird unter Umständen zweckmäßig sein. Die *Entscheidung* obliegt dem Richter (§ 12 Zff 6 RpflG); die Zustimmung kann nur *im ganzen* erteilt oder abgelehnt werden (vgl JFG 11 42). Bei Ablehnung des Antrags findet die einfache *Beschwerde* statt; die dem Antrag entsprechende Entscheidung wird erst mit der Rechtskraft wirksam (§ 53 Abs I n. F. FGG), sie ist mit der *sofortigen Beschwerde* anfechtbar (§ 60 Abs I Zff 6 FGG). Ist Gefahr im Verzuge, so kann das Vormundschaftsgericht die sofortige Wirksamkeit der Verfügung anordnen; diese wird dann mit der Bekanntgabe an den Antragsteller wirksam (§ 53 Abs II n. F. JGG. Wegen der *Kosten* vgl § 97 Abs I Zff 1 Kost 0).

d) Die Ersetzung der Zustimmung *wirkt* wie die Zustimmung des verweigernden Ehegatten; vgl aber auch § 1366 Abs III n. F. BGB. Fehlt die Zustimmung, so handelt es sich nicht um eine relative Unwirksamkeit i. S. von § 1365 BGB, sondern um eine solche, die jedermann gegenüber wirksam ist (JMBlNRW 59 255, NJW 60 436 = FamRZ 60 199 Nr 87 = Rpfl 59 349 Nr 160, DRiZ 60 B 43 Nr 488).

II a) Ein Ehegatte kann über ihm gehörende Gegenstände des ehelichen *Haushaltes* nur verfügen und sich zu einer solchen Verfügung auch nur verpflichten, wenn der andere Ehegatte einwilligt (§ 1369 Abs I n. F. BGB sog. Vinkulierung des Hausratsgeschäftes)[1]. § 1369 n. F. BGB gilt auch bei Getrenntleben der Eheleute, jedoch nicht für Gegenstände, die mit Rücksicht auf die Trennung angeschafft sind (PALANDT-LAUTERBACH S. 1149 Anm 1, 2 zu § 1369, RGR 10./11. Aufl IV 1 S. 137, 138 Anm 11, 12). Gemäß § 1369 Abs III n.F. BGB gelten die Vorschriften der §§ 1366 bis 1368 n. F. BGB entsprechend. Diese Vorschriften betreffen die Genehmigung von Verträgen, die ein Ehegatte ohne die erforderliche Einwilligung des anderen Ehegatten schließt (§ 1366), die Unwirksamkeit von einseitigen Rechtsgeschäften, die ohne die erforderliche Einwilligung vorgenommen werden (§ 1367) und die Rechte des anderen Ehegatten, die sich aus der Unwirksamkeit der Verfügung ergeben, gegen den Dritten (§ 1368). Entscheidend für die Frage der Wirksamkeit des Geschäfts ist die objektive Rechtslage zur Zeit der Vornahme des

---

[1] Vgl auch Aufsatz von BOEHMER in FamRZ 59 1 ff. und 81 ff; ferner Hinweis in DRiZ 61 B 106 Nr 1245.

Geschäfts[1]. Der gute Glaube des Vertragsgegners, daß der handelnde Ehegatte nicht verheiratet sei oder daß der andere Ehegatte zugestimmt habe, wird nicht geschützt (PALANDT-LAUTERBACH 1148 Anm 2 zu § 1368 n. F. und S. 1150 Anm 3 zu § 1369 n. F., BOSCH in FamRZ 58 294).

b) Das *Vormundschaftsgericht* kann auf Antrag des Ehegatten die *Zustimmung* des anderen Ehegatten *ersetzen*, wenn dieser sie ohne ausreichenden Grund verweigert oder durch Krankheit oder Abwesenheit verhindert ist, eine Erklärung abzugeben. Hierbei ist abweichend von § 1365 Abs II BGB nicht erforderlich, daß das beabsichtigte Rechtsgeschäft den Grundsätzen einer ordnungsmäßigen Verwaltung entspricht und daß bei Krankheit und Abwesenheit Gefahr im Verzuge ist. Als *ausreichender Grund* ist stets eine Schädigung des Familieninteresses anzusehen (PALANDT-LAUTERBACH S. 1150 Anm 4 zu § 1369 n. F. BGB, RGR 11./10. Aufl., IV 1 S. 141 Anm 23). Im übrigen kann auch bezüglich des Verfahrens und der Wirksamkeit der Ersetzung der Zustimmung des Vormundschaftsgerichts auf die Ausführungen zu Ziffer I verwiesen werden. Hat das Vormundschaftsgericht die Zustimmung des Ehemannes zu einem Rechtsgeschäft der Ehefrau ersetzt, so erlischt durch nachträgliche rechtskräftige Entscheidung das Beschwerderecht des Mannes nicht (vgl für das frühere Recht DRZ 53 Rechtspr S. 28 Nr 272 = NJW 53/44).

III. Gemäß § 1363 Abs I n. F. BGB leben die Ehegatten im Güterstand der *Zugewinngemeinschaft*, wenn sie nicht durch Ehevertrag etwas anderes vereinbaren. Das Vermögen des Mannes und das Vermögen der Frau werden nicht gemeinschaftliches Vermögen der Ehegatten; dies gilt auch von dem Vermögen, das ein Ehegatte nach der Eheschließung erwirbt. Der *Zugewinn* wird jedoch *ausgeglichen*, wenn die Zugewinngemeinschaft endet (§ 1363 Abs II n. F. BGB). Die Vorschriften über den Ausgleich sind in den §§ 1371 ff. n. F. BGB enthalten. Übersteigt der Zugewinn des einen Ehegatten den Zugewinn des anderen, so steht die Hälfte des Überschusses dem anderen Ehegatten als *Ausgleichsforderung* zu (§ 1378 Abs I n. F. BGB). Bei der Abwicklung dieser Forderung hat das Vormundschaftsgericht in mehrfacher Hinsicht mitzuwirken (§§ 1382, 1383 n. F. BGB)[2].

1. Das Vormundschaftsgericht kann eine Ausgleichsforderung, wenn sie vom Schuldner nicht bestritten wird, *stunden* (§ 1382 Abs I n. F. BGB).

---

[1] Wegen der sich aus der Vinkulierung ergebenden Zweifelsfragen im Zivilprozeß gegen den Dritten vgl BROX in FamRZ 61 281ff.

[2] Zum Verhältnis der prozeßgerichtlichen und der vormundschaftsgerichtlichen Entscheidungen bei Ausgleichsforderungen in den Fällen von Stundungsanträgen (§ 1382 BGB) und Übertragungsanträgen (§ 1383 BGB) vgl BAUR in FamRZ 62 509 zu II 1.

Es handelt sich hierbei um eine Art richterlicher Vertragshilfe (Bosch in FamRZ 1958 S. 295).

a) *Voraussetzung* ist ein *Antrag* des Schuldners. Ferner muß die sofortige Zahlung den Schuldner *besonders hart treffen*, andererseits aber dem Gläubiger *zuzumuten* sein. Der Antrag kann auf einen Teil der Forderung beschränkt werden. Besonders hart treffen wird den Schuldner z. B. die Notwendigkeit, wertvollen Besitz unter Preis wegzugeben, um die Ausgleichsforderung befriedigen zu können. Dem Gläubiger wird die Stundung nicht zuzumuten sein, wenn er aus triftigen Gründen auf die Forderung angewiesen ist. Erforderlich ist eine Abwägung der Interessenlage durch das Vormundschaftsgericht; zweckmäßig wird vielfach ein Hinweis auf die Möglichkeit der Abgeltung durch Übertragung von Vermögensgegenständen (§ 1383 n. F. BGB) sein (Palandt-Lauterbach S. 1163 Anm 2 zu § 1382 n. F. BGB).

b) Das *Verfahren* ist, wenn die Forderung unbestritten ist, ein solches der freiwilligen Gerichtsbarkeit (soweit die Forderung bestritten und deshalb das Prozeßgericht angerufen wird, entscheidet dieses auch über den bei ihm zu stellenden Stundungsantrag, § 1382 Abs V n. F. BGB, durch Urteil). Wegen der Vollstreckung vgl jedoch § 53a Abs IV n. F. FGG (s. unten). Die örtliche Zuständigkeit bestimmt sich nach § 45 FGG. Die Angelegenheit ist dem Richter vorbehalten (§ 12 Zff 18a RpflG), es soll mündliche Verhandlung mit den Beteiligten stattfinden, wobei auf gütliche Einigung hinzuwirken ist (§ 53a Abs I FGG). Wird ein *Vergleich* geschlossen, so ist eine Niederschrift gemäß §§ 159, 160 ZPO aufzunehmen; dies ist Voraussetzung der Vollstreckung, § 53a Abs IV FGG. Der Vergleich kann auch die Verpflichtung des Schuldners zur Zahlung der Ausgleichsforderung enthalten (§ 53a Abs I S. 3 FGG). Ferner kann in dem Vergleich ein etwa anhängiger Rechtsstreit über die Ausgleichsforderung (§ 1382 Abs V n. F. BGB) beigelegt werden. Kommt keine Einigung zustande, so entscheidet das Vormundschaftsgericht nach Durchführung der erforderlichen Ermittlungen gemäß § 12 FGG. In der Verfügung, durch die über den Antrag auf Stundung der Ausgleichsforderung entschieden wird, kann das Gericht auf Antrag des Gläubigers auch die Verpflichtung des Schuldners zur Zahlung der Ausgleichsforderung aussprechen (§ 53a Abs II S. 2 FGG). Das Vormundschaftsgericht spricht im Falle der Stundung die Verpflichtung des Schuldners zur Verzinsung (§ 1382 Abs II n. F. BGB) aus und kann auf Antrag anordnen, daß der Schuldner für eine gestundete Forderung Sicherheit zu leisten hat (Abs III a. a. O.); über die Höhe der Verzinsung und über Art und Höhe der Sicherheitsleistung entscheidet das Vormundschaftsgericht nach billigem Ermessen (Abs IV a. a. O.), es ist also nicht an die §§ 232ff. BGB gebunden (Palandt-Lauterbach S. 1164 Anm 3 zu § 1382 n. F. BGB).

Die Verfügung des Vormundschaftsgerichts wird erst mit der Rechtskraft wirksam (§ 53a Abs II S. 1 FGG, eingefügt durch das GleichberG vom 18. 6. 1957) und ist infolgedessen mit der sofortigen Beschwerde *anfechtbar* (§ 60 Abs I Zff 6 FGG). Bei Ablehnung des Stundungsantrages findet die einfache Beschwerde statt (§§ 19, 20 FGG).

Im Falle des Bedürfnisses können *einstweilige Anordnungen* getroffen werden, die nur mit der Endentscheidung angefochten werden können (§ 53a Abs III n. F. FGG).

Die *Vollstreckung* rechtskräftiger Entscheidungen, gerichtlicher Vergleich und einstweilige Anordnungen werden nach den Vorschriften der ZPO vollstreckt (§ 53a Abs. IV n. F. FGG).

Gemäß § 1382 Abs VI n. F. BGB kann das Vormundschaftsgericht eine rechtskräftige Entscheidung auf Antrag aufheben oder ändern, sofern sich die Verhältnisse *wesentlich geändert* haben; dies gilt auch für die vor dem Vormundschaftsgericht geschlossenen Vergleiche, soweit sie die Stundung betreffen, und in diesem Rahmen auch die Entscheidungen des Prozeßgerichts; die Veränderung kann sowohl die Verhältnisse des Gläubigers als auch die des Schuldners betreffen, sie kann auch in den allgemeinen Verhältnissen liegen, sie muß aber wesentlich sein und darf erst nach der Stundungsantragsentscheidung eingetreten sein (PALANDT-LAUTERBACH S. 1164 Anm 5 zu § 1382 n. F. BGB). Wegen des Verhältnisses der Änderungsbefugnis des Vormundschaftsgerichts (§ 1382 Abs VI n. F. BGB) zu den Vorschriften über den Vollstreckungsschutz vgl PALANDT-LAUTERBACH a. a. O. und BAUR in FamRZ 58 255 unter Zff II 1 b.

2. Das Vormundschaftsgericht kann auf Antrag des Gläubigers anordnen, daß der Schuldner *bestimmte Gegenstände* seines Vermögens dem Gläubiger *unter Anrechnung auf die Ausgleichsforderung* zu übertragen hat, wenn dies erforderlich ist, um eine grobe Unbilligkeit für den Gläubiger zu vermeiden und wenn dies dem Schuldner zugemutet werden kann (§ 1383 Abs I S. 1 n. F. BGB; sog. Sachwerte-Adjudikation, BOSCH in FamRZ 58 S. 295). Z. B. könnte für den Gläubiger die Notwendigkeit, eine langwierige Auseinandersetzung zu vermeiden, bestehen, die unter Umständen, etwa bei schlechter Vermögenslage des Schuldners, die Gefahr erheblicher Unsicherheit in sich bergen würde, andererseits würde dem Schuldner kaum zuzumuten sein, alten Familienbesitz aufzugeben (PALANDT-LAUTERBACH S. 1165 Anm 2 zu § 1383 n. F. BGB, vgl auch RGR 10./11. Aufl. IV 1 S. 236 Anm 7).

In der Entscheidung des Vormundschaftsgerichts ist der *Betrag* festzusetzen, der auf die Ausgleichsforderung *angerechnet wird* (§ 1382 Abs 1 S. 2 n. F. BGB).

In dem Antrag müssen die *Gegenstände*, deren Übertragung begehrt wird, *bezeichnet* werden (§ 1383 Abs II n. F. BGB). Andere Gegenstände kann das Gericht nicht auswählen (PALANDT-LAUTERBACH a. a. O. S. 1165 Anm 3). Für das *Verfahren* gilt § 53a n. F. FGG, die Entscheidung obliegt dem Richter, § 12 Zff 18a RpflG. Bei Anordnung der Übertragung eines Grundstücks gilt gemäß § 53a Abs IV FGG, § 894 Abs I ZPO die Einigungserklärung des Schuldners mit der Rechtskraft der Entscheidung als abgegeben.

§ 133. 6. Die Mitwirkung des Vormundschaftsgerichts bei Angelegenheiten des vertragsmäßigen Güterrechts

I. Haben die Ehegatten die güterrechtlichen Verhältnisse durch Ehevertrag geregelt (§§ 1408 n. F. ff. BGB) und dabei Gütergemeinschaft vereinbart (§§ 1415 n. F. ff. BGB), so soll in dem Ehevertrag bestimmt werden, ob das *Gesamtgut* von dem Mann oder der Frau oder von den Ehegatten gemeinschaftlich verwaltet werden; fehlt eine solche *Bestimmung*, so *verwalten* die Ehegatten das *Gesamtgut* gemeinschaftlich (§ 1421 n. F. BGB).

1a) Verwaltet *ein* Ehegatte das Gesamtgut, so unterliegt er bei der Verwaltung gewissen *Beschränkungen*. Gemäß § 1423 n. F. BGB kann der Verwalter nur mit Einwilligung des anderen Ehegatten sich verpflichten, über das Gesamtgut *im ganzen* zu verfügen. Ist eine solche Verpflichtung des anderen Ehegatten eingegangen worden, so kann die Verpflichtung nur erfüllt werden, wenn der andere Ehegatte einwilligt. Ähnliches gilt für die Verfügung über *Grundstücke*, *eingetragene Schiffe* oder *Schiffsbauwerke*, die zum Gesamtgut gehören (§ 1424 n. F. BGB). Hierbei handelt es sich allerdings im Falle des § 1423, soweit entgeltliche Geschäfte in Betracht kommen, nicht um zwingendes Recht, vielmehr ist insoweit Abänderung durch Ehevertrag möglich (vgl RGR 10./11. Aufl. S. 362 Anm 23, S. 370 Anm 3b, auch PALANDT-LAUTERBACH S. 1184 Anm 1 zu § 1423 n. F. BGB); im Falle des § 1424 ist ganz allgemein Abänderung durch Ehevertrag möglich (S. 1185 Anm 1 zu § 1424 n. F. BGB, allerdings abw. von der zitierten Entscheidung in RGZ 159 363, 366, wo die Frage dahingestellt bleibt; vgl ferner FamRZ 56 228 = DRiZ 56 Rechtspr S. 94 Nr 919. In den Fällen der §§ 1423, 1424 n. F. BGB kann aber jedenfalls dann, wenn das Rechtsgeschäft zur ordnungsmäßigen Verwaltung des Gesamtgutes erforderlich ist, das *Vormundschaftsgericht* auf *Antrag* des Verwalters (nicht des an dem Rechtsgeschäft beteiligten Dritten, JFG 9 40ff., PALANDT-LAUTERBACH S. 1182 Anm 1 zu § 1421 n. F. i. V. m. S. 1146 Anm 6 zu § 1365 n. F. BGB) die Zustimmung des anderen Ehegatten unter der Voraussetzung *ersetzen*, daß sie ohne ausreichenden Grund verweigert wird oder der andere Ehegatte durch Krankheit oder Abwesenheit an der Abgabe einer Erklärung verhindert *und* mit dem Aufschub Gefahr verbunden ist (§ 1426

n. F. BGB)[1]. Wegen dieser Voraussetzungen und des Verfahrens kann auf die Ausführungen zu § 132 Zff I a, b und Zff II b verwiesen werden.

b) Wenn der das Gesamtgut verwaltende Ehegatte die Zustimmung zu einem Rechtsgeschäft, das der andere Ehegatte für ordnungsmäßige Besorgung seiner *persönlichen Angelegenheiten* vornehmen muß, aber ohne diese Zustimmung nicht mit Wirkung für das Gesamtgut vornehmen kann, ohne ausreichenden Grund verweigert, so kann das Vormundschaftsgericht die Zustimmung auf Antrag ersetzen (§ 1430 n. F. BGB). Diesen *Antrag* kann nur der andere Ehegatte stellen, nicht der an dem Rechtsgeschäft beteiligte Dritte. Die *persönlichen Angelegenheiten* können auch die zur Führung eines Rechtsstreits notwendigen Rechtsgeschäfte betreffen, sofern diese zur *ordnungsmäßigen Besorgung* notwendig (nicht nur zweckmäßig oder vorteilhaft, vgl PALANDT-LAUTERBACH S. 1199 Anm 2 zu § 1430) sind. Wenn in einem solchen oder ähnlichen Falle die Mittel des anderen Ehegatten nicht ausreichen und deswegen die Inanspruchnahme von Gesamtgut zur Beschaffung der Mittel erforderlich ist, der Verwalter die Zustimmung hierzu aber ohne ausreichenden Grund (der unter Umständen im widerstreitenden Interesse der Familie gefunden werden kann) verweigert, so findet § 1430 n. F. BGB Anwendung. Wegen des *Verfahrens* und der Wirkung der Ersetzung der Zustimmung vgl § 132 Zff I c, d.

2. *Verwalten die Ehegatten* das Gesamtgut *gemeinschaftlich*[2], so kann das Vormundschaftsgericht auf *Antrag* eines Ehegatten die Zustimmung des anderen Ehegatten zur Vornahme eines Rechtsgeschäfts oder zur Führung eines Rechtsstreits ersetzen, wenn diese Geschäfte zur ordnungsmäßigen Verwaltung des Gesamtgutes erforderlich sind und der andere Ehegatte die Zustimmung ohne ausreichenden Grund verweigert (§ 1452 Abs I n. F. BGB). Hierfür gilt Entsprechendes wie im Falle des § 1430 n. F. BGB (s. oben Zff 1 b). Die Vorschrift des § 1452 Abs II n. F. BGB gilt auch, wenn zur ordnungsmäßigen Besorgung der persönlichen Angelegenheiten eines Ehegatten ein Rechtsgeschäft erforderlich ist, das der Ehegatte mit Wirkung für das Gesamtgut nicht ohne Zustimmung des anderen Ehegatten vornehmen kann (§ 1452 Abs II n. F. BGB).

II. Bei der *fortgesetzten Gütergemeinschaft* (§§ 1483—1518 n. F. BGB) nimmt hinsichtlich des Gesamtgutes der überlebende Ehegatte die Stellung des allein verwaltenden Ehegatten, die anteilberechtigten Abkömmlinge nehmen die rechtliche Stellung des anderen ein (§ 1487 Abs I n. F. BGB).

---

[1] Für den Fall einer vor dem 1. April 1953 vereinbarten allg. Gütergemeinschaft vgl NJW 55 1719 = DNZ 56 45 = DRiZ 56 Rechtspr S. 15 Nr 230.

[2] Vgl auch § 1458 n. F. BGB.

Das *Vormundschaftsgericht* tritt nur in seltenen Fällen in Erscheinung.

1. Steht der überlebende Ehegatte unter elterlicher Gewalt oder unter Vormundschaft, so bedarf er zur Ausübung des ihm zustehenden Rechts der *Ablehnung* der Fortsetzung der Gütergemeinschaft die Genehmigung des Vormundschaftsgerichts (§ 1484 Abs II S. 2 n. F. BGB). Daneben muß natürlich der gesetzliche Vertreter des Ehegatten der Ablehnung zustimmen.

2. Gemäß *§ 1487* Abs I n. F. BGB bestimmen sich die Rechte und Verbindlichkeiten des überlebenden Ehegatten in Ansehung des Gesamtgutes der fortgesetzten Gütergemeinschaft u. a. auch nach *§ 1426* n. F. BGB. Infolgedessen gelten insoweit die Ausführungen oben zu Zff I 1 a auch für die fortgesetzte Gütergemeinschaft[1].

3. Will ein anteilberechtigter Abkömmling, der unter elterlicher Gewalt oder unter Vormundschaft steht, auf seinen Anteil an dem Gesamtgute *verzichten*, was einseitig in öffentlich beglaubigter Form gegenüber dem für den vertretenen Ehegatten zuständigen Nachlaßgericht oder durch gerichtlich oder notariell zu beurkundenden Vertrag mit dem überlebenden Ehegatten und den übrigen anteilsberechtigten Abkömmlingen geschehen kann (§ 1491 Abs I und II n. F. BGB), so ist für den Verzicht die Genehmigung des Vormundschaftsgerichts erforderlich (§ 1491 Abs III n. F. BGB). Der Verzicht hat die Anwachsung gemäß § 1490 n. F. BGB zur Folge.

4. Ähnliches gilt für die *Aufhebung* der fortgesetzten Gütergemeinschaft durch den unter elterlicher Gewalt oder unter Vormundschaft stehenden überlebenden Ehegatten (§ 1492 Abs III n. F. BGB). Die Aufhebung kann nur gegenüber allen Abkömmlingen erfolgen, sie führt zur Beendigung der fortgesetzten Gütergemeinschaft und zur Auseinandersetzung (PALANDT-LAUTERBACH S. 1219 Anm 1 zu § 1492 n. F. BGB).

5. Wenn der überlebende Ehegatte sich *wiederverheiraten* will und ein anteilberechtigter Abkömmling minderjährig oder bevormundet wird, so muß er dies dem Vormundschaftsgericht anzeigen, ein Verzeichnis des Gesamtgutes einreichen, die fortgesetzte Gütergemeinschaft aufheben und die Auseinandersetzung herbeiführen. Das Vormundschaftsgericht kann gestatten, daß die Aufhebung der Gütergemeinschaft bis zur Eheschließung unterbleibt und daß die Auseinandersetzung erst später erfolgt (§ 1493 Abs II n. F. BGB). Die Mitteilung an das Vormundschaftsgericht ist auch dann zu machen, wenn der überlebende Ehegatte nicht die elterliche Gewalt hat oder Vormund ist; gegebenenfalls bleiben die Pflichten aus den §§ 1683, 1845 BGB neben der Mitteilungspflicht des

[1] Für den Fall, daß ein Ehegattenhof zum Gesamtgut gehört, vgl PALANDT-LAUTERBACH S. 1225 Vorb Anm 3 und RGZ **149** 271 = JFG **13** 161, **23** 52. Wegen der verfassungsrechtlichen Zulässigkeit des Vorzuges des männlichen Geschlechts gemäß § 6 Abs I S. 3 der Höfeordnung vgl BGHZ **30** 50.

§ 1493 n. F. BGB bestehen (PALANDT-LAUTERBACH S. 1220 Anm 2 zu § 1493 n. F. BGB).

III. Wegen der örtlichen Zuständigkeit des Vormundschaftsgerichts in den Fällen zu I und II vgl § 45 FGG i.d.F. des Gleichberechtigungsgesetzes zu Art 4 Zff 3.

§ 134. 7. Die Untersagung der Namensführung nach Auflösung der Ehe

1. Ist die Frau im Eheprozeß (vgl §§ 37 Abs II, 52 EheG vom 20. 2. 1946, Gesetz Nr 16 des Kontrollrats) für allein schuldig oder für überwiegend schuldig erklärt, so kann ihr der Mann durch öffentlich beglaubigte Erklärung gegenüber dem Standesbeamten die Weiterführung seines Namens untersagen (§ 56 Abs I EheG). Darüber hinaus kann das Vormundschaftsgericht der Frau, wenn sie sich nach der Scheidung einer schweren Verfehlung gegen den Mann schuldig macht oder gegen seinen Willen einen ehrlosen oder unsittlichen Lebenswandel führt, *auf Antrag des Mannes*[1] die Weiterführung seines Namens untersagen (§ 57 Abs I EheG)[2]; vgl hierzu BayObLG vom 29. 12. 1960 in FamRZ 62 474 Nr 194 (genaue Aufklärung des Sachverhalts ist notwendig). Zur Mitteilungspflicht gegenüber den Standesämtern vgl RV d. JMNRW vom 22. 11. 1962 (1454 — I B 68). Dies gilt entsprechend, wenn die Frau einen früheren Ehenamen (aus einer Ehe mit Nachkommenschaft), den sie bei Eingehung der geschiedenen Ehe hatte, wieder angenommen hatte (§§ 55 Abs II, 57 Abs I, II EheG); hat jedoch der frühere Ehemann der in der neuen Ehe aus alleinigem oder überwiegendem Verschulden geschiedenen Frau auf die (gesetzlich vermutete) Untersagung ausdrücklich, und zwar grundsätzlich in öffentlich beglaubigter Form, verzichtet, so kann die Frau den früheren Ehenamen wiederannehmen (vgl OLG Frankfurt in DRiZ 62 B 107 Nr 1402 = NJW 62 1624 = FamRZ 62 378ff. Nr 154 m. kritischer Anmerkung von BOSCH und zustimmender Anmerkung von LIST).

Zweck der Vorschriften des § 57 Abs I und II EheG ist, in Ergänzung des § 56 EheG die Unbescholtenheit des Mannesnamens im Interesse des Mannes zu schützen (PALANDT-LAUTERBACH S. 2010 Anm 2 zu § 57 EheG).

2. Die Frage, ob § 57 Abs I EheG gegen das *Grundgesetz* (Art 3 Abs II) verstößt, ist vom BGH verneint worden (BGHZ 21 301, NJW 56 1837 = DRiZ 57 Rechtspr S. 6 Nr 71, vgl auch OLG Hamm in Rpfl

---

[1] Ist der Ehemann verstorben, so haben die Angehörigen kein Antragsrecht (PALANDT-LAUTERBACH S. 2011 Anm 3 zu § 57 EheG).

[2] Die Führung des Zusatzes „geschiedene" kann der Ehefrau nicht untersagt werden (FamRZ 55 22 = MDR 55 166 = DRiZ 55 Rechtspr S. 46 Nr 486).

57 84 = DRiZ 57 Rechtspr S. 66 Nr 673, SchlHOLG in SchlHA 57 31 = DRiZ 57 Rechtspr S. 43 Nr 492; abw. OLG Frankfurt in FamRZ 55 175 = Rpfl 55 191). Dies gilt auch dann, wenn aus der Ehe Kinder hervorgegangen sind, so daß die Frau infolge der Untersagung einen anderen Namen führt (BGHZ 21 301 = FamRZ 56 309 = JR 56 417 = JZ 56 721 = DRiZ 57 Rechtspr S. 14 Nr 223).

3. *Voraussetzung* der Namensuntersagung durch das Vormundschaftsgericht ist entweder eine *nach* der Scheidung begangene *schwere Verfehlung* (vgl hierzu FamRZ 63 46 Nr 12 = DRiZ 63 B 12 Nr 220 = MDR 63 51 = NJW 62 2205; FamRZ 63 47 Nr 13) der Frau gegen den Mann oder Führung eines ehrlosen oder unsittlichen Lebenswandels gegen seinen Willen. Auf eine von der Frau *vor* der Scheidung begangene Straftat kann der Antrag des Mannes auf Untersagung der Namensführung auch dann nicht gestützt werden, wenn der Mann erst nach der Scheidung von der Straftat erfahren hat und wenn auch die Verurteilung der Frau wegen dieser Straftat erst nach der Scheidung erfolgt ist (MDR 52 357 = DRiZ 52 Rechtspr S. 66 Nr 576). Bei der Führung eines ehrlosen oder unsittlichen Lebenswandels kommt es auf den Zeitpunkt der Antragstellung, nicht der Entscheidung an (BGH in NJW 56 1837 = DRiZ 57 Rechtspr S. 6 Nr 71). Die Verfehlung muß im übrigen eine gewisse Schwere haben, auch Wiederholung an sich weniger schwerer Verfehlungen kann unter Umständen genügen; andererseits ist auch das Verhalten des Mannes, besonders wenn er der schuldige Teil bei der Scheidung war, zu berücksichtigen (PALANDT-LAUTERBACH S. 2011 Anm 3 zu § 57 EheG, JFG 22 268, FamRZ 63 474, 475 Nr 194). Das Verhalten der Frau muß schuldhaft, also vorsätzlich oder fahrlässig sein; bei Schuldausschließungsgründen entfällt das Untersagungsrecht; vgl auch FamRZ 58 329 Nr 126. Schließlich muß sich das Verhalten der Frau gegen den Mann richten, wenigstens mittelbar, z. B. bei schwerer Beleidigung seiner Angehörigen.

Die *Führung eines ehrlosen und unsittlichen Lebenswandels* muß gegen den Willen des Mannes geschehen und eine gewisse Dauer haben (DRiZ 57 Rechtspr S. 6 Nr 71, FamRZ 58 329 Nr 126), braucht sich aber nicht gegen den Mann zu richten (PALANDT-LAUTERBACH S. 2011 a. a. O.). Wesentlich ist auch, daß der ehrlose oder unsittliche Lebenswandel irgendwie bekanntgeworden und dadurch der Name des geschiedenen Ehemannes beeinträchtigt worden ist (OLG Hamm in JMBlNRW 59 135ff.).

Bei Vorliegen der Voraussetzungen des § 57 Abs I EheG ist das Vormundschaftsgericht *verpflichtet*, der Frau die Weiterführung des Ehenamens zu untersagen (DRiZ 63 B 12 Nr 220).

4. Das *Verfahren* gemäß § 57 EheG ist ein solches der freiwilligen Gerichtsbarkeit; es findet nur auf Antrag des geschiedenen Ehemannes statt (§ 57 Abs I EheG). Die *Zuständigkeit* richtet sich nach § 45 n. F. FGG (Fassung des Gleichberechtigungsgesetzes vom 18. 6. 1957, Art 4

Zff 2). Die *Entscheidung* liegt dem Richter ob (RpflG § 12 Zff 15). *Ermittlungen* sind gemäß § 12 FGG durchzuführen, *Anhörung* der geschiedenen Frau ist erforderlich und darf nur in Ausnahmefällen unterbleiben. Der Beschluß, durch den der Antrag abgelehnt wird, ist mit der *einfachen Beschwerde* (§§ 19, 20 FGG) anfechtbar. Der Beschluß, durch den dem Antrag stattgegeben wird, wird erst mit der Rechtskraft wirksam (§ 57 Abs III S. 1 EheG) und ist daher mit der *sofortigen Beschwerde* anfechtbar (§ 60 Abs I Zff 6 FGG). Die *Gebühren* bestimmen sich nach § 97 Abs I Zff 1 KostO.

5. Mit der Rechtskraft des Untersagungsbeschlusses erhält die geschiedene Frau ihren Familiennamen wieder (§ 57 Abs III S. 2 EheG).

6. Nach dem Gesetz über die *Rechtswirkungen des Ausspruchs einer nachträglichen Eheschließung* vom 29. 3. 1951 (BGBl I S. 215) kann das Vormundschaftsgericht auf Antrag einer mit dem Mann bis zum zweiten Grade verwandten Person der Frau die Weiterführung des Namens des Mannes untersagen (§ 2 Abs I). Die Zuständigkeit richtet sich nach § 43 FGG, maßgebend ist der Wohnsitz oder Aufenthalt der Frau (§ 2 Abs II).

Achter Abschnitt

Sonstige Verrichtungen des Vormundschaftsgerichts

§ 135. 1. Die Mitwirkung des Vormundschaftsgerichts bei Namensänderungen[1]

1. Der Familienname und der Vorname *deutscher Staatsangehöriger* oder *Staatenloser* können nach Maßgabe des *Reichsgesetzes vom 5. 1. 1938* (RGBl I S. 9)[2] und der Ersten Durchführungsverordnung zu diesem Gesetz vom 7. 1. 1938 (RGBl I S. 12)[3] *auf Antrag* geändert werden. Soll der Name eines ehelichen Kindes geändert werden, so müssen die Eltern sich darüber einigen (§ 1627 n. F. BGB); die Antragstellung steht beiden Eltern gemeinsam zu; vgl hierzu FamRZ 56 328 = DRiZ 57 Rechtspr S. 15 Nr 243 = StAZ 56 60; § 1629 Abs I n. F. BGB ist durch Beschluß des Bundesverfassungsgerichts vom 29. 7. 1959 für nichtig er-

[1] Vgl auch BECKER, Namensrecht und Namensänderung in FamRZ 55 40 und den Hinweis in FamRZ 62 422 auf BRINTZINGER, Zum Namensänderunsgesetz in DÖV 62 441 ff.

[2] Im *Saarland* eingeführt durch § 1 Zff 2 der Ersten Verordnung zur Einführung von Bundesrecht vom 28. August 1957 (BGBl I S. 1255).

[3] Die Zweite DVO vom 17. August 1938 (RGBl I S. 1044) betrifft die Beilegung und Führung von Vornamen durch deutsche Juden und ist gegenstandslos geworden. Zu beachten ist jedoch das *Ergänzungsgesetz* vom 29. August 1961, BGBl I S. 1621, vgl unten Zff 4 am Ende.

klärt; s. BGBl I S. 633; bei geschiedener Ehe ist § 1671 n. F. BGB maßgebend; das einer geschiedenen Ehefrau übertragene Personensorgerecht umfaßt das Recht, einen Antrag auf Änderung des Familiennamens des Kindes zu stellen. Der Zustimmung des Vaters bedarf es in einem solchen Falle nicht; jedoch wird der Vater in seinen Rechten verletzt, wenn ihm im Namensänderungsverfahren ohne triftigen Grund nicht Gelegenheit geboten wird, seine für die Beibehaltung des bisherigen Namens sprechenden Gründe zur Geltung zu bringen BVerwG vom 16. 5. 1957, JZ 58 356 = DRiZ 58 B 100 Nr 1214 = FamRZ 58 418 Nr 162).

2. Die Bundesregierung hat unter Aufhebung der Erlasse des fr RMdJ vom 8. 1. 1938 (Rundbriefe XIII 241) und vom 18. 8. 1938 (Rundbriefe XIV 186) unter dem 18. 12. 1951 (GemMBl 51 267) und dem 3. 10. 1960 (Bundesanzeiger Nr 195 vom 8. 10. 1960) *neue allgemeine Verwaltungsvorschriften* über die Änderung und Feststellung von Familiennamen sowie über die Änderung von Vornamen mit Richtlinien für die Bearbeitung der Anträge erlassen (vgl hierzu auch Amtsvormund XXIV 149). Auf Grund des Artikels 2 der Vorschrift vom 3. 10. 1960 ist im Bundesanzeiger Nr 249 vom 24. 12. 1960 der Wortlaut der Allgemeinen Verwaltungsvorschriften vom 18. 12. 1951 in der vom 9. 10. 1960 ab geltenden Fassung neu bekanntgemacht worden. Diese Richtlinien verhalten sich im Abschnitt III über zu beachtende familienrechtliche Gesichtspunkte; sie sind zwar keine Rechtsnormen, können aber als Maßstab für die tatsächliche Verwaltungsübung dienen (OVG Lüneburg vom 17. 1. 1956, FamRZ 56 253 Nr 448). In Ostfriesland ist es entsprechend einem dort bestehenden Brauch grundsätzlich zulässig, einem Kind den Familiennamen eines Vorfahren als Vornamen zu geben. Das Kind ist jedoch den Trägern des Familiennamens gegenüber verpflichtet, seinen Namen nicht in einer Weise zu gebrauchen, daß es als zu ihrer Familie gehörig erscheint (BGHZ 29 256). Knaben dürfen mit Ausnahme des Beivornamens Maria keine weiblichen Vornamen erhalten (BGH vom 15. 4. 1959 in BGHZ 30 132 = FamRZ 59 354 Nr 162 = DRiZ 59 B 112 Nr 1388, s. auch JFG 11 100 ff.). Wegen der Änderung von *Rufnamen* vgl GERSTEIN in FamRZ 59 12 und THOMSEN in FamRZ 59 92.

3. Für die Entscheidung sind die *Verwaltungsbehörden* zuständig, deren Verfahren durch die genannten Vorschriften im einzelnen geregelt ist. Die Mitwirkung des *Vormundschaftsgerichts* kommt *nur* bei der *Antragstellung* in Betracht gemäß § 2 Abs I d. Ges vom 5. 1. 1938 ist der Antrag auf Namensänderung für eine beschränkt geschäftsfähige oder geschäftsunfähige Person von dem gesetzlichen Vertreter zu stellen; ein *Vormund oder Pfleger bedarf hierzu der Genehmigung* des Vormundschaftsgerichts. Dieses hat nicht von sich aus die sachlichen Voraus-

setzungen für eine Namensänderung zu untersuchen, sondern von dem Wohl und den Interessen des Mündels auszugehen, wobei selbstverständlich unmögliche oder sittenwidrige Rechtsgeschäfte nicht zu unterstützen sind. Die Erteilung des Familiennamens des außerehelichen Erzeugers kann dem Kindeswohl entsprechen (FamRZ 61 38 Nr 9 = DRiZ 61 B 18 Nr 319, Rpfl 61 244 Nr 116 m. Anmerkung, vgl ferner DRiZ 61 B 118 Nr 1468)[1]. Hat der beschränkt Geschäftsfähige das 16. Lebensjahr vollendet, so hat ihn das Vormundschaftsgericht über den Antrag zu hören. Zum Beschwerderecht der Verwaltungsbehörden vgl DRiZ 61 B 118 Nr 1441.

4. Die Namensänderung ist nur ausnahmsweise zugelassen; nur *wichtige Gründe* vermögen sie zu rechtfertigen (§ 3 Abs I, FamRZ 58 418 Nr 465 = DRiZ 59 B 18 Nr 325); vgl auch BVerwG in FamRZ 63 88 Nr 27, ferner FamRZ 63 299 Nr 127. Ein wichtiger Grund ist nur anzuerkennen, wenn ein schutzwürdiges Interesse des Namensträgers die Änderung rechtfertigt (OVG Lüneburg vom 17. 1. 1956, FamRZ 56 253 Nr 448). Die Entscheidung darüber, ob ein solcher Grund gegeben ist, liegt im Ermessen der Verwaltungsbehörde (BayVerwGH München vom 14. 7. 1955, FamRZ 56 323 Nr 512); sie ist verwaltungsgerichtlich nachprüfbar (FamRZ 58 418 Nr 162 = DRiZ 59 B 18 Nr 324); auch das öffentliche Interesse ist zu berücksichtigen (BVerwG vom 26. 10. 1960, FamRZ 61 118 Nr 36). Der Begriff des „wichtigen Grundes" ist nach dem erkennbaren Sinn und Zweck des Gesetzes im Zusammenhang mit den sonstigen gesetzlichen Bestimmungen über den Familiennamen auszulegen. Ein wichtiger Grund zur Namensänderung liegt nicht vor, wenn die Eltern des unehelichen Kindes mit dem Kind zusammen in einer faktischen Lebensgemeinschaft leben und dem Kind der Familienname des verheirateten, aber von seiner Familie getrennt lebenden Vaters erteilt werden soll, die Ehefrau des Vaters jedoch der Namensänderung auch im Interesse der ehelichen Kinder widerspricht (BVerwG vom 31. 8. 1962 und FamRZ 62 471 Nr 192). Insbesondere ist abzuwägen das schutzwürdige Interesse des Namensträgers an der Ablegung seines bisherigen und der Führung des neuen Namens gegen das schutzwürdige Interesse der durch die Namensänderung etwa (z. B. bei Doppelnamen) betroffenen Träger des bisherigen und des neuen Namens. Nur in dem hiernach sich ergebenden Rahmen ist für das Ermessen der Verwaltungsbehörde Raum (OVG München vom 23. 2. 1960 in FamRZ 60 237 Nr 110). Die Anwendung ausländischer Rechtsnormen, die auf die Beseitigung der Adelsprädikate gerichtet sind, wird durch Art 30 EGBGB nicht ausgeschlossen (BVerwG vom 13. 11. 1959 in DRiZ 60 B 54 Nr 700 = MDR 60 251). Auch wenn für die Gewährung

[1] Vgl auch Schmidt-Fütterer: Darf das uneheliche Kind im Namensänderungsverfahren den Familiennamen seines Erzeugers erhalten? MDR 61 192.

eines Doppelnamens ein wichtiger Grund vorliegt, verstößt die Ablehnung des Doppelnamens nicht ohne weiteres gegen den Zweck der Ermächtigung des § 3 Abs II d. Ges vom 5. 1. 1938 (BayVerwGH vom 7. 5. 1954, FamRZ 55 254 = JurRdsch 55 234). Bezweckt die beantragte Änderung des Familiennamens, die zwischen dem Kinde und dem nicht sorgeberechtigten Vater bestehenden Familienbande äußerlich zu zerschneiden und das Kind als Kind der Großeltern mütterlicherseits erscheinen zu lassen, so muß der antragstellenden Mutter insoweit das Sorgerecht entzogen werden; der Bestellung eines Pflegers an ihrer Stelle bedarf es nicht, wenn *nur* das *Weiterbetreiben* des Namensänderungsverfahrens verhindert werden soll (StAZ 56 60 = FamRZ 56 325 = DRiZ 57 Rechtspr S. 15 Nr 243; 61 33 Nr 6, Pflegerbestellung im Falle der Sorgerechtsentziehung zwecks *Zurückziehung des Antrags*).

Als wichtiger Grund im Sinne des § 3 Abs I gilt es auch, wenn ein deutscher Staatsangehöriger, der die deutsche Staatsangehörigkeit nach dem 1. Januar 1919 erworben hat, daran gehindert ist, seinen früheren Familiennamen oder Vornamen zu führen, weil ihm dies vor seiner Einbürgerung durch ein Gesetz oder durch eine Verwaltungsmaßnahme seines früheren Heimatstaates verboten war und durch das Gesetz oder die Verwaltungsmaßnahme überwiegend Angehörige einer deutschen Minderheit betroffen waren. Dies gilt auch für deutsche Staatsangehörige, auf die der frühere Name durch Ableitung übergegangen war (Gesetz vom 29. 8. 1961 zur Ergänzung des Gesetzes über die Änderung von Familiennamen und Vornamen, BGBl I 1021 Art 1, Einfügung von § 3a).

5. Die Änderung des Familiennamens erstreckt sich, soweit nicht bei der Entscheidung etwas anderes bestimmt wird, auf die unter elterlicher Gewalt stehenden Kinder der Person, deren Name geändert wird, und wenn diese eine Frau ist, auf ihre unehelichen Kinder, sofern die Kinder den gleichen Namen tragen wie die Antragstellerin (§ 4). Gemäß § 10 bleiben die Vorschriften der §§ 1758 und 1772 BGB (Namensänderung durch Annahme an Kindes Statt und Änderung einer solchen) unberührt. Dies muß auch für die durch das Gleichberechtigungsgesetz vom 18. 6. 1957 eingeführten Vorschriften der neuen §§ 1758, 1758a BGB gelten.

§ 136. 2. Die Kindergeldsachen[1]

1. Die auf sozialen Erwägungen beruhende Kindergeldgesetzgebung verfolgt den *Zweck*, für die durch eine größere Kinderzahl (früher drei, seit dem Kindergeldkassengesetz vom 18. 7. 1961 (BGBl 1961 I S. 1001) zwei) bedingte höhere wirtschaftliche Belastung der Familien einen geld-

[1] Vgl auch Meyer-Stolte, Neue Rechtsprechung zum Kindergeldrecht, FamRZ **61 249 ff.**

lichen Ausgleich zu gewähren. Es handelt sich also um eine Unterhaltsbeihilfe öffentlich-rechtlicher Art, die aber nicht in einer Hilfe des Staates besteht, sondern entsprechend dem im deutschen Wirtschaftsleben herrschenden Lohnsystem des Leistungsentgelt in der Form einer Art zusätzlichen Lohnes aus Beiträgen der Wirtschaft gewährt wird. Das Kindergeld hat demgemäß seine Grundlage nicht in staatlicher Fürsorge, sondern in dem Arbeitsverhältnis, in dem der erwerbstätige[1] Berechtigte (s. unten Zff 3b) steht (BGH vom 2. 6. 1961 — VI ZR 159/60 in FamRZ 61 359ff. Nr 119), vgl ferner LAUTERBACH-WICKENHAGEN IV 5 Anm 3 zu § 1, KindGG, PAULICK in FamRZ 55 350, MEYER in FamRZ 57 76 mit Nachweisen aus der Rechtsprechung und Hinweis auf Erläuterungsbücher. Es ist nicht der Zweck der Kindergeldgesetzgebung, Fürsorgeträger zu entlasten. (Amtsvormund XXXI 78, 79, s. auch JMBlNRW 57 11).

2. Die Kindergeldgesetzgebung widerspricht nicht *verfassungsrechtlichen* Grundsätzen[2], für sie ist der Bund nach Art 74 Nr 12 i. V. m. Nr 7 GG zuständig. Die Heranziehung der Unternehmer zur Beitragszahlung verstößt nicht gegen den Gleichheitsgrundsatz des Art 3 Abs I GG (BSozG in FamRZ 58 27 Nr 11, 58 418 Nr 161), SozG Karlsruhe in FamRZ 57 381 Nr 187, SCHÄFER, Kindergeldgesetzgebung und Grundgesetz in FamRZ 57 353).

Die *gesetzlichen Grundlagen* für die Gewährung von Kindergeld sind folgende:

a) Bundesgesetz über die Gewährung von Kindergeld und die Errichtung von Familienausgleichskassen *(Kindergeldgesetz)* vom 13. 11. 1954 (BGBl I S. 333ff., geändert durch Gesetz vom 31. 12. 1955 § 10 Nr 2, BGBl I S. 841ff., s. unten zu c, und durch Gesetz vom 27. 7. 1957 Art I, III, BGBl I S. 1061, s. unten zu k; hierzu Berliner Übernahmegesetz vom 26. 11. 1954, GVBl 1954 S. 656),

b) Bundesgesetz über die Anpassung der Leistungen für Kinder in der gesetzlichen Unfallversicherung, in den gesetzlichen Rentenversicherungen, in der Arbeitslosenversicherung und Arbeitslosenfürsorge sowie in der Kriegsopferversorgung an das Kindergeldgesetz (*Kindergeldanpassungsgesetz* — KGAG)[3] vom 7. 1. 1955 (BGBl S. 17ff.), geändert durch Gesetz vom 19. 1. 1955 Art IV, BGBl I S. 25, 28 Gesetz vom 23. 12. 1955 § 11, BGBl I S. 841, 844, Gesetz vom 23. 12. 1956 Art X § 6,

---

[1] Die Erhöhung der Leistungen für Kinder von *Nicht*erwerbstätigen im Kindergeldanpassungsgesetz und Kindergeldergänzungsgesetz sind ihrer Natur und ihren Voraussetzungen nach hiervon abweichend zu beurteilen (BGH in FamRZ 61 360, 361).

[2] S. auch MEYER-STOLTE, FamRZ 61 249 ff.

[3] Zur Frage der rechtlichen Natur des nach diesen Bestimmungen zu gewährenden „Kindergeldes“ vgl oben Anm 1.

BGBl I S. 1018, 1053 und Gesetz vom 27. 7. 1957 Art II, BGBl I S. 1061; hierzu

Berliner Übernahmegesetz vom 29. 1. 1955 (GVBl 1955 S. 81),

c) Bundesgesetz zur Ergänzung des Kindergeldgesetzes (*Kindergeldergänzungsgesetz* — KGEG)[1] vom 23. 12. 1955 (BGBl I S. 841 ff. und Gesetz vom 27. 7. 1957 Art III, BGBl I S. 1061) hierzu

Berliner Übernahmegesetz vom 13. 1. 1956 (GVBl 1956 S. 49),

d) Drittes Gesetz zur *Änderung und Ergänzung des Bundesversorgungsgesetzes* vom 19. 1. 1956 (BGBl I S. 25), geändert durch § 16 KGEG, abermals geändert durch das 5. und 6. Gesetz zur Änderung und Ergänzung des BVG vom 6. 6. 1956 und 1. 7. 1957 (BGBl 1956 I S. 463, 469 und 1957 I S. 661 ff.), ferner Gesetz vom 27. 7. 1957 Art IV (BGBl I S. 1061); hierzu

Berliner Übernahmegesetz vom 27. 1. 1956 (GVBl 1956 S. 85),

e) *Erste* Verordnung zur *Durchführung* des Kindergeldgesetzes und des Kindergeldanpassungsgesetzes vom 21. 12. 1955 (BGBl I S. 816); hierzu

Berliner Veröffentlichung vom 5. 1. 1956 (GVBl S. 35),

f) *Zweite* Verordnung zur *Durchführung* des Kindergeldgesetzes *(Niederlande)* vom 23. 12. 1953 (BGBl I S. 861); hierzu Berliner Veröffentlichung vom 5. 1. 1956 (GVBl S. 36),

g) *Dritte* Verordnung zur *Durchführung* des Kindergeldgesetzes und des Kindergeldergänzungsgesetzes *(Frankreich)* vom 4. 7. 1956 (BGBl I S. 641), gilt gemäß § 3 auch im Lande Berlin,

h) *Vierte* Verordnung zur *Durchführung* des Kindergeldgesetzes und des Kindergeldergänzungsgesetzes *(Italien)* vom 4. 7. 1956 (BGBl I S. 641), gilt gemäß § 3 auch im Lande Berlin,

i) *Fünfte* Verordnung zur *Durchführung* des Kindergeldgesetzes und des Kindergeldergänzungsgesetzes *(Spanien)* vom 17. 11. 1960 (BGBl I S. 850), Veröffentlichung für Berlin am 15. 12. 1960,

j) *Sechste* Verordnung zur *Durchführung* des Kindergeldgesetzes und des Kindergeldergänzungsgesetzes *(Griechenland)* vom 5. 7. 1961 (BGBl I S. 899), gilt gemäß § 3 auch im Lande Berlin,

k) Bundesgesetz zur *Änderung und Ergänzung von Vorschriften der Kindergeldgesetze* vom 27. 11. 1957 (BGBl I S. 1061), findet gemäß Art VI auch im Lande Berlin, Ges vom 5. 9. 1957, und im Saarland Anwendung,

l) *Zweites* Gesetz zur *Änderung* von Vorschriften der Kindergeldgesetze vom 16. 3. 1959 (BGBl I S. 153), gilt auch im Lande Berlin (Art 6), aber nicht im Saarland (Art 7),

---

[1] Zur Frage der rechtlichen Natur des nach diesen Bestimmungen zu gewährenden „Kindergeldes“ vgl oben Anm S. 597 Zff 3.

m) Gesetz über die Gewährung von *Kindergeld für zweite Kinder* und die Errichtung einer *Kindergeldkasse (Kindergeldkassengesetz)* — KGKG — vom 18. 7. 1961 (BGBl I S. 1001).

3. Dem *Vormundschaftsgericht* sind im Rahmen der Kindergeldgesetzgebung nur bestimmte *Einzelaufgaben* zugewiesen. Es erscheint daher zweckmäßig, der Erörterung dieser Aufgaben einige Vorbemerkungen allgemeiner Art voranzuschicken.

a) Der *Anspruch* auf Kindergeld ist grundsätzlich *öffentlich-rechtlicher Art* (LAUTERBACH-WICKENHAGEN S. IV 4 Anm 2 Zff 2). Aus diesem Grunde sind für die Entscheidung von Streitigkeiten über Kindergeldansprüche regelmäßig die *Sozialgerichte* zuständig (§ 28 KindGG).

b) Das Kindergeld[1] steht *nicht* den *Kindern*, sondern den gesetzlich bestimmten *Anspruchsberechtigten* zu, deren Kreis in den §§ 1, 2 Abs II bis IV (Ausnahmen § 3 Abs II) d. Ges vom 13. 11. 1954 (vgl oben Zff 2a), § 3 d. Ges vom 7. 1. 1955 (vgl oben Zff 2b), §§ 1, 10 d. Ges vom 23. 12. 1955 (vgl oben Zff 2c), Ausnahmen § 2 das., umschrieben ist. Vgl hierzu BGH vom 2. 6. 1961 in FamRZ **61** 360 Nr 119, LAUTERBACH-WICKENHAGEN S. IV 6 Anm 3 Zff 1, KLEINHEYER in FamRZ **55** 350, MEYER in FamRZ **57** 76 mit Nachweisen Anm 1, z. B. BayObLG vom 14. 10. 1955, FamRZ **55** 365 Nr 439 und **56** 22 Nr 11 = NJW **56** 51; s. auch OLG Düsseldorf in JMBlNRW **57** 11. Das Kindergeld erhöht im übrigen auch nicht etwa den Unterhaltsanspruch des unehelichen Kindes und erweitert ihn nicht bis zum 18. Lebensjahr (BayObLG in FamRZ **59** 262 Nr 145 = Rpfl **60** 21 Nr 10).

Anspruchsberechtigte im Sinne der vorgenannten gesetzlichen Vorschriften waren bis zum Inkrafttreten des Kindergeldkassengesetzes namentlich Erwerbstätige oder „mithelfende" Familienangehörige mit mindestens *drei* Kindern[2], die bei einer Berufsgenossenschaft versichert oder versicherungsberechtigt oder nach § 541 Nr 5 oder 6 RVO versicherungsfrei sind, bei einem Träger der Unfallversicherung Versicherte, insbesondere im öffentlichen Dienst Beschäftigte und Hausangestellte, andere Personen, soweit sie nicht bestimmte andere Leistungen für Kinder erhalten, Bezieher von Arbeitslosenunterstützung oder Arbeitslosenfürsorgeunterstützung ohne Anspruch auf Kindergeld, ferner Schwerbeschädigte und verwitwete Personen mit *Ausgleichsrente* (§§ 34a, 41a BVG)[3], schließlich auch Schwerverletzte mit Unfallrente nebst

[1] Hinsichtlich der *Höhe, Fälligkeit und Zahlungsweise* vgl § 4 KindGG, § 4 Abs I bis III KGAG und § 34a BVG i. d. F. d. Ges vom 27. 7. 1957, BGBl I S. 1061 u. d. Ges vom 16. 3. 1959, BGBl I S. 153. Wegen der zweiten Kinder vgl KGKG §§ 5, 6, 8 ff.

[2] Wegen des Gesetz*entwurfs* zur Verbesserung des Kindergeldrechts (*zwei* Kinder) vgl MEYER-STOLTE, FamRZ **61** 249.

[3] Der Kinderzuschlag, der den Schwerbeschädigten gemäß § 34a des Bundesversorgungsgesetzes i. d. F. des KGAG (s. oben Zff 2d) zusätzlich zu einer *Versorgungsrente* gewährt wird, ist *nicht* Kindergeld i. S. des KindGG; die vormundschafts-

Kinderzulage nach der RVO (§ 6) und § 8 des Unfallzulagengesetzes vom 29. 4. 1952, BGBl I S. 253, i.d.F. des § 14 KGEG und des Gesetzes vom 27. 7. 1957 Art V, BGBl I S. 1061, s. oben zu 2i) und Rentner mit eigener Versicherung und Kinderzuschüssen nach dem Rentenzulagegesetz vom 10. 8. 1951, BGBl I S. 505, i.d.F. des § 15 KGEG). Wegen der *Anspruchsberechtigung für zweite Kinder* vgl das Kindergeldkassengesetz, KGKG, §§ 1, 2 (Jahreseinkommen von nicht mehr als 7200 DM), § 3 (Ausnahmen), § 4 (Ersatzleistungen), § 7 (entsprechende Anwendung von kindergeldrechtlichen Vorschriften); das Gesetz ist am 19. 7. 1961 in Kraft getreten.

Falls der an sich Anspruchsberechtigte im Ausland oder in der sowjetisch besetzten Zone (DDR) erwerbstätig ist, kann das Kindergeld an seine in der Bundesrepublik wohnhafte Ehefrau weder bei Weiterbestehen noch nach Auflösung der Ehe gezahlt werden (vgl Meyer a. a. O. unter Hinweis auf den Erlaß d. BM f. Arbeit vom 18. 7. 1956, IIIb 3831/56, BB 1956, 891 Nr 1740).

c) Der *Begriff des Kindes* ist erläutert durch § 2 Abs I KindGG i.d.F. d. § 10 Zff 1 KGEG, die §§ 1 und 2 KGAG, die §§ 14 und 15 KGEG; im übrigen wird hierzu verwiesen auf Lauterbach-Wickenhagen S. IV 2 Vorb zum ersten Abschn. des KindGG und S. IV 32ff. Anm 1ff. zu § 2 KGEG. Der in Anlehnung an das Steuerrecht gestaltete Begriff umfaßt hiernach im wesentlichen eheliche Kinder und Stiefkinder, für ehelich erklärte und an Kindes Statt angenommene, ferner uneheliche (im Verhältnis zur Mutter) und Pflegekinder des Berechtigten[1], die das 18. Lebensjahr noch nicht vollendet haben. Diesen stehen Kinder gleich, die zwar das 18., aber noch nicht das 25. Lebensjahr vollendet haben und entweder für einen Beruf ausgebildet werden oder wegen körperlicher oder geistiger Gebrechen außerstande sind, sich selbst zu unterhalten. Für ein voreheliches Kind einer Ehefrau, das von dem Ehemann in die häusliche Gemeinschaft aufgenommen worden ist und von ihm unterhalten wird, besteht beim Vorliegen der sonstigen Voraussetzungen des KindGG Anspruch auf Kindergeld (SozG Trier in FamRZ **56** 117 Nr 183). Über den *Bestand des Anspruchs* entscheidet im übrigen regelmäßig das Sozialgericht (vgl oben Zff 3a).

---

gerichtlichen Verfahren nach den §§ 3 und 8 KindGG können daher hinsichtlich dieses Zuschlages nicht eingeleitet werden (vgl Meyer in FamRZ **57** 76 m. Nachweisen Anm 7).

[1] „Pflegekind" ist auch ein uneheliches Kind, das von seinem Erzeuger in dessen Haushalt aufgenommen ist und dort laufend mit dessen ehelichen Kindern versorgt und erzogen wird, und zwar unabhängig von der Alimentationspflicht (BSozG vom 21. 12. 60 in FamRZ **61** 469 Nr 168). Eine minderjährige Schwiegertochter (im Haushalt des Schwiegervaters) ist nicht Pflegekind i. S. des § 2 KindGG (FamRZ **63** 294 Nr 110); s auch Meyer-Stolte (FamRZ **63** 321 ff, zum Entwurf eines Bundeskindergeldgesetzes).

d) Wenn auch Anspruchsvoraussetzung das Vorhandensein von zwei oder mehr Kindern ist, so ist das für das zweite und die weiteren Kinder gezahlte Kindergeld doch *für alle*, also auch für die ersten *Kinder* zu verwenden (vgl BGH vom 2. 6. 1961 in FamRZ 61 360 Nr 119, LAUTERBACH-WICKENHAGEN S. IV 5 Anm 3 zu § 1 KindGG; MEYER in FamRZ 57 76 m. Nachweisen, Bay ObLG vom 16. 5. 1958, Rpfl 58 273 Nr 115, OLG Hamm vom 12. 8. 1955, FamRZ 55 364 Nr 438 = JMBlNRW 55 250, AG Hannover in FamRZ 55 296 Nr 351, BayObLG vom 14. 10. 1955, FamRZ 55 365 Nr 439 u. 56 22 Nr 11 = NJW 56 511, OLG Düsseldorf vom 30. 10. 1956, JMBlNRW 57 11, LG Paderborn in FamRZ 55 296 Nr 348, LG Traunstein in FamRZ 55 296 Nr 349, LG Berlin in FamRZ 55 296 Nr 350, AG Ingolstadt in FamRZ 56 117 Nr 179).

e) *Träger der Kindergeldzahlung* ist für das *dritte und die weiteren Kinder* die bei jeder Berufsgenossenschaft eingerichtete *Familienausgleichskasse* (vgl §§ 5ff. KindGG), für Ansprüche aus dem Kindergeldanpassungsgesetz die Bundesanstalt für Arbeitsvermittlung und Arbeitslosenversicherung (§ 7 KGAG), für die Fälle des Kindergeldergänzungsgesetzes vgl KGEG § 3. Die Familienausgleichskassen sind zu einem Gesamtverband zusammengeschlossen (§ 19ff. KGG). Die erforderlichen Mittel werden durch Beiträge aufgebracht (vgl § 9ff. KGG, wegen der Besonderheiten des KGAG § 7 daselbst, für den Bereich des KGEG § 7 daselbst). Der allgemeine Gleichheitssatz verbietet nicht, die Beiträge den Arbeitgebern allein aufzuerlegen (BVerfG vom 10. 5. 1960 in FamRZ 60 265 Nr 126).

Der Anspruch auf Kindergeld (s. oben zu a) richtet sich gegen die für den Berechtigten (s. oben zu b) zuständige Ausgleichskasse. Der erforderliche Antrag (§ 1 KGG, § 5 KGAG) ist aber nur dann bei der Kasse zu stellen, wenn die Auszahlung nicht durch den Unternehmer erfolgt (vgl §§ 25, 27 KGG), in den Fällen des KGAG ist er bei dem Arbeitsamt zu stellen (§ 5 Abs II KGAG), für den Bereich des KGEG vgl § 5 Abs I daselbst.

Träger der Kindergeldzahlung für die *zweiten* Kinder ist die „*Kindergeldkasse*“ als rechtsfähige Anstalt des öffentlichen Rechts. Sie hat ihren Sitz an dem Ort des Sitzes der Bundesanstalt für Arbeitsvermittlung und Arbeitslosenversicherung (Bundesanstalt). Ihre Zuständigkeit auch für dritte und weitere Kinder ist vorbehalten (§ 8 KGKG). Die Organe der Kindergeldkasse sind der Vorstand und der Verwaltungsrat (§ 9 a. a. O.). Die weiteren Bestimmungen über die Organisation enthalten die §§ 10 bis 19 KGKG. Die Aufbringung der Mittel trägt bis zur Neuregelung der Bund (§ 20 a. a. O.). Das Verfahren regeln die §§ 21 bis 30 KGKG. Die §§ 31 bis 34 a. a. O. enthalten Straf- und Bußgeldvorschriften die §§ 35 bis 46 a. a. O. Übergangs- und Schlußvorschriften.

4. Dem *Vormundschaftsgericht* sind folgende Aufgaben übertragen, wobei darauf hinzuweisen ist, daß diese Geschäfte, soweit sie an sich vom Richter zu erledigen sind, dem Rechtspfleger übertragen sind — anders im ehemaligen Land Württemberg — BayObLG vom 27. 6. 1958 in Rpfl 58 271 Nr 114 = FamRZ 58 471 Nr 204 = NJW 58 1447 = DRiZ 59 B 18 Nr 316 und in Rpfl 60 294 Nr 150, OLG Hamm vom 16. 6. 1958 in Rpfl 58 275 Nr 116):

a) Wenn der Kindergeldanspruch *mehreren Berechtigten* zusteht, so hat von den im § 3 Abs I S. 2 Nr 1 und 2 KGG aufgeführten Fällen (Anspruchsberechtigung von Vater und Mutter, der Adoptiv- und Pflegeeltern neben den leiblichen Eltern oder den Stiefeltern, (s. jedoch unten), das Vormundschaftsgericht auf Antrag des Jugendamtes oder einer Person, die ein berechtigtes Interesse nachweist, den *Berechtigten* zu *bestimmen*. Das Sorgerecht i. S. des § 3 Abs I S. 2 Nr 1 KindGG steht der Mutter nicht zu, wenn es sich nur um die vorläufige Sorgerechtsübertragung auf Grund einer einstweiligen Anordnung im Ehescheidungsrechtsstreit handelt (FamRZ 59 297 Nr 161 = DRiZ 59 B 114 Nr 1408 = Rpfl 60 27 Nr 18). Die Bestimmung ist so zu treffen, daß sie dem Wohle aller beteiligten Kinder am besten entspricht; das Vormundschaftsgericht kann den Anspruch unter die Berechtigten aufteilen; s. unten. Das Vormundschaftsgericht kann ferner anordnen, in welcher Weise das Kindergeld verwendet werden soll. Nach den gleichen Grundsätzen kann das Vormundschaftsgericht eine von den Nummern 1 und 2 abweichende Regel treffen (vgl § 3 Abs IV KGAG) und des Kindergeldergänzungsgesetzes (§ 5 Abs I KGEG).

Eine vormundschaftsgerichtliche Anordnung aus § 3 Abs I S. 3ff. *KindGG* setzt hiernach voraus, daß *mehrere* Anspruchsberechtigte (s. oben Zff 3b) für das gleiche Kind (Kinder) vorhanden sind (BayObLG in FamRZ 55 365 Nr 439 = 56 22 Nr 11 — Gründe u. Anm —, OLG Hamm in FamRZ 56 153 Nr 349, LG Traunstein in FamRZ Nr 11, 55 296 Nr 349 = NJW 55 1076 Nr 16); die Konkurrenz der Ansprüche braucht aber nicht gerade das zweite oder weitere Kind zu betreffen, deren Vorhandensein lediglich den Anspruch zur Entstehung bringt (LG Hannover in FamRZ 56 158 Nr 353).

Die Bestimmung ermöglicht es dem Vormundschaftsgericht, eine Auswahl unter mehreren Anspruchsberechtigten zu treffen (Kleinheyer in FamRZ 55 350ff., Meyer in FamRZ 57 76ff.); sie ist aber so zu treffen, daß sie dem *Wohle aller beteiligten Kinder* am besten entspricht (§ 3 Abs I S. 4 KindGG). Wenn es aus diesem Grunde erforderlich ist, kann das Vormundschaftsgericht den Anspruch unter die Berechtigten aufteilen. Dabei sind also nicht nur die Kinder zu berücksichtigen, die den Anspruch begründen, sondern alle, die bei der Ermittlung der Kinderzahl in Betracht kommen, insbesondere auch das älteste, zu berücksichtigen (vgl LAUTERBACH-WICKENHAGEN S. IV 90 Anm 19 zu § 3 KindGG und oben Zff 3c am Ende und 3d). Wenn annähernd gleiche Verhältnisse vorliegen, so ist die Aufteilung so vorzunehmen, daß jedem Kind ein gleicher Anteil zugute kommt (LG Berlin in FamRZ 55 296 Nr 350 = Amtsvormund XXVIII 118); im übrigen ist nach den verschiedenen Bedürfnissen der beteiligten Kinder aufzuteilen (AG Müllheim/Baden in FamRZ 55 296 Nr 352 = NJW 55 1364 Nr 17). Kommt ein Anspruchsberechtigter seinen Verpflichtungen so nach, daß der Anspruch aller Kinder einwandfrei gewährleistet ist, so besteht für das Vormundschaftsgericht kein Anlaß, einen anderen Berechtigten zu bestimmen (LG Traunstein in FamRZ 55 S. 296 Nr 349 = NJW 55 1076 Nr 16). Bei Konkurrenz der Anspruchsberechtigung des leiblichen Vaters und derjenigen des Stiefvaters hat, solange keine endgültige Entscheidung der Familienausgleichskasse (§ 26 KindGG) oder des Sozialgerichts (§ 28 KindGG) über den Inhaber des öffentlich-rechtlichen Anspruchs vorliegt, das Vormundschaftsgericht die Möglichkeit, gemäß § 3 Abs I S. 3 KindGG, ohne Bindung der Familienausgleichskasse, den Anspruchsberechtigten zu bestimmen. (Wegen des Kindergeldes für das zweite Kind ist auf das KGKG, besonders die §§ 7, 21ff., zu verweisen.) Anderenfalls besteht diese Befugnis nicht, wohl aber kann das Vormundschaftsgericht zugunsten des Stiefvaters eine Anordnung aus § 8 Abs II KindGG treffen, sofern die besonderen Voraussetzungen hierfür gegeben sind (vgl unten zu b). Wenn ein ablehnender Bescheid der Familienausgleichskasse unanfechtbar geworden ist, so kann auch das Vormundschaftsgericht nicht mehr über die Anspruchsvoraussetzungen abweichend befinden und deshalb keine Abstimmung gemäß § 3 Abs I S. 3 KindGG treffen (OLG Hamm in FamRZ 56 158 Nr 354).

Eine Anordnung über die *Verwendung des Kindergeldes* (§ 3 Abs I S. 5 KindGG) kann z. B. die Anschaffung von Kleidung, Lehrmitteln und einen Beitrag für die Unterbringung des Kindes betreffen; eine solche Anordnung bindet nicht die Familienausgleichskasse und die Kindergeldkasse (§ 8 KGKG), sondern nur den Berechtigten; ihre Beachtung kann mit Hilfe des Jugendamtes überwacht werden, an Stelle der Anordnung aus § 3 Abs I S. 3ff. KindGG ist eine Auszahlungsbestimmung aus § 8 Abs II KindGG notwendig, wenn das Vormundschaftsgericht erreichen will, daß das Kindergeld von der Familienausgleichskasse oder der Kindergeldkasse (vgl § 7 KGKG) nicht an den Berechtigten selbst, sondern an einen Dritten ausgezahlt wird (LAUTERBACH-WICKENHAGEN S. IV 95 Anm 20 zu § 3 KindGG).

Eine *Abweichung von der gesetzlichen Regelung des § 3 Abs I S. 2 Nr 1 und 2 KindGG* (§ 3 Abs I S. 6 KindGG) kann in Betracht kommen, wenn diese zu einer gerechten Lösung nicht führen würde (LAUTERBACH-WICKENHAGEN a. a. O. Anm 21).

b) Das Vormundschaftsgericht kann ferner anordnen, daß das Kindergeld (im Rahmen des dem Kindergeldberechtigten zustehenden Anspruchs, Amtsvormund XXXI 252) *an* eine *andere Person oder Stelle* als den Berechtigten *ausgezahlt* wird (§ 8 Abs II KindGG)[1] [2]. Die Anordnung erfolgt auf Antrag, insbesondere auch der anderen Person oder Stelle (um der Gefahr vorzubeugen, daß der Anspruchsberechtigte den Antrag nicht stellt, vgl LAUTERBACH-WICKENHAGEN S. IV 168 Anm 6 zu § 8 KindGG) oder von Amts wegen (LAUTERBACH-WICKENHAGEN S. IV 163 Anm 5 zu § 8 KindGG. Wegen des Verfahrens s. im übrigen unten Zff 5[3].

Die Bestimmung des § 8 Abs II KindGG stellt eine *Ausnahme* von dem in Abs I a. a. O. aufgestellten Grundsatz der *Unübertragbarkeit des Anspruchs auf Kindergeld*[4] dar. Das Abtretungsverbot ist unabdingbar; die Einwilligung des Anspruchsberechtigten macht eine Anordnung nach § 8 Abs II KGG nicht entbehrlich (Rpfl 59 226 Nr 113). Nach diesem Grundsatz haben LAUTERBACH-WICKENHAGEN 1. Aufl. IV 144 Anm 2 zu § 8 KindGG unter Bezugnahme auf § 851 Abs I ZPO und § 1274 Abs II BGB den Anspruch für weder pfändbar noch verpfändbar gehalten. Hiervon weicht jedoch der BGB in der Entscheidung vom 9. 10. 1957 (IV ZB 165/57 = FamRZ 58 24 Nr 10 = NJW 58 102 = DRiZ 58 Rechtspr S. 41 Nr 524 = Rpfl 58 46) für den Fall ab, daß die Pfändung wegen des Unterhaltsanspruchs eines, und zwar nicht nur des dritten (jetzt zweiten) oder weiteren Kindes erfolgt, in Höhe eines Betrages, der nach den jeweils gegebenen Verhältnissen als angemessener anteilsmäßiger Ausgleich für die durch den Unterhalt dieses Kindes bedingte wirtschaftliche Belastung der Familie gelten kann; insoweit wird die Pfändung des Kindergeldanspruchs als zulässig und wirksam erklärt (a. A. wohl LAUTERBACH-WICKENHAGEN IV 155, 156 Anm 2 zu § 8 KindGG, ferner KLEINHEYER, Unterhaltspflicht und Kindergeld in FamRZ 55 350ff.; vgl auch LG Bamberg in Rpfl 59 132 Nr 65). Ein *Anspruchsübergang kraft Gesetzes* hinsichtlich des Kindergeldes für in Heimerziehung oder Fürsorgeerziehung befindliche Kinder gemäß § 119a RVO und § 29 KindGG findet nicht statt, weil er im Widerspruch zu § 8 Abs I KindGG stehen würde (LAUTERBACH-WICKENHAGEN IV 156

---

[1] Vgl JACOB, Anordnung des Vormundschaftsgerichts gemäß § 8 Abs II KindGG, Hinweis in DRiZ 59 B 114 Nr 1409 auf NJW 59 1311.

[2] Wegen der Zuständigkeit des *Arbeitsamts* im Falle der Bezugsberechtigung eines *Arbeitslosen* vgl § 4 Abs 4 KGAG i. V. m. § 181 Abs III AVAVG u. Rpfl 60 26 Nr 14; Rpfl 61 48 Nr 23.

[3] Vgl auch KLEINHEYER, Bemerkungen zu einer Neufassung des § 8 KindGG in FamRZ 57 79.

[4] Vgl auch MEYER-STOLTE in FamRZ 61 252 Zff IV (Unpfändbarkeit) und V (Berücksichtigung in der Lohnpfändung).

Anm 2 zu § 8 KindGG; BayObLG vom 16. 5. 1958, Rpfl 58 273 Nr 115 = FamRZ 58 471 Nr 206 = NJW 58 1445).

Voraussetzung einer Auszahlungsanordnung[1] nach § 8 Abs II KindGG ist, daß sie für die Erfüllung einer entsprechenden Verpflichtung des Kindergeldberechtigten gewährt wird *und* daß sie im Interesse des Wohles der Kinder erforderlich ist (BGHZ 21 278 = Rpfl 56 260 = FamRZ 56 345 Nr 518; NJW 58 102 = Rpfl 58 46; Rpfl 58 273 Nr 115; BayObLG vom 30. 1. 1959 in FamRZ 59 263, 264 Nr 146 = Rpfl 60 166 Nr 83)[2]. Wenn aber nach *vollständiger Erfüllung der Unterhaltspflicht*, die unter Umständen, sofern die Vaterschaft oder die Unterhaltspflicht festgestellt ist, bis zum vollendeten 25. Lebensjahr besteht (vgl BGH vom 14. 7. 1960, IV ZB 126/60, in BGHZ 33 130 = FamRZ 60 399, 400 Nr 182 = Rpfl 60 365 Nr 187, vgl auch Rpfl 61 48 Nr 24, NJW 61 675; MDR 61 329), wegen Unterhaltsbedürftigkeit des unehelichen Kindes der Unterhalt von dritter Seite, etwa aus öffentlichen Mitteln, gewährt wird, so kommt der auf das Kind entfallende Kindergeldanteil nicht dem unehelichen Vater, sondern derjenigen Person oder Stelle zu, die die Last der Unterhaltsgewährung *tatsächlich* trägt oder die hierfür zur Verfügung stehenden Mittel verwaltet, auch wenn dieser gegenüber eine Zahlungsverpflichtung des Bezugsberechtigten nicht besteht (BGH a. a. O.). Auch bei Vorliegen eines *rechtskräftigen Titels*[3] ist im übrigen das Vormundschaftsgericht nicht der Pflicht enthoben, das Bestehen eines Unterhaltsanspruchs gegen den Kindergeldberechtigten zu prüfen (Amtsvormund XXXI 252). Das Vormundschaftsgericht muß gegebenenfalls auch über die Vorfrage entscheiden, ob der Kindergeldberechtigte über den durch *gerichtlichen Vergleich* festgelegten Vergleich festgelegten Betrag hinaus weiteren Unterhalt schuldet (Rpfl 59 193 Nr 96). Eine zu deckende Verpflichtung des Vaters gegenüber einem unehelichen Kinde besteht — auch nach dem Ende der laufenden Unterhaltsverpflichtung mit dem 16. (jetzt 18.) Lebensjahr (§ 1708 Abs I BGB) —, wenn Unterhaltsrückstände vorliegen; zur Deckung dieser Rückstände kann auch nach dem Ende der laufenden Unterhaltspflicht eine Auszahlungsanordnung nach § 8 Abs II KindGG ergehen (BayObLG a. a. O.; s. auch DRiZ 59 B 81 Nr 1026). Kommt der Kindergeldberechtigte seiner Unterhaltspflicht nach, so

---

[1] Vgl auch MEYER-STOLTE in FamRZ 61 251 Zff III mit zahlreichen Nachweisen.

[2] Eine Auszahlungsanordnung nach § 8 Abs II KGG kann nicht ergehen, wenn der Anspruchsberechtigte zulässigerweise bestimmt hat, daß das Kind seinen Unterhalt im Haushalt des Berechtigten in Natur entgegenzunehmen hat (NJW 61 677 = FamRZ 61 126 Nr 44 = DRiZ 61 B 48 Nr 680).

[3] Das Vorliegen eines *vollstreckbaren Titels* gegen den Anspruchsberechtigten ist andererseits *nicht Voraussetzung* einer Anordnung aus § 8 Abs II KindGG (BGH in FamRZ 56 345 = BGHZ 21 278 = Rpfl 56 280 = NJW 56 1520).

spielt es keine Rolle, wie er das Kindergeld verwendet; eine zweckwidrige Verwendung kommt regelmäßig erst dann in Betracht, wenn der Unterhaltspflicht nicht einmal in Höhe des rechnerischen Anteils des Kindes am Kindergeld genügt wird (BayObLG vom 16. 1. 1959 in FamRZ 59 260 Nr 144). Auch der Umstand, daß der empfangsberechtigte Vater von den Kindern getrennt lebt, rechtfertigt keine Anordnung nach § 8 Abs II KindGG, falls er seinen Unterhaltsverpflichtungen ordnungsgemäß nachkommt (FamRZ 59 297 Nr 161 = DRiZ 59 B 114 Nr 1408 = Rpfl 60 27 Nr 18). Eine Auszahlungsanordnung aus § 8 Abs II KindGG kann schließlich nicht ergehen, wenn der Anspruchsberechtigte zulässigerweise bestimmt hat, daß das Kind seinen Unterhalt im Haushalt des Berechtigten in Natur entgegenzunehmen hat (FamRZ 61 126 Nr 44).

Das Wohl der Kinder erfordert die anderweite Auszahlung, wenn triftige Gründe, die das Wohl der Kinder nachhaltig berühren, vorliegen und ohne die Anordnung die Belange der Kinder so wesentlich beeinträchtigt werden würden, daß es in ihrem Interesse nicht verantwortet werden kann, dem Anspruchsberechtigten die selbständige Verfügungsbefugnis über das Kindergeld und die eigene Verantwortung für dessen zweckentsprechende Verwendung zu belassen (KG West in FamRZ 56 192 Nr 382, BGHZ 21 278 = FamRZ 56 345 Nr 518 = Rpfl 56 260 und BGH vom 9. 10. 1957 in FamRZ 58 24 Nr 10 = NJW 58 102 = DRiZ 58 Rechtspr S. 41 Nr 524 = Rpfl 58 46 u. OLG Düsseldorf in JMBlNRW 57 11). Von Bedeutung kann auch die Tragung der Unterhaltslast und die Möglichkeit, Unterhaltsprozesse zu beschränken, sein (FamRZ 56 22 Nr 11, BayObLG vom 14. 10. 1955, s. jedoch hierzu auch unten BayObLG vom 30. 12. 1958 in FamRZ 59 127 Nr 60 und in FamRZ 59 262 Nr 145). Es braucht im übrigen sich nicht notwendig um das Wohl *aller* Kinder zu handeln (LAUTERBACH-WICKENHAGEN S. IV 163, 164 Anm 5 zu § 8 KindGG). Das ändert indessen nichts daran, daß eine Anordnung nach § 8 Abs II KindGG alle nach § 2 Abs I daselbst. beteiligte Kinder betrifft, was für die örtliche Zuständigkeit des Gerichts von Bedeutung ist; vgl FamRZ 58 471 Nr 204 = Rpfl 58 271 Nr 114; s. unten Zff 5.

Die Entscheidung darüber, ob das Wohl der Kinder die Auszahlungsanordnung erfordert, ist keine Ermessensentscheidung; es genügt insbesondere nicht, daß die Anordnung dem Wohl der Kinder *dient* (BGHZ 21 278 = FamRZ 56 345 Nr 518; BGH in NJW 58 102 = FamRZ 58 24 Nr 10 = DRiZ 58 Rechtspr S. 41 Nr 524 = Rpfl 58 46; Rpfl 58 273 Nr 115) oder ihnen eine zusätzliche Hilfe bringen soll (BayObLG in FamRZ 59 262 Nr 145). Die Anordnung wird auch nicht durch das Einverständnis des kindergeldberechtigten Vaters mit der Überweisung des Kindergeldes an den Vormund überflüssig (BayObLG vom 16. 1. 1959 in FamRZ 59 260 Nr 144). Das Vormundschaftsgericht ist auch nicht darauf beschränkt, dem einzelnen Kind einen seinem Kopfteil entsprechenden Teil des Kindergeldes zuzuweisen (BayObLG a. a. O.). Wegen der Verteilung des Kindergeldes bei mehreren ehelichen und unehelichen Kindern vgl OLG Frankfurt in FamRZ 60 338 Nr 175.

Eine Anordnung gemäß § 8 Abs II KindGG zugunsten des *Fürsorgeverbandes*, der die Kosten der *Fürsorgeerziehung* eines Kindes zu tragen hat, wird nicht schon deshalb durch das Wohl des Kindes erfordert, weil der Vater seiner Erstattungspflicht gegenüber dem Fürsorgeverband nicht nachkommt, obwohl er dazu, wenn auch nur in Höhe eines angemessenen Anteils des Kindergeldes, in der Lage wäre (BGH vom 9. 10. 1957 in FamRZ 58 24 Nr 10 = NJW 58 102 = JMBlNRW 58 48 = DRiZ 58 Rechtspr S. 41 Nr 524 = Rpfl 58 46; vgl aber NJW 60 1776 = DRiZ 60 B 131 Nr 1458 und für den Fall der *Heimunterbringung* eines hilfsbedürftigen Kindes außerhalb der Fürsorgeerziehung BayObLG vom 16. 5. 1958, Rpfl 58 273, 274 Zff 5, s. auch OLG Düsseldorf vom 24. 2. 1958 in NJW 58 1447 = DRiZ 59 B 18 Nr 317). Im übrigen kann aber das Kindeswohl die Auszahlung des Kindergeldes zur Deckung von Fürsorgekosten erfordern, die zwar in der Vergangenheit, aber erst seit Anhängigkeit des Verfahrens nach § 8 Abs II KGG erwachsen sind (BayObLG vom 16. 2. 1959 in FamRZ 59 264 Nr 147 u. vom 30. 1. 1959 in Rpfl 60 24 Nr 12). Soweit ein Sozialhilfe leistender Träger den Kindern Unterhalt gewährt und das auszuzahlende Kindergeld gerade diesen laufenden Unterhalt decken soll und ihm zugute kommt, ist eine Auszahlungsanordnung zu Gunsten des Trägers zulässig (vgl BayObLG vom 12. 3. 1963 in FamRZ 63 370 ff., 372 Nr 186 m. Anmerkung; s. auch MEYER-STOLTE in FamRZ 63 322 I 4).

Die Gefährdung der Interessen Dritter, auch öffentlicher Körperschaften, vermag den Erlaß einer Anordnung aus § 8 Abs II a. a. O. nicht zu rechtfertigen (BayObLG vom 9. 3. 1956 in FamRZ 56 191 Nr 380 u. vom 16. 5. 1958 in Rpfl 58 274 Nr 115 Zff 3); ein solches Interesse ist dem Kindeswohl nicht gleichzusetzen (s. auch FamRZ 56 157 Nr 352 u. 56 290 Nr 484). Es ist nicht der Zweck der Kindergeldgesetzgebung, Fürsorgeträger finanziell zu entlasten (Amtsvormund XXXI 78, 79, s. auch JMBlNRW 57 11).

Eine Auszahlung ist nach der Auffassung des Oberlandesgerichts Oldenburg nicht schon dann geboten, wenn anderenfalls das Kind auf den Weg der Pfändung angewiesen ist oder weil eine Pfändung wegen der in § 850 d ZPO für Rückstände getroffenen Regelung keinen Erfolg verspricht (Rpfl 59 100 Nr 54 = FamRZ 59 264 Nr 149).

Nicht unbedenklich ist die Auffassung des Landgerichts Berlin vom 19. 3. 1956 in FamRZ 56 191 Nr 381, daß das Wohl der Kinder bereits dann eine Auszahlungsordnung erfordere, wenn die „andere Person oder

Stelle“ ein Kind oder mehrere Kinder, deren Vorhandensein eine Voraussetzung für die Entstehung und Höhe des Kindergeldanspruchs ist, bei sich habe. Auch die allein sorgeberechtigte Mutter kann die Auszahlung des Kindergeldes an sich selbst statt an den bezugsberechtigten Vater nur dann verlangen, wenn dies im Interesse der Kinder geboten ist (vgl OLG Hamm vom 26. 3. 1956 in FamRZ 56 153 Nr 349); anders liegt die Sache, wenn auch die Mutter gemäß § 1 KindGG anspruchsberechtigt ist; in diesem Falle kommt eine Entscheidung des Vormundschaftsgerichts aus § 3 Abs I S. 6 a. a. O. in Betracht (LG Münster vom 10. 2. 1955 in FamRZ 55 145 Nr 154). Hat im übrigen der Vater seine Unterhaltspflicht gegenüber den Kindern verletzt, so kann dies ein Anzeichen dafür sein, daß die Auszahlung des Kindergeldes an die Mutter mit Rücksicht auf das Wohl der Kinder erforderlich ist (LG Lübeck vom 26. 7. 1955 in FamRZ 56 116 Nr 177 = SchlHA 55 370). Ein *Verzicht* des Anspruchsberechtigten auf das Kindergeld kann das Wohl der Kinder bei Vorliegen der Voraussetzungen des § 1666 BGB gefährden (LG Berlin vom 31. 1. 1956 in FamRZ 56 155 Nr 350). Zur Auslegung des § 8 Abs II KindGG bei Getrenntleben der Eltern vgl auch LG Würzburg vom 3. 11. 1955 in FamRZ 56 117Nr 180 = MDR 56 104 Nr 98.

Die Auffassung, daß die Anordnung einer Auszahlung des Kindergeldes nach § 8 Abs II KindGG einen *Akt der Zwangsvollstreckung* darstelle und somit das Vorliegen eines *vollstreckbaren Titels* voraussetze (so Kleinheyer in FamRZ 55 350ff., 56 23 u. 56 335, AG Koblenz vom 3. 2. 1956 in FamRZ 56 157 Nr 351), wird von der herrschenden Meinung abgelehnt (vgl BGH vom 13. 7. 1956 in BGHZ 21 278 = FamRZ 563 45 Nr 518, OLG Hamm vom 2. 2. 1956 in FamRZ 56 153 Nr 348 = Rpfl 56 101 u. vom 26. 3. 1956 in FamRZ 56 153 Nr 349, OLG Stuttgart vom 21. 6. 1956 in FamRZ 56 288 Nr 483, OLG Oldenburg vom 28. 3. 1956 in FamRZ 56 245 Nr 425, LG Koblenz vom 20. 4. 1956 in FamRZ 56 246 Nr 427, LG Münster vom 31. 1. 1956 in FamRZ 56 155 Nr 350, Lauterbach-Wickenhagen S. IV 161, 162 Anm 4 zu § 8 KindGG mit weiteren Nachweisen, Zimmermann in FamRZ 56 139). Der herrschenden Meinung ist beizutreten, da es sich bei den Maßnahmen aus § 8 Abs II KGG um solche der freiwilligen Gerichtsbarkeit handelt, die vom Wohl der Kinder erfordert werden.

Dabei ist allerdings zu beachten, daß die Gerichte der freiwilligen Gerichtsbarkeit auch Rechtsverhältnisse aus dem Gebiet der streitigen Gerichtsbarkeit zu beurteilen haben, soweit sie Vorfragen der Entscheidung in einer Angelegenheit der freiwilligen Gerichtsbarkeit sind (z. B. die Frage, ob und in welcher Höhe der Kindergeldberechtigte unterhaltsberechtigt ist, vgl BayObLG vom 30. 12. 1958 in FamRZ 59 127 Nr 60 mit weiteren Nachweisen und in FamRZ 59 262 Nr 145, OLG

Schleswig in Amtsvormund XXXI 252, ferner BayObLG in FamRZ 60 246 Nr 122 = DRiZ 60 B 54 Nr 695 = Rpfl 60 20 Nr 9.

Ihrem Wesen entsprechend ist die Auszahlung aus § 8 Abs II KindGG *nicht* dazu *bestimmt* und auch nicht in der Lage, eine bürgerlich-rechtliche Auseinandersetzung über die *Unterhaltspflicht*, insbesondere eine solche gemäß *§ 323 ZPO*, zu ersetzen. Unterhaltsansprüche und -pflichten bleiben vielmehr unberührt (OLG Hamm vom 26. 3. 1956 in FamRZ 56 153 Nr 349 = NJW 56 796, OLG Oldenburg vom 28. 3. 1956 in FamRZ 56 245 Nr 425, LG Berlin vom 10. 6. 1955 in FamRZ 55 296 Nr 350 = Amtsvormund XXVIII 118, LG Karlsruhe vom 28. 3. 1956 in FamRZ 56 246 Nr 426, LG Frankfurt vom 20. 9. 1955 in FamRZ 56 117 Nr 181 = NJW 55 1599, abw. AG Müllheim (Baden) vom 22. 7. 1955 in FamRZ 55 296 Nr 352 = NJW 55 1364 Nr 17; LAUTERBACH-WICKENHAGEN S. IV 162 Anm 4 zu § 8 KindGG, auch KLEINHEYER in FamRZ 55 350ff.). Der BGH hat in der Entscheidung vom 13. 7. 1955 (BGHZ 21 278 = FamRZ 56 345 Nr 518) ausgeführt, daß, wenn ohne eine Anordnung aus § 8 Abs II KindGG mit der Erhebung der Klage aus § 323 ZPO zu rechnen wäre, dieser Umstand den Erlaß einer Auszahlungsanordnung noch nicht zu rechtfertigen vermöge. Daraus ergibt sich ebenfalls, daß das Verfahren gemäß § 8 Abs II KindGG nicht dazu bestimmt ist, das streitige Verfahren zu ersetzen; beide Verfahren sind vielmehr völlig unabhängig voneinander; auch die bürgerlich-rechtliche Vorfrage, ob über den Urteils- oder Vergleichsbetrag hinaus eine Mehrverpflichtung des Unterhaltspflichtigen besteht, unterliegt in vollem Umfang der Beurteilung des Vormundschaftsgerichts (BayObLG vom 30. 12. 1958 in FamRZ 59 127 Nr 60); deshalb enthebt auch ein rechtskräftiges Unterhaltsurteil das Vormundschaftsgericht nicht der Pflicht, die Berechtigung eines Antrags auf Erlaß einer Auszahlungsanordnung in jeder Hinsicht zu prüfen (SchlHA 58 286 = DRiZ 59 B 18 Nr 318).

Die Auszahlungsanordnung kann für die *zurückliegende Zeit* nur erlassen werden, soweit das Kindergeld noch nicht ausgezahlt ist (LG Braunschweig vom 26. 10. 1955 in FamRZ 56 117 Nr 182 = NdsRpfl 55 233 Nr 9, ebenso BayObLG vom 24. 1. 1956 in FamRZ 56 153 Nr 347 = NJW 56 792; s. auch OLG Düsseldorf vom 24. 2. 1958 in NJW 58 1447 = DRiZ 59 B 18 Nr 317; LAUTERBACH-WICKENHAGEN S. IV 167, 168 Anm 5 Zff 5 am Ende zu § 8 KindGG, ferner LG Essen vom 13. 6. 1956 in FamRZ 56 290 Nr 485). Die Anordnung kann aber andererseits auch noch nach dem Ende der laufenden Unterhaltspflicht getroffen werden (BayObLG vom 30. 1. 1959 in FamRZ 59 263, 264 Nr 146 = Rpfl 60 166 Nr 83).

Die Auszahlung ist anzuordnen *zugunsten derjenigen Personen und Stellen*, denen die Verfügung über das Kindergeld überlassen werden muß, damit das Wohl der Kinder gewährleistet ist. In Betracht kommen werden namentlich Verwandte, aber auch Pflegeeltern und sonstige Personen, die keinen eigenen Anspruch auf Kindergeld haben. „Stellen“ können Behörden, Fürsorgeträger, aber auch Einrichtungen ohne eigene Rechtspersönlichkeiten sein; indessen bleibt zu beachten, daß die Auszahlungsanordnung nicht dazu bestimmt ist, Fürsorgeträger oder andere öffentliche Stellen zu entlasten (LAUTERBACH-WICKENHAGEN S. IV 166 Anm 5 Zff 4 zu § 8 KindGG, BayObLG vom 24. 1. 1956 in FamRZ 56 153 Nr 347, ferner OLG Hamm in Rpfl 60 23 Nr 11). Wird eine Anordnung zugunsten eines Fürsorgeverbandes erlassen, so ist das Kindergeld nicht auf die Fürsorgekosten zu verrechnen, sondern *zusätzlich* zum Wohl des Kindes zu verwenden (OLG Neustadt vom 13. 7. 1956 in FamRZ 56 290 Nr 484).

Das Vormundschaftsgericht ist (auch im Falle der Hilfsbedürftigkeit des Kindes) grundsätzlich nicht gehalten, die Auszahlung des Kindergeldes zugunsten desjenigen Kindes anzuordnen, dem das Kindergeld *fürsorgerechtlich* (§ 8 Abs I FürsRGr) zugerechnet wird; hieran ist durch § 18 KindGEG nichts geändert worden (FamRZ 58 471 Nr 206 = Rpfl 58 273 Nr 115; Rpfl 62 106, 107 Nr 56). Wenn das Wohl der Kinder es erfordert, kann aber auch bei Anordnungen aus § 8 Abs II KindGG eine *Aufteilung* des Kindergeldes erfolgen, und zwar sowohl in der Weise, daß ein Teil dem Anspruchsberechtigten verbleibt, der andere aber einem oder mehreren Zahlungsempfängern zugewiesen wird, als auch derart, daß mehrere Zahlungsempfänger anteilsmäßig bestimmt werden (vgl BayObLG vom 14. 10. 1955 in FamRZ 55 365 Nr 439 = 56 22 Nr 11 (m. Gründen u. Anm), FamRZ 55 296 Nr 348 = NJW 55 1076 Nr 15, FamRZ 55 296 Nr 350 = Amtsvormund XXVIII 118, FamRZ 55 296 Nr 352 = NJW 55 1364 Nr 17, LAUTERBACH-WICKENHAGEN S. IV 171 Anm 8 zu § 8 KindGG).

Es kann aber auch, wenn ein Teil der Kinder in ausgesprochen dürftigen Verhältnissen lebt, zur Befriedigung der nicht beitreibbaren Unterhaltsansprüche gegen den Kindergeldberechtigten das ganze Kindergeld herangezogen werden, soweit dies auch mit Rücksicht auf die Belange der günstiger gestellten Kinder vertretbar erscheint (FamRZ 56 288 Nr 483).

Für die Festsetzung des an den Amtsvormund eines unehelichen Kindes auszuzahlenden Anteils am Kindergeld kommt es nicht auf die Höhe des für den Mündel festgesetzten monatlichen Unterhaltsbeitrages oder auf einen etwaigen Unterhaltsrückstand an; bei knappem Einkommen des Kindergeldberechtigten kann nur die Auszahlung des Betrages verlangt werden, der sich anteilsmäßig aus der Kopfzahl aller Kinder errechnet (DRiZ 60 B 54 Nr 696 = MDR 60 311).

Die Aufteilung ist im übrigen *nicht grundsätzlich nach Kopfteilen*, sondern immer nach den besonderen Verhältnissen des Einzelfalles vorzunehmen (DRiZ 57 43 Nr 501 = SchlHA 57 33; JMBlNRW 57 11).

Bei der Anordnung der Auszahlung ist regelmäßig die *Angabe der Verbindlichkeit*, die durch die Auszahlung gedeckt werden soll, und ihrer Höhe geboten (BayObLG vom 28. 3. 1958 in FamRZ 58 285 Nr 112 = DRiZ 58 B 100 Nr 1208 = Rpfl 58 226).

Eine Auszahlungsanordnung zugunsten von Kindern, die im *Reichsgebiet* (nach dem Stande vom 31. 12. 1937) weder Wohnsitz noch gewöhnlichen Aufenthalt haben, ist durch § 34 Abs II KindGG ausgeschlossen (FamRZ 58 471 Nr 205).

Besonderheiten des Einzelfalls kann das Vormundschaftsgericht wie im Falle des § 3 Abs I S. 5 KindGG durch Vorschriften über die *Verwendung des Kindergeldes* Rechnung tragen (vgl oben zu a); s. auch JMBl-NRW 57 11.

5. Die dem Vormundschaftsgericht[1] durch die Kindergeldgesetzgebung übertragenen Aufgaben sind *Angelegenheiten der freiwilligen Gerichtsbarkeit*. Insbesondere sind die Anordnungen gemäß § 8 Abs II KindGG Verrichtungen im Sinne des § 43 FGG i.d.F. d. GleichberG vom 18. 6. 1957 (BGBl I S. 609); vgl Rpfl 58 271 Nr 114 u. 275 Nr 116 = DRiZ 58 B 98 Nr 1175; sie sind dem Rechtspfleger übertragen (RpflG §§ 3 Abs I Nr 2a, 12), der auch bei einem Zuständigkeitsstreit zwischen zwei Amtsgerichten die Sache gemäß § 5 FGG dem gemeinsamen oberen Gericht in eigener Zuständigkeit zur Entscheidung vorlegt. Maßgeblich sind demnach für das *Verfahren* die Vorschriften des Reichsgesetzes über die freiwillige Gerichtsbarkeit.

Sachlich zuständig sind gemäß § 35 FGG die Amtsgerichte[2]. Die *örtliche* Zuständigkeit bestimmt sich nach den §§ 43, 36 FGG (vgl BGH in NJW 56 1520, BayObLG in FamRZ 55 365 Nr 439 = 56 22 Nr 11, s. auch BayObLG in Rpfl 59 97 Nr 52 = FamRZ 59 264 Nr 148 und OLG Köln in Amtsvormund XXXII 27 = Rpfl 60 27 Nr 17, abw. Rpfl 58 348 Nr 150, s. aber 59 98 Nr 53; für ausländische Kinder FamRZ 58 471 Nr 205 = NJW 58 1444). In einer zusammenfassenden Übersicht der Rechtsprechung in Rechtspfl 62 276 Nr 133 folgt OLG Karlsruhe der herrschenden Meinung (Zuständigkeit jedes Gerichts, das auch nur für eines der beteiligten Kinder Vormundschaftsgericht i. S. d. § 43 FGG ist, Betroffenheit aller nach § 2 Abs I KGG beteiligten Kinder durch eine Anordnung nach § 8 Abs II KGG, Geschwistergerichtsstand (§ 36 Abs I S. 2 FGG) nur, soweit die Kinder Geschwister im Sinne des BGB

---

[1] Wegen des Kindergeldes nach dem 3. Abschnitt der KGAG ist, wenn der Bezugsberechtigte arbeitslos ist und das Kindergeld nicht von der Familienausgleichskasse, sondern von dem Arbeitsamt bezieht, zur Bestimmung eines anderen Zahlungsempfängers der *Verwaltungsausschuß des Arbeitsamts* zuständig (LG Kassel vom 1. 2. 1956 in FamRZ 56 160 Nr 355 = NJW 56 517 Nr 19).

[2] Zur Zuständigkeit des *Vormundschaftsgerichts* vgl auch Meyer-Stolte, FamRZ 61 250 Zff II mit zahlreichen Nachweisen.

sind). Gerichte außerhalb des Bundesgebietes und des Landes Berlin können keine Bestimmungen nach § 3 Abs I oder § 8 Abs II KindGG treffen (Lauterbach-Wickenhagen S. IV 87 Anm 13 zu § 3 und S. IV 163 Anm 5 Zff 1 zu § 8 KindGG, für deutsche Kinder ohne inländischen Wohnsitz oder Aufenthalt vgl § 36 Abs II FGG i.d. F. des FamRÄndG vom 11. 8. 1961 Art 4 Nr 1 (BGBl I 1228). Weil der Kindergeldanspruch einheitlich ist, setzt die Anordnung nach § 8 Abs II KindGG die einheitliche Zuständigkeit des Vormundschaftsgerichts für alle Kinder voraus. Sind eheliche und uneheliche Kinder des kindergeldberechtigten Vaters nebeneinander beteiligt, so ist jedes Gericht, das für eines dieser Kinder Vormundschaftsgericht im Sinne des § 43 FGG ist, für die Anordnung aus § 8 Abs II KindGG zuständig (OLG Frankfurt in MDR 59 670 = DRiZ 59 B 114 Nr 1410 = Rpfl 60 25 Nr 13; OLG Düsseldorf in Rpfl 62 107 Nr 57; abw. für den Fall, daß nur für das uneheliche Kind eine Bestimmung nach § 8 Abs II KindGG beantragt wird und keinem der etwa zuständigen mehreren Gerichte gemäß § 4 FGG der Vorrang gebührt, unter Hinweis auf § 5 FGG OLG Köln in Amtsvormund XXXII 27 = Rpfl 60 27 Nr 16, 337 Nr 174)[1]. Unter mehreren hiernach zuständigen Gerichten gebührt demjenigen der Vorzug, das zunächst in der Sache tätig geworden ist; vgl auch Rpfl 61 209 = DRiZ 61 B 83 Nr 1063; ist dies nicht festzustellen, so ist das örtlich zuständige Gericht nach § 5 Abs I S. 1 FGG nach Zweckmäßigkeitserwägungen zu bestimmen (Rpfl 58 271 Nr 114 = NJW 58 1447; 59 98 Nr 53; 59 100 Nr 54; 60 27 Nr 17 = Amtsvormund XXXII 27). *Nicht zuständig* ist nach herrschender Meinung das Gericht des Wohnsitzes des *Bezugsberechtigten* (Rpfl 59 97, 98 Nr 52 (BayObLG); 100 Nr 54 (OLG Oldenburg); 60 26 Nr 15 (OLG Düsseldorf), Meyer-Stolte FamRZ 63 323 I 4c, *anderer Ansicht* Rpfl 59 102 Nr 55 (OLG Celle) mit Klarstellung hierzu in 60 93 Nr 45; 58 348 Nr 150 (OLG Hamm, aufgegeben in Rpfl 59 98 Nr 53); 62 409 Nr 184 (OLG Stuttgart). Für den Fall der Zuständigkeit mehrerer Gerichte kann Unzuträglichkeiten durch Abgabe an ein anderes Gericht nach § 46 FGG abgeholfen werden (Rpfl 59 98 Nr 53).

In den Fällen des § 3 Abs I S. 3 und 6 KindGG wird das Vormundschaftsgericht nur auf *Antrag* tätig (Lauterbach-Wickenhagen IV 88 Anm 14 und IV 95 Anm 21 zu § 3 KGG; str); das Antragsrecht steht dem Jugendamt und den Personen zu, die ein berechtigtes Interesse (vgl hierzu die nach Inhalt und Zweck der Kindergeldgesetzgebung sinngemäß anzuwendenden Ausführungen oben § 29 Zff II 9) nachweisen; wegen der Form des Antrags vgl § 11 FGG. In den Fällen des § 8 Abs II KGG kann das Vormundschaftsgericht auch *von Amts wegen* tätig werden (Lauterbach-Wickenhagen IV 163 Anm 5 Zff 2 zu § 8 KGG).

---

[1] Bei Bezugsberechtigung der Mutter findet § 36 Abs I S. 2 FGG Anwendung.

In dem Ermittlungsverfahren (§§ 12 FGG) *soll* in den Fällen des § 8 Abs II S. 3 KGG vor der Entscheidung das *Jugendamt gehört* werden[1]; die Anhörung ist Sache des pflichtmäßigen Ermessens des Vormundschaftsgerichts; ihre Unterlassung kann sich bei Ermessensmißbrauch als Rechtsverletzung darstellen (abw. anscheinend LAUTERBACH-WIKKENHAGEN IV 172 Anm 10 zu § 8 KGG). Im Verfahren nach § 8 Abs II KGG muß auch der Anspruchsberechtigte vor Bestimmung des Zahlungsempfängers gehört werden (BayObLG vom 24. 1. 1956 in FamRZ 56 153 Nr 347).

Bei der *Entscheidung* des Vormundschaftsgerichts sind die Grundsätze des § 3 Abs I S. 4 und 5 (s. oben Zff 4a) maßgeblich. Die Entscheidung ist nach Maßgabe des § 16 Abs II u. III FGG *bekanntzumachen*, und zwar auch den gemäß §§ 1 und 2 KGG anspruchsberechtigten, aber durch die Entscheidung in ihren Rechten beeinträchtigten Beteiligten (LAUTERBACH-WICKENHAGEN IV 91 Anm 18 zu § 3 und IV 167 Anm 5 zu Zff 5 zu § 8 KGG). Die Entscheidung ist klar zu fassen (s. auch oben Zff 4 am Ende); sie wird mit der Bekanntmachung wirksam.

Gegen die Entscheidungen des Vormundschaftsgerichts findet die *einfache Beschwerde* und die *weitere Beschwerde* statt (BayObLG vom 14. 10. 1955 in FamRZ 55 365 Nr 439 = 56 22 Nr 11, OLG Oldenburg vom 28. 3. 1956 in FamRZ 56 245 Nr 425, LG Berlin vom 10. 6. 1955 in FamRZ 55 296 Nr 350, LG Lübeck vom 26. 7. 1955 in FamRZ 56 116 Nr 177 = SchlHA 55 370).

Im Verfahren nach § 8 Abs II KindGG gilt das Verbot der reformatio in peius nicht, da dieses Verfahren auch als Amtsverfahren zulässig ist (BayObLG vom 24. 1. 1956 in FamRZ 56 153 Nr 347). *Beschwerdeberechtigt* ist auch der Fürsorgeverband, der ein Kind unterstützt (BayObLG a. a. O., OLG Neustadt vom 13. 7. 1956 in FamRZ 56 290 Nr 484 u. Rpfl 58 273 Nr 115). Nach LG Braunschweig vom 28. 1. 1956 in FamRZ 56 245 Nr 424 steht den Familienausgleichskassen grundsätzlich ein Beschwerderecht nicht zu; die Beschwerdebefugnis ist ihnen jedoch nicht zu versagen, wenn das Vormundschaftsgericht außerhalb des ihm durch das KindGG zugewiesenen Bestimmungs- und Anordnungsrechts Entscheidungen trifft, die einen unberechtigten Eingriff in die öffentlich-rechtlichen Beziehungen zwischen dem Anspruchsberechtigten und der Familienausgleichskasse enthalten.

Einstweilige Anordnungen des Vormundschaftsgerichts sind im Rahmen des § 8 Abs II KindGG zulässig, wenn ein dringendes Bedürfnis für ein sofortiges Einschreiten zur Vermeidung einer Gefährdung der Kinder erforderlich ist (LG München vom 8. 11. 1955 in FamRZ 56 291

---

[1] Vgl auch KLEINHEYER, Bemerkungen zu einer Neufassung des § 8 KGG in FamRZ 57 79.

Nr 486 = NJW 56 795 Nr 11; vgl auch AG Regenbsurg vom 6. 8. 1955 in FamRZ 56 117 Nr 178 = Amtsvormund XXVIII 228).

Beispiel
(Auszahlungsanordnung gemäß § 8 Abs II KindGG):

1.

Beschluß.

In der Familienrechtssache 4 X 90/55 betr. die Kinder der Eheleute Heinrich Müller und Maria geb. Schlosser in Köln, Hohe Straße 100

a) Johanna, geb. am 1. 4. 1948,
b) August, geb. am 10. 2. 1950,
c) Friedrich, geb. am 15. 6. 1952,
d) Gertrud, geb. am 20. 8. 1954,

wird gemäß § 8 Abs II i. V. m. § 3 Abs I des Kindergeldgesetzes vom 13. 11. 1954 (BGBl I S. 333 ff.) angeordnet, daß die nach dem Kindergeldgesetz zu gewährenden Kindergeldbeträge zur Hälfte dem Bruder des Vaters, Karl Müller in Bonn, Kaiserstraße 80, auszuzahlen sind. Diese Anordnung tritt mit dem 1. April 1959 in Kraft.

Gründe

Die Eltern der Kinder leben in dürftigen und räumlich beengten Verhältnissen. Auf Verwendung der beteiligten Jugendämter hat der Bruder des Vaters, der kinderlos verheiratet ist, die beiden ältesten Kinder in seinen Hausstand aufgenommen, in dem sie unterhalten und erzogen werden, ohne daß der Vater einen Beitrag zu den dadurch entstehenden Kosten zu leisten vermochte. Da auch der Bruder des Vaters in einfachen Verhältnissen lebt und gelegentlich Unstimmigkeiten wegen der Verwendung des Kindergeldes vorgekommen sind, dieses aber allen Kindern zugute kommen soll, erschien es nach Anhörung der Jugendämter in Köln und Bonn und des Vaters zum Wohl der Kinder erforderlich, die Auszahlung der Hälfte des Kindergeldes an den Bruder des Vaters anzuordnen.

Köln, den 10. März 1959.

Das Amtsgericht.
gez. Schmitz.

2. Zustellen an:
a) den Vater der Kinder,
b) die Mutter der Kinder,
c) Karl Müller in Bonn, Kaiserstraße 80,
d) den Arbeitgeber des Vaters Bl. 2 d. A.,
e) die Familienausgleichskasse Bl. 3 d. A.,
f) die Jugendämter in Köln und Bonn.

3. Z. d. A.

Köln, den 10. 3. 1959.

gez. Schmitz.

§ 137. 3. Das Verfahren bei Todeserklärungen

1. Das *Verschollenheitsrecht* war früher hinsichtlich der sachlich-rechtlichen Voraussetzungen in den §§ 13 bis 20 BGB geregelt, während das Verfahren zum Zwecke der Todeserklärung sich nach den §§ 960 bis 976

ZPO bestimmte. Diese Vorschriften sind durch das *Gesetz über die Verschollenheit, die Todeserklärung und die Feststellung der Todeszeit* vom 4. 7. 1939 (RGBl I S. 1186) ersetzt worden; hierbei ist das Verfahren in das sachgemäßere Gebiet der freiwilligen Gerichtsbarkeit verwiesen worden (PALANDT-DANCKELMANN S. 1818 Einl z. VerschG vom 15. 1. 1951 Anm 2 und PALANDT-LAUTERBACH S. 1828, 1829 Überblick vor Abschnitt III Anm 1, ferner ARNOLD Einf S. 26). Durch das *Gesetz zur Änderung von Vorschriften des Verschollenheitsrechts* vom 15. 1. 1951 (BGBl I S. 59) sind die während und nach dem Kriege 1939/45 erlassenen reichs-, landes- und zonenrechtlichen Vorschriften außer Kraft gesetzt worden (Art 4 § 6). Gleichzeitig wurde das Gesetz vom 4. 7. 1939 neu gefaßt und gemäß Art 4 § 5 VerschÄndG in der neuen Fassung als „*Verschollenheitsgesetz*" mit dem Datum des 15. 1. 1951 bekanntgemacht (BGBl I S. 63)[1]. Hierdurch ist für das Gebiet der Bundesrepublik die Rechtseinheit in materiell-rechtlicher und in verfahrensrechtlicher Hinsicht wiederhergestellt worden. Das neue Recht gilt mit unerheblichen Änderungen der Fassung auch in *West-Berlin* (Ges vom 14. 1. 1951, GVBl S. 418 u. Ges vom 3. 8. 1955, GVBl S. 676 i. V. m. d. Bek vom 25. 2. 1956 (GVBl 194).

In der sowjetisch besetzten Zone *(DDR)* gilt das Verschollenheitsrecht noch in der Fassung des Gesetzes vom 4. 7. 1939 nebst VO über die Zulassung von Anträgen auf Todeserklärung von Kriegsteilnehmern vom 22. 2. 1949 (GVBl S. 124, für Ost-Berlin VO vom 12. 5. 1949, VOBl Großberlin I S. 117) sowie der hierzu erlassenen Durchführungsverordnung vom 23. 7. 1949 (GVBl S. 550) und der VO über die Abkürzung der Verschollenheitsfrist vom 15. 11. 1951 (GBl DDR S. 1059, für Ost-Berlin vom 15. 1. 1952 VOBl S. 42). Seit Beseitigung der freiwilligen Gerichtsbarkeit in der sowjetisch besetzten Zone (DDR) entscheiden dort wieder die Gerichte nach der ZPO unter Heranziehung der Sonderregeln des Abschnitts III des VerschG vom 15. 1. 1951, BGBl I S. 63 (PALANDT-LAUTERBACH S. 1829 Überblick vor Abschnitt III Anm 1). Die von einem zuständigen Gericht der sowjetisch besetzten Zone ausgesprochene Todeserklärung ist einschließlich des festgestellten Todestages auch in dem Gebiet der Bundesrepublik und in West-Berlin wirksam; dies gilt auch dann, wenn nach dem Recht der Bundesrepublik und West-Berlin ein abweichender Todestag festgestellt werden müßte (BSozG vom 11. 5. 1962, DRiZ 62 B 112 Nr 1490 = NJW 62 1541).

Eine Todeserklärung mit internationaler Wirkung für Teilnehmer an dem Kriege 1939 bis 1945 ist in der Konvention der Vereinten Nationen vom 6. 4. 1950 vorgesehen. Die Bundesrepublik ist der Konvention durch Gesetz vom 7. 7. 1955 (BGBl II S. 701) beigetreten, wegen

---

[1] Wegen der Aufhebung des § 52 vgl Ges vom 26. 7. 1957, Art XI § 4 Abs V Zff 8 (BGBl I S. 861, 937).

des Inkrafttretens vgl Bek vom 29. 2. 1956 (BGBl II S. 329); die Geltungsdauer der Konvention ist durch Protokoll vom 16. 1. 1957 verlängert worden, die Bundesrepublik ist dem Protokoll beigetreten (vgl BGBl 1958 Teil II S. 165 u. 637). Das Verfahren nach der Konvention ist durch das Gesetz vom 7. 7. 1955 (BGBl I S. 401) geregelt; (vgl bes. § 3 Abs I wegen der ausschließlichen Zuständigkeit des Amtsgerichts Berlin-Schöneberg, §§ 3 Abs II, 5 wegen des Verhältnisses des normalen Verfahrens zu dem Verfahren nach der Konvention).

2. Das *Verfahren bei Todeserklärungen* ist im Abschn. III (§§ 13 bis 38) des Verschollenheitsgesetzes geregelt. Es ist ein Aufgebotsverfahren und, wie bereits bemerkt, eine Angelegenheit der freiwilligen Gerichtsbarkeit (§§ 2, 13), aber *nicht* des *Vormundschaftsgerichts*. Das Verfahren wird *nur auf Antrag* eingeleitet (§ 16 Abs I); den Antrag können stellen der Staatsanwalt (§ 16 Abs II a), der gesetzliche Vertreter des Verschollenen (Abs II b), der Ehegatte, die ehelichen und die ihnen gleichgestellten Abkömmlinge und die Eltern des Verschollenen sowie jeder andere, der ein rechtliches Interesse an der Todeserklärung hat (Abs II c), in dem Sonderfall des § 12 Abs III (bei Verschollenheit von Ausländern und Staatenlosen) unter den dort bestimmten Voraussetzungen nur die Ehefrau des Verschollenen (§ 16 Abs IV).

3. *Der gesetzliche Vertreter bedarf zur Antragstellung der Genehmigung des Vormundschaftsgerichts* (§ 16 Abs III, ebenso in der sowjetisch besetzten Zone). Gesetzlicher Vertreter ist bei Minderjährigen der *Inhaber der elterlichen Gewalt*, dem das Vertretungsrecht in den die Person betreffendenAngelegenheiten zusteht (vgl §§ 1627, *beide* Eltern gemeinsam[1], 1630, 1671 bis 1681 n. F. BGB). Die *Eltern* des Verschollenen bedürfen der vormundschaftsgerichtlichen Genehmigung nur dann, wenn sie den Antrag als gesetzliche Vertreter (§ 16 Abs II b VerschG) stellen (so unter Hinweis auf die unterschiedliche Kostenhaftung ARNOLD, Antragsrecht S. 23 Zff II a. Die Frage, ob auch der *Abwesenheitspfleger* als gesetzlicher Vertreter i. S. d. § 16 Abs II b VerschG anzusehen ist, ist zu bejahen, obwohl der Abwesenheitspfleger nur zur Fürsorge für die Vermögensangelegenheiten bestellt wird (vgl PALANDT-DANCKELMANN S. 1831 Anm 3 zu § 16 VerschG, BGHZ 18 389, 393, NJW 55 1840). Vielfach wird auch dem Abwesenheitspfleger ein Antragsrecht aus dem Gesichtspunkt des „rechtlichen Interesses", also aus § 16 Abs IIc VerschG zuerkannt (vgl hierzu PALANDT-LAUTERBACH S. 1414 Anm 3 zu § 1911 BGB, ARNOLD S. 170 Anm 4 zu § 16 und ARNOLD, Antragsrecht S. 23 Zff II a mit weiteren Nachweisen). Handelt der Abwesenheitspfleger aber als Vertreter des Verschollenen, so bedarf er der vormundschaftsgerichtlichen Genehmigung schon deshalb, weil er nicht besser gestellt sein

---

[1] Beschluß des BVerfG vom 29. 7. 1959, s. BGBl I S. 633.

kann als der elterliche Gewalthaber und der Vormund (vgl RGZ **74** 331, Ausführungen über die Stellung des Abwesenheitspflegers).

Vor seiner Entscheidung über die Erteilung der Genehmigung soll das Vormundschaftsgericht auch ohne Antrag Verwandte oder Verschwägerte des verschollenen Mündels oder Pfleglings hören (§§ 1847, 1915 BGB). Dies wird gemäß § 12 FGG auch dann zu gelten haben, wenn der Antrag auf Todeserklärung von dem Inhaber der elterlichen Gewalt gestellt wird.

Im *Rechtsmittelverfahren* beträgt die Frist auch für die sofortige weitere Beschwerde einen Monat (BGHZ **30** 56).

§ 138. 4. Angelegenheiten des Staatsangehörigkeitsrechtes

1. Das deutsche *Staatsangehörigkeitsrecht* bestimmt sich nach dem Reichsgesetz vom 22. 7. 1913 (RGBl S. 583). Dieses Gesetz hat jedoch mehrfache Änderungen und Ergänzungen erfahren. Durch Verordnung über die deutsche Staatsangehörigkeit vom 5. 2. 1934 (RGBl I S. 85) ist die frühere Staatsangehörigkeit in den deutschen Ländern fortgefallen; seither gibt es nur noch eine deutsche Staatsangehörigkeit. Durch das Änderungsgesetz vom 15. 3. 1935 (RGBl I S. 593) ist die Verleihung der deutschen Staatsangehörigkeit dem pflichtmäßigen Ermessen der Einbürgerungsbehörden überlassen; die §§ 10, 11, 26 Abs III S. 2, 31, 32 Abs III sind außer Kraft gesetzt, ebenso die §§ 15 Abs II, 34, soweit sie einen Anspruch auf Einbürgerung gewähren.

Während des Krieges 1939 bis 1945 sind zahlreiche Bestimmungen über die Staatsangehörigkeit erlassen worden (vgl z. B. VO vom 20. 1. 1942, RGBl I S. 40). Diese Bestimmungen sind nur zum Teil förmlich für nichtig erklärt worden (vgl das Gesetz der AHK Nr 12 hinsichtlich der Übertragung der deutschen Staatsangehörigkeit auf französische und luxemburgische Staatsangehörige), im übrigen können sie noch von Bedeutung sein, vgl hierzu im einzelnen PALANDT-LAUTERBACH S. 1712 Vorb 7a vor Art 7 EGBGB.

Durch Art 3 Abs II des Grundgesetzes sind ferner die §§ 6, 16 Abs II, 17 Zff 6, 18 geändert (PALANDT-LAUTERBACH a. a. O. mit Nachweisen). Eine weitere Änderung ist erfolgt durch § 194 des Bundesbeamtengesetzes vom 14. 7. 1953, BGBl I S. 551 (Aufhebung der §§ 14 und 15, Änderung des § 16).

Schließlich sind wiederholt Einzelfragen des Staatsangehörigkeitsrechtes geregelt worden:

a) durch das Gesetz zur Regelung von Fragen der Staatsangehörigkeit vom 25. 2. 1955 (BGBl I S. 65) betr die Staatsangehörigkeitsverhältnisse deutscher Volkszugehöriger, denen die deutsche Staatsangehörigkeit in den Jahren 1938 bis 1945 durch Sammeleinbürgerung verliehen worden ist, ferner die Staatsangehörigkeitsverhältnisse der Personen, die auf Grund des Art 116 Abs I des Grundgesetzes Deutsche sind, ohne die deutsche Staatsangehörigkeit zu besitzen, die Staatsangehörigkeitsverhältnisse weiterer Personengruppen und Verfahrensgruppen; gilt gemäß § 29 auch im Lande Berlin,

b) das Zweite Gesetz zur Regelung von Fragen der Staatsangehörigkeit vom 17. 5. 1956 (BGBl I S. 431) betr frühere österreichische Staatsangehörige,

c) das Dritte Gesetz zur Regelung von Fragen der Staatsangehörigkeit vom 19. 8. 1957 (BGBl I S. 1251) betr die Änderung des Reichs- und Staatsangehörigkeitsgesetzes (§§ 3 Zff 3 u. 6) und des Gesetzes vom 25. 2. 1955 (oben zu a); gilt gemäß Art IV auch im Lande Berlin.

Einwohner des Saarlandes sind seit der Rückgliederung deutsche Staatsangehörige (vgl § 1 Abs III des Ges vom 23. 12. 1956, BGBl I S. 1011).

Wegen der Auswirkungen des Grundsatzes der Gleichberechtigung der Geschlechter auf das Staatsangehörigkeitsrecht (Verwaltungsvorschriften) vgl MASSFELLER, Ergänzungsband S. 203ff.

2. Auf dem Gebiet des Staatsangehörigkeitsrechtes sind dem *Vormundschaftsgericht* folgende Obliegenheiten übertragen:

a) die Entlassung nicht voll geschäftsfähiger Personen, d. h. solcher, die unter elterlicher Gewalt oder unter Vormundschaft stehen (vgl hierzu die §§ 1626ff. ohne 1628, 1629 Abs I, die durch das BVerfG für nichtig erklärt sind, BGBl 1959 I S. 633, 1671 bis 1682 n. F. BGB, 1757, 1773, 1896, 1906 BGB), kann nur von dem gesetzlichen Vertreter und *nur mit Genehmigung des deutschen Vormundschaftsgerichts* beantragt werden (§ 19 Abs I S. 1 RuStAG). Gesetzlicher Vertreter ist derjenige Elternteil, dem das Recht zur Vertretung in den die Person des Kindes betreffenden Angelegenheiten zusteht[1] (in der Regel also, nachdem die §§ 1628, 1629 Abs I BGB durch das BVerfG für nichtig erklärt sind, s. oben, *beide* Eltern, §§ 1626, 1627 BGB), sonst der Vormund oder auch ein Pfleger (vgl § 1630, 1666, 1671, 1909 n. F.; 1793, 1796, 1897 BGB). Gemäß § 19 Abs II S. 2 RuStAG bedarf die Mutter, wenn sie allein sorgeberechtigt ist, zur Antragstellung auch der Genehmigung eines ihr bestellten Beistandes, wenn dessen Wirkungskreis sich auf die Person des Kindes erstreckt; diese Vorschrift ist nach Maßgabe des § 1685 n. F. BGB auch auf den Vater anzuwenden. Ob auch der *Gebrechlichkeitspfleger* (§ 1910 BGB) als gesetzlicher Vertreter in Betracht kommen kann, erscheint zweifelhaft, da er weder elterlicher Gewalthaber noch Vormund ist (bejahend MASZFELLER S. 56 Anm 2).

Die Genehmigung des Vormundschaftsgerichts ist ausnahmsweise *nicht* erforderlich, wenn der Vater und die Mutter oder ein allein sorge-

---

[1] Vgl hierzu MASZFELLER S. 352 Anm 1.

berechtigter Elternteil die Entlassung für sich und zugleich kraft elterlicher Gewalt für ein Kind beantragen und den oder dem Antragstellern die Sorge für die Person dieses Kindes zusteht (§ 19 Abs II S. 1 RuStAG).

Das *Verfahren* des Vormundschaftsgerichts bestimmt sich nach den Vorschriften des Reichsgesetzes über die freiwillige Gerichtsbarkeit. Die Frage der örtlichen Zuständigkeit regeln die §§ 36, 43 FGG, § 36 Abs II i.d.F. d. FamRÄndG vom 11. 8. 1961 Art 4 Nr 1, BGBl I S. 1228. Die notwendigen Ermittlungen sind gemäß § 12 FGG von Amts wegen durchzuführen. Gegen die Entscheidung des Vormundschaftsgerichts findet die Beschwerde nach Maßgabe der §§ 20, 57 FGG statt, sie steht aber auch der Staatsanwaltschaft zu (§ 19 Abs I S. 2 RuStAG); gegen den Beschluß des Beschwerdegerichts ist die weitere Beschwerde unbeschränkt zulässig (RuStAG a. a. O.); nach JFG 16 138ff. ist diese keine *Rechts*beschwerde.

b) Nach dem Gesetz zur Regelung von Fragen der Staatsangehörigkeit vom 25. 2. 1955 (BGBl I S. 65) ist gewissen Personengruppen ein *Einbürgerungsrecht* eingeräumt.

In Betracht kommen zunächst Personen, die auf Grund des Artikels 116 Abs I GG Deutsche sind, ohne die deutsche Staatsangehörigkeit zu besitzen; diesen *muß* auf ihren Antrag die Einbürgerung gewährt werden, es sei denn, daß Tatsachen die Annahme rechtfertigen, daß sie die innere oder äußere Sicherheit der Bundesrepublik oder eines deutschen Landes gefährden (§ 6 Abs I a. a. O.). Der Ehegatte und die Kinder eines Deutschen ohne deutsche Staatsangehörigkeit sind ebenfalls Deutsche, soweit sie die Voraussetzungen des Art 116 Abs I GG erfüllen; der Status eines Deutschen wird aber auch durch familienrechtliche Vorgänge (Geburt, Legitimation, auch Eheschließung nach Maßgabe des § 6 RuStAG), die sich nach der Vertreibung ereignen, erworben, und zwar in demselben Umfang wie die deutsche Staatsangehörigkeit (vgl Maszfeller S. 335, 336 Anm 5 zu § 6). Den Antrag auf Einbürgerung muß jeder Ehegatte für sich stellen, wegen der Kinder vgl die §§ 14, 15 a. a. O. (Massfeller S. 336 Anm 6 zu § 6).

Einen Anspruch auf Einbürgerung nach Maßgabe des § 6 a. a. O. hat ferner ein deutscher Volkszugehöriger[1], der nicht Deutscher im Sinne des Grundgesetzes ist, aber in Deutschland seinen dauernden Aufenthalt hat, und dem die Rückkehr in seine Heimat nicht zugemutet werden kann; wird er eingebürgert, so hat auch sein Ehegatte einen Einbürgerungsanspruch; wird der dauernde Aufenthalt in Deutschland nach dem Inkrafttreten des Gesetzes vom 22. 2. 1955 (vgl hierzu § 30) aufgegeben, so erlischt der Einbürgerungsanspruch (§ 8). Wegen der Kinder vgl die §§ 14, 15 RuStARegG.

[1] Wegen des Begriffs vgl Maszfeller S. 87 Anm 5 zu Art 116 GG.

Unter Umständen können deutsche Volkszugehörige, ihre Ehefrauen und Kinder auch vom Ausland her die Einbürgerung beantragen (vgl § 9 a. a. O.).

Schließlich hat einen Einbürgerungsanspruch, wer aus rassischen Gründen von einer Sammeleinbürgerung (vgl § 1 a. a. O.) ausgeschlossen worden ist, wenn er in Deutschland seinen dauernden Aufenthalt hat, es sei denn, daß er in der Zwischenzeit eine andere Staatsangehörigkeit erworben hat (§ 11 a. a. O.).

Die Einbürgerungsansprüche aus den §§ 9 Abs II und 11 bestehen nicht, wenn Tatsachen vorliegen, welche die Annahme rechtfertigen, daß der Antragsteller die innere oder äußere Sicherheit der Bundesrepublik oder eines deutschen Landes gefährden wird (§ 13 a. a. O.).

Minderjährige, die das 18. Lebensjahr vollendet haben, stehen bei der Geltendmachung des Einbürgerungsanspruchs einem Volljährigen gleich (§ 14 a. a. O.). Wer das 18. Lebensjahr noch nicht vollendet hat oder geschäftsunfähig oder aus anderen Gründen als wegen Minderjährigkeit in der Geschäftsfähigkeit beschränkt ist, wird bei der Antragstellung durch seinen gesetzlichen Vertreter in persönlichen Angelegenheiten vertreten (§ 15 Abs I a. a. O.); vgl zum Vertretungsrecht die §§ 1626, 1627, 1629 Abs II, 1630, 1666, 1671 n. F. BGB, 1793, 1796, 1909 a. F. BGB. Der Vormund eines unehelichen Kindes bedarf hierbei der Zustimmung der Mutter, wenn dieser die Sorge für die Person des Kindes zusteht, und zwar auch dann, wenn er von dem Einbürgerungsanspruch keinen Gebrauch machen will (§ 15 Abs II S. 1 u. 2 a. a. O.)[1]. Die Zustimmung ist aber nicht erforderlich im Falle des § 9 Abs I a. a. O., wie sich aus § 14 a. a. O. ergibt; dies hat darin seinen Grund, daß § 9 Abs I keinen *Anspruch* auf Einbürgerung verleiht (MASZFELLER S. 353 Anm 3a zu § 15). Die Zustimmungserklärung kann dem Vormund oder der Einbürgerungsbehörde (§ 17 a. a. O.) gegenüber erklärt werden.

Können sich der Vormund und die Mutter über die Antragstellung nicht einigen, so ist der Vormund *verpflichtet*, die Entscheidung des *Vormundschaftsgerichts* herbeizuführen (§ 15 Abs II S. 3 a. a. O.). Dieses entscheidet nach Maßgabe der Vorschriften des Reichsgesetzes über die freiwillige Gerichtsbarkeit. Die Entscheidung wird, wenn das Vormundschaftsgericht die Zustimmung der Mutter ersetzt, erst mit der Rechtskraft wirksam; bei Gefahr im Verzuge kann die sofortige Wirksamkeit der Entscheidung angeordnet werden (§ 53 n. F. FGG). Der Mutter steht gegen die Entscheidung die sofortige Beschwerde zu (§ 60 Abs I Zff 6 FGG). Lehnt das Vormundschaftsgericht es ab, die Zustimmung der Mutter zu ersetzen, so kann der Vormund hiergegen die einfache Beschwerde einlegen (§ 57 Abs I Zff 9 FGG). Das Kind selbst hat, wenn

[1] Ist die Mutter verstorben. so entscheidet der Vormund allein (MASZFELLER S. 354 Anm 5 zu § 15).

es das vierzehnte Lebensjahr vollendet hat und nicht geschäftsunfähig ist, in beiden Fällen ein eigenes Beschwerderecht (§ 59 FGG).

Da der Vormund auch dann der Zustimmung der Mutter bedarf, wenn er den Einbürgerungsanspruch *nicht* geltend machen will (§ 15 Abs II S. 2 a. a. O.), so hat er auch in diesen Fällen, wenn er mit der Mutter nicht einig ist, die Entscheidung des Vormundschaftsgerichts herbeizuführen. Diese Entscheidung hat zu erfolgen, gleichviel ob die Weigerung des Vormundes pflichtwidrig oder von Zweckmäßigkeitsgründen bedingt ist (MASZFELLER S. 353 Anm 4 zu § 15). Die Wirksamkeit der Entscheidung tritt mit der Bekanntmachung an die Beteiligten ein (§ 16 FGG). Die Anfechtbarkeit mit der einfachen Beschwerde ergibt sich aus den §§ 20, 57 Abs I Zff 9, 59 FGG).

Der Vormund handelt pflichtwidrig, wenn er entgegen der Entscheidung des Vormundschaftsgerichts sich weigert, den Einbürgerungsantrag zu stellen; in diesem Falle muß das Gericht gegen den Vormund einschreiten; die Mutter kann aber den Antrag nicht allein oder an Stelle des Vormundes stellen (MASZFELLER S. 353 Anm 4 zu § 15).

§ 139. 5. Auswanderungswesen

Gegen Mißstände im Auswanderungswesen richtet sich die Verordnung vom 14. 2. 1924 (RGBl I S. 107); Abschnitt III enthält eine besondere Vorschrift über die Auswanderung von *Mädchen*, die *noch nicht achtzehn Jahre alt* sind. § 9 Abs I bestimmt, daß diese Mädchen zur Auswanderung außer der Zustimmung desjenigen, der nach bürgerlichem Recht den Aufenthalt zu bestimmen hat (vgl §§ 1626, 1627, 1629 Abs II, 1630, 1631, 1666, 1671 bis 1681 n. F., 1793; 1909 BGB), der *Genehmigung des Vormundschaftsgerichts* bedürfen. Die Genehmigung ist nicht erforderlich, wenn ein eheliches Kind mit seinen zur Ausübung der Personensorge berechtigten Eltern oder nach Auflösung der Ehe mit demjenigen Elternteil auswandern will, dem die Sorge zusteht. Der Genehmigung bedarf es ferner nur, wenn es sich um eine wirkliche Auswanderung handelt, also das Bundesgebiet zwecks dauernden Aufenthalts im Ausland verlassen werden soll, nicht aber, wenn die Ausreise nur zu einem ganz bestimmten Zweck auf eine vorher festgelegte Zeit erfolgen soll, z. B. zur Erfüllung einer Gastspielverpflichtung (JFG **10** 40ff.). Wird die Genehmigung des Vormundschaftsgerichts nicht nachgewiesen, so dürfen die genannten Minderjährigen vom Beförderungsunternehmer (§ 1 des Auswanderungsgesetzes vom 9. 6. 1897, RGBl S. 463ff.) nicht zur Beförderung angenommen werden; sie sind von den Polizeibehörden am Verlassen des Bundesgebietes zu hindern (§ 9 Abs II a. a. O.).

Das Vormundschaftsgericht entscheidet im Verfahren der freiwilligen Gerichtsbarkeit (vgl besonders die §§ 12, 16 FGG). Die Entscheidung ist mit der einfachen Beschwerde anfechtbar; wegen der Beschwerdebefugnis vgl die §§ 20, 57 Abs I Zff 9, 59 FGG.

§ 140. 6. Die Mitwirkung des Vormundschaftsgerichts bei Freiheitsentziehungen

1. Die Freiheit der Person kann gemäß *Art 104 Abs I* GG nur auf Grund eines förmlichen Gesetzes und nur unter Beachtung der darin vorgeschriebenen Formen beschränkt werden; über die Zulässigkeit und die Fortdauer einer Freiheitsbeschränkung hat nur der Richter zu entscheiden (*Art 104 Abs II* GG). Das Bundesgesetz vom 29. 6. 1956/26. 7. 1957 (BGBl 56 I S. 599, 57 I S. 861) über das *gerichtliche Verfahren* bei Freiheitsentziehungen bestimmt im § 2 Abs II, daß, wenn die unterzubringende Person unter elterlicher Gewalt, Vormundschaft oder wegen Geschäftsunfähigkeit unter Pflegschaft steht, der Wille desjenigen maßgebend ist, dem die gesetzliche Vertretung in den persönlichen Angelegenheiten zusteht. Die Unterbringung von *Geisteskranken, Geistesschwachen* oder *Süchtigen* richtet sich nach Landesrecht (ZIMMERMANN in Rpfl 59 107, Besprechung des Erläuterungsbuches von SAAGE, s. auch FamRZ 59 40). In NRW ist maßgebend das Gesetz vom 16. 10. 1956 (GVBlNRW 56 S. 300); wegen der übrigen Länder vgl den Anhang in dem Kommentar von SAAGE. Das Gesetz vom 16. 10. 1956 enthält im § 1 Abs II eine der Vorschrift des § 2 Abs II des Bundesgesetzes vom 29. 6. 1956 im wesentlichen entsprechende Bestimmung.

2. Diese gesetzlichen Vorschriften haben im Schrifttum und in der Rechtsprechung zu mannigfachen Erörterungen Anlaß gegeben[1].

a) Zu der Frage, ob der *gesetzliche Vertreter* eines *minderjährigen oder volljährigen Mündels oder Pfleglings* zu der Zustimmung zur *Unterbringung* der *vormundschaftsgerichtlichen Genehmigung* bedürfe, hat das BVerfG in Abweichung von der bis dahin herrschenden Meinung (vgl BGHZ **17** 108) durch Beschluß vom 10. 2. 1960 (Bd. **10** 302 = FamRZ **60** 186, 187 Nr 77 = NJW **60** 811 = MDR **60** 469 = EJF A IV Nr 11) entschieden, daß die Unterbringung von *volljährigen* Mündeln und Pfleglingen in einer *geschlossenen Anstalt* der „*richterlichen Entscheidung*"[2] bedürfe (vgl auch für den Fall einer Pflegschaft gemäß § 1910 Abs II BGB ohne Durchführung eines Entmündigungsverfahrens Rpfl **62** 19 Nr 7). Im Anschluß an die Entscheidung des BVerfG haben sich die Landesjustizverwaltungen und der Bundesjustizminister dahin geäußert,

---

[1] Vgl auch SAAGE, Die Anstaltsunterbringung durch den gesetzlichen Vertreter (BAnz Nr 122 vom 29. 6. 1960).

[2] Hierunter wird in aller Regel die vormundschaftsgerichtliche Genehmigung zu verstehen sein (vgl Anm 16 in FamRZ 62 50).

daß auch die Unterbringung *Minderjähriger*, die unter Vormundschaft stehen, der vormundschaftsgerichtlichen Genehmigung bedürfe.

Die Frage ist indessen durch das Familienrechtsänderungsgesetz vom 11. 8. 1961 Art 1 Nr 32, BGBl I S. 1226, gegenstandslos geworden. Durch dieses Gesetz ist dem *§ 1800 BGB* der *Absatz II* angefügt worden, in dem für eine (d. h. jede) Unterbringung des Mündels, die mit Freiheitsentziehung des Mündels verbunden ist, die vormundschaftsgerichtliche Genehmigung als erforderlich bezeichnet ist (S. 1 a. a. O.). Die Bestimmung gilt für Mündel und Pfleglinge, gleichviel ob sie *minderjährig oder volljährig* sind (SCHWARZHAUPT in FamRZ 62 50; BAUR in FamRZ 62 514 Zff IX). Wesentliche Voraussetzung ist hiernach eine Unterbringung, die mit einer Freiheitsentziehung verbunden ist, nicht die Freiheitsbeschränkung durch den Vormund oder Pfleger.

Zu der Frage, was unter einer „*Freiheitsentziehung*" in diesem Zusammenhang zu verstehen ist, hat das OLG Hamm im Beschluß vom 4. 6. 1962 (FamRZ 62 397 ff. Nr 162) nachdrücklich darauf hingewiesen, daß nach den Ausführungen der Berichterstatterin des Rechtsausschusses des Bundestags *jede* Maßnahme des Vormundes oder Pflegers, die faktisch zu einer Einweisung auch des *minderjährigen* Mündels oder Pfleglings *in eine geschlossene Anstalt*[1] — sei es eine Heilanstalt oder sei es eine Anstalt im Rahmen der freiwilligen Erziehungshilfe[2] — gemäß § 1800 Abs II BGB der Genehmigung des Vormundschaftsgerichts unterliegen solle, und daß darüber hinaus auf den Begriff der Freiheitsentziehung ohne Einfluß sei, welchen Zwecken die Unterbringung dient; es sei deshalb begrifflich nicht möglich, Erziehungsmaßnahmen, die an sich Freiheitsentziehungen wären, nur wegen ihres pädagogischen Charakters tatbestandsmäßig nicht als Freiheitsentziehungen anzusehen (FamRZ 62 397, 398 Nr 162).

Eine Freiheitsentziehung liegt auch vor, wenn der Betroffene, der der Unterbringung widerspricht, trotz seiner Geschäftsunfähigkeit wenigstens einen tatsächlichen (natürlichen) Willen besitzt (BayObLG in FamRZ 62 39, 40 Nr 19).

In jedem Falle ist gleichwohl zu prüfen, ob die konkret beabsichtigte Unterbringung sich als Freiheitsentziehung darstellt. Eine solche liegt im Sinne des Art 104 Abs II GG nur vor, wenn der Betroffene völlig außerstande gesetzt wird, noch nach seinem Belieben von seiner persönlichen Bewegungsfreiheit Gebrauch zu machen, also daran gehindert

---

[1] Zum Begriff des „geschlossenen Heimes" vgl FamRZ 62 398 Nr 162 und oben § 115 Zff 3 am Ende.

[2] Vgl auch OLG Düsseldorf in FamRZ **63** 312 Nr 151 = NJW **63** 397 Nr 3 = ZBl L 54 = JMBlNRW **63** 42 Nr 1 = DRiZ **63** B 38 Nr 526. Freiheitsentziehung ist insbesondere regelmäßig gegeben bei Unterbringung in einem geschlossenen Heim oder in einer geschlossenen Abteilung eines Heimes.

wird, einen Ort zu verlassen (OLG Hamm in FamRZ 62 398). Abweichend hiervon hatte AG Hamburg in FamRZ 61 393ff. = Zentralblatt XLVIII (1961) 245 die Auffassung vertreten, daß eine „Freiheitsentziehung“ *nicht* vorliege, wenn es sich um eine „*typische Erziehungsmaßnahme*“, etwa die Unterbringung eines Minderjährigen in einem Jugendheim, Internat usw. handele; dagegen seien „*fürsorgerische*“ Unterbringungen zum Zwecke der Heilung und Sicherung z. B. in einer Nervenheilanstalt, in der geschlossenen Abteilung eines Krankenhauses, in einem Pflegeheim oder in einer Trinkerheilanstalt als der vormundschaftsgerichtlichen Genehmigung bedürftige Freiheitsentziehungen anzusehen (vgl AG Hamburg a. a. O. S. 394, 395).

Ist eine Freiheitsentziehung gegeben, so ist weiter zu prüfen, ob die Unterbringung dem *wohlverstandenen Interesse* des Mündels dient; dieses erfordert auch, den Mündel davor zu bewahren, daß er infolge Krankheit andere belästigt (BayObLG in FamRZ 60 411 Nr 195; s. auch JMBlNRW 61 209). Zur Frage der Haftung des Vormundschaftsrichters bei nicht genügender Prüfung von Eingaben z. B. eines wegen Querulenwahnsinns untergebrachten Pfleglings vgl oben § 19 Zff 3.

b) Das BVerfG (s. oben zu a) hat die Frage offen gelassen, ob Art 104 Abs II S. 2 GG auch bei Freiheitsentziehungen im Rahmen der *elterlichen Gewalt* wirksam wird. Das AG Hamburg (s. oben S. 395) macht insoweit keinen Unterschied zwischen minderjährigen Mündeln und unter elterlicher Gewalt stehenden Kindern, sofern die Unterbringung in Ausübung des *Erziehungsrechtes* erfolgt; ebenso ANDERS in FamRZ 60 475, 477, der jedoch eine Unterbringung zu anderen als solchen Zwecken, namentlich also geisteskranker oder erziehungsunfähiger Kinder für genehmigungspflichtig hält (S. 477 a. a. O.). Das AG Wenningsen/Deister gelangt unter Hinweis auf Art 6 GG und das durch diese Bestimmung bekräftigte natürliche Recht der Eltern (im Unterschied zu Vormündern und Pflegern) zu dem Ergebnis, daß die vormundschaftsgerichtliche Genehmigung zur Unterbringung des Kindes, auch des unehelichen Kindes, nicht erforderlich sei, gleichviel ob sie zu Heil- oder Erziehungszwecken erfolge (FamRZ 60 364ff. Nr 168 m. Anmerkung von BOSCH; 62 40ff. Nr 20: Vormünder und Pfleger bedürfen aber der vormundschaftsgerichtlichen Genehmigung); gegen einen Mißbrauch gewähre die grundgesetzlich vorgesehene staatliche Überwachung den Schutz des Kindes in hinreichendem Maße (Art 6 Abs II S. 2 GG, § 1666 BGB). Mit ähnlicher Begründung haben auch LG Augsburg (FamRZ 61 323 Nr 116) und LG Stuttgart (FamRZ 61 325 Nr 117) die vormundschaftsgerichtliche Genehmigung für nicht erforderlich gehalten. Demgegenüber ist GUGGUMOS (FamRZ 60 478, 479) der Ansicht, daß das Wohl der Minderjährigen der Rechtsmacht des gesetzlichen Vertreters grundsätzlich vorgehe und für die Beurteilung der Frage der

Genehmigung letztlich die „objektive Seinsordnung" maßgebend sei und im Zweifel nicht die Eltern, sondern der Richter das letzte Wort haben müsse (a. A. MAURER in FamRZ 60 468ff.). Diese Ansicht hat zwar im Ausgangspunkt und im Ergebnis viel für sich; jedoch kann ihr mit Rücksicht auf die Ausführungen von SCHWARZHAUPT in FamRZ 62 50 Zff II 1 am Ende und auch die Stellung des § 1800 BGB im System des BGB nicht gefolgt werden, wenn auch für die Praxis, wie MEYER-STOLTE in Rpfl 61 431 Zff X zutreffend hervorhebt, die weitere Entwicklung in Rechtslehre und Rechtsprechung zu beachten sein wird[1]. Das OLG Hamm hat die Frage im Hinblick auf § 1800 Abs II BGB dahingestellt gelassen (FamRZ 62 398).

c) Die Genehmigung des *Familienrats* zur Unterbringung ist keine richterliche Genehmigung i. S. d. Art 104 Abs II GG (vgl § 1872 Abs I S. 3 BGB i.d.F. d. FamRÄndG vom 11. 8. 1961, BGBl I S. 1226, Art I Nr 35), ebenso auch nicht die entsprechende vorläufige Anordnung des Vormundschaftsrichters als des Vorsitzenden des Familienrates (FamRZ 61 327 Nr 118).

3a) Das *Verfahren* des Vormundschaftsgerichts bestimmt sich nach den Grundsätzen der freiwilligen Gerichtsbarkeit[2]. *Örtlich zuständig* für die Genehmigung der Unterbringung eines volljährigen Mündels in einer geschlossenen Anstalt ist das Gericht, das die Vormundschaft führt (EJF A IV Nr 12 = MDR 60 851; JMBlNRW 61 211, FamRZ 61 494 Nr 183); dies gilt auch für die Genehmigung weiterer Anstaltsunterbringung (JMBlNRW 61 211). Vor der Entscheidung soll der Mündel *gehört* werden (§ 1800 Abs II S. 1 Halbsatz 2 BGB). Die Entscheidung steht dem Richter, nicht dem Rechtspfleger zu (RpfG § 12 Nr 10 i.d.F. d. FamRÄndG vom 11. 8. 1961 Art 8 Nr 1, BGBl I S. 1231, FamRZ 60 411 Nr 195ff.). Die *End*entscheidung ist nicht zu befristen; jedoch hat das Vormundschaftsgericht von Zeit zu Zeit von Amts wegen zu prüfen, ob das Wohl des Mündels seinen Aufenthalt in der geschlossenen Anstalt noch weiter erfordert (BayObLG in FamRZ 62 533, 534 Nr 222). Wegen der Zulässigkeit einstweiliger Anordnungen s. unten zu c).

b) Ohne die Genehmigung ist die Unterbringung in den Fällen zu Zff 2a nur zulässig, *wenn mit dem Aufschub Gefahr verbunden ist;* die Genehmigung ist unverzüglich nachzuholen (§ 1800 Abs II S. 2 BGB). Das Gericht hat die Genehmigung zurückzunehmen, wenn das Wohl des Mündels die Unterbringung nicht mehr erfordert (§ 1800 Abs II S. 3 BGB). Demgemäß ist eine laufende Überwachung der genehmigten un-

[1] Vgl hierzu auch die zugehörigen Anmerkungen 12 bis 21 mit weiteren Nachweisen in FamRZ 62 50 Zff II 1 am Ende.

[2] Zur Frage, ob in dem Genehmigungsverfahren nach § 1800 Abs II BGB ein besonderer Verfahrenspfleger zu bestellen ist, vgl HAMPEL in FamRZ 62 514 ff.

befristeten Unterbringung (wegen befristeter einstweiliger Anordnungen s. unten zu c) notwendig (vgl FamRZ **60** 411, 413 Nr 195, MEYER-STOLTE in Rpfl **61** 431 Zff X, DRiZ **62** B 104 Nr 1346).

c) Die Verfügung des Vormundschaftsgerichts zur Unterbringung eines Mündels, die mit Freiheitsentziehung verbunden ist, wird erst *mit der Rechtskraft wirksam* (§ 55a Abs I FGG, eingefügt durch FamRÄndG vom 11. 8. 1961 Art 4 Nr 4, BGBl I S. 1228). Daraus folgt, daß die Verfügung mit der *sofortigen Beschwerde* anfechtbar ist (§ 60 Abs I Zff 6 FGG). Das Vormundschaftsgericht kann indessen die sofortige Wirksamkeit der Verfügung anordnen (§ 55a Abs II FGG). Es kann auch vor der Rechtskraft der Entscheidung *einstweilige Anordnungen* treffen (§ 55a Abs III FGG); diese können auch befristet werden, sie werden mit der Bekanntmachung an den Vormund oder Pfleger wirksam und können mit der *einfachen (unbefristeten) Beschwerde* angefochten werden (BayObLG in FamRZ **62** 535, 536 Nr 223). Gegen die *Versagung* der Genehmigung ist das Jugendamt beschwerdeberechtigt (FamRZ **63** 312 Nr 151). Auch die *Ablehnung der Zurücknahme* einer vormundschaftsgerichtlichen Genehmigung zur Unterbringung eines Mündels in einer geschlossenen Anstalt unterliegt der unbefristeten (weiteren) Beschwerde (BayObLG a. a. O.). Der die *Beschwerdebefugnis* regelnde § 7 Abs III des Bundesgesetzes vom 29. 6. 1956 ist durch Art 9 I Nr 20 des FamRÄndG, BGBl I S. 1232, gestrichen worden; diese Bestimmung gewährte den von der Freiheitsentziehung betroffenen Minderjährigen und Entmündigten das Beschwerderecht ohne Mitwirkung des gesetzlichen Vertreters entsprechend § 59 FGG nur, soweit sie das 14. Lebensjahr vollendet hatten und nicht geschäftsunfähig waren. Schon für das frühere Recht hatte jedoch das BVerfG (**10** 302) Entmündigten und Geisteskranken in einschlägigen Verfahren ohne die im § 59 FGG bezeichneten Beschränkungen die Beschwerdebefugnis zugestanden, während das BayObLG durch Beschluß vom 17. 8. 1960 (FamRZ **60** 411, 412 Nr 195) dem Mündel gegen den Genehmigungsbeschluß die (unbefristete) Beschwerde und der BGH dem geschäftsunfähigen volljährigen Pflegling für den Fall der Gebrechlichkeitspflegschaft ein „selbständiges Abwehrrecht“ aus verfassungsrechtlichen Gründen zuerkannt hatte (FamRZ **61** 368 Nr 124 Zff III 2). Die Grundsätze dieser Entscheidungen (vgl auch FamRZ **62** 483 Nr 201) haben zur Einfügung des § 55a FGG (vgl oben § 32) geführt (MEYER-STOLTE in Rpfl **61** 431 Zff X). Auch im § 10 Abs II des Landesgesetzes NRW vom 16. 10. 1956 (GVBl **56** 300ff.) war eine entsprechende Bestimmung für den Fall der Unterbringung geisteskranker, geistesschwacher und süchtiger Personen enthalten. Von der Änderung des § 59 FGG ist bei den Ausschußberatungen zum FamRÄndG zwar Abstand genommen worden, doch war man sich der Bedenken gegen die Rechtsgültigkeit der sich aus Abs II a. a. O. ergebenden Einschränkungen bewußt

(Schwarzhaupt in FamRZ 62 50). Nach DRiZ 62 B 109 Nr 1430 steht dem geschäftsunfähigen volljährigen Pflegebefohlenen zwar gegen die Anordnung der Pflegschaft, nicht aber gegen weitere vormundschaftsgerichtliche Maßnahmen, die nach der Anordnung der Pflegschaft oder nach durchgeführter Entmündigung ergehen, ein selbständiges Beschwerderecht zu (anders FamRZ 62 483 Nr 201).

Einem *Elternteil*, dem die elterliche Gewalt *entzogen* ist, steht eine Beschwerdebefugnis gegen die vormundschaftsgerichtliche Genehmigung zu einer mit Freiheitsentziehung verbundenen Unterbringung des Kindes durch den nach § 1671 Abs V BGB bestellten Vormund *nicht* zu. Auch wenn die sofortige Wirksamkeit der Entscheidung angeordnet ist, ist die einfache Beschwerde nicht eröffnet (FamRZ 62 478 Nr 197).

Anhang

§ 141. Kostenvorschriften

1. Die Gebührenvorschriften für die Tätigkeit des Vormundschaftsgerichts sind enthalten in dem Gesetz über die Kosten in Angelegenheiten der freiwilligen Gerichtsbarkeit *(Kostenordnung)* i.d.F. vom 26. 7. 1957 (BGBl I S. 960) und der Änderungsbestimmungen des Art 6 des Familienrechtsänderungsgesetzes vom 11. 8. 1961 (BGBl I S. 1230).

Zu beachten sind die Bestimmungen des Ersten Teils erster Abschnitt (*Allgemeine Vorschriften* betr den Geltungsbereich § 1, die Kostenschuldner §§ 2 bis 6, die Fälligkeit § 7, Vorauszahlung und Sicherstellung §§ 8 bis 10, Kostenbefreiungen §§ 11 bis 13, den Kostenanspruch §§ 14 bis 17, den *Geschäftswert* §§ 18 bis 31 (s. auch §§ 93 Abs I, 94 Abs II, 95 Abs II, 97 Abs II, 97a Abs II, 98 Abs II, 99 Abs I S. 2), die volle Gebühr, die Rahmengebühren, die Nebengeschäfte, §§ 32 bis 35. Daneben sind die *besonderen Vorschriften über die familienrechtlichen Angelegenheiten* (Erster Teil, zweiter Abschnitt Zff 4 §§ 91—99), über *sonstige Angelegenheiten* (zweiter Abschnitt Zff 6, § 127 i. V. m. § 31 PStG, 128)[1] zu beachten. Sodann kommen in Betracht die Vorschriften des zweiten Teils, zweiten Abschnitts Zff 7 (*ergänzende* Gebührenvorschriften für Anträge, Beschwerden usw. §§ 129 bis 139) und des dritten Abschnitts über *Auslagen* §§ 136 bis 139), schließlich auch der dritte Teil, enthaltend die Schlußvorschriften (§§ 158 bis 160).

---

[1] In *Todeserklärungssachen* (vgl § 137 des Buches) ist das Amtsgericht nicht als Vormundschaftsgericht, sondern auf Grund des Verschollenheitsrechts tätig; Kostenvorschrift ist in diesem Falle § 128 KostO.

Wenn das Vormundschaftsgericht eine *beurkundende Tätigkeit* ausübt, sind auch die §§ 36 bis 45, 49, 50, 52, 55 bis 59 der Kostenordnung zu beachten, soweit die Beurkundung nicht zu den gebührenfreien Obliegenheiten der §§ 11 bis 13 KostO gehört.

2. Die Tätigkeit des *Vormundschaftsgerichts* gliedert sich gebührenrechtlich in

a) die *Vormundschaften*, *Pflegschaften* und *Beistandschaften* (§§ 92, 93 KostO),

b1) *einzelne* (§ 94 KostO i.d.F. des GleichberG vom 18. 6. 1957) und b2) *weitere* (§ 95 KostO i.d.F. wie vorst.) Verrichtungen des Vormundschaftsgerichts;

zu a) und b1) bleiben Gebühren sowie Schreib- und Rechnungsgebühren außer Ansatz, wenn die Tätigkeit des Vormundschaftsgerichts eine minderjährige, geisteskranke, geistesschwache oder gebrechliche Person betrifft und das reine Vermögen des Fürsorgebedürftigen nicht mehr als 5000 DM beträgt; bei Vormundschaften und Dauerpflegschaften (§§ 92, 93 Abs 2 KostO) werden überdies die Gebühren nur von dem 5000 DM übersteigenden Betrag des reinen Vermögens berechnet (§ 96 KostO),

c) Verfügungen, die sich *nicht auf Mündel, Pflegebefohlene oder unter elterlicher Gewalt stehende Kinder* beziehen, z. B. Entscheidungen, welche die persönlichen *Rechtsbeziehungen von Ehegatten* oder geschiedenen Ehegatten oder das *eheliche Güterrecht* betreffen (§ 97 KostO i.d.F. wie oben),

d) *Befreiungen von Ehevoraussetzungen und Eheverboten* (§ 97a i.d.F. des FamRÄndG vom 11. 8. 1961, BGBl I S. 1230),

e) die *Bestätigung* von Verträgen über die *Annahme an Kindes Statt* oder über die *Aufhebung* solcher Verträge (gebührenfrei, wenn das reine Vermögen des Kindes nicht mehr als 5000 DM beträgt), § 98 KostO,

f) die *Volljährigkeitserklärung* (§ 99 KostO).

3. *Abgesehen von* den unter *Ziffer 2* bezeichneten Geschäften ist die Tätigkeit des *Vormundschaftsgerichts gebührenfrei* (§ 91 KostO). Auch das gerichtliche Verfahren in *Fürsorgeerziehungssachen* ist gebührenfrei (§ 76 JWG vom 11. 8. 1961, BGBl I S. 1206).

4. Wegen der *Zahlungspflicht* vgl die §§ 2, 3, 5 KostO.

Gesetzesregister

A I. Reichsrecht

1. Strafgesetzbuch vom 15. 5. 1871 (RGBl S. 127) i.d.F. d. Bek vom 25. 8. 1953 (BGBl I S. 1083 ber. 1954 I S. 33, Änderungen s. SCHÖNFELDER Nr 85 S. 1 bis 2f
2. Gerichtsverfassungsgesetz vom 27. 1. 1877 (RGBl S. 41) i.d.F. d. Bek vom 12. 9. 1950 (BGBl S. 513) m. weiteren Änderungen, s. SCHÖNFELDER Nr 95 S. 1
3. Zivilprozeßordnung vom 30. 1. 1877 i.d.F. d. Bek vom 12. 9. 1950 (BGBl S. 533), weitere Änderungen s. SCHÖNFELDER Nr 100 S. 1
4. Strafprozeßordnung vom 1. 2. 1877 (RGBl S. 253) i.d.F. vom 12. 9. 1950 (BGBl S. 629), weitere Änderungen s. SCHÖNFELDER Nr 90 S. 1
5. Konkursordnung vom 10. 2. 1877 (RGBl S. 351) i.d.F. d. Bek vom 20. 5. 1898 (RGBl S. 612), weitere Änderungen s. SCHÖNFELDER Nr 110 S. 1
6. Bürgerliches Gesetzbuch vom 18. 8. 1896 (RGBl S. 195), häufig geändert, s. SCHÖNFELDER Nr 20 S. 1 bis 1e
7. Einführungsgesetz vom BGB vom 18. 8. 1896 (RGBl S. 604), Änderungen s. SCHÖNFELDER Nr 21 S. 1
8. Gesetz über die Zwangsversteigerung und Zwangsverwaltung vom 24. 3. 1897 (RGBl S. 97) i.d.F. d. Bek vom 20. 5. 1898 (RGBl S. 713), Änderungen s. SCHÖNFELDER Nr 108 S. 1
9. Handelsgesetzbuch vom 10. 5. 1897 (RGBl S. 219), Änderungen s. SCHÖNFELDER Nr 50 S. 1 u. 2
10. Grundbuchordnung vom 24. 3. 1897 (RGBl S. 139) i.d.F. d. Bek vom 5. 8. 1935 (RGBl I S. 1073), Änderungen s. SCHÖNFELDER, Nr 114 S. 1
11. Auswanderungsgesetz vom 9. 6. 1897 (RGBl 1897 S. 463)
12. Gesetz über die Angelegenheiten der freiwilligen Gerichtsbarkeit vom 17. 5. 1898 (RGBl S. 189) i.d.F. vom 20. 5. 1898 (RGBl S. 771), Änderungen s. SCHÖNFELDER Nr 112 S. 1 u. 2
13. Haager Abkommen zur Regelung der Vormundschaft über Minderjährige vom 12. 6. 1902 (RGBl 1904 S. 240ff.), Bek BGBl 1955 II 1, II 188, II 626
14. Haager Abkommen über den Rechtshilfeverkehr mit dem Ausland vom 17. 7. 1905 (RGBl 1909 S. 410) m. AusfG vom 5. 4. 1909 (RGBl 1909 S. 430)
15. Haager Entmündigungsabkommen vom 17. 7. 1905 (RGBl S. 463)
16. Reichs- und Staatsangehörigkeitsgesetz vom 22. 7. 1913 (RGBl S. 583) i.d.F. d. Ges vom 15. 3. 1935 (RGBl I S. 593) m. Änderungen d. Ges vom 14. 7. 1953 (§ 194 BBeamtenG, BGBl 1953 S. 551), ferner VO vom 5. 2. 1934 (RGBl S. 85) betr Fortfall der Länderstaatsangehörigkeit, VO vom 20. 1. 1942 (RGBl I S. 40) betr Umsiedler, 1. 2. 3. Ges zur Regelung von Fragen der Staatsangehörigkeit vom 25. 2. 1955 (BGBl I S. 65), 17. 5. 1956 (BGBl I S. 431), 19. 8. 1957 (BGBl I S. 1251)
17. Bekanntmachung vom 6. 7. 1914 betr Vereinbarung mit der Schweiz zur Vereinfachung des Verkehrs in Vormundschaftssachen (RGBl 1914 251)
18. Erbbaurechtsverordnung vom 15. 1. 1919 (RGBl S. 72, 122)
19. Reichsverfassung vom 11. 8. 1919 (RGBl S. 1383)
20. Reichsgesetz zur Entlastung der Gerichte vom 11. 3. 1921 (RGBl S. 229), geändert durch Gesetz vom 9. 7. 1927 und VO vom 30. 11. 1927 (RGBl S. 175, 334)
21. Gesetz über die religiöse Kindererziehung vom 15. 7. 1921 (RGBl S. 939)

22. VO vom 8. 9. 1921 (RGBl S. 1263) betr das Inkrafttreten des Gesetzes vom 15. 7. 1921 in Preußen

23. VO vom 6. 2. 1924 (RGBl I S. 44) über Vermögensstrafen und Bußen

24. Fürsorgepflichtverordnung vom 13. 2. 1924 (RGBl I S. 100)

25. VO vom 14. 2. 1924 (RGBl I S. 107) gegen Mißstände im Auswanderungswesen

26. VO über das Inkrafttreten des Reichsjugendwohlfahrtsgesetzes vom 14. 2. 1924 (RGBl I S. 110)

27. Reichsgrundsätze über Voraussetzung, Art und Maß der öffentlichen Fürsorge vom 4. 12. 1924 (RGBl I S. 765)

28. Gesetz vom 29. 10. 1927 über die Mündelsicherheit von Wertpapieren und Forderungen (RGBl I S. 325)

29. Vereinbarung mit Österreich vom 4. 6. 1932 (RGBl II S. 197) über Pflegekinderschutz und Geschäftsverkehr in Jugendsachen, wieder in Kraft (Bek vom 13. 3. 1952, BGBl II S. 436)

30. Gesetz über die Änderung von Familiennamen und Vornamen vom 5. 1. 1938 (RGBl I S. 9)

31. Erste VO zur Durchführung des Gesetzes über die Änderung von Familiennamen und Vornamen vom 7. 1. 1938 (RGBl I S. 12)

32. Gesetz über die Änderung und Ergänzung familienrechtlicher Vorschriften und über die Rechtsstellung der Staatenlosen vom 12. 4. 1938 (RGBl I S. 380), aufgehoben durch FamRÄndG vom 11. 8. 1961 Art 9 I Abs II 9

33. Ehegesetz vom 6. 7. 1938 (RGBl I S. 807), aufgehoben durch das Kontrollratsgesetz vom 20. 2. 1946 (KRABl S. 77) § 79

34. Zweite VO zur Durchführung des Gesetzes über die Änderung von Familiennamen und Vornamen vom 17. 8. 1938 (RGBl I S. 1044)

S. auch unten A II Nr 32

35. Verschollenheitsgesetz vom 4. 7. 1939 (RGBl S. 1186) i.d.F. d. Bek vom 15. 1. 1951 (BGBl I S. 63) u. d. Ges vom 26. 7. 1957 (BGBl I S. 861)

36. VO über die Angleichung familienrechtlicher Vorschriften vom 6. 2. 1943 (RGBl I S. 80), aufgehoben durch FamRÄndG vom 11. 8. 1961 Art 9 I Abs II 17

A II. Bundesrecht

1. Grundgesetz für die Bundesrepublik Deutschland vom 23. 5. 1946 (BGBl S. 1)

2. Gesetz zur Wiederherstellung der Rechtseinheit vom 12. 9. 1950 (BGBl I S. 455 ff., 501)

3. Gesetz über das Bundesverfassungsgericht vom 12. 3. 1951 (Bundesgesetzblatt I S. 243)

4. Gesetz vom 29. 3. 1951 (BGBl I S. 214) betr die Vermittlung von Verträgen über die Annahme an Kindes Statt nebst DVO hierzu vom 25. 8. 1952 (BGBl I S. 608)

5. Gesetz über die Rechtswirkungen des Ausspruchs einer nachträglichen Eheschließung vom 29. 3. 1951 (BGBl I S. 215)

6. Gesetz vom 25. 4. 1951 (BGBl I S. 269) über die Rechtsstellung heimatloser Ausländer im Bundesgebiet, Berlin-West vom 28. 2. 1952 (VOBl S. 126)

7. Schiffsregisterverordnung vom 26. 5. 1951 (BGBl I S. 360)

8. Abkommen über die Rechtsstellung der Flüchtlinge vom 28. 7. 1951 (BGBl II S. 560) nebst Gesetz über den Beitritt hierzu vom 1. 9. 1953 (BGBl II S. 559) u. Bek vom 25. 5. 1954 (BGBl II S. 619); Art 12 des Abkommens s. bei SCHÖNFELDER Nr 21 S. 1a bis 3 Fußnote

9. Rentenzulagengesetz vom 10. 8. 1951 (BGBl I S. 505)

10. Unfallzulagengesetz vom 29. 4. 1952 (BGBl I S. 253)

11. Zuständigkeitsergänzungsgesetz vom 7. 8. 1952 (BGBl I S. 407)

12. Jugendgerichtsgesetz vom 4. 8. 1953 (BGBl I S. 751) m. Änderungen; s. Schönfelder Nr 89 S. 1

13. Bundesgesetz über die Gewährung von Kindergeld und die Errichtung von Familienausgleichskassen vom 11. 11. 1954 (BGBl I S. 333ff.,) geändert durch Gesetz vom 31. 12. 1955 (BGBl I S. 841ff.), vom 27. 7. 1957 (BGBl I S. 1061), ferner Berliner Übernahmegesetz vom 26. 11. 1954 (GVBl S. 656), vgl hierzu auch

a) Kindergeldanpassungsgesetz — KGAG — vom 7. 1. 1955 (BGBl I S. 17), Änderungen vom 19. 1. 1955 (BGBl I S. 25, 28), 23. 12. 1955 (BGBl I S. 841, 844), 23. 12. 1956 (BGBl I S. 1018, 1053), 27. 7. 1957 (BGBl I S. 1061); Berliner Übernahmegesetz vom 29. 1. 1955 (GVBl S. 81),

b) Kindergeldergänzungsgesetz — KGEG — vom 23. 12. 1955 (BGBl I S. 841), Änderung vom 27. 7. 1957 (BGBl I S. 1061), Berliner Übernahmegesetz vom 13. 1. 1956 (GVBl S. 49),

c) Drittes Gesetz zur Änderung und Ergänzung des Bundesversorgungsgesetzes vom 19. 1. 1956 (BGBl I S. 25), Änderungen KGEG § 16, 6. 6. 1956 (BGBl I S. 463, 469), 1. 7. 1957 (BGBl S. 661), 27. 7. 1957 (BGBl I S. 1061), 16. 3. 1959 (BGBl I S. 153), Berliner Übernahmegesetz vom 27. 1. 1956 (GVBl S. 85),

d) Gesetz zur Änderung von Vorschriften der Kindergeldgesetze vom 27. 7. 1957 (BGBl S. 1061),

e) Zweites Gesetz zur Änderung von Vorschriften der Kindergeldgesetze vom 16. 3. 1959 (BGBl I S. 153),

f) Gesetz über die Gewährung von Kindergeld für zweite Kinder und die Errichtung einer Kindergeldkasse (Kindergeldkassengesetz — KGKG —) vom 18. 7. 1961 (BGBl I S. 1001),

g) 1. DVO zum Kindergeld- und Kindergeldanpassungsgesetz vom 21. 12. 1955 (BGBl I S. 816), Berliner Veröffentlichung vom 5. 1. 1956 (GVBl S. 35),

h) 2. DVO zum Kindergeldgesetz (Niederlande) vom 23. 12. 1955 (BGBl I S. 861), Berliner Veröffentlichung vom 5. 1. 1956 (GVBl S. 36),

i) 3. DVO zum Kindergeld- und Kindergeldergänzungsgesetz (Frankreich) vom 4. 7. 1956 (BGBl I S. 641),

k) 4. DVO zum Kindergeld- und Kindergeldergänzungsgesetz (Italien) vom 4. 7. 1956 (BGBl I S. 641),

l) 5. DVO zum Kindergeld- und Kindergeldergänzungsgesetz (Spanien) vom 17. 11. 1960 (BGBl I S. 850), Veröffentlichung für Berlin vom 15. 12. 1960,

m) 6. DVO zum Kindergeld- und Kindergeldergänzungsgesetz (Griechenland) vom 5. 7. 1961 (BGBl I S. 899)

14. Bundesdisziplinarordnung vom 28. 11. 1952 (BGBl I S. 761)

15. Gesetz über den Beitritt der Bundesrepublik Deutschland zur Konvention der Vereinten Nationen über die Todeserklärung Verschollener (vom 6. 4. 1950) vom 7. 7. 1955 (BGBl II S. 701), Bek d. Inkrafttretens vom 29. 2. 1956 (BGBl II 329), Beitritt zum Protokoll über die Verlängerung (16. 1. 1957) im BGBl 1958 II S. 165, 637, Verfahrensgesetz vom 7. 7. 1955 (BGBl I S. 401)

16. Gesetz über die Rechtsstellung der Soldaten vom 19. 3. 1956 (BGBl I S. 144)

17. Rechtshilfeordnung für Zivilsachen (ZRHO) vom 19. 10. 1956

18. Bundesgesetz über das gerichtliche Verfahren bei Freiheitsentziehungen vom 29. 6. 1956 / 26. 7. 1957 (BGBl 1956 I S. 599, 1957 I S. 861)

19. Gesetz über die Eingliederung des Saarlandes vom 13. 12. 1956 (BGBl I S. 1011)

20. Rechtspflegergesetz vom 8. 2. 1957 (BGBl I S. 18, 44), mehrfach geändert, s. Schönfelder Nr S. 1

21. Gesetz über die Gleichberechtigung von Mann und Frau auf dem Gebiet des bürgerlichen Rechts vom 18. 6. 1957 (BGBl I S. 609ff.)

22. Bundesgesetz zum Schutze der Jugend in der Öffentlichkeit i.d.F. d. ÄndG vom 27. 7. 1957, BGBl I S. 1058, nebst Berliner Übernahmegesetz vom 5. 9. 1957, GVBl S. 1197, u. Saarl. Ges vom 28. 1. 1958, ABlSaar 301

23. Personenstandsgesetz vom 8. 8. 1957 (BGBl I S. 1125)

24. Gesetz über die Kosten in den Angelegenheiten der freiwilligen Gerichtsbarkeit (Kostenordnung) vom 26. 7. 1957 (BGBl I S. 960)

25. Gesetz zur Änderung des RJWG vom 28. 8. 1958 (BGBl I S. 1035), s. auch unten Nr 30

26. Bundesnotarordnung vom 24. 2. 1961 (BGBl I S. 98) i.d.F. d. Ges vom 16. 2. 1961 (BGBl I S. 77) Art 2; Änderung d. § 5 durch das deutsche Richtergesetz vom 8. 9. 1961 (BGBl I S. 1665) § 102

27. Bundesgesetz über die Verbreitung jugendgefährdender Schriften i.d.F. vom 21. 3. 1961, BGBl I S. 296

28. Bundesgesetz vom 18. 7. 1961 (BGBl II 1005) zu dem Haager Abkommen vom 15. 4. 1958 über die Anerkennung und Vollstreckung von Entscheidungen auf dem Gebiete der Unterhaltspflicht gegenüber Kindern nebst Ausführungsgesetz hierzu in BGBl 1961 I S. 1033 und Berliner Übernahmegesetz vom 12. 10. 1961 (GVBl S. 1538), ferner Bekanntmachung über die Geltendmachung von Unterhaltsansprüchen im Ausland vom 20. 6. 1961 (JMBlNRW S. 171) u. vom 18. 2. 1960 (JMBlNRW S. 53)

29. Bundesgesetz vom 18. 7. 1961 (BGBl II S. 1012) zu dem Übereinkommen vom 24. 10. 1956 über das auf Unterhaltsverpflichtungen gegenüber Kindern anzuwendende Recht

30. Gesetz zur Änderung und Ergänzung des Reichsjugendwohlfahrtsgesetzes, jetzt Jugendwohlfahrtsgesetz vom 11. 8. 1961 (BGBl I S. 1193ff., 1205ff.)

31. Gesetz zur Vereinheitlichung und Änderung familienrechtlicher Vorschriften (Familienrechtsänderungsgesetz) vom 11. 8. 1961 (BGBl I S. 1221ff.)

32. Gesetz zur Ergänzung des Gesetzes über die Änderung von Familiennamen und Vornamen vom 29. 8. 1961 (BGBl I S. 1621)

B. Besatzungsrecht

1. Gesetz Nr 9 der Alliierten Kommendantura Berlin vom 28. 8. 1950 (VOBl S. 458 i.d.F. Ges Nr 14 vom 13. 4. 1951 (für Westberlin GVBl 332)

2. Gesetz Nr 16 des Kontrollrats (KRABl 77 ber. 294) vom 20. 2. 1946 (Ehegesetz)

3. Gesetz Nr 23 des Kontrollrats (KRABl 140) i.d.F. d. Ges Nr 48 vom 1. 3. 1951 (KRABl 808) über die Rechtsverhältnisse verschleppter Personen und von Flüchtlingen

4. Gesetz Nr 46 des Kontrollrats über die Auflösung des Preußischen Staates

C. Landesrecht

a) Frühere preußische Vorschriften

1. Ausführungsgesetz zum GVG vom 24. 4. 1878 (PrGS S. 230)

2. Ausführungsgesetz zum BGB vom 20. 9. 1899 (PrGS S. 177)

3. Gesetz über die freiwillige Gerichtsbarkeit vom 21. 9. 1899 (PrGS S. 249), abgeändert durch Gesetze vom 18. 3. 1914 (PrGS S. 35), 8. 6. 1918 (PrGS S. 83), 23. 6. 1920 (PrGS S. 367)

4. Ausführungsgesetz zur Grundbuchordnung vom 26. 9. 1899 (PrGS S. 307)

5. Ausführungsverordnung zum BGB vom 16. 11. 1899 (PrGS S. 562) i.d.F. d. VO vom 20. 2. 1922 (PrGS S. 53)

6. Gesetz über den Austritt aus einer Religionsgemeinschaft vom 30. 11. 1920 (PrGS S. 119, 120)

7. Verfassung des Freistaates Preußen vom 30. 11. 1920 (PrGS S. 543); vgl. hierzu B Nr 4

8. Ausführungsgesetz zum RJWG vom 29. 3. 1924 (PrGS S. 180), geändert durch Gesetze vom 27. 12. 1926 (PrGS S. 370), vom 25. 7. 1929 (PrGS S. 161), 23. 12. 1931 (S. 293), 18. 3. 1933 (S. 51), teilweise aufgehoben durch Gesetz vom 26. 10. 1956 zur Ausf. d. RJWG (AGRJWG) G. u. VBlNRW S. 303

9. VO vom 12. 10. 1926 (PrGS S. 265) betr § 77 RJWG a. F., aufgehoben durch § 21 Zff 1 AGRJWG

b) Sonstige

1. Berliner Gesetz zur Wiederherstellung der Rechtseinheit v. 9.1. 1951 (GVBl S. 99, 104)

2. Berliner Gesetz zum Verschollenheitsgesetz v. 14. 1. 1951 (GVBl S. 418) u. v. 3. 8. 1955 (GVBl S. 676) i.d.F. d. Bek v. 16. 10. 1956 (GVBl S. 194)

3. Berliner Gesetz v. 10. 8. 1953 betr. Übernahme des Jugendgerichtsgesetzes (GVBl S. 768)

4. Berliner Gesetz zur Ausführung des RJWG (AGJWG) und zur Regelung der öffentlichen Jugendhilfe v. 3. 7. 1958 (GVBl S. 592)

5. Berliner Gesetz v. 29. 9. 1961 betr. Übernahme des Bundesgesetzes v. 11. 8. 1961 (GVBl S. 1421, 1430)

6. Badische Ausführungsverordnung zum RJWG (AVRJWG) v. 31. 3. 1924, Potrykus S. 547

7. Bayerisches Jugendamtsgesetz v. 20. 7. 1925, Potrykus S. 469

8. Bayerisches Gesetz Nr 124 v. 23. 11. 1953 (GVBl S. 191) über die Errichtun eines Bayerischen Obersten Landesgerichts gemäß § 199 Abs I FGG

9. Braunschweigisches Ausführungsgesetz zum RJWG (AGJWG) v. 29. 3. 1924, Potrykus S. 590

10. Bremisches Gesetz zur Ausführung des RJWG (AGJWG) v. 21. 12. 1957 i.d.F. v. 26. 6. 1962 (BremGBl 57, 184 u. 62, 159)

11. Hamburgisches Gesetz zur Ausführung des RJWG (AGJWG) v. 17. 3. 1949 (HambHVBl S. 25) i.d.F. d. Ges. v. 16. 10. 1953 (Hamb GVBl S. 296), 20. 12. 1954 (HambHVBl S. 155) u. v. 22. 6. 1962 (HambGVBl S. 137)

12. Hessisches Gesetz betr. die Ausführung d. RJWG v. 17. 7. 1924, Potrykus S. 613

13. Nordrhein-Westfälisches Gesetz zur Ausführung des RJWG (AGJWG) v. 23. 10. 1956 (GVBl NW S. 303) i.d. Neufassung v. 1. 7. 1962 (GVBl NW S. 413)

14. Disziplinarordnung des Landes Nordrhein-Westfalen für Beamte und Richter v. 8. 12. 1953 (GVBl NW S. 335)

15. Nordrhein-Westfälisches Gesetz über Freiheitsentziehungen v. 16. 10. 1956 (GVBl RW S. 300)

16. Nordrhein-Westfälisches Gesetz v. 26. 10. 1956 (GVBl NW S. 303, 413) zur Ausführung des RJWG betr Aufhebung früherer preußischer Ausführungsvorschriften

17. Oldenburgisches Gesetz zur Ausführung des RJWG (AGJWG) v. 20. 6. 1923, Potrykus S. 628

18. Rheinland-Pfälzisches Gesetz v. 15. 6. 1949 (RhldPfGVBl I 225) betr die Errichtung eines Obersten Landesgerichts gemäß § 199 Abs I FGH

19. Rheinland-Pfälzisches Gesetz zur Ausführung des JWG (AGJWG) v. 2. 3. 1956 (RhldPfGVBl S. 7)

20. Saarländisches Rechtsangleichungsgesetz v. 22. 12. 1956 (AVBl S. 1667 ber. 1957 S. 92, 151)

21. Schleswig-Holsteinisches Gesetz zur Ausführung des JWG (AGJWG) v. 10. 7. 1957 (SchlHGVBl S. 91) i.d.F. v. 7. 7. 1962 (SchlHGVBl S. 277)

22. Württembergisches Landesjugendwohlfahrtsgesetz (LJWG) v. 23. 11. 1927, Potrykus S. 637

D. Verwaltungsvorschriften

1. AV d fr pr JM vom 25. 11. 1921 (JMBl S. 592) über die von den Amtsgerichten an andere Behörden zu machenden Mitteilungen

2. AV d fr pr JM vom 19. 12. 1923 (JMBl S. 759) über die Berechnung von Schreibgebühren und die Höhe der Rechnungsgebühren

3. Ausführungsanweisung d fr pr Min f Volkswohlfahrt vom 29. 3. 1924 (Volkswohlfahrt S. 167) zum RJWG

4. Rd Erl d fr pr Min f Volkswohlfahrt vom 22. 12. 1925 (JMBl 1926 S. 54) betr Durchführung des RJWG

5. AV d fr pr JM vom 8. 3. 1926 (JMBl S. 84) über das Fürsorgeerziehungsverfahren auf Grund des RJWG

6. AV d fr pr JM vom 23. 10. 1926 (JMBl S. 376) über die Volljährigkeitserklärung von Fürsorgezöglingen

7. AV d fr pr JM vom 31. 12. 1927 (JMBl S. 2) über die Aussonderung und Vernichtung der Akten bei den Justizbehörden

8. Preußische Entlastungsverfügung i.d.F.d.AllgVfg vom 1.3.1928 (JMBl S.140 ff)

9. RdErl d fr pr Min f Volkswohlfahrt vom 5 4. 1928 (JMBl 284 = Rundbriefe IV 47 = Zentralblatt XX 107) betr die Bevormundung ausländischer Minderjähriger

10. AV d fr pr JM vom 29. 5. 1928 (JMBl S. 284) über die Bevormundung ausländischer Minderjähriger

11. AV d fr pr JM vom 28. 6. 1928 (JMBl S. 312) über die Veruntreuung von Mündelgeldern

12. AllgVfg d fr pr JM vom 31. 8. 1928 (JMBl S. 68) über die Eintragung der vormundschaftlichen Genehmigung zur Abhebung von Mündelgeld in Sparbüchern

13. AV d fr pr JM vom 15. 12. 1930 (JMBl 359) betr das Verfahren bei den von Amts wegen zu bewirkenden Zustellungen und Bekanntmachungen

14. AV d fr pr JM vom 20. 4. 1932 (JMBl S. 88 = Rundbriefe VIII 43) über die Feststellung der Staatsangehörigkeit in den Fällen der Anerkennung der Vaterschaft und der Namenserteilung

15. Anweisung für die Verwaltung des Schriftgutes bei den Geschäftsstellen der Gerichte und Staatsanwaltschaften vom 28. 11. 1934 (Aktenordnung), 3. Aufl. 1960 bearbeitet von Langes-Imgenberg, erschienen bei R. v. Deckers Verlag G. Schenck, Berlin, Hamburg, Bonn

16. AV d fr pr JM vom 21. 5. 1935 (Sonderveröffentlichung DJ) über die Aussonderung und Vernichtung von Akten

17. Dienstordnung für Notare (DOfN) vom 5. 6. 1937 (DJ 1937 S. 874) mit vielen Änderungen, vgl Keidel S. 6 Einl III B Zff 8 und S. 888 Anm 2b Vorb zu § 167 FGG

18. AV d fr pr JM vom 12. 1. 1943 (DJ 1944 S. 44) über die Anzeigepflicht der Gerichte

19. Runderlaß des fr Reichsministers des Innern vom 25. 8. 1943 betr *Erziehungsfürsorge*, den Justizbehörden mitgeteilt durch AV d fr Reichsjustizministers vom 21. 10. 1943 (DJ 503)

20. Reichsentlastungsverfügung d RMJ vom 3. 7. 1943 (DJ S. 339) Abs VI i.d.F. d. AllgVfgen vom 5. 6. und 19. 9. 1944 (DJ S. 185 u. 249)

21. Allgemeine Verwaltungsvorschriften über die Änderung und Feststellung von Familiennamen sowie über die Änderung von Vornamen vom 18. 12. 1951 (GMBl S. 267) u. vom 3. 10. 1960 im Bundesanzeiger Nr 249 vom 24. 12. 1960

22. AVdJMNRW über die Beurkundung durch Amtsgerichte und Notare vom 19. 8. 1952 (JMBlNRW S. 199)

23. Gemeinsame Anordnungen der Landesjustizverwaltungen und des Bundesministers der Justiz über die gerichtliche Erziehungskartei vom 15. 2. 1955, Bundesanzeiger Nr 37, u. vom 16. 6. 1958, Bundesanzeiger Nr 119

24. Erlaß d BMin f Arbeit vom 18. 7. 1956 (BB S. 891 Nr 1740) betr Verbot der Zahlung von Kindergeld an die Ehefrau des in der sowjetisch besetzten Zone lebenden Vaters

25. AV d JMNRW vom 21. 10. 1957 (JMBlNRW S. 256) betr die teilweise Aufhebung der AV d fr RJM vom 1. 7. 1943 (DJ S. 349) betr die geschäftliche Behandlung von Vorgängen über die Annahme an Kindes Statt, insbesondere bei sogenannten Inkognito-Adoptionen, ferner die Rückgabe von Urkunden

26. AV d JMNRW vom 10. 2. 1960 (JMBlNRW S. 53) u. vom 20. 6. 1961 (JMBlNRW S. 171) betr Bekanntmachung zur Änderung und Ergänzung der Bekanntmachung über die Geltendmachung von Unterhaltsansprüchen im Ausland

27. RVdJMNRW vom 22. 11. 1962 (1454—I B 68) über Mitteilungen an die Standesämter in Personenstandssachen

28. RVdJMNRW vom 3. 12. 1962 (9311—II B 3) zur Bekanntmachung über die Geltendmachung von Unterhaltsansprüchen im Ausland

E. Zonenrecht (DDR)

1. VO über die Zulassung von Anträgen auf Todeserklärung vom 22. 2. 1949 (GVBl S. 124, für Ost-Berlin VO vom 12. 5. 1949 VOBl Großberlin S. 117), DVO vom 23. 7. 1949 (GVBl S. 550), VO über die Abkürzung der Verschollenheitsfrist vom 15. 1. 1951 (GVBl S. 1059, für Ost-Berlin vom 15. 1. 1952, VOBl S. 42)

2. Gesetz über die Volljährigkeit vom 17. 5. 1950 (GVBl S. 437, für Ost-Berlin VO v. 8. 6. 1950, VOBl S. 149)

3. VOdDDR vom 15. 10. 1952 (GVBl S. 1057), für Ost-Berlin vom 19. 3. 1953 über die Angelegenheiten der freiwilligen Gerichtsbarkeit

Sachverzeichnis

N

O

P

Q

R

S